中国建设银行
China Construction Bank

勇担为民服务使命 践行金融报国初心

2.29
万亿元

普惠金融

截至2022年9月末
普惠金融贷款余额2.29万亿元

建行贵州省分行客户经理上门指导当地药房经营者通过“建行惠懂你”App办理“商户云贷”业务。

2.6
万亿元

绿色金融

截至2022年9月末
绿色贷款余额2.595万亿元

在福建莆田平海湾，一座座海上“大风车”正在不停运转，用绿色能源点亮万家灯火。图为建行福建省分行支持的平海湾海上风电项目。

基础设施

截至2022年9月末
基础设施贷款余额5.66万亿
新型基础设施贷款余额194

5.6
万亿元

南沙大桥作为珠江口主要过江通道，民群众出行提供便利，与大湾区高质赋能。建行广东省分行为项目提供信力保障了建设资金需求。

乡村振兴

截至2022年9月末
涉农贷款余额2.92万亿元
“裕农通”普惠金融服务点总量48万个
“裕农通”App注册量392万户

2.92
万亿元

建行挂职陕西安康汉阴帮扶干部将现代时尚的露营生活方式引入传统乡村，使知名帐篷营地品牌落地汉阴凤堰古梯田，创新乡村文旅模式，为乡村振兴注入共富活力。

人民币国际化

2.01
万亿元

2022年1-9月
实现跨境人民币结算量2.01万亿元
服务跨境人民币客户3.3万户
英国人民币清算行累计清算量突破72万亿元，
保持亚洲以外最大人民币清算行地位

建行积极跟进“一带一路”倡议，助推人民币国际化快速发展。图为建行宁波市分行累计投放贷款上千亿元支持的宁波-舟山港。

服务百姓

6.5
万亿元

截至2022年9月末
个人住房贷款余额6.5万亿元
为1.6万家企业、[illegible]2万个人
提供住房租赁交易平台

建行北京市分行支持建设的西红门
是北京市首批集体经营性建设用地
目，解决了周围园区产业工人等新市

制造业
2.2
万亿元
截至2022年9月末
制造业贷款余额2.2万亿元
较上年末增加 5400亿元，增幅 32%
建行安徽省分行积极支持新能源汽车制造业发展，图为该行支持的蔚来汽车生产车间。

1.17
万亿元
战略性新兴产业
截至2022年6月末
战略性新兴产业贷款余额1.17万亿元
建行贵州省分行信贷支持建设的织金洪家渡水光互补农业光伏电站项目依托已建成水电站修建，是贵州省目前单体规模最大的光伏项目之一、贵州省内首批流域梯级“水光互补”可再生能源基地。

供应链融资
6000
亿元
截至2022年9月末
累计为超4800个核心企业产业链的
近10万户链条客户提供6000亿元供应链融资支持
建行四川省分行根据锂电池产业链特征和金融服务需求，为宁德时代新能源科技股份有限公司制定综合服务方案，助力打造西部新能源产业基地。图为宁德时代主要生产基地之一——四川时代动力电池生产基地一期项目。

民生消费
截至2022年9月末
借记卡累计发卡量12.72亿张
信用卡累计发卡量1.53亿张
12.72亿张+1.53亿张
建行安徽省分行联合当地大型商场，开展专项信用卡活动，促进居民消费持续恢复。

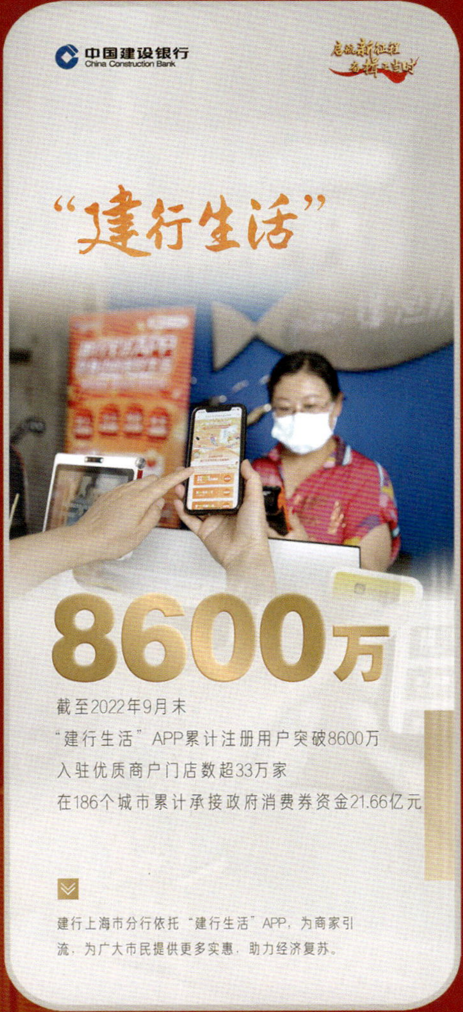
“建行生活”
8600万
截至2022年9月末
“建行生活”APP累计注册用户突破8600万
入驻优质商户门店数超33万家
在186个城市累计承接政府消费券资金21.66亿元
建行上海市分行依托“建行生活”APP，为商家引流，为广大市民提供更多实惠，助力经济复苏。

劳动者港湾
截至2022年9月末
已开放“劳动者港湾”13883个
累计服务超过2.16亿人次
2.16
亿人次
劳动者港湾
累了能歇脚 渴了能喝水
没电能充电
建行河北衡水分行开展“喜迎二十大 致敬劳动者”劳动者港湾公益主题月系列活动，为户外劳动者提供多种暖心服务。

举办文艺演出，庆祝建党100周年

鹦鹉洲长江大桥

世界首条智能高铁——京张高铁

自主研制国产首台高原高寒大直径TBM“雪域先锋号”

雄安高铁站

北京最大的综合性交通枢纽——北京丰台站

中国中铁股份有限公司

中国中铁是隶属于国务院国资委的特大型建筑施工企业。以1894年山海关机器厂的成立为标志，中国中铁成为中国民族工业的先行者和铁路建设的开拓者。1909年参与建成了中国人第一条自主设计施工的铁路京张铁路，开启了中国铁路建设事业的先河。1950年6月，在新中国第一条铁路成渝铁路的开工典礼上，邓小平、贺龙等同志授予中国中铁建设者“开路先锋”旗帜。此后，中国中铁勇做“开路先锋”，逢山开路、遇水架桥，累积参建的工程占中国铁路总里程的2/3以上，占中国电气化铁路总里程的90%，占高铁总里程的55%，占中国城市轨道工程总里程的3/5，建造跨江跨海大桥1万多座，建造长大隧道2万多公里，18次赴南极承担建设维护任务。

中国中铁于2007年分别在上海、香港两地上市。目前已发展成为集勘察设计、施工安装、房地产开发、工业制造、科研咨询、工程监理、资本经营、金融信托、资源开发和外经外贸于一体的多功能、特大型企业集团，全球最大的建筑工程承包商之一。截止2021年末，公司总资产13617.26亿元，净资产3583.43亿元，当年公司新签合同额27293.2亿元，营业收入10732.72亿元，成为社会财富的重要创造者和社会经济发展的重要推动力量。

公司经营范围覆盖到基础设施建设的全产业链，工程项目遍布中国除台湾省以外的各省市自治区以及全球90多个国家和地区，连续16年进入《财富》世界500强，2021年排名第35位。

平潭海峡公铁两用大桥
是世界上最长的公铁跨海大桥

▶ 按照煤炭年产能 3500 万吨组织生产，2021 年原煤生产 2889 万吨，同比增产 507 万吨，增产保供成效显著；并采用"煤炭入集装箱"装运方式，2021 年煤炭外运量突破 1742 万吨，创历史新高，累计为东北地区多提供原煤 300 余万吨

◀ 华能伊敏煤电有限责任公司绿色矿山建设——生态植被恢复区。公司牢固树立"绿水青山就是金山银山"的理念，妥善解决草原地区能源开采利用与环境保护的关系，最大限度做好生态恢复治理，真正做到了"在保护中开发，在开发中保护"，成为首批国家级绿色矿山试点单位

▶ 华能伊敏煤电有限责任公司智能矿山建设。2021 年，公司"智能化示范露天矿关键技术研究"入选中国华能集团有限公司"十四五"十大科技示范工程。目前，智能化矿山建设实现关键技术突破，构建国内首个无人化工作面，达到国内领先水平；自主攻关固定设施无人化改造，完成加压泵站无人值守、疏干排水集控，实现供电、疏干系统远程集中管理，具备国家、自治区首批智能化示范煤矿验收条件

◀ 华能伊敏煤电有限责任公司光伏扶贫项目航拍。该公司积极贯彻落实绿色发展理念，积极推进结构调整、产业转型和技术创新，大力推进光伏、风电等新能源开发项目，构建清洁、低碳、安全、高效的能源体系，走出来一条生态优先、绿色发展的新路子。目前，公司光伏总装机装机 7.24 万千瓦，其中装机容量 4.24 万千瓦的伊城光伏扶贫电站，可为 1697 户贫困家庭每年每户增收 3000 元，实现了经济效益和社会效益的"双丰收"

伊敏煤电一体化全景

航空工业宏远
AVIC HYFC

航空工业陕西宏远航空锻造有限责任公司简介

航空工业陕西宏远航空锻造有限责任公司（航空工业宏远）公司创建于1965年，是中国航空工业集团有限公司大型锻造专业化企业，隶属航空工业通飞下属的中航重机的全资子公司。

航空工业宏远锻造实力雄厚，拥有1000T摩擦压力机、8000T电动螺旋压力机、160MN等温锻油压机、200MN电动螺旋压力、25MN快锻机、2.5M环轧机等大、中、小系列国内外先进水平的锻压设备群,具有模具制造、精密铸造、热处理、机械加工以及理化测试等一系列相配套的研发和生产能力，为航空、航天、兵器、石化、机械、交通、电力等行业的发展做出了重要贡献。

航空工业宏远科研能力显著，建有国家级企业技术中心及计算机辅助设计中心，现有各类工程技术人员300余名。在高温合金、钛合金锻造技术及等温锻造技术领域处于国内领先水平，其中在粉末合金锻件、铝钛合金等温精锻件、特大型钛合金锻件、难变形高温合金锻件以及新材料研发等方面取得了显著成绩，并掌握了一定的核心技术，为我国在研在役飞机、航空发动机以及“神舟”系列载人航天器等提供了核心锻件。

航空工业宏远质量保证体系完备,坚持“以顾客满意为核心，用持续改进的过程、产品和服务质量赢得顾客信任”的质量方针，建立了GJB9001和AS9100两大主要质量体系，通过了热处理（包括真空炉热处理）、磁粉（MT）、渗透（PT）、超声波（UT）、化洗、测量和检测等特种工艺国际认证以及ISO/TS22163标准认证、EJ/T9001标准认证。公司拥有自营进出口权，与波音、空客、赛峰起落架、GE、UTC、罗罗等世界著名公司保持了长期稳定的合作关系。

面向未来，航空工业宏远坚持以习近平新时代中国特色社会主义思想为指导，高举“航空报国”旗帜，践行“航空强国”使命，打造“锻造精品、锤炼人品、打铁必须自身硬”特色“铁三角”文化，加强科技创新，锻造国之重器，努力向“引领中国锻造，打造世界一流航空锻件优秀供应商”企业愿景目标奋勇前进。

航空工业宏远西安新区照

党委书记、董事长王宽新

总经理、党委副书记魏志坚

公司迁入西安新区仪式大合影

航空工业宏远厂区照

365MN照片

中国石油集团川庆钻探工程公司
长庆井下技术作业公司

中国石油集团川庆钻探工程公司长庆井下技术作业公司（以下简称“公司”）始建于1973年，主要从事油气井试油试气、压裂酸化、测试试井、修井侧钻、带压完井、连续油管作业专业化工程技术服务。具有井下作业工具、化工助剂产品研发生产等配套产业，是储层研究、工程设计、施工监测、分析评价与现场施工一体化综合性服务的专业公司。

公司装备实力雄厚，拥有各类先进施工设备，固定资产原值28.31亿元。主要包括各型试修装备、压裂装备、连续油管装备、测试试井装备、带压作业装备、修完井装备、氮气作业装备、CO_2作业装备、自动化装备及生产生活辅助类装备，压裂装备装机总功率约28万水马力。

通过多年自主创新，公司发展形成一整套适应鄂尔多斯盆地“三低”油气储层的八大系列特色工艺技术、两大系列技术产品。其中，压裂酸化液体体系、分段压裂工具、工厂化压裂模式、二氧化碳压裂工艺、连续油管及带压作业技术等处于国内领先水平。

公司坚持内强素质，外树形象，立足长庆，面向国内，开拓国际，先后与壳牌、道达尔等国际石油公司，斯伦贝谢、贝克休斯、哈里伯顿等国际服务公司建立了战略合作伙伴关系，成功进入厄瓜多尔、乌兹别克斯坦国际市场，壳牌长北、道达尔苏南国际反承包市场，为中油煤层气、中澳煤层气、延长石油集团、青海油田等国内市场提供了工程技术一体化服务；与石油勘探开发研究院、中国石油大学、西南石油大学、西安石油大学等多家国内研究院所开展科技合作和项目研发；与长城钻探、中石化、能新科、安东、杰瑞等开展多项技术业务合作。

多年来，公司以攻克致密油气为动力，创试油业绩、铸压裂辉煌，形成了独具特色的企业文化。面对新的形势，公司继承弘扬石油精神，塑造以压裂精神为核心的企业文化，优化内部环境，打造企业品牌，增强竞争实力，树立了良好的企业形象。先后荣获全国五一劳动奖状、全国模范职工之家、国家级“守合同重信用”企业、中国质量协会石油分会石油工业用户满意企业，全国职工职业道德建设先进单位、全国安全文化建设标杆企业、全国创新文化示范单位、“十二五”全国企业文化建设优秀单位、陕西省职工经济技术创新优胜单位等荣誉称号。

中国企业文化年鉴

袁宝华题

ZHONGGUO QIYE WENHUA NIANJIAN

（2021—2022）

中 国 企 业 文 化 研 究 会　编

中国书籍出版社
China Book Press

图书在版编目（CIP）数据

中国企业文化年鉴. 2021—2022/中国企业文化研究会 编.
—北京：中国书籍出版社，2022.10
ISBN 978-7-5068-9212-4

Ⅰ.①中… Ⅱ.①中… Ⅲ.①企业文化-中国-2021-2022-年鉴
Ⅳ. ①F279.23-54

中国版本图书馆 CIP 数据核字（2022）第 183400 号

中国企业文化年鉴. 2021—2022
中国企业文化研究会 编

责任编辑 王志刚
责任印制 孙马飞 马芝
封面设计 刘雪萍
出版发行 中国书籍出版社
地　　址 北京市丰台区三路居路 97 号（邮编：100073）
电　　话 （010）52257143（总编室）　（010）52257153（发行部）
电子邮箱 chinabp@vip.sina.com
经　　销 全国新华书店
印　　刷 天津午阳印刷股份有限公司
开　　本 880 毫米 × 1230 毫米　1/16
字　　数 1032 千字
印　　张 32.25
版　　次 2022 年 10 月第 1 版　2022 年 11 月第 1 次印刷
书　　号 ISBN978-7-5068-9212-4
定　　价 380.00 元

《中国企业文化年鉴 2021—2022》编辑委员会

“十四五”期间企业文化建设方向和重点任务

中国企业文化研究会理事长、教授　孟凡驰

一、新任务新形势要求企业全面升级文化内容，塑造个性文化模式，形成强大文化力

2020 年，习近平总书记关于文化工作的重要指示有多个方面，其中三项最值得企业文化建设工作者关注，是进行企业文化建设的重要原则依据。

一是习近平总书记提出，“统筹推进‘五位一体’总体布局、协调推进‘四个全面’战略布局，文化是重要内容；推动高质量发展，文化是重要支点；满足人民日益增长的美好生活需要，文化是重要因素；战胜前进道路上各种风险挑战，文化是重要力量源泉”。

二是习近平总书记强调，“要深入研究中华文明、中华文化的起源和特质，形成较为完整的中国文化基因的理念体系”。文化基因这个概念，在我目力所及当代文献中是国家领导人第一次谈到。以前对这个概念使用争议比较大，有人认为文化不能谈基因，基因是生物学概念。现在习近平总书记提出来，是将文化深度挖掘深入推进。企业要想基业长青可持续发展，经营手段、管理方法、制度流程都要随着时代变化而变化，但它的文化基因是恒久的。文化在长时间发展的过程中，它可以不断地加进新的元素，使这个基因更强大。中国同仁堂、胡庆余堂和世界上一些具有悠久历史的企业，之所以能够长盛不衰，根本的原因就是有一个强大的文化基因，它活跃在企业发展过程中，形成一种恒久的持续发展的灵魂。

三是习近平总书记在企业家座谈会上提出，激发市场主体活力弘扬企业家精神，推动企业发挥更大作用实现更大发展，并明确企业家精神的五个方面内容：爱国情怀、勇于创新、诚信守法、勇担社会责任和拓展国际视野。这将成为培育中国企业家精神的基本原则和方向。

同时，新基建、新科技迅速发展影响和改变了企业生产方式和商业模式，不断改变着人们的思维方式和行为方式，历史发展到了一个新的节点，在这个新的历史节点上，企业文化应该做好以下几个方面工作：

1. 深度推进企业文化建设工作，彻底改变文化蒙昧与自发状态，全面实现文化觉醒与自觉，养成全员文化习惯，形成文化力。

在企业文化建设中，有的企业文化觉醒和建设比较早，他们的经验也很丰富，创造了非常多的路径和方法，而且发展也非常健康。有一大批文化比较成熟的企业，企业文化建设几乎是在 20 世纪 80 年代初期，企业文化理论传入初期就敏感地抓住了，形成自觉的、有理论指导的企业文化建设。企业文化建设比较晚一些的企业，就要改变文化的蒙昧和自发状态。有些企业领导者至今尚不知文化为何物，也没有科学的文化建设，只是在语言上常讲文化的重要性，这是全国都在强调文化在经济发展中的地位和角色背景下，好像不讲文化自己就没有文化。这些文化建设比较滞后的企业，应该迅速由自发状态向着文化觉醒和自觉努力。

非常优秀的企业文化建设单位，要着力解决内部不平衡的问题，基层单位有的做得特别好，有的就差一些，有的企业文化知识丰富一些，有的欠缺一些。文化管理无盲区，消灭盲点和盲区是企业文化建设的工作重点。

2. 企业文化升级与拓展：企业文化体系的全面升级，企业文化形式的科学化、理论化、现代化，企业亚文化拓展和延伸。

所谓升级就是企业文化的体系升级，不管是核心灵魂部分，还是形式载体部分，都到了升级改进的时候。要符合时代发展的要求，新形势、新特点，文化内容体系的升级改进要逐渐地科学化、理论化和现代化。

所谓形式就是企业文化的载体和表达，像国家电力投资集团的目视化，他们就是以美学理论作为依据，用美学提升作为一种目标来做目视化，而不是简单的外化于形。把外化于形的方式提高到一个新的领域和新的高度，这就是形式上要科学化、理论化、现代化。

亚文化体系要延伸拓展，主要体现在子文化和专项文化这两个方面。企业文化建设的先行者和优秀单位，这方面的工作应该进入到一个新的高度。对于企业文化处于初期阶段的企业来说，应该在主文化建设基本成型和有一些实践经验以后才能

开始亚文化建设工作。初期的主文化和亚文化同时做，往往在概念上容易混乱，实践上也难以操作。

3. 确认企业发展的文化基因，建立企业经济、经营和管理的精神合法性

回顾企业发展历程，梳理企业文化资源，我们传统资源有哪些？当下资源有哪些？我们形成的个性特色有哪些？我们的文化理念有哪些？梳理以后确认本企业的文化基因并把它定下来。这些文化基因在长期发展当中，应该是世代坚守，不断丰富和发展，基因的核心不能随意改变，更不能去伤害它，伤害了它就会伤害企业发展的根基。

经济活动中的精神理性，就是在经济活动、经营管理、产品生产等过程中的指导理念和文化意义的思考。这种精神理性在经济活动中的张扬，对于企业发展和凝聚职工队伍至关重要。美国的企业在这方面很重视，美国前总统约翰逊在20世纪60年代提出了一个“伟大社会”的纲领。他强调说，物质本身不能建立理想的文明，还需要道义、精神和美的追求，要“防止旧有价值观被无节制的经济增长所埋葬”。他很重视在社会发展和经济发展中的文化和道义，也看到了无节制的经济发展，会把一些核心的优秀价值观丢掉。重视精神理性在经济发展中的竞争合法性，注重软实力的发展，这是企业文化建设者应该深思的命题。

4. 锻造具有高度文化自觉和强烈企业家精神的企业家群体

习近平总书记提出了五条企业家精神，企业文化建设应该把企业家精神确立作为一项内容。我们一些民营企业家、国有企业经营者非常有思想、有深刻主张，但他们不愿意或者不勇于呈现出来。每个企业都应明确共性之下的企业家个性精神是什么。美国著名企业家朱克曼认为：造成美国经济强盛的根本原因是“美记”企业管理和特有的企业精神，形成善于经营管理的传统。

中国企业家群体的成长和企业家精神的形成存在一些主客观障碍：首先，市场经济环境时间短，社会整体改革过程中制度不完善，企业家成长的文化氛围不足，机制不健全，影响了企业家的成长和企业家群体的出现。其次，企业家的理论修养系统性不足，思想的力量不够强大。如果企业经营者没有理性化的思维，没有理论上的武装，整个经营决策行为没有一些基本的理论依据，只能成为立意站位不高，格局不大，“瓦匠”“木匠”一样的管理者，只是重复日常工作。

中国人的聪明才智和励精图治的传统，在世界上是一流的。如果主客观条件迅速改善，出现一批有作为有个性有魄力的世界级企业家和个性鲜明的企业家精神，应该不是难事。

二、全球化趋势不可逆转——加强跨文化实践探索和合规文化建设

1. 全球化趋势何以不可逆转

世界互通互联，经济和制造相互依赖依存，资源交叉配置，这种全球化的格局已经形成并相对固化，如果人为打破这种格局，就要付出巨大代价和成本，是很多国家承受不了的。如美国的飞机制造，整个零部件的生产遍布全球各地，一下全都收回自己制造，对他们来讲难度非常之大。

投资、贸易和生产跨出国界，形成全球网络，国际贸易和资本流动秩序已经建立起来，生产要素的国际化配置已经结构性形成，这个也是很难打破的？市场经济内在的力量正在以全球形势显现，促进了各国的经济交流发展。全球化发展使所有国家和所有人受益，已形成世界共识，世界人民已经广泛接受并认同了全球化的共同发展模式。

文化和思想软要素跨国流动加快，促进了不同民族生活方式思维方式交融互进。在经济硬交流过程中实现了文化上的软交流，大家也能够认同这种国际化的方式，习近平总书记讲的命运共同体的思想深入人心，共同体的趋势也越来越明显。全球化过程中的文化互鉴与融合，减少了文化冲突，促进了文明共同进步。在此局面下，民族国家不可能与世隔绝，全球化不可能反转回头，历史趋势是不可逆转的。

2. 跨文化成果和文化融合

中国企业在经营活动和企业发展中要充分重视跨文化成果和文化融合的必要性。“一带一路”倡议七年，中国同138个国家签署合作文件，贸易总额超7.8万亿美元。2020年9月北京举办的国际服务贸易会，有148个国家和地区的1.8万家企业参加，10万人参会。中国进口博览会已举办三届：第一届成交额578.3亿美元；第二届交易额711.3亿美元；2020年11月5日至10日举办的第三届成交额726.2亿美元，比上届增长2.1%。世界500强企业及行业龙头企业连续参展比例近80%。这些成果增长了我们的国力，与世界取得共赢效果。

在传播文化的功效上，企业文化是中国文化走向世界的大众化、大众化载体形式载体形式。因为，任何民族在使用我们的产品和服务时，在与我们进行各种贸易往来时，都必然体验和接受附着于产品和经营行为中的文化，而且潜移默化效果极佳。在企业走出国门，融入全球竞争的过程中，跨文化融合至关重要。跨文化融合有五大环节：首先要了解，了解就是要入乡随俗。第二是理解，要分析双方文化差异，加强文化沟通与交流。第三是包容，就是求同存异，各美其美，美美与共。第四是尊重，就是相互尊重文化差异，己所不欲勿施于人，己所欲也要勿施于人。第五是融合，你中有我，我中有你，求同存异，合作共赢。

3. 高度重视合规文化

习近平总书记在民营企业家座谈会上讲道:“要在合法合规中提高企业竞争能力,形成更多具有全球竞争力的一流企业。”合规文化已经成为现代企业的软实力之一，合规风险已上升为中国企业走出去的最大风险。合规风险包括商业腐败、违反环境法规、违反社会责任承诺、金融欺诈、参与洗钱、违反出口管制、虚假陈述、技术盗窃，合规风险的内涵比过去大了很多。比如虚假陈述，美国现在制裁我们一些企业的理由就是虚假陈述。我们有时候在陈述当中，一是因为不了解不知道国外的一些规定，信息不对称，说错了被误解为虚假陈述；二是因为文化上的差异，对有些规定的理解和把握分寸不一样也被称作虚假陈述。有些企业在这个方面吃了大亏。

合规指遵守或承担合规义务。合规义务有两大方面：合规要求、合规承诺。合规要求指政府、监管、行业等部门提出的要求和规定。合规承诺就是遵法守纪、诚信守约。合规体现的形式是法律法规、规章制度和职业道德规范。

遵守或承担合规义务在当下企业国际交往活动中有三个难点：

难点之一是非国际通行规则。非国际通行规则就是某一国家从保护自身利益出发制定的规则制度，比如像美国的长臂管辖规则，中国的互联网规则。美国的长臂管辖属于国内规则，理论上讲不应当作为国际法处理国际关系，但是实际上，你要跟他做生意，你就得遵照他的法律和规则办。非国际通行规则哪国都有，中国互联网管制方法也属此类，谷歌进入中国市场，不遵守中国互联网规则你就退出。所以不管跟谁合作，既要遵守国际通行规则，也要遵守合作方的非国际通行规则。很多国家的非国际通行规则多且复杂，需要我们的企业花费一定功夫去了解和研究。

难点之二是狭义专项合规发展为广义合规。专项合规包括反腐败、反商业贿赂、反环境污染等。广义合规的规包括竞争规则、金融规则、贸易规则、数据保护规则、知识产权规则等。专项合规发展为广义合规后，合规的范围大得多，致使合规风险也增长很多。

难点之三是中国传统文化中的非契约、非规范意识和非诚信行为习惯。中国的传统文化优势很多，但是糟粕也不少，其中一点就是做事非规范习惯占主流，做什么事都鲜有量化标准和科学规范。

合规文化是一套完整的体系。建设合规文化需要包括六个方面：合规理念体系、合规培训体系、合规制度体系、合规行为体系、合规运行体系、合规考核体系。

三、以互联网经济和数字经济为主要内容的新基建模式，要求企业提升进取文化和创新文化水平

目前进取文化、创新文化在企业中得到普遍提倡，但是跟我们时代发展还有很大差距。新基建是拉动中国经济增长的新引擎，它包括 5G、人工智能、工业互联网、物联网等新型基础设施建设。简单地说，就是数字经济和实体经济融合发展，推进企业数字化转型，建立更加敏捷的服务体系，创新服务模式。

数字化企业、智慧企业的基本要求是数字营销网络、用户需求感知分析和预测的信息采集、服务产品的更新迭代、服务渠道整合、订单到交付流程的个性化精准服务，用户生命周期响应能力的提升、平台化、集成化和场景化增值服务。用户在这个过程中的生命周期响应能力是一种体验，所以针对平台化、集成化和场景化要有新的要求。在这种条件下，我们要鼓励开放性思维、个异化思维、建立鼓励独立思考的制度和氛围，要鼓励基层员工和干部培育个性文化，才能适应个性化的客户服务需求，形成个性化的创新思维。通过提高创新意识形成创造能力，成为企业的比较优势和前沿优势，进而占据市场竞争制高点，形成核心竞争力。

四、数字经济下消费者文化主体意识促进主权意识升级，催生企业对个性文化的偏好和体验文化的追求

消费者主权意识是指消费者使用商品享受企业服务时，完全摆脱了客户的被动地位，占据主体地位的意识。这种主权意识升级以后，它会催生对个性文化的偏好和体验文化的追求。它是社会快速发展，新商业模式下产品快速迭代，用户深度参与，创造消费需求的产物。企业与客户双方信息日趋均衡条件下，消费者不再满足于既有服务模式和标准化商品，希望在商品设计服务手段等方面体现自身的个性观念和追求，希望在享用产品和服务时，有更强的文化个性体验、场景体验和全生命周期体验，同时兼顾更强的实用性和品牌效应。

因此作为企业而言，要能够创造特色鲜明的体验文化，善于根据客户需求进行个性定制，依靠品牌优势，去适应数字经济发展的要求。

五、对标世界一流管理，推动企业文化建设向企业文化管理迈进

企业文化建设向企业文化管理迈进，是适应国务院国资委第 39 号文件要求的需要。此文件提出的目标是："到 2022 年，国有重点企业管理理念、管理文化更加先进，管理制度、管理流程更加完善，管理方法、管理手段更加有效，管理基础不断夯实，创新成果不断涌现，基本形成系统完备、科学规范、运行高效的中国特色现代国有企业管理体系，企业总体管理能力明显增强，部分国有重点企业管理达到或接近世界一流水平。"此文件提出的具体任务是："加强组织文化建设，着力培育传承国有企业优良传统、体现时代特征的企业文化，积极履行社会责任，塑造良好企业形象，不断增强企业凝聚力、向心力和软实力。"我们企业要向世界一流标准看齐，首先要有一流的企业文化。

1. 一流企业文化的标准

一流企业文化的标准，主要体现在以下五个方面：

一是内质外形均具有强烈鲜明的个性辨识度和冲击力。在内容上、理念上、核心本质上，以及外在的呈现方式上，都要有个性辨识度，要有冲击力。

二是内部认同范围广、程度深，具有统帅全局和战略、统领意志和灵魂的至上地位。全员从内心世界去认同、拥护并创造性践行公司的文化。

三是形成广泛社会影响的文化力，形成品牌效应。

四是与业务工作融为一体，在企业整体效益不断提高，核心竞争力不断增强，基业长青趋势不断彰显过程中，成为决定性内生动力。

五是文化基因的恒定坚守与文化内容的时代适应完美协调。

基因的灵魂不能随意改动，它可以不断地完善以图不断稳固，但是具体内容要不断地丰富，适应时代的发展。这种变与不变，要有一种完美的协调。

2. 深化企业文化建设实现企业文化管理

企业文化是企业发展过程中形成的理念系统和外显形式，理念系统就是价值观体系，外显形式包括制度、行为，还有产品、厂房、设备、环境、服饰、标识、宣传语等。

企业文化建设是文化的提炼整合，形成文本将理念内化外显，内部形成共识，社会上形成形象力公信力，文化品牌的战略规划与文化变革，这些都属于文化建设的内容。

文化管理是将企业文化内容应用于企业战略、生产、产品、经营、管理等具体流程的行为。企业文化管理应该落实在每一个环节，渗透到每一个岗位。文化建设和文化管理不能截然分开，在文化管理过程当中，它仍然有一个不断建设丰富的过程。从总体上来讲，我国企业文化大多处在建设阶段，现在应该向文化管理迈进。

目　录

特载篇

高层声音

文献选编

理论篇

专家视野

企业家谈企业文化

前沿思考

观点荟萃

课题研究

实践篇

企业文化建设典型示范

企业文化媒体传播

企业文化实践案例

党组织引领企业文化

母子文化共建

中国石油

综合篇

国际新观点

中国企业文化大事记

中国企业文化重要事件

后　记

特载篇

高层声音

党领导文化工作的重大成就和历史经验

胡和平

党的十九届六中全会全面总结党的百年奋斗重大成就和历史经验，深刻揭示我们党战胜一切困难、取得巨大成功的密码，极大增强了全党全国人民奋进新征程、夺取新胜利的信心和力量。在全党全国深入学习贯彻全会精神之际，回顾百年来党领导文化工作的光辉历程、重大成就和历史经验，必将激励我们坚定文化自信、担当文化使命，坚持走中国特色社会主义文化发展道路，向着建设社会主义文化强国宏伟目标稳步迈进。

新民主主义革命时期：传播革命文化、服务革命事业

在革命斗争中，我们党坚持以马克思主义为指导，围绕争取民族独立、人民解放主要任务，积极开展文化文艺工作。毛泽东同志强调，新民主主义的文化就是无产阶级领导的人民大众的反帝反封建的文化，明确了党的文化文艺工作的方向、原则、任务等一系列重大问题，为我们党开展文化文艺工作实践提供了根本遵循。

土地革命战争时期，我们党即开始在苏区根据地创办通讯社、电台、报刊，建立图书馆、博物馆，开展文艺宣传和群众文化活动；在国统区主导建立中国左翼作家联盟等左翼文化团体，从事马克思主义宣传和革命文艺创作，为传播进步思想作出重要贡献。全民族抗战爆发后，我们党在延安成立鲁迅艺术学院，召开延安文艺座谈会，引导文艺工作者创作出一大批文艺经典，创办新华广播电台和《人民日报》等，唤起人民的觉醒，鼓舞人民英勇奋战，为夺取新民主主义革命胜利和实现民族独立、人民解放提供了精神支撑。

社会主义革命和建设时期：文化事业管理体系初步建立

新中国成立后，中国共产党成为执政党，我们党面临的主要任务是进行社会主义革命、推进社会主义建设，文化建设任务随之发生转变。在中国人民政治协商会议第一届全体会议上，毛泽东同志明确指出，“随着经济建设的高潮的到来，不可避免地将要出现一个文化建设的高潮。中国人被人认为不文明的时代已经过去了，我们将以一个具有高度文化的民族出现于世界”，吹响了社会主义文化建设的号角。1951年，在如何对待京剧等旧文艺问题上，毛泽东同志提出“百花齐放，推陈出新”，明确了我们党对待文艺和传统文化的态度。1956年，毛泽东同志在中央政治局扩大会议上指出，“艺术问题上的‘百花齐放’，学术问题上的‘百家争鸣’，应该成为我国发展科学、繁荣文学艺术的方针”，确立了我们党的文化工作方针。毛泽东还提出“古为今用，洋为中用”等重要论断，为这一时期文化文艺工作指明了前进方向。

随着社会主义制度逐步建立，与之相适应的党的文化管理体系逐步建立，从中央到地方，由党委领导的宣传系统和政府领导的文化行政系统构成的文化管理体系基本形成。一系列文化管理制度、工作规则、政策法规陆续出台，重要文化机构国有化改造全面推进，一大批新型国有文艺院团建立，新型艺术管理体制逐步确立，涌现出音乐舞蹈史诗《东方红》、话剧《茶馆》、京剧《穆桂英挂帅》、芭蕾舞剧《红色娘子军》、油画《开国大典》等精品力作。各地建起一大批影剧院、图书馆、文化馆（站）等文化设施。为配合外交大局，积极开展文化交流合作，为社会主义建设争取有利国际环境。同时，随着我国与其他国家陆续正式建交，越来越多的华侨和外国人来华探亲访友、参观访问。为做好接待服务工作，我们先后成立华侨服务社、华侨旅行服务总社、中国旅行社、中国旅游事业管理局，旅游事业体系初步建立。

改革开放和社会主义现代化建设新时期：社会主义文化走向繁荣，旅游业快速发展

党召开十一届三中全会后，实现党和国家工作中心战略转移，文化建设和旅游发展迎来新契机。党中央确立文艺为人民服务、为社会主义服务的“二为”方向和百花齐放、百家争鸣的“双百”方针，提出“大力发展社会主义文化，建设社会主义精神文明”“弘扬主旋律，提倡多样化”等新要求。党的十七届六中全会专题研究文化建设，作出推动社会主义文化大发展大繁荣的战略部署。为适应对外开放和人民生活需要，中央决定发展旅游业。邓小平同志提出，“旅游事业大有文章可做，要突出地搞，加快地搞”。党中央、国务院召开一系列会议研究旅游发展问题，逐步将旅游定位从单纯的外事接待转向经济产业，提出“搞活市场、正确领导、

加强管理、提高质量”的指导方针，明确了旅游业发展路径。

这一时期，文化建设和旅游发展步入快车道。文艺发展环境日益向好、创作活力得到激发，一系列重大工程项目、节庆评奖活动深入开展，音乐舞蹈史诗《复兴之路》等一大批优秀作品竞相推出。文化遗产保护利用得到加强，《中华人民共和国文物保护法》《中华人民共和国非物质文化遗产法》颁布实施，文物、非物质文化遗产、古籍等保护名录体系逐步建立，中华优秀传统文化得到保护弘扬。公共文化服务体系逐步完善，设施网络基本建立，服务质量和水平显著提高。文化产业从无到有、不断壮大，成为国民经济发展的重要增长点。旅游业在探索中加速发展，形成国内、出境、入境三大旅游市场同步发展格局，逐步成长为国民经济战略性支柱产业，较好满足了群众旅游、休闲、度假需求。对外文化交流广泛深入，国家文化软实力和中华文化影响力逐步提升。

中国特色社会主义新时代：文化自信更加坚定，社会主义文化强国建设迈入新阶段

党的十八大以来，以习近平同志为核心的党中央高度重视文化建设。习近平总书记鲜明提出坚定文化自信的重要论断，将文化自信纳入中国特色社会主义“四个自信”、将文化建设纳入“五位一体”总体布局统筹推进，阐明文化建设“四个重要”的地位作用，特别是在继承“二为”方向、“双百”方针基础上，提出创造性转化、创新性发展“两创”原则，首次提出“坚持把马克思主义基本原理同中国具体实际相结合、同中华优秀传统文化相结合”，进一步丰富和发展了党的文化文艺工作方针。党的十九届五中全会提出到2035年建成文化强国的宏伟目标。习近平总书记强调，“旅游是综合性产业，是拉动经济发展的重要动力”“旅游是不同国家、不同文化交流互鉴的重要渠道，是发展经济、增加就业的有效手段，也是提高人民生活水平的重要产业”。2019年中央经济工作会议提出“推动旅游业高质量发展”，对新时代旅游业发展作出部署。在习近平新时代中国特色社会主义思想科学指引和以习近平同志为核心的党中央坚强领导下，文化和旅游改革发展取得可喜成绩。

艺术创作生产持续繁荣。舞台艺术和美术管理体制日益完善，“有规划、有项目、有资金、有组织”的创作生产格局基本形成。主题性创作演出影响广泛，《伟大征程》《奋斗吧中华儿女》《我们的四十年》等重大文艺演出唱响了主旋律、弘扬了正能量。国家舞台艺术精品创作扶持工程、国家主题性美术创作工程等重大艺术工程深入实施，国家艺术基金和中国艺术节、中国文化艺术政府奖——文华奖等节庆评奖活动的引领作用有力发挥，涌现出一大批优秀舞台艺术和美术作品。

现代公共文化服务体系日趋完善。《公共文化服务保障法》《公共图书馆法》《博物馆条例》等法律法规相继出台，国家基本公共服务标准制定出台，人民基本文化权益保障更加有力。覆盖城乡的六级公共文化服务网络逐步健全，公共图书馆、文化馆（站）、美术馆和博物馆免费开放、有序推进。“戏曲进乡村”等文化惠民项目深入实施，群众性文化活动广泛开展。公共文化机构改革深入推进，公共文化服务效能显著提升。公共文化数字化建设成果丰硕，国家公共文化云平台建设加快推进，群众享受优质公共文化服务更加方便快捷。

文化遗产保护传承弘扬成效显著。一系列重点文物保护工程、考古工程和中华古籍保护计划、中国传统工艺振兴计划等工程项目深入实施，文物、非物质文化遗产、古籍等资源家底逐步摸清，保护制度和名录体系日益完善。文化遗产资源逐步“活”起来，“考古热”“博物馆热”“非遗热”热度不减，到博物馆看展览成为社会新风尚，非遗更好融入人们生产生活，文化创意产品进入寻常百姓家，保护文化遗产正在逐步成为社会自觉。

文化产业健康快速发展。文化产业政策法规体系日益完善，文化产业促进法立法取得积极进展，推进文化创意和设计服务与相关产业融合发展等一系列扶持政策出台，多元化、多层次、多渠道的文化产业投融资体系逐步建立，以公有制为主体、多种所有制共同发展的文化产业格局逐步形成。文化产业园区健康有序发展，企业数量不断增长，供给能力迅速提升。文化产业与数字技术、互联网技术加速融合，数字文化产业迅速发展。文化市场业态不断丰富、形态日趋多元、渠道日益广泛，以娱乐、演出、艺术品等传统市场和网络游戏、网络表演、动漫等新兴市场为主体的文化市场体系更加繁荣有序。文化产业总量规模显著提升，成为经济增长新动能。

旅游业发展呈现强劲活力。《中华人民共和国旅游法》颁布实施，系列配套法规相继制定修订，制度创新、管理创新加快推进。旅游产业体系逐步完善，以A级景区、旅游度假区、乡村旅游、红色旅游等为主要载体的旅游产品供给体系逐步形成，体育旅游、工业旅游、研学旅游、沉浸式体验等新业态层出不穷。截至2021年年底，全国已有A级旅游景区1.3万多家，其中5A级景区306个；国家级度假区45个。智慧旅游持续发展，“预约、限量、错峰”渐成常态，群众旅游体验感不断提升。旅游厕所革命深入推进，游客服务中心、集散中心等设施服务不断完善，群众出游更加方便舒适。文化和旅游融合发展逐步深入，“诗”和“远方”浑然一体，人们在旅游中更好领略自然之美、文化之美、生活之美。

对外和对港澳台交流合作日益活跃。官方和民间并举、交流和贸易并重，全方位、多层次、宽领域的对外文化和旅游交流合作工作格局逐步完善。配合元首外交和“一带一路”国际合作高峰论坛、亚洲文明对话大会等主场外交的一系列重大文化活动成功举办，有力服务了外交大局。覆盖全球的政府间文化和旅游合作网络初步形成。积极参与国际组织、多边文化和旅游合作机制，参与国际规则制定，我国在文化和旅游领域的国际话语权和影响力不断提升。文化和旅游年（节）以及“欢乐春节”“美丽中国”等品牌活动影响广泛。

海外中国文化中心、旅游办事处数量持续增长、平台作用逐步彰显。对外文化贸易体系逐步建立，核心文化产品和服务出口快速增长。对港澳台文化和旅游工作围绕祖国和平统一大业深耕厚植，“艺海流金”“情系”等活动品牌深入开展，面向青少年、面向基层的活动深受欢迎，凝心聚力、增进认同作用有力发挥。

百年来党领导文化工作的历史经验和重要启示

一百年来，党领导一代又一代文化工作者投身文化建设实践，走出一条不平凡的发展道路，积累了宝贵经验，为建设社会主义文化强国、推动旅游高质量发展提供了重要启示。

必须坚持和加强党的全面领导。中国共产党是领导我们事业的核心力量。历史和现实都证明，没有中国共产党，就没有新中国，就没有中华民族伟大复兴。面对不同历史时期主要任务，我们党始终把文化工作纳入经济社会发展全局，摆在突出重要位置，把握文化发展正确方向，使其与经济建设、政治建设、社会建设、生态文明建设整体推进、共同发展。这是文化工作不断开拓创新的根本保证。新征程上，必须坚持党的全面领导不动摇，坚决维护党的核心和党中央权威，把党的领导落实到文化工作全过程各方面。

必须坚持马克思主义的指导地位。我们党勇于结合新的实践推进理论创新、善于用新的理论指导新的实践，不断推进马克思主义中国化，为推进文化建设和旅游发展提供了行动指南。新征程上，必须坚持以习近平新时代中国特色社会主义思想这一当代中国马克思主义、21世纪马克思主义为指导，确保文化工作方向始终正确。

必须坚持走中国特色社会主义文化发展道路。实践证明，党在百年奋斗中领导开辟了一条有别于世界其他国家、民族的文化发展道路，具有无比广阔的舞台，具有无比深厚的历史底蕴，具有无比强大的前进定力。新征程上，必须坚持守正创新、固本培元，脚踏中华大地、传承中华文明，吸纳人类文明优秀成果，坚定不移沿着中国特色社会主义文化发展道路走下去。

必须坚持以人民为中心的工作导向。“为了谁、依靠谁”是文化和旅游改革发展的根本问题。新征程上，必须坚持发展为了人民，不断满足人民多层次、多样化、多方面的精神文化需求，促进人的全面发展、不断提高社会文明程度；坚持发展依靠人民，充分尊重人民的首创精神、发挥人民的主体作用，把人民广泛参与和热情创造作为文化兴盛、旅游兴旺的根本力量。

必须坚持解放思想、改革创新。文化建设是需要创新创造的领域。回顾百年历程，党领导文化建设和旅游发展的历史，就是一部持续解放思想、不断改革创新的历史。新征程上，必须深入实施创新驱动发展战略，坚持深化“放管服”改革、文化体制机制改革，不断激发文化和旅游领域创新创造活力。

（作者系文化和旅游部党组书记、部长胡和平，摘自《学习时报》）

守正创新做好新时代新征程宣传思想工作

王晓晖

习近平总书记强调，宣传工作是党的一项极端重要的工作；领导干部要做实干家，也要做宣传家。党的十八大以来，以习近平同志为核心的党中央把宣传思想工作摆在全局工作重要位置，指引宣传思想工作取得历史性成就、发生历史性变革。经党中央批准出版的《中国共产党宣传工作简史》（以下简称《简史》），是新时代宣传思想工作又一标志性成果。《简史》充分反映党的百年宣传工作的历程、成就和经验，是深入推进党史学习教育常态化长效化的重要读物，是学习研究党的宣传史的基本教材。要学好用好《简史》，坚定历史自信、把握历史规律，按照守正创新要求不断提高做好新形势下宣传思想工作的水平。

深刻把握宣传思想工作与党同生同行的奋斗历程和历史经验

重视和加强宣传思想工作是党的一大优良传统、一大突出优势。我们党是在马克思主义与中国工人运动的紧密结合中应运而生的，“从起根发芽时就是从宣传工作做起”，党的第一份决议、第一个纲领、第一份中央局通告都对宣传工作作出规定、提出要求。党的主要领导人都高度重视宣传思想工作。毛泽东同志指出“共产党是要在左手拿宣传单，右手拿枪弹，才可以打倒敌人的”，提出“百花齐放、百家争鸣”方针和政治家办报思想。邓小平同志指出宣传工作是“一切革命工作的粮草”，“要使我们党的报刊成为全国安定团结的思想上的中心”，提出“为人民服务、为社会主义服务”方针和“两手抓、两手都要硬”思想。江泽民同志指出，宣传思想工作要以科学的理论武装人，以正确的舆论引导人，以高尚的精神塑造人，以优秀的作品鼓舞人。胡锦涛同志指出，在新的历史起点上开创宣传思想工作新局面，要坚持高举旗帜、围绕大局、服务人民、改革创新。习近平总书记亲自谋划、亲自指挥、亲自推动，指出宣传思想工作就是要巩固马克思主义在意识形态领域的指导地位，巩固全党全国人民团结奋斗的共同思想基础；自觉承担起举旗帜、聚民心、育新人、兴文化、展形象的使命任务。历史证明，宣传思想工作是党成功奠基立业、铸就苦难辉煌、从胜利走向胜利的重要法宝，必须发扬好这个优良传统、运用好这个突出优势。

宣传思想工作在不同历史时期为促进党和人民事业发展发挥了须臾不可替代的重要作用。我们党总是根据社会主要矛盾、党的中心任务的变化来发挥宣传思想工作的作用，动员激励广大干部群众为之奋斗。在新民主主义革命时期，党始终把宣传工作作为开路先锋，一手抓枪杆子，一手抓笔杆子，与国内外一切反动势力进行艰苦卓绝的思想舆论斗争，形成了“唤起工农千百万，同心干”的强大力量。在社会主义革命和建设时期，党大力加强全社会政治教育和思想改造，推动教育科学文化事业除旧布新，激发起“敢教日月换新天”的伟大力量。在改革开放和社会主义现代化建设新时期，围绕和服务经济建设，加强社会主义精神文明建设，推动社会主义文化繁荣发展，为开创、坚持和发展中国特色社会主义提供了有力思想舆论支撑，营造了“东方风来满眼春”的动人景象。在中国特色社会主义新时代，习近平总书记总揽全局，领导宣传思想工作应变局、开新局，为全面建成小康社会进而全面建设社会主义现代化国家、实现中华民族伟大复兴的中国梦提供了坚强思想保证和强大精神力量，绘就了“彩云长在有新天”的壮丽图景。

百年宣传思想工作蕴含着极为宝贵的历史经验。宣传思想工作从艰辛起步到逐步成熟，积累形成了宝贵精神财富。比如，坚持党的全面领导，始终在政治立场、政治方向、政治原则、政治道路上同党中央保持高度一致。坚持理论创新，坚定文化自信，把马克思主义基本原理同中国具体实际相结合、同中华优秀传统文化相结合，不断推进马克思主义中国化时代化。坚持围绕中心、服务大局，弘扬主旋律、传播正能量，巩固壮大主流思想舆论。坚持以人民为中心的工作导向，不断满足人民文化需求，增强人民精神力量。坚持敢于斗争、善于斗争，旗帜鲜明坚持真理、立场坚定批驳谬误，牢牢掌握意识形态工作领导权。坚持讲好中国共产党故事，传播好中国声音，形成同我国综合国力和国际地位相匹配的国际话语权。坚持守正创新，使宣传思想工作更好体现时代性、把握规律性、富于创造性。坚持全党动手，努力构建大宣传工作格局，形成齐抓共管的工作合力。对这些历史经验，必须倍加珍惜、长期坚持并不断丰富发展。

充分认识新时代宣传思想工作取得的重大理论成果、实践成果和制度成果

习近平总书记关于宣传思想工作的重要思想是指引新时代宣传思想工作正本清源、守正创新的强大思想武器。习近平总书记在领导新时代党的宣传思想工作实践中，就宣传思想工作许多方向性、全局性、战略性重大问题发表一系列重要论述，形成了习近平总书记关于宣传思想工作的重要思想。这一重要思想，涵盖宣传思想工作各领域各方面，深刻阐明宣传思想工作的地位作用、目标任务、职责使命、实践要求，系统回答新时代为什么要加强党的宣传思想工作、怎样加强党的宣传思想工作等重大问题，形成了科学完备、逻辑严密的思想和工作指导体系。这一重要思想，坚持辩证唯物主义和历史唯物主义，在继承和弘扬百年宣传工作优良传统、宝贵经验基础上，紧密结合新的时代条件和实践要求，以一系列新思想新观点新论断，对党的宣传工作特别是新时代宣传工作实践进行新的理论概括，把我们党对宣传思想工作的规律性认识提升到一个新高度，开辟了马克思主义宣传理论的新境界，是新时代宣传思想工作取得的标志性、创新性、战略性的重大理论成果，是新时代新征程上宣传思想工作的根本遵循和行动指南。

我国意识形态领域形势发生全局性、根本性转变。新思想指引新实践，引领新变革。党的十八大以来，我们旗帜鲜明坚持党管宣传、党管意识形态、党管媒体，压紧压实各级党委（党组）政治责任、领导责任，着力解决意识形态领域党的领导弱化问题，党对意识形态工作的领导全面加强。持续加强党的创新理论武装，充分发挥新时代文明实践中心、县级融媒体中心和“学习强国”学习平台作用，推动习近平新时代中国特色社会主义思想学习宣传贯彻走深走实，全党全国各族人民团结奋斗的共同思想基础更加巩固。坚持以社会主义核心价值观引领文化建设，开展党史学习教育和“四史”宣传教育，深化群众性精神文明创建，营造清朗网络空间，爱党爱国爱社会主义的主旋律更加高昂响亮。着力重塑外宣业务、重整外宣流程、重构外宣格局，积极宣介人类命运共同体、全人类共同价值、全球发展倡议、全过程人民民主、中国式现代化道路、人类文明新形态等重要理念主张。有力有效开展国际舆论引导和舆论斗争，真实立体全面的中国形象更加鲜亮突出。经过持续努力，意识形态领域向上向好态势不断巩固，全党全国各族人民文化自信明显增强，全社会凝聚力向心力极大提升，为全面建设社会主义现代化国家、实现中华民族伟大复兴提供了坚实思想基础。

坚持和落实马克思主义在意识形态领域指导地位根本制度的制度体系更加完善。着眼巩固马克思主义在意识形态领域的指导地位，提升宣传思想工作科学化规范化制度化水平，将坚持马克思主义在意识形态领域指导地位的根本制度细化为管用有效的具体制度。制定《中国共产党宣传工作条例》，对新时代宣传思想工作作出制度安排和规范要求；印发《中国共产党党委（党组）理论学习中心组学习规则》，对学习的性质定位原则、内容形式要求、组织管理考核等方面作出明确规定；出台《党委（党组）意识形态工作责任制实施办法》《党委（党组）网络意识形态工作责任制实施细则》，以党内法规形式明确各级党委的政治责任和主体责任，并将责任落实情况纳入巡视巡察安排。制定印发《新时代爱国主义教育实施纲要》《新时代公民道德建设实施纲要》《关于新时代加强和改进思想政治工作的意见》，推动出台公共文化服务保障法、电影产业促进法、著作权法等国家法律，宣传思想文化领域法规制度建设步伐加快。这些重要制度成果，为坚持和完善中国特色社会主义制度、建设社会主义文化强国提供了有力保障。

在新时代新征程上展现宣传思想工作新气象新作为

推动习近平新时代中国特色社会主义思想深入人心、落地生根。新时代奋斗实践充分证明，什么时候贯彻落实党的创新理论坚决有力，什么时候就能开新局、谱新篇。要深刻认识“两个确立”的决定性意义，把学习贯彻习近平新时代中国特色社会主义思想作为首要政治任务，引导广大党员干部读原著学原文、悟原理知原义，既从整体上把握科学体系，又分领域领会实践要求，切实做到学懂、弄通、做实。深入研究阐释关系党长期执政、党和国家事业发展面临的重大战略问题、理论问题和实践问题，形成有分量有价值的研究成

果，以扎实的理论研究支撑理论武装。加强对象化、分众化、融合化理论宣传，推出更多吸引力感染力强的理论读物和融媒体产品，讲好党的创新理论的学理哲理、道理情理。

聚焦聚力做好迎接宣传贯彻党的二十大各项工作。今年将召开党的二十大，这是全党全国各族人民政治生活中的一件大事。迎接宣传贯彻党的二十大，是宣传思想工作必须突出的工作主线。要浓墨重彩开展新闻宣传，组织“奋进新征程建功新时代”大型主题采访活动，全景式展现新时代成就。坚持深入基层、热在群众，开展“强国复兴有我”群众性主题宣传教育活动，办好主题成就展览，进一步振奋精神、凝聚力量。精心组织推出主题文艺出版作品，做好展演展映展播，奏响新时代颂歌。落实好意识形态工作责任制，加强各类意识形态阵地管理，更好维护意识形态安全。做好形势政策宣传、经济民生热点引导工作，加强疫情防控信息发布和宣传引导。推动党史学习教育常态化长效化，把学习成效转化为干事创业的动力、举措和成效。

加快建设社会主义文化强国。到2035年建成文化强国，时间紧、任务重。要坚定文化自信，坚持走中国特色社会主义文化发展道路，进一步解放和发展文化生产力，激发文化创新创造活力，不断铸就中华文化新辉煌。加强文艺精品创作生产，提高作品的精神高度、文化内涵、艺术价值，推出更多优秀作品。完善公共文化服务体系，提升公共文化服务水平，增加优质文化产品和服务，健全现代文化产业体系和市场体系，推动文化高质量发展。坚持以文塑旅、以旅彰文，加快推动文化旅游深度融合发展。

促进人民精神生活共同富裕。习近平总书记指出，共同富裕是人民群众物质生活和精神生活都富裕。促进人民精神生活共同富裕，是一个振奋人心、激励人心的奋斗目标。要强化社会主义核心价值观引领，加强爱国主义、集体主义、社会主义教育，培养担当民族复兴大任的时代新人。弘扬以伟大建党精神为源头的中国共产党人的精神谱系，传承红色基因，赓续红色血脉。坚持为民利民惠民，深化群众性精神文明创建，拓展新时代文明实践中心建设，健全志愿服务体系。优化文化资源配置，切实解决城乡、区域之间文化发展不平衡不充分问题，推动文化改革发展成果更多更公平惠及全体人民。

展示好新时代中国共产党和当代中国形象。国际环境越是复杂严峻，越要重视和加强国际传播工作，展示好大党大国风貌。要讲好中国共产党故事和中国故事，加快构建中国话语和叙事体系，帮助国际社会深入了解中国共产党为什么能、马克思主义为什么行、中国特色社会主义为什么好，形成正确的中共观、中国观。高举人类命运共同体旗帜，围绕国际社会关切，全面阐述我国的发展观、文明观、安全观、人权观、生态观、国际秩序观和全球治理观，弘扬全人类共同价值，加强文明交流互鉴，有理有利有节开展国际舆论斗争，努力塑造可信、可爱、可敬的中国形象。

（《学习时报》2022年04月08日；作者系中央宣传部分管日常工作的副部长　王晓晖）

凝聚职工群众奋进“十四五”的磅礴力量

陈　刚

习近平总书记在2020年全国劳动模范和先进工作者表彰大会上强调，要大力弘扬劳模精神、劳动精神、工匠精神，充分发挥工人阶级和广大劳动群众主力军作用，努力建设高素质劳动大军，切实实现好、维护好、发展好劳动者合法权益。今年是中国共产党成立100周年，也是“十四五”开局之年。立足新发展阶段、贯彻新发展理念、构建新发展格局，推动高质量发展，必须深入学习贯彻习近平总书记关于工人阶级和工会工作的重要论述，组织动员广大职工从百年党史中汲取奋进力量，以只争朝夕的精神状态和一往无前的奋斗姿态，为全面建设社会主义现代化国家开好局、起好步作出应有贡献。

激发广大职工建功立业的干劲

在革命、建设、改革各个历史时期，我们党团结带领人民在不懈奋斗中铸就了一系列伟大精神，劳模精神、劳动精神、工匠精神是其中的重要组成部分。习近平总书记指出：“劳模精神、劳动精神、工匠精神是以爱国主义为核心的民族精神和以改革创新为核心的时代精神的生动体现，是鼓舞全党全国各族人民风雨无阻、勇敢前进的强大精神动力。”长期以来，我国工人阶级和广大劳动群众在劳模精神、劳动精神、工匠精神的激励下，奉献在岗位、奋斗在一线，用智慧和汗水为改革开放和社会主义现代化建设作出巨大贡献。

当前，我国发展仍然处于重要战略机遇期，但也面临着发展环境变化带来的多重挑战。当今世界正经历百年未有之大变局，新一轮科技革命和产业变革深入发展，国际力量对比深刻调整，新冠肺炎疫情影响广泛深远，经济全球化遭遇逆流，世界进入动荡变革期；国内重点领域关键环节改革任务仍然艰巨，发展不平衡不充分问题仍然突出。形势越是严峻复杂，任务越是艰巨繁重，越需要大力弘扬劳模精神、劳动精神、工匠精神，调动劳动和创造的积极性，凝聚广大职工团结一心、持续奋斗的精神，激发广大职工攻坚克难、建功立业的坚定信心和顽强斗志。

崇高精神从来都不是自发产生的，需要不断涵养、培育和铸就。要围绕庆祝建党100周年，广泛开展“永远跟党走”“劳动创造幸福”“中国梦·劳动美”等主题宣传教育，加大对劳模先进人物的宣传力度，讲好劳模故事、讲好劳动故事、讲好工匠故事，团结带领广大职工自觉践行社会主义核心价值观，让劳动最光荣、劳动最崇高、劳动最伟大、劳动最美丽在全社会蔚然成风。贯彻尊重劳动、尊重知识、尊重人才、尊重创造方针，积极发挥劳模和工匠人才创新工作室作用，为劳动模范、大国工匠发挥作用搭建平台、提供舞台。

充分发挥工人阶级和广大劳动群众主力军作用

我国是人民当家做主的社会主义国家，党和国家始终坚持全心全意依靠工人阶级方针，始终高度重视工人阶级和广大劳动群众在党和国家事业发展中的重要地位，始终高度重视发挥劳动模范和先进工作者的重要作用。习近平总书记强调："各级党委要从巩固党执政的阶级基础和群众基础的高度，认真贯彻全心全意依靠工人阶级的方针，加强和改进对工会工作的领导，为工会履行职责、发挥作用不断创造有利条件。"我们要保障和落实工人阶级主人翁地位、充分发挥工人阶级和广大劳动群众的主力军作用。

在我们党带领人民不懈奋斗的百年历程中，工人阶级始终紧跟党的前进步伐，积极投身革命、建设、改革的时代洪流，始终坚定走在为中华民族伟大复兴奋斗的最前列，勇挑重担，艰苦创业，发挥了先进阶级的重要作用，作出了彪炳史册的杰出贡献。历史充分证明，我国工人阶级不愧是中国共产党最坚实、最可靠的阶级基础，不愧是我们社会主义国家的领导阶级，不愧是先进生产力和生产关系的代表，不愧是坚持和发展中国特色社会主义的主力军。

全心全意依靠工人阶级，要贯彻到党和国家政策制定、工作推进全过程，体现到事业发展各环节，做到在政治上保证、制度上落实、素质上提高、权益上维护。加强职工思想政治引领，把学习贯彻习近平新时代中国特色社会主义思想作为首要政治任务，广泛开展面向广大职工的理论宣讲，把讲道理和讲故事结合起来，把讲"国之大者"和讲职工利益关切结合起来，推动党的创新理论走近职工身边、走进职工心里。组织广大职工学习党史、新中国史、改革开放史、社会主义发展史，做到学史明理、学史增信、学史崇德、学史力行，增强勇担历史使命的思想自觉和行动自觉。围绕"十四五"时期国家重大战略、重大工程、重大项目、重点产业，组织职工广泛深入持久开展劳动和技能竞赛，推动竞赛在促进区域联动、体现产业特色、丰富载体内涵、加强机制建设等方面实现新突破。加强对职工的人文关怀和心理疏导，引导职工发扬工人阶级优良传统，依法理性有序表达利益诉求，自觉维护大局、服务大局，始终做党执政的坚实依靠力量。

为高质量发展提供强大人力支撑

劳动者素质对一个国家、一个民族发展至关重要。推动高质量发展，劳动者素质是关键因素，必须通过创新驱动、人才驱动实现质量变革、效率变革、动力变革。习近平总书记指出："要增强创新意识、培养创新思维，展示锐意创新的勇气、敢为人先的锐气、蓬勃向上的朝气。"新征程上，我们要激励更多劳动者特别是青年人走技能成才、技能报国之路，为高质量发展提供强大人力支撑。

我国拥有世界上规模最大的人力资源，但人力资源结构性矛盾突出，技能型人才缺口高达 2000 万，高技能人才仅占就业人口总量的 7%，技能劳动者的求人倍率长期保持在 2 以上，技能短缺和技能匹配问题仍然突出，提升劳动者素质任务十分紧迫。特别是近年来，以人工智能、工业机器人为代表的新一轮技术进步对劳动者素质提出新的更高要求。

各级工会作为提高职工素质的"大学校"，必须把提高职工队伍整体素质作为一项管全局、管根本、管长远的战略任务抓紧抓好。深入实施职工素质建设工程，推动构建高质量教育体系，健全终身技能培训制度，实施知识更新工程、技能提升行动，持续大规模开展职业技能培训，全面提升劳动者就业创业能力。充分发挥企业在职工岗位技能培训方面的主体作用，推动企业建立技高者多得的人力资源管理、创新成果分享、收入分配等配套机制，健全落实高技能人才的培养、使用、评价、激励和保障机制。深化"小发明、小创造、小革新、小设计、小建议"等群众性创新活动，激发广大职工劳动热情、释放创造潜能，在打好关键核心技术攻坚战、提高创新链整体效能中充分发挥工人阶级和广大劳动群众的作用。深化产业工人队伍建设改革，落实产业工人思想引领、建功立业、素质提升、地位提高、队伍壮大等措施，努力造就一支有理想守信念、懂技术会创新、敢担当讲奉献的宏大产业工人队伍。

不断增强职工群众获得感幸福感安全感

发挥我国工人阶级和广大劳动群众主力军作用，需要切实实现好、维护好、发展好劳动者合法权益。习近平总书记指出："要坚持以人民为中心的发展思想，维护好工人阶级和广大劳动群众合法权益，解决好就业、教育、社保、医疗、住房、养老、食品安全、生产安全、生态环境、社会治安等问题，不断提升工人阶级和广大劳动群众的获得感、幸福感、安全感。"我们要进一步维护职工合法权益，以更扎实、更有效举措不断推进共同富裕。

在"十四五"时期我国经济社会发展的 20 项主要指标中，民生福祉类别的指标最多，涵盖收入、就业、教育、医疗、养老、育幼等多个方面。当前我国民生领域还存在一些短板，职工利益的实现还有一些难点和堵点。比如，就业压力仍然较大，结构性矛盾仍然突出，收入分配差距较大问题仍然存在，劳动经济权益保障不够充分，城市困难职工帮扶力度还需进一步加大，快递员、网约工等一大批新业态从业人员的权益需要得到更多关注和保障等。如何更加注重民生福祉、做好维权服务，成为工会必须解答好的时代课题。

维护职工合法权益、竭诚服务职工群众是工会的基本职责，也是充分调动职工群众积极性、主动性、创造性的重要保障。各级工会要把更好满足职工群众需求作为目标，哪里的职工合法权益受到侵害，哪里的工会就要站出来说话，使广大职工群众的获得感幸福感安全感更加充实、更有保障、更可持续。切实维护职工劳动经济权益，不断提高劳动者收入水平，健全与经济发展水平相适应的收入分配制度，实施扩大中等收入群体行动计划，健全有利于更充分更高质量就业的促进机制，维护好城市困难职工、农民工和网约工、快递员、货车司机等群体的合法权益。构建以精准帮扶、普惠性服务为重点的工会服务职工体系，做实送温暖、金秋助学、阳光就业、工会法律援助、“劳动者港湾”等品牌活动，培育一批显著改善职工生活品质的服务项目，把党和政府的关怀送到职工群众心坎上。健全以职工代表大会为基本形式的企事业单位民主管理制度，完善劳动关系风险监测、分析、预防和处置机制，构建和谐稳定劳动关系，坚决维护中国共产党领导和我国社会主义制度，坚决维护职工队伍和工会组织的团结统一，坚决维护社会大局稳定。

（《人民日报》2021 年 04 月 29 日，作者为中华全国总工会党组书记、副主席、书记处第一书记　陈刚）

同心同向　同频共振

——把思想政治工作贯穿党的建设始终

傅兴国

思想政治工作是党的建设的基础工作，是全面从严治党的重要抓手。从一定意义上说，中国共产党人就是靠思想政治工作起家的。百年大党，一路走来，把思想政治工作作为管党治党的重要方式，坚持党要管党、全面从严治党，以党的政治建设为统领，坚持思想建党和制度治党相统一，促进思想政治工作与党的建设深度融合、同向发力，为党和国家中心工作提供有力保障。我们党之所以伟大、光荣、正确，把思想政治工作贯穿党的建设始终是突出优势和优良传统，更是兴党之道和强党之路。

思想政治工作是党的建设的传家宝与生命线

一百年来，我们党始终高度重视思想政治工作。毛泽东同志提出：“共产党领导的革命的政治工作是革命军队的生命线”“掌握思想教育，是团结全党进行伟大政治斗争的中心环节”“政治工作是一切经济工作的生命线”。改革开放后，邓小平同志指出：“改善党的领导，其中最主要的，就是加强思想政治工作”，领导机关“要腾出主要的时间和精力来做思想政治工作”。江泽民同志强调，思想政治工作“要在增强时代感和加强针对性、实效性、主动性上下功夫”。胡锦涛同志指出：“思想政治工作说到底是做人的工作，必须坚持以人为本。”党的十八大以来，以习近平同志为核心的党中央把党的思想政治工作摆在更加重要的位置，引导全党把智慧和力量凝聚到中国特色社会主义伟大事业中来。习近平总书记强调：“加强党的建设，首要任务是加强思想政治建设，关键是教育管理好党员、干部。”“加强思想政治引领，广泛凝聚共识，广聚天下英才，努力寻求最大公约数、画出最大同心圆，形成海内外全体中华儿女心往一处想、劲往一处使的生动局面，汇聚起实现民族复兴的磅礴力量！”前不久，中共中央、国务院印发的《关于新时代加强和改进思想政治工作的意见》，以马克思列宁主义、毛泽东思想、邓小平理论、“三个代表”重要思想、科学发展观、习近平新时代中国特色社会主义思想为指导，对新时代思想政治工作作出了全面系统部署，深刻阐明了思想政治工作的重大意义、方针原则和实践要求，丰富和发展了我们党对思想政治工作的规律性认识。经过全党全国各族人民持续奋斗，我们实现了第一个百年奋斗目标，全面建成了小康社会，历史性地解决了绝对贫困问题，中华民族迎来了从站起来、富起来到强起来的伟大飞跃，实现中华民族伟大复兴进入了不可逆转的历史进程。

一百年来，中国共产党团结带领中国人民，以“为有牺牲多壮志，敢教日月换新天”的大无畏气概，书写了中华民族几千年历史上最恢宏的史诗。党的百年伟大历程表明，什么时候全党旗帜鲜明讲政治、重视思想政治工作，我们党就充满生机活力，党的事业就蓬勃发展；反之，就会发生偏差，党的事业就会出现挫折。

把思想政治工作摆在党的建设的重要位置

新时代要有新气象新作为。思想政治工作是一项重大政治任务和经常性、基础性工作，必须站在统筹中华民族伟大复兴战略全局和世界百年未有之大变局的战略高度，统揽“四个伟大”，坚持系统观念，一以贯之落实到党的政治建设、思想建设、组织建设、作风建设、纪律建设和制度建设以及反腐败斗争等各项工作中，因事而化、因时而进、因势而新，切实抓紧、抓实、抓好，永葆党的先进性和纯洁性，确保党始终成为中国特色社会主义事业的坚强领导核心。

以党的政治建设为统领，坚持和加强党的全面领导，做到“两个维护”。加强和改进思想政治工作，事关党的前途命运，事关国家长治久安，事关民族凝聚力和向心力。做好思想政治工作，推进党的建设，必须旗帜鲜明讲政治，把坚持和加强党的全面领导作为根本原则。要教育引导各级党组织和广大党员、干部牢固树立党章意识，切实尊崇党章，用党章规范言行，弘扬忠诚老实、公道正派、实事求是、清正廉洁等价值观，坚决反对搞两面派、做两面人。要加强党性锻炼，不断提高政治觉悟和政治能力，把对党忠诚、为党分忧、为党尽职、为民造福作为根本政治担当，永葆共产党人政治本色。要严守政治纪律和政治规矩，增强“四个意识”、坚定“四个自信”、做到“两个维护”，牢记“国之大者”，不断提高政治判断力、政治领悟力、政治执行力，在思想上政治上行动上始终同以习近平同志为核心的党中央保持高度一致。发挥党总揽全局、协调各方的领导核心作用，建立健全党对重大工作的领导体制机制，把坚持和加强党对国家和社会的全面领导落到实处。

以党的创新理论凝心铸魂，用习近平新时代中国特色社会主义思想武装全党、教育人民。思想政治工作是铸魂育人的工作。中国共产党为什么能，中国特色社会主义为什么好，归根到底是因为马克思主义行。做好思想政治工作，推进党的建设，必须把学习贯彻习近平新时代中国特色社会主义思想作为首要政治任务，推动理论武装走深走实。要把不忘初心、牢记使命作为加强党的建设的永恒课题和全体党员、干部的终身课题，推进“两学一做”学习教育常态化制度化，巩固深化“不忘初心、牢记使命”主题教育成果。结合党史学习教育，组织党员、干部读原著、学原文、悟原理，特别是深入学习习近平总书记在庆祝中国共产党成立100周年大会上的重要讲话精神，大力弘扬伟大建党精神，锤炼鲜明政治品格、继承光荣传统、赓续红色血脉。完善党委（党组）理论学习中心组、党支部“三会一课”等各层级学习制度，加强思想淬炼、政治历练、实践锻炼、专业训练，把学习成效转化为推动改革发展的生动实践。充分发挥党校（行政学院）、干部学院主阵地作用，分级分类开展学习培训，重点抓好县处级以上党员干部集中轮训；持续做好进教材、进课堂、进头脑工作，建好用好学习习近平新时代中国特色社会主义思想“网上党校”“党课开讲啦”等载体，不断提高理论武装的针对性实效性。推进党的创新理论“飞入寻常百姓家”，增进全社会对习近平新时代中国特色社会主义思想的政治认同、思想认同、理论认同、情感认同，巩固全党全国各族人民团结奋斗的共同思想基础。

着眼保证党的集中统一、步调一致，一体推进党的组织体系建设。强有力的思想政治工作，是党的组织体系上下贯通、执行有力的重要保证，也是彰显党的组织体系优势的内在要求。必须增强各级党组织的政治功能和组织功能，把党员、干部有效组织起来，把人民群众广泛凝聚起来。党中央是大脑和中枢。必须以实际行动维护党中央定于一尊、一锤定音的权威，改进党的领导方式和执政方式，善于运用思想政治工作和体制制度优势，服务人民群众，不断提高党把方向、谋大局、定政策、促改革的能力。地方党委是贯彻落实党中央决策部署的“中间段”，要认真贯彻执行地方党委工作条例，完善党委统一领导、党政齐抓共管、宣传部门组织协调、有关部门和人民团体分工负责、全党全社会共同参与的思想政治工作大格局，努力建设成为坚决听从党中央指挥、管理严格、监督有力、班子团结、风气纯正的坚强组织。基层党组织是贯彻落实党中央决策部署的“最后一公里”，要坚持大抓基层的鲜明导向，推动党的组织和党的工作全覆盖，充分发挥基层党组织的战斗堡垒作用。党支部是党的组织体系的基本单元，是联系服务群众的重要纽带，要充分发挥党支部教育党员、管理党员、监督党员和组织群众、宣传群众、凝聚群众、服务群众的职责作用，把思想政治工作落实到支部，让支部在基层工作中唱主角，成为团结群众的核心、教育党员的学校、攻坚克难的堡垒。

突出政治功能，做到哪里有党组织、哪里就有思想政治工作。“支部建在连上”，是思想政治工作在基层落实落地的重要组织载体。必须突出政治功能，把各领域基层党组织建设成为宣传党的主张、贯彻党的决定、领导基层治理、团结动员群众、推动改革发展的坚强战斗堡垒。坚持党的农村基层组织领导地位，深入推进抓党建促乡村振兴，推动基层党组织把党员、群众组织起来，发展乡村产业，加强精神文明建设，深化农村改革。提升党建引领城市基层治理效能，完善社区党组织领导基层群众性自治组织开展思想政治工作的相关制度，健全驻区单位党组织、在职党员到社区报到为群众服务长效机制。坚持把带头做到“两个维护”作为机关思想政治工作的首要任务，持续抓好机关基层党组织工作条例贯彻落实，深化政治机关意识教育，努力建设讲政治、守纪律、负责任、有效率的模范机关。抓好国有企业基层党组织工作条例落实，把思想政治工作同生产经营管理、企业文化建设等工作结合起来，加强对国有企业领导人员的党性教育、宗旨教育、警示教育，不断提高其思想政治素质。贯彻新修订的高校基层党组织工作条例，把思想政治工作作为开展高校党的建设的重要抓手，为党育人、为国育才。切实加强非公有制企业和社会组织党建工作，增强思想政治工作实效，把经济社会发展中最活跃的组织和人群团结凝聚在党的周围。从严加强党员队伍建设，贯彻落实党员教育管理工作条例和党员教育培训工作规划，严格党员日常管理监督，认真落实组织生活会、谈心谈话、民主评议党员、主题党日等制度，不断增强党内政治生活的政治性、时代性、原则性、战斗性。加强党内激励关怀帮扶，大力宣传“七一勋章”等功勋荣誉表彰获得者的感人事迹和崇高品德，教育引导广大党员、干部坚定信念、践行宗旨、拼搏奉献、廉洁奉公。

坚守以人民为中心的政治立场，始终保持党同人民群众的血肉联系。江山就是人民、人民就是江山，打江山、守江山，守的是人民的心。牢记初心使命，坚定理想信念，践行党的宗旨，永远保持同人民群众的血肉联系，始终同人民想在一起、干在一起，风雨同舟、同甘共苦，继续为实现人民对美好生活的向往不懈努力，努力为党和人民争取更大光荣！这是党中央向全体党员发出的伟大号召，也是做好新时代思想政治工作的重要方针原则。健全党员领导干部联系基层、党员联系群众的工作制度，想群众之所想，急群众之所急，解群众之所难，经常性走进群众开展面对面的谈心谈话活动，把工作做到群众心坎上，引导人民群众听党话、感党恩、跟党走。与党史学习教育“我为群众办实事”实践活动统筹安排，坚持解决思想问题与解决实际问题相结合，用心用情用力解决好群众的急难愁盼问题，不断增强人民群众的获得感、幸福感、安全感。力戒形式主义、官僚主义，深入推进基层减负工作。持之以恒开展正风肃纪反腐，把思想教育和监督执纪结合起来，从思想上正本清源、立根固本，一体推进不敢腐、不能腐、不想腐，确保党不变质、不变色、不变味。

以高水平思想政治工作推动党的建设高质量发展

思想政治工作绝不是单纯哪条线的工作，而应该是全方位的，无处不在、无时不在的，融入式、嵌入式、渗入式的，不能搞成“两张皮”。我们要持续巩固壮大主流思想舆论，深化拓展群众性主题实践，善于运用一切场合、一切载体、一切方式来做思想政治工作，在思想上解惑、精神上解忧、文化上解渴、心理上解压，持续优化理念、思路、机制、方法，把握好时度效，从“做没做”向“优不优”提升，不断提高思想政治工作的针对性和实效性，进而推动党的建设高质量发展。

牢牢牵住责任制这个“牛鼻子”。思想政治工作与党的建设一样，不仅有“术”，而且有“道”。各级党组织要认真履职尽责，始终把做好思想政治工作抓在手上、扛在肩上。各级党委（党组）要切实负起政治责任和领导责任，书记是第一责任人，班子其他成员要抓好分管部门和领域的思想政治工作，坚持管班子、管业务与管党建、管思想政治工作相结合，一体部署、一体推进，防止和纠正思想政治工作与党的建设出现“断档”“脱节”现象，切实增强时代性、实效性，做到守土有责、守土负责、守土尽责。

建立健全体制机制。要搞好思想政治工作制度的“供给侧结构性改革”，空白缺位的抓紧建立，不全面的尽快完善，成熟经验及时推广。认真落实思想政治工作定期分析报告制度，各级党组织在研究党的建设时，要密切关注新形势下党员、干部的思想动态，准确把握思想政治工作特点和规律，积极探索信息化条件下开展工作的新载体新路数，注重创造分众化、差异化的招数，精确制导、精准发力。以我为主、为我所用，吸收借鉴社会工作的有益做法。开展理论学习中心组集体学习，要注意学习掌握思想政治工作理论方针政策。制定思想政治工作责任清单，瞄着问题去、对着问题改，明确落实措施和推进步骤，不断提高工作的制度化、规范化、科学化水平。

坚持一级抓一级、层层抓落实。一分部署，九分落实。要强化考察评价，将思想政治工作成效纳入落实全面从严治党主体责任情况监督检查和巡视巡察，纳入党政领导班子、领导干部综合考核评价，把“软指标”变为“硬约束”。将思想政治工作情况作为党建工作述职评议考核内容，不断传导压力、激发动力，发挥好“指挥棒”作用。以有力有效的落实，把显性教育与隐性教育、解决思想问题与解决实际问题、广泛覆盖与分类指导结合起来，在危机中育先机、于变局中开新局，以自觉的思想政治工作新实践打开新天地、夺取新胜利。

（《人民日报》2021年10月27日第11版，作者为中央组织部副部长、国家公务员局局长）

用文化凝聚力量

柳斌杰

文化复兴是中华民族伟大复兴的先导。在新时代新征程上，党和国家把“建成文化强国”作为实现国家现代化的重要目标之一。党的十八大以来，党和国家十分重视用中华优秀传统文化、革命文化和社会主义先进文化培根铸魂、增智启慧、构筑时代精神。国家还实施了一大批中华优秀传统文化传承发展工程，推动优秀传统文化创造性转化、创新性发展，取得了前所未有的成就。

“十四五”时期，我国将推进长城、大运河、长征、黄河等国家文化公园建设，加强文物古籍保护、研究、利用，强化重要文化和自然遗产、非物质文化遗产系统性保护等重大项目，这些重大措施必定能激活我国优秀传统文化资源、要素和生命，使其迸发出新的活力，助力文化强国建设。在今年的政府工作报告中，对“繁荣发展文化事业和文化产业”“丰富人民群众精神文化生活”“加强文物古籍保护利用和非物质文化遗产保护传承”等作了部署。在复杂的内外环境下，人们也更加重视坚定文化自信，用文化凝聚力量，让中国精神更加强大，不断克服和战胜前进道路上的艰难险阻。

习近平总书记指出，中华文化延续着我们国家和民族的精神血脉，既需要薪火相传、代代守护，也需要与时俱进、推陈出新。要加强对中华优秀传统文化的挖掘和阐发，使中华民族最基本的文化基因同当代中国文化相适应、同现代社会相协调，把跨越时空、超越国界、富有永恒魅力、具有当代价值的文化精神弘扬起来，激活其内在的强大生命力，让中华文化同各国人民创造的多彩文化一道，为人类提供正确精神指引。《中共中央关于党的百年奋斗重大成就和历史经验的决议》强调，中华优秀传统文化是中华民族的突出优势，是我们在世界文化激荡中站稳脚跟的根基，必须结合新的时代条件传承和弘扬好。如何更好地将这些重要指示与部署落实到文化建设实践中，我有如下四点建议。

其一，敬畏优秀传统文化，严格保护文化遗产。在几千年生生不息的奋斗历程中，中华民族创造了光辉灿烂的文化，留下了举世罕见的文物、典籍等文化遗产和一大批非物质文化遗产，承载和延续着我们国家和民族的精神血脉，这是我们的魂和根。我们每一代人都应当有敬畏之心，礼敬祖先的思想智慧、艺术表达和创造能力，要深悟历史记忆和经典文献，领会其中蕴含的先进理念、人文精神、道德规范和治国经验。新中国成立之后，党和国家制定了保护文物、文化遗产的相关法律法规，实施了“保护第一”的相关政策。无论何种方式的转化、利用、创新，都要把保护放在第一位。

其二，始终坚持守正出新，重在培根铸魂。作为中华民族根和魂的优秀传统文化，体系庞大，内容精深，但其本身也存在历史局限性，带有历史的烙印。我们必须坚持守正出新，弘扬精华，剔除糟粕，把能够古为今用、有生命力的正能量挖掘出来，凝聚民族共识，坚定文化自信，构建精神力量。尤其是传统文化中的人文观念、伦理道德、人格修养、为人处世、历史经验等，是培育社会主义核心价值观、教育青少年的重要文化资源，必须有计划、有选择地传承好、利用好。同时，对于传统文化传承过程中出现的乱象，必须及时整治。

其三，推动文化与科技融合，促进传承转化。科学技术和文化进步是相伴而行的，每个时代的文化样态都由生产力和科学技术决定。当今的互联网和人工智能技术快速发展，打破了文化生活和经济生活的边界，为文化、经济开拓了新的发展空间，二者的深度融合，已经成为优秀传统文化传承转化、开发利用的重要支撑。如敦煌莫高窟艺术的3D展示、故宫文创产品走向世界等，都有科学技术的力量支撑。我们要更加重视用现代科技激活优秀传统文化，使其迸发出新的活力，为建设文化强国贡献力量。

其四，坚持求真务实创新，确保工程质量。“十四五”期间，我国已经规划了一些优秀传统文化创造性转化、创新性发展的重大项目，这是建设文化强国的大事，也是中华民族文化复兴的幸事，要把这些大事办好、幸事办实。现在党和国家以项目化、工程化的方式抓优秀传统文化的保护、传承和转化，是一项重大决策。机遇难得，时不我待。文化建设战线工作者一定要精心策划、科学论证、周密实施、严格管理，确保中华优秀传统文化传承发展工程高质量完成，为子孙后代留下宝贵的精神财富，让中华文化展现出永久魅力和时代风采。

（作者系国家新闻出版总署原署长、清华大学新闻与传播学院院长柳斌杰，来源：《光明日报》）

各行各业都需要弘扬工匠精神

高凤林

“不惰者，众善之师也。”我国自古就有尊崇和弘扬工匠精神的优良传统。《诗经》中的“如切如磋，如琢如磨”，反映的就是古代工匠在切割、打磨、雕刻各类器物时精益求精、反复琢磨的工作态度。《庄子》中讲庖丁解牛游刃有余，“道也，进乎技矣”。新中国成立以来，一批又一批劳动者在党的领导下，始终坚持弘扬工匠精神，用奋斗创造了一个又一个“中国奇迹”。无论是红旗渠、南京长江大桥、“两弹一星”，还是北斗导航和探月、探火、载人航天工程取得的辉煌成就，都展现出对工匠精神的继承与发扬。工匠精神是构成中国共产党人的精神谱系的重要组成部分，是中国共产党人红色基因的重要组成部分，已成为新时代引领社会风尚，构建新发展格局，实现中华民族伟大复兴“中国梦”的重要支撑。

在新时代大力弘扬工匠精神，对于推动我国经济高质量发展具有重要意义。其一，弘扬工匠精神是推动人类进步的重要力量。人类就是一个大的工匠群体，从古至今的活动内容可以概括为两个重要方向，一个是改造“大自然”，一个是通过科技的进步，提升人类的生活水平。这一切都需要在科技快速迭代的推动下，通过高质量的控制和把握过程，才能高水平地实现目标，而工匠精神是助推科技创新能力和高品质制造提升的重要动力，在此应重点做好三个方面的支撑：第一个方面是在产品生产活动中应坚持质量为根本，诚信是基础。要积极倡导诚信精神，最大程度利用好每一点资源，在产品的整个制造过程中做到百分之百全身心投入；要不断加强和完善诚信体制机制建设，确保人与人、人与物之间的公平体现和价值认可，为市场公平竞争和产品质量的有效提升提供坚实基础保障。第二个方面是加大科技和创新投入力度。科技创新是保证产品内外部质量、适用性、可靠性等不断提升的前提，其中还要注重大创新、小创新、微创新，要从点到面创新，从局部创新到体系创新。第三个方面是把握精益产品质量的核心内涵。精益就是指要在单位时间内追求最精最好，一个产品用同样的时间从对标的角度出发，干到全国最好就是全国品牌，干到世界最好就是世界品牌。

其二，弘扬工匠精神是实现制造业转型升级的重要基础。我国是世界制造业第一大国，在世界500多种主要工业产品中，我国220多种工业产品的产量位居世界第一。但总体而言，我国制造业大而不强，打造更多世界名牌产品，实现制造业转型升级迫在眉睫。在此，要做到坚持两个理念：一是大力推进名牌战略的实施，尽快改变我国产品物美价廉的生产模式，做到物优价也优，这就需要大量的独创和原创，掌握更多的自主知识产权。二是要坚持以人为本，人的质量决定产品质量，应加大对各类人才的培养力度，建立和完善广大干部群众终身学习和教育保障制度，搭建好各类人才的任用和成长平台。我们要通过弘扬工匠精神，培育众多劳动者追求完美、勇于创新的精神，为实施创新驱动发展战略、推动产业转型升级奠定坚实基础，加快建设制造强国，推动经济高质量发展。

其三，弘扬工匠精神是培养尊崇劳动、积极奉献的社会风尚的具体实践。一个国家、一个民族的发展，离不开各行各业劳动者的共同推动。劳动者素质对一个国家、一个民族发展至关重要。技术工人队伍是支撑中国制造、中国创造的重要基础，对推动经济高质量发展具有重要作用。这就要求我们倡导尊崇工匠精神的社会风尚，为弘扬工匠精神营造良好社会氛围。在弘扬工匠精神的同时一定要坚持建立在自信基础上的创新和奉献，坚持持续打磨精湛的技术技艺。要形成相应体制机制，为劳模和技能人才发挥作用搭建宽广舞台，使他们在经济上有保障、发展上有空间、社会上有地位。

大力弘扬工匠精神，培养更多高素质技术技能人才、能工巧匠、大国工匠，才能为全面建设社会主义现代化国家、实现中华民族伟大复兴的中国梦提供有力人才和技能支撑。2021年是我国实施“十四五”规划的开局之年，我国经济已转向高质量发展阶段。我们要深刻理解工匠精神的时代价值和重要意义，立足本岗，大力弘扬工匠精神，谱写高质量发展的时代凯歌。

践行工匠精神，要坚持不忘初心、永远奋斗的理想信念。要实现全面建成社会主义现代化强国的第二个百年奋斗目标，既需要一大批对党忠诚、矢志报国的科学家，同时也需要一大批一心为党、爱国奉献的能工巧匠。习近平总书记在中央全面深化改革领导小组第三十二次会议上发表重要讲话指出：要从巩固党的执政基础的高度，从促进我国经济社会持续健康发展的高度，加快产业工人队伍建设改革，造就一支有理想守信念、懂技术会创新、敢担当讲奉献的宏大的产业工人队伍。当前，在党中央的领导下，由全国总工会牵头各政府部门积极落实推进产业工人建设改革方案，各地方工会和政府部门纷纷制定保障措施和实施方案，为进一步提升广大职工素质提供了坚强保障。

践行工匠精神，要把握爱岗敬业、无私奉献的思想内涵。现代社会的“工匠”，他们很多人在本职岗位上工作了几十年之久，干出了一番事业，是爱岗敬业的典范。爱岗就是爱国。发扬爱岗敬业、无私奉献的精神，在平凡的岗位做出不平凡的成就，就是工匠精神的体现。追梦需要激情和理想，圆梦需要奋斗和奉献。产业工人要以这种精神做牵引，树立爱岗敬业、无私奉献的价值观，不计较个人得失。只有大努力才会有大成功、大未来，这是促进国家发展的保障。

践行工匠精神，要践行持续专注、开拓创新的行动要义。专注就是内心笃定而着眼于细节的耐心、执着、坚持的精神，这是一切“工匠”所必须具备的精神特质。创新，是在专注的基础上，追求突破、追求革新，这也是新时代工匠精神的内涵。在现代工业条件下，制造对技艺提出了更高的要求，一般性劳动将逐步由机器取代，人类劳动将向更具创造性、复杂性的方向发展。技能是立业之本，践行工匠精神就是要敢干，不是盲干，要用诚实的劳动创造美好的未来；要以归零的心态，长期向最高目标进取，不断创新创造，不断终身学习、实践。这样才能跟上时代的步伐，推动产品的升级换代，以满足人民日益增长的美好生活的需要。

践行工匠精神，要探寻精益求精、追求极致的理想目标。一个人之所以能够成为工匠，源于对产品品质的不懈追求。认真是素质是准则，品质是过程是追求，正因为他们对每件产品、每道工序都做到了凝神聚力、精益求精、追求极致，才能实现产品品质从99%到99.99%的提升。我们要通过知识、科技的持续投入，生产出高质量的产品，推动企业和行业的发展进步，实现高质量发展。

践行工匠精神，要打造推陈出新、薪火相传的团队文化。当前，我们国家正在实施制造强国战略，大力推进智能制造。这是工匠精神的新时代的要求。新时代的生产方式更加自动化、智能化，不再依赖于个人的单打独斗，而是考验团队协作。因此，新时代更要建设好团队，发挥榜样的团结带动作用，做好技艺的传承、精神的传承，发挥大家的力量，提升每个国民的素质，夯实建设制造强国的基础。

伟大事业孕育伟大精神，伟大精神引领伟大事业。在开启全面建设社会主义现代化国家的新征程上，需要我们每个人主动践行、弘扬工匠精神，做到致真、致诚、致用、致新、致善、致美、致勤、致劳，为实现中国梦做出更大的贡献。

（《学习时报》2021年10月25日，作者系中华全国总工会兼职副主席）

文献选编

关于加强社会主义法治文化建设的意见

中共中央办公厅、国务院办公厅
2021 年 4 月印发

社会主义法治文化是中国特色社会主义文化的重要组成部分，是社会主义法治国家建设的重要支撑。为加强社会主义法治文化建设，现提出如下意见。

一、总体要求

（一）指导思想。以习近平新时代中国特色社会主义思想为指导，全面贯彻党的十九大和十九届二中、三中、四中、五中全会精神，深入学习宣传贯彻习近平法治思想和习近平总书记关于文化自信的重要论述，把建设社会主义法治文化作为建设中国特色社会主义法治体系、建设社会主义法治国家的战略性、基础性工作和建设社会主义文化强国的重要内容，切实提高全民族法治素养和道德素质，着力建设面向现代化、面向世界、面向未来的，民族的科学的大众的社会主义法治文化，为全面依法治国提供坚强思想保证和强大精神动力，为全面建设社会主义现代化国家、实现中华民族伟大复兴的中国梦夯实法治基础。

（二）工作原则

——坚持党对全面依法治国的领导，牢固确立习近平法治思想在全面依法治国中的指导地位，确保社会主义法治文化建设的正确方向，增强“四个意识”、坚定“四个自信”、做到“两个维护”，坚定不移走中国特色社会主义法治道路。

——坚持以人民为中心，做到社会主义法治文化建设为了人民、依靠人民，不断满足人民日益增长的对民主、法治、公平、正义的需要。

——坚持法安天下、德润人心，把社会主义核心价值观融入社会主义法治文化建设全过程各方面，实现法治和德治相辅相成、相得益彰。

——坚持知行合一、重在实践，引导全体人民成为社会主义法治的忠实崇尚者、自觉遵守者、坚定捍卫者。

——坚持继承发展、守正创新，弘扬中华优秀传统文化、革命文化、社会主义先进文化，学习借鉴世界优秀法治文明成果，不断发展和繁荣社会主义法治文化。

（三）总体目标。通过不懈努力，宪法法律权威进一步树立，尊法学法守法用法氛围日益浓厚，法治文化事业繁荣兴盛，法治文化人才队伍不断壮大，社会主义法治文化建设工作体制机制进一步完善。到 2035 年，基本形成与法治国家、法治政府、法治社会相适应，与中国特色社会主义法治体系相适应的社会主义法治文化，基本形成全社会办事依法、遇事找法、解决问题用法、化解矛盾靠法的法治环境。

二、主要任务

（四）深入学习宣传贯彻习近平法治思想。深化学习教育，抓好领导干部这个重点，把习近平法治思想作为党委（党组）理论学习中心组学习重点内容、党校（行政学院）和干部学院重点课程，不断深化思想认识、筑牢理论根基，提高领导干部运用法治思维和法治方式开展工作的本领。加强宣传解读，通过媒体报道、评论言论、理论文章、学习读本、短视频等形式，运用各类融媒体手段和平台，推动习近平法治思想深入人心。把习近平法治思想学习宣传同普法工作结合起来，同法治政府建设示范创建活动等结合起来，发挥好各类基层普法阵地的作用。把习近平法治思想融入学校教育，纳入高校法治理论教学体系，做好进教材、进课堂、进头脑工作。依托中国政法实务大讲堂，深入宣讲习近平法治思想。加强对法治领域错误思想观点的辨析批驳，帮助干部群众明辨是非，坚定走中国特色社会主义法治道路的信心。

（五）完善中国特色社会主义法治理论。把马克思主义法治理论与中国具体实际相结合，不断推进马克思主义法治理论中国化时代化大众化。深刻认识在新时代坚持和巩固马克思主义法治理论的指导地位，最重要的就是牢固确立习近平法治思想在全面依法治国中的指导地位。围绕习近平法治思想“十一个坚持”确立一批选题，组织法学专家和实践工作者深入研究，推出一批有分量的研究成果。加强对中国特色社会主义法律制度的理论研究，完善中国特色社会主义法治理论的学术体系、理论体系、话语体系。加强党内法规理论研究，强化依规治党学理支撑，推动全面从严治党向纵深发展。从我国国情和实际出发，研究回答法治中国建设中的重大问题，提炼标识性法学学术概念，凝练中国特色社会主义法律体系的特点和优势，促进法学研究成果推广和应用。加强中国特色新型法治智库建设，加大对重大法治理论、法治文化研究课题支持力度，加强法律实务部门和理论研究部门的交流互动，为法治实践提供高质量的决策参考。开展法治文化科研教学，支持有条件的单位自主设置法治文化相关二级学科硕士点、博士点。

（六）**大力弘扬宪法精神**。深入持久开展宪法宣传教育，在全社会牢固树立宪法法律至上、法律面前人人平等、权由法定、权依法使等基本法治观念，维护宪法权威。落实国家工作人员宪法宣誓制度，组织好“12·4”国家宪法日、“宪法宣传周”系列宣传，推动宪法宣传教育常态化、制度化。抓住“关键少数”，把宪法纳入各级领导干部学法清单，作为领导干部学法基本任务、法治素养评估和年度述法基本内容，增强领导干部宪法意识，促进领导干部带头以宪法为根本活动准则，带头尊法学法守法用法，提高运用法治思维和法治方式深化改革、推动发展、化解矛盾、维护稳定、应对风险的能力。落实《青少年法治教育大纲》，把宪法纳入国民教育，融入校园文化，持续举办全国学生“学宪法讲宪法”“宪法晨读”等系列活动，在青少年成人礼中设置礼敬宪法环节，增强青少年宪法观念。在“五四宪法”历史资料陈列馆基础上建设国家宪法宣传教育馆，建设各类宪法学习宣传教育基地，通过升国旗、奏唱国歌等仪式仪礼和开展重大节庆活动，增进全社会对宪法的尊崇和信仰。把宪法教育和爱国主义教育有机结合起来，以宪法教育激发爱国热情，增进各族群众对伟大祖国、中华民族、中华文化、中国共产党、中国特色社会主义的认同。

（七）**在法治实践中持续提升公民法治素养**。注重公民法治习惯的实践养成，促进人民群众广泛参与法治，用科学立法、严格执法、公正司法的实践教育人民，推动全民守法。坚持科学立法，推进党的领导入法入规，把党的主张依照法定程序转化为国家意志，把社会主义核心价值观融入法律法规的立改废释全过程，使法律法规、司法解释等更好体现国家价值目标、社会价值取向和公民价值准则，以良法保障善治。坚持严格执法，强化严格规范公正文明执法意识，促进提高依法行政能力和水平。坚持公正司法，健全公正高效权威的司法制度，促进司法文明，努力让人民群众在每一个司法案件中感受到公平正义。坚持全民守法，让依法工作生活真正成为一种习惯，任何组织和个人都不得有超越宪法法律的特权。加大全民普法力度，在针对性和实效性上下功夫，落实“谁执法谁普法”普法责任制，加强以案普法、以案释法，发挥典型案例引领法治风尚、塑造社会主义核心价值观的积极作用，不断提升全体公民法治意识和法治素养。广泛开展民法典普法工作，让民法典走到群众身边、走进群众心里，大力弘扬平等自愿、诚实信用等法治精神，教育引导公民正确行使权利、积极履行义务。强化依法治理，从人民群众反映强烈的问题改起、从细节抓起、从小事做起，积极引导公民在日常生活中遵守交通规则、做好垃圾分类、杜绝餐饮浪费、革除滥食野生动物陋习等，培养规则意识，培育良好法治环境。在法治轨道上应对突发事件，依法加强应急管理，引导全社会依法行动、依法办事。突出学习宣传党章，深入开展党规党纪教育，教育引导广大党员做党章党规党纪和国家法律的自觉尊崇者、模范遵守者、坚定捍卫者。完善社会矛盾纠纷多元预防调处化解综合机制，把非诉讼纠纷解决机制挺在前面，引导人们理性平和协商解决矛盾纠纷。把法治文化建设纳入公民道德建设工程、社会信用体系建设中，推动完善市民公约、乡规民约、学生守则、行业规章、团体章程等社会规范。

（八）**推动中华优秀传统法律文化创造性转化、创新性发展**。传承中华法系的优秀思想和理念，研究我国古代法制传统和成败得失，挖掘民为邦本、礼法并用、以和为贵、明德慎罚、执法如山等中华传统法律文化精华，根据时代精神加以转化，加强研究阐发、公共普及、传承运用，使中华优秀传统法律文化焕发出新的生命力。加强对我国法律文化历史遗迹的保护，弘扬代表性人物的事迹和精神，因地制宜建立基地，免费向社会开放。加强对法律文化典籍、文物的保护和整理，让书写在古籍里的文字活起来、传下去。挖掘善良风俗、家规家训中的优秀法治内容，倡导传承优良家风。

（九）**繁荣发展社会主义法治文艺**。坚持以人民为中心的工作导向，把社会效益放在首位，创作生产与精神文明建设“五个一工程”等文艺精品工程有机衔接的优秀法治文艺作品。落实媒体公益普法责任，综合运用“报、网、端、微、屏”等资源和平台，推动法治融媒体建设，建立以内容建设为根本、先进技术为支撑、创新管理为保障的法治全媒体传播体系，创建法治品牌栏目、节目。推动法治文化数字化建设，以全国“智慧普法”平台为依托，组织开展法治动漫微视频征集展播活动，建立全国法治文艺精品库，汇聚优秀网络法治文艺作品，逐步实现共建共享。加大法治文化惠民力度，充分利用“三下乡”活动，组织丰富多彩的法治文艺下基层，在重大节庆日、法律法规实施日等时间节点，组织开展群众性法治文化活动。

（十）**加强社会主义法治文化阵地建设**。把法治文化阵地建设纳入城乡规划，建好用好各种法治文化阵地，扩大覆盖面，提高利用率和群众参与度。加强法治宣传教育基地、法治文化创作基地、青少年法治教育实践基地等建设，完善建设标准，增强实用功能。注重发掘、研究、保护共和国红色法治文化，传承红色法治基因，建设一批以红色法治文化为主题的高质量法治宣传教育基地。把法治元素融入长城、大运河、长征、黄河等国家文化公园建设，融入国家重大文化建设项目，发挥示范带动作用。积极利用新时代文明实践中心（所、站）、爱国主义教育基地和公共文化机构等阵地，开展群众喜闻乐见的法治文化活动。加强对县（市、区、旗）、乡镇（街道）、村（社区）等区域治理法治状况的研究评估工作。以民主法治示范村（社区）等为基础，努力打造各具特色的法治文化体验线路，形成一批深受人民群众喜爱的区域性法治文化集群。推动法治文化与地方、行业特色文化有机融合，促进法治文化进机关、进农村、进社区、进企业、进学校、进军营、进网络等。加强基层单位法治文化形象塑造，建设法治“微景观”。着力提升市县法治文化阵地建设质量，推动从有形覆盖向有效覆盖转变。基本实现每个村（社区）至少有一个法治文化阵地，充分发挥其教育作用。

（十一）加强法治文化国际交流。把建设社会主义法治文化作为提高国家文化软实力的重要途径，对外阐释构建人类命运共同体的法治内涵和法治主张。注重在共建“一带一路”中发挥法治文化作用，建立和完善相关纠纷解决机制和组织机构，推动沿线国家、地区开展法治文化交流合作。建立涉外工作法务制度，加快我国法域外适用的法律体系建设和研究，推动海外法律服务高质量发展，更好忠实于、服务于海外法律纠纷解决和涉外法律工作，提高涉外工作法治化水平。把法治外宣作为国际传播能力建设的重要内容，善于讲述中国法治故事，展示我国法治国家的形象，不断提升社会主义法治文化影响力。举办法治国际论坛，开展与世界各国法治文化对话。

三、组织保障

（十二）加强组织领导。各级党委和政府要高度重视社会主义法治文化建设，加强领导、统一部署，把法治文化建设纳入法治建设总体规划，纳入公共文化服务体系。将法治文化作为优化营商环境的重要内容，作为法治示范创建、精神文明创建、平安中国建设等创建指标体系的重要内容。党政主要负责人要切实履行推进法治建设第一责任人职责，及时研究解决法治文化建设中的重要问题。完善优秀法治文化作品的鼓励支持政策，加大对法治文艺精品和法治文化基地的扶持力度，促进法治文化作品创作和传播。将法治文化建设所需经费列入本级预算，统筹利用好现有经费渠道，拓宽资金来源，鼓励社会资本参与法治文化建设。

（十三）健全工作机制。建立健全党委统一领导、政府主导实施、部门分工负责、社会力量积极参与的社会主义法治文化建设工作机制。中央全面依法治国委员会办公室和各地全面依法治省（市、县）委员会办公室加强统筹协调，司法行政部门具体负责日常工作。党委宣传、网信、法院、检察院、教育、财政、文化和旅游等部门要发挥职能作用，积极推进法治文化建设。各部门要按照“谁主管谁负责”原则，加强本部门本行业本系统法治文化建设。各群团组织和社会组织要充分发挥作用，通过各种途径和形式参与法治文化建设。

（十四）强化人才培养。坚持立德树人、德法兼修，实施法治文化人才教育培养计划，深入开展社会主义核心价值观和社会主义法治理念教育。加强法治文化专业队伍建设。完善普法讲师团服务管理，推动实现制度化规范化。健全法治文化志愿服务体系，提高志愿服务水平，推进志愿服务精准化、常态化、便利化、品牌化。加强法治报刊出版网络队伍建设，加强法治新闻采编创作人员法治培训。发展壮大法治文化理论研究力量，培育学科带头人。完善法治文化建设人才培养使用评价激励机制。

（十五）培育推广典型。鼓励和支持各地区各部门根据实际情况大胆探索、勇于创新。加强培育法治文化建设先进典型，形成一批可复制可推广的好经验好做法。建立法治文化建设示范点，发挥引领示范作用。做好法治文化建设载具宣传和典型推广，形成良好氛围。

中共中央办公厅印发《关于加强新时代廉洁文化建设的意见》

（新华社北京 2 月 24 日电）近日，中共中央办公厅印发了《关于加强新时代廉洁文化建设的意见》（以下简称《意见》），并发出通知，要求各地区各部门结合实际认真贯彻落实。

《意见》指出，党中央高度重视廉洁文化建设，强调反对腐败、建设廉洁政治，是我们党一贯坚持的鲜明政治立场，是党自我革命必须长期抓好的重大政治任务。全面从严治党，既要靠治标，猛药去疴，重典治乱；也要靠治本，正心修身，涵养文化，守住为政之本。必须站在勇于自我革命、保持党的先进性和纯洁性的高度，把加强廉洁文化建设作为一体推进不敢腐、不能腐、不想腐的基础性工程抓紧抓实抓好，为推进全面从严治党向纵深发展提供重要支撑。

《意见》强调，加强新时代廉洁文化建设，要坚持以习近平新时代中国特色社会主义思想为指导，全面贯彻党的十九大和十九届历次全会精神，增强“四个意识”、坚定“四个自信”、做到“两个维护”，不忘初心、牢记使命，坚持思想建党和制度治党同向发力，坚持依法治国和以德治国相结合，以理想信念强基固本，以先进文化启智润心，以高尚道德砥砺品格，惩治震慑、制度约束、提高觉悟一体发力，推动廉洁文化建设实起来、强起来，不断实现干部清正、政府清廉、政治清明、社会清朗。

《意见》指出，要夯实清正廉洁思想根基，强化理论武装，增强政治定力抵腐定力；坚定信仰信念信心，筑牢拒腐防变思想防线；发展积极健康党内政治文化，引领廉洁文化建设。要厚植廉洁奉公文化基础，用革命文化淬炼公而忘私、甘于奉献的高尚品格，用社会主义先进文化培育为政清廉、秉公用权的文化土壤，用中华优秀传统文化涵养克己奉公、清廉自守的精神境界。要培养廉洁自律道德操守，引导领导干部明大德、守公德、严私德，把廉洁要求贯穿日常教育管理监督之中，把家风建设作为领导干部作风建设重要内容。要发挥廉洁教育基础作用，强化形势教育、纪法意识、警示震慑、示范引领。要弘扬崇廉拒腐社会风尚，运用新媒体新技术传播廉洁文化，丰富廉洁文化优质产品和服务供给，拓展利用廉洁文化资源。

《意见》要求，各地区各部门要担负起廉洁文化建设的政治责任，把廉洁文化建设纳入党风廉政建设和反腐败工作布局进行谋划，建立廉洁文化建设统筹协调机制，久久为功抓好落实，推动新时代廉洁文化建设深入开展。

关于文化企业坚持正确导向履行社会责任的指导意见

文化企业是创作、生产、传播、展示文化产品和提供文化服务的市场主体，承担着弘扬和践行社会主义核心价值观，坚守中华文化立场，坚定文化自信，凝聚社会共识，维护国家意识形态安全和文化安全等特有社会责任。当前，坚持把社会效益放在首位，努力实现社会效益和经济效益相统一，弘扬主旋律，传播正能量，追求真善美，已成为大多数文化企业的价值追求，但唯票房、唯收视率、唯发行量、唯点击量等问题还不同程度存在，泛娱乐化以及低俗、庸俗、媚俗现象时有出现。为完善文化企业坚持正确导向、履行社会责任制度，引导文化企业守正创新，实现高质量发展，提出如下指导意见。

一、总体要求

（一）指导思想。以习近平新时代中国特色社会主义思想为指导，深入贯彻党的十九大和十九届二中、三中、四中、五中全会精神，牢牢把握正确发展方向，始终把社会效益放在首位，增强文化企业坚持正确导向、履行社会责任的自觉性，建立健全激励和约束相结合的体制机制，不断完善制度和政策体系，引导文化企业创作生产和提供健康向上、品质优良、种类丰富、业态多样的文化产品和服务，更好满足人民精神文化生活新期待。

（二）基本原则。坚持履行社会责任和促进企业发展相结合。把履行社会责任作为文化企业提高竞争力、实现可持续发展的重要内容，引导文化企业坚持把社会效益放在首位，努力实现社会效益和经济效益相统一。

坚持统一规范和分类指导相结合。对文化企业坚持正确导向、履行社会责任实行统一规范，同时充分考虑不同所有制、不同行业、不同规模文化企业的特点，分类指导、完善细化履责内容。

坚持企业自律和社会监督相结合。明确文化企业主体责任，充分发挥行业协会、新闻媒体和社会公众的监督作用，推动企业与社会良性互动。

坚持正向激励和违规惩戒相结合。激发企业履责主观能动性，增强企业社会责任底线意识，形成奖优惩劣的鲜明导向。

二、重点任务

（一）构建文化企业坚持正确导向、履行社会责任的规范引导机制。各类文化企业应当自觉弘扬和践行社会主义核心价值观，树立正确的历史观、民族观、国家观、文化观，坚守中华文化立场，反映中国人审美追求，维护国家文化安全和社会公共利益，维护社会公序良俗，承担社会责任和道德责任。

引导文化企业结合行业特点和功能定位，明确自身坚持正确导向、履行社会责任的方向和目标。新闻信息服务类企业要突出导向性，巩固壮大主流思想舆论，奏响新时代发展强音；内容创作生产类企业要突出思想性、艺术性、观赏性，创作生产弘扬中国精神、凝聚中国力量、展现中国风貌的精品力作；创意设计服务类企业要突出时代性，注重文化传承，将中华优秀传统文化元素、符号和标识融入创意设计产品；传播渠道类企业要突出安全性和先进性，服务文化创新，传播先进文化，扩大优秀文化产品和服务的覆盖面和影响力；投资运营类企业要突出战略性和前瞻性，优化资源配置，引导培育文化新业态新模式新动能；综合经营类企业要突出引领性，着眼产业发展趋势，增强文化创新驱动发展能力。

文化企业创作、生产、传播、展示文化产品和提供文化服务，不得危害国家统一、主权和领土完整，不得危害国家安全、荣誉和利益，不得宣扬恐怖主义、极端主义，不得违反国家民族宗教政策、煽动民族仇恨、破坏民族团结，不得歪曲、丑化、亵渎、否定英雄烈士事迹和精神，不得宣扬邪教、迷信、淫秽、赌博、暴力、吸毒和教唆犯罪，不得损害未成年人身心健康，不得侵害他人名誉、隐私、知识产权和其他合法权益。

指导文化企业建立坚持正确导向、履行社会责任的年度报告制度。报告内容一般应包括：坚持正确导向、履行社会责任的制度安排和主要成效；生产经营活动弘扬中华优秀传统文化、革命文化、社会主义先进文化的情况；坚持把社会效益放在首位，努力实现社会效益和经济效益相统一的做法经验；对监管部门和社会公众关注问题的回应处置情况等。充分发挥国有文化企业和行业龙头企业的标杆引领作用，推动大型国有文化企业和文化上市公司通过网络等方式率先向社会公布坚持正确导向、履行社会责任年度报告，逐步实现国有文化企业和文化上市公司发布年度报告全覆盖。文化上市公司的社会责任年度报告披露应当符合《中华人民共和国证券法》《上市公司信息披露管理办法》等法律法规规定。鼓励民营等非公有制文化企业自觉建立社会责任年度报告公开发布制度。

（二）完善文化企业坚持正确导向、履行社会责任的生产经营机制。文化企业要强化坚持正确导向、履行社会责任是企业发展生命线的思想认识，将有关内容写入企业章程，明确具体要求和制度安排，凝聚投资者、经营者和员工共识，实现健康发展。

将坚持正确导向、履行社会责任同健全法人治理结构有机统一起来。明确企业主要负责人为坚持正确导向、履行社会责任的第一责任人，鼓励各类文化企业建立与生产经营特点相适应的内容导向审核机制。从事新闻信息服务和内容创作生产传播的文化企业，建立和完善编辑委员会、艺术委员会等专门机构，强化总编辑、艺术总监等内容把关岗位的职责。

完善坚持正确导向、履行社会责任的决策机制。涉及重大项目投资决策的，应主动开展社会效益评估，并将评估结论作为决策的重要依据。对社会效益突出的项目，鼓励积极推动实施；对社会效益较差的项目，坚决予以否决。

建立健全坚持正确导向、履行社会责任的利益导向机制，具体体现在劳动人事、收入分配等各项管理制度中。完善考核机制，对直接涉及内容创作的部门和岗位，增加社会效益在绩效考核中的权重。

充分发挥国有文化企业党委（党组）的领导作用和基层党组织战斗堡垒作用，加强对文化企业坚持正确导向、履行社会责任工作的领导。完善非公有制文化企业党组织建设制度规范，创新党组织设置方式，推动实现党组织应建尽建。

（三）强化文化企业坚持正确导向、履行社会责任的自律承诺机制。鼓励文化企业面向社会公开本企业坚持正确导向、履行社会责任的承诺，接受社会监督。行业协会应制定本行业履行社会责任标准，协助行业主管部门做好文化企业坚持正确导向、履行社会责任工作。推进文化领域各行业道德委员会建设。鼓励有代表性的文化企业联合签署并发布承诺宣言。

探索建立文化企业坚持正确导向、履行社会责任评级体系。依托专业机构建立体现文化特点、适应时代要求、引领发展方向的评级标准。加强部门联动，研究将评级结果纳入全国信用信息共享平台，作为企业征信、财政扶持、政府采购、银行信贷、上市融资等重要参考因素。

推动文化企业优化社会效益评价反馈机制。对已经投放或即将投放市场的产品或服务，通过多种方式，广泛收集听取社会各方面意见，并进行调整完善，形成企业与社会的良性互动机制。涉及未成年人的，应认真听取教育部门、学校、家长等方面意见并积极研究改进。

完善坚持正确导向、履行社会责任的教育培训机制。行业协会要组织指导文化企业加强从业人员思想政治教育，常态化、长效化开展职业操守、职业道德培训，引导文化工作者践行社会主义核心价值观、坚守道德底线、增强责任意识，依法依规自我管理、自我约束。

（四）健全文化企业坚持正确导向、履行社会责任的市场监管机制。加强文化市场监管，维护市场秩序，为文化企业坚持正确导向、履行社会责任创造良好的市场环境。对唯票房、唯收视率、唯发行量、唯点击率等问题，加大监管引导力度。加强节目数据统计、发布、应用的统筹与规范管理，任何机构和个人不得制造虚假的收视收听率、点击量，坚决杜绝刷排名、买热搜、伪造流量等炒作行为。严格规范内容评价，建立电视剧、综艺节目等评价系统，把专家评价、媒体评价和受众评价结合起来。严格规范文化项目评审立项，防止"拉关系""通路子"，堵塞管理漏洞。强化文化市场综合执法。建立完善各行业文化市场负面清单和退出机制，深化文化企业生态治理。

建立文化企业坚持正确导向、履行社会责任监测预警机制。畅通企业自评、公众参评、机构测评的多种机制，实施文化企业坚持正确导向、履行社会责任状况动态监测，特别是对网络游戏、直播、短视频等文化新业态实时监测，对苗头性、倾向性问题，及时向文化企业反馈预警，营造风清气正的市场环境。完善文化市场监督举报机制，畅通公众举报和反馈渠道，实现有报必查、违法必究。

（五）夯实文化企业坚持正确导向、履行社会责任的正向激励机制。对坚持正确导向、履行社会责任表现突出的企业和个人，加大宣传力度，按照国家有关规定予以表彰奖励，充分发挥示范引领作用。

统筹现有支持文化企业和文化产业发展的财政政策，向坚持正确导向、履行社会责任成绩突出的文化企业倾斜。由财政出资的各级文化产业投资基金，投资应向社会效益突出的重点项目倾斜。对社会效益突出的国有文化企业，在工资总额核定、负责人业绩考核等方面予以体现。对坚持正确导向、履行社会责任方面表现突出的文化企业，在资源配置时优先给予支持。

对坚持正确导向、履行社会责任表现突出，荣获有关表彰奖励的企业产业项目，优先推荐入选国家文化产业发展项目库。把文化企业坚持正确导向、履行社会责任情况作为创建文明单位的重要指标。鼓励国有文化企业在重大项目投资、股份制改造、招投标等选择合作对象时，优先考虑在坚持正确导向、履行社会责任方面表现突出的文化企业。

文化企业符合条件的公益性文化事业捐赠支出可依法享受所得税税前扣除政策。鼓励各地完善财政、金融、土地、产业等政策措施，向坚持正确导向、履行社会责任突出的文化企业予以倾斜。

三、组织实施

各级宣传、网信、文旅、广电部门要高度重视文化企业坚持正确导向、履行社会责任工作，切实加强组织领导，强化统筹协调，结合本地区本领域文化企业实际，研究制定具体措施和办法，抓好贯彻实施。严格落实意识形态工作责任制，强化监督，将文化企业坚持正确导向、履行社会责任情况纳入有关专项工作。落实主管主办和属地管理责任，建立长效工作机制，创新方式方法，推动文化企业抓好落实。加强跟踪指导，及时总结推广文化企业坚持正确导向、履行社会责任的经验做法。各有关部门要不断完善劳动人事、市场监管等方面措施，加强协调配合，形成工作合力。加快推进文化领域法治建设，不断完善文化企业坚持正确导向、履行社会责任的法律法规制度体系。

关于加强中央企业质量品牌工作的指导意见

各中央企业：

品牌是企业竞争能力和国家综合实力的集中体现。质量是品牌的生命线，是品牌建设的基础。加强质量品牌工作是提高有效中高端供给和全要素生产率的重要手段，是塑造企业形象、提高品牌溢价能力的有效途径。为加强中央企业质量品牌工作，推动转型升级提质增效，加快培育具有全球竞争力的世界一流企业，特制定本指导意见。

一、总体要求

（一）指导思想。深入贯彻党的十九大精神和习近平新时代中国特色社会主义思想，全面落实党中央、国务院关于质量品牌工作的有关部署要求，大力推动中央企业增品种、提品质、创品牌，加快实现“中国制造向中国创造转变、中国速度向中国质量转变、中国产品向中国品牌转变”。到2020年，中央企业质量管理和品牌建设能力显著增强，产品、服务和工程质量水平明显提升，有效中高端供给大幅增加，高附加值和优质服务供给比重进一步提高，打造一批质量水平世界一流的公司，培育一批世界知名的自主品牌。

（二）基本原则。坚持企业主体。强化企业在质量品牌建设中的主体地位和作用，激发企业内生动力，运用新技术、新业态、新模式，提高企业质量品牌建设能力。

坚持分类指导。遵循质量品牌发展内在规律，结合生产制造、运营服务、工程建筑等行业企业特点，找准突破口和着力点，对质量品牌建设工作进行分类推进。

坚持统筹推进。统筹推进质量和品牌工作，注重质量和品牌的系统性、整体性、协调性，发挥合力，多措并举，实现叠加效应。

坚持循序渐进。立足当前，谋划长远，加强质量品牌建设工作前瞻性战略部署，循序渐进，分步实施，形成长效机制。

二、主要任务

（三）提升生产制造业质量管控水平。落实“中国制造2025”战略，深化互联网与制造业融合发展，加快推动智能制造，运用云计算、大数据、物联网、移动互联网等信息技术，开展质量风险分析与控制、质量成本管理、质量管理体系升级等活动，提高产品质量在线监测、在线控制和全生命周期质量追溯能力。运用卓越绩效、精益管理等管理方法，建立持续追求卓越的质量经营和改进体系，提升质量管控水平。

军工企业要加强军民融合，建设完善的军品、民品质量控制共用平台，提升产品和系统的可靠性、一致性、稳定性。石油化工企业要加快装置升级，淘汰落后产能，提升油品、化工品供给质量。电子企业要着力提升集成电路、基础电子和工控软件等软硬件产品的质量水平。装备制造企业要提高工业机器人、高档数控机床的加工精度和精度保持能力，全面提升国产大飞机、高铁、核电、工程机械、汽车、特种设备等的质量水平。钢铁、有色金属、建材等企业要加快高端材料创新，提高质量稳定性，形成高性能、功能化、差别化的先进基础材料供给能力。

（四）提升运营服务业服务质量水平。健全质量治理和促进机制，持续优化服务流程，完善服务标准化体系，打造优质服务品牌。加快模式创新，推进“互联网+服务”等，拓展服务方式，创新服务措施。开展生产性服务业和生活性服务业服务升级，提高个性化、人性化、专业化服务能力，提升服务价值。实施服务标准自我声明公开，提升服务质量水平，壮大代表“央企服务”形象的优质企业。

电网企业要全面提高配电网供电能力和供电服务质量，提供社会满意的服务供给。电信企业要落实“宽带中国”战略，提升移动、宽带网络服务水平。航运企业要大力推进江海河、“公铁水”多式联运，打造门到门服务链。航空企业要加快从传统航空承运商向现代航空服务集成商转型，建立全球化、多元化国际航空服务体系。旅游企业要以客户为中心，推广实施优质服务承诺标识，提升旅游服务质量。商贸企业要转变外贸发展方式，加快成为具有专业品牌优势、增值服务能力和重大影响力、带动力的产业组织服务商、供应链综合服务商、商产融结合服务商。

（五）提升工程建筑业质量管理水平。建立标准化制度，提升工程质量标准化水平，健全质量管控体系。应用建筑信息模型（BIM）等信息技术，促进工程项目全生命周期数据共享，提高数字化、智能化管理水平。运用工程建设新技术、新工法，提升建筑质量保障能力。加快先进建造设备和智能设备的研发、制造和推广应用，提升各类施工机具的性能和效率，提高机械化施工程度。

工业建筑企业要结合国家重大工程，提升建设质量和运营管理质量，打造百年工程。民用建筑企业要加强前期工作质量，坚持科学论证、科学决策，健全质量监督管理机制，强化对工程建设全过程的质量监管。

（六）夯实品牌建设基础。树立以质量为核心的品牌理念，筑牢计量、标准、检验检测、认证认可等质量基础，加强全员、全过程、全方位的质量管理，全面提升质量和信誉，打造值得信赖的品牌形象。根据企业规模、组织结构、行业性质等特点，制定差异化品牌战略，发挥品牌引领作用，将品牌战略融入企业发展。实施创新驱动发展，加强自主创新、协同创新和“双创”，培育一批高附加值的尖端产品，助力“中国制造”向“中国创造”和“中国设计”转变，在新一轮更高层次的国际竞争中抢占制高点和主动权。统筹协调质量管理、生产、研发、销售、宣传等相关部门，统领质量管理、科技创新、诚信体系建设、企业文化建设和社会责任等工作，建设有持久生命力、广泛影响力和高附加值的品牌。积极履行社会责任，成为绿色、安全、诚信经营的表率，打造责任央企的品牌形象。

（七）提高品牌建设能力。建立全面品牌管理体系，关注品牌定位、品牌架构、品牌识别、品牌管理与维护、品牌传播、品牌评估等关键过程的建立、实施与改进，培育品牌建设环境，培养全员品牌意识，全面提升品牌管理水平。追求卓越品质，弘扬精益求精的工匠精神，培育具有国际竞争力的自主品牌。加快老字号创新发展，提升品牌附加值和软实力。落实“一带一路”倡议等走出去战略，对标国际一流企业，提高国际竞争力和国际化经营能力，通过培育具有国际竞争力的品牌，掌握国际产业领域话语权、有效整合国际产业链、优化配置国际资源、提升出口竞争优势，增强国有经济控制力和影响力。

三、组织保障

（八）加强交流宣传。推动开展分级、分类质量管理和品牌建设培训、座谈和交流，提高质量品牌管理能力。组织质量管理小组活动和全面质量管理知识竞赛等，普及质量管理知识，强化全员质量意识。举办品牌故事大赛等，挖掘品牌故事，展示品牌建设成果，整体提升品牌形象。加大对相关工作的宣传力度，全面提升舆论宣传的引导力和影响力，营造积极参与质量品牌建设的良好氛围。

（九）加强标杆引领。积极开展标杆示范工作，推行卓越绩效模式、精益管理等先进质量管理方法，树立生产制造、运营服务、工程建筑企业质量标杆，积极发挥示范效应，全面提升质量管理水平。开展品牌建设有效性研究，培育品牌建设示范企业，积极推广品牌建设典型模式。

（十）强化考核评价。国资委将进一步完善考核制度，引导企业加强科技创新，对专利创造、国际标准制定等成绩突出的企业给予奖励。研究制定中央企业质量和品牌相关评价指标体系，发布中央企业质量品牌年度发展报告，推动企业加强质量品牌工作。开展品牌建设任期评价，对取得显著成效的前 10 家企业给予奖励，推动企业加快品牌建设。

（十一）加强组织领导。中央企业要加强质量品牌建设的组织领导和机构建设，配备专业团队和专职人员。加大质量品牌资金投入，确保质量品牌建设专项经费并纳入企业预算。强化专业人才体系建设，打造一支能力强、水平高的质量品牌建设专业队伍。

国资委成立由委领导和相关厅局负责同志等参加的推进中央企业质量品牌工作领导小组，统筹协调，督促落实工作任务，指导中央企业开展工作。小组办公室设在国资委综合局，负责具体开展指导督促工作。

推进工业文化发展实施方案（2021—2025 年）

为深入贯彻习近平总书记关于建设社会主义文化强国的重要讲话精神，落实党中央、国务院关于实施中华优秀传统文化传承发展工程的意见等文件部署，更好发挥工业文化在推进制造强国和网络强国建设中的支撑作用，制定本方案。

一、总体要求

（一）指导思想。以习近平新时代中国特色社会主义思想为指导，全面贯彻党的十九大和十九届二中、三中、四中、五中全会精神，坚持新发展理念，以深化供给侧结构性改革为主线，坚持以社会主义核心价值观引领文化建设，把工业文化建设作为推动制造业高质量发展的重要内容，完善工业文化发展体系，强化承载重要文化的工业遗产的保护利用，弘扬中国工业精神，促进文化与产业融合发展，丰富中国制造的文化内涵，培育工业文化的新业态新模式，不断增强国家文化软实力和中华文化影响力。

（二）基本原则。政策引领。发挥政府在方向引导、政策支持、试点示范等方面的积极作用，统筹整合资源，加强分类分级指导，明确发展路径。

需求导向。以满足产业发展需求为出发点和落脚点，探索工业文化软实力支撑制造业高质量发展的有效路径，发挥市场主体作用，加强市场推广应用，激发工业文化活力。

协同推进。建立健全部门协同工作机制，加强统筹协调，形成工作合力。发挥地方和行业组织作用，形成各类主体共同推进的工作格局。

融合发展。发挥工业文化赋能产业发展的作用，提高设计创新、质量品牌、管理服务等文化要素驱动能力，促进企业提质增效、产业转型升级。

（三）主要目标。通过五年努力，工业文化支撑体系基本完善，理论研究与应用实践进一步深入，工业文化新载体更为丰富，初步形成分级分类的工业遗产保护利用体系和分行业分区域的工业博物馆体系；打造一批具有工业文化特色的旅游示范基地和精品路线，建立一批工业文化教育实践基地，传承弘扬工业精神；推动工业文化在服务全民爱国主义教育，满足并引领人民群众文化需要，增强人民精神力量等方面发挥积极作用，推动形成工业文化繁荣发展的新局面。

二、重点任务

（四）弘扬工业文化价值内涵。深入挖掘工业文化内涵，以社会主义核心价值观和爱国主义教育为引领，弘扬企业家精神、创新精神、工匠精神、劳模精神、诚信精神等，与时俱进、集成创新，阐释工业文化当代价值，提升中国特色工业软实力，为制造业高质量发展提供强大精神动力。深化工业文化基础研究，丰富和完善工业文化理论体系，加强研究成果转化应用，夯实工业文化发展基础。（工业和信息化部牵头，国家发展改革委、教育部、人力资源和社会保障部、文化和旅游部、国资委、国家文物局参与）

（五）促进工业文化与产业融合发展。加强工业文化助推行业发展的路径模式研究，支持行业协会等各类机构开展工业文化赋能产业发展专项活动，利用新模式、新业态，实施文化+产品系列行动，充分挖掘文化要素对品牌建设、品质提升、提质增效的潜力，提升产业、企业和产品竞争力。加强企业文化建设，引导企业将工业文化融入创新管理的各环节。有效保护利用工业的遗存遗迹、标识标记、风情风貌，打造文化地标，延续城市文脉，以文化振兴带动城市振兴。（工业和信息化部牵头，国家发展改革委、文化和旅游部、国家文物局、国资委参与）

（六）**推动工业旅游创新发展**。建立健全并积极推广工业旅游相关标准和规范，支持各地依托当地工业遗产和老旧厂房、工业博物馆、现代工厂等工业文化特色资源，打造各类工业旅游项目，创建一批工业旅游示范基地。开发工业旅游创意产品，打造一批沉浸式工业文化体验产品和项目，推出工业旅游精品线路，构建工业旅游目的地。支持文旅装备协同创新发展，拓展文化消费新空间。指导相关社会组织和活动平台建设。（文化和旅游部、工业和信息化部牵头，国家发展改革委、国家文物局、国资委参与）

（七）**开展工业文化教育实践**。发挥工业文化研学教育功能，鼓励各地利用工业遗产、老旧厂房等设施培育一批工业文化研学实践基地（营地）。创新工业文化研学课程设计，开展工业科普教育，培养科学兴趣，掌握工业技能。（工业和信息化部牵头，教育部、文化和旅游部、国家文物局、国资委参与）

推进工业文化进校园，加强普通高等学校和职业学校的相关专业、学科建设，支持开展理论研究和教学实践，将工业文化有机融入精品课程，推动工业文化学科体系建设（教育部、工业和信息化部牵头，国资委参与）。鼓励大国工匠、工程师、企业家进讲堂，围绕工业道路、工业创造、工业精神等方面，传承弘扬优秀工业文化。（工业和信息化部牵头，教育部、国资委参与）

（八）**提高工业遗产保护利用水平**。持续开展国家工业遗产认定，发布国家工业遗产名单，鼓励地方因地制宜开展省、市级工业遗产调查、评估、认定，形成分级保护利用体系。修订《国家工业遗产管理暂行办法》，开展工业遗产保护立法研究。（工业和信息化部牵头，国家发展改革委、国家文物局、国资委参与）

积极推动将符合条件的工业遗产纳入文物保护体系，价值突出的推荐申报世界文化遗产。推动制定保护准则和指南，建立工业遗产保护与修复的工艺过程规范和效果评价标准，促进关键技术研发应用。（工业和信息化部、国家文物局牵头）

统筹工业遗产保护利用与城市转型发展，将老工业城市工业遗产纳入老工业城市更新改造政策支持范围，结合地方资源特色和历史传承，将工业遗产融入城市发展格局，保持功能协调、风格统一。（国家发展改革委牵头，工业和信息化部、文化和旅游部、国家文物局、国资委参与）

构建工业遗产保护利用项目库。鼓励利用工业遗产和老旧厂房资源，建设工业遗址公园、工业博物馆，打造工业文化产业园区、特色街区、创新创业基地、文化和旅游消费场所，培育工业旅游、工业设计、工艺美术、文化创意等新业态、新模式，不断提高活化利用水平。（工业和信息化部牵头，国家发展改革委、文化和旅游部、国家文物局、国资委参与）

（九）**完善工业博物馆体系**。发挥工业博物馆展示历史、展现当下、展望未来的作用，探索建设国家级行业博物馆、国家（网上）数字工业博物馆，支持各地建设具有地域特色的城市工业博物馆，鼓励企业建设博物馆或工业展馆、纪念馆。支持运用新一代信息技术打造数字化、可视化、互动化、智能化新型工业博物馆。（工业和信息化部、国家文物局牵头，国家发展改革委、国资委参与）

探索建立工业博物馆联合认证、共建共管机制，发布工业博物馆名录，鼓励参加博物馆评估定级，引导文物系统富裕资源在运营管理、充实藏品、保护修复、开放服务等方面支持工业博物馆规范发展。创建一批工业博物馆，实施工业博物馆品牌培育提升行动，强化工业博物馆专业化建设，提升管理与服务水平，形成具有示范性和影响力的工业博物馆文化品牌。（工业和信息化部、国家文物局牵头）

鼓励利用和共享馆藏资源，开发教育、文创、娱乐、科普产品，举办各类工业文化主题展览、科普教育、文创体验和研学实践活动。（国家文物局、工业和信息化部牵头，教育部、文化和旅游部参与）

（十）**加大传播与交流**。鼓励创作工业题材的文化作品，通过工业影视作品、工业文学作品征集活动、高峰论坛等方式，宣传工业故事、典型人物，弘扬中国工业精神，践行社会主义核心价值观。支持媒体开设工业频道和专栏，传播工业声音。通过国家工业遗产发布、现场经验交流、新媒体宣传等多种方式和渠道，做好工业遗产保护利用项目宣传推介。（工业和信息化部牵头，文化和旅游部、国家发展改革委、国资委、国家文物局、相关行业协会参与）

依托“一带一路”建设，加强文化交流和多层次文明对话，推动国际工业文化交流合作，促进工业文化走出去，塑造和传播新时代中国工业形象。（工业和信息化部牵头，文化和旅游部、国家文物局、国家发展改革委、国资委、相关行业协会参与）

（十一）**健全工业文化发展体系**。发挥规划和政策引导作用，统筹加强工业文化建设。完善基础制度和标准体系。加强各类工业文化资源统筹利用，促进工业文化资源数字化，推动工业文化产业数字化建设，鼓励数字技术在工业文化企业、体验产品和项目建设中的应用。加快发展新型文化业态、消费模式，丰富工业文化载体，扩大优质工业文化产品供给，满足人民群众文化需求。（教育部、工业和信息化部、文化和旅游部、国资委、国家文物局按职责分工负责）

三、保障措施

（十二）**拓宽资金支持渠道**。加强产融合作，发挥试点示范作用，建立翔实完备的工业文化企业数据库，为项目合作提供优质、精准的信息和服务。用好中央预算内投资等投资政策，鼓励社会资本设立文化产业发展基金，推动工业文化重大项目建设。鼓励地方积极完善支持政策，开展工业旅游、工业研学、产融合作、工业遗产和老旧厂房保护利用等试点示范。（国家发展改革委、工业和信息化部、教育部、财政部、文化和旅游部、国资委、国家文物局按职责分工负责）

（十三）**健全人才保障体系**。结合制造业与教育融合发展工程的实施，深化产教融合校企合作，强化人才培养培训，培养更多高技能人才和大国工匠。围绕工业文化学术研究、教育培训、经营管理、宣传推广等领域，打造一批领军人才。加强专业人才队伍建设，培育一批工业遗产、工业博物馆、工业旅游以及其他工业文化新业态等方面专业人才。鼓励设立工业文化智库。（工业和信息化部、教育部、人力资源和社会保障部、文化和旅游部、国家文物局、国资委按职责分工负责）

（十四）**发挥中介机构作用**。充分发挥行业协会和各类社会组织作用。支持行业组织研究制定标准规范，开展工业文化资源调查，建立资源库，加强工业文化产业的市场监测和经济运行分析，发布研究报告；引导工业文化的研究应用与推广，宣贯相关政策，指导企业开展文化建设、管理创新、国际交流等工作。支持高校、高职院校、企事业单位和地方建立专业化程度高、业务能力强的工业文化相关机构，打造一批工业文化领域公共服务平台，充分调动社会力量参与工业文化建设，营造共商共建共享的良好氛围。（相关行业协会等中介组织负责）

四、组织实施

（十五）**加强统筹协调**。各部门加强统筹协调，发挥职能作用，做好业务指导，在资源整合、要素供给、项目实施、人才保障、环境营造、宣传教育等方面提供支持，加强制度、政策、标准的协调对接，形成工作合力，确保各项工作取得实效。（工业和信息化部牵头，国家发展改革委、财政部、教育部、人力资源和社会保障部、文化和旅游部、国家文物局、国资委参与）

（十六）**抓好细化落实**。各地要建立和完善推动工业文化发展的工作机制，结合本地实际，研究制定本地区“十四五”期间推动工业文化发展的实施细则方案，明确目标任务，合力推进实施一批重点项目、重点工程。持续开展工业文化资源调查、评估和认定，健全资源数据库，丰富省市级名录。认真总结成功案例和经验做法，加强宣传推广，为工业文化发展营造良好社会环境。（各地工业和信息化主管部门牵头，相关部门参与）

理论篇

专家视野

红色品牌的价值与塑造

文 魁

红色品牌是中国品牌的重要组成部分。什么是红色品牌?如何认识红色品牌的价值?在建党一百周年之际，在给红色品牌以学理解释的基础上，深入挖掘红色资源的内涵，促进红色品牌的塑造具有重要的现实意义。

什么是红色品牌?

红色品牌可以唤起我们对新中国成立后那段激情燃烧岁月的回忆。解放牌汽车、红旗牌轿车、东方红牌拖拉机、英雄牌钢笔、中华铅笔……这一个个红色品牌，彰显了新中国欣欣向荣的发展局面，那些饱含红色故事、传承革命精神的鞍山钢铁、大庆油田等红色品牌企业；红旗渠、青藏铁路、南水北调为代表的红色品牌工程至今让中国人引以为豪。

红色品牌不仅表现为物质形态的商品和服务，还表现为一切采用红色 Logo 或以红色命名的产品和事物。其中，最典型、最深刻的红色品牌就是“人民”。人民，不仅是国家形象、政权性质的体现，也是我国价值取向的标志，如人民政府、人民法院、人民公安、人民日报、人民出版社、人民大学、人民画报等。

此外，新华、中华、东方、长征、胜利、神舟等，也是红色品牌的象征词汇。就连一些古迹，因为新的红色元素，也成为神圣的红色品牌，如天安门、中南海、紫光阁等。红色文创品牌、红色旅游品牌及其衍生的纪念品、场景体验等也都纳入红色品牌行列；红色品牌还可以扩展到红色纪念地、纪念馆、博物馆等，直至红色品牌城市（延安、韶山、瑞金等）。新中国建立后，回到人民手中的大城市，也成为红色品牌的标志，如北京、上海也为许多品牌赋予红的色彩。红色品牌更多地表现为渗透于新民主革命和社会主义建设各方面的精神形态，如井冈山精神、长征精神、南泥湾精神、雷锋精神、铁人精神等，以及表现为红色艺术、红色作品的红色品牌。那么，什么是红色品牌的属性和价值呢?

红色品牌，不论何种形式，首先必须具备品牌的基本属性。

品牌是市场经济中一个具体的营销名词，原本词义是商品牌号或商标（工商注册、法律保护）；延伸内涵是指商品和服务具有稳定的优等品质、特殊品性、高端品位。由于其具有信得过、靠得住、吸引人的特性，品牌具有经济价值、长远影响的效应价值。

品牌一旦形成，其影响可以扩展到相关产品和服务，直至企业本身，形成品牌企业；甚至随同产业链、产业集群扩展到城市、地域、国家，连带形成城市、地域和国家的标志和商业信誉，如瑞士手表、法国香水等。品牌可以有层次不同的大小之分，也可以由其影响范围不同形成地域品牌、国内品牌和国际品牌。

红色品牌除必须具备“由品而牌”的基本属性外，还必须具有红色的特殊属性。红色品牌的红色，是指附着在品牌上的政治色彩。红色，代表着马克思主义理论、共产主义理想、社会主义信念、人民根本利益和共产党人的信仰。这种色彩，一旦与品牌结合在一起，就会使红色融入人们的日常生活，深入人心；同时，也会赋予品牌以新的功能，满足人们爱国爱党、崇尚英雄，激发人们百折不挠的奋斗激情、引领和指导人们对美好生活的正确追求。

红色品牌彰显的是文化的魅力。红色品牌的价值，实质上是附着在品牌上的红色文化的价值。

红色文化的价值

红色文化是中国共产党百年艰苦卓绝奋斗历程形成的精神财富，是共产党人和民众对一系列科学认知的高度认同。红色文化具备文化的一般特点，符合文化的生成规律，是中华民族文化的重要组成部分，同时又具有自己的鲜明特性和特殊效能。

红色文化有丰富多彩的表现形式，但其共同特性主要表现为：一是理论性，共产党人的坚定信念，来自马克思主义的科学理论，红色文化与其他任何一种文化的根本区别在于它的理论性，红色文化都有着马克思主义的理论依据，符合辩证唯物主义和历史唯物主义；二是理想性，对红色文化的认同，归根结底是对共产主义最高理想的认同，当然，不同历史阶段、不同空间环境，最高理想都会具体化为阶段性目标，或形成具体可行的理念、政策，但都要隶属于人类社会的最高理想，否则，难以称其为红色；三是人民性，全心全意为人民服务是共产党的根本宗旨，也是红色文化的根本基础；四是创新性，红色文化总是随着时代进步不断发展，与时俱进；五是实践性，红色文化不是书本的死教条，而是植根于人民群众的实践中；六是融合性，红色文化与中华民族文化相融合，广泛吸收其他文化的营养，兼容并蓄，如愚公移山是中华民族的传统故事，经过毛泽东的创造性比喻和诠释，愚公移山精神成为典型的红色文化，彰显出经久不息的红色文化价值。

红色资源的巨大潜能

中国共产党百年艰苦奋斗的辉煌历程，在中华大地上积淀下丰厚的红色资源，这些红色资源是民族复兴的动力源，蕴藏着巨大的潜能。

红色资源首先是一种资源，是一种客观实在，主要是指自然界客观存在的各种形态的物质、气候和环境。其语义强调有二：一是未被人类开采改造的原始状态；二是具有开发利用的可能，可以成为人类创造财富的劳动对象。作为经济学概念的资源，将其扩展为自然资源之外的各种资源，包括了人力资源和其他经过劳动加工的各种物质财富。经济学的出发点是资源的稀缺性，研究对象则是资源如何有效配置。资源可以表现为物质资源和精神资源，一般分为自然资源、社会经济资源和技术资源。

红色资源属于社会经济资源，是带有强烈政治色彩的社会人文资源。红色资源是中国共产党带领中国人民百年艰苦奋斗积攒下来的物质财富、精神财富和制度财富。

面向社会主义现代化的目标，必须进一步开发利用这些宝贵的红色资源。首先，要充分认识我们党的红色资源具有巨大的潜能，主要表现在：党的坚强领导、严格的组织纪律、光荣的革命传统、全心全意为人民服务的宗旨、与人民群众的血肉联系等；其次，必须承认，我们对红色资源理解不深刻、认识不到位、开发不主动、利用不充分，迫切需要提高把握红色资源转化的自觉性。

红色文化形成与红色品牌塑造

红色资源的转化，关键在于红色文化的形成。

我曾经把文化形成规律概括为：人们在认识世界、改造世界的过程中，首先出现对客观事物的科学认知，再对这些认知逐步认可，进而形成深度认同，最终产生共鸣或共振效应的历史过程。文化形成的最后一个环节可能是结晶。所谓结晶，就是文化通过认可、认同形成共鸣，进而形成文化的结晶：组织、制度、精神。

文化形成规律可以表述为这样一个公式：认知—认可—认同—共鸣—结晶。精神是文化的本质内涵，是无形的；但也结出组织、制度等有形的文化果实。

文化形成规律与品牌形成规律有着高度的一致性。从品牌形成元素看，商品是各种认知的集合；从品牌生成条件看，是获得消费者或用户的普遍认可；从品牌形成标志看，是形成了对品牌的深度认同；从品牌产生效应看，是汇成了生产者与消费者之间的共振和共鸣。

红色品牌的塑造也必须符合红色文化形成规律，不论哪一种形式的红色品牌，都要得到人们的认可、认同。而要做到这一点，首要是形成人们对红色品牌的科学认知。红色品牌的塑造与一般品牌既有相同之处，也有不同之处。相同之处在于，必须是“由品而牌”，高品质是形成品牌的内在条件；不同之处在于，赢得人们信任的根据不同。红色品牌以政治色彩取得人们的信任，红色品牌是人民的品牌，老百姓的品牌。如新中国成立初期，“国营”二字，往往就是货真价实的代名词。消费者情怀是品牌形成的重要因素，红色品牌的粉丝往往带有强烈的爱党爱国情怀。在假冒伪劣、价格欺诈的环境下，一些商店推出“党员推荐”，就彰显了红色品牌的价值。所以，红色品牌的塑造，必须遵循红色文化形成规律，红色品牌是红色资源转化为红色文化的结晶。

（作者系首都经济贸易大学原校长文魁）

关于文化传播的几点思考

毛一翔

今天想和大家讲讲文化传播的问题。我总的感觉：文化是需要传播的，同时文化的传播又要符合文化本身具有的特点。

首先，文化需要传播

“文化”一词，在中文语境中引据最多的是《易经》：“刚柔交错，天文也；文明以止，人文也。观乎天文，以察时变，观乎人文，以化成天下。”

“文”，《说文解字》称：“文，错画也，象交叉”。商务印书馆《古代汉语词典》对“文”的解释，第一条就是“彩色交错”。引用《周易·系辞》“物相杂，故曰文”，引申义为“花纹”，刻画花纹。又举《后汉书》“木器无文”。《战国策·赵策》“被发文身，错臂左衽，瓯越之民也”。讲的都是古文中“文”与“纹”相通，原始意义是“花纹、外表、修饰”等。“观乎天文，以察时变，观乎人文，以化成天下”的“文”是花纹、纹路等意，人文则是制度礼仪等意。

“化”，商务印书馆《古代汉语词典》的解释为，变化、化育、教化等意，如《庄子·逍遥游》：“北冥有鱼，其名为鲲，鲲之大，不知其几千里也。化而为鸟，其名为鹏，鹏之背，不知其几千里也。”再如《周易·系辞下》：“男女构精，万物化生”。《礼记·中庸》：“可以赞天地之化育”等。

因此，“观乎天文，以察时变，观乎人文，以化成天下”。通俗地说，就是根据天空云彩纹样来判断天气变化，通过观看人们的表情来判断人们的喜好，从而形成社会风俗。

在西文语境中，据英国学者伊格尔顿说，英语的文化 culture，从词源学上来说，是派生于自然 nature 概念，“culture”这个词的一个原始意义是“耕作”，或对自然生长实施管理。而“culture”这个词的拉丁语根是“colere”，可以表达耕种、居住、敬神和保护当中的任何意义。因此，西语中“文化”最先表示一种完全物质的过程，反过来比喻性地用于精神生活是后来的事情。据《韦氏新大学词典》的定义，文化是指一种“包括思想、言谈、行动和人造物品的人类行为的综合形式，并依赖于人们的学习和传递知识的能力向后代传递”。

我国文化学者周宪、许钧认为，文化总是体现为各种各样的符号，举凡人类的器具用品、行为方式甚至思想观念，皆为文化之符号或文本。文化的创造在某种程度上说就是符号的创造。符号之所以被创造出来，就是为了向人们传达某种意义。“所谓文化，究其本质乃是借助符号来传达意义的人类行为”，所以文化学家坚持认为“文化的核心就是意义的创造、交往、理解和解释”。

文化既是有形的，如制度、仪式、礼仪、书籍、图画、器具等，又是无形的，如精神、灵魂、“幽灵”、气质等。文，纹络，是有形的；化，化成，是无形的。文化是有形呈现无形、无形寓于有形，也就是无形的精神、灵魂、观念等通过有形的符号展现出来，进行文化的交流、交往和理解。

因此，文化是需要传播的，文化是用来传递“意义”的。

其次，文化传播要统一通透

统一就是不能分散，要聚焦、要连贯，要终始一致，左右相符，如子公司的文化就要与集团公司文化相统一（是统一，不是一样）。通透就是要内外一致，有形与无形一致，通过有形的表象能够看到无形的灵魂，无形的灵魂通过有形的活动、图像能够表现出来。企业的品牌形象、行为规范等要与企业秉持的理念、精神相一致。就企业文化而言，品牌形象是企业的总表象，而企业文化、企业精神则是企业的内在灵魂。企业文化的传播宣传，应该是以企业品牌战略为引导的、以企业公共关系为脉络的、以企业文化为内核的品牌公关传播，有效地整合企业品牌、公共关系、文化传播于一体，由内而外、内外联动，内外要通透，是整合的传播，不是单打独斗、各自为政的。

再次，文化传播要会讲故事

企业文化是什么？特伦斯·迪尔认为，企业文化是由企业环境、价值观、英雄人物、礼仪和仪式、文化网络等要素构成。因此，故事，是企业文化中应有的东西。

什么是故事？故事就是王进喜到北京参加劳模大会看到公交车上背着个大气包、就是王进喜跳进泥浆池用身体搅拌水泥。

故事就是焦裕禄因为患有严重肝病，工作时时常用钢笔抵着肝部抑制疼痛，在藤椅上压出一个洞。

故事是愚公与智叟的对话，是愚公带领子子孙孙挖山不止的行动。

今年六月我到山东调研，潍柴控股集团创新工作室的大师告诉我，在他们公司，首席技能大师的工资可以做到副厂级领导的水平。

在青岛港的一个展览馆，“全国先进基层党组织、时代楷模‘连钢创新团队’展馆”，展出的全部都是山东港口集团的劳动模范、技能大师、大国工匠几百人的照片事迹，专门一个展览馆，有“全国优秀共产党员”“改革先锋”“最美奋斗者”“全国五一劳动奖章”“全国道德模范”许振超、时代楷模张连钢、金牌工人、金牌团队、金牌海港，已有 28 人获得国家级荣誉、944 人次获得省部级荣誉，不管是种地的还是扛包的，不管是军营的、还是院校的，只要好好干，人人都能成才，人人都能干出名堂。

这些都是故事，它有具象、有情节、有意思、有人物。

故事是由场景（背景）、人物、情节、冲突（主角和自己内心的冲突和矛盾、主角和周围人的冲突和矛盾、主角和世界环境的冲突和矛盾）等构成。故事传递的是一种价值，是价值的矛盾和冲突，唤醒的是读者心中隐藏的价值认同，架起的是故事（包括故事的作者、故事中的主人公）与读者之间的情感联系。人是故事中的灵魂。我们现在好多新闻作品，只见钢架、桥梁、高楼，不见人物，看似宏伟壮观，但是没有生息，缺乏灵气。人，企业中的英雄人物，如劳模、工匠、技能大师以及企业中的领军人物，是企业的核心人物、是企业的形象代表、是企业文化的承载者。同样，企业中众多的普通人的日常工作、生活、情趣等也都反映出一家企业的精神风貌，因此，人是故事中最宝贵的元素。讲故事，要讲人的故事，是人的故事，是人的思想、情感、欢乐、苦恼、成长、变迁的故事，通过人的故事映衬出企业的文化、企业的形象。故事是文化的承载体，文化是装载、蕴含、体现在故事里的，所以传播文化，就得讲好故事。

第四，文化传播要有意境

文化从它的存在方式来看，它不是单一的、孤立的，它是以“簇群的方式”存在的，它的色谱是五彩斑斓的，既有其核心的价值、灵魂、精神，也有其相辅的次级层，以及衬托它的环境背景等，是一簇一簇的，丰富多彩的，多重含义的。也就是说，文化往往不是一朵花，是一枝花、一束花、一簇花、一捧花。我们的文化传播，要考虑到这个特点，学会应用意境、营造空间。

明朝朱承爵在《存余堂诗话》中说：“作诗之妙，全在意境融彻，出音声之外，乃得真味。”

王国维则把艺术境界划分为三种形态，认为：“上焉者，意与境浑；其次，或以境胜；或以意胜。”

在国外，现代社会心理学家、传播学奠基人之一的库尔特·勒温认为，个体的心理活动是与他所处的生活空间即“心理场”有关的，生活空间即心理场包括了人与其环境，行为发生在这个生活空间之中，行为既是人与环境的函数，也是生活空间的函数。

空间理论将人的生活空间分为三类，第一空间是具象的物质空间，是由经验来描述的事物，第二空间是人的认知空间，是由观念来表征的，第三空间则是想象的空间，它既真实又虚幻。他们认为，空间是权力实施的手段和媒介，权力是借助于空间来发挥作用的。

美国学者克利福德·格尔茨在《尼加拉：19世纪巴厘剧场国家》一书中通过分析传统国家通过庆典、仪式、象征与政治的关系，揭示出意识形态的“剧场效应”：人在剧场中，既是观众又是被动的演员，人处于一种“依他起性”的状态。

由此可见，意境、空间、场景对人们的心理活动、认知活动是有重大影响的，发挥着此处无声胜有声、引而不发、润物无声的作用。

为什么要特别强调意境、强调诗化传播，不仅仅是因为它符合文化的特点、因为它美，更因为现在人们普遍反感说教，不喜欢被你牵着牛鼻子走。我们现在好些新闻作品太直白、太露骨，没有美感。咱们中国有一种美，叫含蓄的美。我们的新闻作品也应该多些含蓄、多点诗情画意，多点文化。

第五，文化传播要平等

居高临下、“真理在我”，是传播的大忌，也是现代宣传的大忌！

人类社会进步到今天，现代化的一个重要标志，就是人的平等，主体的平等。既不仰视也不俯视，不卑不亢，平等交往。习近平同志在建党百年庆祝大会上的讲话中，有一段博得热烈掌声的话，他说“我们积极学习借鉴人类文明的一切有益成果，欢迎一切有益的建议和善意的批评，但我们绝不接受‘教师爷’般颐指气使的说教”。国家间是这样，个体间其实也是这样，只有平等的交流，人们才乐意接受。

任何真理都是发展的，都是依据所处的场景、文化等条件的不同而变化的，千篇一律的、固定不变的真理是没有的。过去人类在蒙昧的时候追寻事物的规律，以为找到了规律就把握了事物。后来人们发现，“规律”总是不按规律走，原来“规律”都是有条件的，条件变了规律也就不准了。今天的社会发展飞快，一切均在瞬间变化中，一切均在颠覆解构中，传统的经验很难适应新的形势，更不用说去把握未来，测不准、不确定，未知、重启（重新开始），就是现在的时代特征。所以，做新媒体年轻人比成年人厉害，玩手机 ipad 孙子比爷爷厉害，一切过去的经验都成为过去。

另一方面，现在人们富裕起来以后，社会的利益主体多元，利益诉求也多样。在开放条件下，不同文化的交流、交往、交融加快，文化呈现出多样化的状态。多元、多样、不一律是现代开放社会的特征。人们的社会生活丰富多彩，价值多种多样，对于同一种事物有着不同的看法，是开放社会的正常现象。尊重人们选择的多样性，满足不同的文化需求，是我们文化工作者应尽的义务，无可厚非。

当今时代，一个最显著的特征就是信息化、网络化、数字化，一切都被它统治、改造、蜕变。它带给传播领域的，是传播方式的深刻革命，是媒体格局、舆论生态的深刻变化。去中心化、分布式、越层跨界，就是互联网时代的特征。现在人们特别崇拜“话语权”，但要知道在互联网时代、在文化的传播中还有一个“选择权”“接受权”。你有话语权，你牛；但我有选择权、接受权，选不选择在我。接不接受在我，转不转发在我，我比你更牛。所以，要彼此都牛，就得平等，就得彼此彼此，分享分享。

文化作为一种复杂的社会现象，是一种信息系统。文化的传播不仅仅是一种文化向外的传播，而且是不同文化间的相互作用过程。在这个相互作用交往的过程中，人们不仅确定、认识这种文化的意义，而且对文化重新给予理解和界定，发展出新的行为方向，形成“文化增殖”现象。我国文化社会学家司马云杰认为，“任何文化传播都是一种沟通人与人共存关系的文化交往活动”，“是一种文化互动现象”。也就是说，文化传播不是像一件物品那样从甲传到乙不变样，它在传播过程中是受传递双方心理、认知、价值观影响的，在传递过程中会产生“增殖”或贬值现象的。“文化传播是人们根据自己的经验、价值观重新界定文化和认识文化的过程，人们在这个过程中，不仅估价和确定某种文化的价值，而且还要增殖和繁衍出新的文化意义”。这是文化传播的特别之处。文化传播是一个文化间的交流过程，是个双向的过程。只有平等，才能更好地交流；只有能够交流，才能传播得开。

第六，文化传播更要理性

现在媒体有一种非常不好的毛病，就是吹呼！什么都大惊小怪，一惊一乍。自媒体这样，正式媒体也这样，不知得的什么病。

也许是因为媒体竞争压力太大，不吹呼、不大惊小怪，怕吸引不了眼球，怕掉粉。但是要知道，吹呼过头了，会适得其反。

司马云杰认为，文化传播是一个可逆变化过程。“只有当文化信息符合社会的需要，即符合人的心理及价值观念等需要的时候，社会的各种自组织系统才处于开放状态、运动状态，文化信息也才能处于增量状态，人才能利于文化信息并使其发展。当社会机制的信息负荷量超过社会的需要，超过了人对该文化信息需要的时候，那么，社会机制的各种自组织系统则会处于抑制状态、相对静止状态，文化信息的传递则处于减量状态。当某种文化信息传播已经超过了社会机制的负荷量的时候，超过人们的心理和价值观所能承受的程度的时候，再加大这种文化信息量，那就适得其反了。它不但不能增殖和发展变化，而且要为人们所厌弃了。”这些话，对于我们今天的一些传播现象来说，是值得深思的。

习近平总书记指出，做好网上舆论工作是一项长期任务，要创新改进网上宣传，把握好网上舆论引导的时、度、效，使网络空间清朗起来。

文化传播不可刮风，不可虚诈，要实事求是。真实性是新闻的生命。要根据事实来描述事实，进行准确报道。要防止一种倾向掩盖另一种倾向，偏离党的大政方针。

企业文化传播要坚持党的领导，准确贯彻落实习近平新时代中国特色社会主义思想，贯彻落实社会主义核心价值观，坚持中国特色社会主义，坚持改革开放。要客观、理性分析社会矛盾和问题，真实、准确地报道企业所取得的成绩和遇到的问题，打造清新、祥和、文静的舆论环境，踏实地建设我们的国家。

（国务院国资委新闻中心原主任）

新时代企业党组织的文化任务与方式创新

王成荣

一、企业文化进入新时代

建党百年，中国共产党带领中国人民开启了迈向伟大复兴的“新征程”，中国特色社会主义进入新时代，相应地，中国特色的企业文化也进入了新时代。

“新时代”外部环境有什么变化？一句话，是时遇“世界百年未有之大变局”。具体说，首先，国内社会主要矛盾发生了变化。人民日益增长的美好生活需要和不平衡不充分的发展之间的矛盾成为社会主要矛盾；人口增长率迅速下降，少子化、老龄化迅速逼近；经济增长动力不足，面临“中等收入陷阱”风险。因此，中央提出实施全面深化改革，贯彻新发展理念，构建新发展格局，推动高质量发展；促进城乡协调发展，维护社会公平正义，推动人民共同富裕。

其次，新冠疫情带来的重大影响。在全球爆发、持续两年的新冠疫情，改变了人们对生命的态度；改变了人们对人与自然关系的认识；改变了人们的生产与生活方式；严重影响了经济发展，改变了全球政治与经济格局。面对这种挑战，世界各国加速开发防疫与治疗新冠肺炎的药物，改变交往模式，探索有效防控疫情，恢复发展经济的有效办法。我国实施了动态清零的防控策略。

再次，全球化面临的严峻挑战。中国加入WTO二十年来，已经全面和深度融入全球化，经济的高速发展也受益于全球化。现在我们提出“一带一路”倡议也在主动推进全球化，构建人类命运共同体。但近两年，由新冠疫情触发并加速了逆全球化潮流和贸易保护主义的兴起，中美等重要贸易关系摩擦不断并愈演愈烈。不管怎么说，昨日的全球化正在悄然发生“三大改变”：即全球供应链重塑、国际贸易规则改写、世界创新体系重构。我国在发展战略上实时做出调整，实施了以“内循环”为主体，国内国际“双循环”相互促进的经济发展战略。

复次，数字化的全面冲击。众所周知，继蒸汽时代、电气时代之后，人类已全面进入信息时代，或者说进入数字经济时代。数字化引发、赋能全产业链和各领域的革命，如制造业革命、流通业革命、金融业革命、服务业革命，教育、医疗、新闻出版等各个行业也都发生了极其深刻的变化。数字化及其网络化、智能化参与所有价值的创造过程，改变所有价值传递过程。近来，中央多次对数字经济发展做出部署，我国数字经济展现出强大的发展活力，数字经济步入了高质量和健康发展的新阶段。

最后，文化强国战略的实施。党的十八大以来，我们党坚定文化自信，奋力建设文化强国。文化是一个国家、一个民族的灵魂。文化兴国运兴，文化强民族强。没有高度的文化自信，没有文化的繁荣兴盛，就没有中华民族的伟大复兴。我们积极培育和践行社会主义核心价值观，传承中华优秀传统文化，发扬革命文化，发展社会主义先进文化，构筑中国精神、中国价值、中国力量，为企业提供了正确的精神指引。

在国际国内这样的大环境影响下，企业文化建设的内涵、方式发生了深刻变化，从整体看企业文化进入了一个全新时代。

那么，新时代企业文化有哪些特点呢？我认为，概括起来：一是企业文化的政治属性日益增强，党组织在企业文化建设中发挥着主导作用；二是企业文化的民族化特征日益突出，企业文化之根逐渐深入民族优秀文化土壤之中；三是企业文化的战略核心地位日益凸显，成为企业发展的精神导向；四是企业文化的人文精神迅速回归，工具属性逐渐淡化；五是企业文化生态圈冲破企业故有围墙，更加开放；六是伴随着全球化不断深入与逆流并存的局面，跨文化管理问题面临新的挑战；七是企业文化与品牌文化结合日益紧密，企业核心价值与品牌核心价值、品牌个性融为一体；八是企业文化建设路径与形式推陈出新，更加多样化。

二、新时代企业党组织的文化任务

习近平总书记指出：“党政军民学、东西南北中，党是领导一切的。”在国家治理体系大棋局中，党中央是坐镇中军帐的“帅”，车、马、炮各展其长，一盘棋大局分明。坚持党的领导，是一切工作的前提。毫无疑问，在企业中，党领导企业文化建设，为企业文化发展定向领航。

那么，企业党组织的文化任务是什么呢？我理解，企业党组织的文化任务就是党组织在领导企业文化建设过程中，把党的意图、党的期望、党的主张，全面融入企业文化建设之中，使之成为企业文化的主旋律和定海神针。

党的意图、期望、主张是什么？对企业而言，有四个方面：第一，中国共产党的初心与使命是以人民为中心。习近平总书记讲：“人民对美好生活的向往，就是我们的奋斗目标。”“尊重人民首创精神。”“推动人的全面发展。”因此，要求企业倡导并建设人本文化。第二，党中央提出，统筹推进“五位一体”总体布局，协调推进“四个全面”战略布局，全面贯彻新发展理念，构建新发展格局，推动高质量发展；推进科技自立自强，从根本上解决受制于人的问题。要求企业树立创新意识、践行创新文化。第三，中国承诺，2030年前实现碳达峰、2060年前实现碳中和，实施“双碳战略”，实现可持续发展，体现大国在构建人类命运共同体中的责任担当。这就要求企业发展绿色文化。第四，在新冠疫情对我国经济和世界经济产生巨大冲击，我国很多市场主体面临前所未有的压力，“双循环”面临很多困难的情况下，要激发市场主体的活力。要求我们要弘扬企业家精神。

首先，深刻理解与践行人本文化。企业，是“人”的事业，即人去做、为了人的事业。社会主义企业的根本目的是满足人民美好生活需要。由此，人本文化应包含以下两层含义：第一是人文关怀，即尊重生命、自由和受教育等人权，尊重独立人格与个体价值；关心与满足员工物质与精神的需求；促进人的全面发展。第二是人本管理，即尊重员工的主体地位；尊重人的差异性，倡导能力本位（如华为提出“以奋斗者为本”），发挥员工的首创精神，创造“人人是胜者”的机制；维护员工参与、分享、监督的权利。同时，要写好大写的“人”，员工顾客，一撇一捺，不能顾此失彼。应重视尊重与维护消费者权利，履行企业社会责任与义务。近两年，某些平台企业用大数据“杀熟”，就是在损害消费者利益，这是应该纠正的。

其次，强化创新意识，奋力创新图强。在市场经济条件下，市场决定资源配置，自由竞争，创新制胜。“不创新即死亡”成为企业永恒的定律。改革开放以来，我国科学技术迅速发展，研发投入不断提高，努力缩短与西方的差距，企业在学习借鉴中创新开发，技术上取得巨大进步，在某些领域，如5G、盾构机、高铁、北斗导航、航天技术、无人机、超级计算机、杂交水稻、可控核聚变、量子通信、量子保密通信等领域，在世界上处于领先水平。

但是，当前企业最大的危机之一，仍是创新动力、创新能力不足，未形成以企业为主体的产学研协同创新机制。以数字经济为例，我国在数字经济应用上全球领先，但核心技术差距大，后劲不足，很多基础科学概念、关键技术大多数是美国大学或公司发明的。数字经济的产业布局也不均衡，消费互联网很发达，产业互联网比较滞后。从大公司的国际化程度看，Apple、Facebook、Alphabet、微软等公司大体上都在50%～60%，我国国际化程度比较高的小米为49.8%，腾讯和阿里仅为7%。

创新图强，从宏观层面讲，必须夯实创新基础，完善创新机制。继续加大研发投入，包括国家、企业以及风险资本的投入；加强科学基础设施建设，如大科学装置、现代化实验室、科创中心等；加强科研团队建设，改善科研生态环境，形成大学、科研机构与企业协同、科学家与企业家协同的科研机制。北京全力打造的中关村科学城、怀柔科学城、未来科学城就是要从根本上解决创新图强问题。

从微观的企业层面看，我们有些公司大而不强，在产业链上，低端运行，处在“U型曲线”的底部，以生产制造为主，不能在产品开发、品牌、营销服务上获取更多附加值；在技术上信奉实用主义，跟随模仿，缺乏独创性。实际上，从创新方式上看，有模仿式创新、移植式创新、升级式创新、组合式创新、差异化创新、破坏性创新、原始性创新等等。在起步阶段和发展阶段，模仿式创新、移植式创新、升级式创新、组合式创新、差异化创新都是需要的，但如果长期止步不前，缺乏破坏性创新、原始性创新，不能实现从模仿到独创的跨越，企业就没有核心竞争力，在国际市场上终将受制于人。因此，当企业具备一定规模和实力以后，对单一市场领先战略就要适时做出调整，强化和实施技术领先战略。在国际大分工中，从垂直分工、水平分工到产业集群，力求做产业链中最有价值的环节。同时，要进行创新文化的再造。强化危机意识，建立风险防控机制；敢于承担创新，尤其是技术创新与新产品开发的风险；善于把握决策的最佳时机。宽容失败；坚持“行动是金”的理念，一旦认定目标，即简化流程、立刻行动，以结果为导向，全面提升执行力，因而推动企业不断创新，处于周而复始的繁荣状态。

再次，强化绿色文化，为实现我国“双碳”目标做贡献。在中央提出的“五大新发展理念”中，第三个理念就是“绿色”理念。讲绿色，对企业而言似“紧箍咒”，像是外加给企业的“责任和义务”，甚至直接“影响”企业的盈利。实际上，这是一个关乎局部利益与人类整体利益、眼前利益与社会长远利益的大问题，以及人与自然能否和谐发展的大问题。是考验一个企业社会责任意识、环境意识、地球意识强弱的试金石；也是企业、国家可持续发展和高质量发展的必经之路。目前，我国是世界能源消耗大国，企业高能耗、低效率、粗放发展等问题还很严重。2020年全球碳排放340亿吨，其中我国排放103亿吨。我国人口占全球19%，GDP占全球17%，而碳排放占全球约30%，在绿色发展上怎样体现大国担当，我们的企业任重道远。

从目前看，全球碳排放量的31%被陆地碳汇吸收，排放量的23%被海洋碳汇吸收，剩余的46%滞留于大气中。全球气候变化负面影响比原来预计更迅速、更广泛、更剧烈。呼应1.5℃温升控制目标，越来越多国家和城市提出实现碳中和目标。欧盟提出《欧洲绿色新政》，承诺2050年实现碳中和；经济复苏投资30%用于应对气候变化。美国重返《巴黎协定》，承诺2050年实现碳中和；四年绿色投资2万亿美元。目前全球已有100多个国家提出实现碳中和承诺。全球“碳中和”目标下，能源和经济低碳转型将重塑世界竞争格局，成为加剧世界百年大变局的助燃剂。应对气候变化将成为疫情后大国竞争、博弈和合作的重要领域。

我国向世界作出的庄严承诺：2030年前实现碳达峰、2060年前实现碳中和的“双碳目标”。实现这一目标任重道远，未来若干年，能源革命、绿色经济、产业升级、可持续发展等成为经济发展的关键词和主旋律。

对于企业来讲，必须坚定不移贯彻绿色发展理念，制定绿色发展战略；树立环境道德意识和环境保护意识，全员的绿色文化教育；大力推进科技创新，推动数字化转型；加大环保技术研发和环保投入，严格执行国家环保标准；主动参与绿色公益活动；鼓励并实施绿色消费；发布包含绿色内容的社会责任报告，接受社会的监督，为推动我国“双碳目标”的实现做出积极贡献。

最后，大力弘扬企业家精神，争做敢于创新冒险和具有人文精神的新时代企业家。企业家，这个源于法文的名词，最早是形容那些领导军事远征军武装探险、开拓殖民地冒险的人。本意就是“冒险事业的经营者和组织者”。经济学家萨伊、马歇尔、熊彼特、管理学家德鲁克等人，分别对其精神特质进行了提炼，他们指出，企业家对利润有强烈欲望，有公益意识，有献身精神和征服自然的进取性格，他们时刻在“寻找变化”与变更“经济循环轨道”，在迈向未知领域过程中，表现出强烈的创新冲动和冒险精神等。德国著名社会学家马克斯·韦伯在《新教伦理与资本主义精神》《儒教与道教》等著作中，提出新教的原罪说、禁欲主义等契合了资本主义精神，而儒教与道教则压制了资本主义和企业家精神的产生。实际上，儒家伦理与企业家精神有冲突也有融合，儒家伦理中的仁爱价值、团体意识、和谐思想、诚信精神等为企业家精神注入了道德特质，使其人文精神以及对社会的关照得以强化。这种道德特质与企业家精神的基础特质，即创新、冒险、对利润的追求、对未知的探索等精神融合起来所诞生的企业家精神，即是我们今天应该大力倡导的。

习近平总书记在企业家座谈会上提出，企业家精神包含爱国情怀、勇于创新、诚信守法、勇担社会责任和拓展国际视野五个方面，高度概括了企业家精神的基础特质和道德特质两个方面的内涵。新时代，面对世界百年未有之大变局和国内国际复杂的经济形势，需要大力弘扬企业家精神。

从我国企业家队伍的实际出发，我认为，弘扬企业家精神需要做到“双向提升”，即在基础特质上，提升创新和探索精神。新时代的企业家，应具有科学家的素养，具有对未知领域探索的冲动。在道德特质上，提升企业家的公益意识和社会责任感。新时代的企业家，应具有慈善家的情怀，对人类社会未来的极大关怀。卡内基说，死后留下大笔财富的人是可耻的。慈善捐助应成为企业家的一种信仰与习惯。我国有些企业家做慈善捐助是被迫的，迫于企业比较和舆论压力。部分企业家富有以后，购买豪宅、古堡、酒庄、私人游艇、私人飞机等，以此显示身份、财富和地位，实际上这是一种富豪的畸形心理在作祟，并不能因此建立起高尚和受人尊重的形象。在新时代，企业家要按照习近平总书记提出的要求，加强自身修炼，提升基础素质和道德素质；在企业内部培育企业家群体，建立激活与保护企业家的制度与机制，尤其要有容错机制；把企业家精神融入企业文化建设当中，使企业家精神成为推动企业文化发展的重要力量。

三、企业党组织引领企业文化创新

如何把党的文化主张融入企业文化建设之中，我认为，最重要的是实现“三个融合”，即党组织的文化任务与企业发展目标相融合、党的政治思想与企业经营理念相融合、党建的普遍要求与企业文化的具体实践相融合。

实现“三个融合”，在具体路径与措施上，坚持做到以下几点。

首先，党组织把握企业文化建设的方向。一是坚持党的领导、加强党的建设，健全党的各级组织，立“根”铸“魂”。二是建立与现代企业治理结构相适应的党委会议事规则、董事会和经理会议议事规则，确保企业“三重一大”在党的领导下进行。三是在企业决策程序上，明确党组织研究讨论是董事会、经理层决策重大问题的前置程序。四是明确党组织领导企业文化建设，组建企业文化领导与推进机构，组织企业文化建设规划的编制。

其次，党组织引导企业价值体系的重塑。新时代，面对新环境、新形势、新任务，企业文化的价值体系必须升级、重塑。升级、重塑的关键，最重要的是把党的意图、期望、主张，比如倡导的人本、创新、绿色和企业家精神等，融入价值体系，即融入企业愿景、企业使命、核心价值观、经营理念、管理理念、企业精神、企业作风中去，突出企业文化的特点、亮点，丰富企业文化的政治内涵，巩固企业文化在企业战略中的核心地位，最大限度地发挥企业文化在推动企业发展和促进人的全面发展中的作用。

再次，坚持党管干部、党管人才。一是做好企业干部培育、选拔、管理、使用工作，发挥确定标准、规范程序、考察推荐的主导作用。二是选拔和使用与党同心同德的人，确保党的政治主张、文化主张和要求得到贯彻落实。三是发挥基层组织战斗堡垒与党员先锋模范作用以及在企业文化中的领军作用。

复次，坚持党管宣传、舆论，确保企业文化的正确舆论导向。一是把握意识形态阵地，学习与宣传党的理论、方针、政策。二是宣传并践行社会主义核心价值观。三是塑造与宣传先进典型和“文化楷模”，讲好新时代企业文化的故事。

最后，党组织保障企业文化落地实施。一是抓组织、制度、机制建设，按照党的要求优化企业组织机构。二是把党的主张、优秀的文化融入制度机制之中。三是严格干部管理，通过直接抓党风廉政建设，建设浓郁的廉政文化。四是党建、思想政治工作与企业文化建设相结合、相融合、相配合，在实践路径与方式方法上相济借力。党建引领企业文化建设政治方向，企业文化建设为党建营造人文情怀与优良文化土壤。坚持活动创新、方式创新、礼仪创新，抓好企业文化载体，如展览馆、博物馆建设和环境文化设计等，彰显有鲜明个性的新时代企业文化。

（作者系北京财贸职业学院原校长）

企业家的使命是创新

——兼论效率的源泉来自人们的积极性

厉以宁

经济学是研究效率的，而经济学对效率的解释经历了三个阶段：第一阶段着重解释生产效率；第二阶段着重解释资源配置的效率；第三阶段出现了一种新的效率概念，即所谓的 X 效率和 X 负效率。X 在这里是指未知数，即原因不明的正效率（X 正效率），或原因不明的负效率（X 负效率）。

三种效率都应得到重视，但最后一种效率往往被忽视。由于存在个人目标和集体目标不一致，微观单位中个体间存在矛盾，或者有各种地方观念以及公认未能摆脱惰性等原因会产生X负效率。

如何解决X负效率问题?国外经济学家曾提出不同的对策。第一个手段是目标分解，求同存异。如企业目标是ABCD，职工个人目标是abcd，就一定能够从中找到可以协调的地方；第二个手段是职工之间遇到矛盾，需互相谅解，各自后退一步，海阔天空；第三个手段是应用激励机制、纪律原则和自律原则以解决职工各人惰性。企业文化中最要紧的是培育工厂的效率观念，只要大家都有效率的准则和观念，工厂的面貌可以改变。目前，中国的X负效率仍然比较高，应该从以下三种调节入手，即市场调节、政府调节、道德力量的调节。显然，市场在资源配置中起着决定性作用，但政府的调节不可疏忽和轻视。政府的调节起到三个作用：一是引领作用，政府站得高，看得远，能够预见到一些问题，并能广泛接受公众意见，从而起到引领作用；二是规范作用；三是监督作用。另外，除了市场调节、政府调节以外，还有第三种调节———道德力量的调节。关于这个问题，我们不妨从人类的历史谈起，市场的出现不过是几千年前的事情，原始社会晚期出现了部落间的商品交换。国家的出现和政府出现就更晚了，但人类出现已有几万年，在这几万年的漫长实践中，没有市场就没有市场调节；没有政府就没有政府调节。人类社会的传承是靠什么力量调节？这就是第三种调节——道德力量调节。再说，在大动乱的年代中，市场是失灵的，政府是瘫痪的，但人类社会却延续下来了，这种延续靠的也是道德的力量。

移民社会是高效率社会，高效率来自道德基础

效率有两个基础，一是效率的物质技术基础，二是效率的道德基础。效率的物质技术基础包括厂房、机器设备、动力供应、原材料、劳动者素质、管理水平等。效率的物质技术基础固然重要，但效率的物质技术基础所提供的只是常规效率。

超常规效率是从哪里来的？它来自效率的道德基础。在特大自然灾害来临时，比如，2008年四川汶川大地震期间，解放军官兵和志愿者为抢险救灾而奋不顾身，甚至献出生命，这是效率的道德基础发挥作用的结果。再说，移民社会一定是高效率的社会。历史上形成的客家人，还有闯关东、走西口、闯南洋等，人们凝聚在一起创造了生存与发展的“超常规效率”，这都说明了效率的道德基础的重要性。

道德力量的调节是市场调节和政府调节之外的第三种调节。对于企业来说，要创造“超常规效率”的道德基础主要靠文化。企业文化中，很重要的一条就是自律，这样文化传统方能代代继承。我们经常说同甘共苦，同甘共苦这句话是对的，同甘是同甘，共苦是共苦。“同甘”靠制度，“共苦”靠精神。为什么说同甘靠制度呢？如果企业处于兴旺发达的状态，如何分享企业的盈利，必须有制度可循。不遵循制度，企业就乱了，员工们就会有各种各样的意见。共苦靠精神。这是因为：如果企业处于长期亏损状态，连工资都发不出来，一些员工就想离职而去，这时“靠制度”留人就不够了。即使劳动合同规定了员工在合同未到期之前辞职需要支付一定的罚金，但要辞职的员工会说：“要罚款，我认了，总比困在亏损企业中好。”可见，“共苦”仅靠制度是不够的，还必须靠精神，靠员工对企业的认同，靠员工和企业共命运的精神。那么道德调节是为了什么，为了更好发挥道德在经济中的作用，既靠自律又靠纪律，纪律产生了共命运的道德方式、道德途径。这就是关于效率的新思路。

互助共赢的“社会人”是经济活动的主流

从18世纪70年代起，以亚当•斯密为代表的西方古典经济学家都认为，在经济活动中每一个人都是“经济人”，也就是“理性人”，都追求最低成本和最大收益。他们认为市场是“看不见的手”，暗中引导人们各得其所，结果使每一个交易者在市场秩序的安排下，既能增加个人利益，又能增加公共利益。这就是流传至今的“斯密教条”。因此，在西方经济学界，不少人始终维护“理性人假设”，认为这样就能使经济繁荣、社会稳定。

要知道，市场竞争中不可避免地会发生矛盾，甚至发生冲突。但古典经济学以及后来的新古典经济学都把冲突当作例外，把冲突说成是短期现象，因为交易者谁都不希望市场秩序被破坏，否则谁都没有好处。这样的想法被认为是“理性人”遵守原则，没有人愿意违背它。然而，随着工业化的推进和市场不断扩大，企业与企业之间的矛盾会越来越多，企业和劳工之间的冲突也会越来越频繁，市场的不和谐出现了，而且经济的忽冷忽热成为惯例，从而，“理性人”假说失灵了。这种情况导致了市场失灵，使交易者陷入困惑之中。于是从20世纪50年代起，不少交易者转而倾向于“次优选择”。“次优选择”是指：既然最优是不现实的，不如退而求其次，交易者们相继不再继续坚持“最低成本”“最大利润”的理念，而是倾向于“次优选择”。“经济人”或“理性人”假设让位于“社会人”或“现实人”的假设，“次优选择”成为一种自保措施。在消费领域内，信息越来越多，谁能掌握如此数量的信息？时间不允许，财力也不允许，从而对“较小遗憾”的追求替代了对“最大满足”的追求。在投资领域内更是如此。投资领域内，谁能掌握那么多信息？谁能在搜集到全部信息后再做出决策？不确定性太多了。投资者不应当停留在“理性人”的框架内，而必然会倾向于成为一个“现实人”。这就是：在同市场竞争对手较量时，要留有余地，不要搞得太紧张。“理性人”的观念可能起源于18～19世纪，至多可以延长到20世纪前半期。“现实人”的观念从20世纪后半期起就已渐渐处于上风，21世纪肯定是“现实人”的世纪而不是“理性人”的世纪。

由此可以肯定地说，无论是在消费领域内还是在投资领域内，“理性人”让位于“现实人”是必然的，而且这越来越被事实所证明。那么，“现实人”最关心的是什么？不是

“理性人”所坚持的“独赢”，而是同“次优选择”并存的“众赢”“共赢”。具体地说，“现实人”的信条就是和解：与其同对手硬拼到底，不如各自后退一步。硬拼的结果可能是两败俱伤，是“双输”。而和解的结果，是合作，是双赢。和解的结果可能是多样化的：既可能是零和博弈，也可能是非零和博弈，一切因事而异，异地而已，因大形势而异。换言之，和解是争斗双方都能接受的结果。由“现实人”（而不是古典学派所推崇的“经济人”或“理性人”）坚持的和解，主要有以下四种做法：第一种做法，在发生市场纠纷或矛盾时，强势的一方给弱势的一方保留一个生存、生产经营、活动的领域，彼此相互信任，共同遵守谈判的结果。第二种做法，强势一方把弱势一方作为合作伙伴，帮助后者改进技术和融资，帮助后者培训技工和管理人员，以便生产新产品。这样，弱势的一方不仅能生存下去，而且视强势一方为合伙者，它们之间的市场纠纷也就消失了。第三种做法，强势一方扩展为一个集团公司，帮助弱势一方成为集团公司的成员。这样，弱势一方不仅能生存下来，继续发展，如果再出现纠纷，还可以在集团公司内部协商解决。第四种做法，如果双方势均力敌，那么可以通过协商，订立协定，划清业务边界，彼此和平共处，互不违约，直到形势变化。

双赢的核心是双方作为“现实人”，都接受和解，双方都能满意，从而都有前景。这表明，市场竞争中的纠纷和矛盾，是可以化解的。“经济人”或“理性人”越来越让步于“社会人”或“现实人”，这就是市场的趋势。

信息量的重组也是创新

创新是当下企业界关注的热点。2017 年 9 月 25 日，中共中央和国务院公布了《关于营造企业家健康成长环境，弘扬优秀企业家精神，更好发挥企业家作用的意见》，并首次提出“企业家是经济活动的重要主体”。该文件意义在于，提出一定要培养企业家，企业家使命就是创新。

创新是企业家的使命。创意是创新的准备，没有创意就不会有创新，创意在前，创新在后。创意就是别人没有想过、不敢想的事情，它往往是重大技术创新的突破口。这就需要有勇气、有智慧。要经过很多次试验，才能产生创新。创新不是发明，而是一个经济学概念，这个概念有时被搞混了。实际上，创新的本来意义是把发明引入经济之中，在经济中产生巨大的效益，所以创新是企业家的使命，创意是发明家的事，但发明家不一定都能成为企业家，创新者则是企业家的同义语。发明家自身也可以转化为企业家。例如，爱迪生是个发明家，他后来也创办了企业。所以说，创新更重要，但创意是前提。

中国现在既需要发明家、创意者，更需要企业家。小汽车刚发明的时候，发明家只想到它跑得快，可以作为轻松的代步工具，但是一旦这项发明被企业家引入经济领域，整个社会发生了意想不到的变化，一系列新行业相继出现并相互带动，人们的生活方式、消费习惯随之发生了改变。而发明家当初也没想到汽车会带来这么多变化。还有手机的发明，最早不过是为了通话，谁能想到手机现在有这么多功能，这都是企业家努力的结果。企业家为了保持产品在市场的领先地位，为之增加了很多功能。在中国，需要大批发明家，更需要大批的企业家。

奥地利经济学家熊彼特在一百年前提出了“创新”的定义，提出“生产要素的重组就是创新”。这在当时是正确的，因为那时正是工业化时期，制造业起着举足轻重的作用。但在当前的信息化时代，这个概念也需要调整。当下意义的“创新”，不仅是生产要素的重组，更多的是“信息量的重组”。丰富而大量的信息量，现在成为决定竞争成败的关键。在信息化时代下，要高度重视“创意、创新、创业”，创意要放在前面。创新，必须先有创意，而创意的源头是无数正在进入市场的年轻人。

管理寓于企业文化是最高境界

在注重效率基础的前提下，管理方式和手段同样重要。对于企业文化和规章制度来说，最高的境界在于将管理寓于企业文化之中。做领导不一定是每一个细节都要细问，重要的是一种精神和经验。在现代企业管理中，很多问题看似简单，实际上效率的潜力就在其中。我们要把效率挖掘出来。作为一个企业管理者，作为一个企业家，一定要懂得怎样了解职工，怎样调动职工的积极性，要用人，同时还要容人。用人就是要用人的优点，容人是把他的缺点帮他指出来。就像五个指头争第一，各有各的用处，也都各有不足。

最后，我觉得有必要再一次强调：效率的源泉来自人们的积极性。效率不仅来自设备、厂房、原材料等的改进，来自各个岗位的工作者才能和技术水平，而且来自人们积极性的发挥，这正是道德力量调节的独特作用。

（作者系北京大学光华管理学院名誉院长）

中国企业文化研究现状与展望：基于“十三五”时期发表论文的梳理

刘　刚　唐　寅　殷建瓴

一、引言

企业文化是企业管理研究中的重要话题之一。20 世纪 80 年代，美国企业在与日本企业的竞争中处于下风，但美国学者无法用传统战略分析框架来解释日本企业成功的原因，因此，将目光投向企业文化，期望能有所突破。经过对企业内文化现象的观察与分析，学者们对企业文化的认识逐渐深化，不仅准确界定了相关概念，也深入分析了这些概念之间的逻辑关系，在为企业竞争优势分析提供独特研究视角的同时，也开启了一个崭新的研究领域。总体而言，企业文化主要有以下两种定义：对内部管理而言，企业文化是一种组织属性，是企业用于指导员工行为的价值观与信念以及对员工产生影响的社会化机制；对外部竞争而言，企业文化是一种可以运用的战略资源，包括象征物、明示价值和潜在假定等不同层次。可见，企业文化既是企业的内部精神表征，又是企业的外部行为指引，在不同维度上影响着企业管理。相关实证研究验证了企业文化对企业的绩效、创新、员工满意度等方面的积极影响，证明了企业文化的应用价值。“企业文化”这一概念一经提出，立即得到理论界与企业界的广泛关注，在世界范围内影响着企业的经营管理活动。

改革开放以来，中国企业的实力不断增强。根据《财富》杂志统计，在2001年世界500强企业的榜单中，中国大陆企业仅占11席；而到2020年，入围的中国企业已经达到133家，历史上第一次超越美国。根据波士顿公司2021年的调查结果，在全球创新力50强企业中，华为等5家中国企业赫然在列。在中国企业由小到大、由弱到强的发展历程中，企业文化的作用不容忽视，有助于增强企业的向心力和凝聚力，提升企业的知名度和美誉度，使得企业得以在激烈的市场竞争中脱颖而出。

实践的发展需要理论的支持。对中国学者而言，企业文化研究的关键任务在于：总结中国企业文化实践经验，构建本土企业文化理论，形成兼具理论意义与实践价值、具有中国特色的企业文化体系。为了更好地推动中国企业文化研究的发展，本文收集、整理了“十三五”时期中国学者发表在国内外学术期刊上的相关论文，以便总结过去一段时间中国企业文化研究所取得的进展，分析存在的问题，研判未来的发展趋势及研究重点领域，把握研究方法的最新发展动向，为今后的企业文化研究指明方向。

二、中国企业文化研究现状

对《中国学术期刊（网络版）》数据库和Web of Science数据库的检索结果表明，“十三五”期间，中国学者共发表有关企业文化的中文论文420篇，年均84篇；英文论文264篇，年均52.8篇。

（一）研究进展

通过对上述文献进行系统梳理、分析，可以发现，中国企业文化研究取得了以下进展：

第一，重视不同情境及类型的文化对企业经营管理的影响。不同国家之间文化的差异一定程度上导致了各国企业经营管理的差异，相关实证结果表明，文化因素对上述差异的解释比率可以达到90%。一方面，随着中国经济的开放程度不断提升，不同的经营主体相继进入我国开展商业活动，这些主体在中国文化情境下的经营管理活动为研究提供了新的课题。例如，关于外商直接投资的研究指出，中国民众对于日本二战历史的负面文化认知导致日本企业对华投资收益降低。也有研究指出，地方文化开放度越高的地区，外商投资带来的绿色创新水平越高；另一方面，中国企业也广泛参与跨国经营，在不同国家和地区建立海外机构，融入东道国市场体系。在此过程中，中国企业受到了多元文化的影响，为研究提供了独特的视角。例如，有学者分析了中国企业跨国经营的文化困境后指出，拥有海外经历的高管更容易促成跨文化整合，提升跨文化管理的绩效，但高管的个人主义倾向不利于跨境并购活动。也有关于中国企业海外子公司的研究发现，子公司文化多样性关系到绩效的提升，所以应重视企业自身文化与本土文化的融合。除了讨论不同国家文化背景的差异所造成的影响，相关学者也针对我国特殊的文化背景展开了相关研究。例如，针对我国的关系文化，相关学者指出，基金经理与企业高管可能会通过校友关系网络进行信息交易，造成股价波动，不利于市场公平。也有研究从地区层面出发，认为新创企业所在地区的关系文化会束缚企业的内部文化导向，并对正式制度、行动者资源地位及业绩期望三方面的创业驱动因素进行了分析，拓展了关系文化研究的边界。

第二，关注企业文化与其他管理领域的相互作用。随着中国学者管理实证研究方法运用水平的提升，越来越多的学者开始跳出企业文化概念本身，更广泛地探索企业文化与其他管理领域的关系（如企业战略、组织行为、创业创新、工作压力、工作满意度、绩效管理等），探讨企业文化作为自变量对其他变量的影响机制，提升了企业文化研究的创新性和实践意义。例如，涂玉龙等（2016）验证了本土家族企业文化对于企业绩效的正向影响，探索了家族文化的管理价值；唐玮等（2020）经调研后发现，拥有诚信文化的企业的创新绩效表现良好，因此，应注重企业对员工诚信观的教育与引导；潘越等（2019）的研究发现，企业实际控制人的宗族观念越强，其亲属参与公司治理的程度越高。同时，实际控制人的宗族观念越强，亲属参与的差序格局愈明显。研究者也将企业文化置于因变量的位置上，思考了影响企业文化形成的诸多因素。例如，李善民等（2019）针对高管履历进行分析后发现，CEO的文化背景与履历深刻影响着企业文化的形成，具体而言，北方籍贯的CEO领导下的企业更偏好并购，而且大多执行多元化的大额并购。也有研究指出，母公司的文化管控行为是影响子公司文化形成的关键因素，一定程度上有利于公司内部形成相似的价值观念与行为规范。

第三，强调传统文化在现代企业管理中的应用价值。随着传统文化热度的上升，一部分研究开始追本溯源，试图从国学典籍中汲取管理思想精髓，总结提炼《易经》《道德经》《论语》《孙子兵法》《韩非子》等传统典籍中的管理思想，并探讨其在现代企业管理中的具体运用价值。此类研究多以文献梳理和案例分析为主，在弘扬中国传统文化、指导企业经营管理方面具有较强的理论和实践价值。例如，王凤彬等（2018）运用“五行”学说分析了海尔与IBM公司的组织变革过程，运用“制”“化”等传统文化意向作为分析单元，得到了两类三元循环的五行变革结构，既丰富了组织变革理论，又体现出组织变革的动态属性；刘刚等（2019）在分析了自由放任的市场经济思想的理论起源之后发现，指导企业自由竞争的文化信念源于法国重农学派，而重农学派的诸多观点又来源于《货殖列传》与道家“无为而治”的经典思想，进一步印证了传统文化的影响力与重要性；王利平（2017）利用制度逻辑的分析框架，从传统文化中的道、体、术三个层面剖析了自改革开放以来国有企业表现出的“中魂西用”模式，梳理了传统文化对外来管理思想的整合与发展脉络；苏敬勤等（2018）对本土管理研究反思后指出，传统文化主要通过文化含摄、文化嵌入以及文化深化等三种方式融入企业管理框架，有助于解决西方管理思想进入我国后出现的“水土不服”现象，体现了传统文化的生命力与包容性。苏勇等（2020）对传统文化进行深入研究后指出，“儒道”文化在中国管理活动中的影响力最高，对企业经营的理念（如心念、意念等）、模式（如立足本地、中西合璧等）和实务有着深刻的影响。

第四，案例研究方法得到广泛使用，量化研究方法开始受到关注。进入“十三五”时期后，企业文化学领域内涌现出大量的案例研究，重在探索有关企业文化的“How”和“Why”等问题。例如，郭媛媛等（2016）关于企业文化对ERP消化吸收作用机理的多案例研究指出，关注企业内部运营的文化主要包括组织文化和层级文化，两者分别通过组织内的横向协调和纵向协调来影响ERP系统的消化吸收，而注重企业外部发展的文化主要包括发展文化和理性文化，两者则通过组织内的探索性学习和利用性学习行为来影响ERP系统消化吸收；刘方龙等（2019）对案例企业进行扎根研究后发现，企业经营十分依赖企业文化品格这一构想，该研究进一步完善了“企业文化品格—企业文化理念与制度—企业物质表象”的理论模型，丰富了企业文化理论；刘英为等（2020）对国家文化原型的研究指出，文化原型可以为别国受众带来差异化的构想，并分析出了工具性审美、差异化表现、目标消费者认同以及全球性认识 4 种文化元素组合策略；孟凡臣等（2018）针对企业跨文化情境下的吸收能力开展研究，对吸收能力的识别、消化、整合以及持续创新四个维度的前因进行归纳，并分析了吸收能力对知识转移过程的影响。在量化研究方面，随着各种企业文化量表的引入与开发，量化研究方法在企业文化研究中也开始受到重视。例如，张玉明等（2016）检验了企业创新文化与研发投资的关系以及制度环境和两职合一对上述关系的调节作用；程博等（2020）考察了信任文化对公司创新的影响以及薪酬差距对上述关系的调节作用。

（二）存在问题

尽管“十三五”期间企业文化研究取得了较大的发展，但也存在着一定的问题，主要集中在以下三方面：

第一，国内论文发表数呈下降趋势。“十三五”期间，无论是与企业文化研究相关的期刊论文还是学位论文，发表数都呈现出下降趋势。全部期刊论文发表数年均下降12.65%，核心期刊论文发表数年均下降24.82%，硕博学位论文发表数年均下降20.74%。导致这一问题的关键原因在于：当前的企业文化实践没有得到很好的理论化提升。中国的企业及其运作方式不同于西方，用于解释的理论也应具有差异。但已有研究未能充分挖掘中国管理文化的精髓，构建独具特色的中国式管理理论体系。在借用西方理论研究的过程中，相关研究成果未能充分反映出中国企业文化的本土特征，无法回应当前的现实问题。

第二，量化研究水平有待提升。从研究方法角度来看，由于对企业环境、价值观、英雄人物、仪式与礼仪、文化网络等企业文化构成要素进行量化研究的难度较大，学者研究这一话题更多采用的是归纳式的案例研究方法，较少将注意力放在量化分析上。随着实证研究方法的兴起，越来越多的研究者呼吁对企业文化领域进行量化研究，以推动现有理论的发展。尽管当前管理学科各领域都在反思过分强调量化研究可能带来的负面效果，但量化研究的成熟度切实影响着某一特定研究领域的长远发展。因此，未来应注重开发用于衡量企业文化各维度的量化指标，建立有效的企业文化量化分析框架。

第三，国际影响力相对较弱。关于中国企业文化的研究虽然已经取得了诸多成果，但是相比于西方企业文化研究，不仅国际论文发表数少，而且国际影响力亟待提升。究其原因，主要在两方面：其一，中西方企业文化存在着“部分重合”现象。由于管理工作的相似性，中外企业文化存在不少共性，但就二者的差异而言，中国学者未能充分突出中国企业文化的独特性。例如，家长式领导中的“德行”“仁爱”与变革型领导中的“榜样树立”“关心下属”如何区别？如果无法对中国企业文化中的特异性部分进行准确的识别和把握，很容易导致中国企业文化成为当前国际企业文化研究在差异化语境中的“投影”，难以扩大自身的影响力；其二，文化思维的差异影响了受众对研究的认可度。由于文化传统存在差异，外国学者对中国企业文化研究的接受程度较低。针对这种现象，研究者需要思考如何让国际听众接受中国特殊的文化理念。这就需要研究者将中国企业文化研究与当前全球普遍关注的关键问题有效结合，做出对“重要研究问题”有贡献的中国企业文化研究。

三、中国企业文化研究未来发展趋势

为了解决上述问题，中国学者应从以下四个方面把握企业文化研究未来的发展趋势：

第一，就研究内容而言，既要与国际上企业文化研究的潮流同步，又要注重自身研究的中国特色。一方面，技术发展和时代进步为中国学者提供了独特的研究机会。中国学者应该充分借鉴国际企业文化研究主流的理论，广泛利用国际上企业文化研究通行的方法，深入地分析实践中所涌现出来的企业文化新现象。另一方面，中国是一个历史悠久、文脉绵长的文化大国，丰厚的文化沃土不仅给企业经营管理者带来了丰富的管理智慧，也为创造独特的企业文化体系奠定了坚实的人文基础。中国学者应该深入探究本土企业文化的独特性。但当前不少管理学者对于传统文化的认识与理解依然停留在比较基础的层面上，未能充分将传统文化中所蕴含的管理思想与企业文化建设紧密结合在一起。未来，学者应该充分挖掘传统管理思想的精髓，深入总结本土企业文化实践的经验，构建反映当前时代要求、独具中国特色的企业文化理论体系。

第二，就研究情境而言，既要关注其作为研究变量的理论补充价值，又要思考其作为研究背景的理论构建价值。当前，对于研究情境的把握，主要有两种思维方式：其一，理论补充思维。一些研究经过对当前中国情境的分析，将其中的特征抽象出来，形成研究变量，并探索这些变量对既有企业文化理论变量间关系的调节作用或者中介作用，旨在促进已有理论体系的完善与发展；其二，理论构建思维。另一些研究则将特殊情境作为全新背景，探索该背景下的关键矛盾与问题，并提出全新的命题假设与解释机制，致力于提出全新的理论体系。两种情境研究思维对于发展既有的企业文化理论体系都有价值，因此，都应重视，不可偏废，以便全面考察情境变量对企业文化建设的影响。

第三，就研究方法而言，既要重视多领域研究方法的引入，又要兼顾不同方法之间的融合。一方面，企业文化研究学者未来应进一步扩展方法运用的边界，在延续案例研究与量化研究的基础上，注重将其他学科先进的研究方法引进来，进一步丰富研究方法，拓展研究思路，促进不同学科之间的融合。另一方面，学者也应关注不同研究方法之间的融合。不同的研究方法各有侧重，学者应基于不同方法各自的利弊，针对不同的研究主题，合理选择并综合运用各种研究方法，以便对全新的企业文化现象做出更全面、深入的理论分析。

第四，就研究影响力而言，既要充分吸收国外企业文化研究的优秀成果，又要大力推动本土企业文化研究“走出去”。随着中国经济的腾飞和企业实力的增强，越来越多的研究者发现，中国企业经营管理实践中积累了诸多值得推广的经验，也涌现出了许多亟待解决的新问题，但国外企业文化理论在总结这些经验、回应这些问题上适配性较差。同时，政府及民众对文化强国与文化自信的呼声也日渐高涨。中国学者应抓住机会，在深入学习、借鉴国外企业文化优秀研究成果的基础上，既要充分挖掘传统文化中的思想精髓，又要善于从鲜活的本土企业文化实践中总结、提炼，推动中国企业文化研究更好地回应现实问题，凸显研究问题与情境的独特性，为中国企业开展文化建设提供全新的解决方案，并致力于推动这些企业文化研究成果走出国门，提升其国际影响力，为面临相似问题的其他国家的企业开展文化建设贡献中国智慧。

四、中国企业文化研究未来重点

基于上述发展趋势，未来企业文化研究应关注以下几个重点：

（一）中国式管理理论体系的构建

下一阶段，学者应充分融合中国优秀传统管理思想与西方现代管理理论精华，在深入总结中国企业管理实践经验的基础上，构建独具特色的中国式管理理论体系。

第一，基于传统管理思想的中国式管理理论体系的构建。学者应广泛梳理儒、释、道、法、兵等各个学派的经典著作，在对各派学说的管理思想进行充分比较、认真分析的基础上，取其精华，去其糟粕，总结、提炼出中国式管理理论体系。这一过程不是简单地将传统文化中的经典名句贴上管理的标签，也不是为当前的管理实践寻找传统思想的替代性表述，而是要深入地挖掘传统典籍中所蕴含的管理思想内核，总结出独特的管理理念和思维方式，并以此为核心要素构建中国式管理理论体系，来解释丰富的企业经营管理实践，在底层逻辑与整体框架上凸显这一管理理论体系深厚的历史积淀与文化底蕴。毫无疑问，中国式管理理论体系的构建，离不开从传统典籍中所抽象、提炼出来的一系列核心概念，如“五行”“阴阳”“中庸”“奇正”“法术势”等。但在具体的学术研究与管理实践中，这些概念并未予以明确的界定，在使用过程中显得较为随意。由于不同概念之间的边界相对模糊，很容易造成混淆，导致“公说公有理，婆说婆有理”的情形经常发生，既引起了许多不必要的麻烦和争论，也不利于提升中国式管理在国际上的影响力。因此，学者有必要对传统管理思想中相关概念的内涵和外延进行清晰的界定，以便为构建中国式管理理论体系提供一套相对统一、规范的语言范式。

第二，基于本土优秀企业实践的中国式管理理论体系的构建。改革开放以来，中国企业锐于创新，勇于实践，摸索出许多行之有效、充满活力的经营管理模式，引起了世界的瞩目和学术界的关注，但如何从文化的视角去总结这些优秀中国企业的成功经验，讲好中国故事，构建中国式管理理论体系，尚处于起步阶段，还需要做大量的工作。为此，学者应深入一线对重点企业进行深度调研，广泛收集一手案例素材，同时，应积极利用中国管理案例共享中心（CMCC）及各高校商学院、管理学院案例库已入库案例，通过多案例对比研究，从鲜活的企业实践中提炼出企业成功的关键因素，致力于构建中国式管理理论体系，并进一步探讨这一理论体系的可迁移性问题，即其是否适用于其他文化情境以及实现这种迁移所需具备的前提条件。

（二）企业文化的具体落地

关于企业文化具体落地的研究已经取得了一些成果。例如，有学者通过案例研究发现，企业文化价值观的构建应采用如下流程：先通过专家工作小组挑选优秀员工，通过访谈这些员工取得一手资料，再通过扎根理论进行数据分析，建立完整的企业价值观模型，最后将模型投入实践中进行修正和补充；也有研究指出，企业文化的建设应当注重“三融一创”，即“企业文化与当地历史、公司规范和员工发展相融合，创造一流工作业绩”，从地缘、组织和人员三个维度实现企业文化构建与成长；针对不同工作层次的研究则指出，企业文化落地应该着眼于两个层面，在员工层面，应该确保其认可并践行相关的企业文化原则；在工作层面，应保证工作的各个环节都渗透企业文化，确保其协调一致。但总体而言，当前对企业文化具体落地的相关研究不够充分，究其原因，主要体现在两个方面：其一，企业文化往往从价值观、潜在假设、工作惯例等较为抽象的层面出发来探讨管理问题，量化难度较大，而且也不存在统一的模式；其二，企业文化建设往往需要经过较长的时间跨度才能取得成效，对研究者提出了更高的要求。

未来，企业文化具体落地相关研究需要重点关注以下问题：其一，单案例研究与多案例研究并重。当前，企业文化落地模式研究形式大多以单案例研究为主，虽然单案例研究有利于细致刻画企业文化建设的成功模式，但其视角相对局限，没有过多关注该模式的可扩展性问题。因此，在开展案例研究时，应该兼顾单案例研究与多案例研究，既要通过具有特点的个案分析进行深度溯因，也要重视研究中的复制逻辑，开展多案例研究，使得研究结论更具推广性，总结出切实可行的企业文化落地模式；其二，对衡量企业文化落地的相关指标进行研究，并适当延长考察的时间区间。当前相关研究侧重于提出企业文化落地的某种特定模式，但普遍缺乏对该模式的实施效果进行长期的追踪，也未能有效地提出明确的衡量指标来监测企业文化落地的实际成效，这种不利的局面亟须扭转；其三，深入研究纵向不同层级的管理者在企业文化落地过程中的角色定位及其发挥的具体作用。当前企业文化落地相关研究侧重探讨高层管理者在其中所发挥的作用，对中、基层管理者以及普通员工的关注度不够。事实上，企业文化落地不仅涉及高层管理者的决策与垂范，也需要中层管理者的传导与宣贯、基层管理者的执行与监督、普通员工的支持与参与，当前研究未能深挖不同层级的管理者和普通员工在企业文化落地过程中的角色、行为与互动关系，未来研究应在这方面多下功夫。

（三）企业文化与思政工作的融合

习近平总书记在党的十九大报告中指出：“中国特色社会主义最本质的特征是中国共产党领导，中国特色社会主义制度的最大优势是中国共产党领导，党是最高政治领导力量”，在企业文化研究中更多地融合思政元素至关重要。特别是新冠疫情暴发以来，企业的生存环境发生了巨大变化。西方一些国家借疫情大肆渲染零和博弈思维，造成逆全球化思想在国际上加快蔓延，使得我国企业面临着更加复杂、充满挑战的国际经营环境，而国内市场也因受疫情与经济下行压力的影响，迫使企业不得不转变经营思路，变革管理模式。在这样的大背景下，企业更需要重视文化这种更基本、更深沉、更持久的力量，因此，深刻领悟党的指导方针，将党的意志融入企业文化建设过程中，才能帮助企业内聚人心，外树形象，坚定文化自信，确定未来发展道路。根据知网文献检索与手动筛选结果，核心期刊中与思政有关的管理领域的论文发表数呈现出逐年上升的趋势，其中，与企业文化有关的论文发表数也呈上升趋势，但总体发表数依然较少。

就企业文化与思政工作的融合而言，以下一些问题值得深入探究：其一，深化思政工作对企业管理，特别是企业文化建设的意义与价值的认识。中国共产党是我国的执政党，是引领社会主义建设的核心力量。习近平总书记强调：“党政军民学，东西南北中，党是领导一切的。”企业思政工作不同于普通的企业文化实践，具有特殊的政治意义和社会价值，因此，应该打破当前关于企业文化绩效的研究侧重经济价值的束缚，探讨思政工作对企业管理，特别是企业文化建设所带来的更为丰富的价值；其二，分析企业文化与思政工作融合的具体模式。不同企业探索出哪些各具特色的企业文化与思政工作融合的有效模式？不同模式之间的实现过程有何差异？其各自的适用范围是什么？又有何借鉴意义与推广价值？这些问题都值得进一步探讨；其三，拓展企业文化与思政工作融合所带来影响的研究视角。由于企业文化与思政工作的融合属于较为新颖的研究话题，因此，对其所带来影响的研究视角依然相对有限，大多集中在企业绩效、员工感知与归属、公司治理和社会责任等方面，未来应扩展研究边界，关注企业文化与思政工作的融合对战略制订与转型、战略实施、商业模式变革、企业创新等方面的影响。

（四）数字化情境下的企业文化建设

新技术带来了全新的发展机会，特别是数字化技术的蓬勃发展，给企业提供了施展身手的广阔天地。具体而言，数字化情境给企业带来的变化深刻而广泛，表现在：其一，数字化带来了企业技术的飞跃。信息技术目前已经经历了三次革命，每一代信息技术变革都助推人类历史的车轮向前滚动。目前，人类正在经历以大数据、人工智能、云计算和区块链等为代表的第四次信息技术变革。对于企业而言，数字化时代带来了全新的生产工具，可以帮助企业更加高效地收集、存储与分析数据，更加精准地定位用户群体，更加便捷地开展企业运营，形成独特的竞争优势，推动企业高速发展；其二，数字化促进了企业与不同主体的连接。数字化情境下，企业之间的信息沟通、数据链接和知识共享等行为变得更加频繁，同时，企业与其他类型的主体，如科研院所、高校、创新创业机构、政府部门等的沟通与交流也更加顺畅，形成了具备创新性和协同性的交互网络；其三，数字化推动了企业价值创造方式的变革。不同于以往以产品、行业、地域为主要背景的经营模式，在数字化时代，有价值的资源往往存在于企业的关系网络之中，价值创造模式已经从传统的“行业内纵向协作+行业间横向联结”转变为“平台生态+平台协作”，企业不再单纯依赖行业纵向、横向整合获得竞争优势，而是依靠平台与利益相关者的通力合作来实现资源共享与风险共担，超越了零和博弈的狭隘观念，开创了合作共赢的良好局面。

在数字化背景下，帮助企业认识全新的环境，分析企业文化动态变化的趋势，探讨企业文化演变的新形态，发掘影响企业文化发展的新因素成为重要的研究任务，尤其是要关注数字化情境下企业文化建设模式的新特点，为未来企业文化建设提供理论支撑。一方面，从技术运用的角度来看，数字化技术虽然带来了诸多好处，但也在一定程度上造成计算机取代员工的现象，导致原有的以员工为中心的企业文化面临挑战。在这样的背景下，企业应如何重构其文化，确保技术进步与员工发展的相得益彰，值得研究者关注。另一方面，从主体关系的角度来看，在互利共赢的生态网络中，企业通过与协作者共享设备、技术和渠道等资源，为客户创造更高价值。而在相互协作的过程中，不同类型的企业文化相互作用，相互影响，其如何推动某一特定的企业文化的演进？又如何推动整个生态网络文化的形成与发展？这些问题有待进一步探索。

五、企业文化研究方法创新

未来，企业文化研究需要进一步优化研究方法，提升研究方法的科学性与多样性，重点做好以下工作：

（一）案例研究的深化

企业文化研究当前主流的方法是案例研究，根据研究问题的特点，形成了以埃森哈特、焦娅、兰利等学者为主要代表的三种案例研究分析框架。由于案例研究主要依赖归纳与溯因的分析方式，偏重具有理论意义的特殊现象，目的在于得到关于某一特殊问题或现象更为情境化的见解。因此，相比于量化研究，案例研究不能过于依赖某一固定的分析框架，否则就容易削弱研究的灵活性与创造性。但在案例研究中，一定程度地存在着分析框架选择不当的问题，大多数研究普遍采用“扎根编码+研究分析”的方法。作为焦娅诠释主义方法的核心部分，“扎根编码+研究分析”的方法主要适用于以理论构建为主要目的的案例研究，而不太适用于偏重理论拓展与理论补充的案例研究，后者应该更多地借鉴埃森哈特的研究方法。因此，在不失规范性和针对性的前提下，学者应根据研究目的与研究问题，灵活选择、综合运用不同的案例分析框架。同时，学者还应重视研究型案例与教学型案例的融合与转化问题。出于不同的目的，案例可以分为研究型案例与教学型案例。研究型案例注重理论贡献，意在补充、发展现有的理论框架。而教学型案例则注重运用某些特定的理论分析具体的管理情境，以便让学生加深对相关理论的理解，做到理论联系实际、活学活用，同时，让学生对先进的管理经验和深刻的管理教训有着更加直观、深刻的感受。两者各有侧重，存在着很大的融合与转化的空间。在开发教学型案例的过程中，基于前期调研和访谈所搜集到的大量一手数据，可以为下一步撰写研究型案例提供丰富的资料来源。同样道理，基于研究型案例所总结、归纳出来的理论模型，又可以开发出更具代表性的经典教学型案例。当然，由于企业文化建设的实践是不断与时俱进的，因此，对于重点企业而言，无论是研究型案例还是教学型案例，都值得学者长期追踪其企业文化的发展、演变历程，持续撰写或开发更新版本的案例。

（二）案例研究与多学科方法的融合

方法的进步有助于更加深入地探讨企业文化问题，也能拓宽企业文化研究视角，获取更加广泛的研究资料，推动企业文化研究向前发展。早期企业文化研究主要受组织心理学的影响，后来又广泛从社会学、人类学、历史学等领域汲取理论养分。因此，就理论基础而言，企业文化研究并不缺乏不同方法融合的内在要求与发展潜质。未来，企业文化研究应积极引进其他学科的研究方法，例如，借鉴社会学、人类学、历史学和计算机科学等学科的研究范式，使用如田野调查、民族志、历史文献法、机器学习、深度学习等方法对企业文化问题进行探索。下一阶段，企业文化研究应以案例研究为主线，融合不同领域的研究方法，实现自身突破。例如，可以将案例研究与定量实证方法结合起来，或者使用模糊集定性比较分析方法对相关问题展开研究。

（三）跨层次量化研究方法的运用

针对量化研究，跨层次方法是近些年受到关注的全新研究思路与方法。在环境的不确定性越来越强、组织变革日益为大家所关注的大背景下，有必要从跨层次的视角出发来研究企业文化相关问题。根据跨层次研究理论，当一个构念存在于组织的不同层次时，学者应准确界定构念所处的层次（个人、群体、组织、社会等）。企业作为经济组织，其中的个体受到特别的组织情境与组织任务的约束，不同层次的构念由于工作环境的差异拥有完全不同的特征，但是却因为隶属于同一整体而相互关联。以工作气氛感知为例，企业中不同的个体对工作气氛感知存在着差异，而整个企业的工作气氛则建立在各个部门工作感知的基础之上，是部门之间的汇集。因此，测量的方式应该是一种类似于“聚合”的方式，从个体层次到部门层次，再到组织层次，最后到社会层次，由低到高贯穿着不同层次的研究内容。不同的层次存在着不同的调节变量与影响因素，研究由此得以深化。例如，有研究指出，个体文化智力与其销售业绩存在着正向的相关性，而企业层面的文化智力水平对这一关系有着显著的正向调节效应。也有研究指出，个体层次的成员交换关系与团队层次的成员交换关系均对员工的创造力有着积极影响，而两个自变量又可作为调节变量对另一层次的关系产生影响。因此，跨层次研究方法既可以对传统的企业文化研究相关问题进行更深入的分析，又可以对新的企业文化研究相关问题进行探索，是需要重点关注的研究方法。

（作者系中国人民大学商学院教授刘刚、博士研究生唐寅、殷建瓴）

要重视企业数字文化建设

华　锐

当今世界，数字经济发展速度之快、辐射范围之广、影响程度之深前所未有，正在成为重组全球要素资源、重塑全球经济结构、改变全球竞争格局的关键力量。党的十八大以来，党中央高度重视发展数字经济，将其上升为国家战略。党的十九大提出，推动互联网、大数据、人工智能和实体经济深度融合，建设数字中国、智慧社会。党的十九届五中全会提出，发展数字经济，推进数字产业化和产业数字化，推动数字经济和实体经济深度融合，打造具有国际竞争力的数字产业集群，相继出台了《网络强国战略实施纲要》《数字经济发展战略纲要》。近日，习近平总书记在今年第2期《求是》杂志上发表了《不断做强做优做大我国数字经济》的重要文章，文中特别强调："各级领导干部要提高数字经济思维能力和专业素质，增强发展数字经济本领，强化安全意识，推动数字经济更好服务和融入新发展格局。要提高全民全社会数字素养和技能，夯实我国数字经济发展社会基础。"

企业，作为国民经济的重要组成部分，既是数字经济的承载者，也是数字经济的参与者，更是数字经济的创造者，必须紧紧抓住数字经济的历史机遇，与时俱进地建设企业数字文化，以企业数字文化提高企业领导的数字思维能力和专业素质，提高企业员工的数字素养和技能；以企业数字文化引领企业数字化转型，构建数字化经营模式和生态系统；以企业数字文化推动企业质量、效率、动力变革，加快打造企业数字经济时代的核心竞争力。为什么要这样说呢？因为习近平总书记早在2005年发表的《文化是灵魂》的文章中就指出："文化赋予经济发展以深厚的人文价值，使人的经济活动与动物的谋生行为有质的区别；文化赋予经济发展以极高的组织效能，促进社会主体间的相互沟通和社会凝聚力的形成；文化赋予经济发展以更强的竞争力，先进文化与生产力中的最活跃的人的因素一旦结合，劳动力素质会得到极大提高，劳动对象的广度和深度会得到极大的拓展，人类改造自然、取得财富的能力与数量会成几何级数量增加。"毋庸置疑，发展数字经济"必须依靠文化的熏陶、教化、激励作用，发挥先进文化的凝聚、润滑、整合作用"。因而对于企业来讲，必须要重视企业数字文化建设。

一、企业数字文化的定义和定位

首先，关于企业数字文化的定义。企业数字文化的概念或说法，到目前为止还没有人提出，网上也没有查出相关的信息，只有一些"数字企业""数字化企业""数字文化"等相关提法。我们知道，企业本质上是"一种资源配置的机制"，其能够实现整个社会经济资源的优化配置，降低整个社会的"交易成本"。数字经济是人类通过数字化的知识与信息的识别—选择—过滤—存储—使用，引导、实现资源的快速优化配置与再生、实现经济高质量发展的一种新经济形态。文化是泛指人类在社会历史发展过程中所创造的物质财富和精神财富的总和。综合以上概念和企业文化相关理论的研究，笔者认为，企业数字文化的定义应是：企业以习近平新时代中国特色社会主义思想为指导，依据党和国家数字经济发展战略，围绕企业核心价值观和愿景，体现企业使命和精神，在运用、创造数字技术与生产经营深度融合中逐步形成的数字理念、数字思维、数字素养、数字能力与行为、数字形式与方式的总和。

其次，关于企业数字文化的定位。关于企业数字文化的定位，是指其在企业的名位（价值意义）、地位（作用功能）、方位（时空界限）的综合体现。笔者对企业数字文化的定位是：企业数字文化是企业文化的重要组成部分，是当代企业最不可或缺的职能文化，是构建数字化企业的"导航灯"，是促进企业高质量发展的"助推器"，是加速企业融合优化各类资源要素配置的"黏合剂"。需要注意的是，企业数字文化与企业创新、质量、安全、人才、环保、廉洁等职能文化既有相同之处，也有不同之处。

相同之处是：企业数字文化与其他职能文化一样，必须以企业文化核心理念为主导，以职能文化理念为支撑，以理念系统、行为规范系统、形象识别系统为基础，以各自职能工作为载体所进行的文化建设，是企业文化建设的重要组成部分和"落地"的必经之路。

不同之处是：企业数字文化可以逾越企业边界、打破企业时空、渗透企业产业链条、畅通企业跨界发展渠道。

二、企业数字文化的特征和功能

首先，关于企业数字文化的特征。企业数字文化除了具有社会性、民族性、人本性、实践性、传承性、特色性等企业文化的一些共性特征外，还应有以下五个特征：

一是政治性特征。企业数字文化建设必须要以习近平新时代中国特色社会主义思想为指导，坚持党的领导，以企业党建为引领，为企业数字化发展"凝心聚力、铸魂塑形"，引领企业抓住先机、抢占制高点，着力助推构筑国家竞争新优势。

二是时代性特征。企业数字文化建设必须要充分认识到，数字技术、数字经济是当今世界科技革命和产业变革的先机，是新一轮国际竞争重点领域，开展企业数字文化建设是时代赋予的重要使命，旨在把握新一轮科技革命和产业变革新机遇。

三是创新性特征。企业数字文化建设必须要以创新为引领，清醒地看到数字经济的发展给企业文化、战略竞争、组织结构、生产创造性经营和管理实践带来的巨大冲击，旨在改变企业的价值认知，推动互联网、大数据、人工智能与企业发展深度融合，敢打关键核心技术攻坚战，不断提高企业数字技术应用和研发能力。

四是渗透性特征。企业数字文化建设必须要借助迅速发展的信息技术、网络技术等渗透于企业的方方面面，旨在打造企业"数字神经"，全方位地覆盖企业时空和各个要素及环节，极度优化和不断提升企业生产经营和管理水平。

五是快速性特征。企业数字文化建设必须要以最快的速度引领企业调整或制定新的战略并加以实施，旨在快速适应市场需求的不断变化和竞争对手的不断出现，加快企业产品与服务的更新周期，带动企业以最快的速度对市场做出反应。

其次，关于企业数字文化的功能。企业数字文化除了具有导向性、凝聚性、激励性、基础性、滋养性等企业文化的一些共有功能外，还应有以下五项功能：

一是价值引领功能。企业数字文化的价值引领功能，主要体现在以企业愿景对企业数字化发展方向上的引领，以企业核心价值观对企业数字化价值体系构建及价值关系处理方面的引领，以企业使命和精神对企业数字化创新创造的引领。

二是危机警示功能。企业数字文化的危机警示功能，主要体现在于深刻的文化自省，充分看到我们与世界数字强企的巨大差距，必须把数据作为新型生产要素，敢于跨界、敢于打破时空限制、敢于变革传统生产方式，使之成为企业数字化发展的重要引擎。

三是能力提升功能。企业数字文化的能力提升功能，主要体现在于企业数字文化的引领、凝聚、熏陶、教化、激励、润滑、整合等作用功能，不断提高企业领导的数字思维能力、决策能力和管理能力，不断提高企业员工的数字学习能力、执行能力和创造能力。

四是凝聚整合功能。企业数字文化的凝聚整合功能，就是以先进的数字理念和思维特性重构企业价值体系，利用数字技术、数字经济整合企业各类资源要素快速融合、快捷流动，赋能企业转型升级，促进企业高质量发展，催生企业新产业新业态新模式。

五是安全规范功能。企业数字文化的安全规范功能，主要体现在增强企业数字安全意识和法规意识，高度警惕我国数字经济在快速发展中出现的一些不健康、不规范的苗头和趋势，严格遵守国家有关法律法规，保护从业人员和消费者合法权益，坚决杜绝损害群众利益、妨碍公平竞争、平台垄断和资本无序扩张等不良行为的发生。

三、企业数字文化的结构和载体

首先，关于企业数字文化的结构。企业数字文化的结构与企业文化一样，都是由内至外的精神层面、制度层面、行为层面、物质层面构成，其基本要求：一是在企业数字文化的精神层面，要以企业的使命、愿景、核心价值观、精神等核心理念为主导，明确提出企业数字文化的哲学、理念、宗旨、道德等，使其成为企业数字文化生成的精神源泉。二是在企业数字文化的制度层面，要把企业数字文化的哲学、理念、宗旨、道德等作用于企业数字战略、生产、经营、管理和创新，并形成有关政策、条例、规章、措施等各项制度。三是在企业数字文化的行为层面，将企业数字文化的精神和制度层面的内涵作用于企业、企业家和企业员工的行为，并固化为数字行为方式。四是在企业数字文化的物质层面，重点是企业数字文化精神、制度、行为层面的内涵和作用在物质层面的外在表现及价值体现，主要包括大数据、云计算、物联网、区块链、人工智能、5G通信等新兴技术在企业的研究开发和创新应用，以及数字化产品、服务等方面的价值创造。

其次，关于企业数字文化的载体。企业数字文化的载体与企业文化一样，也是由主体载体、组织载体、制度载体、物质载体组成，其基本要求：一是在企业数字文化的主体载体方面，要深刻认识到人心所想是企业数字文化之源，人心所聚是企业数字文化之根，人心所向是企业数字文化之路，以企业家和企业领导者、企业科技人员和企业数字化发展所需要的各类人才为重点，尤其是要特别着重培养造就人数众多、结构合理、素质优良的数字创新型科技人才，以积蓄企业数字化发展的强大后劲。二是在企业数字文化的组织载体方面，要明确企业在国家数字经济和企业数字化发展中的崇高使命和责任担当，并分解成各类、各层次的组织机构目标和工作岗位目标，以新的企业数字文化理念和行为规范管理教育各类人员，以新的企业数字文化核心价值体系调整企业组织关系，紧紧地把组织中各要素联结成为一个有机整体。三是在企业数字文化的制度载体方面，要认识到企业文化制度载体是围绕企业数字文化核心内涵建构的制度机制，旨在以统一明确的价值标准和要求引导、规范、影响企业与员工的行为，以企业新的统一的数字文化价值观为标尺进行的制度体系的设计和制定。四是在企业数字文化的物质载体方面，主要是抓好四个物质要素，即企业数字化生产资料、数字化产品和服务、数字化品牌和形象，以及企业对员工数字化素质形成的实体手段等。

四、企业数字文化建设的思路和方法

首先，关于企业数字文化建设的思路。我们知道，“数字企业”是将有形企业映射到无形的、虚拟的网络之中，形成一个与现实企业相对应的、密切相连的，其功能又能够局部或全部模拟企业行为的系统（又称“虚拟企业”）；“数字化企业”，是指那些由于使用数字技术，改变并极大地拓宽了自己的战略选择的企业；“数字文化”是指以计算机、互联网，以及数字化视频信息采集、处理、存储和传输技术的文化的数字化共享。很显然，企业数字文化与“数字企业”“数字化企业”“数字文化”是完全不同的，是存在于各行各业企业文化建设中的一种新型职能文化，具有时代性、趋势性、科技性和普遍性，其建设的基本思路应把握以下几点：一是以企业党建为引领，建立系统完整的企业文化体系（主要包括企业文化要素体系和管理体系），并在此基础上不失时机地开展企业数字文化建设。如果企业还没有建立完整的企业文化体系，也可以先从实际出发，提出企业数字文化的核心理念，制定企业数字文化行为规范，进行企业数字文化形象塑造。二是企业数字文化建设应由企业主管数字化建设的领导牵头负责，并作为企业数字文化建设的第一责任人，亲自负责、亲力亲为、率先垂范。三是企业主管数字化工作的机关部门是企业数字文化建设的主管单位，负责具体策划、推进、落实和检查督促。四是企业主管企业文化的机关部门是企业数字文化建设的指导单位，负责对企业数字文化建设协助策划、宣传、指导、帮助。五是企业其他职能机关部门是企业数字文化建设的协助单位，积极主动地支持、协调、合作，并自觉做好企业数字文化建设在本部门的贯彻落实。

其次，关于企业数字文化建设的方法。一是坚持理念引领、顶层谋划，围绕中心、讲求实际，着眼长远、注重实效，勇于创新、注重特色。二是以企业文化为底蕴，优化企业数字文化建设的基因；以企业数字文化建设理念为支撑，精准企业数字文化建设的基点；以企业数字化发展需要为根本，夯实企业数字文化建设的基础；以打造企业数字文化品牌为引领，确立企业数字文化建设的基准。三是不断提升对企业数字文化建设重要性的认识，注重企业数字文化建设的宣传教育，制定《企业数字文化手册》，着眼基层、立足岗位、面向员工，深入开展企业数字文化的教育培训。四是强化企业数字文化建设的主体责任，加强领导、严密组织实施，研究制定企业数字文化建设的规划计划、实施方案和落实措施。五是围绕企业数字化发展，不断创新企业数字文化建设理念，大胆尝试、勇于创造，打造企业数字文化建设的特色机制和模式。六是注重企业数字文化建设的资源保障，采取得力措施，大力培养企业数字文化建设的人才，保证企业数字文化建设的经费落实。

（作者系中国企业文化研究会专家委员）

新形势下企业文化建设的若干思考

孙 星

工业文化跟企业文化息息相关。工业文化是在更高层面，企业文化是在微观层面。新形势下有关企业文化建设，我们将从三个方面进行分析：第一是迎接世界大变局的挑战；第二是构建新时代的企业文化；第三是丰富产品的文化内涵。

习近平总书记在多次讲话中指出，当前中国处于近代以来最好的发展时期，世界处于百年未有之大变局，大变局之一是中华民族的伟大复兴；大变局之二是中美之间的贸易竞争冲突；大变局之三是迎来新科技革命和产业变革，也就是说我们会迎来第四次工业革命。这些都是影响当前人类社会经济发展变革的重大因素。

人类经历了三次工业革命，每一次工业革命造就一个工业强国。第一次工业革命造就英国成为工业强国；第二次工业革命造就德国和美国；第三次工业革命成就了美国成为世界超级大国。第四次工业革命谁最先引爆，谁就可能成为最新的世界工业强国。现在我们谈工业革命，为什么工业革命这么重要呢？因为它改变了我们人类生产生活的每个角落，它提高了我们的生产力，我们社会每一次的变革都形成了一个巨大飞跃。

第一次工业革命形成了三个中心：第一个中心名为制造中心，第二个是工业科技中心，第三个是工业文化中心。为什么称作工业科技中心呢？其实我们在科学方面有很多重要发现，但并不一定能迅速地转成生产力，能够迅速形成我们的国力。比如说在天文地理上的一些探索，有可能为未来应用打下基础，但是在近些年是不可能转化为生产力的，因此我们会说一些技术可能会转化成工业规模的产业化技术。

第一次工业革命实际上在英国爆发，然后转移到了德国，再转移到了美国，这是制造中心的转移。另外，在工业科技和文化中心的转移过程中，它实际上也是遵循路线，从英国到美国。在第三次工业革命的时候，应该是制造中心、科技中心，还有文化中心都向我们亚洲转移，但是实际上我们目前只转移了制造中心。2010 年中国成为世界第一制造大国，但是工业科技中心，尤其是科技中心和文化中心还在美国，它没有转移过来。

2018 年中国制造业产值是 4 万亿，美国是 2.33 万亿，日本是 1.03 万亿，德国是 0.83 万亿。实际上，中国制造业的产值是美国、日本、德国之和。我们现在跟这三个国家制造业的差距在拉大，未来有可能发展成中国是美国、日本和欧洲之和，体量非常大。为什么说现在中美之间产生了冲突？在制造中心转移过来的过程中，不可避免地发生了一些冲突，这种冲突就是科技中心慢慢转移过来，形成了一个中美之间产业的冲突。原来美国掌握产业链价值的高端，我们在中低端，但是随着我们经济的发展，以及我们中国人的勤劳，慢慢地有一些中高端的产业链也往中国转移，这也是我们中美之间冲突的一个重要因素。

另外还有一个因素就是谁率先引爆了第四次工业革命，谁就可能成为下一个超级大国。第一次工业革命引燃的技术是蒸汽机，第二次工业革命引燃的技术是电气技术，第三次工业革命引燃的技术是信息技术，第四次工业革命引燃的技术可能一个是 5G。5G 给我们带来的是一个基础设施，万物互联，它能够实现万物互联互通；还有一些其他的技术，比如说量子技术带来高性能的计算；还有新能源、新材料、基因技术等，这都可能是第四次工业革命引燃的技术。可以肯定，5G 技术和人工智能是第四次工业革命的基石。中国的 5G 技术是领先的，中国的华为和中兴因此受到美国极力打压，因为华为掌握着一个最核心的领先技术。

与其说华为在技术上是成功的，不如说任正非的战略思想和企业文化是成功的，为什么？是因为它的狼性文化、床垫文化、危机文化，都在为华为迈向世界一流企业做文化准备，任正非实际上在十几年前就做好了文化上的准备。

2019 年 5 月 17 日是中美之间工业科技交流非常悲壮的一天。为什么？美国对华为进行了封锁打压。何庭波发表了一篇文章，叫作“我们曾经打造的备胎，一夜之间全部转正”。当时我们也不知道华为能不能活下去，今天看来，华为没问题。去年我专门去了华为，深深体会到了任正非的这种战略思想，在企业里面是怎么传承的。在华为总部里面有一个湖，湖里头放了两只黑天鹅，他通过黑天鹅告诉大家，全球市场上会产生意想不到的波动，我们要时刻注意这种黑天鹅事件的发生，这是第一个让我印象深刻的。第二个叫半边脸雕塑，一边是很清晰的五官，另外一边全是模糊的存在。他的意思就是我们企业管理活动不是非黑即白，尤其是我们高层管理者对待下属，有些细节要关注，有些东西要忽略，让员工能发挥自己的创造性才能等。第三个在黑天鹅的湖里头。有一个桥，它实际上没修桥，修成了一条路，它叫断桥，为什么叫断桥？因为他要告诉自己的员工，在人生的途中会遇到很多坎坷和沟壑，要时刻提醒自己高度警惕，眼睛向下，勇敢跨越，就是说你不光要朝前看，还要低头看路，实际上这就是华为的战略。它的竞争成功，就是用很好的形式传递了这种战略思想。

中央在5月份提出了双循环战略，国内国际双循环的发展格局。为什么会提出来？实际上，传统的三驾马车：投资、出口、消费，有两驾出问题了，一是受疫情影响，出口出现问题；二是投资，房地产不能大量投资了，我们传统的“铁公基”也一度饱和。我们干什么？中央提出了新基建，实际上也是在应对我们当前形势的重要举措，在这个情况下我们企业应该做些什么呢？构建新时代的企业文化。

实际上新基建2018年就提出来了，新基建大概是七块：5G、特高压、工业互联网、人工智能、大数据、新能源、城际高铁。其中有一个特点，除了城际高铁之外，基本上都是信息技术、特高压。特高压和城际高铁也是信息技术支撑起来的，全程的人工智能控制。今年4月份，国家发改委还专门做了一个梳理，分为三个部分：

第一个信息基础设施，包括5G、人工智能、云计算、大数据、区块链、大数据中心、智能计算中心。工业互联网、物联网、卫星互联网，这就是我们的信息基础设施。

第二个融合基础设施，实际上是包括了特高压、新能源汽车、城际高速铁路、轨道交通、创新基础设施。创新基础设施包括了重大的科技基础设施和产业创新基础设计等。新基建实际上是为了推动经济复苏，应对百年大流行，实际上更深层次的是为工业强国制造强国应对百年大变局的一个重要举措，实际上也是我们应对新工业革命的一个重要举措。

今年是中国经济动能转换的一个关键期。我们的云会诊、云监控、云上学，很多都在云里头，包括会议也在云里头，这其实是一场伟大的技术进步与企业文化变革的开端。就是说在新技术爆发的前夜，在新技术大量运用的同时，企业文化怎么随着这个时代的变革而变革，实际上是企业家们需要思考的问题。从传统的依靠人与人面对面的协作，转向依靠技术平台无缝远程的一种协作。这种协作其实需要形成一个支撑这种新技术应用的文化。

我们在研究工业伦理问题，就是说我们站在工业管理的角度，研究我们刚刚讲的大数据、云计算这些信息基础设施带来的一些伦理问题，比如说我们走到哪儿都要刷健康码，我们现在进出车站都要去面部识别，这就是大数据带来的隐私泄露。小规模的一家企业应用大数据可能不会带来隐私泄露，但是全国都在应用，全球都在应用的时候就会出现问题。另外，人工智能也是基础设施之一，人工智能实现机器代替人工，这种技术变革带来了工业伦理问题。

企业讲究社会责任，企业社会责任实际上是对外的一种责任。对内我们怎么照顾我们的员工，现在人是最宝贵的。企业发展主要是依靠人，我们怎么给他优厚的待遇，让他一心一意地为企业发展服务等。

第三个是丰富产品的文化内涵。今年疫情期间水比油贵，石油跌到了30美元，农夫山泉矿泉水折合一桶是207元，结果一桶原油是197元，水真的比油贵了，这是不可思议的。假如从成本来说，肯定是石油的开采成本要高，水的成本是比较低的。另外我们也做了一个统计，可口可乐、牛奶、茅台，所有东西都比较贵，这是什么原因呢？我们提出了一个新的概念，叫产品的文化定价权，矿泉水、可乐、牛奶、茅台价值越高，它的文化属性就越强。企业竞争的最高境界就是文化的竞争，通过掌握标准掌握生态来进行竞争，对于大多数企业来说是很难的。

目前的市场竞争已经到了拼技术、拼创新、拼文化的阶段。今后一个产品没有品牌质量，没有创意设计，没有文化内涵，将和没有技术一样的尴尬。中央提出双循环战略，疫情期间很多国内的品牌异军突起，国外的品牌也不再那么受欢迎，这就是一个变化。国内的企业怎么抓住这个时机来树立自己的品牌，把产品增加文化的内涵，这是中国产品迈向中高端的一个必由之路。为什么这么说？中国制造业产值是美国、日本、德国之和，基本上所有的产品我们都能生产出来，而且都是供过于求的。假如我们还是进行大量的成本促销，这条路走不下去。要走向制造强国，必须得走另外一条道路。

中国每当掌握高科技的时候，都能把它做成白菜价。大疆的无人机，还有电脑屏等，只要是我们能掌握的技术，就能做成白菜价。为什么西方发达国家特别害怕我们？因为他卖不了高价了。他就得想，用什么办法能够赚到更多的钱，他就卖文化，卖文化不好学。欧洲的奢侈品永远高高在上，他永远卖那么高，我们企业能不能卖到那么高的价，基本上没有。你说这些奢侈品它有技术吗？其实技术含量很低。好多生产都在中国，至少一半在中国制造代工，但是贴上外面的牌子，从国外一进口，它就能够卖出高价，远远超越了成本价。定价有很多方法，成本定价、竞争定价等，现在我们提出来文化定价，文化为什么要定价？因为我们的生活水平提高了，我们不是满足有无的问题了，我们是要根据自己的喜好，根据自己的欣赏水平，去买自己称意的产品。这种产品一定是符合我们的审美观点的。

产品文化的提升路径有很多。在研发过程中有很多提高产品文化内涵的方式。从品质上讲，张小泉的刀卖到1200元，已经是很不错了，但德国的刀能卖到2400元。其实你说质量差多少？估计也差不了多少。星巴克咖啡在中国非常成功，其实大家都是被它的品牌所吸引，他能够卖到30元，我们一杯咖啡就卖几块钱。小罐茶在包装上下功夫，它的价钱大概一斤能合到6000元，已经是非常高档的茶叶了。它的重点是从包装上下功夫，包括它的冲淡、可视性等，这些都进行了充分的考虑。

实际上品牌的文化溢价有几个阶段：第一个是普通品牌，它可能比它的成本价贵几倍；但是当它是著名品牌时，它可能到5倍到10倍；假如它变成奢侈品的时候，他可能是成本的十几倍；假如是艺术品的时候，他可能达到50倍甚至上百倍，这就是产品文化定价的意义，就是说我们的中国工业不能再走低价竞争的路线。在产品数量一定的时候，我们下一步必须走文化定价的路线。

（作者系工业和信息化部工业文化发展中心副主任）

中国内地地域文化差异研究

朱秀梅　郑雪娇　徐艳梅　许　海

中国内地地域文化差异研究的一个重要方面是划分地域文化区。

国内学者对地域文化区的划分，经历了根据地理环境特征等影响文化的外部因素分类，到直接根据价值观相似度聚类，再到依据多个指标综合划分地域文化区，并提出具体假设、验证不同区域价值观对个体影响的过程。

对地域文化区进行分类的方法也逐渐定量化，涉及的学科范围从初始的地理学、历史学，到社会学、心理学、管理学等。但现有学者对地区分类的认识越来越深入，越来越注重明确地区文化差异的维度，并开始探索地域文化对人们心理、行为的影响。

早期主要是历史学家和文化地理学家依照地理、气候特征和生产条件等标准，比如四百毫米等降水线，一月平均气温零度线、季风气候分界线、山脉分界线、水稻小麦分界线等，来划分不同的地域文化区。最简单最常用方法是以秦岭、淮河为界线的南北划分，即传统的南稻北麦、南船北马的分界线（吴必虎，1996）。胡焕庸于 1935 年根据人口分布情况提出的“胡焕庸线”（黑龙江爱辉—云南腾冲的人口地理、综合生态环境分界线），将中国内地划分为东南部的农业文化和西北部的牧业文化两大区域。吴必虎（1996）在以“胡焕庸线”为基础的两大文化区内部再进一步细分，将中国内地划分为中原、关东、杨子、西南、东南、内蒙古、新疆、青藏 8 大文化区。历史学家许倬云（2006）用地理环境特征为划分标准，明确提出“中国文化是多元文化”，认为内地地域文化可以分为 7 种基本类型，从北算起为：（1）以沙漠、草原为主的内蒙古地区；（2）以森林、山地为主的东北地区；（3）以黄土高原、黄土平原为主的黄河中下游地区；（4）湖泊、河流众多的长江中下游地区；（5）自北向南的沿海地区和岛屿；（6）有高山、盆地和纵行谷地的西南地区；（7）遍布高山和高原的西北地区。范勇（2010）根据季风和风土对中国内地不同地域的影响提出传统上汉族聚居的地区可以分为 5 种文化类型，分别是黄土高原文化（晋、陕、甘的一部分）、华北平原文化（京、津、冀、鲁、豫等）、长江上游的山地文化（云、贵、川、桂等）、长江中下游平原文化（湘、鄂、赣、苏、浙、皖等）和南部低山丘陵地区文化（闽、粤两省）。这些研究对中国地域文化区的分类主要依赖地理、气候等特征因素；文化区域间的差异和区域内部的相似性均为理论假设，并没有实证数据支撑，并且缺乏对不同地域间文化差异具体内容的讨论和预测。

意识到单纯的自然地理和人文经济划分，并不能直接反映不同地域的文化差异，学者们指出，文化区域的划分，除了要考虑“划分文化区域的具象感应条件”，即“一般以人口分布、民族聚落、经济结构、山脉河流以及气候特征等一系列具体事物作为文化景观，并据此进行文化区域的划分”，还应该考虑非具象的，无法用肉眼观察到的，人们共同经历的复杂心理体验，比如文化传统的感应和文化氛围。这些要素在空间上的一致性和差异性应当是划分文化区域的重要标准（阎耀军，2007）。因此，学者开始直接根据文化相似性聚类，并且更偏向用实证数据的方法划分和验证区域文化差异的存在。陆大道（2003）结合民族的区域分布特点和各地文化的相似度将中华文化划分为七大文化圈，分别是东北文化圈、游牧文化圈、黄河流域文化圈、长江流域文化圈、闽粤台文化圈、云贵文化圈、青藏文化圈。刘世雄（2007）先使用专家意见法，根据各个省之间的文化相似性，把中国大陆 31 个省、直辖市和自治区分为 7 个文化区，分别是：东北（黑、辽、吉）、华北（京、津、冀、鲁、晋）、西北（蒙、宁、陕、甘、青、新）、西南（云、贵、川、渝、藏）、华南（粤、桂、琼）、华东（江、浙、沪、闽、赣、皖）、华中（鄂、豫、湘），然后分析 1120 份问卷数据进一步验证了这 7 大区域总体上在长期导向、人与宇宙、不确定规避、物质主义、时间导向、集体主义、情感反应倾向这几个价值观上存在显著差异，但并没有明确指出哪些区域之间在哪些维度上有差异，也没分析不同区在某一价值观上的得分高低和相对位置。赵向阳等（2015）整合多种地域文化分类理论和标准，收集了中国内地所有省、市、自治区的 56 所高等院校 3690 位新生的数据，通过判别分析法来确定不同省份的类别归属。他们的研究显示，根据影响文化的外部因素差异，例如地理、历史、人口、宗教、语言、经济和政治等，中国内地可以分 11 个区域文化圈；而根据与工作和管理有关的 Globe 文化价值维度分类，这 11 个地域文化圈又可以聚合为 7 个；如果根据更加普适的施瓦兹文化价值观来分类，则可以进一步聚合成 4 个地域文化圈。总体来说，这篇文章用了 3 种方法对文化区域进行聚类，得出每个省份的不同文化价值观得分，对不同省份价值观的得分和相对位置，提供了一些深入的了解，比较全面地描绘出了中国的地域文化地图。但是，以上不管是基于地理特征的分类，还是基于相似文化的聚类，都仅根据其理论架构划分出文化区域并给予命名；较少对区域间具体在哪些文化维度上存在差异，以及差异的方向进行理论讨论，并提出和验证假设；更没有进一步讨论文化区域差异的组织影响。心理学和管理学推动了这方面研究的发展。任孝鹏及合作者不仅关注地域文化区的划分，还讨论了区域间文化差异的具体维度和方向，及其对人们心理、行为、社会互动过程的影响（任孝鹏等，2018；骆诚，任孝鹏，2018；马欣然等，2016）。马欣然等人（2016）用实验法验证南方地区的人对内外圈子的边界比北方地区更清晰，集体主义倾向较北方地区更强。任孝鹏（2018）和 Ren 等人（2021）聚焦于影响集体主义的地域生态因素，整合以往相关文献，在“胡焕庸线”、长城线和秦岭—淮河线的基础上，提出三线理论，将中国划分为集体主义水平不同的 4 个区，旨在提供一个完整的框架对比不同区域个人行为、心理价值观的差异，并强调了地理差异通过影响生产方式社群组织形式和人际关系，进而影响人们心理特征的过程。进一步对比不同学者对文化区域的具体划分情况，可以看到，尽管不同学者的区域划分有较高重，且大部分省份的归类在不同的区域划分标准下有一定稳定性，但不同的划分方法还是有明显差异。一是划分的精细程度不一样，不同方法划分出的地域文化区域个数不同，最多的将中国内地分成 11 个地域文化区（赵向阳等，2015），最少的仅划分成 2 个（胡焕庸线）。二是部分省份的文化地域归属差异较大，包括宁夏、甘肃、青海、内蒙古、江苏、广西、四川、河北、安徽等省、自治区。这些省、自治区位于多个文化区域的分界线上，属于文化过渡带和边缘区，区域内差异较大，以省为单位时的地域文化区归属有一定的模糊性。因此，多位学者将这些省、自治区拆分成两个或多个次省份地区，分别规划到了不同的地域文化区。比如，江苏以淮河为界被划分为南北两个次省级地区，淮河以南被划到杨子文化区，而淮河以北则被归到中原文化区（吴必虎，1996）。Dong 等人（2018）也发现，同属于宁夏的吴忠市青铜峡和固原市原州区的文化价值观也存在差异。这说明，省份边界有一定随意性，并不能等同于地域文化区的边界；对于处于文化区域分界线上的省份，在进行地域差异分析时，分析单元应当落到次省际地区上，如市或县。

中国内地地域文化的内容差异也比较大。现有文献主要关注了中国内地不同地区在 Hofstede 文化价值观维度上的差异，尤其是个人主义—集体主义价值观。与自愿拓疆运动理论一致，Kwon（2012）发现深圳的个人主义倾向远高于太原；陈姗姗等人（2016）发现自愿移居地区（深圳）比对照组（佛山）的独立我更高；骆诚和任孝鹏（2018）也发现深圳大学生的价值观比襄樊的大学生更偏向个人主义。vandeVliert 等（2009）对中国 15 个省份的比较研究表明：气候变化和经济状况共同影响个人和省际层面集体主义的程度；在低收入、气候环境恶劣的省份（如黑龙江），集体主义最强；而在气候适宜的省份（如广东）集体主义最弱。马欣然等人（2016）比较了来自 27 个省份的 745 名被试者，发现南方人集体主义倾向更强于北方人。作者们认为这一差异源于历史文化动力因素，即中国历史上以儒家文化为代表的中原文化体系的重心不断南迁，导致了南方人有更为强烈的集体主义倾向。Talhelm 团队（2014）用实验方法测试了地域背景不同的 1162 名汉族学生的思维风格和自我构想类型。结果发现，在控制了地域经济发展水平和疾病率之后，来自水稻种植区域的学生整体上有更高程度的东亚集体主义文化特征，包括更倾向于整体性思维和互依性自我构想；而小麦种植区的学生整体上介于典型东亚文化和西方文化之间，体现出更高的个人主义倾向，包括更高程度的分析性思维和独立性自我构想。后续研究指出 Talhelm 团队的研究存在多重缺陷，包括样本地域分布不均匀、关键变量测量误差、遗漏关键控制变量，误将大豆和玉米为主要农作物的地区归类为小麦产区（Hu&Yuan，2015），研究结果与中国历史研究结果矛盾（比如南宋之前的多数中国人虽长期生活在小麦区，但他们的思维方式却主要是整体思维，几乎没有分析思维）等（汪凤炎，2018）。因此，水稻理论以及基于地域种植类型差别的地域文化差异能否成立仍有待进一步研究。但 Dong，Talhelm 和 Ren 在 2018 年以中国宁夏的吴忠市青铜峡和固原市原州区作为稻米和小麦产区的代表，测试了两个地区高中学生的隐性个人主义、忠诚或裙带关系和感性风格，仍然发现稻米产区有更高的互依性自我构想，表现出更强的集体主义倾向。中国内地在 Hofstede 其他文化价值观维度上的地域差异也获得少量实证支持。Kwon（2012）发现深圳的长期导向文化价值观低于太原。张立火和孙海（2013）发现我国西部地区比东部地区有更大的权力距离和短期导向倾向。佘元冠和祁卫士（2010）在理论分析的基础上提出，相比北方地区，我国南方地区不确定性规避更强而阳刚气质更弱。黄河（2014）也发现，我国阳刚性价值观呈现出南方低北方高（以秦岭—淮河一线为界），东部低西部高（以“胡焕庸线”为基准）的地域差异特征。少数学者也采了施瓦兹的价值观理论来研究中国内部地域文化差异。Ralston 等（1996）以施瓦兹的理论为基础，比较了代表中国 6 个不同区域的 6 大城市的国企高管的管理价值观。结果表明，上海（东部）和广州（中南部）经理人在个人主义、变革开放性和自我提升方面得分最高，北京（北部）和大连（东北）次之，成都（西南）和兰州（西北）经理人最低。Sun 等（2013）对中国各大高校新生的大规模问卷调查发现，城市化程度不同的地区在施瓦茨的个体文化价值观（概括为保守、开放、自我提升和自我超越四个维度）、消费者感知价值和消费者决策风格上存在显著差异。现有文献还关注了风险偏好，儒家价值观和文化松紧度的地域差异。张媛（2011）对全国 42 所大学学生的调查发现，来自游牧文化区的学生的风险厌恶程度要显著低于来自农耕文化区的学生。续志琦和辛自强（2019）基于对以往文献的分析也认为，传统上属于游牧文化的地区比农耕文化地区有更高的风险偏好。Obschonka 等（2018）调查了中国内地 44 个主要城市，共 26405 个代表性样本，发现这些城市之间在儒家价值观和规范上有差异。Chua 等（2019）调研了中国 31 个省、市、自治区的 11662 名受访者，发现在文化松紧度上，即一个社会在多大程度上以规则和规范来约束人们的行为并对偏离或违背施以惩罚或制裁，各省、市和自治区之间存在显著的差异。最后，Wei 等（2017）比较了来自中国内地 59 个不同城市的样本，发现在气候相对温和的城市（指更接近心理最舒适的 22 摄氏度）长大的个人在随和性、责任心、情绪稳定性、外向性和经验开放性等人格特征上得分更高。

（作者系中国科学院大学经济与管理学院朱秀梅、郑雪娇、徐艳梅，山东能源新疆能化有限公司许海，节选自《国家内部地域文化差异及其对组织的影响》一文）

从文化自觉到文化自信

张友谊

党的十九大报告指出，坚定文化自信，推动社会主义文化繁荣兴盛。近年来，人们对文化自觉和文化自信谈得越来越多，关注度越来越高。如何从文化自觉走向文化自信，是需要我们深入探讨的重大问题。

文化自觉的深刻内涵

文化自觉是对文化的自我觉醒、自我反思和理性审视，是指生活在一定文化历史圈子中的主体对自己的文化应该有自知之明，既清楚长处，也了解短处，同时也要了解和认识其他文化，处理好本土文化与外来文化的关系。文化自觉的主体既可以是个人，也可以是共同体，如民族、国家、政党、团体等。我们谈文化自觉更多的是指国家、民族层面的文化自觉，而非一般意义上的文化自觉。中华文化自觉就是对中国文化的反思、反省和审视。中华文化自产生以来，中国人民的文化自觉过程就从未停止过。特别是到了近现代，中国人民对中国文化的反思、反省和审视达到了空前广泛和深刻的程度，掀起了一波又一波的高潮，涌现出严复、鲁迅、章太炎、梁启超等一大批文化名家。即使他们所持观点迥异，但他们均为中华文化自觉做出了不可忽视的贡献。他们从不同角度、不同方面对中华传统文化进行了反思、反省，不乏真知灼见，对中国的文化自觉不无启迪。但是，中国真正的文化自觉，是在马克思主义指导下和中国共产党的带领下，对中华文化的组成要素和总体构成，对中华文化的历史、现在和未来作全面、客观的分析和认识，是对中华传统文化积极因素和消极因素的辩证分析和科学认识。

我们需要什么样的文化自觉

文化自觉说起来容易，做起来却很难，其原因非常复杂。因为文化自觉涉及主体的胸襟气度、理性高度、觉悟水平、认识能力，也涉及客体的历史发展、当代境遇、系统整合等。

主体的胸襟气度是一种胸怀和态度的融合，包含着如何对待自己的文化和他人的文化。费孝通先生的“文化自觉”观是非常好的典范，他提出的“各美其美、美人之美、美美与共、天下大同”，以博大的胸怀和恢宏的气度，指出了中华文化在同世界各种文化融合的过程中应该秉持的态度和发展的基本路径。

文化自觉是一个复杂的认识过程和艰苦的探索过程，是在人类文明发展中逐渐提升的。从中国近代文化自觉的艰难认识和探索历程，我们可以比较清楚地认识到这一点。近代以来，中国闭关自守的大门在西方文化的冲击下逐渐被打开，无数志士仁人开始对中华传统文化进行反思和反省。在这一过程中，先后产生了关于如何对待中华传统文化与西方文化关系的各种观点和理论，“中体西用”“西体中用”“全盘西化”“儒学复兴”“综合创新”等观点、学说对中国社会的发展都产生了一定影响。在诸多学说中，张岱年先生提出的“综合创新”论具有不可低估的重要价值，是中国近现代文化自觉的典范。张岱年先生认为，一个独立的民族文化，与另一个不同类型的文化相遇，应主动吸取外来文化的积极因素，取精用宏，使民族文化更加壮大；中国文化前进的唯一出路是综合中西文化之长以创造新文化。张岱年先生的“综合创新”论不仅指出了文化自觉的路径，而且提供了文化自觉的立场、观点和方法，使我们在纷繁复杂的文化论争中明确了方向，明确了中华文化发展的基本道路。

当代中华文化在经济全球化和世界一体化的进程中、在世界各种文化的冲突和融合中发展，既面临严峻挑战，又迎来巨大机遇。中国人民文化自觉的责任意识和担当意识在今天尤显重要。我们必须坚持文明互鉴、开放包容的方针，以我为主、为我所用，取长补短、择善而从，既不简单拿来，又不盲目排外，吸收借鉴国外优秀文明成果，积极参与世界文化的对话与交流，不断丰富和发展中华文化。我们在文化自觉的过程中，一定要坚持创造性转化和创新性发展，坚持辩证唯物主义和历史唯物主义，秉持客观、科学、礼敬的态度，取其精华、去其糟粕，扬弃继承、转化创新，不断赋予其新的时代内涵和现代表达形式，不断补充、拓展、完善，使中华民族最基本的文化基因与当代文化相适应、与现代社会相协调。

文化自觉与先进文化

文化自觉不仅包含着觉醒、觉悟、反思、反省，还包括对文化的价值判断和价值选择。这两个方面是紧密联系在一起的，后者是前者的必然结果。世界上林林总总的文化，纵向看，它是像河流一样不断流淌着的动态过程；横向看，它是多元文化的集合体。我们对文化先进还是落后的判断，需要有一个价值标准。如果没有一个正确的价值标准，就很难判断一种文化是先进还是落后。判断先进文化的价值标准应该看一种文化对社会发展和人的发展是否具有积极意义，即看这种文化是进步的还是腐朽的。积极推动社会进步和人的发展的文化，属于先进文化；而阻碍社会进步和人的发展的文化，就是腐朽没落的文化。对文化的价值判断必然带来价值选择，即根据人民的利益之所在，批判、摒弃腐朽没落的落后文化，承继、吸收积极进步的先进文化。我们要坚持以人民为中心的价值导向，坚持为了人民、依靠人民、共建共享，注重文化熏陶和实践养成，使真、善、美的理念转化为人们的精神追求和行为习惯，不断增强人民群众的文化参与感、获得感和认同感，形成积极向上、充满正能量的社会风尚。

中国当代的先进文化是面向现代化、面向世界、面向未来的，民族的科学的大众的社会主义新文化，它以马克思主义为指导，积极吸收古今中外优秀文化的合理因素，其价值取向是有利于满足广大人民群众的精神文化生活需要并提升人们思想境界，有利于促进人的自由全面发展和自由个性的形成，有利于家庭幸福和社会进步，有利于民族团结和国家强盛。我们要在文化自觉的基础上牢牢把握社会主义先进文化前进方向，坚持中国特色社会主义文化发展道路，立足于巩固全党全国人民团结奋斗的共同思想基础，弘扬社会主义核心价值观，培育民族精神和时代精神，解决现实问题，助推社会发展。

文化自觉与文化自信

文化自信是主体对自身文化的认同、肯定和坚守。文化自觉是文化自信的前提，文化自信是建立在文化自觉的基础上的。没有深刻的文化自觉，就不可能有坚定的文化自信。中国人民的文化自信是在文化自觉的过程中逐渐建立起来的，是对中华文化的高度认同和充分肯定。

中华文明具有 5000 多年的悠久历史，是世界古老文明中唯一传承至今的文明。中华文明之所以能够薪火相传、生生不息，其根本原因在于中华传统文化源远流长、灿烂辉煌、博大精深、开放包容，具有强大生命力。中华文化积淀着中华民族最深沉的精神追求，代表着中华民族独特的精神标识，是世界文化大花园中绚丽多彩的一簇，对人类文明的发展发挥着重要作用。中华传统文化中“自强不息”“天人合一”“和而不同”“厚德载物”“见贤思齐”等理念和情怀，有着不可低估的当代价值。中国共产党在领导中国人民进行革命、建设、改革的伟大实践中，自觉肩负起传承发展中华传统文化的历史责任，创造了马克思主义的革命文化和社会主义先进文化，为建设社会主义文化强国，增强国家文化软实力做出了卓越贡献。中国特色社会主义文化，是在继承中华优秀传统文化的基础上，以马克思主义文化为主导，吸收古今中外一切优秀文化的积极因素，弘扬革命传统文化，在改革开放实践中创造出来的文化。正是基于以上文化自觉，我们才有道路自信、理论自信、制度自信、文化自信。

习近平总书记指出：“没有高度的文化自信，没有文化的繁荣兴盛，就没有中华民族伟大复兴。”从文化自觉到文化自信，不仅使我们对中国特色社会主义文化有了更深刻的认识，而且进一步坚定了我们实现中华民族伟大复兴的决心、信心，是中华文化发展的重要路径。

（作者系山东省委党校教授）

真正的企业家精神超越大数据

张维迎

企业家和管理者之间有什么差别?简单说就是他们制定决策所基于的知识不太一样。企业家主要靠硬知识。

经济学和大部分管理学里讨论的决策都是基于硬知识的决策：给定目标和可选手段，如何选择特定的手段满足给定的目标。这跟真正的企业家决策相距甚远。真正企业家的决策不是选择手段满足给定目标，而是寻找可选择的目标和手段本身。企业家精神的高低很大程度上取决于这些选择能力的高低。换句话，管理者是使用工具，企业家是创造工具。管理者是实现目标，企业家是创造目标。

从决策的角度讲，如果手段和目标是给定的，并且是相同的，那么在同样的数据下，所有理性人都会做出相同的选择。就像我们考试，给定条件，每道题目的标准答案只有一个，如果你跟别人给出的答案不一样，或者是你错了，或者是别人错了。但企业家决策时，恰恰是同样的数据和硬知识，不同人做出选择完全不一样，你不能说谁对谁错，甚至多数人觉得对的，反而是错的。为什么？因为企业家决策不仅取决于数据、硬的知识，更依赖于默性知识，个人对市场前景、技术前景和资源可获得性的想象力、感知、判断力。而判断力不是计算出来的。企业家决策类似于科学家的发现，不同于所谓的“科学决策”！企业家精神是超越数据的。有人认为大数据的出现可能会使计划经济重新变得可行，这完全是错误的。为什么？硬知识和数据尽管对企业家非常有用，企业家决策时确实也需要数据，但这些数据是谁都可以得到的，真正的企业家精神一定是超越这些知识和数据的，也超越我们现在讲的大数据。仅仅基于数据的决策只是科学决策，不是企业家决策。企业家必须看到这些知识和数据背后的、一般人看不到的东西，而且不同企业家看到的东西可能完全不同。传统经济学认为市场的主要功能是配置稀缺资源，假定资源、技术和偏好给定，然后根据目标去选择手段。实际上，市场真正最重要功能不是配置资源，而是改变资源：用新技术、新产品、新组织形式来改变资源的可用程度，甚至获得全新的资源。这些改变就是我们讲的创新，社会的进步很大程度上是企业家创新带来的，这种创新不是数据能提供的，包括大数据。就创新而言，数据能提供的帮助是非常有限的。汽车出现之前有邮政马车，有关邮政马车运输业务的数据无法帮助卡尔·本茨、戴姆勒和迈巴赫去发明汽车，否则，发明汽车的就应该是马车夫，而不是卡尔·本茨、戴姆勒和迈巴赫。比尔·盖茨创造软件产业，也不是基于已有的计算机数据，否则，创造软件产业的应该是 IBM，不是比尔·盖茨。同样，电信数据也不可能告诉马化腾去创造微信，否则发明微信的就应该是中国移动公司而不是腾讯公司。所以，企业家的决策一定是超越数据的。以计算机行业为例。1945 年 IBM 推出第一台商用计算机以后，计算机经历了大型计算机、微型计算机、个人台式机、笔记本电脑、平板电脑再到智能手机的多次颠覆式创新。但每一次的颠覆者都不是原来的计算机厂家。大型机的垄断者 IBM 错失了微型计算机市场；没有一家微机公司制造商最终发展为台式计算机的主要制造商；笔记本电脑则是日本企业索尼、夏普、东芝独领风骚。为什么？显然不是数据的原因，不是因为早前的主导企业占有的数据没有后来者多，也不是因为他们不关注客户需要，而是因为他们判断失误！这样的判断失误与数据的多少无关。之所以如此，与我们经常讲的不确定性概念有关。不确定性意味着什么？基于过去无法预测未来，这就是我们需要企业家的原因。如果能用数据预测出未来就不需要企业家，只需要管理者，甚至机器人即可。企业家对未来的预测不是基于统计模型，不是基于计算，而是基于自己的心智、想象力、警觉性、自信心、判断和勇气。任何可以通过统计模型做出的决策，都不是企业家的职能，只是日常管理工作。所以毫不奇怪，企业家的判断通常是常人不能理解的。产业革命时期英国钢铁大王威尔金森在一片质疑声中建造第一只铁船，被认为是个“铁疯子”，他写信给朋友说：“它符合我的一切期望，并且说服了那些不相信的人，这些人的数目是千分之九百九十九。”奇虎 360 的创始人周鸿祎曾说，在他的互联网生涯里无论搞什么，一开始大家都不理解，都不屑，甚至嘲笑。几乎所有伟大的企业家都是被嘲笑过的，是被嘲笑出来的。

（作者系北京大学光华管理学院教授）

区域文化与企业文化

李伯重

一、国内区域文化与企业文化

企业文化是社会文化的一个组成部分，两者之间相互影响，彼此互动。

首先，中国文化对企业文化的整体影响。

中国古代文化是以儒、佛、道为主体的多元文化，有“儒家治世、佛教治心、道教治身”之说。儒家主社会治理，佛教偏精神修养，道教重身心修炼。佛、道都不“入世”，而儒家积极“入世”，因此儒家文化成为官方意识形态，也成为中国古代文化的核心内容，是影响古代民众伦理道德、行为规范的主要文化。儒家文化两千多年来不但很稳定，而且遍及社会各阶层。

儒家文化的核心是人，强调人的道德修养，认为人人都可以成为圣贤。孔子用“仁”字来界定“人”字，孟子说“人皆可以为尧舜”，荀子说“涂之人可以为禹”，陆象山更进一步提出“不识一字也要堂堂做一个人”的口号。

在过去很长的一段时期内，儒家文化被视为现代化的障碍，所以有“打倒孔家店”的口号和“批林批孔”“评法批儒”等运动。追溯其源，这种看法源于德国著名思想家马克斯•韦伯。他在《新教伦理与资本主义精神》中说：“理性资本主义与新教伦理都只出现在西方文明中。几乎所有与理性资本主义有关的种种因素也都是西方文明独有的。西方文明不同于其他文明的一般特征，就是理性主义，其源头一直可以追溯到整个西方文明传统。不同的文明形式产生了各自独有的精神核心，宗教在其中发挥了巨大的影响。新教伦理赋予了经商逐利行为以合理的世俗目的。而印度教、佛教、儒教、道教、伊斯兰教、犹太教等没有经过宗教改革的各大宗教，其古老宗教伦理精神对于这些民族的资本主义发展起了严重的阻碍作用”。但是这种看法，后来受到许多学者的批评，特别是余英时先生在《中国近世宗教伦理与商人精神》一书中指出：明清时期中国的儒学文化中，包含了许多与韦伯所说的“新教伦理”相同或相似的内容，这些内容与现代化并不冲突，不仅没有成为障碍，而且有推进作用。

其次，区域文化对企业文化的影响。

中国各区域文化都对企业文化具有重大影响，从而形成了各具特色的企业文化。我们都熟知明清时代形成的十大商帮，即徽商、晋商、洞庭商、宁波商、龙游商、江右商、陕西商、山东商、福建商、广东商（广府帮、潮州帮）。这些商帮所经营的事业中，就有不少成功的企业。对这些商帮的企业文化进行研究，可以看到有许多共同之处，也有许多不同之处。这些不同之处构成了各自的特色，而这些特色都是区域文化的产物。

在中国各地的区域文化中，最值得注意的是江南的区域文化。江南（即长三角地区）在明清时代逐渐形成一个发达的商业化社会和教育普及的社会。江南独特的文化特质也由此而得到确立。这种文化特质造就了江南人民的精神趋尚、价值取向、生活内容和生存方式。这种江南文化的特点，可以归纳为海纳百川，有容乃大；博采众长，多元交融。

不同于许多建立在比较狭隘的地缘和血缘基础之上的区域文化，江南文化具有极大的包容性。作为明清中国经济的中心，江南成了各地商人汇集之地。清代江南的中心城市苏州，就是外地商人集中的地方。《云锦公所各要总目补记》说：“吾苏阊门一带，堪称客帮林立，……如鲜帮、京庄、山东、河南、山西、湖南、太谷、西安、温台州帮、……长江帮等等，不下十余帮。”其中仅住在阊门南濠一带的福建商人，就达上万人。徽州商人更是遍布江南各地，以致有“无徽不成镇”之说。晋商也把江南作为重点投资地，19 世纪中期，山西人乔松年在苏州和松江任知府期间，票号从 7 家增加到 11 家，松江府从 9 家增加到 23 家。这些外地商人定居江南后，很快接受了江南文化，同时也把他们各自的企业文化带到了江南。江南本地的企业文化，在融入各地企业文化后，形成了新的江南企业文化。这种新的企业文化成为中国最有活力的企业文化。在这个方面，有一个例子可以作为代表。在清朝初年，徽商汪文琛在苏州山塘设立了一个棉布企业——益美布号。这个布号经营有道，发展成为中国最大的布商企业之一，“计一年销布约以百万匹计”，自此以后“二百年间，滇南漠北，无地不以益美为美也”。

益美号是一家非常成功的企业，但受江南重公益、重文教的地方文化影响，也成了一家著名的慈善机构和文化机构。道光六年（1827），汪士钟用益美布号的收入创建汪氏义庄，置田 1068 亩，以田租收入赡养族内鳏寡孤独和残病贫者，资助族人嫁娶丧葬。汪士钟唯一嗜好便是收藏古籍，把乾嘉时期苏州藏书四大家的宋版书收进自己的藏书楼中，一时间珍本善册荟萃，号称海内之最。这和今天许多人想象中“唯利是图”的商人形象大相径庭。

二、国际区域文化与企业文化

虽然中国各商帮所体现的企业文化都有其优点，但这些文化都是传统社会的产物，无法承担起现代企业发展的重任。要建立和经营现代企业，就必须积极学习西方先进的企业文化，把西方企业文化和中国传统的企业文化中的优点结合起来，创造一种适应中国国情的现代企业文化。在这方面，如果“以成败来论英雄”，也就是从现代企业的成败出发来看中国各地的企业文化，那么其中表现得最好的仍然是江南。

江南本有放眼世界的传统，早在明朝后期，“西学”开始传入中国之时，江南的先进知识分子就开始学习“西学”。其中最有名的例子，就是明朝科学家和政治家徐光启。他是上海人，今天上海的徐家汇就是他的家乡。他积极向利玛窦等西方传教士学习西方科学知识，并把许多重要的西方科学经典译为中文，介绍给国人。今天我们使用的许多科学名词，就是他和利玛窦一起创造的。他还主持引进葡萄牙技师和军官，为明朝军队制造先进火器和训练士兵。到了鸦片战争后，中国最早的西学翻译机构——江南造船厂翻译处——也建立在上海，有徐寿等多位著名科学家在其中工作。

为了“实业救国”，大批江南人士出国留学，积极学习和引进西方企业文化。在20世纪二三十年代的上海，工厂、银行的525名经理、董事中，曾在国外留学的就有82名，占15.6%；即使在传统影响颇深的商业企业，高管人员的状况也开始发生变化，583名商业经理、董事中，有18名曾在国外留学。他们回国之后，把学到的西方企业文化付诸实际。1914年留美回国的穆藕初，在上海创办德大纱厂，率先将西方的科学管理思想付诸企业实践，同时还在百忙之中翻译了当时西方最新的企业管理方法——泰罗的《科学管理原理》，1916年由中华书局以《工厂适用的学理学的管理法》为书名出版，这是中国近代最早的一部科学管理理论译著。

但是，西方企业管理思想以“经济人”假设为前提，即人的一切行为都是为了最大限度满足自己的私利，工作的目的只是为了获得经济报酬，因此企业文化的核心是以最可能快的生产节奏来取得最佳的经济效益。这种企业文化能够在一个较短的时间内最大限度地提高生产效率，但蕴积着劳资矛盾和冲突日益加深的潜在因素。中国的企业家们注意到了这方面的问题，认为要长期提高企业生产率，减少劳资矛盾，就必须对西方的企业文化进行改革，创建适应本国国情的企业文化。

在这方面，邻国日本的企业文化对中国企业家们具有启发作用。被称为“日本企业之父”“日本金融之王”“日本近代经济的领路人”“日本资本主义之父”“日本近代实业界之父”之称的涩泽荣一，1916年出版了《论语与算盘》一书。书中主张将《论语》作为经商和立身处世的准绳，主题涉及青年立志方法，如何应对逆境，正确的工作态度，保持精神年轻之法，金钱观，对商业道德教育的关注，对慈善事业和履行社会义务的鼓励，对教育制度的思考甚至如何尽孝等，包含了他七十多年来的人生经验和处世智慧。

参考了西方和日本企业文化，江南近代企业家努力创建一种具有中国特色的企业文化，这种文化有以下特点：

（1）坚持以人为本。近代留学生主管的各企业十分重视和改善职工的福利待遇，并努力为人才成长创造良好的内部环境。

（2）倡导劳资合作。关心职工冷暖，使职工产生归属感，将工人的利益同企业的前途连在一起。

（3）注重制度建设。目标是建立有根本性、全局性、稳定性和长期性的管理措施。

（4）服务社会至上。在“实业救国”理想的指导下，把服务社会作为企业追求的目标和实现劳资合作、凝聚职工的旗帜。

他们的努力取得了相当的成功，典型例子是近代企业家荣德生先生。他毕生致力于发展中国的民族工业，创办了几十家面粉厂和纺织厂，遍布全国各地，从而成为驰名中外的“面粉大王”和“棉纱大王”。荣氏企业成功的经验之一，是他们在管理中始终贯彻执行“以人为本”的管理理念，并付诸实践。其中最具典型代表性的是于30年代在申新三厂首创的“劳工自治区”曾名扬全国，并得到国际劳工组织的重视。他的理念，集中表现在他的这段话中：“我们既然有了经费，对于劳工需要的事业，就不难举办了，但是事业很多，我们如何去办理，应该要有一个计划和标准，现在再拿申三劳工自治区办的事业写在下面：劳工子弟教育三岁以下办初级托儿所，负责管理保姆哺乳等事宜，使他的父母可以安心工作。三岁至六岁办中级托儿所，注意教养，和游戏，盥洗，睡眠等事宜。”

三、企业文化对区域文化的促进

企业是现代社会的基本组织之一，从某种意义上来说是组成社会这个整体的一种细胞。企业文化不仅是社会文化的产物，而且也对社会文化具有重要影响。

企业是由企业家经营的。企业家并不只是一些唯利是图的人。美国著名作家戴维·伯恩斯坦写了一本非常有名的书《如何改变世界：社会企业家与新思想的威力》，被称为大民营部门提供的“卓越指南”。书中写道：“企业家是那些大理想驱动、有创造力的个体，他们质疑现状、开拓新机遇、拒绝放弃，最后要重建一个更好的世界。”在这本书里，他讲述了许多这样的卓越个体——有些来自美国，其他则来自从巴西到匈牙利的许多国家——引人入胜的故事。这些故事让人们看到了一个没有被媒体大量报道的巨大变革：环顾世界，社会中成长最快的部分是民营部门，同时数以百万计的普通人——社会企业家们——正在越来越多地涉足政府和企业已经失败的地方去解决问题。

因此，把优秀的企业文化推广到所在地区的社会文化中，使之成为改进社会文化的积极因素，这是优秀的企业家义不容辞的责任。

中国传统文化中的许多理念，都成为古代工商业企业文化的重要内容。例如明清商书《士商类要》阐述了“立身持己”“和睦宗族”“孝顺父母”“敬兄爱弟”“君子知恩”“勤劝读书”等做人的基本原则，成为传统的企业文化基础。尽忠报国，为国分忧，也成为企业文化的组成部分。例如在鸦片战争之前70年间，清代十三行行商向国家捐输额数超过了 1,353.7 万两银，其中为解决内忧外患的军事费捐输额数高达 789 万两，占到了全体总额数的 58%。十三行中的怡和行老板伍秉鉴，被西方称为 19 世纪世界首富，他主持该行时期向国家捐献 358 万两以上，其中很大部分就用于鸦片战争时期为政府购置军火。

传统企业文化的这些内容，反过来对各地社会文化有重大影响。例如荣德生的申新三厂的劳工福利制度，对社会的影响就很大，关爱普通人也成为近代江浙区域文化的一个重要内容。

四、结论

中国文化是世界主要文化之一，是中国企业文化的根源。

中国国内各区域文化各有优点，对各地企业文化有重要影响。

企业文化是区域文化的重要组成部分，彼此相辅相成。优秀企业文化形成了区域文化的新元素、新内涵，促进区域文明水平提升，这也体现了企业文化对社会文化的贡献和责任。

在经济全球化时代，文化是多元交汇的。只有充分汲取本土和世界各地文化的精粹，方能取精用宏，建立具有自身特色而又领先世界的先进企业文化。

（作者系北京大学教授）

坚持以社会主义核心价值观引领文化建设

李泽泉

核心价值观是文化最深层的内核，决定着文化的性质和方向，体现着一个国家、一个民族的文化理想和精神高度。党的十九届五中全会着眼更好保障和推动社会主义先进文化繁荣发展、不断巩固全体人民团结奋斗的共同思想基础，旗帜鲜明地指出，“坚持以社会主义核心价值观引领文化建设”。这充分体现了以习近平同志为核心的党中央坚定的文化自信和价值观自信。

党的十八大以来，以习近平同志为核心的党中央高度重视坚持以社会主义核心价值观引领文化建设，做出战略部署，提出一系列重大举措。习近平总书记强调：“人类社会发展的历史表明，对一个民族、一个国家来说，最持久、最深层的力量是全社会共同认可的核心价值观。核心价值观，承载着一个民族、一个国家的精神追求，体现着一个社会评判是非曲直的价值标准。”“核心价值观是文化软实力的灵魂、文化软实力建设的重点。这是决定文化性质和方向的最深层次要素。一个国家的文化软实力，从根本上说，取决于其核心价值观的生命力、凝聚力、感召力。培育和弘扬核心价值观，有效整合社会意识，是社会系统得以正常运转、社会秩序得以有效维护的重要途径，也是国家治理体系和治理能力的重要方面。历史和现实都表明，构建具有强大感召力的核心价值观，关系社会和谐稳定，关系国家长治久安。”这深刻阐明了坚持以社会主义核心价值观引领文化建设的内在必然性。我们一定要牢牢坚持以社会主义核心价值观引领文化建设，推动发展面向现代化、面向世界、面向未来的，民族的科学的大众的社会主义文化，凝魂聚气、强基固本，更好构筑中国精神、中国价值、中国力量，促进全体人民在思想上精神上紧紧团结在一起。

准确把握社会主义核心价值观引领文化建设的基本内涵，社会主义核心价值观是当代中国精神的集中体现，凝结着全体人民共同的价值追求。坚持以社会主义核心价值观引领新时代文化建设，重点在把方向、强服务、增效益上做文章。

把方向，就是牢牢掌握意识形态工作主动权和领导权，坚持马克思主义在我国意识形态领域的指导地位，准确把握新时代文化建设的前进方向和发展道路。意识形态工作是新时代文化建设的首要内涵，意识形态的导向功能、凝聚功能、动员功能通过文化建设得以彰显和发挥。要深化习近平新时代中国特色社会主义思想学习教育，深入实施马克思主义理论研究和建设工程，加快构建中国特色哲学社会科学，推进马克思主义中国化时代化大众化，建设具有强大凝聚力和引领力的社会主义意识形态，使全体人民在理想信念、价值理念、道德观念上紧紧聚合在一起。坚持正确舆论导向，高度重视传播手段建设和创新，提高新闻舆论传播力、引导力、影响力、公信力。加强互联网内容建设，建立网络综合治理体系，营造清朗的网络空间。落实意识形态工作责任制，加强阵地建设和管理，坚决维护国家意识形态安全。注意区分政治原则问题、思想认识问题、学术观点问题，加强对各种社会思潮的辨析和引导，旗帜鲜明反对和抵制各种错误观点。

强服务，就是繁荣发展社会主义文艺，提升文化事业发展水平，为人民美好生活建设提供健康的精神食粮和优质的公共文化服务。坚持以人民为中心的创作导向，在深入生活、扎根人民中进行无愧于时代的文艺创造。坚持思想精深、艺术精湛、制作精良相统一，加强现实题材创作，不断推出讴歌党、讴歌祖国、讴歌人民、讴歌英雄的精品力作。发扬学术民主、艺术民主，提升文艺原创力，推动文艺创新。倡导讲品位、讲格调、讲责任，抵制低俗、庸俗、媚俗。加强文艺队伍建设，造就一大批德艺双馨名家大师，培育一大批高水平创作人才。坚持政府主导、社会参与、重心下移、共建共享，完善公共文化服务网络，健全各级各类公共文化基础设施，创新公共文化服务运行机制，加快构建普惠性、保基本、均等化、可持续的现代公共文化服务体系。

增效益，就是要完善现代文化市场体系和现代文化产业体系，扩大和引导文化消费，提高文化产业发展质量和效益。坚持把社会效益放在首位、社会效益和经济效益相统一，深化文化体制改革，完善文化产业规划和政策，加快文化市场体系建设，扩大优质文化产品供给。实施文化产业数字化战略，积极发展新型文化企业、文化业态、文化消费模式。推动文化和旅游融合发展，发展红色旅游和乡村旅游。以讲好中国故事为着力点，创新推进国际传播能力建设。

积极拓展社会主义核心价值观引领文化建设的有效路径，任何一种价值观在全社会的牢固确立，都是一个思想教育与社会孕育相互促进的过程，都是一个内化与外化相辅相成的过程。以社会主义核心价值观引领文化建设，必须制度、法律、规章和政策并用，法治与德治齐行，引导与约束相结合，增强全社会对核心价值观的认同归属感和自觉践行力，确保文化建设沿着社会主义核心价值观指引的方向前进。

健全相关制度，保障社会主义核心价值观引领常态化。社会主义核心价值观的培育、确立和巩固是一个长期的、历史的过程，必须深入贯彻落实中央《关于培育和践行社会主义核心价值观的意见》，把社会主义核心价值观的培育和践行作为基础性工程、战略性任务，融入国民教育、宣传思想工作的全过程，明确制度设计，做到常态化开展、长效化推进。围绕社会主义核心价值观进教材、进课堂、进学生头脑“三进”工程，科学设置和严格执行小学、初中、高中和高校的思品课和思政课的教材统编统用、课程课时安排、考试考核、师生比等有关制度规定，并结合实际，创新性提高教育质量。报刊、广播、电视、网络等各类传播媒体都要进一步建立健全以社会主义核心价值观为引领的相关制度，并通过严格考核加以贯彻落实。对于戏剧、电影、电视、音乐、舞蹈、美术、摄影、书法、曲艺、杂技等艺术门类，对于网络文学、网络剧、微电影等新兴文艺类型，要完善评价激励机制，把价值取向、艺术水准、受众反应、社会影响等作为主要指标，合理设置反映市场接受程度的量化指标，确保社会主义核心价值观引领的要求落到实处。

完善国家法律政策体系，依法依规发挥社会主义核心价值观的引领作用。认真贯彻落实中央《关于进一步把社会主义核心价值观融入法治建设的指导意见》，强化法律法规的价值导向，深入推动社会主义核心价值观融入党内法规体系、国家法规体系和社会规范体系，使核心价值观的要求转化为具有刚性约束力的法律规定，贯穿到依规治党、依法治国的全过程。要聚焦道德约束不足、法律规范缺失的重点领域，把实践中广泛认同、较为成熟、操作性强的鲜明体现核心价值观要求的道德规范及时上升为法律规范，更好用法治的权威力量引领正确的价值判断和价值选择。公共政策与人民生产生活和现实利益密切相关，其中蕴含的价值取向对人们的影响更切实、更直接、更广泛。要坚持政策目标和价值目标相统一，把核心价值观的要求体现到经济、政治、文化、社会、生态文明建设等各方面政策制定和实施之中，建立健全政策评估和纠偏机制，推动形成有效传导社会主义核心价值观的政策体系，实现公共政策和核心价值观建设良性互动。

推动优秀传统文化创造性转化、创新性发展，保持社会主义核心价值观引领的民族特色。民族文化是一个民族区别于其他民族的独特标识，也是一个国家核心价值观孕育形成的深厚土壤。源远流长、博大精深的中华优秀传统文化，积淀着中华民族最深层的精神追求，包含着中华民族最根本的精神基因，为中华民族生生不息、发展壮大提供了强大精神支撑，是社会主义核心价值观的源泉和根脉。以社会主义核心价值观引领当代文化建设，必须坚守我们既有的传统、固有的根本，保持民族特色。要本着客观、科学、礼敬的态度，进一步把中华传统文化这个宝库梳理好、开掘好，有鉴别地加以对待，有扬弃地予以继承，取其精华、去其糟粕，把优秀传统文化中具有当代价值、世界意义的文化精髓提炼出来、展示出来。要坚持创造性转化、创新性发展，对中华优秀传统文化中蕴含的思想观念、人文精神、道德规范，结合时代条件和实践要求加以补充、拓展、完善，赋予其当代内涵和表达形式，增强生命力和影响力，更好地涵育当代中国人的精神世界。

加强公民道德建设，夯实社会主义核心价值观引领的社会基础。道德规范是公民最普遍的行为规范，也是以文化人的重要路径。要深入贯彻落实中央《新时代公民道德建设实施纲要》，将社会主义核心价值观关于国家、社会、个人三个层面的价值要求贯穿到公民道德建设各方面，以主流价值构建道德规范、强化道德认同、指引道德实践，引导人们明大德、守公德、严私德。坚持提升道德认知与推动道德实践相结合，尊重人民群众的主体地位，激发人们形成善良的道德意愿、道德情感，培育正确的道德判断和道德责任，提高道德自觉实践能力，引导人们向往和追求讲道德、尊道德、守道德的生活。遵循道德建设规律，把先进性要求与广泛性要求结合起来，坚持重在建设、立破并举，发挥榜样示范作用，加大突出问题整治力度，树立新风正气、祛除歪风邪气。加强社会公德、职业道德、家庭美德、个人品德建设，引领人们在社会做一个好公民，在单位做一个好员工，在家庭做一个好成员，在日常生活中养成好品行。

（来源：《红旗文稿》2021 年 2 月作者系杭州师范大学纪委书记）

怎样构建一种企业文化

李德顺

一、文化的本质与企业文化的基本性质

文化这个概念一般总觉得它特别空泛，什么事情后面都可以加上“文化”二字。但是大家要知道，加“文化”和不加“文化”二字，它的层次就不同、境界就不同。那么这个不同究竟在哪里？这就涉及对文化本质的理解。

文化是我们社会生活当中具有最深刻、最普遍、最持久效应的因素和系统。从哲学上来讲，文化的本质就是指人的行为模式、生活样式和其中所负载的价值体系。文化的核心，用最简单的话来讲，就是一个词：“人化”。“文化”是区别于“自然的、原始的、天然的”东西而言的。自从地球上有了人，人用自己的方式去改造和影响周围的自然界，就叫“人化”。将所及的世界加以人化，是人类特有的本领、一切活动的主要目标。而且，“人化”还不仅仅是对外部世界加以

改造，它同时也是对人自身的提升，也就是对人的“人化”：人类用自己改造世界的经验、方式和成果，反过来又培养人、哺育人、提升人，这就叫“化人”，或“以文化人”。所以从哲学上讲，文化的基本含义就是如此。

因此，虽然对文化的理解多种多样，虽然文化的内容看上去似乎很空泛，似乎没有中心形象可以供人把握，但是那只是文化的外在形式。从外延上看，文化似乎无边无界，哪里都可以有，哪里都可以用。但是从内涵、从本质上看，文化的本质就是“人化”和“化人”，就是我们人类生活的模式、行为的方式本身。

行为的模式和方式本身的要义和重点，不仅在于人们做什么事，更在于人们怎么做事。做不同的事当然会有不同的文化，比如现在各行各业的文化。不同地区、不同民族、不同行业固然有不同的文化，但是在同一个行业里，不同企业做同样的事情，也会有不同的文化。一般说来，人类有史以来所做的最基本事情，无非就是这些：生产、生活、衣食住行、生老病死、婚丧嫁娶、学习娱乐、社会治理、组织管理……但文化却是各种各样的，有广狭、深浅之分，也有生动活泼与僵化腐朽之别，等等。也就是说，做的基本事情是一样的，而做的方式和效果却是不一样的。这就表现出“怎么做”对于文化具有决定性的意义。所以，我们做事情的“做法”是最具有典型意义的，它比“做什么”更能代表一般的文化面貌和性质。

那么，怎么理解企业文化？我觉得企业文化可以从宽泛意义和特殊意义、广义和狭义两个层面来理解。

首先，从宽泛的意义上讲，企业文化就是一种以生产劳动、价值创造为中心的企业组织管理行为及其社会效果的面貌特征。凡是一种以生产经营为特征的文化体系，都可以叫作企业文化。包括第一、二、三产业的各种单位在内，其文化内容，都属于企业文化。在这个意义上，“企业文化”是一个中性的、描述性的概念。就是说，无论其表现好坏、优劣和成败如何，一个企业存在的历史和面貌本身，就是它的企业文化显现。

从这个角度看，无论国营企业还是民营企业，作为我国经济社会主体形态的一个组成部分，它们都有各自存在的特定根据，也有其特定的社会地位、经济政治功能和历史意义。企业存在的根据、地位、使命和意义，要通过企业组织本身各方面的实践来落实和体现，就构成了现实的、具体的企业文化。这是在实践中形成的一种客观的、成长中的文化形态。不管自觉不自觉、承认不承认，已经有了长短不同的多年历史实践经验的企业，都会自发地形成一定的企业文化。因此，我们可以从这个角度来观察企业的现状和现实，从中总结、审视和改进、提升自己的企业文化建设。

其次从特殊的意义上看，我们当前需要构建的企业文化，是一种自觉的、先进有效的企业文化，可以叫作“现代企业文明”。文明是文化进步的积极形态和有效成果。同时，文化总是有主体性的，是谁的文化，就体现着谁的存在（生产、生活）方式、思维方式和行为方式，就显现着谁的社会地位、性质、处境、条件和社会效果。就是说，并非一切文化都是文明的，其中必有新与旧、文与野、实与虚、优与劣、先进与落后等之分。

所以说，虽然文化具有客观存在的意义，但是提出“企业文化”概念，主要意味着对这种客观存在的一种主体性的自觉和担当：自觉意识到，企业不仅事实上存在一定的文化体系，而且应该以积极的建设性的态度，追求和实现企业文化发展的一种高目标、高水平和高境界，从而以这样的文明为底蕴，使企业的生存和发展壮大，获得并拓展更多的资源、更强大的活力；进而为国家、社会和人类做出更大的、优质的、可持续的贡献。

二、文化和企业文化的一般结构

任何一种文化，都是一个具有自身结构的有机系统。概括地说，这种有机系统，是以主体的存在为基础，以主体的定位和定向为核心，并通过主体的思想和行为在若干基本层面上的鲜明特征展现出来。

具体说来，文化的结构可以有静态和动态两个观察视角。

从静态视角看来，一般的文化结构，可以像数学上的“坐标系”一样，概括为“一个原点、四个层面”。

“一个原点”就是主体定位。主体是谁？这个主体怎样认同自己的历史地位、使命、权利和责任，以及自己与其他主体的关系？这一点实际上决定了一种文化的社会性质和历史使命。主体的定位就是文化体系坐标系的原点。

企业文化的“坐标原点”，就是企业主体的自我定位。在市场经济体系中，一个企业就是一个主体。这个企业的全体员工是它的主体成员，企业内部的分工协作，形成了这个主体的整体存在方式；并以独立法人的方式，在社会上以独立主体的方式行动；“法人代表”是体现和执行主体权利与责任的主要体现。由于企业的性质不同，法人代表的性质和产生方式也不同。如国企的法定代表人，可以按照民主集中制，或由国家委派，或由全体职工及职工代表大会选举产生；而民营企业中，法定代表人往往由企业的创建者或投资人，通过董事会或股东的认可产生。无论以什么方式产生，法定代表人的使命，都在于以人格化的形式，去担当企业自己的权责，维护企业的整体利益和生命，对企业的命运和前途负责。因此，一个企业的领导者，是否是称职的、优秀的法定代表人，要看其是否能够集中凝聚企业全体职工的意志和智慧，组织调动好企业全体职工的积极性，实现企业的发展壮大。

“四个层面”中的第一个层面，是基本理念或核心价值层面。这个层面解决“究竟为谁，为了什么”而存在和做事。譬如，每个企业都有自己的主打产品或服务项目。在这些产品或服务中，都有两方面的价值内容：一是为使用者、消费者、顾客等“受体”服务，本质上是为社会和人民服务；二是为生产者即企业自身的生存发展和提高市场竞争力服务，其中包含着企业全体员工的劳动回报和福利。这两方面的内容和目标，显然是不能互相代替的，但本质上是必须相互关联、互相促进的。因此怎样处理好二者之间的关系，既取决于企业主体定位的高度自觉，即企业基本理念或核心价值充分明确、一贯、充分到位，也取决于认真贯彻企业基本理念或核心价值的实践能力、管理战略和经营技巧。

第二个层面是组织制度和运行机制层面。这个层面实际上就是解决靠谁去做，靠什么去做，即怎么样把人组织起来，通过一套切实有效的机制使之能够实现目标。企业人员如何分工合作，往往是这个层面上的主要问题。由于生产劳动或服务的性质、对象、产品等具体情况不同，企业中往往有技术分工、业务分工、行政分工等不同的线索和层面，各自也有不同的联结渠道和方式。而且它们都要随着内外部形势的发展而有所调整，以求达到降低成本、简洁高效的目标。企业依自己的特性和传统进行组织和调整的方式，构成企业文化的一个显著特征，在实践中经受检验。优质的企业文化，能够从中显示出来。

第三个层面是规则规范体系层面。它实际上是解决怎么去做，在做的过程中怎么把握导向、分寸、界限和各种是非、得失、荣辱的尺度。这是构成一个文化体系的最大量的组成部分。核心理念的层面是比较隐形的、比较潜在的，而组织机制层面是比较固化的、比较稳定的，那么规则规范层面就是最现实、最直接、最具体、最大量的。企业依自身情况制定的各种岗位职责、操作规则、质量规范等，是它的具体体现。因此可以说，企业的规则规范坐标系如何，员工执行这些规则规范的程度和效果，往往构成一个企业的企业文化的“实体”部分。人们去了解一个企业的文化内涵时，也往往去看它的规则规范体系所体现的文化内涵。

第四个层面是实践的风格和行为习惯层面，即经过日积月累的反复实践形成的一种特有的实践风格和行为习惯。一般来说，人们的生活方式、行为方式、思想感情和思想方法的特点，只有形成了习惯、形成了风俗、形成了鲜明的风格，才可以称之为一种成熟的文化。一个企业特有的企业文化是否成熟，可以通过企业员工的外在表现，是否具有相对统一的行为习惯、风格和面貌，得到具体验证。比如一个企业的多数员工是否敬业、乐业，是否“团结、紧张、严肃、活泼”等，就是这个企业文化面貌的直接形象。

从动态视角看来，任何文化都有“生产”（制造、创造、创新）和“消费”（占用、使用、享用）两大环节，文化就是通过这两大环节的循环交替、不断上升的过程来显现和保持其生命力的。

对于企业而言，正如马克思所说：生产也是消费，是生产资料的消费过程；消费也是生产，是生产力的再生产过程。对于企业来说，生产与消费之间的循环有两个方面：在企业与社会之间，通过新产品和服务的流通，呈现“体外循环”的过程；在企业本身，则呈现“体内循环”。在这两大循环中，上述静态的“四个层面”，都会一一呈现出来，发挥其应有的作用，并经受实践的检验和反馈。因此可以说，“两大环节”也就是“四个层面”运动起来的必然过程。因此我们企业文化的建设，总体上就是企业文化在实践中自我调节、前进运动的过程。它并不神秘，也没有一成不变的结果和模式，只是从企业的实际出发，不断实事求是地实现自己、发展自己的一种运动。

三、企业文化建设的几个深层要点

既然文化一般是由四个层面和两大环节构成的，那么我们在思考构建企业文化的方式和方法的时候，可以从这四个方面和两大环节的深处着手，去实事求是地、积极地、创造性地思考和建设。其中有几个通常的要点：

第一就是从根本抓起。什么是文化的根本？就是主体的定位和宗旨。企业组织的自我定位和宗旨，是企业文化的第一级“根本”，解决究竟是为了谁、为了什么的问题。

第二就是注重体制。制度和体制是第二级的“根本”。是人改变制度，还是制度改变人？它应该是一种互动的关系。邓小平同志曾经讲过这样的话：“这些方面的制度（指组织制度、工作制度）好可以使坏人无法任意横行，制度不好可以使好人无法充分做好事，甚至会走向反面”。所以就个人行为和一个制度体系比较而言，制度是更重要的、首先的、普遍长远起作用的因素。而一套制度体系怎样能够更好地体现宗旨和主体定位呢？我认为首先不要把制度体系建设放到文化建设之外，而应该放到文化建设之内，作为一个整体来思考。

第三就是讲究做法。在所有的工作、所有的环节上怎么做更好、怎么做更合理，是有很多机会、很多可能性、很多选择的。那么一种文化怎么做？文化有时候是隐形的，有时候在人们行为当中不一定是表现出来的那一部分，而是这个表现背后所依靠的“潜台词”部分。像戏剧表演，一个演员在念一句台词的时候，心里面要有一个潜台词。有了潜台词，台词念出来才能够准确地表达剧情里面应有的思想感情。文化建设就要把功夫下到“隐形”的层面，下到“潜台词”的深度。做到这个程度才能造成普遍的文化效果。我们日常认识到一个真理，得到一个正确的观念和结论，如何把它变成现实的文化，就要耐心、细致、深入、反复地把它“化”到人们隐形的思想习惯、思想感情和潜台词中去，这才能使一种文化扎根。所以要讲究做法，提高工作艺术、领导艺术，追求最好的效果，即要务实要“务实”。落到这个层面才叫文化之“实”。形式主义有时候做的是相反的文化，用野蛮的方式想建设文明，结果留下来的可能就是野蛮，而不是文明。用文明的方式建设起来的文明，那才是真正的文明。

我们有时会把一些有文化的事情做得很没文化，那就是“隐形”的观念、“潜台词”出了毛病。所以即使事情本身很有文化，比如文物保护，它是一个很有文化特征的行为，但是如果内心想着只是怎么用它赚钱，那么这样的文物保护实际上就不是保护文化，而是破坏文化。所以“潜台词”和“隐形”的思考在文化建设当中是非常重要的。从全国来看，各地文化建设的决心很大、动作也很大，但是怎么样真正做出文化来，那么就不能不思考、观察得深入一些。

最后，就是重在积累，在“两大环节”的循环往复中不断进步。文化其实就是历史的积淀。一件事情怎么叫有文化？其实就是它里面包含着历史。人类社会历史发展进程中，如果已经得到的那些东西能够包含在现在的成果里面，那么文化层次就显得很高。没有历史，只顾眼前，只顾一时，就会没有文化。所以文化是靠积累的，文化发展的规律就是要逐渐积累，把正确的观念和成功的经验不断地加以审视、加以提升、加以积累，进一步地推行、推广和巩固，使它确实成为一种信念、一套体制、一个传统，从而形成一种文化。把我们企业几十年的经验积累起来，明确最核心的、最主要的、最宝贵的东西，把它再进一步加以提炼，通过制度化把它稳定下来，这对于造就企业文化和我们各个领域的先进文化来说，都是一个普遍必要的方法。

（作者系中国政法大学终身教授）

伟大复兴的文化底蕴和文化认同

邹广文

中国共产党已经走过了百年征程。回首百年沧桑，中国共产党人的奋斗实践是紧紧围绕实现中华民族伟大复兴这一主题展开的。文化作为国家和民族发展更基本、更深沉、更持久的力量，与中华民族的“根”与“魂”紧密相连。一个国家、一个民族如果仅仅有经济的强盛，不能称其为强盛，民族的复兴必定伴随着文化的发展繁荣。中华民族伟大复兴之所以不可逆转，同样有赖于坚实的文化基础。中华民族的百年奋斗史充分表明，一个民族如果没有精神力量的支撑，则难以自立自强。同样，一项伟大事业如果没有文化价值信仰的支撑，更是难以长久。

中国共产党所秉持的“为人民服务”的根本宗旨，获得了广泛的文化认同，形成了深厚的社会心理基础。

中国共产党诞生于中华民族内忧外患、水深火热的苦难岁月，一开始就肩负着争取民族独立、人民解放和实现国家富强、人民幸福的历史使命。一般来说，文化价值观体现的是文化的最核心层次，无论是革命战争年代还是和平建设时期，为人民服务都是中国共产党人不变的文化价值追求。习近平总书记在纪念马克思诞辰200周年大会上的重要讲话中指出：“学习马克思，就要学习和实践马克思主义关于坚守人民立场的思想。”

马克思主义的人民群众观是历史唯物主义的基本观点。马克思主义作为无产阶级和人类解放的科学而正确的思想理论，一开始就深深地打上了人民性的烙印。马克思恩格斯在《共产党宣言》中强调：“无产阶级的运动是绝大多数人的，为绝大多数人谋利益的独立的运动。”毛泽东同志也曾经明确地指出：“人民，只有人民，才是创造世界历史的动力。”正是从人民立场出发，中国革命才唤起了最广大民众的积极参与，能够团结起一切可以团结的力量。党的根基在人民、党的力量在人民，人民立场是中国共产党的根本政治立场。1944 年 9 月 8 日，在为战士张思德举行的追悼大会上，毛泽东同志以《为人民服务》为题作了一次著名演讲，第一次从理论上深刻阐明了为人民服务的思想。在这篇演讲中，毛泽东同志开宗明义地指出：“我们的共产党和共产党所领导的八路军、新四军，是革命的队伍。我们这个队伍完全是为着解放人民的，是彻底地为人民的利益工作的。”后来在此基础上所形成的“全心全意为人民服务”成为中国共产党立党宗旨的高度概括，深深地影响了一代又一代的中国共产党人。

在文化实践层面，中国共产党人力求创制一种面向人民的、大众的文化。毛泽东同志在《新民主主义论》中指出，“新民主主义文化，就是人民大众反帝反封建的文化”，是“民族的科学的大众的文化”，这种革命的文化运动和实践运动都是以广大的人民群众为主体的，因此应该为全中华民族 90%以上的工农大众服务，并逐渐成为他们的文化。毛泽东同志在其著名的《在延安文艺座谈会上的讲话》中更是明确强调文艺要为工农兵服务，号召文艺工作者要把立足点转移到工农兵群众中来。毫无疑问，这一价值导向对于新中国尤其是改革开放以来的中国社会文化实践产生了深远的影响。增进人民福祉、促进人的全面发展是中国共产党人立党为公、执政为民的本质要求。邓小平同志曾经说过，“社会主义的目的就是要全国人民共同富裕，不是两极分化”。习近平总书记在庆祝改革开放 40 周年大会上的讲话中强调，“必须坚持以人民为中心，不断实现人民对美好生活的向往”。的确，人民是历史的创造者，是决定党和国家前途命运的根本力量，我们要紧紧围绕我国社会主要矛盾的转化来布局谋篇，努力满足人民群众对于美好生活的期待和向往，自觉坚持发展为了人民，发展依靠人民，真正对人民负责、努力倾听人民的诉求与心声。

人民是国家的主人，是中国特色社会主义事业的实践主体，是决定我国前途和命运的根本力量。党的十八届三中全会决议明确指出要“坚持以人为本，尊重人民主体地位，发挥群众首创精神，紧紧依靠人民推动改革，促进人的全面发展”。改革开放以来，正是因为我们党广泛凝聚了人民群众的智慧和力量，广泛调动起了人民群众的积极性、主动性、创造性，充分尊重并紧紧依靠人民的创造实践，我们才取得了改革开放的辉煌成就。坚持人民立场，永葆人民情怀。正是基于这样的初心，中国共产党才赢得了全体中国人民的拥护和支持，而基于这种广泛性文化价值认同前提下的和谐社会氛围，中国改革开放的伟大事业才获得了持续性的发展动力，才能更有力地推动人的全面发展和中国社会的全面进步。

中国共产党人成功实现了马克思主义与中国传统文化的有机结合，创造出民族性与时代性相统一的社会主义先进文化。

十月革命一声炮响，给中国送来了马克思主义。俄国十月革命的胜利使中国人民看到民族解放的希望，也为中国人民选择马克思主义提供了契机。一大批充满进取精神的中国先进知识分子，通过对各种主义和思潮的甄别比较，认识到只有马克思主义才是改造落后中国的唯一正确道路，从而最终选择了马克思主义。但是中国共产党的百年奋斗历程充分表明，只有实现马克思主义中国化，即立足于中国国情、善于运用马克思主义基本原理和方法来分析中国社会，直面中国社会的现实问题，中国的革命与建设才能取得真正的成功。

在《中国共产党在民族战争中的地位》一文中，毛泽东同志指出："今天的中国是历史的中国的一个发展；我们是马克思主义的历史主义者，我们不应当割断历史。从孔夫子到孙中山，我们应当给以总结，承继这一份珍贵遗产。这对于指导当前的伟大的运动，是有重要帮助的。共产党员是国际主义的马克思主义者，但是马克思主义必须和我国的具体特点相结合并通过一定的民族形式才能实现。"正确认识和科学把握中国国情，这既是中国共产党运用马克思主义基本原理分析中国社会、中国历史、中国革命和建设实践的生动体现和必然结果，也是我们不断推进社会主义事业走向胜利的前提和基础。中国共产党在百年奋斗实践中，先后创造并形成了毛泽东思想、邓小平理论、"三个代表"重要思想、科学发展观及习近平新时代中国特色社会主义思想等一系列马克思主义中国化重大成果，不断开辟了马克思主义与中国实际相结合的新境界。习近平总书记在庆祝中国共产党成立 100 周年大会上的重要讲话中进一步指出："以史为鉴、开创未来，必须继续推进马克思主义中国化"，并强调要"坚持把马克思主义基本原理同中国具体实际相结合、同中华优秀传统文化相结合"。

实现马克思主义与中国传统文化的有机结合，这是中国共产党人的伟大创造。从文化哲学的角度来看，任何一种在社会生活中有生命力的文化形态，都应兼具民族性与时代性的二重性特点，无论是马克思主义还是中国传统文化都是如此。作为西方文明产物的马克思主义，要想真正为中国人民所接受、真正对中国社会具有现实的指导作用，就必须努力根植于中华民族的土壤之中，必须具有能够为中国人民所喜闻乐见的中国风格与中国气派，必须不断赋予当代中国马克思主义鲜明的实践特色、民族特色、时代特色。而对于中国传统文化来说，其民族性特点是不言而喻的，中华优秀传统文化是中华民族独特的精神标识，其中承载着中华民族最深沉的价值追求，是中华民族生生不息的源头活水。但是任何传统文化都肩负着时代使命，文化是一条流动的河，需要从"过去"经"现在"流向"未来"，中国传统文化也要结合社会现实发展赋予其时代生机与活力。

马克思主义与中国传统文化作为两种不同的文化形态，虽具有明显区别，但二者之间却有着高度的相融相通性

首先，在文化态度上都讲求开放与包容。在中国传统文化思想中，蕴含着丰富的包容性文化资源，这具体表现为在社会交往层面强调海纳百川、求同存异，在个体道德实践层面倡导美美与共、和而不同，这也是中华文明绵延不绝、源远流长的根本性原因。而马克思主义作为为人类求解放的革命理论，更是一种不断发展的开放性理论。众所周知，马克思主义辩证法最鲜明的特征就是批判的、革命的，不但要解释世界更要变革世界、改造世界。

其次，在价值诉求上都强调以人为本、人是目的。与西方文化相比，以人为本的人文精神可以说是中国文化最根本的精神，中国文化讲求"尊祖宗、重人伦、崇道德、尚礼仪"的入世态度，认为一切知识实践的目的都在于谋人生之幸福。君子要慎独修身，养浩然之气，"苟日新，日日新，又日新"，逐步完善修养以达至善。而在马克思那里，人的问题始终是其思想建构的中心议题，马克思一生所谋求的就是人的解放、人的自由而全面发展，而所谓全面发展就是符合人的本质和需要的发展，就是使每个人的创造能力和价值得到充分体现的发展。

最后，在社会理想上，马克思的共产主义和中国古代的"大同世界"具有同构契合性。理想社会是人类的共同梦想。在马克思那里，共产主义最终所谋求的是消灭剥削、消灭私有制、促使人类解放和人性觉醒的美好社会，因此它是人类最理想的社会制度，也是人类社会发展的最高形态，共产主义既是无产阶级的思想体系，也是无产阶级的革命实践活动。而中国传统文化追求"大道之行也，天下为公"的"大同世界"，这种社会理想深深印刻在历代中国人的文化记忆中，成为憧憬与评判理想社会的蓝图与标准。近代以来，面对国外列强的欺凌，中国人民更激起了反抗外侮、追求实现国家富强乃至"天下为公"和"大同世界"理想的坚定信心与决心。2016 年 11 月 11 日，在纪念孙中山先生诞辰 150 周年大会上，习近平总书记对一生追求"天下为公"的孙中山先生给予了高度评价："我们要学习孙中山先生天下为公、心系民众的博大情怀。孙中山先生有着深厚的为民情怀，一生坚持以'天下为公'为最高思想境界，致力于'除去人民的那些忧愁，替人民谋幸福'，对此矢志不移、无比坚定。"

今天，在中国共产党的带领下，我们已经完成了全面建成小康社会的奋斗目标，并开启了全面建设社会主义现代化国家新征程。毫无疑问，这一奋斗目标与国人对"天下为公"与"大同世界"的无限向往与渴求是相统一的，更与中国共产党人所追求的共产主义远大理想是相契合的。特别是党的十八大以来，习近平总书记关于中华优秀传统文化进行"创造性转化"和"创新性发展"的系列重要论述，更成为新时代传承发展中华优秀传统文化、建设中国特色社会主义文化强国的指导方针。在马克思主义与中国优秀传统文化有机结合的基础上，我们历经改革开放的伟大实践，创造出了民族性与时代性相统一的社会主义先进文化。我们可以预见，马克思主义与中国优秀传统文化的有机统一，必将使社会主义先进文化更加绚丽多彩、富有生机，从而为中华民族伟大复兴奠定更加坚实的文化基础。

中国共产党领导下所开启的改革开放伟大实践，使中国找到了一条适合自身文化发展的道路

中华民族伟大复兴之不可逆转的文化底蕴，究其根本是

因为中国共产党人历经艰辛探索，找到了一条真正适合中华民族发展振兴的文化发展道路，这就是高举改革开放的旗帜，面向现代化、面向世界、面向未来，努力开创实现中华民族伟大复兴的伟大时代。回首40多年来中国的改革开放，其伟大意义在于：

第一，改革开放让中国的综合国力得到极大增强。40多年来，改革开放是当代中国社会发展的主旋律，也是中国共产党最鲜明的旗帜。改革开放使中国的经济社会发展取得了辉煌成就，中国的综合国力有了极大的提升。中国是全世界唯一拥有联合国产业分类目录中所有工业门类的国家，中国的制造业增加值在全球制造业中的占比将近30%。2020年面对严峻复杂的国内外环境特别是新冠肺炎疫情的严重冲击，在党中央的坚强领导下，全年的国内生产总值突破100万亿元，是全球唯一实现正增长的主要经济体。这些巨大变化无疑得益于改革开放的伟大实践。改革开放是人心所向、国之所需，正如习近平总书记指出：“中国进行改革开放，顺应了中国人民要发展、要创新、要美好生活的历史要求，契合了世界各国人民要发展、要合作、要和平生活的时代潮流。”

第二，改革开放让中国人民对未来发展更加充满自信。伴随中国经济的高速发展，中国人民的精神面貌也得到极大改变，人民群众从国家发展巨变中获得了实实在在的幸福感与安全感，变得更加扬眉吐气、愈加意气风发。改革开放以来，中国人民的民主法治观念、自由平等观念、公平公正观念、科学理性观念等各种现代意识得到了极大发展，人民的主人翁精神得到了普遍提升，日常精神文化生活也呈现出丰富多彩的态势。可以说，今日中国人民的蓬勃朝气是没有国家可以比拟的，尤其是面对一次次的突发灾难，中国人民一次次地向全世界展现出了强大的民族凝聚力，不管有任何艰难险阻，有任何风雨坎坷，中国人民都能在中国共产党的带领下协力奋进、渡过难关，变得更加坚强。面对世界百年未有之大变局，世界充满了各种不确定性，但中国人民对于未来道路有了更加清醒的认识：只有走好自己的路，闯出一条独立自主的中国特色现代化发展之路，我们才能做到从容不迫、始终站稳脚跟。

第三，改革开放让国人对美好生活的追求成为自觉。改革开放的中国越来越注重社会发展的品质。例如在经济领域，我们的发展要从量的扩张走向质的提升，要培养创新能力，培育品牌意识。而这一切都表明，开放自信的中国人民越来越注重生活的文化品质，人民群众对于美好生活越来越向往。习近平总书记指出：“人民对美好生活的向往，就是我们的奋斗目标。”这就集中表达了中国共产党以人民为中心的发展思想。进入新时代，我国社会主要矛盾发生了变化，中国的未来发展依靠人民，中国的发展成果由全体人民共享，人民在追求美好生活的过程中真正成为社会进步的主体力量。我们相信，随着我国社会的全面发展与进步，国人的文化素养必将得到根本性提升，对美好生活的追求必将越来越自觉，从而为中华民族伟大复兴奠定坚实基础。

第四，改革开放让中国真正融入世界，展现出当代中国发展的强大生机与活力。改革开放让中国的国际地位大幅提升，由此国人更加坚信，在全球化时代，当代中国的真正进步需要在与世界的互动中实现，开放的本质就是向先进文明开放，向先进生产力开放。只有真正融入世界，中国在世界的地位、影响力才能够真正得到提升。尽管西方世界的“傲慢与偏见”仍旧存在，“有色眼镜”尚未摘下，“中国威胁论”余音未了，但是我们“乱云飞渡仍从容”，更加积极主动地参与国际对话，更加努力向世界展示一个全面、积极、开放的中国，更加自觉地肩负起构建人类命运共同体的历史使命，这已成为全体中国人民的文化共识。

（作者系清华大学马克思主义学院教授）

马克思主义与中华优秀传统文化相契合的内在逻辑

陈其泰

深入研究马克思主义与中华优秀传统文化相贯通相契合的内在逻辑，不仅能够更加深刻地说明为拯救民族危亡而不懈奋斗的中国人民为什么会选择马克思主义，而且能够在新时代更好把马克思主义基本原理同中国具体实际相结合、同中华优秀传统文化相结合。

习近平总书记强调：“坚持把马克思主义基本原理同中国具体实际相结合、同中华优秀传统文化相结合”。“两个结合”是我们党不断推进马克思主义中国化时代化的内在要求和宝贵经验。深入把握马克思主义与中华优秀传统文化相贯通相契合的内在逻辑，是坚持把马克思主义基本原理同中华优秀传统文化相结合的基础，哲学社会科学界应为此做出应有贡献。

马克思主义为什么能够在中国大地扎根，成为我们党推动中国伟大历史变革的行动指南？我们党在推进马克思主义中国化时代化进程中，创立了毛泽东思想、实现了马克思主义中国化的第一次历史性飞跃，形成了中国特色社会主义理论体系、实现了马克思主义中国化新的飞跃，创立了习近平新时代中国特色社会主义思想、实现了马克思主义中国化新的飞跃，马克思主义中国化实现飞跃背后的深刻逻辑力量是什么？推进马克思主义基本原理同中华优秀传统文化相结合，从文化层面来说，其内在逻辑和思想基础是什么？回答这些问题，需要我们深刻领会马克思主义的精髓，同时从纷繁宏富的中华优秀传统文化中发掘精华，深入研究马克思主义与中华优秀传统文化相贯通相契合的内在逻辑。这不仅能够更加深刻地说明为拯救民族危亡而不懈奋斗的中国人民为什么会选择马克思主义，而且能够在新时代更好把马克思主义基本原理同中国具体实际相结合、同中华优秀传统文化相结合。当前，探讨马克思主义与中华优秀传统文化相贯通相契合的内在逻辑，以下几个方面不可或缺。

马克思主义对理想社会的追求与中华优秀传统文化中的大同理想相契合

马克思主义这一先进学说和科学理论并不是凭空产生的，而是继承全人类一切优秀文化成果的产物，体现了人们对理想社会的追求。马克思主义第一次站在人民的立场探求人类自由解放的道路，以科学的理论为最终建立一个没有压迫、没有剥削、人人平等、人人自由的理想社会指明了方向。马克思、恩格斯指出："代替那存在着阶级和阶级对立的资产阶级旧社会的，将是这样一个联合体，在那里，每个人的自由发展是一切人的自由发展的条件。"中华优秀传统文化同样表达了人民大众对理想社会的追求。中国古代哲人曾描绘出大同社会的美好图景，最著名的是《礼记·礼运》篇的论述："大道之行也，天下为公，选贤与能，讲信修睦。故人不独亲其亲，不独子其子……是故谋闭而不兴，盗窃乱贼而不作。故外户而不闭，是谓大同。"这种没有压迫、剥削、欺诈的大同社会，是处于阶级压迫之中的人们对理想社会的追求。还有一部儒家经典《公羊传》对"太平世"的美好社会做出憧憬："于所闻之世，见治升平，内诸夏而外夷狄……至所见之世，著治太平，夷狄进至于爵，天下远近小大若一。"《公羊传》描绘出天下远近小大若一、各民族之间再也没有隔阂、共同享有幸福生活的理想境界，与大同理想互相补充。

为了改变人民受剥削、受压迫的命运，为了推翻旧世界、建立新世界，马克思主义第一次创立了人民实现自身解放的思想体系，第一次站在人民的立场探求人类自由解放的道路。马克思、恩格斯义无反顾投身于轰轰烈烈的工人运动，始终站在革命斗争最前沿。中华优秀传统文化中的大同理想、爱国精神、民本思想、不屈风骨，影响和哺育了 20 世纪初的中国先进分子。马克思主义传入中国后，他们从马克思、恩格斯著作中读到经由无产阶级革命建立社会主义、最终实现共产主义的学说时，自然发自内心地接受，并且满怀热情地投入斗争，希望解除民众的苦难，最终建立理想社会。马克思主义对理想社会的追求与中华优秀传统文化中的大同理想相契合，是中国人民选择马克思主义的重要思想基础。

马克思主义唯物论与中华优秀传统文化中的唯物主义传统相契合

马克思主义唯物论认为：物质第一性，精神第二性；事物的发展变化以及社会上层建筑、意识形态的形成和演变，都有客观规律，这些规律须从一切社会现象总和分析研究出来，"不可知论"、神秘主义等都是错误的；社会存在决定社会意识，社会意识对社会存在具有反作用。马克思主义唯物论是马克思主义理论的基石。

中华优秀传统文化中蕴含着丰富的唯物主义思想资源，并且从先秦到近代形成优良的唯物主义传统。比如，战国时期荀子提出"天行有常，不为尧存，不为桀亡"，认为自然的运行有自己的规律，不以人的意志为转移。《管子》认为，社会的礼制道德不是凭空产生的，必须建立在一定的物质生产水平之上，"仓廪实则知礼节，衣食足则知荣辱"。西汉司马迁深化了这些认识，提出："人各任其能，竭其力，以得所欲……各劝其业，乐其事，若水之趋下，日夜无休时，不召而自来，不求而民出之。岂非道之所符，而自然之验邪？"这就把经济生活中存在的法则提高到客观规律来论述。东汉的王充发挥了"仓廪实，民知礼节"的命题，他说："夫世之所以为乱者，不以贼盗众多，兵革并起，民弃礼义，负畔其上乎？若此者，由谷食乏绝，不能忍饥寒。夫饥寒并至而能无为非者寡，然则温饱并至而能不为善者希。"认为社会的治乱直接决定于民众的经济生活状况。

清代的王夫之、颜元、戴震、魏源等继承唯物主义传统，提出了许多富有见地的观点。比如，魏源更加明确而简洁地总结出必须"行"然后才能获得"知"的命题，其哲学著作《默觚》中的论述掷地有声："及之而后知，履之而后艰，乌有不行而能知者乎？"魏源的见解有着丰富的实践基础。他对于当时的水利、漕运、海运、票盐改革等都有深入研究，参与制订改革方案，还编纂有《皇朝经世文编》120 卷，其重视实践的观点对于晚清学风的演变产生了很大影响。上述思想家的唯物主义主张也成为 20 世纪初中国先进分子接受马克思主义唯物论的桥梁。

马克思主义辩证法与中华优秀传统文化中的辩证思想相契合

马克思主义经典作家对于辩证法有许多精辟的论述，比如，恩格斯指出："当我们通过思维来考察自然界或人类历史或我们自己的精神活动的时候，首先呈现在我们眼前的，是一幅由种种联系和相互作用无穷无尽地交织起来的画面，其中没有任何东西是不动的和不变的，而是一切都在运动、变化、生成和消逝。"马克思主义辩证法坚持发展地而不是静止地、全面地而不是片面地、系统地而不是零散地、普遍联系地而不是单一孤立地观察事物，准确把握客观实际，真正掌握规律，妥善处理各种重大关系。

中华优秀传统文化中有大量关于自然界和社会历史辩证运动和发展的宝贵认识，尽管表达尚不够系统，但这些论述同样充满智慧、异彩纷呈。20 世纪初，中国的许多先进分子正是经由中华优秀传统文化中的这些思想精华通向马克思主义辩证法。我们可以举出一些其中分析深刻、益人心智、传诵久远的例子。《左传》昭公三十二年载，晋国大夫史墨言："故《诗》曰：'高岸为谷，深谷为陵'。三后之姓，于今为庶。"精辟地论述世界万物和社会现象的运动、变化是永恒的。《周易》上说："穷则变，变则通，通则久。"深刻地总结了在困厄中奋斗才能开辟新境的道理。《论语》中有许多孔子讲事物辩证关系的格言，如"我叩其两端而竭焉"，是说要避免事物走向两个极端；又说"过犹不及"，指出超出一定的限度，事物就会走向反面。《论语》中有关教育的辩证思想尤为丰富，如"学而不思则罔，思而不学则殆""不愤不启，不悱不发"。还有，《老子》中所言"祸兮福之所倚，福兮祸之所伏""将欲取之，必固与之"等。

这些深刻揭示事物对立统一关系的箴言对历代士人都有深刻影响，让他们能够运用辩证思维去认识当世问题、提出治国良策。

鸦片战争前后，面对历史大变局，进步知识分子运用“法无不改”的辩证观点，以更大的声势批判空疏学风，揭露封建专制的黑暗残酷，倡导实行社会改革。龚自珍提出：“一祖之法无不敝，千夫之议无不靡，与其赠来者以劲改革，孰若自改革。”魏源主张：“变古愈尽，便民愈甚。”他于 1841 年编纂《海国图志》，提出“师夷长技以制夷”，表达了中华民族抗击侵略、救亡图强的呼声。这些具有时代意义的思想，是进步知识分子运用辩证思维在历史剧变时期思考国家和民族前途命运的产物。

由以上几个方面可知，马克思主义和中华优秀传统文化在考察自然界和人类社会发展上所得出的认识，许多是相贯通相契合的。中华优秀传统文化具有接受马克思主义真理的内在基础和内在动力，马克思主义中国化具有深刻的内在逻辑，马克思主义基本原理同中华优秀传统文化可以实现有机结合。新时代，我们要聚焦把马克思主义基本原理同中华优秀传统文化相结合这一重大课题，努力开拓学术研究的新格局，拿出具有原创性、时代性、系统性的研究成果，更加充分地展现中华文明的辉煌成就，深入发掘中华优秀传统文化中富有永恒魅力、具有当代价值的思想精华，推动中华优秀传统文化创造性转化、创新性发展，更好推进马克思主义中国化时代化。

（作者系北京师范大学历史学院教授 文章来源：人民日报）

新时代，企业共产党人的文化使命

周熙明

一、三个问题

1. 怎样理解近代中国语境中的“文化”

文化，在中国语境下它的真正内涵，往往是空谈或者言不及义，言不由衷的。我们回顾中华民族这 181 年的中国近代史，几代中国人都在不停地谈论“文化”。我们历经的中国三大文化历史事件：1840 年中国文化危机、1919 年五四新文化运动、1966 年“文化大革命”，都是以文化作为主题词来命名的。用 200 多个从西方人类学、社会学、民族学翻译过来的词汇对“文化”进行定义，没法理解我们中国人心中的那份焦虑。这里的“文化”我觉得应该理解为中华民族区别于其他民族独有的生存方式。

我们在进行企业文化建设的时候，尽管不会直接面对这个问题，但是这个问题是作为前提存在的，是作为背景存在的。习近平总书记说，“坚定中国特色社会主义道路自信、理论自信、制度自信，说到底是要坚定文化自信，文化自信是更基本更深层更持久的力量”。在我们的实际工作中，要跟上总书记的步伐，达到总书记的高度，是否像总书记一样把文化自信放到无以复加的重要位置？对比一下自己，习近平总书记显然是从“中华文化是我中华民族生命的主体和本体”这一高度去理解坚定文化自信这一命题的极端重要性。在他的视野中，文化是灵魂，是命脉，是遗传基因。

2. 怎样认识企业在传统向现代整体转换中的作用

一部中国近代史，我们知道它的主题是整个传统中国向现代中国的整体转换。这里指的中国不是地理空间概念，而是一个巨大的时空载体，本质上是文化概念，是文化传统或者传统文化的整体转换，以及经济上的转换，而政治上则由古典式朝代型国家向现代民主式国家转换，观念文化上则由以天命世界观为核心的古典文化，向以公理世界观为核心的现代文化整体转换。为什么加上一个“观念文化”？按照习近平总书记所说，作为中华民族本体和主体的文化，它是整体的，不要仅仅等同于观念化，它是我们的生存方式。企业本质是什么？现在经济学理论认为，企业本质是“一种资源配置的机制”，企业是市场经济活动的主要参与者，在我们社会主义市场经济体制下，各种机制并存，共同构成社会主义市场经济的微观基础。说实话，我们中国人很喜欢这样的宏观效应，结果则是忽略了微观机制、微观机理、微观基础。

从五四运动到现在过去了 102 年，我们老将“科学、民主”这两个口号提出来，检验后发现好像很多方面进步不大。为什么？是因为我们单一观念的幻想和构想，那两位德先生、赛先生，不做到市场经济的家园里面，它怎么生活？它往往来而不去。所以说，企业在整个中国的近代转型中，担负着特殊的角色，而这个转型也可以叫作文化的整体现代转换。

黄仁宇先生把人类历史分为两类不同的“国家社会结构”，一类是以农业组织作为国家基干，一类是以商业组织作为国家基干，区别就在于是否用“数目字管理”（又称“货币管理”，从字面上理解，使用数目字做工具去管理经济，小至一家企业，大至国家财政）。我们老说科学，科学不仅是各种科学知识，还是一种思维方式，一种科学理性。一个社会要整个转化为科学理性的思维方式，按主导地位来论，企业责无旁贷。现代企业组织最应该讲科学理性，我们应该在这样的历史视野下、文化视野下来全面而深刻地认识企业的文化赋能，企业的数量和质量在很大程度上决定了社会的文明程度和一个国家的强弱。遗憾的是，我们谈文化建设的时候，往往专门搞宣传的搞理论的谈的文化，缺少了这个核心部分，即企业所代表的那种文化。它才是新生长出来的，在传统文化的根上长出来的新芽，我们关注得太少。

3. 怎样在文化视野中认识“新时代”

我们只有全面理解强起来，强起来不光指肌肉发达，还得心智健全、头脑灵活、心胸高远、心灵开放。人民幸福，不光是指吃饱了喝足了有住的就行，生活得有尊严，有归属感，有认同感。美好生活的需要不平衡不充分怎么理解？这些命题的深刻内涵，我们在从事企业文化建设的时候，应该多想一想，这样才能把握新时代的丰富内涵，不让它变成一个抽象的词汇、一句动听的口号。

二、新时代企业共产党人如何担负起自身文化使命

关于新时代企业共产党人如何担负起自身文化使命的几个要点（企业文化建设需要遵循的几条一般原则）：一是为中华文化传承“香火”是我党义不容辞的责任；二是解决近代中国遇到的“文化问题”是文化复兴的前提条件；三是努力推进一场新的特殊的“文化启蒙”；四是放宽眼量，在漫长的历史时间中去洞察文化的不可取代的作用；五是“敬天法祖”，改变以“历史归零”的方法、虚无主义的态度对待历史和传统，培养对祖先的温情和敬意，重新认识传统与现代的关系；六是正视人性，在勇敢而坦然面对真实的人性的前提下，进行我们的各种层面各种意义上的文化建设；七是文化的首要功能是培育和塑造人，任何意义上的文化建设的聚焦点都应该是人本身；八是注重知情意性的统一，防止离开人之情人之义人之信只讲道理的这种倾向。

1. 为中华文化传承“香火”是我党义不容辞的责任

习近平总书记说，“历史和现实都表明，一个抛弃了或者背叛了自己历史文化的民族，不仅不可能发展起来，而且很可能上演一场历史悲剧”。无论你以什么堂皇的理由，一旦背叛抛弃了自己民族的历史文化、传统精神、文化遗产，那么我们的传统我们的遗产，有正面也有负面的，再优秀的人也有优缺点，即便面对这样一种传统和遗产，你一旦背叛和抛弃，你就没有未来。

由此可知，我们共产党人为什么在进行六七十年的建设后，仍然不停地在谈论文化。这五年来，习近平总书记在各种不同场合，面对各种不同群体，不停地谈文化自信这个话题，为什么？接续传统。我们的传统曾经由于历史原因发生过断裂，所以十九大报告当中有这么一句话，“中国共产党从成立之日起，既是中国先进文化的积极引领者和践行者，又是中华优秀传统文化的忠实传承者和弘扬者”。一句话概括了我们近代以来的文化争论，表达了文化这个生命世界的源头外的真理。什么真理？有生命的，作为有机整体的有生命的文化，传统向它的根脉从土壤中吸取营养，现代向它的枝叶在新的光合作用当中获取新的能量，二者缺一不可。政治文本中表达的这句话非常重要，一方面既是传统的、又是现代的，我们再也不执着于片面性。要么我们的传统什么都好，凡是和传统不对付的都不好，要么就是我们的传统阻碍了我们，凡是新的都是好的，其实枝叶和根脉一个都不能缺少。我们要具有商业的整体思维，而不是把身体先杀死，再说各个器官的重要与否。

我们 9000 多万共产党人一定要认识到，我们党曾经是革命的党。革命党要推翻一个旧世界，就要逆取，什么都反着来，有时候难免也会反我们自己的历史，民族历史和传统，但是我们一旦获得政权，就要顺取。古人说“逆取而以顺守之”，所以我们要认识到，1949 年以后我们是一个现代民主国家的执政党，是一个超大规模现代国家的唯一执政党、领导党，不仅如此，而且是世界上独一无二，没有中断的五千年文明的维护者、守护人。所有的中国共产党人，我们一定要知道，今天一定要认识到，我们其实是儒家精英集团的现代继承人，我们骂过孔子，我们抹黑过自己的历史，就像十一二岁的小男孩闹独立，反对父母，但是一旦成熟成人，到了 20 岁就要回归家庭中。

中国共产党人首先是中国人，而作为中国人在文化上当然应该是，且只能是孔子孟子的“孝子贤孙”。我们千万不要自己认错了祖宗。在文化建设当中，包括企业文化建设中，一定要知道我们首先要和历史接通联系，把每一位员工作为文化个体的精神自我的生命之根，深深地扎入我们中华民族5000 年以来积累下来的精神的“腐殖质”当中。这就是传统，这就是遗产，这是我们，即便是个体生命生长的主要营养来源，去掉了营养来源，就只是用空洞的概念在组装文化建设。

当然，我们必须要强调，我们作为共产党人，在理论上只能是，也应该是马克思的衣钵传人，因为马克思的理论代表的是近代以来科学理性思维最高成果的结晶。我们五四运动就提出来科学民主。近代以来，科学理性最高成果的结晶是什么？是马克思主义。我们把马克思主义作为我们指导思想的理论武器，不光是共产党人出于信仰的原因，而且是出于对这个世界的理性判断，它代表最高成果的结晶。它给我们中华文化中华民族新的生命能量，我们要从生命本体和主体的需要来看待马克思主义。

所有的共产党人，尤其企业中的共产党人，我们一定要牢记，首先是克服中华文化危机。中国要是没有现在这么多的企业，这个文化危机依然沉重，重建中华精神家园，重建我们内心的道德秩序，社会的礼法秩序、文明秩序，坚守中华立场、中华文化立场，传承中华文化经营，展现中华文化风范，延续中华民族精神命脉，完成中国传统文化的现代整体转换，实现中华民族伟大复兴包含中华文化的复兴。

我们任何意义上的文化建设都应该牢记我们的使命。企业中的共产党人都应该怀着这份强烈的文化意识、文化情怀和文化使命感，去从事本企业的具有鲜明个性的企业文化建设。如果说传承是一束普照的光的话，所有下面的文化建设都应该被他照耀。

2. 解决近代中国遇到的“文化问题”是文化复兴的前提条件

近代以来，我们的“文化问题”，文化生态位的突然下降引起了社会集体的功能紊乱、灵魂出窍。圣贤失语、事理背离、情理割裂，这是我们 1840 年以后遇到的，可以以文化的方式来表达我们的“文化问题”。

生存的需求是低端的基础性需求。在很长时间里成为压倒一切的优势性需求的时候，它就会遮蔽我们人的高端需求，精神道德、审美价值、信仰的需求，也就是说人的心灵生存空间不停地被挤压，这是我们共同面对的问题。我们不光是从个人道德去分析，比如说改革开放以来，那些腐败的人和事件，不能光是从个人道德品质，而要从历史的角度去分析。

文化本来是一个民族的灵魂，但是在很长的时间里，在

很多人那里，它已经成为政治意识形态和经济功利的牟利工具和奴仆，这是我们的文化问题。企业中的共产党人都应该怀着这份强烈的问题意识去解决，和解决问题的使命感、紧迫感去从事本企业的文化建设，你要没这个问题意识往往走不远。

3. 努力推进一场新的特殊的“文化启蒙”

五四运动之后，我们知道什么叫启蒙，就是开启蒙蔽。五四运动是一场文化启蒙，之后逐渐形成新的文化蒙蔽需要开启。什么蒙蔽？就是对文化的狭隘片面化的理解，对文化功能表象的极端功利化的理解，古典时代和经济时代的思维局限，还有对民族历史文化传统的简单肯定或粗暴否定。我们受到了这四个方面的蒙蔽需要开启。

要知道，文化它不是人类生活中的一个独立板块，它不是边界清晰的一个板块，而是敏感性的渗透在人类生活世界、生命世界的每一个细胞中无时不在无处不在的，它是我们所想的和所做的所有事情的中心。为什么叫它灵魂？单独的文化什么都做不了，它必须和有血有肉、有意志、有情怀的人的生命血肉之躯结合起来才有用。文化之大乃心象之大，而非物象之大。

习近平总书记说，要谋国之大者。我们千万不要把这个“大”解读为物象之大，而是心象之大。古人说，“先立乎其大者，则其小者弗能夺也”，这个“大”就是“君子务本”的意思，这个“本”并不能用一个边界清晰的某一种存在来说，它是无所不在的。换一个角度来说，任何文化它都要以一定的经济和政治为前提，但不能被还原为经济和政治。近代以来，我们往往以唯物主义的名义把文化还原为经济和政治，文化一旦做了这样的还原，我们实际上就没有面对解决真正的文化问题的可能。

单独的文化拿出来以后，它轻若鸿毛，但是渗透在生命世界的每一个细胞中的文化，它指向一个说多远有多远的目标，它就是信仰。它是把我们所有零散的事情串联起来的一根红线，它是价值，这些东西看起来虚无缥缈，但正因为它虚无缥缈，我们才把它叫超越，不是我们这种肉眼看见的世界当中的某一个什么东西，而是通过心想到的打开心眼能洞察到的，所以人类有一个秘密，唯有超越，方可卓越。我相信中建三局在竞争当中如此的卓越，一定有他超越的追求。我也跟一些企业打过交道，我们很多企业文化总是把超越看成我们现实世界的大步跨越，那不叫超越。超越一定在我们这双肉眼看见的世界之上，说多远有多远，它不是一个巨大无比的具体数字，它是数学中的无穷大。

4. 放宽眼量，在漫长的历史时间中去洞察文化的无可取代的作用，无坚不摧的力量

某种意义上来说，我们可以这样说，文化它是管时间的，你不能光是看眼前、看当下，凭一时一事的成败得失去看待文化的作用。我们一定要放宽眼量，看 100 年、200 年乃至更长的时间，我们才能发现人类历史中唯有一种因素是无坚不摧的，它就是文化，它像历史的风，无形，但是力大无穷。

在漫长的历史中，文化怎么来的？我们现在天天说，我们企业当中的文化，我们民族的文化积淀，我们千万不要用工程的思维方式去对待文化。文化它不是人工设计，然后在工厂家庭创造出来的，文化像原始生命当中的腐殖质，在漫长的时间中，一年一年花开花落，逐渐累积在地表上改善地表的肥地，营养地表上的所有新的生命。

什么是民族文化？传统精神文化遗产？它就是我们中华文化 5000 年当中，一代一代的生命花开花谢，叶发叶落，逐渐堆积，在历史的地表上改善历史地表的肥力，营养我们后来者每一个人的个体精神生命。

5. “敬天法祖”，改变以“历史归零”的方法、虚无主义的态度对待历史和传统，培养对祖先的温情和敬意，重新认识继承和创新，传统与现代的关系

为什么先是继承？它又与创新是什么关系？我们来看看这位哲学家怀特海（Alfred North Whitehead）的说法，发人深省，对我们都有启迪作用，“生命要求有原创的冲动，但社会与文化必须稳定到能够使追求原创的冒险得到滋养；如此，这种冒险才能开花结果，而不至于变成没有导向的混乱。个人的名字有赖于记忆的连续不断，一个失忆的人谈不上智慧，团体的名字则有赖于其传统的连续不断，任何一种情形下，怀念一段就会招来疯狂的行动跟无序的局面。”如果一家企业做了 100 年，突然否定过去 100 年的一切，那么这家企业一定会走向混乱紊乱乃至覆灭。这是创新与继承的关系，传统与现代的关系，我们要知道到底什么是真正的传统，传统到底在哪里？传统在长城中，在故宫中，在四书五经中，在二十五史中，在民风乡俗中，在我们每个中国人的心中，它是文化的最好载体。

传统与现代关系。一家企业离开他自身发展的历史，去看自己的企业文化建设毫无意义，水中捞月。企业文化建设应该有企业自己的一部历史或者两部历史：一个是做事的历史，一个是围绕着做事，精神上变迁的历史。两部历史用一个小小的房间空间给它展现出来，让新老员工、领导和群众时不时地进去看一下，它会产生认同感，激发某种情感热爱。我们如果离开历史积累去谈文化，往往是领导人个人的精神偏好或者时代的通俗口号。

6. 正视人性，在勇敢而坦然地面对真实的人性的前提下进行文化建设

从人类是一种文化存在这种视角，这种最广阔的视角去认识文化建设的极端重要性。人性，人是什么？尼采说，人是由兽而神的空中索道，有神性，有追求完满的属性，也有兽性，就是我们由之而来的大猩猩的属性，永远陪伴着我们。我们面对这一点才叫真正的勇敢，如果把人看成是羽化成仙似的存在，那不是勇敢而是胆怯。你把人看成神，没有缺点，还要文化道德干什么？他没有七情六欲，没有柴米油盐的需求，你要道德干什么？当然另一方面，我们把自己认同于我们由之而来的兽，那是更加的怯弱，不敢向前迈出一步。人是永远未完成的存在，永远在追求自己的定义。

如果有一门像哲学一样的人学——哲学，一部哲学史，实际上主要的内容是在追求定义，哲学是什么？——那么它的核心的命题是人是什么？为什么？它永远是朝着未来的无穷多的可能性开放的存在，永远不可能被定义完毕，我在这里说的重视人性就是人是什么？两个基本的面，它同时是一个虚实复合体，一方面拥有一个虚呼呼暖融融软绵绵的文化道德信仰的世界和空间，那不是我们肉眼可以看见的；另一方面我们还拥有一个粗糙粗鄙粗俗的、地理的、物理的空间和世界。我们不是二取一，而是二者做到动态均衡，才有人格的健全，才有社会的和谐，才有人生的幸福，才有我们所有包括企业文化追求的真善美的真正的获取。我们有时候做文化建设，往往把人虚实两个世界两个空间割裂开来，这是不对的，割裂的结果很严重。

习近平总书记说，当高楼大厦在我国大地上遍地林立时，中华民族精神的大厦也应该巍然耸立。总书记在说什么？前面半句话是说，实然看我们已经做到通过几代人的浴血奋战、努力奋斗，我们在祖国960多万平方公里的陆地面积上，做到了高楼林立，景观大为改善，改善之大，改善之数，世界文明史上罕见，这是我们的骄傲。我们的成就了不得，无人可比，但是人之为人，光有这个空间和世界，还要心灵生存空间如何？从后面半句话表达的应然看，我们原本应该和第一个方面相匹配相一致，现在没有做到，未来应该补上，也应该巍然耸立。

我们有新的《论语》吗？新的《道德经》吗？新的《周易》吗？你敢说有吗？这是精神领域的高楼大厦。中华民族没有新的文化经典的出现，我们谈不上中华民族伟大复兴的实现。我们几十年以来身体走得很快，灵魂走得很慢，没有跟上，我们企业文化建设是否也面临着这样的问题？这样一来，人是这样的虚实复合体，那么由人组成的社会历史生活和人类文明进程就必然充满着自发性、多样性、复杂性、随机性、不可预测性，所以我们关于文化建设、道德建设不要想当然地列几条，要改变自觉理性建构，在文化建设中无所不能的一种观念。

7. 文化的首要功能是培育和塑造人，任何意义上的文化建设的聚焦点都应该是人本身

费孝通先生半个世纪以前就告诉我们，不要离开人去谈什么文化，文化说到底是人化和化人，企业文化建设何尝不是这样。

第一，什么叫人化？让每一位员工进入人化过程，不断地成长，心胸更开阔，精神更优雅，道德更高尚，追求更高远，感觉更幸福，知识更丰富，精神更健康，这叫人化。化人是用已有的东西，作为生命软件让更多的人接受。我们来看看这场相隔2000年的争论或者叫：一个提出疑惑，一个解惑。韩非提出疑惑，他觉得依法治国的世界就可以了，要什么文化，所有的那些“纹饰”都可以不需要。2000年后，章太炎回答他说，你只是强调了依法治国，却置人伦道德于不顾。所以我们要知道，我们的理论总导师马克思的学术最终是要干什么？一方面是自由人联合体，这是宏观的，那么它的微观机理基础在哪里？是越来越多的人获得了自由、个性、全面发展。

8. 注重知情意性的统一，防止离开人之情人之义人之信，只讲道理的倾向

真实的文化与人之情人之义人之信息息相关。不光是一些道理，如果光是一些道理，你可以用精确的数学计算，严密的逻辑推理去覆盖它，但是人之情人之义人之信没法完全用数字去表达，用尺子去衡量，用逻辑去覆盖，人的意志能爆发多大的力量，人的情感怎么来认识和描述，这都是我们从事企业文化建设的同志需要涉及的东西，但我们要首先认识到，要认识前面的话就要做到价值世界，它所涉及的问题。所以习近平总书记对从事文学艺术创作的作家们、艺术家们说，人民不是抽象的符号，而是一个一个具体的人，是有血有肉，有情感、有爱，还有梦想，也有内心冲突和挣扎的人。一个企业的所有员工，是一个个有血有肉，有情感，有爱有梦想的具体的人，他的所思所想、所欲所求，是这个企业真正的企业文化的不竭源泉，你没有找到源泉的话，哪来的真正的文化成长。另一个方面，企业文化中最重要最宝贵的东西不在嘴上，不在纸上，不在墙上，而在每一个人的心中。有一位作家，在他的散文中有一句这样的让我们悟道的话，你不要用理性认知的语言去解读这句话，即“每一颗活动的心都是带血的”。

我们共产党人在企业文化建设中，尤其是怎样落实到我们每个企业的价值观当中，让它映照中华民族的这个价值观，归根结底，是我们所有新时代企业的共产党人们用此心去承载这些东西，然后才转化为具体情景当中的生命的行动。

（作者系中共中央党校教授）

深化人本管理 激发个体活力 强化企业文化底层设计

——在2021年中外企业文化武汉峰会上的讲话

孟凡驰

中国共产党文化精神和现代企业文化核心契合点是以人为本。中国共产党成立之初的1922年安源路矿大罢工时，就根据毛泽东同志的意见，提出“从前是牛马，现在要做人”的口号。在1944年，毛主席在张思德同志的追悼会上发表了《为人民服务》，而且七大党章把全心全意为人民服务写进党章当中。2003年，十六届三中全会把“以人为本”写进党的会议决定。进入社会主义新时代，习近平总书记在十九大报告中提出：“以人民为中心”。2013年、2015年、2017年在不同场合提到“人类命运共同体”，2017年十九大报告正式将其列为中国特色社会主义基本方略。这些都充分证明共产党一以贯之的以人为本的文化精神。

如何在新时代坚持以人为本进行底层文化设计？

1. 确立“理念首位”的发展原则

理念决定未来一切，行为手段、方式、习惯的养成都源于理念。理念属于道的层面，虽然是虚而不见的，却是最根本的决定因素。没有文化理念的确立，就是无灵魂的企业。

做企业在商言商但不能唯商唯大。从本质上讲，财富和经济价值的创造是文化行为，经济活动如果只研究人们的货币交易行为，只关注人们经济活动中的生理本能和物理动机，只研究与货币相关的交易逻辑，而不探究经济行为中的文化理由和人文因素，就无法解析经济发展的内在动力。组织之间只讲究买卖合同，职工跟企业之间只讲雇佣关系，只研究和货币相关的交易关系，不去探究经济行为的文化和人文因素，就没法解决经济发展的内在动力，也没法理解员工的行为方式。丹尼尔·贝尔在《后工业社会的来临》中指出：最终为经济提供方向的并不是价格体系，而是经济生存于其中的文化价值体系。

从事经济工作和企业管理工作，只注重研究经济技术和手段，不注重经济活动中的人文本质的张扬，虽然在短期内能刺激财富增长，但在财富激增的同时也会造成文化的荒漠化，失去财富创造的本质意义。无视文化在经济发展中的根本性作用，放弃文化对商业经济手段的主宰和引导作用，就会造成粗放的非健康的不可持续的经济行为。我们现在已经尝到舍本逐末式发展经济和经营管理的一些苦果。改革开放40多年以来，经济进步的速度令世界瞩目，但发展的同时，社会问题也是前所未有之多。在经济增长的同时，文化广泛的荒漠化失去了财富创造的本来意义，放弃文化在企业管理中的作用，必然造成粗放、非健康、不可持续的经济行为。

现代社会发展呈现经济文化一体化趋势，经济与文化两家不对话的平行发展模式已经成为历史。优质文化不跟经济管理结合在一起，劣质文化和弱势文化，就会在管理和经济中发挥作用，就会产生负能量。

2. 培养企业家“现实扭曲力场”，寻求价值“重叠共识”，实现价值观高度一致

“现实扭曲力场”原意指通过骇人的眼神、专注的神情、精美的表达，通过人的意志，扭曲事实以达到目标的愿望和能力。《苹果往事》中用以描述乔布斯说服众人信奉自己价值观相信自己创意的强大气场和能力。乔布斯用此能力转变了周围人的思维，用独特产品改变了人们的生活方式。“现实扭曲力场”从根本上讲是领导者改变和塑造下属价值观和思维方式的能力。价值“重叠共识”是指在多元社会和组织中，在保持每个人各自不同价值理念时，寻求相互间重叠的共识面，找到共同点，团结众人力量。

企业文化底层设计的重点在于价值观改变与构建，怎样改变构建呢？

企业员工因教育背景、知识结构、成长经历、性格等不同，形成的价值取向必定是多元的。要为企业的共同利益奋斗，为企业组织发展，就要有大家认同的主导价值观，而组织的主导价值观一元化导向需求和个人价值取向多元化，就自然形成了一种文化矛盾现象。解决这个矛盾要用文化的方法，而不能用行政的手段。培养“现实扭曲力场”寻求价值“重叠共识”，就是非常有效的文化方法。企业领导既要有强大的现实扭曲力场，去塑造和改变员工价值观，达成企业目标，又要善于在价值取向多元的企业员工中，尊重员工价值，找到重叠共识，同心协力干事业。

3. 创造尊重员工文化主体意识、激发员工创造活力的经营方式

企业文化底层设计应包括四个方面：一是价值系统设计——人生价值、职业精神、自由创造激情。二是思维系统设计——构建科学的思维方式，选择正确的思维框架。三是行动方式系统设计——最大程度实现自由创造。四是话语系统设计——共同价值下的公共语言，去除“权力暴力语言”。

在目前的企业管理过程中，经营方式、生产方式等都在不断地进行变革改造，越来越向着有利于员工发挥个性创造，发挥个性能力，释放个人潜力的方式转变。

人在本质上是文化动物，文化是人的行为的元动力。人都具有文化主体性，体现在个体人身上有三个特点：人生价值实现的愿望，对成才平台的期待和渴望，人生意义的深刻思考。人的文化主体性得到尊重，才能迸发事业激情。激情在激发创造力和工作主动性方面，具有十分重要的意义。美国管理学家加里·哈默尔《管理大未来》中，统计企业员工各项要素对创造价值的贡献率，激情占35%，创造力占25%，主动性占20%，这三项就占了80%。可见缺了激情就不可能有创造力，只剩“佛系”和“躺平”。

4. 京瓷公司阿米巴与海尔人单合一——无限激发人的潜能

阿米巴在日本原指变形虫，特点是随外界环境变化不断调整自己，以适应不同的情势，后来稻盛和夫以此创立了一种经营方式。这种经营方式主旨是哲学加会计。他的经营哲学是“敬天爱人”，基本的经营手段是化小经营单位灵活组织员工参与经营。这类组织的特点是精小且独立经营，小而精的核算单位，充分发挥每一个人的积极性，避免大企业病。

“人单合一”是张瑞敏2005年创立的经营模式，人就是员工，单就是用户需求，两者结合起来人单合一。这种模式特别强调人的价值最大化，人单合一能让每个平凡员工都有机会成为自主人的创客，人人都是CEO，能够赋权基层员工激活基层个性活力。这种经营模式打破了等级越低，权力就越小的传统科层制。科层制的管理体系是层次越高，权力就越大，层次越低，权力就越小，到权力的末梢，一般员工基本就没有权力，也就没有主动性和活力。海尔用人单合一的方式，改变了科层制。人单合一基本特点和阿里巴巴一个

原理，异曲同工。它是一个快速应变的灵活组织模式，二者的最大价值和意义在于真正实现了以人为本。

5. 华为熵减定律——保持人的积极活力

熵增是一个热力学定律，熵是系统的状态函数，描述的是热量从高温物体流向低温物体的不可逆过程。孤立系统中，熵只能增大，不能减小，最后达到系统（熵）的最大化的混乱状态。比如将一块烧红的铁块放置于马路上，它的温度会持续降低，熵不断增大。

以熵增理论说明企业发展的一般规律：企业建立之后，长时间运行必然走向效率低下，机制僵化，创造力竞争力下降（熵增）。组织最终都会衰败和灭亡，企业要做的是不断激发活力，以熵减延缓熵增，保持基业长青。企业熵增的现象体现为组织懈怠、流程僵化、路径依赖、技术创新乏力、业务固定守成。个人的熵增现象体现为贪婪懒惰、安逸享乐、缺乏使命感、没有责任感。

随着时代的变化，我们的企业组织不断地变革，流程不断优化，方法不断创新，路径依赖不断打破，这就是在做熵减工作。人的思维方式和行为模式时间长了以后都会固化，应不断地向更积极更有活力的方面转变思维，转变观念，转变方式。华为防止熵增的做法是鼓励成就追求，让员工把所有心思都放在事业上，节制权力追求，不鼓励员工一天到晚想当官，在个人的日常行为上，鼓励会做事，反对会“做人”。这种激活人员能力的组织行为，对个体的价值导向的改变，最后汇聚到以奋斗者为本，以客户为中心。

6. 变革财富创造、分配和使用方式——树立正确的财富价值观

（1）变革财富的创造方式

组织创造财富的价值导向，应让社会明白，虚拟经济既不能够过度膨胀，更不能够脱离实体经济而存在。常识告诉我们，虚拟经济总量超过了实体经济，必定形成一种虚假的泡沫性假繁荣。虚拟经济只能是少数企业从事的实体经济的一种补充，如果企业大部分精力和财产投入虚拟经济，忽视制造业等实体经济，必定是一场灾难。虚拟经济的过度发展，会引导多数人厌恶并逃离充满汗水的实体经济，蜂拥至费小力赚大钱或不费力也赚钱的股市、期货、房地产等领域，从而助长人们的投机心理和懒惰欲望，最终不仅影响实体经济的发展，更会伤害一个企业组织乃至民族积极进取的心态。勤劳得到尊重，实业创造财富，扎实的生活态度才有真实美好的回报，这些都是永恒的普适性的高尚文化价值，能引导人们健康的财富创造。

（2）公正科学的财富分配方式

财富的公平分配是一个恒久的命题，自古以来人们一直在探索，历来就没有达到绝对公平，也不可能绝对公平。因为人的出身、智力、先天禀赋、受教育程度、家庭的影响，生存环境与际遇等都不一样，条件永远不一样，创造财富的能力必然不同。

传统社会平抑两极分化方式，一个是杀富济贫平均分配，这在某一阶段能缓解社会矛盾，但是也同时抑制了有才华的人创造财富的信心，而且鼓励愚人和懒惰。可见这种方式不是理想的财富分配合理方式。最近几年有关政策鼓励公益捐助扶弱济贫的同时，提出共同富裕新理念，鼓励员工树立积极奋斗的职业精神，创造更多的社会财富，将财富的蛋糕做大，共同分享增长的收益，这应该是根本的途径。

一个健康的社会，必须努力创造科学的制度和机制，平衡财富的分流。两极分化超出了社会的限定条件和承载能力，就会造成社会的不安定，即使这种差距有着充分的经济理由和市场前提。企业组织发展要全面考虑到基层职工和相关者的利益，才利于客户和企业员工对企业的忠诚度的提高。弗里德曼认为，公司的任务就是为股东争取最大利益——应被颠覆。以人为本主张尊重每一个人，包括强者和弱者，鼓励奋斗成功者，也尊重事业失败者。

（3）创新财富的使用方式

企业家不但要善于追问财富取得和分配的方法，还应经常反省财富使用的良心，不断探究财富使用的科学性。我们的社会先富起来的一部分人尚未做好怎样当富人的准备，很多巨额财富拥有者对财富的使用方向感到茫然，甚至有些富豪挥霍无度穷奢极欲。财富本身并不必然导致贪婪和堕落，但只为了贪欲和享乐去使用财富，必定使财富失去了社会价值，也使财富拥有者沦为财富的奴隶。

无论是富有的企业家或是职工，使用财富时都应该倡导节俭利他的文化理念，应该让获取的财富去为更多的人创造幸福。用财富支持公益事业，不但培养了广博的彼岸信仰，也弘扬了财富共享的文化理念。卡内基认为，应该把上帝赐给我们财富看作赋予我们一种责任，这些财富是社会上穷苦兄弟委托我们管理的基金，应使这些财富回报社会。他的格言是，拥巨资而死是可耻的。

采用“新公益”方式实现社会责任。传统公益是一种单方面给予性捐赠，而一些卓越的知识分子所倡导的新公益是把营利和非营利相结合，通过市场手段达到共同富裕的目的。新公益以市场模式做公益，使公益不仅仅是无偿捐赠，也成为一种营利事业，把捐赠对象当作创业伙伴。新公益的具体做法，是将所捐财富投入与被捐助人共同创办的公司中去，使受捐者成为财富的积极创造者，通过共同劳动和奋斗获取财富。这种公益方式的目标手段是从一开始就把资本引向对社会有益的事业，寓公益于商机。这种做法不是授之以鱼，也不仅是授之以渔，而是进行渔业革命，是捐赠方式的一场彻底变革。新公益的方式，帮助贫困者建立运营企业的能力，真正帮助他们提高可持续生存发展能力。它不将穷人视为被动的受捐者，而是把他们看作一种潜在客户，看作萌芽中的企业家去培养。这是根本意义上的更有力量的以人为本。

（作者系中国企业文化研究会理事长）

弘扬中国特色工业文化 助力制造业高质量发展

罗　民

工业是强国之魂，文化是民族之魄，实施制造强国战略，不仅需要技术发展刚性推动，更需要文化力量的柔性支撑。特别是在我国制造业发展现阶段，创新不足，专注不深，诚信不够，实验精神弱化等问题已经成为制约我国工业转型升级和提质增效的主要障碍。可以说，大力推进中国特色工业文化建设，既是实施制造强国战略的有力举措，也是繁荣社会主义文化的重要核心。

近年来，工信部等部门贯彻落实国家有关部署要求，积极推进工业文化建设，取得了一些进展。

首先，介绍一下推动工业文化发展的时代背景。2020 年 10 月，党的十九届五中全会就社会主义文化强国建设做出了系统谋划和战略部署。国家“十四五”规划中明确提出，繁荣发展文化事业和文化产业，提高国家文化软实力，健全现代文化产业，工业文化是中国特色社会主义文化的重要支柱。推进工业文化建设是贯彻落实党中央国务院决策部署的重要举措，是新时代建设社会主义文化强国的职责所在。在这个背景下，为了进一步推动“十四五”期间工业文化发展，今年 5 月，工信部联合国家发展改革委、教育部、财政部、人社部、文旅部、国资委和文物局共八个部门联合印发了《推进工业文化发展实施方案（2021—2025）》。《实施方案》确定了主要目标：通过五年努力，工业文化支撑体系基本完善，理论研究与应用实践进一步深入，工业文化新载体更加丰富。具体的工作目标包括：一是初步形成分级分类的工业遗产保护利用体系和分行业分区域的工业博物馆体系；二是打造一批具有工业文化特色的旅游示范基地和精品路线，建立一批工业文化教育实践基地，传承弘扬工业精神；三是推动工业文化在服务全民爱国主义教育，满足并引领人民群众文化需要，增强人民精神力量等方面发挥积极作用，推动形成工业文化繁荣发展的新局面。

《实施方案》有八个方面的重点任务：弘扬工业文化的价值内涵，促进工业文化与产业融合发展，推动工业旅游创新发展，开展工业文化教育实践，提高工业遗产保护利用水平，完善工业博物馆体系，加大传播与交流和健全工业文化发展体系。在“十四五”期间重点攻关的工作重点，应该说是涵盖了工业文化从内涵、内容发掘、载体和传媒，到建设、产业发展、制度和标准建设的各个环节。其中第二项任务中，也就是在促进工业文化与产业融合发展这项任务中还专门提到，“要加强企业文化建设，引导企业将工业文化融入企业创新的各环节，充分挖掘文化要素对品牌建设、品质提升、提质增效的潜力，提升产业、企业和产品竞争力”。为今后开展工业企业文化建设提出了新的要求和指导。

《实施方案》有几个重点：一是政治站位高。《实施方案》以习近平新时代中国特色社会主义思想为指导，全面贯彻党的十九大和十九届二中、三中、四中、五中全会精神，坚持新发展理念，以深化供给侧结构性改革为主线，坚持以社会主义核心价值观引领文化建设，把工业文化建设作为推动制造业高质量发展的重要内容。

二是实操性更强。在 2016 年工信部联合财政部共同下发的《关于推进工业文化发展的指导意见》与《实施方案》相比较，当时的《指导意见》指明了推动工业化发展的方向，而今年制定的《实施方案》则是在《指导意见》的基础上进一步提出了未来 5 年具体要完成的工作。如提出要实施文化加产业系列行动，创建一批工业旅游示范基地。那么三局的建筑博物馆今后是不是有可能和工业旅游相结合，成为这方面的一个示范基地。此外，推出工业旅游精品线路，培育一批工业文化研学实践基地，创建一批工业博物馆。

三是多部门协同。工业文化建设是一项系统工程，涉及面广，统筹难度大。《实施方案》凝聚了工信、发展改革、财政、教育、人社、文旅、国资、文物多方面力量，各项工作都有明确的牵头单位和参与部门，形成既有统筹又有合力的工作布局，保证了各项政策落地。

四是加强工业遗产保护利用。以国家工业遗产认定为主要体系的工业遗产保护利用工作，已成为推进工业化发展的重要抓手，在社会上引起了广泛关注。工信部截至今年，一共审批省政府及国家部门 195 处，今后还要长期坚持。推动建立分级保护，并制定保护准则指南，修订国家工业遗产管理暂行办法，促进保护与修复关键技术应用研发。

五是加强产融合作。文化发展离不开金融的支持。为充分调动资本的积极性，新《实施方案》明确提出要加强产融合作，鼓励社会资本设立文化产业发展基金，通过产融合作平台解决信息不对称，推动工业文化重大项目建设。

六是加强人才培养。《实施方案》提出要强化人才培养培训，要重点培养高技能人才和大国工匠。加强专业人才队伍建设，培育一批工业遗产、工业博物馆、工业旅游以及其他工业文化新业态等方面的专业人才，这几类人才是我们今后开展培训的重点，要强化人才对工业文化发展的支撑作用。

最后，结合《实施方案》谈谈如何加强企业文化建设，赋能工业文化发展。工业文化的进步与发展需要多方面的共同作用。企业文化是工业文化的重要内容，也是有效抓手。

企业文化赋能产品，使产品增值提高文化含量，彻底改变传统产品的功能单一、文化附加值低的状况，使产品无论从内置还是外形诸方面，都更加符合现代人的消费审美。

企业文化赋能经营，使企业经营方法具备鲜明的个性色彩，并创新文化理念，改革经营方式，通过传统经营中的原始商业模式，使现代企业不仅是现代物质财富的生产者，也是精神文明的创造者，不仅使职工生活幸福指数不断提高，也成为高品质文化的社会责任担当者。

企业文化赋能服务，使企业高度重视信息化、网络化带来的消费者主权意识提高的时代特征，尊重社会和用户，接受企业扶持的个性化制度，适应体验经济时代要求，积极为用户实现量身定制的要求，使服务更有温度，更具人文情怀。

企业文化赋能品牌，注重培育品牌文化。培育文化品牌，使品牌更具文化魅力。品牌的美感角度更多维，使品牌文化附加值更高，彻底改变品牌只是局限于真与善的单一诉求的品牌理念。

（作者系国家工业和信息化部工业文化发展中心原主任）

一流企业文化是支撑一流企业发展的灵魂

唐任伍

“一流企业”是一国综合实力的重要元素。根据美国《财富》杂志最新发布的世界企业500强榜单，中国大陆（含香港）以124家首次超过美国121家，表明中国企业在世界上的竞争力上了一个新台阶。但是，从整体上看，中国企业大而不强、多而不精的局面仍然没有根本改变，中国“一流企业”建设仍然任重道远。

“一流企业”需要一流的企业文化建设，一流的企业文化建设是支撑“一流企业”成长、壮大的灵魂和核心，这是企业文化的功能和性质决定的。党的十九大报告提出：“培育具有全球竞争力的世界一流企业”，这是以习近平同志为核心的党中央对一流企业发展和建设做出的重大部署，是新时代中国企业适应新发展格局、实现跨越发展的方向和根本遵循。

“一流企业”需要“一流企业文化”

“一流企业”是一个国家强盛的标志，很多国家都将建设“一流企业”作为国家战略，大力扶持。那么，到底什么是“一流企业”，或者说判断一个企业是不是“一流企业”的标准是什么，不同的国家可能有不同的衡量标准和看法。传统的观点主要从可量化的经济指标上来解释“一流企业”，以“盈利能力、营运能力、债务风险、增长能力”作为标准来衡量是不是“一流企业”，简单地说，就是“盈利能力、营运能力、增长能力”强、“债务风险”程度低的企业，就是“一流企业”。另一种衡量“一流企业”的标准就是看是否是“标准和规则的制定者”。显然，何为“一流企业”众说各异。国际上一种流行的说法是“一流企业卖标准、二流企业卖品牌、三流企业卖产品”，说明“一流企业”是那些制定标准和规则、在行业处于领导地位，成为被跟随或追逐的企业，是位于价值链、产业链顶端的企业。

作者认为，尽管上述关于“一流企业”的衡量标准都有一定的道理，但仍然有以偏概全之嫌，没有反映出现代科技革命形势下“新时代”“一流企业”的本质。在世界处于百年未有之大变局、科学技术高度发展的今天，5G、大数据、人工智能、区块链、量子科学等现代科技，彻底改变了人们对“一流企业”的认知，衡量“一流企业”不能简单地像衡量世界500强那样，单纯地用可量化的“规模”和“产值”来判断，“一流企业”是一个综合性、多维度结合的系统，既有定量也有定性的指标，这样才能反映“一流企业”的时代特征。

“一流企业”需要一流的企业文化来践行支撑，那么一流的企业文化是“一流企业”在长期生产经营实践中所创造和形成的，是对具有本企业特色的精神观念提炼出来的，体现在企业经营管理的制度、行为、物质和企业形象建设等各个层面之中。

超强的物质文化

物质文化是比较直观而具体的内容，体现在企业的VI、企业形象和企业的器物等实物资产上，拥有绿色、低碳、开放的环境，整洁、美观的厂容厂貌，和谐、温馨的生活环境，智能、现代化的基础设施，先进、快捷的办公条件，公平、激励的福利待遇，使员工有家的感觉，与企业形成一个命运共同体，愿意为企业发展焕发自己的聪明才智。

超强的物质文化更体现在以“产值”和“营收”为核心内容的企业“盈利能力”上，这是企业文化赋能企业可持续发展的动力。盈利能力是企业文化的落脚点，没有盈利能力，在赢者通吃的世界市场上就缺乏竞争力；没有竞争力，何谈“一流企业”？大凡“一流企业”，其表现出来的特征规模大、产值高，一般都是世界级的“巨无霸”，在激烈的竞争中是很难被别的企业吞并、兼并的“大象”，而绝不是一般的被称之为“好掉头”的小帆船。因此，以“盈利能力”为标志的物质文化是“一流企业文化”的落脚点。

高尚的精神文化

精神文化是“一流企业”特有的理念，体现“一流企业”的个性，“一流企业”拥有独特的使命、愿景、价值观等精神层面的追求。只有有精神追求的企业，才能发展壮大为“一流企业”，例如海尔集团的理念是“真诚到永远”，诺基亚公司的理念是“科技以人为本”，飞利浦公司的理念是“让我们做得更好”，农业银行的理念是“诚信稳健”等，都是这些企业精神内涵的体现。

但是，“一流企业”的精神文化更重要的是体现在以强大的“韧性”和“耐力”为核心的“抗风险能力”上。世界是瞬息万变的，市场是冷酷无情的，很多企业一时期很大很强，但由于缺少精神支撑和耐力，一遇风险就土崩瓦解、破产倒闭，显然这样的企业成不了“一流企业”。企业只有遇到包括自然灾害风险、生物风险、金融风险乃至战争风险等各种风险时能够处变不惊、沉着应对，保障自身的市场不堵塞、供应链不断裂、产业链安全稳定，风险过后能够很快恢复、快速循环，这才真正体现出“一流企业”的“韧性”精神特质。

恒久的创新文化

创新文化表现在“制度”“技术”和“管理”的各个层面。从制度角度上看，每一个企业都有一套规章制度，针对各种岗位的员工，制定了必要的简明的员工行为规范，随着新形势的变化，企业要建设成为学习型组织，必须创新制度。

“管理创新”主要表现在以“标准”和“规则”为核心内容的“贡献能力”上，这是“一流企业”创新文化的重要表现。“标准”和“规则”作为正式制度，浓缩着企业创新力的全部要素，代表着这个企业为这个行业、这个领域贡献了多少为大家所遵守的“标准”和“规则”，也是该企业掌控“标准”和“规则”的能力。因为这个行业或产品的“标准”和“规则”是这个企业制定的、贡献的，就意味着这个企业占领了该行业、该产品的制高点。

“原始创新”和“有效专利”为核心内容的“引领趋势能力”，是“一流企业”创新文化在技术层面的表现。世界潮流浩浩荡荡，顺之者昌，逆之者亡。“一流企业”在趋势大于优势的潮流中，能够顺应潮流引领“趋势”，就等于抢占了先机、掌握了企业的生命线。趋势是由科技引领的，这就要求企业能够把准世界潮流，在引领“趋势”的科技领域具有强大的原始创新能力和产生专利的能力。“一流企业”一定是某一行业中领头的标杆和旗手，是能够一呼百应的趋势引领者和标准制定者，而不是跟班和追随者。这是“一流企业”“引领趋势”和可持续发展的标志。

严谨的行为文化

行为文化是指人们在生活、工作之中所贡献的，有价值的，促进文明、文化以及人类社会发展的经验及创造性活动，是企业在发展过程中表现出来的与众不同的特定行为方式和行为结果的积淀，体现着整个企业的价值观念取向，是一个企业凝聚力、向心力的黏合剂，决定这企业的发展方向和治理是否有效，塑造企业员工的行为举止。在中国特色社会主义制度下，企业行为文化最重要的内容，就是要践行社会主义核心价值观，爱党、爱国，有强烈的社会责任。没有严谨的行为文化，缺乏具有共识的价值观，企业内部不可能高度认同，外部得不到社会认可，就会变得一盘散沙。因此，没有行为文化支撑、缺乏共同价值观和价值认同的企业，无法成为“一流企业”。

“一流企业”行为文化的建设，要通过内容塑造、群体规范、培训宣贯、主题演绎等方式，解决好建设什么样的企业行为、打造出什么样的企业特色、通过什么样的方式感知、形成什么样的主题等问题。“一流企业”的行为文化，不能停留在说在嘴上、写在纸上、挂在墙上，最重要的是要落实到企业生产、经营、管理的各个环节上，通过厂旗、厂歌、厂徽、厂报、网络、微信、微博、手机等各种形式，形成影响员工勇攀高峰、争创一流的行为。

“一流企业文化”是企业意识形态工作重要组成部分

意识形态事关中国共产党的长期执政和中国社会的长治久安，是国家利益的重要组成部分，意识形态问题集中分布在政治领域和文化领域，并且渗透于方方面面，从根基上影响社会经济安全和政治安全。如果意识形态阵地失守，就会从根本上威胁党的领导，威胁国体和政体。意识形态是我们党“起家”和“当家”的一个重要依靠，新中国的成立也包括“意识形态立国”。毛泽东、邓小平等党和国家领导人非常重视意识形态工作。在“一流企业”中维护意识形态安全，防止意识形态领域出现离心离德而地动山摇的局面，历来是激烈争夺的重要阵地，如果这个阵地出了问题，就可能导致社会动乱甚至丧失政权。

将“一流企业文化”建设提升到意识形态工作的高度，要从四个方面下功夫：一是政治自觉，充分认识“一流企业文化”的意识形态功能和属性，在企业经营全过程中始终注重意识形态的动力功能、平衡功能、预测功能、调控功能、教育功能、引领功能和整合功能；二是把握基调，以“党性和人民性的统一”为贯穿主线；三是遵循逻辑，以“实事求是，守正创新”为运行机制；四是组织落实，以“党委带头，齐心协力”为基本保障。

“一流企业文化”建设的意识形态功能最终要落实到这样的认知上，即“一流企业”是中国特色社会主义市场经济的主体，是创新型国家建设的主要力量，是中国参与全球治理的重要载体，是中国实现弯道超车的主力军，是中国共产党长期执政的经济基础，是应对百年未有之大变局的有效武器，是实现中华民族伟大复兴“中国梦”的关键力量。达到了这样的认知，“一流企业文化”建设才称得上发挥了文化的滋养功能。

（作者系北京师范大学政府管理研究院教授）

以四全媒体提升企业品牌传播力

喻国明

技术革命对我们的影响

技术革命对于传播对于社会的影响，可以分成两类：一类是改良型技术。改良型技术跟革命型技术是不一样的，革命型技术改变了整个领域的目标和基本价值，实现结构逻辑和整体框架机制，是深刻的由里到外的一种再造和转型。而改良型技术所引起的改变，只是对于某些要素环节的机能改善、效率提升，比如说电影工业中出现的 3D 技术，也就是立体电影技术，它极大地改善了人们的视觉感受，使人们看电影的时候有一种身临其境的立体感。但是对于电影工业本身的架构、产业链，它的作用机制和规则等没有发生任何实质性改变，所以这样的技术我们叫作改良型技术。

在互联网领域，我们在传播时面对的一些重要技术，如5G、大数据、人工智能、区块链技术等，都涉及整个传播领域边界的扩大，并在于它内在的活跃性关键性因素的改变，以及它相关的规则、重点机制、结构的深刻改变。面对这样一种现实的巨大改变，我们常常容易犯两种错误：一种错误就是“菜鸟式错误”。“菜鸟式错误”就是常识性错误，也叫低级错误。低级错误指的是什么？就是别人已经犯过无数次，已经在这样一个问题上得出一些基本知识经验、模式规律，已经成为一种常识性的东西，如果你不善于学习不了解情况，你又犯了别人过去已经犯过的错误，那么你犯的就是这种常识性错误或者叫低级错误。统计表明，一个人或一个机构所犯错误，80%都是来自低级错误。解决常识性错误的一个最基本办法，就是不断学习，通过学习把这80%的错误避免消灭掉，所以学习是避免我们犯错误的非常重要的有效办法和手段。

还有一些错误相对来说复杂一点，你可能学习努力了，但你还是避免不了犯错误。这些错误当中，最重要的错误就是“老教师的错误”。“老教师的错误”就是现实情况已经发生巨大改变，而你还以传统的不变应万变的方式来面对所有改变，刻舟求剑，应了中国一句古语，成也萧何败也萧何，而我们需要警惕的就是这种错误。

平台媒介带给我们的改变

我们到底发生了哪些重要改变？最重要的三点，在整个传媒生态中，最重要的就是改变了我们整个传播领域的基本传播架构。平台型媒介的出现，是破天荒的革命型改变。可以把整个传播领域的新生态描述为四个层次，最下边的两个层次可以合二为一，成为一个基本层次，就是电信传播或者叫电信技术。因为最底层的电信传播技术硬件，比如电脑、卫星通信等，是一些基础性硬件设施，而上边的层次是一些规则性软件设施。软硬件结合起来，就为今天我们的传播提供了传播技术可控性。能够进行哪种类型哪种样式的传播，都是由电信传播技术可控性来决定。而跟过去不同的是，过去我们的传播技术——印刷术也好，或是广播电视发射——电信覆盖技术也好，我们可以有各种各样的应用性媒介，利用这些技术来实现社会性传播。但是今天在中间横亘了一个平台性媒介，最重要的改变就是截断了过去媒介跟用户之间的关系。

今天，绝大多数流量和用户都被平台性媒介吸取，因此很大程度上，传统媒介遇到的最大困扰就是用户流失。流量也不在我们这一方掌控，所以我们就出现了所谓的渠道失灵这样一系列的严重问题。不仅如此，在很大程度上由于平台的出现，还在很大程度上改变了这种传播规则。过去我们的传播靠一两个巨星媒介，比如中央电视台、《人民日报》可以实现大范围的一次性传播，并且能够非常顺利地通达绝大多数用户和社会的各个角落，而今天这些优势被平台媒介所遮蔽。

平台媒介有什么好处呢？它其实形成了一个传播功能——共性平台，就是传播各种各样的功能，可以透过平台服务来加以有效实现，而平台本身又是相对来说比较开放多元的一个平台。理论上来说，平台不能拒绝用户，用户可以选择平台。如果平台拒绝用户，这叫“平台越轨”或者“任性”。在平台的发展中，由于平台权力的扩大，可以看到很多平台的这种越权任性行为。最典型的就像今年年初的时候，特朗普被美国几大平台性媒介封杀，Facebook、推特等这些平台性媒介一致宣布，“根据用户协议，封杀特朗普在我们平台上的发言权。”事实上，这是一种超国家超法制的权利。平台性媒介可以封杀任何它想封杀的人，而它封杀的理由不是用法律和社会规则，而是通过一家私人企业跟用户签订的，明显是不平等的用户协议来进行封杀。实际上，它已经具有公共性质，但是行使的却是私人企业的权利，这实际上就是“越界”。它的影响力有时候甚至超越了国家超越了法制。这是不应该被允许出现的情况。

平台性媒介的价值非常大，除了提供所谓的各种各样功能，实现技术可控性传播之外，还有一个巨大贡献就是出现了新的可能性，这种可能性已经逐渐成为社会现实。过去传播平台就是承载内容，今天平台性媒介的崛起发现它除了能够传播内容之外，还能够通过内容的连接，内容的关联，形成千行百业的线上实体性功能和价值构建。换句话说，它可以把千行百业通过这种传播模式传播机制的某种改造，把它搬到线上来，实现线上的新政务、新商业、新教育、新健康、新服务。也就是说，整个社会生活实践的方方面面，都可以通过这样一种形式实现媒介化再造。这就是平台给我们提供的巨大发展可能性，因此媒介化是未来整个社会进程中最为重要的一种发展。

媒介化进程的价值诉求

在媒介化进程中，传播有一种从内容领域开始向非内容领域的巨大扩张，而这样的扩张跟我们企业发展关系非常密切。比如我们现在看到最典型的短视频平台，一是抖音，一是快手。我们很多人看到这两个短视频平台，觉得都是做内容的，一个好看一点，一个显得有点乱。说好看的是抖音，因为抖音做的内容跟快手不一样，看起来两者都是在做短视频，其实他们的价值诉求有很大区别。抖音的整个传播机制和算法支撑的是什么呢？在人们上传的各种各样视频内容当中，有些好的精彩内容，通过某种方式，通过某种算法把它找到，并且把它推送给越来越多的用户，这就是抖音的传播机制和算法。在抖音平台上，如果你上传的内容不够精彩，那么就没有公域流量支持。因为平台有两种流量，一是属于自己的流量，像企业媒体有自己的粉丝，有自己的用户，那么这叫私域流量。在平台上，平台分配给你的流量叫作公域流量，而公域流量的使用方向特别明确地表现了平台想要做什么，它的价值是什么。抖音做的就是好内容，因此在抖音上好内容得到了马太效应式的支撑。

快手跟抖音是完全不同的，所以我们要读懂不同平台的品性，以便于分门别类的使用。快手最典型的是屏幕，从中间一分为二，上中下又分成三段，一共6个画面。首先给人的感觉有点乱，当然也可以说是丰富。快手的创始人说，要通过快手让人们看到每一种生活，这就是平台的一种价值诉求。在快手平台上，即使你做的内容很 low，质量很差，但至少每条上传的视频都会得到快手平台给的至少300家公域流量的支持。换句话说，你上传的每一条信息至少可以让300个人看到，这就是快手的公域流量使用，跟抖音是不同的。快手的公域流量是用什么样的算法来解决它的配置问题呢？用户配置是按照发内容的个人职业、地位、兴趣，各种各样的指标来找相关性指标。譬如你是个种地的农民，就给你找跟你很接近的一些农民来看你的视频，我们这些人看这些视频看不出所以然，他们有相同经历的人就能看出，哇！你们家那个情况怎么样？很有意思，那个地方做得不错，他们就会互相欣赏，互相点赞，互相转发，甚至互相评论一番，这就是快手希望达到的一个目标。而这样一个目标他最终做出来的是什么呢？他做出来的不是内容产品，而是关系产品。通过这种内容的不断束缚，他们之间互动、交流，然后在这种互动交流中，逐渐从不认识到认识，从弱关系到强关系，从一般交往到线上线下的协同和协作，他们形成了圈层，形成了相对紧密的关系共同体。这就是快手致力打造的圈层，打造这种群或圈群，然后通过大数据和标签化的识别来把握它们。

未来，千行百业的媒介化、线上媒介化的重构过程中，我们的新商业、新教育、新服务、新政务，需要有相应的群体资源、功能去对接，靠什么来对接呢？快手这样的做法，就能掌握千千万万的圈层，用某种标签化的适配来跟某种服务、某种产品、某种需求进行一种对接，实现这种供需的对接和价值实现。这就是快手的价值，它的产品不是内容，是社会关系，是社会圈层。

因此这种产品的价值是什么？它的价值就在于在未来的媒介化当中，它能为整个各行各业的线上重构提供最宝贵的用户资源，进行精确的有效匹配，这恰恰就是快手的价值。同时，社交媒体的价值变现能力非常高，资本市场看到了这一点。从直播带货能力上看，抖音上的带货能力跟快手上的带货能力之间明显有巨大区别，快手带货能力更强，因此你想进行价值变现，快手上去做；想实现品牌的无界传播，形成社会议题，形成社会热点，抖音上去做。平台性媒介的两大属性，一是内容属性，一是非内容的媒介化构建属性，这恰恰就是平台本身的性质和未来价值。

在未来的关联过程中，我们需要解决的问题是什么

一是我们必须明确连接是一种力量。过去大众传播媒介思维逻辑的一个基本模式是什么？是竞争。用简单模型进行概括，就是点对面的传播、一对多的传播，在这种传播下，竞争是必然的，因为媒介想覆盖媒体，竞争是必然的。因此竞争意识在过去大众传播的操作中，是特别深刻的工作逻辑和内在逻辑。但是新媒体的传播模式是不同的，新媒体传播最典型的传播模式就是一对一、点对点的传播，这两者之间的功用价值效用有竞争，但是更大作用是连接，是通过连接来提升功能和价值。

互联网改变了这个世界。它通过连接和再连接，通过这种连接来激活过去的生产模式、价值模式，为我所用，成为我的资源，成为构造我的功能、价值的一种能力，所以连接就是今天互联网时代生产力的根本逻辑所在。而我们对于这种传播模式的改变是不清楚的。连接就是生产力，这应该成为我们今天做传播的人特别重要的一个核心逻辑。

二是摆事实讲道理。讲道理讲感情的问题，两者何者为重？有很多人说当然是讲道理重要，但是如果你不讲感情，不讲关系认同和情感共振，那么传播十有八九无法发挥摆事实讲道理的力量和价值。关于某个道理的共识，人们靠什么来认同一个道理认定一个事实呢？

首先需要有关系的认同。有关系的人，没有关系的认同，没有利益的认同，没有情感的共振，没有立场的一致性，没有这样的前提和基础，任何摆事实讲道理都不能说服人，都不能使人产生认同感，这就是今天的基本的传播现实。毛泽东曾经在70多年前讲过一个道理，他说什么叫政治上正确？就是永远跟大多数人站在一起。要注意，毛泽东说的不是大多数人正确的时候跟他站在一起，大多数人不正确的时候就不跟他站在一起，而说的是永远跟大多数人站在一起，这就是毛泽东所称谓的政治上正确。有人会有疑惑，那大多数都犯错误的时候，跟他们站在一起是不是就是做群众尾巴，做民粹主义者？谁说跟大多数人站在一起就屈从于他们的错误主张呢？跟大多数人站在一起是一种立场的表示，是一种关系的确认，只有站在人民群众当中才能影响他，带领他，站在老百姓的对立面，永远只能产生对立和对抗，不能产生任何有效的引导。特别是，我们经常面临对外的舆论战，有很多人说舆论战不是对敌斗争，因为敌人永远无法被我们说服。舆论战的目标诉求是第三方，就是能够成为我们朋友的人，因此在舆论战中不能用对敌斗争的方式和对敌斗争的口气逻辑去讲话，更大程度上要用一种对于第三方，对于伙伴，对于朋友的方式去讲感情，去求得彼此之间的共识，这一点是舆论制胜的关键所在。习近平总书记在七一讲话当中，提到一个特别重要的问题，就是我们要把共识做得越大越好，同心圆画得越快越好，我们的朋友遍天下的时候我们才能战无不胜。如果我们孤家寡人，哪怕我们是再正确再有价值的，恐怕我们也很难玩得开，这就是舆论战的目的，就是要争取人心，争取尽可能多的人同情我们、理解我们、支持我们，这就是舆论战。

其次我们需要解决的问题。就是在摆事实讲道理之前，一定要摆正我们跟我们的传播对象之间的情感共振问题、关系认同问题，没有这样的一种认同作为共振作为前提，我们的道理说不通，人们不会认同我们，这恐怕是今天一个基本事实。在今天这样一种社会沟通中，有三个环节是传播质效的最重要环节：

一是要触达。信息只有触达到对方才能够实现你的价值、功能，如果连触达都达不到，那你就是自娱自乐或者叫锦衣夜行，就是你无法实现自己的价值，必须要以触达作为发挥自己传播效力功能价值的前提基础。比如说在对外传播中，我们有七个国外传播平台：维基百科、谷歌、Facebook等。国外老百姓的信息接触当中，这几个平台的接触量可以占到平时接触量的90%以上。换句话说，你在其他媒体里面，投放得再多，恐怕不超过10%，而在这七个平台上你的投放可能就形成90%的触达可能性。你的企业，如果有海外业务，在这七个平台上必须要有自己官方的一个词条，并且不断地去更新它，因为老外要是对中国感兴趣，对你的企业感兴趣的话，首先就要去查维基百科，你是家什么企业，是干什么的？有哪些业务和特点？如果在维基百科上没有词条，就谈不上任何意义上的所谓海外传播，所以官方词条的建立，并且不断地更新这些词条下边的内容，就相当于一个企业的大事记，或者一个宣传主阵地，再加上在谷歌、Facebook上建立的自己官方账号等，就有了特别主流的平台，只有在这个平台上你才能进行主流传播。

对社交平台，很多央企及其他企业都有这方面的自觉，还有不少可圈可点，但是对于算法平台，很多人觉得算法多高级多全面，我们怎么利用？其实算法是有逻辑有权重的，各种各样的权重指数，我们可能未必能够掌握算法的全部，但我们可以通过某些专业人士的摸索把握研究出一些基本规律。举个简单例子，7年前，淘宝刚开始形成自己的影响力，当时淘宝商户已经有几百万户甚至上千万户，那些商户面对的是淘宝上的淘宝魔方，这是淘宝自己的搜索引擎。因为所有商户都知道，在线上有所谓的位置经济制约，有人做过研究，如果你的链接能够在第一页面呈现的时候，你被点击的概率在23%～24%，如果到了第二页面的话，你被点击的概率一下就下降到百分之三点几，到第三页面的时候，你的概率是小于0.5%。换句话说，如果能够把你的链接在魔方搜索时呈现在第一页面，至少能够呈现在第二页面的时候，是商户有没有客流能不能卖出东西的关键，而那些浙江杭州边缘的一些小商户通过各种各样的尝试，各种打听各种学习，然后就在自己网页上做尝试，比如说按照群众要求，里边加上一个图，就能够提升自己被显示出来的概率，如果里面有一个视频，这个权重还会更高，如果有打折，哪怕你就打9.9折，有折扣它就能往前走。如果你还有一些服务性的要素，是建构这个平台的一些促进性的要素，你符合这个要素它就能排名靠前，因此整个算法平台，甚至不需要你用任何传统意义上的媒体投放。

二是要信息解码。当内容已经送到用户面前的时候，接下来就要解决两个问题：一要看得下去。什么叫看得下去？当你在街上收到宣传单的时候，因为信息跟我完全没关系，所以即使递到我手里，我也会看也不看顺手扔到垃圾箱。一个内容想要有价值，当通过渠道已经接触到用户的时候，必须要在最早显示的内容页和呈现形式上有一个爆点设计，也就是说能够让人看到眼前一亮，这样才能引发人们看下去。也就是说，这个内容跟你是有关联的，跟你的情感、社会关系、社会观念、利益有某种连接性的爆点，哪怕就是事务性和工作性质的一条资讯一条新闻，你也要在第一页面上，第一呈现的点上呈现出这种关联性。二要解决看得懂的问题。什么叫看得懂？就是一个内容，在形成文字、视频的时候，是一个编码的过程，用技术把它形成一个视频作品或是文字作品，而解码并不是毫无障碍地把你编码的所有东西都能够复现出来。有时候由于人们的经验、方式，由于各种各样因素的影响，就会产生所谓的文化折扣，有效信息被忽略，还有更严重的叫信息认知偏差，你说的是A他理解的是B。在编码提供相应文字和作品的时候，我们反过来就要考虑到读者阅读。观众在看到这段视频的时候，他的认识、思维结构，他的参照性决定着我们如何编码，而不能完全按照自己的兴趣习惯来进行编码。比如我们对外传播的一个宣传片，说全世界的人每买4双鞋，其中有一双就是中国制造，中国人听起来激情澎湃，中国了不起，但是老外一听对不起，他觉得你侵占了他们的市场，你让他们的制鞋工人失业，他觉得这是一种负面宣传。你必须要按他的价值认知方式去讲道理可能会更好一点。比如在拉美平原上，一个看起来很穷的小男孩有时穿着很破的鞋有时光着脚在踢球，突然有一天他穿上一双耐克鞋。然后你告诉人们，之所以这个孩子能够穿上这样一双鞋，是因为中国降低了它的价格，平民百姓也能享受到这种现代科技和工业产品，那传递出的感觉就完全不一样了。这就是西方人更愿意听的故事，更愿意用情感性具象性的事物来认识你的抽象性事物，你不符合这样一种逻辑，恐怕就很难把道理说清楚。

三是解决只说不做的问题。我们做企业传播，其实不仅仅是为了沟通我们跟社会，我们跟用户，我们跟相关的上中下游企业的关系，还有一个重要功能，作为一个传播者，绝对不能忽略的是通过我们信息的认知反馈，反过来去协调我们相关的职能部门，去改善他们的服务，改善他们的机制，改善他们的功能。有的时候做比说要重要得多，就像俄罗斯有个寓言，天上的仙客不如手中的麻雀。这就是今天我们作为宣传部门的人，作为做传播的人，我们身负的两种责任：一要宣传，二要作为信息中枢去进行我们职能战略的协调功能，这个任务同等重要。

（作者系北京师范大学新闻传播学院教授）

企业家谈企业文化

海尔文化纵横谈

张瑞敏

前言：从新文化展说起

一个人如果没有灵魂，就像行尸走肉。企业如人。企业文化太重要了，它就是一个企业的灵魂。虽然从科学上讲，不能说“新文化展”就无懈可击，但我不对展览本身提什么异议，而是跟大家谈谈下一步的挑战。第一个挑战是动态性。十年前，我们为这个展览命名时选择了叫“文化展”而不是“文化馆”，强调了海尔文化的开放性。今天，我要强调的是动态性。文化展不是固化的展览，它是海尔文化的窗口。海尔文化是不断创新，不断优化的，文化展也要根据海尔文化的发展不断优化。第一个挑战就是动态性。第二个挑战是社会性。就像产品一样，我们内部评价总是完美无缺才上市，但上市以后，用户不会都认为你的产品完美无缺。文化展也是如此，我们内部评价很好，但社会上的不同观众如何评价更重要。

一、从文化展的挑战延伸到企业文化的挑战

从文化展的挑战延伸到企业文化的挑战，我们需要思考三个问题：

第一个问题：所有展览追求的最高境界是观众的最佳体验。不论什么展览都是这样。展览好不好不凭自己评价，观众的最佳体验和社会的最佳评价才是标准。怎样验证呢？我个人感觉就是，进来看了之后会让你心里产生一种冲击和震撼；会对你的价值观起到长久的影响，而非一天两天。周艳阳（新文化展设计师）以前出过一本专门写展览的书，书名就叫《体验》。她在书中说，现在流行的展览活动三大元素：展馆、展陈和展品，这三大元素必须要融合，融合的目的就是向观众传达一个信息。这个信息就是观众能体验到你想让他体验的。我们的文化展能不能做到把观众或顾客请进来以后，他们马上就能体会到我们想传达的那种精神。

我想起了 10 多年前中央有关部门组织我们到延安党校去学习过一段时间，参观延安抗大纪念馆的时候，有一件展品至今令我不能忘怀。那是抗大的学员学习用的“笔记本”，其实就是一个沙盘，用一个像现在讲台这么大的木盒，里面铺了一层黄沙，笔就是一根木棍，可见当时学习条件之艰苦。当时我就想，这就是我们想要的创业精神。如果想要达到某一个目标，不会强调任何客观条件，有条件要上，没有条件也要上。你看，一个小小的沙盘，会给我一种震撼，这种震撼又演变成我们所需要的一种精神。

10 多年过去了，对这个沙盘我至今记忆犹新。我会想，现在这些展品会不会达到这个效果，会不会感染到很多人，使他们从一个展品或者细节当中体会到一种精神，这种精神又会激励所有人。普鲁士军事理论家克劳塞维茨在《战争论》中说，物质的原因和结果不过是刀柄，精神的原因和结果才是贵重的金属，才是真正锋利的刀刃。战斗精神越强，刀刃越锋利。精神的强大可以弥补物质的不足。反之，如果没有精神，即使物质条件再好，这个军队也会丢盔卸甲。

第二个问题：观众的最佳体验如何交互？

所有展览追求的最高境界是观众的最佳体验。那么，观众或用户的最佳体验如何交互？这和我们做产品一样，别人是卖出去就是交易的结束，而我们则是交易的结束就是交互的开始。与观众或用户交互需要有链群合约。链群合约负责观众在参观前、参观中、参观后全流程的交互，而且是无穷的交互。因为他不会告诉你他的感受和体会是什么，但是他会跟别人说展览好不好，会因为自己体验好而推荐别人来看，也会因自己体验不好告诉别人不要来看。这个情况我们首先要知道，不是为了别的目的，而是为了不断优化，不断迭代。因此，链群合约增值分享的目标到底是什么就很重要。

第三个问题：展览要传达的精神是什么？链群合约的目的不仅仅是为了交互迭代，交互迭代的目的还是为了让观众体会到我们传达的这种精神概括起来到底是什么。这个展传达出来的海尔精神首先是动态的。

新文化展有一个动态性的变化很好。在每一个战略阶段的开始设置了一个时钟，时钟的装置传达出来的意思是，海尔的精神是动态的，是一脉相承的。不像有些展览馆，展的是过去的、过时的、静态的、固化的。新文化展克服了这一点，它是相互联系起来的，是动态的。

其次是求索的。永远在求索。路漫漫其修远兮，吾将上下而求索。我们过去在求索，今天在求索，未来还要继续求索。现在我们来归纳一下，求索精神的内涵是什么？

二、求索精神的内涵、具体表述和实现路径

（一）求索精神的内涵——引领性和“三易”原则

求索精神的内涵，第一是引领性，第二是“三易”的原则。引领性的实现要靠“三易”原则。“三易”，即《周易》中的不易、变易和简易。引领性在新文化展中已经体现出来了。就像抗大学员学习的“沙盘”体现出的精神，引领性体现在不管条件有多么恶劣，我都要基于自己现有的条件和当时环境的要求达到引领的目标。

比如说我们创立中国第一块冰箱质量金牌。那时冰箱行业有42家定点厂，我们是最后一家。加上不在册的，一共300多家冰箱厂。我们的条件在所有冰箱企业中大概是最差的，连开工都很困难，但是我们当时就提出一个目标，就要争全国的冰箱金牌。别人会想，怎么数都数不到我们。但是我们就立了这个目标，我们一定要争。所以拿到第一块金牌，在当时对我们意义非常重大，它证明了我们的精神是引领的，是必须争到引领目标的一种精神。后来我们在国内的兼并，又是一个引领的精神，体现在上哈佛讲堂的案例《海尔文化激活休克鱼》。有了这种精神，再走到国外。我们在国外国际并购中施行的沙拉式文化融合模式，也成为哈佛商学院的案例，这也是一种引领精神。海尔在国内创出名牌后，《财富》杂志发表一篇文章称海尔就是“小池塘里的大鱼”。即便不是在大海里，在小池塘里也要成为大鱼，成为最好的，因为海尔有这种引领精神。在此基础上，海尔在国际上又创出了世界名牌。现在海尔已经在国际知名品牌机构 BrandZ 认可的全球唯一物联网生态品牌，而且已经连续三年蝉联全球唯一。海尔生态品牌的首创体现的也是一种引领精神。

当初就是一块小小的质量金牌，但体现了一种引领精神，一直延续到今天在全世界的引领。海尔的引领精神，从小到大，都是在某种环境、某种时代背景当中，对自己设立一个最大的、有挑战性的目标。到今天，这种引领目标又发生了质的不同。如果说在此之前，海尔的所有引领目标都有路标，那么到了现在，没有路标。物联网时代，大家都在同一起跑线，都要探索。在这种新环境和时代背景中，人单合一成为全球企业都来学习的一个新商业模式。因为，这是物联网时代全球最引领的模式。

这种引领精神结合“三易”原则，体现出来的就是刚刚我所讲的第一个问题，也就是展览所追求的最高境界——观众的最佳体验。

（二）求索精神引领性内涵的具体表达

刚才讲了求索精神的内涵是引领性和“三易”原则。那么，求索精神引领性内涵的具体表达是什么？我认为应该以两个“不”来表达：第一个“不”，是“不易的使命——人的价值最大化”，不易就是不变的意思，这就是文化展所体现的一条主线，人的价值最大化；第二个“不”，是“不竭的动力——自以为非”。这两点都体现了引领性和“三易”原则。

（1）不易的使命：人的价值最大化

现在全球企业还停留在20世纪70年代弗里德曼提出的股东价值最大化，但海尔已经提出了人的价值最大化。这就是一个引领性。但同时人的价值最大化又是不变的，永远不变。不变的人的价值最大化原则才能保持我们的引领性。如果这个原则变了，那引领性也就不存在了。所有外在表现出的引领形式都要靠人的价值最大化来支持。

（2）不竭的动力：自以为非

求索精神不竭的动力就是自以为非。它所体现的“三易”原则也是引领的。从创业到现在，所有的员工都接受了“唯一不变的就是永远在变”的思想和文化。佛教说“刹那无常”。一“刹那”仅有千分之十几秒的时间。这说明万事万物随时都在变。海尔所有员工都能够接受，这就是“不易”原则起到的非常引领性的作用。很多企业要么接受不了，要么没有意识到这一点。

“变易”的体现就是海尔随时代变化而变化，而变化的目的是支持人的价值最大化。或者可以说，海尔以人的价值最大化为宗旨进行变化，而变化之后又促进了人的价值最大化的升级。

“简易”指的是海尔所有“变”的目的是为了更加简化，简化到“与用户零距离”。管理学上说，企业非常难做的理由是因为摩擦力太大。和用户之间的距离越长，摩擦力就越大。如果我们和用户零距离，那就可以在第一时间满足用户的需求。现在新文化展把人的价值最大化和自以为非这两点都体现出来了。人的价值最大化这条主线一以贯之。

不竭的动力——自以为非具体体现在了每个战略发展阶段的动态钟摆上。每一个不同的战略发展阶段就体现出我们所谓的自以为非，就是要忘掉昨天成功的案例，忘掉昨天成功的理念，要颠覆自己，挑战自我、战胜自我。如此才能在新的时代，跟上时代的节拍，与时俱进。

（3）人的价值最大化与自以为非的融合

在展览中，我们要思考人的价值最大化与自以为非如何融合起来，不能分裂。

海尔砸冰箱创品牌的事件是很震撼人心的。在这个事件的展览上体现人的价值最大化和自以为非的结合。当时海尔自以为非，认识到当时只追求产量不追求质量的做法是行不通的。通过砸冰箱则给大家以观念上的震撼，从而提升了员工的素质和价值，进而以人的素质的提高来保证产品的质量，也就是我们所说的高质量的产品是由高素质的人制造出来的。

因为有了人的价值最大化理念，在之后的多元化战略阶段，海尔在兼并很多企业的时候，不是解决财务上问题，而是解决人的问题。当时海尔有资金，但不会拿钱来挽救这个企业。海尔的做法是通过改变被兼并企业的员工观念，让兼并企业自己走出困境。这样“人的价值最大化”又解决了兼并的问题。紧接着，海尔进入了创国际品牌战略阶段。这时，别的企业基本上都以代工为主，海尔为什么非要创国际名牌？就是因为我们砸冰箱时就树立的“人的价值最大化”，

要让人在国际创牌中提升价值。由此可见，人的价值最大化和自以为非是相辅相成、互为表里的。到了网络化阶段，不仅是哪个企业要自以为非，全世界所有的企业都要自以为非。

海尔从 2005 年 9 月 20 日提出人单合一。创立之初，因为是首创的，所以没有路标，没有样本，海尔在实践中探索。海尔之所以能探索得比较成功，关键的原因就是所有的员工都接受“变是常态”的观念；所有员工都接受“每个人必须要创出自己的价值”，也就是接受了自以为非和人的价值最大化。

现在很多国外企业听到我讲海尔取消 12，000 名中间管理层时，认为这是不可思议的事。但海尔做到了，因为我们三十几年来一直坚持的“人的价值最大化”的理念。当我们初步获得一些成就后，自以为非的精神，又会推动我们跟随时代变革和转型，这又带动了“人的价值最大化”的升级。因为在最开始，“人的价值最大化”体现在员工有没有把本职工作做好，但现在体现的是自主人创客的创新，这和原来“人的价值最大化”的体现相比产生了质的改变。物联网时代的变革是突如其来的，大家还没有做好充分准备，时代就推着我们必须进行变革。但海尔因为“人的价值最大化”打下了很好的基础，所以可以迅速应对这种变化；而变化之后，“人的价值最大化”又有了质的提高。这就是一个良性循环。所以，这二者不能割裂开来，要融合起来。

（三）求索精神的引领性必须以迭代升级来实现引领性不是一朝一夕，也不是过去时，而是现在进行时，必须要迭代升级。我们从人的价值最大化和自以为非分开来看

（1）不易的使命：人的价值最大化的迭代升级

先看引领性。人的价值最大化已经在全球不仅理念而且实践都实现了引领。人的价值最大化的基础平台就是人单合一。现在全球已经有十大人单合一研究中心，遍布全球，包括美国的硅谷。国际知名财经分析机构研究后认为，人单合一是海尔提出的，但现在已经不是海尔的专属名词，而是全球企业共襄盛举的物联网时代的管理革命。再看迭代性。在引领的基础上，要想继续引领就必须迭代升级。

（2）观念的迭代：从资本价值最大化到人的价值最大化

为什么其他企业还是股东价值最大化，而无法提出人的价值最大化？从工业革命以来，股东价值最大化这个观念已根深蒂固。工业革命之前是文艺复兴。西方文艺复兴的目标把人从神权下解放出来，也就是人性的解放，但是人性的解放并没有到达工厂。在他们的工厂中仍然不是追求人的价值最大化，而是资本价值最大化。这就是很多企业走不出“股东价值最大化”的原因。

马克思在《资本论》中对此做了精辟分析：资产阶级通常十分喜欢分权制，特别是喜欢代议制，但资本在工厂法典中却通过私人立法独断地确立了对工人的专制。这句话一针见血，资产阶级喜欢分权制和代议制，但在工厂里却是资本家一个人说了算。资本家自己立法的目的是因为要实行对工人的专制。目的是要剥削工人的剩余价值。工人不管做多少，资本家只是支付工资，剩余价值归资本家所有。这就是马克思所说的资本在工厂发展起的作用，企业主追求的是“资本价值最大化”。海尔是将“三权”（用人权、薪酬权、决策权）还给小微。现在除了海尔，全世界的企业还没有在这方面探索的。海尔通过探索破了局。

人单合一通过创客制来解决了这个问题。现在海尔有 1 万多名创客获得了创客份额。创客份额仍属于集体资产，创客只有资产的使用权，没有资产的所有权。所以，海尔现在还是名副其实的集体所有制企业，产权性质没有变。创客有使用权，可以利用这些资产内部创业，也可以从家里再拿点资金跟投创业。不管创业失败还是成功，创客份额代表的集体资产都不归创客所有。创客承担着创业的风险，但成功后，就可以获得超额收益。海尔在全球企业中首创了第三种收益。

一般企业有两种收益，第一种员工的劳动收益，也就是工资；第二种是资本收益，资本所有者通过委托代理获得所有剩余价值。但海尔是通过让创客分享资本使用权去创造资本溢价，创客获得的不仅是劳动所得和资本所得，还有创新所得和创新的溢价。这是在劳动收益和资本收益外的一种新收益模式，激励全员都发动起来创业创新。

（3）目标的迭代：人人都是自主人创客

海尔创客制已经引领。接下来的任务就是要向自主人迭代进化。也就是让每个人都成为自主人创客。现在很多链群冒出了自主创客，但还不是所有人。就人性来讲，我们需要让每个人都成为自主人。就像康德那句话所说，人是目的，不是工具。马克思则说：人的根本就是人本身。康德的“目的”或马克思的“人本身”指的其实就是两个字：尊严。全世界的人都一样希望得到尊严，但在追求股东价值第一的企业里，所有员工都是执行者、经济人，没办法实现自己的尊严。实现尊严的路径，是人的价值最大化。一个人把自己的价值都发挥出来才能体现“尊严”。所以，实现尊严的前提就是自主人。如果一个人不能自主，需要被别人管制，那就无法实现自身的价值。这就是马克思所说的，能给人以尊严的是在自己的领域内独立地进行创造。要给每个人创造一个独立的领域，他才能去创造。

有人说，不可能让每个人都成为自己的 CEO。实践证明，这是一定可以的。而且这里的“人”，并不只是海尔在册的员工，也包括卡奥斯、盈康一生等海尔生态中所有人。要有机制让所有人成为自主人。

这是一定能做到的。

因为明朝心学大师王阳明有一句名言就叫作：心中有良知，满街是圣人。也有解读说“人人都是圣人”。但前提是人人心中有良知，也就是“致良知”。良知就是对自己、对社会的认识，每个人都是这种认识的主宰。这其实就是人性的解放。这里所说的“圣人”并非像孔圣人一样。什么是“圣人”？王阳明说“事功即学问”。事功的功就是功劳。“事功即学问”把传统封建社会对“学问”的标准颠覆了。原来的学问标准是你学了多少、功名考取了多少，但王阳明的标准是如果你创造了价值、做出了贡献，就是有“学问”，但如果读的书很多，却一事无成，那就是没有“学问”。

王阳明之所以被称为“上马为将，下马为师一完人”，就是因为他是在实践当中做出了很多成果。苏格拉底也说，每个人身上都有太阳，主要是如何让他发光。所以我们要思考，如果组织里没有自主人，没有很多创客，这并不是因为这些人不行，而是因为机制不行，机制不能让大家身上的“太阳”发光。

（4）迭代的验证：时代的价值和倍增的价值

我们现在要让每个人都成为自主人，让每个人都创新。如果做到了，如何来检验？应该用两个价值来检验：一个是时代的价值，一个是倍增的价值。

时代的价值就是说，现在推进的是不是生态品牌。不能再停留在产品品牌，不能只聚焦在内部、关注产品质量好不好。产品是基础，但现在要聚焦的是你的产品是不是在生态中，在生态中是不是做得更好。

倍增价值就是说，新开发的产品或体验一定是指数级增长。无论是食联网、衣联网，还是卡奥斯等生态都要实现指数级增长。如果没有，就要研究是不是把每个人变成自主人。因为我们的终极目标，一定是马克思所说的：人的全面自由发展。

（四）不竭的动力——自以为非的迭代升级

自以为非也是一个引领的观念，引领之后也需要不断迭代升级。

（1）观念的迭代：自以为非

很少有企业会公开说自己“自以为是”，但不管你的主张是什么，客观上的结果可以看出还是“自以为是”。世界500强企业的平均寿命从六十几年跌到了只有十几年。那些出局的企业都是因为“自以为是”。不管主观上想不想，客观上都是因为跟不上时代发展。“自以为非”不是一个口号，而是一个规律，是一个不以人类意志为转移的一种规律。早在2500多年前，老子在《道德经》就体现出这个思想。老子《道德经》很深奥，是全世界除《圣经》之外发行最多的书籍。要理解的话，我认为不要逐字逐句理解，先要理解《道德经》的主题，也就是《道德经》第四十章的第一句中就说“反者道之动”。“道之动”的“道”就是运动规律。道的运动规律是什么？就是“反者”。就是说所有的事物都会向它的反面发展，这是我们大家都很熟悉的，盛极而衰，物极必反。很多企业在巅峰时倒下了。

马克思从辩证法的角度诠释得更加全面，也就是说辩证法在对现存事物肯定理解的同时包含着对现有事物否定的理解，也就是现存事物一定灭亡的理解。以一个被市场热捧的产品为例。如果一个产品成为爆款，你就认为它会一直是爆款，没有想到它有一天会消失，而是继续扩大产能，那结果就是它一定会消失。随身听就是典型的案例，曾经风靡全球，但现在只能在博物馆里找到。所以，要么自进化，要么进博物馆。

对海尔而言，“自以为非”促使我们在前进的道路上要不断地迭代升级。落到当下我们要如何迭代升级？

人单合一很重要的一个支撑就是链群合约。链群合约是引领的。因为通过链群合约，海尔对科层制创造性破坏后，又创造性地重组出了自组织的网络。这在全球企业中是独一无二的。这解决了企业界的大难题——大企业病。疫情期间，《斯隆管理评论》的文章中，评价海尔的供应链韧性优于美国、日本等企业。原因就是因为有链群合约，不需要层层向领导汇报，而是充分发挥小微的自主性。

（2）目标的迭代：从链群合约到链群联合体

链群合约已经开始引领，那下一步的迭代升级目标是什么？就是由周云杰主导推进的链群联合体。

链群联合体解决的是如何避免当企业发展成为帝国后被动分拆的问题。美国、日本等很多大企业帝国都提出要分拆。之所以选择分拆是因为他们不是生态，不是有机体。只有生态才是有机体。

链群联合体就是一个生态。比方说智家生态，就是一个链群联合体，会自裂变出智慧厨房生态、智慧卧室生态等会持续不断地裂变。分拆与自裂变是有着本质不同的。传统企业发展大了以后分拆，通俗来说是“树大必然要分叉”。但海尔是生态，不管多大，永远不会有天花板，因为可以不断进化。从“0”到“1”，自涌现出生态有机体后，又从“1”不断地自裂变，裂变出“N”个有机体，“N”又可以发展到无穷大，裂变出很多不同的链群联合体。

（3）终极目标的迭代：自由人的联合体

链群联合体的引领也不是终极目标，我们的终极目标就是马克思在《资本论》中所提到的“自由人的联合体”，书中提到人类社会有三种不同的联合体，从初级、中级到高级，最高级的联合体就叫自由人的联合体，这是最高境界的联合体，这是海尔目标迭代直至终极目标的理论基础。“自由人的联合体”指的就是所有人共同占有和使用生产资料，共同创造和分享产生的成果。“自由人的联合体”的实现有一个前提，那就是每个人都要全面自由发展。马克思在《共产党宣言》中说：每个人的自由发展是一切人自由发展的条件。今天在海尔，我们也可以说，每个创客的“人的价值最大化”会使我们的组织生生不息。反之，如果组织没有生生不息，说明没有让每个人成为自主人、让每个人实现价值最大化的机制。

结语：从历史到当下

这是我今天参观展览后想到的，其中有些目标可能并不容易实现。但对海尔而言，开弓没有回头箭，必须要坚持求索精神的引领性，并坚持自以为非的不竭动力。“自以为非”的引领性落在当下，我认为就是两个具体目标：一个是全球物联网时代商业模式的引领，一个是全球物联网时代交互生态的引领。从全球物联网商业模式的引领来看，海尔物联网商业模式已经获得越来越多人的认可，而且越来越多人都在学习，我们已经给国外的企业颁发了认证证书。但现在距离成为像泰勒制、丰田制那样全球都在使用的模式还有差距。这个就是我们来检验是不是自以为非的一个标准。否则如果仅是海尔自我否定、自我变革，但没有达成全球一致性，那今天我们所做的一切的意义就没有了。

从全球交互生态引领来看，尽管现在全球很多企业都在说做生态，但在我看来做交互生态的没有。大家更多的还是希望通过新的技术来控制员工，像外卖系统把外卖员困在系统里。这是不行的。所以一定要做交互生态，也就是生态中所有人都得到自己的发展，得到自己的增值。检验的标准很简单，就是可不可以赋能中小企业、可不可以为城市的数智化发展做出贡献。这些目标都是我们再难也一定要达到的。而达到的前提就是我们所有的自组织必须是一团“永恒的活火”。

（作者系海尔集团创始人、董事局名誉主席）

文化是娃哈哈集团发展的“根”和“魂”

宗庆后

2021年是中国共产党建党100周年，亦是“十四五”规划开局之年，是巩固拓展脱贫攻坚成果和乡村振兴有效衔接的起步之年。回望中国共产党的光辉历程，这是一部开天辟地、披荆斩棘、砥砺奋进的史书，我们第一代民营企业家在国家“改革开放”的号召下，不断摸索发展起来，其间离不开党、政府和人民的支持、帮助和信赖。我们要饮水思源，感恩党，听党话，跟党走，弘扬企业家精神，发挥企业家作用，积极承担社会责任。

一、秉持奋斗文化，我们砥砺前行

娃哈哈创业路上有百般艰难，但在中国共产党的正确指引下，改革开放为我们创造了大舞台、大机遇，每一次遇上困难，我们都能顺利克服，都会成为娃哈哈的一次巨大跃升。

（一）白手起家，承包经营校办企业

1987年，恰逢杭州市上城区文教局对校办企业开展承包工作，招标校办企业经销部经理，利润指标是4万元。那时候我已经在商场上摸爬滚打了八年，认为这是一个可以发挥自己才能的舞台，于是我主动招标认购任务，保证创利10万元。大家都认为我在吹牛，创业初期的条件确实也十分艰苦，经销部连我在内一共3个人，每天代销利润微薄的棒冰、汽水、校簿、文具和中国花粉口服液，风里来雨里去忙活了一年，终于拿出了一份体面的成绩单：销售总额436万元，利润22万元，比创利指标超出了一倍多！

（二）瞄准市场空白，开发娃哈哈儿童营养液

尽管那时候我们已经成为全国校办企业的佼佼者，但我认为企业没有自己的产品终究不是长远之计。那时候我与学校接触比较多，看到不少孩子面黄肌瘦的，一了解才知道很多独生子女因为偏食而产生了营养不良的问题。一个想法在我脑子里逐渐成形：我们为什么不能生产一款适合儿童的营养液呢？于是我们请了浙江医科大学营养系主任朱寿民教授研发一款开胃产品，并在营养学会会长于若木同志的大力支持下，召集了全国有名的营养学专家帮助审查配方工艺，终于开发出了中国第一支儿童营养液，我们起名为“娃哈哈”。

为了打开市场，我们用仅有的21万元做了广告，随着“喝了娃哈哈，吃饭就是香”的广告语响彻大江南北，娃哈哈营养液一炮而红、供不应求，仅3年就销售过亿，公司掘得了第一桶金。

（三）小鱼吃大鱼，形成规模经营

娃哈哈营养液销售火爆的同时，我们也遇到了产能不足的问题，亟须扩大生产规模。1991年，在杭州市委、市政府的支持下，娃哈哈以一个百人民营小厂，花8000万元兼并了有2000多名职工、500多名退休工人、资不抵债的国营老厂杭州罐头食品厂。这一改革举措不论是在杭罐厂内部，还是在社会上都掀起了极大的舆论风波。这样的压力之下，时任浙江省委书记的李泽民同志在《浙江日报》上公开表态支持我们，随后《杭州日报》等媒体也都纷纷撰文肯定这次兼并，将其定性为“深化改革的一项重要突破”。

兼并后，我们28天拉起一条生产线，百日之内让杭罐厂扭亏为盈。在大家的共同努力下，“百日兼并”逐步扭转了社会影响，同时壮大了娃哈哈，可以说“小鱼吃大鱼”是娃哈哈走向规模经营的关键一步。

（四）对口支援走向全国，实现“销地产、产地销”

1994年全国支援三峡库区建设，浙江省政府要求我们去四川涪陵对口支援，开座谈会时我就表态同意兼并受淹的三家特困企业，后来实地考察才发现厂区破破烂烂，员工人心涣散，我带去的二十几位中层干部没有一人赞成去涪陵投资，但我认为东部支援西部是我们义不容辞的责任，而且既然已答应了就不能反悔，因此我力排众议在涪陵建了厂。

在全体员工的积极努力下，1995年春节果奶车间投产了，而且三个月即扭亏转盈，此后涪陵公司连年增长，跻身当时重庆工业五十强，我们在解决1000多户移民就业与安置问题的同时，还带动了当地的配套企业发展。

由于名声在外，很多贫困地区都来娃哈哈招商，政府也交给我们对口支援的任务，我们从此迈开了“西进北上”的步伐。娃哈哈在走向全国的过程中，也促进了自身的发展，实现了“销地产、产地销”，这与“联销体”模式共同构成了企业的擎天双柱。

（五）赢得达娃之争，进一步增强参与国际竞争的信心

1996年，娃哈哈与法国达能集团开始合资，在此后11年中，双方陆续在国内设立了39家合资公司，这些合资公司在我们中方的精心管理之下，取得了不错的经济效益。达能仅以14亿元人民币的投资额就赚取了30多亿元的巨额利润，为此其一直对娃哈哈以及中方管理层赞赏有加。

但从2006年下半年以来，由于达能在中国的其他项目效益不佳甚至亏损，便提出要低价并购我们与其毫无关系的其他非合资企业。在诸多手段均不能使我们屈服之后，达能便以“莫须有”的罪名在全球各地对娃哈哈和我本人提出几十个诉讼和仲裁。在社会舆论对我们不利的情况下，我们用事实证明自身没有搞同业竞争、没有滥用商标，真正违约的

是达能，因而所有的诉讼均以我们完胜而结束。

2009 年 9 月 30 日，娃哈哈和达能达成和解协议，达能按照合资公司原投资多少钱拿回多少钱，全部退出合资公司。至此，这一长达三年并引起国际社会关注的合资纠纷得到圆满解决，因为公理和正义，娃哈哈最终赢得了这场“尊严之战”，同时我们也进一步坚定了信心，更加自信地参与国际竞争。

正是基于娃哈哈人的拼搏精神，形成了具有娃哈哈特色的企业精神“励精图治，艰苦奋斗，勇于开拓，自强不息”，一路指引着我们不断前行。

二、秉持创新文化，我们乘风破浪

创新是引领发展的第一动力，从初心到匠心，娃哈哈用创新淬炼长青品牌，以创新办法寻求化解矛盾的“钥匙”，以创新思路萃取化繁为简的“良方”，以创新举措打开实现突破的“锦囊”。

娃哈哈现在的产品理念从“安全”转向“健康”，正在大力发展大健康产业，希望帮老百姓解决亚健康问题。

一方面，在饮料研发上，近年来娃哈哈注重低糖、低脂、零糖、零脂，延续多年前推出的零糖系列的娃哈哈无汽苏打水，去年又推出了低糖版营养快线、低糖款呦呦奶茶和低糖的新中式果茶“桃源茶事”等。

另一方面，依托强大的专业人才队伍和科研实力，娃哈哈专门成立了现代生物工程研究所，把中医食疗传统理论和生物工程、现代提取等技术相结合，开发出科技含量高、附加值高的大健康产品。

同时，娃哈哈布局菌种资源领域，经过十年，现已成功研发具有完全知识产权的益生菌十几种，建立了拥有超过 4500 株菌株的菌种资源库，菌种拥有量及资源收集量在国内同行业内名列前茅。

三、秉持红色文化，我们不忘初心

“共同富裕”是历史上无数志士仁人共同追求的奋斗目标，是中国共产党初心使命的重要体现，亦是我们民营企业家存在的核心价值。在实现第二个百年奋斗目标新的赶考之路上，我们民营企业家义不容辞，要先富带动后富，为我们国家早日实现共同富裕而作出自己的贡献。

对于民营企业家来说，要实现共同富裕，一是先给自己的员工加工资，让他们提高消费能力，通过消费带动经济社会发展；二是支持公益慈善事业，慈善是中华民族的美德，因为我们做企业，不是为自己吃好饭穿暖衣而奋斗，现在要提高自我尊重、自我发展，提高档次了。这些年，娃哈哈的公益行动还触及捐资助学、扶危济困、帮扶“三农”等方面。截至 2021 年，娃哈哈已累计为慈善事业捐赠超 7 亿元。三是授人以渔，过去我们经常说救急不救穷，但我认为要想实现共同富裕，既要救急也要救穷，你得先培养他的造血功能，让他通过辛勤的劳动创造财富。在乡村振兴方面，娃哈哈除了资金与技术上的支持外，还致力于通过产业赋能，帮助当地企业发展。截至 2021 年底，娃哈哈在中西部地区、贫困地区、东北老工业基地等 17 个省市投资 87 亿元，建立了 78 家分公司，并全部实现当年投产、当年取得效益，成为当地的骨干企业和利税大户。

四、秉持家文化，我们成果共享

对企业来讲，企业家起到关键作用，但是没有全体员工的努力，企业也办不好，所以要给员工提高劳动收入。娃哈哈鼓励与员工共享发展成果，坚持每年给员工涨薪，同时为员工解决住房问题。

为了真正做到发展成果与员工共享，娃哈哈在薪资机制和福利待遇方面给予了员工充分保障。除了基本工资、津贴、奖金和干股分红外，娃哈哈还兴建了员工宿舍、保障房和廉租房。2020 年，娃哈哈在杭州市上城区动工兴建员工人才公寓，总投资达 9.42 亿元，预计建成 1364 套两室一厅并于 2023 年以精装修形式交付，保障员工“住有所居”。

在精神文明建设上，从工团活动、职工之家、年夜饭到各式文艺演出，娃哈哈建立起涵盖员工衣、食、住、用、行的关怀机制，真正做到“凝聚小家，发展大家，报效国家”，成为其“家文化”的现实投射。

（作者系娃哈哈集团董事长）

赓续精神血脉　实现自立自强

戴厚良

习近平总书记在两院院士大会、中国科协第十次全国代表大会上的重要讲话中指出：“立足新发展阶段、贯彻新发展理念、构建新发展格局、推动高质量发展，必须深入实施科教兴国战略、人才强国战略、创新驱动发展战略，完善国家创新体系，加快建设科技强国，实现高水平科技自立自强。”推动能源科技实现高水平自立自强，需要赓续共产党人精神血脉，大力弘扬大庆精神、铁人精神，为走好新时代能源高质量发展之路汇聚强大精神力量。

能源是人类文明进步的基础和动力，攸关国计民生和国家安全，关系人类生存和发展，对于推动经济社会发展、增进人民福祉至关重要。新中国成立后，党中央作出石油勘探战略东移的重大决策，翻开了我国石油开发史上具有历史转折意义的一页。在极其困难的情况下，广大石油、地质工作者以“为国分忧、为民族争气”的爱国之情，“有条件要上，没有条件创造条件也要上”的豪迈壮举，讲究科学、“三老四严”（对待革命事业，要当老实人、说老实话、办老实事；对待工作要有严格的要求、严密的组织、严肃的态度、严明的纪律）、“四个一样”（黑天和白天一个样、坏天气和好天气一个样、领导不在场和领导在场一个样、没有人检查和有人检查一个样）的科学求实精神，以“宁肯少活二十年，拼命也要拿下大油田”的奉献情怀，高质高效建成大庆油田，形成以“爱国、创业、求实、奉献”为内涵的大庆精神、铁人精神，为我国石油工业发展注入强大精神力量。

当今世界，科技创新成为国际战略博弈的主要战场，围绕科技制高点的竞争空前激烈，新一轮科技革命和产业变革蓬勃兴起，科技创新广度显著加大、深度显著加深、速度显著加快、精度显著加强。其中，化石能源清洁化、清洁能源规模化趋势加速演进，现代能源科技正在深刻影响国家发展和国际竞争。推动能源科技实现高水平自立自强，已成为把握新一轮科技革命和产业变革机遇、赢得创新发展主动权、保障国家能源安全的大势所趋。为适应这一历史趋势，中国石油天然气集团有限公司把推动能源科技实现高水平自立自强作为重中之重，大力弘扬大庆精神、铁人精神，着力攻克能源科技“卡脖子”难题，构建起一整套科技创新体系，以超前战略规划、高效组织方式、规范过程管理、全程激励措施、长效动力保障、开放科研环境、共享知识平台以及浓厚的创新氛围，大力推动我国石油工业高质量发展。近年来，在勘探开发、炼油化工、油气服务与天然气领域取得一系列标志性成果，形成一整套我国独创的油田开发理论方法和工艺技术，使老油田保持旺盛生机活力。

习近平总书记强调：“能源安全是关系国家经济社会发展的全局性、战略性问题，对国家繁荣发展、人民生活改善、社会长治久安至关重要。”习近平总书记提出“四个革命、一个合作”的能源安全新战略，即推动能源消费革命、能源供给革命、能源技术革命、能源体制革命，全方位加强国际合作，为新时代我国能源发展指明了方向，开辟了中国特色能源发展新道路。经过长期发展，我国已成为世界上最大的能源生产国和消费国，形成了煤炭、电力、石油、天然气、新能源、可再生能源全面发展的能源供给体系，技术装备水平明显提高，生产生活用能条件显著改善。同时也应看到，我们还面临能源需求压力巨大、能源供给制约较多、能源生产和消费对生态环境损害严重、能源技术水平总体落后等挑战。有效应对这些挑战，必须充分发掘大庆精神、铁人精神的时代价值，把“爱国、创业、求实、奉献”的精神内涵发扬光大，奋力推动能源科技实现高水平自立自强。

面对新时代新形势对能源领域提出的更高要求，我们要大力发扬爱国精神，坚定理想信念，志存高远，胸怀祖国，服务人民，以浓厚的家国情怀和强烈的社会责任感，肩负起实现能源科技高水平自立自强的使命。发扬创业精神，秉承独立自主、自力更生的优良传统，埋头苦干、奋力攻坚，全力打好关键核心技术攻坚战，努力实现关键核心技术自主可控，让科技创新成为保障国家能源安全的制胜法宝。发扬求实精神，弘扬优良学风，坚守科技伦理、学术道德，以对科研事业的热爱和专注勇攀高峰、追求卓越。发扬奉献精神，淡泊名利、甘为人梯，以“板凳甘坐十年冷”的韧劲和钻劲，多出高水平原创成果，把创新成果转化为石油工业高质量发展的战斗力和生产力，为推动高质量发展、全面建设社会主义现代化国家作出新的更大贡献。

（来源：《人民日报》2021年6月25日，作者：中国石油天然气集团有限公司党组书记、董事长）

从党的百年光辉历程汲取争创世界一流企业的智慧和力量

陈德荣

习近平总书记在庆祝中国共产党成立100周年大会上指出：“立足新发展阶段，完整、准确、全面贯彻新发展理念，构建新发展格局，推动高质量发展”，不仅为国家实现高质量发展提供了指南和要求，也为中央企业创建世界一流提供了奋斗目标、成功路径和重大机遇。中国宝武深入学习贯彻习近平总书记“七一”重要讲话精神，深化党史学习教育，继续秉承使命与担当，进一步做强做优做大，依托国内超大规模的市场优势和内需潜力，助力形成“以国内大循环为主体、国内国际双循环相互促进的新发展格局”，并以此为契机，不断增强自身的竞争力、创新力、控制力、影响力、抗风险能力，为党和国家经济社会发展行稳致远提供有力支撑。

一、践行忠诚担当，勇担央企使命

习近平总书记指出，国有企业是中国特色社会主义的重要物质基础和政治基础，是我们党执政兴国的重要支柱和依靠力量。中国宝武始终秉承“两个基础”的理念，践行忠诚担当，坚决把习近平总书记考察中国宝武太钢、马钢重要讲话、对中国宝武碳中和碳达峰的指示批示精神和党中央决策部署在中国宝武贯彻落实，不断增强“四个意识”、坚定“四个自信”、做到“两个维护”，胸怀“两个大局”，牢记“国之大者”，提高政治判断力、政治领悟力、政治执行力，在把握新发展阶段、贯彻新发展理念、构建新发展格局中找准定位、主动作为。

初心如磐，使命在肩。中国企业产生于近代中华民族内忧外患之时，自诞生起就承担着国家使命和民族责任，是推动国家崛起强大的重要力量。中国近代钢铁企业自诞生伊始就承载着民族复兴的使命，自近代以来的众多钢铁企业，如今汇集于中国宝武，一代代宝武人，都以民族复兴为己任，始终把“钢铁报国、钢铁强国”作为初心，勇担党和国家的战略使命。做突破中国关键核心技术的攻坚者，中国宝武紧抓机遇大力发展新材料板块，使命类产品研发取得明显成效，有力支撑航空航天、核电能源等国家重大工程、重点项目建设，成为科技自立自强先锋力量。做中国先进制造业的支撑者，中国宝武是制造业的基础工业，为装备制造业提供基础材料，推进智慧制造，支持国家重大、重要装备制造业的发展，从而推动和支撑国家战略目标实现。做中国现代化国防建设的贡献者，为枪、炮、坦克等兵器提供必备材料，为航天与电子工业提供重要材料，为建设现代化国防，提供钢铁工业的支撑力量，服从和服务于国家战略需要，为党的事业、国家利益做出贡献，成为党和国家最可信赖的依靠力量，成为坚决贯彻执行党中央决策部署的重要力量。

二、传承红色基因，打造“国之重器”

习近平总书记指出，“一百年前，中国共产党的先驱们创建了中国共产党，形成了坚持真理、坚守理想，践行初心、担当使命，不怕牺牲、英勇斗争，对党忠诚、不负人民的伟大建党精神”。这是中国共产党人取之不尽用之不竭的最宝贵精神财富，是中国共产党人的精神之源，也是中国宝武精神之源。中国宝武融入了宝钢、武钢、马钢、重钢、太钢、昆钢等钢铁企业，是近现代钢铁工业的历史传承者，在 130 多年历史基础上建立的宝武集团，更要赓续红色血脉，继承弘扬伟大建党精神，把红色基因渗入血脉、融入灵魂、化为行动，加强对宝武精神的研究、凝练和践行，让红色基因、宝武精神代代相传。

唯改革者进，唯创新者强。中国要实现从东方大国到世界强国的历史性跨越，矗立于世界舞台中央，必须通过建设一批世界一流企业去推动和支撑。而今天的中国比以往任何时候都具备培育一批世界一流企业的条件、能力和信心。中国宝武竭力把精神力量化为强大的物质动力，全力打造“国之重器”。在商业模式和管理范式上寻求突破，保持业务规模和盈利能力处于全球前列，确保资产效率不断提升，实现高质量发展。完善科技创新体系、科技创新能力以及科技队伍建设，全力做好“卡脖子”技术攻关，实现高水平科技自立自强。加快国际化步伐，突破国际化发展瓶颈，加快海外布局，致力成为全球钢铁业引领者，服务“国内国际双循环”的新发展格局。抓好自我改革攻坚，激发发展强劲动能，提升国有资产保值增值效力，做好国有资本投资公司建设。坚定不移地坚持和落实“两个一以贯之”，切实把党的政治优势、组织优势、群众工作优势转化为中国宝武的发展优势、竞争优势和创新优势。中国宝武要顺应中华民族伟大复兴发展大势，牢牢把握世界百年未有之大变局的新机遇，加快改革步伐，奋力创建党和国家所器重、民族所倚重、行业所敬重、世界所尊重的世界一流钢铁企业，成为贯彻新发展理念、全面深化改革的重要力量，成为实施“走出去”战略、“一带一路”建设等重大战略的重要力量。

三、创造绿色钢铁，构筑美好生活

习近平总书记指出，新发展理念是一个系统的理论体系，回答了关于发展的目的、动力、方式、路径等一系列理论和实践问题，阐明了我们党关于发展的政治立场、价值导向、发展模式、发展道路等重大政治问题，全党必须完整、准确、全面贯彻新发展理念。中国宝武深刻把握新发展理念的丰富内涵和实践要求，始终坚持把以人民为中心的发展思想作为新发展理念的根本理念，坚持以问题导向精准贯彻新发展理念，带头落实碳达峰、碳中和要求，构建以智慧制造和智慧服务为手段，实现绿色发展、和谐发展的高质量钢铁生态圈。

央企姓党，央企为民。中国宝武始终牢记习近平总书记的殷殷嘱托，坚持把社会责任放在首位，服务国家建设和民族复兴，在应对自然灾害、事故灾难、公共卫生和社会安全等重大突发公共事件中发挥“顶梁柱”作用，为应对新冠疫情、打赢脱贫攻坚战做出重大贡献。2020 年，面对突如其来的新冠肺炎疫情，中国宝武服务、服从全国抗疫大局，尤其是地处疫情风暴中心的在鄂在汉各单位“为国保产，为民复工”，为打赢湖北、武汉保卫战付出了巨大努力，在疫情防控大战大考中经受考验，充分展现了“大国重器”“顶梁柱”的担当作为，“责任宝武”的名片越来越耀眼。在脱贫攻坚的战场上，派出得力的党员干部，挂职于各个贫困地区，开展定点扶贫。中国宝武 7 个定点帮扶县和 4 个对口支援县全部实现脱贫摘帽，8 家子公司承担的 7 个省级行政区 41 个扶贫点全面脱贫出列。脱贫攻坚工作获得了党中央、国务院的充分肯定，走出了一条与帮扶地区共谋发展、共享成果的具有中国宝武钢铁生态圈特色的帮扶之路。积极主动对接国家乡村振兴战略，巩固拓展脱贫攻坚成果，实施乡村振兴“授渔”计划，重点关注促进乡村产业振兴、人才振兴、文化振兴、生态振兴、组织振兴“五大振兴”战略，深度聚焦产业帮扶、就业帮扶、智力帮扶，实施“授业”“授岗”“授教”三大行动，细分为助力数字产业兴村强县、镇（乡）、村就业创业促进、持续改善提升教育质量等 12 项子行动，积极构建产业为基、就业为本、教育为翼的钢铁生态圈乡村振兴工作新格局。坚持发展成果人民共享，满足职工群众对美好生活的向往，全面提升员工的能力和素质，全面推进职工岗位创新和价值创造，让员工在中国宝武实现高质量发展、共建钢铁生态圈中获得看得见、摸得着、感受得到的利益，构筑“有钱、有闲、有趣”美好生活，与企业共命运、同成长，提升员工获得感、幸福感、安全感，成为壮大综合国力、促进经济社会发展、保障和改善民生的重要力量，成为我们党赢得具有许多新的历史特点的伟大斗争胜利的重要力量。

一万年太久，只争朝夕。历史从不等待一切犹豫者、观望者、懈怠者、软弱者，我们要以“功成不必在我、建功必定有我”的胸怀，“跑好自己这一棒”的责任担当，抓住历史赋予中国宝武的使命和机遇，完成从“老大”到“强大”到“伟大”的历史性“蝶变”，在曲折中向前、在奋斗中向上、在改革中壮大、在新时代迈向世界一流，为中华民族屹立于世界先进民族之林贡献中国宝武的重要力量。

（作者系中国宝武钢铁集团有限公司党委书记、董事长）

深耕细作 筑牢公司高质量发展的文化根基

陈共炎

文化是一个国家、民族的灵魂，也是一个行业、一个企业安身立命、行稳致远的根本。作为证券行业的“国家队”，中国银河证券股份有限公司（以下简称“银河证券”）党委始终坚持党建引领，以战略思维、时代要求、发展眼光加强公司文化建设，将文化建设与公司治理、发展战略、发展方式和行为规范深度融合，突出国有金融企业的责任担当，深耕文化建设，厚植文化底蕴，使公司文化“软实力”转化为改革发展“硬支撑”，为公司高质量发展持续汇聚磅礴力量。

一、凝聚共识，总结提炼公司特色文化体系

企业文化是历史的，也是与时俱进的。我国证券行业经过 30 多年的持续发展，在砥砺前行中不断涵养文化基因，初步形成具有中国特色的证券行业文化。在 20 多年的发展历程中，银河证券以社会主义核心价值观为指导，以行业文化共识为指引，结合公司长期发展经验和现阶段特点总结提炼出以“创造财富，担当责任”为公司使命、以“一流服务，最佳投行”为公司愿景、以“股东优先，客户至上，员工为本”为经营理念、以“创新、合规、服务、协同”为核心价值观的公司文化体系，作为行业首家制定实施《中国银河证券公司文化建设发展战略规划（2019—2022）》。

（一）将“创新”作为基业长青的动力源泉

证券行业是金融创新最活跃的领域，面对行业全方位对外开放和全球竞争环境，唯有坚持创新发展理念，才能具备差异化核心竞争优势和可持续发展能力。银河证券将创新放在公司文化建设目标的首位，就是要着力补短板、强弱项，倡导追求卓越、勇于创新的公司文化。

（二）将“合规”作为经营发展的行为底线

银河证券坚持一切经营活动以符合法律法规、监管规定为第一准绳，倡导“合规创造价值，合规人人有责”的合规理念，坚守“立诚守信，廉洁自律”的做人底线，坚守“敬畏规则，合规经营”的做事底线，积极营造以“三不一究”原则（不碰红线，不踩灰色地带，不打擦边球，违法违规责任必究）为基础、精通业务为前提、执业规范为准则、监管要求为底线、稳健发展为目的的合规文化，牢固树立“规范经营、稳健发展”的合规理念。

（三）将“服务”作为打造品牌的关键举措

服务实体经济是国有金融机构的主责主业。以客户为中心，为客户提供综合金融服务，不断提升客户体验，是落实公司战略、提升品牌价值和实现经营发展的关键举措。一是专业服务，以热情的服务态度、专业的服务能力、规范的服务程序、一流的服务体验赢得广大投资者的信赖。二是诚信服务，遵守契约精神、履行信披义务，以诚实守信、勤勉尽责作为基本行为准则，以诚信服务赢得客户信赖，打造证券行业“百年老店”。三是综合服务，全面加强投融资业务客户的服务能力，由条线单兵作战模式向客户综合服务模式转型，围绕机构客户需求全方位提升一体化综合服务能力。

（四）将“协同”作为一体发展的责任链条

协同是大局意识的体现，是团结精神的升华，是公司良好生态的具体表达。银河证券倡导协同文化，在业务条线内部、业务条线之间、前台与中后台之间、分支机构与业务条线之间、母公司与子公司之间、境内与境外业务之间，建立健全全方位协同机制，强化“我的岗位我负责，你的业务我协同”意识，营造“有格局、有境界，有担当、尽责任”的协作氛围，推动公司各项业务协同发展，为客户提供综合服务、为股东创造更大价值。

二、深耕细作，让公司文化落地生根

文化是企业之魂，是企业生生不息、蓬勃发展的源泉。企业文化不在于企业讲了什么，而在于企业干了什么。只有根植于企业发展行为之中，才能成为真正的企业文化。银河证券在加强公司文化建设过程中，持续做深做细“八个融入”，使公司文化成为全体员工团结奋斗的共同思想基础，成为公司转型发展的力量之源。

（一）融入党的建设，牢牢把握国企“根”和“魂”

作为国有金融企业，银河证券坚持以党建引领文化建设，充分发挥党的领导和现代公司治理双重优势，推动党委、董事会、监事会、管理层各尽其责、归位尽责，形成公司党委全面领导、董事会战略决策、监事会独立监督、管理层负责经营的治理格局，保证党和国家方针政策、上级党委重大决策部署得到坚决贯彻执行。

（二）融入制度建设，以制度承载道德理念、固化良好品行、强化文化认同

制度与文化互为依存、相融共进：文化体现公司的价值取向，支撑制度体系的构建；制度体系承载文化价值理念，并通过制度实施践行文化的价值追求。银河证券将“创新、合规、服务、协同”文化理念嵌入选人用人、绩效考核、合规风控、审计监督、员工行为规范、违规责任追究、业务流程、投资者保护教育等制度，并在现行制度执行、新制度制定或修订等过程中及时检视，真正把文化融入制度，在制度中体现文化内涵。

（三）融入人才队伍建设，营造良好的人才环境

政治路线确定以后，干部就是决定因素。银河证券将公司文化理念与选人用人文化相结合，坚持“五不用”原则（没有大局观和协同意识的人不能用、没有担当精神的人不能用、没有执行力的人不能用、没有创新精神的人不能用、没有专业能力的人不能用），树好风向标。稳步推进竞聘转任、考核分配、激励约束、职级职等市场化改革等制度机制，通过强化干部轮岗挂职交流、建立投资和投行业务线风险准备金制度和薪酬递延发放机制、选拔培养青年骨干人才、建立员工画像职业评价体系等措施，释放队伍活力，激发内生动力。加大职业道德教育培训，把公司文化理念和要求融入员

工管理的全过程，筑牢珍惜职业声誉、恪守职业道德的思想防线。

（四）融入红色文化品牌建设，提升文化生命力、渗透力、影响力

红色文化塑造了国有企业独特的精神气质。银河证券注重将文化建设与基层党组织建设有机结合，通过基层党组织和党员引领示范，用好红色文化之旅、“共话银河好 奋力谱新篇”故事征集活动等特色做法，持续增强凝聚力、向心力。坚持党建带工建、团建，秉承“快乐工作，健康生活”理念，开展各类特色文化活动，增强员工幸福感、获得感，推动公司文化“润物无声”。

（五）融入荣誉体系建设，以“银河榜样”正向激励员工践行公司文化

银河证券注重抓典型、树标杆，分层分类打造独具特色、员工认同、激励显著的特色荣誉体系，提升荣誉“含金量”。大力开展评优评先，深度挖掘模范践行公司文化理念的楷模，把银河榜样树起来、立起来。多维度、立体式运用基层座谈、报告宣讲、文化简报、新媒体传播等方式，加强“银河榜样”典型宣讲宣传，以身边人教育人，以身边事鼓舞人，营造人人争当先进、荣誉创造价值氛围。

（六）融入专业能力建设，大力弘扬工匠精神、专业精神

专业是行业机构安身立命之本。作为战略转型三年巩固期的核心工作，银河证券持续深化专业能力建设，构建公司文化与业务发展相互融合机制，着力提升公司总部的产品供给、制度供给和系统供给能力，提升分支机构的获客能力、交易能力、承揽能力、销售能力和基层治理能力，重塑竞争力、组织力、执行力。在内部控制上，进一步健全细化对合规管理、风险管理、内部控制职责的监督体系，建好全覆盖、穿透式、动态化、智能化、三道防线互为补充、相互协同的内控体系。在风险案件防控上，采取三级分级分类防控机制，最重要的第一类案件由公司党委抓，第二类案件由经营班子负责，第三类小案件由部门自己负责。在主责主业上，以客户为中心，开发个性化、差异化、定制化的金融产品和服务，提升客户服务质量和水平；围绕服务实体经济和满足广大投资者多元化的金融需求，开展产品、业务等方面创新，提升金融资源配置的效率等。广泛开展职工技能大赛，激励一线员工学技能、练本领、当标兵，在做专做优做精做强上更加努力，形成学习专业、尊崇专业、按专业精神做事的文化氛围。

（七）融入社会责任，以家国情怀彰显国企使命担当

服务实体经济是证券业高质量发展的第一要义。银河证券在文化建设中突出金融服务实体经济的天职，通过发挥投行专业优势、加大中小民营企业融资支持力度，打造区域综合金融服务平台，为京津冀、长三角、大湾区、海南自贸区等建设提供投融资一体化服务。通过打出纾困、减负、赋能组合拳，探索“主题基金+基地式服务”方式、打造“浙江德清模式”普惠样板等，扎实做好“六稳”工作、全面落实“六保”任务。将金融帮扶作为履行社会责任的重要抓手，真金白银投入、真心实意付出、真抓实干攻坚，打造“党委担当、金融特色、产业为主、人人参与”的乡村振兴模式。加强投资者保护，不断优化客户服务，做好投资者教育工作。积极参与社会公益事业，为疫情防控、驰援河南水灾等捐资捐物，以家国情怀彰显金融国企的使命担当。

（八）融入评价评估机制，鲜明传导文化理念和价值追求

银河证券抓好考核激励的关键环节，更鲜明地传导公司文化和价值追求，避免行为失范。要树立健康的价值观、发展观、风险观，将廉洁从业、合规诚信执业、树立正确的职业道德和社会公德等纳入《公司员工违纪违规行为处理办法》，相关处罚将与员工固定薪酬或奖金分配相挂钩。将员工合规诚信执业、践行行业及公司文化相关行为纳入绩效考核“内控”共性指标，建立重大事项一票否决机制，强化合规执业理念。将企业文化建设情况作为基层党组织考核指标，引导各级党组织学习、认同并践行公司文化。年度党建与绩效考核结果作为奖金分配的重要依据。建立文化建设质量评估机制，每年客观评价工作效果，并在此基础上不断完善制度机制，不断提升文化建设工作水平。

三、久久为功，筑牢公司高质量发展根基

文化是企业软实力和核心竞争力的重要体现，是高质量发展的“内功”和根基。当前，对银河证券来说，必须守正笃实推进文化建设，坚定正确发展方向，坚定不移改革创新，持续积淀和涵养文化生态，促使“创新、合规、服务、协同”内化于心外化于行，久久为功厚植文化底蕴，为公司高质量发展提供价值引领和精神支撑。

（一）持续推动公司文化与发展方式深度融合，坚定公司正确的发展方向

行为蕴含着丰富的文化信息，是文化的重要载体和落地的关键环节。文化建设的成效可以直接通过证券公司发展方式及其工作人员的行为表现做出分析判断。当价值追求、经营理念、行为规范变为一种行为习惯，就是证券公司最鲜明的品牌形象。银河证券牢牢把握“两坚持三服务”的职责定位，保障公司经营发展沿着正确的道路行稳致远。“两坚持”：一是坚持党管金融的正确方向，二是坚持防控系统性金融风险的永恒主题。“三服务”：一是服务实体经济的总体需要，二是服务国家战略的总体要求，三是服务科技创新的核心诉求。

（二）持续推动公司文化与发展战略深度融合，坚定不移推动公司改革创新

只有结合公司实际，与公司发展模式、业务理念相融合，文化建设工作才能抓出成效。银河证券将继续深入推动文化建设与公司发展战略相融合，始终秉承守正创新、崇尚专业精神，坚持可持续发展，使公司具体经营决策与其发展战略和文化理念保持一致。银河证券今年大力推进“五大改革”举措，一是推动财富管理转型改革，二是推动投融资体制改革，三是推动子公司管理改革，四是推动分公司综合金融服务平台建设，五是推动人力资源体制改革，全面提升公司的

服务能力和核心竞争力，确立现代投行的基本架构，实现行动与目标的协调一致。

（三）持续推动公司文化与行为规范深度融合，积淀和涵养高质量发展的文化生态

核心价值观是企业在生产经营过程中长期积淀形成的精神成果，是全体工作人员普遍的信条和价值观，是文化的“基因”。银河证券将持续倡导“创新、合规、服务、协同”的核心价值观，打造与亚洲资本市场上领先的投资银行相适应的一流投行生态、与一流投行相适应的声誉管理体系、让认同和践行公司文化的优秀人才脱颖而出的荣誉体系、强化员工行为转化的激励约束体系、员工自觉担使命负责任的责任体系，实现公司生态环境持续向上向好，社会声誉大幅提升，激励机制有效适用，员工行为自觉履责，将文化品牌影响力转换为公司的竞争优势，形成理念认同、价值认同和文化认同，筑牢公司高质量发展的根基。

（作者系中国银河证券公司党委书记、董事长）

党建打造具有国家电投特色的文化

祖　斌

国家电投成立于 2015 年 7 月，由原中国电力投资集团公司与国家核电技术公司整合而成，业务覆盖 46 个国家和地区，是同时拥有水、火、核、风、光、气、生物质等全部发电类型的综合能源集团。近年来，持续推进“四个转型”，即由化石能源为主向以清洁能源为主转变，由传统发电企业向综合智慧能源企业转变，由以投资驱动为主向以创新驱动为主转变，由传统生产型企业向国有资本投资公司转变；与此同时，企业文化也由以“和”为特征，过渡到以“新”为特征的阶段。去年底，国家电投作为国内第一家企业，率先宣布 2023 年实现国内“碳达峰”。五年来，我们深入思考把习近平总书记关于国有企业党的建设的重要论述和重要指示具体化、制度化、行动化，在发挥好坚持党的领导、加强党的建设“独特优势”方面做了一些探索。

我们的党建理念

关于国有企业党建工作，总书记在 2016 年全国国企党建会上的讲话，从根本上回答了一系列国企党建长期面临的重大理论问题和实践问题，拨云见日，一锤定音。五年来，中央和国资委党委陆续出台一系列文件，就党的领导、党的建设做出具体安排部署，为国有企业党建工作创造了前所未有的大环境。党的十九届六中全会强调，确立习近平同志党中央的核心、全党的核心地位，确立习近平新时代中国特色社会主义思想的指导地位。在第二个百年奋斗新起点上，央企党建最重要的就是深刻把握“两个确立”，将对马克思主义、对习近平新时代中国特色社会主义思想的信仰，对总书记、对党中央的绝对忠诚，转化为高质量发展、建成世界一流企业的信心和行动。做到这一点，关键在于党组织要秉持自己独有的工作态度去“做”党建工作，具体概括为三句话：

第一句话：一定要“做”，要去火热的生产生活中实践。人类学家项飙说过一句话：“任何东西都是靠做出来的，不做的话什么都没有。”埃隆·马斯克在演讲中也说了同样的话：“想要开公司，你必须实实在在地做出产品原型。因为，再怎么精彩的纸上作业，Powerpoint 报告，都比不上拿出实际产品有说服力。”这里的关键，就在一个“做”字。坚持党的领导、加强党的建设的原则要求，在国有企业生产经营中落地，只有一点一滴地做，一件事一件事去做，一项制度一项制度去完善，一个改进跟着另一个改进去创新，才可能实现。五年来，国家电投抓党建工作，首先强调的就是认认真真去“做”，而且要一直“做”，一直努力去“做”和实践。

第二句话：一定要细化具体化，将理念转化为行为。总书记始终倡导“知行合一”。从“知”到“行”，需要有抓细抓具体的动力和能力。把国家电投建设成为世界一流清洁能源企业，这是我们的愿景目标和动力。具体工作中，我们把“2035 一流战略”、经营发展、党建工作具体落到一个一个小的局部，一个一个小的细节上，往下再落到一个一个制度和流程上，最后变成“产品原型”，让干部、党员包括员工看得见、摸得着。党建工作一不留神容易做虚，细化具体化就能将虚功实做，可见可感可量化。

第三句话：一定要有工具体系，构建出一套科学的方法。毛泽东同志讲，过河要有“桥”和“船”。在新的历史条件下，国企党建工作“桥”和“船”的问题如何解决？就是要有一套方法，将党建工作从认识、观念、思维、态度到具体行为贯穿起来。这套方法不是一个工具，而是一个工具体系或者叫作工具箱。有了它，总书记的思想、中央的要求，就能由认真贯彻落实，进一步到达创造性贯彻落实、精准贯彻落实的新境界。这几年，我们创造的“学习、研究、创新、落实”工作方法和实践中提炼的“逻辑、量化、闭环、工具”管理体系，让我们真切尝到了甜头。

我们的党建制度

习近平总书记讲，制度优势是一个政党一个国家的最大优势。在企业管理实践中，我们深切感受到，用制度程序来规范工作，效率最高，提升最快。越是在充满不确定性、创新层出不穷、竞争日趋激烈的形势下，越需要保持战略定力，越需要企业有一套强大稳定的管控体系、制度规定和流程规范，将这些体系、制度、流程固化下来，运用好、实施好，使干部员工遵从既有的体系规则，达到思想一致、行动一致、结果一致。党的领导、党的建设融入公司治理，意味着党建工作与经营管理工作从根本上合二为一。我们用制度化的方法抓经营抓管理，用“SPI”（战略—规划—计划）和“JYKJ”（计划—预算—考核—激励）两大管理体系，把战略落到年度计划中，把年度计划落到年度重点工作中，最终进入制度层面，进入具体行动中，形成了具有国家电投特色的制度文化。与此同时，党建工作也积极应用这套制度体系，给出思想、责任、导向、方法和激励等，并且纳入制度和行动之中，养成习惯，形成文化。由此，党的领导、党的建设全部进入企业管理状态，全部落到制度流程中去，实现“四同步”“四对接”，实现党的领导制度化、思想落地制度化、党的建设制度化，三位一体构建出一套完整的国家电投党建制度体系，党建文化也就形成了。

一是党的领导制度化。我们探索了“把管促”领导作用新路径，将党的领导融入公司治理制度化流程化。党对一切工作的领导是中国特色社会主义最本质的特征，要贯穿到央企治理的各方面、全过程。实践中，我们聚焦“领导作用发挥、决策质量提升和重点任务落实”三个环节，从顶层设计上保证了党的全面领导制度安排，提高了党组织把方向、管大局、促落实的能力和定力。

领导作用发挥，核心是班子整体合力的形成。我们的做法是重构领导班子分工，创造性抓好责任制落实。集体领导下的分工负责制对于企业集团健康持续发展至关重要。班子成员思想上达成共识，行动上拧成一股绳，抓工作的效果就大不一样。如果班子成员只关注自己的分管领域，看不到全局，就很难在准确的点位上发力，还会形成壁垒。党建工作如果只是书记、副书记抓，就会陷入党建工作与业务工作你是你、我是我的传统局面。因此，在党的领导写入章程后，我们做的第一件事，就是在传统领导班子“总体分工”基础上，构建领导班子成员“一岗双责”“党内工作”“齐抓共管”三类新的分工。通过“一岗双责”，推动分管领域党建与业务工作一起抓；通过“党内分工”，使党组成员分头协助党组书记抓好统战、群团等相关工作，实现党建工作责任一起担；通过“齐抓共管”，在重大专项、重大项目、安全环保、风险防控、集中教育、党内巡视等党组关注重点任务上形成党组班子一起抓一起管的合力。以上三类分工，每一类都具体到工作、具体到人，每年通过制度文件明确下来，在日常工作中遵照执行。

决策质量提高，核心是会前充分酝酿、会后抓好落实。我们的做法是建立党组“五类会议”机制，打通研究、决策和落实的通道。《党委会的工作方法》中明确指出，“没有准备，就不要急于开会”，充分说明了开会的目的是解决问题，必须抓好会前准备。我们将党组会拓展为“党组沙龙、党组务虚会、党组决策会、党组专题会和党组扩大会”五类会议。其中，党组沙龙侧重借助外脑，对关系集团高质量发展的重点难点问题或专项任务，进行开放式研讨和“头脑风暴”；党组务虚会着眼对涉及全局性、系统性、前沿性的重大问题进行研究讨论；党组决策会着眼对“三重一大”事项进行科学决策；党组专题会着眼对重要专项任务进行研究部署；党组扩大会着眼对一段时期形势的研判和年度重要工作、重点任务的推动落实。这五类会议从顶层上建立起发挥“把管促”领导作用的工作机制，为此制定了《党组工作规则》《党组会议实施细则》《党组扩大会实施细则》等配套的制度和会议运行流程，将经过检验的做法逐步固化下来，党组决策的质量和效率得到较大提高。

重点任务落实，核心是有人管、持续推、重闭环。我们的做法是构建“2+1”工作机制，抓协同、抓落实。“2”是指党组扩大会和领导班子碰头会2个会议；“1”是指重点任务协同小组。党组扩大会每季召开一次，对党组重点推动任务进行部署交底，统一思想行动。领导班子碰头会每月两次，用TOP10工具聚焦重点关键问题。一般每月第一周部署工作，第三周协调推进，形成“部署、推进”重点任务的双轮驱动模式。重点任务协同小组由6个部门组成，党建部（党组办）和计财部主任担任双组长，专门负责党组关注关切的重点任务和重要会议的协调推进，给党组成员腾出更多时间研究重大事项、重要问题，抓大事、议大事，并且在集团党组层面使党建工作与经营工作紧密融合、一体推进。同时，将重点任务落实情况纳入“大监督”，多维促落实。

决策、执行、监督逻辑链条建立起来后，党组发挥“把管促”领导作用变得清晰、具体，最终一项一项落实到制度中，制度再落实到流程中，最后进入作业指导书，核心是形成规范性的制度文化，做到党领导的每一项职能履行都有制度遵循，每一项制度的实施都有完整的流程来执行，每一项流程的主要环节都落实到具体岗位，明确“谁来做、何时做、做什么”，将坚持党的领导具体化、制度化、实践化。

二是思想落地制度化。我们创建了“学研创落”新方法，将学习贯彻习近平新时代中国特色社会主义思想和党中央重大决策部署的贯彻落实制度化流程化。党的十九届六中全会审议通过的《中共中央关于党的百年奋斗重大成就和历史经验的决议》指出：“习近平新时代中国特色社会主义思想是当代中国马克思主义、二十一世纪马克思主义，是中华文化和中国精神的时代精华，实现了马克思主义中国化新的飞跃。”学习贯彻好总书记思想，是央企的重大政治责任，也是新时代央企实现高质量发展的客观需要。“事必有法，然后可成。”学懂弄通做实总书记思想，把中国化的马克思主义理论、党中央重大决策部署真正落到企业改革发展的实践活动中，关键在于找到一套适合自己的方法。“学习、研究、创新、落实”，是我们在实践中逐步形成的一套工作方法。学习，是系统学、反复学、联系实际学，学深悟透总书记思想，掌握贯穿其中的马克思主义立场、观点和方法；研究，是突出问题导向，运用科学理论对企业现实问题进行认知与分析；创新，是将理论与企业改革发展的实践紧密结合，提出总书记思想和党中央重大决策部署在国家电投企业治理中切实可行的举措；落实，是突出行动和成效，针对制定的创新举措，点对点跟踪落实，直至取得预期成效。我们从理论学习出发，经过研究、创新、落实的闭环过程，实现用总书记思想指导企业实践、推动工作这个根本目标，本质是我们初步探索出一种企业自组织方法。

这套方法背后，有一套制度、机制、流程做支撑。以党组理论中心组学习为例。按照“学研创落”这个逻辑链条，每一次党组集体学习都是按照“思想学习+问题研究+行动举措+落实成效”的机制来策划和运行。今年4月15日第三次党组中心组学习，首先深入学习总书记在党史学习教育动员大会上的重要讲话和党史、电力工业史，重点研究如何为企业发展提供动力，如何按照总书记提出的“六个进一步”谋划推进集团公司转型发展。经过深入研讨，提出三项全新的行动举措：（1）明确将县域市场作为“新跑道”主阵地，和发展“大用户”策略并举；（2）结合党史学习教育开展“红色百年”特色行动，集团公司及各单位的职能部门都要选一个在党的发展历史和共和国发展历史上有红色基因的地方，帮助他们开发综合智慧能源，把我们当前的中心工作与红色百年、红色基地结合起来，打响集团公司综合智慧能源开发的“人民战争”；（3）深化专业化区域化协同发展，打通集团公司新产业、新业态、新模式的“任督二脉”。这三项举措，最终都变成具体行动项，逐月跟踪推进，对于未按照节点完成的，会在每月月中的集团领导班子碰头会上，由牵头领导和主责部门“说清楚”。到目前，这次中心组学习形成四个成果：制定实施了《关于优化综合智慧能源开发投资与建设管理机制的指导意见（试行）》，将发展综合智慧能源的所有政策一揽子纳入，为基层单位发展综合智慧能源赋能助力；综合智慧能源开发突破 1000 万千瓦，向国家能源局上报 102 个试点，总数排名五大集团第一；建立总部党支部与基层党组织结对共建工作机制，大力推进“红色百年”特色行动；在重点产业、重点项目和重点工作中设立首席协调官，强化大协同大协作，推动战略落地，海阳 3/4 号核准、海上风电保电价项目等取得重大进展。通过“学研创落”闭环管理，把总书记思想变成了国家电投改革发展的生动实践，学习进入了制度化实践化的自动自觉。

三是党的建设制度化。我们实施了基层党组织“促落实”系列新载体，将党建工作与中心工作相融互促制度化流程化。当前，落实落地是我们抓工作的一个重要着眼点，这迫切需要将全系统各级党组织有效动员起来，形成“促落实”的合力。一方面，党的领导是任何其他工作代替不了的，这是中国特色，是国有企业的胎记和基因。另一方面，对于基层党组织而言，把方向、管大局固然重要，但“促落实”更加重要。从这个思路出发，我们坚持创新实践，实施了一系列基层党组织“促落实”新载体，实现了央企党建服务生产经营不偏离。在参与决策上，明确党内事项由党支部集体讨论决定，本部门业务领域重要事项由党支部参与把关；在干部人才选用上，让部门党支部发挥更大作用；在管理机制上，建立以党支部 4 条共性职责、N 条个性职责和支部书记、委员职责为主要内容的“4+N+4”职责体系，整体嵌入部门职责、管理制度和流程中，使总部部门党支部发挥政治功能制度化、流程化、具体化。再比如，聚焦基层党组织“促落实”的功能定位，我们探索实施基层党组织“8+N”促落实行动项。将二三级单位党组织按董事会类、执行董事类、分公司等非独立法人和党支部（总支）四种类型进行细分；将基层党支部按照生产经营、机关、项目、境外四种类型进行细分。运用 TOP10 工具，针对三个层级、12 类党组织，集团给每类党组织制定 8 个左右共性行动项，基层党组织自选 2 个左右个性行动项，每个基层党组织每年形成 10 个行动项，从 2020 年起采取三年一个周期的方式持续滚动推进。这样，重点任务就从党组、总部到基层党委、党支部实现了纵向穿透，打通贯彻落实的“最后一公里”。开展“大党建”考核，也是推动基层党组织发挥作用，推动党建工作融入中心服务大局的有效载体。考核是现代企业的绝对工具，没有考核就没有管理。党建工作进入管理后，工作情况和成效需要通过考核来检验，形成最大的闭环。从 2016 年起，我们连续五年对二级单位开展了党建责任制考核，并从 2020 年起实施党建考核与经营业绩考核“双激励、双否决”。“双激励”，即党建考核和经营业绩考核同步进行，考核结果分别与班子成员收入挂钩，班子绩效年薪的 10%用于党建考核结果兑现。“双否决”，即党建考核与经营业绩考核互为参考，互相影响。任何一方发生否决项，同时否决另一方。比如，年度经营业绩考核结果为 D 档的，党建考核不能评 A。考核是世界性难题，我们坚持大道至简，以考核重点为主，不面面俱到，通过考核“指挥棒”引领推动基层党组织抓重点工作落地。通过这样一套制度设计上的“组合拳”，基层党组织自主自发地推动党建工作与业务工作深度融合。这些在实践中生成的制度机制下沉到二级单位、三级单位、基层班组、每名员工，变成全体国家电投人的行为准则。经过经年累月的坚持、迭代，它们就慢慢植根于国家电投人的内心深处，成为一种开展党建工作的习惯，成为一种文化。

我们的体会

总结回顾这些年来的工作，关于党建文化是怎么建成的，我们有三点体会：

第一点，党内政治文化是企业文化的根基。国有企业的一切经营管理活动都是在党的领导下进行的，马克思主义、总书记思想、中国特色社会主义理论是企业治理的指导思想，是企业意识形态的前提和基础，党内政治文化是企业文化的底色。党内政治生活、政治生态、政治文化是相辅相成的，政治文化是政治生活的灵魂，对政治生态具有潜移默化的影响。国有企业有什么样的党内政治文化，也就引领决定有什么样的企业文化。

第二点，党的建设要把企业文化作为重要内容。国有企业党的建设与企业文化建设的表现形式一致，都是主要通过思想形式进行传达，受用对象都是企业全体员工。企业文化理念的形成、塑造和传播，不仅为员工提供了精神滋养，丰富了企业的思想内涵，而且促进了企业独特意识形态的形成，对企业党建成效产生积极影响。在国有企业党建文化的打造培育过程中，必须注重发挥企业文化建设的积极作用，坚持以社会主义核心价值观引领企业文化建设，传承弘扬国有企业优良传统和作风，使忠诚老实、光明坦荡、实事求是、艰苦奋斗等价值观深植企业文化的大生态。

第三点，党建文化一定要有企业自己的工具箱。现代企业管理离不开管理工具的运用。每个国有企业都应从自己的生动实践中，创生出自己的专属管理工具，形成工具体系或者工具箱，实现从沿用传统、学习借鉴到自己创造的跃升，实现从外部推动到自己主动发力的跃升。四年来，我们打造形成了两个工具箱：一个是“学研创落”工作法，是我们在学习贯彻总书记思想过程中逐步形成的，学习、研究、创新、落实四者内在有机联动，形成面对不确定性的自组织企业形态，从而在企业组织内实现熵减、降噪和提智；另一个是“逻辑、量化、闭环和工具”，这是我们长期在企业经营管理实践中总结出的管理方法，它更接近现代企业管理的本质特征。在实践中，我们把这两个工具箱移植、嫁接到党建工作中去，并贯穿始终，党建工作有了一条贯通的、强有力的抓手，让我们如鱼得水，真切体会到工具就是生产力的道理。

（作者系国家电投集团党组原副书记，现中国华电集团党组副书记）

创新发展争先文化 建设世界一流企业

陈卫国

中建三局是世界最大投资建设集团中建集团旗下最具竞争力的优秀排头兵，1965 年 7 月成立，是全国首家行业全覆盖的房建总承包新特级资质企业。成立 50 多年来，争先文化引领中建三局，连续多年排名中国建筑业竞争力百强榜首，湖北百强企业第二名，荣获 15 项国家科技进步奖，300 余项鲁班奖。

2020 年 9 月 8 日，全国抗击新冠疫情表彰大会在北京人民大会堂隆重举行，非常有幸，我作为一名建设者的代表，在现场聆听了总书记的重要讲话。习近平总书记说，“我们举全国之力，实施规模空前的生命大救援，用 10 多天的时间先后建成了火神山、雷神山两所应急医院。”这是对“两山”医院全体建设者最大的褒奖和肯定，也是对我们的巨大鼓舞和激励。“两山”战役也让我深刻地感受到，同困难做斗争不仅是物质的角力，更是精神和文化的对垒。

强大的精神力量来自坚定的文化自信

习近平总书记强调，文化自信是更基础、更广泛、更深厚的自信，是更基本、更深层、更持久的力量。我们选择怎样的道路，创造怎样的成就，都蕴藏在这个精神密码中，国家如此，民族如此，企业更是如此。

1. 争先文化是中建三局生生不息的精神血脉

历史从哪里开始，精神就从哪里产生。中建三局五十六载创业史如同一条飞涌之瀑，源自“三线”建设，基于改革开放，奔赴世界一流。每在重大关头，以“敢为天下先，永远争第一”为核心的争先文化，都指引我们发时代之先声，引前进之方向，成为三局生生不息的精神血脉。

20 世纪 60 年代，党中央一声令下，五湖四海建设者，“好人好马上三线”。1965 年，国务院在渡口成立了建工部第三工程局，5 万余名建设者加入了三局，成为三局的起源。三局的先辈们披荆斩棘，战天斗地，他们立下誓言，“献完青春献终身，献完终身献子孙”。当时工作环境恶劣，三局建设者王开文和苏学熙为了保护采砂场的设备和电机被山洪吞没生命，将生命永远留在了“三线”建设的那片热土和火热的年代。“为有牺牲多壮志，敢叫日月换新天”，每个时代都有自己的榜样。当时的渡口有 10 万建设大军，最红的明星是“八闯将”和“六金花”，而其中杜永义、杨桂兰两人都是三局员工，17 岁的姑娘杨桂兰每天干 10 多个小时，没叫过一声苦，没叫过一声累，硬是把每天 600 块的出砖速度提到了 1000 多块。10 年间三局的先辈们转战云贵川，建成攀枝花钢铁基地、贵州 011 航空工业基地等重点工程 153 项。1975 年，三局听从国家统一调度，千里移师湖北，之后建成了武汉八大院校等一批重点工程，成为驰骋荆楚的一支施工劲旅。这段激情燃烧的火红岁月，如同一炉火，将始终听党指挥、能打硬仗的坚定信念，敢于吃苦、勇于奋斗的朴素情怀，深深地烙印在了三局人的灵魂深处，红色基因就是争先文化的源头。

2. 缔造“深圳速度”，改革开放铸就争先品格

1978 年，党中央十一届三中全会做出了改革开放的伟大决策，三局南下深圳，率先开启从“等饭吃”到“找饭吃”的深刻变革。深圳市人民医院门诊楼成为三局在深圳的第一个项目。三局的老局长张恩沛对贴墙马赛克质量不满意，留下了 1982 年“四砸马赛克”的故事，体现了三局人对品质的执着追求，也让三局在深圳站住了脚。在当时中国第一高楼深圳国贸大厦的建设中，张恩沛老局长带领的团队首次在国内采用大面积整体同步滑模工艺，连续三次试滑失败，三局人压力空前，向深圳市立下了军令状，如果再失败，就把我们抓起来法办。终于第四次试滑成功，1600 名员工相拥而泣，尽情欢呼。

三天一层楼的“深圳速度”将中国建筑业从 100 高层推向超高层，“深圳速度”由此成为改革开放的代名词和特区精神的象征。至此，三局紧跟国家战略，南下东征，北上西进，勇敢出海，完成了立足湖北、面向全国、走向世界的“三步走”战略；同时还掀起了生产关系变革的实践，率先实行了计件工资制，按劳分配，打破大锅饭；推进了项目施工，至此三局开始对企业制度、管理体系、科技装备进行持续的自我革新。这一段敢闯敢试、敢为人先、埋头苦干的特区精神和解放思想、实事求是、敢闯敢试、勇于创新、互利合作、利益共享的改革开放精神，深刻影响了争先文化。三局人对精神特质的自我意识逐步觉醒，对争先理念的集体认同逐步形成，争先文化由原生态文化向自觉形态开始了文化的飞跃。

2001 年，中国加入世贸组织，面对全球竞争，三局一举承接了上海环球金融中心、北京央视新台址、香港环球贸易广场三大项目，之后又承接了北京的中国尊、雄安第一标——市民服务中心、巴基斯坦 PKM 高速公路（苏库尔—木尔坦段）等一大批重点工程。与此同时三局也开启了多元化的布局，孕育出了中建科工、中建商混、中建装饰等三大业内优秀企业，开始精益建造、绿色建造、智慧建造等探索行业领先的项目施工管理经验和科技水平，为最终急速建成“两

山”医院打下了坚实基础。

3. 创造“中国速度”“两山”战役淬炼初心本色

2020 年面对突如其来的新冠肺炎，三局人听党召唤，舍生忘死。2 个临时党委，14 个临时支部，14 支党员突击队，带领 4 万建设者昼夜奋战在“两山”医院建设现场。有的同志到武汉的前一站，列车员说去了武汉可能就出不来了，但是他说“若一去不返便一去不返”，毅然在武汉高铁站下车；有的同志累了、困了就喝辣椒水提神；还有的身患严重的糖尿病，带着胰岛素泵持续奋战；有的同志主动加入了维保团队，进入“红区”，直面病毒，与医护人员奋斗在一线，直至病院休舱。最终三局圆满完成了包括火神山、雷神山医院在内的 31 所应急医院和方舱，总共提供了 3.38 万张床位，为全国的疫情防控作出了国有企业应有的贡献。三局党委荣获全国抗击新冠疫情先进集体、全国先进基层党组织，“两山”医院建设团队获评央企楷模，铸就了听党召唤、不畏艰险、团结奋斗、使命必达的“火雷精神”，成为伟大抗疫精神的深度缩影和鲜活注脚。中建三局的内在气质得到前所未有的砥砺、淬炼、升华，铸就了奔赴一流标杆企业的空前信心和强大底气。争先文化实现了从自发、自觉到自信的质变。争先文化是中建三局高质量发展的内生动力。

文化铸魂战略：强“根”铸“魂”、理念引领、机制革新、立德树人、价值提升

1982 年以来，在竞争的市场环境下，三局实现了营业收入增长的 1345 倍，净利润增长 1408 倍，成长为年合同额超 6000 亿元，营业收入超 3000 亿元，投资额超 300 亿元的多元化企业。从高端房建到基础设施，再到海外业务，创造了多项行业第一，入选国务院国资委重点企业管理标杆企业，连续 5 年稳居湖北百强企业第二位，成为国务院国资委企业文化示范单位。高质量发展的背后是坚定的文化作风战略。我们通过强“根”铸“魂”、理念引领、机制革新、立德树人、价值提升 5 项工程，使争先文化在宏观融入战略，中观融入管理，微观融入行为，全方位多层次地塑造着企业的过去、现在和未来。

1. 推进强“根”铸“魂”工程，后置发展优势

坚持“央企姓党”，拥护“两个确立”，做到“两个维护”，在急难险重任务前站得出来，在重大战略上跟得上。不断深化对党执政规律、社会发展规律的认知，准确认识百年未有之大变局，“十四五”开局、新发展格局等形势，保持战略定力，把准时代脉络，把加强党的建设、党的领导与完善公司治理统一起来，建立健全中国特色现代企业制度，进一步明确党组织在决策、执行、监督各环节的权责和工作方式，深入开展贯彻新发展理念，大学习、大讨论、大落实实践活动，举办奋进“十四五”党建论坛、改革兴业动员大会，真正地把政治优势、党建优势转化为发展优势，全面建设三局特色的“堡垒”“头雁”“先锋”、基层党建工程，打造“见证匠心、红色先锋，见证力量、红色基石”党建活动平台。通过创建党员突击队、示范岗、责任区、创新工作室、赋能一线，坚持以高质量党建引领高质量发展。

2. 推进理念引领工程，思想与时偕行

企业必须在历史前进的逻辑中前进，在时代发展的潮流中发展，思想不能更新，脚步就会停滞，争先文化始终保持着旺盛的生命力，就是在于它的与时俱进。2008 年，“以敢为天下先，永远争第一”为核心的争先文化，首次形成系统的书面目标。2012 年中国建筑发表“中建信条”，争先文化与其无缝连接，构成完整的文化理念体系。2015 年首版文化手册发布，2019 年进一步完善理念体系修订手册，当前第三版手册已经编制完成，我们将伟大的建党精神、伟大的抗疫精神、“两山”医院建设精神，以及中建集团和三局“十四五”战略纳入文化理念体系。

3. 突出机制革新工程，塑造严实作风

“争先”的内涵不断得到拓展和升华。“争”不是目标，不是手段，而是状态，是只争朝夕的争，是永不懈怠的争，是一往无前的争；“先”不是名次，不是独行，而是追求，是探索之先，担当之先，先天下之忧而忧之先。将敢为人先与受人尊敬视为统一的追求，呈现给社会一个更温暖、更可信、更厚重的三局。

企业发展到一定阶段，思想惰性和路径依赖将成为巨大挑战，实现自我革新，走出舒适区，必将以文化建设引领机制建设，充分发挥其导向、激励、凝聚、塑造的功能，使争先内化于心，外化于行，固化于制。我们充分发挥文化赋能改革创新的作用，优化市场布局，完善组织架构，培育新动力，构建科学高效的管理体制，坚持以“争先”有为者为本的理念和业绩导向，建立以能力素质为基准的选才用人机制，以经营业绩为基准的考核迁移机制，以价值贡献为导向的薪酬激励机制，以激发活力为目标的优胜劣汰机制，完善文化机制，健全文化宣贯、践行、传播、推广、考核、激励等顶层设计，不断增强员工对战略与制度的执行力。

4. 梳理立德树人工程，打造卓越团队

结合党史学习教育，系统梳理企业发展史，深入开展企业发展史学习教育，从历史中汲取智慧和力量，让真心有为、忠诚担当、勤俭敬业成为广大员工的共同价值取向。我们将集体记忆升华为文学和艺术，成立了三局文联、作协，出版了长篇报告文学《敢为天下先》，纪实文学《从深圳到雄安》《“两山”医院建设》，手绘漫画《10 天建成一座医院》等一大批文化作品，参与录制电影、电视剧、大型活动晚会，拍摄各类宣传片、形象片、企业片，不断增强文化的感召力和影响力；持续培养领军帅才实行新青年计划，充分发挥先进典型示范作用，涌现出 2 名“全国岗位学雷锋标兵”，4 名“全国向上向善好青年”，7 名“中国好人”，8 名造血干细胞捐献者，215 名抗疫表现突出的干部得到提拔任用，让争先力量转化为人格呈现，挺起企业的精神脊梁。

5. 推进价值提升工程，实现内外兼修

先进的文化基因，树魂育人，优秀的文化品牌，立道塑形。纵观三局 50 多年的发展历程，争先文化对内凝聚起了全体员工改革发展，争先奋进的广泛共识，对外彰显了中建

三局勇担使命，决战决胜的央企担当。

在中建集团率先成立了融媒体中心，形成1+9融媒体立体格局，做到哪里有受众哪里有员工哪里就有阵地；以“两山”医院建设为背景和中央芭蕾舞团联合制作芭蕾舞剧《山河》；建设运营国内首个中国建筑科技馆，打造全国唯一的抗疫常设展览——火神山、雷神山医院建设纪实展；参加全国中宣部、中组部等抗疫事迹宣讲 36 场，覆盖观众上亿人次；手绘长卷《中国速度》置顶微博热搜 12 小时，点击突破 1.2 亿；100 多件展品，为中国共产党历史展览馆、国家博物馆收藏，让正能量到达各类用户终端，使主旋律占领各方舆论场。

争先文化是中建三局奔赴一流的价值底色

一代人有一代人的理想，一代人有一代人的追求，价值创造来自目标客户的需要。三局的客户是每一位为三局成长提供机会和平台的合作者，是每一名对三局产品和服务提供评价的使用者。新的历史条件下，三局要去向何方？受人尊敬的一流企业、世界建造的卓越标杆、科技创新的行业典范，是我们奔赴一流的三个维度，也是三局人面向未来的永恒价值追求。

1. 厚植家国情怀，争当受人尊敬的一流企业

今年是党的百年华诞，党史学习教育深入开展，大家对党对国都有了更深理解。任何个体要抵达高远的境界，都离不开党与国的滋养，只有将个体价值的实现汇入国家民族的命运中，拥护“两个确立”，增强“四个意识”，坚定“四个自信”，做到“两个维护”，投身中华民族复兴的伟业，始终胸怀报效祖国、贡献社会、服务人民的崇高理想，才能成为受人尊敬的企业。

我们始终生根粤港澳大湾区、长三角、京津冀、成渝经济圈，助力国家区域战略加速落地。“十三五”期间承建 20 余座跨江跨河大桥，32 个地铁，2300 公里的市政，1000 公里的铁路，助力交通强国建设。城南水务环保类项目 100 余个，修复青山绿水；带动 1.5 万家企业共同发展，30 万名工友奔赴小康；帮助湖北团风、甘肃康县等多地脱贫脱帽，继续挺身乡村振兴战略的前沿，助力“六稳六保”。我们还一直奋战在“一带一路”上，坚守在抢险抗灾的现场，守护在弱小群体的身旁，特别是“两山”建设的大战大考，三局人身上的家国情怀得到了充分的体现和升华。在全社会的认可中，三局成为一家有社会责任感的企业，大家对三局要求更高，期待更多。我们唯有把它转化为不负家国的抱负和情怀，更好地履行肩负的政治责任、经济责任、社会责任，激发强大的民族自尊、文化自信，持续做强做优做大，为发挥国有经济战略的支撑作用，成为党执政的重要经济基础做出应有的贡献。

2. 坚守品质追求，争当世界建造的卓越标杆

卓越标杆的前提是高质量发展，体现在企业竞争力、创新力、控制力、影响力、抗风险能力的持续提升上，并且要具备世界眼光，在全球建筑舞台掌握主动权，成为全球高端建造品牌，提供全球高端建造方案，推动全球高端建造的变革。大家对三局有一个评价，“没有三局干不了的活”。这是一辈辈一代代三局人敢于尝试，勇于攻坚，对产品品质的追求，对企业品牌悉心呵护赢下的最高褒奖，这也是我们必须传承坚守和发扬的宝贵财富。

始终以客户为中心，深刻理解个性需求、人民需求、历史需求，用高度的责任感、崇高的使命感将建筑打造成精品，将用户的体验作为企业的生命与基石。通过在业内首次建立的精益建造体系，引领建筑业从价格竞争向价值竞争转变；通过对项目工期、安全、质量、资源、成本、环境等方面实施全生命周期的精细化管理；通过对工程项目生产方式的科学转变，促进质量的全面提升，成本的大幅下降，工期的显著缩短，最大限度地拒绝浪费，提升资源的运行效率；通过领先行业的项目指挥中心，实现对全局 1700 多个项目的实时监测、远程指令；通过数字技术的革新带动行业的革新。

一流企业也绝不可能独善其身，而必须要兼济天下。时刻以行业排头兵的站位要求自己，建立稳定优质的产业生态圈，与合作伙伴形成更加巩固的事业共同体、利益共同体，以先进的管理理念，现代化的建造方式，影响和带动行业的变革，实现更高质量、更高效率、更高效益的发展。深度研究、主动对接经济社会发展的需求，全方位参与基础设施、生态环保、城市更新、片区开发等领域的投资与建设，不断提升综合的服务能力，为城市建设运营提供全产业链、全生命周期的一揽子解决方案，成为城市建设的最佳合伙人。

3. 专注价值创造，勇当科技创新的行业典范

持续的价值创造能力是一流企业的核心支撑，只有保持旺盛的价值创造，为人类创造独特价值，才能造就生命型企业。建筑业是一个古老的行业，更是一个长新的行业，新模式、新技术、新领域层出不穷，新一轮科技革命产业变革，加速建筑业生产方式的变革，绿色化、智慧化、工业化等新型建造方式将是行业的未来方向。以 5G、大数据、云计算、人工智能等为代表的新一代信息技术也将深刻重塑建筑业原有的建造方式、组织方式、价值链分布和竞争格局。

我们始终把科技创新视为赋能企业高质量发展的新引擎，不断探索建筑领域的可能性，科研投入保持每年 30%以上的增速，自主研发大国重器、空中制造技术，可在百米高空实现工厂化、多作业面流水式施工；作为唯一房建领域高端装备入选国务院国资委科技创新成果目录，建成中国建筑先进技术研究院，筹建数字建造国家技术创新中心；全面发力智能建造装备、数字化集成应用、碳中和、高海拔人居环境等前沿科技，打造 4 个专业化创新发展，抢抓绿色建造、智慧建造、工业化建造等行业新机遇，不断通过科技创新孵化新型产业，用实际行动争当建筑业原创技术策源地和产业链。

企业文化是企业的灵魂，内涵非常丰富。不同的企业一定有其个性，但我认为好的企业文化应该都是刻进历史的集体记忆，是立足当下的共同目标，是奔赴未来的不竭源泉，更是社会进步的引领力量。争先文化作为三局的原生态文

化，引领企业走出了大山大川，走过了大江大河，走向大海大洋。作为中国企业文化的一个样本，我的体会是，党的领导是塑造中国企业文化的根本，中华文明是滋养中国企业文化的沃土，改革开放是淬炼中国企业文化的熔炉，复兴伟业是升华中国企业文化的大道。大象无形，大道无痕，只有敞开怀抱才能拥抱世界的万千奇相。

（作者系中国建筑第三工程局有限公司党委书记、董事长）

企业文化势能转化为发展动能的实践探索

王 强

习近平总书记在党的十九大报告中指出，文化是一个国家、一个民族的灵魂。对于企业来说，企业文化就是企业的灵魂，是企业发展的原动力和“软实力”。中国石化化工销售有限公司华北分公司（以下简称化销华北）深耕化工产品市场 17 载，从艰难创业到成为化工产品区域市场的引领者和开拓者，在发展过程中逐渐沉淀了“以客户为中心”的企业文化基因，系统构建了以文化内涵、核心理念、经营管理理念、行为规范、环境规范和文化实践等为主要内容的企业文化体系。企业文化与经营管理相互赋能，为打造行业领先化工贸易综合服务商提供源源不断的内生动能。

一、保持政治定力，推进国企党建与企业文化双向融合发展，体现“国之大者”使命担当

党建工作对国企文化建设具有引领作用，企业文化建设对党建工作具有促进作用。坚持深入推进国企党建与企业文化双向融合发展，形成企业党的建设、文化建设与企业经营实践相衔接、相统一，才能真正发挥服务促进企业中心工作的应有作用。

全力发挥化销华北党员占比高达 70%的政治优势，以党建这个“红色引擎”，为企业文化注入“红色基因”，为企业发展、稳定提供强大精神动力和文化支撑。党史学习教育开展以来，化销华北党委注重将赓续红色基因与传承石油精神弘扬石化传统相结合、将弘扬伟大建党精神与推动企业高质量发展相结合，把党史学习教育与企业文化建设深度融合，进一步激发广大党员干部职工“站排头、争第一”的工作热情，厚植干事创业情怀，增强思想教育的吸引力和感染力，建最优班子、带最优队伍、树最优作风、创最优业绩、建设一流政治生态，以实际行动塑造化销华北“党和人民好企业”形象和广大职工新风貌，切实把党的政治优势、组织优势转为制胜优势，引领企业文化建设注入红色动能、取得丰硕成果，确保化销华北在抗击新冠肺炎疫情、保冬奥“百日安全无事故”等一系列大战大考中交出一份份高水平答卷，始终让党旗在化工销售市场一线高高飘扬。

始终牢记“国企姓党”，牢牢把握“以人民为中心”的发展观和“以客户为中心”的文化导向，聚焦国有企业“一个依靠力量、五个重要力量”的定位，努力在党和国家事业全局中承担责任、发挥作用。贯彻区域协调发展战略，明确“巩固华北、发展东北、深耕西北、服务雄安”发展路径，顺应新经济、新业态，抢抓双循环机遇，打通俄罗斯西布尔产品中欧班列东西线运输通道，保障雄安新区建设下游生产客户原料供应；聚焦科技创新战略，深入推进党员攻关先锋队创建，充分发挥产销研用机制优势，先后推动高端树脂、医用材料、光伏材料等数十种化工新材料顶替进口、实现量产；赋能双碳战略，助力国内首款工业化可回收地膜在新疆棉田试验成功，加大氢能等新能源车辆投用力度，持续扩大散装罐运输、共享托盘应用和远距离运输“公转铁”比例；推进乡村振兴战略，首创“化肥进易捷”业务新模式，向甘肃东乡县大树乡捐赠中国石化原料生产的农膜、化肥，践行“用服务创造价值”的企业责任。

随着公司深化改革、转型发展步伐加快，化销华北正以加速打造能更好适应市场竞争、更好推动石化产业链升级、更好回馈社会民生、更好服务国家战略的“党和人民好企业”为重要内涵的“党建+企业文化”“软实力”建设，推动企业文化理念更加与时俱进，企业品牌价值进一步彰显，企业文化建设成果持续转化，切实构建起特色鲜明、科学先进、富有特色的国企文化，推动企业在履行政治责任和提高经济效益、社会效益方面再立新功、再创佳绩。

二、凝聚整体合力，推进经营管理与企业文化立体融合发展，传承“以客户为中心”文化基因

坚持把“以客户为中心”企业文化内涵深度融入企业经营管理的各领域和各层级，形成从理念到行为、从制度到自觉的立体化穿透，在员工的普遍认知中收获内在认同，真正达到内化于心、外化于行、固化于制，汇聚起推动企业高质量发展的整体合力。

在表现层面，做好企业文化宣贯落地和系统识别。一方面，坚持传播载体多样化、传播表达可视化、传播行动常态化，创新内部宣贯形式，通过开展“企业文化月”活动、先进典型选树等方式，拓展文化渗透的深度和广度；另一方面，树立现代企业形象意识，规范企业文化的理念识别、视觉识别和行为识别，以规范统一、特色鲜明的品牌打造、擦亮企业文化“视窗”。此外，积极推动培训部门与宣传部门协同做功，把企业文化融入各类培训，使之成为日常“必修”，持续强化文化穿透力，进一步提升员工认可度。

在制度层面，不断统筹和完善文化建设的保障、评估及激励机制。成立公司企业文化建设领导小组，由公司主要领导挂帅，党委宣传部牵头，明确人员构成和职责权限，由公司一把手领衔，相关条线和职能机构负责人全员参与，形成整合资源、完善机制、推动决策的组织保障。明确企业文化工作归口管理，制定《中国石化化工销售（华北）企业文化管理实施细则》和《中国石化化工销售（华北）企业文化考

核实施细则》，明确相关单位企业文化建设职责、企业文化日常考核内容、标准及企业文化建设经费保障，确保推进过程中各项工作协调统一、渐次开展、有效实施。

在行为方面，以专项文化为抓手推动企业文化体系融入公司日常经营和员工日常工作，真正穿透“神经末梢”。按照“以理念来指引、以制度来规范、以机制来保障、以载体来推进、以行为来养成、以典型来引领”的思路，制定安全环保、廉洁、质量、服务、诚信合规、风险管控及关心关爱七项专项文化建设方案，并通过印发宣传册、召开专题宣贯会、纳入支部学习计划及员工培训等方式抓好宣传贯彻，强化员工对相关文化理念的广泛认同和自觉履行，切实推动文化力向生产力的转变。

三、融入精益管理，推进制度建设与企业文化创新融合发展，培育“根深叶茂”发展沃土

坚持从完善制度体系入手，把企业文化建设融入经营管理全过程，推动市场、服务、协作、人才、廉洁、安全及风险防控等方面的管理理念融入公司市场经营、队伍建设、安全运营、风险防控等各项具体工作实践，将“软”文化转化为“硬”制度，切实增强企业文化执行力。2020年以来，以核心价值理念为导向，围绕一体化管理体系，先后修订相关制度5项，新增制度、流程5项，切实提升了公司职责、制度、流程与企业文化理念的匹配度。例如，为推动“聚焦客户、共谋发展”的市场理念融入客户经理日常工作，先后修订了《营销策略管理实施细则》《经营计划管理实施细则》《市场调研和市场信息收集流程》3项制度和流程；为促进“主动防范、守住底线”的风险防控理念落实落地，新建《经营业务风险管控实施细则》，为强化经营风险管控提供了依据和抓手。

坚持突出特色，鼓励创新，推动基层文化实践百花齐放。发动各基层网点在公司企业文化体系框架下，结合实际，自主开展企业文化实践活动，探索企业文化建设的特色载体和形式，进一步释放基层单位活力。两年来，先后有13家基层网点围绕服务质量提升、安全管理、队伍建设等具体工作，开展针对性企业文化实践探索，有力促进了公司企业文化体系在基层网点开花结果。例如，在北京冬奥会期间，燕山经营部深入践行“公司安全我有责”的安全理念，组织党员突击队多次在凌晨时分冒雪前往河北、北京两个高速公路检查站，开展进京危险化学品车辆集中引领，保障了冬奥能源生产企业原料及时供应和产品顺利出厂。青岛有限公司以“塑造和谐活力团队、推动销售中心任务”为主线，积极打造业务和人才快速成长的“双成长”文化，青年骨干在集团公司“易捷杯”青春助力扶贫营销创新大赛中获得银奖，以实际行动践行关注关爱文化内涵。

新冠肺炎疫情带来国际国内环境深刻变化，将影响并加速推动国内产业结构调整、发展方式转型、消费结构升级。国家战略和市场需求呼唤更多响当当、立得住的优秀文化。立足新发展阶段，贯彻新发展理念，构建新发展格局，化销华北将充分利用深化国企改革发展的战略契机，继续以企业文化建设为重要抓手，努力实现从外延式增长向内涵式发展升级，从规模速度向质量效益升级，从做好客户服务向品位文化品牌升级。同时，聚焦外部环境变化和内部结构调整优化，对标世界领先企业，充分发挥既有优势，守正创新，为公司高质量发展锻造全新动能。

（作者系中国石化化工销售有限公司华北分公司分公司代表、党委书记）

弘扬光荣传统　打造一流文化

邱银富

首钢京唐公司2005年10月注册成立，2007年3月开工建设，2009年5月一期工程投产运行，2010年6月一期主体工程全面竣工，2019年8月二期一步工程建成投产，具备1370万吨钢的年生产能力。首钢京唐公司始终以习近平新时代中国特色社会主义思想为指导，聚焦党中央、国务院提出的“产品一流、管理一流、环境一流、效益一流”目标定位，弘扬光荣传统，坚定文化自信，加强一流文化建设，为企业高质量发展提供强大精神动力。

一、一流文化在历史孕育中形成

作为首钢搬迁调整的主要载体，首钢京唐公司是我国第一个实施城市钢铁企业搬迁、具有国际先进水平的千万吨级大型钢铁企业。建设之初，党和国家领导人提出了“高起点、高标准、高要求”“产品一流、管理一流、环境一流、效益一流”目标定位，为京唐植入了一流的发展基因。首钢京唐公司全体干部职工牢记党和国家领导人的期望，以实现钢铁强国梦、建设最具世界影响力的钢铁厂为己任，弘扬传统、矢志一流，推动物质文明、精神文明取得双丰收。总体来看，一流文化的孕育主要经历了三个阶段。

第一个阶段：艰苦创业，敢为人先，建设21世纪国际先进水平钢铁厂，铸就了一流文化的动力源。

第二个阶段：攻坚克难，勇往直前，基本实现“四个一流”目标，丰富了一流文化的内涵。

第三个阶段：自信自觉，共建共享，开启全面实现“四个一流”目标新征程，为构建一流文化提供了广阔的实践舞台。

二、一流文化的核心理念及实践路径

（一）一流文化的核心理念：精细苛求、追求卓越

以“精细苛求、追求卓越”为一流文化的核心理念，不仅是对企业价值观的发扬与延伸，也是认真研究分析钢铁行业发展大势的必然。回望过去的发展，京唐广大干部职工以企业价值观为引领，牢固树立与现代化钢铁企业生产经营相适应、与现代化企业管理相适应、与市场经济相适应的先进

理念，坚持用科学的思维、方法和手段去观察问题、攻克难题，立志驾驭代表 21 世纪先进水平的钢铁厂，经受住了钢铁“寒冬”、新冠肺炎疫情等大战大考，突出重围开创了新局面：经营由初期的亏损向持续盈利再到竞争力大幅跃升的转变，建成年产能 1370 万吨钢铁的沿海钢铁大厂，树起了先进制造业的旗帜。进入新发展阶段，在向上奋斗、全面实现“四个一流”目标的征程中，京唐人面临着更高要求和更大考验，“精细苛求、追求卓越”的思想引领作用愈发凸显，需要全体干部职工秉承这一核心理念，主动加压，挑战极限，坚持更严标准，追求更高目标，把工作做细、把细节做透，功于精细，精益求精、精品为纲，实现更高质量、更有效率、更可持续的发展，为集团创造更多价值，为行业和社会贡献更大力量。

（二）一流文化的实践路径：高、严、敢、追

“高、严、敢、追”构成了一流文化的实践路径。

高，即高点定位，标定了“一流”的高度。高既是一种优中最优、精益求精的追求，又是一个衡量工作质量的标准。首钢京唐公司贯彻党中央决策部署，树立世界眼光和战略思维，自觉把京唐的发展放在京津冀协同发展、北京城市新总规等重大战略背景中去思考，出台《全面实现“四个一流”目标三年工作安排意见》，编制京唐公司“十四五”发展规划，高点站位擘画“十四五”发展蓝图。进入新的发展阶段，需要把工作方向与钢铁行业、国内外形势相结合，高标准贯穿始终，不断挑战自身极限，做到极致，追求更好。

严，即严细苛求，标定了“一流”的态度。对待工作严格、严谨、精细、精准。首钢京唐公司坚持严格管理、精细管理，严格执行规章制度，严格落实措施要求，大力开展精细文化建设，建立系统的精细化管理体系，将精准严细贯穿到经营生产管理的各个环节，确保工作流程环环相扣、严丝合缝、整体协同、前后贯通，促进精细管理、精益制造水平和系统能力持续提升。立足当前，着眼长远，首钢京唐公司需要继续秉承严细苛求，把工作做细、把细节做透，不断提高效率，提升质量效益，提高全要素生产率。

敢，即敢为人先，标定了“一流”的力度。敢是勇敢、果敢，是一种心态和心智，有了“敢”字加持，企业迈向“一流”的步伐就会更加铿锵有力。面对实现“一流”路上的艰难险阻，京唐人敢于创新突破，敢于打破旧有平衡，敢于提出更高目标，经受住了钢铁“寒冬”、新冠肺炎疫情等大战大考，新产线全面实现达产达效。站在新起点，要继续传承和发扬首钢精神，敢字为先、创新为要，敢于创新突破，敢于攻坚克难，敢于咬牙坚持，把望而生畏的山峰化为继续攀登的阶梯，为企业高质量发展提供强大动力。

追，即奔跑追赶，标定了“一流”的速度。加速攀登者，才能亲眼看见最美的日出。追赶一流、跟跑变并跑领跑需要付出超常的努力，要有“时不我待，只争朝夕”的拼搏劲头。首钢京唐公司持续践行“曲线文化”“尺子文化”“改善文化”，追闭环落实、追优化提升，全面开展对标提升，系统对标、查找短板，不断提升管理水平，推动运行质量、管理效率、经营效益实现新突破。在全面实现“四个一流”目标的征程中，需要继续奋力追赶、奋力赶超，持续释放潜能，挖掘潜力，以奔跑的加速度不断缩小与先进企业的差距，努力做业务链条中的牵引者和引领者。

三、以一流文化为引领、推动全面实现“四个一流”目标的实践

践行一流文化就是要围绕“精细苛求、追求卓越”，融合变化、融入实践，以文育人、以文化人、以文砺人，用文化的软实力筑牢企业高质量发展的硬实力，助推全面实现“四个一流”目标。

（一）融入中心实践，全面实现“四个一流”目标。京唐公司的中心实践就是全面实现“四个一流”目标，一流文化的最大价值就是融入这一实践，统一思想、凝聚力量，为全面实现“四个一流”目标提供精神动力、价值导向和典型示范，在引领、推进实现产品一流、管理一流、环境一流、效益一流中创造物质财富，提升竞争实力，同时为一流文化反哺新的内涵和生机。在生生不息的生动实践中，把“精细苛求、追求卓越”的核心理念融入每名职工的内心深处，落实到操作实践中，使全面实现“四个一流”目标的速度更迅捷、内涵更丰富、目标更卓越。

（二）融入关键要素，打造卓越京唐。重点工程项目、重大攻关任务、重大活动事件是企业发展的关键要素，为企业发展进步起到了助推、保障作用，也是文化最好的强化剂。近年来，首钢京唐公司在高标准、高质量、高效率完成“三重”中催生一流文化新的精神样本，锻造一系列展现卓越京唐的实践样本。在二期工程建设中，全体干部职工攻坚克难，奋力拼搏，形成了把不可能变成现实的“二期工程”精神，以高昂的精神面貌和满腔的热情推动工程建设按质、按量、按节点顺利推进，按期投产。在“二期新产线达产达效”攻关中，京唐人怀揣“追求先进、做优做强”的强企梦想，坚守企业价值，克服各种困难，大力弘扬不达目标不罢休的“达产达效”精神，推进新产线全面实现达产，效益达到预期目标。在环保创 A、产销一体化、对标缩差中，京唐人凝结了“协同拼搏”精神，形成了“一盘棋、一条心、一股劲”的协作共进新模式。要让企业发展的“蛋糕”越做越大、质量越来越高。

（三）融入制度机制，树立管理导向。文化依靠制度得以融入和践行，制度依靠文化得以认同和遵从。以依法合规、规范协调、有效执行为准则，坚持写所需、做所写、记所做，推进标准化、模块化、信息化，实现制度文件优化升级；以人才促进发展、发展造就人才为理念，实施人才强企战略，助推企业高质量发展；倡导“精品为纲、精细至上”的精细文化，大力推进精益制造，实现向高端板材升级，用一流产品诠释了首钢搬迁的成功；倡导思想先行、贵在行动，践行改善文化，持续推进精益改善，淬炼了京唐精益创新品牌；贯彻践行安全、环保、创新等理念，指导融入专业工作，使理念成为专业工作的品牌。在坚持向上看齐、形成管理之道

中，增强了一流文化的张力。

（四）融入内心情感，培养文明风尚。秉承一流的使命追求，展现一流的奋进姿态，共建共享一流的发展境界。首钢京唐公司坚持把一流文化融入内心情感，弘扬“忠诚、感恩、激情”价值追求，写下初心的诗，谱下共进的曲，唱响奋斗的歌，构建京唐人共有的精神家园，让钢铁工人一样拥有海风轻轻吹、海浪轻轻摇的心灵港湾。以文化节、文艺演出等高品质文化活动为平台，抒发职工爱企兴企、志在一流的壮志豪情。打造提供优质文化供给，以“京唐故事”“京唐人物志”为载体，展现人文京唐，多种形式宣讲 80 多个典型故事，拍摄 10 部典型人物视频，并推荐登上行业、社会的各种舞台和荧屏，鼓舞和激励大批年轻人为梦想不懈奋斗。坚持用典型激励人，用标杆引领人，评选表彰“京唐榜样”人物 56 名，涌现出全国劳动模范荣彦明，首钢之星董相娟，首都市民学习之星徐芳等一批先进人物，鼓舞和激励京唐干部职工为梦想不懈奋斗，营造了学习先进、尊重先进、爱护先进的良好风尚。

（五）融入品牌建设，扩大社会影响力。品牌是一种识别标志、一种精神象征、一种价值风范，是品质优异的核心体现。首钢京唐公司以追求卓越为标尺，践行“从用户中来、到用户中去”的服务理念、“用户的标准就是我们的标准”的质量理念、“打造绿色钢铁就是保生存、促发展”的环保理念，打造首屈一指的钢，建设大美京唐，培育了京唐品牌，由首钢京唐“蝉翼钢”制作的 2022 年北京冬奥会明信片，向世界展示首钢品牌形象。广泛参与北京、上海、海南、雄安新区等地大型博览会、展览会，与同行同台竞技，展示京唐产品绿色智能、技术高端一流的优势特色。急用户之所急，千方百计为用户排忧解难，满足中油宝世顺、钢花机电、宇通客车等客户的产品加急供货需求，以高效优质服务赢得用户信赖。深入挖掘京唐产品和服务用户创造的价值，2015 年以来，新华社、人民日报、中央电视台、北京日报、首都建设报等对京唐公司宣传报道达 427 次，《人民日报》头版头条刊登《首钢搬迁 里外一新》文章、央视四套播放《百炼成钢》、新华社全媒体客户端刊登《首钢京唐 0.11 毫米 5G 设备用钢登场》，引发了国内外及社会各界广泛关注。

（作者系首钢京唐公司党委书记、董事长）

从百年党史汲取战略文化管理智慧

纪志顺

我们党历来注重文化建设。1944 年，毛泽东同志在《关于陕甘宁边区的文化教育问题》的讲话中指出：“文化是不可少的，任何社会没有文化就建设不起来。”党的十九大把文化重要性提升到了一个新的高度：“文化是一个国家、一个民族的灵魂。文化兴国运兴，文化强民族强。”可以说，党和人民百年奋斗孕育的中国特色社会主义文化是我们迈向新的历史征程、夺取新时代伟大胜利、实现中华民族伟大复兴中国梦的重要引领力量，也是指导构建中国特色现代企业管理理论的根本遵循。

一、价值分析——从百年党史中汲取战略文化管理智慧何以必要

从党的百年历史中总结汲取管理智慧，不仅是对我们党先进理论的传承和发展，也是打造具有中国特色的现代企业管理文化、提升国企管理科学水平的必然要求。

在 2016 年全国国企党建工作会上，习近平总书记强调，中国特色现代企业制度，“特”就在于把党的领导融入公司治理各环节，把企业党组织内嵌到公司治理结构中，明确和落实党组织在公司治理结构中的法定地位，做到组织落实、干部到位、职责明确、监督严格。近年来国有企业不断完善中国特色现代企业制度，不断将党建优势转化为国有企业the创新优势、发展优势和竞争优势，这些生动实践有力证明国有企业高质量发展取得历史性成就、发生历史性变革，必然依靠党对国有企业的全面领导。

二、路径分析——从百年党史中汲取战略文化管理智慧何以实现

一方面随着国有企业、国有经济规模的日益壮大，另一方面“需求收缩、供给冲击、预期转弱”三重压力叠加疫情扰动，国企所面临的管理问题也日趋复杂，企业愈加需要弘扬伟大建党精神，从红色文化精神谱系中汲取攻坚克难改革发展的智慧与力量。立足新发展阶段，企业要完整准确全面贯彻新发展理念、服务和融入新发展格局、推动高质量发展，就要善于总结和运用我们党百年来创造、沉淀的管理智慧，不断提升治理能力和水平，打造一流的战略文化管理能力。

百年党史蕴含的管理智慧可以从理论层、价值层和实践层三个层次分析。

理论层即管理的行动指南，坚持习近平新时代中国特色社会主义思想指导企业实践，坚持运用党的创新理论指导企业发展，有利于完整、准确、全面把握社会经济发展规律，提高企业适应和服务社会主义市场经济发展需求、应对各类风险挑战的能力。价值层即管理的价值定位，国有企业应当心怀“国之大者”，坚持服务国家发展战略，站在党和国家事业发展全局的高度谋划推动改革发展各项工作，履行使命担当，切实体现中国特色现代企业管理的价值导向。实践层即管理的方法路径，着重从党的奋斗历程中汲取科学的思想方法和工作方法，体现中国特色现代企业管理的道路方向。

三、北行探索——从百年党史中汲取战略文化管理智慧何以实践

2017 年以来，广西北部湾银行深入贯彻落实党的十九大、自治区第十一次党代会和全国、全区金融工作会议精神，深刻把握运用党的奋斗历史经验，紧密围绕国家、自治区重大决策部署和中国特色社会主义新时代金融改革转型需要，

不断校准战略管理文化这一企业发展“定盘星”。特别是近年来，北行切实提高政治站位，加强党的领导与企业经营管理融合发展，从党史中汲取战略文化管理智慧，主动呼应国有企业改革三年行动、自治区经济发展新要求，构建北行“336 新发展战略”和新企业文化理念体系助推企业高质量发展，探索出一条中国特色现代企业管理的城商行实践之路。

（一）基于马克思主义中国化最新成果领航指向，构建战略文化理论基础

2017 至 2018 年，广西北部湾银行全面加强党对国企改革发展的领导，实施“党建入章程”，在广西区直企业中率先细化“三重一大”决策主体的内容、范围和程序，率先制定实施党委会工作规则和议事实施细则、行长办公会议事规则，率先开展党委专项巡察活动，公司治理改革实现“从形似到神似、从有序到有效”，同年在广西法人银行业中率先挺进全球银行 500 强，迈上了效益、质量、速度、规模协调发展的新历史阶段。

2019 年以来，站在高质量发展的新起点上，广西北部湾银行深刻理解把握自治区赋予的“广西自己的银行”价值定位，以史为鉴、开创未来，进一步将贯彻落实习近平新时代中国特色社会主义思想、党的十九大和十九届历次全会精神、习近平总书记对广西工作系列重要指示要求融入北行改革发展系统谋划，对标国内外同业先进经验，以新发展理念全面完善战略管理文化理念，明晰确立了指引全行未来发展的重要纲领“336 新发展战略”和企业文化理念体系 3.0 版，在开启全面建设社会主义现代化广西新征程中贡献北行力量。

“336 新发展战略”从“三大新定位”“三大新目标”“六个新提升”维度进一步明确了北行的发展定位、发展目标、发展路径；企业文化理念体系 3.0 版从发展思路、经营理念、风险观念、服务意识等维度系统性树立了北行紧跟国家及区域战略、加快转型提升、服务实体经济、做优客户服务的组织文化理念，着力构建以客户为中心的企业文化和以员工为中心的家园文化。从过去强调对经济发展的贡献度，向既强调经济发展贡献、又强调金融创新和地区金融人才培养平台等多维度贡献转变；从发展思维向共享思维转变，从管理思维向治理思维转变，加快建设现代化企业治理体系，力求打造地方党委政府、监管部门、股东、客户、合作伙伴和员工六方满意银行，凝心聚力建设新时代中国特色社会主义壮美广西。

在新战略文化指引下，北行全面加强党的领导，坚定践行“四化”（专业化、差异化、特色化、品牌化）发展原则，围绕四个聚焦（聚焦主业、聚焦实体经济、聚集普惠、聚焦地方）持续发力，突出抓好“五个强”（强班子、强管理、强创新、强基础、强人才）建设，不断完善适应中型城商行发展需要的现代企业治理体系，翻开了“北行之治”新篇章。在全区区直国企中率先推进党委巡察全覆盖，扎实推进学习型、品质型、融合型、服务型、廉洁型“五型党建”，塑造“OK 先锋”党建品牌体系。优化组织架构，改革人力资源，推进等级行管理，完善绩效考核，建设流程银行，在全区区直国企率先开展关键岗位行为要求“三化”（标准化、模板化、体系化）建设项目，全面提升人才队伍适岗和能力，把党的政治优势和组织优势转化为加快高质量发展、服务地方经济社会发展的强大力量，奏响北行迈向新时代的奋进强音。

（二）以中国共产党人百年奋斗的价值追求，构建北行战略文化实践体系

奋斗文化是中国革命创造伟大胜利的精神根脉，也是中国特色现代国有企业文化建设的基础。广西北部湾银行以奋斗为价值导向，坚持从制度、规范、领导者、组织、队伍、经费、机制、计划、考核九大方面多管齐下、组合发力，实现文化进管理、进业务、进制度、进考核、进基层、进课堂，有效提升战略导向力、管理固化力、领导推动力、教练驱动力、行为转化力、文化向心力，搭建战略管理文化的实践“四梁八柱”。

以文化为魂，有效凝聚高质量发展奋进力量。广西北部湾银行结合国企改革三年行动方案具体要求，将依法治行、风险防控和服务发展相结合，持续运用法治文化提升公司治理能力和水平，荣获“全国‘七五’”普法工作先进集体称号。传承弘扬百年建党伟业人才实践重要理念，不断完善具有北行特色的人才选拔、培育、管理全链条机制。近五年来共提拔中层干部近 200 名，引进行内外中层管理人才 50 余名，选拔经理级年轻干部 360 余名，全面激发全员干事创业激情。

以文化为纲，谱写服务实体经济新作为。改制设立以来，累计投入逾 2 万亿元服务地方经济发展，累计投入各项资金 6000 亿元支持广西实体经济。切实解决人民群众“急难愁盼”问题，疫情发生以来，累计向超 5000 户实体企业投放贷款超 1600 亿元，其中累计投放“桂惠贷”超 220 亿元，为超过 2300 家企业减负纾困让利超 4.4 亿元。累计投放涉农贷款 64.46 亿元，农户贷款 4.71 亿元，涉农贷款余额超 320 亿元；近年成功发行的小微金融债、绿色金融债、“三农”专项金融债利率屡创广西金融债券市场发行利率新低，获市场高度认可，持续“引金入桂”壮大支持地方发展资金实力。

以文化为脉，心系民生共筑美好生活。将金融科技引入业务全流程、全流域，2020 年投产上线全国城商行最大规模核心系统群和数据中心建设项目，斩获全国多项荣誉，金融科技服务业务、服务客户、服务管理能力有望跻身全国城商行第一梯队，数据中心亦树立了广西金融机构数据中心建设标杆。“金融+场景”服务多点开花，有效提升客户满意度，2021 年末零售客户总量突破 1000 万户，连续三年实现百万级增长。推出手机银行关怀版 APP，让移动金融服务更加实用便民。成为广西惠民惠农财政补贴资金“一卡通”管理改革后补贴资金首批代发银行，打造南宁市首家“事好办”便民服务系统，让普惠金融真正“惠”到实处。

战略管理文化实践体系建设成效最终体现到价值创造上，引领广西北部湾银行“三年再造新北行”，实现跨越式发展。2021 年末广西北部湾银行资产规模达 3605.32 亿元，资产规模较 2018 年末增长 90%；各项存款余额达 2650.82 亿元，较2018年末增长108%；各项贷款余额达2008.61亿元，较2018年末增长110%，拨备前利润、净利润分别较2018年末增长140%、120%。不良贷款额、不良贷款率连续四年实现“一控一降”，优于全国全区同业平均水平，资本充足率较优；在英国《银行家》杂志全球1000家银行排名中位列370名，三年跃升131名，连续五年获评权威机构颁发的“服务八桂综合贡献奖”，荣获“全区脱贫攻坚先进单位”“广西支小再贷款示范行”“广西企业文化建设示范基地”（广西唯一获此荣誉商业银行）、“新时代企业文化实践创新典范单位”和“企业文化创新实践教学站”荣誉称号（广西唯一获奖金融机构），品牌价值和综合实力持续攀升。

（作者系广西北部湾银行党委副书记、行长）

用“忠诚、责任、坚守、奉献”点亮红色动脉党建品牌

张　平

西部管道有限责任公司隶属于国家石油天然气管网集团有限公司（以下简称国家管网集团公司）。公司置身“丝绸之路经济带”核心区域，扎根边疆戈壁、沙漠、高原，负责运营“西油东送、西气东输”等西部油气能源的战略大通道，现已发展成为业务覆盖新、甘、青三省区的专业化地区管道企业。

十年企业靠经营，百年企业靠文化。一直以来，国家管网集团把企业文化建设作为重中之重，致力于以先进文化引领培育一支“最讲政治”“最有信仰”，具有共同的理想信念、价值观和行为方式的国家管网铁军队伍。集团公司依据企业文化层次结构理论从理念层之“管网精神”、制度层之“管网制度”、行为层之“管网行为”、物质层之“管网形象”四个层次，形成了“管网之道”企业文化总体框架。在践行“管网之道”企业文化的具体实践中，西部管道公司牢树“大抓基层、大抓支部、大抓基础”鲜明导向，通过持续丰富强化“党建统领、追求卓越、打造标杆、争创一流”内涵，从基层一线涌现升华出一批以“火洲忠诚信念、国门责任文化、红柳坚守品格、高原奉献精神”为代表的优秀文化基因，并成为全体西部管网人最朴素的价值认同。

在国家管网集团公司打造红色动脉党建品牌行动引领下，西部管道公司上下深入贯彻落实习近平总书记“四个革命、一个合作”能源安全新战略和重要指示批示精神，以“最讲政治”“最有信仰”为根本遵循，将“忠诚、责任、坚守、奉献”文化基因内嵌于全体员工践行“管网之道”企业文化、点亮红色动脉党建品牌的自觉行动中，始终牢记“服务国家战略、服务人民需要、服务行业发展”企业宗旨，锚定建成中国特色世界一流能源基础设施运营商愿景目标，以构建平安管道、绿色管道、发展管道、友谊管道的实际行动，积极履行油气保供、蓝天工程、扶贫帮困、“访惠聚”驻村等社会责任，塑造了有尊严、受尊重的良好企业形象，在国家管网集团建设具有全球竞争力的世界一流企业、保障国家能源安全等方面发挥着重要作用。

一、以“火洲忠诚信念”筑牢思想根基

新疆吐鲁番，因保持中国气温最高纪录而被称为“火洲”。“火云满山凝未开，飞鸟千里不敢来”，是唐代诗人岑参对吐鲁番火焰山的真实写照。西部管道有19座站场就伫立在“火洲”之上，所在地是典型的大风区、高温区和戈壁无人区，自然环境和气候条件极其恶劣，夏季最高气温可达49.8℃，6至8月平均最高气温在38℃以上，地表温度高达82.3℃。

在西部管道公司狠抓“两个面貌、两个看得出来”建设的指引下，扎根“火洲”的西部管网人守荒漠、抗风沙、战高温，用忠诚与责任扛起了西部油气能源战略通道的“生命线”，纷纷喊出了“50度的高温，100度的忠诚”口号，矢志服务国家战略、服务人民需要、服务行业发展，牢记“保障国家能源安全”的职责使命，坚决忠于党和国家、忠于祖国人民、忠于管网事业，全力保障国家能源战略安全、油气供应稳定。

其中，坐落在火焰山脚下的鄯善作业区，员工们顶着50度的高温，始终不忘“为祖国输油气、为人民送福气”的责任使命，确保了每年近2000次工艺操作“零失误”，保障了上千台套机械、电气、自控设备的正常运行，先后荣获自治区“工人先锋号”“青年安全生产示范岗”和全国“五一巾帼标兵岗”等荣誉称号。与此同时，“50度的高温，100度的忠诚”也成为全体西部管网人的坚定信念。

二、以“国门责任文化”引领担当作为

霍尔果斯压气首站与霍尔果斯口岸毗邻，是首条引进中亚天然气管道——西气东输二线、三线进入我国的“国门站”。投产初期，设备的可靠性尚需实践检验，大口径、高压力和领跑世界水平的压缩机技术对于现场运行人员是一个严峻的考验。当时一群平均年龄不到27岁的管网青年响亮地提出“管道压力有多大，我们的责任就有多强”的口号，后来逐步演化为“岗位责任永远大于管道压力”的表述，形成了“抗住高压、担起责任、为国争气”的霍尔果斯精神。

位于阿拉山口口岸的阿拉山口原油首站是我国首条国际化原油管道——中哈原油管道国内段阿独线的国内“龙头站”。这里常年大风肆虐，每年8级以上大风天数平均长达160天。阿拉山口恶劣的自然条件和艰苦的生活环境激发了管网员工战天斗地、为国加油的豪情壮志，石油精神、管道传统在这里深深扎根并开花结果，逐步形成了内涵丰富的以“守大风口，立大志向，做大贡献”为主要内容的山口精神。

投产至今，两座“国门站”已累计输送天然气超4000亿方、原油超1.65亿吨，为服务内地经济社会发展、保障国家能源安全作出了突出贡献。进入新时代，在习近平总书

记“一带一路”合作倡议的指引和推动下，霍尔果斯和阿拉山口在促进国际能源合作、中外管道企业文化交流、先进管理理念融合等方面的重要作用日益凸显，而由霍尔果斯精神和阿拉山口精神凝练而成的“国门责任文化”历久弥新，逐渐成为西部管网人共同的精神财富。

三、以“红柳坚守品格”磨砺坚强意志

在我国唯一以保护极旱荒漠生态系统及其生物多样性为主的多功能综合性自然保护区——安西国家级自然保护区内，坐落着西部管道红柳作业区，那里地处荒漠戈壁、常年干旱少雨，空气湿度低，日照时间长，夏季酷热、冬季严寒，风大沙多、人迹罕至，年降水量仅仅 45.7 毫米，蒸发量却高达 3140.6 毫米。

2013 年，红柳作业区党支部倡导学习红柳“扎根戈壁，抱团成长”的精神，在日复一日的生产实践中凝练出了以“守得住荒漠、咽得下风沙、扛得起重担”为标准、以“坚守”为核心的“红柳品格”，后来逐渐成为坚守荒漠、戈壁、无人区的西部管网人的精神写照。2021 年，为贯彻落实国家管网集团公司“五大攻坚战”、安全生产队伍“三湾改编”等重要决策部署，公司对照基层站队标杆建设工作要求，进一步明确“坚守·放心·建功”为红柳品格的最新要求，为“红柳品格”注入了崭新的精神内涵，使其再次焕发出了勃勃生机。

十年来，红柳作业区的员工们在“红柳坚守品格”的持续引领下，聚焦“栽树育人 创业铸魂”工作目标，以“栽红柳树、育红柳人、创红柳业、铸红柳魂”为行动实践，先后获得集团公司先进基层党组织、先进集体、青年文明号，新疆维吾尔自治区青年文明号、青年安全生产示范岗、五四红旗团支部、工人先锋号，中央企业五四红旗团支部等荣誉称号，以顽强意志和优异业绩彰显了新时代管网铁军的良好风貌。

四、以“高原奉献精神”诠释家国情怀

涩宁兰天然气管道是我国第一条长距离、大口径、高智能输气管道，同时也是中国海拔最高的长输天然气管道，起自青海柴达木盆地青海油田涩北一号气田，止于甘肃兰州市西固区柳泉乡末站，穿越青藏高原和黄土高原两大地质板块，沿线多是无人区，地形地貌复杂，有盐滩、戈壁、沼泽、草原，所经地区平均海拔 3000 米，最高 3760 米，最低 1670 米。

其中，德令哈输气站所辖羊肠子沟压气站以海拔 3452 米的绝对高度，被业内称作“铸在世界屋脊”的压气站。这里方圆百里无人烟，吃水要靠外界拉运，紫外线强烈，缺氧严重，被称为生命禁区。投产 20 多年来，站内员工在艰苦的生活条件和恶劣的自然环境下，克服了高反、缺氧等身体极限，坚持每月巡线上万公里，不仅确保了站场、管道线路的平稳运行，还多次成功应对狂风、大雨、泥石流、地震等恶劣天气和自然灾害，保障了国家能源动脉的平安畅通。

经过多年的坚守与沉淀，这群扎根高原管网人总结提炼出“缺氧不缺精神，艰苦不怕吃苦；海拔高追求更高，风沙强意志更强”的涩宁兰精神，并以“留人先留心、塑人先塑魂、强人以强企”构建起了涩宁兰特有的力量之源。2012 年，随着资产人员整体划转，在创新实践和深度融合过程中，涩宁兰精神升华为“高原奉献精神”，最终成为全体西部管网人共同的精神追求。德令哈输气站先后获得全国工人先锋号和集团公司青年文明号等荣誉，涩宁兰管道先后涌现出扎根戈壁的“骆驼草”张洪涛、公司十大杰出青年、劳动模范王晓东等一批先进模范。

播种文化，成就企业。西部管道公司先后荣获全国五一劳动奖状、开发建设新疆奖状、新疆维吾尔自治区先进基层党组织、全国企业文化顶层设计与基层践行优秀单位等荣誉称号。作为“新国家队”和能源“革命军”的一分子，西部管道准确把握新时代、新思想明确文化建设新方向的政治要求，以思想文化融合为契机，持续推进企业战略变革带动思想文化变革，聚焦“做出特色、走在前列、形成品牌”党建工作总目标，深入贯彻落实集团公司党组关于打造红色动脉党建品牌的重要要求，坚定做“最讲政治”“最有信仰”的“四个革命、一个合作”能源安全新战略的践行者、推动者、引领者，使“火洲忠诚信念、国门责任文化、红柳坚守品格、高原奉献精神”成为国家管网集团“管网之道”企业文化的生动载体和基层实践。

（作者系国家管网西部管道公司执行董事、党委书记）

以企业文化凝聚向善向上金融正能量

何春梅

文化是一个国家、民族的灵魂，也是一个企业安身立命的根本。国海证券紧扣新时代金融行业核心任务，以习近平新时代中国特色社会主义思想为指导，以社会主义核心价值观为引领，以“合规、诚信、专业、稳健”的行业文化为中心，充实升级公司企业文化体系，确立了“专业创造价值，卓越成就梦想”“成为专业领先、客户信赖、员工自豪的卓越综合金融服务商”的公司使命和愿景，“合规诚信、专业创新、坚韧担当、高效共赢”的公司核心价值观，把文化建设融入公司经营管理，走出一条有国海特色的新时期企业文化建设之路。

一、突出党建引领，推动党的建设与文化建设深度融合

坚持和加强党的全面领导，是党和国家的根本所在、命脉所在，也是国有企业的“根”和“魂”。以党建引领企业文化建设，是现代企业制度下党建工作与企业文化建设融合发展的必由之路，也是企业文化建设沿着正确政治方向前进的根本保证。国海证券在抓企业文化落地的过程中，突出党建引领，通过传承伟大建党精神，凝聚奋进力量。

（一）注重与公司治理融合

科学健康、有活力有执行力的企业文化是公司治理得以持续运行的前提，也是进一步提升公司治理能力的重要推动力。国海证券较早将党建工作写进公司章程，落实党委研究讨论重大问题的前置程序，明确党委在法人治理结构中的法定地位，发挥党委的把关定向作用。此外，公司注重将合规诚信、坚韧担当等文化基因融入并渗透到公司制度建设、日常管理各个环节，持续推动股东大会、董事会、监事会、经理层依法合规运作，董事、监事和高级管理人员忠实勤勉履职，形成党委会全面领导、董事会战略决策、监事会独立监督、管理层负责经营的治理格局。

（二）注重与意识形态工作融合

文化是意识形态的具体表现形式，企业文化建设是构建企业意识形态工作的良好载体。国海证券将文化建设与意识形态建设紧密结合起来，搭建起新时代文明实践所、国海大讲堂、《国海人》内刊、《今日国海》公众号“四个一”文化宣传主阵地，发挥“榜样”的力量，用身边人讲好身边事，通过身边人感染人、教育人、带动人，弘扬积极向上、奋发进取的正能量。与此同时，组织开展国海好声音、十年识人等形式多样的宣传活动，借助文化活动增强意识形态和公司核心价值观的渗透力。

（三）注重与基层党建融合

党的基层组织是党全部工作和战斗力的基础，一个凝心聚力、勇于拼搏的基层党组织，企业文化建设也必将落地有声、强而有力。国海证券将企业文化建设纳入基层党组织年度全面从严治党工作要点，作为支部主题党日活动的重要内容，将核心价值观融入先锋党员标准，在“三连四学五先锋”党建品牌创建、“创星争先·党员承诺践诺”主题实践等活动中传递新时期国海企业文化理念内涵，进一步凸显基层党组织的战斗堡垒作用和党员的先锋引领作用，激励全体党员争当企业文化的忠实践行者和自觉弘扬者。

（四）注重与党风廉政建设相融合

打造廉洁文化品牌，营造风清气正的干事创业氛围，加强警示教育，强化监督执纪问责，这些都是廉洁文化建设与党风廉政建设的契合点。国海证券找准切入口，积极打造“国之大者、证海廉心”廉洁文化品牌，建立中层管理人员廉洁档案库、廉洁风险防控机制，搭建廉洁教育专属平台、多元举报渠道，修订完善《廉洁从业制度》《员工违规失职问责处理办法》《巡察工作制度》等并严格实施，组织开展廉洁家风家训和“清风扬帆”廉洁文化作品征集等形式多样的活动，使教育与监督相结合、自查与督查相结合，形成廉洁自律合力。

二、突出宗旨意识，以文化建设砥砺金融企业初心使命

习近平总书记在视察广西时提出“让人民生活幸福是国之大者”。中国证监会易会满主席强调，服务实体经济和居民财富增长是证券行业高质量发展的宗旨本质，也是发展资本市场的初心使命。国海证券积极响应当好直接融资“服务商”、社会财富“管理者”、金融创新“领头羊”的号召，将初心使命熔铸于企业文化，自觉践行金融报国，争做有理想、有情怀、有担当的新时代金融企业。

（一）贯彻新发展理念，坚守金融服务实体经济的本源

服务实体经济不是一个简单的表态或口号，要在思想上坚定不移，更要在行动上久久为功。国海证券将创新、协调、绿色、开放、共享的新发展理念融入文化精神和“十四五”发展战略，始终聚焦服务国家战略，以自身高质量发展助力实体经济高质量发展。秉承守正创新，多渠道积极支持客户融资需求，持续加大创新力度，完成全国首单战疫专项公司债、全国首单建筑施工行业优质企业债等多个全国或地区首单的创新性项目。践行科技强国，在加大自身科技投入、加快数字化转型、提升数据治理的同时，发挥资本市场专业优势，加大对科创企业的服务力度，助力打好关键核心技术攻坚战。聚焦协调发展，发挥公司在广西构建“南向、北联、东融、西合”全方位发展新格局的资本市场合作主平台作用，加大对粤港澳、长三角、大西南等区域的重点深耕，取得了明显成效。开展绿色行动，助力完成全国首单可持续发展挂钩公司债、交易所及广西首批碳中和债、商行绿色金融债、绿色资产支持计划等绿色金融项目，发布了《国海证券绿色金融行动方案（2021—2023）》，从顶层架构明确绿色金融是公司经营战略的重要组成部分，并从支持绿色产业发展壮大、创新绿色金融产品、深入开展绿色研究等方面，为实现“双碳”目标注入金融力量。

（二）尊崇专业精神，坚定走差异化特色化发展之路

在证券行业“专业”文化的引导和推动下，国海证券近两年也在大力推进客户、精品、能力提升三大工程。以“客户工程”践行以客户为中心理念，加强投顾队伍建设，引入客户净推荐值（NPS）体系，推出呼唤响应率 100%、NPS 服务体验小组等特色服务，倾听客户需求，解决客户痛点，提升客户体验，真正服务老百姓财富管理需求。以“精品工程”弘扬工匠精神，要求各业务条线聚焦产品打造若干有特色、有优势的精品，真正落实以专业为客户创造价值的初心使命。以“提升工程”树立特强专精志向，要求各部门对标国内外优秀投行，不断提升战略引领力、专业核心竞争力、科技赋能、精益运营能力、价值创造能力等。2021 年首次举办创新创意竞赛，组建青年突击队开展岗位建功活动，以实际行动践行和推广企业文化。

（三）强化合规风控，坚持将行稳致远理念深植于心

合规经营始终是证券公司生存发展不可逾越的底线，风控能力是证券公司把握好风险和收益平衡、确保长期健康发展的有效抓手。国海证券始终秉持“业务开展、合规风控先行”的原则，近年来更是学习借鉴优秀经验，搭建董事会—经营层—内控主管部门—业务部门“四个层级”合规风控管理框架，建立科学有效的“三道防线”（一线单位为第一道防线、合规风控为第二道防线、内部审计为第三道防线）及“1+N 监督闭环”体系，实施“打造一流合规风控计划”，切

实履行资本市场“看门人”职责。此外，专门将 7 月 27 日定为“国海合规诚信廉洁日”并开展专项宣导，深化“要我合规”向“我要合规”的转变，使“风险管理创造价值，合规经营才有未来”的合规风控文化进一步入脑入心、见行见效。

三、突出以人为本，推动行业文化和企业文化落地生根

中国证监会易会满主席指出，文化建设是做人的工作，抓好文化建设，根本在人，尤其要抓好考核激励、选人用人、职业操守等环节，并强调要在行动上见真章、求实效，决不能简单地喊几句响亮的口号、出几本好看的杂志、搞几次热闹的活动。国海证券在新时代企业文化体系升级行动中，深刻认识到企业文化必须与人力资源管理紧密结合，文化理念只有真正成为每一位国海人的内心觉醒和行动自觉，文化建设才叫落地生根。因此，公司将企业文化小组办公室设在人力资源部，强化文化价值观对员工思想、行为的贯穿和融入。

（一）以鲜明的用人理念，准确传导公司文化和价值追求

一家企业最能体现文化的地方，就在于招聘什么样的人、提拔什么样的人、奖惩什么样的人。国海证券将文化价值观纳入用人标准，融入管理人员选拔任用、招聘录用等人员管理制度，建立起“政治素养过硬、价值观为基、能力为核、业绩为纲”的人才评价机制，专门印发《面向未来，以价值创造者为荣——关于建设国海高素质人才队伍的实施意见》，将价值观作为衡量人才的基准，鲜明传导公司文化和价值追求。在人员招聘、提拔、储备培养时，对照可观测可评估的行为标准，通过访谈、重大事项核查多种方式充分考察，对于不符合文化价值观的人员一票否决，确保选用道德操守过硬、践行国海文化的人才。

（二）以科学的激励约束机制，保障文化落地刚劲有力

一直以来，国海证券坚决摈弃以业绩为单一导向的经营理念，坚持构建激励与约束并重、长期与短期兼顾的考核及激励约束机制，注重有效激励与问责监督相统一。在考核方面，除业绩指标外，公司将廉洁从业、合规诚信、践行文化、声誉风险管理纳入考核体系，尤其对各层级管理人员额外增加工作作风评价，确保各级管理者在文化践行上当好“火车头”，做到以身作则、知行合一。在激励约束方面，在正向引导激励的同时，加大反向惩戒约束力度，建立了风险准备金制度，实行严于监管要求的绩效奖金递延发放机制和覆盖全员的重大事项报告核查机制，让员工心存敬畏、行有所止。

（三）以用心的培训宣贯与氛围营造，助力文化薪火相传

企业文化是企业成员共同的价值观念和行为规范，践行的前提是全体员工知道，并发自内心去相信。国海证券将文化宣导纳入员工全生命周期的培训体系，将文化价值观教育嵌入员工职涯发展的每个关键节点，如新员工培训、后备人才培训、新任管理人员谈话等，每年组织开展的“全员职业教育月活动”反响热烈。更重要的是，公司注重营造公平公正、简单务实、多元包容的文化氛围，尊重员工的见解和心声，持续构建畅顺、及时的沟通渠道，专门搭建“吐槽平台”，敢听怨言骂声，及时破解基层难题，有效发挥疏通员工情绪、解决一线问题、加强作风建设作用；优化升级管理层与员工实时在线联结系统，一线员工可以随时找到公司任何层级的管理人员沟通，基层意见能第一时间直达管理层，让员工切身感受文化和他们实际工作之间的联系。

四、突出社会责任，塑造良好企业形象

习近平总书记指出，只有富有爱心的财富才是真正有意义的财富，只有积极承担社会责任的企业才是最有竞争力和生命力的企业。作为国有金融企业和上市证券公司，国海证券积极发挥履行社会责任的“先锋队”作用，在金融扶贫、支持公益、投资者教育保护等方面加大资源投入和工作力度，争做有担当、有格局、令人尊敬的企业。

（一）助力扶贫，让文化充满力量

公司已连续 10 年投身精准扶贫工作，先后在广西 2 个贫困县开展定点帮扶工作，并与区内外 5 个国家级贫困县签署“一司一县”结对帮扶协议，探索出“金融+产业+公益”三位一体的精准长效扶贫新模式，为定点帮扶点投入和引入资金超 3000 万元，利用资本市场为贫困地区融资超过 13 亿元，公司定点帮扶的六丰村党支部荣获“全国脱贫攻坚先进集体”。目前，公司接起乡村振兴的接力棒，发挥专业优势为接续推进脱贫地区乡村振兴贡献应有之力。

（二）支持公益，让文化更有温度

公司全体员工于 2006 年捐资设立的行业首家慈善基金会——广西国海扶贫助学基金会，15 年来在贫困助学、扶贫赈灾、帮扶弱势群体等方面积极开展社会公益活动。截至目前，公司及员工参与扶贫助学及公益捐赠共计 2100 万元，公司荣获“广西希望工程 30 周年贡献奖”、湖北省慈善总会“新冠肺炎疫情防控捐赠突出贡献奖”等肯定。

（三）积极回报投资者，让文化守护梦想

公司积极弘扬股权文化，以真金白银回报投资者，上市十年连续分红，近三年现金分红平均占比高达 138%，远高于同行业上市公司 55%的平均水平。在中国上市公司协会联合沪深交易所发布的 2020 年 A 股上市公司现金分红榜单 100 家“上市公司真诚回报榜单”中，公司为唯一入选的证券公司。积极建设投资者教育基地，不断丰富创新投教内容，参与投资者教育纳入国民教育体系、防范非法证券宣传等活动，强化投资者保护意识，守护客户财富梦想。

企业文化是一项长期而复杂的系统工程，不在一朝一夕，也不能一招制胜，需要长期不懈的探索与努力。在第二个百年奋斗目标的新征程上，国海证券将驰而不息贯彻落实证券行业文化建设十要素要求，积蓄企业文化软实力，增强高质量发展硬动力，为全面提升行业文化建设水平，助力建设规范透明开放、有活力有韧性的资本市场贡献力量。

（作者系国海证券股份有限公司党委书记、董事长）

在示范快堆建设中践行“两弹一星”精神的时代价值

郑砚国

党的十八大以来，习近平总书记多次谈到“两弹一星”精神及其时代价值。他指出，“两弹一星”精神激励和鼓舞了几代人，是中华民族的宝贵精神财富，一定要一代一代地传下去，使之转化为不可限量的物质创造力。

“热爱祖国、无私奉献，自力更生、艰苦奋斗，大力协同、勇于登攀”的“两弹一星”精神形成于20世纪50至70年代，溯源于中国共产党的精神谱系，是新中国成立后在中国共产党的坚强领导下，老一辈核科学家在自主完成原子弹和氢弹爆炸、导弹飞行和人造卫星发射的过程中，自觉培育践行的一种崇高精神，是爱国主义、集体主义、社会主义精神和科学精神的突出体现，是中国人民在社会主义革命和建设时期汇集革命文化的基因元素，为中华民族创造了宝贵的精神财富。在中国特色社会主义进入新时代的今天，进一步践行“两弹一星”精神的时代价值，使之焕发出更加灿烂的时代光芒意义重大。

“两弹一星”精神是霞浦核电企业精神的重要元素，通过在示范快堆项目推进过程中传承和践行，铸成了快堆人最广泛、最基础、最深厚的文化底蕴，引领快堆人勇担重任、敢打硬仗、大力协同、精忠报国。项目自启动以来进展到现在，示范快堆建设进程中克服了诸多实际困难，取得了一系列突破性进展。是什么让霞浦核电把不可能变成了可能，把可能变成了现实？以“两弹一星”精神为首的企业精神成为霞浦核电存在和发展的内在支撑，它所蕴含的时代价值在示范快堆工程建设中发挥了重要作用，传递着正向文化功能，锻造了优秀的企业品格。

“热爱祖国、无私奉献”是快堆人对快堆事业的共同追求和崇高境界，是中华民族优秀传统和时代价值在新时代核技术领域的集中体现。

家国情怀是中华民族深入骨子里的血脉传承，是老一辈核科学家把个人的理想与祖国的命运紧紧联系在一起、把个人的志向与民族的振兴紧紧联系在一起，是成千上万来自五湖四海的核工业建设者怀着舍家为国的共同心愿，把热血和汗水洒在茫茫戈壁上的集中体现。霞浦核电充分利用中华民族的优秀传统和核工业史的先天优势，以“承载国家核能战略，推动快堆事业发展”的使命为切入点，让参与建设的快堆人明白自己所从事工作的重要性，激发使命感和民族责任感，以爱国之心竭尽忠诚，以无私奉献报效祖国。公司依托党委会、总办会、党建联建、党建宣传等平台无缝隙渗透到工程建设每个环节，时刻强调新时期发扬“两弹一星”精神就是以“不服输”的战斗精神啃下示范快堆工程建设这个硬骨头。在干部带头“24小时”现场值班制等方面，引领快堆人践行无私奉献的精神表达承载历史使命的责任感；选树“党员突击队”“党员示范岗”“年度十大先进”“公司劳模”等榜样，让奉献精神发挥光芒，树立从事快堆建设的无上光荣，增强职业荣誉感，让快堆人在工程建设中发挥最大能量。在组织的升旗仪式、各类主题演讲比赛、《快堆故事》、文化沙龙、员工培训、庆祝建国70周年合唱比赛、建党百年快闪等活动中，快堆人时刻流露出参与快堆建设的自豪和真情，对“热爱祖国、无私奉献”的企业精神与个人目标进行渗透和提升，发挥了由“两弹一星”精神延伸出的时代价值和行为取向。

“自力更生、艰苦奋斗”是快堆人展现精神的实质，是霞浦核电牢固树立责任担当，完成示范快堆工程建设的根本保障。

六十多年的核工业发展史留下了许多触动人心的故事，故事的背后是“两弹一星”精神的诠释，从故事中得到启发和教育，并在日常工作和生活中坚守，就是“两弹一星”精神的传承和践行。霞浦核电示范快堆工程从前期筹建到顺利推进，一个又一个的难题摆在了快堆建设者面前。公司领导班子带头，参研参建单位积极参与配合，在各种会议中不断沟通和协调，推进工程进展。面对全新的核电堆型，面对庞大的工程体量，这些巨大难题让许多参与工程建设的亲临者望而却步。没有现成的模式可参考，没有足够的时间可以尝试，而这又是必须完成的任务，快堆人只能靠自己，挖掘核工业人自有的“自力更生、艰苦奋斗”精神力量，紧密对接科研院所和设备厂家，联合参建单位对工程中出现的急难险重问题进行集中攻关、快速解决。各种沟通协调每天达到20余次，带头冲锋、坚守一线的工作模式成为示范快堆建设者的常态，“我的24小时除了吃饭、睡觉，满脑子都是工作问题。”奋斗在一线的员工说出了自己的现状，“我已经好几天没有看到爸爸了。”一个孩子道出了自己的委屈。正是这种“自力更生、艰苦创业”的精神动力让示范快堆工程在一体化计划的推动下，按计划完成各项任务，正在向着全面推动快堆发展的长远目标努力奋斗。

“大力协同、勇于登攀”是成就快堆事业的重要保证，示范快堆工程就是要依靠集体智慧协同攻关工程中的急难问题，体现集中力量办大事的优势。

示范快堆工程建设是系统工程，工程建设现场汇集了二十余家参研参建单位，共计几万人的快堆建设者投入工程现场中。霞浦核电充分发挥大业主的管理优势，通过一体化作战体系，协调各参研参建单位协同一致，真正做到了各个参研参建单位都是工程建设的业主。一切以工程建设为核心的快堆建设体，荣辱与共，凝心聚力，“想对方之所想，急对方之所急”，协同推进工程建设，充分发挥集中力量办大事的优势。在一体化作战体系之外，霞浦核电采取各项措施与参研参建单位建立协同机制，通过党建联建联合委员会（下设党支部联建、分工会联建、团支部联建），示范快堆融媒体工作室、安全与消防联合队、后勤保障互助队等联合模式，形成工程建设一盘棋联合机制和联建制度，示范快堆工程建设作为大家共同努力的奋斗目标。各参研参建单位始终秉承快堆命运共同体的理念，建设中的难题是共同解决的难题，推动工程建设成为快堆建设者共同的计时器和加速器。示范快堆工程作为第四代核电技术，需要持续的科研创新。在霞浦核电的统一部署下，充分发挥各方优势，与科研院所成立科技创新工作室、开展技术创新论坛、建立科研激励机制等，在工程建设过程中持续推动技术创新。注重成果转化，用创新成果反作用推进工程建设，使示范快堆项目在不断创新中向更尖端的科技领域迈进。

核工业六十多年的风雨历程铸就了“两弹一星”精神、“四个一切”核工业精神和新时代核工业精神，这是一代又一代核工业人为新中国核能发展展现的民族精神，改写了中国在世界核能的地位，走出了从无到有、从小到大、从弱到强的历史轨迹，铸就了国家安全的重要基石，在今天依旧能够熠熠生辉，继续指引着核工业后来者投入世界核能发展洪流中，为中国和世界核能发展贡献中国力量，发出中国声音。

习近平总书记说过“伟大的时代呼唤伟大的精神，伟大的精神推动伟大的事业”。今天，“强核报国 创新奉献”的新时代核工业精神在“两弹一星”精神召唤下，成为霞浦核电在新时代的精神财富，既传承了核工业人国家利益至上的奉献精神，又体现了拼搏奋进的时代精神，是快堆建设者初心和使命的根本动力，是实现示范快堆工程建设奋斗目标的精神支撑。霞浦核电在新的历史时期将会时刻传承“两弹一星”的企业精神，完成国家和历史赋予的责任和使命，做出精品工程，亮出快堆品牌。

（作者系中核霞浦核电有限公司董事长、党委书记）

聚合资源优势
打造红色基因文化共享平台

郑清涛

如何以实物、实景、实例、实事为载体，搭建党史学习教育现地见学大课堂，使广大党员干部和职工群众在与红色史料、先进人物、革命精神的对话中，不断进行触及思想、深入灵魂的反思与感悟，实现心灵的震撼和精神的洗礼，一直是水发能源集团党委开展道德思想教育的重点课题。水发能源集团党委经过充分调研，深挖特色，精研方案，借助权属企业沂南光伏扶贫电站及其附近的丰厚红色资源，探索“红色基因+水发文化”党建模式，与省委党校岸堤校区、沂南红嫂纪念馆、孟良崮战役纪念馆等红色场所联合搭建水发集团沂蒙红色教育基地，引领党员群众读懂一个百年大党缔造东方奇迹的“神奇密码”。

水发能源集团借助权属企业沂南光伏电站地缘优势，倾力打造沂蒙红色教育基地，将其建设成为集沂蒙精神现场教育、乡村振兴项目示范、水发文化展示传播、精神文明共建共享、清洁能源科学普及、混改企业党建创新、党性党风教学培训七大功能于一体的党建平台。党史学习教育开展以来，水发集团充分发挥沂蒙红色教育基地功能，组织权属公司进行现场教育，半年时间接纳参观学习 30 余场次，接纳人数近万人，经验成果在中国社科院及 27 省企业文化学会联合召开的 2021 中国企业文化建设（济南）峰会上，荣获“新时代企业文化建设优秀案例”等多个奖项，沂南电站被团省委、省应急管理厅评选为“省青年安全生产示范岗”。

（一）聚合红色文化资源，打造沂蒙精神现场教育平台

八百里沂蒙，为民族解放和新中国成立作出巨大贡献。临沂市沂南县岸堤镇就是著名的红色文化之乡，素有山东“小延安”之称。水发沂南光伏电站所在的兴旺庄村，在腥风血雨的抗战年代就曾经被日伪军和国民党反动派 7 次烧村，改革开放后，村支部团结带领群众脱贫攻坚，尤其是 2015 年光伏扶贫电站的加持和赋能，使他们“绿水青山就是金山银山”新发展理念得以实践。回望过往的奋斗史，眺望前方的奋进路。可以说，每一处革命遗存和发展成果，每一位不同时期的英雄模范代表，都是一堂生动的党史教育课。水发能源集团党委聚合沂南光伏扶贫电站及其附近的红色教育资源，联合搭建沂蒙红色教育基地，吸引了广大党员群众观摩学习，不断把沂蒙精神学习成果转化为干事创业的精神动力。

（二）整合扶贫攻坚资源，打造乡村振兴项目示范平台

光伏电站自 2016 年在因村民挖沙而近乎荒废的河滩上建成后，每年向兴旺庄村支付土地租赁费 80 余万元，村“两委”将其中 70%分配给村民，每年人均增收 365 元。电站大力推进“光伏+中草药”农光互补项目，与村内贫困户签订合同，吸纳贫困群众 64 人就业，年人均收益 3600 元，走出一条大型集中式光伏电站实施农光互补、带动村增收户脱贫的乡村振兴新路子，被临沂市列为扶贫示范园 001 号。电站积极参与公益事业，累计扶贫捐款 6 万元，用于扶贫事业发展；公司党支部与兴旺庄社区党支部开展结对共建，以为民初心“强基”，为扶贫攻坚“铸魂”，让兴旺庄村乡村振兴“画卷”，既看得见绿水青山，也留得住金山银山。和谐互补的企地关系，引起各级重视，全国扶贫现场观摩会和全省扶贫现场会都曾在这里召开。

（三）整合企业文化资源，打造水发文化展示传播平台

水发集团仅用 12 年时间跻身中国企业 500 强，“永葆创业激情、永做特色发展、永存危机意识、永远革故鼎新”的“水发品格”就是鲜活的沂蒙精神样板。水发能源集团作为水发集团进军清洁能源的主要平台公司，积极顺应能源产业大变局，仅历经 3 年多时间，就成功并购两家港股上市公司“水发兴业能源”“兴业新材料”和一大批清洁能源项目，实现了从探路、追赶到领跑的快速转变。在推进以企业文化共融共生促进产业整合、体系聚合的进程中，借助沂南光伏电站探索“红色基因+水发文化”党建模式，以水发集团紧跟时代步伐、紧抓行业发展、紧扣职工群众、紧贴党员队伍的工作亮点为主线，把沂蒙革命史与水发奋斗史紧密结合，把沂蒙精神与水发文化深度融合，从党史、新中国史、改革开放史、社会主义发展史中汲取滋养，让水发文化进一步走出去、活起来。

（四）整合文明创建资源，打造精神文明共建共享平台

打破固有单位边界，以沂蒙红色教育基地为党建合作共建点，先后与当地党委政府、企事业单位和红色场馆签订党建和精神文明共建协议，开展联合共建活动。一是开展联建共建。深入挖掘党史学习、产业发展、脱贫攻坚同频共振的结合点，将党建工作、党史学习教育融入产业振兴、乡村振兴全过程。二是打造党员教育双阵地。拜访“老党员”，学习“战斗堡垒村”的英雄事迹，积极承办扶贫攻坚、安全宣传进社区等活动，合力探索“传承红色基因、助推绿色转型”发展新模式，为水发文化注入红色基因。三是打造红色旅游线路。把沂蒙红色教育基地与紧邻的孟良崮战役纪念馆、沂蒙红嫂纪念馆、兴旺庄村村史馆、省委党校岸堤校区打造成一条红色旅游线路，组织权属公司和合作商分批前来开展现地教育。

（五）整合科技创新资源，打造清洁能源科学普及平台

水发能源集团在科技研发上建立了组织推进、管理制度、研发平台、对外合作、梯次培育、转化应用六个体系，创新能力持续大幅提升。仅 2021 年一年，就新增省级科技创新平台 1 个、新增国家重点研发项目 4 项、新发布国际标准 1 项、国家标准 7 项，获省级科技进步奖 1 项、市级科技进步奖 1 项、国家行业协会科技进步奖 2 项。大力推进科技成果转化，成功入选国家“智能光伏试点示范企业名单”，积极参与“中美清洁能源联合研究中心项目”，为清洁能源的高质量发展提供了强大科技动能。沂南光伏电站年发电量可达 6500 万千瓦时，每年可节约标准煤 2.67 万吨，相应每年可减少多种大气污染物的排放，其中减少二氧化硫排放量 1950 吨，氮氧化物 975 吨，二氧化碳 6.48 万吨，烟尘 1.77 万吨，减少灰渣排放量 133.25 吨，电站自身就是一座以“科技创新赋能美丽家园、双碳目标引领绿色发展”为主题的科普展示平台。

（六）整合组织建设资源，打造混改企业党建创新平台

作为与著名民企力诺集团的合资企业，沂南光伏电站本身就是一家典型的混合所有制企业。水发能源集团党委充分发挥其典型价值意义，深刻思考混合所有制体系下的党建工作新途径，探索打造“两型三化”新型党支部。一是将党支部作用融入公司法人治理中去，在推行“国有体制、民营机制”管理模式的前提下，正确处理好国有与民营、员工与团队、团队与组织之间的关系，打造开放包容型党支部。二是树立“价值”思维，围绕“运营管理、内部管控、项目并购”等目标，将党支部建设融入、融合到公司治理的每个环节，打造价值创造型党支部。三是以“六个过硬”为标准，加强党员的教育、管理和监督，提高党员素质，增强党性修养，打造标准化党支部。四是以党章、党内政治生活的若干准则、党内监督条例和党支部工作条例为依据，注重提高运用法规制度做好党支部工作的实际能力，打造规范化党支部。五是充分运用互联网等数字化手段，创新党的组织生活，搭建党支部建设“数字化平台”，打造数字化党支部。2019 年，公司党支部被确定为水发集团过硬党支部示范点。

（七）整合党建品牌资源，打造党性党风教学培训平台

以打造清洁能源先锋为载体，以传承沂蒙精神为目标，融合光伏电站扶贫示范点的优势，创建“向阳而行”党建品牌。第一层“阳”代表党，喻示在党的领导下，沂蒙人民浴血奋战打造精神谱系，电站艰苦创业扛起国企责任，作为基层党组织坚决做到“两个维护”，在党的路线方针政策之言下行动；第二层“阳”代表人民，喻示电站带头践行以人民为中心的发展理念，从光伏扶贫和乡村振兴工作中汲取人民至上的党性滋养、集聚服务民生的发展动能；第三层“阳”是指太阳，喻示电站聚焦光伏发电主业，着重推行清洁能源科技创新工作，体现主营业务行稳致远，发展趋势持续向好。水发能源集团党委大力培育“向阳而行、创新赋能”党建品牌，借助兴旺庄村村史馆、沂蒙红嫂纪念馆、孟良崮战役纪念馆等既有党员教学培训资源，搞好党建品牌培育和党性党风联合教学，为搞好国企党建贡献经验和智慧。党史学习教育开展以来，沂南县委县政府、省委党校岸堤校区等合作单位组织党员、学员前来进行现场教育活动，接受革命历史教育和党性党风洗礼。2021 年水发能源集团先后荣获“省脱贫攻坚先进集体”“省属企业先进基层党组织”“省级文明单位”等荣誉，在两个文明建设上都跑出“水发速度”。

（作者系山东水发能源集团董事长、党委书记）

让企业文化成为企业发展的“源头活水”

赵　喆等

习近平总书记指出：“一个国家、一个民族的强盛，总是以文化兴盛为支撑的。没有文明的继承和发展，没有文化的弘扬和繁荣，就没有中国梦的实现。”对于企业同样如此，企业文化是企业高质量发展的“源头活水”，是企业发展力的根源。

一、企业文化全面引领企业发展力构建

从现代企业诞生之日起，企业文化就作用于企业经营管理之中，被企业成员所认识、认可、认同并践行，是企业发展力的重要一级。伴随着现代企业发展格局和管理方法的不断演进和持续进步，企业的竞争已经从资源竞争、人才竞争、模式竞争逐步升级为企业文化的竞争。企业文化已经成为企业打造综合竞争力的核心，是企业高效调配资源、实现组织协同、成就高质量发展的最重要力量。培育企业文化的过程，就是提升企业管理水平、塑造企业形象，打造企业核心竞争力和影响力的过程。

（一）企业文化引领着商业模式的发展

商业模式是企业与企业之间、企业的部门之间乃至与顾客之间、与渠道之间存在的交易关系和联结方式，它是企业价值创造的运行机制。商业模式打造是一个动态发展的过

程，是在企业经营过程中，企业对商业构成要素不断解构、不断梳理和不断优化。这一过程，体现了企业对各商业构成要素的观点态度、理解认识，是企业文化在经营中的具体呈现，决定了企业的发展路径。从这个意义上讲，企业的发展，不仅仅是商业模式的创新，更是开放共赢文化的呈现。

（二）企业文化推动着组织模式的变革

组织模式是企业为提高效率、利润与竞争力而选择的不同企业组织形式，它是企业发展的体系基础，是企业管理思维的具体体现。伴随着商业模式的发展和信息化技术的应用，现代企业的组织模式和管理方式也发生了相应改变，在敏捷文化的引领下，越来越多的传统型组织正转化为敏捷型组织。

（三）企业文化决定着企业发展的质量

企业文化建设是铸魂工程，决定着企业的竞争力和生命力。通过企业文化建设，汇聚起组织成员高度一致的思想、上下同欲的意志、自我突破的决心、同频共振的节奏，构建起引领企业发展的凝聚力、导向力、鼓舞力和推动力，进而使企业在复杂的市场环境和激烈的行业竞争中坚定方向、建立信心、持续突破、阔步前行，致力于企业发展目标的实现，成就企业高质量发展。

（四）企业文化是深化国有企业改革的关键力量

2022年是国企改革三年行动的收官之年，国有企业改革逐步进入“深水区”。如果把现代企业治理体系称为国有企业的“骨骼”的话，那么企业文化就是国有企业的“肌理”，对于国企改革的成效成果有着决定性的影响。在这一过程中，企业要高度重视企业文化建设，营造有利于国企改革的文化氛围，化解改革阵痛，提振发展信心，最终提升国有企业发展成效。

二、国有企业文化建设的四个原则

国有企业是国民经济发展的中坚力量，是中国特色社会主义的支柱，国有企业的高质量发展有着举足轻重的经济价值、社会价值和政治价值。在当前国有企业改革步入“深水期”的关键时刻，更应注重企业文化的价值与作用，牢牢把握企业文化建设的四个原则，通过高质量企业文化建设释放“文化势能”，赋能企业发展，强大企业竞争力和生命力。

（一）坚持党的领导，以党建领导企业文化建设

习近平总书记强调，坚持党的领导、加强党的建设，是我国国有企业的光荣传统，是国有企业的“根”和“魂”，是我国国有企业的独特优势。坚持党对国有企业的领导是重大政治原则，必须一以贯之；建立现代企业制度是国有企业改革的方向，也必须一以贯之。

作为党领导下的国有企业，在企业文化建设过程中，要正确认识“党领导一切”的核心要义，要正确理解以党建工作引领企业文化建设、以企业文化建设促进党的领导在企业落地的逻辑关系，促进党建文化与企业文化建设同向融合，形成推动国有企业发展的强大精神力量。在企业文化建设过程中，要充分发挥国有企业各级党组织的战斗堡垒作用，带头实践、深入落实企业文化建设要求，以强有力的组织保障赋能企业文化建设，推进企业文化深化落实到企业经营管理的方方面面。

（二）坚持正确导向，以社会主义核心价值观为精神引领

习近平总书记指出，社会主义核心价值观是当代中国精神的集中体现，凝结着全体人民共同的价值追求，要把培育和弘扬社会主义核心价值观作为凝魂聚气、强基固本的基础工程，自觉把培育社会主义核心价值观融入文化建设全过程，发挥社会主义核心价值观对国民教育、精神文明创建、精神文化产品创作生产传播的引领作用。

作为社会主义文化体系的重要组成部分，国有企业的企业文化建设要符合社会主义核心价值观的根本导向和实践要求，要能够促进社会主义核心价值观的传承与发扬。发挥社会主义核心价值观对企业文化的引领作用，就是要把社会主义核心价值观融入企业发展的各方面，转化为企业的情感认同和行为习惯，让社会主义核心价值观在企业落地生根。

（三）坚持新发展理念，为企业发展指明方向

习近平总书记指出，党的十八大以来我们对经济社会发展提出了许多重大理论和理念，其中新发展理念是最重要、最主要的。新发展理念是一个系统的理论体系，回答了关于发展的目的、动力、方式、路径等一系列理论和实践问题，阐明了我们党关于发展的政治立场、价值导向、发展模式、发展道路等重大政治问题。全党必须完整、准确、全面贯彻新发展理念。

发展是第一要务，如何发展是国有企业必须面对和必须思考的问题。面对新发展阶段带来的挑战，国有企业要深度理解、全面贯彻新发展理念，将新发展理念作为关键引领，融入企业文化建设之中，指导企业经营发展，保障企业发展的成色与质量。

（四）坚持以人为本，促进全员认同和协调发展

习近平总书记指出，共享是中国特色社会主义的本质要求，必须坚持发展为了人民、发展依靠人民、发展成果由人民共享，作出更有效的制度安排，使全体人民在共建共享发展中有更多获得感，增强发展动力，增进人民团结，朝着共同富裕方向稳步前进。

企业文化建设是一个全员共建的过程，每一位员工都是企业文化的构建者、践行者。企业文化建设要充分调动起员工的积极性、创造性和参与性，最终赢得全员的认同，从而使企业文化成为聚合人心的力量，实现员工个人成长与企业高质量发展的有机统一。对于国有企业而言，当前的三项机制改革就是企业文化以人为本导向的具体体现。

“问渠哪得清如许，为有源头活水来”。企业文化建设是企业竞争力建设的重要方面，是构筑企业发展力的核心力量，是国有企业深化改革的重要内容。对于国有企业而言，要牢牢把握企业文化建设的四个原则，以高质量企业文化建设为实现高质量发展注入源源活力。

（作者系国能龙源环保有限公司党委书记、董事长赵

喆；党委副书记、总经理高建强；党委副书记、纪委书记、工会主席刘文斌；品牌文化建设工作负责人段喜茹）

新经济时代需要大力加强服务文化建设

黄 伟

习近平总书记高度重视文化建设，他在十九大报告中指出："文化是一个国家、一个民族的灵魂。文化兴国运兴，文化强国运强。"他还强调："文化是民族生存和发展的重要力量。人类社会每一次跃进，人类文明每一次升华，无不伴随着文化的历史性进步。"

"十四五"规划提出："发展社会主义先进文化，提升国家文化软实力"，围绕扩大优质文化产品供给、推动文化和旅游融合发展、深化文化体制改革等，做出了一系列部署。

中国改革开放四十多年来，制造业持续快速发展，有力推动了我国工业化和现代化进程。但与世界先进水平相比，我国在自主创新能力、关键环节研发能力、资源利用效率等方面还存在一定差距，还有被"卡脖子"的风险。因此由"中国制造"向"中国智造"转型的任务紧迫而艰巨。实现这种转型，需要从以制造业为主的传统经济，进入先进制造业与现代服务业相互融合、相辅相成的新经济时代，大力发展以交通运输、物流、金融、通讯服务、咨询为代表的现代服务业。

新经济时代，其实行行都是服务业、环环都是服务链。服务业不同于传统制造业，其所提供的产品通常是无形的服务，服务产品的生产和消费大多是同步进行，生产的过程也是消费的过程，供应往往具有较强的随机性，在具有极高参与性的同时也有很强的不确定性。正是这种特点，使得服务不像制造出来的产品一样，具有十分稳定的品质、可衡量标准，难以依靠标准工具进行度量和质量控制。又因服务过程与环境的开放性和服务对象需求的不确定性，因而经常发生规章制度难以预料的状况，服务管理的难度也很大。因此，发展新经济时代的现代服务业，就必须要以系统性和持续性的服务文化作为支撑。

所谓服务文化，就是以服务价值为核心、以顾客满意为目标、以形成全员共同的价值认知和行为规范为内容的文化。服务文化常常集中体现了服务企业的价值观念和经营理念。新经济时代的服务竞争，从根本来讲是服务文化的竞争。优秀的服务文化，能给企业带来浓郁文化氛围，培养和熏陶员工主动服务意识，塑造员工的价值观、工作态度，使他们的积极性和创造性得到充分发挥，形成各自鲜明的服务风格。企业员工的这些表现会被顾客感知，得到认可和赞同，取得顾客信任，从而成为企业服务品牌的核心内容，成为企业区别于竞争对手的核心能力。当前，构建服务文化提升服务品质，已成为各行各业谋求发展的必然选择。比如：华为公司在《致新员工书》中提出："物质资源终会枯竭，唯有文化才能生生不息……华为文化的特征就是服务文化，服务的含义是很广的，总的是为用户服务。但具体来讲，下一道工序就是用户，就是您的'上帝'。您必须认真地对待每一道工序和每一个用户。任何时间，任何地点，华为都意味着高品质。"再如：因推崇赋能末端管理而大受欢迎的"海底捞"火锅，就是在服务管理中始终秉承"服务至上、顾客至上"的理念，在服务实践中改变传统的标准化、单一化服务，提倡"贴心、温心、舒心"的个性化特色服务，培育了大批忠实客户。

作为现代服务业重要组成和基础的民航，一直高度重视服务工作。民航局领导多次强调，要坚持真情服务，扛起服务标杆大旗，努力打造民航服务品牌。由于民航具有运行系统复杂，旅客期待高等自身的特点，其健康发展同样需要加强服务文化建设。从民航服务对象看，由于民航运输具有安全舒适、快速省时、灵活机动、国际化程度高等现代服务上的特点，使其越来越成为广大中长途旅客的首选工具，广大旅客对民航业的服务态度具有很高的期待和要求。从民航自身行业特点看，民航又兼具运营风险高、系统复杂度高、科技含量高的准军事性特点，其工作链条长，需要多个子系统的整体联动，各项工作才能做到协同一致。因此，做好民航服务必须要有一种内化于心的特色服务文化作为民航发展的内核。

虽然近年来民航受到新冠肺炎疫情冲击，但作为世界上运输量增长最快的、全球第二的民航运输系统，中国民航具有极强的发展韧性，潜力巨大。事实上，在服务社会经济发展的进程中，中国民航积极开展服务文化的建设与探索，已逐步形成了具有鲜明行业特色的价值观念、思维方式、发展愿景、行为规范、行业形象等共性文化要素。周恩来总理为民航所题的"保证安全第一，改善服务工作，争取飞行正常"的工作方针，已经融入民航人的血液。民航在服务工作中也一直践行"严谨高效的作风、友善真诚的态度、贴心愉悦的体验"服务理念，得到了广大旅客的认可。

民用机场是民航业与社会公众发生广泛联系的窗口型服务场所。当前我国民用机场在服务文化的建设方面，进行了积极探索，取得了较好成效。

笔者曾在首都机场集团负责过一段时间文化建设工作。首都机场集团下辖多个省市的干、支线机场 40 余家，服务管理难度极大。正因如此，首都机场集团多年来一直重视服务文化建设，并很好地发挥了文化管理的作用。将"倡行中国服务"作为首都机场集团和所有成员企业的企业使命。"中国服务"的核心理念是"爱人如己，爱己达人"。在这种服务文化的引导下，员工在服务旅客的过程中，会用发自内心的真诚与友善，像爱自己一样善待顾客，从而促进了服务价值与愉悦感受在企业、员工和客户之间的流动，实现了"中国服务"的价值创造，越来越多的旅客和客户也感受到"中国服务"带来的快乐。再以笔者现在所在的重庆机场集团为例，重庆机场集团在践行真情服务的过程中，始终坚持"企业将幸福感传递给员工，员工将幸福感传递给客户，客户又将服务体验反馈给企业，从而完成价值创造”的思路，在完善服务管理制度体系的同时，提炼形成以“天地之道，大国之门”为主旨，“山水之道”为经营管理理念的企业文化及服务子文化，在全国机场中率先制定客货运输的“服务质量标准”，通过强化教育、宣贯、执行，将文化的凝聚、导向、激励功能落到实处，使真情服务内化为员工的自觉行动，完成从“制度规范”到“文化引领”的转型升级，有效推动服务品质提档升级。近年来，重庆机场航班准点率在全国千万级机场中排名靠前，多次获得国际机场协会、中国民用机场协会等颁发的“服务质量优秀奖”等荣誉。

服务文化建设是一项系统性工程，建设的难点在于如何实现系统性、持续性和稳定性。从当前服务文化建设的实践经验看，要持续抓好理念创新、载体创新和方法创新的三大创新。在理念创新方面，要在企业核心理念下持续深化服务理念，形成科学系统的符合各自企业实际的服务理念体系。在载体创新方面，可通过打造服务品牌，运用大数据、“互联网+”等载体和平台，为顾客提供定制化、个性化服务。在方法创新方面，既正确处理文化、理念的自然沉淀，也要加强企业文化的人为设计，从传统的讲故事、演讲、座谈到新媒体如微信群、员工自媒体的运用等方式，打造文化建设的系统工程。

在新经济时代，服务业在社会经济中的地位和作用与日俱增。新经济时代需要服务文化，服务文化建设需要的持续创新。

（作者系重庆机场集团党委副书记、总经理；中国企业文化研究会特约研究员）

先进文化力挺直航空报国精神脊梁

奚继兴

“方向决定道路，道路决定命运。”习近平总书记指出，要发展中国特色社会主义文化，要坚定文化自信，增强文化自觉，坚持走中国特色社会主义文化发展道路，激发全民族文化创新创造活力，建设社会主义文化强国。

进入新时代，我们需要打造先进文化力。拥有先进文化力就是挺直了精神脊梁，稳住了发展的“根”，塑好了奋斗的“魂”。

一、理解先进文化力

先进即位于前列、超前。一方面，要做到优秀、正确，名列前茅，可为表率；另一方面，不只是与时俱进，而是应该超前。党的先进性是党的建设的核心问题，“先进”同样是建设文化力的核心所在，坚持先进就是找准了方向。关于文化的定义繁多，通常我们定义“文化是人类在社会历史发展过程中所创造的物质财富和精神财富的总和”。文化的核心问题是人，文化是人的智慧与创造的体现，没有人就没有文化。力即能力，是我们探索、认识、改造世界的度量。建设先进文化力，就是使我们拥有创造优质、超前物质与精神的能力，促进先进生产力形成，提供坚强的思想保证、精神动力和智力支持，换句话说就是：用好想法促进好行动，取得好成果。

物质决定意识，意识对于物质具有反作用。对于航空工业来说，先进文化力不仅反映航空产业的技术水平和航空人整体素质的客观现实，而且可以通过实践活动促进航空产业持续健康发展，以先进文化催化先进技术，从而进入技术发展与先进文化相互促进的良性循环，助力打造领先创新力。通过打造先进文化提高员工认同感并转化为实际的行动，增强外界认同感并转化为相应支持，助力打造卓越竞争力。建设先进文化力就是要对内形成凝聚力，对外输出影响力，持续增强创新力，成为核心竞争力。

二、构建先进文化力

建设先进文化力要全面加强党的领导，重视企业文化建设，增强团队的凝聚力、战斗力、向心力，提升企业品牌形象和企业发展的文化“软实力”，让坚定的理想信念成为更为基本、更为深沉、更为持久的力量。

（一）增强思想引领力

思想先于行动，闪电先于雷鸣，实践需要思想的引领。坚定理想信念，必须深入学习贯彻习近平新时代中国特色社会主义思想，牢固树立“四个意识”，坚定“四个自信”，坚决做到“两个维护”，坚持党管文化。推进文化创新，打造与时俱进的先进文化，以先进思想汇聚先进力量，以先进理念、先进思想、先进典型实现共同引领。强化入心入脑，要全方位多角度营造文化氛围，采取有用、有趣的新方式广泛传播与推广，深耕文化，深入人心。

（二）强化行为管控力

一切成功的背后，都是苦行僧般的自律。有管控力才有执行力，有执行力才有竞争力。以制度培育规范性，要以制度、标准、流程塑造员工的行为习惯，强化员工行为的依法合规性，以先进的文化体制、文化管理和文化制度形成良好的文化生态。以文化培育自觉性，要充分发挥“以文化人”的作用，使广大员工自觉融入文化，自觉做出符合文化的行为，促进员工自我管理，激发工作积极性。

（三）提升管理支撑力

先进文化提升管理支撑力，进一步促进高质量发展。以文化支撑战略执行落地，聚焦主业，提质增效，打造高质量发展的“生力军”。以文化支撑改革发展路径，倡导目标导向、结果导向、问题导向的管理思想，推动管理模式变革，激发内在活力。

（四）加强团队凝聚力

上下同欲者胜，人人欲战，则所向无前。领导重视是关键，领导要率先行动，下力气、花时间做好这篇大文章，摒弃“搞文化时觉得没有用，出了问题是文化没搞好”和“为了搞文化而搞文化”的思想，带领员工认同文化、建设文化，保障人力物力财力，推动文化落实落地。以人为本是核心，文化能够贴近越多人的心，团队凝聚力就越强，着力实现团队目标一体化，团队合力最大化，团队智慧最优化，团队关系和谐化。

（五）提高社会影响力

先进文化力是核心竞争力的重要支撑，是企业可持续发展的不竭动力。全方位增强文化输出渗透，充分运用展览展示、开放活动、全媒体发布等手段打造优秀文化产品，积极向公众开放和宣传。多角度增强文化吸引感召，针对不同的层次和人群，策划不同的传播途径，讲好故事，传播正能量，吸引高端人才，扩大社会影响，提升美誉度。

三、探索先进文化力

在航空工业的指导下，沈阳所加深理解，勇于探索，为打造先进文化力，做出了积极尝试。

（一）以先进理念引领先进文化力

旗帜鲜明讲政治。以党建促发展、兴文化，将国企"姓党"贯穿一切工作始终，提出"抓党建、把方向、带队伍、扬正气"的总体工作思路，规划实施基层党建"三步走"工程和党员三年行动计划，创新开展"5P"党务督导，深入探索党校培训新模式，以党的建设引领文化发展。

继承发展塑理念。在航空工业"航空报国、航空强国"使命基础上，提出研究所"成为世界一流的航空武器装备研发机构"的愿景，"团结拼搏，严谨求实，艰苦创新，献身航空"的精神，以及"因战机而生、为奋斗者圆梦、协同成就未来"的核心理念。

（二）以先进制度保障先进文化力

坚持文化进制度。将文化融入制度文件，充分理解和掌握文化建设的新要求、新理念，时刻用理念文化衡量制度的适应性，制定专门的文化建设规划、制度、方案等，确保文化建设落实落地。

坚持制度落文化。打造党政工团齐抓共管的文化格局，形成合力。积极落实集团文化，对基层特色文化进行甄别指导，鼓励全员参与文化建设。

（三）以先进行为促进先进文化力

组织行为统筹管。注重科学民主的决策制度，开设职工意见箱，积极采纳职工代表和党外知识分子提出的合理化建议，坚持每年为职工办实事；持续办好"书香·航空"读书系列活动，开办总师讲堂，搭建专业技术交流平台，建立扬州协同创新研究院，打造创新文化生态圈；加强型号文化建设，让其贯穿型号研制全产业链、全寿命周期；做好文化教育，使航空文化不断传承与发展。

个人行为分类抓。抓住关键少数，制定领导干部行为规范；制定员工行为倡导，培育航空人新风尚；制定专项管理行为规范，养成遵章守纪的习惯，培育先进的保密、质量、安全文化，助力跨越发展。

（四）以先进手段传播先进文化力

注重文化传播针对性。坚持把我们想讲的和别人想听的结合起来。针对在职员工以形式多样的文化体育活动为主，针对离退休职工以座谈会、讲党课、走访慰问为主，针对职工家属以参观、亲子开放日、晚会等互动活动为主，针对在校大学生以宣讲会、夏令营为主，针对中小学生以航空科普和"飞鲨助学"为主，针对社会大众以举办展示活动、传播航空知识、推广航空品牌为主。

注重文化宣传系统性。统筹推进融媒体建设，针对策、采、编、发、营、评各环节进行优化，增强宣传实效性。策划"我们的节日"系列宣传，以活动日历瞄准宣传点；策划大型宣传活动，举办"李天院士先进事迹报告会"，开展"国企开放日"活动，建成"顾诵芬图书馆"，落成罗阳铜像和黄志千塑像等。

注重文化载体多样性。设计制作系列文化周边产品，如纪念首日封、表奖纪念章、飞机模型、飞机纪念章、文化印刷品等。设置多种文化展示载体，如"丰碑广场""文化墙""升旗台""飞机景观""室内模型展示"等；加强劳模创新工作室、党员活动室、职工书屋的文化示范作用。

注重文化队伍专业性。培育文化业务的专家队伍，成立了所文化研究工作组，让文化管理更专业。培育文化工作者能力水平，注重领导干部的文化培养，加强基层文化通讯员的培训，与部队开展党建、文化共建。

沈阳所将继续推进先进文化力建设落实落地，挺直建设新时代航空强国的精神脊梁，为繁荣社会主义文化和坚定中国文化自信做出更大贡献。

（作者系航空工业沈阳所党委书记）

坚定文化自信
持续打造企业优秀特质文化

梅洪亮

"求木之长者，必固其根本；欲流之远者，必浚其泉源。"企业文化是企业的灵魂，是企业凝聚力和创造力的重要源泉，具有极强的渗透性和持久性，时时处处以无形的意识和观念深刻影响着员工的言行举止，直接关系着企业的长远健康发展。一个企业从优秀走向卓越，背后一定有独具特色的企业文化作支撑。中铁建设集团有限公司（简称"中铁建设集团"）作为铁道兵转企业，坚定产业报国志向，笃行实绩报国使命，从铁道兵红色基因汲取先进文化，持续打造企业优秀特质文化，为企业文化赋予党的优良传统和鲜明的时代特征，把传承于历史文化的"红色基因"转化为企业的"红色力量"，走出一条听党指挥、守正创新、求真务实的特色文化之路。

一、增强文化自信 弘扬企业奋斗精神

习近平总书记强调，"文化是一个国家、一个民族的灵魂。"在道路自信、制度自信、理论自信和文化自信中，文

化自信是更基础、更广泛、更深厚的自信，是更基本、更深沉、更持久的力量。“欲人勿恶，必先自美；欲人勿疑，必先自信。”企业文化是有颜色的、有温度的、有生命的、有感情的。只有对自己的文化有坚定的信心，才能获得坚守坚持的从容，鼓起奋发进取的勇气，焕发创新创造的活力。

更加笃定初心坚守。党的十九大明确了初心使命的意义作用，是一切事业的起点和源头，是任何组织要坚守的根本，未来发展必然取决于对初心使命的坚定。中铁建设集团的发展历程与时代紧密相连，始终根据国家需要不断调整自身定位。从热血筑路的铁道兵，到精心建造的服务商，中铁建设集团始终坚持“听党话、跟党走”的光荣传统。1984 年，国家发出了“百万大裁军”的号召，中铁建设集团的前身——独立建筑团顾大局、守纪律，全体官兵挥泪脱下军装、告别军旗。步入新时代，中铁建设集团以习近平新时代中国特色社会主义思想为行动指南，把坚持党的领导、加强党的建设作为企业的根和魂，秉承特别能吃苦、特别能战斗的革命精神，为了祖国和人民的需要，党指向哪里，中铁建设集团就奔向哪里，不讲条件、不计代价。

更加注重精神传承。以精神的代代传承，实现企业的接续发展，以优秀的精神打造坚定的信仰和永恒的驱动，是推动企业实现高质量持续发展的源源不断动力。叶剑英元帅在铁道兵成立 30 周年时为铁道兵题词：“逢山凿路，遇水架桥，铁道兵前无险阻；风餐露宿，沐雨栉风，铁道兵前无困难。”作为铁道兵的子文化之一，中铁建设集团的文化铭刻着为国家铁路建设做奉献的时代烙印，流淌着铁道兵血脉传承的红色基因，秉承铁道兵精神，创造了许多引领行业的中国标准、影响世界的中国智造、改变时代的中国力量：世界最大的单体医疗建筑、世界首座双曲面摩天大楼、世界首条环岛高铁、全球最大单体免税店等。这一个个世界第一的获得，正是铁道兵争上游、创一流的争先精神指引中铁建设集团一路向前。

更加强化理念共鸣。任何先进的思想理念都要依靠团队发挥作用，持续构建上下一心、协同发展的凝聚力和发展步调，为企业提供源源不断的动力。在解放战争时期，铁道兵做到了“大军打到哪里，铁路就修到哪里”，在抗美援朝战争中，铁道兵建立了“打不烂、炸不断的钢铁运输线”。时至今日，铁道兵红色基因文化已经成为中铁建设集团文化自始至终不断向前的宝贵财富。2008 年，我国经济发展面临百年不遇的国际金融危机，国务院做出“进一步扩大内需、促进经济增长”的战略部署，铁路建设成为急先锋。为了响应国家号召，习惯了近 30 年传统房建工程的中铁建设人走出北京，迈出了国家高铁站房建设的第一步。时至今日，中铁建设集团在 60 余条客运专线上，建设了 200 座铁路站房，个个都是地标、个个都是精品，建筑总面积 520 多万平方米，覆盖全国 27 个省级行政区域、93 个城市，成为国家高铁站房建设的主力军。

二、坚持文化创新 丰富企业文化内涵

一个企业的文化是否具有生命力，关键在于要保持开放包容的心态，以海纳百川的胸襟、兼收并蓄的传统、更为广阔的视野，坚持以我为主、为我所用的原则，在包容借鉴外部文化精华的基础上不断进行创新和再造，既保持自身的本质属性，又不断丰富给养，固本培元，持续打造具有企业独特风格的品质文化。

注重统领思想实践。企业文化创新是一项思想与实践相结合的工程，既要满足全体员工企业荣誉感、职业荣誉感和价值认同需求，也应服务管理、融入管理、引领管理，积极发挥出在解决发展问题过程中的凝聚、鼓舞作用，引领全员为实现共同的发展目标而奋斗。中铁建设集团始终坚持以党的先进理论引领企业文化建设工作，借助党建及群团工作，常态化开展“两学一做”学习教育、“不忘初心、牢记使命”主题教育、党史学习教育，以学促知，以知促行，夯实企业文化成效，巩固企业文化地位，持续加大对广大员工的文化熏陶，切实提升员工荣誉感、幸福感，增强组织凝聚力、向心力，主题教育中央第十一巡回指导组和中央企业党史学习教育第六指导组给予高度评价。

注重发展特色文化。企业文化创新是一项系统发展工程，需要打造百花齐放的文化生态，加速推进企业高质量发展进程，提升企业对优质资源的吸引力与高价值的创造力。中铁建设集团鼓励各条线、各单位、各业态结合自身经营发展实际，打造异彩纷呈且凝聚统一的企业文化格局，铸就了“五大建造理念”“五种文化”“绩效优先”“星火精神”等独具特色的企业文化，激励着一代代中铁建设人继往开来、砥砺奋进。中老铁路站房建设中，中铁建设集团干部员工将文化理念转化为自觉追求和实际行动，经受疫情风险考验，安全优质完成万象站、琅勃拉邦站、墨江站等 12 座站房建设任务，接受两国最高领导人检阅。

注重文化品牌互促。企业文化建设是一项文化与品牌“互为表里、内外呼应”的工程。中铁建设集团通过深化文化品牌一体化建设，将内化于心的特色文化倡导，有效转化为外化于形的外在品牌形象，让社会、客户充分了解中铁建设集团的价值观念，实现企业文化与品牌的相辅相成、相互促进，提升企业核心竞争力。如在营销方式上，中铁建设集团强调文化营销是最高层次的营销，每当有业主来访，都会展示铁道兵文化在企业的传承与创新，传递给客户一种文化维度的价值评判标准，进而更好地感染客户、推动合作。

三、推进文化融合 凝聚企业发展合力

文化既是凝聚人心的精神纽带，又是维系团结和睦的精神力量。当前，正处于经济转轨、社会转型的加速期，思想差异化、价值多元化、需求多样化日趋显著，必须坚持引导全员同心同行、支撑企业战略落实、促进企业管理提升的原则，聚焦助推企业高质量发展，把企业文化建设与生产经营深入融合有机结合起来，着力构建社会效益、经济效益相统一的文化体制机制。

融合发展战略。企业文化要着眼于企业发展的远景目标，以企业文化的系统性建设匹配支撑企业中长期战略发展

规划，以先进的文化引领企业发展战略实施，以强有力的战略执行提升文化价值，心怀长远，高瞻远瞩。中铁建设集团聚焦时代背景、站在行业潮头、结合发展实际，提出了“转型升级、改革创新”的战略导向、实施“4+N”业务的战略路径、实现“三个领先”的战略目标，并以文化坚定发展理念，引导全集团围绕政府、城市和人，聚焦城市建设与投资，拓展价值链上的发展空间，从“建造商”向“投资商+建造商”转变，积极延伸建筑产业价值链，重点推进基础设施、房地产、城市综合开发、新兴业务拓展，主动调结构、转方式、提质量，紧跟国家“一带一路”倡议，逐渐形成工程承包、房地产开发、资本运营、制造流通、新兴产业联动的业务发展格局，企业发展品质和价值创造能力显著提升。

融入企业管理。企业文化建设要植根于企业需要，聚焦当前发展过程中的关键问题，发挥企业文化的软约束作用，以文化创新管理思路，以文化提升管理品质，凝心聚力，标本兼治。中铁建设集团与时俱进地丰富企业文化理念内涵，努力打造营销、质量、安全、诚信、廉洁“五种文化”，持续深化高效、精益、绿色、智慧、人文“五大建造”理念，强化项目争先、竞争、创效、服务、人才“五种意识”，以企业文化创新管理思路，以企业文化建设成效促进管理品质提升。广大员工努力践行企业文化理念，在岗位中建功立业。雄安建设主战场上，广大党员“亮身份、树形象、做表率”，将党旗插在工程建设最前沿，勇夺首栋主体结构封顶、首个标段全面结构封顶两项“第一”，跑出雄安建设“加速度”。

融进全员行为。企业文化建设需要上下同行、全面参与。各级领导干部应率先垂范、以身作则，担当企业文化践行的“领头雁”；中层管理者应发挥纽带传导作用，身体力行、上传下达，成为企业文化践行的“排头兵”；广大员工应躬身实践、融入工作，成为企业文化践行的“主力军”。中铁建设集团牢固树立“以业绩论人才”理念，将重实绩、求实效的绩效优先导向转化为员工的价值引领和自觉追求，将做人、做事准则和领导干部履职、胜任准则转化为员工的普遍共识和实际行动，不断激发员工价值创造的内生动力，为企业发展提供源源不断的动能。

站在新的起点，中铁建设集团将与时俱进，坚持文化自信，推进文化创新，致力文化融合，不断充实企业文化体系内涵，形成具有特色的文化建设格局，以文化凝聚动力，以文化引领发展，为企业高质量发展提供坚强的思想保证、强大的精神力量和丰润的道德滋养。

（作者系中铁建设集团有限公司党委书记、董事长）

持续传承“开路先锋”精神
奋发建设王牌工程局

蒲青松

人无精神不立，国无精神不强。习近平总书记强调，伟大的革命精神跨越时空、永不过时，是砥砺我们不忘初心、牢记使命的不竭精神动力。当前，作为中国中铁旗下骨干成员企业，在奋发建设王牌工程局的新征程上，中铁五局必须深刻把握中国中铁开路先锋精神的精神实质和时代内涵，赓续红色基因，持续传承弘扬，凝聚磅礴奋进力量，勇当开路先锋，为企业高质量发展注入源源不断的新动力。

深刻把握中国中铁“开路先锋”精神的丰富内涵

文化是企业基业长青之根，精神是企业凝心聚力之魂。在服务国家重点基础设施建设中，一代代中国中铁人逢山开路、遇水架桥，形成了以“忠诚担当、爱国奉献、创新创造、勇争一流”为内涵的“开路先锋”精神，培育了独具特色的“开路先锋”文化，成为鼓舞和激励员工奋勇前进的精神火炬，成为推动企业改革发展最基本、最深沉、最持久的力量。

起源于红色革命、薪火相传的“开路先锋”精神，是中国中铁企业文化的基础与源头，是中国中铁的“根”和“魂”。从开民族工业先河到传承红色基因，从接过“开路先锋”大旗到投身新中国建设，从搏击市场大潮到跻身世界百强，从奋进新时代到建设现代化强国，中国中铁的“开路先锋”精神不断丰富升华，在不同历史时期、不同形势任务下，发挥了积聚力量、凝聚人心、激励斗志的巨大精神作用。一代代中铁人怀揣民族梦想和家国情怀接续奋斗的光辉历程，为民族复兴写下生动的注脚。

今天，中国中铁“中国建造、铁肩担当”的企业使命，“打造具有全球竞争力的世界一流综合型建筑产业集团”的企业愿景，“守正创新、行稳致远、向上向善、勇争一流”的企业核心价值观，“勇于跨越、追求卓越”的企业精神等企业核心价值理念，与“中国中铁，永远的开路先锋”的企业品牌宣传语和经营管理、安全质量等八大具体工作理念，不仅构成了中国中铁“开路先锋”文化理念系统，更引领着中国中铁充分发挥国有企业的“顶梁柱”作用，在实现中华民族伟大复兴的征程上做永远的“开路先锋”。

中铁五局有着厚重的“开路先锋”红色基因

中铁五局成立至今已经有七十余载。作为中国中铁旗下最早高擎“开路先锋”大旗的成员企业之一，在国家基础设施特别是大国工程的建设中，赓续红色基因，勇当开路先锋，谱写了与伟大祖国同心同向同发展的壮丽诗篇，为中国中铁“开路先锋”精神谱系的形成和光大，注入了最生动的根和魂，为企业改革发展巩固了生存之基、构筑了经营之道，塑造了诚信之形，铸就了兴旺之魂。

中铁五局光荣组建成立、持续发展七十余载以来，从成渝铁路高擎开路先锋大旗到京张高铁绽放百年荣光，从西南峻岭的铁军奋进到雪域高原的世纪壮歌，从艰苦创业无私奉献到改革开放搏击市场，从跨越发展持续壮大到新时代建设中国中铁王牌工程局，铸就的是一部自力更生、艰苦奋斗的创业史，一部大气磅礴、波澜壮阔的建设史，一部敢于担当、勇争第一的奋进史。

时代在变、形势在变、任务在变，但中铁五局人无惧艰险、为国筑路的信仰不变；坚守初心、践行使命的情怀不变；艰苦奋斗、自力更生的意志不变。在 70 余载的风雨兼程、攻难克险、南征北战的奋斗征程中，中铁五局将士挺起铁骨脊梁，筑起了成昆、衡广、南昆、青藏、京张等一个个熠熠生辉的“精神坐标”。在艰苦创业时期孕育了“逢山开路、遇水架桥”的早期“开路先锋”精神内涵，挺立改革开放潮头丰富了新世纪初“艰苦奋斗、攻坚克险、争创一流、尊重科学”的“开路先锋”精神内涵，进入新时代淬炼和彰显了新时期“忠诚担当、爱国奉献、创新创造、勇争一流”的“开路先锋”精神内涵。由此，“开路先锋”精神的红色基因也深深地融入中铁五局的血脉之中，成为新时代中铁五局人最鲜明的奋斗底色和最独特的精神传承。

持续传承“开路先锋”精神 汇聚磅礴奋进力量

实现中华民族伟大复兴的中国梦，是当代中国爱国主义最鲜明的主题。伟大的事业需要伟大的精神。建设成为中国中铁王牌工程局，目标清晰，使命光荣，责任重大。站在新起点，中铁五局必须持续赓续红色基因，持续传承“开路先锋”精神，激励全局广大干部职工在新征程上，凝心聚力坚定信心，踔厉奋发勇争一流，笃行不怠勇毅前行。

（一）持续传承“开路先锋”精神，要始终坚持党的领导不动摇。中国中铁是党领导下的中央建筑施工企业，始终在党的坚强领导下奋力拼搏、勇挑重担，为党和国家事业发展建立了卓越功勋，也孕育锻造了具有革命传统和红色基因的“开路先锋”精神。作为中国中铁旗下的骨干成员企业，大力弘扬“开路先锋”精神，就是要切实增强“四个意识”，坚定“四个自信”，捍卫“两个确立”，坚决做到“两个维护”，以习近平新时代中国特色社会主义思想为指导，深入学习贯彻习近平总书记关于国有企业改革发展和党的建设的重要论述精神，始终保持姓党为民、矢志报国的政治本色，不断提高政治判断力、政治领悟力、政治执行力，听党话、跟党走；就是要认真贯彻落实党中央、股份公司的重大决策部署，以高质量党建引领保障高质量发展为主题，发挥各级党组织在企业生产经营、改革管理中的主心骨作用，把提高五局效益、增强五局竞争力、实现国有资产保值增值作为五局各级党组织工作的出发点和落脚点，推动党建工作与生产经营深度融合。

（二）持续传承“开路先锋”精神，要在全面践行凝心聚力上下功夫。中国中铁具有得天独厚的百年红色资源，“开路先锋”精神是中铁五局的红色基因、精神高地和文化底蕴。中铁五局具有七十余载的“开路先锋”红色基因传承，蕴含的“特别能战斗、特别能吃苦、特别能忍耐、特别能奉献”的优良传统和战斗精神，持续传承弘扬，至今历久弥新。作为中国中铁旗下的骨干成员企业，大力弘扬“开路先锋”精神，就是要在全面践行、落地生根上下功夫。要持续深化拓展党史学习教育成果，认真提炼总结中铁五局精神谱系，通过宣传张贴、专题学习、演讲征文、知识竞赛等传统手段与企业网站、公众号、短视频、抖音号等新媒体平台的有机融合，组织开展广泛性、群众性的“开路先锋”文化宣讲活动，教育引导全局广大干部职工持续传承红色基因，鼓起迈进新征程、奋进新时代的精气神，牢记初心使命、坚定理想信念，在各自岗位上勇担当强作为当先锋、争创一流业绩；要深入开展“企业文化推进年”活动，通过在公司本部、项目驻地、施工现场，播放文化理念系统宣传片《永远的开路先锋》，发放《“开路先锋”文化理念系统手册》，唱响《开路先锋》司歌，打造“开路先锋”文化长廊、文化墙等多种形式，加强“开路先锋”文化的有形化建设，形成全员参与、认同、践行“开路先锋”文化的良好氛围，激发员工对开路先锋精神文化的认同感、归属感，真正自觉认同、自动学习、自发践行，达到心的一致、行的一致。

（三）持续传承“开路先锋”精神，要在王牌工程局的建设上见成效。企业文化是企业价值观的集中体现，可持续发展的动力源泉。中国中铁“开路先锋”文化是打造更加符合时代要求、具有企业特色、面向未来发展、支撑建设世界一流企业实践的企业文化。中国中铁的企业愿景是打造“具有全球竞争力的世界一流综合型建筑产业集团”。对于中铁五局而言，必须围绕这个愿景做大做强做优，以高质量的发展成果垒筑起坚实根基。当前，就是要紧密围绕“建设成为中国中铁王牌工程局”的新的“十四五”发展战略目标来开展。要坚持把发展作为第一要务，认真分析企业面临的客观形势与发展趋势，以宽广的眼界和与时俱进的精神，将开路先锋文化建设纳入企业发展战略，作为企业经营管理的重要组成部分，与党的建设、思想政治工作和精神文明建设等相关工作相互融合、相互促进；要在“开路先锋”文化的指引下，围绕叫响五局“王牌军”品牌，展现五局“国家队”实力，落实好经营文化、管理文化、安全文化、质量文化、环保文化、人才文化、廉洁文化、品牌文化，真正把“开路先锋”文化贯穿渗透到企业经营管理的每一个环节和整个过程，勇担“中国建造、铁肩担当”的企业使命，着力在强管理、树品牌、提素质、促和谐上下功夫，促进经济效益、社会效益、员工利益的协调发展。

（作者系中铁五局党委书记、董事长）

先行文化驱动“创一流”

杨惠新

华电江苏能源有限公司成立于 2003 年 4 月，是中国华电集团有限公司在江苏区域的二级公司，作为电力央企改革“双百行动”的试点，2019 年成功进行股权多元化改革。截至 2021 年年底，管理总资产超 409 亿元，业务涵盖煤机、燃机、分布式、太阳能、风力发电及燃机服务、煤炭码头运营等，先后荣获“全国文明单位”“全国五一劳动奖状”“中央企业先进集体”“江苏省文明单位”“江苏省能源工作先进单位”“中国华电集团先进企业、文明单位标兵”等称号。近年来，公司党委坚持以习近平新时代中国特色社会主义思想为指导，坚持高质量发展，不断践行“创者先行”企业文化，聚焦“世界一流水平专业化公司”目标，努力成为电热为主、产业协同、绿色高效、稳健和谐的一流能源公司。

习近平总书记在党的十九大报告中强调：“文化兴国运兴，文化强民族强。”文化作为一种精神力量，能够在人们认识和改造世界的过程中转化为强大的物质力量。电力行业发展多年的历程也表明，没有先进的文化，就不会有可持续发展的高水平电力产业。多年来，华电江苏能源有限公司（简称江苏公司）坚持以习近平新时代中国特色社会主义思想为指导，将企业文化建设融入经营管理、服务改革发展，不断完善并形成兼具华电和江苏特色的江苏公司“先行”文化，有效实现了文化从“精神”到“行动”、由“观念”到“创造”的转化，企业发展定位和目标愿景更加清晰，经营策略和管理风格日渐成熟，企业精神特质和行业品牌逐步彰显。

一、先行之道引领战略落地，加速企业智慧转型

以先进文化为引领，抓好顶层设计。江苏公司坚持把企业文化建设放到引领企业发展的高度去把握，以先进文化凝聚合力，把实现一流作为企业文化建设的出发点和落脚点。“一把手”领导亲自过问，强势推动，相继制定《企业文化发展三年规划纲要》《企业文化建设指导意见》《企业文化建设提升年计划》《企业文化建设“十四五”规划》等，明确企业文化建设的短期目标、长期目标、指导思想、工作思路和阶段性重点工作；明确要在“十四五”末建成管控模式先进、规模效益领先、可持续发展能力强、党建引领突出的世界一流水平专业化公司；明确到2025年要实现“2818”的目标：“2”就是装机规模总量超过2300万千瓦；“8”指风光电装机达到800万千瓦；“1”指全口径供电碳排放强度指标下降超过15%，与集团公司2025年同步实现碳达峰；“8”就是净资产收益率超过8%。

把准先行文化属性，专注战略实施。以创造价值、服务社会、成就员工为使命，以建设一流企业、幸福家园为目标，做强做大华电“江苏板块”。坚持价值思维理念，把质量效益作为发展的主要标准，实现资产规模与经济效益的同步提升。如在基建管理上，强化“基建即经营”理念，向基建成本要效益。狠抓新建项目现场选址、设计优化、主辅机选型，千方百计降低工程造价，为项目运营后具有优于他人的竞争能力打下先天基础。例如，仪征公司选址由于没有一户拆迁，加之地质条件优越，无须打桩，仅此一项按当年年初价格静态测算，至少节省费用 6500 万元。牢牢把握集团总体发展战略，实现区域内各产业多元协调发展，推进企业与社会、自然及员工可持续发展的协调统一。一是率先发展燃气—蒸汽联合循环发电机组，使得江苏公司燃气发电机组容量居于江苏省内“龙头”地位；二是全力发展大容量、高参数、高效率、环保型燃煤发电机组，句容 4 台 100 万级千瓦机组、望亭发电厂 2 台 66 万千瓦燃煤发电机组达到超净排放标准，江苏公司区域竞争能力进一步增强。深化落实华电集团与江苏省战略合作协议，做实做细配套“子规划”，保持“十四五”开局之年好的发展势头，抢抓新能源发展机遇，在江苏华电建湖“渔光互补”光伏发电基地项目完成政府备案容量4000 兆瓦，进一步加快了企业结构调整和优化的步伐，截至2021 年底，清洁能源比例超 50%。

二、先行之本引领管理升级，提供发展内生动力

改革创新，确保高效运转。强化法治思维和规矩意识，把“从工作出发、按制度办事”作为公司一切管理行为的鲜明导向，建立决策科学化、流程标准化、考评系统化的管理范式，把“立规行矩，推法崇典”融入企业管理链条，成为全体员工的行事标尺。陆续制定、发布包括管理标准、技术标准和工作标准在内的标准 600 余件，有效规范了各岗位、各专业、各环节工作的规范高效开展；先后出台《企业领导人员绩效管理暂行办法》《企业领导人员任期绩效管理办法》《本部员工绩效管理暂行办法》《企业全员绩效管理指导意见》等一系列绩效管理制度，使各级人员的业绩贡献与薪酬分配、评先选优、职务升降、培养任用、岗位调整紧密关联，为战略实施提供了坚强有力的机制保障。江苏公司作为集团公司唯一一家所属企业入选国资委“国有企业公司治理示范企业”名单。

创新创效，加强经营管控。坚持诚信合规、精益增效的经营理念，以“两个会议，六个平台”为抓手，紧紧围绕电量、热力、煤炭、物资和资金“五个市场”，内挖潜力、外争政策，采取集约化管控，开展差异化竞争。在电、热和燃气市场上，江苏公司深入分析研判市场运行趋势和国家政策导向，牢固树立立足于市场、生存于市场的意识，积极与江苏省经信委、省能监办、电网公司和西气东输公司沟通交流，全力争取政策支持。2016 年，通过加强大容量机组利用小时管控和燃机电量进度管控，全力争取各类市场交易电量，争取燃机替代政策和燃气价格优惠政策等，电、热、气三个市场创利 3.75 亿元；在资金市场，开展“两金”清理，处置低效无效资产，存量财务费用同比下降 1 亿元。2021 年，年发电量约 480 亿千瓦时，供热量约 3000 万吉焦。公司完成集团首个天然气管道公司投产运营、首个增量微网项目投产运营、首个 LNG 项目公司成立；公司被国家能源局命名为“分布式能源研发中心江苏基地”“燃气轮机创新发展示范项目技术创新江苏中心”。

三、先行之尚引领幸福创造，共建共享美好家园

打造蓝领精英，实现职工自我价值。江苏公司锁定“打造蓝领精英、培育激情创者”这一目标，大力弘扬高、严、细、实的团队作风，充分运用、重造和借力“劳动竞赛”“劳模工作室”“职工电子书屋”“学习实践型团队”等载体和平台，广泛开展职工素质提升、技能登高、岗位建功等实践活

动，激发了广大职工立足岗位、争做贡献的积极性、主动性和创造性。“徐健创新工作室”以服务企业中心工作为切入点，围绕企业遇到的生产实际问题，大力开展技术攻关、科技创新活动。工作室成立七年来，取得了多项重量级创新成果，成为带领职工知识升级的“加速器”、催生技能人才的“孵化器”、促进职工创新创优的“推进器”，在推动职工群众经济技术创新进程中，为企业创造了几千万元的经济效益，培养了一大批技术能手。中央企业劳动模范、全国能源化学地质系统能源楷模、全国技术能手花蕾，中电联电力行业“电力工匠”贡文明带领团队参与集团公司揭榜攻关。2021年，公司3项成果获集团公司科技进步一等奖，获各类授权专利54项，其中受理48项，科技创新项目在质量和数量上均实现了新的突破，充分彰显了华电江苏人“人人皆为创者，处处都要先行”的特质。

铺就成才之路，拓展员工发展多维空间。针对区域快发展、大发展格局给企业带来的人才需求和成才机遇，积极推行“公平竞争、任人唯贤、职适其能、人尽其才、合理流动、动态管理”为主要内容的“赛马机制”，为员工搭建阳光成长通道。推行一人一计划的“私人定制”订单式培训；落实集团公司“千人计划”，43名专业人员被列为集团首批优秀中青年技术技能人才；实施“双百”工程，推荐选拔395名“双百”学员，与苏州大学、南京工程学院联合办班，2015年完成3批次30个专业、55门课程的集中授课培训和考评；制定《专业人才管理实施办法》，探索形成“宽通道、多平台、重培训、强激励、严考核”的人才培养模式，建立了管理、技术、项目发展三条发展通道，已有26名专业技术人才选聘为首席工程师、一级技师，视同企业副总师、科级干部管理。公司荣获“全国电力行业技能人才培育突出贡献单位”称号。

实施关爱行动，共建共享幸福家园。从关心、关爱职工出发，精心谋划开展“健康食堂、快乐运动、美化环境”三项活动，增强员工的获得感、幸福感和自豪感。通过改善职工的就餐环境、饮食结构和餐饮品质，让职工在吃得开心、放心、称心的同时，品味营养、健康、幸福；通过有效利用各种资源，积极为职工开展活动提供必要的设施和场所，创造职工所想、企业所能的运动条件，引导和鼓励职工组成体育运动兴趣小组，坚持体育锻炼，提高身体素质；通过营造宽松和美的学习生活环境，让职工在共同打造的美好环境中共享幸福与快乐。开展职工文化月活动，将每年的4月定为“职工文化月”，将4月20日确定为“员工日”，组织开展升国旗、过集体生日、主题班会、职工文艺会演、“我为企业文化献一计”合理化建议等活动，从情感上关爱职工，营造浓浓的“家”的氛围，引导员工共建共享幸福家园。2021年“百年风华 奋斗先行”职工文艺会演，平台观看超160万人次，提升了公司企业文化影响力。

唯有踔厉奋发，才能在稳中求进中强基础；唯有笃行不怠，才能在真抓实干中见成效。华电江苏公司将继续坚持以习近平新时代中国特色社会主义思想为指导，完整、准确、全面贯彻新发展理念，攻坚克难，奋勇争先，为集团公司加快创建具有全球竞争力的世界一流能源企业作出新的更大贡献，以优异成绩迎接党的二十大胜利召开。

（作者系华电江苏能源有限公司党委书记、董事长）

文化兴商　铸就品牌

王立东

北雁的企业文化之道，可以概括为“三首歌，一张图”。

一、书写历史的三首歌

北雁的三首歌，产生于北雁不同的发展阶段，讲述着特殊发展节点的故事，记录着北雁的历史。同时还是北雁核心价值观的艺术表达，是北雁“一支军队，一所学校，一个家庭”的代表之声，是北雁“向真、向上、向善、向美”的综合呈现，更是北雁文化体系的载体体系。

《北雁之歌》创作于北雁开业仅两年遭遇了惨重的丢货事件之后，代表意义是激励与传承，是北雁“一所学校”的主题曲。其特点是整首歌横跨北雁近20年的发展之路，上半部分创作于1990年，是北雁人的创业歌，下半部分创作于2008年，是北雁人的敬业歌。这首歌是一个创业者的内心独白，是坚韧的性格写照，是正气的辐射原点，是北雁企业文化的底色。

《北雁三大纪律八项注意歌》创作于2006年，北雁第一家分店即将落成，士气需要提升，人心需要凝聚，文化更需要复制之时，是北雁的军魂之歌，代表意义是规范与执行，是北雁“一支军队”的主题曲。其特点是曲调简单明快，易学易唱易传播，内容囊括作为北雁人应该共遵共信共执行的方方面面，被定为北雁的店歌。她被各店员工日日唱响，时刻做行为参照与规范，是北雁规则文化的另一种表达方式。

《我和我的北雁》产生于2020年年初，北雁因新冠疫情暂停营业的非常时期，产生于员工们线上读书，爱国爱企的情怀，是北雁的家园之歌，代表意义是和谐与幸福，是北雁“一个家庭”的主题曲。其特点是深情富有温度，艺术富有美感，所体现出的情境之美是北雁人追求的最高境界，个人与组织，相互成就与给予，相互滋养与依恋，这是北雁的雁阵文化内涵，是企业使命——“构建有品格的幸福企业”的表达，她将成为北雁人最亲最暖的一首歌。

二、继往开来的一张图

北雁的文化建设与落地，已形成规范的体系，按组织—文化—模式—战略—经营—管理的规律，先有哲学式的逻辑（主体—主义—主题—主张），后有落地执行之道（路径—规则—方案—方法），如果说“以文兴商”是北雁的“主体”，那么实现这个“主体”则主要有三个“主义”，即以文化人、以文化品、以文化境，这套逻辑在北雁的《以文兴商导图》

上一目了然。

（一）“经商育人”是根本，以文化人

人是企业最重要的元素。人对企业文化的认知、认可、认同，决定了企业文化的作用与价值，所以企业文化建设、落地首先要尊重人性，结合人的需求，显现于人的行为，消化于人的生命，使人成为最主要的载体。

“经商育人”最早提出于 1999 年，是北雁核心理念中最重要的一点，被定为北雁的“人道”，基于这个“人道”才有了后面的商道、地道、天道，分别是创造满意，关爱社会，追求和谐。初衷是在“经商”这个实体平台上，通过“经商”这件事的历练，通过积极向上人文环境的影响，改变人，培养人，成就人，造福人。主要从三个方面来落实和评价，即知识技能专业化、言行作风职业化和情怀境界高尚化。

为了这个“主义”的实现，在近二十年的发展之路上，北雁实践摸索出科学的“主张”体系。通过打造“选育留用”体系、建立教学型组织，做好职业生涯规划、落实“师徒传承”机制，使符合北雁价值观的人，入职有引导，成长有平台，发展有方向，技能有教练，从而快速找到方向感，使身体过门儿；通过价值观引导、理念宣贯、造场化人、典型带动，使其入了北雁的大模子，找到归属感，心过了门儿。

为此，北雁建立了支持与承载系统，成立了包括 200 多人在内的讲师团，开发文化、经营、业务系列课程，使培训成为管理的常态；建立各种会议、沟通平台，使信息畅通流淌；创办“两报一窗”“两微一抖”多媒体宣传渠道，使企业的性格与声音全面覆盖；创立企业图腾馆，将企业文化做集中的全面展示。

基于以上做法，北雁总结出了文化落地“二十字诀”——理念靠宣贯，执行靠训练，言传与身教，重复是关键。独具特色的北雁文化，同化与锻造了一批批志同道合，具备北雁气质，懂经营、善管理的北雁人。这些人成为北雁企业文化最好的践行者和传承者。

（二）文明诚信是核心，以文化品

“产品”同样是企业的重要组成部分，北雁的“以文化品”主要体现在三个价值上，即商品价值、认知价值和服务价值。

商品价值指通过坚守大众定位、确保货真价实，让商品符合大众需求，价格亲民，品质可信度高；通过创新商业模式、拓展经营模式、加强商品开发、大众商品品牌化，使商品以特色、差异、超值，努力满足人们的探求与追求。认知价值指通过以顾客为中心、全员懂业务、重社会公益，吸引与明确人们对企业、对商品的认可与认知，使商品附带企业品牌价值，在顾客的认知中升值；通过文化式营销、全媒体宣传、商品会说话，强化与提升人们对商品的认知，使商品富于文化价值。服务价值指通过视客为友、全员服务、技能练兵等服务内涵的挖掘和服务链条的延伸，使商品增加附加值。

特别值得一提的是北雁的“文明信誉工程”，此项工程是北雁“文明诚信，以文化品”的典型载体，发起于 2004 年，发起初衷是造福消费者，带动社会的商业文明，核心内容是“明码实价，合理退换”。支持动力是服务人员的“三个转变”。首先是定位的转变，由售货员转变为导购员，由“卖什么的”转变为“帮顾客买什么的”；其次是立场的改变，从站在卖方的立场上，转变为站在买方的立场上想顾客所想；然后是职责的改变，从“卖货收钱”转变为“当好参谋”。在迄今推行 16 年的时间里，北雁商城不断挖掘服务内涵，延伸服务链条，提升服务品质，使服务从顾客满意向超值感动迈进，使“打造中国最具文化特色的零售服务业知名品牌”指日可待！

（三）人格店风是主导，以文化境

“人有人格，店有店风”的理念伴随了北雁发展的一路。这里的“人格店风”就是北雁人创造的大环境，包括物态环境、人文环境和视觉环境。

物态环境的文化体现于：在企业经营场所内，通过专业化动线、场景化布局、趋势化陈列、体验化设计、安全化设施，使人们享受现代化的、舒心的、有品位的购物体验。人文环境是人与人之间交流、相处的习惯而形成的环境。在北雁，有“爱员工，爱顾客，爱家乡”的“三爱”文化，有“一支军队，一所学校，一个家庭”的“三一”定位，有立足本职、在本岗位做出色自己的“功夫雁”形象，有“智、信、毅、仁、和”的雁阵精神，还有真诚热情的迪士尼态度。视觉环境是北雁目之所及的文化体现，包括彻底的 6S、常见的企业理念、规范的 VI、美观的物品陈列、恰到好处的灯光等。

如果说物态环境与视觉环境是文化在事物上的呈现，那么人文环境就是文化在人与人关系上的表达，后者让文化更有生命力，得到生生不息的传承。北雁“人格店风”是守法讲德和文明诚信，“三爱”文化和“三一”定位是“人格店风”最好的诠释。

北雁商城爱员工，在于给员工归属感、价值感、幸福感。“和”是北雁追求的最高目标与最佳境界，员工进入企业后，会得到组织的关怀，上级的爱护，师傅的教诲，团队的带动，从而会迅速融入，成长成材，成就自我。北雁商城爱顾客，除了坚守货真价实、文明诚信以外，还通过教化、培养、训练，提升员工的综合能力，通过价值观引导、理念宣贯，使员工拥有好心态，好习惯，有情有义，互助互爱，再由近及远，找到工作的原动力，拥有爱，创造爱，传递爱，以爱心服务，为百姓造福。北雁商城爱家乡，从本职上说是员工们立足岗位，真诚服务，为家乡人民创造美好生活。在“向真、向上、向善、向美”的四向目标指引之下，行善积德，以爱心善举关爱社会。

比较典型的“学雷锋，争做最美北雁人”活动，北雁推行了 6 年之久，员工们除了立足本职，钻研技能，比学赶帮，视客为友之外，还心中有爱，乐于助人，以真诚的服务、火热的爱心将企业打造成一个正能量满满的场。如磁场一般吸引着顾客，如春风一般辐射着社会。这何尝不是北雁爱家乡的最好方式！

“三首歌，一张图”，是北雁商城最精准的企业文化建设总结，也是清晰的企业文化践行方略！

（作者系河北承德北雁商城董事长）

“铁三角”的红色基因

王宽新

航空工业宏远创建于 1965 年，代号 148 厂，是中国航空工业集团有限公司旗下的大型锻铸专业化企业。锻造行业之所以是工业文明的基石，因为几乎所有机械的重要零件，都必须用到锻造件。“世上三件苦，撑船、打铁、磨豆腐”。宏远是一个打铁的企业，但我们“打”的是世界上最好、最贵的铁。目前所有在役、在研国产型号飞机、发动机，都有航空工业宏远的产品！

航空基因　锻造魂魄

航空工业宏远在承接中国航空工业集团有限公司“航空报国、航空强国”使命这些共性文化的基础上，结合企业实际提出了“锻造精品、锤炼人品、打铁必须自身硬”的“铁三角”文化，提出以“引领中国锻造，打造世界一流航空锻件优秀供应商”为愿景目标的文化体系，形成了宏远个性文化。

三角形是稳定的象征。“精品”“人品”“队伍”，这三条边相辅相成，相互支持，表达了三位一体的稳定关系，构建了宏远特色文化体系的核心。精品来源于人品，是企业可持续发展的基础，是航空报国的基石；人品决定精品，是企业赢得竞争的资本。宏远文化铁三角，不仅体现了鲜明的锻造个性，也是宏远人的自我追求和行为准则。

精品是航空报国的基石。精品是企业的品牌，是市场竞争的优势体现，更是宏远人用实际行动忠诚践行“航空报国”的体现。

人品是企业赢得竞争的资本。航空工业宏远坚持“航空报国”核心价值观教育，不断树立诚信为本、操守为重、内诚于心、外信于人的事业观。这种特色精神基因已经根植于血液里，深深地影响着每一代宏远人做人与行事：老劳模王永富40年没有一件次品、新时代的劳模蔡松又被评为“大国工匠”候选人和“三秦工匠”。

“打铁必须自身硬”是宏远人的座右铭。这个“硬”主要体现在：

作风硬——营造“正心、正气、正行”的作风文化。从德、能、勤、绩、廉等方面对干部进行定性评价和定量打分，形成月通报、季讲评、年考核的常态机制；倡导“坚持好标准、养成好习惯、达到好结果”的“三好”文化和“有为才有位、有位更有为”的用人导向，让“想干、能干、善干”成为党员干部的成长风向标。每一个来到宏远的领导和嘉宾，都会身临其境感受到宏远人的正气和规矩。

设备硬——宏远锻造实力雄厚，具有代表性的大、中、小系列锻造设备群以及与之配套的高尖精理化检测和机械加工设备。目前，企业转型发展的高科技基地——西安新区已经全面完工。世界最大的电动螺旋压力机在西安新区全面投产，揭开了宏远向打世界上最贵的“铁”的全面提升。宏远将我国锻造产业推向了 3.0 时代。

队伍硬——坚持“重业绩、凭贡献、有作为、敢担当、善创新”的用人导向，突出打造经营型领导干部，专家型管理人才，攻关型技术人才，技能型操作工人，实施了不同岗位的成长通道，锻造了一支坚强有力、担当有为，能够适应市场和现代化企业发展的职工队伍。

技术硬——依靠技术创新打造核心竞争力，适应了航空锻件大型化、整体化、精密化发展的需要。宏远成功获批国家企业技术中心，加入师昌绪先进材料创新中心，并建有陕西博士后工作站。宏远的技术能力不仅得到西飞、沈飞、成飞、西航等国内主机厂的赞誉，也与波音、空客、古德里奇、西门子等国际著名航空制造公司保持着密切的合作关系。

著名文化学者肖云儒在 20 世纪 70 年代曾在宏远工作。他在散文《杏树园》中有一段话：“在车间和科室，职工们生活在精密度很高的数量化世界里，制造的是飞机的脊梁。但回到这厂区的乡村杏树园，数量化的世界和金属的硬度，却常常被这里特有的人生观、价值观所融化。人伦的力量原是比钢铁还大的。”在厂庆大会发言时，肖云儒先生动情地说，“如果说我这一生还能够比较执着，还能够比较勤奋为党，为人民工作的话，那么就应该说青年时代、中年时代在宏远对我精神上的锻打、灵魂上的重铸有很重要的关系”。

党建领航　文化赋能

航空工业宏远深入贯彻习近平总书记关于国有企业党建的总体要求，将“党建领航，文化赋能”作为服务军品主业，促进企业高质量发展的一条主线，实施“党建领航”工程，推进党建工作理念创新、机制创新、手段创新，不断健全完善党建工作体制机制，实现了党建、文化与企业改革发展、生产经营的深度融合，以高质量党建引领高质量发展。

一是强化顶层设计。确定了“党建领航、市场牵引、同频共振、精益提升、价值创造”的 20 字工作方针。2020 年，党委精准落实全国国有企业党建工作会议精神，延伸的 20 字工作方针，在全公司开展“党建领航看作用、市场牵引看客户、同频共振看作风、精益提升看班组、价值创造看增效”（简称“五看”）。2021 年，又将 20 字工作方针延伸到“党建领航抓政治、市场牵引抓客户、同频共振抓协同、精益提升抓流程、价值创造抓效能”（简称“五抓”），全面推进党建文化工作和生产经营深度融合。2022 年，在党中央对国有企业由“把方向、管大局、保落实”向“把方向、管大局、促落实”的功能定位下，我们将二十字战略方针延伸到“五促（党建领航促落实、市场牵引促聚焦、同频共振促向好、精益提升促流程、价值创造促发展）”。

“五看”是对标，“五抓”是落实，“五促”是提升，形成了一个党建体系，党建领航工程的脉络框架已经清晰，体系的“四梁八柱”已经形成，即：

党建领航工程的目标：“二十字”方针

党建领航工程的标准：“五看”

党建领航工程的抓手：“五抓”

党建领航工程的提升：“五促”

经过三年来的实践，“党建领航工程”不断得到深化和丰富，使党建成为生产经营价值链上的重要一环。从“五看”到“五抓”，再到“五促”是文化从对标到落实，再到提升的过程，使党建和文化工作成为生产经营价值链上的重要一环。

二是精心设计载体。促进党建文化与生产经营同频共振。党委作为全面加强党的建设的本质要求，策划了参与中国航发“铸心”、凝聚“人心”、打造“核心”等党建“心”之诀的载体，变党建“软指标”为“硬任务”。新冠肺炎疫情发生以来，党委坚信文化集聚的能量，坚决把打赢“双线战”作为重要政治任务，大力弘扬型号文化，搭建企业与社会公众、与市场客户交流沟通的一座桥梁，全力“保合同、保交付、保质量、保秩序”，军品配套与疫情防控取得良好成果。

三是落实党建工作项目化。公司党委在落实“二十字”方针的工作实践中，将项目管理的模式引入党建工作，采取公司“出题”、支部“领题”、党员“解题”的模式，以“党建+”的思路聚焦科研生产中心和改革管理中的重、难点工作和薄弱环节，为党建融入中心工作找准了切入点、着力点。每年总结党建项目成功案例，广泛推广各个案例成功经验，将“党建领题”载体打造成公司党建特色载体。

继承创新　传扬精神

无论企业身处困难局面还是辉煌境地，统一的企业精神、核心理念、价值观对保持文化的统一性，增强凝聚力、向心力，树立企业的整体形象又发挥着积极的作用。宏远公司 57 年的发展经历了很多，每个阶段和过程都有不同的目标和任务，但唯一不变的有两点：不忘航空报国初心，牢记航空强国使命。57 年的发展更是一代代三线人不懈奋斗、筑梦航空的真实写照。“三线”建设的历史已经过去，但“三线”精神的内涵必将载入史册，这是宏远“锻造精品、锤炼人品、打铁必须自身硬”的“铁三角”文化基因。目前宏远已经进入转型升级时期。企业要发展，就必须更加深入挖掘“锻造精品、锤炼人品、打铁必须自身硬”文化富矿，紧跟时代的脚步不断延伸“铁三角”文化体系。

我们将坚持把中国特色社会主义文化与国企文化建设有机融合，坚持用党的核心理念和工作方法调适企业治理模式，把党组织作为滋养先进文化的有力阵地，把优秀传统文化作为承载企业文化的价值坐标，以高质量党建促进企业高质量发展，为实现“引领中国锻造，打造世界一流航空锻件优秀供应商”的愿景目标提供强大动力，以“锻造梦”推动“航空梦”，实现“中国梦”。

（作者系航空工业宏远党委书记、董事长）

企业文化应对行业及员工具备双重正向影响

方同华

企业文化应对行业具有积极影响

每个行业都具备其自身独特的文化属性，纵观医药行业，因为药品作为特殊属性的商品，其本身就是为治疗疾病、护佑人类健康而生产，并非为追求利润而制造，同时应当确保人民群众的用药安全放在首位。因此，医药行业文化就得天独厚地携带了“生命至上、济世扶困、健康关怀、质量为先”的文化基因。珍宝岛药业作为一家国际化大健康产业集群式企业，继承了珍宝岛战役的民族奉献精神，并有机融合医药行业文化属性。将传承、发扬我国中医药文化及事业作为企业责任与奋斗目标，为了更好地将企业的责任意识传递给社会及行业，珍宝岛将“为世界提供优质的健康产品与服务”作为企业使命，这一思想体现了医药企业文化，更强调企业对于人类健康事业的关怀。同时与之呼应的企业追求“健康关怀・服务世界”亦被确定。

为了让珍宝岛文化能够为行业发展做出贡献，珍宝岛积极倡导“文化中药”理念，全面推动中医药文化的传承并加大中药创新药的研发投入，突出以临床价值为导向的中药开发。以“名院、名医、名方”为开发中药新药的主要来源，焕发我国中药经典名方的魅力，积极构建起了中药配方颗粒、医院院内中药制剂研发以及中药新药品种三大研发技术平台。在中药配方颗粒方面，珍宝岛更积极参与配方颗粒的国家标准研究和制定，在确保产品具有较强的竞争力和市场优势之余，致力推动行业标准再提升。

同时，珍宝岛药业还致力推动我国著名区域中医药文化的振兴及发展，积极参与黑龙江省“龙药文化”传播，依托中国北药智慧产业园和哈尔滨中药材商品交易中心，在黑龙江省建立创新性“1+9”中药产业体系，打造千亿级中药产业链。促进黑龙江省中药产业一二三产业的平衡融合发展。并通过将中医药文化旅游置业、健康宜居商住等业务融合，建设集科普、教学、旅游、贸易、文化等多项功能的产业项目，有机传播中医药文化、龙药文化及珍宝岛文化，全面开创区域中医药文化及产业创新发展的新局面。

将中华民族的优秀文化同企业文化深度融合

纵观珍宝岛企业文化，首先企业的名字就得名于“珍宝岛”，珍宝岛是位于黑龙江省乌苏里江虎林段主航道中心线中国一侧的一个小岛，1969 年 3 月 2 日，就在这座小岛上爆发了震惊中外的“珍宝岛”战役，面对苏联侵略者，我边防部队浴血奋战，打退了敌人的多次进攻，保卫了祖国的领土，捍卫了祖国的尊严。由这场战役，“珍宝岛”三个字被赋予了“祖国利益高于一切”的民族奉献精神。而“珍宝岛精神”也成为新时期中华民族的优秀文化之一被后世传承及发扬。

因此，引用“珍宝岛”作为企业的名字，并发扬“珍宝岛精神”，有利于传承不怕吃苦，敢打硬仗的战斗精神，有利于培养企业员工艰苦创业，勇于奉献的人生价值观，其深刻寓意不言而喻。

在企业创业初期，珍宝岛员工在“珍宝岛精神”及黑龙江这片土地所独有的“北大荒创业精神”的引领下，公司营造出了一种艰苦奋斗，一切从实际角度出发的工作氛围。珍宝岛人逐步形成了“务实”的精神文化，这种精神深深烙印在企业的灵魂里，并传承、影响至今，成为珍宝岛药业核心文化理念的重要组成部分。

在随后企业发展中，珍宝岛药业在发展建设中又逐渐令“创新”的理念深入企业发展的每一个环节。自此，“务实”及“创新”成为珍宝岛企业文化核心理念中的两大重要文化元素。

将企业发展目标同文化发展目标融合，为员工谋幸福

经过二十余年跨越式发展，珍宝岛药业已发展成为集科技研发、制药工业、中药产业、金融投资四大板块于一体的科技创新性大健康产业集群式企业，并于 2015 年在上海证券交易所上市。珍宝岛药业坚持以“平台、合作、共享、共赢”为发展理念，聚合了众多国内外优秀领军型人才，通过开放多元的经营模式，打造以“科技创新为带动，以产品+服务为两翼”的现代化经营格局。并着眼于我国医药行业的未来发展，将以更多科技含量高、疗效确切的放心产品回馈广大民众，打造值得民众信赖与支持的国际品牌。

而早在企业建厂初期，珍宝岛的文化总领内容口号被定为“让珍宝岛家园充满阳光”。随着企业发展，这一口号内容逐渐地引申与外延。发展成为“务实创新，追求卓越，共建和谐珍宝岛”更为切合实际的珍宝岛企业文化的精髓。在这一文化理念中，既包含了以人为本，建设珍宝岛和谐家园的企业目标，又完美地诠释了珍宝岛药业“守正务实　开放创新”的核心文化。

2013 年，我们明确提出珍宝岛药业的发展目标将会由“构建珍宝岛和谐家园”转变为“建成珍宝岛和谐家园”。按照此目标，企业将呈现成熟的多元化发展格局，大健康产业成为珍宝岛药业的崭新增长点。在拥有完备的专业化人才队伍和高效管控模式的情况下，将会完全营造出“以人为本”的企业文化氛围和民主化管理氛围；珍宝岛药业的员工队伍将会成为一支具有高度凝聚力与团结性的和谐、高效团队，全体员工将共享企业经济发展成果，员工的个人收入水平达到南方经济发达地区的先进企业平均水平。这是企业发展目标，更是企业文化发展目标，珍宝岛全体员工更是一同在为这一发展目标而努力奋斗着。

同时，我们为了丰富员工精神文化生活，提升员工幸福指数，建设了星级标准的员工公寓，内置健身房、咖啡厅、网吧、KTV、电影院等丰富员工业余生活的设施。企业每年组织百余场次文体活动，涵盖了红歌比赛、优秀员工家属联谊会、员工拓展训练、岗位技能比拼、趣味运动会、徒步活动、艺术文化节、运动会、篮球比赛、羽毛球比赛、军体训练、文艺晚会等活动，极大地丰富了员工的业余生活。更将企业文化逐步渗透到其中，在员工精神境界获得提升之余，更增进了企业凝聚力。同时，积极开展关爱员工及贫困家属活动，在潜移默化中为员工送去了“爱企业、爱岗位、爱工作”的精神食粮。

传承、弘扬中医药扶病救困文化，助力疫情防控

新冠肺炎疫情防控阻击战的阶段性胜利，离不开中医药力量的全面参与及支持，作为中医药文化的传承及发扬者，珍宝岛药业将继续弘扬中医药扶病救困文化，把全面参与疫情防治作为珍宝岛的责任与义务。企业第一时间启动疫情防控应急快速响应机制，优化生产、检验、销售、配送及售后服务各项环节。全力确保抗病毒类中药产品生产及发货工作的顺利推进，最大限度地满足全国尤其是疫情高发地区群众用药需求。

企业无偿生产清肺排毒汤颗粒，积极助力新冠肺炎患者救治，进一步发挥中医药在疫情防控阻击战中所产生的积极、重要作用。更积极组织开展覆盖全国的爱心捐赠活动，着重向全国各地医院捐赠抗病毒类药品、口罩、酒精等应急物资。用实际行动践行着中医药人在危难时期的责任与担当。

方同华多年向社会公益、希望工程、地震灾区捐款捐药累计超亿元。因个人工作业绩突出，方同华数次被国家、省、市各级政府授予各种荣誉称号，先后荣获“黑龙江省十大杰出青年”、“黑龙江省劳动模范”、中国上市公司“最佳董事长”、黑龙江省“非公有制经济人士优秀中国特色社会主义建设者”称号。被民进中央先后授予“为全面建成小康社会作贡献先进个人”“全国社会服务暨脱贫攻坚工作先进个人”“全国抗击新冠肺炎疫情先进个人”多项荣誉称号。

（*作者系珍宝岛药业董事长*）

党建引领固根基　文化铸魂显活力

刘子斌

习近平总书记在党的十九大报告中明确指出，中国共产党人的初心和使命，就是为中国人民谋幸福，为中华民族谋复兴。作为一家纺织企业，我常常对公司党员干部讲：“鲁泰的初心和使命是‘衣’的初心和使命——坚定不移跟党走，秉承家国情怀、纺织情怀，不忘初心、砥砺前行，实现百年梦想。”

“衣”的初心和使命是衣锦四海、经纬天下的开拓，是一面旗的引领、一块布的事业、一件衣的温暖。每次给公司党员上党课，我必讲鲁泰的家国情怀和纺织情怀。“一直以来，鲁泰始终牢记创造财富、奉献社会、衣锦四海、经纬天下的使命，把握时代大势，讲正气、走正道，聚焦实业、做精主业、打造精品，实现实业报国。这是我们矢志不渝的家国情怀；始终以振兴纺织产业为己任，致力于实现纺织强国梦，为人类创造健康、舒适、环保，过程可追溯、品质可信赖的绿色纺织品。这是我们的矢志不渝的纺织情怀”。

一、以党建为引领打造特色企业文化理念体系

鲁泰在发展中以习近平新时代中国特色社会主义思想为指导，深入贯彻党的十九大精神，坚持党建引领，立足行业和企业自身打造独具特色的“鲁泰企业文化”，着力提升企业文化软实力，铸造新时代企业文化之魂，为企业改革发展注入新活力，为新旧动能转换提供新引擎，全力推进企业高质量发展。

新时代企业文化建设必须坚持党建引领。党建文化是企业文化的基础、底色，企业文化是党建文化的具体体现。通过卓有成效的党建引领，使企业文化增强企业的凝聚力和竞争力。

围绕衣的初心和使命，鲁泰三十多年的发展逐步形成了“创造财富、奉献社会、衣锦四海、经纬天下”的使命、“世界一流、百年鲁泰”的愿景以及“以人为本、严谨科学、顾客导向、诚信共赢”的价值观，全面构建了以企业使命和愿景实现为目标，以企业价值观培育和弘扬为核心，以管理文化为主线，以创新文化、开放文化、品牌文化、人本文化、责任文化五大专项文化为抓手的“鲁泰企业文化”。作为传统的劳动密集型纺织企业，鲁泰突出以“热爱员工”为主旨的人本文化建设，这是鲁泰企业文化的核心。鲁泰在改革开放的大潮到来时诞生，历经市场疲软、行业萧条、金融风暴……市场激烈竞争的考验和挑战，30多年来，鲁泰事业、鲁泰创造、鲁泰力量……为什么历经沧海横流不变？为什么历经洪荒大浪不倒？因为党建领航！30年开拓，100年目标。党建是鲁泰最清最准最久最远的导航！跟党走，行稳致远。这就是红色引领的力量！

二、以党建文化创新引领企业高质量发展

从建厂之初5名党员到如今820余名党员，30多年来，鲁泰始终秉承“听党和国家的话，用大政方针指导企业发展”的发展理念，按照非公企业党建“双强六好”的基本要求，逐步形成了鲁泰党建工作法和“党建五力”，走出了一条党建引领非公企业高质量发展之路。

（一）鲁泰党建工作法

1. 全覆盖：企业发展到哪里，党组织就建设到哪里

公司党委坚持“一切工作到支部”“支部建在第一线”的鲜明导向，做到企业发展到哪里，党的组织就建设到哪里、党的工作就覆盖到哪里。公司新建工厂，在人员到位的同时，同步成立党组织，并严格按照政治坚定、德才兼备、能够团结带领广大职工完成各项任务的标准，选优配强党组织书记，其中大多是事业部经理或工厂厂长。通过这一举措，党支部战斗堡垒作用得到充分发挥，党的领导和先进生产经营管理理念在公司实现了有机统一、有效落实。目前，公司全体干部和高管中党员分别占比69%、73%，220余名职工党员走上了基层管理岗位。

2. 两交叉：党的领导和生产经营管理有机结合

在鲁泰，党委班子成员和各级党组织负责人实行“双向进入、交叉任职”，党委班子成员在董事会和监事会任职，各级党组织负责人在生产经营管理岗位任职，参与公司重大决策，实现了“政治核心”“决策核心”“生产经营管理核心”三合一。近年来，公司党委坚持将党的领导和生产经营管理有机结合，利用每周公司办公会和部门例会，持续强化高质量发展、新旧动能转换、科技创新、绿色环保等方面理论学习，着力推进企业健康发展。

3. 三培养：把各方面优秀人才集聚到党的旗帜下

公司党委始终把优秀人才集聚到党的旗帜下，实行把生产经营管理能手中的积极分子培养成党员、把党员培养成生产经营管理能手、把生产经营管理能手中的党员培养成企业管理层和决策层成员“三培养”制度，变“职工被动找组织”为“组织主动找人才”，把班组长、生产经营管理一线技术骨干、高学历员工等作为党员发展重点，教育引导职工积极向党组织靠拢，逐步壮大了一支数量充足、质量优良的入党积极分子队伍。同时，针对非公企业党员思想难统一、作用难发挥的问题，在坚持党员积分量化管理的基础上，实行党员亮承诺、亮身份、亮标准“三亮”制度，深入开展党员先锋岗、“时代先锋”等主题实践活动。

（二）鲁泰“党建五力”

在鲁泰，党建就是引领力、生产力、创新力、凝聚力、民心力。

1. 党建就是引领力——没有党建就没有鲁泰事业

“干好鲁泰的事业，就是干好党的事业。”基于这种初心认识，鲁泰始终秉承“听党和国家的话，用大政方针指导企业发展”的理念，做到企业发展到哪里，党组织就建到哪里，充分发挥党组织的核心引领作用。

2. 党建就是生产力——没有党建就没有鲁泰发展

抓党建就是抓生产力。鲁泰积极探索先进生产力的实现途径和方式，将组织优势转化为发展优势，让党建工作在生产经营中发挥重要作用，使党建工作成为生产力发展的有力推手，不断提高发展质量效益，释放发展活力。

3. 党建就是创新力——没有党建就没有鲁泰创造

鲁泰以党建推进管理创新、科技创新、制度创新、文化创新等全方位创新，通过创新驱动发展，依靠管理增强合力，不断提高全要素生产率，着力提升“鲁泰制造”的品质和“鲁泰创造”的影响力。

4. 党建就是凝聚力——没有党建就没有鲁泰力量

企业要发展，必须坚定“永远听党话、永远跟党走”的政治信念，基于这种初心认识，鲁泰汲取党建政治理论中的智慧，将党群建设与企业文化深度融合，始终发挥党的先进性，用榜样凝聚力量，用文化凝聚力量，用关怀凝聚力量。

5. 党建就是民心力——没有党建就没有鲁泰担当

鲁泰自身发展的同时，勇于承担社会责任，支持公益事业，积极响应党和国家“乡村振兴”“精准扶贫”战略，助力贫困群众加快脱贫致富步伐，以实际行动践行企业公民的责任和义务。

（三）强化党建引领抗疫情促发展

2020 年以来，公司党委在上级党组织的正确领导下，按照“围绕中心抓党建，抓好党建促发展”的工作方针，聚焦企业中心工作，积极抗击新冠疫情，推进复工复产，应对市场寒冬，为公司健康稳定发展提供了坚强的政治保障。公司复工复产以来，公司党委的领导作用、基层党组织的战斗堡垒作用和共产党员的先锋模范作用发挥了重大作用。在这期间奋斗在一线的骨干力量，大多是共产党员，他们冲锋在前、英勇奋战，坚守岗位、勇担重任，在最危险的地方，承担最危险的工作，可以说是身先士卒、敢作表率，为守紧筑牢疫情第一道防线提供了坚强的力量支撑。在这场战“疫”中，有 54 名在抗疫一线的先进分子提交了入党申请书。同时，公司广大党员积极响应上级号召踊跃自愿捐款，支援抗击疫情。

三、党建和文化建设相融合固本强基特色文化

公司形成了党建统领、分头协作的双向联动机制，群团组织在党委的领导下围绕中心、服务大局，发挥各自的优势、特点和作用。公司工会、团委、女工委在公司党委的领导下，结合企业生产经营的实际情况，开展技术比武、技工评聘、岗位练兵、劳动竞赛等活动，推进生产经营顺利进行和各项指标的完成；同时特别注重关心员工生活，安排专人对困难员工调查了解，坚持探望病人走访制度，对特困员工进行慰问，并给予物质上帮助。团委定期开展职工运动会、健美操、游泳、篮球、合唱比赛、知识竞赛等各类职工业余文化活动，引导员工崇尚科学、追求文明进步的健康生活方式和积极向上的生活情趣；女工委员会每年都开展“巾帼英雄评比活动”，组织适龄青年联谊会，建立心理咨询室，邀请专家举办专题讲座等。鲁泰公司每年用在党员培训学习和职工业余文化生活方面的费用就达 300 余万元。

2019 年以来，公司深入开展“不忘初心、牢记使命”主题教育活动，举行了七期高质量发展鲁泰大讲堂，打造高质量发展鲁泰大讲堂名片，用高质量党建引领企业高质量发展。同时，先后组织 500 余名党员外出参观原山艰苦创业纪念馆、党章学堂、淄博煤炭展览馆等，让党员过开放式组织生活，不断修炼党员党性；组织召开庆祝中国共产党成立 100 周年大会，表彰先进党员，调动党员干部干事创业积极性。另外，公司党校还积极发挥企业党校在加强思想建设、提高党员干部理论水平、助推各类人才培养、引领企业文化建设等方面的重要作用。

（作者系鲁泰纺织股份有限公司党委书记、董事长、总裁）

推行“四个人人”建设
推进“心力管理”落地

刘鹏凯

江苏黑松林黏合剂厂有限公司（简称“黑松林”）系以生产系列胶粘剂的民营高新技术企业，与多家世界 500 强企业合作，参与制定 16 项国家标准，创造的“心力管理”模式入选哈佛案例库。公司获得“中国石油和化学工业先进集体”“全国企业文化建设示范单位”“中国化工企业文化建设示范单位”“江苏省文明单位”“江苏省企业管理创新示范企业”等荣誉。

一、黑松林企业文化的传承与发展

黑松林企业文化形成于 20 世纪 90 年代初，系企业的宝贵财富。2008 年，公司从“解决问题，提高素质”入手，提出了“心力开发为核心，细节管理为手段，和谐管理为灵魂，文化管理为归宿”的企业文化建设方针，探索出“心力管理”的文化管理模式，聚焦“知心、聚心、塑心”的“三心工程”，强化“以文化人”，培育优秀员工。

2018 年，黑松林将生产一线划分为六个节点，激活赋能，推行“人人都是管理者、人人都是传道士、人人都是主人翁、人人都是责任人”（简称“四个人人”）的自我管理创新实践，推进“心力管理”落地，促进“文化力”与“生产力”共同提升、企业和员工共同成长。

二、推行“四个人人”建设的内涵及主要做法

“四个人人”建设基于“心力管理”，着力于“自我管理”，旨在让员工在日常工作中自我完善角色，自我参与决策，自我行使管理职能，实现自我驱动，不断提高员工管理思想和自我管理水平。主要做法如下：

（一）人人都是管理者

黑松林激发员工个体或团队的创造性，从管理者的角度思考问题、解决问题，使企业能够不断适应商业变化和客户需求。

1. 自我管理实现管理自治

黑松林认为，自我管理需要减少自上而下的控制，通过消除横向阻碍，让员工自行表现，拥有更多的权力，持续拥有更多决策和行动的自主空间。

（1）调整结构。黑松林改变生产一线组织结构，取消了原有生产部、车间等层级，重新根据生产工艺流程，构建了 6 个生产节点，每个节点 4～5 人，所有节点设立一名点长。同时，公司将与生产一线存在上下游关联的市场部参与生产管理，设立经营与生产管理办公室，协调、统筹生产一线自我管理工作。

（2）充分赋能。黑松林按层级各自授权，经营与生产管理办公室统筹生产一线所有工作，点长和节点成员都能为

公司做出决策。点长为各节点第一责任人，得到充分授权，将各自所负责的节点做到管理效能相对最大化。节点内员工对自己岗位的工作内容、质量、消耗、安全、环保、节能、7S等负直接责任。

2. 自我管理实现员工工作中的“身心完整”

“心力管理”的精髓是“管到心里”，强调“修路先修心，修心必修行”，做到有“制”有“味”，让员工感受到信任与自由，把所有人的努力汇聚到一点，形成强大的企业精神力量。

（1）完善制度。黑松林专门编制了《自我管理体系》，体系内容不仅包括《自我管理实施细则》《自我管理绩效考核实施细则》《员工工作标准》《点长工作标准》等规范性制度，还包括《黑松林精神理念》《黑松林行为规范：六倡六戒》《自我管理工作手册》等指导性文件，努力让员工做到既有遵循纪律制度的修行，也能从技能、思想、道德等修心层面得到综合提升。

（2）以文化人。黑松林用企业独有的价值观，不断塑造出员工的进取之心、友爱之心、敬业之心、奉献之心，帮助员工培养统和特色，通过示范、纠错、灌输、自净和养成等方法，在自我管理推进中激活员工自我意识，感受他人意识，重视环境差异，体察对方所思所想所感，一层一层启动同理心的开关，改变自我，培养良好的思维方式、行为习惯和精神理念，找出共识，从而培养出志向远大、境界高尚、技术精湛的优秀员工。

3. 自我管理实现工作宗旨的持续进化

黑松林重视员工工作的宗旨和追求，引导员工在个人成就感、社会责任感等方面追求精神价值。

（1）价值引导。黑松林强调，自我管理的基本价值诉求是“引导员工在工作与生活中，善用其心，自净其心，消除恶心，增加爱心，发自内心，共同构建心心相印的和谐发展环境的过程”。通过“让员工把握自己的方向盘”，持续锤炼自己内在生长的能力。

（2）资源共享。在实际工作中，黑松林充分配置资源，将公司和员工两者的根本关系予以颠倒，员工使用公司的公共服务，共享公司资源，而不是单纯的公司雇用员工，员工在自我管理中做自己的主人。

（二）人人都是传道士

黑松林让所有员工成长为自我管理的自我驱动者、弘扬者和倡导者。

1. 倡导对员工的尊重、关爱与信任，签订自我管理的“心理契约”

黑松林管理者充分信任员工的能力和动机，节点成员充分信任点长，建立爱的关系、爱的管理，让员工从工作中找到归属，堪称与员工签订自我管理的“心灵契约”。

（1）了解员工心思。黑松林要求管理者在工作和生活中要了解员工不同时期、不同年龄、不同职能的独特的物质和精神需求、行为习惯和思维方式以及个性和理想追求等，把握人心特点，采用更富有人性化、亲情化、精细化的管理方法，创造条件时机，讲究方法艺术，与员工做知心朋友。

（2）搭建沟通平台。为更好地沟通，黑松林通过设立员工情绪气象台、员工工作日记、点长晨会、信息反馈公开栏、黑松林先锋e家微信群等沟通平台，了解员工生活和工作中的所思所想，以及外在表现出来的情绪，密切把握员工的思想动态和各种需求，与员工真诚平等，随时倾听员工心声，找到看点、原点甚至痛点，发自真心、诚心诚意地帮助员工解决问题，促进成长。

2. 注重激励机制建设，锁定自我管理的“灵魂”

“四个人人”建设更多是企业对员工的“赋能”和员工的“自我激励”，锁定自我管理的“灵魂”。

（1）物质激励。每个月，经过简单的自我管理绩效考核，符合者都能享受到公司实施的“自我管理分享计划”，领取10斤食用油、20斤大米、30个鸡蛋的实物补助。自我管理考核绩效一般由点长牵头，节点内部自行组织。点长的考核由经营与生产管理办公室组织，员工代表参与。员工考核内容包括：考勤情况、组织纪律、7S管理、质量成效、工作日记、安环质量等基本内容。考核结果优秀的，作为月度优秀员工当月享受100元的优秀员工津贴。考核结果同时也是年终评优、工资调整等的重要依据。

（2）精神激励。这些年，黑松林着力培育一种和谐大家庭的氛围，用爱播种，让员工心灵愉悦，培育员工一种身在企业就是在家的归属感。员工子女中考、高考，黑松林总要送上一份礼物、一束鲜花到员工家中，祝福他们的孩子金榜题名。母亲节、父亲节给员工放假，让他们回家孝敬父母。设立洗衣房，安排人兼职为员工清洗工作服。实行弹性退休制度，员工退休后可在企业同工同酬工作。等等。在实施自我管理过程中，黑松林将责、权、利结合，发挥其长，以点带面，以点促面，让员工基于自己的知识、技能与经验，自己把握、自己判断、自己决策、自己管理、自己负责，自己的事自己做主，更多地关注员工的心力发挥和扬长发挥，满足员工精神层面需求，在自我管理过程中把员工的积极性、创造性、潜能量激发出来。

（三）人人都是主人翁

黑松林倡导员工全身心地投入工作，全力以赴地完成任务，以“怎样才能更好，怎样才能更快”的标准处理每一个工作细节。

1. 尊崇和执行制度，夯实自我管理的“基石”

黑松林从“人人都是主人翁”的角度，夯实自我管理的“基石”，注重教育、督促员工对制度的严格遵守，使员工自觉养成尊崇制度、各负其责的习惯，能够自觉维护企业制度的严肃性。

（1）令行禁止。黑松林运用不同方法，不同管理工具努力使制度规章人人参与制定，人人理解掌握，人人签字执行，做到令行禁止，有意识让员工认识、理解和认同企业的自我管理相关规定和要求，改变自己的不当行为和不当思想，从主人翁的角度支持自我管理的创新实践。

（2）习惯养成。在黑松林，除了以比较完善的制度体系强制推行行为规范外，在团队的率先示范和企业骨干的努力跟随下，企业风气像有一只无形的手，推着员工向前走。恰如春风化雨，润物细无声，为实施自我管理创造了融洽的软环境。

2. 激发积极性与创造性，制定自我管理的“模板”

黑松林努力在人心上下功夫，制定自我管理的“模板”，进行心力开发，不断深入地、精细地激活个人和组织，使之成为自我驱动的源泉。

（1）以工作日记引导自我管理。为帮助员工提高工作质量，锻炼工作思路，培养良好的学习习惯，不断提升员工个人素质和提高工作质量，黑松林在全公司推行员工下班后记录工作日记的做法，取得了预期的效果，大多数员工养成了良好的习惯，工作日记的记载质量与员工素质普遍得到了提升，工作的条理性和主动性得到了加强。黑松林员工工作日记共分三个栏目，“工作与学习”栏目必须详细记载每天工作时段、工作内容、工作质量、完工数量和当日定额完成情况等，“反思与提高”栏目记载自己的心得、体会、感悟、合理化建议，以及需要协调沟通提请解决的工作、学习及生活问题。“计划与打算”记载第二天工作的计划情况和需要车间协调事宜等。

（2）以节点碰头会推进自我管理。经营与生产管理委员会每天上班前组织召开点长碰头会，对前天工作进行小结，计划当天工作，协调处理有关事务。各点长逐一简明扼要通报一天工作的重点，存在问题，需协调事宜以及明日计划，三言两语即可。碰头会非讨论会，注重解决问题的实质，一般控制在 15 分钟左右，有话则长，无话则短。实现了各节点工作计划的“无缝”对接，自我管理在潜移默化中逐步推进。

（四）人人都是责任人

黑松林的“四个人人”建设主要体现在员工对自己的责任、对团队的责任、对客户的责任三个方面。

1. 为自己负责

在考勤管理方面，黑松林实施弹性考勤管理、弹性上下班制度，员工有急事或特殊情况，可自我调节工作时间。

在生产方面，黑松林以结果为导向，采取“以要货单为计件，以每釜为计时”工资制，月度工资按定额任务实际完成情况结算。

在财务审批方面，一把手主动把财务借款、报销审批等权力下放，由经营与生产管理委员会审核签字，谁主管谁负责。

在对自己负责方面，点长每天的“日课”通常由想法、方法、做法三部分构成，通过多种管理渠道互相沟通、激励成员，真正实现“我的节点我负责我做主”。

2. 为团队负责

黑松林明确规定各节点对所承担的工作任务实现“三自一包”，三自即：“自我管理、自主考核、自己当家”，一包：包任务、质量、消耗、安全、环保、节能、7S。节点点长是第一责任人，节点成员是直接责任人。节点的每个人都必须为团队负责。

3. 为客户负责

黑松林的“四个人人”，就是公司不再分派任务和监工，让员工自己计划、自己决策、自己负责，自己的客户自己管，让员工的专长、兴趣和客户的问题有更好的匹配，用目标、愿景引领员工，用客户的需求拉动员工，在服务客户的过程中找回工作中的内在价值。唯有发自内心地为客户服务的意愿，才能真正激发持续的创造。

三、推行“四个人人”建设的实施效果

（一）员工自我管理能力增强，生产效率提升

通过推行“四个人人”建设，黑松林生产管理已经逐步走上科学化和规范化的轨道，节点点长已经进入管理者的角色，主动承担起了节点工作的职责；员工减少了自上而下的控制，拥有更多的权力；更重要的是，组织作为一个协作体系，整体的能力得到提升，员工的活力就会被进一步激活，能力得到了提升，个人也得到了成长。生产车间工作忙而不乱，共生共赢共治的关系普遍得到提升，在员工人数没有增加的情况下生产效率显著提升，2021 年全年人均产值同比增长 15.3%。

（二）员工满意度逐年上升，员工幸福指数普遍提升

通过推行“四个人人”建设，黑松林员工满意度逐年上升，员工幸福指数普遍提升，骨干队伍稳定。在中小企业员工流动不断加大的情况下，近几年黑松林员工离职率均在 2.5%以下，2021 年员工满意度达 91.26%。公司获得“江苏省企业公民奖”。

（三）形成精神财富，凝聚向上向善力量

在“四个人人”建设过程中，各节点点长在工作中体现出了不少的优秀精神特质，黑松林总结提炼了以点长姓名冠名的“六种精神”，为企业发展和员工成长凝聚了向上向善的力量。六种精神具体为：

何爱民节点——埋头苦干的黄牛精神；

尹家红节点——负重前行的骆驼精神；

江胜潮节点——一岗多能的多能精神；

戴月兰节点——精耕细作的务实精神；

印锋节点——一丝不苟的工匠精神；

孙石军节点——永不褪色的标杆精神。

（作者系江苏黑松林黏合剂厂有限公司董事长）

文化引领方向　凝聚奋斗力量

李　坤

天津重钢机械装备股份有限公司是一家从事多行业非标机械装备定制服务的民营企业，主要产品有矿山机械、港口机械、造桥机械、旅游设备等大型连续搬运装备。

非标机械服务需要一支“坚守实业不怕寂寞”的有灵魂

的管理团队，一支具有“螺丝钉”精神的员工队伍，系统配合，才能完成。因而重钢机械在企业文化上着力打造，狠抓落实。

一、恒守正确价值观——打造员工“螺丝钉”文化

企业文化的核心是价值观的建设。在价值观的塑造上，我们发现一些员工的价值观是错乱的，自觉或不自觉地把金钱和权力排在了生命和健康的前面。企业需要的是踏实肯干的人，而我们必须要扭转一些人的浮躁松散、拜金功利、缺乏主动性的价值观，因为冲动和浮躁是精品制造的大忌！

重钢机械的产品是多行业的非标机械定制，门槛高，它不是管理简单、技术单一的标准化产品，也不是能够简单复制和完全流水作业的产品。每一个订单、每一件产品都需量身定制，员工如果没有严谨的工作态度和在每道生产工序中都“找准位置，钻进去，持久地拧在那里”的“螺丝钉”精神，把简单的事情做到极致，就无法做出让客户满意的精品。

如何把浮躁的人，打造成具有“螺丝钉”精神的人？这就需要帮助员工认真梳理价值观，从“作为人，何谓正确？”这样简单的原理原则，改变普遍存在的错乱人生观。从感恩、守规则和帮助别人获得幸福这样的价值观开始，逐步树立爱国、敬业、诚信、友善的社会主义核心价值观，抚平人们浮躁的心灵，把个人发展意愿与企业发展愿景协同一体，把让员工率先通过劳动过上健康快乐的幸福生活，让世界高端客户使用中国人生产的非标机械产品的重钢灵魂，注入每个员工心中。

十四年来，重钢机械一直在“铸灵魂、练内功、增能力、促发展”上下功夫，以党建引领，文化凝聚，组织红色教育、开展螺丝钉文化演讲比赛、团建，读书会，以让人心动、让人感动、让人甘愿行动的企业文化感染人，让员工认识到重钢的发展就是自己的利益所在，为企业努力工作，就能实现自己美好的梦想。企业700多人心连心在一起，同甘共苦地干事创业。

打造工匠螺丝钉文化，还要让大家争做精致的“螺丝钉”，专门做高、难、准、精、尖的事儿，只有创造出价值，企业才能生存。截至目前公司已有2名全国优秀个人奖章，3名市劳模，17名滨海新区先进个人。无冕之工匠和劳模在重钢机械随处可见，重钢机械拥有国际焊接资质人员190余人，累计取得国家专利400多项。正是这些“匠师级”的员工，让企业处于时刻创新、每天进步的状态，就像一个大功率发动机，强力推动着企业的技术创新和健康发展。

二、坚持以人为本——建立与人性适配的制度文化

办企业最核心的问题是如何调动人的积极性问题。企业在生产经营过程中的第一要素就是人，人用不好不仅会造成成本上升，而且会成为连续的、活的消耗，成为负资源；人用好了不仅会成为正资源，而且会成为财富创造的源源动力。

在制度的设计时，要把大多数人的人性特征作为着眼点，企业需要的是有更多能为企业发展创造价值的人才。员工也都希望成为企业价值的创造者，彼此相互需要，和谐共生。员工利益与雇主利益、创造价值与分享价值、个人梦想与企业发展有机地适配起来，和谐的正能量就会自然形成。

2007年底，重钢机械转制成了民营股份制企业，将三要管理者和骨干员工吸收为股东。由于身份和地位发生了根本性变化，既是指挥员又是战斗员，极大地激发了工作干劲，企业的发展成为他们分内的事情，股东和员工的关系变得越发和谐稳定。

在企业内部，重钢制定了合理的薪酬与晋升制度，使员工“干企业的事就像干自己的事那么认真，花企业的钱就像花自己钱那么节省”，建立起的不仅仅是利益共同体，而且是命运共同体的关系。

重钢目前已拥有三家全资子公司——天津振汉机械、格林兰机械微芽贸易，一家控股子公司——米一科技，累计纳税一亿七千万元。

企业科学发展需要建立与人性相适配的制度文化，只有让奋斗的人光荣起来，让干事的人幸福起来，让给企业带来美好的人美好起来！才会创造出高价值，为社会做出更大的贡献。

三、提升正能塑魂——修炼重钢创业文化

在创业文化上，我们树立11条理念：

（一）挑战与活力

习总书记在企业家座谈会上指出：“创新就要敢于承担风险。敢为天下先是战胜风险挑战，实现高质量发展，特别需要弘扬的品质。”非标机械实际是为客户制作量身定做的产品，这就意味着每一个订单都是新的，每一个产品都是创造的，我们每天都在充满挑战的世界里，单单在挑战，天天在挑战，挑战使我们更加充满活力，没有挑战，可能我们会感到乏味。

迪拜之眼是重钢机械目前正在安装的世界上最大的摩天轮，但是迪拜公司在全球找了五年都没有找到合作方，由于制造难度太大，之前多个国家的供应商均铩羽而归。最后他们找到了天津，因为他们发现：重钢能做世界顶尖级的产品！面对项目近乎苛责的标准要求，天津重钢人把该项目承接了下来。

重钢人从电脑三维精准建模，到制作胎具，采取特殊工艺，每一步、每个细节都精心严格施工，精益求精，最终保证产品无任何瑕疵依合同完成。项目进行过程和交付后，重钢机械得到业主和客户高度的评价。

（二）创业与守业

创业难，守业更难。因为业是守不住的，永远创业无止境。只有创业态，没有守业态。重钢认为：不断地提升自己，与同行拉开距离，具有别人无法取代的能力，就是创业的核心竞争力。

（三）人性与制度

只有尊重人性，尊重人格，才会挖掘善意、禀赋和潜能。所以我们的制度、机制要与人性规律相适配。真正能迸发激情而又公正的制度才是行之有效的制度。这就是我们制度文化的立意。在重钢的生产车间里，每个人都兢兢业业，埋头苦干，但每个人的脸上又都洋溢着幸福的笑容。这才说明重钢的企业制度文化有效。

（四）价值与生存

什么是价值？价值就是做别人做不了、做不好、做不成、不敢做、不想做的事。大家能做精致的螺丝钉，专门做高难精尖的事儿，做别人望而却步的事，这才有价值。有了价值，才能生存。

（五）灵魂与器物

人有灵魂，器物才会有灵魂；人有温度，器物才会有温度。有灵魂的产品是会说话的，具有“螺丝钉”精神的员工队伍制作出精湛的非标机械产品，这些产品会为我们无声地找到订单。

（六）战略与文化

企业根本是战略，战略本质是文化，只有战略与文化的最佳匹配，才能完成我们的目标。

（七）需求与幸福

人都是有需求的，在精神上，有被尊重、被关爱、被重视、被理解、被支撑的需求。如果想要一个充实而幸福的生活，就必须带领员工去追求生命的意义和奋斗的快乐。

（八）稀缺与客户

我们重钢定位到非标机械的量身定做，就是想创造一种稀缺，创造了稀缺，就创造了客户。重钢要在行业内，要么成为第一，细分市场的第一。要么成不了第一，就做唯一。总之要创造稀缺。

（九）使命与快乐

什么是使命？使命就是用尽自己生命去完成的事。每一个人的使命都是不同的。我们共产党人的使命就是为中国人民谋幸福，为中华民族谋复兴。一个有使命感的生命，才是人类伟大的作品。疫情中，我们的白衣战士们用生命赴使命，那么我们也要以奋斗赴使命，因为当我们心存使命感的时候，我们就会获得更大的快乐。

（十）创新与胜利

百业艰难，危中有机，唯创新者胜。所以我们要调动每个员工的创新力，公司规模大了，更要建立起创新文化的气场，在每一个人心中沸腾起创新的浪花，这是在百年未有的大变局中胜利的关键。

（十一）企业与社会

营销无国界。但企业家有祖国，企业有祖国。所以我们重钢机械要为国家做出贡献。在工业强国、大国重器的使命感召下，重钢要在“坚守实业”上为国家贡献新的力量。

（作者系天津市企业文化研究会副会长，天津重钢机械装备股份有限公司董事长兼总经理）

红色引擎铸就文化力量

孟庆敏

上海医药集团青岛国风药业股份有限公司（以下简称“上药国风”）溯源于北京乐家老铺，创立于1956年，是山东青岛唯一的以中成药制造为主业，集研发、制造、现代物流和批发零售于一体的国营现代医药企业，也是目前中国A+H股上市公司上海医药集团的核心成员单位之一。65年来，上药国风一直坚守在中国医药行业的主战场，见证参与了中国医药企业的改革和发展。

“十三五”期间，在带量采购、医保谈判等系列政策的推动下，中国的医疗体制改革正加速向深水区推进，医药市场竞争加剧，加上新冠疫情持续影响，上药国风经历了前所未有的经营压力和挑战。同时，员工队伍的年龄结构、知识结构的变化带来群体诉求发生了质的变化，员工意识形态的复杂性、多元化叠加，尤其是员工价值观的行为方式、思维方式也发生了很多新变化，传统的党建、企业文化建设工作的模式也受到了颠覆。这一切都给企业党建、思想文化工作提出了全新的命题。

坚持党的领导，加强党的建设，是我们国有企业的“根”和“魂”，是国有企业的独特优势。先进的企业文化是企业前进和持续发展的动力，是企业核心竞争力的重要组成部分。以党建引领企业文化建设，实现合力发展的新模式，激发企业高质量发展的“心”动能，是新时代国企党的建设的重要任务和目标要求。几年来，上药国风党委认真贯彻落实全国国有企业党建工作会议精神，围绕“把方向、管大局、促发展”这一国企党建工作新的定位不断探索努力，保持企业文化的底色，依靠企业文化推动党建创新，党建文化和企业文化共生共荣，把党的政治优势、组织优势和制度优势以及群众工作的优势转化成企业的发展优势。

一、坚持顶层设计，树立文化自信。

上药国风党委一直坚持企业文化建设和引领，系统地推进企业文化从自觉到自信的渗透过程，推动员工对企业文化从服从到顺从的认知实践，并不断丰富着企业文化理念的时代内涵。

滚动编制企业文化规划。近二十年来，国风党委始终把握企业文化发展的正确方向，坚持每三年滚动编制企业文化规划，持续丰富完善企业战略、使命愿景、核心价值观以及专项文化、特色文化等内容，不断打造企业文化的发展地图，2019年已推出企业文化5.0版。每一轮企业文化规划的制定过程中，公司都会召开党委中心组专题研讨会，就企业文化建设的路径、实施方案进行头脑风暴和深度会谈。之后是“三上三下”，依托基层党工团组织在员工中进行充分酝酿和积极实践。同时对文化体系进行盘点和评估，对积极因素进行传扬，对弱势要素进行强化，并根据医药行业发展和时代要求，补充新增要素。

系统推进企业文化落地。新的文化体系形成之后，国风党委即依托基层组织通过“层级推进、立体导入”，自上而下、全方位、多角度进行理念的宣贯，引导员工深入理解其内涵，使企业文化“内化于心”。随即制定所有岗位的行为规范，从文化视角开展制度流程设计，积极选树各类践行企业文化的典型，并在思想引领、选人用人、业绩评价以及经营中，有意识地通过机制建设和行为引导贯彻、宣导国风文化理念，使之“固化于制”“外化于行（形）”。

二、赋能组织创新，彰显文化价值

上药国风党委始终将企业文化作为推动发展的原动力，在引领创新氛围、提升创新能力、加速创新转化的过程中，找准结合点、凸显新价值，用企业文化的软实力来渗透推动我们整个组织创新的全过程。

推动理念创新。企业创新，理念先行。国风党委注重将党的思想建设与企业文化的凝聚功能结合起来，非常关注在企业价值理念的引导下，员工在思维模式和行为方式上的“趋同”与“一致”。实践中，注重挖典型、抓案例，依靠高层来发现和推动积极的文化冲突，带动各级管理者捕捉和发现文化现象，并按照“有魂、有变、有效”的标准提炼成文化案例，从文化层面把文化落地的矛盾公开化，让员工对身边发生的鲜活案例进行反思和思想碰撞，实现对员工思维方式和行为模式的引导。到目前为止，已筛选编撰了四本《企业文化案例集》。注重转变员工教育模式，由灌输心理向引导心理转化，由命令式向教练式转化，唤醒员工自我文化认知，引导员工拥抱变化，自主创新，用有效的价值观管理塑造“自驱力文化”，让每个员工都自己引领文化，成为工作岗位上实现价值的“领头羊”。

推动营销创新。营销创新是企业创新的核心。企业发展的关键和最大的难题是营销。在上药国风营销创新的实践中，公司党委一直是跟进整个营销创新的全过程。营销变革带来的利益分配和调整，对营销团队是个巨大的冲撞，文化工作紧紧深入其中，从改善心智模式入手，营造变革过程中业务人员的心理安全感，让他们感受到每一轮的营销变革都是希望“打胜仗”，拓展营销品牌。与此同时，营销系统创立“红色心桥”党建品牌，第一时间传递公司声音、交流信息、分享案例、了解呼声，促动党建与业务的有效融合。公司党群部门也会深入一线进行文化传导和渗透。在营销的变革过程中，党委推进首创文化，发掘“冯氏工作坊”等首创案例，提炼“他山之石”。整个过程，通过党建文化引领实现营销变革软着陆。

推动管理创新。管理创新是所有管理职能板块非常关注的一个话题，难度也非常大。国风和很多企业一样是直线职能制管理，边线画得非常清，职能条线专业度做得非常深。2021年后疫情时代，国风党委确立了“共生、协同、高效、赋能”的组织发展理念，对整体组织架构管理体系进行了变革，将子公司、职能板块等23个业务单元整合成六大体系，模拟矩阵式管理方式，实行跨界协同大项目制，倡导“大体系导向、小切口突破”“有人管我协同，无人管我负责”，打开板块边线，让大家互助成长，共创价值。

推动机制创新。上海医药集团非常重视人才发展，上药国风作为其核心企业一直跟进集团步伐打造学习型建设团队，连续11年打造的雁式团队培育计划、七色光计划、三创带头人训练营等一系列培训项目，以及竞赛制、项目制、双轨制、导师制等人才成长机制，几乎覆盖到各领域各层级的员工，使人才发展的平台思维和生态思维导入富有活力和竞争力的创新发展中。近年来国风小改革小创新中涌现出杜守志、郭宗利等一批最基层的优秀员工，成长为国风工匠、集团匠心大师和青岛大工匠，带动了一线技改项目实施，也带动了很多青年员工学习技术，岗位成才。

三、塑造品牌载体，汇聚文化力量

企业文化力的打造最终必须落实在品牌战略层级，企业文化内在的张力最终也必须通过品牌这一载体向外辐射，转化为企业可持续发展的竞争力。上药国风坚持打造职工文化品牌、党建文化品牌和中医药文化品牌，用品牌联动效应牵强叠加力量，助力企业健康发展，激发员工的工作热情，获得感、幸福感、安全感得到进一步提升。

塑造职工文化品牌。具有21年历史的国风艺术团是上药国风一直用心打造的品牌载体，通过“走出去”深入市场一线、各大社区，走到消费者和客户中间传播健康生活理念、宣传国风的产品和品牌。公司每年举办迎新年文艺演出，每两年召开职工运动会，定期组织越野赛、健步行，还成立了国风合唱团组，组建了系列职工兴趣协会，立足积极培育职工文体、艺术骨干，提高职工的综合素养和竞技精神。

培育中医药文化品牌。聚焦传播中医药文化，上药国风党委在2012年倡导开展“国风健康行”公益品牌活动，通过走出去、请进来，向民众传播中医药文化，倡导健康生活方式。十年来这项活动一直由党委职能部门承办，已组织近千场活动，近50万人受益。2016年建企60周年之际，又推动打造了目前国内第一个用多维自然主义景观阐释中国医药起源和发展脉络的中医药特色文化园炎黄易医园。2020年以来，与世界知名作曲家、指挥家谭盾合作连续两年开展“青岛谭盾音药周”，旨在通过音乐的力量让更多的民众感受到中医药文化的魅力。

创立党建文化品牌。2011年上药国风党委围绕“弘扬国药雄风 创造健康生活”的企业使命，创立了“国药先锋”党建品牌。随后，“健康服务心连心”“成长手拉手”等9个基层党组织的党建品牌全部围绕核心价值观去设计和发起，做到“一板块一品牌、一支部一特色”，用品牌承诺企业、服务员工，产生辐射带动效应，引领和带动全员攻坚克难、推进工作、推动发展。如质量管理部党支部通过“人人为师、人人成才”党建品牌建设，快速地提升团队的政治素质和专业素质，夯实了企业的质量生命线。

企业文化建设的成果最终体现在企业的经营发展上。近年来上药国风逐年创造经营的历史最好水平，“十三五”期间，上药国风工业复合增长率达 14.4%，员工收入年平均增长 10%以上，广大员工干事创业热情进一步激发，获得感、幸福感、安全感进一步提升。

在建党百年的光荣时刻，在上海医药“十四五”宏伟目标的奋进路上，上药国风将进一步发挥党建工作优势，创新释放国风文化张力，汇聚起全体干部员工的心动能，破浪开新局，为健康中国建设贡献国风力量。

（作者系上海医药集团青岛国风药业股份有限公司党委书记、总经理）

传承“戒欺”守正创新 建设新时代胡庆余堂企业文化

金　强

在中医药事业和产业高质量发展这一进程中，企业文化必将发挥更加巨大的作用。作为中华老字号的杭州胡庆余堂药业有限公司，始终把建设企业文化、提升品牌力量作为推动企业长久发展的核心竞争力，持之以恒，长抓不懈。

杭州胡庆余堂创始于 1874 年（清同治十三年），由清代著名“红顶商人”胡雪岩创建，是我国现存历史悠久的传统中药企业之一，享有“江南药王”美誉，被认定为首批中华老字号，胡庆余堂中药文化被列为首批国家级非物质文化遗产。多年来，公司传承以“戒欺”为核心的传统中医药文化，与时俱进，守正创新，将精益文化、绩效文化、创新文化、合规文化、安全文化、雁式团队文化等有机地结合起来，努力构建新时代胡庆余堂企业文化体系。

一、传承优秀中医药文化

（一）传承以“戒欺”为核心的诚信经营文化

胡庆余堂是胡雪岩为实现“达则兼济天下”的人生理想，秉着“是乃仁术”的理念开办的药局。正因如此，在胡庆余堂创建之初，胡雪岩亲笔写下“戒欺”牌匾，全文 87 个字：“凡百贸易均着不得欺字，药业关系性命，尤为万不可欺。余存心济世，誓不以劣品弋取厚利。惟愿诸君心余之心，采办务真，修制务精，不至欺余以欺世人，是则造福冥冥。谓诸君之善为余谋也可，谓诸君之善自为谋也亦可。”从此，“戒欺”成为胡庆余堂企业文化的核心。

胡庆余堂的戒欺牌匾挂在内堂，顾客并不能看到。戒欺牌匾是用于警示所有管理人员和员工的，必须诚信经营，不得弄虚作假，而且一直悬挂至今，从未摘下，因为这是企业的立业之本、文化之魂。每个新进员工都必须背诵全文。

胡庆余堂的“戒欺”理念得到习近平总书记的高度评价。2014 年 9 月，习近平总书记在中亚南亚四国访问之行时引用“戒欺”二字，阐述企业走得远的真谛：“胡雪岩在他的胡庆余堂，当年挂着两个字‘戒欺’。要多予少取，先予后取。不搞一锤子买卖，丁是丁，卯是卯，一件是一件。就是要有这样的步步为营、稳扎稳打的‘品牌项目’。要经得起历史的检验。”

近年来，企业把“戒欺”核心文化理念不断加以延伸和完善。在公共场所都设立了企业文化宣传栏，创新运用门户网站、微信公众号、小视频等多种传播载体，多形式、多途径、全方位地大力宣贯，形成企业倡导推动、领导干部率先垂范、广大员工切实践行的企业文化建设格局，激发员工的使命感、责任感、归属感。

（二）践行“采办务真 修制务精”的质量文化

胡庆余堂历史上有许多有关重视质量、诚信经营的真实故事：

胡庆余堂成立后不久，有位顾客来买一副药，他闻闻药味后，皱起了眉头，觉得不满意。此时刚好被胡雪岩看到，胡雪岩亲自向顾客道歉，并将药当众直接扔进香炉中焚毁，为顾客重新配药。这只大香炉至今一直放在店堂中央，得名“焚药炉”，凡是顾客不满意的药品，均可投炉焚烧，另换新药。

再有“金铲银锅”制局方紫雪丹的故事。胡庆余堂的一副药“局方紫雪丹”，制作过程中，一开始用铜锅铲，但总是达不到要求，原因是在制作过程中，一些原料药性太活，高温炒制时遇到铜铁就会发生化学反应而影响质量。有位老药工提出，要制造出好的紫雪丹，非用金铲银锅不可。于是胡雪岩耗黄金 133 克，白银 1835 克，打造“金铲银锅”，专为制作紫雪丹。该金铲银锅如今还保留在胡庆余堂中药博物馆内。这些真实的故事充分体现出胡庆余堂“采办务真、修制务精”的精神，对待药品质量一丝不苟，精益求精，这种精神传承至今。

质量文化贯穿胡庆余堂发展的始终，真正的落脚体现在产品上。公司生产的胃复春被评为“浙江制造精品”，胃复春、强力枇杷露被评为首批“浙产名药”，胡庆余堂的安宫牛黄丸被评为“杭州市名牌产品”，公司的独家药品神香苏合丸、无比山药丸以及保健食品铁皮枫斗晶等多个产品被评为“浙江省优秀工业产品”等。

（三）弘扬报效祖国、为社会分忧的责任文化

胡雪岩是著名的“红顶商人”，为什么会有“红顶商人”这个称号，需要讲述一段胡雪岩的历史。

1864 年（清同治三年），新疆库车、伊犁等地相继爆发反清事件。1866 年，沙俄出兵强占伊犁。1876 年，陕甘总督左宗棠督办新疆事务，挥师西进。因战火蔓延，瘟疫流行，西征士兵染病者众多，直接动摇了军心。在这种情况下，胡雪岩急国家之所急，在筹措大军各种后勤保障的同时，广邀江浙名医，研制药品“辟瘟丹”送到左宗棠前线部队和陕、甘等灾区，使疫情很快得到控制。左宗棠上疏称，“（胡雪岩）历年捐解陕甘各军营应验膏丹丸散及道地药材，凡西北备觅不出者，无不应时而至。”经过一年多时间奋战，左宗棠指挥西征大军收复了除伊犁以外的新疆领土。1881 年中俄两国签订条约，中国收回伊犁。根据左宗棠的建议，清政府于 1884 年在新疆设立行省。事后，左宗棠将胡雪岩的功绩上报朝廷，

认为其功“实与前敌将领无殊”，奏请奖励。于是胡雪岩获赏布政使衔，二品文官顶戴，且“破格优奖，赏穿黄马褂”，成就了“红顶商人”的美名。这段历史，说明了胡庆余堂在创办之初，就有着为国为民、报效国家、以药助人、以药爱国的社会责任文化，且代代传承，从未改变。近年，公司在搬迁后的新厂区专门恢复生产“庆余辟瘟丹”，捐赠给浙江省援疆援藏干部和专业人才，伴随他们远赴边疆，为促进民族团结，打赢脱贫攻坚战贡献力量，继续书写大漠孤烟与长河落日下的新篇章。

“是乃仁术”报家国。胡庆余堂创建后，江南一带曾瘟疫爆发，胡庆余堂“开仓济世”，将药品赠送给遇难民众。当库房清空时，胡雪岩下令赶紧继续免费赠药。及至瘟疫平息后，各地索药者仍络绎不绝，胡庆余堂施医赠药达十年之久。

1988 年江浙沪一带爆发甲肝疫情，各地治疗和预防甲肝的中成药供不应求。胡庆余堂为满足当时患者需求，全力以赴加班加点赶制 300 万包板蓝根冲剂，光原料一项，胡庆余堂就亏损 15 万元。有人算过，只要每包冲剂提价 5 分就能填平亏损，可胡庆余堂坚决没有这样做。

2003 年“非典”全国肆虐，胡庆余堂门前挤满了人，纷纷抢购“非典”预防药。由于配方中的金银花等药材供不应求，供货价格飞涨。当时胡庆余堂董事长、全国著名企业家冯根生得知后，当即拍板“哪怕原料涨价 100 倍，也绝不提价一分”。他说，要发扬光大光荣传统，愈是危难之时愈要体现社会责任。他下令集团下属的制药企业和药店，不惜一切代价，全力以赴生产、研制防治“非典”药品，所有有利于预防“非典”的药品一律让利出售，亏损由企业承担。2003 年 4 月 26 日，《人民政协报》头版刊登署名评论员文章——《向冯根生致敬》，指出：“在国家遇到困难、群众遇到危难的关头，是趁机捞一把，大发横财，还是依法经营。‘君子爱财、取之有道’，甚至自觉放弃获利的机会，自甘亏损，而主动承担社会责任，这是对企业、对商人们法律意识的检阅，是对他们良心的考验，是对他们道德观的考验。从这个意义上说，冯根生值得所有的商人仿效，也值得我们大家的尊敬。”

2020 年新冠疫情，来势凶猛，至今仍在反复。面对疫情，胡庆余堂责无旁贷，竭尽全力，捐款捐药。公司的安宫牛黄丸被国家卫健委列为新冠肺炎诊疗方案用药之一，同时安宫牛黄丸与强力枇杷露被列为浙江省储备药品种，我们更严格把控、有序复工、提高效率、保证生产的顺利恢复与高效运行，努力为抗疫一线战士提供充足的“弹药”。8 月 14 日，胡庆余堂药业作为“抗疫集体”受到中华中医药学会通报表彰。

二、构建新时代胡庆余堂企业文化

（一）导入先进科学 行之有效的精益文化

近年来，公司导入精益六西格玛管理与药品 GMP 管理相融合的精益管理体系。通过精益人才的培养、精益工具的推广、TPM（即全员生产维护）理念导入、精益六西格玛项目的实践和改善等措施，大力支持精益管理工作的可持续开展。公司每年都有多个精益项目得到实施，使生产效率和质量稳定保持较高水准，带动管理水平提升和精益理念全方位融入。通过精益管理的实施，在提高成品率、降低成本、缩短产品交付周期、检验结果准确率等方面都有大幅度改善。企业还在落实节能减排和安全生产方面实现了双达标。通过精益文化的培育，一批人才脱颖而出。1 名精益黑带被评为“杭州市劳动模范”。公司选拔精益管理优秀人员组建了内训师团队，为企业精益管理的持续推进提供了坚实的基础。

（二）推进全员落实 追求卓越的绩效文化

公司实行卓越绩效管理模式，通过制定导入卓越绩效管理模式行动计划、开展卓越绩效管理模式培训和宣传、开展管理成熟度诊断和评价、有针对性地制定各项管理领域的改进行动计划等，全员落实绩效文化。公司高层亲自参与、定期跟踪，确保各个环节各个步骤得到有效实施。公司获 2019 年余杭区政府质量奖、杭州市 2020 年人民政府质量奖提名奖。

公司在生产过程中建立质量安全“一票否决制”。2019 年，公司与农业农村部下属质量监督检验测试中心及杭州市食品药品检验研究院签订战略合作协议，全面提高胡庆余堂中医药全产业链的质量检验检测水平，进一步完善质量保障体系建设。公司将质量要求推进到供应商与经销商，与供应商、经销商签订质量要求协议，构建了完整的质量风险控制体系。

（三）坚持传统特色与现代科技相结合的创新文化

胡庆余堂坚持走传统中药特色与现代科技相结合的发展道路，积极开发具有自主知识产权的中药新药。积极开展合作创新，与国内中药研究领域中的顶尖团队合作，与浙江大学、中国中医科学院、天津中医药大学、南京中医药大学、浙江中医药大学等开展产学研合作。深入开展产品的二次开发研究工作，成效显著。公司多个品种的药物研究项目获得省级科技奖。公司研究院被认定为浙江省级企业研究院，公司技术中心是杭州市级企业技术中心。近年来，公司参与制定了大补阴丸（浓缩丸）等 19 项药品国家标准，获授权专利 43 项，发明专利 6 项，实用新型 7 项。

公司自上而下、全员参与到创新活动中。中药生产工艺从传统手工操作向现代化生产提升过程中，必须进行创新和变革。例如中药丸剂的生产，分为捏合、成形、干燥等诸多环节，工艺繁杂而多变，公司多部门各环节人员联合攻关创新，使胡庆余堂药业成为传统丸剂现代化生产的标杆企业之一。

（四）构建技术引领 通力协作的雁式团队文化

公司开展领雁、鸿雁、箐雁、雏雁梯队式人才专项培训。启动“启航”项目发掘培养干部人才，通过人才自荐、第三方测评、高管评审等多角度选拔后备人才，并进行针对性培养。公司通过选拔“庆余大师”、设立“技能大师工作室”、组织开展立功竞赛、技术比武、金点子比赛和争创“优秀班组”等活动，推进匠心精神和技艺传承，不断提升员工素质和综合技能。

公司有多名员工获聘为“杭州市工业系统职业技能带头人”。这个“带头人”是杭州市为了进一步发挥职业技能带头人的技术传承作用，提升工业系统企业职工的创新能力和技术水平，进行层层审定后聘任的。目前公司获聘的“带头人”人数，占到整个杭州市工业系统“带头人”总数的1/20。

公司丸剂车间员工、杭州市“工业工匠”朱益军18岁进入胡庆余堂，师从胡庆余堂中药文化非遗传承人丁光明师傅，潜心学习传统中药的制药技艺，进而成为中药炮制技能大师。他秉承“制药万不可欺”、精益求精的理念，并将这种理念和技艺再度传授给自己的徒弟。公司创建了“朱益军中药制剂技能大师工作室”，获得杭州市人力资源和社会保障局授牌。朱益军以工作室为载体，将胡庆余堂的优秀文化以实际行动传承下去。正如他自己所说，“之前我是操作工，现在是技术工。成立工作室之后，更多的时间用来做药品科研。以前老师傅炮制药品多靠经验，传到我们这一辈，更多的是如何把技艺用标准化流程记录下来，辅以大数据参数，以智慧生产的方式让传统中药焕发出科技的生命。”以朱益军等员工传承制药技艺工匠精神的故事为蓝本，由公司员工自己组织拍摄的微电影《药不可欺》，获得浙江省质量协会品牌故事大赛一等奖、中国质量协会第七届全国品牌故事大赛三等奖。

（作者系杭州胡庆余堂药业有限公司总经理）

和合：点亮中亿丰企业品牌

宫长义

中亿丰创基于人文荟萃的吴地苏州，传承江南水乡的鲁班精艺，将中国传统和合文化与企业生产实践相融合，提炼出“以人为本，以和为贵，合作制胜”的文化内核，对内以合共进，对外以和聚心，用和合的价值观和方法论推动企业守正创新发展。2021年，站在中国共产党成立100周年的历史时点，交汇两个百年奋斗目标的征程再起，中亿丰控股党委成立，进一步理顺中亿丰多元产业链背景下的顶层设计，开启“中亿丰系”和合一体、高质量发展的新阶段。

在中亿丰70年的发展中，中亿丰始终秉持“党建铸魂、和合筑梦”，从新中国第一代地方国营建筑企业的匠意初心，到改革开放市场浪潮下不变的赤诚底色，再到以中亿丰之名书写新时代民族团结、伟大复兴的家国情怀，一条文化自信下的企业高质量发展之路日渐清晰，而这也成为推动企业可持续发展的重要代码——“信”字当头，让信任成为发展的基础，让信息成为沟通的纽带，让信心成为前行的动力，让信仰成为事业永恒的驱动。

一、以人为本：和合须守正，让党建的红旗高高飘扬

在庆祝中国共产党成立100周年大会上，习近平总书记提出“坚持把马克思主义基本原理同中国具体实际相结合、同中华优秀传统文化相结合”的时代命题，使中亿丰对党建引领下的和合文化有了更新的认识。在企业快速发展的同时，中亿丰越来越感觉到文化在行稳致远和固本培元上的重要作用。我们把企业文化建设作为与科技创新并举的企业战略，明确“文化决定未来”的定位，以党建为圆心，以和合为半径，包容进取，守正致远，锻造企业可持续发展力。

和合之正，关键在正道正行。这不光是一种现实选择，更是一种信念抉择。中亿丰赓续改制国企红色基因，发扬红色传统，高度重视企业党建，把“听党话，跟党走”作为发展基石。集团党委高举习近平新时代中国特色社会主义思想伟大旗帜，着力发挥“把方向、管大局、保落实”的重要作用，把企业党建与业务拓展相融合，将党建工作写进企业战略，着力推动党建工作品牌化、规范化、常态化、落地化。我们在中亿丰控股层面打造了“红石榴”党建品牌，发扬“忠诚、团结、活力、向荣”的红石榴品格；在控股旗下中亿丰建设打造“红色砼心圆”党建品牌，构筑起责任、使命、效益、发展为一体的同心圆；在控股旗下中亿丰罗普斯金打造“红色铝行家”党建品牌，践履“铝行筑梦，和合未来”的企业责任。我们通过“红石榴”党建联盟的形式，让党建工作和文化建设有机统一，建立中亿丰系的党建文化工作格局，更好地确保企业在行业升级、企业转型的发展征途中，不断提高政治判断力、领悟力和执行力，正确认识和把握好“国之大者”，紧紧围绕大局、时时聚焦大局、处处服务大局，不断为社会创造价值。

和合之正，核心在正企正德。中亿丰深入理解和合理念，形成“信为本，诚为基，德为源，创为先”的企业核心价值观，把和合的要求归结到坚实的企业责任。无论产业链如何延展，中亿丰始终把质量挺在前面，把服务优在心里，以客户为中心，将企业、员工、股东、政府、环境、社会等利益相关方悉数纳入，追求和合最优解，从“共立共达”的和合原则出发，提出对品牌全生命周期、全产业链的服务追求。我们将大和谐观应用到企业层面，全过程营造和合氛围，对内画出集人才、技术、市场和管理的最大同心圆，对外自觉地承担起更加广泛的社会责任和文化责任，打造事业和命运共同体。

和合之正，根本在正人正心。为了更好发挥党委在集团的领导核心作用，确保重大决策中贯彻党的意志，我们配齐配强党组织班子。实行重要岗位党务、行政一肩挑，通过交叉任职、定期培训达到培养人、提升人、造就人的目的，力促“把骨干培养成党员，把党员培养成骨干”。集团党委确立领导班子定期集体学习制度，在建党、国庆等重大节庆时带头重温红色文化，举行沉浸式参观学习活动。通过表彰先进、选树典型，积聚正能量，引领高质量发展。同时，将和合文化注入人力资源管理，夯实员工关怀，吸引个体自觉为组织发展贡献智慧与力量，在工作中秉承工匠精神，以“匠人、匠心、匠品”亮品牌，倡导“匠要变红，红要成匠”，不断彰显组织合力。

二、以和为贵：和合须创新，让多元的平台同心聚力

回顾企业 70 年发展史，我们随时代巨变谱绘了波澜壮阔的创业篇章，一次次体制机制的转变，一次次格局思路的放大，一次次的归零再出发，创新已经刻进了中亿丰人的血脉。十八大以来，我们心怀敬畏、主动作为，企业果断走出舒适区，在空间上构筑了国内大市场，苏州、南京双总部引领，长三角、华中、华南、华北、东北、西南、西北区域市场共同发力；海外市场稳步推进，越南、加拿大、巴林……从借船出海到属地化发展，包容更加多元的商业和文化愿景。

现在，中亿丰正面临新一轮的改革和机制创新。从 2019 年中亿丰数字成立到 2020 年中亿丰控股集团战略收购上市公司罗普斯金，与政府、科研平台等成立融合基建研究所，再到 2021 年聚焦建筑产业工人，成立江苏（苏州）劳务服务产业园，致力于探索人力资源新的生态。这都是中亿丰进入高质量发展新时代的重要创新举措。

我们率先在业内提出“建造、制造、智造”三造融合的“十四五”发展蓝图。建造板块依托旗下中亿丰建设集团，继续深耕主业，持守匠心，铸牢根基。制造板块依托旗下中亿丰罗普斯金材料科技股份有限公司，开辟工业制造新赛道，通过产业链的强关联，实现强强互促效应。智造板块旨在新模式的探索，新技术的开发，新领域的涉猎，从 BIM、PPP、装配式、产业化到被动房、光伏新能源、数字孪生、智慧城市……加持智慧建造、智慧制造，用科技的力量为未来美好生活、为中亿丰的明天探索多种可能。

建筑劳务工人是建设条线的最美奋斗者，但长期以来囿于机制，他们的切身利益不能得到很好保障。中亿丰以人为本，严管善待，用科技赋能、和合初心实现企业与劳动者共同进步的发展合力。近年来，中亿丰集团与地方政府携手打造了苏州市第一家建筑服务全产业链综合性产业园——江苏建筑服务（苏州）产业园。作为苏州建筑行业的创新试验田，江苏建筑服务（苏州）产业园将聚焦“产业链”和“全方位服务”两个关键优势，采用“政府主导、企业主体、市场运营”的模式，通过聚合建筑服务企业，着力培育装配式、智能机械、人机融合等新时代建筑产业工人队伍，打造建筑工地+建筑服务产业园+建筑人力资源“大数据互联网平台”，努力把产业园打造成为企业发展的“助推器”、行业发展的“先行者”、经济建设的“新典范”和社会稳定的“压舱石”。产业园将充分发挥助推产业工人就业、维权、帮困、心理服务、弘扬劳模工匠精神的一体化作用，更好保障产业工人的合法权益，提升产业工人的幸福感和获得感，为建筑劳务工人队伍的转型升级提供支撑。

和合就是这样一种状态，是各种资源融合发力，各种关系理顺协调，各方利益平衡一致的状态。和合就是这样一个过程，通过直面冲突找出症结，通过融突和会解决矛盾，通过合作机制达到共赢。中亿丰正是紧扣和合的文化理念，在企业发展中拒绝守成，更不敢故步自封，而是始终保持开放的、创新的姿态，运用文化和合的发展管理艺术，推动企业向更高、更好的未来砥砺奋进。

三、合作制胜：和合须奋发，让实干的热情久久为功

中亿丰的 70 年发展史“始于梦想，基于创新，成于实干”，中亿丰的时代机遇是中国梦，中亿丰的企业梦想是“亿万斯年，时和岁丰”。为了更加美好的未来，为了更好满足人民群众对美好生活的期望，中亿丰的和合文化要求自加压力，实干兴业，久久为功。

习近平总书记指出，“奋斗是艰辛的，艰难困苦、玉汝于成，没有艰辛就不是真正的奋斗，我们要勇于在艰苦奋斗中净化灵魂、磨砺意志、坚定信念。”中华民族的伟大复兴，绝不是轻轻松松、敲锣打鼓就能实现的。中国共产党人将艰苦奋斗作为政治本色，艰苦奋斗才能成就伟大事业。国家的历史、企业的历史、个人的历史最终都将凝结成一部艰苦奋斗史。保持艰苦奋斗，不仅意味着继承勤俭节约的优秀传统，更意味着保持战胜一切艰难险阻、一往无前的思想坚毅。

为了深植红色文化，把和合文化沉淀下去，激发普通员工合作制胜的实干精神，中亿丰多年来坚持开展以“党建铸魂·先锋筑功”为主题的项目文化建设。项目文化建设贯彻“以项目为中心”的宗旨，强化党建深入一线、服务生产的基层党群工作理念，追求把党的建设与和合文化落地落实为项目部前端的生产力、战斗力和凝聚力。项目文化建设着眼精神文化、制度文化、行为文化、物质文化、品牌文化、和谐文化六个方面的系统思维，实现项目部全员、全覆盖，通过宣贯、树评一批项目文化建设典型，形成“创先进、选先进、学先进、争先进”的干事创业氛围，提振了项目生产的精气神。

除了凝心聚力，和合文化还成为产业拓展的共识来源。中亿丰建设集团与中亿丰罗普斯金的相遇相和、携手发展就创造了这样一个以共识促合作的生动实践案例。2020 年，在百年未遇的疫情冲击下，市场信心低迷，中亿丰看好长期市场，坚信国家发展大战略和党领导人民的伟大抗疫决心，逆市并购上市公司罗普斯金。这一并购案具备“地缘相近、产业互补、文化融合”的突出特征，以文化融合引领业务融合、人心融合，被业内誉为创造了和合文化发挥实效的一个典型。同时，双方的融合也为中亿丰控股系的架构提供了基石。今天的中亿丰建设是江苏省首家获得“双特三甲”资质企业，位列中国民营企业 500 强。先后荣获詹天佑奖、华夏科技奖、鲁班奖、国家优质工程奖等众多奖项，并获评全国文明单位、全国五一劳动奖、全国优秀施工企业等荣誉称号。中亿丰罗普斯金是集铝合金原材料提供商、高端门窗定制、科技检测、BIPV 等一体化的国家高新技术企业。率先荣获“国家级绿色工厂”殊荣，得到了“中国绿色建材认证”“苏州制造”“江苏精品”等多项荣誉。“中亿丰罗普斯金，您身边的铝行家”优秀品牌已在全国打响。

和合就是一种实践哲学，深刻体现着中国文化知行合一的传统。和合就是这样一种美好的状态，不是天上掉下来的，必须经过实践来融突化合而动态实现。和合就是这样务实干出来的，幸福都是奋斗出来的。或许这也是多年来和合之余中亿丰发展的文化自信之根，更是中亿丰在中国共产党的带领下，铸根固魂，重谋巧干，走出了一条民企发展的新道路。

回顾 70 年党建铸魂、和合筑梦，中亿丰企业的发展得益于天时地利人和。“江山代有才人出，各领风骚数百年”，企业的发展是多元因素的合力，时代就是最大的压舱石。人们说，没有成功的企业，只有时代的企业。我们回顾过往，最应该记住的是“感恩”两字，感恩党，感恩时代，感恩社会。党的领航使我们目标正心气旺，时代的机遇让我们展拳脚成事业，社会的信任使我们发展强后劲足。我们把这一切的思考融汇成中亿丰特有的企业和合文化，用和合的理念总结对过往的感恩，凝聚对当下的理解，开启对未来的信心。

（作者系中亿丰控股集团有限公司董事长）

坚持以人为本　实现“心”“幸”交融

倪治忠

江苏南极机械走过 54 年发展历程，从一个名不见经传的渔业五金厂成长为有一定规模、较好口碑的国家重点高新技术企业、全国环保百强企业、全国科技创新示范企业、全国企业文化建设示范单位、中国民营幸福企业标杆单位，正是践行共产党人初心使命，坚持以人为本，推动“文化与发展同频共振，幸福与员工同建共享”、追求幸福最大化的结果。

一是以德赢人。企业家应以良好的政治品德、社会公德、职业道德、家庭美德经商办企业、治厂带员工。我作为一名有着四十年党龄的老党员，一直听党话、跟党走，自觉践行共产党人为人民谋幸福的初心使命，把入党誓言铭记在心上，镌刻在南极机械创业发展史上。从 2010 年起，我们决定由“经营企业”转变为“经营人心”提升到“经营幸福”，以党建为政治引领，构建幸福企业，让“幸福”成为企业发展的“压舱石”。从我做起，带领“一班人”坚持以“和谐友爱，快乐工作，共同富裕，共同发展，受社会尊敬，健康长寿”为幸福企业的六大指标不动摇，坚持“德才兼备、以德为先”的正确用人导向，建立健全了“绩效考核”和“人才评价”体系，充分尊重和认可员工，及时表扬和表彰奖励优异员工。在员工晋升、薪酬调整、职业培训、福利享受等各方面做到公平、公开、公正，对所有员工的现在和将来负责，提升大家幸福指数。为了员工的成长，我著书《心境》突出了“心”与“幸”的交融；为了传承企业的优良传统美德，著书《峥嵘岁月》，让员工牢记昨天、珍惜今天、开创明天，这些已成了员工的精神食粮。十多年来，“幸福南极、快乐员工”已经成了泰州及泰兴“响当当”的品牌。企业员工队伍稳定率始终保持 95%以上，员工对企业的满意度达 98%以上。

二是以理服人。坚持以先进的思想、正确的道理教育引导人，持续深入学习贯彻习近平新时代中国特色社会主义思想，有针对性地开展“牢记使命、不忘初心”主题教育、党史学习教育，深化理想信念教育、艰苦奋斗优良传统教育，自觉培育大家的社会主义核心价值观。大力发扬民主，充分尊重员工的主人翁地位，推行落实以职代会为基本形式的民主管理制度，加强“职工之家”建设，健全工会制度，成立“争议调解委员会”“职工维权工作室”，员工争议调解及维权处理率均达 100%。实施“知音卡”管理制度，员工建议、诉求通过“知音卡”与企业领导直接沟通交流。董事会 5 位成员分别对口联系全体员工，形成领导与职工交朋友、职工与领导交朋友的氛围，所有员工 24 小时都可以直接打电话给我和公司其他领导，小小的知音卡在南极基层员工与公司高层之间架起了一座“连心桥”。每位董事会成员每年通过知音卡主动为员工办理的实事、好事都达到 20 件以上。

三是以文化人。以“南极大讲堂”为阵地，成立了“员工培训中心”，定期开展培训，注重快乐成长，让员工有“出彩”的人生，提高员工素质，实行专项奖励，每年奖励资金都达 40 万元。加强企业文化建设，相继成立了歌咏队、舞蹈队、篮球队、乒乓球队、羽毛球队、萨克斯俱乐部，开展了“魅力南极、巾帼之声”歌咏比赛、棋牌球类比赛、员工运动会、庆祝建国 70 周年、建党一百周年等大型活动。我创作的厂歌《我们的南极充满阳光》和《幸福企业之歌》赢得了广泛赞誉。加强具有南极特色的企业文化建设，培育孝道文化，通过“南极大讲堂”对员工进行“孝道”教育，取“古 24 孝”精髓，扬“新 24 孝”美德。发展创新文化，长期与上海海洋大学、上海同济大学、上海交通大学、上海 704 研究所、708 研究所、上海船舶设计院 701 所以及美国、新加坡等国家 10 多家科研院校建立了合作关系，成立了研究所，每年用于研发的经费不低于销售收入的 5%。培育诚信文化，以诚信为第一道德准则，经常组织全体人员诚信教育，制定诚信守则、道德规范，建立诚信道德监管体系，维护南极诚信信誉。注重品牌文化，弘扬“团结、勤奋、开拓、创新”的企业精神，“招东西南北人才精英，造军民极品船舶机械”，秉承“南极品牌、走向世界”的质量理念，以品牌建设构建幸福企业，以品牌建设提升竞争优势，致力打造百年南极。

四是以利惠人。2010 年 10 月，我在股民大会上说，企业的所有效益都是广大职工创造出来的，现在大家拿出一部分钱来为职工办实事做好事，拿出的资金绝大部分是我和倪建峰的，因为我们俩的股份占到了 78.82%。我的话让大家感到心悦诚服。会后公司制定了具体的计划，每年投入强度不低于公司销售收入的 1.2%，其中用于购买商品房的经费不低于专项资金的 50%。公司承担 50% 资金让员工在城区购买商品房，一次性解决了在南极工作年满 30 年员工住房问题。而在南极工作未满 30 年的员工如果购车购房难，也可预借本人年工资的90%。这样需要购车和买房的员工可享受到5万元至10万元的无息借款。现在南极有超过80%的年轻员工在城市购买了商品房，90%的员工实现了“轿车梦”。建立奖学助学机制，公司凭高校录取通知书对考取全国名牌大学、江苏省重点大学的在职在岗职工子女奖励10000元，对有困难的在校大专以上的南极学子凭个人申请、地方政府证明，每学年补助3000元，直至毕业，如果继续深造将给予持续补助。鼓励所有学子在校认真学习，每学期凭各种荣誉证书到南极领取数量不等的奖学金，若是毕业后就职南极，还可以得到10000元就业奖励。

五是以情感人。2011年开始创建幸福企业，每年为员工办10件实事、好事的基础上，2012年又增加了提高扶贫救急标准、为员工免费提供用车服务、组织旅游等10件实事、好事。2013年开始，又在已办20件实事、好事的基础上，增加董事长和总经理亲自到突发事件员工家庭慰问。一位年轻员工进公司还不到一年，父母同时动手术住进不同的医院，作为独子的他在往返医院的路上又遭遇车祸，双腿粉碎性骨折，住进了医院，一个原本幸福的家庭到了崩溃的边缘。我们启动了应急预案，发动全体员工捐款献爱心，在两小时内将捐款及时送到他们手上，挽救了一个家庭，在场的医务人员情不自禁唱起了《世上还是好人多》。有一年的正月初一，配电室主任张富强本打算回家吃一下晚饭再回公司值班，结果骑摩托车被一辆汽车撞了，我得知后当即放下家里的客人，自己开车来把他送到医院，比他的家里人还快半个多钟头。从那以后，只要单位一个电话，他都是随叫随到。研究所五室主任王春勇结婚时，经济比较困难，他硬着头皮向人借钱，我听说后，自己掏钱支助他。前年，苏州有一家企业高薪挖他，他说“我不会离开南极，南极是我的家，总把我们当亲人，我不能不讲良心啊”。

长期关爱社会弱势群体，定期走访社会残障儿童、留守儿童、空巢老人，每年向红十字会、未成年人关爱协会等机构捐款50万元以上。我与黄桥革命老区10个特困留守儿童建立了“帮扶对子”，每月500—1200元的生活费直到他们大学毕业步入社会，每逢重大假日上门慰问。四川、青海等地发生特大地震时，南极人在第一时间展开抗震救灾工作，向灾区人民捐献爱心。在出现百年不遇的特大洪涝灾情时，南极除组织积极捐款外，工程技术人员跟随我们研发生产的集装箱医院奔赴佳木斯抗洪第一线，受到国家经济动员办公室和中央军委的嘉奖。

（作者系江苏南极机械有限责任公司党委书记、董事长）

前沿思考

以文化高质量融合促企业高质量发展 凝聚共建世界一流金属矿产企业集团的磅礴力量
——中国五矿与中冶集团战略重组后的文化融合之路

王文海

2015 年 12 月 8 日，经国务院批准，中国五矿与中冶集团两个世界 500 强企业实施战略重组，成为党中央国务院《关于深化国有企业改革的指导意见》发布后的央企第一例。2016 年 6 月 2 日重组大会召开，中国首个规模体量超过力拓、必和必拓、淡水河谷三大矿的矿业航母正式诞生。经过几年时间的努力，中国五矿与中冶集团的文化融合取得了“1+1＞2”的突出成效，有力促进了企业的高质量发展，得到了国务院国资委等上级部委及相关机构的高度评价。

重组四年来，中国五矿率先在全球金属矿业领域打通了从资源获取、勘查、设计、施工、运营到流通、深加工的全产业链布局，成为我国金属矿业领域第一家国有资本投资公司，为国有资产保值增值做出了重要贡献。世界 500 强排名从重组之初的第 198 位大幅跃升至第 65 位，且长期位列金属矿业领域世界第一。

文化融合是企业战略重组成功的重要保障。重组四年来，我们高度重视企业文化融合工作，深入贯彻落实习近平总书记关于文化自信和国企改革的重要论述以及重要指示批示精神，始终坚持海纳百川、兼容并包的文化立场，科学谋划、系统推进企业文化融合各项工作，全面构建了“核心文化理念—子企业文化精神—专项文化理念”三位一体的企业文化理念体系，并牢牢把握中国五矿成立 70 周年重要历史契机，推动企业文化历史大宣贯大融合大提升，以文化高质量融合促进企业高质量发展，以企业高质量发展检验并夯实文化高质量融合成效，走出了一条不平凡的融合发展之路。

一、重组之初面临的文化融合挑战

重组并购是中国五矿实现跨越式发展的重要途径。仅在 21 世纪的第一个十年，中国五矿就成功实施了 5 次大型战略重组和 1 次海外并购。通过重组并购，中国五矿完成了从传统单一的外贸企业向矿业企业的实业化转型，在金属矿业开发运营领域初露峥嵘。尽管重组经验丰富，但与中冶集团的重组融合，仍是一次全新挑战。

从行业文化属性看，中国五矿与中冶集团的战略重组属于“互补式重组”，且各自拥有悠久深厚的历史文化：一个是诞生于 1950 年、冲破美国主导的对华封锁禁运政策、为新中国工业基础的建立和发展作出了历史性贡献的“金属矿业领头羊”；一个是诞生于 1948 年、投身“中国钢铁工业摇篮”的鞍钢建设、与共和国钢铁产业一路风雨同行的“冶金建设国家队”。前者属于商业文化、重和谐，后者属于产业文化、重执行，两种文化差异明显。从企业规模体量看，两家企业业务领域广、经营规模大、员工数量多，部分员工担忧重组后会导致管理层级更多、管理链条更长、管控难度更大、运营效率降低，企业改革发展前景不乐观，自身的归属感、幸福感、获得感不升反降。

二、科学谋划、系统推进企业文化融合的思路与措施

对中国五矿而言，重组后的文化融合成功与否，关系到企业能否触底反弹走上高质量发展之路，关系到能否提升全体干部职工的幸福指数，更关系到能否圆满完成党和国家交给的使命任务。我们清醒地认识到，不仅要高度重视和着力化解企业重组融合遇到的一般性问题，更要深刻认识和把握两家企业文化的独特性，寻找出两家企业文化精神内在逻辑的共通之处，聚焦两家企业文化融合的关键点和切入点，更好更快地实现企业文化的高质量融合。

（一）高层引领、舆论引导，第一时间树立正确的文化融合导向

企业文化融合首先要提高站位、提升认识，要将其放到企业长远发展的战略地位来对待。而高层管理者的示范引领作用至关重要、无可替代。重组大会召开后，中国五矿党组和领导班子率先亮明文化融合态度，多次在重要会议、重要场合强调重组融合的意义和要求，倡议全体员工要从内心深处淡化“身份隔膜”，要相互借鉴、相互尊重，取最大公约数，画最大同心圆，展现新中国五矿人的精神品质和文化胸怀。

文化融合离不开宣传工作的有效引导。我们第一时间策划推出重组主题宣传，对重组背景、意义以及发展机遇、愿景目标等问题进行权威阐释说明，集中展示两家企业干部职工的感言寄语，积极引导舆论主流向上向好，为后续一系列整合工作定下基调。

（二）目标导向、打破边界，激发业务协同人才交流的内在活力

文化融合的出发点和落脚点并非文化本身，归根结底是要为企业的改革发展服务，同时文化融合工作的开展也要依托于业务经营、组织变革和人才交流。通过着力推动目标、业务、人员三大维度的“融”，为实现最终目标的“合”创造条件、奠定基础。

一是推动“志融”，即统一目标。2016 年至 2020 年，我们根据企业发展实际需求，提出了“三步走、两翻番”目标、“四梁八柱”产业体系、“竞争力提升”行动等一系列目标和举措，一年一个奋斗目标，一年一次文化号召，环环相扣、递进展开，持续将全体员工思想统一到“齐心协力做贡献、一心一意谋发展”上来。

二是推动“事融”，即业务协同。重组后的中国五矿率先在全球金属矿产领域打通了全产业链通道，形成区别于其他矿业巨头的独特竞争优势。我们瞄准产业链各环节连接处发力，创造性提出打造“千亿内部市场”，大力推进业务协同。在实实在在的业务合作中，各子企业之间在文化融合方面也出现了越来越多的互动和交流，形成了团结协作、共同进取的良好氛围。

三是推动“人融”，即人才交流。以重组整合为契机，中国五矿从企业发展现实需要出发，启动了多轮次全局性系统性改革。由于中冶集团的加入，新中国五矿干部人才资源进一步丰富和扩充。在选人用人方面，坚持五湖四海、任人唯贤原则，有意识地打破“原五矿”“原中冶”的边界，实现了干部任职的双向交流。人才交流为企业改革发展注入了崭新活力，也为文化融合创造了更多空间与机遇。

（三）兼收并蓄、立心铸魂，构建统一完善的企业文化理念体系

企业文化理念体系是一个企业科学有序发展的基本精神依托，是企业文化融合的核心所在，但其寻找和确立并非朝夕之功，对于重组融合期的中国五矿而言更是如此。我们兼顾速度与质量平衡，经过三年的文化沉淀，以服务战略发展、服务生产经营、服务党的建设为出发点和落脚点，明确了“尊重历史、注重传承，立足时代、着眼未来”的企业文化理念构建方向。通过多轮次调研讨论、精心打磨和征求意见，构建了“核心文化理念—子企业文化精神—专项文化理念”三位一体的企业文化理念体系，形成了中国五矿企业文化建设与管理的共同纲领。

核心文化理念方面，我们将原中国五矿具有标志性意义的核心价值观“珍惜有限、创造无限”延展为新的中国五矿核心价值观，将中冶集团文化理念体系中具有标志意义的企业精神“一天也不耽误、一天也不懈怠”提升为新的中国五矿企业精神，并对二者内涵释义进行了进一步丰富和提升。对原中国五矿而言，原有核心价值观的践行有了企业精神的路径支撑；而对中冶集团而言，企业精神之上则进一步强化了目标性的方向指引。

子企业文化精神方面，加强子企业文化精神的系统梳理提炼并纳入核心文化，是中国五矿企业文化理念体系最为显著的特色之一。我们组织开展了全集团范围内子企业文化精神的梳理工作，认真遴选出历史价值独特、影响范围广和现实意义强的子企业文化精神。同时，我们还对中国五矿既有历史文化特征及子企业文化精神特点进行了深度剖析，寻找出“忠党报国”“务实担当”“追求卓越”三大文化逻辑内在契合点，形成集团公司文化与子企业文化同向互融的基本格局。

专项文化方面，我们从企业发展历史实际和未来需要出发，反复比选确立了能够彰显中国五矿产业特色、符合新时代要求的 10 项专项文化。为突出强调专项文化的实践性、操作性，旗帜鲜明地提出了哪些行为是我们要着力提倡的、哪些行为是我们必须反对的，更加突出底线原则。

（四）明确立场、增信释疑，开展全系统文化摸底制定宣贯方案

企业文化理念体系如何融入员工的日常工作、如何融入企业的经营发展，是宣贯工作要解决的核心问题。在开展全系统企业文化理念体系宣贯前，我们开宗明义地提出了集团文化宣贯的基本立场，理顺了集团文化与子企业文化之间的关系：集团文化和子企业文化是主文化与亚文化的并存关系，是统率与隶属的总分关系，而非取代与被取代的关系。只要与集团文化主旨不相悖离，子企业可以拥有自己的文化体系，作为集团企业文化体系的有机组成部分，共同参与构建一脉相承、一主多元、海纳百川、兼容并包的五矿文化。

为更有针对性地开展企业文化理念体系宣贯工作，我们组织开展了中国五矿成立 70 年以来最大规模的文化摸底和文化诊断，共有 2.6 万余人参与问卷调查。通过调查结果分析，我们制定了针对性强、实操度高的宣贯方案，为系统推动企业文化理念体系宣贯提供了工作指引。

（五）巧抓契机、顺势而为，提升干部职工自豪感归属感参与感

2020 年是中国五矿成立 70 周年，也是与中冶集团战略重组四周年。我们充分利用这一有利契机，在全集团范围内开展“同心筑梦——中国五矿企业文化推广年”主题文化系列活动，全方位多角度促进企业文化融合。

（1）立足当下，策划组织重组成就主题宣传，总结梳理“十大举措”和“五大经验”，突出展示中冶集团等代表性单位的发展成就和重组体会，增强全体员工的自豪感和荣誉感。

（2）回顾历史，组织开展企业文化理念体系宣贯，讲述中国五矿 70 年发展历史中的精彩故事，深化广大干部职工对中国五矿历史文化的认知，并对各所属企业历史文化进行巡礼式报道，促进形成更大更强的文化向心力。

（3）面向员工，组织开展纪念中国五矿成立70周年主题文艺作品征集活动。为充分保障中冶集团员工的表达空间，征文活动设置了三个分主题。广大干部职工积极响应，争相讲述动人故事，团结友爱精神得到进一步弘扬。

此外，我们还围绕党的十九大召开、改革开放40周年、新中国成立 70 周年等党和国家重要会议和纪念时点，开展全集团层面的职工运动会、合唱比赛、音乐作品创作大赛等主题文化活动，在抒发和表达个体对党和国家的忠诚热爱的同时，进一步提升员工团结精神和大局意识，在春风化雨中厚植企业文化融合的思想基础和情感基础。

三、关于企业文化融合工作的四点体会

（一）坚持以习近平新时代中国特色社会主义思想为引领，确保企业文化融合的正确方向

我们深入学习贯彻习近平总书记关于文化自信和文化建设的重要论述，明确中国五矿的企业文化必须是彰显习近平新时代中国特色社会主义思想的企业文化，是持续深入贯彻落实党中央各项重大决策部署的企业文化。我们从国有企业的使命定位出发，以更高站位、更广视野谋划和推动企业文化理念体系构建，将习近平总书记关于国有企业改革发展的重要指示精神写入企业文化理念体系，为企业文化融合与长期建设提供正确的方向指引。其中，“核心文化”理念中的“战略愿景”充分展示了中国五矿贯彻落实习近平总书记关于培育具有全球竞争力的世界一流企业重要指示精神的责任担当，专项文化部分则突出强调了习近平总书记关于上述工作的重要指示精神在中国五矿的落地落实。

（二）坚持服务企业发展战略、融入企业经营管理，确保企业文化融合取得实实在在效果

企业文化融合工作，必须把增强企业核心竞争力、促进企业发展作为出发点和落脚点，不能单纯为文化而文化。我们紧密结合企业各领域工作实践，积极开展专项文化建设，构建了完善的专项文化理念体系，通过廉洁文化、安全文化、环保文化、人才文化、创新文化、效益文化、质量文化、营销文化、风控文化、法治文化 10 项专项文化建设，将企业文化价值理念切实融入员工日常行为规范，促进价值理念与经营管理的深度融合。

（三）坚持兼容并包海纳百川的文化构建原则，确保企业文化理念体系高质量高效率重塑

在核心文化确立方面，我们坚决落实兼容并包、海纳百川的文化承诺，充分汲取原中国五矿及中冶集团的优秀文化因子，形成互融共生的全新文化体系。我们将原中国五矿核心价值观延展为新的中国五矿核心价值观，将中冶集团的企业精神升格为新的中国五矿企业精神，将中冶集团最具特色优势的“冶金建设”纳入集团三大战略定位表述。尤其是在子企业文化精神部分，中冶元素在新中国五矿企业文化理念体系中得到了肯定和确认。

（四）坚持发挥主观能动性与尊重客观规律相结合，确保企业文化融合蹄疾步稳有序深化

企业文化的演变需要新文化元素刺激，但也需要相对充足的时间作为必要保障。重组初期，我们并未盲目采取硬性措施急于改造两家企业的既有文化，而是将发挥主观能动性与尊重客观规律相结合，一方面创新开展形式多样的文化活动，吸引更多员工参与其中，共同建设企业文化；另一方面充分尊重企业文化演变规律，坚持审慎研判、稳妥推进，按照总体宽松、适度从紧的节奏，润物细无声地推动形成对彼此的认知认同，最终实现得人心、暖人心、促融合、塑文化的目标。

（作者系中国五矿集团有限公司企业文化部部长）

企业党建工作与企业文化深度融合探析

王兆善

对国有企业来说，企业文化和党建工作是相互影响的，如果把企业比作船，党建就是舵，文化就是帆，只有两者深度融合、形成合力，才能让船顺利抵达彼岸。企业文化是企业在解决生存和发展过程中逐步形成的，被全体员工认同并践行的基本信念、价值准则和行为规范。优秀的企业文化是企业可持续发展的精神动力，是构成企业核心竞争力的重要无形资源。培育优秀的企业文化，是提高管理境界、推进高质量发展的有效途径。企业党建工作主要包括政治建设、思想建设、组织建设、作风建设、制度建设、反腐倡廉建设等，具有鲜明的党性和实践性。特别是十八大以来，以习近平同志为核心的党中央，就党的建设的目标、总体布局和具体工作思路作出一系列新的部署，对党的建设高质量发展提出了新的要求。如何以深度融合助力企业党建工作与企业文化同频共振、互融互促，是企业高质量发展需要解决的新课题。

一、深刻把握企业文化和党建工作优势，增强两者深度融合的思想自觉

无论是党建工作还是企业文化，主体都是以人为中心，尊重人、理解人、帮助人，启发调动人改造客观世界的能动力量。党建强，则企业强。党建的主体是党员，是企业的先进分子，更多的是采取政治动员的方式，武装人、带动人、凝聚人，把党的思想、组织、作风、廉政建设落到实处，为企业高质量发展提供强有力的政治保障。企业文化生生不息，是推进企业可持续发展最持久的力量。其实，所有的企业都有企业文化，只是先进与落后之别、自觉与不自觉之别。企业文化的实践主体是全员，更多的是运用文化的方式改善和优化管理，形成人企合一的企业环境，进而使企业在增强竞争优势中实现基业长青。由此可见，党建工作与企业文化深度融合，使二者能够互为补充、联动发展、优势共显。

一是有利于企业文化建设的正确方向。党建工作与企业文化都是服务经营发展工作的，都要体现融入中心、服务大局的现实要求。党建工作重在把方向、管大局、促落实，以党建的先进性为企业提供党的创新理论、正确路线方针和改革发展政策导航，确保企业文化建设健康发展。在企业文化建设中，党建是一面旗帜，引导企业文化不偏离轨道，凝聚和彰显企业的精气神。党建工作与企业文化融合，重在发展方向和经营思想的融合，有利于树立正确的经营理念和管理行为，更好地发挥党组织的先锋堡垒作用，让党员的先进性引领带动员工综合素养提升，进而规范企业经营中的道德行为，塑造负责任、有担当的企业社会形象。

二是有利于党建工作创新发展。企业文化理念的稳定性、载体的丰富性和推进的有效性，有利于党建工作在丰富内涵和外延基础上创新发展。党组织借力文化方式，融入企业文化的各种元素，能够以职工喜闻乐见的方式传播党的路线方针政策，有利于明理鼓劲、弘扬正气、化解矛盾、凝聚人心，进而提高党建工作的吸引力和感染力。同时，把企业文化融入党建工作，把优秀员工发展成党员，把优秀党员发展成为企业文化的示范者和推进者，不仅能够整合力量，为企业治理提供组织优势、人才支持和动力保障，更有利于形成具有国企特色的党建文化。

三是有利于企业核心竞争力的增强。企业核心竞争力是企业综合实力的体现，其中的文化软实力功不可没。促进国企高质量发展，彰显企业的政治责任、经济责任、社会责任是企业增强竞争力的必然要求，也是企业文化和党建工作的共同目标。只有相互融合、目标同向、整合力量、合力共为，全部工作出发点和落脚点才能体现到增强企业竞争优势上，助力企业高质量发展上。特别是通过凝心聚力，突出党的组织优势、人才优势和保障优势，发挥企业文化润物无声、潜移默化的凝聚、约束、塑形、辐射功能，有助于增强企业发展合力，提升企业核心竞争力，为做优做强做大国企提供软实力保证。

综上所述，把企业党建工作与企业文化进行深度融合，能够使两者互为促进、联动发展，既促进企业党建文化的形成，又能确保企业文化深入推进，进而为企业高质量发展提供政治引领、文化支持和动力保证。实践表明，坚持党的全面领导、加强党的建设是国有企业的“根”和“魂”，把党的政治优势转化为企业综合发展优势，增强两者深度融合的思想自觉和行为自觉，培育健康的党建文化，既是形成整体文化合力的应有之义，更是探求超越西方企业治理模式的可行之道。

二、以培育健康党建文化为目标，探索两者深度融合的着力点

健康的党建文化形成不是自然而然的，而是党的核心价值理念内化于心、固化于制、外化于行的过程，是全体党员共同参与党内政治生活的心理反映和精神积淀的过程。如何着眼企业高质量发展，培育健康的党建文化，坚持把党建工作与企业文化建设一起谋划部署、共同落实推进、同步检查考评，突出理念、机制、行为的深度融合，既是党的自身建设在改进中加强的过程，也是深化企业文化的重要途径。

一是促进理念相融，着力培育党建精神文化。人无精神则不立，国无精神则不强。企业同样需要精神价值的力量。企业文化的核心是价值观，企业精神、企业理念是核心价值观的具体化。企业党建工作要善于融入企业文化理念的落地思路，突出党建核心价值观建设，善于从中国共产党人的精神谱系中汲取智慧和力量，培育有党性特色的精神理念谱系。要调动党员干部积极性和创造性，发动党员提炼党建理念，通过精心策划、文化活动渗透，做到内化于心、外化于行，让党的理念在基层一线落地落实，进而支撑党的旗帜在一线高高飘扬。要坚持用习近平新时代中国特色社会主义理论和社会主义先进文化、革命文化、优秀传统文化武装党员干部、教育广大员工，以提升价值观认同为基础的文化自信。文化自信是更基础、更广泛、更深厚的自信，其核心是以理想信念为核心的价值观的自信。理想信念是共产党人精神上的“钙”，共产党人如果没有理想信念，精神上就会“缺钙”就会得“软骨病”，必然导致政治上变质、经济上贪婪、道德上堕落、生活上腐化。从长远和根本来看，企业党建工作突出党员干部坚定理想信念，必须依靠文化自信，牢记初心使命，弘扬伟大建党精神，模范践行社会主义核心价值观，在传承和激活红色基因中“补钙壮骨”，培育和锤炼有党性特色的精神文化。

二是促进机制相融，着力培育党建制度文化。企业制度机制具有长期性、稳定性和基础性。企业文化理念只有变成制度，化虚为实，由软变硬，才能常态保持，成为真正意义上的文化。党建工作要善于借鉴企业文化理念固化于制的方式，着眼党建核心价值观渗透，在制度认同上下功夫。发挥文化的特点，注入党内制度以文化内涵，用文化的方式渗透制度规则建设，明确应该倡导什么、什么事能做、什么事不能做，既可以降低刚性制度管理的执行成本，又可潜移默化让规则深入人心。要以党章文化为核心，树立党章的权威意识，着眼“两学一做”常态化制度化建设，规范“三会一课”制度，引导党员干部自觉用党章党纪规范自己的一言一行，做到政治信仰不变、政治立场不移、政治方向不偏，营造健康、规范、高效的党内政治生活环境。党建制度既要用文化的方式传播，强化制度的认知度、认同度，进而提高制度的执行力；又要着力把党的优良传统作风和行之有效的做法通过规则条例的形式固化下来，使之成为全党共同遵守的制度机制。树立党建规则意识，抓住“关键少数”，针对权力制约和监督机制这个核心问题，建制度、立规矩，强化刚性执行，做到制度面前人人平等、制度面前没有特权、制度约束没有例外，使党内法规制度真正成为带电的“高压线”。

三是促进行为相融，着力培育党建行为文化。行为自觉和习惯是最好的文化，理应成为党建工作的终极追求，更是形成党建行为文化的应有之义。党建工作要借鉴企业文化理念渗透、仪式感染、示范激励、自律约束等行为文化养成，

善于策划组织有文化特点的主题党日和生动活泼的教育活动，形成有红色文化内涵的主题党建仪式文化，实现严肃性、规范性和生动性的统一。要突出知行合一，强化党员干部承诺宣誓，着力把党建核心价值观转化为行习准则，倡导党员干部特别是领导干部成为忠诚担当的表率，从自重自省自律入手，要求别人做到的自己首先做到，要求别人不做的带头不做，用以上率下的正能量引领干部职工为共同的目标前进。规范职业红线和政治底线，严明党的纪律，强化党的政治纪律、政治规矩，使纪律规矩成为全体党员的行为习惯。利用文化方式和载体，积极传播信念坚定、许党报国、为民造福的党员楷模，弘扬各类先进典型永葆本色、锲而不舍的人格力量，形成"树典型、学先进、扬正气"的浓厚氛围。

（作者系上海铁路枢纽工程建设指挥部党委副书记、纪委书记、工会主席）

立足"第一国门"倡行"中国服务"

邓先山

筑梦北京，一起向未来。举世瞩目的北京 2022 年冬奥会、冬残奥会已落下帷幕，首都机场圆满完成了北京"双奥"进出港保障任务，实现了对参会各类人员"好来快走"的庄严承诺。作为全球唯一两次保障奥运会的"双奥机场"，中国第一国门——首都机场在践行"中国服务"的长征中向世人再一次交出了一份漂亮的答卷！

2022 年 6 月 25 日是首都机场的第十三个"中国服务日"。首都机场继往开来，踔厉前行，吹响新号角，踏上新征程，全力打造"第一国门"服务品牌！

一、打造卓越品质，彰显服务文化

人民群众对美好出行的向往，就是对服务品质有更高的追求，这正是新时代机场服务发展步履不停的动力。什么是美好服务品质，首都机场从服务文化塑造服务品牌的角度出发，给出了"出行愉悦体验之好，产品优异品质之好，跨界协同口碑之好"的答案。

出行愉悦体验之好。指的是机场从旅客感受出发，提供满足乃至超越旅客期望的服务项目，构建起"人享其行"的愉悦体验。首都机场深知，服务提供应该以旅客体验为中心，从赏心悦目、动听悦耳、沁人心脾、回味无穷、宾至如归等微观的、感性的知觉点展开研究，并从应用流程、硬件设施、环境氛围和人员服务等宏观的、理性的系统化视角进行策划与设计，才能不断提高服务供给品质。如以冬残奥会保障为契机，首都机场精细梳理无障碍出行流程，精益求精完成无障碍车位、卫生间、自助商业设施、服务柜台、福祉车登车临坡等无障碍服务设施升级改造，均达到行业领先水平；共在 T3 专区以及机场周边道路设置吊旗装饰，摆放冬奥会吉祥物景观，设立冬奥元素景观墙和围挡，并开设冬奥形象店，为旅客提供特色冬奥商品，营造"有朋自远方来不亦乐乎"的热烈祥和氛围。在传承 2008 年奥运会保障经验的基础上，严要求高标准精进人员服务，倡导"聚爱机场、暖途有我"主动帮扶文化，以"国门第一个微笑"与各国运动员相聚 T3，温暖彰显"迎送有微笑，往来无障碍"的服务风采。潜心笃行、精耕细作，首都机场的优秀服务表现赢得了各国运动员、官员的点赞与表扬，更是得到了广大旅客的支持与信赖，2021 年获得的国际机场协会"最佳卫生防疫奖"及"客户之声"认证，就是对首都机场在疫情全球化背景下坚持倾听旅客声音，持续提升改进的权威认可。同时，作为亚洲地区首批加入 ACI 旅客服务质量调查的机场，截至 2021 年，首都机场已经第 12 次荣获亚太区 4000 万级以上最佳机场奖项。

产品优异品质之好。指的是优化服务提供方式，形成"人无我有、人有我优、人优我强"的服务产品，满足差异化旅客服务需求。近年来，首都机场依托"一藤七花"人文机场建设模型，打造系列场景化线上线下服务产品。让老年人"享出行"，提供轮椅陪伴、冬衣寄存、免费电瓶车、行李搬运等出行一体化"孝心服务"；让行李"会走路"，推出"行李送到家"服务项目，实现了"从国门到家门"的行李送达；让服务信息"全触达"，升级首都机场 App、微信小程序，实现疫情问讯高频问题一键查看、退改签通道一键获悉、便利服务一键预约、餐饮美食一键点餐等优选功能。2021 年，首都机场人文指数得分为 80.5 分，连续三年稳步提升，并荣获北京市消费者协会颁发的"年度服务承诺单位奖"和 CAPSE 颁发的"机场交通服务提升卓越奖"。

跨界协同口碑之好。指的是首都机场主动与驻场单位、行业伙伴协同，融合发展，实现共赢。首都机场 2004 年开创了"跨组织边界"合作模式，成立"旅客服务促进委员会"，打破业务链条壁垒，与各成员单位一起共融互通，共商服务发展，共通服务资源，共享服务荣耀；首都机场重视与行业合作伙伴的密切合作，积极发挥示范作用，多次参与行业政策与规定的编制与修订。2021 年牵头编写行业首部《民航服务质量团体标准》《民用机场卫生间规划建设和设备设施配置指南》行业标准，为旅客服务质量提升提供标准层面的有力指引；积极参与国家试点和创新项目的实践，共同组建民航机场群综合交通产业技术创新战略联盟，推进民航产学研协同创新，为行业发展贡献首都机场的智慧与力量。

二、礼赞中华风采，担当家国情怀

2022 北京冬奥会不仅是一场体育盛会，更是一场文化盛宴。因为依托中国文化，讲述中国故事，向世界展现了富强、开放、充满希望的国家形象。对于首都机场而言，"第一国门"服务品牌不仅能够体现其航空枢纽战略地位，连接中国与世界；更是因为其地域特点、政治属性、人文优势，要实现贯通历史与未来。启大国之门，纳天下宾朋，展华夏风华，凝聚弘扬爱国情怀，是首都机场的责任担当，更是每位首都机场人的心之向往，终至所归。

"我有嘉宾，鼓瑟吹笙"，礼迎礼送彰显中国形象。被誉为“20世纪的敦煌”，首都机场航站楼内《哪吒闹海》《泼水节——生命的赞歌》等壁画是新中国成立以来首次由国家主导的大型公共空间的壁画工程，开启了中国公共艺术的新篇章。多年来，首都机场从多维度、多层次创新文化空港工作实践模式，将中国元素与首都机场环境紧密融合，围绕“国礼、国艺、国风”，塑造首都机场文化主轴——“礼迎”“礼送”风景线。用心打造“御园谐趣”“吴门烟雨”“九龙献瑞”等在内的“国门十景”，建设具有北京历史文化神韵的“国门画廊”大运河主题展，以北京胡同为原型塑造“百花深处”打卡景观，形成“国彩文化”“京韵物华”的展示窗口；开创“礼在国门，礼赞国门”系列服务文化展演与互动体验形式，以端午节、中秋节、七夕节和重阳节等重要节点，开展传统佳节系列文化现场体验活动，一步一景，动静相宜，向四方宾客展现历史悠久、底蕴丰厚、崇德尚礼的“中国”形象。

“巍巍华夏，屹立世界”，大国之门体现中国水平。作为新中国成立以来兴建的第一座大型民用运输机场，首都机场不仅是世界了解中国的第一道门户，更是向世界展示中国风采，彰显中国水平的大国之门，在国家重大运输保障任务中发挥重要作用。以北京冬、残奥会为例，受世界疫情影响，本届冬、残奥会抵离保障难度远超过历次大型赛事保障，入境查验、转运接驳、消杀管控，每个环节都必须确保“万无一失”。在诸多看似不可能完成的任务面前，首都机场顶住压力，克服困难，圆满完成了国际奥委会官员来访考察、北京冬奥火种航空运输、“相约北京”测试赛等一系列任务，最终以“零事件、零失误、零投诉、零感染”的目标高标准完成“双奥”重大保障任务。

“践行初心，担当使命”，奋发有为弘扬中国情怀。首都机场作为中国民航机场事业的开拓者、引领者，担负着推动民航事业、驱动经济发展、传播社会文明、展示大国形象的光荣使命。做具有世界领先水平、富有民族文化底蕴的“中国服务”践行者，是首都机场的责任与担当；维护国家荣誉、展示国家形象是首都机场的初心与使命。“第一国门”张开怀抱，架设起连接天空与大地的跑道，担负起国家交付的光荣任务，肩负起人民对美好出行的无比期待，承载着国人至真至深的家国情怀。

生逢其时勇奋斗，征程从未有穷期。昂扬站在“两个一百年”奋斗目标的交汇点上，首都机场将立足“第一国门”，深耕“中国服务”，诠释“中国品质”，凝聚弘扬“中国情怀”，守正创新、全力以赴，谱写“第一国门”服务新篇章。

（作者系北京首都国际机场股份公司党委副书记）

我国国有金融企业文化建设的若干思考

帅　师

习近平总书记强调“文化自信是更基础、更广泛、更深厚的自信，是更基本、更深沉、更持久的力量，是进行伟大斗争、建设伟大工程、推进伟大事业、实现伟大梦想的精神支柱”。我国金融业能否有效服务于新时代社会主义建设，在解决新时代社会主要矛盾中发挥重要作用，推动我国加快成为世界金融强国，很大程度上依赖于健康的、适应于新时代要求的金融文化建设。

一、国有金融企业的文化实质和内涵

（一）国有金融企业的定位

国有企业是推进国家现代化、保障人民共同利益的重要力量，是党和国家事业发展的重要物质基础和政治基础。金融作为现代经济的核心，是国家经济社会发展的压舱石，在新发展格局下，新时代的国有金融企业在开展现代化企业治理的基础上，更要履行“三大责任”。

一是政治责任。国有金融企业首先是贯彻落实党中央精神、国家重大战略、各项经济政策的“排头兵”。作为“国之重器”，首先要坚定不移讲政治，坚持党中央对金融工作的集中统一领导，确保金融改革发展沿着正确方向前进。

二是经济责任。国有金融企业必须把服务实体经济作为任何工作的出发点和落脚点，把更多金融资源配置到经济社会发展的重点领域和薄弱环节，更好地满足人民群众和实体经济多样化的金融需求。

三是社会责任。社会责任对国有金融企业的高质量发展具有重要战略价值。履行社会责任能最大限度地帮助国有金融企业在政策支撑、市场开拓、人力资源、国际合作等方面获得比较优势，创造经济、社会和环境的共同价值，促进可持续发展。

（二）国有金融企业的文化实质

国有金融企业的定位决定了其独有的发展特点和经营方式，其意识形态、与之相适应的组织机构与制度、外部品牌形象融合凝练成为国有金融企业的企业文化，既体现了硬性的思想道德约束，也体现了软性的价值观念倡导。

国有金融机构的企业文化是意识形态领域的“指挥棒”。坚持党的领导、加强党的建设，是我国国有企业的光荣传统，是国有企业的“根”与“魂”。企业文化首先是党管意识形态，加强意识形态阵地建设的思想抓手，促进全体员工在思想上行动上同党中央保持高度一致，全面提升组织政治力。

国有金融企业的企业文化是现代企业治理的“牵引绳”。从 27 家中央金融企业来看，既是党在金融领域的主力军，更是全球一流的上市公司。企业文化在履行政治责任的同时，是企业治理的客观需要，将不同条线板块、不同学历背景、不同工作区域的人凝聚于统一的价值体系，遵循统一的道德准则，紧盯企业发展方向，全面提升企业执行力。

国有金融企业的企业文化是企业与社会协同发展的“推进器”。新形势下，国有企业不仅要对党中央承担政治责任、对股东承担经济责任，更要对员工、消费者、社会、环境负责。企业文化作为品牌形象的核心，依托国有金融企业的规

模优势与品牌优势，全面提升国有金融主力军的品牌影响，向社会积极传递正能量。

（三）国有金融企业的文化内涵

综上，国有金融企业文化是政治文化、金融文化、责任文化的融合，三者各司其职、相互协同，引领高质量发展。其内涵包括三方面：

国有金融企业文化是坚持党的统一领导、传播社会主义核心价值观的政治文化。坚持以习近平新时代中国特色社会主义思想为指导，强化“四个意识”、坚定“四个自信”、坚决做到“两个维护”。把培育和践行社会主义核心价值观作为凝魂聚气、强基固本的基础工程。发挥文化的引领作用，把社会主义核心价值观融入国有金融企业发展各方面各环节。近年来，国有金融企业以党的政治建设为统领，持续开展“不忘初心、牢记使命”主题活动，积极推动党的政治建设与企业经营管理融合发展。建党百年之际，国有金融企业巩固主题教育成果，学党史悟思想办实事开新局，以昂扬的姿态奋力开启全面建设社会主义现代化强国新征程。

国有金融企业文化是助力经济社会高质量发展的金融文化。以精准助力实体经济发展、有效防范系统性风险为核心，倡导合规审慎、诚信自律、以人为本、以客为尊的经营理念，如工商银行“工于至诚，行以致远”、农业银行“诚信立业，稳健行远”、中国银行“诚信、绩效、责任、创新、和谐”、建设银行“诚实 公正 稳健 创造”、交通银行“一个交行、一个客户”、海通证券“务实、开拓、稳健、卓越”、申万宏源证券“唯实求新、厚德笃行”。在此基础上，国有金融企业在各条线上还形成了极具行业特色的子文化，起到促进核心文化落地转化的功能，主要有服务文化、廉洁文化、风险文化、合规文化、家园文化、创新文化等。

国有金融企业文化是助力社会和谐发展的责任文化。以创造客户、股东、员工、社会、环境、国家共同价值为基本遵循，积极助力乡村振兴、扶老抚幼、员工发展、环境保护、社区治理等方面，打造企业与社会的协同发展生态。近年来，国有金融企业发挥标杆作用，助力打赢脱贫攻坚战，为全面建成小康社会贡献金融力量。在抗疫期间，国有金融企业降费减息、积极帮助抗疫企业经营周转，生产抗疫物资，建设医疗设施，为经济企稳复苏、构建抗疫屏障提供了坚强的金融支持和保障。

二、国有金融企业文化的建设原则

（一）掌握文化落地转化的客观规律

企业文化的落地性转化共分三个阶段：第一阶段是认知阶段；第二阶段是情感阶段；第三阶段是行为阶段。从认知到认同、从理念灌输到行为自觉。

在认知阶段，企业价值观的提炼与形成是转化与实践的首要任务。只有明确清晰的企业价值观才能提升管理效率，真正发挥文化软实力的引领作用。同时，企业的价值观必须符合企业成长过程中的共性基因，并能一以贯之地服务于企业长期经营发展需要，在记忆层面形成具有较高辨识度的统一理念。

在情感阶段，推进企业价值观的宣贯是促进员工个体产生情感认同的重中之重。一方面是员工在工作环境、同事相处、生产实践中形成对企业价值的肯定，另一方面是员工通过外部媒体、社会舆论及新闻报道获得对企业价值的信任。然而社会和企业的发展都是动态变化的，不同的时代背景和社会环境都会赋予不同的价值理念和战略内涵，这就要求建立完善的企业文化理念体系既要传承永续，又要与时俱进，既要内部宣贯，又要外化品牌，使员工在思想和行动、内部和外部形成正向的情感认同，构建起金融企业价值观认同与文化实践的同心圆。

在行动阶段，企业价值观在员工的行为实践中充分体现，在企业的外在形象中深化影响，企业价值观从内化的精神层面落实到了外化的行为特征、产品设计、广告宣传等一系列物质表现。高辨识度的企业价值观在提升市场份额、获得社会认同、创造共同价值的同时成为最好的宣传媒介继续影响员工。

（二）遵循国有金融企业的文化原则

一是坚持党的领导。坚持“党”的领导、加强“党”的建设，是我国国有企业的光荣传统，是国有企业的“根”和“魂”。坚持党的领导，核心是要确保党和国家方针政策、重大部署在国有金融企业得到贯彻执行。为此，国有金融企业的文化建设首先要讲政治，将弘扬社会主义核心价值观作为企业文化建设的重中之重，坚定“四个自信”，促进全体员工在思想上精神上紧密团结在一起，全面落实国有金融企业的政治责任与经济责任。

二是坚持人民至上。聚焦为人民服务的初心使命是中国特色社会主义核心价值观的集中体现，符合中国群体本位价值观的实践选择，是五千年中华文明群体优先生存法则的延续。金融是现代经济的核心，国有金融企业作为国有经济的基础，必须忠于党和人民的事业，在贯彻落实以习近平同志为核心的党中央决策部署上作表率，精准助力供给侧结构性改革，在服务实体经济、金融数字化转型、防范系统性风险等方面作出新的贡献，以金融行动回应人民对美好生活的期盼。

三是坚持金融向善。国有金融企业的经营发展主要从公共性和社会性两个方面予以体现，和社会经济活动的各个方面乃至每个人都有着直接或间接的联系。为此，国有金融企业在满足自身经营发展的同时，更要积极承担社会责任。下一步，国有金融企业要在巩固脱贫攻坚成果的基础上，精准衔接乡村振兴，疫情期间贯彻“六稳六保”、统筹疫情防控与经济工作，加大绿色金融发展，积极推动全社会 3060 碳达峰、碳中和进程的实现，助力我国绿色生态文明建设，加快金融数字化转型、在赋能普惠金融、养老金融、便捷金融的创新应用上下功夫。

四是坚持服务实体。国有金融企业是中国金融业的主体，推动国有金融企业战略转型必须牢牢把握这一主线。为实体服务即满足社会发展和人民群众需要，要正确把握金融本质，深化金融供给侧结构性改革，平衡好稳增长和防风险的关系，精准有效地处置重点领域风险，深化金融改革开放，增强金融服务实体经济能力，坚决打好防范化解包括金融风险在内的重大风险攻坚战，坚决杜绝及纠正金融业“脱实向虚”“自娱自乐”的经营导向，推动我国金融业健康发展。

五是坚持与时俱进。随着数字支付、人工智能、区块链技术的运用不断深入，经济社会活动、居民日常生活发生了翻天覆地的变化。国有金融企业要成为拥抱技术变革的“排头兵”，一方面要求紧跟时代，加大对国家支持的新行业新业态新模式的研究与支持，另一方面要加快自身金融服务体系的迭代升级，适应新时代经济社会运行的全新模式与客观规律，抢抓战略机遇，在变局中谱新局。

六是坚持问题导向。国有金融企业在盯紧发展战略的同时，要善于抓住短中期的发展目标，在实际工作中进行纠偏、完善、提升，建立可持续的自省机制。善于剖析企业运营和内部管理中存在的焦点难点痛点堵点，不断调理各项机制，努力解决制约发展的各类问题。

三、国有金融企业文化的推进工作

（一）建立由上至下、全面贯穿的组织架构

企业文化虽不是国有金融企业的显性经营指标，却是体现企业核心竞争力的精神基础，需要在集团内部建立由上至下、全面贯彻的组织架构，保障企业文化根植于集团经营发展的方方面面，推动中央精神、国家战略、集团战略、社会责任得以贯彻落实，统一全员思想，激发磅礴合力。

一是在企业集团决策层建立企业文化推进委员会，协调推进全集团企业文化建设工作，包括审定文化理念、完善文化体系、明确职责分工、评估工作成效。发挥文化引领作用，推进决策层、高管层、管理部门、经营单位、基层单位始终围绕核心理念扎实推进各项建设工作。

二是在企业经营管理层面落实党建与经营融合、文化与发展结合，通过体制机制建设、专项活动设计，加强党建工作、文化工作与业务管理制度、绩效考核制度、人事聘用制度紧密结合，强化硬约束，创新开展具有时代性、标识性、仪式性的专项建功活动、文化活动、员工活动，促进员工接受企业文化理念，提升价值观认同。

三是在企业基层单位层面选树优秀典型、打造文化基地。基层是文化落地的最后一公里，承担着直接面对市场、直接面对社会的重要作用。通过制定向基层倾斜的激励政策、施行更多员工关爱举措、选树先进集体与个人，加强基层品牌、员工品牌对集团内部与集团外部的影响，充分发挥企业文化内聚人心、外塑品牌的凝聚作用。

（二）建立立体全面的企业文化工作体系

国有金融企业具备规模大、员工多、业务广的经营特点，对企业文化建设工作提出了较高要求。立足新时代，为使国有金融企业在推动国家经济发展方面发挥重要作用，我们要重视企业文化这一发展软实力建设，统一思想为推进实现中华民族伟大复兴而奋斗，为此要建立与高质量发展相匹配的企业文化体系。

一是理念体系。理念体系是企业文化的核心，理念内容主要由企业使命、企业愿景、企业精神、核心价值观等内容组成。目前，国有金融企业均形成了富有企业特色的理念内容并运用于内部治理、品牌宣传、员工培训等多个方面，如农发行“支农为国、立行为民”、工商银行“工于至诚，行以致远”、交通银行“创造共同价值”。其中，交行创新性地对企业文化理念内容作了系统梳理与分层分类，长期性纲领性的文化内容归入核心文化，发挥发展层面的指导作用；中期性经营性的文化内容归入战略文化，发挥经营层面的指导作用；短期性、员工性的文化内容归入文化外延，着重服务员工的多元文化需要。近年更是研究探索“企业文创+”的工作模式，加强企业文化与时代文化的深度融合。

二是品牌体系。品牌体系是企业文化的外形。企业对市场的吸引力离不开品牌的对外宣传。品牌体系即系统化管理多种载体的企业形象，可细分出服务品牌、员工品牌、业务品牌、人文品牌、社会品牌，涵盖了经营服务、员工发展、主营业务、社会责任等多方面，塑造国有金融企业的社会责任担当。在管理模式上，要灵活把握“统一”与“多元”的关系，既要确保企业集团品牌与各类子品牌的贯穿与呼应，又要突出不同维度品牌所自带的独特属性，为市场带来较为丰富的品牌体验。

三是传播体系。目前，国有金融企业均已建立新媒体传播矩阵，以数字媒体和传统媒体相辅相成的方式推进文化输出。对内，以办公场所物理环境、企业报刊、企业内部网络、各类大屏作为线下传播的主阵地，建立企业微信号及各类员工 APP 加强线上的文化传播。对外，既有传统的户外广告投放、党媒央媒的宣传报道，也有依托各类客户活动的定向宣传，更有基于微信、微博、抖音的官号运营以及与爱奇艺、哔哩哔哩、优酷等平台的互动合作。

四是行动体系。建立从企业集团顶层至基层单位的企业文化体系是实现落地性转化的重中之重。其一要提升工作层级，力求各单位“一把手”讲理念讲战略，建立企业巡讲团深入基层宣达企业文化与企业战略，提升企业员工对理念内容的认知度。其二要提升企业集团合力，牢牢抓住党建部门、工会部门、人资部门，依托党建理论学习、主题党日、员工关爱、劳动竞赛、新员工招聘等平台，加强企业文化的传播。其三要建强企业子文化，不同条线要围绕核心理念建立鲜明的文化导向，指引员工履职尽责、担当敢为，营造良好的工作氛围。其四要发挥青年创新力，以文创产品作为走进年轻员工的重要抓手，加强与广大员工的互动、听取员工对企业文化的积极反馈和宝贵意见，从而提升全体员工的满足感、幸福感、获得感、认同感。

五是评价体系。企业文化工作的好坏需要自评估，更需要外部评估。自评估方面，要建立健全与高质量发展要求相适应的企业文化管理制度，明确企业文化管理职责与管理内容，加强集团内部的工作监督，可以采用软性绩效、定期考察、员工建言平台等方法，如交通银行“饺子”平台，平台

构建起了“总行高层——基层员工”的直通桥梁，鼓励员工聚焦经营发展中的具体问题，提出解决方案，相关部门限时回复、落实整改，在全行范围内形成了“包容有道、发展为先、履职尽责、担当敢为”的良好氛围。外部评估方面，可积极参与相关行业组织的评比活动，客观评判国有金融企业文化工作质效，并学习相关单位的先进成果与成熟经验。

（三）建立立体化的推进方式

一是坚持系统化推进。企业文化理念从提出到落地转化需要企业内部由上至下保持统一，并各司其职做好企业文化工作、遵循企业文化导向，全面系统化地将文化植入员工思想、指导员工工作。根据企业集团治理需要，可建设企业文化的组织系统、理念系统、品牌系统、传播系统，建议由集团企业文化委员会、企业文化部、子文化牵头部门及各级单位的执行部门组成企业文化推进系统。

二是坚持融合式推进。国有金融企业具备政治属性、金融属性、时代属性。企业文化的宣贯与落地要统筹兼顾政治站位、企业文化、时代元素，文化工作才具有生命力。要立足企业与国家、企业与社会、企业与时代的大格局，创新企业文化工作模式，传播好社会主义核心价值观、国有金融企业发展观、与时俱进的时代精神。

三是坚持创新式推进。文化工作涉及两个变量，一是文化理念的内容，它随着外部环境的变化而不断变化，二是文化建设的对象，不同的区域、社会背景、教育程度都直接塑造了多元化的认知习惯。企业文化要因时制宜、因地制宜、因人制宜，打破一成不变的单向说教，不断创新文化载体，用接受对象喜闻乐见的方式讲好核心价值、企业故事、时代气象。

四是坚持差异化推进。企业文化要内聚文化、外塑品牌，一方面是企业员工的行为遵行，另一方面是企业形象的对外传播。文化要有企业的“神”才能被广大员工所认同，这意味着企业文化首先要符合行业特色，其次是自身特征，最后是员工精神，在行业代表性中展现个性化、特色化属性，使企业品牌具有较高辨识度。

五是坚持多元化推进。企业文化工作要灵活运用管理制度、专项行动、先进典型、媒体传播等工具，深入嵌入经营管理的各个环节、各个场景。抓牢“视觉”“认知”“交互”三个维度，使企业文化工作符合浅层认知到深层认同的发展规律，促进落地性转化链条环环相扣。

六是坚持数字化推进。有效运用新媒体传播矩阵，依托数字化传播的速度、广度、精度。随着新媒体的普及与发展，社会民众不再是单向的信息接收者，而是同时成为信息的创作者和传播者。利用网络，人们可以成为新闻事件的“第一发言人”。新媒体的产生与发展直接改变了信息结构，大大提升了企业文化建设的互动性，打造了自上而下、自下而上的文化交互模式。

（四）建立多元化的子文化

文化一致是企业灵魂的统一。在继承传承集团核心文化的基础上，由各版块各条线延伸出的子文化是推动企业价值最终落地的“最后一公里”。国有金融企业主要需打造以下子文化：

一是合规文化。大力弘扬合规创造价值的文化，发挥凝聚、导向、激励、提升和塑造功能，倡导“合规优先、主动合规、全员合规”。将合规文化转化为内部管理制度，形成制度管理与文化引领相结合的经营管理模式。深入开展合规文化宣传教育和培训，培育员工按规则、按制度、按程序、按权限开展经营管理活动的行为自觉，使合规成为企业员工的业务规范、行为准则，将合规文化内化于心、外化于行。

二是风险文化。坚持不懈推行与“稳健、平衡、合规、创新”的风险偏好相匹配的风险文化，全面落实金融行业风险文化政策，致力于形成与金融行业相适应的风险管理理念、价值准则、职业操守。遵循重要性、全覆盖、深渗透、人人有责的实践原则，建立培训、传达、沟通、激励和监督机制，推动全行业员工理解和执行，使风险文化成为全面风险管理的内核及灵魂，确保员工个人行为与企业集团承担及管理风险的态度保持一致。

三是创新文化。以“客户、效率”为核心推进产品创新，培育有市场影响力的产品品牌，充分授权让各经营单位、各条线都成为创新主体，以创新文化激发企业活力。坚持持续开展包括创新工作坊、青年创新孵化实验室等多种形式、多层次的创新培训，鼓励支持各种新想法、新尝试、新发现、新技术。进一步深化创新制度保障，健全激发创新意识、保障创新环境、鼓励创新思想和行为的制度体系。

四是服务文化。金融产业说到底是“窗口”服务型行业。应始终坚持把服务客户作为工作的出发点和落脚点。坚持线上线下服务一体化，坚持以长效机制引领服务文化建设新高度，坚持切实保护客户的金融消费者权益，最终实现以服务品牌促进企业价值持续增长。金融行业内部应持续开展服务提升流程优化系列活动。积极推进争先创优，优化服务流程，打造最佳客户体验；加强品牌宣传，形成客户口碑；完善投诉管理机制，保护消费者权益。

五是廉洁文化。全面从严治党、从严治行，深入推进党风廉政建设和反腐败斗争，营造风清气正的良好政治生态。把培育廉洁价值理念融入党员干部教育、精神文明建设和法制教育中，继承廉洁文化传统，宣扬典型事例，推动开展全员大学习、大讨论。坚持把纪律和规矩挺在前面，严肃查处违纪违规行为，切实发挥惩处的警示教育作用，构建不敢腐、不能腐、不想腐的良好氛围。

六是员工文化。持续打造企业全集团员工共同的职业家园和成长家园，实现企业价值与员工个人价值的高度融合。做强共建共享共担共发展的工作体系，建立健全思想引领、幸福指数、身心关爱、健康金融、福利保障、劳动竞赛、民主管理、创先争优、文体艺术、制度保障等行动。要以金融企业幸福指数提高、尊严感受提升、生活品质提档为追求，提升员工体验，让员工更加充分地获得基本需求的满足感、职业发展的成就感、工作环境的舒适感、精神生活的充实感。

七是自律文化。企业上下要统一思想，坚持刀刃向内，从我做起，杜绝有损行业形象并造成恶劣影响的行为。按照“忠、专、实”的衡量标准，选拔任用政治过硬、素质过硬、踏实肯干的干部人才，改变“以业绩论英雄”“以关系论能人”等不良用人导向和考核标准。持续强化从业人员政治素养、职业操守和道德素质的培养，引导树立正确的事业观和价值观。严格执行从业人员职业操守和行为准则，积极发挥金融各行业协会协调互助、会员监督、自我约束的作用，强化金融行业协会会员单位的自律意识、自律精神和自律自觉。

（五）培养与时俱进的文化思维

企业员工是干事创业的主体，也是文化落地的对象。为适应新时代金融工作，国有金融机构需持续强化如下思维的培育。

一是战略思维。树立战略思维和全球视野，统筹国内国际两个大局，在政治学习中培养员工把握事物发展总体趋势和方向的能力。在工作实践中增强员工重大原则问题上旗帜鲜明、态度明确，在复杂多变的市场局势中平心静气、静观其变，把握工作主动权。

二是底线思维。对法纪制度要时刻怀有敬畏之心，做到不越边界、不踩红线、不碰高压线。要有忧患意识，把形势想得更复杂一点，把挑战看得更严峻一些，做好应对最坏局面的思想准备。要有前瞻意识，密切关注国际国内大势，既看到眼前变化，又看到对经济社会发展的长远影响，把工作预案准备得更充分、更周详，做到心中有数、处变不惊。

三是细节思维。坚守初心、执着专注，摒弃浮躁喧嚣，在本职岗位上坐得住、做得好。做到专心专注、追求至精至善，将金融服务的每个细节都尽可能做到极致，争创引领行业的标准标杆，进一步提升金融服务质量。

四是互联网思维。培养员工在（移动）互联网+、大数据、云计算等科技不断发展的背景下，对市场、用户、产品、企业价值链乃至对整个商业生态进行重新审视的思考方式。坚持用户至上、体验为王、颠覆式创新的工作理念，创新性完善增强金融服务效能与金融服务水平。

五是时尚思维。积极拥抱新技术新业态新趋势，在工作中不断推陈出新。以年轻心态追逐时代服务金融业的发展机遇，不被传统观念、固有思维所束缚，加快金融业创新改革发展。

（作者系交通银行办公室负责人）

持续丰富金隅文化时代内涵，全面开启高质量发展新征程

吴　东

金隅集团历经 60 余年沧桑巨变，集团党委和各成员单位党组织自觉坚持和加强党的全面领导，把方向、管大局、促落实，始终坚持建材主业初心不变，服务首都国计民生，经过企业化、集团化、股份化、证券化、整体上市等重大改革改制，不断做强做优做大，从原有生产砖瓦灰砂石等基础建材的地方工业局（原北京市建材工业局），发展成为以“新型绿色环保建材制造、房地产开发与运营、高端装备制造、贸易及服务”为主业的首都市管大型国有控股产业集团和A+H 整体上市公司，位列 2021 年中国企业 500 强第 174 位。

2021 年，金隅集团实现营业收入 1559 亿元，利润 81.3 亿元。截至“十三五”末，金隅集团拥有 3 家上市公司、4 只股票，总资产达 3000 亿元，主营业务延伸至 23 个省、市、自治区及境外多个国家地区，在职职工 48000 余名，具有较强的市场竞争力和社会影响力。

2021 年 6 月 26 日，中共北京金隅集团股份有限公司第一次党员代表大会胜利召开。大会强调，要坚持党的全面领导，全面加强党的建设，深化“两个一以贯之”，坚持“五个发展”战略理念，以文化建设为引领，对标世界一流，积极探索文化管理的方式方法，充分发挥金隅文化的强大精神动力，在“办实事、育先机、开新局”过程中守正创新，传承好、维护好、发展好金隅的新时代文化内涵，为集团今后五年实现更高质量发展注入强大的思想引领与精神动力。

一、坚持党的全面领导，主动引领文化建设

坚持党的全面领导是金隅集团党委在企业文化建设过程中的根本原则，也是高质量发展的重要保证。金隅集团各级党组织坚持价值导向和目标导向相统一，不断加强和完善党的建设，从党的百年奋斗历程中汲取智慧力量，主动引领文化建设，健全工作机制，坚持与时俱进，积极探索企业文化建设在生产经营管理中的规律、路径和方法，促进了集团和谐稳定与高质量发展。

一是健全工作机制，打造坚强领导体系。金隅集团坚持以习近平新时代中国特色社会主义思想为指导，始终坚持和加强党的全面领导，深化“两个一以贯之”，坚持“国企姓党”政治本色，把方向、管大局、促落实，认真落实党中央和北京市委各项决策部署，持续加强党的建设，坚持把党的领导融入公司治理各环节。通过党委重大事项前置研究、“党建入章”应修尽修、“党委书记、董事长由一人担任”应调尽调，双向进入、交叉任职全面覆盖等，充分发挥党的领导在企业文化建设过程中的引领作用。

二是旗帜鲜明讲政治，坚持正确方向导向。坚持党管宣传，党管意识形态。严格落实党委意识形态工作责任制，树牢“四个意识”，坚定“四个自信”，落实“两个维护”，捍卫“两个确立”，不断提升政治判断力、政治领悟力、政治执行力，坚持正确的政治方向、价值取向和舆论导向。集团党委制定《中国共产党成立 100 周年庆祝活动方案》和《开展党史学习教育工作方案》，重温党的光辉历程，讴歌党的丰功伟绩，进一步增强党组织的凝聚力和战斗力，激励广大党员干部职工坚定理想信念。正是坚持听党话、跟党走，树牢坚定的政治方向，才保证了金隅集团 66 年始终勇立改革发展潮头，持续做强做优做大，并向着更高远的目标扬帆竞发。

三是构建共同基因，健全母子文化体系。集团在企业文化建设中做好总体规划和顶层设计，规范核心理念，加强理念宣贯，加速文化融合。通过上下共同努力，构建起兼容并蓄、优势互补的“母子文化”体系，做到基因相同、一脉相承，深度融合、特色鲜明，持续提升金隅文化的战略性、主导性，实现集团文化共性与子公司文化个性、文化统一性与文化差异性的和谐统一。

四是坚持与时俱进，丰富核心理念体系。金隅文化一脉相承而又与时俱进，激励了一代代金隅人心往一处想、劲往一处使，为集团发展提供了强大的精神动力、文化合力，已经成为金隅特色的核心竞争力之一。在“三重一争”企业精神、“四共”发展理念、“信用、责任、尊重”核心价值观、“八个特别”和“干事文化”的基础上，新提出了更加符合新时代金隅发展规划的“整合发展、契合发展、创新发展和高质量发展”的“四个发展”战略理念，进一步丰富核心理念体系，构筑企业发展的精神内核。不断总结提炼安全环保、科技创新、干部人才、党风廉政等专项管理理念，使其结构更加完整，表述更加凝练，内涵更加丰富。

五是提升职业素养，完善行为规范体系。在集团层面推动下，集团核心价值理念内化为开展生产经营活动和处理内外关系的职业道德规范，形成文化自信与行动自觉。各重组企业结合实际建立健全岗位职责和行为规范，寓文化理念于制度之中，规范员工行为；同时进一步加强制度文化建设，使制度文化形成一种能够自我管理、自我约束的习惯意识。

六是突出金隅标识，优化形象识别体系。企业形象识别体系是企业文化的外在表现。集团持续优化视觉识别系统，规范集团标识、徽标、旗帜、标准色、标准字体、辅助图形、环境设计、员工服装等，规范使用“BBMG 金隅集团”标识，进一步提升金隅整体品牌形象。

七是注重凝心聚力，创新文化宣贯体系。集团党委坚持把企业文化工作与思想政治工作、生产经营管理、人力资源开发等工作有机结合，在落小、落细、落实上下功夫。集团层面精心打造“八位一体”工作机制，宣传先进典型，讲好金隅故事，传播正能量，提振精气神：加强与北京广播电视台的战略合作，在《北京日报》、北京电视台等宣传平台，多方面、多角度、多层次宣传报道金隅文化；坚持定期编辑印发《北京金隅报》、《金隅文化》内刊、“金隅资讯”微信公众号及抖音号，修订完善《金隅文化手册》《宣传画册》；深入开展企业文化主题宣传月活动，为推进“四个发展”战略理念提供强有力的文化支撑；组织职工宣讲报告会，策划线上云展览，征集优秀文化、文艺、文创作品，开展喜闻乐见的文体活动等，真正做到思想同心、目标同向、行动同步。

八是强化考核评价，优化成果转化体系。集团建立健全企业文化建设考核体系，完善工作机制，制定考核标准，把企业文化建设纳入党建目标管理考核内容，不断向系统化、标准化、规范化发展。集团层面积极组织开展企业文化研讨活动、课题研究，申报企业文化优秀成果，加强对企业文化建设的引领示范和深入推进。

二、坚持文化建设守正创新，高质量发展效果显著

金隅集团党委坚决贯彻党中央路线方针政策，按照新时代党的建设总要求和全国国企党建工作会议精神，深入贯彻落实新发展理念，切实把党的引领力融入文化建设，通过加强文化融合和创新工作，在企业的改革、创新、发展各方面工作中发挥引领作用，并转化为集团全面发展的竞争力，促进了集团上下目标同向、思想同心、行动同步，助推了集团高质量发展。

一是经济总量快速扩大，经营效益大幅提升。集团坚持“四个发展”战略理念，各项经济指标快速增长，经济运行质量稳步提高，国有资产资本大幅增值，实现了整体高质量发展。自 2018 年集团营业收入突破千亿大关后，连续 3 年跻身“千亿俱乐部”行列。2017—2020 年，集团 4 年累计实现利润 263 亿元，利税总额超 580 亿元，经济社会效益显著。在北京国资系统始终保持第一方阵，位居全国建材行业前三甲，在中国企业 500 强排名第 174 位、4 年提升 109 位。

二是发展格局更加宏大，综合实力显著增强。集团主动融入国家发展战略，深化供给侧结构性改革，立足京津冀、布局全国、辐射海外，形成更加符合首都定位的发展布局。全面完成对河北冀东集团的战略重组，深度实现对天津建材集团的混合所有制改革，率先实现建材产业京津冀协同发展。“金隅”品牌以 921.56 亿元位列 2021 年“中国最具价值品牌”65 位，品牌价值同比大幅增加 119.21 亿元。

三是扭住创新发展核心，形成创新驱动格局。扭住创新发展的核心关键，主动先行先试，深化国企改革，2017 年率先完成集团整体上市改革任务。围绕首都国际科创中心建设，打造金隅科技创新“1+N+X”体系，累计科技投入超 106.6 亿元、年均增长 20%，新产品销售收入超 200 亿元，高新技术企业营收占比约 23%。主持制定国家、行业等标准 40 余项，获得授权专利 2677 项。推动互联网融合发展，推进一批数字化转型项目，深化与金融机构合作，与各区市构建良好政企关系，与跨国企业、央企、优秀民企、市管企业和高等院校加大战略合作，增强多层次、全方位发展合力。推动了由要素增长向内涵发展转变，向产业高端和行业前端迈进，后劲攒蓄显著加快。

四是服务“四个中心”建设，彰显国企责任担当。始终坚持“看北京首先从政治上看”，金隅集团提高政治站位，提前谋划，强力推进，坚持“有所为、有所不为”，完成疏整任务 960 余项，疏解腾退建筑面积约 63 万平方米。为北京城市副中心、雄安新区“两翼”建设、冬奥场馆等提供了绿色产品和优质保供服务。围绕首都“两区”和“三城一区”建设，投入资金 86 亿元，高标准建设超过 40 万平方米的金隅中关村科技园；打造占地 20 万平方米的金隅智造工场，一批隐形冠军、独角兽企业入驻，成为京北智造高地和“腾笼换鸟的标杆”；正在建设超过 20 万平方米的兴发多功能科学园，共建北京雁栖湖应用数学研究院，引入德勤大学等示范项目，被誉为怀柔科学城“皇冠上的明珠”；全面投入

运营28万平方米的高新产业园，助力京南业态升级。

五是发挥国企独特优势，党的领导全面加强。金隅集团党委坚持把方向、管大局、促落实，实现加强党的领导和完善公司治理有机统一，全面加强党的建设，牢牢把握正确的政治方向，坚持民主集中制，强化思想政治教育，构建全面从严治党责任体系和党建工作“组织、运行、考核”体系，严格责任制落实。按照首善标准抓党建，坚持同一站位、同一步调、同一标准、同一要求，确保集团上下“一盘棋”，不断提高党的建设质量。

三、坚持文化建设赋能，构筑高质量发展精神内核

金隅集团始终以一脉相承而又与时俱进的优秀企业文化凝聚全系统干部职工精诚团结与和谐奋进，不断探索文化建设在企业发展中的应用，以文化之力，铸金隅之魂。

一是融入集团发展战略，发挥文化引领力。从战略高度谋划文化融合工作，这是金隅核心价值体系落地的方向。集团坚持把文化融合与发展规划、体制机制、资源整合、管理流程再造工作结合起来，明确“四个发展”战略理念，用核心价值体系保证和引领集团发展战略的实施与推进。

二是融入经济发展中心，发挥文化驱动力。坚持发展第一要务，坚持以文化人，这是金隅核心价值体系落地的目标。围绕集团“十四五”发展目标和“打造一流产业集团、进入世界500强”发展愿景，进一步驱动、激励、引领、规范企业核心价值体系的创建和执行。

三是融入企业经营管理，发挥文化执行力。文化管理是最高层次的管理，这是金隅核心价值体系落地的主要任务。集团采取了一系列有效措施助力“四个发展”战略理念，逐步建立起更加适应新发展理念和新发展格局的新机制、新模式，竞争优势不断彰显。

四是融入员工行为规范，发挥文化凝聚力。具有共同的行为特点和工作准则，这是金隅核心价值体系落地的标准。集团强化领导干部示范，成风化人、久久为功，变无形的文化理念为有形的自我行为调控，形成对金隅文化核心价值体系的思想认同、情感认同、价值认同。

五是融入员工素质提升，发挥文化竞争力。人力资源是企业第一资源，这是金隅核心价值体系落地的根本。集团坚持“以人为本”，加强职工教育培训，注重人文关怀，促进职工全面发展，使文化融合的过程成为不断提高职工队伍素质的过程，使文化建设与企业发展建立在职工队伍整体素质不断提高的坚实基础之上。

新时代赋予新使命，新征程当有新作为。进入“十四五”，金隅集团将继续以习近平新时代中国特色社会主义思想为指引，以首都发展为统领，紧扣高质量发展主题，准确把握新发展阶段，深入贯彻新发展理念，全面融入新发展格局，从党的百年奋斗历程中汲取文化力量，志存高远，脚踏实地，锐意进取，埋头苦干，弘扬干事文化，坚持“四个发展”战略理念，服务“四个中心”建设，向着打造世界一流产业集团、进军世界500强的愿景目标奋勇前进！

（作者系金隅集团党委副书记、执行董事）

传承百年文化基因
弘扬特别能战斗精神

张雨良

开滦，始建于1878年，因开创中国近代工业先河，被誉为“北方民族工业的摇篮”；因经历中国煤炭工业崛起，被誉为“中国煤炭工业的源头”。越百年岁月历经沧桑，跨三个世纪几度辉煌，其厚重的文化底蕴是企业永续发展的动力源泉，在无数困难与挫折中铸就了“特别能战斗精神”。百多年来，一代又一代开滦人高举“特别能战斗”的精神旗帜，与祖国共命运，同时代共发展，为国民经济建设、改革开放、新时代中国特色社会主义事业作出了卓越贡献。特别能战斗精神，它不仅是开滦职工优秀品格的生动写照，也是煤炭产业工人高尚品质的典型代表。

一、在产业报国和勇于抗争中孕育诞生的特别能战斗精神，形成的现代工业文化和革命文化，是开滦引领发展的文化根脉

特别能战斗精神在产业报国中孕育。开滦作为近代中国的“路矿之源”，在创办之初就与席卷世界的第一次工业革命比肩看齐，开创了中国近代工业的一系列先河：建设中国第一座大型近代化煤矿，铺第一条准轨铁路，造第一台蒸汽机车，生产第一袋水泥……无一不是敢为人先、气势恢宏的创举，展示了开滦放眼世界、兼收并蓄的包容品格。这一切都表明，开滦自诞生那天起，其历史根脉中就饱含着“求强、求富”先进的文化基因，彰显了不畏困难、奋勇直前，自强不息、艰苦奋斗的精神品格，孕育了“特别能战斗精神”，形成了现代工业文化。

特别能战斗精神在反抗压迫中诞生。五四运动爆发后，马克思主义在中国传播，点燃了开滦工人阶级革命的火种，并勇敢登上政治舞台，成为一支有突出贡献的重要力量，形成了开滦的革命文化。中国共产党建立之初，李大钊就把目光投向开滦，委派邓中夏、罗章龙、邓培等共产党人通过各种形式，在开滦工人中传播马克思主义，宣传革命思想，进行革命活动，在开滦矿区发展党员、指导建党工作。1922年6月，开滦第一个党支部——唐山矿党支部诞生，这是全国产业工人中最早的党组织之一，标志着新民主主义革命运动的种子在百里矿区开始萌发，对马克思主义在唐山乃至全国传播、工人运动的不断兴起起到了推动作用。从1922年开滦党组织成立到唐山解放，开滦矿工共举行罢工斗争10余次，有力反抗了英资本家、日本帝国主义和封建势力的剥削和压迫，彰显了开滦工人阶级英勇顽强的抗争精神。1922年

10月，开滦爆发震惊中外的“五矿同盟大罢工”，达到了“中国工人运动第一次高潮中的最高峰”，被毛泽东称赞为“他们特别能战斗”。

特别能战斗精神在抗日斗争中升华。日本侵华期间，开滦工人“特别能战斗精神”得到又一次极大升华。在日寇铁蹄下遭受蹂躏的开滦矿工，绝不甘心做俯首帖耳的亡国奴。他们在中国共产党领导下，高扬起抗日武装斗争的旗帜，与日本侵略者展开不屈不挠的斗争。“七七”事变后，冀东成为抗日斗争的前沿，在刘少奇领导下，河北省委准备举行冀东武装暴动。为配合八路军冀东抗日大暴动，1938 年 3 月，开滦举行了声势浩大的五矿同盟大罢工，成为党领导下的有组织地反抗外来侵略的产业工人队伍，给日本侵略者“以战养战”策略以极大打击，使得广大矿工进一步提高了觉悟，他们看到了团结起来进行武装斗争的重要性，增强了与各种势力斗争的经验，进一步彰显了开滦工人阶级革命最坚决、最彻底的坚强意志。同年 7 月，开滦五矿同盟罢工中组织起来的工人纠察队 7000 余人拿起武器参加了冀东人民抗日大暴动，在中国人民抗战史上书写下了光辉篇章，在世界工运史上有着极其重要影响。在“特别能战斗精神”鼓舞下，开滦工人阶级表现出大义凛然的民族气节和英勇顽强的抗战精神，涌现出一批以节振国为代表的可歌可泣的英雄群体，为全民族抗战作出了巨大贡献。

二、在新中国建设中凝结缔造的特别能战斗精神，形成的中国特色社会主义先进文化，是开滦拼搏进取的文化源泉

担当精神彰显家国情怀。新中国成立后，彻底改变了被奴役、被剥削命运的开滦矿工，把积压在心中的斗争力量转化为新中国建设的拼搏干劲。从“一五”到“五五”期间，国家一大批重点项目开工建设，急需大量工程技术和管理人才。开滦积极响应国家号召，7549 名工程技术人员和生产骨干舍小家为国家，远离家乡亲人，奔赴 17 个省、市、自治区，义无反顾、勇往直前、战天斗地，把“特别能战斗精神”带到全国各地。为满足国家对煤炭的需求，开滦大力发展机械化、实施老矿挖潜改造、加快新矿井开工建设。在 20 世纪六七十年代，开滦以国家利益为重，抵制干扰、勇挑重担，广大矿工坚守岗位、坚持生产，以多出煤、出好煤的实际行动支援国家经济建设。开滦担负全国原煤产量的十分之一，精煤产量的六分之一。1968 年和 1973 年，周恩来总理曾两次表扬开滦为国家“出了力、救了急、立了功”。20 世纪 70 年代，全国工业战线掀起了“学大庆赶开滦”的热潮，开滦成为全国工业战线的一面红旗。

拼搏精神尽显开滦本色。1976 年，唐山发生了 7.8 级地震，所有矿厂全部瘫痪。外国人断言：开滦恢复震前水平至少需要 20 年。长期的革命斗争和生产建设实践，铸造了开滦人百折不挠、锐意进取的精神品格，始终具有战胜困难的豪迈。地震发生后，开滦党委团结带领全矿区职工忍着失去亲人的悲痛，掀起了抗震救灾高潮，震后第 10 天就生产出了第一车抗震煤，仅用一年零五个月，全部矿井恢复生产，且产量达到震前水平。压不垮的是开滦意志，震不垮的是开滦精神，开滦矿工以钢铁般的意志创造了世界救灾复矿史的奇迹。邓小平同志高度评价“大庆的经验要学，开滦的经验也要学”。在中外罕见水患灾害面前，开滦党委不等不靠，在全矿区开展了抗灾保矿、以增补欠立功竞赛活动，经过一年的不息奋战，终于根治水患，获得了“1985 年国家科技进步一等奖”，又一次彰显了开滦党组织和共产党员作用，在大灾大难面前呈现给世人无私无畏、舍身为国、顽强拼搏、永不言败的英雄群像。

劳模精神铸就开滦之魂。劳模精神是开滦“特别能战斗精神”的真实写照，开滦也是名副其实劳模的摇篮。新中国成立以来，共涌现各级劳模 9081 人次，其中省部级劳模 421 人次，全国劳模 31 人次。从“党是我的妈，矿是我的家，要听党的话，管好我的家”的“矿山愚公”吴旭芝，到“地球转一圈，我转一圈半，地球转两圈，他上三个班”的“矿山铁汉”侯占友，再到“宁愿脱皮掉肉，也要轻放采煤实验成功”的“职工楷模”赵国峰。一代又一代开滦矿工爱岗敬业、吃苦耐劳、无私奉献，把“特别能战斗精神”熔铸于血脉、践行于当代、传承于未来，成为百年开滦基业长青的精神支柱。

三、在新时期继承弘扬的特别能战斗精神，形成的勇于开拓、锐意进取的创新文化，是开滦基业长青的文化力量

以争先精神激发企业活力。党的十一届三中全会后，恰好走过百年风雨的开滦，再一次高扬起“特别能战斗”的旗帜，彰显出奋力开拓进取、勇于改革的争先精神，在国企改革的道路上勇于开拓、锐意进取，以壮士断腕的决心和勇气迈出了计划经济向市场经济转轨的坚定步伐：转换经营机制，模拟法人运转；实行效益承包，建立内部市场机制；实行主辅分离，探索“三加一”模式。此后，先后进行现代企业制度、专业化重组、股权多元化、资源枯竭矿井破产重组、去产能和分离企业办社会职能等一系列重大改革，激发了企业生机与活力。在此期间，面对1997年东南亚金融危机，开滦发扬敢为人先的进取精神，践行时任副总理朱镕基来开滦调研时的嘱托，为国有企业改革大胆探索和艰苦实践，在全国煤炭企业陷入全面亏损后率先扭亏为盈，奏响了经济低位运行的最强音。新华社、人民日报、中央电视台等10多家中央新闻单位集中报道了开滦深化改革、扭亏为盈的典型经验，《人民日报》发表通讯“唱响国企志气歌”。“特别能战斗精神”的内涵更加丰富，再一次赢得了人们的赞誉。

以创新精神推动转型发展。企业改制后，面对“资源日趋枯竭，企业如何生存发展”这一世界性难题，开滦人以主动转型的创新精神和咬定青山不放松的韧劲，开启了“战略转型”的追梦之旅。在“特别能战斗精神”的引领下，集合了全体员工的意志，形成了一股强大的不竭动力。很多职工走出故土，远赴新疆的千里戈壁、内蒙古的荒凉山脊，去开

疆拓土、战天斗地，书写百年开滦新的传奇；他们投身到煤化工、煤电热、现代物流、文化创意等新兴产业，为实现开滦持续发展上下求索。经过十几年的艰苦奋斗，目前开滦已发展成为煤炭生产、洗选加工、煤化工、现代物流、矿业工程服务、金融服务、文化旅游、装备制造、热电、建筑施工等多业并举的大型企业集团。中央政策研究室、国务院研究室等10个国家部委组成的调研组给出评价：“开滦集团创造了国有大型企业转变发展方式的新经验，资源型企业转型的新路子，也为资源型城市转型这一世界性难题提供了鲜活案例。”

以使命精神赓续历史辉煌。奋力推动百年开滦全面振兴、再创辉煌，是新一代开滦人的责任和使命。进入新时代，开滦传承“特别能战斗精神”文化根脉，践行“五大”发展理念，积极构建“三柱一新”产业格局，加快推进企业转型升级高质量发展。开滦集团的做法和成效，得到了河北省委、省政府的充分肯定，2014年在全省提出宣传和学习调整结构的“开滦精神”。随着经济全球化和共建“一带一路”倡议的深入发展，开滦勇于挑战自我，求新达变，走出国门，以高度的文化自觉探索形成了特有的跨文化管理方式。在印度江基拉煤矿，开滦人克服语言障碍、文化冲突，与当地矿工并肩作战，攻难关、解难题，在突如其来的疫情面前展示了开滦人的责任与担当，让新“丝绸之路”见证了“开滦效率”“开滦精神”。在开滦人的不懈努力下，江基拉煤矿成为印度井工煤矿龙头企业，被印度井工煤矿大学列为“参观学习指定矿井”。在菲律宾、吉尔吉斯斯坦，开滦精神同样赢得了当地企业与职工的敬佩，“特别能战斗精神”名扬海外。这是开滦人在新时代以“特别能战斗”的精神品格与中国发展大势的成功对接。

路矿之源，古今相衔；世纪之基，薪火相传。“特别能战斗”的精神品格，成为引领和激励开滦人肩负国家责任、履行历史使命、战胜艰难险阻的鲜红旗帜。站在新时代的历史起点，开滦集团将始终以习近平新时代中国特色社会主义思想为指导，不断赋予“特别能战斗精神”新的时代内涵，高举旗帜、争当先锋，坚守初心、砥砺前行，奋力开创百年开滦高质量发展新局面，为党和国家作出新的更大贡献！

（作者系开滦集团党委副书记）

为什么是理性

荆玉成

2020年，对于每个人都是深刻的一年。

费孝通说过，科学在近现代迅猛发展，而人性两千年却没有大的变化。30年前听到这番话吃惊不小，今天许倬云讲了同样内容的话。海德格尔说，现代性一个基本现象是神性的消亡，宗教这个金碧辉煌的价值大厦正在崩塌，人类只能依靠自我，依靠历史的积累，依靠人类文明的积累。李泽厚称“历史有积累性”，包括科技工具、知识常识，还包括人们内心的日益复杂、丰富和多样。所以在我看来，常识、理性在数字社会的今天，比历史上任何时期都重要。李泽厚说：“最普遍的常识其实常常是最重要的。所以我寸步不让。越骂我，我就讲得越多。”

网络、数据、算法，它们本身只是手段或工具，它们只负责“计算”，不负责善与恶、真与假、美与丑的“判断”，它们仅仅给出是1或0的“计算”。价值判断、道德判断，它们先天无能为力。搜索引擎得到的答案，会让你半信半疑，甚至永远让你怀疑。许倬云说，信息只是材料、素材，经过自己的加工，变成你对事物判断支撑才叫知识，再进一步梳理、沉淀、检验才叫常识。我们在企业文化实践中体会到：平视、倾听、真诚、关爱，载体、模块、图像、流量，传统、时代、价值观、生活等，这一切是常识。生活即文化，也是常识；企业文化是从企业家胸膛里长出来的，也是常识；时代、民族传统和企业家作为企业文化的三大基石，同样是常识。李泽厚说：“西方是两个世界，要到天国去。中国就是停留在这个世界，要重视这个世界的感情。”“中国人看重历史，因为生活就是悲欢离合啊，历史就是日常生活啊，这个世界的日常生活就是根本。”从这个角度再看“文化即生活”，企业文化的概念就发生了重大变化，这不同样是常识吗？只是我们在理性上，越来越缺少了判断，缺少了思考，跟随历史惯性人云亦云。在数字社会里，数字技术大发展了，AI出现了，人类理性却退化了，“弱智”现象出现了，人类进入“乌合之众”时代。集体防疫、佩戴口罩、不能收为“乌合之众”之谈。

人类今天为何变得如此“弱智”呢？当然，这个结论无须谁来定义或给出，只要我们放眼看看今天的世界，再思考五分钟也就足够了。接下来我们会问：为什么？海德格尔概述现代性的五个现象，其中一条是技术，现代技术是最基本的现代现象。理论家们一致的看法和结论是，现代技术是人类社会发展到今天的“毒药”，也是“解药”——解铃还须系铃人。李泽厚说：“科技生产力产生了理性，使人的心理不同于动物。人的理性不是天赐的，不是生来就有的，而是使用工具产生了理性。”李泽厚强调的是工具理性，而现代科技爆炸性发展，又让我们在理性上失范和失度。今天的数字社会，海量信息有真有假，真假难辨，很大程度上“增加了世界的熵”，成为这个世界的噪声量。这种信息过量的肯定性，已经上升为一种社会现象，社会变否定为肯定，成为一个肯定社会。肯定社会让神经系统持久、过度地紧张、疲劳，抑郁症、倦怠综合征和注意力缺陷多动症等现代疾病随之出现。每天的时间被信息切碎，一点一点地占用，你没有精力去读书，没有空闲让自己安安静静地去思考，我们疲于奔命，只有招架之功。每一个人被海量信息裹挟着，如一叶扁舟在数字的大江大海里漂流，我们能做的是在大风大浪中确保安全地顺流而下，顺便享受信息、大数据、互联网、人工智能带来的方便、刺激和快感。思考、判断是被动的，一时的，少数人的；人云亦云、寻求认同是主动的，常态的，多数人的。今天的数字社会，完全是一种经历社会，不同于经验，往往是一次性的，经历过了就过去了，不具备通往他者的入口。信息并不能给我们带来新的认知和真理，信息并不是知识，只有经过判断才能变成知识或常识。韩炳哲说："肯定性的信息不能改变和预告任何事情，因而是无果的。"

所以现今判断、思考、凝思就变得尤为珍贵。这个过程就是运用理论、经验、知识、智慧，以不同的眼光对这个世界进行判定，努力去唤醒理性。韩炳哲说："信息和数据的铺天盖地，使得今天比任何一个时代都更需要理论。理论能够防止不同的事物被混为一谈而无序滋长，因而可以有效地减少熵。理论先是净化世界，进而才是解释世界。人们必须回到理论、仪式和礼俗的开端。它们为这个世界以及万物的运转规定了形式，提供了框架，使它们具备了边界。"思考产生的理论，可以帮助我们进入无人之境，在一派喧嚣迷乱中辟出一条通道。企业管理已从经验管理、科学管理、人本管理、文化管理发展到今天的思想治理时代，企业文化不仅仅是三大体系或四大体系，文化即生活，文化即管理，文化即战略，企业文化将企业一切观念行为，包括价值、理念、制度，包括战略、管理、行为等，都涵盖其中。企业文化在新时代，内涵和外延都发生了根本性变化。康德说，理性是人类的特征。李泽厚讲，哲学只是"制造概念，提出视角以省察一切"。我们只想通过企业文化的一个小小理性天窗，提供一个看待和思考企业管理的工具。

数字社会让我们迷茫和困惑的原因恰恰在这里，让你无法、无暇去思考。我们的感官、欲望和内心，包括我们的日常工作，早已被这个数字社会所遮蔽、捆绑和霸凌，我们在不知不觉中把时间毫无方向感地散射掉，分散成点状的"当下"，时间变成加法，清空了所有叙事性。韩炳哲说："只有加法的、非叙事的过程才能加速。"数字社会是透明社会、加速社会，而仪式和典礼是叙事性的过程，它回避了加速。只有通过叙事性做减法，让我们彻底安静下来，停靠在时间的长河里，我们才有机会思考，在安静中做一次有趣的美妙探险。信息过量引发肯定性过量，导致立场站队，形成群体。一个人一旦进入群体便易于失去独立精神，失去独立的思考和判断能力。互联网和新媒体更加剧了"他者"的消失。今天，任何一个人，任何一个观点，都可以在线上找到拥趸。经过算法工具，让每个人更加沉浸于自己感兴趣的领域中，看自己愿意看的内容、相信自己愿意相信的内容。一个客观现象是，随着年龄的增长和阅历的提升，许多人不但没有变得更开放，恰恰相反，变得更固执，更容易困在自己的世界里，"陷入无尽的自我循环之中"。

肯定性还触发了"理论之殇"。知识的获取越来越碎片化。人们普遍感到系统性学习非常重要，但往往停留在嘴上，或者东一本书西一本书地看，看完就丢到一边，没有入脑入心，没有形成为我所用的理论。当今的理论危机和思考浅薄，与文学艺术的危机如出一辙，人们为了获得肯定性，不断消除否定性，这种过度的肯定性将社会变成肯定社会、加速社会。按照黑格尔的说法，否定性存在于思考之中，否定性是思考的根本。而今天，我们无法在自己的领地做一次完整的叙事，一次美的旅程。理论的储备不足和后继乏力，使我们在思考时常常有力不从心之感，难以获得理性的支撑，难以形成高质量的判断。我们日常看到的一个普遍现象是，日复一日、月复一月、年复一年在一个水平上重复工作，这便是理性缺失的一个铁证。

还有一个可怕的事情是，数字社会似乎无须你去思考。只要你拥有了巨量数据，数据自然会说话，理论模型变得多余。思考是一个不确定、不稳定的状态，意味着需要耗费更多的资源和时间。而人性天生喜欢安逸。只要一段信息看起来合理，不需要消耗额外的精力去辨识，就很容易被大脑接受。于是，大数据取代了人类的思考，人类只看结果即可，不看模型，不看过程，不看推理。大数据正在成为权威，取代因果关系、逻辑和理论，大数据等于逻辑和结论。克里斯·安德森在《理论的终结》中写道："像谷歌这样，在巨大规模数据的时代里成长起来的企业，如今不必再去选择错误的模型。它们实际上根本不必去选择任何一种模型。"克里斯·安德森的基本观点是，理论的价值正在弱化和萎缩。人的理性思考，在数字社会看来，一旦有了足够的数据，就变得多余。这无疑给人类非理性思考找到一个天然的借口，"为什么"让位于"就是这样"。

回归理性成为理性的必然。而理性背后的力量或许是感性，是爱。爱是人类美好而纯粹的情感，是人类最原始最本真的生命力，也是理性得以成为可能的一个前提和基础，"哲学是从爱欲到理性的转化"。一个人对世界、对生命本身有多么深沉的爱恋、激情和冲动，就会对世界、对生命本身有多么深刻的思考和洞见。

今天，我们需要又一次思想的启蒙，企业文化也毫不例外。

（作者系国家电力投资集团公司企业文化总监）

"大企业病"的文化审视与有效治理

徐耀强

在我看来，当前中央企业正在开展的"总部机关化"问题专项整改正当其时，其切中的要害是"大企业病"。所谓"大企业病"，是由日本立石电机株式会社立石一真会长在1981年首先提出来的，是指企业发展到一定规模之后，在企业管理及运行机制等方面，自身滋生出阻滞企业继续发展的种种危机，使企业逐步走向倒退甚至衰败的一种慢性综合病症。此前，《财富》杂志发布的2019年500强排行榜单中，中国企业占据129个席位，上榜企业数量首次超过美国，其中由国务院国资委监管的中央企业共有48家。显然，中国企业要成长为真正具有全球竞争力的世界一流企业，就必须未雨绸缪勇于根治"大企业病"痼疾，彻底破解竞争力较弱、盈利能力偏低的"大而不强"难题。那么，"大企业病"究竟是种什么病呢？对于这个问题可以从经济学、管理学、法律学、社会学等不同维度来“把脉问诊”，但本文仅从企业文化的视角做一点粗浅的分析。

一、“大企业病”的文化症状

“大企业病”是企业做到一定规模、发展到一定程度后都可能要面对的“一道坎”，几乎是中外所有企业成长壮大过程中必经的“阵痛”。一般说来，从企业文化的角度来审视，“大企业病”常常具有其特定的文化症状。

其一，反应迟钝。一个成长型的企业往往市场反应是灵敏的，决策是高效的，执行是有力的。但是，企业成长到一定规模后，企业的行为反应越来越迟钝了，这是企业罹患“大企业病”后典型的文化症状之一。其原因就在于企业做大后，由单体企业变成了企业集团，其管理链条必然越来越长、经营的业务性质必然越来越多元、决策的难度和风险必然越来越大。一般而言，随着业务的大发展，公司总部都会出资设立为数众多的二级子企业，负责某一类业务单元的经营。二级子企业再下设三级子企业，以此类推，子企业的层级会越来越多。此外，公司的一些职能部门也不断地分解出去，注册成为独立的企业，如从资产财务部可以分设出独立的投资管理公司、资产管理公司、财务公司，等等。一些科研单位、半事业单位性质的机构，也纷纷转制为子企业。这样一来，自然进化的趋势是，企业在组织形态上变成了一个以资本为纽带层层“委托—代理”经营的分工协作的新型集团。如果公司不能适时进行管控模式转型，就有可能“尾大不掉”，必然导致企业行为反应迟钝。例如，20 世纪 80 年代，美国通用电气公司就患上了“大企业病”，其管理层级一度多达 12 级，同时过于多元化经营形成了臃肿的管理结构，导致了管理效率低下问题，随着业务扩张和销售额的大幅增长，经济效益却不断下降。

其二，官气十足。有人描述，企业患上“大企业病”后，公司总部越来越像机关、越来越像衙门，普遍存在“四多四讲”的现象，“四多”就是人员多、程序多、文件多、会议多，“四讲”就是讲级别、讲形式、讲辞令、讲逢迎。其实，“四多四讲”等官僚习气现象的出现，是企业患上“大企业病”后在企业文化上的必然反应。其主要原因在于：一方面，随着企业规模不断扩大，大企业内部组织机构设置越多，管理层级越复杂，客观上为官僚化习气的生成提供了权力支配的组织基础；另一方面，大企业内部专业化分工越来越细，由此造成了领域之间、专业之间、部门之间的信息和知识壁垒，使本位主义、形式主义和官僚主义得以滋生，往往导致企业内部冲突和内耗日益严重。管理大师哈默就认为，“大企业病”的病因是本应横向流向客户的业务流程，被以职能为中心、自上而下专业化分工的“传统金字塔职能组织模式”分解得支离破碎，从而使流向客户的业务流程变得更加缓慢，组织运行效率更加低下。所以哈默认为企业必须进行彻底的流程再造，才能产生更高的效率。

其三，责任缺失。从消费者角度观察，漠视消费者、区别对待消费者等企业社会责任缺失的“大企业病”文化表现更加令人生厌。同民间说法中的“店大欺客”相类似，漠视消费者利益堪称是一些大企业的“通病”。

其四，精神懈怠。创业之初的初心不再、激情不再、动力不再，精神懈怠，这也是患上“大企业病”后的常见文化症状。糟糕的是，企业干部员工出现精神懈怠后往往表现为：在学习上，拒绝新知识，抵触新事物，一曝十寒，知难而退，自以为是、孤芳自赏；在工作上，缺少事业心和进取意识，处理事情主次不分、举棋不定，当一天和尚撞一天钟，甚至偷奸耍滑；在思想上，骄傲自满、自我封闭、保守僵化、麻木不仁、故步自封、刚愎自用；在作风上，迟疑不决，浅尝辄止，纸上谈兵，华而不实；在行动上，懒散拖沓，萎靡不振，时断时续，时紧时松，时好时坏；在生活上，随心所欲，漫不经心，浑浑噩噩，得过且过。事实上，大企业必须时刻保持创新的活力、变革的动力和奋斗的精神，出现精神懈怠后的风险是巨大的。例如，凯玛特公司从偏僻的一隅走上美国零售业巨头的舞台，靠的就是其连锁经营方式的创新，而如今辉煌不再的主要原因还是在于创新的不足。可见，大企业必须始终坚持创新，围绕不断变化的市场需求和竞争需要，不懈地展开组织制度、产品、经营方式、管理制度、运行机制和技术等全方位的创新，激发企业内在活力，不断优化资源配置和企业结构，着力保持和提高企业核心竞争力，才能使企业立于不败之地。

二、“大企业病”的文化危害

从企业文化的角度来观察，罹患“大企业病”后，其文化危害往往表现为组织效率的损失、企业作风的污染、员工幸福的消解、企业品牌的损害等方面，对此我们切不可掉以轻心。

一是损失组织效率。一般而言，患有“大企业病”的公司首先是以损失组织效率为代价。因为不难想象，患有“大企业病”的公司往往机构臃肿、流程复杂、各机构体系相对孤立，信息封闭，甚至会出现“谷仓效应”。所谓谷仓效应，是指企业内部因缺少沟通，部门间各自为政，只有垂直的指挥系统，没有水平的协同机制，就像一个个谷仓，各自拥有独立的进出系统，但缺少了谷仓与谷仓之间的沟通和互动。这种情况下，各部门之间未能建立共识而无法和谐运作，最后导致了组织效率的严重损失。事实上，从理论上讲，有多少投入就应该有多少产出，但实际是产出往往与投入不符，或多了或少了，大部分情况是少了。为什么发生这种情况，是个未知数 X，于是就出现了投入产出效率、组织配置效率概念之后的第三种效率概念即 X 效率。而且 X 效率作为企业经营效率的减项，普遍存在于企业之中。哈佛大学教授威廉·詹姆士通过实验发现：在缺乏激励的环境中，人的潜能只发挥出 20%～30%，而在良好的激励环境中，人的潜能则可以激发出 80%～90%。显然，同样的资源投入、同样的组织配置条件下，在患有“大企业病”的公司里，员工所接受到的是负激励，企业的 X 效率是递减的。可见，持续改善企业的 X 效率，这是企业文化建设的重要使命和价值体现。

二是污染企业风气。简言之，企业风气是指一个企业的风尚和习气。当一个企业处于盛世即兴或初兴之时，企业风气往往表现为一种崇德敬业、进取向上的态势，正像黄炎培1945年在延安与毛泽东谈话时所说："大凡初时聚精会神，没有一事不用心，没有一人不卖力，也许那时艰难困苦，只有从万死中觅取一生。"然而，当艰难方克、危机已过之时，"环境渐渐好转了，精神也就渐渐放下了。有的因为历时长久，自然地惰性发作，由少数演为多数，到风气养成；虽有大力，无法扭转，并且无法补救"。患有"大企业病"的公司在企业风气上，就好像是后一种情形，其对企业和员工精神状态的腐化和污染作用是不容小觑的。通用前董事罗斯•佩罗特在通用患有"大企业病"时就曾痛斥过公司恶劣的官僚习气："如果其他公司的雇员看见一条蛇，他会杀了它。但在通用，首先你要设立一个关于蛇的委员会，然后请来一个对蛇有研究的顾问，第三件事便是为这个话题讨论一年。"显然，在这样的企业文化风气之下，即使是战略没有问题，企业竞争力下降也是必然趋势。

三是消解员工幸福。来自哈佛大学的研究表明，员工幸福指数提高5%，能连带提升11.9%的外部顾客满意度，同时也使企业效益提升2.5%。可见企业若能有效提高员工的幸福感，就能提高工作效率，增强企业竞争力。同时美国心理学家弗雷德里克•赫茨伯格的"双因素理论"告诉我们：在注重人们物质生活条件改善的同时，更要注重人们精神需求的满足。在他看来，包括成就、赏识、挑战性的工作、增加的工作责任，以及成长和发展的机会等是"积极因素"，是员工获得满意的来源；包括公司政策和管理、技术监督、薪水、工作条件以及人际关系等是"保健因素"，往往是员工不满意的来源。保健因素是必需的，但只有激励因素才是满意之源。这就要求我们，在企业管理中要自觉坚持以人为本，更加注重人的尊严、个性和价值。尤其要更加注重公平、正义的制度建设和环境营造。显然，在患有"大企业病"的公司里，"积极因素"不足、"保健因素"不可靠是一种常态，所以其对员工幸福感的消解也就不可避免了。

四是损害企业品牌。每当罹患"大企业病"之际，一个常见的现象是企业在社会责任上的投入和关注必然会减少或降低，导致的一个现实后果是对企业自身声誉和品牌的损害。事实上，随着品牌经济的到来，品牌或品牌资产成了企业的第一资源，现代企业管理好像越来越演变成品牌管理。营销大师斯蒂芬•金说："产品是工厂所生产的东西，品牌是消费者所购买的东西。"兰德公司创始人华特•兰德先生也说："工厂制造产品，心灵创造品牌。"产品更多是物理性的，而品牌则更多是心理性的。可口可乐前总裁罗伯特也曾说："你不会发现任何一个国际品牌，不包含一种伟大的人类情感。"从外观上，品牌标志要符合消费者的视觉审美观；从内涵上，品牌所代表的产品要符合消费者的心理需求；更深层次则是，品牌内涵符合消费者的文化习惯和心理期待。而从大众传播心理学的角度来看，消费者对任何产品都有一种潜在的抗拒心理。而消除这种抗拒心理的最有效手段是让消费者自愿了解产品。显然，当企业缺失社会责任的投入和关注时，企业品牌与顾客之间的空间和心理距离就会拉大，从而不利于建立起消费者对于品牌的情感认同。

三、"大企业病"的文化治理

从根本上说，"大企业病"本身就是一种文化现象。要根治"大企业病"，必须从公司总部转型改革入手，深化市场化改革，增强内在活力、市场竞争力和发展引领力，不断完善中国特色现代国有企业制度，同时还必须高度重视和发挥文化治理的力量，持续开展优秀企业文化的培育和建设。

首先，愿景定向。指引企业前行的方向，是企业愿景最基本的功能。心理学家马斯洛的研究表明：杰出组织的显著特征，便是具有共同的愿景与目标。显然，"大企业病"文化治理的一项有效措施就是要充分发挥企业愿景对于企业的定向作用。企业愿景揭示的是企业人的期待和梦想、需求和兴趣、价值观和信念。只有正确的企业愿景才能成为我们企业远航的灯塔、精神的归属和力量的源泉。例如，一百多年前，欧洲有两家著名马车制造公司，一家公司的愿景定位是要建设成为世界上最好的马车公司，而另一家公司愿景定位是全球最好的交通工具公司。工业革命以后，前一家坚决不去研究汽车，认为汽车这种怪物会被淘汰，不是上等绅士的交通工具，但历史证明，被淘汰的是其自己。后一家马车公司在蒸汽机发明后，就及时介入市场，开始研究开发汽车，后来这家公司就成为闻名全球的劳斯莱斯。不同的愿景，导致了企业不同的命运，这不得不引起我们对企业愿景的足够重视。事实上，企业愿景的共创共享过程，也就是企业人命运共同体的共建共构过程。因此，打造优秀企业团队的一项重要任务就是要规划企业的愿景，并实现企业愿景的共创共享。

其次，学习增智。企业心智模式是指深植企业人心中关于企业周围世界的基本假设和推理，是企业人从某种角度看待事物、解决问题的方式，是企业人的思想方法、思维习惯、思维风格和心理素质的综合反映。企业心智模式存在缺陷和障碍，这是"大企业病"的深层隐性文化成因。良好的企业心智模式可以帮助企业正确思考问题、应对危机，相反，心智模式存在缺陷就会限制企业作出正确的思考和判断。例如，法国著名科学家法伯发现了一种很有趣的虫子，这种虫子都有一种"跟随者"的习性，他们外出觅食或玩耍，都会跟在另一只同类的后面，而从来不敢换一种思维方式。如果你将它们首尾相连地放在花盆周围，一只只虫子会不知疲倦地围绕着花盆转圈，谁也不敢越雷池一步。几天后，你会发现，所有的虫子一只只首尾相连地饿死在花盆周围，即便是在离花盆不远的地方放置着这种虫子爱吃的食物。现实中，同这种虫子心智模式相近的企业例子并不鲜见。由此可知，不同的心智模式决定不同的决策模式和行为模式。一个企业，如果心智模式不能适应现实和需要，就会阻碍企业的发展和进步。在当代最杰出的新管理大师彼得•圣吉看来，创建学习型组织是改变企业心智模式，提高企业智慧的有效途径。

再次，价值纠偏。正如管理学大师德鲁克所言：“组织的生存，其实就是价值观的维系，以及大家对价值观的认同。”在某种程度上，一个企业由领导层推出的最重要目标之一，就是通过清晰的表达和密切的关注，去逐渐灌输价值观。因此，正确灌输、不断纠偏、有效转化企业的核心价值观，是统一企业内部行为，引领企业改革发展，降低企业内交易和管理成本，实现“大企业病”治理的有效法门。例如，海尔有一个重要价值理念是“赛马不相马”，其体现在人力资源管理上有个非常成功的“三工转化”做法。在海尔内部，将全体员工分为优秀员工、合格员工、试用员工三种，分别享受不同的待遇，并根据工作业绩和贡献大小进行动态转换。业绩突出者进行“上”转，试用员工转为合格员工，合格员工转为优秀员工；不符合条件的进行“下”转，甚至退到劳务市场，内部待岗。通过“三工转化”，解决了员工在短时期内得不到升迁、积极性受到影响的问题，由此调动了工作积极性。有一家企业也引入了“三工转化”，同时为降低风险，把海尔采用的事业部内考核转化改为部门内的考核转化，结果还是遭到了员工的强烈抵制。原因就在于海尔“三工转化”采取的比例是“40%优秀：50%合格：10%试用”，而该企业是“10%优秀：70%合格：20%试用”，海尔的“三工转化”体现了激励，而这家公司却体现了惩罚，员工当然很难接受。海尔的“三工转化”本身并不复杂，很多企业也在学，但发现总是学不到精髓，根本原因就是价值导向出了偏差。

最后，文化抚慰。对于大企业来说，想要避免染上“大企业病”，必须防微杜渐，通过持续的变革，让企业保持活力和竞争力。事实上，当代世界经济发展的主流已经转向“创新经济”，而中国企业自主创新精神缺失、创新能力不足、创新行为“疲软”是一个不争的事实。但是，企业创新行为不可能自发形成，而必须受到具有创新特质的企业文化的启迪和指引。要改变这种状况，实现企业创新的“勃兴”，就必然不可缺失企业创新文化的“引领”与“抚慰”。例如，在 19 世纪初期的美国，当时市场上有许多收割机，但是不论美国农民多么想要得到它却付不起这个价钱。于是有一位收割机发明者麦克科密克通过观念变革创造了分期付款制度。这种方式使得农民能够以未来的收入来购买当前的收割机，这就是我们今天“信贷”商业模式的由来。还如，在微软的企业文化里，一种新计算机芯片的生命周期只有 18 个月。正是在这个“18 个月法则”的指引下，微软的新产品开发才能层出不穷。再比如，在美国硅谷，许多高新科技企业“容忍员工失败”，对员工作息时间实现弹性管理，因为在这些企业的文化思维里，“创造性失败”和“创造性混乱”是理所当然的事情，也正是在这种具有创新特质的企业文化的启迪和指引下，美国硅谷才成为全球高科技新产品的重要“策源地”，并成为全球经济最活跃的地区之一。

（作者系中国华电集团有限公司办公室（党办、董办）副主任（正主任级））

盛世伟业　与君共襄

高　亢

2021 年 12 月 3 日，昆明到老挝首都万象的铁路——中老铁路正式开通，中国中车研制的“澜沧江号”动车组正式投入运营。这是老挝第一条现代化铁路，也是继印尼雅万高铁之后，第二条采用中国标准、中国技术、中国装备的海外铁路，也是中车生产的高铁列车走出去的一个最新示例。

1881 年 6 月 9 日，中国第一条自建铁路——唐胥铁路开始铺轨。同一天，由中车工厂制造的第一台蒸汽机车——龙号机车，也正式驶出厂房。140 年前，铁路技术从西方传入中国，为中国工业的现代化以及中国人的便捷出行贡献了力量。140 年后，中国中车已经成为世界上最大的轨道交通装备制造商。

一、中国中车的历史

历史是企业文化产生发展的土壤，文化又是企业历史的浓缩，并指引着企业未来发展的方向。应该说，140 年的深厚历史已经深深植根于中国中车的文化基因，植根于中车“连接世界、造福人类”的使命中，也植根在中车“正心正道、善为善成”的核心价值观里。

中国中车起源于洋务运动时期的唐山胥各庄。“南有江南造船厂，北有唐山胥各庄”被称为洋务运动的两大骄傲。正如《中车赋》开篇所言：“泱泱华夏，轩辕始张；欣欣中车，源远流长。洋务肇始，唐胥滥觞；辛巳创业，车舆兴邦。”纵览中国中车 140 年的发展历史，大致可以分为五个阶段。

民族工业萌芽时期，中车造出了中国第一台蒸汽机车，建成了中国第一家铁路工厂，并不断开枝散叶。在此期间，十几家机器制造厂先后诞生，通过产品与技术的不断创新，中车为世界轨道交通行业发展贡献着力量。

新民主主义革命时期，中车与党同心，与国同向，因铁路而生的老一辈中车人，成为中国最早一批接受马克思主义影响的工人队伍，中国中车红色基因深镌，形成了独特的红色文化。中国革命的先驱毛泽东、李大钊、邓中夏等都曾走进中车，传播马克思主义，播撒革命火种。

社会主义革命和建设时期，中车坚持自力更生、自主设计，轨道交通快速发展，建立了完整的轨道交通工业体系，研制了蒸汽机车、内燃机车、电力机车以及各型铁路客车、货车，“东风”呼啸，“韶山”奔驰。1952 年，新中国第一台蒸汽机车“八一号”问世；1958 年，第一台干线内燃机车“巨龙号”、第一台电力机车“韶山 1 型”先后问世；1969 年，第一列地铁列车研制成功。

改革开放和社会主义建设时期，客运高速、货运重载迅猛发展，中车通过引进消化吸收再创新，中国轨道交通装备逐渐跻身世界先进行列。一是推动机车车辆实现更新换代，为“中国铁路六次大提速”提供装备支撑；二是重载货车服务大秦铁路等重载铁路；三是“和谐号”动车组上线。2010

年12月3日，“和谐号”CRH380AL型动车组在京沪高铁先导试验段创造了时速486.1公里世界铁路运营试验最高速。“和谐号”高速动车组的投入运营标志着中国正式迈入高铁时代。

进入中国特色社会主义新时代，新中车自成立以来始终牢记习近平总书记嘱托，以科技创新为第一动力，成功研制了“复兴号”动车组、时速600公里高速磁浮、时速400公里跨国互联互通高速动车组、时速300公里货运动车组、中国标准地铁列车等一系列重大科技成果。从“和谐号”创造世界铁路运营试验最高速，到“复兴号”树立世界高铁运营新标杆，再到“绿巨人”进藏入疆，近4000列高铁列车奔驰在祖国广袤的大地上，铸就“大国重器”，实现了中国轨道交通装备从追赶到领跑的伟大跨越，成为中国递向世界的一张亮丽名片。

正如昆明到老挝首都万象的中老铁路一样，新时代中国中车的一个重要特征就是国际化，形成了覆盖全球的业务布局：主动融入“一带一路”建设，中车出口业务实现了“三大转变”，即出口产品由“价值链低端向价值链高端”转变，出口市场由“亚非拉传统市场向欧美澳高端市场”转变，出口模式由“单一产品销售向全要素输出”转变。目前，中国中车在“沪、港、深”三地拥有4家上市平台：中车股份、时代新材、沃顿科技、时代电气，旗下子公司遍布国内28个省、自治区和直辖市；在全球设立了83家境外子公司，展示着中国铁路、中国制造、中国装备的良好形象。

二、打造受人尊敬的国际化公司

面向“十四五”，中国中车提出要打造受人尊敬的国际化一流企业，一是“一核两商一流”的战略定位；二是“一核三极多点”的业务布局。所谓“一核两商一流”就是以轨道交通装备为核心，打造具有全球竞争力的世界一流高端装备制造商和系统解决方案提供商。所谓“一核三极多点”，“一核”就是以轨道交通装备为核心，“三极”包括风电装备、电动汽车和新材料。

中车的企业文化服务于中车战略发展需要。如中车的使命是“连接世界，造福人类”，与世界各国分享中车先进的技术、共享先进的轨道交通出行方式，以及“成为以轨道交通装备为核心，全球领先、跨国经营的一流企业集团”的企业愿景，“正心正道、善为善成”的企业核心价值观，“产业报国，勇于创新，为中国梦提速”的中国高铁工人精神等，极大地丰富了中车的精神谱系、文化内涵和价值追求。

文化是一个国家、一个民族、一个企业的灵魂。习近平总书记说，没有高度的文化自信，没有文化的繁荣兴盛，就没有中华民族伟大复兴。企业为社会经济发展提供动能，既是优质资源要素的集聚地，也是文化发展的重要载体。企业文化是决定企业活力、企业潜力、企业创新能力的重要因素，推动企业发展必须要推动文化建设的繁荣兴盛。“十四五”期间，中国中车要立足新发展阶段，践行新发展理念，融入新发展格局，构筑新发展优势，就必须把企业文化建设摆在更加突出的位置。

文化是企业的灵魂，是一种高端的管理方式，它往往要附着在特定的载体上。近几年，我们提出了“六位一体”的文化传承工程，即司节、司书、司歌、司赋、司史、司馆。司节，我们又叫中车日——每年的9月28日。我们的目标就是要把它打造成中车人一年一度的节日，因为在2000年这一天老中车分为了南北车，2015年南北车重组为新中车也是这一天。在这一天，中车各公司要举行升旗仪式，举办中车之歌比赛以及企业开放日等活动。司书，目前包括两本，一本叫《中车之道》，是对中车改革创新、技术创新、管理创新、文化建设、品牌建设、人才建设、国际化发展、责任履行、党的领导九个方面经验的总结与梳理。另外一本是《红色中车》，是对中车红色历史的记录与阐释。司歌，又称中车之歌，名字叫《与你同行》，已经在中车集团内部广泛传唱，每逢重大活动，第一项议程雷打不动都是齐唱中车之歌。每当“巍巍中华五千年”的曲调响起，中车人报国创新，勇于奉献的精神就会被迅速地激发出来。司赋，就是《中车赋》，在我们建企140年峰会上正式发布，获得了国内外、业内外参与人员的高度认同，目前在集团内部各单位的传诵活动也已经遍地开花，下一步我们还将推动《中车赋》目视化、实物化、音像化。

截至目前，我们“六位一体”的文化传承工程，司节、司书、司歌、司赋均已取得阶段性成果。《中车通史》的编纂工作即将启动。尽管中车集团以及旗下各企业每年都会编纂自己的公司志，但是《中车通史》不同于简单的公司志。它不仅有史实，还有理论思考，是集团统一思想、推动发展的重要文化载体。下一步，司馆，即“中车文化展示中心”的建设也在规划中，将适时启动，推动中车企业文化发展迈上一个新台阶。

企业文化既是企业过去的浓缩，也是塑造企业未来的重要力量。百年风雨兼程，世纪沧桑巨变。140年历史的中国中车，又站在一个新的历史起点上，我们不妨用《中车赋》里面的一段话来总结：

凤凰鸣矣，其声铿锵；鲲鹏展翅，羽翼翕张。五千年文明赓续，浸明浸昌；八万里风光同域，融济万邦。思源致远，初心不忘；盛世伟业，与君共襄。中国中车，大道无疆！

（作者系中国中车集团有限公司党委工作中心主任）

晋商的文化特征

康楣生

文化是事物创新的载体、人类进步的工具、永续传播的手段。当一个事物成功创新，对人类的物质、精神产生了积极影响，促进了人类文明的发展并得以广泛传播，就形成了文化。

晋商作为一个具有鲜明地域特色的商帮，能够在跨越明清两朝的500多年间，纵横于中国的商贸和金融业界，并屡出妙招、屡拓新路、屡创商绩、屡赢市场，在执牛耳于财货之域的同时，也一度达到了富可敌国的程度。

本文将从企业文化的角度，以晋商创造的物质与精神财富两方面事例，探索晋商成功的文化因素。

一、晋商“穷则思变”的进取文化

只看到晋商的富足于现实无补，探索由穷至富的过程才能激励创业的勇气。

晋商的成功从历史的角度看是明清，尤其是近代中国社会发展对商业的必然要求，从地理的角度看是山西地处中原与边疆过渡区域的地域使然。而当今，这些都不可再现了。可比的是人的内心、人的主观、人的作为。

山西柳林县《杨氏家谱》有这么一段话：“天地生人，有一人莫不有一人之业；人生在世，生一日是当尽一日之勤。”这就是说人要有业，人要奋斗。

曾任两届以色列总理、诺贝尔和平奖获得者西蒙·佩雷斯曾说：“一个被驱逐的民族，必须在贫瘠中发现财富。”说明犹太人的创新，不仅在于聪明，更是困境逼出来的。

山西四山夹一河的“表里山河”优势，易守难攻，历来战事往往逐鹿中原，山西更多是雁门关以北抗击北方游牧族的入侵，因而晋中、晋南有更好的发展环境。山西虽与黄河相伴，“黄泛”却未能波及。遭天灾，遇战祸，周边省份人口大量投奔到山西，加之历史上的多次民族融合，以致明朝初年山西成为人口最密集的省份，才有了“大槐树”的迁徙。地少人多，干旱少雨，难以生存，一方水土不足以养活一方人时，山西人就只能走出去，形成“走西口”的习俗。

晋商走出去的人是生计所迫，由卖苦力积累初步资金，开始搞加工，进而搞贸易，不辞辛苦长途贩运，抓住机遇始创票号，成为那个年代最富有的群体。

如自然界一样，晋商的洪流也是由不同的支系汇聚而成的。比如从远古就开始的盐业到明朝靠“盐引”政策暴富的晋南人；以长途贩运起家及至票号鼎盛的晋中人，以边塞供应粮草遇雍正号召国疆恳荒赴内蒙古开荒种地的晋北人，但他们有一个共同点就是从艰辛的劳作开始，积累资金后不断开拓进取，一代代做大家业，这种进取文化的核心是肯出力、善积累、长坚守。

“乔家”创始人乔贵发早年父母双亡，在村里备受歧视，穷顿难捱，只身到内蒙古拉骆驼，风餐露宿，极尽艰辛，小有积累后看到当地冬季缺菜，就做豆腐、生豆芽，大赚了一笔。之后开商店南货北运，形成规模，为乔氏家族做大做强奠定基础。之后的乔家人几乎每一代都有能人操持，其孙乔致庸时期事业突飞猛进，两大票号及生意开遍全国各地。乔致庸孙辈乔映霞、乔映奎也在清末动荡时期力图振兴做了许多努力。

肯出力、善积累、长坚守的进取文化源于“穷”的原始动力，立于“俭”的祖辈传承，兴于“变”的不懈奋斗。

二、晋商“地缘纽带”的组织文化

很多人在挖掘晋商密码时归功于诚信，号召企业学习晋商的诚信精神。不可否认，始终如一的诚信造就了晋商的成功，在通讯、交通极不发达的那个年代，仅凭一纸信函就可收揽、兑付千万银两，没有十足的诚信确实做不到。但人的本性是贪婪的，晋商也不例外。那是什么制约着晋商守诚信？这就是我们要讨论的诚信产生的内在文化因素。

山西是中华文明的发祥地和五千年传承未中断的地区之一，其“仁义礼智信”等优秀文化造就了山西人朴实善良忠厚的性格特征。农耕社会人们具有相对固定的居所和赖以生存的土地，故土难离既是观念也是基本的束缚，祖祖辈辈形成一定规模的家族长久生活在一个地方，在族长、乡绅、保长等的督促下，逐渐形成的乡村自治和民约乡俗成为基本的道德约束，村里谁家有不检点的儿孙，整个家族都不光彩，即所谓的“家乡约风俗”。

所以晋商首先在用人的选择上就非常苛刻。首先是本乡本土、相貌端正、家族中没有污点、十五六岁的男青年，经亲朋保荐，掌柜考核，才能入选。初时或在当地总号，或是外派各地分号，先做三四年“小伙计”，只干些伺候掌柜的粗活，自学打算盘、背诵生意必要知识，最重要的是要考察你的德行、反应，有无不良行为。几年历练才能上手接触生意，成为正式员工。副掌柜、掌柜产生于员工中，除去业绩外，还得请有头脸、有足够资产的商界人士担保，防范风险。

这种以本乡本土、知根知底为纽带联系起来的组织，是那个年代山西商人约束员工自廉、约束企业诚信的最实际、最有效的方法。其根基在于地域和传统文化的渗透熏陶，“脸面重于金钱”的家族名誉风险制约。其核心是每个掌柜、每位员工都是透明的，风险也是由整个家族名誉共担的。所以数百年来，山西商人才能从小买卖做成国际贸易，进而创立票号，这期间没有发生一例员工携款跑路，无一赖账不兑的。“还得起”也成为晋商在几次社会动荡，遭受巨额损失后的惊人举动。

这是从商业组织文化上探讨诚信的根基，实际上，诚信还有严密的制度约束，还有企业形成一定规模后的经济规律，更重要的还有它的社会环境影响。

三、晋商“崇尚关公”的精神文化

晋商这种以地域为纽带的组织文化，不仅使诚信有了内在根基，更利于组织结构中文化认同的一致，对巩固晋商长期繁荣确实起到了举足轻重的作用。而文化最重要的是精神引领。

明清时期，山西籍的关羽被推为至高位置，称为“关帝”，形成“县县有文庙，村村有武庙”。山西商人借助于地缘亲情，膜拜之至，奉他为精神领袖，最根本的原因是关公一生身体力行“忠义”二字，“忠”就是“尽己”，就是责任心，“义”就是团结同仁，不坑客户。他们把随身携带的关帝神像带到异域安身立命之所，设龛供奉，一如在家祈求问卜，以致后来在足迹所至之地由商家筹款广建关帝庙，仅北平就有 40 余处。清代晋商所建的关帝庙几乎遍布全国各行省、商埠，遗存下来的已成为文物精品供人观赏。目前全国有迹可查的晋商所建关帝庙多达 300 多处，而且这些庙宇都是当地最华丽雄伟的建筑，有的至今仍是当地人文名胜。如社旗、开封、聊城、苏州、汉口的关帝庙，无一不是歇山重檐、雕龙绘凤、殿宇重峻、金碧辉煌。

他们以关帝庙作为同乡会和行业会活动的地方（亦称会馆，大都是庙馆合一），把当地晋商组织起来，请这位神灵日夜监督他们的精神世界和商业活动，同时汲取无穷的正义力量，是一种极具归属感的企业文化，自然能够形成团队精神。会馆由各商号经理轮流担任执事，定期和不定期聚会，商量会事，制定行规，处理商务纠纷，办理商务立法和执法事宜，有的还建立商团武装，保卫商务，维持地方治安，甚至遇外寇侵扰亦“协力御之”。

他们对关羽的崇拜，还产生了一种意想不到的结果，今天在中国许多地方，商铺的显要位置都供奉着关羽的神像，此时这位神圣所代表的就不仅仅是公平、信义，它还象征着财富和兴旺，成为商家的“武财神”。

“忠义”两字，让晋商心有灵魂，行有指向，以“联号”形式，或是兄弟父子，或是朋友乡邻，组合成有分有合、互通有无的集团，一步步走向更宏大的商业舞台，不仅气势压人，而且呼应灵活、左右逢源，成就商业大气候，表现出了强大的精神凝聚。

可见，晋商以会馆（关帝庙）为载体，以关帝“忠义”为楷模，来提升商业伦理的精神准则，因而各会馆成员都能自觉地守望良知，虔诚合作，谋求共同的生存与发展。这就是晋商诚信精神的文化基础。

财富是流动的，唯有文化永存。

四、晋商“以义制利”的经营文化

关公的“忠义”深深影响了晋商的价值观，在逐利的同时把“义”放在首位，并以自身的实践很好地印证了“义、利”可以兼得，形成了“以义制利”的独特经营观，打破了儒学作为正统统治思想“义、利”水火不容的束缚，以至于在清朝末年，“士农工商，国之四维，无有高下之分”成为普遍的共识。

明代山西蒲州（今永济）著名商人王现，为士不成，乃出为商，他成为巨商后说过这样一段话：“夫商与士，异术而同心，故善商者，处财货之场，而修高明之行，是故虽利而不污，故利以义制，名以清修，天之鉴也。”就是说商人和读书人虽然所走的路不同，但对每个人内心的修养约束是一样的，高明的商人每天面对钱财货物，却不利欲熏心，而用高尚利他的标准修炼自己，不义之财不可取，即使赚钱也要遵循道德规范，做到以义制利，这样修炼自己的经商原则，世道自会给出公正的评判。王现的话道出了晋商经久不衰的真经，经商如同做人一样要有道德规范，有了清白的名声，有了忠诚和信义，还愁没有利吗？400 多年前的晋商竟把修德与取利之间的关系洞察得如此透彻，境界标立得又如此高远。

晋商并非只顾自己埋头赚钱，而是充分考虑顾客、团队、社会甚至竞争对手。其“以义制利”的经营文化表现为“各美其美，美美与共”的和谐共赢状态：

（1）善用商机，各取所需。“购青苗”解决了农民青黄不接时的拮据，承担了气候因素的风险；利用山西干旱的黄土窑洞“窖粟”，调节歉、丰年粮食供需；当“九边”屯兵时接手官家的粮草供应，时间、经济成本大大降低；当大额白银长途运输带来不便时，及时创立安全、高效的票号，亦被朝廷接受。晋商兴业的这些手段，当然首先是自己赚钱，但客观上满足了百姓和社会需求，解决了许多燃眉之急的问题，亦没有乘人之危的嫌疑。

（2）谋略竞争，各行其道。商场如战场，必然有竞争，而晋商的竞争却又不以消灭对手来完成。晋商是对山西商人总的称呼，其实细分起来，又有不同的商帮，他们行商路线不同，经营品种不同，当一个行业充满竞争时，他们就另辟蹊径，按照市场需求有序发展，要么另开商路，要么另寻新的产品，或建立流动贸易，做零星售货的生意，不搞跟风倾轧。票号由日升昌创立后，先后又兴起 30 几家，设在全国各地的分号则在 400 处以上，一方面对立竞争，另一方面却必须妥善协调，以谋求整体的健全发展。票号业务上有一个不成文的巧妙分工：官府的大宗官私款项，由大的票号收揽，而商家和个人存款，大票号有意降低存款利率，由钱庄、钱铺等小的字号收储。这样，山西票号整体稳操了各地金融市场，而日升昌这类大票号也始终居于行业之首。

（3）制度合理，各尽所能。经理负责制：明确划分了财东（出资人）与掌柜（经营者）合作关系上的各自责任与职权，掌柜能够放手经营；人身顶股制：财东与掌柜、伙计之间形成了一个经济利益共同体，经理与伙计的物质利益与商号的发展始终休戚相关；信报制：三日一函，五日一信，做到上下左右通气，信息传导流畅，及时捕捉商机。另外，雇员选拔、数字计算、银钱调用、汇兑密押等严密务实的制度文化，是从学徒时就要熟稔于心的基本要求，都为晋商始终沿着“以义制利”的健康经营提供了保证。

（4）反哺社会，各显本色。我们现在讲的企业社会责任在晋商身上有不同的表现：平遥古城在清咸丰时重新修缮，所需资金是由平遥城中二十四位商人解囊相助；历史上山西大旱三年，榆次常家以修建戏台为名变相赈灾，让村民能体面地吃到饭；八国联军进犯北京，慈禧率朝廷西逃，晋商解囊助 40 万两银子；清政府出卖了山西煤矿资源，山西祁县商人渠本翘联合众晋商以高价从英国人手里赎回煤矿，称为“保晋壮举”。代县仕商康庚，抗日战争时期，曾资助八路军 100 石小麦和 100 件皮袄，捐助傅作义起义部队 100 万大洋。这些“为富亦仁”之心怎不让人敬重。

五、晋商“心灵回归”的大院文化

国家历史文化名城保护专家委员会副主任、城市规划专家郑孝燮对晋商大院情有独钟，他说“建筑是一种文化，建筑的确能够反映各种各样的气质出来”。

（1）荣归故里，光宗耀祖。当 500 年晋商谢幕之后，留下的只是一处处令人遐想的宏大院落。山西人恋家，但为生计又可离家。落叶归根是每个游子心灵深处的愿望，浪迹天涯，忙碌辛劳，就是为了能够有朝一日载着成功的荣光归来，而其中最显赫的标志就是在自己的土地上，盖起属于自己的宅院。据粗略统计，山西境内保存基本完好的深宅大院大概有 1300 多座。当然它们不是一夜之间拔地而起的，那是山西人一辈辈远走他乡的财富积累，也是先祖们一生生基业长青的奋斗结晶。失败者埋骨他乡，成功者光耀门庭，这就是山西人的故土情结。大院犹在，只是不知大院象征的精神能否“再活 500 年”。

（2）心归天伦，含饴弄孙。晋商中许多人从十几岁就离家当伙计，学生意，而商号制度是 3 年才允许回家探亲一次。如此计算，一个 60 岁的商人告老还乡时，他在外飘零已有 40 余年，当他们拖着疲惫一生的身躯回到故乡时，心灵才可以回归，才可以过上正常人的生活，这也是他们倾力盖房建屋的现实需求。在一生奋斗而来的庭院里，听听小曲，逗逗孙子，夸夸各地见闻，该是他们的日常，也是他们心灵的最后安放。

（3）礼归传统，匠心独运。中国封建社会制度、文化、风俗也体现在房屋建造上。晋商大院主人的房屋都没有逾过规定的 5 间，且主次分明、内外有别。其中融入了吉祥文化，儒、释、道三教文化，贤哲古训，古今名言，处世学问、励志警句等元素，宅院便有了更多的人文气质，表达了主人借助盖房的良机，在建筑物上建立起一种家族内部的对话方式，不失为另一种文化熏陶。梁思成在考察后也对晋商的建筑叹为观止，称“出于我们意料之外许多”。

（作者为山西省企业文化研究会会长）

观点荟萃

文化当以战略为导向 浸透于组织的运行中

未　影

中国勒泰集团简称“勒泰”，是一家集商业地产开发、商业物业运营、国际农产品物流园区运营等为一体的集团公司，曾荣登中国商业地产 TOP100 榜单第 38 位。集团控股的勒泰集团有限公司于 2012 年在香港联交所主板上市。中国勒泰集团成立于 1998 年，业务起源于商业零售，曾创立并成功运营“保龙仓”零售品牌；于 2010 年进军商业地产领域，创立“勒泰”品牌，陆续开发多个城市商业综合体项目，旗下资产包含豪华酒店式公寓、五星级酒店、甲级智能写字楼、高档购物中心、国际农产品物流园等。

自 2018 年起，在大刀阔斧精进自身，进行管理提升的过程中，勒泰将文化建设作为重要课题摆在了企业发展的案头。在此期间，勒泰刷新了企业文化理念体系，明确了企业的核心理念和行为原则，现将所遵循的理论基础及实战经验陈述于下。

一、理论基础：文化价值实现应以改善集体的心智模型为本

在文化的参与下，企业的经营策略得到补益，长期战略愿景、中期战略目标、短期经营目标获得促进及实现，是文化之于企业的真正价值，这也是勒泰企业文化建设的出发点。

企业文化是为实现企业战略找到的行之有效的路径，路径的总和即为企业的文化理念体系。理念确定后用以指导行为改进，便进入了文化落地环节。“指导”二字能否彻底将理念转变为行为？勒泰在文化建设中，有如下的考虑：

并非理念明确了，群体就会自发依照指引改进行为。所有成熟的群体，行为模式背后是一套固化的思维模式，并有成功案例佐证，足以让他们信赖自身；如果企业文化理念同其思维模式相悖的话，强制他们改变行为的难度可想而知。更何况，很多情况下，个体并不能正确认知到主导其行为的思维模式是什么，就更遑论对错与改进了。

因此，让组织成员产生信赖并非轻而易举。勒泰的文化建设并没有局限在倡导理念、开展活动及营造氛围等表层工作。基于企业目标，勒泰深入思考行为背后的基本假设，将勒泰文化落地的核心课题落位于心智模型的升级，为改善主观行为创造客观条件。

二、实战经验：勒泰集团企业文化建设的三项举措

要想搞清楚所有麻雀的构造，只需要解剖一只麻雀就够了。大道至简，找到一条“成事内核”，具化成“行为流程”，并一以贯之，就能达到一子落而满盘活的效果。

作为一家商业运营企业，在企业战略问题厘清后，勒泰提炼出了包含“诚实正直、求真透明、追求卓越”等在内的核心价值观。但由于概念本身存在笼统性，为更好地将价值观行为化，勒泰明确了“相信极度求真和极度透明”“做有意义的工作、发展有意义的人际关系”“允许犯错、但不允许一错再错”“求取共识并坚持”等 6 条文化行为原则，并配套了 67 条关乎组织及组织成员的指南作为行为指引。至此，便形成了勒泰的“行事内核”。

（一）刻意练习五步法，用行为倒逼认知提升

不同的人对同一概念的理解会有很大偏差，盲目地要求集体同步达成共识，既不科学也容易引发组织成员的抵触情绪。为了让文化顺利落地到战略执行、组织架构梳理、业务管理等关键环节，勒泰采用的统一流程是五步法。即：①设定目标；②发现问题；③诊断问题；④设计方案；⑤执行方案。此方法借鉴于桥水基金创始人达利欧探索出来的“五步流程”。

五步法作为勒泰的“行为流程”，如何能做到有条理地将“成事内核”植入组织成员日常的工作行为中，有何依据能确保文化落地的实现呢？这就要从五步法内容的本质说起，其各个环节都渗透着勒泰文化的思维，其本身即是勒泰文化在工作方法上的浓缩。比如，在组织架构的设计上，勒泰采用了无边界组织形式，在组织内部共享决策信息，体现了“相信极度求真和极度透明”的文化。

在无边界组织中，将不同特质的人排布在五步的各步，组织采纳专长、个人发挥所长，体现了“做有意义的工作，发展有意义的人际关系”的文化。在五步法碾压过程中，重复犯错将会面临岗位调整，体现了“允许犯错，但不允许一错再错”的文化。无边界组织本就是博采众长，获得最佳的决策方案，并由专人执行方案，符合“求取共识并坚持”的文化……

五步法自2018年提出至今，在内核因素不变的前提下。经历了多次精进演变，如今已持续运行了4年。五步法应用于解决组织内部产生的任何关键性问题，是勒泰内部的通用工作法。

刻意练习代替了刻意记忆，组织成员在不断地按照流程规则调整自己的行为后，刻意练习就变成了潜意识动作。习惯慢慢形成，并不断地成功，企业的文化不知不觉中变成惯性动作，文化自然就成了。

（二）全面灌输，不断地融会贯通

两条腿走路，才能更稳健。除通过刻意练习达成行为上的循序渐进外，有意识的成长会起到很好的裨益作用。因此，勒泰在执行文化落地的另一维度是：不断地对组织成员进行文化理念的灌输。

在强推广期，勒泰的文化宣贯无处不在。第一项重点举措是开展文化主题月，一个月一个文化主题，共开展了6个文化主题月。主题月开展期间，为强化文化认知，勒泰于大范围的内部线上线下传播渠道进行视觉布局，具体载体包含企业官网、OA登录平台、勒泰视频平台、企业文化墙等；同时，固化文化培训动作、开展了几十次文化共识共创，以强化概念理解，并通过文化考试确保传播效果。

达成根基深厚的文化底蕴从来都不是一朝一夕能完成的，显而易见，6个月的强化期结束后，并不意味着文化传播期的结束。此刻按暂停键，前期建设的成果极大可能付诸东流。

后续，勒泰紧接着第二项传播举措：开设两档文化栏目常态化运营：即文化早间课、文化微课。每周一至周五固定文化主题，两档栏目分别以不同的形式表现同一主题文化内容。文化早间课于晨会面授，将文化理念具化到工作场景中，以故事或问答等通俗易懂的形式呈现出来；文化微课采用极简的图片形式，将文化理念拆解为更为明确的行为指南输出。

（三）为文化落地清障：扁平化组织+开放式办公区

在帮助企业实现战略愿景的过程中，勒泰文化承担的首要职责是“创意择优”，让最佳的观点胜出，确保决策最优。

基于此，勒泰鼓励坦诚和互爱；鼓励勇敢试错和追求卓越；鼓励打破职级边界，依托个人可信度履行话语权。此时，消除权威，创造畅所欲言的环境，才有可能获得更好的观点。

组织行为如果成为掣肘，组织成员的行为改进绝无可能。勒泰尝试着从组织开刀，打破层级，在新一期的组织架构调整中，再次减少岗位汇报层级，更趋近于扁平化；并重新布局办公空间，所有管理层搬离独立办公室，开放式办公、敞开式交流。

在企业中，文化为战略服务，促进企业愿景和长期战略目标的实现，这一终极职责永远不会变。这是勒泰文化建设的不变。勒泰在文化建设中抵达核心目标的一系列动作，或许并不同于大多数企业传统的做法，也同一些固化的职场思维出现了冲突之处。但是既然择定了目标，判断了助力目标所应匹配的文化，就应保持对所选择文化的高度信任，始终如一地坚定地为目标努力。

在知行互促的4年多文化建设过程中，勒泰也在不断地调整方向及动作，在实践中实现组织的学习和成长。这是勒泰文化建设的变化。因为，文化建设不能一蹴而就，源于文化建设者意识的成熟度在逐步升级，文化建设的图景也是在持续不断的思考中得到完善；文化落地不能一蹴而就，也源于组织成员的思想意识受到多重因素的影响，思想的延续和变更具有很大的不确定性。

在坚守变与不变的文化建设中，勒泰人的心智模式也在发生着潜移默化的转变。明确的理论指导、五步法流程牵引、加之开放的环境，更多的场景，是可信度高的人在一起开放地磨砺最佳观点，较之过往，决策变得不仅高效也更为科学。如今，还走在文化落地之路上的勒泰，在坚定地朝着目标前行，孜孜不倦地在实践的征程中去沉淀更多的良剂，以夯实根本，用以解决更为长久的发展问题。

（作者系中国勒泰集团品牌文化总监）

文以聚心 融以共赢
——关于国有企业在“一带一路”建设中加强跨文化融合的思考

刘孔明

中远海运集团作为全球最大的综合航运物流企业，也是我国最早走出去、国际化经营程度最高的央企之一，近年来借着“一带一路”东风跨海远航，业务覆盖60多个国家和地区、1500多个港口，在60多个国家和地区拥有315家控股企业，外籍员工近万人。特别是对希腊比雷埃夫斯港的投资项目，已成为中国“一带一路”建设实施的典范。赢得了良好社会声誉，唱响了COSCOSHIPPING品牌。在十九大精神的指导下，集团参与“一带一路”建设的规模和范围将不断扩大，如何加强跨文化管理，消除国际化经营中的文化风险，实现民心相通的文化“软着陆”，培育具有中国特色的海外企业文化，是摆在我们面前的一个重要课题。

笔者结合赴欧洲参加中央企业践行“一带一路”倡议中的企业跨文化融合和跨文化管理培训的思考与体会，针对目前国有企业在海外经营发展中面临的文化冲突和差异，提出构建“五位一体”的跨文化融合体系的构想，以更好地发挥文以聚心、融以共赢的作用，促进国有企业深度融入国际化进程，有力助推“一带一路”建设。

一、实现从“走出去”到“走进去”——“一带一路”倡议中跨文化融合与管理的重大战略意义

1. 文化交流是有效抵御“一带一路”风险挑战的防火墙。习近平总书记在十九大报告中指出，要积极促进“一带一路”国际合作，努力实现政策沟通、设施联通、贸易畅通、资金融通、民心相通。其中很重要的一条就是推进民心相通，民

心相通主要靠文化、靠交流。“一带一路”沿线国家大多是新兴经济体和发展中国家，涉及亚、欧、非三大洲的 60 多个国家、70 多个经贸合作区、40 多亿人口。各国历史、宗教、文化、社会制度不同，相互之间的了解和沟通特别重要。只有了解别国的文化才能产生尊重，产生了尊重才能产生学习和借鉴的作用。因此，在建设“一带一路”进程中必须坚持正视中外文化差异，坚持文化先行，通过积极有效的沟通、交流与合作增进彼此之间的理解认同，逐渐“求同存异”，化解矛盾冲突，为中国与沿线国家和地区发展经贸合作提供“软”支撑。

2. **文化融合是推进“一带一路”持久建设的力量倍增器。**“一带一路”是一个着眼长远的发展倡议，倡议的实施落地不仅需要政治上的互尊互信、经济上的互利互惠，更需要文化上的互融互通、互学互鉴。文化融合不仅是要解决不同群体因文化传统、文化思维、文化实践等不同而引发的文化碰撞与冲突，更重要的是通过文化的深度融合实现文化的共识和认同。中央企业作为“一带一路”倡议的主要实践力量，必须从战略高度深刻认识落实“一带一路”倡议以及跨文化融合和管理的重要性、必要性和紧迫性，一方面，应大力修炼企业文化内功，继承优秀传统文化，持续树立中国企业和中国民众的国际形象和良好声誉。另一方面，要讲好“中国故事”“央企故事”，传播中国声音，努力实现从“业务走出去”到“文化走出去”的协同，更好地践行“和平合作、开放包容、互学互鉴、互利共赢”的丝路精神。

3. **跨文化管理是海外业务持续健康发展的加速器。**加强跨文化管理工作，对加快实施“一带一路”倡议，着力提升企业形象具有非常重要的意义。中央企业要适应经济全球化、市场化、信息化发展趋势，推进并购重组、做强做优做大，也离不开跨文化管理工作的有效支撑。针对“走出去”步伐加快、“一带一路”持续深耕、本土化用工增多的现状，完善跨文化管理的顶层设计，明确跨文化管理在不同阶段“走出去”的思路及目标任务，对“一带一路”沿线国家的政治、经济、宗教、法律、风俗习惯、质量安全及相关施工标准、用人资质、合同规范等进行深入细致的研究，切实提升跨文化管理能力。

二、正视跨文化风险——国有企业海外事业发展面临的“无形”壁垒

1. **价值观念方面。**中国传统文化以儒家思想为核心，关注人与集体的关系，要求员工“一切以大局为重”“集体利益至上”。而西方价值观关注人与物质的关系，强调利己的思想，以实现个人利益、维护个人尊严等为出发点，追求人人平等；在伊斯兰世界的宗教国度里，关注人与真主的关系，凡事以宗教为先；非洲文化关注人与人的关系，将感情、神灵象征等放在首位，重视家庭和亲缘关系。特别是东西方有着不同的宗教信仰，经营管理必须做到“入国问俗、入门问忌”，避免与宗教信仰相冲突。此外，不同国家和地区在节日、色彩、手势、审美观念、称谓、数字使用等方面有独特的风俗习惯，稍不注意就会产生不良影响。

2. **社会形态方面。**国有企业海外投资发展的东道国大多是资本主义国家，基于意识形态和国家战略的不同，国有企业在海外开展党建文化活动受到诸多限制。一些西方国家更是大肆宣扬“中国威胁论”，将经济问题政治化，使中国企业在公平合理参与全球资源的竞争中时常受到误解甚至敌视。由于目前“一带一路”倡议还处于起步阶段，各方对“一带一路”的理解认识也不尽相同，部分国家还存在一定的疑虑，担心“一带一路”倡议的深层战略意图。在调研中，我们了解到，中欧和东欧国家关注和参与“一带一路”倡议的热情相对较高，而西欧国家普遍相对较弱，他们主要关心的是“一带一路”能为其就业、经济增长、再工业化带来什么现实利益；一些德国民众对中国近年来的发展速度之快，心存“害怕和恐惧”，对中国是如何发展起来的十分好奇；德国各界还不能清晰地感知中国“一带一路”战略的整体构想和推进措施，由于天然反感企业的政府背景，德国企业对我国中央企业的背景具有比较强烈的防范意识，过分强调自己的央企身份往往容易引起德国企业的“不安”和“警觉”。

此外，发展中国家时局动荡，军事冲突和恐怖袭击时有发生，宗教民族冲突此起彼伏，企业在海外经营中存在较大的公共安全风险。

3. **经营管理方面。**国内外商业游戏规则的不同，给企业海外经营管理带来了风险因素。一是法律风险，“一带一路”涉及国家众多，其法律体系不尽相同，甚至分属不同法系，易产生法律信息不对称的风险。二是市场风险，中国企业面对的国家发展水平不一，不稳定性因素居多，市场风险相对较大。三是用工风险，东道国出于地方保护主义，常常对本国员工的招聘比例有明确限制，中国企业可能会面临劳资纠纷等风险。

三、构建“五位一体”的跨文化融合体系——国有企业跨文化管理的路径探索

1. **坚定文化自信，增强企业跨文化融合的原动力。**文化环境对企业的综合影响是全方位、深层次和系统性的。在践行“一带一路”进程中，企业会遇到不同国家、地区个性化的文化背景，企业应坚持文化先行、坚定文化自信，以国际化发展战略，特别是“一带一路”战略布局为基础，超前谋划，深入研究不同国家有关社会制度、宗教信仰、文化传统、经济体制、法律制度、开放程度等方面的差异，价值理念、行为方式、生活习俗的不同，主动出击，通过推动传统文化的传承与现代文化的创新，进一步深化与沿线国家的文化交流与合作，促进区域合作，实现共同发展，让和平合作、开放包容、互学互鉴、互利共赢、平等透明、相互尊重的理念广为传播，积极推动不同国家、不同地域的跨文化融合。

2. **尊重文化差异，增强企业跨文化融合的凝聚力。**不同群体之间的重大差异就在于各自独特的文化。在国际化发展和“一带一路”建设中要加强文化差异的识别，理性面对文化差异，消除文化摩擦。要以开放包容的文化理念兼容并蓄

不同国家、地区文化的精华，滋养自身的企业文化生命，使之焕发旺盛的活力和强健的市场适应力，促进企业双边和多边的合作氛围。要保持谦虚心态，尊重外方文化，注意人格平等。要尊重对方的政治立场和道路选择，不强求不干涉，平等自主、和平共处，为合作创造和谐安定的社会环境。要在彼此尊重的基础上，进行文化创新，形成双方均能接受的企业文化，一方面模糊文化差异，模糊文化中最可能引发矛盾或冲突的部分，在理解的基础上，彼此让步，降低文化冲突产生的概率。另一方面建立新生文化，双方文化通过融合、发展和创新，生发出符合文化规律的、各方可以接受的一种崭新文化，实现双方之间的深层次交流。要实施“本土化”战略，尊重所在国习俗，保护当地环境，维护当地员工权益。充分利用当地人才、关系、渠道、技术等各方面资源，全面推进经营理念、管理模式、人员聘用、沟通处理方式“本土化”，将企业生产、经营、管理等全方位融入所在国经济中。通过本土化减少不同文化差异带来的负面作用，同时将企业文化根植于本土文化，增强企业竞争力。积极参与社区建设，力所能及地支持所在国公益慈善事业，更好地融入当地社会，树立中国企业负责任的国际形象。要直面文化差异，奉行求同存异，善于发现和汲取不同的文化智慧，在互利共赢的合作基础上寻求文化的契合点，以文化的多样性融合，促双方市场对接、机制对接、产能对接，持续增强企业跨文化融合的凝聚力。

3. 铸造一流品牌，增强企业跨文化融合的影响力。铸造一流品牌是建设具有全球竞争力的世界一流企业的前提和基础。放眼全球一流企业，无不拥有世界一流的文化和品牌。在践行“一带一路”走出去过程中，一流的企业品牌必然更加有利于赢得世界各国的尊重，有利于促进相互的文化融合，有利于“一带一路”建设的顺利推进。在调研期间，无论是与德国教授讲课还是到德国企业现场参观，都能够深深地感觉到德国人民对“德国制造”质量的自信和骄傲。德国企业具有强烈的质量意识，国际一流的产品和服务，使得德国制造具有超强的国际竞争力。

要高度重视品牌建设，通过诚信经营，提供高质量、多样化的产品和服务，让客户高度满意；学习借鉴世界一流企业品牌文化建设经验，大力弘扬质量文化、创新精神、工匠精神，持续开展技术创新、商业模式创新、内部管理创新，不断增强企业发展创新力和竞争力。要积极履行社会责任，践行绿色、环保理念，培育拥有自主知识产权和国际竞争力的自主品牌，为深化供给侧结构性改革、促进“中国产品向中国品牌转变”作出积极的贡献。加强对外宣传，充分利用国内各种媒体讲好企业海外故事，同时采用贴近国外受众思维和语言习惯的国际化话语体系，选取企业重大业绩、重要事件、重点工程、重要经验和先进典型等外宣选题，把握时机，主动发声，扩大海外“样板工程”和“经典案例”的宣传效应，全方位塑造有实力、可信赖、负责任的“中远海运COSCOSHIPPING)”全球品牌形象，提升企业知名度、美誉度和影响力，促进国家品牌和形象的提升，带动“一带一路”倡议号召力和影响力的大幅提升。

4. 培育一流人才，增强企业跨文化融合的战斗力。企业之间的合作，关键是人与人之间的合作。“一带一路”跨文化融合需要一支懂管理、懂技术、懂外语、熟悉外国法律和制度的高素质一流人才队伍。企业要想把握机遇，实现价值，就必须在人才队伍建设上快步跟进。要根据国际化发展趋势，制定国际化人才培养计划，充分考量派往海外员工的专业技术能力、跨文化交际和语言能力，并兼顾婚姻家庭情况、出国动机等因素，明确招聘选拔的侧重点。加强企业跨文化管理培训，全面系统深入地了解所在国文化的价值观念、伦理道德、风俗习惯、法律制度等，提高员工对异国文化的认识和敏感性，引导员工理解和尊重文化差异，减少文化冲突，提高文化冲突的解决能力。要注重培养和发展员工的观察能力和面对面交流的能力，逐步形成一种既坚持自己的核心价值观，又体现与各种异质文化融合的灵活性与有效性，适应所在国的“本土文化”，从而开放自己，包容别人，为我所用，共享共赢，使员工在真实的企业环境中理解和学习异国文化。要举办多层次、多种形式的语言培训，通过语言文化学习减少语言带来的隔阂，更好地了解异国文化和思维方式。要有针对性地开展各种文化交流活动，有目的地促进不同文化之间的交流融合，提高员工掌握其他文化知识的能力。要通过培训，把推进中外企业文化融合的过程成为求同辨异、求同尊异、求同化异的过程，成为传播中国文化、弘扬文化自信、树立中国形象的过程，成为情感共融、利益共享、合作共赢的过程。

5. 创新管理模式，增强企业跨文化融合的鲜活力。“一带一路”沿线各国历史、文化、宗教不同，企业只有不断创新跨文化管理的方式方法，通过文化交流与合作，才能产生共同语言、增强相互信任，提升跨文化融合活力。一要正确认识跨文化融合的重大意义，树立文化差异就是竞争优势、发展动力、创新源泉的管理理念；二要精准识别不同国家、不同地域的文化共同点和差别，深入了解不同文化在价值观、管理方法、思维方式和行为方式等方面的差异，扬长避短，有效化解矛盾和冲突；三要在尊重差异的基础上，不断加强不同文化之间的沟通与交流，创新开展各种形式跨文化培训，注重发挥人的主观能动性，增强沟通交流有效性；四要充分挖掘和利用不同文化优势，通过不同的文化视角，发现机遇，迎接挑战，规划多元企业发展战略；五要加强跨文化管理与融合，要紧紧围绕企业发展战略目标，引导和促进不同文化背景员工把思想和行动统一到完成目标任务上来，通过目标的达成，推动跨文化管理融合，促进不同文化共生与发展。

（作者系中远海运散货运输有限公司党委工作部部长）

传承鞍钢英模文化 培育企业劳动精神

孙志国

习近平总书记在2020年11月的全国劳动模范和先进工作者表彰大会上指出，在长期实践中，我们培育形成了“崇尚劳动、热爱劳动、辛勤劳动、诚实劳动的劳动精神”，劳模精神、劳动精神、工匠精神“是鼓舞全党全国各族人民风雨无阻、勇敢前进的强大精神动力”。辽宁双鞍集团作为由鞍钢集体福利企业转制而来的国有控股企业，也一直致力于传承鞍钢英模文化，培育企业劳动精神。

一、中华民族具有崇尚劳动、热爱劳动的优良传统

习近平总书记说：“人世间的美好梦想，只有通过诚实劳动才能实现；发展中的各种难题，只有通过诚实劳动才能破解；生命里的一切辉煌，只有通过诚实劳动才能铸就。”劳动创造了财富，也砥砺着精神。人只有勤奋过、拼搏过、奉献过，才能感受春种秋收的喜悦与充实，才能体会成为一个有用的人的自在与尊严。每个劳动者通过诚实劳动收获财富，社会的基本秩序才能够得以维系。劳动创造财富，劳动者在劳动中所体现出的坚守与热爱，更是一笔无与伦比的财富。他们让世界相信，有梦想、有奋斗，就能创造出美好。偷工减料、制假售假等失信行为，通过不当手段或许换来了一时的私利，但最终全社会都要为诚信缺失“买单”。

在中国历史上，劳动精神的形成和发展离不开传统文化的深厚滋养。凭借一双勤劳的双手，中华民族的先民们用汗水与智慧开启了灿烂的中华文明。中华民族是勤于劳动、善于创造的民族。正是因为劳动创造，我们拥有了历史的辉煌；也正是因为劳动创造，我们拥有了今天的成就。当今的中国，劳动的内涵不断丰富，劳动者的主动性、创造性愈加彰显，知识型、技能型、创新型劳动者成为时代的要求，但辛勤劳动仍然不可或缺。

二、鞍钢各个时期的英模人物是鞍山地域文化的重要标志

与共和国一起成长的鞍钢集团公司在生产出国家建设急需的大量优质钢材的同时，60多年来累计诞生各级各类先进典型人物近万名。从建国初期的“老英雄”孟泰，到社会主义建设时期的伟大共产主义战士雷锋、“走在时间前面的人”王崇伦，到新时期学习实践雷锋精神的优秀代表郭明义、以普通钳工身份入厂的“时代楷模”李超……不断涌现的鞍钢典型，见证着时代变迁，也领航着人们的精神追求。

鞍钢的英模文化来源于鞍钢人与共和国同呼吸、共命运的朴素情感。鞍钢的典型遍地开花，就在每个工友身边，成为大家时时争先、处处争优的最有效带动因素。完善的选树、培养、奖励、宣传机制，为鞍钢营造了崇尚英模的文化氛围。而鞍钢根据英模基因提炼的“创新、求实、拼争、奉献”企业精神，已成为广大干部职工的思想共识和行动指南，“学英雄、当英雄”成为风尚。

辽宁双鞍集团提倡的劳动文化与鞍钢的英模文化一脉相承。双鞍集团企业文化的特色是以责任之心、事业之心和慈爱之心为基石的责任文化。在双鞍集团组建之初，鞍钢把一大批富于奉献精神的干部和工人调派到福利企业，让他们带领残疾职工共同创业。面对场地缺少、资金不足、技术落后、设备陈旧的困难局面，这些创业者意识到，如果不奋发自强，如果没有献身福利事业的自觉，他们和自己的企业就会逐渐在边缘化中颓败。而他们没有消沉，全身心投入艰苦的劳动中。就这样，弘扬劳模精神和培育责任文化在共同的福利事业中找到了契合点。

双鞍集团在宣传工作中以弘扬劳动精神为出发点，大力倡导劳模精神、工匠精神、企业家精神，在技术强企、人才强企、效益强企的同时，还做到文化强企，把崇尚劳动的好作风提升为精神成果并薪火相传，让劳模、工匠典型、先进工作者等各类先进人物走在职工队伍的最前列，在企业里形成时时争先、处处争优的劳动氛围，不断创造出更丰富的经济效益和社会效益。

三、辽宁双鞍集团将劳动精神融入责任文化建设

辽宁双鞍集团努力创造更多就业岗位，改善工作环境，给予职工参与发展、分享发展成果的机会，努力让职工实现体面劳动、全面发展。

（一）强化思想政治引领，培养劳动光荣风尚

辽宁双鞍集团大力宣传劳动模范和先进工作者的典型事迹，讲好劳模故事、讲好劳动故事、讲好工匠故事，让劳动最光荣、劳动最崇高、劳动最伟大、劳动最美丽成为风尚。引导职工树立以辛勤劳动为荣、以好逸恶劳为耻的劳动观，为企业的全面发展提供有力人才保障。双鞍集团将劳动精神融入企业文化建设，通过多种方式，对员工进行宣传教育，让员工拥有敬业、执着、严谨、细致、专注、负责的工作态度，力求把每一件事做到最好，提升对职业的认同感、荣誉感和使命感，并开展了一系列选树、宣传工匠典型的活动。双鞍集团还将百名工匠典型的事迹材料编辑成册，出版《工匠风采》一书。上述做法扩大了工匠典型的社会影响，在集团内成了尊重劳动、争当工匠的良好风尚。

针对很多80后、90后的独生子女们身上存在娇生惯养、躲避劳动的现象，双鞍集团除了倡导在本职工作上勤奋敬业之外，还为年轻职工创造参与体力劳动的机会，帮助他们培养长辈们引以为豪的、人类原始的劳动本能。例如，在企业食堂建立自助帮厨制度，抽调职工组成多个三人小组，轮值负责食堂的采购、备菜、做饭、炒菜、洗碗、清理等全套劳动。在帮厨过程中，青年职工们由最初的皱眉头，逐步发展到以自己的厨艺为自豪，还得到家人的另眼相看。集团机关还取消楼内保洁员的设置，成立10个卫生小组来负责每天的卫生清扫。同时，定期组织职工参加农业劳动，让职工们通过劳动来修身养性。

（二）优化激励约束机制，提升职工技能素质

劳动和创造，最需要制度的呵护。双鞍集团着重解决职工群众最关心、最直接、最现实的问题，围绕收入、健康、愉悦等职工切身权益来深化改革。

双鞍集团每年制定学习培训计划，健全和完善技术工人专业培训、等级认定、业绩考核的长效保障机制，全面提高技工素质。建立师带徒机制，将优良品行和精湛技术传承下去，使事业后继有人。开展了“三带三促”活动，即“师傅带徒弟”——促进企业生产一线关键技术操作岗位人员新老交替，让青年工人快速成才；“导师带学生”——促进公司财务派驻队伍整体管理水平的快速提高；“领导带助理”——促进企业领导班子队伍的梯队建设。企业每半年对这些徒弟们的业务能力进行考察、考试、考核，依据结果对其师傅进行相应奖励。

（三）发挥劳动模范作用，打造展示才华平台

双鞍集团每年都在所属企业层面选树各工作领域的劳模，并根据业务特点给劳模们设计多种不同的称号，包括“优秀企业家”“金牌厂长”“集团标兵”“先进工作者”“优秀共产党员”“集团工匠”“开发能手”“理财能手”“采购能手”等，在职代会上让他们披红戴花，给予他们精神鼓励和物质奖励。劳模们把自己当作企业的主人，把工作当作事业来追求，用心工作、专心做事、尽心履责，努力在平凡的岗位上干出不平凡的业绩。

企业的健康可持续发展，源于拥有劳动精神的广大职工在本职岗位上兢兢业业地付出心血和努力。辽宁双鞍集团的劳动者们耐得住岗位工作的枯燥、艰难和挑战，在日复一日的辛勤劳作中培养出对工作发自内心的责任担当，推动企业的持续、稳定发展。

（作者系鞍山市企业文化研究会理事长、辽宁双鞍集团董事长）

企业生态文化视角下环境规制与国有企业绩效提升

师 扬

一、环境规制提升国有企业绩效的必要性

随着我国改革开放以来经济飞速发展，对资源的过度开发、资源浪费严重等现象，导致人与自然的平衡关系受到了破坏，生态危机加剧。习近平生态文明思想提出要尊重、顺应和保护自然，提出社会发展需要遵循生态理性的要求。国有企业是国家经济发展的“压舱石”，对经济发展有着重要的稳定、推动作用。国有企业生态文化在企业的经营发展中发挥文化建设助推力，以文化建设“软实力”助推企业在社会经济发展中身先士卒、率先垂范。通过文化建设中环境规制的强制约束内化为企业自觉行为融合于企业战略，提升国有企业绩效。

二、环境规制提升国有企业绩效原因分析

（一）环境规制是企业生态文化制度文化建设的重要内容

环境规制是企业生态文化制度建设和内容创新的重要方面。环境规制根据不同性质有不同类型，本文从自愿型、市场激励型环境规制角度分析与企业绩效的关系。环境规制主要是由于环境污染的外部不经济性所致，社会与企业之间不一致的成本使得政府需要提高企业的成本，以对企业生产活动进行必要的环境规制。而随着环境规制的不断加强，各界对于企业生态文化的建设也愈加关注，环境规制应当成为企业生态文化制度建设的重要组成部分。企业生态文化是经济发展与自然环境交互的产物，是将生态理念融入其中的产物，同时也是企业在关心员工身心发展的文化管理模式下生发出的对自然环境的关注。企业要实现长远发展，就必须规范自己的环境行为，构建企业生态文化成为企业适合未来生存与发展的文化选择。实际上，企业生态文化环境规制是为了企业更好地遵守环保规定和制度，实现绿色生产，实现经济与社会的可持续发展。企业生态文化的建设主体主要是企业，其推动主要是基于市场经济利益最大化的原则，环境规制的实践主体则主要是企业，企业要吸纳政府制定的法律法规内化为企业环境规制内容，以制度约束的“刚性”和文化约束的“柔性”，促进企业转变生产方式，促进企业提质增效。

（二）环境规制对提升企业绩效的促进作用

企业受到来自环境规制的压力，不得不进行内部制度的变革，建立健全企业自身的环境规制体系，形成企业生态制度文化，以提升企业绩效。哈佛大学学者波特认为，合理的环境规制有助于推动企业的技术创新，进而提高企业的生产率，而企业由此所获得的收益是大大高于企业在其中所付出的成本的，也可以认为是环境规制倒逼企业进行了技术创新，是企业创新的重要动力，这就是“波特假说”。

波特假说理论显示，环境规制政策能够有效促进企业改善生产经营状况，通过时间和精力的投入进行技术创新，从而提高经营水平，而增加的经济效益甚至能够弥补企业为保护环境所付出的所有成本。环境规制提高企业绩效的过程为：企业持续的学习和成长——企业内部的制度建设改进和优化——市场认可——盈利水平提高。另外，越是严格的规制环境越能促进高污染企业治理环境，获得更多的经济效益，在企业战略规划中，环境管理越来越重要，事先将环境治理纳入企业的管理体系中，能够掌握主导，推动技术创新，确保生产过程无污染，提高经营绩效。

以市场为基础的激励型环境规制给予企业一定的自由性，主要采取引导和激励的手段，从经济层面上促进企业进行技术创新和环境管理。自愿型环境规制是以行业协会或者经济组织的自愿行为和意识为基础，建立需要大家共同遵守的规章制度。目前，我国自愿型环境规制有环境保护协议、环境认证体系、环境审计制度、信息透明共享等，这些政策

都是建立在自愿的基础上，并不具备强制力，企业在执行时更加灵活，选择性更强。自愿型环境规制有效给企业创新提供了源源不断的动力，可以进一步增加企业的经济效益。

对于自愿型环境规制而言，其对企业绩效正向影响程度最大，这意味着在实施环境规制的过程中，如果给予企业足够的自主选择权，企业自我规制的意愿就更加强烈，更愿意采取多元化的方式为环保事业贡献力量，同时不断增强自身发展的经营绩效。自愿型环保规制的实施，让企业更愿意主动承担环境管理责任，在技术创新方面获得更大的驱动力。对于市场激励型环境规制而言，其对企业绩效正影响程度较大。这意味着在该环境规制的刺激下，企业有一定动力开展技术创新活动，积极发挥企业在环保方面的主观能动性，同时再辅以政府的多元化激励手段，大力推动企业展开科研发展工作，将动态创新激励机制与环境规制相结合，有效加强企业的经营绩效。

将自愿型环境规制和市场激励型环境规制相结合，内化为企业的制度文化，企业在生产过程中自觉地遵守内部制度能够在最大程度上帮助企业转变其固有的传统生产意识，打造现代化绿色经营观念，积极开展技术创新活动，实现高效率、低能耗、强环保的最终目的，实现环境成本内在化和经济活动生态化的标准。

三、环境规制下国有企业绩效提升路径

（一）培育生态价值观，引导企业自觉实践环境规制

企业生态价值观的培育是企业自觉实现环境规制的基础。借助于企业生态文化建设渠道，通过生态价值观培育，在企业内部通过宣传培训、绿色技能提升等手段，加强生态文化宣传，在企业内部形成良好的企业生态文化氛围，使环境规制有良好思想认同的支持环境。要通过教育引导、舆论宣传、文化熏陶、行为养成、制度保障等将生态文化要求融入企业生产中，使生态文化内化为企业员工精神追求，外化为企业和员工遵守环境规制的自觉行动，提升国有企业绩效。

（二）转变传统经营理念，加强环境规制

国有企业首先应转变传统经营理念，积极开展以企业生态文化建设为基础的自愿环境规制，吸收环境规制要素内化为企业制度，通过企业生态文化中的制度文化建设，以积极的态度推行政府环境保护政策，转变发展意识，市场激励和企业自觉行为并举促进企业绩效提升。

（三）创新制度建设，环境规制体系不断优化

企业生态文化制度建设要不断创新，对环境规制进行体系改革，实现环境和经济绩效的双标准，需要合理进行多元化规制工具的组合，进行优势互补，发挥各自的最大功效，加强规制政策的有效性和实用性。

我国很多国有企业的经营规模已经能够承担环境规制所带来的责任，并在此基础上增强企业的经济绩效，不断开展更多技术创新操作，推动国有企业现代化发展。将自愿型环境规制政策和市场激励型规制政策充分融合，实现优势互补，发挥其各自的灵活性，实现最大效用。综合分析，自愿型环境规制和市场激励型环境规制对企业绩效有显著的正向影响，倒逼企业技术改造和科技投入，表明企业的科技发展水平和科技技术的创新能够在这两种环境规制的促进下得到有效提升，进而实现环境绩效和企业绩效的双赢。

（作者系北京市新媒体技师学院、北京时尚产业学院副院长）

石油传统文化与现代管理文化“六个融合”的研究和探讨

郜鸿慧

石油传统文化是中国石油战线在长期实践中积淀形成的，以大庆精神、铁人精神为灵魂，以“我为祖国献石油”为核心价值观，以“三老四严”“苦干实干”为基本内涵，为百万石油人普遍认同、积极践行的一种文化形态。现代管理文化注重发挥人的积极性、创造性，具有鲜明的人文性、规范性、社会性、可塑性。云南石化作为现代炼化企业，面临着人员五湖四海、多元文化交织、员工诉求多样等问题，成为文化融合的重要课题。

一、立足当前形势，充分认清文化融合的必要性

察势者明，驭势者赢。面对疫情和油价下跌造成的严峻形势，中国石油把“政治文化底蕴深厚”作为三大优势之一，充分凸显了文化在共战严冬、攻坚克难中的重要作用。越是形势艰难，越需要发挥文化创新的引领作用，推动石油传统文化和现代管理文化深度融合，营造良好的思想环境。

二、坚持规律性，牢牢把握文化融合的基本原则

石油传统文化与现代管理文化相融合的核心就是继承与创新，关键就在于把好方向、找准路径、把握关联度。根据文化融合内在规律，应遵循“四个相统一”原则。

一是继承传统与理论创新相统一。石油传统文化包含大庆精神与铁人精神、玉门精神等，是石油工业精神源泉，必须充分汲取文化精髓，在继承中创新。二是企业发展与员工成长相统一。员工是文化融合的主体力量，要坚持发展目标一致，企业发展兼顾员工个人发展，让员工在企业发展实践中实现全面发展。三是突出特色与兼容并蓄相统一。作为现代化企业，特色文化最终要体现在鲜明文化品位、深厚文化底蕴上，体现在高科技、高水平、高效益的管理上。四是文化建设与制度建设相统一。文化体现企业发展的价值取向，支撑制度体系的构建；制度承载文化价值理念，并通过制度实施践行文化的价值追求。

三、注重守正创新，积极探索“六个融合”的实践路径

石油传统文化与现代管理文化融合，必须把守正与创新

有机结合，以员工文化需求为出发点，把石油传统文化融入现代管理文化各层面，固化到现代企业理念文化、战略文化、制度文化、责任文化、市场文化、团队文化中，做到思想融合、目标融合、工作融合、过程融合、力量融合，筑牢文化根基。

（一）构建“传统文化+现代企业理念文化”深度融入机制，完善集传承性、时代性、特色性于一体的文化架构

理念文化是现代管理文化建设的“心脏”，处于首要地位，是文化建设的主要矛盾。鲜明、独创、特色的文化理念，往往能形成强有力的正激励正导向。

要注重文化理念融合的传承性。把中国石油企业文化理念作为《企业文化手册》重要部分，充分展现文化理念融合的传承性、统一性、规范性。要注重文化理念融合的时代性。在贯彻石油传统文化的基础上，融入当地高原情怀、大山精神，总结提炼体现鲜明的政治导向、时代烙印、地域特征的云南石化精神。要注重文化理念融合的特色性。突出炼化行业特点，提出“严细实精”的工作理念，引导全员努力实现“安全、平稳、有序、受控”目标。

（二）构建“传统文化+现代企业战略文化”深度融入机制，确保企业发展始终沿着正确方向前进

企业要实现战略目标，必须要靠优秀的企业文化来支撑和引领，用企业文化树立企业信誉、传播企业形象、打造企业品牌，最终实现提升企业竞争力的目的。

要把企业精神贯穿到总体战略。把精神文化融入总体战略，实施转型升级战略，当好云南经济社会发展主力军。要把企业愿景贯穿到业务战略。因势利导、融会贯通，把“建设世界一流炼化企业”的愿景，渗透到各项业务战略中，形成凝神聚力的强大思想武器。要把价值理念贯穿到人才战略。推动战略执行与工作理念同步展开，以“宁要一个过得硬，不要九十九个过得去”为标准，推动各方面人才全面进步、全面过硬。

（三）构建“传统文化+现代企业制度文化”深度融入机制，夯实企业发展根基

制度文化既是文化建设重要组成部分，也是文化建设的有力手段。它决定着员工对企业价值理念追求的行动方向，集中反映着企业经营目标、员工精神风貌等文化特征。

治理体系要做好优化完善。坚持“一体化统筹、一站式服务”思路，完善界面清晰、责权统一、协调运转的高效管理体制和组织体系。制度建设要注重建立健全。坚持问题导向，以业务为核心、以制度为根本、以风险为主线，推出《综合管理体系手册》。制度落实要强化岗检执行。以全面落实岗位责任制为核心，提高执行力来保障治理能力提升，确保体系闭环管理、持续完善和螺旋式上升。

（四）构建“传统文化+现代企业责任文化”深度融入机制，促进央企“顶梁柱”作用有效落实

以人为本、改善民生，建立传统文化与社会责任深度融合体系，实现生产安全文明、生活舒适优美、生态绿色环保。

要聚焦绿色发展守底线。强化社会责任担当，推行“全过程、系统化、精细化”管理模式，探索出一条“企业自律、社会监督、政府监管”的绿色共建之路。要聚焦服务地方其共荣。坚持“合心合力合智”，努力为地方经济社会发展注入活力。要聚焦群众工作保民生。把文化融合与关爱群众充分结合起来，努力为员工群众多办得人心、暖人心、稳人心的好事实事。

（五）构建“传统文化+现代企业市场文化”深度融入机制，擦亮企业形象品牌

要充分借鉴石油传统文化中的“用大庆精神保证质量、靠三老四严取信用户”理念，坚持市场化运营，加大“两种资源、两个市场”的开发利用，赢得市场主动权。

巩固国内市场就要倡导“合作共赢”。以市场为导向、以效益为中心，依靠“合作共赢”，解除企业燃眉之急。开拓国外市场要倡导“主动主导”。突出“主动主导”这个旋律，以客户为中心、以产品为根本，加大低价油采购量，寻求增值空间最大化。

（六）构建“传统文化+现代企业团队文化”深度融入机制，充分迸发全员智慧和潜能

石油传统文化把凝聚“人”的工作放在重要位置，这与现代企业团队文化建设内涵相近、哲理相似、外延相通。要以先进团队文化凝聚人、鼓舞人，充分迸发全员智慧和潜能，确保企业队伍稳起来、活起来、强起来。

干部队伍建设要突出担当表率。把石油传统文化有机融入干部队伍建设中，把好政治关、品行关、能力关、作风关、廉洁关，打造对党忠诚、政治坚定、精通管理、善于经营的干部队伍。技术队伍建设要突出能力锻造。立足于提高职工队伍的职业技能素质，注重激励技术人才强烈的事业心和责任感，营造“爱才、用才、容才、聚才”的良好环境。操作队伍建设要突出思想技能。把操作队伍建设放在重要位置，强化思想引领，促进他们增强主人翁意识、责任意识，保持知难而进、迎难而上的拼劲，奋发有为、开拓进取的闯劲，艰苦奋斗、百折不挠的韧劲。

四、以高度的责任感和使命感，强化文化融合的保障措施

文化融合是一项系统工程。必须从组织、机制、人力上予以配套，推动融合工作制度化、规范化、机制化，建立符合现代企业特色的先进文化。

一是坚强的组织保障。建立文化融合组织体系，形成党委统一领导、党政齐抓共管、宣传文化部门协调、相关部门分工负责、二级单位积极参与的组织体系。

二是创新的机制保障。调整理顺企业文化管理架构，形成职能清晰、运营顺畅、服务高效的运行机制。建立科学规范的企业文化建设评价考核体系，把企业文化建设与企业其他工作同部署、同检查、同考核。

三是夯实的人力保障。遵循企业文化队伍成长规律，拓宽发展空间，畅通成长渠道，构建一支门类齐全、结构合理、梯次分明、素质优良的企业文化工作者队伍。

（作者系中石油云南石化有限公司企业文化处副处长）

弘扬科学家精神和航空报国精神的思考与实践

周翌勋

《中国共产党国有企业基层组织工作条例（试行）》指出，国有企业要坚持以社会主义核心价值观引领企业文化建设，传承弘扬国有企业优良传统和作风，培育家国情怀，增强应对挑战的斗志，提升产业兴国、实业报国的精气神。

沈阳飞机设计研究所是航空工业主机所，是新中国成立后组建的第一个飞机设计研究所。研究所成立 60 年来，先后研制了歼 8 系列飞机、歼 11 系列飞机、歼 15 舰载机、四代机、无人机 5 大系列约 40 个航空武器装备重点型号，5 型飞机获得国家科学技术进步奖最高等级奖项。在长期的工程实践中，培养出了顾诵芬、管德、李明、李天、杨凤田、孙聪、王向明 7 位院士，涌现出了“新中国首任飞机总设计师”黄志千烈士、“航空工业英模”罗阳烈士等先进典型。研究所曾获得全国文明单位、全国五一劳动奖状、中央企业先进基层党组织、辽宁省先进基层党组织等荣誉。

2021 年，在国家科学技术奖励大会上，习近平总书记为沈阳飞机设计研究所原所长、总设计师顾诵芬院士颁发了国家最高科学技术奖。2022 年，沈阳飞机设计研究所“顾诵芬图书馆”被认定为首批“科学家精神教育基地”。近年来，沈阳飞机设计研究所认真贯彻落实上级部署，将弘扬科学家精神和航空报国精神有机结合，积累了一定的实践经验和成果，取得了良好的成效。

一、对科学家精神和航空报国精神的思考和认识

党的十八大以来，习近平总书记多次对航空工业做出重要指示批示。2018 年，习近平总书记在对国产大型水陆两栖飞机 AG600 水上首飞成功的贺电中指出，希望各有关方面继续弘扬航空报国精神，切实贯彻新发展理念，奋力推动创新发展，再接再厉，大力协同，确保项目研制成功，继续为满足我国应急救援体系和国家自然灾害防治体系建设需要、实现建设航空强国目标而奋斗。

2019 年，中央出台了《关于进一步弘扬科学家精神 加强作风和学风建设的意见》，要求大力弘扬胸怀祖国、服务人民的爱国精神，勇攀高峰、敢为人先的创新精神，追求真理、严谨治学的求实精神，淡泊名利、潜心研究的奉献精神，集智攻关、团结协作的协同精神，甘为人梯、奖掖后学的育人精神。这六方面，构成了科学家精神的主要内涵，是我国科技工作者在长期科学实践中积累的宝贵精神财富。

2019 年，航空工业集团为深入贯彻落实习近平总书记关于“继续弘扬航空报国精神”的指示，在全集团范围内广泛征集了航空报国精神内涵的诠释，经充分研讨、论证，将“忠诚奉献、逐梦蓝天”作为航空报国精神的精准表达。航空报国精神具体表现为使命担当的忠诚精神、坚忍执着的奉献精神、敢于突破的创新精神、接续奋斗的逐梦精神。航空报国精神是全体航空人最宝贵的精神财富，成为推动中国航空工业发展的强大精神动力。

大力宣传弘扬航空报国精神，是贯彻落实习近平总书记关于航空工业重要指示批示的具体体现。沈阳飞机设计研究所按照航空工业集团关于弘扬航空报国精神、推进先进文化力建设等决策部署，紧密结合研究所“以航空装备研发与航空技术研究为主业、以科研设计人员为主体”的实际情况，将践行科学家精神和航空报国精神作为文化建设的一条主线，实施一系列举措，推动弘扬科学家精神和航空报国精神互融互促、同向同行。

二、弘扬科学家精神和航空报国精神的主要做法

（一）坚持典型引领，挖掘文化富矿

沈阳地区是新中国航空科研事业特别是飞机设计事业的发源地。沈阳飞机设计研究所深入挖掘航空工业文化富矿，大力选树宣传先进典型，讲好航空报国的奋斗故事。

宣传忠诚精神的代表——罗阳。2017 年，策划“不忘初心、航空报国”系列活动，开展“纪念舰载机着舰五周年、罗阳同志牺牲五周年”主题宣传，追忆沈阳飞机设计研究所原党委书记、“航空工业英模”罗阳同志为舰载机研制和研究所发展做出的贡献。

宣传奉献精神的代表——李天。2018 年，按照国资委和航空工业集团部署，深入开展“向李天同志学习”活动，在沈阳飞机设计研究所、航空工业集团总部和中国华能集团，先后举办三场“李天同志先进事迹报告会”，引发行业内外强烈反响。李天院士“功成不必在我、功成必定有我”的精神深入人心。

宣传创新精神的代表——顾诵芬。2019 年，积极挖掘顾诵芬院士宣传素材，开展纪念歼 8 飞机首飞 50 周年系列活动，联合央视军事频道制播《顾诵芬》和《中国战机——歼八奋飞》等专题纪录片，教育引导全所科研设计人员学习顾诵芬院士爱党爱国、忠诚担当的政治品格，开拓创新、执着追求的敬业情怀，严谨求实、勇攀高峰的治学态度，淡泊名利、育人树才的人生境界。

宣传逐梦精神的代表——黄志千。2020 年，在“新中国首任飞机总设计师”黄志千烈士逝世 55 周年之际，举行黄志千烈士纪念塑像落成仪式。经过社会媒体广泛宣传报道，以黄志千为代表的新中国第一代飞机设计师的故事更为大众熟知。

（二）打造载体平台，促进文化传播

培育航空报国精神传播平台。沈阳飞机设计研究所深入开展“向顾诵芬院士学习”活动，在研究所内建成“顾诵芬图书馆”，于 2021 年 11 月 30 日举行启用仪式。“顾诵芬图书馆”通过展板、实物展品、档案资料等，集中展示了顾诵芬院士的科研经历和学术成果，介绍了顾诵芬院士为实现航空科技自立自强做出的重要贡献。馆内收藏了顾诵芬院士主

持编撰的著作，以及航空工业科学家的传记等书籍，提供航空相关领域图书、期刊及科普读物，供科研人员学习参考。2022 年 5 月 30 日，“顾诵芬图书馆”经中国科协等上级主管部门认定为首批“科学家精神教育基地”。协助沈阳广播电视台沈阳原创基地，创作以顾诵芬院士为原型的广播剧《逐梦长空》，在“顾诵芬图书馆”举行全媒体首发式，通过学习强国 APP 等平台播出，向引领关键核心技术攻坚的航空科学家致敬。

推进多维新闻宣传格局落地。沈阳飞机设计研究所在航空工业集团内首批建成融媒体工作站，设立“融媒传播创新中心”，加快媒体融合发展。通过沈阳日报社“驻沈央企联盟”等平台，在地方媒体传播好航空声音。用好“国企开放日”平台，承办“社会媒体走进航空工业沈阳”“纪念歼 8 首飞 50 周年、歼 15 首飞 10 周年”等主题宣传活动，中央媒体、行业媒体、地方媒体共同发声，宣传航空科技创新成就，奏响航空工业舆论强音。总结提炼“忠诚铸重器、逐梦拓海天”的“飞鲨”精神，成为航空工业型号精神的重要组成部分，将型号精神体现在航空报国的鲜活故事和典型案例中。

（三）加强研究阐释，固化文化成果

加强航空工业史研究。落实航空工业集团部署，组织编撰《中国航空工业飞机设计室简史》，记载了新中国飞机设计事业白手起家、艰苦创业的不凡历程，通过“航史讲坛”面向全行业进行宣讲。组织编著沈阳飞机设计研究所《技术发展历程》和《专业领域技术发展史》、《人物志》和“寻根问祖系列人物小传”、《功成不必在我——李天院士纪念文集》等一系列历史文化作品，总结飞机设计技术发展经验，铭记航空科学家的历史贡献。

做好思想政治工作研究。以课题研究为抓手，总结工作经验，固化实践成果。围绕弘扬科学家精神、践行航空工业集团文化，形成了《关于弘扬科学家精神　促进科技创新的实践研究》等一系列理论和实践研究成果。近两年，沈阳飞机设计研究所在企业文化领域先后获得中央企业优秀研究成果奖 1 项、辽宁省优秀研究成果奖 3 项、航空工业集团优秀研究成果奖 3 项。1 个案例被评为中国企业文化研究会 2021 年度企业党组织引领企业文化建设典型经验。

三、弘扬科学家精神和航空报国精神的经验和体会

在弘扬科学家精神和航空报国精神的过程中，通过学习、研究新中国航空科研事业的发展历程，我们概括总结了 5 个方面的重要启示。

（一）坚持党的领导，是航空科研事业发展的根本遵循

新中国航空工业在抗美援朝的硝烟中诞生，在社会主义建设和改革开放中不断成长，在新时代党和国家事业蓬勃发展中不断取得新的重大进步。沈阳飞机设计研究所传承着新中国航空工业的红色基因，遵照党中央为航空工业确定的发展方针，开创了新中国自主设计研制飞机的新纪元，这是在党的领导下，主动作为、拼搏奋斗的结果。面向新时代，必须坚持以习近平新时代中国特色社会主义思想为指引，深刻领会和践行“支撑一流军队建设是航空工业最大的政治”，才能在航空强国建设中把准方向、行稳致远。

（二）坚持自主创新，是航空科研事业发展的核心要义

航空工业的持续发展，必然离不开航空科研。沈阳飞机设计研究所成立后，积极响应党中央“向科学进军”的伟大号召，坚持走自己的路，自力更生、自行设计，逐步建立起属于中国人自己的飞机设计体系和设计方法，为航空科研事业的发展和航空装备的研制积累了经验，打下了基础。面向新时代，必须坚持科技创新的核心地位，发挥科技引领作用，自足科技自立自强，完善科技创新体系，聚力打造领先创新力，把关键核心技术牢牢掌握在自己手里。

（三）坚持人才为本，是航空科研事业发展的本质要求

新中国航空工业的发展历程，生动地诠释了“人才是第一资源”的理念。在徐舜寿、黄志千、叶正大等开拓者的言领下，以顾诵芬为代表的飞机设计师们在实践中锻炼，在锻炼中成长。他们成为新中国培养起来的第一支航空科技人才队伍，为支撑航空科研事业的发展贡献了重要力量。面向新时代，必须坚持人才为本、突出人才强企，不断培养造就数量充足、结构合理、素质精良、能力突出的人才队伍，为建设新时代航空强国提供坚强的人才支撑。

（四）坚持尊重科学，是航空科研事业发展的成功关键

追求真理、严谨治学的求实精神是科学家精神的重要组成部分，是航空工业取得成功的重要法宝。航空科技工作者们潜心钻研、科学决策，实现了航空装备和技术的跨越发展，也因历史条件限制和多方面因素影响，经历过型号研制的曲折。正反两方面的经验启示我们，航空科研事业的成功既要研判形势、把握机遇、果断抉择，也要尊重科学、正视失败、敢于突破。面向新时代，必须站在世界航空科技前沿和航空产业前沿，把握航空技术发展的时代主题，全面增强科研能力和核心竞争力。

（五）坚持航空报国，是航空科研事业发展的精神动力

伟大事业孕育伟大精神，伟大精神支撑伟大事业。新中国航空科研事业的开拓者们经历了苦难深重的时代，树立了“航空救国”的理念，以为国家研制先进航空装备为己任，用智慧、汗水乃至生命，在蓝天上镌刻下航空人的印记。航空科学家的生动实践，是航空报国精神的重要源泉。面向新时代，必须开创航空报国精神广泛弘扬的新境界，为建设新时代航空强国提供思想保证、精神动力和文化支撑。

在航空报国精神和科学家精神的感召下，近年来，沈阳飞机设计研究所优秀人才、团队和成果竞相涌现。首席专家王向明当选中国工程院院士，重点型号研制团队先后获得中国青年五四奖章集体、全国专业技术人才先进集体、国防科技工业创新团队等荣誉。沈阳飞机设计研究所获得航空工业集团首批评选表彰的“文化建设先进单位”。

（作者系航空工业沈阳飞机设计研究所工程信息部党总支书记）

数字承载企业文化新发展

胡盛品

十四五规划提出，要加快数字化发展，促进数字技术与实体经济深度融合，赋能传统产业转型升级，打造数字经济新优势。2022年，国企央企普遍将数字化转型作为年度生产和改革发展的重点工作议题，力求以生产经营数字化提升供给质量，以企业管理智能化提高运营效率，着力打造具有强大活力和创造力的市场主体。

作为一家拥有60多年历史的国有商业零售企业，南宁百货大楼股份有限公司（以下简称“南宁百货”）积极应对当前零售行业的发展困境，持续深入推进数字化转型升级进程。企业文化建设在南宁百货数字化转型升级过程中发挥了重要支撑作用。

一、以使命愿景凝聚战略共识持续推进商业数字化

南宁百货围绕“让生活更美好”的企业愿景及“引领生活 创造幸福”的企业使命，结合时代特点，达成了全方位数字化企业发展战略共识。立足零售业态全面布局，着力打造“云购物”“云服务”“云沟通”“云营销”四大平台，实现“人、货、场”的全面在线，多场景触达，以数字化赋能，全面提升顾客服务，让商业数字化渗透到公司的各个方面。

强化全业态融合新型线上销售模式。根据业态特点建立各业态线上经营模式，加快推动各业态电商业务发展。百货业态重点打造以企业微信、直播为抓手的品牌销售阵地。家电业态重点打造以第三方平台销售合作及自有平台售后服务型销售平台。超市业态重点建立社群、第三方平台及自有平台相结合的综合性线上运营体系，充分发挥商品优势、会员优势及多业态联动优势，加快形成线上线下全渠道融合发展的新型竞争力。深化全业态整合营销模式，以企业微信为手段，以南百小程序为载体，全面改造企业与消费者全触点营销体系，完善总部—门店—品牌—顾客的全链路、全闭环、全渠道数字化营销运营平台建设。

细化完善企业会员忠诚度体系。持续优化会员信息系统建设，加强会员数据管理，全方位完善会员画像，辅助会员精准化营销，挖掘后续消费力。构建会员拉新、商品销售、售后服务、运营管理私域流量生态圈，提升会员精细化运营水平，实现会员运营、产品销售、营销、售后、跨业态合作、文化宣传等企业经营目标。

二、以文化特色吸引核心客群创新探索营销数字化

在半个多世纪的发展进程中，南宁百货形成了独具特色的南百文化，在广西商业领域甚至广西经济社会以及群众生活中，独树一帜、独步一时。进入数字化时代以来，南宁百货既坚守传承民族传统文化，又顺应当下消费者的消费观念、消费形式，及时转变经营方式、服务态度、宣传方式，包容吸收新兴元素，并根据自身实际不断创新优化营销模式，将“一切为了顾客”的服务理念辐射大众。

创立文化营销品牌。“知了”品牌，以“营销+文化”的创新模式，整合企业内外资源开展“知了剧场”“真人图书”“文创市集”等系列活动，以“老南宁，新人文”为活动主轴，用对城市的记忆与新思维，传承与传播城市文化。通过数字化多媒体多平台广泛宣传，从线下至线上，让消费者从多角度、多层面感受南宁百货的品牌温度与文化内涵，进一步强化企业与消费者的情感链接，吸引在互联网中成长的80后、90后消费群体回归。

实现营销场景一体化。数字化技术赋能打造丰富营销场景，搭建微商城、直播、社群、小视频、企业微信等多个线上运营渠道，助力用户沉淀和私域转化。有效实现吸纳新客、沉淀流量、带动消费；开展新技术应用赋能各业态各门店，各业态积极开展直播、线上拼团、秒杀、预售、领券等活动，实现线上线下一体化营销场景，努力贴近消费潮流，优化顾客购物体验。

引入情景剧导购模式。通过“小程序+线下”双线潮购，突破传统购物环境，让消费者全面感受南百慧购。利用大数据甄选热门潮品，打造潮流文化趋势风尚前瞻地，以“品牌空间即生活空间”为理念，将生活方式和产品矩阵相结合，为消费者创想更多生活可能。

三、以价值传播扩大品牌影响积极强化推广数字化

传统商业零售企业经营的外部环境日趋复杂，企业必须不断适应环境变化，企业文化建设推广与企业发展战略有机结合刻不容缓。南百文化必须义不容辞地主动作为、主动出击、占领阵地，营造企业数字化转型的推广生态环境。

打造推广矩阵。为突出企业文化建设与企业战略相融合、与高质量发展相衔接，公司成立了南百文化行动中心。并围绕公司主营业务工作，精准把握文化与销售的结合点，成立了12个文化工作室。以此12个文化工作室为抓手，强力推进企业文化高度融入转型创新、经营管理、服务提升、团队建设等各项工作，为南宁百货高质量发展提供坚强有力的精神动力和文化支撑。依托数字化技术和网络资源优势，掌握并提高运用新媒体的能力，推动公司宣传工作传统优势同信息技术的高度融合，加快传统媒体和新媒体融合发展。对内，融入公司各领域工作中，尤其是赖以生存的主营业务中；对外，主动宣传自己、推广自己、彰显自己，进一步深入社会、深入人心，体现南百品牌的价值和作用。目前，党建和企业文化建设互融互通平台已初步构成。整合公司内刊杂志、门户网站、微信公众号等宣传载体，及时调整更换公司内外网、企业文化墙、文化走廊的宣传平台内容，以“看得见的企业文化”展现公司奋力前行、积极向上的良好形象，强化企业品牌影响力。

建设智慧教室。目前在建的南百智慧教学平台，与专业机构合作，引入“全景沉浸式直播互动教学系统”，打造“名

师导学、同班同步、直播互动”线上线下相结合的教育模式，集知识学习、信息传播和在线交流于一体。平台聚焦公司广大干部职工的学习成长，融合机构优质资源。为广大干部职工提供系统性的理论教育、党性教育、党史学习教育、专业化能力培训、时政热点解读、新时代基层治理、新知识新技能等课程。通过教学数字化，以企业文化正确引领员工的价值取向，培育员工的思维方式和行为习惯。指导员工牢牢把握政治方向，及时领悟贯彻党中央的决策部署，完善知识结构，提升工作能力，在政治上找准工作定位，在业务上落实任务要求。

实践证明，南宁百货企业文化建设成果有力地支撑和推动了企业数字化转型升级的进程，同时企业数字化转型释放出来的高质量发展效能，也进一步提升了企业文化的吸引力和影响力，引领企业高质量发展。下一步，南宁百货将继续解码国企老字号优质文化基因，积极探索线上线下融合模式，在数字化转型契机下，以更先进的互联网技术和更多元化的方式，将技术创新、业态升级、场景打造和市场需求融合在一条价值链上，为企业未来的发展注入蓬勃生机。

（作者系南宁百货大楼股份有限公司党委副书记、工会主席）

统一于市场竞争力的企业党建与企业文化融合

倪　春

当前，在企业党组织工作的日常基础业务领域，存在着三个明确的期待：一是党建工作不要与生产经营“两张皮”；二是企业文化工作不要与生产经营“两张皮”；三是党建工作、企业文化工作之间不要“两张皮”。这三个方面的期待不是一种前瞻性的高要求，而是表达出各方对相关工作的不满意，尤其是标签化的“两张皮”一词如果被使用，几乎可以理解为一种批评、指责了。

针对上述难题，企业党组织如何化解？本文提出四个方面的思考：

一、企业党建、企业文化具有共同专业逻辑

企业文化是指在核心价值观作用下，企业所选择的行动方向以及全体成员所养成的行为习惯、行事风格。企业文化工作就是让企业核心价值清晰、让员工形成对核心价值观的情感认同、让员工养成符合核心价值观的行为习惯，继而形成企业风格。所以，企业文化工作是一项“人事”工作，核心是价值观，目的是把人心聚拢在先进的价值观周围，让企业成为信念、信仰的场所，让全体员工组成一支有“魂”的队伍。说到底，企业文化工作是人心工程、价值观工程。

中国共产党从立党之初所从事的事业，就是用崇高的理想、先进的价值观唤起人民的觉悟、凝聚人民的共识，把一盘散沙的人们聚拢起来，成为组织，获得人民的解放、民族的独立。

而今，在从严治党大气候下，中国共产党作为一个政治组织存在于企业，其工作量呈爆发式增长，工作内容门类繁多，呈现千头万绪、事务成堆的状态，但基本功能没有变。按照党的十九大报告，在提出新时代党的建设总要求时指出，在“六个建设”中，“以党的政治建设为统领”。而从“人心是最大的政治”角度看，基于对先进价值观认同的人心凝聚，既是党执政的政治基础，又是党内政治纪律严明、政治立场坚定、政治方向正确的根基。因此，凝聚人心是党建工作的核心业务，是党建工作的本质所在。

在企业凝聚人心，一靠创造经营发展成果，形成必要的物质基础，二靠先进的企业文化引领，形成基于对核心价值观情感认同的信念基础。在我国各类企业部署有行政、党务这两套组织体系，党务体系的基本职责、核心业务，说到底就是通过企业文化、党内文化建设，实施价值观工程、人心工程。

因此，企业党建工作、企业文化工作之间的关系可以用“共通”“引领”加以概括：

共通，表现在专业规律、专业手段层面的两个方面：一是党内文化建设（与党性锤炼、思想建设、政治建设本质一致）、企业文化建设都遵循文化建设的一般规律，工作逻辑都是“以价值观为工作核心，以培育情感认同为工作过程，以行为养成为工作目标”；二是党内文化与企业文化工作的基本手段绝大部分通用，都是让价值观通过讲故事、树典型人物、立精神标杆、举办仪式、提炼行为信条、运用文艺作品等专业方法获得人们的情感认同。有所不同的是党内价值观培育还有党课、主题活动等专有手段。

引领，表现在党员个人行为、党组织整体行为的三个方面：一是在企业文化工作实践中，党员必须率先于群众积极参与，并在遵守企业核心价值观、全社会共同价值观上起到示范引领；二是党组织凭借自身的独特专业优势，在企业文化建设中起到主导作用、组织作用；三是党组织的价值观比社会核心价值观、企业核心价值观更先进。

二、文化管理是企业家必须解答的复杂方程

中国企业普遍拥抱“企业文化”也就是二十年不到的时间。起初，美国几部经典著作给我们的企业管理领域带来“真的好企业，企业文化都好”的观念，企业家认为包治百病的良药来了。面对经营困境，在全面质量管理、目标管理等西方舶来概念都试过，效果不佳之后，“企业文化”被他们抓在了手里。他们通常用“面向对象”的视角，把企业文化工具化，当作治理企业、治理员工队伍的手段，缺少“面向自我”的立场，没有抓住“价值观”这个核心。

企业管理的根本学问不在物、不在财，而在人。因此，企业家们的管理境界也就有“眼中有物、眼中有财、眼中有事、眼中有人、眼中有人心”的五种区分。

以物品、物资为要素的企业管理，解答的是一阶方程，

只需要直线思维；以财务、资金为要素的企业管理，解答的是二阶方程，需要曲线思维；以事理、事态为要素的企业管理，解答的就是三阶方程，需要立体思维、系统思维；把人作为资源要素的企业管理，解答的是不连续的多阶方程，需要非线性思维、不确定性思维；把人心纳入管理视野和管理要素时，解答的就是复杂方程，需要在思维方式上加入感性思维、哲学思维、量子思维。

企业管理进入人心统御阶段是管理的最高境界，管理重点在于遵从文化规律，实施“价值观工程”，使企业成为一个有品格的组织。这样的风格形成，需要企业潜心于“三项修炼”：

一是企业家自我价值观修炼。企业家必须具有并倡导正确的价值观，TA（她、他）不再是高高在上的管理者，而是价值观的带头践行者；不再是价值观的号召者，而是行走的价值观，是先进价值观的象征；不再努力于获得队伍的服从、尊重，而是靠道义力量获得队伍的追随。

二是企业外显的价值观修炼。企业有坚定的社会责任感、使命感，有被传扬的经营哲学，企业行事风格中透露出其先进的价值观。企业在同行中、在社会中有美誉度，有号召力。不仅赢得客户的忠诚，还受到同行的尊重（非敬畏）。这样，企业便堪称业界领袖、社会旗帜。

三是企业内在的价值观修炼。公司重视文化工作，注重价值观培育，努力让全体人员有共同追求、共同信仰，有良好的行为习惯、积极的行事风格，让企业成为有“魂”的组织。在外人眼中，这样的企业的员工都是行走的价值观。在员工眼中，这样的企业堪称他们的命运共同体。

三、提升企业市场竞争力是党组织的根本目标

按照相关文件对工作职责的规定、工作内容的表述，党组织体系在企业的设立，其任务繁多，以至于部分党组织负责人不明了自身存在意义、根本目标，同时企业家们对党组织存在的价值认识模糊，尤其有些民营企业、外资企业的企业家误解企业建立党组织的“动机”。

《中国共产党国有企业基层党组织工作条例》第三章确立了“以企业改革发展成果检验党组织工作成效”这一重要原则，其含义很清晰：党组织的最终追求是企业发展。这一原则，明显适用于各类企业，就是中国共产党组织存在于任何企业，都是以“发展企业”为使命的，这是与党的发展经济、发展国家大使命相一致的。同时，党组织如果不能推动企业发展，岂不是消减自己存在的基本条件？

从企业管理的视角讲，党组织存在于企业并专业化地开展党建工作和企业文化工作，能够发挥出独特优势，从两个方向上形成企业市场核心竞争力：

一个方向是外化的。一家代表着先进价值观、具有高尚道义形象、形成经营哲学的企业，与同行相比，不一定发展最快，不一定规模最大，但一定最持久，一定最有质量，一定最能抗风浪。因为它秉持正确的价值观而获得市场尊重，不仅能从情感层面赢得客户的忠诚，还使其与相关方的交易成本、交易风险因价值观的认同而大为降低。

另一个方向是内化的。因为全员对共同价值观形成情感认同，养成良好行为习惯，成为积极行事风格，从正向看，其队伍心齐气顺想干事，员工内生动力充足，有效工作时间长，劳动生产率更高，使得企业可以比同行雇佣更少的人；从反向看，员工故意犯规意图降低，内部业务之间协作意愿提高，企业管理的时间成本、财物成本可以得到降低。

中国企业的党组织体系专注于价值观工程，这不仅是一大制度特色，更是一大制度优势。党建工作的价值不单有政治学角度的解释，也有管理学角度的解释。如果把企业比喻为一个有灵性的生命体，那么，行政组织体系、党的组织体系不是“两张皮”关系，而是形成了“一皮两面”：行政组织负责的毛发面，事关抵御风雨、展示形象、实现功能；党组织负责的血肉面，包括身体组织、器官、经络和灵魂。

（本文发表于《中外企业文化》2022年第一期，作者系江苏先锋党建研究院院长）

国有企业文化融合新路

徐力方　郑智敏

中国宝武钢铁集团有限公司是经国务院批准，于2016年底由原宝钢集团与原武钢集团实施联合重组而成的国内最大钢铁企业。2017年2月27日，原宝钢集团旗下上市公司宝钢股份吸收合并了原武钢集团旗下上市公司武钢股份，就此宝钢股份拥有了包括上海宝山、武汉青山、南京梅山、湛江东山在内的四大制造基地。

企业竞争的最高层次是文化的竞争。企业文化作为企业最核心的竞争力来源，决定了企业最终能登多高、能走多远。因此，联合重组企业能否打造强大核心竞争力，其前提和基础就是做好文化的融合工作。为推动企业联合重组实现真正的融合，助力企业综合竞争力的提升，中国宝武钢铁集团有限公司宝钢股份从自身实际出发，不断开展企业文化融合的探索，为国有企业走好企业文化融合之路做出了有益的尝试。

作为宝武集团企业文化融合的先行者，宝钢股份管理层高度重视企业文化融合，将其作为引领和促进企业整合的重要抓手。为此，宝钢股份提出以“同一语言、同一标准、同一平台、同一文化”为目标，按照“根植历史、崇尚先进、由表及里、循序渐进”的思路，在企业整合过程中同步制定企业文化融合的“首日计划”“百日计划”“年度计划”“三年计划”，系统推进了公司视觉识别系统的快速统一、明确公司企业文化理念体系、修订企业文化手册《宝钢人的知与行》，并按照演化为具有审美价值的传播作品、显化为形式多样的主题活动和典礼仪式、实化为深入人心的典型人物和文化故事、细化为公司倡导的员工行为要求、固化为推动文化落地的工作机制的方式，深入推进企业文化的传播和践行，取得了良好实践效果。

在此基础上，为检视企业文化融合成效，更好推进企业整合工作，宝钢股份通过问卷调查的方式开展了企业文化融合的情况调研。在此次调研中，为更好反映员工对企业文化融合的认知情况，宝钢股份专门设计了企业文化融合指数，以体现文化融合的总体情况。指数计算是按所有有效问卷取平均得分。满分 5 分，得分越高，表示企业文化整合融合进程越高。同时，宝钢股份还以国际流行的丹尼森组织文化模型为蓝本，按照对一个组织的经营发展具有重大影响的适应性、使命、参与性与一致性四大文化特征，从身份认同、理念知晓、VI 执行以及文化践行四个维度，围绕《宝钢人的知与行》中的 30 大要素，设计了 32 项问题的调查问卷。

最后的调研结果显示，宝钢股份的企业文化融合总体指数为 4.07 分，其中平均得分≥4 分的员工比例为 59%。（注：一般认为平均得分≥4 分的员工对文化融合有较高的认同度）。在适应性、使命、参与性与一致性四大文化特征方面的调研结果则呈现以下特点：一是在企业文化融合的四个维度中，“身份认同”得分最低，这体现出“身份认同”包含有情感因素、转变需要时间的显著特征；“文化践行”得分较高，一定程度反映出不同基地间的文化除差异性外，也有较大的相似性。二是操作维护类员工对公司当前企业文化的认同度、企业文化理念体系的认知率相对最低，表明企业文化的学习、传播、践行亟须进一步向基层一线延伸。三是 30 岁及以下青年员工在“身份认同”维度中得分最低，同时企业文化认同和喜欢的比例也不高，反映出企业文化工作在青年员工群体中存在较大缺失。四是在“文化践行”维度中，“平凡的岗位也可以出彩”“各负其责勇于担当”“敢为人先对标找差争创一流”“每天积累不断进步”“原点思维，做有价值的事”“率先垂范撸起袖子加油干”等要素的员工认同与践行情况得分较低，体现了文化融合工作在落地环节有待改进和提高。

上述调研结果表明，宝钢股份的企业文化融合既取得了重大进展，但与成为争创世界一流的先行者和示范者的目标相对照依然存在较大差距，后续应在现有成效的基础上取得更大突破。

为此，宝钢股份坚持问题导向，制定了下一步工作的改进思路，持续将企业文化融合工作推向深入。

一、把用价值观引领文化融合作为领导人员的政治责任

中央企业是党执政的重要物质基础和政治基础，是政治属性、经济属性、社会属性三位一体的经济实体，履行好政治责任、经济责任、社会责任是中央企业担当国之重器历史使命的题中应有之意。思想政治工作是中央企业坚持党的领导、加强党的建设的重要领域，企业文化建设是中央企业做好思想政治工作的重要载体。用企业价值观引领企业文化融合是一个不断优化的过程，要解决中央企业中企业文化融合的突出问题，必须提高政治站位，从加强和创新思想工作的高度来认识企业文化融合问题，中央企业领导人员要充分认识企业文化融合对于中央企业提升软实力的重大意义，把企业文化融合作为政治责任纳入党的建设责任制体系，以更高的自觉、更科学的思路切实履行好这一政治责任。这是推进中央企业文化融合的关键所在。

二、在尊重企业文化建设规律的基础上探索企业文化融合的有效途径

企业文化融合作为企业战略性重组中企业文化建设的着力点，必须尊重企业文化建设规律，才能找到有效途径和产生预期效果。根据国内外对企业文化建设规律已有的认识成果，企业文化建设有两大基本规律。

一是企业文化内化于心、固化于制、外化于行的规律。企业文化融合要达到预期效果，首先要将企业文化理念，特别是企业价值观内化于心。内化于心有两个关键环节：教育引导和激发情感，要特别关注激发员工对企业文化价值观的情感认同，这是内化于心的基石。其次，固化于制关键在体现企业文化核心价值观是管理的灵魂，管理是企业文化价值观的载体，在公司各项管理制度的制定和执行中自觉使企业文化价值观渗透到管理制度中，特别是人力资源管理制度中。再次，外化于行是企业文化价值观落地生根的标志，企业文化价值观只有转化为员工的行为习惯，才能真正发挥作用。

二是企业文化建设自上而下、自下而上良性互动规律。企业文化是在企业各级领导层自上而下倡导、传递、示范和企业全体员工自下而上认知、理解、认同、践行的良性互动中不断得到培育和发展的。企业文化融合必须尊重这一规律。首先，公司最高领导层要总结历史、适应公司发展战略需要，提炼出科学简洁的企业文化价值观，并通过企业完备的指挥链不断往下传递，尤其要发挥上级对下级的示范作用。其次，全体员工自下而上的认知、理解、认同、践行是企业文化成为员工行为自觉和行为习惯的基础，只有使全体员工认知、理解、认同、践行企业文化价值观，才能使企业文化价值观落地生根。从这个意义上讲，企业文化既是企业家的文化，更是员工普遍践行的行为规范，这一判断是符合企业文化建设规律的。

三、建立和完善企业文化价值观评价体系是企业文化融合的重要牵引

企业价值观是企业文化的核心。因此，开展企业文化价值观的评价，就是对整个企业文化最核心的理念层面开展评价。开展企业文化价值观评价工作是诊断、创新和变革企业文化的基础工作，也是检验重组企业的文化融合的关键环节。它一方面可以检验企业价值观的内容是否体现了企业发展中最为关切、亟须培育和树立的价值取向，以及该价值取向在员工中的宣贯、认同和执行效果等情况；另一方面也可

以检验企业文化建设的整体架构，特别是企业规章制度等层面的设计和制定是否存在需要进一步加以完善和改进的地方。从这个意义上讲，开展企业文化价值观的评价就是对企业文化、对企业文化建设进行全面的审视和评估，是对企业的文化管理工作的一次极为重要的全面考核。对企业文化价值观开展评价，是通过全面调研企业成员的思维方式和行为习惯，以检验企业价值观落地的真实情况和效果。它不仅可以帮助企业有效地改善企业价值观在执行方面存在的问题，而且可以为企业文化的创新和变革提供事实依据，并进一步完善和提升企业文化的建设、管理工作。所以建立科学的企业文化价值观评价体系，对于企业核心竞争力的培育和企业文化软实力的提升有着重要作用。

（作者系中国宝武钢铁集团党校党建教研室主任徐力方、思政教研部主任研究员郑智敏）

培育世界一流电力公司文化软实力

徐伟中

文化软实力是一个国家、一个民族、一个企业、一个集体所拥有的凝聚力、创造力、生命力、影响力的集中体现，是意识形态的同化作用。国家能源集团 2017 年成立之后，国电电力遵循“一个目标、三型五化、七个一流”发展战略，以集团企业文化核心价值理念体系为主干，坚持政治引领、坚持传承创新、坚持以人为本、坚持一主多元，着力建设具有鲜明上市公司管理特色的世界一流电力公司相匹配的企业文化，着力推进企业文化建设由“文化价值宣贯”向“文化管理实践”和“软实力建设”转变，努力以一流的企业文化软实力推动提升企业竞争力、创新力、控制力、影响力和抗风险能力。

一、提升文化软实力对建设世界一流企业的重要意义

（一）凝聚共识，形成强大向心力

国电电力确定了“建设具有全球竞争力的世界一流电力公司”的战略目标，把广大员工紧紧地团结在一起，促使员工自觉自愿地将个人愿望融入企业发展，投身于建设世界一流公司的宏伟事业。

（二）引领方向，增强战略驱动力

实施建设世界一流公司战略，迫切需要企业文化在价值和行为上进行引导，促使公司从实际出发，做出科学的经营决策，确定符合实际的发展目标，使公司更快、更好、更稳定地向着世界一流公司目标迈进。

（三）激发潜能，铸就卓越创新力

共同的价值观念、企业精神和企业形象对员工有极大的鼓舞作用。员工围绕建设世界一流公司目标，积极、主动、创造性地开展工作，形成以文化力量突破常规思维、推进企业发展的良好氛围。

（四）规范行为，固稳长效约束力

建立健全适时更新、适合自身发展的制度体系和稳定持久的道德规范体系，规范和约束员工行为，为公司的长久健康科学发展筑牢坚实基础。

（五）塑造形象，提升社会影响力

国电电力奉行“永无止境、创造一流”精神，通过构建强有力的文化认同体系、践行体系和协同体系，做强做亮品牌形象，加大传播力度，提升社会美誉度，产生了更加持久的社会影响力。

二、国电电力企业文化建设的实践经验

（一）践行“三个融入”，推动企业文化建设责任落实

1. 将企业文化建设融入发展战略。确定了建设世界一流企业“三步走”战略，明确了“建设具有全球竞争力的世界一流特色能源上市公司”的战略目标，公司及各基层单位同步制定了企业文化建设三年规划。

2. 将企业文化建设融入经营管理。成立以党政一把手为组长的企业文化建设工作领导小组，定期研究讨论企业文化建设重点工作，实现企业文化建设和生产经营工作同研究、同部署、同落实、同考核，提升干部职工的价值、情感和行为认同。

3. 将企业文化建设融入制度建设。结合上市公司治理实际，建立健全和完善公司一、二、三级制度，确保集团、公司、基层单位制度体系协同统一，形成较为完善的管理制度、业务流程、工作职责、行为规范，强化制度执行，规范经营管理。

（二）建设“三个体系”，实现企业文化宣贯全面覆盖

1. 加强企业文化传播体系建设。推广落实集团公司品牌视觉识别系统，将文化理念融入公司形象工程和内外部交流，开展企业文化案例征集、故事评选、征文等活动，编印《企业文化手册》，营造浓厚的文化建设氛围。

2. 深化企业文化培训体系建设。开展多层次、多类型的企业文化宣贯，邀请国内企业文化领域权威人士进行专题讲座；组织人员参加企业文化峰会等大型文化论坛；对新入职员工、班组长、企业文化骨干等开展企业文化专题培训，通过印发“应知应会口袋书”、定期组织答题测试等方式促学。

3. 创新企业文化协同体系建设。将企业文化体现在管理制度、工作流程、考评体系中，建立党政工团分工明确、密切配合、齐抓共管的协同机制，提升了企业管理水平和经营业绩，切实把“文化力”转化为“生产力”。

（三）打造“三个特色”，文化品牌因企制宜亮点纷呈

1. 培育专项子文化。大力实施“安全第一、生命至上”的安全理念、“廉洁从业、干净做事”的廉洁理念等专项子文化建设。基层单位形成了“向海而兴，绿色远航”“班组文化聚心，质量文化凝力”“沉细实”等特色文化理念。

2. 开展特色文化活动。定期开展道德讲堂，先后开展“高扬红色旗帜、共铸国电梦想”系列宣讲活动、“读大同故事，

促提质增效”专题道德讲堂、“社会主义是干出来的”岗位建功行动、“争做大国顶梁柱”等一系列主题鲜明、形式多样的文化实践活动，积极有效弘扬文化自信。

3.打造特色文化品牌。宁波海上风电“严谨高效、绿色发展”文化体系、舟山海上风电“奋进”文化、上海庙公司“安全上电·大安全体系”等文化品牌，形成百花齐放、各具特色的文化格局。

（四）实现“三个提升”，创新文化建设载体成果显著

1.企业文化的凝聚效应进一步提升。经过多年的探索实践，涌现出“最美国电电力人”“央企楷模”等一批先进典型，增强了干部职工团结奋斗的自信心和自豪感，形成了心往一处想、劲往一处使的良好局面。

2.企业文化的价值效应进一步提升。国电电力企业文化建设屡获殊荣，荣获全国改革开放 40 年中国企业文化四十标杆单位，荣获 2021 年度全国电力行业企业文化品牌影响力企业。1 家所属单位获全国企业文化建设三十标杆企业，5 家所属单位荣获全国企业文化建设优秀单位，7 家所属企业荣获改革开放 40 年中国企业文化优秀单位，先后有 21 项文化建设案例及成果获评国家、集团、行业内优秀成果，树立了良好的企业品牌形象。

3.具有上市公司特色的文化品牌效应进一步提升。国电电力落实“一主多元”的文化格局顶层设计，逐步推进形成以发展战略为核心的文化品牌，实现了由单一发电公司向综合性电力上市公司的成功转变，为提升企业核心竞争力、实现高质量发展提供了重要支撑。

三、进一步提升软实力的方法与途径

（一）构建“三位一体”的认同体系

要确保企业文化落地深植，发挥功效，建立全方位、多维度、多形式的培训宣贯体系，让全体职工能迅速掌握企业文化的精髓要义，产生理论认同和情感认同。

1.用培训育人。要建立常态化培训模式，按照“全面性、持续性、全员性”的原则，使企业文化的深刻含义直观系统地融入职工头脑。一是突出高层引领。以高层管理者为主要对象，有计划地组织文化理念、文化传播力、组织行为等方面的培训，让他们成为企业文化建设的倡导者、培育者和实践者。二是确保全员覆盖。把企业文化培训列入年度员工培训计划，通过简单明了的语言、生动活泼的课件和贴合实际的案例，让全体员工能深入理解公司的文化理念、行为规范等基本内容。三是培养师资力量。将善于沟通、具备威信、员工信任的员工培训成企业文化内训师，统一安排并参加文化的宣传、培训、研讨和经验交流活动。四要坚持与时俱进。定期邀请专家到公司进行讲座，有计划地选送内训师或员工，参加各类论坛、实地走访、座谈交流等活动，以科学的方法推进企业文化建设。

2.用舆论导向。把握正确舆论导向，把提倡与反对、讨论与引导结合起来，在企业内部营造积极向上的舆论氛围，助推企业文化深植落地。一是举旗定向。号召和引导全体干部职工学习企业文化理念，倡导正确的行为规范和企业精神，旗帜鲜明地反对不符合企业文化理念的行为言论。二是敢于发声。企业中高层、企业文化管理部门人员以及内训师等，要敢于发声，做出示范，善于运用企业文化的语言去布置任务、传达指示，把企业文化的理念巧妙地运用到领导讲话和日常交流中，引领舆论导向。三是广开言路。通过座谈会、网上论坛、主题演讲、企业文化年会、企业文化园地等各种形式组织员工畅所欲言，形成全员参与、群策群力的文化氛围，让文化理念直达人心。

3.用宣贯造势。有效整合宣传阵地，让员工在耳濡目染、潜移默化中得到文化熏陶。一是打造立体化的传播渠道。利用文化展厅、门户网站、局域网络、企业内刊、宣传橱窗、电子显示屏、广播电台等多样化的宣传载体，以企业文化宣传片、文化手册、理论文集、书画摄影、摄像视频、微信、短视频等形式，形成全媒体立体化的宣传矩阵，巩固员工普思想认同。二是打造多层次的宣传网络。组建企业文化宣讲团，开展道德讲堂、主题宣讲，与员工面对面地讲述文化理念，组织通讯员撰写体现企业文化的身边人、身边事，感动身边人。通过公开评选优秀员工、征集文化哲理故事等方式，积极挖掘、培养、宣传先进典型，使企业文化在互相学习中深化，在互相竞争中升华。三是打造全方位的文化氛围。在企业公共区域设置企业文化标语、匾牌、图板、灯箱、电子显示屏等，充分展示企业文化核心理念，把企业文化理念和标识全面运用到办公事务用品、商务礼品、宣传用品、媒体资料和相关出版物中，增强企业文化的感染力。

（二）构建“两线并行”的践行体系

企业文化认同是基础，执行是关键。企业领导层需把握政治方向，确定路径，企业员工需要与企业同频共振，和谐并进，通过上下协作、紧密连接，才能推动企业文化发挥效能。

1.企业层面——融会贯通促动。以社会主义核心价值观为引领，发挥管理职能的辐射效应，既用企业文化规范企业生产经营行为，又确保文化建设的政治性、规范性、持续性。一是牢记宗旨，突出国企姓“党”。突出文化建设的政治性，坚持党对国有企业领导的重大政治原则，发挥好国有企业的“压舱石”和“稳定器”作用，着力防范和化解重大风险，攻坚克难做好扶贫工作，践行绿色发展理念，贡献国企智慧和力量。二是融入管理，构建“文化引领、相互促进”的新格局。将践行企业文化与提高管理效能结合起来。融入企业生产经营，弘扬安全、创新、廉洁、诚信等文化理念，在生产经营中不断凝练文化理念；融入党建工作，用文化助力创建一流党建，确保国电电力文化理念的“红色基因”不变色、不偏离；融入企业人才发展战略，抓好“以德为先、德才兼备”选人用人文化氛围的营造，将文化理念植根于员工思想深处。三是选树典型，弘扬企业正能量。把先进榜样作为企业精神和企业文化的人格化身与形象缩影，为员工提供可以仿效的具体范本。积极开展劳动竞赛、评先评优等活动，形成先进带动后进，人人追赶榜样的良好氛围，为企业发展凝聚力量。

2. 职工层面——主题实践推动。一是引领员工将个人目标与企业目标相统一。通过“我与企业同成长”等主题活动，引导员工自觉融入企业，自觉为企业的发展贡献力量。二是引领员工将个人成长与企业成长相统一。着力推动“人本”文化、“进取”文化、“和谐”文化等主题活动，为员工提供更为广阔的发展平台和机遇，依据责、能、权、绩等指标，建立更为合理的激励机制、薪酬分配体系，实现企业发展和员工个人成长的“双赢”。三是引领员工将个人行为与企业经营管理相统一。通过“我为企业建言献策”等主题活动，及时了解员工诉求，并予以充分尊重和考虑，实现企业内部的和谐统一。

（三）构建“四轮驱动”的固化体系

企业文化软实力作用的发挥，必须依赖制度体系和考核手段的固化，使之成为企业上下同欲、贯彻到底的硬性指标。

1. 建章立制。制定企业文化规范性制度体系，引导全体员工自觉践行文化理念，规范使用文化标识，从文化基础载体、传播途径、效能监控等方面做到有章可循，全面发挥企业文化软实力的“硬”作用。

2. 嵌入管理。企业文化建设全面落实到企业的改革发展和管理流程中，在推动战略落地、推进公司治理、提升企业价值、推进改革发展中体现企业文化特质，赋予企业治理思想和灵魂，深入持久地推进公司治理体系和治理能力现代化。

3. 强化评估。设计企业文化测评模型，每年组织一次对企业文化建设综合测评，对企业文化宣传度、员工认可度、员工参与性和文化有效性进行评估，不断修正企业文化建设制度。

4. 加强考核。制定企业文化建设考核办法，把企业近、中、远期的产值、利润、效益、安全、技术发展方向等内容融入企业文化考核体系中，不断强化企业文化的执行力和影响力。

文化软实力是最核心的竞争力，文化管理是更高层级的管理模式。企业文化是战略、流程、制度、管理标准等背后的“基本法”，引领并匹配所有管理模块，是公司各种行为的基本遵循。通过文化与公司发展战略、企业治理、改革创新的精准深入对接，实现共生发展、相互促进，增强公司“硬核”力量。

（国电电力发展股份有限公司党建工作部主任）

新时代党建引领国有企业文化建设实践路径探究

——以中交二航局第四工程有限公司为例

秦体达

面对新形势，如何做好国有企业文化建设工作，如何为国有企业的发展提供强大的精神动力和文化支撑，成为当前国有企业和社会各界普遍关注的焦点。在实践中，中交二航局第四工程有限公司（下文简称公司）坚持党建引领，将加强党对国有企业的领导作为重大政治原则，确保企业改革和发展始终沿着正确的方向前进。经过了长期的积淀和提炼，逐步形成了“厚重、稳健、务实、创新”的企业文化。文化是公司基业长青的土壤，公司获得的一切荣誉，都包含着文化的滋养，公司发展的每一步，都有着文化的支撑。这种企业文化已经成为推动公司不断向前发展的一张名片。

一、以党建为总揽，提炼企业文化理念

党的建设引领着国有企业文化建设的方向，是企业文化的风向标。锤炼优秀的企业文化，是一个长期的过程，不可能一蹴而就，但可以找准方向，久久为功。

在企业文化的提炼过程中，公司总结了 60 年的发展历程，于 2016 年 6 月出版公司史。公司史的编辑、出版，就是梳理公司文化的一个很好载体，不梳理公司史，就不能很好地认识整个发展过程。可以说，公司史是公司文化的最好注解。

企业文化是层层递进的，是一个系统的有机整体，环环相扣。2013 年年底，公司正式将“厚重、稳健、务实、创新”的企业文化写入报告，提出了“厚重而不沉重、稳健而不停滞、务实而不刻板、创新而不浮躁”的文化基因。厚重源于 60 多年的历史，没有厚重的积淀就没有稳健的基础，没有稳健的基础就培育不出务实的基因，离开务实的土壤，创新就不会产生硕果。

公司文化理念提出之后，随即得到了上级单位和行业内的认可，企业文化工作也得到了肯定。在中国企业文化研究会主办的中外企业文化峰会上，先后获评“新中国 70 年企业文化建设优秀单位”“‘十三五’中国企业文化建设优秀单位”称号以及“企业党组织引领企业文化建设”典型经验和创新方法。

二、以党建为抓手，促使企业文化落地生根

“党政军民学，东西南北中，党是领导一切的。”习近平总书记强调，“坚持党对国有企业的领导是重大政治原则，必须一以贯之。”国有企业改革发展前进的每一步，都离不开党的坚强领导，企业文化建设犹是如此。

一分部署，九分落实。作为中国交建的三级子公司，公司依托“务实”文化，做中交集团和中交二航局各项规章制度的执行者和企业文化的传播者，重点抓落实。

统一的企业文化执行标准和视觉识别系统，使项目部在组建之初，就有章可循，有规有矩。在项目前期策划中，企业文化部门主动和项目部对接，将文化建设和宣传工作作为重要内容纳入策划范围。企业形象识别系统在项目部大力推广，项目驻地建设大为改观，员工生活条件大大改善。例如在中交二航局常泰长江大桥项目部，产业工人和项目部员工的宿舍区统一进行社区化管理，生活环境好了，工作起来就

有激情、有干劲。

目前，公司各基层项目部的文化建设已经由形象识别系统的自觉实施，向理念形成、价值取向等深层次文化推进。从公司总部到基层项目部，随着企业的改革发展和不断壮大，企业文化深入人心。

三、以党建为纽带，促成产文深度融合

对于国有企业来说，文化建设和生产经营工作，结合得越紧密，越能相互促进，相得益彰。做好“产文结合”这篇大文章，就需要以党的建设为纽带。

企业文化是一种软实力，其作用发挥的有效路径在于融合到生产经营中去。文化建设多深入现场一线和人民群众，结出的果实才能血肉丰满。同时，生产经营工作提高宣传意识，实现“硬实力”和“软实力”的融合，才能彰显出真正的实力。这是企业竞争力和综合实力的重要内容，也是文化工作推动生产经营的主要抓手。

近年来，公司抓住发展建设的大好机遇，不断提升宣传工作质效，加强与媒体对接，深入挖掘公司发展特色亮点。通过外部媒体和内部宣传两个平台，事前做好策划，讲好建设者故事，展现建设者风采，让更多的媒体走进来，扩大企业影响力，彰显社会价值。公司微信公众号获评 2021 年全国建筑业“最具影响力”微信公众号。

公司在生产经营联动的同时，融入更多的文化元素，文化工作通过“基层书记担任管理者代表”“双向进入、交叉任职”“党群人员下基层锻炼”“轮岗培训”等举措，深入融合到基层一线的生产工作中去，实现党建引领与生产、经营、管理和文化工作的同频共振，和谐发展。

四、以党建为平台，推动品牌意识不断提升

企业文化是一个企业的灵魂，文化反映在产品上。把产品当作品，花精力，投感情，这种作品就是最好的文化代言人。公司坚持以高质量党建引领企业高质量发展，扛起“桥品牌”，打造“路品牌”，步履铿锵，在砥砺中前行，补齐能力短板，强化责任担当。

从 1995 年开始，公司以江阴长江大桥为标志进军路桥领域，实现了“水工”到“路桥”的完美转型。此后，公司在长江桥、黄河桥、跨海桥、高山桥、海外桥、铁路桥、市政桥等多个桥梁领域深耕细作，先后参建了润扬长江大桥、杭州湾跨海大桥、塞尔维亚泽蒙大桥、沪苏通长江大桥等桥梁工程，7 次获得国际桥梁大会大奖，7 项桥梁工程获得鲁班奖，8 项桥梁工程获得詹天佑奖，成功打造“桥品牌”。

公司承建的南京长江五桥、五峰山长江大桥等 6 个桥梁项目入选央视建党 100 周年大型纪录片《大国建造》，“桥”品牌的知名度持续增强。目前在建的常泰长江大桥、马鞍山长江公铁大桥、张靖皋长江大桥均是世界级工程，进一步擦亮了二航局乃至中交集团“桥品牌”。

受务实文化的熏陶，公司人埋头苦干，随着荔榕、乐百、河百等高速公路相继通车，这些在公路领域啃下的硬骨头，为公司“路品牌”的打造描绘了浓厚的一笔。

近几年，公司先后中标广西南天高速 3 标、平天高速 4 标、天巴高速 1 标段，承袭广西片区项目互助传统和大指挥项目群建设管理经验，公司成立天峨项目群指挥部，3 个项目正式成为紧密连接、互通有无的整体，发挥“1+1+1>3”的聚合效应，进一步夯实了公司“路品牌”。品牌就是品质最好的证明，也是经营工作的金字招牌。文化有了更多的内涵品牌就有了更多的价值。公司在广西市场结下的累累硕果就是最好的证明。

五、结语

60 多年的企业文化实践中，公司坚持党建引领，提炼企业文化理念，促使企业文化落地生根，促成文化和生产经营深度融合，推动品牌意识不断提升，文化已经成为公司发展的软实力，这种文化因子深植于员工心中，转化为推动企业持续发展不可或缺的强大动力。

近年来，在习近平新时代中国特色社会主义思想指引下，公司深入践行中交集团“123456”总体发展路径和二航局“五大管理理念”，实现了文化与党建、生产、经营、管理的深度融合，有力地推动了公司综合实力的不断提高。目前，公司正在按新的资质定位，建立现代企业管理制度，逐步形成了“有文化、有特色、有目标、有方法”的“四有”特征。公司和项目两个层面的“四化”建设逐步推进，“中国交建标杆型三级子公司”和“一流的桥梁专业化公司”的发展目标也更加明确。公司将继续做实文化名片，让文化成为公司高质量发展的助推器。

（作者系中交二航局第四工程有限公司党委书记、董事长）

对内表现为氛围 对外表现为口碑
——对企业文化“总和说”概念的再认识

钱　兴

企业文化作为一种概念和理论，最早是由美国管理学界在研究了日本企业成功经验的基础上提出来的，其中“总和说”是被广泛认同和应用的一个概念，但是由于理解的角度不同，对“总和说”的认识也不尽相同。因此，关于“企业文化是什么？企业文化做什么？”这样的问题至今仍然存在诸多争论。理越辩越明，道越论越清，作为一名基层文化工作者，在实践中不断加深对企业文化的理解，也形成了自己的粗浅认识，希望它是文化汪洋里的一滴水，对企业文化的发展进步能够起到一点点滋养作用。

一、“总和说”是企业文化概念的主流

据统计，目前企业文化的概念多达 200 多个，其中“总

和说”被广泛认同，比如，最早提出企业文化概念的美国管理学家威廉·大内认为，企业文化是“进取、守势、灵活性——即确定活动、意见和行为模式的价值观。美国哈佛商学院约翰·科特和詹姆斯·赫斯克特则认为，企业文化是指一个企业中各个部门，至少是企业高层管理者们所共同拥有的那些企业价值观念和经营实践，是指企业中各个职能部门，或地处不同地理环境的部门所拥有的那种共同的文化现象。还有，美国学者特雷斯·迪尔和阿伦·肯尼迪认为，企业文化是价值观、英雄人物、习俗仪式、文化网络、企业环境。以上的这些定义虽然都没有直接言明企业文化的“总和”属性，但其内涵或多或少都已包含了这个观点。

最有代表性“总和说”定义认为：企业文化是企业物质文化和精神文化的总和；或企业文化是企业物质文化、行为文化、制度文化和精神文化的总和；抑或企业文化是指企业在实践中形成的为全体员工所认同、遵守、带有本企业特色的价值观念、经营准则、经营作风、企业精神、道德规范、发展目标的总和；还有，企业文化是在一定的条件下，企业生产经营和管理活动中所创造的具有该企业特色的精神财富和物质形态。它包括企业愿景、文化观念、价值观念、企业精神、道德规范、行为准则、历史传统、企业制度、文化环境、企业产品，等等。

二、“总和”不是物理相加，而是化学反应

如果只从字面理解以上这些概念，就很容易把企业文化理解为企业的某几个部分的工作或者企业所有工作相加的总和，这种认识上的偏差将直接影响企业文化的实践。

有一次，我和一位远洋船上工作的老政委进行工作交谈，请他讲讲船舶文化建设。他很兴奋地和我说：我们上个月搞了一次会餐，大家吃得很高兴，这个月又包了一次饺子……在这位政委心里，吃好喝好就是船舶文化建设。还有一次，我去一家工厂参观，进门的路两边和车间墙上，拉着、挂着、贴着各种各样的标语，听介绍，该企业的老板十分重视文化建设，亲自抓标语口号工程，要求工厂、部门和车间三个层面都要有自己的文化口号，并且要张挂在工作场所……显然，在这家工厂，花花绿绿的标语口号被当作企业文化建设。实践中，还有的认为文体活动就是企业文化，企业宣传就是企业文化，等等，把企业的某一项或某几项工作当作企业文化建设。另一种比较普遍的认识误区，认为企业文化包罗万象，企业的采购、生产、安全、管理、制度、会议，甚至厂房、车间等都是企业文化，手之所及，眼之所顾，都是企业文化。实际上，这些文化实践上的问题归根到底都是对企业文化概念理解偏差导致的。

深入学习企业文化的经典著作就会发现，上述概念里的“总和”并不是各种元素简单的物理相加，“价值观、英雄人物、习俗仪式、文化网络、企业环境”简单加在一起，结果还是这些元素，形成不了被喻为经营之神的松下幸之助所期待的那种“令他们万众一心，众志成城的力量”。价值观念、经营准则、经营作风、企业精神、道德规范、发展目标简单加在一起，同样还是这些各自独立的元素，形成不了企业文化。这就像厨具、食材、油、调料和一本食谱摆在一起形成不了色香味的美味佳肴一样。

事实上，“总和”本质上的含义是这些要素通过企业的各种行为和活动相互作用、相互融合产生化学反应的结果，这种结果最终让挂在墙上的一句价值理念变成每个人心中的坚定信仰和执着追求；让英雄人物从历史的时空里走下来，走进每个人的心中，渐渐地让每个人都成为英雄人物；甚至让企业环境，比如一栋大楼变得不仅仅是一栋大楼，而是家园和灵魂……这才是企业文化本来的面貌和应有的力量。

三、企业文化对内表现为氛围，对外表现为口碑

食材、调料经过不同的烹饪技术最终将表现出美妙的色香味。那么，企业的精神和物质元素经过复杂的化学反应之后将呈现什么呢？比如“德才兼备，人尽其才”的人才理念、公平公正的制度设计以及重视人才的管理团队等元素放在一起相互作用、相互融合，一定不是原来的理念、制度和团队了，而将产生一种新的东西，这就是积极进取的氛围和重视人才的口碑。也就是说“总和说”表面是总和，实质是融合，融合的结果表现为氛围和口碑。

氛围，这是对企业内部而言的。我们常说，决定一个家庭兴衰的是家风，决定一间学校成败的是校风。同样，左右一家企业走向的是企业的风气，换个词，风气也称之为氛围。比如，当我们走进不同企业内部时，会有不同的感受。这家企业，大气、规范、国际化；那家企业，暖心、平等、人性化。有的企业，让人感觉富有激情、很创新、快节奏；也有的企业，让人感觉无所事事、人浮于事，或者紧张、冷漠、压迫感等，这种感受就是这家企业传递给每个人的氛围，这个氛围里面有管理者的魅力，有被高度认同的认识和追求，还有深厚的历史沉淀，这个氛围是这家企业的行为准则和价值体系的直观反映，是企业文化的外在表现。

松下幸之助所说的那种力量恰恰蕴藏在这种氛围里面。好的氛围形成正向的力量，和谐的氛围会淹没争斗，温馨的氛围会融化冷漠，公平的氛围将激励拼搏，进取的氛围将催人奋进……这样的力量终将推动企业不断发展壮大。同样，不好的氛围形成反向的力量，冷漠的氛围会充斥钩心斗角，官僚的氛围会滋生腐败专权，投机的氛围令人不务正业，逐利的氛围令人急功近利……这样的力量必然成为企业发展的绊脚石。

这个氛围很难被描述清楚，更不能被量化，但在这个氛围中，所有的人都会被感染、被同化、被改变，直至个人的思想和行为自觉地被凝聚、被统领。人可以逃避和钻制度的漏洞，但却无法摆脱氛围的影响和制约。

而口碑，是对企业外部而言。我们知道，社会对一家企业会有一个比较一致的认识，比如，华为坚守战略、关注客户、重视研发和创新，是国产手机品牌的代表；海尔重视产品品质，冰箱质量好，省电，售后服务好。“这家企业规模

很大”“这家企业很有社会责任”“这家企业员工福利很好”等，这种社会对一家企业普遍的评价就是这个企业的口碑。和“氛围”一样，口碑也是企业文化建设的结果，是企业文化的外在表现形式。什么样的文化形成什么样的口碑。有些企业认为打造企业口碑可以走捷径，花钱做广告就可以赢得社会和消费者认可，这是短视的，也许短时间有可能带来一定效应，但酒香才能不怕巷子深，企业的口碑根本上还是要靠优秀的企业文化建设。

四、做企业文化根本上就是做氛围和口碑

我们经常说，企业文化看不见、摸不着，是虚无缥缈的，在这种认识影响下，企业文化建设在一些企业不被重视，甚至当花架子是可以理解的。

而当我们认识到企业文化就是做氛围和口碑时，情况就不一样，氛围和口碑不是虚无缥缈的，是可以被明确感受到的，这就像家庭氛围一样，是冷冰冰还是暖融融，是积极进取还是破败衰弱，是书香气还是市井味，就算走进一个陌生的家庭，这些东西都会扑面而来，给人强烈的感受。这也就是说，不管是家庭文化还是企业文化，做和不做、做得好或做得不好，呈现出来的氛围是完全不一样的，带给每个人的感受也是完全不一样的，对身在其中的每个人的影响更是完全不一样的。

更重要的是，当我们认识到企业文化就是做氛围和口碑时，之前争论不休的问题就会变得非常清晰。比如，企业文化到底是不是一把手文化？如果企业文化是企业的几项或者所有工作总和，那毫无疑问是一把手文化，因为一把手能够绝对左右这些工作的走向。而如果企业文化是氛围和口碑，那这个观点显然是不成立的，因为氛围包罗万象，每一个人都会对氛围带来或多或少的影响；还有，企业文化是不是企业战略？因为企业文化价值理念包含了企业愿景、使命等，很容易与企业战略混淆。而如果企业文化是氛围和口碑，那么，企业文化就一定不是企业战略，而是企业战略的推手；再有，企业文化是写出来还是干出来的？如果我们直观地理解企业文化概念，企业文化包括企业愿景、文化观念、价值观念、企业精神、道德规范、行为准则……似乎把这些写出来挂起来就完成企业文化建设了。而如果企业文化是氛围和口碑，那我们就会很清楚，写出来、挂出来只是营造氛围的组成部分，更多的是干出来的，比如，只有公司上上下下都从意识、制度、行动上做到公平公正，公平公正才会成为企业的一种氛围。

氛围和口碑的形成是企业全体员工坚持不懈朝着一个方向共同努力的结果，但并不是一旦形成就牢不可破，而是需要长期的维护、呵护，破坏氛围比营造氛围会容易得多。营造一个和谐的氛围可能需要各个方面长期的努力才能形成，而破坏这种和谐可能只要一次我行我素的任性。

（作者系中远海运散货运输有限公司党委工作部副部长）

主文化引领母子文化融合建设

钱兴胜

长期以来，伊敏煤电公司认真学习贯彻习近平新时代中国特色社会主义思想，遵循华能集团“建设服务国家战略，保障能源安全，为中国特色社会主义服务的‘红色’公司；践行能源革命，助力生态文明，为满足人民美好生活需要提供清洁能源电力的‘绿色’公司；参与全球能源治理，服务‘一带一路’建设，为构建人类命运共同体做出积极贡献的‘蓝色’公司”的文化理念，逐步形成了以社会主义核心价值观为引领，以践行华能“三色”企业使命为特征，以树行业典范、塑草原明珠、铸绿色品牌、创一流企业为内涵，个性鲜明、富有明珠喻义的“母子”文化体系。

伊敏煤电公司以“母文化”统领企业文化建设，向“上”紧密融入了华能“三色”文化理念，向“下”则将“子文化”与母公司“母文化”无缝对接。以“子文化”凸显企业文化特色。逐步形成了秉承集团公司三色基因，履行央企责任、相融共赢、助力地方发展的“红色”明珠；资源节约、环境友好，奉献绿色、安全、优质、稳定能源的“绿色”明珠、煤电一体、循环经济、共享发展成果，创一流企业的“蓝色”明珠，使“母子文化”互相融合，实现了“相同基因、不同个性，和而不同、兼容并蓄”，促进了特色企业文化软实力的提升。

一、主要做法和举措

一是在“顶层设计”中构筑企业文化核心。公司在制定企业发展战略之初，便将企业文化建设有机融入了企业“顶层设计”之中，把“打造一流企业文化品牌”作为公司重要发展战略。公司根据企业文化建设总体目标和要求，确立了“融合认同、协调统一，服务经营、引领发展，统筹兼顾、相互拉动，与时俱进、勇于创新，以人为本、全员参与”的建设原则，制定了企业文化建设实施方案，成立企业文化建设领导小组，健全了企业文化建设制度规范，有权有责、权责结合，形成了党政工团齐抓共管的工作格局，形成了完善的工作网络，使企业文化建设有了制度和组织保障。

二是在生产管理中融合企业文化使命。生产经营是企业发展的中心工作，也是公司履行国企经济责任的重要使命，更是明珠文化的直观反映。公司一方面紧密围绕公司战略部署，坚持把“明珠”文化建设纳入党建和生产经营工作全过程，纳入年度工作计划，并在此基础上开展调研和座谈，进行全面分析评估，建立了长效机制。一方面积极利用企业文化教育广大干部员工，树立正确的价值观，把广大党员干部的先锋形象树起来，把职工群众的工作热情和干劲激发起来；另一方面用企业文化价值理念指导和约束企业的各项经营管理活动，生产经营呈现出良好发展势头，管理水平稳步提高。伊敏电厂 5 号机组实现连续运行 713 天，刷新国内 600MW 火电机组连续安全运行纪录。

三是在精神思想中凝练企业文化理念。依托公司四十余年开发建设的历史积淀，在职工政治思想教育工作中努力营造明珠文化氛围，宣贯“明珠”文化核心理念。一方面，深入贯彻落实《新时代公民道德建设实施纲要》，把群众性精神文明创建活动作为培育社会主义核心价值观的重要渠道，启动了以“六创六树”为内容的文明创建活动，建立了“学雷锋”活动长效机制，创建了“三色帆”志愿服务队，实现了学雷锋活动在制度上规范化、措施上具体化、组织上常态化。同时，大力开展“道德讲堂”建设工程，形成了“授课讲堂、舆论讲堂、活动讲堂”三位一体的活动阵容，截至目前，开展讲堂 44 期五十多场次，近 2 万人次进入讲堂接受教育。国资委、华能集团公司分别在伊敏召开了“道德讲堂”现场观摩会，“道德讲堂”建设已经成为公司企业文化和精神文明建设的新亮点；另一方面，在党建工作中丰富企业文化内涵。以“六型”党组织创建为载体，以“五亮”行动为实践，以党员“创星”活动为平台，把党员培养成为解难题、攻堡垒的中坚力量和塑造企业文化建设的标兵。大力开展思想政治理论研究，多项课题荣获中央企业和电力行业思想政研优秀课题成果奖项，公司被命名为 2017 年年度“全国电力系统思想政治工作建设优秀单位”。

四是在文化宣贯中营造企业文化氛围。牢牢把握华能集团公司“三色文化”主基调和“五统一”的原则，全面规范视觉识别系统的导入，制作了企业文化宣传画册、形象宣传片，收集整理了企业文化故事，建立了文体活动中心、休闲运动中心、“七五三”企业发展历程展览馆、明珠文化广场四大标志性文化阵地，公司“七五三”展馆被命名为“自治区级爱国主义教育示范基地”。同时大力开展职工之家建设，组建了 23 个群众性业余文化体育协会，以自营电视新闻、自编内刊、自建手机新闻客户端、自创文学刊物、自导文化剧目为形式的文化传媒载体，畅通了广大员工抒发情感、陶冶情操的绿色通道。公司拍摄的多部微电影荣获全国职工微电影大赛银、铜大奖，并蝉联全国电力行业影视大赛四届金奖。《人民日报》、《工人日报》、中央电视台等国内各大媒体都对伊敏煤电做了重点报道，有效提升了公司的影响力和美誉度。同时通过年初公司工作会议、职工代表大会、班前班后会等形式，对职工进行企业文化宣传贯彻，把企业文化培训与党员培训教育、形势任务教育和新职工岗前培训紧密结合起来，教育和引导职工树立企业文化理念，将企业精神融入广大干部员工的血脉之中。公司员工连续三届蝉联了全国露天专业职业技能竞赛金牌，三名员工被授予全国“五一劳动奖章”。

五是在实践活动中突出企业文化特色。一是突出教育特色。在深入学习贯彻习近平新时代中国特色社会主义思想和党的十九大精神的基础上，将企业文化培育与党员教育有机结合，开展“十个一”主题实践活动，强化对党员、干部、职工的爱党、爱国、爱企、爱岗教育，使企业文化入心入脑；二是突出体系特色。按照目标化、系统化、品牌化的要求，依托党组织机构，形成公司、厂矿、车间、班组四位一体的企业文化组织架构；三是突出中心特色。紧紧围绕公司战略部署，广泛开展战疫情、抢市场、保营销、复工复产等主题劳动竞赛，着力创新活动内容和形式。同时大力开展职工技术创新工作室创建，截至目前，共建立职工技术创新工作室 12 个，取得实用新型专利 163 项，发明专利 7 项，创造效益近千万元；四是突出主题特色。用“中国梦”凝聚共识，用“中国梦”弘扬社会主义核心价值观，通过组织演讲比赛、征文、诗歌朗诵等活动，激发员工爱党爱国，奉献华能的工作热情和活力。

六是在履行责任中共享企业文化成果。履行好社会责任是党中央对国企的要求和担当。公司坚持以人为本，员工共享发展成果，解决员工子女就业近 2000 人；建成自治区首家“爱心妈咪小屋”，金秋助学、困难救助形成长效机制；成立以来，累计上缴各种税费 170 多亿元，对地方经济社会发展起到了支撑作用；公司干部员工总动员、倾全力打好新冠疫情阻击战；精准扶贫，建成鄂温克旗 4.24 万千瓦光伏扶贫项目，为 1697 户贫困户每年增加收入 3000 元。公司被国务院授予“全国民族团结进步先进集体”称号，2011 年被评为自治区第二届“公益之星”，2015 年被授予“内蒙古最具社会责任感企业”称号。

二、取得成效

精神文化铸明珠之魂。公司荣获了“全国企业文化顶层设计与基层践行优秀单位”称号，“明珠文化”被授予“全国企业文化优秀成果”“电力行业企业文化成果一等奖”等多个奖项。

生态文明蕴明珠之美。公司认真贯彻习近平总书记“绿水青山就是金山银山”的理念，坚持“在开发中保护，在保护中开发”，露天矿绿化率达 99.11%，电厂六台机组全部实现超低排放，污水处理利用率达 100%，不让一滴污水污染草原。建设总发电能力 7.24 万千瓦光伏发电项目，奉献绿色能源。

物质文明立明珠之本。在先进文化理念的引领下，公司经营生产不断发展，创造了多项行业第一、国内外领先的优秀业绩。先后获得“中央企业先进集体”“全国五一劳动奖状”“内蒙古自治区先进单位”等一系列荣誉称号。公司的高质量发展彰显了明珠文化的卓越风范，更是华能集团“三色文化”的生动实践，突显了公司强劲生命力和领先地位。

踏上新征程，在习近平新时代中国特色社会主义思想的指引下，伊敏煤电公司将继续贯彻落实党的十九大精神，牢记习近平总书记“守望相助”“把祖国北疆这道风景线打造得更加亮丽”的时代要求，为中国华能建设三色、三强、三优世界一流能源企业做出新的贡献。

（作者系华能伊敏煤电有限责任公司党建部主任）

新时代如何弘扬和发展劳模精神

曹洪儒

鞍钢既出钢材又出英模。从1949年7月9日开工以来，鞍钢先后涌现出孟泰、王崇伦、雷锋、郭明义等引领时代风尚、倡导主流价值、展现中国精神的一大批典型人物，形成了具有鲜明特色的鞍钢英模文化，引领了企业振兴发展，弘扬了时代精神，为积极倡导践行社会主义核心价值观、为实现中华民族伟大复兴的中国梦集聚了强大正能量。

那么，在新时代如何继续弘扬和发展劳模精神？笔者认为可以从以下几个方面入手。

（1）积极培育典型。鞍钢党委一直认为，具有鲜明时代特征的先进典型，才具有强大的示范力和感召力。在不同历史时期，鞍钢始终以高度的政治责任感和敏锐性，注重培育符合企业发展阶段、具有鲜明时代特色、拥有丰富精神内涵和强大引领力量的先进典型。在恢复生产时期，推出了以老英雄孟泰为代表的典型，“艰苦奋斗、爱厂如家”的孟泰精神带动了鞍钢职工和全国人民积极投身于恢复生产的热潮当中。在大规模建设时期，推出了“走在时间前面的人”王崇伦等典型，他们引领了一代代青年投身于技术革命和技术革新。在培育和践行社会主义核心价值观的新时期，推出“当代雷锋”郭明义这个重大典型，树立了助人为乐、奉献社会的道德标杆。近些年推出的“工人革新家”李晏家、“鞍钢知识分子的榜样”鞠幼华、“当代发明家”李超等典型，顺应了创新驱动发展的时代召唤。

（2）建立评选机制。在先进典型培育学习宣传工作中，鞍钢党委建立了一整套评选机制，对此项工作进行了长期规划、系统部署、细致安排，为先进典型不断涌现、健康成长创造了有利条件。建立了先进典型培育机制。每年初，提出方向性、目标性要求；每季度，各单位进行初评；每半年，基层单位上报一次；每年底，进行总结表彰。同时，各级工会、共青团、科协、女工等组织，按照工作特点进行专项评选与表彰。如每年五四青年节，表彰鞍钢十大杰出青年；每年三八国际劳动妇女节，表彰巾帼建功标兵和能手等。建立了先进典型评选机制。成立评选工作委员会，按照深入调研、组织考核、事迹提炼、公开公示等环节组织评选。如劳动模范评选成立专门委员会，候选人事迹在《鞍钢日报》公示，评选征求组织人事、纪委等部门意见等。

（3）建立提升机制。鞍钢党委对树立的典型确定了长期培养计划，联系、关心、鼓励典型，为典型成长创造条件。为英模举办学习班、读书班，组织劳模出国考察，安排多个岗位锻炼，以提升他们的综合素质。孟泰成为鞍钢特等功臣后，鞍钢选派他参加、出席高层次会议，使孟泰的思想认识不断提高，为企业做出了更大贡献。创造了“五字炼炉操作法”的邢贵彬作为一线职工成长为全国劳模后，组织送他到省劳模班深造。郭明义原是一名普通的汽车驾驶员，组织安排他担任团支部书记、英语翻译、宣传干事等多个岗位，并积极支持他开展爱心活动，他 2001 年获得鞍钢精神文明建设标兵，现在成长为“当代雷锋”。李超由一名普通钳工，通过 8 年的夜校进修、到先进企业学习和出国培训，技能水平不断提高，2014 年获得国家科技进步二等奖，成为“当代发明家”。

（4）持续学习典型。20 世纪 60 年代开始，鞍钢持续 50 多年开展学雷锋活动；自 1985 年起，持续 30 年开展“学孟泰、爱鞍钢、做主人”活动；2010 年以来，鞍钢党委连续下发 5 个文件，不断推进“跟着郭明义学雷锋”活动。这些活动寓教育于其中，全员参与，坚持不懈，历久弥新。组织职工到孟泰纪念馆参观学习，开展全员职业道德建设大讨论，进行全员职业技能培训等，让敬业爱岗成为鞍钢职工发展进步的思想共识。鞍钢每年对主题活动进行专项表彰，涌现出了一大批“孟泰传人”。每年开展“冠军炉”“扭亏增效”“促销保产”“重点工程”等各类劳动立功竞赛，促进了生产、建设任务的完成，也为先进典型立足岗位、展现价值创造了条件。仅 2013 年，鞍钢就开展劳动竞赛 541 项，创造效益 2.2 亿元，全国冠军高炉炉长、80 后的“孟泰传人”王军等先进典型脱颖而出。鞍钢已经有“孟泰仓库”8000 多个，每年“双增双节”创效 1.95 亿元。

（5）坚持典型引领。党史学习教育中，李超带头学党史，并撰写倡议书向冷轧厂全体党员发起倡议，号召全体党员全身心投入党史学习教育中去，全体党员一致响应，纷纷在倡议书上签字。充分发挥李超创新工作室的榜样示范作用。推动全厂 5 个创新工作室开展立项工作，保证人人参与项目。充分发挥技能大师工作站的辐射带动作用。开展系列技术交流、技能攻关、专项培训、导师带徒等活动，促使技术人才的岗位技能水平、专业技术视野和技术创新能力不断提升，为典型成长提供重要条件。

（6）建立成长通道。加快专家型典型培养，围绕技术创新，搭平台、定指标、立项目，实施创新资源分级管理。完善机制、体制，培养高技能人才典型。加快操作型典型培养，发挥技能大师工作站和职工创新工作室等平台作用，进一步畅通生产操作和点检系统人员的职业晋升发展通道，培育和造就工匠型高技能人才典型。加快青年典型培养，建立优秀人才库，实施青年人才成长积分制，择优选用优秀人才到重要岗位。

（作者系鞍山钢铁、鞍钢股份党委宣传部企业文化与公共关系总监）

大型国有企业文化持续提升的路径

谢 勤

历史车轮滚滚向前，时代潮流浩浩荡荡。中国特色社会主义进入了新时代，这是我国发展新的历史方位，对国有企业提出了新的更高要求。这一历史论断，为我们坚定文化自信，深刻把握国有企业发展的新阶段新特征，培育和践行社会主义核心价值观，科学制定和谋划企业文化建设提供了时代坐标和基本依据。因此，企业文化建设必须在历史前进的逻辑中前进、在时代发展的潮流中发展。

我国经济正处在转变发展方式、优化经济结构、转换增长动力的攻关期，经济发展前景向好；各种行业细分领域市场从增量市场转变为存量市场，整体上处于盘整阶段；一系列弥漫性风险对经济发展产生不利心理预期。在此严峻形势下，亟须用企业核心价值观凝聚共识和力量，化危为机，突破困局。

面向“十四五”，许多大型国有企业展现积极擘画建设世界一流企业的宏伟蓝图，并按照新发展理念和高质量发展的要求，进一步规划了未来一段时期发展的时间表和路线图，值得肯定。国内一些大型国有企业的企业文化建设总体思路的规范表述，一般可以总结为：以习近平新时代中国特色社会主义思想为指导，以社会主义核心价值观为引领，紧密围绕公司改革发展中心工作，丰富企业文化理念体系，优化企业文化落地方式，提高企业文化管理水平，开启世界一流企业发展新征程提供坚强的文化支撑；到“十四五”结束时，建成与产业发展趋势相适应，与公司发展战略相统一，与公司品牌建设相符合，与公司员工发展相促进，对内有强大感召力、对外有较大影响力的企业文化。一流企业呼唤一流的企业文化，一流的企业文化引领一流企业建设，推进企业文化建设深化与实践，实现企业文化的持续提升，是企业永续发展的内在逻辑要求，但实现路径，确需仔细思量。笔者认为，不外乎如下五种。

一是梳理文化发展脉络，不断丰富企业文化体系。企业在建设发展的各个阶段中，企业文化自然也在不断融合演进，与日俱新。公司企业文化体系不断完善丰富，企业文化能更好地服务于生产经营，对内凝聚力、对外影响力明显提升，文化建设凝聚改革发展力量、引领员工全面发展进一步深化，全员共同奋斗的思想基础更加牢固。

集团公司的企业文化须始终体现引领，并分层分类开展企业文化理念落地宣贯。按照行业趋势和公司战略发展需要，大力开展企业文化升级后的宣贯教育，深入挖掘企业文化核心理念体系内涵，使企业文化更好支撑公司战略达成。遵循“有机融合、彰显共性、拓展内涵、体现特色”的原则，在升级后的企业文化核心理念体系统领下，梳理集团总部和二级单位文化核心理念体系内涵，推进各事业单元的文化建设各项工作。以东风公司为例，东风汽车集团有限公司深入挖掘以“马灯精神”为代表的优秀传统和文化基因，持续推进对优秀精神和传统的课题研究，创新阐释马灯精神在新时代的新内涵，探索优秀传统在新时期的应用方式和表现形式，形成了一系列课题成果和优秀素材，将文化理念转化为企业管理和员工行为习惯的要求和倡导，东风人的价值标准和基本准则进一步具体化、行为化、同步化。

二是融入制度，推动企业文化管理实践创新。进一步巩固和深化企业文化与制度运行相融，提升文化落地有效性。结合公司业务发展和企业文化工作实际，多举措开展文化落地方式创新，使企业文化更容易为员工正确认知、主动践行。公司总部各职能部门，要承担与自身业务和管理职能相匹配的专项文化建设任务，参照企业文化核心理念提倡，检视现有制度体系的适宜性和匹配度，紧紧围绕专项文化建设的目标和要求，导入文化理念，不断优化制度体系，使得核心理念的落实得到制度上的保证，通过解决现实问题，推动专项文化落实，推动管理活动改善。纳入企业党建工作格局，文化建设落地更加有力。坚持以党建引领企业文化建设，结合“两学一做”教育实践活动、“不忘初心、牢记使命”主题教育等，持续将企业文化建设任务纳入各单位党建工作范畴，纳入党建责任制考核和党建事业计划跟踪管理，制定企业文化建设年度任务和效果目标，明确“企业文化宣教覆盖率”“道德讲堂开展率”等质量标准和评价指标，定期跟踪了解各单位企业文化运行情况和难点问题，动态更新调整管理指标，提升管理针对性和有效性，激发公司各单位推进企业文化建设落地的主动性和创造性。

三是服务发展，深化全价值链专项文化建设。各事业单元要建立健全由企业文化主管部门牵头、各专业管理部门主导、全体员工共同参与的工作机制，不断推动覆盖汽车产业商企、研发、采购、制造、销售、职能支持等全价值链的各类专项文化建设，把专项文化建设纳入党建事业计划管理，推动各事业单元和各级组织开展专项文化建设。坚持扎实稳步推进，确定不同时期专项文化建设的重点，成熟一个、推进一个、沉淀一个。以东风公司推进品牌文化为例，发布品牌战略，致力于实现品牌向上。东风公司深入贯彻落实习近平总书记关于中国产品向中国品牌转变的重要指示精神，持续构建完善品牌价值体系，对外发布了以“品质 智慧 和悦”为价值理念的品牌战略；深入推动品牌战略落地，以“品牌传播提升年”“品牌传播创新年”为主题，有针对性地开展一系列品牌价值理念传播活动，发布东风品牌故事，重点诠释东风品牌价值理念，推动“品质 智慧 和悦”深入人心。

四是共创共享，在赋能中彰显特色文化建设。集团公司重在赋能。强化主题策划，将公司企业文化建设与各类正面宣传紧密结合，在日常充分利用报纸、网站、内刊杂志、新媒体等公司宣传主渠道主阵地的基础上，紧盯重要活动和时点，壮大传播声量，提升企业形象，借势扩大公司企业文化传播度。强化与各事业单元联动策划，加强与中央电视台、新华网等权威媒体深度合作，坚持“走出去”战略，深度融入国家“一带一路”建设，强化海外事业体系能力，持续壮大正面传播声量，扩大品牌全球知名度和影响力，企业整体形象得到全面提升。

各事业单元要在抓好经营改革重点任务的同时，致力于提高组织活力和员工效能，积极策划一系列有特色、有内涵的文化建设活动，构建与世界一流企业相适应的组织文化生态，持续提升组织和员工综合竞争力。融入改革发展全局，构建一主多元文化体系，使企业生态更加繁荣。立足服务和融入公司改革发展大局，坚持文化理念主导，坚持继承与创新相结合，坚持共性与个性相结合，指导各单位紧密结合行业业态、发展战略、生产经营、员工队伍等实际情况，创新开展本单位企业文化建设实践，构建了以集团公司企业文化为中心，与单位发展相适应的母子企业文化生态体系，通过一系列的文化建设与管理实践，集团公司构建起一主多元文化体系，企业文化生态更加繁荣，有效助力公司各单位管理水平和综合竞争力提升。

五是完善机制，在诊断交流中实现文化增值。开展课题研究，加强对外交流，打造文化名片。全面总结企业文化建设的优秀经验做法，深入开展企业文化课题研究，输出一批有影响力的研究成果，并积极开展文化交流，参评行业荣誉，让企业文化在行业内外知名度和影响力不断增强。

持续巩固和深化企业文化组织领导体系和保障机制，探索开展企业文化管理和诊断评审。试点推行企业文化指数评价体系，分批选取部分单位进行文化诊断，表彰企业文化建设先进单位和优秀个人，助力企业文化建设实现赋能增值。试点推行使用企业文化指数体系，对公司企业文化建设情况进行计量与评价，并形成和发布公司企业文化指数报告。探索开展文化贯标工作，同时做到与公司社会责任报告、企业商业道德公约等报告配套衔接。根据企业实际和企业文化建设发展需要，适时、适度加大企业文化建设资金及硬件投入。强化内外部交流，通过信息化平台，将企业文化贯标体系标准、工具纳入信息化系统，方便各单位学习与应用。

（作者单位东风汽车集团有限公司）

电力企业红色文化的传承与实践

蔡立群　孙峰烈　王梓旭

国网辽宁省电力有限公司（以下简称“公司”）深入学习贯彻习近平新时代中国特色社会主义思想，以党内政治文化为统领，传承红色基因，构筑精神家园，激励党员干部坚定理想信念，践行“人民电业为人民”的公司宗旨，落实电网与企业可持续发展目标任务，为建设具有中国特色国际领先的能源互联网企业注入强大精神文化动力。

一、传承红色文化　践行四个维度

1. 传承与践行红色文化中的吃苦精神

抗联之苦与红军两万五以及南方红军三年游击战合称“革命斗争三大苦”。吃苦耐劳是履行职责、勇于进取、争先创优的重要基础。

公司致力打造“能吃苦、懂规矩、守纪律、学业务”的干部员工队伍。一是关注。开展以“融入 倾听”为主题的中层干部座谈会、以“话成长、同学习、谋发展”为主题的青年员工座谈会，畅通思想交流渠道，提供能力展示平台；组织宣讲团深入县公司、各基层单位宣讲政策、答疑解惑，建立诉求中心，解决员工合理诉求，及时化解矛盾，增强员工归属感和责任感。二是培养。创新培训理念，构建网格化培训模式，与技培中心签署战略合作框架协议，组织各层级教育培训和竞赛比武，搭建“青年讲堂”，选拔优秀员工到基层挂职锻炼，重点培养懂专业、会管理、讲奉献、有文笔、善表达的复合型人才，全面提高员工能力素质和队伍竞争实力。三是规划。大力弘扬“劳模精神”和“工匠精神”，开展“劳模”“工匠”评选，因地制宜帮助各类员工规划不同职业发展方向，引导员工在敬业、精益、专注、创新等方面不断突破自我，立足岗位建功立业，用智慧和奉献开创个人美好未来。

2. 传承与践行红色文化中的战斗精神

塔山阻击战是世界军事史上以少胜多最经典战例之一，“顾全大局，严守纪律，勇于牺牲，敢打必胜”的塔山精神代代相传。新时代背景下，公司将勇于突破、坚守执行的战斗精神融入安全生产。

公司严格检修计划刚性执行，实施检修作业表格化管控和设备缺陷动态管理。成立省、市、县三级反违章稽查队，全面开展现场反违章行动。加强应急管理，开展省内大面积停电事件社会联合应急演练。圆满完成重要节日和重大活动保电任务，在达沃斯论坛和“十九大”保电中，实现“四个零”目标。在作业现场，开展“共产党员突击队”授旗，加强“两岗双无”“两队一区”建设，引导党员立足本职、干在实处、走在前列，扎实开展“安全生产月”活动，推动党建与安全生产工作深度融合，被国务院安委会评为全国“安全生产月”和“安全生产万里行”先进单位。

3. 传承与践行红色文化中的团结精神

毛泽东同志指出：“革命战争是群众的战争，只有动员群众才能进行战争，只有依靠群众才能进行战争。”信赖群众、团结群众是胜利的基础。公司将团结精神融入部门协同和专业融合中。

创新基础融合载体。打造“七色彩桥”班组建设品牌，搭建红线警心安全平台、橙暖阳光服务平台、黄色礼赞关爱平台、绿色通道民主平台、青青子衿文化平台、蓝海无垠创新平台和紫韵光华技能平台，营造浓厚干事创业、以企为家氛围。创新安全融合载体。建立“党建+春秋检”模式，实施“七域之光”变电运维班组对标管理，制定 10 项工作措施，“量身定制”竞赛细则，确保“三融合”。实施“一三六”工作法，从安全教育、基础管理等 7 个方面开展班组对标评比，着力创建综合业绩优秀的星级“平安班组”，激励干部职工履职尽责、创新争优。创新服务融合载体。根据“中华枫叶之路”上的 7 家供电所地理方位和分布特点，结合北斗七星分布创建了七星枫情供电所，以点及面带动中华枫叶之路的优质服务线，得到省委市委、国网公司相关领导的充分肯定。

4. 传承与践行红色文化中的奉献精神

抗美援朝时期，敌机对安东地区先后进行了 21 次轰炸，大量电力设施在轰炸中损毁，安东电业局全体职工同仇敌忾，捐款捐物支援前线，尽力抢修电力设施，保障地区供电。“义东精神”被《中国电力报》称为“中国电业工人奉献精神的源流”，也是抗美援朝精神在电力人身上最直接的体现。

公司传承红色文化中的奉献精神，与营销服务和社会实践有机结合。一是始终坚持服务地方经济发展，满足群众客户的用电需求。坚决全方位支持地方调结构、稳增长，支持重点工业企业发展，服务新能源接入，全力推进输变电重点项目工程，优化报装、抢修等业务流程，强化末端融合，加强稽查监控，拓展缴费渠道，优质服务再上新台阶。二是积极开展扶贫帮困、城乡共建工作。走访留守学生、生活困难学生等，通过自发捐款，为孩子们送去生活费、书包、足球等学习和体育用品，献出了一份电网深情。

二、践行红色文化 实施四大工程

1. 围绕“正心工程”，做到“心中有数”。一是组织开展新时代红色文化传承与实践主题思想动态调研。调研题目分基本认识、新时代红色文化如何传承、红色文化如何有效融入中心工作三部分，精心设计 28 道主客观题目。二是按照时间轴模式，从“火种、黎明、家园、探索、创新”5 个维度，充分运用中共满洲省委旧址、东北抗联史实陈列馆、辽沈战役纪念馆、抗美援朝纪念馆等省内红色资源，编印《回望初心》红色资源图册，设计制作党员干部学习周历，指导各级党组织和全体党员用好红色资源接受思想再教育、精神再洗礼。

2. 围绕“先锋工程”，做到“日新月异”。一是精心策划开展“职工文化建设年”系列活动，举办“先进文化进班组”系列活动和文艺体育系列活动，包括“我的文化我提炼”班组文化品牌冠名评选、“最具吸引力特色职工书屋”评选、《共和国·公司·我》庆祝中华人民共和国成立 70 周年职工大合唱歌咏大赛等三大类 12 个子项活动，多角度展示新时代辽电职工争先创优的精神风貌，以丰富多彩的载体活动提振精气神、凝聚攻坚劲。二是开展“青春心向党 建功新时代”纪念五四运动 100 周年主题活动暨 2018—2019 年度五四表彰大会，重温 100 年前那段激情燃烧的岁月，弘扬五四精神，表彰先进典型。

3. 围绕“育才工程”，做到“与时俱进”。一是开展“红色教育日日新，义东精神代代传”红色文化传承实践活动。采用“一条主线、四项工程、一组目标”的“1+4+1”运作模式。开阔视野提升员工格局，让员工能切身感受到身边的榜样和眼前的标杆，激发员工实现自身价值和社会价值的内生动力和热情，增强比学赶超的进取意识，为公司复合型人才的多维培养提供良好的平台。二是开展“不忘初心 牢记使命”传承红色文化党建共建活动。依托丹东公司和丹东市丰富的红色教育资源，通过党建共建、载体共建、资源联合、活动联谊等举措，将义东精神作为“红色引擎”融入党员教育工作中，以精神的传承与实践作为主线打造“5+2”的红色文化教育体系。

4. 围绕“桥梁工程”，做到“喜闻乐见”。一是探索融合媒体“文化+”传播新途径。将主题教育、文化+、泛在电力物联网等八大主题，按文字、图片、音频、视频四模块汇总资源，抓活“小桑在线”、“菲凡视角”等现象级文化产品，利用原创内容、权威报道、深度解读、言论评论等，发好文化声音。设计制作企业文化“二十四节气系列套图”，以诗文讲文化故事，以图景展现文化力量，以视频激发文化活力。二是组织开展“奋进辽电 抖动青春”抖音创意大赛，123 个参赛作品通过审核并在公司官方抖音账号发布，累计阅读量 322.6 万人次。参赛作品围绕党建引领、中心工作、社会责任、创新创效、青年风采、感恩企业 6 类，有效发挥了新媒体平台对讲好文化故事、传播文化声音、树立文化形象的积极作用。

三、传承与践行红色文化 坚持五个结合

1. 坚持全面推进与重点突破相结合

公司各专业、各环节围绕党内政治文化引领这一要求，坚持全面推进，把握工作大局；重点突破，激发前进动力。在文化落地上，做优做实企业文化示范点，充分发挥示范点“桥头堡”作用，开展示范点建设评比“回头看”和专项整治，着力实现网省市三级示范点软环境和硬标准双提升，建设一批有特色、有业务、有专能的堡垒阵地。在文化深耕上，深化企业文化建设项目闭环管理，以“月度、季度、年度”为时间点，形成策划选题—设计实施—阶段验收—成果转化的效能链条，教育引导更加广泛的职工参与到企业发展中，参与到公司发展献计献策中。

2. 坚持思想引领与作风建设相结合

公司把牢思想建设这个统领，夯实组织建设这个基础，强化制度建设这个保障，突出作风建设这个重点。着力打造党委理论中心组学习“样板课”“示范课”，发挥领导班子“头雁效应”，为各级领导干部加强政治理论学习带好头。聚焦“讲政治、懂规矩、守纪律”和优秀党员领导干部“四讲四有”，突出示范点作用，坚持思想建设和作用建设“同频共振”。面向全体党员领导干部，常态开展形势任务教育、党风廉政教育等，用正反两方面案例教育引导党员干部加强自律和自省，为持续改进工作作风奠定坚实的思想基础。

3. 坚持从严治党与长效机制相结合

坚持全面从严治党是以习近平同志为核心的党中央对党的建设做出的重要举措。公司坚持抓日常管理，面向党员大力开展“经常性教育”，即以党支部为基本单位，以党的组织生活为基本形式的日常化、经常化的学习教育活动，严格监督和管理党员干部队伍在日常工作中存在的信仰不坚定、能力不足、精神懈怠等突出问题。坚持抓刚性约束，切实维护党章党规权威，不折不扣执行党的路线方针和政策，以党的廉洁自律准则树立起道德“高线”，以党的纪律处分条例明确“底线”思维，强力矫正党员干部不求进取、侥幸逃避等行为和心理，教育激励广大党员干部自觉内化于心、外化于行，在工作中争先锋、做表率。

4. 坚持服务中心与创新载体相结合

全面推进共产党员服务队建设，推动企业文化、“五位一体”和“星级供电所”创建工作，供电服务类投诉逐年下降。实施“党员、骨干、管理人员”三培养工程，选树技术骨干作为重点培养对象，采取定期谈心谈话、组织专题学习、列席支部活动、部门“压担子”培养等方式，使重点培养对象在岗位中锤炼作风、增长才干。深化“三亮三比”主题实践活动，针对售电量下滑、安全生产基础薄弱、电网建设任务繁重等困难和问题，设立“党员责任区”“党员先锋岗”，开展“党员身边无违章”“党员身边无事故”“党员身边无投诉”等实践活动，在电能替代、增供扩销、优质服务、建设协调、反违章当中见党员的身影，发挥党员的模范带头作用，带动全员提质增效、创先争优。

5. 坚持顶层设计与责任落细落小相结合

坚持党委统一领导工作原则，强化党建部门抓文化传播、业务部门抓文化承载，各单位党组织书记抓文化实践，全员共建企业文化的工作格局。确立“统一领导、分类推进、特色鲜明”的企业文化建设思路，分类打造企业文化传播阵地和企业文化示范点，推动“精英讲堂”“道德讲堂”文化传播，全部明确责任、内容与时限。全面加强党建工作过程管控，建立督学督查、党内教育自查互评和支部互访互查等工作机制，实行重点时段、重点任务监督检查，推动党建工作有力有效落实。

（作者系国网辽宁省电力有限公司党委党建部主任蔡立群，处长孙峰烈，专员王梓旭）

课题研究

用新媒体推进电子信息行业文化融合引领企业高质量发展

一、新媒体对电子信息行业多元文化的挑战和机遇

1. 新媒体时代巨大的信息量带来文化理念的冲击，各种思潮纷繁复杂。电子信息行业员工思想活动的独立性、选择性、差异性、多变性明显增强，如何在多元多样中坚定主心骨，有效防范和抵制错误文化理念的影响，任务艰巨而繁重。

2. 电子信息行业职工群体结构的不断更新带来新挑战。结合电子信息行业改革发展需要和人才队伍建设的实际情况，90 后、00 后员工群体比例逐渐增加，依靠传统渠道和单纯理论灌输很难真正让企业文化内涵入心入脑，如何创新工作方法、内容、形式，扩大文化内涵覆盖面，是摆在我们面前亟须解决的重要现实课题。

3. 新媒体双向互动的信息传播方式促进多元文化融合。随着网络社会与现实社会互动的日渐加深，传统企业文化宣传工作手段明显被动和滞后，如何在合规的前提下，实现线上与线下相互配合补位，是电子信息行业文化宣传工作必须抓紧破解的一个难题。

二、电子信息行业多元文化融合创新实践

（一）以信念夯根基，强化理论武装，形成价值认同的文化理念体系

在新时代，军工人坚定不移地用习近平新时代中国特色社会主义思想指导企业文化工作实践，为“国家利益高于一切”源源不断地注入爱党爱国爱企的红色基因，构建了以“预警机”之父王小模为核心的企业文化体系，形成了内涵丰富、独具特色的新时代电子军工精神，其主要内涵包括，“国家利益至上”“为国防献身”的核心价值观；严明的组织纪律性和吃苦耐劳、攻坚克难、甘当无名英雄的无私奉献精神；“自力更生、艰苦奋斗，军工报国、甘于奉献，为国争光、勇攀高峰”的预警机精神。电子信息行业各级党组织通过理论学习中心组、“三会一课”、“第一议题”、理论学习小组等方式开展了深入学习，引导干部员工用忠诚淬炼信念，用担当砥砺初心，用有为诠释使命，更加坚定地扛起“服务于国家国防建设，服务于国家经济发展”的核心使命。

（二）以文化聚合力，注重深度融合，形成凝心聚力的文化体系

近年来，电子信息行业各科研院所和企事业不断探索创新，在充分征集意见建议、基层调研、分析梳理的基础上，全面总结了既符合客观实际，也符合企业未来发展需要的企业文化体系，为广大员工的行为提供了基本指引。近年来，在文化建设方面加大投入，通过打造升级版产品展室、完善区域文化建设、活动阵地、员工休息室、读书角、党建活动室等方式，把文化体系“越做越强”，逐步将文化体系转变为全体干部员工的文化理念实践。随着实践的全面铺开，干部员工在实践中将文化理念融入生产经营管理的各个环节，持续推动文化理念向纵深延伸。广大干部员工通过深入学习文化理念的内容，持之以恒的贯彻落实，在培育共同价值理念方面做精做细，在每一条价值理念上都形成了丰富的实践理论，成为凝心聚力的企业文化。

（三）以宣传展形象，坚持传播创新，形成具有军工特色的品牌文化体系

电子信息行业通过宣传阵地建设现状进行分析研究，提出并实践了文化宣传格局理念，体系化推进文化宣传工作。结合重要节庆日，以宣传中国电子信息行业企业文化核心价值观，弘扬企业（军工）文化为主题，开展企业文化建设工程在科研生产、市场开拓、服务保障等方面的落地深植工作，组织开展各类群众性文化活动，提升广大员工对企业（军工）文化的认同感，增强参与企业（军工）文化建设的积极性。传播企业文化理念氛围，结合所（院）庆、庆祝新中国成立70 周年等系列活动，以主题征文、书画、诗歌、红歌演唱等形式，宣传一代又一代电子军工人践行“责任、创新、卓越、共享”核心价值观的鲜活事例。坚持重大工程展形象，加强对“两弹一星”、“载人航天”、奥运安保、国庆阅兵等诸多国家重点工程中典型事例的宣传，展现大国重器责任担当和品牌形象。

在宣传工作方面，内部建立文化宣传立体网络，文化宣传阵地不断完善，报刊、展板、网站、微信、抖音、视频号等各类文化传播载体实现全覆盖。对外搭建多元文化宣传阵地平台，构建与新华社、人民日报、央视等国家级媒体，地方媒体、网络新媒体的深度合作，播发人物事迹、院志所史、新闻事件等。以弘扬企业发展成就和企业文化体系为主体，创作各类快闪、短视频和微信图文，大力挖掘军工素材、讲

好军工故事、传播军工声音，不断提升企事业知名度和美誉度，将优秀电子军工文化赋予改革发展的新时代动能。

三、新媒体时代电子信息行业多元文化融合的方法路径

（一）推进企业高质量发展要实现多元文化融合

电子信息行业企业文化的母子文化建设，要做好三个融合。一是母子文化融合。中国电子信息行业在 60 多年的发展历程中，形成了“国家利益高于一切”的核心价值观。而各科研院所和企业在各自的实践中又形成了独具特色的子文化，要使母子文化相融合，才能相得益彰，发挥更大的文化效力。二是和行业历史文化融合。电子军工行业的企业和科研院所，有的诞生于战火纷飞的战争年代，有的成立于社会主义建设的艰苦时期，在长期的革命战争和社会主义建设实践中，具有丰厚的文化积淀。“国家利益高于一切”“为国防献身”的核心价值体系和“自力更生、创新图强、协同作战、顽强拼搏”的预警机精神。这些理念和价值观，都是在电子军工科研生产实践中逐渐形成，并被广大干部员工认同并自觉践行的信条和指南，成为电子军工科研院所和企业发展壮大的力量源泉和重要内涵，为我国的国防事业提供了强有力的思想文化保障。三是和企业中心工作融合。各科研院所和企业扛起强军首责，坚持创新驱动、科技自强自立，筑牢艰苦奋斗、无私奉献、勇毅攻关等军工文化理念，坚定不移、全力以赴，圆满完成以载人航天、嫦娥探月、预警机等为代表的重点工程任务，以文化建设引领企事业高质量发展，更加有效地服务国家重大战略，为培育具有全球竞争力的世界一流企事业提供强有力的文化支撑。

（二）运用“新媒体+传统媒体”，围绕企业创新发展拓展文化融合渠道

企业传统媒体和新兴媒体融合发展，过去，企业文化和品牌宣传往往停留在电视、广播和报纸上，现在微视频、微信、抖音等新的传播方式成为受众获取信息的重要来源。中国电子信息行业以《电子政工研究》杂志为融媒统领，各会员单位坚持上下一盘棋，着力传播资源归集使用及全媒体布局，有效助推企业文化融合发展。以《电子政工研究》和《学习参考资料》作为电子信息政研会的思想文化舆论平台和宣传阵地，将基层党建和企业文化建设理论研究成果和实践经验，定期刊登，及时宣传推广，使之在行业内得到广泛借鉴和应用。统筹使用传播资源，在各传播渠道密集展示企业文化推进与成效，以效果说话、服人，加强外宣力度，特别是以天宫、神舟、预警机等国家重点武器装备与重大工程交付使用为契机，系统呈现企业文化助推企业创新发展的工作成就，提升电子信息行业的社会影响力。新兴媒体对解读企业文化内涵提出新要求，在“自媒体”时代，简单地将文化理念进行宣教式解读不可能引起员工，尤其是青年员工的共鸣。企业文化宣传只有充分融入“互联网+”这一“最大变量”，以“融媒体”释放“融效应”，才能抢占互联网阵地的话语权。

（三）运用“新媒体+精品策划”，打造多元文化品牌

电子信息行业各科研院所和企业瞄准精准宣传和品牌宣传，围绕企业文化热点议题着重策划系列报道、主题报道、专题报道，并结合企业文化宣传需要策划出版专刊，提升企业文化理念宣传深度和覆盖面。创新文化工作联动机制，借助权威媒体，打造央企创新文化品牌，塑造军工国家队高端形象，不断打造具有时代特征、行业特色、电子特点的品牌。先后培育了多维度植入，在业内具有一定影响力的“四三四企业文化落地推进体系”的电科 14 所文化品牌；具有行业知名度和社会美誉度的上海华鑫置业的“五彩”品牌文化；愿干事能干事干成事的中国电子科技集团公司光电研究院创业文化；全面建设获得感幸福感不断提升的中国网安企业和谐“家”文化。电科 29 所策划制作的《军工记忆》专题片、“军工绣娘”、853 精神上央视，践行国家使命责任，打造特色军工文化，激发广大职工奋发进取、攻坚克难的热情，发挥了军工文化凝聚合力的积极作用；国基南方以“奋斗新时代，用芯创未来”“同心同行，创‘芯’筑基”等为主题，自主完成了企业文化理念系统、行为系统和视觉系统的设计，形成了逻辑清晰、体系严密的“芯”文化，确定了用“芯”创造未来的传播语以及发展理念、市场理念，设计微信公众号卡通形象“芯动宝宝”等，打造了特色“芯”文化品牌。电科 27 所以“中华民族的传统文化、共产党人的奉献文化、高技术研究所的创新文化”为基础的三种文化融合发展，打造“精诚”文化品牌。彩虹集团提炼“彩虹金句”，打造“最美彩虹人”。品牌既代表外在形象，也体现综合实力，更是结聚着核心竞争力。因此，只有策划出一系列文化精品品牌活动，引导全员共同参与，再运用媒体融合的力量进行广泛宣传，才能够激发员工由内而外的认同感，发散文化感染的持续效应。

（作者系中国电子信息行业思想政治工作研究会）

新时代国企深挖活用红色资源的路径研究

习近平总书记指出，坚持党的领导、加强党的建设，是我国国有企业的光荣传统，是国有企业的“根”和“魂”，是我国国有企业的独特优势。中国机械工业集团有限公司（简称：国机集团）发源于第一机械工业部，很多下属企业伴随着共和国成长，拥有悠久的发展历史，蕴藏着丰富的红色文化资源。多年来，国机集团深入开展红色文化资源挖掘整理，逐步加强红色教育平台阵地建设，持续创新红色资源传播方式，探索形成了用活红色资源的一些特色方式方法，对新时代国有企业干部职工赓续共产党人精神血脉、传承国有企业优良传统具有参考借鉴意义。

探：深入开展红色资源挖掘整理

从“探”的主体大范围拓展，到“探”的对象在内容、承载形式上的多维度延伸，都是深度挖掘红色资源的切入点。

群策群力广泛动员征集。国机集团为进一步传承机械工业红色基因、赓续红色血脉，开展企业历史资料和鲜活事例征集工作，深入发掘企业发展中有纪念意义的历史性事件、照片、重大科研的创新突破、重大项目背后的故事等。征集到的资料纳入集团资料库，作为集团企业文化建设的重要内容。比如下属企业国机重型装备集团股份有限公司提炼的“国之重器”8万吨模锻压力机为代表的产品研发历程故事，展现了企业勇挑国家重大工程、新研型号、重大项目关键核心自主可控研发的使命担当，为进一步推进科技自立自强提供了鲜活生动的教育平台。

科学谋划组织专项筹建。国机集团注重红色资源的保护利用，着力打造红色基因、红色文化传承教育平台。比如为弘扬阳早、寒春纯粹的革命信仰和忘我的奉献精神，集团在修复阳早寒春故居基础上筹建了干部教育基地。集团下属中国一拖集团有限公司（简称：中国一拖）前身为第一拖拉机制造厂，是中国第一台拖拉机、第一台压路机和第一台军用越野汽车的诞生地。2010年，建立了新中国第一个以现代农耕为主题的东方红农耕博物馆，集收藏、展陈、宣传、教育和研究等多种功能于一体，成为国机集团下属企业中较早对工业遗产等红色资源进行保护利用开发的企业之一。

辐射带动红色资源保护开发。国有企业通过企业业务发展、乡村振兴专项工作等渠道，拓展红色遗址遗迹的保护和开发工作。比如国机集团与定点帮扶县山西省平陆县携手，提出“努力建设全国美丽乡村”的发展理念，依托下属纺织装备企业中国恒天集团有限公司，在20世纪60年代轰动全国的“六十一个阶级弟兄”故事发生地——平陆县张家沟村，从“村庄整治”入手，实现水、路、电、网“四通”，建设“六十一个阶级弟兄纪念馆”，全景再现1960年那场恢宏的全国急救，现为山西省爱国主义教育基地。

育：逐步加强红色教育平台阵地建设

在红色资源挖掘整理的基础上，通过固定场所，对红色资源进行系统展示和功能拓展，持续发挥红色资源教育作用。

中国一拖东方红农耕博物馆是国机集团历经十年精心打造的红色教育平台，已被授为全国爱国主义教育示范基地。博物馆不仅收藏了中国各个历史时期的犁铧等具有代表性的农用工具，还收藏了新中国初期进口的拖拉机、国产第一代履带拖拉机等展品，通过珍贵的历史图片、文物史料，配以声、光、电等现代技术手段，再现世界农耕发展的历史画卷。十年来，博物馆持续优化展陈方式，开发多条精品研学线路，深受学校、家长及学生的好评。

国机集团干部教育基地由中国农业机械化科学研究院农机试验站阳早寒春故居、阳早寒春生平事迹展室、纪念广场、缅怀广场、现代化养牛场等部分组成。集团充分发挥基地优势，向北京市中小学校开放特色农事教育资源，讲好阳早、寒春以简朴务实的工作作风奋斗在科研生产一线的故事，引导学生感受信仰力量和科学家精神，在劳动生产实践过程中磨炼意志品质。鉴于基地具备的红色资源和农事教育特色，中华全国总工会直属中国劳动关系学院在国机集团干部教育基地设立劳动教育实践教学基地和实践基地，成为校企合作加强新时代劳动教育的有益尝试。

活：持续创新用活红色资源方式

融入党史学习教育。2021年适逢建党百年，国机集团党委讲师团以“学习党史，传承精神，开启国机集团‘十四五’发展新征程”为主题，在集团各级企业广泛开展主题宣讲活动。通过大量鲜活生动的案例和故事，总结提炼集团各级企业在中国机械工业从无到有、从小到大、从弱到强的历史性巨变中产生的典型事迹，深入讲述集团在建设、改革、发展历程中为国家、为社会、为民生作出的重要贡献，营造出浓厚的“共庆建党百年、共创历史伟业”氛围。

融入企业文化活动。红色文化资源在凝聚员工智慧、引导企业员工行为的过程中，起到了极其重要的作用，集团不断探索将红色文化资源同企业文化建设有效融合。比如2020年8月7日，国机集团举办首个“机械工业纪念日”活动，纪念国机集团振兴中国机械工业使命传承发源点，回顾中国机械工业和集团各级企业不忘初心、改革发展的历史进程，进一步激发国机人的责任感和使命感。“机械工业纪念日”已作为集团弘扬红色文化、传承红色基因的一项重要企业文化建设活动每年定期举办。

借力媒体矩阵讲好故事。国机集团精心组织策划，创新传播形式和载体，在讲好红色故事、开展红色教育中，通过多渠道传播，让红色资源“活起来”，让党史学习教育“热起来”。比如集团“东方红”拖拉机的故事出现在了央视科教节目《美术经典中的党史》和《经济半小时》“强国基石”节目中。央视跨文化纪实故事节目《中国缘》，深入报道了阳早、寒春夫妇扎根中国、无私奉献的故事。《有朋自远方来——中国共产党与国际友人的故事》系列微视频中，《阳早寒春——一对美国夫妇的中国牧歌》微视频将阳早寒春感人故事在短时间内呈现，实现大小屏融合传播、视音频多形态发布、海内外多平台触达，传播效果明显。

国企深挖活用红色资源的思考

为了有效发挥红色资源价值、充分释放红色资源功能、用好用活红色资源，新时代国有企业需要做好以下几个方面的工作：

发挥党组织的引领带动作用。习近平总书记在《用好红色资源、赓续红色血脉，努力创造无愧于历史和人民的新业绩》中指出，各级党组织要充分用好红色资源，教育引导广大党员、干部赓续红色血脉，做到学史明理、学史增信、学史崇德、学史力行。关键是要把握好以下 5 点：教育引导全党始终坚持科学理论指导，始终坚持理想信念，始终坚持初心使命，始终坚持光荣革命传统，始终坚持推进自我革命。国有企业要发挥党组织的引领带动作用，结合国有企业的特点和战略发展目标，对用好用活红色资源做出系统部署。

建立长效学习教育机制。利用好红色资源，需要建立长效学习教育机制，常抓不懈、久久为功，让广大干部职工在“润物细无声”中接受革命传统教育和红色文化熏陶。采用线上+线下、理论+现场、体验参与等不同学习模式，引导广大党员干部从企业内红色资源出发，自觉接受红色传统教育，不断感悟、巩固和升华理想信念。例如，有效拓展红色教育培训渠道，将红色教育培训内容纳入党员干部教育培训重点、纳入基层党组织建设；聚焦青年群体打造“入职第一课”，将红色基因教育纳入新员工入职教育，开展“红色记忆”活动，策划新老职工座谈会，让企业新人了解红色基因传承历史，学习老一辈人听党指挥、不畏艰险、勇挑重担的优良作风和奉献精神；谋划建立企业红色基因案例库，逐步将散落的文字案例、影音素材收集整理，系统化综合利用。

升级传播利用方式。红色资源是国有企业重要的文化资源和发展软实力，但由于各种原因，许多企业的红色资源虽然很多，却并不为外界所知或者知之甚少。要改变这种局面，必须加大宣传力度，改变宣传方式，运用新媒体、新载体，强化宣传效果，让红色资源由静态向动态，由历史向生活、艺术转换，以生动活泼的形式引人入胜。例如，组织开展红色文化创意产品设计大赛，搭建文化创意与红色资源对接平台；采用文艺创作、舞台表演等艺术手段，创造更接地气、更符合时代审美要求的文化作品。

红色资源是国有企业的宝贵财富，红色基因是国有企业的鲜明特色。挖掘红色资源、用活红色资源既是新时代国有企业的重要政治任务和独特政治优势，也是促进国有企业做强做优做大的内在精神支柱和力量源泉。摸排好红色家底、保护好红色资源、建设好红色阵地、传播好红色故事、培育好红色人才、传承好红色基因，是为了从中汲取更多的历史智慧和更大的精神动力，推动企业在实现第二个百年奋斗目标的新征程上展现新作为。

（作者系国机集团党委工作部部长闫卫红、党委工作部副部长王斐、党委工作部企业文化处处长谢胡萍、党委工作部企业文化处文化主管魏晨光）

从传承中吸取精华 在创新中实现加强
——广州医药集团传承创新中华优秀传统医药文化 加强与改进思想政治工作的调研与思考

习近平总书记指出：“中医药学包含着中华民族几千年的健康养生理念及其实践经验，是中华文明的一个瑰宝，凝聚着中国人民和中华民族的博大智慧。”优秀的传统医药文化是中医药的根基和灵魂，是中华民族优秀传统文化的重要组成部分，是支撑和助推中华医药事业传承发展的精神支柱。

广州医药集团是我国中药制药行业的龙头企业，有 10 个百年以上的老企业，有 12 个获得中华老字号认证的制药企业，其中陈李济药厂有限公司至今已有420年的发展历史，是获得吉尼斯世界纪录的全球最长寿企业。集团党委对传承弘扬优秀传统医药文化高度重视，在长期的企业文化建设与思想政治工作中注入了传统文化基因，从传承中吸取精华，在创新中不断加强，取得了显著成绩。

一、从加强与改进思想政治工作的功能上解析优秀传统医药文化

优秀的传统医药文化为什么能加强与改进思想政治工作？是这次调研要解决的一个重要问题。通过调研和解剖分析，总结出了优秀传统医药文化的五个特点。

（一）认知优秀传统医药文化的亲民性

优秀的传统医药文化，不是一个政治观点或一个政治命题，它是与企业相伴而生共同成长的、在长期的生产经营活动中形成并为全体成员认可的价值观念、企业精神、经营管理理念、价值标准等群体意识和群体行为习惯。它不搞我说你听、我打你通，它是行为引导，行为示范，行为渗透，行为养成。广药集团党委，抓住优秀传统医药文化的这一特点，注重发挥企业核心价值观的引领和企业精神的凝聚、激励作用，改变了以前做思想政治工作居高临下的状态，使员工有了亲切感、亲和感、实在感，沟通起来更贴心、更顺畅、更简便，工作效率更高。

（二）认知优秀传统医药文化的具象性

优秀的传统医药文化体现在每一项具体工作中，内涵于一个个故事里，附着在某一个物件上，它可以通过文化载体，即具体的文化形式、文化活动、文化设施、文化队伍等来传播，受传播人不必精神紧张、小心谨慎，不必有后顾之忧，使思想政治工作更加具体、形象、轻松、快乐。广药集团抓住这一特点，投入重金修建了“神农草堂”，从神农尝百草开始，展现了5000年中医药发展的历史，有画廊、有展墙、有雕塑、有古器、有图片、有种植的各种中草药，融知识、趣味、科学、启迪于一体，集文化、观赏、休闲、养生于一身，俨然一座中医药传统文化展示的大观园。集团内的各企业每年都要有针对性地组织员工参观学习，使大家深受教育。广药集团还有自己的文工团，自编自演传承中医药文化的节目，深受广大员工的欢迎。这样，就使思想政治工作走出了课堂，融入了工作，注入了心田，一改过去那种拘谨、单一、呆板的方法，吹来了一股沁人肺腑的清凉之风。

（三）认知优秀传统医药文化的广泛性

中华民族优秀的传统医药文化无论是在理论上还是在

实践中，千百年来既代代相传又兼收并蓄，从来都以包容的胸怀、创新的态度不断发展。所以，它有宽阔的广泛性，是所有医药企业的公共产品，它的传承、传播与创新不受企业所有制的限制，不受新老企业的限制，不受企业业态的限制。广药集团抓住这一特点，利用“11×”工作法进行传播。就是在工作开展的过程中，发现某一个企业工作上的好做法、好经验（这是第1个1），立即把它上升到集团的层面（这是第2个1），然后召开现场会在所属的“×”个企业进行推广分享。可谓是“点亮一盏灯，照亮一大片”，使思想政治工作得到深化与推进。

（四）认知传统医药文化的企业管理性

企业发展靠管理，管理成功靠文化。优秀的传统医药文化是在企业长期的生产、经营、管理中产生发展起来的，它可以对企业的生产、经营、管理带来影响发生变化，让文化驱动营销、优化品牌、提高业绩、助推发展。广药集团抓住这一特点加强质量管理，在国内外建立了20多个大型药材基地并与医科院药用植物研究所联合绘成了全球首个中药基因框架图，开启了中药基因时代，使药品质量得到全方位提升。

（五）认知优秀传统医药文化的塑造性

老字号企业因有传统文化而易于外塑形象，因有古训古法而便于内塑队伍。广药集团抓住这一特点，以传承创新优秀的传统医药文化为内容，建立了三个企业文化建设系统，即理念系统、行为系统和视觉系统。集团各企业充分利用传统文化的古训，结合改革开放精神和社会主义核心价值观，总结出了企业精神、企业宗旨、企业价值观等。这些理念无形中对员工产生了潜移默化、引导、教导作用，使员工认识到自己工作的价值，并为其实现而努力。因而，塑造了高素质的员工队伍，彰显了中华民族精神和优秀传统医药文化特点及影响力。

广药集团正是充分认识、认真总结并利用了优秀传统医药文化的这些特点，充分发挥了它自身能改进与加强思想政治工作的功能，使思想政治工作得到了改进与加强。

二、从扎实开展工作上践行优秀传统医药文化

广药集团党委根据所属各老字号企业在生产、经营、管理与服务方面的祖训，理出了要传承创新的五个方面的主要内容，并利用各种渠道、开展各种活动进行宣贯，使其在干部员工中入心入脑并落实于行动。

（一）传承与恪守“为了人民大众健康”的企业核心价值观。践行“同心济世”“普济众生”“同修仁德、济世养生”的优秀传统文化，时刻想着人民，一切为了人民。他们的主要工作有：一是为了人民大众的健康，多研发、多生产好药；二是走进贫困农村，打好扶贫攻坚战；三是帮助有困难的军人、农民工和大学生用好王老吉1.828亿元爱心基金；四是每年投入巨资在全国做好过期药品回收工作。

（二）传承与恪守“安全有效方剂、地道洁净药材，依法科学工艺，对症合理用药”的诚信理念。践行“采办务真、修制务精”“至诚至信、关爱生命”的优秀质量文化，确保疗效显著，用药安全。长期以来，他们致力于药品的质量管理，为了增强中药的治疗效果，他们与钟南山院士团队合作开展了“广药集团名优清热解毒中成药改善细菌耐药性研究”的科研项目，从根本上提高了药品质量。

（三）传承与恪守“敬业修明、广施妙药”“忠诚、敬业、激情”“善尽社会责任、为民勇于担当”的责任意识。践行“诚信为本、药德为魂”“以义取利、义利共生”的优秀职业道德，建设一支牢记使命与责任、爱岗敬业、尽职尽责的员工队伍。广药集团的员工在传承岗位奉献、岗位立功的职业道德中，除了干好本职工作外，还组织了“美丽心灵、健康能量”党团志愿者服务队，进社区、进校园、进乡村、进戒毒所、进康复中心，预约为群众送药、换药、宣传健康知识等，平均每月一次，服务群众达几十万人。

（四）传承与恪守“诚信笃行、拓新致远”的创新精神。践行“良药济世、永不止步”“民之所需、我之所行”的进取精神与创新文化。以创新为动力，致力于产品、经营、管理和科技创新，与时俱进、超越自我、振兴企业、再创佳绩。他们先后宣贯了以白云山制药总厂、白云山和记黄埔制药公司为代表的以敢想敢干、敢为人先、勇于开拓、善于创新为主要特征的“白云山文化”；弘扬了以爱岗敬业、勇于奉献、敢于牺牲为特征的“向秀丽精神”（向秀丽是广药集团的员工）。进入新时代，他们为传统医药文化注入了“红色基因和创新基因”，更加突出了企业文化的时代特征；他们还把传承优秀的传统医药文化和实现中华民族伟大复兴的中国梦结合起来，用创新理念和奋斗精神把全体员工团结凝聚起来，为中华民族的伟大复兴而努力工作。

（五）传承与恪守“名医名药服务健康”“患者第一、顾客至上”的服务理念与奉献精神。践行“用优秀的经营成果回报人民、用热情周到的服务奉献人民”，把人民的需求作为服务的出发点和归宿，攻坚克难、不怕苦累、不计报酬、无怨无悔。广州医药集团下属的广州医药有限公司，长期以来，坚持送药到基层、到乡村、到山区。虽然山高路远、环境艰苦、成本高、利润小，但他们不辞辛苦、克服困难坚持送药，受到群众的欢迎与称赞。

综上所述，济世、诚信、责任、创新、奉献，这五个方面，既成为集团各企业传承创新优秀传统医药文化的重要理念，也成为集团各企业开展思想政治工作的重要内容。实践充分证明，中医药施治讲究标本兼治，“医乃仁术”不仅是治病的医道，更是治人的医道，其中所蕴含的厚重人本精神，对于提升员工思想、凝心聚力、助力企业基业长青有着自己的特点、功能和优势。它给集团的企业文化建设注入了传统文化基因，使集团形成了鲜明统一的核心价值观；它给企业思想政治工作增添了新的内容，有了新的抓手；它使思想政治工作融入了企业的生产经营管理，有效解决了思想政治工作长期以来存在的“呆板”“单调”与企业中心工作“两张

皮”等问题；它和其他工作一起形成合力培育出高素质的一代新人。

三、从正确处理“四个关系”上思考优秀传统医药文化

（一）要处理好指导思想与文化传承的关系

全党全国正在学习贯彻习近平新时代中国特色社会主义思想，又要传承创新中华民族优秀传统文化，二者是什么关系？广药集团党委认为，一是习近平新时代中国特色社会主义思想是马克思主义中国化的最新成果，里边蕴含着中华民族优秀传统文化精髓，我们必须认真学习深刻理解；二是习近平总书记对传承弘扬中华民族优秀传统文化有精辟论述和重要指示，这是习近平新时代中国特色社会主义思想的重要组成部分，是在新时代推进中华民族优秀传统文化传承创新的指导思想和行动指南，要认真贯彻落实。

（二）要处理好共性与个性的关系

优秀的传统医药文化从原则上适合于每个医药企业，但由于各企业成立的时间不一样，所处的地理人文环境不一样，工作业态不一样，所形成的企业文化也不一样等，所以对优秀传统医药文化的传承需求也不一样。各个企业要根据自己的情况，联系本企业实际来传承弘扬，把优秀传统医药文化转化为加强本企业思想政治工作的思路与举措，做到三个相融：一是把优秀传统医药文化与本企业的文化相融；二是在核心价值观上相融，从优秀的传统医药文化中吸取营养、增加力量，并逐渐形成本企业有深厚文化底蕴的核心价值观；三是在工作实践中相融，落实在工作中。

（三）要处理好继承与创新的关系

在传承创新优秀传统医药文化的过程中，传承是基础，创新是生命。我们既要认识到它蕴藏着思想哲理和文化精髓，有利于更好地回应时代需求和解决现实问题，又要认识到它是在特定的历史条件下形成和发展起来的，不可避免会受到当时人们的认识水平、时代条件、社会制度局限性的制约和影响。走进新时代，我们要推动传统文化继续保持自身优秀特质、发挥优点长处，给其注入创新理念、红色理念、改革开放理念、市场经济理念、法治理念、企业高质量的新发展理念等，使优秀传统文化与现实文化相融相通，着力推进优秀传统文化的现代化，更好地服务新时代和新时代的企业建设。不忘本来才能开辟未来，善于继承才能更好创新，目的是实现优秀传统医药文化的创造性转化、创新性发展。

（四）要处理好思想引领与立见成效的关系

优秀传统医药文化的传承，是企业思想政治工作的基础性教育，需要长期的涵养和积淀，它不能大干快上、立竿见影，要处理好传承优秀传统医药文化与中心工作的关系。习近平总书记说，衡量文化产业发展质量和水平，最重要的不是看经济效益，而是看能不能提供更多既能满足人民文化需求、又能增强人民精神力量的文化产品。所以，我们必须要把功夫下在有针对性的、多种渠道的、多种载体的、多种形式的教育上。使优秀传统医药文化在企业员工中入心入脑，形成思想引领、工作规范和行为习惯。常言道，学习改变思想，思想改变行动，思想变行动变，行动变命运变。要通过我们长期扎实有效的工作，使优秀传统医药文化的传承创新为员工的进步和企业的发展增加重要的推动力量。

马克思说：“人们自己创造自己的历史，但是他们并不是在他们自己选定的条件下创造，而是在直接碰到的、既定的、从过去承继下来的条件下创造。”实践证明，中华优秀传统文化是中华民族的“根”和“魂”，积淀着中华民族最深层次的精神追求，呈现着中华民族最深刻的精神印记。广药集团把中华民族优秀的传统医药文化、宝贵的历史经验与智慧运用到工作中去，使思想政治工作有了深厚的文化底蕴，更加符合员工需求，更加符合企业发展，更加符合人民利益，更加符合党的要求。充分体现了我国优秀传统医药文化的价值，使它在新时期焕发出新的生机与活力，扎实推进了具有强大感召力和影响力的中华文化软实力建设，用“文化强企”的成果达到了文化自觉，增强了文化自信，体现了文化自强。

（中国医药政研会原会长韩栋）

打造适应新时代要求的矿山文化
推动冶金矿山行业高质量发展

党的十九大报告指出，文化是一个国家、一个民族的灵魂。文化兴国运兴，文化强民族强。对企业而言，文化是核心竞争力的重要内容，是推动发展的不竭动力。面对世界百年未有之大变局，面对“把握新发展阶段，贯彻新发展理念，构建新发展格局”的要求，冶金矿山企业迎来新一轮发展机遇，同时面临着完整准确全面贯彻新发展理念，加快转型升级，走高质量发展之路的艰巨任务。为探索构建适应新时代要求的矿山文化体系，以文化人、以文聚力、以文塑形，推动冶金矿山企业高质量可持续发展，中国冶金矿山协会成立课题组，开展冶金矿山企业文化建设研究，并形成此课题报告。

一、“十四五”我国冶金矿山发展及企业文化工作面临的形势任务

（一）新发展格局下的冶金矿山企业发展机遇

面对世界百年未有之大变局，党的十九届五中全会提出，中国要加快构建以国内大循环为主体、国内国际双循环相互促进的新发展格局。近年来，我国铁矿石资源对外依存度高，保持在 70%以上，加之铁矿价格长期保持高位，这一方面蚕食我国国内钢铁行业供给侧改革的成果，另一方面威胁到我国战略资源安全，成为钢铁产业链供应链最大的痛点。扩大国内矿山的建设，保障国内矿石资源安全迫在眉睫。2021 年，自然资源部明确表示将把铁矿列为战略性矿产，加

大国内铁矿石资源的开发力度。今年，国家发改委下发了《关于加快推进国内铁矿项目建设的通知》，中钢协推出“基石计划”，要从根本上解决钢铁产业链资源短板问题。面对重大利好的政策，国内冶金矿山企业迎来了新一轮的发展机遇。

（二）冶金矿山企业高质量发展的思路和原则

党的十九大报告提出，我国经济已由高速增长阶段转向高质量发展阶段。对于企业而言，走高质量发展之路既是遵循经济发展规律，不断提升市场竞争力和可持续发展能力的必然选择，更是肩负起建设社会主义现代化强国重任，促进我国经济转变发展方式、转换增长动力的必然要求。《冶金矿山“十四五”高质量发展指南》提出，冶金矿山企业将深入贯彻新发展理念，以推动高质量发展为主题，以深化行业供给侧结构性改革为主线，以全面提升资源保障能力、市场竞争能力、可持续发展能力为核心，以改革创新为根本动力，以资源环境和目标市场为基础，以加快重要基地建设为重点，优化开发布局，调整开发结构，创新开发方式，提高开发效率，增强保障能力，并明确了坚持底线思维、创新引领、深化改革、绿色低碳、安全健康、系统观念等基本原则。

（三）新形势下冶金矿山企业文化建设的任务

新形势下，高质量发展对冶金矿山企业文化建设工作提出了新的更高要求，冶金矿山企业应围绕打造适应新时代要求的冶金矿山文化为目标，积极推进企业文化内核提升和企业形象重塑工作，促进全体员工思想认识与高质量发展目标、理念和路径保持高度一致。一是要聚焦顶层设计，坚持以习近平新时代中国特色社会主义思想为指引，将社会主义核心价值观、新发展理念等与企业优秀传统文化相融合，丰富企业文化内容和内涵，形成适应高质量发展要求的价值定位、思维方式、行为习惯、品格情怀；二是要聚焦机制建设，以实现企业文化与生产经营全方位深入联动为目标，结合实际制定出台企业文化工作的标准、规范，确保企业文化的落地生根；三是要聚焦传播能力建设，春风化雨、成风化人，让文化理念渗透到每一名员工的血液中，同时促进企业形象提升。

二、基于高质量发展要求的冶金矿山企业文化理念树立

冶金矿山企业新文化理念体系建设，应把新发展理念融入企业的使命、愿景、价值观、精神、子文化、员工规范等方方面面，以新理念来统一员工对高质量发展的认识，激发员工追求高质量发展的积极性、主动性。综合发展形势的新变化、国家政策的新要求及冶金矿山发展新任务，课题组认为冶金矿山企业应当从资源报国、科技引领、改革创新、市场竞争、以人为本、安全发展、绿色低碳、社会公益八个维度，树立基于高质量发展要求企业文化理念。

（一）要聚焦树立资源报国的理念。纵观中国近现代工业发展史，可以说是一部产业报国史。新形势下，冶金矿山企业按照中央和国家的决策部署，就是要把保障国家铁矿石资源安全作为企业神圣使命。要大力弘扬伟大建党精神、爱党爱国爱企精神、劳模和工匠精神，强化党建引领，引导广大员工主动为国担当、为国分忧，努力提升业务本领，坚定不移落实产能规划，做大规模体量。

（二）要聚焦树立科技引领的理念。习近平总书记强调，科技是国之利器，国家赖之以强，企业赖之以赢，人民生活赖之以好。企业要实现本质环保、本质安全，实现效益、效率双提升，都离不开科技创新。要着重强调科学技术是第一生产力，构建“能者上、优者奖”的环境，营造人人主动创新的氛围，为科技创新创造条件、提供保证，激发员工的创新热情，催生更多自主创新成果。

（三）要聚焦树立改革创新的理念。习近平总书记强调，建立现代企业制度是国有企业改革的方向，必须一以贯之。实现治理体系和治理能力的现代化事关企业命运的根本，与企业核心竞争力和抗风险能力密切相关。要以统一思想推动改革，以思想解放促进改革，以制度完善保障改革，凝聚支持改革的强大合力，破除企业改革发展障碍，持续完善现代企业制度。同时要把党的领导融入企业治理各个环节，为企业深化改革提供坚强政治保证。

（四）要聚焦树立市场竞争的理念。随着我国钢铁行业整合融合及冶金矿山企业自身的发展规律要求，规模化、产业化发展，市场化运营已是大势所趋。要强化全员成本意识、质量意识和服务意识，多措并举降低企业成本、提升产品质量、提高客户满意度和忠诚度，从而实现企业竞争力的显著提升。

（五）要聚焦树立以人为本的理念。习近平总书记强调，技术人员和工人是企业最宝贵的财富，要抓好队伍的稳定性，调动他们的积极性。企业的发展与员工发展是紧密相连、有机统一的，必须牢固树立发展为了员工、发展依靠员工、发展成果与员工共享的观念。要把促进员工成长作为企业最大福利，把发展成果与员工共享作为发展重要目标，把解决员工难题作为重大职责，不断增强员工的获得感、幸福感和安全感。

（六）要聚焦树立安全发展的理念。习近平总书记强调，人命关天，发展决不能以牺牲人的生命为代价。提高企业本质安全水平，是确保企业生产经营长周期稳定运行的重要前提。要全面培育“以人为本、生命至上”和“安全第一、预防为主、综合治理”意识，营造“人人重安全、时时想着安全、事事注意安全”的氛围，层层传导压力，层层压实责任，建立起安全生产长效机制。

（七）要聚焦树立绿色低碳的理念。习近平总书记强调，我们不能吃祖宗饭、断子孙路，用破坏性方式搞发展。“先污染再治理”的老路已经走不通，冶金矿山企业必须坚定不移地走绿色发展之路。要积极践行“两山”理念，倡导“生态优先、绿色发展”，实现资源节约集约利用，有效落实“碳达峰”“碳中和”目标要求，全面推进绿色转型，让矿区的天更蓝、山更绿、水更清。

（八）要聚焦树立社会公益的理念。习近平总书记强调，企业既有经济责任、法律责任，也有社会责任、道德责任。

企业通过社会公益活动，不仅能更好地寻求与社会公众的共鸣，促进政府、社区、公众等社会各界对企业的认可，还可以提升企业知名度和美誉度，为市场开拓、吸引人才等创造有利条件。要加强企业公益氛围营造和员工公益意识培养，树立企业发展到哪里，公益慈善事业就做到哪里的观念，推动员工道德素质提升，展现企业良好的形象。

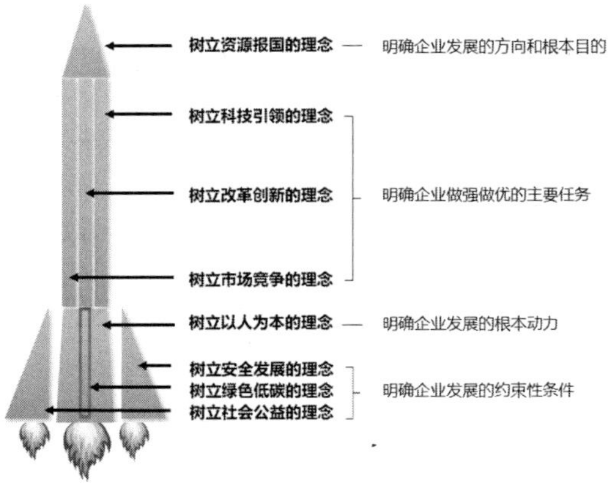

矿山企业高质量文化理念构建的火箭模型

课题组通过对8个理念在冶金矿山企业发展中作用的定位，认为可以分为四个类型：一是资源报国是冶金矿山企业发展使命和目的，对企业发展起到导向性作用；二是科技引领、改革创新、市场竞争是增强企业竞争力的关键要素，对企业发展起到支撑作用；三是员工是企业第一生产力，以人为本是打造企业与员工命运共同体，激发员工活力和潜能的重要前提和保证，对企业发展起到首要推动作用；四是安全发展、绿色低碳、社会公益是企业的主要社会责任和发展的约束性条件，做好了则可为企业创造良好的发展环境，对企业发展起到助推作用，做不好则将影响到企业生存。在此基础上，设计出矿山企业高质量文化理念构建的火箭模型，即：将树立资源报国的理念作为火箭箭头部位，明确发展方向和根本目的；将树立科技引领的理念、改革创新的理念、市场竞争的理念作为火箭箭身，明确做强做优做大的主要任务；将树立以人为本的理念作为火箭主推进器，明确企业发展的根本动力；将树立安全发展的理念、绿色低碳的理念、社会公益的理念作为火箭三个助推器，明确企业发展的约束性条件。火箭模型的建立，形象地展示八个理念在企业发展中的作用，也便于受众的理解与掌握。

三、通过做到“知信行颂”确保企业文化落地

企业文化落地是一个系统工程，需要从多个层面、多个角度，使用多种方式，循序渐进地推行，才能保证企业文化的顺利落地。课题组在充分借鉴各类企业文化落地经验的基础上，明确企业通过做到“知、信、行、颂”，来确保“从企业的理念到员工的信念，再到员工的行为习惯，最后成为公司的品牌”，使企业文化实现落地。在此基础上拓展总结出企业文化落地“知信行颂”模型，将企业文化落地分为循环往复、缺一不可的知、信、行、颂四个环节。通过这四个环节的运行，让企业文化“入眼、入脑、入行、入心”。

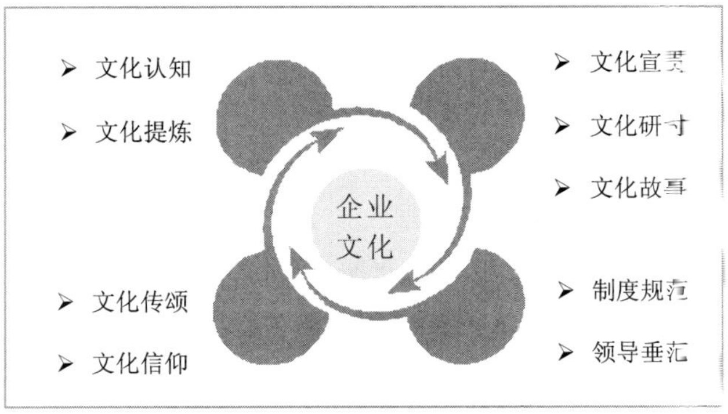

企业文化落地知信行颂模型

（一）知——入眼：提炼企业文化，形成事业理论，让员工知道

企业领导人高度重视企业文化建设，把企业文化建设作为企业发展战略的重要组成部分，建立长期有规划、短期有计划、日常有考核的机制，并在企业领导人的带领下，提炼形成自身独特文化，系统构建完整的与企业发展实际相匹配的理念识别系统、视觉识别系统和行为识别系统。然后，编撰《企业文化手册》，通过企业文化传播网络，让员工知道企业的文化。

（二）信——入脑：理解企业文化，认同文化价值，让员工相信

认同公司企业文化的前提是让员工充分理解公司企业文化的价值性、先进性。因此，必须通过不断地宣贯、培训和研讨，让各层级员工深入理解公司企业文化。然后通过健全完善荣誉激励体系，深入挖掘重大先进典型的事迹及其中蕴含的精神实质，通过媒体宣传、表彰活动、报告会等形式，传播榜样的力量，让员工通过身边的人、身边的事，理解企业文化理念的价值，进而相信并接受这些文化理念。

（三）行——入行：落实企业文化，实践文化理念，让员工行动

从信念到行动，再到习惯，是需要行动尝试、行动学习和行动固化的，“相信”和“行动”之间还有很长的距离。这一阶段，可以通过制度、行为规范、文化仪式使员工从尝试行动，到逐步养成行为习惯。领导的垂范在这一阶段起着非常重要的作用，领导的垂范让员工认识到公司的企业文化“言必信，行必果”。企业文化活动是企业文化落地的重要手段，因此需要系统设计公司的企业文化活动，并定期组织，在活动中践行企业文化理念。同时，构建与企业文化理念相一致的制度体系，通过绩效考核引导企业员工在履职中遵循企业文化理念。

（四）颂——入心：传播企业文化，塑造企业品牌，让大众喜爱

企业需要加大对外宣传企业文化力度，紧紧围绕企业文化所倡导的价值理念，围绕服务和推动企业高质量发展，找准宣传工作切入点和着力点，多输出冶金矿山企业推进诚信

经营、精益管理、科技创新、安全环保、人文关怀等方面的故事，提升企业品牌形象，让企业文化理念成为员工笃信并主动践行、推广和颂扬的人生信条，从而切实将企业文化转化成为生产力。

司时企业需要通过做到“五个坚持”，有效支撑“知信行颂”循环的运行，保证企业文化真正落地。

一是要坚持以理念宣贯为前提，引导企业文化落地。做好文化理念的宣贯，要加强新媒体平台建设，充分运用鲜活生动的“网言网语”及较强吸引力的视频、图片、动漫等形式讲好故事；要贴近生产生活、贴近基层员工，多推出有思想、有温度、有品质的作品；要加强文化宣传载体建设，精心打造企业展厅、宣传片、宣传册等，为准确传达企业文化内涵和全面展现良好的企业形象提供支撑；要加强与主流权威媒体联系，借力高端平台展示企业形象，提高企业文化的传播力、影响力。

二是要坚持以制度流程审计为重点，促进企业文化落地。在推进文化理念落地的过程中，要强化无形的文化理念，将理念渗透到现行的规章制度和工作流程中，从而将文化理念固化于制、外化于行。这就需要依据文化理念对企业现行的制度进行流程审计，对不符合文化理念的制度进行修订。

三是要坚持以开展主题活动为载体，助力企业文化落地。要及时开展以文化理念为核心的主题活动，以主题活动为载体促进文化落地。对主题活动的设计，一要体现企业文化的核心理念；二要坚持广泛性原则，确保绝大多数员工参与，让文化落地具备广泛、扎实的基础；三要坚持便于操作的原则；四要坚持长期性、连贯性。

四是要坚持以能力提升为支撑，保障企业文化落地。企业文化建设仅靠理念上的创新与整合是远远不够的，还需要企业具备与文化相匹配的各种能力，特别是企业文化工作者的专业能力，把选优配强企业文化工作人员作为做好企业文化建设的重要前提，提高队伍文化建设能力、传播能力和形象塑造力，为企业文化工作水平持续提升提供人才保障。

五是要坚持以规范员工行为，塑造文化品牌为关键，实现企业文化落地。要对照价值观和企业文化理念，编制员工行为规范，从而规范员工内部之间、员工与客户之间、员工与相关利益者之间的行为，并在此基础上，站在塑造文化信仰的高度，让员工发自内心颂扬企业文化，打造企业文化品牌，最终实现企业文化的落地。

党的十九届六中全会通过的《中共中央关于党的百年奋斗重大成就和历史经验的决议》强调：“推进中华优秀传统文化创造性转化、创新性发展。”我们冶金矿山企业要以深入学习贯彻党的十九届六中全会精神为推动，坚持实施“文化强企”，结合新时代新要求，努力加快打造具有现代矿山特色的企业文化，让文化真正成为企业永续发展、发展壮大的丰厚滋养。

（作者系中国冶金矿山企业协会 王铁成、吴新义、寇露森、庆辉）

建行服务品牌的创建实践和思考

——以“向党工作站”等建行服务品牌创建为研究重点

2021年是总行党委在全行系统发出向李向党同志和“向党工作站”学习决定的20周年，“向党工作站”的推广开启了建设银行打造金融服务品牌的历程，以此为契机，我们以“向党工作站”等建行服务品牌为研究对象，对全行20年服务品牌建设实践进行了梳理，总结提炼全行在服务品牌创建和管理方面的经验做法，以期进一步提升全行服务品牌管理水平，助力新金融行动。

一、建行服务品牌创建历程

当前，国内外对服务品牌的研究还处于起步阶段，对于何谓服务品牌，专家和学者还没有给出完整统一的定义。建行服务品牌不是单纯指专家学者定义的服务品牌，而是建行推行服务文化建设落地的一个载体，是由突出领军人物带领的具有人格化的服务、被客户广泛认同具有自身特色的服务标识。

建行20多年的服务品牌创建主要经历了四个阶段：

（一）商业银行转轨时期——用心爱心贴心

21世纪初是建设银行由专业银行向商业银行转轨发展史中的重要阶段。建设银行强化市场竞争意识和打造商业银行品牌意识，1996年在金融系统率先导入企业识别系统（CIS），启用新的行名、行徽，将“中国人民建设银行”更名为“中国建设银行”。与此同时，建行突出银行服务为本、用心贴心服务的特色，以优秀领军人物为标杆，打造了新疆分行“向党工作站”、山东分行“何晓工作法”、湖南分行“南大模式”等一批被社会各界广泛认同、影响深远的服务品牌，是建行进入新世纪，加快商业化转轨树立的全行性服务标杆。

（二）股改上市时期——专业专属专注

2004年，建行启动股份制改革，2006年前后，资本市场进入繁荣期，唤醒了公众理财和财富增值意识，社会大众又普遍缺乏专业理财知识，迫切依赖专业人员提供专业金融理财服务。建行适时打造了山西分行“红梅理财中心”、江西分行“小刘理财”、福建分行“金丹·财智”等理财服务品牌。这类服务品牌以“专业机构、专家资质、专职团队”为服务模式，以“专业创造价值、服务打造品牌”为服务理念，抓住了市场机会，迎合了客户需求，建行财富品牌的影响力和号召力更加凸显。

（三）转型发展时期——集约创新智慧

2012年，建行进入转型发展时期，向5大转型方向进行战略转型。服务品牌也顺应战略要求，逐步实现服务方式和服务渠道的集约转型，注重科技应用，创新商业模式，重视与客户在价值观念、业务创新、社会责任等方面的沟通融合，其中以北京分行“刘艳快线”、安徽分行“瑞琴热线”等为典型代表。这类服务品牌不再仅仅是用情用心、专业理财、专属服务，而是以银行和客户精神文化上的融合互通奠定双方合作的基石，银行的服务内涵发生了质的飞跃。

（四）新金融时期——科技普惠共享

进入新时代，建行坚持“以人民为中心”的发展思想，聚焦社会痛点难点问题，跳出金融做金融，坚持回归本源、服务实体，推进新金融行动，涌现出了一系列服务品牌，如新疆分行“朱超工作室”、广东东莞分行“普惠快车”等。这类服务品牌体现出建行的服务聚焦“三大战略”，切实关注普罗大众的需求，利用数字化技术构建起新金融的“水利工程”，让金融活水源源不断流向实体经济最需要的地方，是建行新金融行动在基层网点落地践行的生动缩影，也树立了建行良好的社会形象。

二、建行服务品牌的创建实践及经验做法

梳理、总结建行 20 年服务品牌的创建实践，其经验做法主要有以下几点：

（一）一以贯之坚持“以客户为中心”理念赢得社会尊重和信任

建设银行“因建而生，因建而兴”，60 多年始终坚守服务国家建设、服务社会民生的初心使命。迈入新时代，建设银行坚持“人民至上”新金融价值取向，聚焦纾解社会民生痛点难点问题。实践证明，我们打造的一系列服务品牌，名字、服务领域、服务模式可能不同，但贯穿始终的就是为国分忧，为民解难，让普罗大众享受到金融活水的甘甜滋润，感受到党领导下的国有大行为民服务的拳拳之心。

（二）敏锐把握市场机会构筑服务品牌发展的市场优势

建行 20 多年服务品牌打造工作，其核心是一直不断适应时代和客户需要，及时推出适合大众金融服务需求的服务品牌。如商业银行转轨时期打造的“向党工作站”，以“一心向党，为民服务”精神文化，让社会民众感受银行的温馨服务；资本市场繁荣、个人投资理财需求强烈时期打造的“红梅理财中心”等服务品牌为大众提供理财咨询服务；新金融时期，面对普罗大众的普惠金融需求打造的“朱超工作室”等服务品牌，无不体现建行敏锐呼应市场和客户需求的服务意识和快速响应能力。

（三）突出领军人物由个人典型发展成为优秀群体

建行的服务品牌，往往是基于一个具有突出服务能力的领军人物，由点到面，复制推广，把个人的经验和精神提炼、总结、升华为一个团队的服务，是服务文化人格化、具象化的体现，也是最终形成品牌的塑造之路。比如新疆区分行推进“群体式”扩展，凡是符合创建标准的统一命名为“向党工作站”，实行动态管理，建立了严格的退出机制，促使个体典型到优秀群体的转变，使服务品牌具有可复制性，实现“从一个标杆到一群标杆、从一花独放到百花齐放”。

（四）形成个性鲜明的服务特色提升了建行的服务水平

建行的服务品牌，突出的是服务的人格化特点，强调服务的人文关怀，注重客户的心理感受，而不是单纯追求经营业绩和业务指标。如向党工作站的“手快、嘴勤、眼亮、嗓圆、脸笑、脑记”的服务技巧、何晓的“我服务我快乐”等，起到了良好的示范引领效果，使建行的服务文化在基层机构得到了实实在在的落地践行。

（五）形成了一套服务品牌管理机制促进全行品牌管理逐步科学规范

经过 20 多年的探索，部分优秀服务品牌形成了准入、考核、推广等相对量化的考核标准，使先进典型的精神与行业的服务标准、管理规范、业务发展的相关要求紧密结合起来，构建起一整套文化理念体系、考核体系、视觉形象体系、培训体系和运行保障机制。比如“向党工作站”重点推出“典型培树模型”，即“推出一批（十大岗位百强标兵），培育一批（向党标兵候选人），发展一批（向党标兵），推选一批（总行优秀员工），凸显一批（标兵子品牌）”的典型培树模式，持续孵化、复制推广，推出了“朱超工作法”数十个服务创新和 500 多名“向党标兵”，实现了服务品牌可持续发展。

三、新金融时期背景下打造服务品牌的措施建议

建行的服务品牌创建虽然取得了较好成绩，但也存在一些问题，主要表现为协同联动不够致使品牌形象提升遇到瓶颈，单纯以业绩打造服务品牌，不注重服务品牌的文化属性和人格化魅力；服务品牌长效机制不够完善，品牌和领军个人情况过度捆绑，当领军人物出现轮岗、交换，在文化理念、管理模式上衔接不好，品牌维护出现问题；互联网思维融入不够，对服务品牌的宣传方式比较传统，与客户的情感互动沟通不足，致使品牌传播力有限。

下一步要适应科技、普惠、共享、绿色等新金融理念和数字化经营要求，不断提升服务品牌管理水平，打造出更多更好的新金融服务品牌。

（一）深化服务品牌的服务内涵打造与新金融和数字化经营相契合的服务理念

彰显新金融价值取向和理念。“中国建设银行”作为母品牌已有明确的价值观，就是要坚持“人民至上”的价值取向，秉持“诚实、公正、稳健、创造”核心价值观，突出“科技、普惠、共享、绿色”新金融理念。新金融理念的核心就是由资本至上转为“人民至上”，更加强调责任担当和家国情怀。服务品牌要认真贯彻新金融理念要求，结合区域经济特点及业务发展方向，形成明确的价值主张，提出独具特色、朗朗上口、便于传播的服务内涵，为普罗大众提供更加优质的服务。

凸显数字化经营倡导的“用户思维”。“用户思维”的本质就是满足客户极致体验。各基层行在服务品牌创建过程中，要由原来强调“客户至上，注重细节”转变到“以用户为中心”，从注重细节转变为主动挖掘客户的潜在需求，对客户需求进行敏捷、协同的响应和快速、科学的决策，以提升用户的极致体验，并结合数字化经营要求，提炼出独特的服务精神。

突出服务品牌的文化属性。新金融服务品牌要更加注重

服务理念和服务精神的传承和弘扬，而不单单是产品的功能属性。要重点挖掘服务品牌在住房租赁、普惠金融、金融科技、绿色金融、智慧政务、乡村振兴等方面的服务特色，突出其关注民生、为民解忧的社会责任和情怀担当，关注客户的心理和情感需求，凸显服务品牌的文化属性。

（二）健全服务品牌管理体制确保服务品牌保持长久生命力

建立科学、规范、定量评估指标体系。确定各分支机构选拔培养、总行审核推广的工作机制，各单位对照“五要素”对计划打造的服务品牌进行评估，主要包括：一是评估服务理念是否契合新金融和数字化经营倡导的理念；二是在细化落实总行有关服务标准和服务流程的基础上，是否形成独具特色的服务标准和服务流程并得到客户的广泛好评；三是是否有领军人物或者优秀的服务团队，发挥良好的示范引领，产生服务品牌传帮带效应；四是是否具有完善的激励约束长效机制和配套的人力资源管理体系，发挥良好的物质和精神激励作用；五是是否建立个性化、规范化的视觉形象体系或标识，品牌辨识度高，树立良好市场形象和宣传效果。

坚持动态优化调整，完善品牌管理制度。建行的服务品牌都是由突出的领军人物带领，具有明显的人格化特征，对扩大服务品牌的影响力，促进与客户的亲和力具有良好作用。但不能过分依赖领军人物的个人影响力，而是坚持与时俱进、动态调整，不断挖掘丰富服务内涵、完善管理制度、优化服务流程，要提炼其精神内涵，挖掘其行为背后倡导的新金融价值理念，只有这样，才能在领军人物工作岗位变动后仍然保持品牌精神的传承性和影响力，防止出现领军人物换岗而导致品牌沉寂或者消失，使服务品牌具有鲜活的生命力。

建立定期培训制度。通过线上线下、行内外资源，丰富培训载体和形式，利用多种渠道广泛开展品牌知识、商誉、产品品牌、服务品牌等品牌文化教育培训，使员工了解服务品牌的有关知识，掌握服务品牌打造的技巧与方式方法，加快培养一批通晓理论知识、擅长实际操作的服务品牌管理专业人才，确保服务品牌管理工作整体推进、持久深入。

（三）综合运用多种传播手段强化服务品牌的识别和传播

适应新媒体传播规律加强服务品牌传播。充分适应新媒体传播技巧和规律，用言简意赅的视听语言，匹配新媒体“传播方式从单向到双向、传播行为个性化、传播速度实时化及文字、图像、声音等多媒体融合”的传播特性，更加注重通过个人体验化分享形成的良好口碑，也可通过短视频、长图、动漫等形象化传播方式，让传播内容更具可读性、亲和力，实现服务品牌传播的“润物细无声”和裂变传播。

遵循品牌打造的“5C”传播原则。“5C”传播包括形象化、情感化、趣味化、事件化、系列化。服务品牌的传播，一定要在传播中将其形象化、具体化，让受众直观感受到品牌的“存在”。要注重传播中的情感因素，通过故事化、有趣的方式引导客户积极参与。也可借助具有较强新闻效应的事件进行“借势”营销，起到“四两拨千斤”的效果。同时，可策划在同一主题贯穿下的系列化持续传播，在受众心中建立深层认知。

强化服务品牌的视觉形象管理。设计个性化标识，提升服务品牌辨识度和认知度，有利于市场推广和品牌持续打造。对服务品牌的命名和 Logo 标识要做好知识产权保护，既要突出文化特色和服务品牌的服务特色，传递品牌的核心内涵，也要注意商标注册，以及常用标识、传播符号的版权。

加强服务品牌声誉风险管理。新金融时代，以互联网为代表的新兴媒体迅速发展，任何一个与银行关联的事件都是媒体关注的焦点。因此，服务品牌文化建设必须高度重视声誉风险管理，强化服务品牌舆情管理，加强对员工应对媒体、化解危机的方法技巧培训，形成“人人爱护服务品牌、时时维护服务品牌、事事提升服务品牌”的氛围，实现服务品牌价值最大化。

（作者系中国建设银行股份有限公司）

基于 Denison 模型的证券行业文化评价体系构建研究

第一篇　前言

2019 年 11 月，证券基金行业文化建设动员大会召开后，证券行业文化建设步伐加快，行业竞争“软实力”不断提升。中国证券业协会于 2021 年 2 月 28 日正式发布了《证券行业文化建设十要素》（以下简称《十要素》），《十要素》的发布为证券公司切实提升文化建设水平提供了实例参照和具体指导，有效推动证券公司乃至证券行业文化建设快速提升。基于此背景，构建一个科学规范的文化建设实效评价体系，对证券公司乃至证券行业文化建设实效开展全面分析和综合评估，帮助证券公司科学全面地认识自身的文化建设现状，用科学的方法全面提升企业文化建设水平，正确把握自身文化建设成效与证券行业文化建设要求之间的关系，更好地遵循证券行业文化建设一般规律以及“十要素”示范实践指引，培育优秀而强大企业文化，推动证券行业迈向高质量发展转型，显得尤为重要。

目前全球企业文化建设实效测评模型中，有 Denison 模型、OCAI 模型、7s 模型等，适用于全面效果评估且具有广泛影响力的仅有 Denison 模型。国内研究中，国务院国资委曾推出中央企业文化建设评价体系，中国企业文化研究会测评中心推出 ECAI（企业文化测评工具）模型，清华大学、中国文化管理学会也有相关研究成果，但影响力较大的为前两者。此外，咨询机构也推出了 OCAI 模型的改良版以用于服务客户的企业文化诊断，一些高校研究人员、企业人员基于 Denison 模型、OCAI 模型开展了基于个案的研究。据目前掌握的资料，我国证券行业文化建设实效测评研究尚属空白。

本课题主要采用资料法、访谈法、专家研讨、头脑风暴、问卷调查法开展研究。对企业文化测评相关文献进行了广泛收集和深入的研读，对行业内资深从业人员、高级管理人员以及区域负责人进行访谈，邀请中国企业文化研究会等机构的外部专家进行研讨，开展头脑风暴设计量表，最终以某证券员工为对象开展抽样调查形成试验数据。

第二篇　基于 Denison 模型的证券行业文化测评体系建构

中国证券业协会 2021 年 2 月正式发布的《十要素》及《十要素参照表》，为证券公司积极贯彻证券基金行业文化建设动员大会精神，在证券行业树立“合规、诚信、专业、稳健”的文化理念，持续提升文化建设成效提供了实例参照和具体指引，对基于企业文化建设实效测评的体系设计提供了明确可靠的参考依据。

根据 Denison 模型的自身缺陷、汉化翻译与本土化不适应之处以及中国企业、证券行业、某证券的实际需求，并参考调查结果，经过模型修正以及量表优化，建立起基于 Denison 模型的证券行业文化测评模型。

一、文化特质与维度

模型遵从 Denison 模型原文，以“关注内部—关注外部”“灵活性—稳定性”两组坐标轴将企业文化效果表征分为四大文化特质。

四大文化特质分别为：

（一）能动性。能动性为企业内部整合灵活性体现，反映了组织发展的内驱力。该特质包括激励机制、组织氛围、管理创新三个维度。

（二）一致性。一致性为企业内部管理稳定性的体现，反映了企业组织的整体性、统一性。该特质包括价值导向、风控与合规、协同整合三个维度。

（三）适应性。适应性为企业适应外部市场变化的体现，反映了企业市场竞争力。该特质包括业务创新、关注客户、组织学习三个维度。

（四）社会性。社会性为企业在外部非市场环境下稳定性的体现，反映了企业社会影响力。该特质包括使命愿景、企业品牌、社会形象三个维度。

二、量表修正与优化

测评模型构建之后，课题组在尽可能遵从丹尼森模型原型的基础上，对量表进行了修正与优化，形成了每个维度 5 个测量项目、共计 60 个测量项目的量表体系。

（一）激励机制维度下包括薪酬合理、晋升公平、考核公正、领导公平、激励效果 5 个测量项目，通过衡量员工对企业激励体系的感受，分析企业激励导向的方向、强度，进而可衡量企业内部驱动员工追求进取的原动力。

（二）管理创新维度下包括工作优化、科技投入、对标提升、组织创新、创新激励 5 个测量项目，通过测评员工对企业管理创新的感受，分析企业在内部管理方面的创新活力。

（三）组织氛围维度下包括风清气正、团队和谐、学习分享、领导支持、氛围感受 5 个测量项目，以员工的感知分析企业组织的粘合力。

（四）价值导向维度下包括领导垂范、导向清晰、价值观认同、价值观强度、行为准则 5 个测量项目，用以分析企业价值观管理的状况，衡量企业干部员工认同践行价值观的意愿和程度。

（五）合规与风控维度下包括内控体系完善、制度健全、合规习惯、合规强化、创新合规性 5 个测量项目，用以分析证券公司合规能力。其中合规强化是指员工在指标压力下的合规表现，创新合规性衡量各级机构是否会以创新名义绕过监管、踩踏红线。

（六）协同整合维度下包括整体意识、组织协同性、协作顺畅、协作感受、推诿扯皮情况 5 个测量项目，用以分析企业组织的协调一致程度。其中推诿扯皮情况为反向指标，用以探测跨部门协作当中是否敢于担当。

（七）业务创新维度下包括市场敏感度、业务布局（前瞻性）、业务战略清晰、理解需求、协同创新 5 个测量项目，用以分析企业对市场变化的反应能力。

（八）关注客户维度下包括客户反馈、产品竞争力、流程高效、产品升级、客户利益关注 5 个测量项目，用以分析企业产品及服务满足客户需求的能力。

（九）组织学习维度下包括组织学习认知、纳入组织目标、人才培训、包容失败、人才规划 5 个测量项目，用以分析企业为应对市场变化预先赋能储能的状况，反映企业组织发展后劲。

（十）使命愿景维度下包括长期导向、战略引领力、战略路径、短期行为、目标共识 5 个测量项目，用以分析企业激励员工、树立行业稳定地位的引领力。其中短期行为为反向指标，衡量企业是否因短期绩效损害长期发展目标。

（十一）企业品牌维度下包括知名度、业绩领先、美誉度、客户忠诚度、诚信口碑 5 个测量项目，用以分析品牌价值与行业地位。

（十二）社会形象维度下包括参与公益、服务国家战略、党建、员工关爱、声誉管理 5 个测量项目，用以分析国企履行政治、社会、经济责任的能力。

第三篇　测评结果

为测试测评模型的可靠性与操作性，2021 年 9 月下旬某证券面向公司总部及旗下机构员工以网上问卷调查形式开展了测试试验。涵盖公司各层级、各类机构的 1209 名员工参加了问卷调查，其中有效样本 1122 个，有效率为 93%。有效样本占公司员工总数比例超出预定的 10%，调查具有代表性。

统计显示，基于 Denison 模型的证券行业文化测评模型站在较为成熟的体系基础上进行修正改良，信度也取得较高分值（如下表所示）。根据克隆巴赫系数（Cronbach's alpha）测量工具，当信度系数低于 0.7 时，则表示相关数据信度偏低；当信度系数高于 0.7 时，则表示相关数据信度在可接受范围之内；当信度系数处于 0.8 以上时，则表示相关数据信度为高。本次测评试验中，各维度信度系数均高于 0.8，且 9 个维度达到 0.9 以上，证明本次测评试验数据结果是可靠的，也证明了调整后的维度可信可用。

特征	维度	统计结果				
		分项均值	分项标准差	特征均值	特征标准差	信度系数
内部-灵活：能动性	激励机制	3.89	1.08	4.09	0.99	0.865
	管理创新	4.06	0.96			0.939
	组织氛围	4.32	0.89			0.940
内部-稳定：一致性	价值导向	4.17	0.95	4.08	1.13	0.865
	合规与风控	4.36	0.81			0.936
	协同整合	3.71	1.29			0.848
外部-灵活：适应性	业务创新	4.08	0.98	4.11	0.95	0.943
	关注客户	4.08	0.95			0.926
	组织学习	4.18	0.93			0.936
外部-灵活：适应性	使命愿景	4.14	0.97	4.17	0.95	0.922
	企业品牌	3.98	1			0.923
	社会形象	4.4	0.82			0.925

表 1　统计结果

第四篇　研究结论与展望

在中国证券业协会的领导下，在中国企业文化研究会的支持下，在课题组成员的共同努力下，本课题通过引入世界五百强广泛应用的 Denison 模型，对其进行中国化、行业化改良，并以某证券公司为例，创新探索了一套适用于中国证券行业文化建设和中国证券公司企业文化建设的测评模型，设计了可操作可衡量的量表体系，对于我国证券行业文化效果测评做出了专业、有效的探索。

由于研究时间和研究范围所限，仅将某证券一家企业作为案例，只能证实其对某证券和证券行业文化较为普遍的特征的符合性，不能完全地证实满足全部证券行业和众多证券公司的适用性，尚不足以满足全行业、众多证券公司全面、普遍适用的科学严谨要求。后期，期待中国证券行业协会和更多证券公司以本研究成果为基础，进行更加广泛、深入的课题研究，推动我国证券行业不断形成更加成熟可靠的企业文化建设实效测评体系，为我国证券行业文化建设水平不断提升、促进我国证券行业高质量发展提供有效的文化导航。

（作者系中国银河证券）

传承雷锋精神助推企业转型发展

交运集团有限公司是国有大型综合交通产业集团，成立于 1994 年 12 月 18 日，总部驻地在青岛，拥有客、货运一级经营资质。交运集团学雷锋志愿服务总队成立于 2013 年 3 月 5 日，按照隶属关系，交运志愿服务队伍体系划分为“总队（集团）—分队（直属各公司）—支队（直属各公司下辖）”三级。目前，交运集团共建有各级学雷锋志愿服务队 43 支、志愿者 3800 余人，其中在青岛志愿服务网站注册人数 2300 余人，培育出“馨飞扬”“580 我帮您”“向阳花”“馨月湖”等多支具有一定社会影响力和公信力的品牌团队。

一、“雷锋精神”为企业转型发展重塑形象

（一）坚持志愿服务活动制度化。交运集团规范了志愿服务的组织领导，制定了《常态化志愿服务制度》《常态化学雷锋活动制度》，要求各单位党政工团组织协同做好对本单位志愿服务工作的组织领导，落实党组织负责人是本单位志愿服务工作的第一责任人。交运集团建立了招录注册、队伍建设、培训管理、服务记录、表彰奖励等长效工作机制，设计了格式统一的《交运集团志愿服务活动记录表》，要求各级志愿服务队每组织一次活动时，除了要在青岛市志愿服务网详细录入相关服务工时、内容等信息，还要认真填报该表格并存档，加大志愿服务活动管理的规范化。

（二）坚持将学雷锋活动与志愿服务活动紧密结合。助人为乐一直是交运人的优良传统，从 20 世纪 60 年代初以青岛长途汽车站为代表的客运站群“学雷锋、做好事”全国知名。60 年来，交运人代代相传学雷锋，在广大职工中大力弘扬“学习雷锋、奉献他人、提升自己”的志愿服务理念，积极传播“奉献、友爱、互助、进步”的志愿精神。交运集团所属各单位（特别是客运场站等窗口单位）都在醒目位置悬挂毛泽东主席题词“向雷锋同志学习”的手迹，并借助多种传播方式弘扬学雷锋志愿服务理念，营造浓厚的学雷锋志愿服务氛围。交运人发扬“红飘带”精神、“微尘”精神，以“关爱他人、关爱社会、关爱自然”为内容，开展“爱心助学”“爱心助老”“返乡直通车”等针对特殊群体的志愿关爱服务；推行“出行指南便利贴”“邮寄儿童”“爱心助农”等志愿便民服务；广泛参与慈善捐助、义运救灾、帮扶共建等扶危济困公益活动，用爱心回报社会。志愿服务已成为交运塑造文明形象、弘扬企业文化、履行社会责任的重要载体。

二、“雷锋精神”为企业转型发展增添动力

（一）坚持常态化主题化开展志愿服务活动。近年来，交运集团各志愿服务队结合“我们的节日”活动，从体现志愿服务的时代性特点出发，以点带面，以小见大，精心设计每一个活动，细化每次活动内容，开展的主题志愿服务活动异彩纷呈，收效良好。特别是根据生产经营的特点，抓住节日、纪念日、宣传日和春运、暑运等重要时段，不断丰富活动内涵，也打造了像关爱空巢老人、关爱星儿、爱暖盲校、爱心义剪、爱暖课堂、文明出行等一批具有创新性、可推广的志愿服务项目。

多年来，交运集团主动参与全市无偿献血活动。2018 年

1 月，成立了“热血交运”应急献血志愿队，成为全国交通系统第一支应急献血志愿队；2019 年 2 月，开展了“为爱冲击吉尼斯——热血多米诺”大型无偿献血活动，打破了青岛市单日最高献血纪录；特别是 2020 年抗击疫情期间，志愿者们加大对车站、车辆的消毒消杀，宣传普及疫情防控知识，帮扶空巢老人、环卫工人和产品滞销农户，为抗击疫情贡献一份志愿力量，让志愿服务成为交运集团塑造文明形象、弘扬企业文化、履行社会责任的重要载体；交运集团向抗击新冠肺炎疫情捐款近百万元。

（二）坚持推进志愿服务与精神文明创建活动融合发展。一方面把志愿服务与学习宣传道德模范活动结合起来。在志愿服务工作中积极引导道德模范当好志愿服务的带头人，开展道德模范“传帮带”活动，用道德模范的先进事迹鼓舞和激励志愿者们在服务中彰显正能量。另一方面，把志愿服务与履行社会责任结合起来，加强社会责任宣传教育，影响和带动广大干部职工积极参与环境保护、扶贫帮困、慈善捐助、义务献血等公益活动，增强志愿服务的持久力。另外，交运集团还把志愿服务与文明单位创建、文明城市创建，与企业转型发展结合起来，调动青年职工干事创业的激情，使志愿服务成为企业转型发展的重要推动力。特别是在上合组织青岛峰会期间，交运集团结合自身场站分布和业务范围，相继在市南、市北、崂山和西海岸等多条公交线路主要站点、公交场站、长途汽车站设置 18 个“学雷锋志愿服务站点”，配套提供站点铭牌、医药箱、便民伞、工具箱、老花镜等便民物品，摆放传播城市文明、展示企业志愿服务的宣传册等。

三、“雷锋精神”为企业转型发展开辟蓝海

（一）以诚为基，拓展合作空间。交运集团的情感文化和诚信经营赢来了广泛的社会合作空间，承担了在青岛市举办的上合青岛峰会、APEC 贸易部长会、青岛市“两会”等大型活动的交通保障任务；与国家电网、中国邮政、海尔集团、饮料集团等知名企业合作，共同推进新能源应用、现代物流、城市配送等新兴产业的发展，形成了社会资源向交运集聚之势。联手腾讯公司打造“智慧出行+智慧旅游平台”，“米图出行”定制平台上线运行，逐步完成了青岛主城区与周边各区市和主要交通枢纽的全覆盖，实现“门到门”“门到点”服务。

（二）以情为媒，延伸产业链条。交运集团的真情服务赢得了政府和百姓认可，进而在公共服务领域得以大力发展。面向城乡统筹，打造全国首例县域城乡公交一体化的“即墨模式”，并在青岛各区市复制推广，使青岛成为全国第一个实现城乡公交全域覆盖的副省级城市；面向教育领域，率先发展专业校车，形成了“市区、社区、郊区、新区、山区和农村”校车六位一体发展格局，2300 辆校车、4500 多条线路，每天运送 450 多所学校的 15 万名学生，实现了青岛七区三市的全域覆盖；面向多元化的客户需求，细分公交客运市场，为“上班族”开通国内第一条定制公交，在汽车站、火车站、飞机场、景点景区、高校间开通摆渡公交、就医公交、观光公交、学子公交等菜单式定制化服务。

（三）以变为法，创新发展模式。传统道路客运市场受高铁、民航、网约车和自驾车的冲击日益加剧、前景黯淡，交运集团没有因循守旧，而是在行业内先行先试，打造了国内单体最大的专业校车公司，每天守护着 15 万名中小学生的上下学安全；首创运游“集合服务”模式，成为国内交通与旅游跨界融合的新样本；与区市政府、民营企业联合打造垃圾分类和环卫一体化的“青岛模式”；顺应老龄化趋势，依托自有的“老年病医院”进军康养产业；与腾讯联合开发“米图出行”定制平台，发展定制客运和网约车服务，使交运集团在新时代焕发出新的生机与活力。交运集团将以发展低碳公共交通构筑绿色交通体系，积极开发以电能、氢能和太阳能为代表的新能源，构建新能源产业生态圈，同时，拓宽汽车后服务市场，加快汽车后市场社会化，运用互联网、大数据、云计算等技术，推进未来产业智慧发展。

获得荣誉

近年来，在“四个 100”先进典型宣传活动中，“馨飞扬”志愿服务队被推选为“山东省最佳志愿服务组织”，2020 年“馨飞扬·爱心义剪”项目获“最佳志愿服务项目”，刘顺获得“最美志愿者”荣誉称号；“爱心驿站”被评为“山东省最佳志愿服务项目”，“交运爱心驿站”于 2016 年被中共中央宣传部授予“全国学雷锋活动示范点”。2020 年，“米图出行党员先锋抗疫志愿服务车队”被评为“山东战‘疫’最美志愿者（群体）”。

（作者系青岛城运控股交运集团文宣部部长，文宣部企业文化主管）

创建“四蓝两清”廉洁文化的探索与实践

山东海洋集团有限公司

近年来，山东海洋集团深入学习贯彻习近平总书记关于廉洁文化的系列重要论述，把干部员工最尊崇、最挚爱的蓝色植入企业廉洁文化，着力打造以浅蓝、蔚蓝、宝蓝、深蓝“四重蓝色”为特质，以“气正风清、海晏河清”为目标，富有海洋产业特色的“四蓝两清”廉洁文化，为企业高质量跨越发展注入了新动能、提供了新保障、厚植了新优势。

一、课题实施背景

习近平总书记指出，要加强反腐倡廉教育和廉政文化建设，在全社会培育清正廉洁的价值理念，使清风正气得到弘

扬。党的十八大以来全面从严治党的实践表明，实现“三不”一体推进需要“制度治党”“思想建党”双管齐下，在国有企业高质量推进廉洁文化建设，是落实全面从严治党、依法依规治企战略部署的必然要求。

作为一家具有重要行业地位和影响力的综合性海洋产业集团，山东海洋集团现拥有8家一级权属企业和1支国家级产业投资基金，经营业态多样、资产增长迅速、业务遍布全球。企业快速发展的同时，也面临员工身份多元，自觉树立廉洁价值观的意识不强；部分干部员工认为反腐倡廉只是“表面文章”，对廉洁教育和廉洁文化建设重视不够；监督探头难以“全覆盖”，廉洁风险防控难度较大等问题，迫切需要以富有特色、深受认可的廉洁文化涵养政治生态、筑牢思想防线、强化使命担当。

二、课题实施过程

（一）抓体系，做好顶层设计

廉洁文化建设是一项系统工程，必须做好顶层设计，才能充分整合各方资源，推动取得实效。一是形成一套理念。山东海洋集团围绕“扬帆远航、成就梦想”的企业愿景，将廉洁目标定位为“气正风清、海晏河清”；围绕“做未来海洋产业引领者”的企业使命，将廉洁使命凝练为“砺品行、知规矩、正航向、促发展”；围绕“包容、责任、自励、执著”的企业核心价值观，将廉洁宗旨体现为“忠诚、守正”。二是确立创建思路。确立了“启航—导航—促航—护航”的系统推进创建思路，形成了廉洁文化2020—2025建设年、提升年、巩固年、深化年、升华年、拓展年的实施方案。三是谋划践行路径。确立了“教育导廉”“三风引廉”“典型弘廉”“融合促廉”“监督铸廉”和“规范律廉”的六个方面践行路径，确保了廉洁文化落地生根、开花结果。

（二）抓保障，建立健全机制

建设廉洁文化必须健全完善工作机制，才能实现常抓长效。一是建立推动促进机制。坚持每年制定《廉洁文化建设实施意见》，并在《党风廉政建设责任制实施办法》等制度中，将廉洁文化建设作为集团各级党委、纪委落实“两个责任”的重要内容。二是健全行为规范机制。制定实施《党风廉政建设和廉洁从业约谈制度》等，对廉洁文化建设不力的追究责任；出台了《违规经营投资责任追究实施办法》《查处诬告陷害行为为干部澄清正名的工作办法》等，努力营造健康有序的文化创建环境。三是完善载体表达机制。制定“廉洁从业、创新发展”“忠诚、干净、担当”“廉洁从业 跨越发展”等主题教育活动实施意见，建立了“纪委书记大讲堂”“纪检干部读书分享”“廉洁文化大家谈”等机制，形成浓厚的廉洁文化创建氛围。

（三）抓推进，强化落实落地

1.加强宣贯引领。一是引领发扬艰苦创业精神。先后修订《领导人员履职待遇业务支出管理办法》等制度10余项；每年印发《制止餐饮浪费 厉行勤俭节约》倡议书，并强化监督检查，杜绝“舌尖上的浪费”；围绕堵塞效益漏洞，开展48项效能监督工作，实现经济效益2.15亿元。二是深化廉洁从业主题教育。突出“廉洁从业 创新发展”等教育主题，每年组织廉洁承诺、党规党纪知识竞赛、反腐倡廉理论研讨等“10个1”活动，受教育逾1万人次。三是强化权力运行监督制约。连续4年开展巡察，对8家权属企业开展落实中央八项规定精神专项检查，督促整改问题300余项。扎实开展反腐倡廉“制度建设年、落实年、执行年”等活动，在集团层面建立完善制度51项，指导权属单位“废改立”制度300余项，形成较为完备的反腐倡廉制度体系。

2.深化融合耦合。一是强化文化融合。突出廉洁文化、美德文化、家风文化相生互融。连续两年共选拔47名“廉内助”召开了座谈会；征集“小手牵大手 亲子话廉洁”手抄报、廉洁家书作品100件；开展“共产党员讲勤廉故事”，征集先进事迹52篇；举办廉洁文化书画展，展出优秀书画作品42幅，受到一致好评。二是鼓励守正创新。在“四蓝两清”廉洁文化指引下，权属企业山东海运探索打造了“清风廉韵、扬帆远航”子品牌，山东水运建成富有“红色运河”特色的廉洁教育长廊、廉洁大讲堂。三是深化共建联建。与中国船级社青岛分社、北船重工、新时代造船厂等开展“同筑堡垒 共树清风 打造精品船舶”“廉润芷兰、同心共建”等活动，扩大了“四蓝两清”廉洁文化影响力。

3.丰富创建载体。一是打造融媒体宣教阵地。构建“册、刊、网、微”宣教阵地，先后编印《廉洁文化手册》12册；刊发《蓝海清风》月刊31期；建成“蓝海清风”网站、公众号，发布信息200余篇；开辟“廉洁文化大家谈”专栏，引导干部员工畅谈廉洁文化；组织员工创作廉洁微电影14部、公益广告10部；充分运用图、文、声、光和互动式、体验式手法，建成多功能廉洁文化展厅，成为山东省属企业“网红”打卡地。二是设计卡通形象代言“人”。推出了廉洁文化卡通代言形象——“蓝晓纪”，并形成7款文创产品，受到干部员工喜爱。三是创新实施“智慧化”监督。研发了智慧管理监督互动平台，通过共享监督信息、实时监督监控、设置“橙黄红”三级风险预警，让监督“雷达”覆盖重大决策实施全过程，为廉洁文化建设赋能增效。

三、课题取得成效及下一步打算

创建“四蓝两清”廉洁文化，受到山东省纪委监委、驻省国资委纪检监察组等上级机关充分肯定，成果入选《“十三五”中国企业文化建设优秀成果文集》，并以《创建“四蓝两清”廉洁文化 助力企业扬帆远航》为题在中国廉政学会2021年学术年会上作主旨发言。创建“四蓝两清”廉洁文化推动了企业高质量发展，集团成立11年来无重大违纪违法案件发生，连续11年实现盈利；2021年底，资产总额达396亿元，所有者权益113亿元，比“十二五”末分别增长了123%和88%；先后获得全国交通运输系统先进集体、全国工人先锋号、山东省优秀企业、山东省纪检监察系统先进集体等荣誉称号。

建设廉洁文化必须综合施策、多管齐下、久久为功，山东海洋集团将进一步筑牢根基育品牌、深化创建促发展。一是深入学习贯彻党中央《关于加强新时代廉洁文化建设的意见》精神，强化理论武装，夯实清廉根基，突出抓好“廉洁从业”职业道德规范建设，引导干部员工明大德、守公德、严私德。二是推动“四蓝两清”廉洁文化建设与企业合规经营、风险防控深度结合，深化依规依纪依法、勤勉履职尽责的思想理念和文化氛围，真正发挥以文化人的作用。三是将“四蓝两清”廉洁文化理念与集团各项规章制度紧密融合，探索构建廉洁文化长效机制，并鼓励权属企业创建凸显特色的廉洁子文化，推动“四蓝两清”廉洁文化创新不止、永葆活力。

（作者系山东海洋集团有限公司）

量化分析与定性分析相结合
动态评价企业文化现状

一、公司概况

河南四建工程有限公司（以下简称“公司”）成立于2008年，现有员工1000余人。拥有电力工程施工总承包壹级资质、建筑工程施工总承包壹级资质。公司在百万机组大型火电站、送变配电、新能源发电场建设方面业绩较为突出。根据国家能源政策，相继建造了一批风光互补、渔光互补、农光互补、河道光伏、沙漠光伏、屋顶光伏等类型的新能源电站。

二、公司企业文化建设历程

自2008年成立以来，逐步形成独具特色的“建设劲旅·能源铁军”文化。可分为三个发展阶段：

第一阶段：孕育初生阶段（2008—2015年）。2008年正式从原河南四建集团改制成立，实现独立自主经营，自负盈亏，既具有国有企业的规范又具有民营企业的灵活，但是国有企业色彩依然相当浓厚，集团国企文化和民营企业文化交织并存并发生激烈碰撞。

第二阶段：跨越发展阶段（2015—2019年）。公司在西北、内蒙古等地区承担了一系列的光伏发电、风力发电新能源项目的建设，企业文化体系初具雏形。公司重新审视定位与发展战略，设计了全新的公司LOGO并推广应用。拍摄了公司第一部《建设劲旅·能源铁军》企业文化宣传片，推出《善建者》宣传册。

第三阶段：规模化发展时期（2019年至今）。自2019年以来，公司确定集团化发展目标，进行集团化布局。同时推行公司机关部室（物资设备部、电力事业部）实体承包责任制。随着国家提出“30·60”规划，积极将公司自身发展战略融入国家发展战略中去。

这一时期，公司在各在建项目成立“新能源铁军”项目部，“党员先锋队”“青年突击队”。河南鲁阳风电项目青年突击队在“亚洲第一高”陆上170米钢混风塔施工过程中，发扬铁军精神，被业主单位授予“铁军再创辉煌”荣誉。参建的江苏泗洪光伏发电应用领跑基地，是当时全国十三个光伏发电应用领跑基地中第一个实现并网发电的项目，又被称为领跑者中的“领跑者”，被业主单位授予“新能源第一铁军”荣誉称号。参建的内蒙古达拉特旗光伏发电应用领跑基地，在国际上塑造了光伏发电治沙的中国样本，为市场化治沙、发展沙漠经济打开了一个新的突破口。

三、企业文化建设调查设计

应用无记名调查问卷的方式，样本数量控制在各层级员工的50%左右。问卷由个人基本情况5个问题和涉及企业文化相关的27个问题组成。采用李克特计分方式，用“5、4、3、2、1”表示认可或同意程度，以问题所得分值的大小，区分认可或同意程度。问卷共发放257份，占比总员工数的50%，回收了249份，回收率为96.8%。其中回答不全和所有题目都打同样分数的无效问卷为2份，有效问卷为247份，占比96.1%。

1. 统计分析

（1）样本情况。

表1 年龄分布

年龄	25岁以下	25—≤35岁	35—≤45岁	45—≤55岁	55岁以上
人数 占比	36 14.6%	123 49.8%	67 27.1%	16 6.5%	5 2%

表2 性别分布

性别	男	女
人数 占比	222 89.8%	25 10.2%

表3 学历分布

学历	初中及以下	高中或同等学力	专科或本科学历	研究生及以上
人数 占比	49 19.4%	37 15%	159 64.4%	2 1.2%

表4 入司时间分布

工龄	1年以下	1—≤3年	3—≤5年	5—≤10年	10年以上
人数 占比	36 14.6%	93 37.7%	37 15%	46 18.6%	35 14.1%

表5 岗位分布

岗位	市场经营开发	安全生产	质量技术	行政后勤
人数 占比	31 12.7%	60 24.4%	141 57.2%	15 5.7%

（2）公司企业文化建设问卷数据统计，详见表6。

表6 问卷数据统计

类型	题目	平均值	标准差
精神文化	熟悉并认同公司企业文化的相关理念	3.03	0.34
	完全认同、认可公司的发展目标	3.18	0.48
	公司发展战略清晰	3.27	0.59
	公司不同的管理层级在工作时，可以实现同频共振	3.87	0.61
行为文化	不同的员工或部门有相似的问题解决方法	3.34	0.67
	公司鼓励员工自主攻关创新	2.16	0.51
	公司举办各种丰富的活动	3.76	0.44
	大多数员工爱岗敬业、认真负责	2.35	0.48
	本人能够对公司的发展作出积极贡献	3.54	0.66
	管理层亲身践行公司的理念	2.39	0.48
	公司跨部门间的协调行之有效	2.21	0.41
	公司存在跨部门携手共同推动变革的情景	3.07	0.72
制度文化	解决问题冲突时，员工往往可以取得共识	3.73	0.37
	是否发挥榜样的模范作用	3.19	0.47
	公司能积极反馈员工的建议	2.12	0.34
	公司积极践行社会责任	3.97	0.68
	是否清晰公司的相关规章制度	3.65	0.67
	充分授权员工	2.15	0.37
	公司制度相当完善	3.83	0.55
	公司的规章制度可以得到有效贯彻落实	2.11	0.31
	公司对本人的季度绩效考核合理公允	2.87	0.39
	清晰本人的工作岗位职责	2.76	0.79
	有能力、有信心完成自己的本职工作	2.48	0.77
物质文化	公司提供充满竞争力的薪资	3.02	0.32
	识别标识系统完善且鲜明	3.28	0.56
	公司企业文化宣传渠道丰富、有效	4.03	0.32
	公司提供令员工舒适的办公环境	3.16	0.69

四、公司企业文化建设中存在的问题

1.精神文化建设存在的问题

（1）“熟悉并认同公司企业文化的相关理念”评分平均值为3.03，这说明公司倡导的文化理念并没有得到员工的熟悉和认同，公司对文化理念的宣贯力度远远不够，公司在企业文化建设过程中虽然一直在强调要加强员工参与程度，但是距离实现入心入脑，还存在较大差距。该问题的标准差分值为0.34，员工对公司所倡导的文化理念还不能达到一致的认可、理解、认同，对企业文化建设的关注度不够。公司没有深入、系统地开展对精神文化建设相关文化理念内容的整理、归纳工作。

（2）“公司发展战略清晰”评分平均值为3.27，“完全认同、认可公司的发展目标”评分平均值为3.18。公司的员工对发展战略还缺少清晰认识，尚未达到全体员工的广泛共识，这就难以发挥企业文化的凝聚、导向作用。需要从公司的长远发展出发，站在全局的角度，以较高的站位，做精做优企业文化理念的梳理、分析、总结工作。还需考虑发展战略是否同企业文化的发展一脉相承，是否是企业文化的延续，发展战略是否和企业文化的发展相匹配等。

2.行为文化建设存在的问题

（1）“公司能积极反馈员工的建议”评分平均值为2.12，现阶段，公司和员工之间尚未建立相对通畅的沟通、交流渠道，或流于形式。在实际走访中发现设置在公司总部机关一楼的意见箱已经布满灰尘。

（2）“管理层亲身践行公司的理念”评分平均值为2.39，标准差为0.48。该问题说明员工认为管理层尚不能完全亲身践行公司倡导的价值理念。管理层在企业文化建设中肩负重要责任，尤其是核心领导人，管理层的身体力行无疑会为员工树立示范引领作用，有助于企业文化建设顺利推行。

（3）“是否发挥榜样的模范作用”评分平均值为3.19，标准差为0.47。榜样的力量是无穷的，榜样是公司企业文化中精神文化的人格化化身。公司每年的年会盛典，对上年度评选出的优秀员工、先进单位进行集中精神奖励和物质激励，旨在树立先进，打造标杆，发挥榜样的示范引领带头作用。但存在评优评先指标分配不均、不够公开透明、评先条件不够灵活等。

（4）“公司跨部门间的协调行之有效”评分平均值2.21，标准差0.41。公司没有出台管理层、普通员工日常工作行为规范及对外的商务礼仪，致使在跨部门之间、员工之间以及对外日常工作交流过程中，会存在沟通信息不畅、工作效率不高、缺失商务礼仪的情景。

（5）“公司举办各种丰富的活动”评分平均值为3.76，标准差为0.44。发现当前公司企业文化建设的水平不够深入，较多停留在浅层次的表面工作。虽然在日常经营管理过程中，开展了一系列如座谈会、七一红色旅游、岗位技能提升培训、演讲比赛等一系列的活动，但是部分员工认为缺乏新颖的形式，不够丰富多彩，较多流于形式，一定程度上影响员工的参与积极性。

3.制度文化建设存在的问题

（1）“公司的规章制度可以得到有效贯彻落实”的平均值为2.11，标准差为0.31。2021年度相继发布新修订42个涉及行政、安全、质量、财务、物资、成本、市场经营的管理办法，但文件的落实执行被大打折扣。导致此种情况的原因无外乎下发前没有进行综合评测，评测是否有下发的必要，是否符合公司的实际需求，是否适应公司规模化、集团的发展需要。下发后是否进行了持续、有效地宣贯学习，是否收集员工对相关制度的反馈意见等。

（2）“充分授权员工”的平均值为2.15，标准差为0.37。“公司鼓励员工自主攻关创新”的平均值为2.15，标准差为0.37。该问题的分值处于较低的水平，可以看出公司尚未建立清晰、完整的权责体系，权力过于集中在管理层，不利于激发普通员工的积极主动性、创新性。

（3）“公司制度相当完善”的平均值 3.83，标准差 0.55，该题项的平均值在制度文化层面的问题中分值最高。首先，公司各项规章制度种类和数量相对较多，也相对比较完善，但是没有形成硬性的制度约束氛围。其次，虽然有制度，但是缺少制度实施的相应保障措施，致使在实际的日常事务处理过程中，可操作性降低。制度对流程的规定较少，存在处理日常事务工作中推诿扯皮的情况。

4. 物质文化建设存在的问题

（1）“公司提供充满竞争力的薪资”的平均值为 3.02，标准差为 0.32。虽然公司在员工住宿、餐饮、通讯、车辆等方面，提供了多重补贴、福利，但整体薪酬水平在行业内处于中下游水平，尤其是在进行校园招聘时，无法同建筑央企进行竞争。

（2）“形象识别系统完善且鲜明”评分平均值为 3.28，标准差为 0.56，公司的 LOGO 从形式上看设计过于复杂，并且没有做到规范统一应用。公司一些员工反映项目工装颜色不一致，有的项目不能及时对新应用的 LOGO 进行更新、替换，存在新老 LOGO 同时出现、一同使用的情况，给员工造成视觉上、思想上的混乱。

（3）“公司企业文化宣传渠道丰富、有效”评分平均值为 4.03，标准差为 0.32。在企业文化宣传过程中，较多地使用常规化、静态化、单一化的宣传媒介，更多的是依靠企业文化宣传片、宣传册、管理层个人魅力、公司官网、微信公众号等开展企业文化宣传工作，未能有效借助社会媒体、抖音、微信视频号等员工喜闻乐见的视频动态展示形式开展宣传工作，使得公司整体形象不能完全对员工、社会进行全方位展示。

（作者系河南四建工程有限公司董事长）

实践篇

企业文化建设典型示范

坚定文化自信　彰显文化力量
打造长庆特色“磨刀石”文化品牌

中国石油集团长庆油田

长庆油田是中国石油的地区分公司，成立于 1970 年，总部位于陕西省西安市，主营鄂尔多斯盆地油气及伴生气资源的勘探、开发、生产、储运、销售等业务，是 21 世纪以来中国发展最快的油气田，也是目前中国第一大油气田。

一、守正出新，做先进文化的引领者

国有企业是党和国家大政方针的坚定支持者、率先落实者、重要推动者，尤其是石油行业，与共和国同呼吸共命运。长庆油田作为国有企业骨干力量和国家重要能源接替基地，有责任、有义务、有能力引领先进文化的建设。

1. 构建先进的文化建设体系

文化品牌建设既要有深厚的精神底蕴，也要有科学的管理体系。长庆油田通过多年实践，吸纳融合先进经验做法，创新构建了先进的文化建设体系，确保了文化建设的先进性、实用性和高效性。

（1）构建科学的建设体系。用科学的建设体系始终保持文化建设的“先进性”。不断在实践中探索，构建形成了“价值引导、理念实践、教育示范、成效测评”四位一体的文化建设体系。坚持用“价值引导”高举精神旗帜，用宏伟目标鼓舞士气、凝聚队伍；通过“理念实践”让理念落地生根，内化为员工职业素养；通过“教育示范”让长庆文化看得见，感受得到，打造员工队伍传承文化、感悟发展的有效平台；通过“成效测评”确保了企业文化建设的方向和成效，实现了“有好的观念指引、有好的方法改进、有好的机制坚持，有好的成果分享”的文化建设路径，让文化在实践中完善创新，在创新中验证改进，始终保持文化建设的时代性、先进性，被著名企业文化专家贾春峰评价为“体现了企业文化的产生、发展、开花、结果的全过程，是企业文化建设的科学方法”。

（2）培育牢固的文化基础。注重建设牢固的文化建设基础，保持文化建设的“稳定性”。明确要求将企业文化纳入各项日常培训，在全油田抽调文化骨干培训产生企业文化师、文化测评师并下发正式聘任证书，不断抓大文化建设骨干队伍。制定下发了《长庆油田文化阵地管理实施办法》《长庆油田企业文化建设成效测评管理办法》《长庆油田宣传思想企业年文化工作考核办法》，让企业建设有章可循、有规可依。总结历年企业文化建设过程，形成了《长庆企业文化词典》等文化文献资料，下发《长庆企业文化手册》等文化科普读物，定期出版《长庆企业文化》《长庆文学》等期刊，固化形成了包括长庆文化理念、文化品牌、代表人物、典型格言、经典故事、文化名片、长庆之最、长庆金曲八个方面的长庆文化核心内容。

（3）创新有效的实践路径。突出企业文化的管理属性，注重发挥企业文化的管理职能，推动文化落地生根，始终保持文化建设的“实用性”。创新推行“行为文化”建设，明确了“企业文化=共同的价值理念+共同的行为方式”的文化定义，将企业文化建设关注点聚焦在“员工行为”上，将文化建设这个大命题细化为可操作的方法，引入戴明“PDCA 循环工作法”、施乐公司的“LUTI 学习模式”等科学的实践工具，把抽象文化理念变成具体工作观念，用优秀方法实践工作观念，推动企业文化从“怎么说”到“怎么做”转变，让企业倡导的文化理念转变为全体员工良好行为习惯和职业素养。构建了包括安全、环保、廉洁、科研等方面的专项子文化架构，梳理形成专项文化理念和时间工具包，推动文化理念融入企业生产经营管理全过程，真正让企业文化落地生根、融心见行，让企业文化建设产生“看得见”“摸得着”的效果。

（4）创建高效的推进机制。推动文化建设标准化管理，实现企业文化建设的“高效性”。创新推进“文化要素”标准化管理，将长庆文化中沉淀下来的、被建设实践检验有效的理念、规范、准则、方法、工具、载体等，从要素内涵、工作要求、表述形式等方面固化下来，形成公司、厂、作业区三个层面的 12 项文化建设要素，让“文化要素”成为文化建设的重点，让“标准化”成为文化建设的规范，实现了文化建设方向一致、整体统一、主题突出，最大限度避免人事更替、人为因素对文化建设带来的负面影响，实现文化建设的简约有效推进。制定了《长庆油田领导干部联系点办法》，要求各级领导干部定期检查指导联系点文化建设情况，发挥文化建设“关键少数人”的作用，提高全员对文化建设

的重视度和参与度。

2. 丰富文化创新的方法路径

时代在变，环境在变，战略在变，企业文化也要应时应势而变。长庆油田始终遵循企业文化建设规律，坚持文化建设与时代同行，与发展同步，始终保持文化建设的创新活力。

（1）文化内涵的创新。坚持对文化建设成果进行梳理、扬弃、升华，启动为期两年的“西部大庆文化同行”系统工程，对历年长庆文化进行“再总结、再提炼、再提升”，开展《新时期长庆企业文化创新研究》课题研究，获得中国石油政研成果一等奖。多次组织油田文化骨干开展长庆“磨刀石”精神座谈讨论，挖掘丰富新时代“磨刀石”精神时代内涵。与北京大学新媒体研究院、中国石油大学（华东）开展“磨刀石”文化交流，借助高端智库、汇聚全员智慧为长庆文化谋方向、定策略。

（2）文化传播的创新。新的时代，随着干部员工的年轻化、思想的多元和媒体技术的更新迭代，传统的文化说教方式面临巨大冲击。长庆油田创新文化传播方式方法，每两年举办一次“长庆油田理念实践案例大赛”，挖掘和培育有价值、接地气的文化案例，文化案例《弘扬石油文化优良传统，助力长庆油田持续稳产》，入选中宣部、国资委《新时代国有企业思想政治工作创新案例选编》，是全国唯一入选该书的石油企业文化案例，文化故事《“磨刀石”与中国产量最高的油气田》被评为30个“中国企业品牌经典故事”。构筑多层级、多种类新媒体矩阵，实现全媒体共享、跨媒体联动、多媒介传播，在抖音、喜马拉雅、微博等主流平台开设官方账号，让文化变得“有声有色”，建成长庆新媒体矩阵群，“两微一端”总阅读量突破500万次，位居中国石油新媒体影响力综合排名前列。

（3）文化载体的创新。在吸引力、使用率、影响力上下功夫，发挥文化载体教育示范作用，利用H5、VR等数字化技术开展数字化阵地建设，将文化阵地搬到网络上，推动长庆“磨刀石”精神登录中国石油大学《中外石油文化》慕课课程，降低运行成本、扩大受众范围。推进文化阵地共建共享，充分利用革命老区红色资源，在甘肃庆阳、陕西延安多个革命旧址挂牌成立企业精神教育基地，与地方政府共同建立中国石油首个新时代文明实践中心和首个企地党建联盟基地。在与荷兰壳牌公司合作开发的长北区块、与道达尔合作开发的苏南区块，积极践行“引进来、走出去”国际化战略，吸纳外国公司严格的HSE管理文化、国际油公司文化，融汇形成长庆油田长北安全文化，成为整个中国石油乃至中国企业安全文化标杆。

二、用文化提升企业形象

坚持油气增产、文化增辉，用优秀的企业文化引领企业形象提升，增加企业的影响力、认可度和美誉度，对内凝聚起品牌信仰，对外展示出良好形象，让文化建设成为中国第一大油气田“王冠上的明珠”。

连续三年深入开展企业文化“基础年、深化年、提升年”活动，全员开展“四个诠释”等岗位主题实践活动，深入推进重塑形象八项工作，塑造了忠诚担当、风清气正、守法合规、稳健和谐的企业形象。

积极践行“奉献能源、创造和谐”的企业宗旨，发挥油气产业辐射作用，全面融入国家西部大开发和“一带一路”战略，构建了国内最大的油气产业链集群，助推了地方经济社会发展和老区脱贫攻坚。在甘肃南梁镇革命老区，有七分之一常住人口参与了长庆油田井场看护、后勤服务中来，实现了企地共同发展。在陕北油区，石油人坚持17年助学山区儿童，被孩子们亲切地称为“红工衣老师”。在西安，宝石花志愿者公益服务中心多年向西藏、青海等边远山区捐赠衣物文具，资助贫困学生，“宝石花爱心超市”等已成为响当当的石油志愿品牌。

坚持绿色发展，大力推进黄河流域生态环境保护，在延安饮用水源地无偿关闭了107口依法合规开发的油水井，创建了国家级绿色矿山；在长庆银川燕鸽湖基地，红嘴鸥连续九年来到这里作客，人与动物和谐相处成为塞上江南的一道美丽风景；在毛乌素，气田开发实现废水、废气、固体废物100%规范化处置，助推沙漠变绿洲，2019年NASA卫星资料图片公布后，“中国环保成绩”获得全世界网友点赞。坚持防污治霾，累计向北京、西安等40多个大中城市供气4200多亿方，减少碳排放近6亿吨，为打赢“蓝天保卫战”提供了有力支撑，实现了企业发展与自然环境的和谐共生。

站在五十年的新起点，面对百年未有之大变局，长庆油田将坚持出油、出气、出精神、出文化，坚持大油田有大样子，大企业有大文化，用特色文化建设助推中国第一大油气田行稳致远！

（作者系中国石油集团长庆油田）

秉承矿山传统　发展铁源文化 为建设高质量矿业注入精神动能

首钢集团有限公司矿业公司

首钢集团有限公司矿业公司（简称“首矿”）始建于1959年，是首钢重要的原料基地，以采矿、选矿为主业，发展资源综合利用产业、运输物流产业、矿山装备制造和技术服务等相关产业的国有大型现代化矿山企业。

近年来，以习近平新时代中国特色社会主义思想和党的十九大精神为指引，首矿坚持文化兴企战略，继承发扬首钢精神、矿山传统，培育具有企业特色的“铁源文化”，成为推动矿业高质量发展的力量之源。

一、“铁源文化”的体系和内涵

首矿是首钢的战略性资源保障基地，是高炉的“粮仓”，钢铁生产的源头工序，即称为“铁源”。“艰苦奋斗、严格管理，自强不息、服务大局”是“铁源文化”的根和魂，体现着矿山人无私的品格、过硬的作风、科学的方法和不懈的追求。新时代，首矿对“铁源文化”进一步总结升华，形成五大体系。

“愚公移山”的精神文化，核心是敢于担当的责任精神、久久为功的笃实坚韧和服务大局的使命情怀；自强不息的物质文化，体现为首矿人永不满足、学习创新、矢志争先的不懈追求；艰苦奋斗的行为文化，是矿山企业的优良传统和作风，是矿山职工必备的、最基础的行为特质；严格管理的制度文化和和谐美丽的“家”文化。首矿“家”文化的核心是“和谐”，职工和衷共济，使企业变成一个温暖的大家庭。“美丽”是“家文化”内涵的丰富，旨在建设美丽“小家”、美丽社区、美丽矿山，体现职工与企业共享发展成果。

二、“铁源文化”的培育和建设

六十余年砥砺奋进，首矿深刻认识到，“铁源文化”是首矿人的文化自信，是连接历史、现实、未来的精神纽带，是引领企业发展的动力之源。

（一）深挖企业历史，弘扬优良传统

习近平总书记指出，要像爱惜自己的生命一样保护好文化遗产。几代矿山人拼搏奉献留下的文化传承，是首矿的精神瑰宝。首矿以寻根之旅的方式，深挖企业历史，出版发行210多万字的《铁源记忆》《矿山工匠》丛书，全景式回顾企业六十余年发展历程，重温创业者的闪光足迹。

（二）建设实体阵地，打造精神家园

2018年底，为使“铁源文化”从无形走向有形、从抽象走向具体，首矿启动矿山文化馆建设，于2019年5月正式落成，立体形象地展示企业发展历程、转型升级成果、产品技术创新、党建和思想文化品牌，成为首矿文化的立体“活名片”。

（三）繁荣艺术创作，彰显精神特色

2019年，以六十年发展为时代背景，首矿自编自导自演了“铁源记忆”大型历史剧。2020年，结合防疫保产实际，再次推出“双线战役”主题文艺会演，艺术呈现企业抗疫成果及职工风采。职工说：“节目中很多地方都能看到身边人的影子，我们在那段艰难的日子，彼此鼓励、彼此取暖，坚定抗疫保产的信心和决心，这是生动的矿山精神”。

（四）归集文化成果，打造行业样本

2020年，以文化交流推介为目标，编辑出版了《弘扬工匠精神　推进文化创新——首钢集团有限公司矿业公司“十三五”企业文化成果文集》。“铁源文化”在冶金矿山行业唱响了首钢品牌，行业影响力进一步提升。

三、“铁源文化”新时代实践样本

实践中感受到精神文化的力量，“十三五”时期，首矿坚持文化兴企战略，聚焦智能、绿色、高质量开启第三次大发展新征程。涌现出“无人驾驶”“二马攻坚”“铁路提速”“百元选厂”“住厂为家”等新时代精神样本，使“铁源文化”在新时代不断丰富发展。

（一）建设高效智能矿山，涌现“无人驾驶”精神

习近平总书记强调，关键核心技术是要不来、买不来、讨不来的。只有把关键核心技术掌握在自己手中，才能从根本上保障国家经济安全、国防安全和其他安全。首矿发展六十余年来，依靠自力更生、自主创新，用智慧和汗水走出了一条“首钢为首”的科技创新之路。

进入新时代，在面对首钢第一座露天转地下矿山杏山铁矿无地采技术、无专业人员、无施工经验背景时，首矿抱定“自主建成国内最先进的地采矿山”目标，组建了以自动化、信息化为主要构成的地采团队，借鉴国外先进地采矿山经验，研发出符合杏山铁矿实际的“十大自动化控制系统”“六大安全系统”“井下有轨运输无人驾驶技术”。

建设“现场无人化、操控集约化、管理智慧化”的智能矿山，不仅是首矿追求技术领先的目标追求，更是企业多年来坚持“以人为本”的发展情怀。首矿智能地采研发团队十年磨一剑攻关了“井下电机车无人驾驶”技术，开创行业先河，打破了国外垄断。2021年，研发团队在金川集团龙首矿与中国电信5G技术团队合作，实现了“5G+有轨运输电机车无人驾驶系统”全球应用先例。

（二）发展资源综合利用产业，涌现“二马攻坚”精神

“十三五”时期，践行习近平总书记“绿水青山就是金山银山”发展理念，瞄准首钢城市综合服务商发展定位，从零起步培育发展资源综合利用新产业。

首矿六十多年来采矿、选矿生产堆存的25亿吨废土石、尾矿砂，是用于城市基础设施建设的“绿色建材”优质原料。为此，首矿确立了一条“以资源综合利用产业规模化、深化发展为中心，腾出土地统筹推进高效利用，延伸绿色产业链，全力打造资源企业行业转型范例和构建京津冀绿色建材服务商”的崭新发展路径。产业的规模化起步，是2018年自主建设第一条独立建材产线——大石河二马产线。干部职工以产业“先行官”精神迎接挑战，在二马产线自主探索的《基于大宗铁尾矿资源的高品质砂石骨料湿法制备技术》首获行业鉴定。目前，首矿已成为京津冀地区最具实力的火运绿色建材供应商之一。

（三）攻坚运输物流产业，涌现“铁路提速”精神

近年来，在国家“蓝天保卫战”大战略引导下，首矿决定大力培育发展运输物流新产业，打造区域性绿色综合运输物流基地。

首矿将北区“铁路提速”作为破题工程，引导“全员上路”开展铁路沿线环境整治。铁路运行环境得到了空前改善，北区运输能力提升41.66%，为释放运输潜能打下了良好基础。2021年4月，首矿在孟家沟进行铁路削坡、线路改移攻坚战。首矿运输部大胆提出采用“削坡降方”的方式，上演了现实版的“愚公移山”。

（四）精益求精强管理，涌现“百元选厂”精神

新常态下，我国铁矿石行业面临新的严峻形势，为牢牢把握住核心竞争力，自2017年开始，首矿决定以选矿加工

成本为突破口，实施三年“百元选厂”工程。

首矿有大石河和水厂两个选矿厂，分别建成于 1960 年和 1971 年。首矿决定从精益管理入手，对标世界著名的巴登钢厂，借鉴其“不断向现状提问题”“持续不断现场改善”经验，引导全员参与成本战。三年时间，通过持续地、不间断地改善提升，首矿吨精成本冲进 100 元大关。2021 年，首矿精矿粉制造成本再创新纪录，行业排名第二名。

（五）携手并肩战疫情，涌现“住厂为家”精神

首矿的“家”文化，不仅因地域联系而产生，更因企业多年来坚持“建家就是建企”的办企理念深入人心。自建矿之日起，矿山的一砖一瓦皆为自建，一草一木都有故事，守望相助、团结友爱早已融入了首矿人的血脉中。

2020 年初，新冠肺炎疫情蔓延，首矿管辖着十几个基层厂矿，以及 8 个社区、9361 户、近 4 万名驻矿职工和家属，疫情管控形势严峻。首矿党委深刻认识到，必须统筹兼顾抓好生产、生活双线抗疫战。生产不稳职工生活就无法保障，生活不稳生产前线就要告急，百里矿区是一个不可分割的整体，必须守护好矿山人共同的家园。面对疫情大考，全体矿山人拧成一股绳，共担风雨、共渡难关，守住了共同的家园。

四、企业文化建设的启示与思考

经过几年来持续不断地培育打造“铁源文化”，就如何保证文化创建的先进性和适用性，我们有着把握好“历史、行业、时代”三个维度的思考和体会。

（一）历史的维度

企业具有自身特色的精神、理念等文化元素，是成功实践的结晶和失败教训的总结，因此，要从历史维度把握好传承和提纯两者的关系。

一方面，要做好传承。实践中，大力弘扬“艰苦奋斗”优良传统，让我们在经营困难期坚定信心、韧劲十足，正常经营期牢固树立居安思危、永不懈怠的精神。另一方面，要做好提纯。文化传承不是僵化地全盘继承，是要吸收那些超越时代的精华部分。同时，文化元素和精神特质必须与时俱进。

（二）行业的维度

企业的行业性质和生产特点，对文化建设的影响是重大、直接、具体的。同时也不能忽略所处时代的社会属性，也就是处理好行业个性与社会共性的平衡问题。

一方面，要注重行业个性。企业所处行业的个性表现为某些文化元素相比其他行业被特别提倡，这些文化元素是本行业内企业长期实践中彰显出来的共同特征。另一方面，要注重社会共性。行业个性能够助力企业发展，但如果忽视社会共性的变化，就会变得僵化落后。

（三）时代的维度

对于一个企业来说，做好继承与创新，把握好时度效，才能平衡好传统文化的丰富发展和实践探索催生新文化。

一方面，要做好文化的丰富。企业文化的形成源于重大事件、重要历程、重点人物、重要节点，基于这四方面积累成为精神特质和文化要素，总结提升为文化体系。另一方面，要做好创新。身处新时代，企业的发展关键在于审时度势，创造出引领时代发展潮流的新文化元素。

唯有文化方能致远，唯有精神召人至深。面向未来，首矿将继续坚定文化自信，坚持弘扬“艰苦奋斗、严格管理、自强不息、服务大局”的优良传统，以更加注重敬业奉献、更加注重增强活力、更加注重科学管理、更加注重守正创新、更加注重服务意识、更加注重以人为本的“六个更加注重”，在改革发展实践中践行“铁源文化”，不断赋予“铁源文化”时代特质的新内涵，奋力迈向矿业高质量发展新征程。

（首钢集团有限公司矿业公司供稿）

文化全方位 管理大提升在企业发展中的促进作用

上海寰宇物流装备有限公司

上海寰宇物流装备有限公司成立于 2008 年，总部在上海，是中国远洋海运集团有限公司下属中远海运发展股份有限公司旗下的全资子公司，从事干货集装箱、冷藏集装箱、特种箱的研究开发、生产销售等业务。目前上海寰宇共拥有 8 条干箱生产线以及 2 条冷箱生产线。

一、上海寰宇企业文化建设坚持的原则

（一）坚持党建引领，坚守文化初心力量

上海寰宇作为国有企业，始终坚持和加强党对企业文化建设的领导，将党组织的政治优势作为文化建设的独特优势和重要资源。围绕生产经营中心工作，上海寰宇充分发挥企业党组织把方向、管大局、保落实的领导作用，引导党员干部凝心聚力，落实企业各项决策部署，充分发挥党政工团在企业管理中的作用。

（二）坚持集团“四个一”文化统领，坚守文化建设方向

上海寰宇积极落实中远海运集团“一个团队、一个文化、一个目标、一个梦想”的“四个一”文化理念，以及中远海运发展“卓实”文化体系，为上海寰宇文化体系建设指明了方向。在传承与落地上，强化“四个一”价值引领，尤其在“百合花”项目融合阶段，通过文化交流，发挥了巨大的融合效应，凝聚双方原有的优秀文化，实现文化的有效融合。

（三）坚持推进企业核心价值观转化，坚守行于基层的使命担当

上海寰宇确立的核心价值观为：开明睿智，诚信博爱，开放包容，卓越共享，这是基于企业实际情况以及广大员工一致认同的理念所形成的核心价值观。上海寰宇广大员工时刻憧憬“健康幸福卓越寰宇，激情欢乐魅力东方”的企业愿景，追求的是健康的、积极向上的幸福企业，充满无限激情而又充满欢乐的企业，成为可持续发展的优质企业。

（四）坚持以人为本，坚守以文化人与文化主导

上海寰宇所倡导的企业文化是以人为本，心中有爱，大爱无疆，胸怀宽广，卓越共享，是秉承企业的使命和倡导的核心价值观开展的文化。正面、积极向上、具有激励作用的企业文化能够激发出员工的正能量，可以让员工更有主人翁意识，主动作为，实事求是，勇于解决问题。

二、上海寰宇企业文化建设具体做法

（一）打造卓越·共享企业文化体系

2019年3月，上海寰宇的企业文化体系于广州企业文化论坛正式发布。上海寰宇卓越·共享企业文化共有32条文化理念，每一条都凝聚了全员智慧、提炼于生产实践，同时也指导生产经营活动健康有序开展，确保不偏离轨道。

（二）以人为本文化为核心

上海寰宇将“以人为本”作为核心指导思想，始终坚持员工的主体地位，倡导员工是财富，文化是生产力，对员工实施能本管理，以人为本是基础，能本管理是核心，尊重人的同时要让有能力敢担当，干成事有作为的人更受尊重。公司注重提升员工综合素质素养，提升员工的社会竞争力，以开放包容的态度来培养员工，让员工充满激情自信。

（三）以卓越班组建设为抓手

上海寰宇通过卓越班组建设开展文化整合，形成寰宇特色的班组建设管理文化，建立规范的、相对统一的寰宇班组管理模式。2019年卓越班组论坛各箱厂分享了卓越班组建设成果，光盘行动、宿舍管理、李军班长工作法，一项项生动的实践，开启了卓越班组建设的征程。在建立卓越班组绩效考核方面，各厂注重激发工班长工作热情，落实工班长管理职责，激发“担当源于执行，执行源于责任，责任源于认知，认知源于思辨”的执行力与提升力，凝聚团队智慧创新卓越班组建设方法，建立了既统一又各具特点优势的卓越班组文化。

（四）以安全文化为重点

安全不但是一切工作的基础，更是我们企业的一份责任、一份担当。“关注安全、关爱生命、关爱自己、相互关爱、平安幸福”的安全理念，终极目标就是为了人，爱心安全不是停留在嘴上的口号，而是发自内心地对员工的关爱，守护安全就是尊重生命的爱心行为。做好全过程细节的管理，将爱心安全融入生产管理中心，落实在行动上，把管理要求融汇于心之后，变制度管理为爱心管理，变制度管人为以情动人、以理服人。通过创新举措推动安全管理，在否定中创新，在创新中超越，通过持续开展“零违章班组”创建、“家厂互保安全”、“数学模型安全管理法”等特色安全管理活动，继续升级“爱心安全”科学管理。

（五）以质量文化为基础

上海寰宇是以品质作为企业信誉建立的基石，每位员工为“造高品质最美集装箱”而努力，为“做高素质最美造箱人”而努力。我们树立“客户至上、合作共赢”的经营理念和“向客户承诺的是诚信，让客户体验的是满意”的质量价值观，赢得客户的认同。客户认同是品质文化，品质服务是全过程的、全员的，凝聚在产品生产的各个环节直至交到客户手中。

（六）以风控文化为保障

公司明确了“大风控”管理理念，以“关爱为本、健康发展、风险防控、创造价值”的风险防控理念，在日常生产经营的各个方面，全面落实风控管理的监督、保障、考核、奖惩等机制，不断增强公司核心竞争力，为日常经营管理开展保驾护航。通过优化顶层设计，强化全员风险防控意识，服务生产经营，加强内控管理。

（七）以多种载体和形式推进文化建设，促进企业文化高质量传播

在企业文化初成体系之时，在广大员工尚不能全部理解消化之时，细化的讲解宣传有助于文化理念落地生根，上海寰宇采取多条路径进行文化理念的宣传，一是公司领导亲自宣讲文化，总部和各厂管理人员一起讲解企业文化理念由来和深意，拿起笔抒发对文化理念的理解。二是通过一线员工视野讲述对文化理念的理解，通过企业文化宣讲团向广大一线员工进行宣传。三是丰富的多媒体宣传形式，公司先后开设了企业文化理念解读专栏、寰视东方资讯播报等微信栏目，以多种方式进行文化理念的宣贯。

三、上海寰宇企业文化建设成效

（一）对生产经营产生促进作用

通过“健康幸福卓越寰宇、激情欢乐魅力东方”企业愿景的描绘，为每位员工明确了方向，燃起了斗志；通过“开明睿智诚信博爱，开放包容卓越共享”企业核心价值观的阐述，为全体员工统一了思想，理清了思路。行为导向注重行为规范的约束，通过“互尊感恩，守信爱岗”企业职业道德观的倡导，从道德层面引导员工努力提升素养；通过“关注安全，关爱生命，关爱自己，相互关爱，平安幸福”企业安全理念的建立，从关心关爱角度引导员工正确认识安全，进而做好安全。

（二）在企业并购融合之中——百合花开香满园

2019年，中远海运金控平台实施“百合花项目”，收购香港胜狮货柜旗下青岛、启东、宁波三家核心工厂及配套港口码头和研发机构由上海寰宇进行管理。收购协议签署后，上海寰宇立即启动百合花融合工作，确定了：企业文化建设、风控文化建设、卓越班组建设三项重点工作，以重点带动全面，行之有效地开展了爱心安全、素质关爱、提质增效、精益生产等各方面工作，努力实现文化、管理、业务融合齐头并进，确保平稳接收，实现“1+1＞2”的整合目标。同时，我们严格按照“四同步、四对接”原则，及时组建新箱厂的党组织，各厂党组织围绕整合阶段各项重点工作，重点做好员工思想政治工作，全力推进文化融合，在人员队伍稳定、干部队伍建设、廉洁风险防控等方面迅速展开各项工作。

（三）爱心战“疫”工作

企业文化使员工目标明确，是企业的黏合剂，步调一致，可以把员工紧紧地黏合团结在一起。2020年新冠疫情暴发

后，全体寰宇人以闻令而动、雷厉风行的英勇战斗精神，以冲锋在前、勇于担当的过硬党员精神，以激情自信，精彩生活的积极乐观精神，孕育出弥足珍贵的“抗疫精神”。上海寰宇在疫情防控方面迅速化压力为动力，主动出击防疫情，不仅顺利复产复工，还结合自身优势积极参与到地方抗疫工作当中来。启东箱厂的负压隔离医疗箱、核酸检测实验室，锦州箱厂的方舱影像诊断室，都第一时间亮相抗疫前线，大家共同用博爱谱写真情，用心呵护安全。

（四）品牌影响力逐步提升

文化向外传播——浙江泛洋战略合作。企业文化塑造着企业形象：一是内部形象，它可以激发企业职工对本企业的自豪感、责任感和崇尚心理。二是外部形象，它能够更深刻地反映出该企业文化的特点及内涵。上海寰宇的文化理念已逐渐向外部传播和延伸，行业中已经产生一定影响力，在战略合作伙伴浙江泛洋播撒下的种子，正在茁壮成长为文化的大树。

（五）风清气正，供应商合作伙伴关系塑造

传统的甲方乙方的供求关系在上海寰宇升华成为战略合作伙伴关系，我们坚持产业链思维，一方面善待供应商伙伴，敢于承诺及时付款，同时营造风清气正的企业环境，也影响到产业链的上游；另一方面，我们深刻认识到产品的质量离不开原材料质量的把控，因此对原材料有严格的要求，将产品质控的关口前移，做好原材料检验。

寰宇人显示出的高度责任意识、奉献精神、协作精神、爱岗情怀，铸就起团结一心、劲往一处使的强大防线。过去的经验告诉我们，只要不断地培育、践行企业文化，我们就一定能够建设好我们的企业，筑牢员工激情自信、协作创新的精神基础。

（作者系上海寰宇物流装备有限公司）

全面加强企业文化建设 引领企业从优秀走向卓越

中船重工第七一六研究所

一、始终坚持党的领导，统筹推进高质量发展

七一六所坚持以习近平新时代中国特色社会主义思想为指导，全面贯彻落实党的十九大精神和全国国有企业党的建设工作会议精神，加强对七一六所中心工作和党的建设的领导，确保党的理论和路线方针政策的贯彻落实，以推动企业高质量发展、持续经营、永续健康绿色发展为目标，培育具有鲜明军工特色的七一六文化，为建设“信息系统与智能装备领域国内领先、国际先进的创新型高科技集团”提供坚强的文化支撑。

1. 定期制定企业文化建设规划纲要

七一六所根据不同时期的任务要求，相继组织制定了“九五”、“十五”、一直到“十三五”企业文化建设规划，明确建设任务和目标，通过加强精神、制度、行为、物质四个层面的建设，为企业文化的长远发展打下了坚实的基础。

2. 坚持企业文化与党的建设有机结合

在所党委的统一领导下，七一六所将企业文化建设与党的建设工作有机结合，将其纳入基层党组织的一项重要工作来抓，并作为基层党组织年度绩效考核的内容之一。定期组织开展思想政治课题研究活动，把企业文化建设作为思想政治工作课题立项的重要内容来组织实施，同时也融入精神文明建设中，大力弘扬社会主义核心价值观和七一六所核心理念，突显了七一六所良好的社会形象。

3. 坚持在主题活动中推动企业文化落地生根

定期举办领导干部企业文化培训班，组织企业文化考察学习活动；重视在新员工中开展企业文化建设活动，定期针对不同岗位的要求和特点开展员工行为规范的培训；积极开展班组文化建设活动，发挥班组在团结、凝聚、引导、管理、培养员工方面的重要引领作用。

4. 坚持在全媒体宣传中推动企业文化传播

对内，充分利用微信公众号、所报、宣传栏、内网信息平台等形式，大力宣传企业文化核心理念，传播杰瑞好声音，讲好七一六故事。对外，通过多平台积极传播并倡导七一六所诚信经营、关爱员工、保护环境等企业文化理念，不断提高七一六所的知名度和美誉度。

二、高层领导亲力亲为，发挥示范引领作用

1. 组织确定使命、愿景和核心价值观

高层领导亲自参与问卷调查、领导访谈、咨询设计、分组研讨和对理念体系的投票，逐步形成了企业文化建设“确立、固化和评估”三步法以及理念确立“两上两下”四步法。

2. 带头践行核心价值观

始终牢记奉献国防、回报社会的光荣使命，开拓创新、锐意进取，常年奔波在经营一线和试验现场，以榜样的无穷力量带领全所职工出色完成各项军民品任务。

3. 建立完善的传播沟通和激励机制

组织制定了多层次全方位的激励制度，并根据发展阶段的需要适时进行修订完善。每年召开总结表彰大会，对获奖团队和个人颁发奖牌和奖金，引导全体员工按照七一六所的战略发展方向，在本职工作领域内不断改进创新。

4. 营造和谐发展的经营环境

恪守诚信守法的经营管理理念，积极开展全员普法宣传教育。建立合规管理机制，有序推进总法律顾问制度，着力打造“法治七一六所”。组织推进信用体系建设，建立分类授权机制，减少管理层级，确保对顾客信息的快速响应。

三、以制度建设为抓手，着力打造科学规范的管理文化

1. 建立健全企业文化组织机构

成立了企业文化建设领导小组，建立了所企业文化建设管理网络和组织体系，形成党政主要领导亲自抓，党委牵头推进，部门负责落实，党政工团齐抓共管的良好局面。

2. 把企业文化建设纳入绩效考核范畴

把企业文化建设列入每年的工作计划，明确建设任务和目标，拨付专项建设经费，企业文化建设与中心工作同部署、同检查、同考核、同奖惩，形成了目标明确、责任分明、坚强有力的组织保障和工作机制。

3. 将企业文化理念贯彻到具体业务制度中

注重用三个层次的价值理念分别去鼓舞、激励、规范、引导员工，将价值理念融入各项管理规章制度中。建立完善各项管理标准、工作标准、考核标准，逐步形成生产管理、科技创新、质量管理、职业安全健康等管理体系。制定员工行为体系，明确了科研、管理、生产、市场、服务人员的行为规范。

4. 加强企业文化自身制度建设

先后制定了《企业文化建设管理办法》《企业文化建设测评办法》《视觉识别系统管理办法》《单位名称使用管理规范》《企业文化绩效考核办法》等一系列规章制度，强化企业文化全过程的管理、定期的测试评估和考核奖惩。

四、以军工精神为核心，着力打造特色鲜明的军工文化

全体七一六人牢牢聚焦军工主责主业，始终铭记“以电子装备增强国防”的企业使命，以“军工报国、甘于奉献”的军工精神，以“团结攻坚、开拓奉献、严谨求实、快捷高效”的军工作风，以保密文化、质量文化、型号文化、创新文化作为军工文化建设的落脚点，深刻诠释了“国家利益至上”的军工文化核心价值观。经过五十多年的文化积淀，七一六所的企业文化已经深深刻上了“两弹一星精神”、“载人航天精神”、“航母精神”等军工精神的烙印，形成了鲜明的军工特色文化。

1. 全员参与的保密文化

作为国家重点军工单位，七一六所在保密文化中持续深化“保密就是保生存，保密就是保胜利”的军工保密意识，提炼出了保密方针理念，制定了《保密文化建设实施方案》，形成主要领导亲自抓、主管领导深入抓，其他领导协助抓的全面责任体系，建立了所、部门、班组三级保密管理网络，实现了保密管理工作横向到边、纵向到底的全面覆盖，确保国家秘密安全。

2. 严慎细实的质量文化

建立了一整套质量文化核心理念，大力开展质量文化宣传教育，提高员工对质量文化建设的认识，把质量文化融入具体产品质量控制中。全面实施卓越绩效管理模式，建立健全以卓越绩效管理模式为框架的考评体系，先后受到了国防科工委、总装备部、海军、地方政府以及顾客的高度评价。

3. 奉献国防的型号文化

根据军品型号项目的研制特点，七一六积极推动型号文化建设，确保型号任务保质保量按时完成，坚持做到照章办事、一次做对，严格执行各项规章制度，确保产品质量稳定可靠。坚持预防为主、持续改进，确保型号产品设计性能优良。

4. 勇于争先的创新文化

七一六所大力实施科技兴所战略，制定了《创新文化建设实施方案》，努力实现将管理创新、技术创新和文化创新融于一体，提升核心竞争力。逐步创造有利于创新的政策环境、人文环境、科技环境和经营管理环境，积极营造科学民主、锐意进取、勇于创新、宽容失败的创新氛围，逐步形成全面系统、与时俱进的创新文化体系，持续推动七一六所健康协调发展。

五、以名牌战略为主线，着力打造追求卓越的品牌文化

将品牌战略纳入所总体发展战略，建立了品牌战略委员会，全面推进品牌文化建设。军品领域构建了“七一六所”品牌的清晰联想与业务专注，民品产业领域打造了“杰瑞”品牌。在 2020 年 5 月中国品牌价值评价活动中，七一六所“杰瑞”品牌榜上有名，品牌强度 910 分，品牌价值 30.48 亿元。

1. 规范管理，开展品牌保护与监控

制定了《商标管理办法》，实现商标可视化、规范化管理，合理构建“杰瑞”商标网，为企业发展提供全面品牌保护。目前拥有中文“杰瑞”、英文“JARI”，以及图形“”等注册商标60余件，与控股公司签订商标授权使用合同40余件。2014年，全系列商标被认定为江苏省著名商标。

2. 多措并举，培育细分领域领导品牌

将品牌创建意识贯穿于产业科研、生产、经营全过程，以卓越的质量和服务为品牌建设奠定牢固基础。在军品领域，军用电子信息系统产品性能优良、质量一流，为“七一六所”品牌形象树立奠定了基础。在民品产业领域，各子公司均由所授权使用“杰瑞”品牌，产品主要性能指标达到同期国际先进水平，“杰瑞”品牌已拥有较高的知名度和美誉度。

3. 形式多样，开展品牌传播推广活动。

灵活运用展览展示、展会论坛、媒体广告、微信等多种方式，全面展现科技产业发展新进展、新成绩，树立企业形象，持续提升品牌影响力。七一六所明星展品参加珠海航展、无人作战艇参加阿布扎比防务展被央视详细报道，成为媒体热议焦点。

六、以服务社会为己任，着力打造勇于担当的责任文化

七一六所建立了较为完善的履行社会责任体系，积极主动履行社会责任，把履行社会责任作为提升企业竞争力的重要途径。通过职工互助、扶贫帮困、结对共建、义务献血、志愿者服务等活动，增强职工的社会责任感。积极打造“五

心杰瑞”（爱心、诚心、真心、热心和耐心）志愿服务品牌，荣获连云港市优秀志愿服务项目。

企业文化建设是一项长期的系统工程，今后，七一六所将以企业文化进一步融入制度、贯穿管理、规范行为为目标，努力使企业文化在全所干部员工中落地生根，为七一六所新时代高质量发展提供强有力的文化支撑力和推动力。

（作者系中船重工第七一六研究所李卡）

提升文化建设水平 推动企业科学发展

大唐七台河发电有限责任公司

大唐七台河发电有限责任公司（以下称公司）成立于1995年10月，为国有控股企业，总装机容量1900MW，是东北地区的主力发电企业之一，也是七台河市区冬季供热的主力热源。多年来，公司全体干部职工以“务实、奉献、创新、奋进”的企业精神为指引，以打造“绿色低碳、多能互补、高效协同、数字智慧”的世界一流能源供应商和建设美丽中国的领军企业为愿景目标，本着开拓进取、追求卓越的原则，坚持走可持续发展道路，职工整体素质和企业竞争能力不断提升。公司先后获得全国模范职工之家、全国五一劳动奖状、全国文明单位、全国企业文化示范单位、全国安全文化建设示范单位、全国“安康杯”竞赛优胜企业、中国十大企业文化品牌单位、中国大唐集团公司十佳先进基层党组织、中国大唐集团公司先进单位、中国大唐集团公司文明单位等荣誉称号。

一、打造特色文化七电，为企业发展提供精神动力

作为中国大唐集团公司范围内文化底蕴深厚的大型发电企业，公司率先构筑起全方位、立体式企业文化框架体系，并坚持把文化建设作为创文明、促发展的战略基点。近年来，结合企业发展内外环境，用文化达成职工对企业发展的共识，凝聚了强大的前进动力。

一是坚持理念载体建设。高度重视文化载体建设工作，把载体的创新、完善作为文化发展的重要“催化剂”。组织职工共植“劳模林”，弘扬新时代劳模精神；建立宋超劳模工作室、云战勇龙江工匠创新工作室，倾力打造安全、和谐两个班组文化样板间，充分发挥模范人物的引领和样板间的辐射带动作用，激发职工创业创新活力。年终召开表彰大会，建立“劳模文化长廊”，展现公司每年在各条战线涌现出的模范集体和个人的先进事迹。把职工实际工作、学习的图片与企业文化宣传联系起来，让职工的形象走上企业宣传板，激起职工的自豪感、亲切感、归属感，并固化、物化公司理念，通过潜移默化的宣传达到润物细无声的效果。我们还通过对公司发展二十年历程宣传片的观看，让职工看到企业不平凡业绩背后的敬业精神和无私奉献，让“爱岗敬业”这几个字有了感情、有了温度，有了鲜活的具体形象，让企业文化故事中的人物走入心田，震撼心灵，使职工的思想在教育引导中得到净化和升华。

二是坚持理念载体的升级。坚持以习近平新时代中国特色社会主义思想为指导，深入学习贯彻党的十九大精神，践行“务实、奉献、创新、奋进”的企业文化内涵，开拓进取、追求卓越，持续推动企业高质量发展。对企业文化理念进行梳理完善，对企业文化展厅进行全新改版，进一步优化了企业文化体系，丰富了企业文化内涵，文化发展与时俱进，实现了企业文化的全面升级。同时，公司提升学习文化建设硬件设施，先后建成了仿真机培训室、多媒体培训室、检修实操培训基地三大培训中心，为职工日常培训、理论与实践相结合提供了良好的环境，并以此为基础开展职工技能运动会，涵盖运行仿真机、焊接、电气接线、转机找中心、安全技能等多项实操项目。

三是坚持文化管理模式升级。启动了“用文化树形象”工程，将企业文化建设的重点由提升职工认识逐步向身体力行转变。引导职工参照企业文化中职工行为规范内容，规范个人言谈举止，树立“大唐人”文明友善的良好形象，打造文化品牌。开展了“我身边的故事”讲述大赛，深度发掘践行企业文化理念的普通职工故事，号召全体职工将个人对文化理念的理解融入日常工作、生活之中，不断提升文化建设的深植力。

二、营造“和谐七电”氛围，筑牢企业发展根基

“家和万事兴”，职工是企业发展中最活跃的因素和主导因素，也是文明创建工作的主体，七台河发电公司始终把打造一支和谐稳定的职工队伍作为创建工作的重要工作，构建和谐环境促进企业发展。

一是做好新时代职工思想教育工作，巩固和谐基石。深入开展社会主义核心价值体系学习教育，用社会主义核心价值体系引领社会思潮、凝聚社会共识。利用公司年底颁奖晚会开展“模范道德家庭”评选活动，用职工身边的模范道德感染职工，弘扬良好社会风尚。利用中层干部例会观看学习庆祝中华人民共和国成立70周年大型成就展网上展馆活动，利用“不忘初心，牢记使命”主题党日活动观看《古田军号》《厉害了，我的国》《攀登者》等爱国主义教育片大力弘扬民族精神和时代精神。广泛开展各类先进人物评选活动，并将人物事迹通过公司网站、劳模文化长廊等方式大力宣传，营造积极向上的发展氛围。

二是维护职工合法权益，构建和谐劳动关系。结合实际修订《厂务公开实施办法》《厂务公开领导机构及主要内容实施细则》《职工代表民主议事会规则》等工作制度，并严格组织落实，提升厂务公开的规范性；针对企业重要决策、生产经营管理重大事项、涉及职工切身利益的事项和领导班子建设及党风廉政建设事项等，做到切实接受职工监督，提升厂务公开的针对性；通过定期召开职工代表大会、企业网站设置《厂务公开栏》和每周的行政例会通报等方式，及时向职工公开，提升厂务公开的实效性。

三是打造和谐环境，让职工安居乐业。良好的生活环境是职工安居乐业的前提。我们高度重视企业与职工、环境、社会的同步协调发展，创造良好的生产生活环境，使职工安居乐业。大力开展文明生产上水平工作，对公司生产现场环境、设备进行了全面治理，为职工工作提供了安全、洁净的工作环境。以持续开展的“提高职工幸福指数”活动为契机，定期发放调查问卷，收集职工思想意见，对职工关心的问题拿出专项资金，安排专人进行解决；积极丰富职工文体活动，以各类协会为龙头，成立了排球、篮球、羽毛球等多个体育协会，满足职工日常文化娱乐需求。

四是推动责任七电建设，提升企业的品牌形象。作为黑龙江省最大的火力发电企业，七台河发电公司把履行社会责任作为深化文明创建内涵的重要途径，通过全面推动企业与社会，企业与环境和谐发展，提升了企业的影响力与竞争力，在地方树立起了良好的大唐品牌形象。公司在自身发展的同时，以实际行动播撒爱心，回报社会。建立了大唐七台河志愿服务队，每年积极开展“温暖行动”。以“电亮生活守护幸福”为主题的关爱农村留守儿童志愿行动，为他们送去了温暖与关怀；响应爱国卫生运动号召，组织团员青年开展“五四爱国卫生运动”环境整治志愿活动，助力茄子河区安民社区建设美丽宜居环境；成立战“疫”工作队进驻市桃山区运销社区，开展抗击新冠肺炎疫情对口支援工作；积极参加七台河市组织的植树造林活动、“雷锋日”活动、“文明过马路礼让斑马线”……凭借一系列优秀的志愿服务，公司多次被评为省、市两级“优秀志愿服务贡献单位”，促使企业的精神文明与社会文明得以共同进步。

五是打造绿色企业，助力蓝天保卫战。公司以“提供清洁能源，点亮美好生活”为己任，积极响应国务院和国资委节能减排号召，投资1.1亿元对机组进行供热改造，增加机组供热输出能力，为保障七台河市供热以及节能减排工作发挥积极作用；投资2.7亿元陆续进行机组超低排放改造，平均年减排氮氧化物2959吨、硫化物1468吨、粉尘134吨，跻身清洁电力生产的先行者；克服使用城市中水影响设备健康、成本增加等状况的不利影响，实施中水回用工程；投资1000余万元对四台机组进行烟气余热利用技术改造，生产高质量的生活热水，大幅度减少了区域内燃烧小锅炉造成的资源浪费和环境污染，以实际行动支持国家减排的号召，为“绿色企业”发展之路奠定了坚实基础。

三、坚持建设世界一流能源供应商总目标，以文化建设推动企业科学发展

几年来，面对复杂多变的发展内外部环境，七台河发电公司全体干部职工心无旁骛，目标同向，聚焦企业核心工作的思路不动摇，坚持企业发展的信心不动摇，以打造“绿色低碳、多能互补、高效协同、数字智慧”的世界一流能源供应商和建设美丽中国的领军企业为愿景目标，通过全员的共同努力，企业竞争实力显著增强，经营形势持续向好，文化建设工作成效全面体现到了推动中心工作上。

一是严深细实抓安全，生产稳定形势进一步持续。在安全生产方面，注重将“大安全”理念融入实际工作。旗帜鲜明开展“反违章”巡查，高频次“曝光”违章事件，通过领导干部下基层指导、生产现场标准化作业管理和创建班组安全文化样板间等手段，让安全生产理念在基层一线真正落地根植；以强化“落实责任制、落实规章制度”为工作重心，以抓好“三讲一落实”、“两票三制”、重点反事故措施、重大危险源管理、安全教育培训五项安全生产基础为工作重点，确立现场区域治理出精品的工作目标，构建大安全管理格局，荣获国家安全监管总局“全国安全文化建设示范企业”和国家能源局“电力安全生产标准化一级企业”荣誉称号。截至目前，已实现连续安全生产6876天，确保了公司安全生产局面的稳定，未发生一起职工人身伤亡、大面积停电停热等事故，初步实现了本质安全型企业建设的目标。

二是抓住关键环节，克难求进扩大产值和效益水平。近年来，煤炭行业去产能效应明显、煤价不断上升，给火电企业的经营发展带来了前所未有的挑战。思路决定出路，面对严峻的形势，公司迎难而上、主动作为，采取了全面系统的降本增盈、提质增效举措，使企业在困境中逆势而上。在艰难的电力市场环境中，对外发挥机组能耗低、冬季供热等自身优势开展电量“智慧营销”，面对复杂多变的煤炭市场环境，大力开展配煤掺烧工作，成立专项工作小组，不断研究试验劣质煤的最优掺烧方案；对节能指标深入攻关挖潜，供电煤耗、水耗、油耗、厂用电率等能耗指标持续向好，节约发电成本数万元。

三是精细化管理，多路出击提高竞争能力。立足企业日常工作，深化企业内部管理，企业盈利能力及水平不断提升。通过创新实施职工日常工作360度评价管理机制，“一岗多薪”的岗位薪点浮动机制，管理人员测评及中层干部测评机制，提升了职工管理水平，激发了全员能量；通过打造物资“阳光”流程物资采购平台，全面展开降库存工作、物资6S管理工作，深化了物资管理，降低了企业物资采购成本；通过积极规范资金运作，严格执行审批制度，全面实施部门费用承包机制，提前归还银行贷款等资金管理措施，强化了企业资金管理，有效节约了财务费用。

（作者系大唐七台河发电有限责任公司）

文化强企之路

江苏信成交通工程有限公司

江苏信成交通工程有限公司（以下简称“信成公司”）创建于1977年，是长三角地区从事公路、桥梁、航道、市政工程总承包的施工企业。信成公司前身为泰兴市交通建设工程处，2004年由事业单位改制为民营企业，具有10亿元以上工程项目施工能力。

在多年的交通工程施工生产中，董事长陈炳章带领信成

公司全体员工始终秉承“建品质工程、筑幸福之路”的企业使命，坚持“信以筑业、成己达人”的企业信条，发扬“敢为人先、追求卓越”的企业精神，以高度的责任感，建造更多、更优的路桥样板，造福社会，努力追求实现“以一流的团队、一流的信誉做最受信赖的工程承包商”的美好愿景。

一、信成企业文化体系及其特征

“十三五”期间，信成公司紧紧抓住“融合”关键词，推动企业文化在宏观方面融入经营管理，在微观方面融入员工行为，使其与经营发展全方位深度融合，充分释放信成文化引领力。

（一）信成企业文化特征

信成文化在企业多年发展过程中逐步探索、丰富完善，并总结提炼出以“信以筑业成己达人”为主要特征，为全体员工共同遵循和践行。可以归纳为两大特点：

第一，诚 • 立天下。自企业成立以来，秉承以诚待人，以诚处事的工作作风，与同行业企业及各界朋友真诚合作，努力进取，创造了一个又一个骄人的业绩。

2019 年，中建二局主动与公司联系，希望达成合作意向，承建河南驻马店 K35+525—K40+528 新建段水稳以下施工。公司领导层召开紧急会议，这是跟二局的第一次合作，我们必须拿出诚意，帮助其渡过难关，按期交工。公司派出从事多年项目管理的一名副总，带着队伍连夜赶赴现场，加班加点，攻坚克难，最终赶超了其他施工段，赢得阵阵掌声。之后在中建二局项目会议上每次都会以信成案例作为范本，在全局展开学习。诚心诚意，诚意十足带给我们的无形财富，让企业在云诡波谲的社会中立足于世。

第二，信 • 赢未来。讲信用、重信誉是公司创立之初的理念核心，不管自主业务还是对外拓展，都是信成人必须坚持的经营管理铁律。工程业务最重要的是精品+按时，多年来，公司从事的工程项目，没有出现过一次质量问题，没有延误一次竣工验收，重合同守信誉在行业里赢得口碑，在社会上赢得声誉。

2008 年，公司中标承建泰兴市东北绕城公路建设工程泰兴立交桥，与刚建成的城区西部景观性桥梁——泰兴大桥遥相呼应，堪称泰兴市区的东大门形象工程。公司总工程师主动请缨，负责该项工程，严格把关质量，从而开创了我公司大型桥梁项目多构件分块规模化作业模式，大型钢筋混凝土箱梁支架现浇、后张法预应力盖梁施工等施工工艺的先河。自工程竣工以后，从未出现问题，也从未做过保养、修补，一直为全市人民提供最畅通的交通环境。该工程被市政府领导多次在公开场合表扬，赞扬信成的工程质量过硬，讲信誉值得信赖。

二、信成企业文化建设的做法与经验

（一）培育信成文化团队，为专业人才提供平台

人才是企业发展的重要资源，培育人才团队是企业文化建设的关键步骤。为此，信成公司从培育企业文化骨干人才队伍入手，突出重点抓班子，抓好班子带队伍，带好队伍促员工。注重发挥领导班子的示范带动作用，有效增强干部员工共同参与信成文化建设工作的积极性、主动性和创造性。为了向各部门人才提供发展平台，信成公司建立了一套人才成长与培育计划，鼓励和协助中青年员工参加继续教育，并补贴费用帮助员工学习深造获取大专学历、本科学历。此外，对拥有资格证书和高级职称的人才同步奖励，获一级建造师职业资格证书的予以重奖，此举充分调动了人才积极性，员工队伍的文化层次和学历结构得到进一步优化。

（二）安全文化科学运用，为项目安全提供保障

企业改制以来，信成公司十分重视安全文化的构建和实施，明确安全文化是支撑企业发展的生命线。一是加强安全文化知识培训。除了定期组织员工学习《安全生产法》《安全生产强制性标准》等法律法规以外，还制定了 11 个工种、160 多项条款的企业安全生产操作流程。近几年先后举办了 17 期安全教育培训班，考核合格率达 98%以上，杜绝了因安全知识缺乏而盲目指挥和违章现象。二是落实安全文化实践措施。从“三感”教育入手，将安全文化理念灌输到各基层班组，确保每个施工环节无事故隐患。此外，邀请安全技术专家到生产现场传授防范知识和风险识别技巧，并对安全设施、安全保障等 7 个项目进行考核验收。三是安全文化与施工技术协同推进。由交通工程项目部将安全文化理念渗透到实际施工流程，并与操作技术紧密结合。如在一次“民心工程”桥梁项目施工中，技术人员发现按常规施工可能出现安全事故，于是请来拥有安全文化实践知识的监理工程师共同探讨，很快拿出针对跨 30 米板梁的安装方案，由项目经理亲自指挥，将 26 片大梁（每片重 70 吨）有序安装到位，使得原先预计 4 天安装到位的部件，仅用了一天半时间提前完成，确保了整个桥梁工程安全无事故。

（三）质量文化的践行落地，助推工程优质化

质量文化是企业文化的重要组成部分，注重员工的质量意识和质量行为等。信成公司在承接每一项路桥工程后的第一件工作，就是组织项目负责人对工程质量要求进行分析和专业技术配置，并由质量文化分管人员将《工程质量监管细则》传达到项目施工人员，让每个员工对生产和操作流程的质量指标胸有成竹。此外，将质量文化融入项目质检，质检人员必须做到每天检测有记录，月度有总结，年度有评比。作业班组长同样具备质量文化实践常识，除了经常向一线员工宣贯质量文化理念外，还要负责施工现场的具体项目质检。

（四）班组与员工文化协同推进、文化管理全面实施

信成公司培育的班组文化与员工文化是在文明施工中发挥作用。首先，班组长懂得班组文化是推动企业发展的不竭动力，其核心是班组的精神与价值观，包括价值理念、敬业信念和协作方式、文化形象等。其次，每个班组长根据施工实际往往以“班前会”或“班后短会”形式向员工宣贯班组文化理念和工作分工。近几年，路桥项目部涌现出许多杰出的班组长，他们的文化层次虽有差异，但目标一致，“文

化靠宣贯、技术靠训练、理论靠言传、能力靠体验”这二十个字的班组文化理念，一直为创“文明工程”“平安工地”发挥引领作用。

信成公司的强企战略实施后，全面推行文化管理，侧重将企业文化价值理念融入项目管理流程。承建首座“泰兴大桥”工程，是由人大代表提议经市委批准的城市形象工程，需要建成似巴塞罗那奥运会展现的桥型。施工人员从思想上高度统一，按照高标准严要求精心施工，对每个部件、每个工序做到一丝不苟、安全操作，最后按期按质竣工，向当地人民交上满意的答卷。

文化管理不单纯以管理者指挥为主，而取决于员工主观能动性和自发性的配合。在承接336省道立交桥项目中，信成员工的敬业精神得到进一步升华。冬季面对大雪封路、运输车无法送物资到工地的困境，全体员工主动拿出工具走向路面，一瞬间铁锹与冻土撞击，雪花与汗水交融，劳动场面焕发出信成交通人特别能战斗的拼搏精神，经过13个月的艰苦奋战，这座造价6100万元的立交桥项目如期竣工，谱写了泰州交通史上一曲奉献者之歌。

（五）信成文化促进六项机制一体化

在“信以筑业、成己达人”的企业信条感应下，信成公司的文化强企战略持续推进。近几年以来，信成文化已在各个分包项目生根开花，促进了“六项机制一体化”，即：项目经理责任制、项目招标制、项目安全检查制、项目质量验收制、项目人才预备制和项目党建考核制。项目经理责任制规定项目负责人必须将信成文化建设工作纳入责任制考核内容，将文化管理的具体细节纳入评优计分；党建考核制同样将文化建设融入党建工作的实施内容，充分发挥党员先锋模范作用，带头执行“一岗双责”。由于项目党建考核制在信成公司党员中积极响应，催生了“支部建在项目上，党旗插在工地上”的创新做法，使得“六项机制一体化”成为江苏省企业管理创新典型。

三、信成企业文化建设成果

通过信成企业文化体系的构建和实施，员工的劳动生产率与五年前相比提升了30%，企业营业收入由改制初期的6000万元提升到6亿多元，增速达10倍之多。

由于信成文化的全面推进，使得企业的信息化技术进一步提高，公司投入专项资金先后建立了施工远程监控系统、环境保护系统、物料调度系统、业务招标系统和客户信息反馈系统等，成功实现了网络化运营。

“十二五”至“十三五”期间，信成公司在开展企业文化活动的同时，积极践行企业社会责任，先后支出专项资金用于扶贫帮困活动，其中用于公益事业和地方修桥铺路、扶助弱势群体的捐资300多万元，得到地方各界广泛赞誉。近几年承建的虹桥园区六圩港路工程、羌溪大桥、羌溪南路、根思路等工程均获“梅兰杯”优质工程奖，泗阳站广场获“项羽杯”和“杰出贡献奖”，特色田园项目被江苏省总工会命名为“工人先锋号”……

（江苏信成交通工程有限公司供稿）

企业文化媒体传播

加快构建国投融媒体中心
打造全媒体传播新格局

国家开发投资集团有限公司

国家开发投资集团有限公司（以下简称“国投”）成立于 1995 年，是中央直接管理的国有重要骨干企业，是中央企业中最早的综合性投资控股公司，是首批国有资本投资公司改革试点单位。近年来，国投深入贯彻落实习近平总书记关于媒体融合和全媒体时代重要讲话精神，紧扣时代脉搏，主动适应移动互联网技术兴起和成长，通过打造国投融媒体中心，积极有效推进媒体融合发展，全面构建全媒体传播格局。

一、概要

国投创新管理机制，落实配套举措，整合自有媒体平台，打造融媒体中心，建立了“一次采集，多种生成，多元传播”的新闻传播模式，加快推动媒体融合发展。通过管理融合、平台融合、内容融合，生产和传播了一大批富有感染力和辐射力、受众喜闻乐见的新闻作品，在中央主流媒体、新媒体、官方网站、内部刊物的报道影响力显著提升。

二、实践

1. 管理融合，打造融媒体中心

国投积极关注新形势下的新闻传播规律，不断优化公司新闻宣传工作体制机制。

一是构建融媒体管理体系。国投党组宣传部以提升网信和意识形态工作水平、做大做强主流舆论、讲好新时代国投故事为出发点，积极打造媒体融合传播体系，为内容生产和新闻传播提供平台化支撑。党组宣传部下设国投新闻中心，建立内容生产的中枢系统，聚合宣传、新媒体、信息和社会责任 4 个处室的内容生产和传播资源，实现跨处室的线索搜集、协同选题、素材采集、内容编辑、统一审核和渠道发布，打造优质新闻产品，形成优势互补、融合发展的传播体系。在庆祝改革开放 40 周年、庆祝中华人民共和国成立 70 周年、庆祝中国共产党建党 100 周年、全国“两会”、国投改革试点经验推广等重大主题报道中，整合调动内外部资源，统一部署、统一协调、统一发力，创作了大量优质新闻产品，各平台协同推出了“贯彻落实党的十九大精神”“壮丽 70 年、奋发新时代”“全国“两会”国投声音”“国投党史学习教育”等系列主题策划，有效展示了国家进步、公司发展的主旋律和正能量，不断凝聚共识，形成奋发向上的强大精神力量。

二是组建融媒体运营团队。党组宣传部部长（国投新闻发言人）全面把控舆论导向和媒体平台发展方向，负责新闻调度和采编联动工作。总部新闻中心融媒体团队统筹采访、编辑和后期制作等技术力量，进行全媒体新闻产品的生产加工。集团所属子公司及投资企业层面，培养组织了超过 200 人的信息通讯员队伍、作家队伍和拍客队伍，总部同时在主题策划、技术支撑、内容分发、媒资共享等方面为集团投资企业赋能。

三是成立垂直报道项目组。在融媒体运营理念下，针对主题宣传项目，鼓励融媒体中心采编人员，按照专业分工组成垂直报道项目组，充分释放全媒体内容生产能力。“中央厨房”提供全面资源支持，采编一系列原创、深度稿件，大大提升了内容质量和产品的多样性，拓展了媒体报道的深度和广度，有效提升了公司全媒体传播效率。

2. 平台融合，增大公司品牌传播声量

国投通过整合内容生产平台、统一发布平台，实现多渠道线索汇聚、指挥调度、任务跟踪、稿件采编、多端发布以及微博、微信等第三方平台分发等多功能布局。

一是整合内容生产平台。一方面，国投融媒体中心打造集团新闻报道信息库。另一方面，通过总部采编队伍，打造专项内容生产平台。如以《国投集团》杂志为抓手，围绕公司业务方向、社会关切话题等策划了一系列专题，采取采编一体方式撰写稿件，推出“混改的探索之路”“国投数字科技探索”“战略思考”等深度报道，在集团内引发了较大反响；抽调各平台人员组成编导队伍，制作了《国投交响曲》《转型创新之路》《国投人的选择》《国投的基因》等系列宣传片，在企业内外发布后形成较大影响。

二是打通内容发布平台。公司旗下拥有内外网、微博、微信、学习强国号、央视频号、抖音、快手、国投集团杂志平台 20 余个，形成了多方位、多层次、多声部的传播矩阵，构建起了全程、全息、全员、全效的媒体传播新局面。如 2019 年，对“国投健康”旗下上海市虹口区彩虹湾福利院开业开展了全媒体立体式转播。与中央广播电视总台合作，在央视新闻移动网、央视新闻客户端等平台推出直播，吸引了央视

新闻、中央人民广播电台、中国新闻网等中央主流媒体关注，新媒体平台直播活动观看人数近 30 万，同时深入项目一线撰写推出《国投养老：十年磨一剑》等系列专题报道，全面展现国投聚焦民生、履行央企社会责任的良好形象。

三是坚持移动优先、构建全媒体传播格局。聚焦聚力“移动优先”，将重要资源配置到移动互联网平台，大力发展新媒体。2020 年抗击疫情期间，国投在移动新媒体平台及时持续推出战疫报道，集团成员企业微信公众号发布 1700 余条，总阅读量超 185 万；微博发布 219 条，阅读量超 50 万；短视频平台发布 30 部作品，浏览量近 90 万，同时通过中央主流新媒体战疫专题策划扩大影响，其中“@新华视点”微博发布《坚决守住社区防线！国投向北京多个社区和医院捐赠酒精消毒液》，单条阅读量超 130 万。

3. 内容融合，持续扩大优质内容供给

国投融媒体中心坚持内容为王，以优质内容提升宣传影响力、辐射力，实现优质内容传播全覆盖。

一是优质内容的统一加工。在“国投党史学习教育”等重大主题宣传中，对集团学习贯彻落实系列信息，通过统一部署明确要求、通过统一策划细化目标、通过统一加工明确口径，通过新闻加工赋予新闻产品不同的特色，从不同维度打造了全级次新闻产品，有效提升了新闻产品的品类和品质。

二是优质内容的多种形式展现。充分挖掘和融合多种传播形式优势，通过精细化制作、可视化呈现、互动化传播，最大限度提升优质内容的感染力。打造极具体验感的新闻产品，推出了文字、可视化图片图表、H5、动漫、直播、短视频、数据新闻等不同类型，有温度、有深度、有情怀、有感染力和穿透力的新闻产品。依托央视频、B 站等开展走进国投系列、带你去一线系列直播，在员工主播带领下走进国投旗下重点企业和项目现场，吸引了大量观众围观点赞。

三是优质内容全媒体投放。按照分众传播原则，经过统一审核后的新闻产品，在外部媒体、内外网站、《国投集团》刊物、《社会责任报告》、楼宇电视以及微信、微博等平台进行整合分众传播，实现“一次生产、多次加工、多功能服务、多载体（渠道）传播”，充分发挥了不同媒体平台优势。同时，根据受众的习惯变化和需求变动持续调整新闻产品的内容特性与分发渠道，利用社交媒体和移动互联网技术的新发展，增强了与用户的即时互动，有效提升了用户黏性。

三、成效

1. 牢牢把握意识形态工作主动权

在国投党组的统一部署下，融媒体中心坚持正确政治方向，全面整合管理、平台和内容资源，对新闻宣传进行统筹策划、全媒体发力传播，让党的声音传得更开、传得更广、传得更深入，把舆论场主动权和主导权牢牢掌握在手中。通过一次采编、多层加工、多元适配、多极发布，实现多屏合一、一体辐射，切实提升新闻信息的加工速度和传播时效，助力集团形成渠道丰富、覆盖广泛、传播有效、可管可控的移动传播矩阵，有效营造良好的舆论氛围。

2. 稳步提升“国投”品牌影响力

国投通过媒体融合发展，拓展了各种互动式、服务式、体验式新闻信息服务，打造了互动化和人格化传播的有效方式。媒体融合报道中，既有落实党和国家路线方针政策、服务服从国家战略、推进国资国企改革的重大主题宣传，又有深入企业基层、项目前线、贴近员工生活的一线宣传，多种内容、多种角度、多种渠道、多种形式的传播为国投赢得了社会关注和品牌美誉度，树立了国投负责任、有担当、有作为的一流投资公司形象。在 2016 年今日头条专题报告《大数据解读中国企业》中，国投名列最受中国网民关注的中央企业第三名。在“2018 年上市中央企业知名度排行榜 TOP5”中，国投排名第二。

3. 融媒体运营队伍不断加强

国投融媒体中心促进了全媒体创新人才的塑造，使得媒体工作人员可以在记者、编辑、制作人员等不同角色中实现自如转换，有效提升了采访、写作、摄影、摄像、编排、音视频制作、编导等业务技能，促进了融媒体时代“全能媒体人才”的大批生成。为适应媒体融合发展需求，国投坚持连续多年举办集团新闻发言人培训班、集团宣传思想工作骨干培训班、首届网络宣传培训班、通讯员培训班、首届写作培训班、新媒体运营专题培训班，以及开展内部课堂等，全方位提升融媒体工作者的“四力”，打造出一支善作善成的全媒体传播主力军队伍。

未来，国家开发投资集团有限公司将始终坚持以习近平新时代中国特色社会主义思想为指导，围绕集团党组“1331”总体构想，不断完善集团融媒体管理体系，优化集团全媒体传播矩阵，建设国投融媒体采编平台，为公司发展提供良好的内外部舆论环境，进一步提高国投品牌在国内外市场的影响力和美誉度，为建成具有全球竞争力的世界一流资本投资公司，打造“机制活、结构优、效益好、作用强”的“新国投”而不懈奋斗。

（国家开发投资集团有限公司供稿）

构建“4+5”全媒体传播体系 打通媒体融合“最后一公里”

国家电投集团内蒙古能源有限公司

国家电投集团内蒙古能源有限公司（简称：内蒙古公司）是国家电力投资集团公司（简称：国家电投）在内蒙古区域的全资子公司，与国家电投集团蒙东能源有限责任公司、内蒙古霍林河露天煤业股份有限公司一体化运作，是集煤炭、火电、新能源、电解铝、铁路、港口等产业一体化协同发展的大型综合能源企业。

一、坚持党建引领，强化顶层设计，构建品牌传播新格局

党的十八大以来，以习近平同志为核心的党中央高度重视传统媒体和新兴媒体的融合发展。从提出“推动媒体融合发展的重大任务”到“推动媒体融合向纵深发展”，从加强顶层设计到提出采、编、发流程再造以及融媒体中心建设，习近平总书记的重要论述已经为媒体融合发展绘就了路线图。内蒙古公司自成立以来始终坚守能源报国梦想，展现央企责任担当，努力践行新发展理念，积极探索以生态优先、绿色发展为导向的高质量发展新路子，赋能北疆美好生活，以实际行动铸就央企责任品牌。

面对机遇与挑战，内蒙古公司党委牢固树立“党管意识形态、党管媒体的原则”和“四全媒体”建设理念，强化顶层设计，明确品牌传播内容、拓展品牌传播渠道，推动资源整合成立新闻中心，统一调度全媒体内容产品的采集、制作、发布与媒资管理，打破管理界限和媒体分隔，建成资源集约、结构合理、系统高效的“4+5”全媒体传播体系。建立“新闻宣传+思想政治工作”“新闻宣传+意识形态工作”“新闻宣传+舆情疏导工作”“新闻宣传+品牌建塑工作”4项工作机制，实现《蒙东能源报》、《内蒙古绿色能源》期刊、内蒙古公司网站、内蒙古能源电视站、内蒙古公司微信公众号5个媒体平台的互融互通，不断提高公司新闻舆论的传播力、引导力、影响力、公信力，为公司实现“十年五跨越，奋斗五十亿”发展目标和“建设世界一流清洁综合能源企业”战略目标提供有力舆论支持，进一步提高内蒙古公司品牌知名度、美誉度。

二、履行国企责任，加强传播实践，实现品牌传播新高度

持续提升内容质量，内宣功能逐渐拓宽。一是报纸（《蒙东能源报》），以精细选题、突出特色为重点，强化深度报道和版面设计。二是电视（内蒙古能源），在原霍林河露天煤业霍煤电视台基础上组建而成的内蒙古能源电视站在霍林郭勒市有线电视 77 频道播出，及时报道公司重大会议及活动，传达公司决策部署，并把镜头对准基层、对准一线员工，结合视频的生动、冲击力强的特点，展示了员工的精神风貌。三是网站，注重新闻时效性。通过设置“公司要闻”“系统动态”“党群阵地”“国资要闻”“媒体报道”等栏目关注国家及行业重大新闻，并通过开设“内蒙古公司党史学习教育”“3060 碳达峰碳中和”“2035 一流战略”“庆祝中国共产党成立 100 周年”“展望十四五”等专题栏目，实时报道工作动态。四是期刊（《内蒙古绿色能源》），注重企业在发展走向和行业动态上的研读，兼顾一线员工关注的重点和难点问题。2018 年 8 月，原《蒙东能源》正式更名为《内蒙古绿色能源》。五是微信公众平台（国家电投内蒙古公司），于 2017 年 3 月 7 日正式推出，目前关注人数 17000 余人。公司微信媒体矩阵在设置上融合其他四类媒体，具有信息数据化、传播方向由点向面铺开、能够实现广泛互动的特点。5 个媒体平台的互融互通，更好地发挥引导职工群众、服务职工群众的作用。

三、积极拓展宣传渠道，扩大品牌传播影响力

“十三五”期间，内蒙古公司进入高质量发展快车道，公司营业总收入 1393.93 亿元，利润总额 131.55 亿元，上缴税费 224.33 亿元，资产总额达到 1002.37 亿元。在内蒙古公司改革创新、转型升级的新形势下，加强与各级媒体的沟通交流，通过健全完善沟通机制，合作打造精品力作，进一步扩大提升内蒙古公司在省内外、国内外的影响和品牌形象。

把内蒙古建成我国北方重要生态安全屏障、构筑祖国北疆万里绿色长城，是总书记和党中央对内蒙古自治区的战略定位。为守护好内蒙古自治区的碧水蓝天净土，内蒙古公司始终保持加强生态文明建设的战略定力，积极践行绿色发展理念，坚持奉献绿色能源的服务宗旨，致力于绿色低碳清洁发展。打造我国高寒地区绿色矿山标杆，所属五家露天煤矿全部列入内蒙古自治区绿色矿山名录；积极推进火电机组超低排放改造，坚决打好污染防治攻坚战；在电解铝行业采用石灰石——石膏湿法净化技术，实施煤电铝烟气污染物超低排放示范项目，各项排放指标均达到世界先进水平；全球陆上单体最大风电项目乌兰察布风电基地一期600 万千瓦示范项目首台风机成功发电；世界最大光伏版图形电站、全国最大的沙漠光伏电站达拉特光伏发电应用领跑基地项目并网发电。

内蒙古公司持续加大与对外媒体的沟通联系，敏锐捕捉新闻点，以“精准投放”为导向，百余篇新闻稿件在新华社、《人民日报》、《内蒙古日报》、《中国电力报》、《工人日报》、《经济参考报》，央视网、学习强国、新华网、中国网等媒体刊发。视频短片《“草原煤城”披绿装》《绿染霍林河 矿山变花园》等作品在新华社客户端刊登后当天点击量过百万；通讯稿件《因为有你更“煤”好》在新华社日本专线、MSN 头版报眼位置刊登；新春走基层《他们送煤到千里之外》在新华社全媒体刊发；《基于 5G 技术矿车投入运行 中国煤矿生产实现无盲区监控》在中华人民共和国中央政府网和香港大公报刊登，引起社会各界的广泛关注。内蒙古公司乌兰察布风电基地建设相关新闻获得国内外 34 家知名媒体报道、转载，重点项目相关报道在行业内外引发广泛关注，树立了良好企业形象。

四、强化正向引导，培育队伍建设，激发品牌传播新活力

随着公司多板块产业集群的扩张，面对复杂多变的市场业务，社会各界关注度也日益增加，内蒙古公司不断完善工

作机制、加强培训学习、企业开放日活动等措施，以权威的正面信息引导舆论，以高度的政治责任感、社会责任感维护企业品牌形象。在舆情处置上，内蒙古公司加大与国家电投及地方政府的沟通力度，确保舆情监测及时畅通，实行舆情实时报告机制，妥善处置舆情事件。增强舆情处置的针对性与科学性，面对不同程度的舆情事件，分类研究应对预案，第一时间发声引导，加强政策解读和权威发布，正确引导公众预期。在监督责任上，对国家电投和内蒙古公司重大活动、重要工作，坚持逐级联动、媒体通联，确保党组、党委声音一贯到底，实现宣传思想工作上下联动、左右互动。并进一步加强对三级单位微信联动的监督力度，将微信联动常态化、系统化、规范化，促使内蒙古公司思想宣传工作更注重实效性。

打造一支高效专业的新闻宣传队伍，是品牌传播工作能否做好的关键所在。内蒙古公司在已有 12 人专职负责公司新闻宣传工作的基础上，公司所属 36 家三级单位组建了 200 余人的专兼职宣传员队伍，形成自上而下、团结统一的全媒体传播创作团队，分布在内蒙古自治区各地和多个重点工程项目现场。一是在队伍建设上找准“着力点”。新闻中心人员充分利用“记者走基层”活动，分批次深入基层单位学习、锻炼，更加透彻地了解企业发展方向，在提升自身业务水平的同时，加强对基层单位新闻宣传帮扶，进一步完善基层单位赴新闻中心轮岗方案，让基层宣传人员参与到内蒙古公司层面的宣传工作中，提升通讯员整体素质。选好“成长点”。加大新闻宣传人才培训力度，注重实践锻炼，制定新闻宣传培训规划，有计划、有步骤地开展全员培训。截至目前，内蒙古公司累计邀请中央电视台、新华社、内蒙古日报、中国电力报、中国网、中国能源报、三联生活周刊、通辽电视台等知名记者、资深作家共计 18 人对系统内宣传员进行培训，对内补齐自身短板，新闻中心内部定期到兄弟单位进行交流学习，寻找差距，吸收经验，共同促进与提升。对外除定期举办通讯员培训班外，由新闻中心组织人员为基层单位通讯员授课，将培训工作常态化。截至目前，新闻中心已累计举办新闻宣传培训班 5 期，累计培训 1225 人。用好“结合点”。积极对接重点项目、重大工程一线人员，广布信息网路，逐渐织密宣传网络。对内蒙古公司重大项目、重要工程节点提前进行主题策划，讲好内蒙古公司故事，树立内蒙古公司形象。

加快构建全媒体传播体系任重道远，面对信息革命这场“百年未有之大变局”，内蒙古公司把握难得发展机遇，推动媒体融合向纵深发展，实现新闻传播多领域拓展、全方位覆盖以及全天候延伸，筑起“四全媒体”传播格局，让党的声音传得更开、传得更广、传得更深入，使正能量充沛、主旋律昂扬和人民精神文化生活丰富多彩。

（国家电投集团内蒙古能源有限公司供稿）

构建全媒体传播大格局
提升企业品牌影响力
助推物探企业迈向世界一流

中国石油东方地球物理公司

面对舆论生态、媒体格局、传播技术的深刻变革，东方地球物理公司（简称：东方物探）紧跟时代发展步伐，坚持把找油找气政治责任和新发展理念融入品牌建设，持续推动传统媒体与新兴媒体融合，在全媒体传播体系构建与品牌传播方面积累沉淀了具有东方物探自身行业特色、适应企业品牌传播需求的成功经验和做法。

一、构建全媒体传播矩阵，实现媒体传播从简单“相加”到全面“相融”

一是大力推动组织融合。在企业党委的科学指导和大力支持下，积极推进组织结构调整，以“组织扁平化，工作高效化”为目标，对各主业二级单位的媒体资源、业务资源、新闻力量进行整合。积极探索项目制和创新工作室，打破各媒体间各司其职的格局，就特定时期的重要选题，采取“揭榜挂帅”的方式，组建“跨职能团队”，将不同特长的专业人员组织在一起，以“小、灵、快”的方式，实现重要选题的最佳创作效果。

二是大力推动机制融合。打通新媒体和传统媒体在新闻采编业务上的壁垒，优化整合媒体资源，重组生产架构，再造新闻采编流程。建立健全促进融媒体发展的保障制度，修订完善了《新媒体宣传管理实施细则》《新闻中心采编人员考核办法》，出台《新媒体及网络新闻宣传考核办法》《好新闻评选管理办法》等，坚持把绩效向采编一线、新媒体优秀人才、核心岗位人员倾斜，充分调动员工工作积极性和创造性。

三是大力推动内容融合。公司强化“融合思维”，开发“融合产品”，充分发挥传统媒体原创性、权威性和新媒体的及时性、互动性优势，把传统媒体的品牌价值向新媒体领域平移、拓展和强化，将思想深刻、主题鲜明的文字作品与冲击力强的图片、充满质感的声频、形象生动的视频等有机融合在一起，全方位、立体化呈现新闻细节，创作出更多导向正确、品位高雅、感染力强的融媒体精品，实现最佳传播效果。

四是大力推动队伍融合。公司深挖内部资源，狠抓复合型人才培养，下大力气培养培育“一专多能”的“全媒型、专家型记者”。采取轮岗轮训的方式，安排记者和传统媒体编辑、各二级单位宣传骨干定期参与新媒体的编辑工作，在干中学、在学中干，学习掌握新媒体产品的创作规律，持续强化融媒体思维，从而为进一步推动媒体融合发展打牢队伍基础。

二、大力加强品牌建设，树立公司全球知名物探企业形象

一是打造品牌文化。坚持把找油找气政治责任和新发展理念融入品牌建设，将产品文化与品牌文化相结合。立足石油物探石油工业链条上第一个环节和“石油工业先行官、找油找气主力军”的定位，持续打造物探特色鲜明的先锋文化品牌，展现石油物探人忠诚报国、担当有为、激情奉献的先锋品质，以文化品牌引领企业高质量发展。

二是加强品牌培育。建立完善品牌培育机制，继续做好品牌选树工作，按照公司《东方先锋系列品牌评选表彰管理办法》，每两年开展一次“东方先锋”品牌评选表彰，使更多优秀的品牌集体和品牌个人涌现出来。2020 年，公司通过开展第三次中国石油媒体开放日活动，参加石油精神论坛，制定企业文化建设“十四五”规划，发布新版先锋文化手册，并建成了中国石油物探展览馆网上展馆。同年，银河地震数据处理系统被纳入首届集团公司工业文化遗产保护名录。公司连续 13 年保持全国企业文化建设示范基地荣誉称号。

三是打造品牌工程。瞄准率先建设世界一流企业目标，坚持以质量为基础、创新为内核、诚信为命脉、管理为保障，为国内外油气田提供优质服务，锻造了公司全球知名物探企业品牌形象。先后成功打造壳牌印尼 OBN、科威特 KOC、沙特 S78、阿联酋 ADNOC 项目等在业界产生重大影响的样板工程，推动公司成为中东高端市场最大物探承包商。突出科技创新，打造了一批能够有效提升公司核心竞争力的物探装备、软件、技术品牌，被誉为“物探中国芯”的 GeoEast 软件享誉海外；突出提质增效，锻造了一批市场需要、甲方认可、内部优秀、个性鲜明的“东方先锋”队伍品牌；突出责任担当，塑造了一批传承企业精神、代表企业形象、引领企业发展的英模群体，涌现出了一批以博士夫妻赵博、郑晓丽同志为代表的“东方先锋”榜样。

四是深化品牌管理。公司主动适应社会信息化进程，充分利用媒体平台大数据，挖掘时政资源，积极抢占舆论制高点，不断提高品牌宣传工作效力。强化品牌规范性，从品牌打造到品牌传播每个环节、每个步骤、每个流程都严格执行规范标准，严格执行“四级审核会签制度”；建立健全网评员队伍管理机制与突发事件应急预案，有效防控舆情风险。立足广泛性，筑牢品牌建设的群众基础。通过举办“先锋杯”职工微视频大赛、“青春建功世界一流”微视频大赛、青年创新创意比赛、“岗位有我，请放心”征文等系列活动，营造了贴近基层、贴近员工，更具亲和力的企业品牌建设文化氛围。

三、充分发挥全媒体传播优势，提升品牌传播效力，服务企业高质量发展

一是做好中石油内部媒体宣传。以中国石油报、集团公司影视中心、中石油及中油服网站等媒体为主阵地，围绕公司重大战略、重大项目、重大活动、重大典型、重大措施、重大业绩等宣传重点，大力报道和宣传公司国际新发展、科技新突破、改革新成果、党建新成效。在中国石油报一版头条、报眼等显要位置，刊发了《阔步走向世界的“东方”》《全球物探行业最大合同签订》《全球三维最大陆上勘探项目开工》等 292 篇稿件；突出关键节点的宣传报道，刊发了《从超大型项目运作看国际化管控之道——中国石油东方物探国际项目运作启示录》等有深度、有分量的作品。在电视报道方面，及时报道公司对集团公司有关要求的贯彻落实、公司各项重点工作的进展，聚焦党的建设、改革创新、提质增效、国际化发展，彰显公司“找油先锋”形象。

二是做好国内主流媒体宣传。深化与中央电视台、新华社、人民日报、工人日报等国家级媒体交流与合作，采取“请进来，走出去”等方式，建立起稳定、有效、快捷的传播沟通渠道。在人民日报海外版刊发一个整版的专题摄影《我为祖国找页岩气——西南山地页岩气勘探者剪影》；在工人日报刊发了反映公司驻村扶贫工作的通讯《万名党员自发捐款 40 名中层干部到村帮扶扶贫路上诠释奉献内涵》以及消息《高精地勘助力绿色雄安建设》《乌蒙山深处的页岩气开采人》《东方物探重奖科技人员提升科技创新力》等，2020 年，中央电视台、新华社等国内主流媒体对青年物探科技工作者赵博进行的报道《青春在秋里塔格燃烧》，在社会上引起了强烈反响。

三是发挥专题片对外宣传优势。持续创新创作理念和方式，探索尝试应用无人机、延时摄影、3D 等技术手段，提升视觉冲击力和画面表现力。先后制作了中英文三个版本的公司形象宣传片，广泛应用于公司对外重要活动。连续多年承担了集团公司重大科技成果有形化专题片；配合国际部、研究院等单位，完成了科技园、CPS/SEG 国际地球物理会、科西项目等一系列宣传片。七一期间，配合集团公司思想政治部、信息技术中心完成《智慧党建：打造互联网上的红色精神家园》，在央视《新闻联播》播出，展示了石油物探形象，引发社会强烈反响。

四是打造品牌栏目，提升用户黏性和媒体吸引力。品牌栏目，在媒体运营中具有相对稳定的受众群体，关注度更高，影响力更大。《东方头条》《主播说事儿》以其官方权威发布平台的定位，成为公司新媒体宣传的品牌。特别策划《周国庆：我的方舱日记》《攻坚 2020，东方物探的底气从何而来？》《全球最大规模节点仪器总装生产启动，公司开启节点新时代！》《找油路上，“油”你“油”我》等一批有思想、有温度、有品质的专题策划宣传，营造了浓厚的“先锋文化”氛围。

“十三五”以来，公司先后开展三次“中国石油媒体开放日——走进东方物探”活动，连续三年登上中国石油精神论坛，发布新版先锋文化体系，建成中国石油物探展览馆和网上展馆，全方位、立体化展示了石油物探人昂扬奋进的精神风貌和企业的良好品牌形象，得到了国家部委、集团公司、油气行业高度关注和赞誉。公司的全媒体宣传大格局，对于提升企业品牌美誉度，彰显企业品牌价值，助推企业高质量

发展，率先打造世界一流发挥了重要作用。

（作者系中交第二航务工程局有限公司）

凝心聚力显合力　内外兼修树品牌
巧用全媒体“组合拳”传播“二航密码”

中交第二航务工程局有限公司

中交第二航务工程局有限公司（简称中交二航局），创建于 1950 年，是原交通部直属四大航务工程建设一级施工企业之一，现为世界 500 强企业——中国交通建设股份有限公司的控股子公司。经过 71 年的发展，中交二航局已成长为一家集策划咨询、勘察设计、投融资、工程建设、资产（资本）运营于一体的大型企业集团，为客户提供建筑业全产业链一体化服务。

“品牌驱动发展，发展成就品牌”是中交二航局实现跨越式发展的有力见证。中交二航局新闻宣传工作始终坚持以习近平新时代中国特色社会主义思想为指导，充分利用自有平台和外部平台，融合传统媒体和新媒体多措并举、上下联动，在全媒体传播体系的构建与品牌传播有机融合的探索之路上，形成了自己的“独门秘籍”。

一、坚持“一个方针”，以正确导向引领企业宣传航向

面对新形势新挑战，中交二航局新闻舆论工作坚持以“举旗帜，聚人心，树品牌，育文化，争市场”为一体的总体方针，确保企业宣传不偏航、不迷失，适应新时代媒体发展趋势，赋能企业改革创新，锻造百年二航品牌。

在全媒体融合时代，中交二航局紧紧抓住这“一个方针”，将平台建设、团队打造、形式创新、品牌树立等集中到一条主线上来，从而从上述多个层面持续探索、持续深化、持续发力，营造出良好的舆论氛围。

二、维护“内外平台”，以全面联动抢占话语权高地

近年来，中交二航局对内形成“一报一网一微一频”的全景式传播平台，通过完全捏合从“信息前段输入到媒体集中输出”的全流程，以“集中调配——资源整合——二次分配”的方式，打造品牌传播一体化的“二航模式”。

一方面，不断拓展、整合自身拥有的宣传资源。二航局创新内部宣传平台，在内容、机制、实践上做出调整，成功应对重大事件的宣传报道工作。“十三五”期间，中交二航局网站对各级栏目进行重新梳理整合，开设“习近平新时代中国特色社会主义思想”“学习贯彻十九届四中全会精神”等 7 个专栏，分别对相关内容进行系统宣传；《二航人报》与其他平台联动性增强，重大活动报道策划性强，开设《改革开放四十年——风云四十年》《一带一路·二航故事》等多个专栏；中交二航局微信公众号于 2017 年进行了全面升级改版，单条最高阅读数达到25万+，单条最高转发数6000+，跻身“中央企业二级账号新媒体指数榜”100 强。同时，盯紧新兴平台开发创新，开通抖音、快手、央视频等账号，借助抗疫热点，迅速聚集人气，企业发声渠道不断扩展。

另一方面，中交二航局积极与外部媒体平台加强联系，达成友好合作。“十三五”期间，外部媒体共刊发（转载）与公司相关的报道累计达到 7 万余篇（次），累计在《人民日报》、新华社、中央电视台及其网站共刊发报道超过 400 余篇（次），省部级以上媒体刊发（转载）稿件超过 2 万余篇次。

三、统筹“两类资源”，以团队合力提升新闻宣传效率

资源的合理配置是效率提升的重要方法和手段，经过近几年的探索和实践，中交二航局在内宣上逐渐形成“全局共享”的宣传体系，外宣上建立了成熟的“公司—分子公司—片区”的三级架构。

一是统筹内部人力资源，打造“全局共享”的宣传体系。疫情暴发后，二航局践行“统筹、集约、创新、高效、共享”的管理理念，迅速构建了组织有力、协调有序的新闻宣传工作格局。在汉通讯员冲锋在抗疫一线，汉外通讯员通过电话、网络等形式采写，始终保持“全局一盘棋”思想，协同作战，高效应对，全面报道二航局驰援抗疫工程建设、海内外联动抗疫、下沉社区、志愿服务、关爱员工等方面的举措和成效，立体宣传中交人的担当奉献精神和感人事迹。

二是统筹外部媒体资源，打造“立体联动”的宣传格局。二航局建立完善资源共享平台，以重大抗疫基础设施、关键抗疫先进人物策划为中心，总部第一时间归拢对思路、对专业、对区域的媒体资源，实现湖北片区项目内部媒体资源、外部媒体联络人员的共享，成为封城期间仅有的数家仍在坚持组织开展现场集中采访的单位。

四、探索“N 种方式”，以创新实践激发企业宣传活力

内容为王始终是二航局新闻宣传的重要指引，专注内容创新，提升传播质效。2020 年疫情刚刚暴发期间，中交二航局巧抓特殊时期“拳头产品”的内容创新，将微信公众号作为企业品牌传播的窗口，开设“众志成城，抗击疫情”“风雨同心”等专栏，报道主题涵盖了抗疫工程建设、志愿服务社区、党员冲锋一线、海内外联动抗疫等多个方面，并灵活运用系列报道、深度报道、图片视频、海报、H5 页面等多种报道方式，充分展现出中交人的良好精神风貌。

在重大主题上不缺位，紧跟形势，提前策划，围绕热点展开形式多样的系列宣传。2019 年，开设“中交二航局‘不忘初心、牢记使命’主题教育系列报道”，同时围绕“庆祝

新中国成立70周年”，推出24期“二航工程地图”专题内容，结合省份简称精心设计系列宣传logo，并于国庆节当天推出点赞H5，让受众积极参与其中，形成了良好的互动和宣传效果；2020年，微信平台围绕公司成立70周年，开设了“70年70个故事”专栏以及策划微信7天倒计时，运用文字海报图片以及视频等多种形式，从深度广度方面纵深拓展；2021年，结合建党100周年，微信平台陆续推出“今日读党史”“建党百年”“图说百年党史中的二航力量”等多个栏目，通过图文、视频、海报等多种形式为建党百年营造浓厚的节日氛围。

在创新形式上下功夫，紧跟潮流，图文、影音等多类型合力推进。新媒体时代，读者的阅读习惯也有所改变，为了让推发的内容更加生动可感，针对同一主题及三八、五一、七夕等重要节日，中交二航局微信公众号尝试了文字、图片、海报、漫画、H5、短视频、MV等多种形式的报道，如2020年防洪防汛报道期间，推出了各类型的报道20余篇。

五、夯实“品牌策划”，以多维度传播筑牢文化之基

打造百年企业，除了强而有力的产品竞争力之外，我们还要把住企业持久发展的根和魂，那就是为树立品牌意识，实施强而有力的品牌战略。一直以来，中交二航局持续推进“五个一”品牌宣传计划，即选取一个产业、一类产品、一个团队、一批人物、一个片区进行深度挖掘重点宣传，持续打造二航品牌。

一是重点打造“桥品牌”。5年来，中央电视台《跨越》《中国建设者》《创新一线》《我们的征程》等近10部年度重磅纪录片、专题片先后大篇幅解析二航局桥梁产品，展示企业建桥实力，进一步提升企业“桥品牌”含金量。

二是用心打造“专业品牌”。重点关注杭黄铁路、郑万铁路、京雄铁路、福州地铁2号线等轨道交通重点项目，推动公司“轨交品牌”落地；集中报道沌口长江大桥、庞公大桥、襄阳东西轴线等投资项目，“投资品牌”彰显央企责任担当；在武汉、大连等城市集中媒体资源推进“中交城品牌”宣传报道工作，不断提升华中·中交城、大连·中交城知名度、美誉度。

三是用心打造“人物品牌”。近几年，公司分层级、有重点地持续推出企业“品牌人物”，在领导层级推出张鸿、杨志德等建桥达人，在管理层级推出张永涛、翟世鸿、杨秀礼、杨绍斌等管理专家，在一线工匠中推出马文兵、孙家林、周明生等工匠达人。2017年推出的杨志德党员公益广告在地铁、高铁、户外大屏和楼宇电视等区域进行展示，推广覆盖面达到18.5亿人次。

2021年，中交二航局将紧密结合京津冀协同发展、长三角一体化发展、粤港澳大湾区、长江经济带、黄河流域生态保护等国家战略开展宣传工作，关注新型基础设施建设、新型城镇化建设、交通及水利等重大工程建设的重要进展和亮点；跟踪做好常泰长江大桥、深中通道、马鞍山公铁两用长江大桥、襄阳东西轴线、乌尉公路、福厦高铁泉州湾跨海大桥、湖北燕矶长江大桥等重点工程宣传，进一步提升二航品牌的知名度、美誉度。

风帆正劲，破浪而行。在全媒体传播体系构建的道路上，中交二航局坚持将新闻宣传工作与品牌传播有机融合，围绕优秀企业产品，不断熔炼精品、融合传播、锻造品牌，向着加快推进公司高质量发展、积极打造高品质建筑业一体化服务商和率先建成世界一流企业的宏伟目标砥砺前行，为中交集团建设具有全球竞争力的科技型、管理型、质量型世界一流企业作出新的更大贡献！

（作者系中交第二航务工程局有限公司）

打造“三军之眼、国之重器”品牌形象

中国电子科技集团公司第十四研究所

十四所是中国雷达工业的发源地，是国家诸多新型、高端雷达装备的创始者和引领者，被誉为“三军之眼，国之重器”。十四所坚持以习近平新时代中国特色社会主义思想为指导，主动承担起“举旗帜、聚民心、育新人、兴文化、展形象”的使命任务，宣传工作坚持以“深度融合、市场导向、科学普及”传播理念，系统策划军工雷达发展史宣传，讲好军工文化好故事，积极履行央企使命责任，依托新媒体平台优势，调动各方传播力量，创新传播策略与方式，优化传播话语体系，全面展现了中国雷达人的红色基因与创新文化，有效打造“三军之眼、国之重器”的品牌形象。

一、加强融媒体报道能力提升唱响奋进新时代的主旋律

（一）前置策划优化议程设置加强融媒体的内容生产

在融媒体时代，我们已经经历了从传统的宣教语态到民生语态，再到揭秘语态的过程。过去讲究宏大叙事，今天则需要用绣花针的精神来挖掘细节。在宣传工作开展中，十四所注重加强议程设置，关注新闻热点及细节。围绕庆祝建党100周年，国庆70周年阅兵、海上大阅兵、珠海航展、成功保障神舟系列、北斗系列、高分系列等宣传热点，进一步彰显十四所在服务国家发展战略上的贡献。2021年为庆祝建党100周年，十四所推出了“青年党员说党史”，用青年受欢迎的活动形式和话语体系传播党的思想，成为理论大众化的精品活动。在2018年珠海航展期间，十四所宣传以“陆海空天、四位一体，看到全球每个角落”为主题，通过优化议程设置，形成了60多个报道系列和专栏专题，多波段全谱系情报雷达登上新闻联播、《新华日报》头版刊登十四所70年取得的发展成就、中国雷达登上《中国日报》头版。

（二）向内挖潜善用外部资源加强融媒体报道的传播合力

在开展对外宣传工作中，十四所善用外部资源，好的媒

体自带传播力，好的内容就是宣传源泉。2019 年是新中国成立 70 周年，也是中国雷达 70 周年。十四所作为中宣部组织的“壮丽 70 年，奋斗新时代”的蹲点单位之一，代表集团公司全景展现中国雷达工业 70 年来的波澜壮阔，在为期一周的采访过程中张光义院士、贲德院士等专家和领导向中央媒体详细介绍了中国雷达工业艰辛发展历程与辉煌成就，以及中国雷达人感人的奋斗故事，进一步展现了中国雷达人的红色基因与创新文化，有效打造了“三军之眼、国之重器”的品牌形象。《人民日报》5 月 27 日、28 日连续两天在头版刊登了《中国电科十四所：创新锻造“三军之眼”》《让“千里眼顺风耳”变成现实》；新华社 5 月 24 日、25 日连续两天头版刊登了《是谁擦亮“中国之眼”》《铸就“大国之眼”》，全景展现十四所波澜壮阔的奋斗历程；6 月 3 日、6 月 4 日，央视新闻联播连续两天、7 分钟大幅播出了《70 年筚路蓝缕用奋斗铸战略之盾》《用“钻石”品格担国家使命》，报道不仅体现了新老两代雷达人传承使命高于一切的坚定信念，更彰显了十四所做党和国家可信赖的“大国重器”政治形象。此次蹲点宣传覆盖了 20 多家中央重要媒体，网络传播信息浏览量超 3 亿次，央视等央媒的浏览覆盖人数超 1 亿人。

（三）拥抱变化打造“共同在场”体验加强融媒体的模式创新

在 2018 年珠海航展期间，与网易联合精心策划，推出 H5《测一测你是什么样的大国重器》超 35 万人参与，中华神盾雷达、预警机雷达、机载火控雷达、测控雷达等明星装备成为“网红”，进一步扩大十四所品牌影响力，彰显了十四所改革开放以来的创新者形象，实现了传统报道方式的转型升级。目前，移动设备成为记录在场与创建“场景”的必要手段。十四所精心策划开展了媒体开放日活动，活动让众多媒体第一次走进十四所，现场邀请媒体一起“共享”新闻资源、“共产”新闻文本、“共绘”新闻图景，为十四所创新发展营造良好氛围。

二、紧贴市场需求实施宣传模式转型升级形成实际市场推动力

（一）紧贴市场需求制定年度宣传主题

以往的宣传模式关注政策性、教育性较多，对市场开拓需求、提升企业社会关注度覆盖不够全面。从 2017 年开始，十四所宣传工作紧密结合市场发展需求，推进融合发展、转型发展，树立用户理念，强化用户思维，将用户资源作为核心资源去维护和经营。根据十四所微信公众号宣传受众分析，十四所开展对受众精准画像，宣传部门与市场部门进行前置沟通，对十四所重大部署、重点产品、重点项目进行了梳理，形成了具有主题性和节奏性的宣传方案，并将其转化为舆论引导话题，通过多面出击，精准对标社会和业内专业媒体，开展颇有成效的宣传工作，2017 年制定“中国雷达走出”、2018 年制定“中国雷达无所不察”、2019 年制定“四维一体，看到全球每个角落”、2021 年制定“科技改变生活、铸造大国重器”等宣传主题，机载火控雷达、反隐身雷达成为热点产品。

（二）紧贴时事热点营造市场氛围

十四所在市场宣传上，紧贴热点事件，把“受众关心什么”和“我们想讲什么”更加有机地结合起来。2016 年，无人机黑飞事件频发，给民用航空和公共安全带来了严重影响，引起了相关部门的高度关注，十四所蜘蛛网雷达可对机场、要害部门低空、高低速、各类大小空中目标预警探测提供解决方案，结合热点事件，十四所成功策划蜘蛛网雷达宣传，获得媒体和外界的高度关注，网上该雷达的点击量突破 5000 万次，据市场部门反馈，无论是国内还是国外，这是迄今为止市场关注度最高的一部雷达。

（三）紧贴军贸出口打造良好口碑

近年来，十四所积极响应服务“一带一路”建设要求，出口雷达产品至多个国家。宣传工作也积极向外延伸，一是利用视频直播的方式，联合CGTN开展互动直播，现场通过专家介绍，线上互动，进一步增强了海外受众的关注度。二是针对出口产品的布局，积极策划了多家国内外知名媒体进行联合宣传。央视2套《经济半小时》制作播出了《极目千里的奥秘》集中报道十四所出口雷达产品，《中国日报》《环球时报》、中国新闻社等具有国际影响力的媒体也积极宣传十四所在服务“一带一路”上的重要成果。

三、重塑融媒体视听表达加强雷达知识科普优化传播效果

（一）代偿设计带来互动沉浸式体验

“体验”需要受众首先调动感官去感受，接着在心理上产生认知，最后在情绪上形成反馈。沉浸式体验源于人类各个感官——视觉、听觉、触觉、味觉的具体感受。代偿设计的原理为，当一种感官功能缺失时，其他的感官会更加缺失。十四所推出的全球首个 LED 飞行模拟器可以进行空中模拟训练，在珠海航展期间，观众可以在展馆进行现场体验，通过旋转触摸按钮，在语言的提示下去探索，视觉触觉在这个时候代替了视觉阅读的直接性，观众可以身临其境了解飞行的过程，这样既可以达到科普的目的，又加深了观众的印象。

（二）“直播+”营造知识科普语境

在珠海航展期间，十四所专家在央视新闻、澎湃新闻、梨视频等平台上对十四所参展装备进行直播介绍，用最直观的方式将 14 所的发展与先进装备传递给观众，超过 1100 万人次参与；在第 8 届世界雷达博览会中，充分利用新媒体的传播优势，通过策划“撕下战机隐身外衣”国防科普网络直播活动，将十四所是反隐身雷达旗舰店的概念进行广泛传播。数据显示，此次直播非常成功，在央视新闻客户端、今日头条等观看人数突破 100 万，该直播视频登入央视新闻微信公众号头条，点击量 10 万+。在加强内容生产上，十四所根据反馈的信息调整报道方式，打造“生产—发布—反馈—吸收—再生产—再发布”的完整链条，2020 年十四所微信公众号荣获江苏省十大科普自媒体。

（作者系中国电子科技集团公司第十四研究所宣传主管石汝佳）

全媒体传播 2.0
——华润医药商业的文化新图谱

华润医药商业集团有限公司（以下简称“华润医药商业”）是华润集团一级利润中心，是国内医药流通企业的标杆企业。2020 年，华润医药商业营业收入达 1516 亿元人民币，位居全国医药商业企业前三甲。

行业特点决定了华润医药商业的文化密码，那就是尽最大努力，保障百姓用药安全。从 1950 年成立那天起，这个文化密码就自然地嵌入了公司经营管理的每个角落，从抗美援朝到送药下乡，从 61 个阶级弟兄到唐山大地震，从大兴安岭火灾到汶川特大地震救援，从抗击“非典”到密云彩虹桥踩踏急救事件，从北京奥运会到社区送药上门……每一次重大救援背后，都有华润医药商业人默默奉献的身影。

一、明确定位，讲好文化故事

2016 年是国家“十三五”规划起步之年，华润医药商业集团作为央企的一员也迎来新的发展机遇期。新时代、新常态、新发展，对公司企业文化建设提出了新的要求。“华润医药商业‘十三五’规划”明确提出了公司发展的四个统一，即“统一战略、统一系统、统一管理、统一文化”，文化建设在公司“十三五”战略中得到明确定位。同年，华润医药商业企业文化与社会责任指导委员会成立，作为公司企业文化建设的最高领导机构。

有了明确的战略定位，还需要认真讲好华润医药商业文化故事，用文化的力量凝聚员工、提升管理。集团逐步组建企业文化内部培训师队伍，先后有 24 名内部培训师获得认证，3 名内部培训师得到华润集团“华润历史与文化”课程认证。依靠这些内部培训师，华润医药商业开启了文化宣贯新篇章。

2020 年启动实施的国企改革三年行动，成为央企国企接下来的重点工作。华润医药商业集团为更好地落实改革目标，提出了新战略发展体系，同时提出文化重塑、能力重塑的口号，将企业文化与业务、职能工作深度融合，帮助解决经营管理中的具体问题，形成双向良性互动，为成功实现集团“十四五”战略目标提供强大文化支撑。

二、内外联动、上下一体化开展文化整合传播

企业文化是公司多年发展过程中自发形成的内在精神动力，在进行新时期的内涵丰富并提炼后，需要通过多种形式进行宣贯与展示，将文化理念深入公司每一位员工的心中，转化为行为的规范。

通过不断扩展文化传播形态，华润医药商业目前形成了内刊、网站、微信多平台联动；宣传册、文化手册、专刊、社会责任报告、宣传片、故事片多产品并存的媒体传播矩阵，并通过对外媒体合作、行业协会、专业展会扩大行业知名度，通过文化培训、活动与巡检，多维度保障文化传播效果。

根据集团年度商业计划重点，设计并组织文化建设专项活动，多方位、立体化开展文化建设。先后组织“一线员工的一天”照片故事、“我眼中的创新”征文、“经理人谈文化”、“我为华润价值观代言”、“文化下基层”、“个人小目标 祖国大梦想”等文化建设活动。2020 年，结合公司新战略发展体系，组织下属公司开展“新战略·新起点 我与公司共成长”文化建设活动。总部及下属公司通过共成长感言、演讲、征文、图片展览、微视频、朗诵比赛、劳动竞赛、“书写奋斗故事”征集等多种活动形式开展，凝聚员工与企业共同成长、共同奋斗的共识。优选出征文类作品 49 篇，短视频 12 个。集团将部分作品在公众号上集中展示，激励员工以良好的精神风貌迎接“十四五”。

为有效打造集团整体品牌形象，华润医药商业集团 2018 年更新公司形象视觉识别系统的规范手册（VI 手册），并制定《华润医药商业集团新媒体管理工作指引》，规范下属企业对外宣传平台使用，有效整合资源，提升集团整体新媒体运营专业水平。

集团企业公众号在高度关注业务发展的同时，也注重贴近员工，顺应网络新闻传播“轻阅读、碎片化”等特点，避免“唱高调、官话连篇、内容枯燥”等企业公众号容易存在的问题。图文内容与视频内容相结合，内容轻松，可读性强。注重排版美观，控制文字数量，提高图片质量，公众号内容文字创作及设计排版全部由员工自行完成。

公司的主要业务围绕医药流通行业展开，然而在普通公众认知中，虽然医改、就医、用药是社会公众关注的热点，但是公司很多业务并不直接面对普通公众，所以普通民众对于公司的主营业务认知度不高，难免产生距离感。华润医药商业集团的公众微信号很好地起到了拉近与普通消费者距离的作用。尤其是公众号中，一些公司与知名创新品牌药企的战略合作相关报道，吸引了很多疑难病患者的关注。希望新药、好药尽快上市，患者能够第一时间用上安全有保障的药品。

互联网时代，线上传播是企业对外形象宣传的重要途径。随着国家医改政策不断推进，医药流通行业始终是医改当中的重要环节之一，“两票制、‘4+7’城市代量采购、药占比、短缺药”等医改热点词汇都与医药流通行业息息相关。公众号多次报道企业创新项目，帮助医疗机构提高服务质量，改善公众就医体验，让公司为医药流通供应链上下游客户提供的高品质、专业化服务更加深入人心。

公司与众多抗癌药物、创新药物生产企业进行战略合作，相关报道吸引了众多疑难症患者关注，后台时常会收到关于相关药品上市日期和购买渠道的询问，有效提高了企业公众认知度。华润医药商业集团公众号将与旗下各利润中心公众号联手打造传播矩阵，统一集团对外形象。加强内容策划，制作出更多贴近公众，具有品牌传播效应的优质公众号内容。

三、抗击疫情，打造集团品牌有责任、有担当公益形象

2020年，突如其来的新冠肺炎疫情席卷全球。作为医药行业央企，华润医药商业集团挺身而出，为抗疫做好物资保障，为确保百姓用药、打赢抗疫战贡献力量。集团充分利用官方微信公众平台、内刊积极宣传，为集团整体打造有责任、有担当公益形象。

新冠疫情期间，每日编发疫情简报共计56期，内刊防控疫情专刊共编发32期，打造弘扬抗疫精神宣传阵地。推出疫情相关微信公众号13期，单篇最高阅读人次近3万。编制抗击疫情出口物资清单共计66期。及时捕捉抗疫期间总部及下属公司涌现出的典型案例、典型人物、党员先锋等，通过特稿、特写等方式记录下来，并刊登在内部通讯、公司官方微信公号、网站、《华润杂志》等平台，鼓舞员工士气，弘扬全公司上下一心，为我国率先控制疫情、率先复工复产、率先实现经济增长由负转正作出重要贡献。组织申报中国企业文化研究会企业抗击疫情奖项，华润医药商业抗击疫情案例收录于《中国企业抗击新冠肺炎疫情研究报告》，10个抗击疫情案例、故事、微电影收录于《中国企业抗击疫情经典案例》。下属各公司抗击疫情的先进经验及优秀实践得到人民网、国资委、学习强国新媒体客户端等多家媒体报道，对外传播企业积极承担药品、医疗器械急救供应保障和地方储备任务的良好社会形象。

在做好国内抗击疫情药械物资保障的同时，华润医药商业集团还积极协助其他抗疫物资短缺国家。疫情期间，华润医药商业集团及下属公司为爱尔兰、比利时、泰国、韩国、日本、北爱尔兰6个国家和地区采购包括病毒采样试剂盒、医用外科口罩、一次性普通口罩、一次性医用外科口罩、隔离衣、消毒用品等各类防疫药械物资，得到境外媒体广泛关注。集团及时推出多期微信公号，展示公司支持国际抗疫的积极行动。

在宣传报道之外，集团充分利用社会责任履责实践，从2017年开始从零起步，独立发布社会责任报告，设计“药润人心 商以载道”的责任报告口号。2018—2020年连续三年获评五星卓越级报告称号。

2018年起，连续两年举办开放日活动，加强与相关方互动，带领员工家属、周边居民、在校学生、消费者、合作伙伴、媒体等超过1600人，揭秘“一粒药的安全抵达”背后公司保障药品安全的担当，展示企业的红色基因与使命。

2018年，聚焦基层用药安全可及，以基层与药店为两大阵地，首创社会责任品牌项目“润•YAO行动”，开展“健康服务、社区关怀、技能培训”三类活动，包括过期药品回收、医养结合、义诊、健康教育会、爱心服务站点等创新形式。三年累计在全国26省、市，开展活动近1000场，得到相关行业广泛认可。

2019年，集团与中国社科院合作编制并发布《中国企业社会责任报告指南4.0之医药流通行业》。通过这份责任指南，公司实现对整个医药流通行业社会责任报告编制的指导引领作用。通过责任报告和履责实践，将华润医药商业的文化传承在公司内部及社会进行充分展示，在增强员工自豪感的同时，吸引着社会目光，更是进一步传承并丰富了公司的文化传统。

（作者系华润医药商业的文化新图谱）

聚焦全媒体融合
打造百年煤企特色品牌

扎赉诺尔煤业有限责任公司

扎赉诺尔煤业有限责任公司（以下简称：扎煤公司）作为地处祖国北疆且具有119年开采历史的地方经济支柱企业，在加快推动传统媒体与新媒体融合发展的同时，巩固加强媒体阵地建设，媒体传播力、公信力、影响力显著增强，走出了一条符合企业自身的媒体融合发展道路。

一、适应时代脚步，以媒体传播力提升企业竞争力

扎煤公司各级领导深刻领会媒体融合的重要意义，专题研究融合方式和渠道，制定融媒体发展规划，按照属地管理、分级负责和“谁主管谁负责”的原则，对工作责任、目标任务和监督考核等进行详细安排。

一是把握正确的政治方向。在全媒体传播体系构建与品牌传播中，扎煤公司旗帜鲜明讲政治，毫不动摇地坚持政治引领，不断增强干部职工的政治意识、大局意识、核心意识、看齐意识，切实推动企业品牌建设和传播。

二是抢占新兴传播阵地。近年来，扎煤公司密切关注不断涌现的网络新应用新业态，先后开设“融媒体+党建”“融媒体+企业文化”“融媒体+工团”等丰富多彩的教育平台。职工群众通过自媒体平台与企业互动，进一步拓宽了信息传播的渠道和维度，形成了全员媒体的新局面。

三是做大做强网络平台。不断增强传统媒体和新媒体聚合力，丰富宣传载体的政务、民生、服务、学习等功能。加强地企合作，借船出海，在满洲里电视台开设《魅力扎煤》播出模块；在草原云“扎赉诺尔”新闻客户端、新华社“扎赉诺尔发布”客户端、“草原云”客户端以及扎赉诺尔区电视台开设《今日扎煤》专栏，扩大了企业知名度和影响力。

四是以互联网思维优化资源配置。把更多优质内容、先进技术、专业人才、项目资金向网络主阵地汇集、向移动端倾斜，制作全息化、可视化及沉浸式、交互式新闻产品，进一步提升企业品牌传播力和竞争力。

二、打造品牌阵地，搭建“一中心、两点、三线”矩阵模式

扎煤公司坚持“资源通融、内容兼容、宣传互融”，把

传统媒体与新兴媒体的优势相结合，催化融合质变、创新传播方式，探索出了具有扎煤特色的融媒体宣传矩阵模式。

“一中心”夯实基础建设。扎煤公司致力于将新闻中心打造成集约型“中央厨房”，不断加快构建集约高效的内容生产体系和全媒体传播链条，优化全媒体内容管理系统、传播效果监测反馈系统，推进传统采编资源与现代生产要素有效整合和深度融合。

“两点”协作内外兼修。一是向内发力，凝聚人心。扎煤公司新闻宣传工作以新闻中心电视台《矿山新闻》栏目、《扎煤公司》内刊、《煤炭行业政治经济动态》内刊、官方微信公众号等为主要宣传阵地，积极宣传公司改革发展的新思路、新举措和取得的新成效；开设《学法规、抓管理、强落实》《学习贯彻十九届五中全会精神》《疫情阻击战　我们在行动》等栏目，深入挖掘在安全生产、经营管理、科技创新、疫情防控等方面作出突出贡献的先进集体及先进个人事迹。二是向外延伸，打造精品。组织策划了“守护平安”“我的红色记忆”等主题宣传活动。加强与地方媒体的沟通联系，积极宣传公司在履行国企职责服务百姓光明冷暖、守护祖国北疆亮丽风景线、为地方经济社会发展作出贡献方面取得的成效。

“三线”保障融合进度。一是坚持融合发展线。通过流程优化、平台再造，实现各种媒介资源、生产要素有效整合，充分发挥媒体融合整体优势。二是坚持智慧发展线。坚持移动优先策略，管好用好商业化、社会化的互联网平台。三是坚持协同发展线。探索媒体深度融合发展模式和路径，在信息内容技术应用、平台终端等方面做出特色、体现优势，逐渐形成微信做传播、报纸做深度、电视做权威的融媒体“3+N”格局。

三、发挥融合优势，以“温度、深度”提升企业宣传活力

在媒体融合发展的新形势下，扎煤公司坚持上下互动，形成了有高度、有深度、有准度、有热度、有温度的报道声势，实现了从简单相加到深度相融。

一是坚持贴近职工服务群众。始终坚持“短、实、新”的创作原则，构建了群众喜闻乐见的话语体系，推动企业宣传与教育、培训、服务的紧密结合。在《扎煤公司》内刊开辟“聚焦基层”“新闻故事”“煤海先锋”等栏目，官方微信公众号推出“走进一线”版块，更好地满足了职工群众需求。为学习党史，在中国共产党的百年历程中汲取奋进力量，公司坚持“线上+线下”同步宣传，打通了贴近职工服务群众的“最后一公里”。

二是不断扩大优质内容产能。坚持把宣传内容供给和受众需求有机结合起来，提高正面宣传和舆论引导的质量水平。例如，《扎煤公司煤炭开采正由经验型向科学型转变》一文，在华能网站和《呼伦贝尔日报》刊发后，被内蒙古综合新闻网等五家网站转发；《扎煤公司：勠力抗疫扎实保煤》《扎煤公司保障疫情防控期间煤炭供应》等 73 篇疫情防控宣传稿件在新华网、今日头条、中国电力新闻网、腾格里新闻公众号等主流媒体刊载。

三是拓展创新内容表现形式。扎煤公司以传播正确价值观为引领，认真发掘和讲好生动鲜活故事，制作短视频、微电影、公益广告、海报图片、有声新闻等产品，形成了新媒体以“短、平、快”第一时间抢占读者，传统媒体以“准、深、细”满足读者的优势互补态势。例如，公司举办的首届“安全微视频”网络评选比赛，首日浏览量便突破 1.5 万次；《无私奉献　战疫中的“逆行者”》《防控一线，就是党员的战场》等多篇抗疫作品获得群众点赞转发留言。

四是坚持提升内容传播效果。深入了解掌握受众使用习惯和信息需求，把《扎煤公司》内刊报纸搬到手机微信平台做成电子报，“矿山新闻”栏目在官方微信公众号上对电视重点新闻进行推送，提高了信息传播效率。此外，通过长期的宣传思想工作，总结提炼出了扎煤公司独有的“精创”企业文化和“扎赉红煤”品牌，企业品牌传播效果空前。

四、注重人才培养，以多元培训加快队伍建设步伐

扎煤公司党委把建设一支政治过硬、本领高强、求实创新、能打胜仗的人才队伍，作为推动企业全媒体传播体系构建与品牌传播的关键。

一是加强人才培养选拔。实行更加积极、开放、有效的人才引进政策，发挥媒体资源和平台、品牌优势，提高人才吸引力和竞争力。强化马克思主义新闻观教育，扎实推动增强“四力”教育实践工作，实施“培养上挂、交流外挂、内部互挂”的锻炼机制，通过“请进来，走出去”方式开展专业培训、集训实践、座谈交流等活动，真正打造一支“一专多能”的全媒体人才队伍。

二是优化人才队伍结构。扎煤公司大力实施宣传队伍人才培养工程，严格落实《中国共产党宣传工作条例》，提高领导班子融媒体意识，着力加强采编播管、技术应用、设计制作的人才队伍建设，整合分散在传统业务部门和新媒体业务部门的采编力量，公司宣传队伍不断优化。

三是充分释放人才活力。积极开展基层调研、多方征求意见、畅通采编播管、产品推广、技术运营等各类人才发展通道，制定了《扎煤公司薪酬管理办法》《加强和规范公司新闻宣传工作的通知》等文件，推动建立符合自身特点的薪酬分配制度，并将审稿流程进行统一整合优化，实现人才、资源的融入融合。

五、大胆尝试改革，以实践深耕媒体融合“试验田”

一是强化党的领导。始终坚持党管宣传、党管意识形态不动摇，各级党组织把推进企业媒体深度融合发展作为本部门、本单位落实意识形态工作责任制的重要内容，把推动企业媒体融合发展作为“一把手”工程。宣传思想部门充分发挥弘扬主旋律、汇聚正能量的主力军作用，形成了“一呼百

应”、齐抓共管的工作格局。

二是创新管理机制。以推动媒体融合发展为突破，实施移动优先发展措施，以“扎煤公司”微信公众号为主打，通过全媒体运营矩阵，将图、文、音、视等内容快速汇集，实现新闻内容一次采集、多头编辑、多次生成、多元发布、多平台推送的融媒体传播模式。

三是形成工作合力。坚持部门联动，着力构建“大宣传”工作新格局。公司党建部、新闻中心牵头健全工作机制，各部门积极参与，不断深化与媒体深度融合发展密切相关的改革，为公司加快媒体融合发展提供有力支持。

新故相推，日生不滞。“新”是媒体的基因，也是传播的力量所在。全媒体时代，扎煤公司将继续坚持守正创新、锐意改革，坚定不移地推进媒体深度融合，坚守根植服务国家的初心不改，让正能量更强劲、主旋律更高昂，不断扩大企业品牌的影响力版图，让党的声音传得更开、传得更广、传得更深入。

（作者系扎赉诺尔煤业有限责任公司党建部组宣科副科长唐尧）

打好传播组合拳　树立国企好品牌

天健（集团）股份有限公司

深圳市天健（集团）股份有限公司（以下简称：天健集团）是深圳市国资委控股的上市公司，成立于 1983 年，是最早参加深圳经济特区建设的拓荒牛之一。一直以来，公司大力推进企业文化传播与建设，通过借助“全程媒体、全息媒体、全员媒体、全效媒体”，在全媒体时代，通过全新方式，让每名员工都充当建设者和记录者的双重身份，强加互动性与参与感，对外树立企业好形象，对内凝聚共识力量，达到润物细无声的功效。

立“新”观念 夯实传播好效果

新闻的内容是新闻的灵魂，这决定了国有企业品牌是否能够得到大众的认可。天健集团目前的传播方式广，传统的有《天健》月刊、企业文化墙、《棚改周报》，还有系列画册，包括《企业文化手册》《企业文化年册》《领军人物谱》等；现代的传播方式有公众号、抖音、视频号等。

品牌兴，则企业兴。多年的企业文化建设实践让天健集团领导及广大员工充分认识到，要将品牌与质量工作提升到企业发展战略的高度，提出品牌美誉领先、发展质量领先、人才素质优先等目标，并把 2020 年、2021 年确定为“品牌提升年”，明确品牌提升的十大行动计划，彰显新一代天健人的新思想与新担当。

随着信息技术的不断升级，新兴媒体实现了蓬勃发展，全媒体时代人人都有“麦克风”，可以随时随地发布信息，每个人都可能成为信息中心、意见中心。在这种情况下，天健集团不断加强理念创新，强化顶层设计。明确宣传思想工作的时代坐标、历史方位，划定新形势下谋划推进宣传工作的基准点，着力改进方法手段、拓展载体渠道，着力破除制约发展的障碍，围绕建立“新”机制、树立“新”观念、接纳“新”开放、构建“新”格局，在探索理念和方式方法上做足了努力，使宣传工作始终充满了旺盛的生机与活力，推动宣传思想工作在守正创新中不断创新局面、焕发新活力、开辟新境界，更好地服务公司的高质量发展。

（一）构建“新”制度。为适应新时代的发展要求，必须提高与新闻媒体打交道的能力，切实做到会用媒体、善用媒体，与媒体保持密切沟通。与媒体打好交道，对于树立良好的公司形象具有重要的作用。公司出台与媒体打交道的若干准则与实施细则，除了公司领导，负责媒体的部门与负责人要按照规范行事之外，各个子公司、各项目及全体员工都有行为准则。公司除了总部在深圳之外，还在上海、广州、湖南、广西、江苏等地有分公司，承接的项目遍布全国各地，宣传氛围及媒体需求各不相同，与当地媒体建立起稳固的关系，不仅及时了解媒体所需，而且对症下药挖掘公司内部新闻素材，确保宣传方向不走偏，为外埠媒体宣传营造良好的局面。其次，通过与媒体记者的接触，还可以了解新时代背景下媒体人是如何做出应对的，从中汲取经验、总结问题，应用到公司自身的传播理念创新之中。

（二）树立“新”观念。创新，就是要把握时代脉搏、瞄准群众需求、贴近生活一线，革故鼎新、推陈出新。及时更新迭代思维理念，着力改进方法手段、拓展载体渠道，着力破除制约发展的障碍，使宣传思想工作始终充满旺盛生机活力。在视频号、抖音这些喜闻乐见的平台推出不久，天健集团就第一时间尝试，制作了升国旗、党员故事等 20 多部小视频，每部七八分钟，通过不同渠道宣传。为了保持不断创新的劲头，公司不断举办新闻宣传头脑风暴，请专业机构、业界权威前来授课培训，加强宣传团队的思维培养和技能提升，共同推进品牌提升。

（三）尝试“新”方式。及时性是全媒体传播的一个重要因素，特别是在全媒体时代，人人都是传播者。天健集团在做传播的过程中，充分尊重传播规律，契合受众需求。2016 年 12 月 20 日，天健集团的重大民生项目——罗湖“二线插花地”棚户区改造项目正式动工，在六个不同的地点同时进行，公司聘请了深圳电视台，对于整个活动现场直播。2021 年 3 月 2 日，《天健志》一书在深圳中心书城举行首发仪式，公司对于活动采取网络现场直播，就在活动当时，线上观众量达到了五万以上。

（四）拓展“新”朋友。除了日常和媒体跑线记者有交流接触之外，公司与报社、电视台还有更多的合作。2021 年，公司与深圳广电集团签署战略合作协议，深圳广电集团整合旗下资源，全力支持天健集团品牌宣推和工作发展。融媒体中心、广播中心等相关新闻栏目，第一时间发布天健集团最新发展动态消息，深入发掘天健集团发展过程中的好人物、好故事，深度解读天健集团国际化水平提升的战略举措，通过电视、电台、网络等全媒体平台全方位展示天健集团各个领域的新变化、新成就。双方强化常态新闻宣传沟通联络机制，加大对专业对口采编力量的投入，涉及天健集团的舆情报道，加大沟通协调，引导积极正面的宣传报道方向。

做“活”策划 激发宣传新动力

策划是宣传的起点，也是宣传的难点。在全媒体时代，如何让公司新闻在爆炸式的资讯中脱颖而出，让受众第一时间关注，一个最重要的方法就是做好预案与策划，让最合适的内容，采用最合适的语言，通过最合适的方式，在最合适的契机完美呈现出来，达到最合适的效果。

（一）把握宣传时机。围绕公司重大工程项目、重大改革推进，制定新闻年历，细化季度、月度计划，做好宣传提示，每个时间节点做好工作计划的点检并进行复盘总结，确保重大事件不遗漏、重大节点有声音，确保运营团队整体水平不断提升。在2018年正值公司成立35周年之际，公司在天健商务大厦一楼举行隆重的大型图片展览，并出版画册《铁军之旅》。在2019年新中国成立70周年之际，组织公司员工进行系列主题活动，推出了《我和我的祖国》，点燃了公司员工的爱国热情。在防疫期间，公司各个平台全力出动，迎难而上战疫情，拍摄紧急抢建深圳第三人民医院的宣传视频。受到新冠疫情的影响，2021年春节深圳市政府号召市民留深过年，公司策划丰富多彩的文体活动，留深过年的宣传得到了大年初一中央电视台新闻联播的点赞与播出。

（二）选好宣传内容。国有企业坚持党管媒体的原则，不能够过度追求眼球效应与流量效应。天健集团坚持“内容为王”，精选传播内容，围绕重大工程建设、重大科技攻关、重大改革推进，选择好的体裁与内容，对内能够在全体员工中形成共鸣，对外能够形成合力，切合时下宣传热点。2020年，正值深圳经济特区建立40周年，公司微信号推出“40年40个经典项目”，在公司参与的上千个承接的项目中选择40个，逐一介绍，并让全体员工踊跃投票，最后精选出10个项目，再组织当年的建设者回到项目，讲述当年项目背后的难忘记忆。

（三）做活历史素材。天健集团有一定的发展历史，是深圳最早的拓荒者，其历史还可以追溯到抗日战争后期。七十余载薪火相传，三十余年筚路蓝缕。随着岁月的流逝，知其局部者多，知其全局者少，其主要原因是历史的发展沧海桑田，社会发生了巨变。而时过境迁，人事变化，许多史实鲜有记载。从2018年起，公司发起有奖征集老照片的活动，激发了许多退休员工、部队老同志的热情，这次活动不仅在深圳，还影响到广西、北京、上海、江西、湖北、湖南、河南、福建等地，让历史照片说话，通过回访与复原，让历史发声，为历史留痕。

擦“亮”品牌 凝聚发展正能量

作为共和国第一批工程兵，他们兵强将勇，善谋善为，传承了野战部队的秉性，把“上善若水”的禀赋发挥到极致，先后修建了20多个机场与战备工程，为空军建设打下了良好的基础。落户于荆楚大地之后，他们是50万基建工程兵大军中唯一一支开赴广西修建对越自卫反击战战备工程的队伍，也是唯一跨出国门承接海外项目的基建部队。

部队整体转业深圳之后，在书写城市伟大发展的征程中镌刻下了壮丽无悔的奋斗篇章。无论是在施工领域，还是其他领域，他们面对困难自强不息，面对挑战创新求索，“干一项工程，树一个牌子，交一方朋友，立一块丰碑”，这个朴素的理念是公司在改革的惊涛骇浪中能够生存下来的精神“传家宝”。

在品牌推广中，天健集团抓住这两点，从以下两个方面做足功课，取得了很好的宣传效果。

（一）出版《天健志》。2021年3月，由广东人民出版社出版的《天健志》在深圳中心书城举行首发仪式。该书以35万字的篇幅讲述了深圳一家地方国企——天健集团70多年的血脉相传，前世今生。为详尽记录天健集团及其前身发展演进的过程，天健集团工作人员和中国报告文学学会副会长杨黎光历时3年时间，先后前往承德、荆门、襄阳、池州、南宁、新余等地实地寻访知情者，密集采访100多名当事人，查阅了历年的原始资料与素材，数易其稿，终于完成撰写。由广东人民出版社2021年1月初隆重出版。

（二）拍摄《口述天健史》。天健集团摄制团队在2年时间内，先后前往湖北、安徽、广西、河北及江西等地，辗转数万公里，密集采访100多人次，积累了长达1000多小时的有效视频资料，精心制作了15期（每期约7分钟）系列纪实片，再现公司从部队到企业的红色基因与发展密码。对企业而言，品牌是市场和客户对企业质量及服务的认可。对于质量，天健集团把它当成发展基业的生命线，把对质量的追求摆在首位，千锤百炼，方能成钢，把任何一个项目都当作精品打造。

（作者系深圳市天健（集团）股份有限公司）

企业文化实践案例

汲取红色力量 建功崭新征程
——企业文化主题年案例简述

中国五矿集团

2021年，值中国共产党成立100周年之际，中国五矿明确“两大主题”（革命精神、时代精神），打造“汲取红色力量 建功崭新征程”企业文化主题年，在全系统内梳理自有红色资源辑录成《中国五矿红色地图》，并组织开展“挖矿寻宝——中国五矿企业文化游戏竞答”。两项企业文化主题年活动促进了党史学习教育与企业文化建设有机结合，充分彰显中国五矿内部红色资源魅力，撬动企业文化建设新生动力，推动广大党员干部汲取拼搏奋斗的智慧力量。

一、文化主题年活动简介

（一）文化主题年主旨含义

党的十八大以来，习近平总书记多次就坚定文化自信作出重要论述。一直以来，中国五矿高度重视企业文化融合工作，认真贯彻落实习近平总书记关于文化自信和国企改革的重要论述精神，以高度的使命感和责任感系统谋划、稳步推进企业文化建设各项工作，中国五矿的文化软实力得到不断提升和显著增强。

在建党百年这一重大历史时点，中国五矿确定“汲取红色力量 建功崭新征程”为主题，旨在发挥企业文化的导向作用和凝聚作用，用红色旋律来带动全员，用同一种声音来唱响全年，进一步倡导和弘扬五矿人忠党报国、务实担当、追求卓越的炽热情怀和理想追求。

（二）文化主题活动立意与目的

“中国五矿红色地图”和“挖矿寻宝——中国五矿企业文化游戏竞答”，均为探寻中国五矿深厚的文化底蕴，激励广大干部职工更好传承红色基因、赓续红色血脉，促进党史学习教育与企业文化建设有机结合而设计推出。通过“重教育、轻游戏”的形式，不仅让广大干部职工抒发和表达对国家、对民族、对时代关切之情，还为大家结合企业实际自主开展具有趣味性、个性化的企业文化实践活动创造了机会，进一步丰富了广大员工的精神文化生活，在春风化雨中厚植企业文化建设沃土，凝聚文化建设助推企业发展的强大软实力。

中国五矿红色地图以挖掘中国五矿分布在祖国不同地域的红色印迹为互动逻辑，串联起中国五矿发展历史中的红色资源，让广大干部职工沿着红色地图中的矿山铁轨来重温那些激情燃烧的岁月、探寻不同地域中蕴藏的红色基因，激励全体五矿人从历史中汲取缔造明天的深沉力量，不断夯实中国五矿走向世界一流的文化根基。

挖矿寻宝——中国五矿企业文化游戏竞答以中国五矿核心文化、专项文化及子企业代表性历史故事为主要内容，结合主责主业行业特性，设计铁、铜、锌、钨、稀土五大矿区，通过“挖矿寻宝”游戏形式进行30题闯关，让广大干部职工重温中国五矿在党领导下各个时期的历史担当及锻造沉淀的优秀文化“瑰宝”，加深对企业文化的认知理解，进一步为中国五矿高质量发展积蓄前进动力。

二、主题年活动推动企业文化建设更上台阶

企业文化的本质是为生产经营服务，通过输出中国五矿企业文化理念，进一步引领全体员工的思想和行为，增强凝聚力、激发创造活力，借助文化主题年红色主题设置的顶层设计发生杠杆作用，达到“三入”目标，持续深化企业文化建设的内涵与外延，以此对企业管理效率和经营业绩提高产生实质性推动作用。

入脑，不断夯实企业文化理念在员工思想层面落地。近年来，中国五矿根据深化改革、全面转型的内在要求，科学规划企业文化建设目标任务，全面协调推进全系统企业文化建设与管理具体工作，系统构建了中国五矿企业文化理念体系，确立了中国五矿核心文化、专项文化及子企业代表性历史故事，并大力组织开展了形式多样的企业文化交流活动。文化主题年的应运而生，为企业文化建设提供了“靶心”，活动形式有了“魂”和“形”，让文化理念具象化、焦点化，通过可触、可见的方式不断强化印象，以此夯实企业文化理念在员工思想层面落地。

入行，持续巩固企业文化理念在员工职业行为层面落地。中国五矿企业文化理念体系属战略导向型，将文化体系建设与公司的战略实施、经营管理、创新驱动、考核体系等结合起来为企业战略服务，实现企业战略导向和文化目标相吻合，员工的价值观、行为准则与企业战略目标相和谐。文化主题年活动的推出，将中国五矿提倡的、禁止的职业行为

鲜明展出，在中国五矿全级次企业进行员工行为规范宣教，倡导广大干部职工对标自身，以更优的职业状态为公司发展作出更大贡献。

入制，创新构建企业文化管理办法在制度层面落地。文化主题年的宣贯活动，为进一步加强中国五矿企业文化管理夯实了理论基础与职业行为基础，有利于对集团企业文化管理的内容与实施做出规定，规范企业文化建设管理相关工作。文化主题年的活动开展，为中国五矿培育良好的企业文化氛围，促进企业文化建设工作健康有序发展，鼓舞和激励全体员工依规依制开展工作、提升自我创造了条件。

三、企业文化主题年成效及意义

一是厚植红色底蕴，继承和弘扬老一辈革命家的优良传统。通过企业文化年主题活动，我们把中国五矿的红色底蕴追溯到各个历史时期，把企业的奋斗主题归结为“保障国家金属资源供应”的光荣使命，把企业的时代追求聚焦于“打造世界一流金属矿产企业集团”的宏伟愿景，按照企业“贯彻党的意志、服务民族复兴、推动行业进步”的发展主线，让广大党员干部职工继承和弘扬老一辈革命家的优良传统，进一步坚定了听党话、跟党走的信念，提升了捍卫“两个确立”、践行“两个维护”、胸怀“国之大者”的思想自觉、政治自觉和行动自觉。

二是完善体系构建，助推企业文化融合走深走实。本次文化主题年活动系统梳理并展示了中国五矿“核心文化理念—子企业文化精神—专项文化理念”三位一体的企业文化理念体系。特别需要指出的是，我们对企业文化理念体系中子企业文化精神的系统梳理是中国五矿企业文化理念体系最为显著的特色之一，充分彰显了中国五矿对所属企业历史文化的高度重视和充分尊重。在主题年活动参与过程中，各子企业干部职工可以找到自己单位在集团层面的文化注脚，在“忠党报国”“务实担当”“追求卓越”三大文化逻辑中，进一步巩固了中国五矿文化与子企业文化同向互融的基本格局，有效推动了全系统企业文化深度融合，为孕育形成具有新中国五矿特色的企业文化、助力打造世界一流金属矿产企业集团奠定了重要的思想基础和文化基础。

三是强化宣传引导，全面展现活动教育成效。中国五矿以凝聚干事创业强大合力、坚定践行矿业报国使命为导向，广泛深入开展主题年活动宣传引导工作，在全系统营造良好氛围。两项活动覆盖中国五矿全部职能部门、直属机构及直管企业，各单位坚持学用结合，找准企业文化宣贯着力点，把开展企业文化主题年活动同各单位党团建设、业务交流等结合起来。其中“挖矿寻宝——中国五矿企业文化游戏竞答”近 13 万干部职工参与，参与率达 84%，是中国五矿史上最大规模竞答活动之一。该活动还根据组织成效和答题速度选出 10 家“最佳组织奖”单位和 100 名“优秀个人”，在集团内部引起强烈反响。

四是进一步提升员工党性修养，为企业高质量发展夯实根基。在企业文化主题年活动中，我们注重深化对干部职工的党性教育，把对党忠诚、为党分忧、为党尽职、为民造福作为根本政治担当，把“对党忠诚、勇于创新、治企有方、兴企有为、清正廉洁”作为总的评判标准，教育引导广大党员干部牢固树立正确的权力观、事业观、政绩观，争当忠诚、干净、担当的好党员、好干部。特别是在党史学习教育的大背景下，广大党员干部受到了一次全面深刻的政治教育、思想淬炼和精神洗礼，政治自觉、历史自信大大增强，谨以自勉、勤于自省、志在自强的动机和能力大大提升，形成了争当先进、崇尚先进的浓厚氛围，汇聚起干事创业的强大精神力量，为企业的高质量发展奠定了扎实根基。

（中国五矿集团有限公司高级经理　孙悦）

以“劳动者港湾”文化助推新金融“甜水”润泽民生

中国建设银行股份有限公司

中国建设银行股份有限公司是中国领先的大型商业银行，成立于 1954 年 10 月 1 日，是中央管理的大型国有银行，主要经营领域包括公司银行业务、个人银行业务和资金业务，设有 14741 个分支机构，在基金、租赁、信托、人寿、财险、投行、期货等多个行业拥有子公司，境外机构覆盖 31 个国家和地区，拥有各级境外机构 200 余家。

建设银行秉持国有大行使命情怀和责任担当，积极践行“新金融”行动，纵深推进住房租赁、普惠金融和金融科技“三大战略”，切实服务实体经济、聚焦民生痛点、履行社会责任，拥有良好的经营业绩和社会声誉。2020 年，建设银行在英国《银行家》杂志发布的世界银行 1000 排名中连续 7 年位列第 2 位，获评《亚洲银行家》“中国年度商业银行”、《亚洲货币》“2020 年中国零售银行大奖·最佳全国性银行”等各类荣誉奖项，始终是国家信赖的金融重器。

一、这是“润泽民生”的使命担当，更是“关爱平凡”的文化坚守

为全面贯彻习近平新时代中国特色社会主义思想、落实党的十九大精神和国家普惠金融战略，2018 年 7 月，建设银行将银行工作与国家战略、党的大政方针和民生需求紧密结合，主动以新金融力量解决社会问题，领先行业在全行范围内建设“劳动者港湾”，加快构筑以“便民文化、共享文化和社区文化”为核心的公益文化品牌体系，统筹对外开放网点服务资源，不断探索和创新服务内容和模式，为包括户外劳动者在内的广大社会公众提供更贴心、更便捷、更优质的公益惠民服务。

二、劳动者港湾公益品牌，极具现代精神的金融创意

秉纲而目自张，执本而末自从。“劳动者港湾”公益文

化根植于建设银行“诚实、稳健、公正、创造”的企业文化传统，发展于社会主义文化强国的新时代，得益于党建文化的引领，在传承弘扬“美美与共、和而不同”儒家文化精髓的基础上，坚持将创新、协调、绿色、开放、共享的新发展理念同新金融理念深度融合，形成了独具建行特色的“劳动者港湾”品牌文化。

劳动者港湾秉持“开放共享，责任担当”的公益文化理念，以便民文化、共享文化和社区文化“三大文化”为核心内容，突出功能内涵：向环卫工人、出租车司机、交通警察、快递员等户外工作者及其他劳动者提供歇脚休息的场所；向社会公众提供热饭、充电、喝水、如厕等惠民服务；向老、弱、病、残、孕等特殊群体提供人性化服务，聚合多方资源，进行公众宣传教育。“劳动者港湾”作为建设银行重要的公益文化品牌，体现了国有大行开放共享自身资源、主动为劳动者提供便利场所和贴心服务的温情行动，打造劳动者的“歇脚地”“加油站”“充电桩”“暖心窝”。这是建设银行服务转型升级的具体行动，更是新金融以人民为中心、为民解忧的一个缩影。

三、宣贯“开放共享、责任担当”文化理念，自上而下推进“劳动者港湾”建设

为确保“劳动者港湾”公益文化品牌建设的战略思想能够凝聚行内外社会共识并具有长久的生命力，建设银行加强顶层设计，明确指导思想，以“定方向、树理念、建机制、抓关键、立品牌、强服务”为抓手，扎实推进“劳动者港湾”建设，管理效率持续提升。

一是加强顶层设计，建立长效机制。建设银行以“为人民建设美好生活”作为“劳动者港湾”公益文化品牌体系建设的战略目标，强化价值宣导，引导全行上下树立“开放共享，责任担当”的理念。为建立长效运作机制，总行成立由行长担任组长的领导小组，负责政策指导与资源协调配置，制发《中国建设银行“劳动者港湾”建设实施方案》等指导文件，建立“总行—分行—支行—网点”协同联动的工作队伍，形成“人人尽责，共建港湾”的良好文化氛围。

二是确立基本原则，精细组织规划。建设银行结合广大户外劳动者等社会公众需求和行内实际，确立“劳动者港湾”建设四项基本原则：统一品牌、分类配置原则；统筹部署、有序推进原则；规范管理、风险可控原则；务实有效、持续开展原则。扎实开展“劳动者港湾”建设和运营。

三是设计品牌标识，统一品牌形象管理。为增强文化品牌辨识度，建设银行统一设计品牌标识。“劳动者港湾”Logo延续了建行“蓝色银行”的形象，营造了家的温馨与温暖，寓意为劳动者遮风挡雨，关心关爱劳动者。同时，将原有“爱心饮水站、的士之家、爱心驿站”等，纳入“劳动者港湾”统一文化形象管理。

四是有序开放网点服务资源，逐步完善公益惠民设施。结合网点服务国家标准和行业评优标准，“劳动者港湾”对网点公益惠民设施进行升级完善，统一提供饮水机、休息桌椅、Wi-Fi、手机充电器、图书、老花镜等基础服务设施，以及雨具、急救箱等应急服务设施。根据网点类型和服务资源构成分类开放卫生间，提供轮椅、无障碍坡道等无障碍服务设施，以及母婴室、婴儿车、微波炉、盲文业务指南等人文关爱设施，更好地服务特殊群体。

四、搭建立体式全媒体文化传播矩阵，劳动者港湾品牌影响力与日俱增

建设银行整合多方资源，注重线上线下渠道高效协同，搭建立体式全媒体文化传播矩阵。一是在全行范围内建设“劳动者港湾”，建立线下公益文化传播阵地。二是打造基于位置服务（LBS）、覆盖各类惠民需求的劳动者港湾 APP线上综合服务平台，实现附近港湾自动推送、服务资源快速获取、精准定位和智能导航等功能。三是持续加强与主流媒体及新型线上媒体的联动合作，以新闻报道、话题营销、线下活动、专题解读、专题访谈、H5 互动等多种形式进行“劳动者港湾”公益文化品牌传播，打造全媒体公益文化品牌宣传矩阵。

五、文化细节暖人心，公益活动惠万民，创新公益文化服务形式，社会各界好评如潮

建设好“劳动者港湾”，不仅需要硬件资源的投入，更重要的是价值观的凝聚和文化细节的传导。为加大“劳动者港湾”公益文化品牌影响力和覆盖度，建设银行以公益活动为主线，围绕妇女节、植树节、劳动节、母亲节、儿童节、国庆节、“劳动者港湾”两周年等节日主题，常态化策划开展特色鲜明、形式多样的文化活动，不断贴近群众生活，提升不同群体的服务体验，并联合建行大学开展“劳动者港湾惠万家”金智惠民系列培训活动。

在云南、苏州等地区，当地分行创新服务形式，专门为农民工兄弟安排了“劳动者港湾号”春节返乡专车，解决其“春节返乡难”的问题，赢得广泛赞誉。上海分行、湖北分行在火车站、长途客运站建立“劳动者港湾”流动服务站点，迎送劳动者归家和返程，协助旅客买票、取票，并提供咨询服务，形成一道靓丽而温情的风景线。

六、整合社会资源，促进共建合作，持续深化“劳动者港湾+”模式

建设银行通过与工会、环卫、运输、交管、城建、银协、残联等机构及周边社区的互动合作，不断传播“劳动者港湾”开放共享、责任担当的文化理念和品牌内涵，倡导“便民文化、共享文化、社区文化”，加强品牌和文化认同感，越来越多的外部机构、社团组织热烈响应、主动参与到保障和改善民生的事业中来。如“劳动者港湾+政务”“劳动者港湾+职工关爱”“劳动者港湾+党建”“劳动者港湾+老年客户服务”“劳动者港湾+扶贫”“劳动者港湾+司法”“劳动者港湾+慈

善医疗”。线上服务方面，“劳动者港湾”APP 持续丰富公益文化内容，惠民服务不断完善，已累计完成政务、教育、公益、便民等类型共计 47 项第三方惠民服务平台对接工作。

七、推进文化建设，树立行业标杆，劳动者港湾公益文化蔚然成风，引发社会同频共振

“劳动者港湾”是建设银行聚焦民生痛点、履行社会责任、推进服务资源共享的创新之举，汇聚的公益暖流，如春风化雨一般，在社会蔚然成风、落地开花。“劳动者港湾”公益文化品牌建设开始至今两年多时间，企业文化竞争力不断增强，影响力日益扩大，成为建设银行乃至整个金融业标志性的公益文化品牌。

“劳动者港湾”文化、理念以及服务资源开放共享模式，为各行各业提供了有益借鉴，赢得广泛认可。2018 年年底，新疆巴音郭楞蒙古自治州银行业协会专门下发通知，要求所辖银行营业网点建设并运营“劳动者港湾”；2019 年 4 月，中华全国总工会向全金融行业倡议，积极借鉴“劳动者港湾”建设经验，开放服务资源，服务户外劳动者，“劳动者港湾”成为首个被全总授牌的户外劳动者服务站点共建品牌；2020 年 11 月、2021 年 1 月，中华全国总工会主席王东明两次赴建行实地调研“劳动者港湾”，并表示要在各行业积极推广“劳动者港湾”的经验做法。2021 年 6 月 2 日，央视《焦点访谈》聚焦社会各界在改善户外劳动者工作条件方面的具体实践中，以建行“劳动者港湾”建设为例，报道了建行聚焦民生需求，重视民生体验，为人民群众办实事的具体举措。

有形之水润湿了焦躁生烟的咽喉、无形之水滋润的是万千劳动者的心田。建设银行“劳动者港湾”的一滴水，折射出国有大行执手为民的魅力初心。建设银行愿与社会各界共同努力，聚焦民生发展，履行社会责任，持续推进社会主义文化强国建设，在共建共享中谱写新时代美好生活的新篇章。

“筑巢引凤”办实事 服务人才解难忧

上海上药第一生化药业有限公司

上海上药第一生化药业有限公司（以下简称“上药第一生化”），是世界 500 强企业上海医药的全资子公司，产品涵盖生化制药、中草药和化学制药等无菌水针、粉针制剂，是国家基本药物定点生产基地。上药第一生化在公司党委的领导下，一直秉持“企业对员工好、员工对产品好、产品对客户好、客户对企业好”的“四好文化”，在不断提升经营能力的同时，注重打造特有的“第一”文化、营造良好的工作氛围、提升员工工作满意度与幸福度。公司党委紧紧围绕“学史明理、学史增信、学史崇德、学史力行”的总要求，切实将“我为群众办实事”落到实处，推动公司高质量发展再上新台阶。

为更好地实现创新驱动高质量发展，解决人才队伍建设问题，在公司党委的牵头下，推出“筑巢引凤”计划，打造“第一人才公寓”为青年才俊提供优质住所。该公寓深刻践行“创新、协调、绿色、开放、共享”新发展理念，通过打造“拎包入住式公寓”和“人才为本”的管理运营模式，逐步探索出新时代“党管人才”与高素质人才发展相结合的新途径、公司与员工共建宿舍的新模式和人才驱动公司企业文化发展的新思路。

一、“筑巢引凤”，夯实人才基础

上药第一生化积极响应国家及上海“十四五”规划发展目标，加快推进精益化管理、高端智能制造转型和高素质人才队伍建设，员工学历结构得到优化，对高学历科研人才的需求日渐增长。2019—2021 年，公司科研技术人员占在职员工比重从 33.7%上升至 35.2%，预计至 2024 年该占比将达到 43.2%。如何更好地吸引人才、挽留人才、服务人才成为进一步推动公司高质量发展的关键。

面对公司发展新要求和新进人才普遍反映的住房问题，公司党委牵头建设面向新员工的宿舍。在上海医药和公司党委的领导协调及江川街道的支持下，公司整租沪闵路 172 弄 1 号楼用作员工宿舍。秉持党建引领和公司独具特色的“第一品牌”文化，该宿舍以“第一人才公寓”为名于 2021 年 6 月正式启用，兑现了“企业对员工好”的承诺，结出了社企合作的硕果。在“筑巢引凤”的同时，公寓建设力求“党有号召，我有行动，民有所呼，我有所应”，在思想上关心、工作上支持、生活上保障，让青年员工真正感受到公司的“家”文化。至 2022 年 5 月，“第一人才公寓”已入住 31 名高学历科研技术人才。

二、“筑巢用心”，关注每一个细节

公司党委在党史学习教育中，深刻认识到我们党能够从一个胜利走向另一个胜利，关键在于始终坚持以人民为中心的发展思想，这份领悟直接体现在人才公寓的建设之中，确立了“人才为中心、服务为导向”的公寓建设思想。

围绕在住人员高学历、重科研的特点，公司从硬件设施提供到服务人员配置，全方位提升住宿满意度。公寓以“拎包入住”为目标，设施设备装配完备，电器、冰箱、空调、洗衣机、微波炉等家用电器一应俱全；公寓内还开辟公共活动空间方便开展联谊活动。公司还安排清洁员每日打扫公寓内卫生，委派专人担任公寓管家负责处理公寓内事务。

公司党委通过在住员工午餐会等多种形式跟进公寓建设，为他们排忧解难。当了解到在住人才办理居住证困难时，公司党委经多方协调为职工开出“集体宿舍证明”方便居住证办理；当有员工生病时，党支部积极关心，公寓管家悉心照料；当强台风过境时，公司党员带头做好抗台防汛工作；当寒冬来临，公司党委了解到敞开式走廊易导致在住员工着凉时，及时为公寓外侧加装玻璃窗，竖起抵御寒风的屏

障……点点滴滴展现了公司无微不至的关怀。

三、"筑巢有方"，搭建民主管理平台

公司党委有感于习近平总书记视察上海时所提出的"人民城市人民建，人民城市为人民"的理念，创造性提出了"人才公寓人才建，人才公寓为人才"的公寓管理思路，搭建起在住员工民主管理平台，激发广大青年员工的参与和创新热情。

考虑到公寓入住员工多为刚出校园学生，公司便积极参考多所上海高校的宿舍运行与管理模式，广泛征询各方意见，建立起"公司统管、员工自治"的公寓管理模式，实现了公司与员工对公寓管理的共建、共治和共享。

一方面，在公司党委的领导和协调下，由公司工会牵头负责，其他部门积极响应配合，搭建起人才公寓管理运营服务机制，实现了公司内多部门合作支持公寓的建设与日常管理的局面。另一方面，在公司党委的领导与监督下，公寓形成了由在住员工民主推选的5名代表组成的公寓民主自治管理委员会，负责公寓日常问题商议与处置、信息收集与反馈、活动举办等事务。通过民主自治的方式，青年才俊在公司领导下实现自我管理、自我监督、自我服务、自我教育，切实保障公寓的日常运行。

四、"筑巢如家"，点亮青春火焰

设施设备构建起了家的样貌，服务管理让这个家有条不紊地运行，而文化建设和人文关怀为公寓生活注入了家的灵魂。

公寓内既有彰显"不负韶华"的党建阵地和摆放多样书籍的图书角，又有展现上海医药"创新、诚信、合作、包容、责任"核心价值观的装饰标语，还有"软萌"元素的励志彩绘……企业文化与青春时尚在公寓内相契合，为公寓生活增添了文化的气息。

平日里，在住员工自发组织聚餐，大家围坐在会议室大桌前煮一锅暖暖的火锅，聊工作，谈日常，欢声笑语间找到家的归属感。恰逢中秋佳节，公司领导集体前往公寓慰问，与在住员工酿桂花酒寄托美好祝愿，在面对面交流中增进感情。在住员工纷纷表示，公寓不仅为初入社会的青年提供了住处，还让大家住得安心、舒心、放心，公寓成为员工和公司信任与沟通的桥梁。

五、"筑巢为民"，贡献青年力量

人才公寓位于闵行区高华小区内部，小区因青年人才的到来更加焕发青春活力。作为一块公司"飞地"，人才公寓成为连接企业与属地社区的纽带，拉近了属地居民与公司之间的关系，也成为青年才俊服务社会、贡献力量的平台。

2022年3月来势凶猛的新冠疫情打断了上海人民原本平静的生活，小区急需人手支援社区抗疫工作，人才公寓的青年们听闻志愿者召集令后第一时间组建志愿者小队，迅速投入社区抗疫工作中服务小区近 4000 名居民，展现出人民药企的社会担当和当代青年敢为人先的精神气质。面对社区楼栋密、人员杂、老人多的情况，这批青年志愿者的到来为小区居委会解了燃眉之急，帮助社区尽快开展和完成相关防疫抗疫工作。志愿者们跟随社区工作者挨家挨户请居民到核酸采集点，认真讲解政府相关防疫政策安抚居民情绪，顶着烈日到每家每户演示抗原检测流程……公寓青年们的热情、真挚、耐心、周到的服务赢得了小区居民的一致认可与好评。当小区居民们看到一队青年路过时，他们便知道这是上药第一生化的青年们又要出去执行任务了。

"第一人才公寓"不仅是员工宿舍，还是员工学习、发展的平台，更是弘扬"第一品牌"、彰显文化自信的实践阵地。公司对公寓在住人才贴心周到的服务，用实际行动展现了上药第一生化积极贯彻落实习近平总书记倡导的"学党史、悟思想、办实事、开新局"。同时，通过搭建在住员工民主自治管理平台，实现了公司与员工共建公寓，这一尝试体现出新时期我国基层民主自治管理制度的一种发展可能，为企业服务人才、激发人才活力、更好服务社会提供了范本。

（作者系上海上药第一生化药业有限公司党委书记、总经理孙忠达，党委副书记、纪委书记、工会主席黄佳音，党群工作部宣传干事王思遥）

厚植新亚百年文化
赋能企业转型跃变

上药新亚药业有限公司

上药新亚药业有限公司是上海医药集团的核心企业，由原第三制药厂、第四制药厂、新亚制药厂整合重组而成，至今已有156年发展历程。百年新亚历史悠久，文化积淀深厚。三家企业都有各具特色的企业文化传统和风格：第四药厂诞生于 1866 年，是外国资本在中国创办的第一家医药企业；新亚药厂诞生于 1926 年，是民族制药工业先驱；第三药厂诞生于 1950 年，素有"抗生素"摇篮之称，在医药行业都处于举足轻重的地位。

一、企业文化建设的必要性

（一）三企重组，文化融合统一的需要

建设统一的企业文化是发挥文化合力的基础，是塑造员工统一价值追求的前提。三企重组整合完成了产品传统单一到资源优势集聚，推进了实现跨越式发展步伐，但由此也带来了文化融合的挑战。如何让重组后三家企业更好协同推进、创新发展，公司党委重新审视并全面梳理百年来丰富的文化资源，在中国企业文化研究会指导帮助下，以"融合"为切入点，通过编制"企业文化手册"、制定"企业文化建设三年发展规划"，重塑文化建设理念，规范文化管理体系，首次将企业文化理念进行一次全面系统深入的总结、提炼与完善，增进全员对企业文化理念的广泛认同，并为全员提供了行动指引与理念遵循。

（二）文化统领，母子文化互补的需要

上海医药的文化一直是新亚文化建设的“灵魂”，我们秉持上海医药“创新、诚信、合作、包容、责任”的核心价值观，紧紧围绕“以绩效文化为统领，精益文化、雁阵文化、合规文化、创新文化”的“1+4”文化体系来布局谋篇，根据企业发展实际，以创建“和合家文化”的实践载体，展开对企业文化的创新性探索，以此来呼应集团的母文化，丰富文化创建的内涵。

（三）探索实践，推动创新发展的需要

随着国家药品管理政策的深入推进和国内药品市场日益激烈的竞争态势，抗生素市场受到严峻的考验，限抗令出台、带量采购、药品降价、员工队伍不稳定等因素，对“和合家文化”建设理念的准确定位，需进一步提高渗透，提高共识，以文化的力量凝聚人心，推进企业实现“继往开来，再创辉煌”的发展目标，已势在必行。

二、企业文化建设的主要做法

企业文化是一个企业的灵魂。上药新亚党委始终将文化建设作为推动企业建设有力抓手，总结摸索出适合发展实际的企业文化有效途径，形成“党委领导、行政主抓、工会推进，全员参与”的文化建设共识，确定创建“和合家文化”的实践载体，注重六个“结合”，发挥六个“力”的作用。

（一）企业文化建设与制度建设相结合，加强“执行力”

为了使文化理念落地生根，并形成长效机制，公司搭建起以党委书记和总经理为主导、各单位部门党政负责人为主体，全员参与，从上到下协同推进的立体工作网络。并将企业文化建设年度计划纳入领导干部绩效考核目标中，进一步细化任务，明确责任。在做好组织保障的同时，将企业文化理念充分融入各项管理制度和操作流程中，把健全完善各项管理制度作为企业文化建设的落足点，以加强制度建设推动文化建设，文化创新带动企业管理创新，促进文化建设实施的操作性和适应性，进而加强文化建设执行力。

（二）企业文化建设与党建工作相结合，深化“创造力”

公司党委坚持以“经济工作带动党建工作，党建工作促进经济发展”为出发点，积极引导党员干部强化责任担当，聚焦主责主业，连续5年深入开展党支部“降本增效”课题立项为主要内容的“双创一塑造”主题活动，通过“创经济效益、创党建品牌、塑造文化价值”，将广大党员干部和职工群众“挖掘潜能，降本增效”主动意识和自觉行动深层渗透到生产经营的方方面面，为促进企业发展，打下坚实的基础。据统计，成功结项的100余项支部课题已为企业创造4000多万元的经济效益。

（三）企业文化建设与人才队伍建设相结合，提升“竞争力”

推行《人才培养与储备团队管理办法》，“培训学习积分制管理方案”以“雏雁、菁雁、鸿雁、领雁”四大雁式培养为抓手，建立百名人才信息库；成立以开放型学习交流平台为特点的赋能员工、赋能业务、赋能组织的“NEW学社”，拓宽后备人才的学习培训途径，加速复合型、创新型人才的成长。一批批80后、90后，在各单位、部门担任起党政负责人的重要职责，年轻化、知识化梯队培养得到进一步优化完善，竞争力得到大幅提升。

（四）企业文化建设与“和合家文化”创建相结合，凸显“凝聚力”

公司党委倡导“五心”工程，以“爱心、恒心、正心、信心、同心”建设“和合家文化”，做到“一家人，一条心，一个目标向前奔”。注重发挥群团组织在推行“和合家”文化建设中的作用，我们定期举办职工大生日祝福会、职工退休欢送会、员工春秋疗休养等活动，有效促进员工感情，提升凝聚力；我们持续开展“拥抱幸福”关爱女职工活动、亲子家庭日活动，举办运动会、歌咏赛、艺术展等活动，营造活力向上、互助团结的良好氛围；我们大力实施“面对面、心贴心”“为职工群众办实事”“帮困结对”等惠民项目，送上组织的关怀与关爱，提升了职工的满意度和幸福感，更凸显了企业“温馨、安全、包容、共享、幸福”的鲜明特征。

（五）企业文化建设与提高员工素质相结合，积蓄“战斗力”

围绕企业经营，公司党委充分发挥思想政治、组织优势和群众工作优势，大力支持群团组织深入开展群众性经济创新活动、“青”字号岗位建功等活动。围绕产品研发、生产制造、服务经营的重点难点和关键环节，开展“匠心大师评审答辩会”“全剂型劳动竞赛”“雏雁导航”“百名精益绿带黑带进百个班组”等创新创效活动，参加“中国长三角劳模工匠创新工作室”“上海市技师示范工作室”等评选，一批匠心大师、劳模先进脱颖而出，有效传播劳模精神、劳动精神和工匠精神，为员工建功立业，助推企业高质量发展汇聚强大的力量。

（六）企业文化建设与社会责任相结合，发挥“辐射力”

公司党委注重员工日常行为的文化理念引导，组织开展“为抗击新冠疫情捐赠药品”“医药科普进社区”“净滩志愿者”“地铁志愿者服务”等社会公益活动，加大了“内强素质，外塑形象”的创建力度。公司党委聚焦典型事件，加强文化成果的总结凝练，利用公司oa网、企业通讯、宣传栏、微信公众号、视频媒介等渠道多角度全方位加大对外品牌宣传力度，进行文化理念宣传、教育、渗透，借势宣传企业的悠久历史、璀璨的人文和卓越的企业品牌，不仅凸显了新亚人百折不挠，追求卓越，坚韧图成的精神风貌，更进一步培育了企业的主流文化和共同的价值观，在行业和社会中取得良好的效应。

三、企业文化建设取得的成效

（一）推动经济发展，体现文化实力

企业文化是推动企业发展的不竭动力。在“创新、诚信、合作、包容、责任”的企业核心价值观引领下，公司党政不断深化内部改革，加紧结构调整，以“追求卓越、坚韧图成”的企业精神，科学决策，攻坚克难，深入挖潜，企业效益实现扭亏为盈，踏上了可持续发展的良性循环轨道。体现了企业文化建设的实力所在。

（二）提升全员素质，彰显文化合力

管理是企业核心竞争力的基本手段。坚持以企业倡导的管理理念为行为规范，在企业生产、产品质量、科研开发、环境保护、基层党建等工作领域，涌现出一批“上海市劳模”“上海工匠”“上海市技术创新标兵”“上海市国资委先锋党员”等先进典范，同频共振、潜移默化地引领了员工对“关爱生命”的高度责任感，为凝聚全员干事创业发挥示范引领作用。

（三）打造品牌效应，凸显文化魅力

上药新亚在全体员工的努力下实力得到快速增长，收获到一块块来自社会各界颁发的奖牌：“全国企业文化建设示范基地”“全国‘十三五’企业文化建设优秀单位”“上海市文明单位”“上海市高新技术企业”“上海市生物医药行业十强企业”“诚信创建五星级企业”“上海市五一奖章”“上海市厂务公开先进集体”“上海医药优秀经营管理企业”……在履行生产制造责任的同时，上药新亚致力于打造优秀企业，充分凸显了企业社会魅力。

（作者系上海上药新亚药业有限公司党委书记章国毅，总经理唐坚豪，党委副书记、工会主席王开月，党委办公室主任焦军健）

守文化之正　创共识之新

上海市药材有限公司

中医药文化底蕴深厚，是中华文明的瑰宝，凝聚着中华民族的博大智慧。成立于1955年的上海市药材有限公司（以下简称：上药药材），是上海医药集团股份有限公司全资子公司，业务涵盖中药材种植，中药饮片、中药保健品的制造和经销以及中医医疗。一直以来，上药药材积极贯彻落实“文化强国”“文化强企”战略，自觉地传播中医药文化，增强民族自信和文化自信，为促进中医药传承创新发展创造良好的环境。

一、企业文化在推动经营发展中主动作为

企业基业长青得益于优秀企业文化的能动作用，重点在于转变经营思路和突破经营壁垒。

（一）以亮剑精神促发展新局

面对后疫情时代和市场激烈竞争所带来的挑战，上药药材全体职工凝心聚力，与企业一起朝着既定目标，以永不服输的“亮剑”精神直面困局、创新实干。成功培育出一批标准化种植、规范化检测、全程可追溯的中药材“大基地”，遴选科学价值高、临床价值好、市场价值大的中药“大品种”，努力提升“沪光”“天宝”等中药饮片和“神象”参茸健康品等“大品牌”的传播、体验、分享和口碑，积极拓展从传统滋补类向现代健康产品转型的“大健康+”生态圈。依托文化积淀、产业链布局和品牌优势，大力开拓溯源饮片和高端精品饮片的终端市场，不断向滋补养生及中医康养等大健康领域延伸。

（二）以产学合作推创新发展

抓创新就是抓发展，谋创新就是谋未来，始终坚持文化赋魂、科技赋能，在国家创新创业战略背景下，持续与国内知名科研院校共同探索、携手向前，搭建起理论与实践紧密结合的桥梁，不断深化产学融合，创新校企合作模式。在上海中医药大学牵头的“临床证据导向的丹参‘功效-物质’全景解析及深度研发”项目中，参与方剂临床功效、新药及大健康产品开发研究；在南京中医药大学牵头的“黄芪当归品种”项目中，参与黄芪、当归药材及饮片等级标准研究；在吉林农业大学牵头的“人参西洋参补气功效及物质基础体系化诠释与深度研究开发”项目中，参与药材饮片质量标准、等级标准研究以及大健康产品开发等研究。

二、企业文化在实现战略愿景中彰显价值

面对新形势，提出“成为全国优质溯源饮片和健康养生品的市场引领者”的战略愿景，通过打造党建统领创新、具有鲜明中药特色的企业文化，为实现战略愿景奠定了精神基础。

（一）促进党建与企业文化深度融合

坚持党建统领，推动企业新作为新发展，以高站位、高标准带动各基层党组织推动企业文化落地。多年来，始终坚持传播非遗文化，匠心专注非遗产品，在中国共产党百年华诞来临之际，公司党委特别组织创作了红船精神、井冈山精神、长征精神、延安精神、西柏坡精神、载人航天精神、脱贫攻坚精神、抗疫精神8幅剪纸作品，将党史百年历程的重要历史节点一一通过剪纸的形式呈现出来，教育引导广大党员们饮水思源、不忘初心，以党史铸魂补钙，构筑精神谱系。围绕企业发展提质增速，大力推动党建品牌建设，不断拓展党建“项目化”的内容，如创立10年之久上药神象“让我@你”党建品牌，包含@发展瓶颈、@全体员工、@市场用户、@社会责任四个维度，核心是架起党组织联系“你”的桥梁纽带，以“中药文化，民族品牌，非遗技艺，百年匠心”为核心，让企业品牌的无形资产凸显有形价值，为品牌振兴赋新能。

（二）弘扬劳模精神奋斗成就梦想

上药药材67年的发展，涌现出许多先进人物和先进集体，这些先进典型事迹已深深融入企业文化，成为推动公司创新发展的内在动力和核心力量。被誉为“百草辨识人”的上药药材饮片质量员毕琳丽，深耕中药材鉴别领域，练就了“手摸、眼看、口尝、鼻嗅”的药材精准鉴别绝技，不愧时代楷模，当选党的二十大代表并先后荣获全国劳动模范、全国五一劳动奖章、上海市劳动模范、上海工匠、上海市技能大师等荣誉称号，以其名字命名的“毕琳丽中药传承创新工作室”获批上海市劳模创新工作室、中国长三角地区劳模工匠创新工作室，充分展现了上药药材人过硬的本领技能和良好的品牌形象。在毕琳丽成长道路上，上药药材因势利导，

主动为毕琳丽精进技能、展现自我创造有利条件，逐渐培育出毕琳丽先进典型示范。以毕琳丽立志传承中医药文化、造福于民的成长经历为蓝本，总结升华了“守责、尽责、负责、担责”的责任文化，“专业专注、精耕细作”的专业文化，“整合协调、合作共赢”的合作文化，“创业、创客、创新、创造”的创新文化等精神内涵，为广大职工树立了立足岗位增强本领的榜样，为新时代上药药材改革发展提供了宝贵的精神财富。

三、企业文化在使命担当中传递温暖

作为世界500强所属的国有大型中药企业，良好的品牌形象和社会影响力至关重要，只有大力营造上药药材敢于担当进取的国企形象，才能充分展现企业精诚、专业、善学的精神风貌。

（一）乡村振兴贡献中药力量

自2018年起，积极响应国家号召对口帮扶云南省弥渡县牛街乡康郎村。在“围绕扶贫抓党建、抓好党建促扶贫”的理念指引下，通过党建扶贫与国企党建品牌——“岐黄百草、情暖人心”的创建紧紧结合，推动中药材种植产业化与脱贫攻坚紧密结合，经过沪、滇两地3年的深化合作，在弥渡县于2020年5月成功脱贫之后，继续用实际行动积极响应乡村振兴国家战略，出资建设520平方米的篮球场一个，新建46.5平方米公厕一座，为乡村小学食堂购置冰箱、餐桌椅、消毒柜、碗柜等餐饮设施，通过改善环境助力乡村振兴；继续深化与康郎村在中药材种植上的产业合作，优选市场前景好、产量稳定、效益有保障的品种，为康郎村种植户提供种子、种苗，并定期提供种植技术培训，种植红花超1500亩、续断超500亩、黄芩超200亩，助力对口地区实现更好发展。

（二）联建共建探索文化落地

党委积极发挥企业自身在中医药知识普及、保健产品安全使用、中医药文化传承等方面的优势，采取跨界融合、观念升级、产融互惠、文化熏陶、对标先进等方式，认识自身发展局限，打破传统思维模式，寻求多元合作路径，将党建联建共建作为推动企业高质量发展的有利抓手。通过与市国资委组织处党支部、上海爱乐乐团党支部联建共建，有效整合红色基地、音乐党课等教育资源，提升党性修养；通过与上药信谊党委联建共建，分享资源、交流经验，实现党建与企业发展良性互动；通过与广发银行上海分行党委联建共建，充分发挥各自行业特点和优势，促进党员干部自身修养提高和社会责任担当；通过与云南省弥渡县康郎村党总支联建共建，共同谱写合作共赢的崭新篇章。

四、企业文化在文化强国战略中释放活力

以使命驱动先进文化培育与积淀，以优秀的文化理念打造核心竞争力，以卓越的文化力推动稳健发展。

（一）全方位加强中药文化培育与沉淀

旨在弘扬中医药文化，提升上海中药市场的野山参品质，保护消费者利益，促进上海参茸产业健康发展的“上海野山参文化节”已连续举办七年，围绕“品质优先、全国布局”的战略定位，始终致力于实施中药材种植提质增效、推进中药材的研发创新和促进大健康领域的合作发展，通过举办一届届惠泽市民的野山参文化节，将保护消费者权益落到实处。参与主体制定的《上海野山参质量规格团体标准》也正式发布。

（二）多产品协同占据市场竞争一席之地

在积极探索模式创新，努力引领潮流发展，聚焦提升消费能级，为游客“解锁”上海优质旅游商品“密码”的大背景下，紧紧抓住推进“上海礼物”品牌升级的市场机遇，以品牌认可度高、品质发展过硬、线上线下深度融合、商品服务无缝链接、需求供给动态平衡等优势，旗下上药神象野山参粉、免泡发燕窝、妆食同源花博会礼盒、超细珍珠粉、西洋参礼盒等多款产品荣获“上海礼物”称号。上药药材始终认为优质的大健康产品，不仅仅是一份商品，更是传统中医药推广的名片，充满了传统文化的印记。

（作者系上海市药材有限公司党委副书记、工会主席凌文婕）

文化融合支撑企业高质量发展行稳致远

山东能源集团

山东能源集团是山东省委、省政府于2020年7月联合重组原兖矿集团、原山东能源集团，成立的大型能源企业集团，以矿业、高端化工、电力、新能源新材料、高端装备制造、现代物流贸易为主导产业，拥有兖矿能源、新矿集团、枣矿集团等20多个二级企业，境内外上市公司9家，从业人员22.97万人。2021年实现营业收入7521亿元、利税总额531亿元，位居2021年世界500强第70位、中国企业500强第24位，入选国务院国资委国有重点企业管理标杆创建行动标杆企业，被国务院国资委评为“公司治理示范企业”。

联合重组以来，山东能源将文化融合提升作为企业联合重组成功的重要保障，始终以习近平新时代中国特色社会主义思想为指导，坚持海纳百川、兼容并包的文化立场，以高度的使命感和责任感，科学谋划、系统推进企业文化融合提升工作，构建全新企业文化理念体系，设计新的LOGO标识，推动企业文化大宣贯、大融合、大提升，发挥引导人、塑造人、鼓舞人的柔性管理作用，取得联合重组1+1>2的良好成效，走出了一条不平凡的融合提升之路。

一、确立六合目标导向引领，不断夯实企业文化融合提升基础

在联合重组后的第一次领导干部会议上，山东能源党委提出企业文化“整合、融合、联合，合作、合力、合心”六

合目标，并多次在重要会议和重要场合强调企业文化融合提升的意义和要求，为企业文化融合提升打下了良好基础。一是致力“心合”，在感情融合上画同心圆。组织开展“讲大局、聚合力、保稳定、促发展”“团结一致向前看，凝心聚力谋发展”形势任务主题教育，组织专题宣讲700余场次，10万余人收听收看。针对企业联合重组中干部职工存在的困惑、疑虑等问题，连续推出“联合重组系列谈”宣讲篇、践行篇、协同篇、服务篇等7个篇章350余篇系列评论和言论文章，《山东能源是命运共同体》《你是什么样子，山能便是什么样子》《在岗 在位 在状态》等文章得到广泛好评。新闻媒体刊发“新山能、新气象”各类报道1.8万篇，通过开展主题征文、百姓宣讲等活动，唱响了“一家人、一盘棋、一条心”主旋律。二是推动“志合”，在目标统一上求最大值。根据企业发展实际，明确“三步走”发展战略和“资产、营收双万亿企业”发展蓝图，谋划“一核心三基地四平台”产业发展区域布局和“3+3”主业布局，制定“十四五”发展规划，开展“六比六争”“大兴学习之风 提升工作能力”“两增三降三提升”活动，一年一个奋斗目标，一年一次文化号召，持续将干部职工的思想统一到“团结一致向前看，凝心聚力谋发展”上来。三是确保“事合”，在六大协同上取公约数。瞄准产业链各环节连接处发力，创造性提出管理协同、市场协同、区域协同、人力资源协同、产业协同、资源协同“六大协同”，带动业务、管理、制度、人员、文化等深层次全面整合融合。联合重组两年来，协同规模不断扩大，层次不断提升，机构精简化、产业专业化、区域集约化、资源协同化、文化融合化“五大整合”蹄疾步稳，融合发展态势得到新深化，高效协同集团管控体系初步形成，为提炼形成全新企业文化理念体系打下了坚实基础。

二、聚焦传承创新立心铸魂，倾力打造全新企业文化理念体系

在新的企业文化理念打造过程中，山东能源注重“三个找准”。一是找准历史品格与时代感悟的结合点。原兖矿集团、原山东能源集团同为省属特大型煤炭企业，在长期的管理实践中都有着深厚的文化积淀。原兖矿集团艰苦创业、乐于奉献、勇于冒险、创新进取的优良传统，形成“团结务实、开拓创新、伸展双翼、搏击世界”的企业精神，“为党分忧、为国争光、为行业争气”、争创“中国第一、世界一流”为主要内容的核心价值观。原山东能源集团构建形成“超越文化”体系，融合提炼“实、新、严、细、精、和”六个文化特质。开放的胸怀，报国的责任，兼容的品质，创新的激情，争先的气魄和“特别能战斗”的精神成为需要赓续传承的厚重文化积淀。二是找准原有文化与新建体系的契合点。采取内部访谈、问卷调查、现场考察、文献查阅、座谈交流等方式，深入了解企业文化建设现状，组织企业使命、愿景、核心价值观和LOGO征集活动，汇总文化理念3064条、LOGO设计文案456件。积极吸纳内部征集文案的有益元素，充实融入形成企业文化理念和LOGO标识设计方案，经6次专题讨论、精心打磨、征求意见，形成契合能源集团未来发展战略目标、干部职工高度认同的全新企业文化理念体系。三是找准时代要求和企业发展的新定位。在积极承担起保障山东省能源安全、优化能源布局、优化能源结构“一个保障两个优化”职责使命的同时，山东能源致力于煤炭绿色低碳开采和清洁高效利用，致力于新能源投资开发，致力于为世界创造绿色动能，积极参与、实施、影响和引领能源变革，“创造绿色动能，引领能源变革”使命的确立，“建设清洁能源供应商和世界一流企业”愿景的提出，“安全、创新、绿色、担当、卓越”核心价值观的提炼，形成了企业文化建设与管理的共同纲领。LOGO标识融入“企业重组整合”“立足山东、面向全球”“新老能源、新旧动能、双碳战略、新老产业传承融合、继承发展”等各项元素，从5个方面进行详细释义，建立起了企业品牌与集团历史、文化、管理等内容的深层次逻辑联系，得到集团内外广泛认同和一致好评，打造了亮点品牌。

三、坚持顺势而为强力宣贯，推进新的企业文化理念体系落地生根

为确保企业文化理念得到干部职工广泛认同，内化于心、外化于行，山东能源采取多种形式，推进文化理念深入实施、落地生根，实现企业文化培训率达到100%，核心理念员工知晓率达到100%，视觉体系规范应用率达到100%。一是制定企业文化宣传文本。编印《企业文化宣贯年意见》《企业文化读本》《VI手册》和《企业文化案例故事集》，广泛宣传阐释企业文化理念体系，为广大干部职工了解掌握企业文化内涵、践行文化理念提供纲领性文件。编辑出版《山东能源史话》《山东能源红色文化故事》等系列文化成果，广泛组织学习宣讲，持续提升员工对企业文化的认同感。二是采取多种宣贯形式。制定《企业文化融合提升三年行动计划》，提出“1345”基本思路。“1”，即明确企业文化融合提升总任务；“3”，即按照三年时间、三个重点、三个阶段的方法分步推进实施；“4”，即打造PDCA四步循环提升模式；“5”，即实现理念共识化、行为规范化、视觉一体化、制度科学化、管理现代化五个目标。精心打造“文化讲师团”，组织开展“企业文化巡回宣讲”，推进文化理念深入人心。举办“企业文化内训师训练营”，综合运用理论讲解、实战演练、团队建设等多种方法，引导企业文化内训师提升业务能力。开设“企业文化大讲堂”，分期分批做好领导干部、中层管理人员、业务骨干、职工群众、新入职员工等不同层面的培训工作，扩大文化理念宣贯覆盖面。三是营造浓厚氛围。举办企业文化理念暨LOGO标识发布会，在媒体刊物开设“文化故事”专栏，广泛宣传推广职工群众身边的文化故事。充分利用网站、报纸、微信公众号、抖音短视频等平台，宣传文化理念，刊播践行文化理念的案例故事，引导干部职工准确把握集团公司文化理念的基本内涵。并结合迎接党的二十大胜利召开等重要活动，设计开展“劳动者故事大会”“青年成长分享会”、企业文化摄影展、书法展、羽毛球比

赛等主题活动，在抒发对党和国家忠诚热爱的同时，进一步提升干部职工思想境界、团结精神和大局意识，在春风化雨中厚植企业文化融合提升的思想基础和情感基础，营造了浓厚的企业文化氛围。

（作者系山东能源集团）

文以载道内化于心 文以兴企外化于行

山西焦煤汾西矿业水峪煤业

为深入推进新焦煤企业文化重塑工作，促使广大干部职工进一步了解掌握并融入新焦煤文化，凝聚发展共识，形成发展合力。一直以来，水峪煤业依托山西焦煤大集团发展优势和“实干见效年”的要求，始终以习近平新时代中国特色社会主义思想为引领，紧紧围绕新焦煤价值观，力求把企业文化重塑工作的理念转化为凝心聚力、成风化人的具体举措。经过几十年的积淀与升华，充分发挥新焦煤文化的凝聚力、感召力、辐射力、渗透力、影响力、吸引力、推动力，在企业安全生产、经营管理和职工工作生活方方面面都起到了润物细无声的作用。

一、根植企业精神

企业精神是企业文化中一只“看不见的手”，在企业运作中悄悄地发挥作用，这种作用可以渗透到企业行为的各个方面。“以奋斗者为本 长期艰苦奋斗”的企业核心价值观、“团结、求实、奉献、进取”的企业精神、“安全为天 生命至上”的安全理念等这些企业文化的内涵在水峪煤业不断丰富，企业文化的建设也在不断推进。

二、树立企业形象

企业形象是社会大众和企业职工对企业的整体印象、整体感受和评价，是对企业文化构成的综合反映，是对企业通过各种实践、多种方式在社会上塑造起来的知名度和美誉度，因此好的企业也需要“打扮”。企业形象好，职工会增强对企业的归属感。我们的具体做法是：

在视觉识别上，水峪煤业高度重视标识规范使用工作，多次组织相关人员对全公司范围内的名称统一、新焦煤标识规范化使用等情况进行督导检查。并由党委宣传部审核把关，绘制在企业日常办公用品上，如对文件袋、信纸和信封、便笺纸、笔记本等上的标识进行统一规范。同时在职工安全帽上贴上企业标识，在任务室桌角张贴新焦煤文化内容等。

在行为识别上，公司还拥有健全的规章制度，通过明确职责来统一职工行为。比如，对所有职工进行新焦煤文化培训；每年评选先进工作者；参与“送温暖 献爱心”的社会捐助活动以及每年对考上大学的职工家庭开展“今秋助学”助力学子圆梦活动等。

三、注重以人为本

人的因素是生产力中最活跃的一部分，所以不能离开人的因素去建立企业文化。

（一）特色活动凝聚文化力量

水峪煤业通过党支部、团青和工会，利用组织架构去团结所有职工。不同组织利用不同的时机开展各类活动，以此增加凝聚力。比如，党支部经常举办党员生活、开展主题党日，给党员集体过生日等活动，并且为入党积极分子提供良好的学习和进步平台；团青则开展“锋尚联盟”学雷锋志愿服务系列活动，长期活跃在矿区的井上井下各个角落，通过参与志愿者各类服务活动来达到学习和交流的目的，更好地发挥了青年职工的优势。党委宣传部、工会利用各大节日开展教育、加强宣传，每年还举办一些知识竞赛、演讲比赛、诵读比赛、诗歌朗诵、安康杯职工乒乓球赛等文体活动，丰富员工的业余生活。

（二）微信助力丰富文化内涵

利用微信公众号平台加强与职工间的沟通是水峪煤业企业文化的特色之一。水峪煤业利用企业微信公众号，开通了新焦煤企业文化贯彻学习专栏，对新焦煤文化进行转载；每日头条新闻转载山西焦煤微信公众号内容，紧跟形势不断档、紧随步伐不掉队；公众号对基层动态、好的经验和做法及时进行刊发，起到以点带面、典型引路的作用；在重大节假日期间，也会给全体职工祝福和慰问；在大年初一、中秋节和端午节等中国传统节日，考虑到外地职工无法与家人团聚，公司还会组织送爱心饺子、粽子、月饼等活动；每年重阳节，关爱退休老干部和职工，开展“九九重阳节、浓浓敬老情”座谈会等活动，这种做法实施多年，已经成为水峪煤业的惯例。

（三）安全理念推动文化落地

安全生产关系职工群众的生命财产安全，关系改革发展稳定的大局。作为煤矿企业，水峪煤业一直以来高度重视和切实抓好安全生产工作，始终坚持贴近实际、贴近基层、贴近一线建设安全文化，以提高职工安全意识、安全素质为目标，通过组织开展一系列安全宣传教育活动，使职工牢固树立“安全为天 生命至上”的安全理念、遵章守法的管理理念、安全操作的工作理念，提高注重安全、自觉安全的意识，提高自我安全保护的技能，从而推进安全理论创新，引导安全行为，提高全体职工的安全文化素质，大力营造有利于安全工作的舆论氛围。

一是杜邦安全管理落地开花。水峪煤业紧紧围绕山西焦煤要求部署，将杜邦安全管理贯穿于矿井安全生产、经营管理当中，率先谋划、先行先试，努力使杜邦安全管理在矿区全面开花结果。双向沟通作为杜邦安全管理的一个突破口，是公司在杜邦安全体系运用中摸索出的一套新做法。公司在井上井下各队组全面推行“双向沟通”后，首批试行推进双向沟通的队组，根据双向沟通实施办法，要求队干下井必须携带双向沟通表格，变以往的直接查隐患开罚单为现场双向沟通安全管理，深层次了解职工思想动态和工作中存在的问题，努力解决工作面现场的挡手问题。此举实施以来取得了实质性的效果，职工“三违”行为在不断下降，比去年同期减少30%左右。

二是安全宣传教育常抓不懈。水峪煤业利用各类宣传媒体，开辟了“安全宣教”“警示教育”“安全漫画话安全”“安全访谈”“安全评论”等栏目，定期将煤矿典型事故案例警示教育片进行刊登，引以为鉴，举一反三，进一步唤醒生命大如天的安全责任意识；对新煤矿安全规程、习近平总书记关于安全生产的重要论述等内容组织职工进行全员贯彻学习；对一把手进行安全访谈，增强安全防范意识；利用黑板报，以图文并茂的形式了解安全知识，增强安全意识；向职工征集安全漫画，人人参与其中，感悟安全的重要性和必要性，时刻谨记安全，把安全放在一切工作的首位来抓。同时还坚持开展周五例会“安全宣教入队组”宣讲活动，2021年共宣讲 70 余次；不定期地开展安全说教进队组活动，通过安全三句半、诗歌朗诵、安全歌曲、写给爸爸的一封信、新焦煤企业文化有奖问答等活动，寓教于乐的安全说教活动将安全知识传递给每位职工，切实让职工自觉遵章守纪、按章操作，筑牢安全防线。

四、实化行动见效

企业文化建设的根本就是见于行，为确保企业文化能够“实化行动”，我们的做法是采用“四抓”：

第一抓入形：就是把比较抽象的理论理念变为职工喜闻乐见的形象模式。使企业文化延伸至身边人身边事，并赋予公司企业文化更加宽泛的艺术感召力；第二抓入规：就是将文化理念转化为行为规范，着力抓文化理念与行为规范相融合；第三抓入流：就是将文化理念所要求达到的标准渗透到各个工作流程；第四抓入微：就是将企业文化落实到每一个工作细节。实施企业文化管理，根本目的就是要引领全体职工从“心”的一致到“行”的统一。

在不断推进企业文化建设过程中，水峪煤业深刻体会到文化推进需要长期、不懈的努力，并且需要对新焦煤文化落地形式和方法进行不断的创新、挖掘、凝练，才能不断赋予文化以新的内涵和生命力。将企业文化渗透到每个职工的心中，成为职工的思想准则与行为规范，进一步增强职工的认同感、归属感、责任感、使命感、成就感。

我们也清醒地认识到，企业奋斗目标与发展方向还需在与时俱进的过程中科学把握、合理确立和调整。为此，我们将更加自觉、更加自信地培育企业文化，弘扬新焦煤文化，推动水峪煤业安全高质量发展！

（作者系山西焦煤汾西矿业水峪煤业党委宣传部干事 张丽丽）

创建新能源企业“新·光”团青品牌

广东省电力开发有限公司

广东省电力开发有限公司（以下简称“开发公司”）是广东能源集团新能源板块平台公司。近年来，为坚决贯彻落实国家碳达峰、碳中和发展目标，践行广东能源集团“用心创造绿色能源”的品牌承诺，开发公司充分发挥党建引领作用，凝心聚力，攻坚克难，奋勇前进，以奋斗者的姿态全力拼搏，奋力完成新能源大发展目标。

近五年来，开发公司党委一直高度重视企业文化建设，其中，指导塑造团青品牌文化，尤其成功。

针对青年员工队伍快速壮大及归属感等问题，公司团组织开展专项调研，召开专题研讨会，分析行业内青年群体特性，根据青年员工乐于接受新鲜事物、有主见、追求个性，但又渴望归属感、热爱文化标签等特点，遵照四合原则，吻合新能源青年特点、迎合新能源青年兴趣爱好、符合企业发展规划目标、融合集团文化内涵且独具新能源板块特色，打造了“新光”团青品牌文化。

经过 5 年实践，“新光”品牌已被广大员工所接受，享有较高知名度，发挥引领凝聚青年、组织动员青年、联系服务青年的作用，引导青年抓住新能源发展黄金机遇期，立足岗位、建功立业，为新能源大发展贡献青春力量。

“新·光”品牌的内涵如下：

“新”的含义：新时代、新青年、新能源；“光”的含义：光明、阳光、光伏。“新·光”意味着开发公司团组织是一支在党领导下奋战在新能源建设一线的新青年队伍，它不仅利用阳光这种用之不尽取之不竭的清洁能源提供电能和光明，还为实现“双碳”目标加大动力，它是一支助力公司党委创新、创效、创优的奋进生力军。

品牌创建过程具体如下：

一、用“新光”点燃奋斗激情

公司团委以“新光”命名青字号。其中，作为新能源开发核心团队的资源开发部创建的青年文明号以“拼搏新光”为创建口号。这支以“新光”命名的青字号通过日夜拼搏、坚守一线，助力公司超额完成新能源发展目标。开发公司光伏装机规模从 2015 年初的 66 兆瓦快速增长至 1000 兆瓦，提前完成“十三五”规划目标。2021 年新增光伏装机容量超过 100 万千瓦，实现总装机规模在“十三五”末基础上翻番，稳居广东地区光伏发电总装机容量规模第一。

二、用“新光”照亮精神路标

2021 年 7 月，开发公司团委组织团员青年开展党史知识思维导图竞赛活动。团员青年们通过组队绘制党史知识思维导图，将学习党史理论知识从“被动喂食”转换为“主动择食”，从“被动吸收”转换为“主动汲取”，达到了学思结合、学深悟透的学习效果。思维导图在日常工作和学习中的使用还不多，大多数青年愿意尝试通过思维导图这种新型学习工具参加理论学习，通过发散联想的一系列思考过程，实现理论学习入脑入心、学深学透。这次活动很好地体现了“新光”品牌“新”的特点，通过更容易被青年接受的新方式引导青年强化政治理论学习、夯实理论基础，引领青年坚定理想信念，听党话，跟党走。

三、用“新光”温暖志愿服务

（一）打造独具新能源特色的能源科普公益课

“带你寻找新能源之光”为主题的科技公益课是公司团委创建“新光”团青品牌后打造的年度系列品牌活动，连续5年走进6家小学，为在校小学生讲授新能源科普知识和绿色环保知识。科普公益课经过开发公司优秀青年骨干讲师团近5年的精心打磨，已经成为公司团委的明星品牌课程。疫情期间，公司团委还在线上开展了云科普课程，把科普课带给疫情期间暂未复工复学的职工家属。2022年6月，公益课还走进了光伏项目所在地佛山三水南山镇，以功能型党委党建带团建的方式为当地小学生授课。新能源公益课助力企业落实社会责任的同时，促进青年员工将自身价值与企业价值相融合，提升青年员工对企业责任的认同感及对所在团队的归属感，增强团队的凝聚力和向心力。

（二）举办集团首场扶贫直播带货公益活动

2020年5月，公司团委组织团员青年在线上开展了一场以“新光”品牌“冠名”的直播带货公益活动，向广大网友推荐来自光伏扶贫项目周边地区的优质扶贫助农产品。这是公司团委助力公司将产业扶贫的触角由投资建设扶贫光伏电站伸向助销电站周边农产品的创新做法。直播带货是新媒体时代的新生产物，绝大多数青年对直播带货非常感兴趣，这场以“新光”品牌冠名、亲身体验主播带货、亲身实践助力脱贫攻坚的扶贫带货活动，对开发公司青年员工而言意义非凡。本次扶贫带货直播活动是集团首场直播活动，擦亮了“新光”团青品牌，进一步引领团员青年以实际行动贯彻落实党中央决策部署。

四、用“新光”定义文化标签

（一）用网络热词为品牌打上“标签”

利用网络热词为青年团体打造一张与自身工作相结合的身份识别卡，有利于树立个性化品牌形象，从而让更多的青年员工认可品牌文化。我们为新能源板块青年群体取名为“新光天团”，“天团”一词便来源于网络热词，为追求个性化的青年团体打上统一认可的标签，凝聚青年步调一致向前进，这也是推进企业文化宣贯的创新路径之一。

（二）为品牌立“人设”找“形象”

品牌形象“光伏兄弟”的设计理念及形象，均由公司团员青年亲手设计和绘制，是符合新能源青年自身特点、工作特性的原创文化作品。光伏兄弟由两个象征着新能源青年的卡通人物组成，其中“阿光”身着广东能源色服装，与广东能源集团 logo 相呼应。头顶上的光束，既代表太阳能，也代表着希望，寓意为新能源创造新希望。腾空跳跃的形象象征着广东能源人激情奉献、追求卓越的精神。“阿伏”身上点缀了安全帽、无人机和热成像仪等元素，身着劳保服。安全帽上印有广东能源 logo，与电站运维人员的形象相呼应。头戴光伏板纹路安全帽，不仅展示了光伏板元素，还体现了“安全第一”的生产理念，热爱思考、热衷钻研、站立姿态的形象象征着广东能源人严细实的工作作风。

（三）为品牌形象寻找“出镜”机会

光伏兄弟“出道”后，多次出现在各种场合，如作为“参与者”出现在集团技能竞赛和青年论坛中，作为“主讲人”出现在值班手册和青年说唱节目中，作为“听讲者”出现在集团领读者活动和 AI 读书会上，作为“小伙伴”（卡通玩偶）出现在每位员工的办公桌上，作为“宣传者”出现在公司的海报和环保袋上。另外，公司团委利用公司公众号宣传团青活动，凡是以团青活动为主题的推文均提及“新光”品牌，配有“光伏兄弟”漫画插图。截至 2022 年 6 月，公司公众号提及“新光”或出现“光伏兄弟”的推文阅读量已达 21734 人次，“光伏兄弟”深受青年员工喜爱。

五、用“新光”延续品牌意义

开发公司“新光”团青品牌文化将按照以下原则，继续发展完善品牌形象。

原则一：坚持党建引领。任何团组织品牌文化的创建，都不能偏离党的领导这条主线。共青团是党的助手，是党的后备军，党有号召，团有行动，共青团最重要的任务就是充分发挥团的突击队作用和联系广大青年的桥梁作用。

原则二：坚持围绕中心、服务大局。围绕中心才能找准方向，服务大局才能体现价值。团组织品牌创建要围绕党和国家工作大局找准切入点，要围绕新能源大发展、国有企业高质量发展以及企业中心任务找准结合点和着力点，组织动员广大青年发挥生力军作用。

原则三：坚持服务青年成长成才。团青品牌创建为的是青年这一群体。团组织品牌文化要得以延续，首先就要使青年群体认可。团组织要做青年值得信赖的贴心人，要深入青年之中，倾听青年呼声，把青年安危冷暖挂在心上。要充分发挥团组织的优势，调动资源，为青年排忧解难，团组织要成为青年遇到困难时想得起、找得到、靠得住的力量，团组织文化才有存在的意义。

开发公司团委将继续努力延续“新光”品牌团青文化，引领凝聚团员青年成为新能源建设闯路人，组织动员团员青年成为新能源建设工匠人，延续“新光”品牌团青文化，组织动员团员青年成为新能源建设工匠人。

（作者系广东省电力开发有限公司团委书记戴晓霓）

微笑绽放二十年　创先争优再出发

南宁高速公路运营有限公司

广西交通投资集团南宁高速公路运营有限公司（简称“南宁运营公司”）的企业文化深深根植于南宁高速公路运营服务20余年的实践探索，作为中国高速公路“微笑服务”发源地，公司以“让使用者满意，让服务者自豪”的使命感为内驱力，紧跟新时代发展趋势，不断追求卓越，形成了适应高速公路行业发展、符合公司发展战略的企业文化体系，打造了“微笑+”品牌，迈出领跑行业品牌的关键一步，在行业内外、东盟国家具有较高的知名度和美誉度，赢得社会各界广泛赞誉。

一、企业文化理念体系

南宁运营公司是广西交通投资集团有限公司的二级全资子公司，是其高速公路运营业务板块的标杆企业，主要负责南宁周边644.656公里高速公路的收费、养护、应急救援、服务区等运营管理。南宁运营公司的“微笑+”文化品牌历经二十多年的发展，有着深厚的文化积淀，2015年，公司对企业文化体系进行了重构。“微笑+”文化以“让使用者满意，服务者自豪”为使命，通过为出行者提供安畅舒美的行车体验，形成了独具高速公路运营特色的企业文化理念体系，主要由核心理念体系、专项理念体系、行为准则体系和视听文化体系四部分构成。

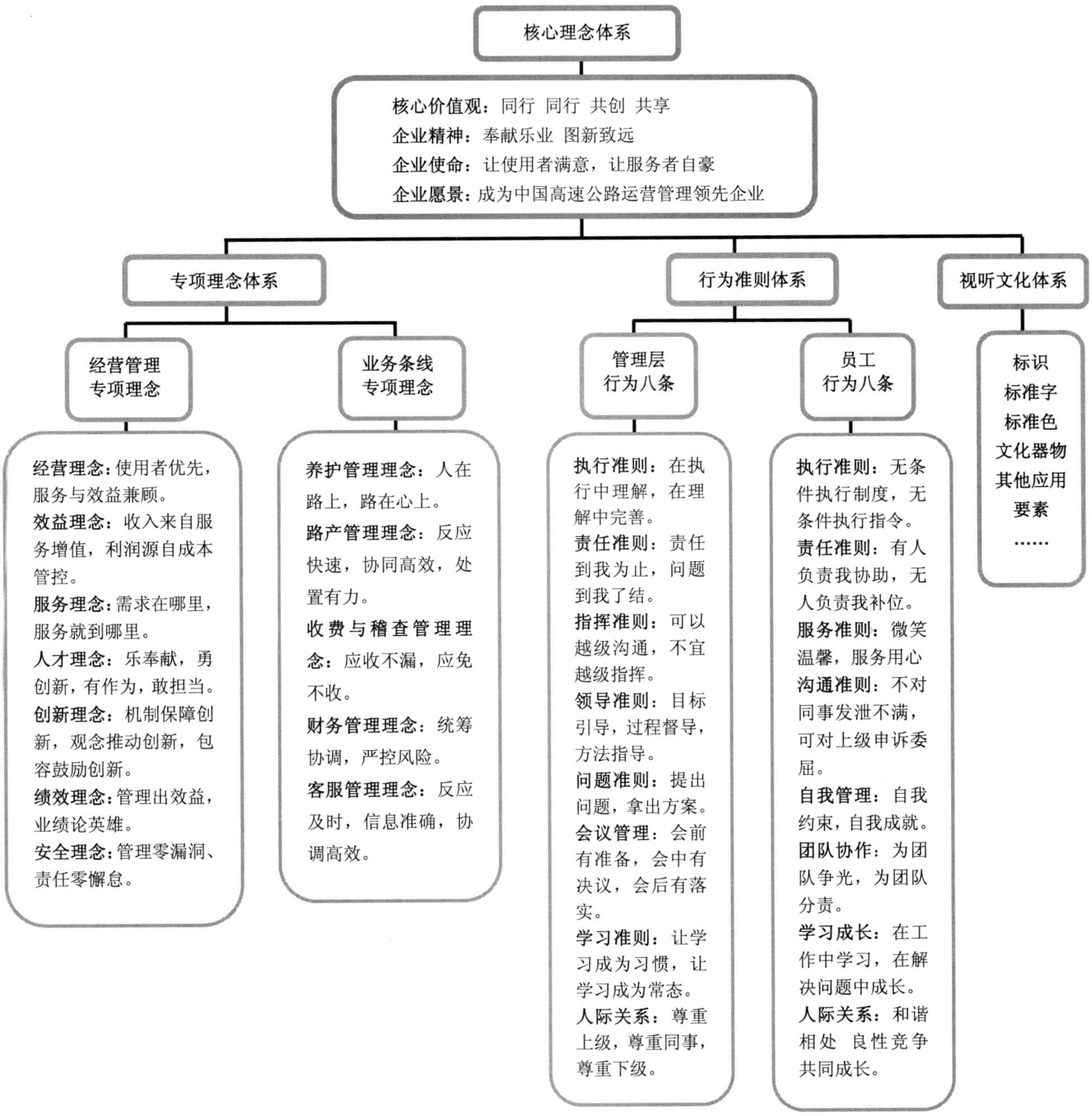

图1：广西交通投资集团南宁高速公路运营有限公司文化体系

南宁运营公司对标国内先进，内外兼修，不断丰富“微笑+”文化品牌的内涵。对内，重点打造服务文化、绩效文化、安全文化、创新文化等专项文化和站区子文化，将理念植入职能管理领域；对外，不断延伸“微笑+”品牌方阵，形成“亲和微笑”“保畅四个一”“凤娟标杆”“高速喇叭花”等多个具有社会影响力的服务子品牌，将无形的文化价值转化为有形的品牌价值，从而给高速公路使用者创造美好出行，向社会展示了“微笑+”独特的文化魅力。

二、企业文化建设管理机制

南宁运营公司不断优化改进管理机制，坚持将企业文化纳入公司长期发展战略，通过系统的目标体系、制度体系和考核体系将企业文化渗透到公司的经营管理当中，引导员工形成一致的价值追求和文化自觉，推动公司企业文化建设全面化、全员化、系统化地深入发展。

（一）融入顶层设计　文化引领战略发展

公司坚持文化引领，把企业文化建设提升到战略管理高度，根据党的十九大发展理念和广西交投集团战略部署，在新时代创新新举措，出台《文化与品牌“两个率先”三年（2018—2020）规划》，将文化品牌培育纳入战略管理，提升品牌价值。

（二）健全领导机制　提供有力组织保障

公司制订了《企业文化建设管理办法》，建立健全领导机制和工作机制，充分发挥党员干部的模范带头作用和先进文化引领作用，明确党委书记、董事长亲自抓文化建设，公司从本部到分公司、站（队）逐级建立了企业文化工作机构，为企业文化落地提供有力的组织保障。

（三）加强机制建设　促进文化融入管理

一是文化融入制度体系，保障文化理念落地。公司明确了文化理念与管理制度建设相融合的原则，“以使用者满意”为导向，梳理完善150多项业务流程和150多项管理制度。二是文化融入考评体系，推动员工行为改善。2016年以来，南宁运营公司在行业内率先实行价值观考核，通过将核心价值观进行量化分解，建立行为绩效考评指标，对员工企业文化价值观进行360度测评，促使企业文化价值观进入员工行为，促使员工思想观念发生深刻变化。

（四）优化服务标准　提升运营服务质量

“微笑+”品牌的发展历程是服务标准不断优化升级的过程。微笑绽放20年，公司收费服务标准引领行业标准，其中“微笑服务”成为行业标准动作，为推动行业文明做出了积极贡献。公司主编的《高速公路收费微笑服务规范》《高速公路服务区服务规范》《高速公路出行信息服务管理指南》已成为广西地方标准。

（五）丰富载体建设　营造良好文化氛围

公司充分结合员工队伍年轻的特点，创新多种形式、开辟多种渠道丰富文化载体，无形中增强文化认同：

一是规定动作和自主创新相结合，开展丰富多彩的文化主题活动。坚持每年开展“微笑日”服务活动成为品牌仪式，基层根据年度文化建设方案开展主题文化月、文化讲座、学习论坛等活动，做到全员参与。

二是宣传平台多样化，公司在所有的站所管理区建立了企业文化宣传栏，开设“广西交通南宁高速”“高速喇叭花”微信公众号，并通过微信平台、网易直播、微电影等媒介，多方面、多角度地展示“微笑+”品牌文化建设成果。

三是加强品牌文化基地建设。公司根据高速公路收费站所远离城市、员工队伍年轻化的特点，积极开展打造“三园”（建设美丽家园、创建健康乐园、共享温馨家园）活动。按照“一站区一主题一形象”的要求，打造文化主题特色站区，如“微笑南宁东”“壮美武鸣”“花漾安吉东”等；通过完善文化长廊、阅览室、娱乐室、体育馆、健身房、党团活动室等，沉淀企业文化建设成果，使企业文化深植、渗透到员工中去，丰富员工精神文化生活。

（六）建设智慧高速　提升美好出行新体验

2020年取消省界站以及ETC的全面推广应用，是高速公路向管理现代化和智慧交通迈进的关键一步。公司抓住机会，在“领先”文化驱动下不断追求卓越，激发创新活力，围绕新需求应用新技术，加快智慧交通建设步伐。2019年公司出台《智慧交通一体化三年行动计划》，以完善高速公路通信网络设施和监控设施为基础，充分运用物联网、云计算、5G、大数据、北斗导航等新一代信息技术，开展五项系统工程建设：一是建设“e指挥平台”，集监控、管理、数据分析、应急指挥为一体，实现“掌上指挥”；二是建设高速公路海量视频数据实时分析系统，实现对管辖路段24小时全程监控及拥堵智能预警预测；三是建设重大交通基础设施监测系统，实现三维可视化健康监测管理；四是智慧服务区应用系统，建设智能引导停车系统、智能安防、智慧厕所等新兴服务系统，打造服务新体验；五是建设智能养护管理系统，实现智能化养护管理。

三、企业文化建设成效显著

（一）企业文化影响增强

“微笑+”品牌服务模式享誉国内外。“微笑服务”“保畅四个一”“凤娟标杆”“高速喇叭花”等子品牌模式在高速公路行业独具特色，获社会高度赞誉，在行业、全区进行推广。公司精神文明建设成绩斐然，硕果累累：截至2021年底，公司获“全国创先争优先进基层党组织”“全国文明单位”“全国交通运输文化建设优秀单位”等国家级、省部级荣誉206项，标杆员工农凤娟先后获评“2017年感动交通十大人物”“全国劳动模范”“全国优秀党务工作者”并当选党的十九大代表。

（二）企业效益行业领先

在“微笑+”文化品牌引领下，公司的运营管理和服务水平逐年迈上新台阶，运营管理和服务智能化水平不断提高，通行费清分收入、路况质量、应急保畅等业务指标持续领先区内同行，管理和技术创新成效显著：共获得省部级以上科技成果奖项8项，科技发明、专利10项，软著5项，商标2项，发表论文53篇，参与编制地方标准8项，其中3项地方标准已发布。

（三）企业人才效应显著

在企业文化引领下，公司员工的责任感和荣誉感进一步增强，提供一流服务打造一流品牌的意识进一步提高，涌现出了以党的十九大代表、全国劳模农凤娟为首的一批先进典型员工。通过建立“凤娟标杆”团队、建立了“瞪羚人才”库，搭建“广西交通投资集团在线学习”平台、“广西交投书院”管理等平台，培养和输出一批优秀人才，2019年至今晋升114人，人才效应明显，成为广西交通投资集团的“人才摇篮”。

站在新的历史起点，南宁运营公司将坚守初心，以高度的社会责任感，不断提升公司整体运营管理水平，迈向中国高速公路运营管理领先企业新征程。

（作者系广西交通投资集团南宁高速公路运营有限公司党委书记、董事长徐晶，经营管理部经理廖春华，经营管理部管理员汤幸莹）

实施文化强企战略 推动世界一流企业建设

广西投资集团有限公司

2021年，广西投资集团有限公司（以下简称“广投集团”）位列《财富》世界500强第439位，较上年大幅跃升51位。企业要兴旺发达、基业长青，需要企业文化提供源源不断的精神动力。广投集团取得的成绩，离不开一以贯之坚持的文化强企战略。

2020年，广投集团构建起新的企业文化核心理念体系，以“担当、创新、开放、共赢”为核心价值观，以“活力广投、百年广投”为愿景，赋予“创造价值、服务社会、成就员工”这一使命新内涵。新的广投文化核心理念进一步坚定了广投人的文化自信，调动了员工参与改革发展的积极性，为建设世界一流企业提供软实力支撑。

一、创造价值，做好产业升级“领航员”

集团作为一家国有企业，以创造价值为天职，贯彻新发展理念，在创新发展、增长转换、布局优化等重点任务上发力，推动传统产业转型升级，培育发展新兴产业，形成更多新的增长点、增长极，确保国有资产保值增值，做强做优做大国有企业。

（一）做强做优做大国有企业

近年来，广投集团上下一心，各项经营指标得到快速发展，自治区企业负责人经营业绩考核连续八年获评A级，在创造价值上堪称楷模。截至2021年末，广投集团资产总额突破6000亿元，营业收入超2000亿元。

（二）打造龙头企业，引领产业升级

近年来，广投集团坚持“有进有退，有所为有所不为”，并购中恒集团、北海电厂、华烁集团、莱美药业等企业，重组南南铝加工、正润集团、广西金投集团，新成立广投资本管理集团、数字广西集团、广投新材料集团和广投医药健康产业集团，加快构建形成以能源、先进材料、医药健康、数字经济为主导，战略性新兴产业集群化发展的多元现代产业发展新格局，以自身的新旧动能转换，带动广西产业转型升级。

（三）数字化转型走在前列

随着数字产业化、产业数字化的兴起，广投集团先行先试，把做好实现数字化转型、服务广西数字经济发展作为企业使命的新内涵。广投集团顺势而为组建数字广西集团，抢抓机遇建设中国—东盟数字经济产业园，积极谋划“数字广投”项目建设，带动广西数字经济快速发展。“十四五”开局，广投集团推进数字经济的步伐更大，成立数字产业研究院，加快产业数字化技术赋能与技术转化；打造广投新材料智能制造示范工程，构建“产供销一体化”平台。

（四）勇当绿色发展“排头兵”

广西的生态优势金不换，要在推动绿色发展上迈出新步伐。广投集团积极行动，将引领广西经济社会绿色发展作为企业使命的新内涵，全面践行绿水青山就是金山银山理念，落实碳达峰、碳中和要求。广投集团所属金融企业聚焦产业协同，大力发展绿色金融，2021年，国海证券服务北部湾银行成功获批广西首单单笔最大规模绿色金融债，服务广投能源集团成功发行全国首单可持续债、广西首单碳中和绿色债，为广西经济社会绿色转型输血赋能。今年4月，广投集团成功竞得广西首批页岩气区块探矿权，对助推广西打造综合能源大基地具有重要战略意义。

二、服务社会，做好责任履行“战斗员”

广投集团实现自身做强做优做大的同时，坚持共赢发展，以服务社会为企业重要使命，在经济发展、环境保护、诚信经营、社区服务、创造就业、员工成长、公益慈善等方面勇担公共责任，造福社会民生。

（一）提供高质量产品与服务

2021年，广投集团在全区质量强桂工作暨第五届自治区主席质量奖表彰电视电话会议上荣膺第五届主席质量奖。广投集团以高质量发展，为社会提供高质量的产品和服务，得到了高度认可。从油电燃气，到先进制造；从医药、日化用品，到数字智慧服务；从全牌照的金融服务，到咨询、设计，广投集团为社会提供的产品与服务已经紧密围绕在每个人的身边。科技研发方面，南南铝加工不断攻克铝新材料应用技术难题，全力服务国家重大战略及产业发展，成功助力长征五号火箭，顺利试制世界最宽2XXX系硬铝合金扁锭。

（二）脱贫攻坚当先进

2021年2月25日，全国脱贫攻坚总结表彰大会上，广投集团、中恒集团荣获“全国脱贫攻坚先进集体”荣誉称号。

这是党中央、国务院对广投集团服务社会的重要肯定。“十三五”期间，广投集团把打赢脱贫攻坚战作为服务社会的重要战场，尽锐出战，累计投入资金超1.3亿元，选派驻村工作队员72人，完成危房改造2258户，建成水柜474个，易地扶贫搬迁826户，贫困群众“两不愁”质量水平明显提升，“三保障”突出问题总体解决，实现脱贫3339户13567人，贫困人口全部“清零”，贫困群众收入水平大幅度提高，圆满完成对广西7市10县21个定点帮扶村和1个挂牌督战村的脱贫攻坚任务。2021年，广投集团接力推进乡村振兴，累计捐资408万元用于帮扶村基础建设和产业发展；搭建“桂品会”电商平台促成扶贫产品交易额2.8亿元，帮扶脱贫人口9.2万人。

（三）疫情防控显担当

新冠疫情暴发以来，广投集团把抗击疫情作为服务社会的新战场，冲锋在前，一方面按“六稳六保”部署，有序复工复产；一方面捐款捐物，助力疫情防控取得决定性胜利。数字广西集团开发自治区疫情防控大数据分析平台，推出热成像无感体温检测仪，中恒集团全力保障安宫牛黄丸、紫雪散、口罩等医疗防护物资供应。多家企业生产逆势上扬，能源、盐业市场供应稳定，多个重大项目上马建设，集团能源企业通过降电价、气价，金融企业通过减免息等方式，有力支撑了广西经济稳增长。

（四）稳产保供为民生

面对煤价暴涨、减排降耗、限电限产等严峻挑战，广投集团危难面前挑大梁，开足马力增产稳供拓销，稳住了基本盘，守住了安全线。2021年，助力广西签订增量长协煤590万吨，储备煤炭超50万吨；开足马力增产保供拓销，广投贺州电厂双机提前投产，增发电量23.7亿千瓦时；贺州农网改造项目顺利竣工，惠及27万户农村家庭；北海电厂供电可靠率位居全区第一，保持近6000天安全生产无事故，是全区唯一盈利的统调火电企业。2021年，北海电厂、桥巩能源被评为“全国安全文化建设示范企业”。

（五）数字优势“办实事”

广投集团心怀“国之大者”，挖掘自身优势，把为民“办实事”作为服务社会的新领域。广投集团所属企业建设的广西数字政务一体化平台，实现区、市、县、乡村5级全贯通。全区政务服务线上办事“只有一张网”“只进一扇门”，41万项政务服务、451个便民服务应用“掌上办、指尖办、异地办”。“智桂通”移动开放生态体系上线运行，实现“一部手机助广西”；“桂核酸”平台为区内提供核酸检测服务超1亿人次，“广西健康码”亮码超102亿人次，得到国家督导组“系统效率是国家级”的高度评价。

三、成就员工，做好人才发展“辅导员”

广投集团坚持以人为本，以成就员工为重要使命，搭建有利于激发人才创新的生态系统，营造担当作为干事创业的浓厚氛围，充分调动员工积极性、主动性、创造性，培养造就知识型、技能型、创新型人才，为员工提供成就事业、实现价值的广阔平台，实现“个人梦”与“广投梦”相统一。

“十三五”期间，自治区党委从广投集团选拔了11名厅级干部或区直企业领导人员，广投集团共有70人次、55个集体获得全国劳模、全国技术能手、广西工匠、民族团结进步模范等省部级以上荣誉。这些成绩的取得，是广投集团奋力成就员工的成果。

广投集团深入实施人才强企战略，广聚才、深育才、用好才，推动人才工作取得阶段性成就，人才队伍持续壮大。截至目前，广投集团已培养和引进经管人才2700多名、研发人才1400多名、专技人才16000多名、中级以上技能人才3500多名，“70后”经管人才、“80后”砥柱人才、“90后”业务人才相互支撑的人才梯队格局逐渐形成。人才效能持续释放，支撑产业发展的能力逐渐增强，为高质量发展提供了强劲动力。

今年，广投集团正式启动“育英”“精英”“卓越”人才培养工程，扎实推进分层分类人才梯队建设，通过不拘一格、公开透明的培养和选拔，打造与集团发展相匹配的、符合集团企业文化的、具有时代竞争力的人才队伍，全面激活干部队伍“一池春水”。

一年企业靠产品，十年企业靠品牌，百年企业靠文化。广投集团将坚持以文化人，培根铸魂，建设“活力广投，百年广投”，使主旋律更加响亮，正能量更加强劲，文化自信更加彰显，文化创新创造活力充分迸发，推进高质量发展迈上新台阶。

（作者系广西投资集团有限公司办公室陶罗生、王梓谊）

企业文化+品牌文化引领企业高质量发展

广西汽车集团有限公司

一、企业文化和品牌文化的概述

哈佛商学院的约翰•科特和詹姆斯•赫斯克特教授曾对企业文化做出解释：企业文化是企业特有的文化形象，是企业的精神所在，是企业的价值观、信念、发展理想以及企业在处理问题时所用的方法组成。它融合于企业的经营理念和管理模式当中，可以很好地增强对企业员工的凝聚力和号召力，使员工在同一价值理念、信念和行为准则中为企业发展共同努力，在彰显企业文化底蕴的同时，也成为促进企业发展的重要推动力量。

企业品牌是指以企业名称对产品进行品牌命名的品牌，企业经营品牌的过程，就是文化渗透的过程。企业文化通过品牌发展不断优化，企业文化的优化又促进品牌文化的形成、巩固、丰富和突破。企业文化的发展和品牌文化的建设两者互相促进，良性循环，不仅是品牌经营的最高目标，更是企业发展的最高境界，二者的相互成就使企业在未来的市场竞争中形成强有力的核心竞争力。

二、企业文化和品牌文化对企业发展的作用

（一）优秀的企业文化推动企业高质量发展

党的十九大报告中首次提到了高质量发展。何为高质量发展，就是坚持质量第一、效益优先，通过发展质量变革、效率变革、动力变革，来提高劳动生产率，不断增强发展创新力和竞争力。企业文化在企业实际生产经营中发挥着创新理念、规范行为、提高素质、提升效率的基础作用。优秀的企业文化有利于促进科学理念转化为企业行为，通过文化的规范性带动企业管理的规范性；有利于促进企业文化融入经营管理，通过文化的升级带动企业的升级；有利于激发企业的创造活力，通过文化的创新带动经营管理创新，从而实现企业经营管理水平的提升。

（二）优秀的企业文化促进企业上下一心、共克时艰

当前，全世界都处于新冠肺炎疫情的笼罩之下，面对全球经济下行的压力，很多企业正面临着前所未有的严峻挑战和巨大的生存压力。严峻的经济形势既是对企业组织驾驭市场、攻坚克难能力的考验，也是对企业员工主人翁责任感和拼搏奉献精神的考验。优秀的企业文化能帮助企业全体员工建立统一的价值观，实现“劲往一处使”的精神状态，对于企业员工坚定信心、共克时艰，凝心聚力、共渡难关，发挥重要作用。

（三）优秀的品牌文化构建企业新的核心竞争力

如果说企业文化是企业发展的内生动力，那么品牌文化就是企业在市场竞争中的敲门砖。成功的品牌有利于增加客户黏性，使客户凝聚在品牌周围，最终形成客户对品牌的归属感，市场上成功的品牌形象如苹果、华为、腾讯等。社会发展至今，产品逐渐趋同、质量差异缩小，通过性价比竞争的时代已悄然过去，品牌文化将成为企业新一轮市场竞争的蓝海，企业品牌的文化内涵越深厚，其个性形象就越鲜明，市场竞争的潜力和辐射力就越大。品牌文化在给产品注入强烈的文化基因和生命活力的同时，也以其明确的品牌定位来取得客户的关注、认可和忠诚，从而使企业在激烈的市场竞争中脱颖而出。

三、如何通过企业文化和品牌文化引领企业高质量发展

（一）梳理企业文化，讲好企业发展故事

企业文化是企业长期培育、涤荡和积淀的结果。企业发展给企业文化带来丰富的内涵，企业文化的完善又驱动企业向前发展，通过对企业文化的梳理，可以让企业员工了解企业发展历史、铭记文化底蕴、传承发展精神。正如作者所在的单位，广西汽车集团通过编写一本纪实书、一本纪念画册等，梳理出众多感人肺腑的五菱故事，让员工铭记五菱发展历史，达到内聚人心的作用，以无形带动有形，形成企业发展合力，促进企业在发展的道路上越走越远。

（二）企业文化为企业发展提供理念规范

企业文化还包括制度文化，俗话说“无规矩不成方圆”，通过建章立制，完善管理，将企业价值理念和行为准则深植企业内部，转化为指导员工工作的行为准则。例如，创新文化可以提升员工创新的意识，带动员工创新积极性，增强企业发展的动力源泉；质量文化可以让员工在工作中强化自我要求，关注产品品质，为企业树立良好的品质形象；成本文化可以引导员工关注效率，落实成本化管控，从而推进企业精细化管理和企业效益的提升。

（三）多矩阵品牌宣传渠道，为企业品牌立体发声

市场的核心是消费，消费的本质是文化和内涵，人们在消费品牌的同时，也是在消费文化，当企业的品牌文化与消费者所需的文化一致时，会引起消费者情感上的共鸣，从而接受企业的文化，进而接受企业的产品。但在信息高度共享的今天，好酒也怕巷子深，不构建多渠道的宣传途径，再好的品牌也只能淹没在信息海洋中。因此，要在现有的宣传载体上，充分利用好“互联网+”载体，建立以微信、微博、百科和百度问答、知乎等为主的宣传阵营，让品牌文化宣传散播各处，将品牌文化植入客户心里，为品牌上市做铺垫，为品牌竞争做前锋，为企业发展赢先机。

企业文化和品牌文化是企业发展的风向标，指导着企业的发展思想和方向。优秀的企业文化可以凝聚员工的智慧和力量，激励员工积极工作，使得企业上下拧成一股绳，为企业发展努力奋斗；优秀的企业文化可以增强员工的责任感和使命感，激发员工学习热情，挖掘员工工作潜能，使企业永葆青春活力，不断迎接新的挑战；良好的品牌文化会增强企业的外部声誉，提高企业的知名度，促进企业的合作共赢，推动企业向更高层次发展。

（作者系广西汽车集团有限公司办公室董事会秘书、行政总监王雅琴）

以企业文化建设铸魂赋能
开拓幸福旅程

广西旅游发展集团有限公司

习近平总书记在党的十九大报告中指出，文化是一个国家、一个民族的灵魂。文化兴国运兴，文化强民族强。没有高度的文化自信，没有文化的繁荣兴盛，就没有中华民族伟大复兴。企业是社会的细胞，优秀的企业文化是中国特色社会主义文化的重要组成部分。2020 年，广西旅游发展集团有限公司（以下简称“广旅集团”）将企业文化建设作为年度重点工作，开启企业文化建设，通过文化的软实力，为广旅集团实现高质量发展提供丰沛的“精神营养”。

一、凝心聚力铸就全员认可的企业文化核心理念

新时代催生新思想，新征程召唤新精神。站在迈步打造

广西建设世界级旅游目的地龙头企业，进入全国旅游企业先进行列的“关键节点”，广旅集团迫切需要更有时代气息，更具广旅特色与风格，能够贯通过去、指引当下、成就未来的“有灵魂”的优秀企业文化。为此，2020 年 9 月份，广旅集团启动了企业文化建设，聘请专业机构，历时三个月时间，先后举行大型报告会 3 场、座谈会 12 场、组织 900 多人参加问卷调查、组织 200 人面对面调研访谈、征集意见建议 253 份，深入分析，总结提炼，契合企业特征又基于干群共识，成功构建了以“开拓幸福旅程”为企业使命，“康养引领者 文旅新标杆”为企业愿景，“担当者进 创效者赢”为核心价值观，“从担当开始、以客户为先、为创新喝彩、用专业说话、业绩论英雄、阳光下共赢”为基本价值观和 36 条行为准则的企业文化核心理念，凝聚了广大干部员工的集体智慧，清晰定位了广旅集团所肩负的神圣使命，展望了全体员工对未来发展愿景的期许，彰显了集团核心价值观，明确了经营管理理念和员工行为准则。

二、打好组合拳促进企业文化入脑入心见行

企业文化若不落实，再好的也只是空中楼阁，广旅集团将学习宣贯践行集团公司企业文化作为当下和长期的重要工作任务来抓，党委抓总，一把手宣贯，全面推进，开展“一把手”宣贯、组建内训师队伍、发布企业文化手册、启用集团公司 logo 标识、竞拍价值观活动、召开基层文化共享会、评选年度企业文化模范人物为主要内容“七个一活动”组合拳，进一步提升企业文化建设水平，形成创效增盈合力，成为推进企业中心工作的强劲引擎。

一是开展“一把手”宣贯，促进企业文化入脑。广旅集团党委统一编写了企业文化宣讲稿件，党委书记、董事长面向全体员工开展首次企业文化核心理念宣贯，编印 3600 本企业文化手册，确保每位员工人手一份，同时成立了企业文化宣贯领导小组分批赴基层开展宣贯，各部门各子公司“一把手”组成内训师队伍，当起老师进行全方位的宣贯，确保员工更好理解企业文化的核心理念，引导员工照镜子、勤改善，形成辐射带动效应，增强凝聚力和战斗力。二是启用集团 logo 标识，将企业文化外化于形。基于企业文化核心理念，广旅集团通过发动全体员工、调查问卷、微信征集、专家评审等方式进行 logo 标识征选评比，征选出以绿色、浅蓝色、深蓝色为主色彩，钱币符号突出集团创造幸福体验和促进广西文旅升级发展的精神，彰显集团“开拓幸福旅程”的伟大使命。三是举办价值观竞拍活动，促进企业文化入心。为使全体员工深入理解、记忆、掌握企业价值观，并自觉落实到企业的经营实践和工作行为之中，增强团队凝聚力，助推集团实现快速、高效发展，广旅集团组织全体员工举办价值观竞拍活动，以各子公司为主体，参与队伍通过竞拍、阐述价值观、大众评选等方式进行，在活动中激发斗志，在活动中促进企业文化入心。四是评选年度企业文化模范人物，促进企业文化入行。出台年度企业文化模范人物评选表彰活动方案，围绕核心价值观组织评审，通过评选活动增加员工的荣誉感、归属感和认同感，打造文化品牌，以“开拓幸福旅程”引领全体员工昂扬向上、奋发有为、开拓进取。通过评选，挖掘模范人物典型故事，用典型事迹去诠释理念，去深化丰富理念内涵，让员工信服认同。

三、丰富发展理念推动企业文化与中心工作深度融合

广旅集团履行“进一步整合我区旅游资源，做大做强旅游产业”职责使命，将企业文化与中心工作相互融合，不断改革创新、转型升级，全力建设桂林世界级旅游城市和广西世界旅游目的地龙头企业，进入全国旅游企业先进行列，为建设新时代中国特色社会主义壮美广西作出新的更大贡献。

（一）“稳”字当头，主要经济指标迎难而上、稳中有进

广旅集团努力克服新冠疫情对文旅康养产业的严重影响，坚持疫情防控和改革发展“两手抓”，聚焦“旅游、城建、康养”三大主业，着力打造文旅康养全产业链发展“新格局”，市场化体制机制改革取得“新进展”，企业创新创效工作迈出“新步伐”，党建引领科学发展展现“新成效”，充分发挥龙头企业的引领作用，全力助推桂林世界级旅游城市和广西世界旅游目的地建设。截至 2022 年一季度末，营业收入同比增长 16.44%；净利润同比增长 10.88%；投资额同比增长 20.59%。

（二）“快”字争先，抢抓历史机遇，夯实全产业链发展根基

一是进一步夯实集团文旅康养全产业链发展根基，制定出台《关于贯彻落实刘宁书记对广旅集团重要批示精神的实施方案》，开展“发挥龙头企业作用，助推桂林世界级旅游城市和广西世界旅游目的地建设”课题研究，邀请全国知名专家召开研讨会、论证会，为广旅集团做强做优做大奠定坚实基础。二是稳步推进重点项目投资建设。积极推进旅游、康养、城建项目。

（三）“活”字为要，持续深化改革，激活企业发展内生动力

一是全面冲刺完成国企改革三年行动任务。截至一季度末，广旅集团国企改革三年行动已完成 192 项任务，完成率为 95%，5 家“双百企业”平均任务完成率为 96.2%。二是进一步健全完善下属企业“三重一大”决策机制。指导和督促各二级子公司进一步修订完善党组织、董事会和经理层议事规则，重新梳理完善重大决策“三张清单”，确保科学高效决策。三是持续深化混合所有制改革，不断扩大职业经理人试点工作。

（四）“严”字为基，加强风险防控，确保企业行稳致远

一是严控财务风险，保障资金链安全。截至 2022 年 3 月底，广旅集团“两金”占比同比下降 4.16%；应收账款占比同比下降 8.76%。二是严控法律审计类风险。积极开展欠款清收工作，推进合规管理体系建设。扎实开展内部审计工作，强化风险监控预警。三是严控安全生产、疫情防范和稳定风险。严格落实“党政同责、一岗双责、失职追责”要求，

层层压实安全生产责任，一季度安全生产实现“零事故”；扎实抓好信访维稳和疫情防控工作，努力营造和谐稳定的发展环境。

（五）“实”字为重，党建引领发展，推进各项工作落地见效

一是推动“幸福旅程党旗扬”品牌建设，对照自治区国资委党委工作要点，结合集团公司“创新创效年”活动，制定“幸福旅程党旗扬”主题党建六大工程三年行动方案，以实施党建“六大工程”为载体，积极探索“党建+生产经营+企业文化”党建工作新思路、新方法赋能集团公司“三大主业、七大板块”业务。二是以“党旗插到工地上”“我为党旗添光彩”“党旗引领我前进”3项主题实践活动为载体，把基层党建与企业经营发展改革深度融合，激发党员先锋模范作用和主人翁精神，引导广大党员干部员工弘扬“担当者进创效者赢”价值观，攻坚克难、奋发有为。共创建“党员责任区”26个、“党员先锋岗”98个、“党员示范岗”33个，成立“青年志愿服务队”和“青年突击队”13支。积极组织各级党组织开展志愿服务活动，切实为群众办实事、办好事、办身边事。

广旅集团将继续全面贯彻新发展理念，坚定不移做强做优做大企业，服务构建新发展格局，不断实施企业文化建设，为高质量发展铸魂筑基。

（作者系广西旅游发展集团有限公司党委宣传部部长黄凤敏、党委宣传部高级经理阮雯）

厚植文化优势　引领企业高质量发展

广西建工第五建筑工程集团有限公司

从长江之滨到柳江河畔，从荒山野岭到天南地北，广西建工第五建筑工程集团有限公司（以下简称：广西建工五建集团）走过了64年的光荣与辉煌，五建人在探索企业发展壮大的曲折与艰辛中，在南征北战筑造一个个“高、大、精、尖”的精品工程中，铸就了五建人敢拼会赢的铁军精神与守信重责的经营理念，最终凝聚成五建人自己的精神文化家园。

一、企业概况

广西建工五建集团前身为建工部茂名二公司，现为广西建工集团下属子集团公司，始建于1958年，1995年更名为广西建工集团第五建筑工程有限责任公司，2021年更名为广西建工第五建筑工程集团有限公司，是广西首家既拥有建筑工程施工总承包特级资质，又拥有建筑工程甲级设计资质的大型国有建筑施工企业，是首家荣获广西壮族自治区主席质量奖的建筑施工企业。先后承建了港珠澳大桥珠海口岸工程、南宁吴圩机场航站楼、南宁荔园山庄、百色干部学院等一大批国家、自治区级重点项目。

企业位列中国建筑业竞争力200强第81位、广西建筑业50强第一位。先后荣获了“全国五一劳动奖”“全国创鲁班奖工程特别荣誉企业”“全国建筑业AAA级信用企业”“广西优秀企业”等诸多荣誉，11项工程荣获中国建设工程质量最高奖——鲁班奖、12项工程荣获国家优质工程奖、3项工程荣获詹天佑住宅小区金奖、6项工程荣获中国建筑工程钢结构金奖、7项工程荣获中国安装之星、20项工程荣获中国建筑工程装饰奖、9项工程荣获全国满意建筑工程奖；68个工地获得国家AAA级安全文明工地；以及一大批省、市级安全质量奖等，所获的奖项个数位列广西首位。

二、企业文化体系及内涵

（一）理念层级。以“品质源于责任，诚信创造价值”为企业核心价值观，把“五湖四海，建设家园”确立为企业使命，绘制了“成为国内一流的建筑服务商”的宏大企业愿景，传承和发扬五建“敢拼会赢的铁军精神”，同时自觉将新时代“匠心匠造的工匠精神”融入五建的精神血液中；企业文化体系还确立了经营观、质量观、安全观、团队观、人才观、服务观等关键理念，以及各级员工的行为准则，这些共同构成了具有五建特色的企业文化理念体系。

（二）制度层级。2017年8月起，广西建工五建集团对企业各项管理制度进行了精简整合，形成一体化管理体系文件并发布实施，涵盖了108项管理制度，是保障公司计划、组织、领导和控制等管理活动顺利进行的规范体系。制度层文化体系以理念层文化体系为依据，符合理念层文化的具体要求，通过制度层文化体系落实公司理念层文化体系。

（三）行为层级。广西建工五建集团的行为层文化体系主要包括员工通用行为准则（诚实守信、爱岗敬业、持续改进、创造价值）、管理层行为准则（前瞻进取、勇担责任、统筹高效、律己育人）、基层员工行为准则（执行有力、学习创新、团结协作、敢拼会赢）三方面。通过规范企业及所属员工的行为，展示企业的文化理念、精神风貌，更好地贯彻落实各项管理制度。

三、企业文化建设的实施

（一）初步阶段。培育核心价值理念。加强顶层设计，总结、提炼和升华企业64年的文化积淀，发布包括企业使命、企业愿景、企业精神、经营观、质量观、安全观等在内的企业文化理念。统一企业形象标识。按照广西建工集团《VIS视觉识别系统》要求使用公司形象标识，规范标识在机关、项目及对外宣传上的使用与管理，不断提升品牌价值。制定《企业文化建设管理制度》，把企业文化推上公司战略管理日程，增加员工对企业文化的认知程度。

（二）深化阶段。加强文化理念宣贯。继续完善企业文化展示馆内容建设，充分运用机关、项目办公场所显著位置以及网络宣传教育阵地，广泛宣传企业文化核心理念的深刻内涵，把企业的共同目标要求变为每个员工的自觉行为，实现个人价值追求与公司发展目标的有机统一。完善各项管理制度。以企业文化新理念为导向，对既有的各项管理制度进行认真的梳理、修订完善，使各项规章制度落实到每个岗位、每个环节、每个人。规范职工的日常行为。把文化理念落实到生产经营的全过程，落实到每名员工的岗位工作中，以共同的行为准则引导和规范员工的日常工作职业道德和职业行为，维护企业整体形象和员工自身形象；建设学习型企业，促进员工的全面发展，以文化力提升执行力、竞争力，为公司可持续发展提供强有力的智力支持。履行责任提升社会形象。通过为社会提供安全、优质的产品和服务，通过争创精品工程、精准扶贫、提供就业岗位、诚信纳税、参与社会公益事业等方式，切实履行好企业应尽的社会责任担当。

（三）总结阶段。总结归纳。认真总结、提炼和传承公司发展经验、精神财富和文化基因，不断丰富企业文化的内涵和外延。评价表彰。对企业文化建设成果进行客观评价，评选企业文化建设示范单位，培育企业文化建设示范点。巩固提升。对标学习借鉴先进企业文化建设的优秀成果，找准工作差距，修订和完善企业文化建设实施方案，巩固企业文化建设成果，推动企业文化建设深入持久地开展。

四、企业文化载体建设

（一）搭建了形式多样的宣传载体，内聚人心，外树形象。搭建了公司外网以及微信公众号，出版内刊《广西五建》，建设了面积700余平方米的企业文化展示馆、企业党建文化长廊以及对党忠诚教育基地，组建了一支由37名宣讲员组成的企业文化宣讲团。

（二）出版书籍、拍摄制作宣传片，及时做好总结和提升。先后编印了纪念书籍《甲子五建 雄立八桂》及《广西建工五建六十周年纪念画册》、五建司志《奋进筑迹》，拍摄了纪念公司成立60周年献礼片《征程》、党建宣传片《厚植“根”基“魂”动五建》、微视频《以铁军的名义》等，让企业文化不断得到提炼和升华。

（三）总结提炼“五建精神”，让企业文化理念入心入脑。及时对项目建设过程中涌现出的感人故事、先进经验进行提炼总结，先后形成了“铁军精神”“百干精神”“桥头堡精神”“新愚公移山精神”“南百精神”“龙神山精神”，形成了五建人的“精神谱系”，同时，通过故事、情景剧、舞蹈、诗歌、歌曲等多种方式在公司广大职工以及社会中传播，使企业精神得以不断沉淀和传承。

（四）将文化理念融入各种文体活动，增强文化认同。结合重要节假日，组织开展新春慰问进工地文艺联欢会、长跑比赛、排球赛、篮球赛、歌咏比赛等系列文体活动，增强员工活力和组织凝聚力；依托在建工程，通过举办劳动竞赛、开展创优夺杯工作、承办观摩会等方式，强化工程安全、质量、科技管理，向业主、监理、政府部门及社会大众展示企业文化；坚持重病住院探望、慰问制度，坚持开展“冬送温暖”“夏送清凉”慰问活动，做好扶贫助困工作，让职工提高文化认同。

五、企业文化建设成效

通过深化企业文化建设，员工的行为进一步规范，凝聚力、战斗力有效增强，助推公司在经济中低速发展的新常态下，保持了稳健持续发展。2018年，公司企业总产值首次突破200亿元大关；2019年营业收入突破200亿元，成为广西建工集团首个营收突破200亿元的子公司。2022年一季度，公司主要经济指标全面完成。先后获评中国企业文化建设优秀单位、“自治区国资委先进基层党组织”“广西企业文化建设先进单位”“广西职工思想政治工作先进单位”“柳州国资委企业党建示范点”。

（作者系广西建工第五建筑工程集团有限公司党群工作部副主任石桂容、高级主管熊萍）

发挥文化功能　引领企业高质量发展

中国石油集团云南石化

云南石化炼油项目是中国第四大能源进口通道——中缅油气管道的配套项目，是保障国家能源安全、拉动西南地区经济社会发展及中国石油调整炼化业务结构的战略项目。中石油云南石化有限公司成立于2011年5月，主要负责云南每年1300万吨炼油项目的运营管理，生产国Ⅵ标准的汽油、柴油及航空煤油等清洁燃料，服务于云南省，辐射西南地区及东南亚市场，为云南省能源供应做出了较大贡献。

中国石油文化引领战略实施以来，云南石化党委高度重视、系统推进，把文化建设纳入建设世界一流炼化企业“九大工程”，制定“1+N”文化引领体系，分层实施、创新实践，充分发挥文化铸魂、塑形、赋能三项功能，为企业高质量发展提供坚强思想保证、精神动力、舆论支持和文化支撑。

一、彰显“铸魂”功能，让观念厚植全员心底

实施文化引领战略是落实习近平总书记重要指示精神、保障国家能源安全的重大命题。党的十八大以来，习近平总书记先后8次对中国石油作出重要指示批示，充分体现了以习近平同志为核心的党中央对中国石油及百万石油员工的关心关怀和殷切期望。2016年6月，针对当时低油价给石油企业经营带来的严峻考验，习近平总书记作出“大力弘扬以‘苦干实干’‘三老四严’为核心的石油精神”的重要批示。2019年9月，习近平总书记在致大庆油田发现60周年的贺信时指出，大庆精神、铁人精神已经成为中华民族伟大精神的重要组成部分。一系列重要指示，成为我们做好工作的行动指南。

云南石化公司始终高举习近平新时代中国特色社会主义思想伟大旗帜，胸怀“中华民族伟大复兴的战略全局，世界百年未有之大变局”，坚定不移贯彻“创新、协调、绿色、开放、共享”的新发展理念。坚持强根铸魂、守正创新，把

石油战线“苦干实干”“三老四严”的优良传统和作风发扬光大；让党旗在现场飘扬，党徽在一线闪光。

云南石化公司党委通过中心组理论学习、召开座谈会、观看石油精神论坛、开展大讨论、印发传统资料等途径，深入学习习近平总书记关于大力弘扬石油精神重要批示精神，始终牢记中国石油是党的中国石油、国家的中国石油、人民的中国石油，切实增强“石油工人心向党、坚定听党话跟党走”的责任感、使命感。以弘扬石油精神和大庆精神铁人精神为主线，积极构建“炼化特色总体文化”主脉络，创新推进“家园文化+创业文化+专项文化+基层文化”四维度，形成全方位文化建设格局。加强文化传播，策划实施专题培训，编发文化视频故事，成立宣讲团和文化宣传小分队，开展多层次、多角度的企业精神岗位讲述，推动企业文化进机关、进装置、进班组、进岗位、进头脑。持续创新文化宣传阵地和形式，实施“建功新时代、喜迎二十大”专项宣传活动，常态化开展新版企业文化手册宣贯活动，切实把文化理念贯穿到日常形势宣传、主题宣传、典型宣传中，引导广大干部员工将价值追求融入“绿色发展、奉献能源，为客户成长增动力”中，坚决做党和国家最可信赖的骨干力量、依靠力量。

二、彰显“塑形”功能，让载体张扬文化特质

实施文化引领战略是高唱“我为祖国献石油”主旋律，提高企业核心竞争力的必然要求。一个企业要取得竞争优势、赢得尊重信任，不仅需要技术、产品、服务等硬实力，也需要企业品牌、企业文化等软实力。云南石化公司大力弘扬石油传统文化，深入挖掘其蕴含的时代内涵，以之为基础与现代管理文化融合，培育更具特色的企业文化，极大提升企业品牌形象，铸就增强企业竞争力的持久文化优势。

坚持文化阵地提档升级，立足石油文化深厚底蕴，打造提升“中国石油学会科普基地”企业文化展厅，在常减压、重整、硫黄、二联合等四个装置启动家园文化试点建设，设立云南石化创业纪念日，推进石油文化上网工程，加快建设室内外八个阵地，定期进行文化主题策划，在文化落地落实上下功夫，切实增强文化感染力、传播力、创效力。坚持文化人格化载体建设，按照“抓出特色、显示亮点、新老并重、以点带面、穿珠成串”的思路，挖掘培养选树企业英模群体，涌现出“中央企业劳动模范”“集团公司劳动模范”“云南省工人先锋号”等先进集体和人物，掀起“比、学、赶、帮、超”热潮，凝聚干事创业强大力量。坚持文化活动精品化，围绕“传播特色文化、提升人文素质、丰富职工生活”定位，突出炼化特色，持续开展公众开放日、家属开放日等绿色共建文化活动，组织线上健步走、首届跳绳比赛、单身青年联谊、全员阅读等小型多样文体活动，搭建企业、员工、公众三位一体的情感互融通道，活跃员工群众业余生活，构筑健康向上的精神家园。

三、彰显“赋能”功能，让动能激活发展引擎

实施文化引领战略是发挥独特组织优势，建设现代化企业的内在要求。深化文化为民、文化惠民、文化利民，抓民生、立制度、建机制，构建“我为员工群众办实事”活动常态化运行机制，建立民主管理座谈会机制，重点事项挂牌督战，配发轮休床 64 张、配备智能洗烘一体洗衣机 23 台、落实合理化建议 140 条、帮助员工办理团购房不动产权证 498 本，在每一个细节上用心用情关心，解决急难愁盼事，不断增强员工群众获得感、归属感和幸福感。深化文化助推管理实践，扎实开展主题教育活动，把大庆精神铁人精神再学习再教育搬到现场、搬到一线，成立党员先锋队、青年突击队，干部员工踊跃投身安全生产、绿色环保、科技创新、提质增效等管理实践，在烟机抢修、渣油换剂、硫黄检修、生态环境提标项目等重大生产经营任务中经受住实战考验、经受住精神淬炼，干事创业动能不断涌现。深化文化引领发展，以石油优良传统为指引，继承“宁要一个过得硬，不要九十九个过得去”“干工作经得起子孙万代检查”等优良作风，坚持“干”字当头、“实”字托底、“严”字为要，积极稳妥应对原油成本高企、市场需求疲弱等复杂形势，唱响“我为祖国献石油”旋律，全力以赴防疫情、稳经济、保安全，汽柴油云南市场占有率稳定在 45%左右，主要经济指标创近三年最好水平，充分发挥央企顶梁柱和压舱石作用。

近年来，云南石化公司相继获得国家优质工程金奖、中国项目管理成就奖、全国企业文化建设先进单位、中国红十字奉献奖章、云南省五一劳动奖状、云南省质量奖、云南省节水标杆企业以及中国石油生产经营管理先进单位、质量安全环保节能先进企业、资金管理先进单位、安全环保先进单位、首批健康企业建设单位等荣誉称号。

（作者系中石油云南石化有限公司企业文化处副处长邵鸿慧、企业文化处高级主管杨勇、企业文化处主办霍树琳、企业文化处主管赵越）

以历史思维品读中国三冶品质诚信文化

中国三冶集团有限公司

中国三冶集团有限公司（简称“中国三冶”或“三冶”）是地处东北老工业基地——鞍山的一家老牌国有建筑施工企业。自 1948 年创立至今的七十余年间，中国三冶始终胸怀家国复兴大任，精钻从业，精细耕耘，为我国冶金工业的发展壮大做出了历史性贡献。

使命驱动，情怀满满，中国三冶利用七十余年的时间践行着质量承诺与服务承诺。忠于品质的秉性渐渐凝练成根深蒂固的诚实坚守，从“忠于”到“诚信”，让中国三冶的品质诚信成为企业文化的核心基因，直到今天从未褪色衰退。

中国三冶对品质的理解，分为优良的工程实体质量和真诚的客户服务两个维度，这是诚信践诺的最直接途径，也是企业自身生存立命之本。这种认识并非有意塑造，而是源于

几万三冶先驱长期报国的实践淬炼，现在已然成为企业全员内化于心的集体意识和行动本能。

一、品质诚信要先拿工程实体质量说话

第一，中国三冶认真执行质量责任制，贯彻质量否决权，质量管理趋于标准化。当出现质量违章和事故时，除了对责任单位进行处罚，还要追究个人责任和有关领导的责任。严重违章和事故要开现场分析会、发通报、给予行政处分。质量否决权的体现是质量不过关的情况下，工程不准交、不准进入下道工序、不准结算、不准核算人工费。

第二，建立稳定可行的质量保障体系。中国三冶质量保障体系予以跨部门的组织支撑，由包括开工准备、过程管控、考核保障等多环节构成。市场开发部负责工程技术、商务条件的谈判及签订合同，合同本身既是工程的质量基准，更是中国三冶品质诚信的实质开端。工程项目经理部（以下简称“项目部”）完成施工组织设计的编制，并提交项目管理部审核。项目建设期间负责工程项目的安全、质量、进度的实施，接受公司相关职能部门的监督、管理和考核。招标采购中心通过集采平台对材料和设备的供应商进行质量评审，在集采平台发布采购需求，由各供应商按照需求进行报价。待设备和材料进场后，在进库前还要进行复检，并对合格证进行备案。这样做的好处是能够对有问题的设备和材料进行管控和追踪，使供应商队伍得到不断优化，另一方面还能够有效降低采购成本。

第三，建立可靠的技术保障体系。中国三冶通过长期的项目管理实践，建立了以总工程师为首的技术保障体系，为工程的实体质量提供技术支撑。为此，中国三冶还统一梳理了企业施工可用的各种技术标准目录，还个别制定了高于国家、行业标准的企业内控标准，从而保证了工程项目大面积创优的需要。

二、品质诚信要以真诚的客户服务兜底

中国三冶认为，工程的实体质量是“品”，客户情感上的认同是“质”，完成合同规定的建设内容只是信守客户承诺的一个方面，后续的服务是构成打开客户信任大门的另一把钥匙。只有工程的实体质量和客户服务齐抓共进，才能说是履行了对客户的合作承诺，这也是中国三冶诚信文化建设的另一重要支撑。

中国三冶对“客户”一词的理解独树一帜，别具一格，并不专指工程建设合同的相对方，而是把“客户”细分为狭义层面的内部客户和广义层面的外部客户两个层面，这是一个管理逻辑上的概念。

狭义上讲，客户是合同相对方，是享受中国三冶履约服务的一方。这里的履约服务包括履行纸面上的合同约定，同时还有合同约定之外的“情谊协助”。例如，中国三冶在完成施工合同规定内容之外，会视情况对业主方合同之外的工程建设请求予以支持，收取的费用十分优惠，如有应急救援，中国三冶会不计成本，第一时间投入相应的人力物力予以支持，甚至不收取任何费用。这样的事时有发生，有业主更因此送给中国三冶“最值得依赖的合作伙伴”的极高评价，这句话也被中国三冶做进了企业展厅。

广义上的客户衍生于中国三冶的管理体系，各项目部、基层单位、职能部门对自己的工作负责，把下道工序作为用户，做好各工序的衔接，确保工作全流程不因自己的失误造成影响。这个思路不只作用于工程项目建设，同样还作用于企业的日常内部流程的运行。

这样做的好处有两个：一是可以极大提高工作质量，减少返工，工作效率自然也就得到了提高；二是能够潜移默化地培养企业员工客户服务意识，让这种意识成为行动自觉，变成企业统一的工作风格。

三、品质诚信的典型事例

以几个较有代表性的事件作为例证，以此对中国三冶的品质诚信有更为深入地了解。

（一）细化到极致的工程管理逻辑

某工程开工前就已确定为创建国家优质工程奖。这个工程从挖土方开始管控，单就打桩为例，项目部从试桩就开始进行质量控制，并明确把整个打桩工程定为一个单位工程每个柱列或设备基础定为一个分部工程，每个基础定为一个分项工程。单桩打入时用经纬仪找正，记录弹跳高度和入土每米锤击数，对接加焊后，记录最后十击贯入度和回弹值，并根据记录数据通过海利公式计算单桩承载力。整个工程建设严格按程序办事，缺一项算一项违章。在这样的严格管控下，工程的打桩质量明显提高。开工之初，PC 桩破损补桩率近 30%，执行全过程控制后，PC 桩的补桩率已下降至 2%。

（二）敢于担当的勇气与魄力

某工程的竖井刚刚完成混凝土浇灌作业，质检部门发现竖井承受混凝土压力发生形变，导致井身出现了一定程度的倾斜，但并不会对竖井整体质量造成过大的影响。项目部经过几十次大小会议，经过 103 天的激烈辩论，使不同意返工的人提高了认识。最终按照高于国标的企业内控标准，确定为不合格工程。工人们含着愧疚的眼泪，把自己建起的一段歪井崩掉了，这一声炮响震动了全体职工的心弦。为汲取教训，树立严细的工作作风，项目部在井旁立了一块“质量事故教训纪念碑”。在碑的背面，写着沉痛的碑文，刻着公司领导和有关人员的名字，供全体职工和后人借鉴一辈子。崩井这天，项目部在井旁召开了 450 多人的现场会议。事隔三个月，还在那座山头，还在那口井，还是那些人，还是那些设备，条件没变，作风变了，歪井变直了。经过检查、验证，井壁规格测点合格率从 74%提高到 100%；超挖量从 10.7%下降为 8.5%；井壁上下笔直，测量贯通精度为 1/126000，达到先进水平。业主方被中国三冶这支队伍的质量诚信所打动，在井旁立了一块“优等质量纪念碑”，并在那里修建了一座庄严的亭子。有国家部委领导为这座亭子题字命名为“两化亭”。

（三）危急时刻无条件应援抢险

某钢厂高炉半夜失火，高炉本体受损，附属系统大面积焚毁，直接经济损失巨大，若不及时抢修，钢厂的铁产能下降，后续的炼钢及钢材深加工都会受到巨大影响，这对于一座钢铁厂而言损失是十分巨大的。接到钢厂的救援，中国三冶连夜成立抢修指挥部，并命令项目部“不惜一切代价完成抢修任务”。在未谈妥施工费用的情况下，中国三冶迅速组织大量人力，协调大量物资第一时间进驻现场，项目部 24 小时不停歇，作业层倒班，管理层跟班，后勤保障不歇班，一切都是为了钢厂能够快速恢复生产。经过项目部全体将士奋力鏖战，仅用 20 天的时间便完成了一座受损高炉的产能恢复工作，中国三冶的行业口碑再一次得到升华与弘扬。

四、案例后记

创立于新中国成立前的中国三冶，得益于东北地区先于全国解放，广大三冶先驱得以先行开展祖国的工业建设。广大职工以成为一名鞍钢建设者为荣，他们珍惜眼前的一切，对此充满敬畏，深知自己所做的一切都在为工业强国的梦想添砖加瓦。三冶人对工程质量的重视要高于对工程进度的追求，即便在市场经济条件下仍是如此。在三冶人看来，确保工程质量、做好客户服务就是对国家、业主和客户践诺，是对品牌的坚守，是对信念的坚持。

70 多年的积累，中国三冶有无数的工程建设和管理经验开花结果。硕果之一，就是对诚信的尊崇，这种尊崇是源自灵魂的本能，是外现于行动的自觉。如今，这份尊崇已炼化为浓浓的报国情怀，成为全体三冶人一致的观念认同。

（作者系中国三冶集团有限公司党群工作部宣传处刘小舟）

“五色”绘就“多彩”贵州工行文化

中国工商银行贵州省分行

党的十八大以来，以习近平同志为核心的党中央高度重视文化建设，指出文化自信是更基础、更广泛、更深厚的自信，是更基本、更深沉、更持久的力量。作为工商银行在黔分支机构，贵州工行在集团文化指引下，坚持以文化铸魂、以文化增信、以文化聚力，不断书写着企业文化引领高质量发展的新篇章。

一、把握“主线”绘制“多彩”文化底色

“多彩”贵州工行的文化底色是“党建红”，围绕习近平新时代中国特色社会主义思想这一主线，弘扬伟大建党精神。抓好“四个同步”，即党建和企业文化建设实现谋划部署同步、机构设置同步、人员匹配同步和考核评价同步，保障企业文化建设与中心工作步调一致。建强“四个梯队”，即文化推进委员会、文化职能部门、文化人才库和基层党支部，打造企业文化建设中坚力量。实现“四个对接”，即主题对接、制度对接、机制对接和内容对接，确保文化建设主题鲜明、主线突出。

在党的领导下，贵州工行把衷心拥护“两个确立”、忠诚践行“两个维护”作为文化建设的出发点和落脚点。围绕习近平总书记“在乡村振兴上开新局”重要指示，聚焦贵州12大农业产业建立“乡村振兴项目库”,投放涉农贷款达 1500 亿元。打造了全国系统内首家、贵州省内惠农服务平台“工农 e 家”，提供涉农领域一揽子金融服务。平台在总书记一直记挂和关怀的贵州毕节 8 个县区全部上线，并在总书记视察的化屋村打造了唯一的示范性金融服务站点，全省上线站点 1.1 万个，覆盖乡镇客群近 1900 万。

二、构建“主架”奠定“多彩”文化基色

将工商银行“一个核心、四个支撑、两个延伸”集团文化体系作为“多彩”文化建设的基本遵循。

凝聚“一个核心”。将工商银行“使命、愿景、价值观”这一核心理念作为行动指南，引领全行干部员工砥砺前行、逐梦奋进。

做“清”廉洁文化。坚持“公开透明、公私分明、自律律他、廉勤并重”的廉洁文化理念，加强新时代廉洁文化建设，创新开展“六个一”活动，即用好一个“清廉黔行”平台、开展一次廉洁征文、编写一本廉洁文化“口袋书”、组织一轮廉洁案例宣讲、组织一次线上廉洁知识竞赛、开展一次警示教育活动，推进从严治党从严治行。

做“实”合规文化。坚持“合规为本、全员有责、风险可控、稳健高效”的合规文化理念，按照一年一主题，连续开展“责任压实年”“制度治理年”“价值创造年”等合规文化活动，筑牢风险防控堤坝。

做“暖”服务文化。坚持“客户为尊、服务如意；员工为本，诚信如一”服务文化理念，推出一系列为民、便民、利民、惠民的金融服务，把流动银行“搬”到城市乡野、工地车间，设置“工行驿站”“高考加油站”“警银服务网点”等，辖内 13 家网点单位被评为省级服务百佳网点和户外劳动者综合服务站示范点。

做“新”创新文化。创新打造最美家乡“天下西江”贵金属文化产品，独家推出遵义会议会址红色存单，发行首张“多彩贵州旅游卡”等，以一系列首次突破彰显了贵州工行改革发展的效率和气势，营造了“人人皆可创新、创新人人受益”的创新文化氛围。

做“严”信贷文化。坚持“经济本源、审慎稳健、诚信合规、客户优选、专家治贷、责任落实”的信贷专业文化理念，通过开展从严治贷、阳光审贷、行长带户等活动，编写《审批之声》《“多彩”信贷文化》等专刊，不断开辟信贷转型发展新路子。

三、围绕“主角”彰显“多彩”文化本色

“多彩”贵州工行文化的本色在于“以人为本”，坚持

以社会主义核心价值观为统领，构建以人为本的“多彩”文化家园。

强化思想教育引领人。学好党史“必修课”，创新责任图、进程图、导向图、路线图的“四图”学习法推进党史学习教育，打造干部课堂、初心课堂、先锋课堂、移动课堂，开展“人人学党史、行行诵经典”经典诵读、“颂党恩·开新局”文艺会演、党史耀“黔”路等系列活动。

树立正面典型激励人。持续开展“两优一先”“十大工匠”“感动工行”等评选，打造“工行榜样直播间”，巡回宣讲“抗疫先锋”“扶贫英雄”等先进事迹。近年来全辖有43家国家级、省级、总行级文明和先进单位，精神文明创建工作在同业遥遥领先。

做实员工关爱温暖人。持续开展“思政微课堂”修身育德提升人文关怀，连续十多年征集落实好10件基层实事，常态化开展客户经理、扶贫干部、困难职工慰问，“鲜花献给奋斗者”劳模先进表彰等活动。

搭建成长平台成就人。畅通人才晋升渠道，系统搭建学科人才库和专业人才库“两库”建设，开展重点条线队伍特色培养，帮助干部员工尽快成长成才。

四、突出“主题”绽放“多彩”文化特色

贵州工行对文化主题不断予以深化，对内凝心聚力、强化文化管理，对外打造品牌、展现工行精神，获评“2019—2020年全国金融系统文化建设标兵单位”，作为全国唯一金融机构参加2021年中外企业文化武汉峰会。

创新多彩文化名片。打造区域特色文化，形成了省分行、二级分行、一级支行三个维度文化名片百花齐放的生动局面。如贵阳分行‘筑’梦领跑、六盘水分行“三线”精神赓续、中华路支行“爱我中华”、云岩支行“奋进云岩”等。

打造多彩文化品牌。连续开展“多彩贵州·聚力黔行”等一年一主题特色文化活动。2021年建党百年之际，开展“寻访红色印记走好新时代长征路——红色金融讲习员向黔进”主题活动，50名优秀党员干部担任红色金融讲习员，宣讲党的故事、红色金融故事、工行故事近100场，受到社会各界广泛关注。

构筑多彩文化平台。打造“一室一刊两讯三号四平台”宣传阵地（“一室”：贵州工行VR线上行史室；“一刊”：《贵州工行》专刊；“两讯”：市行网讯、总省行网讯；“三号”：“最黔言”微信公众号、“工行贵州”视频号、“工行贵州”微信号；“四平台”：《宣传思想文化》《大视野》《贵州工行好声音》《清廉黔行》），开创覆盖央媒、本地主流媒体以及户外媒体的立体文化传播平台。其中，贵州工行“最黔言”文化微信公众号获评中国企业文化研究会“融媒体语境下企业文化与品牌传播创新”优秀传播媒体。

丰富多彩文化载体。运用“图、声、视、景”四个载体充分激活文化生命力。“图”，编制“绘见驻村人”“宇宙行表情包”系列动图。“声”，打造贵州工行新闻播报《声动“黔”线》。“视”，开展“小编走基层”带货、“我把歌声献给党”经典传唱、庆祝建党百年“拉歌”“快闪”等系列直播。“景”，开展“多彩工行·最美网点”评选、“工行体验官”系列文化宣传。

五、担当“主责”增添“多彩”文化暖色

作为金融“国家队”，贵州工行始终心怀“国之大者”，聚焦国家所需、金融所能、工行所长，建设客户首选银行和人民满意银行。

守初心，争做服务实体经济的主力军。发挥国有大行资源“主渠道”作用，围绕制造业、绿色金融、普惠金融等领域精准服务实体经济。成功举办工商银行助推贵州产业发展大会、生态文明贵阳国际论坛绿色金融主题论坛。2022年4月，贵州工行各项贷款余额突破5000亿元，成为贵州省内首家贷款余额跨上5000亿元台阶的中央在黔金融机构，大幅领先当地同业，仅2021年一年就减费让利12亿元。

担使命，争做厚植为民情怀的先锋队。坚守“人民金融”底色，打造“贴心工行、极智工行、无界工行、放心工行”。服务个人客户1600万户、互联网金融用户1400万户，极大满足贵州人民对美好生活的向往。倾力投身抗疫助力复工复产，结对帮扶脱贫助力贵州普安“摘帽”，连续三年贵州省委省政府考核为“优秀”，并做好有效衔接助力乡村振兴，荣获“全国金融五一劳动奖状”“贵州十佳社会责任贡献企业”等多项荣誉。

文化聚力，文化兴企。贵州工行将不忘来时路，走好脚下路，坚定未来路，不断谱写“五色”，绘就“多彩”文化新篇章，创造高质量发展新辉煌。

（作者系中国工商银行贵州省分行党委办公室主任、党委宣传部部长、行政办公室主任李玫，办公室高级经理杨先、办公室经理刘杨欢）

厚植企业文化底蕴
筑牢高质量发展根基

中国石化化工销售有限公司华北分公司

中国石化化工销售有限公司华北分公司（以下简称“公司”）是根据中国石化化工产品销售体制改革需要而组建的区域性专业化公司，于2005年5月正式成立。公司深耕化工产品市场17载，坚持深化“以客户为中心”的文化内涵，紧扣“打造行业领先化工贸易综合服务商”目标，强化党建引领，大胆尝试和创新企业文化深植落地的路径、方法和措施，以企业文化“软实力”助推公司持续迈向高质量发展新征程。

一、以党建为引领，推进企业文化深植落地

坚持强化党建对企业文化建设的引领作用，将企业文化

实践体系融入公司党建和经营管理全流程，上下贯通抓好企业文化深植落地。

1. 坚持党建引领。加强党建对企业文化建设工作的指导，深入推进企业文化建设与党建工作双向融合发展。一是坚持以党的方针政策指引方向。始终坚持围绕国家发展战略谋划布局公司发展，以“深耕西北、发展东北、做大华北”发展规划，切实服务“一带一路”建设、京津冀协同发展、西部开发和东北老工业基地振兴等国家发展战略。二是坚持以发挥“两个作用”提升引领力。坚持把基层党组织作为滋养先进文化的有力阵地，把党员作为承载先进文化的价值坐标。通过开展“党建有新特色、管理有新提升、效益有新增长”主题实践、党员示范岗、党员责任区、党员立项攻关等活动，有效激发党组织战斗堡垒作用和党员先锋模范作用，引领带动全体员工积极投身企业文化建设各项工作实践。在抗击新冠肺炎疫情、护航北京冬奥会、持续攻坚创效等急难险重任务中，涌现出一大批叫得响、立得住的优秀共产党员，展现出良好的示范效应。三是坚持整合多方力量注入活力。坚持党建带群建，充分整合工、团、妇组织资源，常态化开展知识竞赛、文体活动、合理化建议有奖征集、劳动竞赛等活动，弘扬企业精神，宣传经营理念，统一员工思想，凝聚集体智慧，使企业文化成为提升公司核心竞争力的关键因素。

2. 紧扣经营实践促融合。从完善制度体系入手，推动经营管理理念融入公司市场经营、队伍建设、安全运营、风险防控等各项具体工作实践，切实将“软”文化转化为“硬”制度，增强文化执行力。2020 年以来，围绕一体化管理体系，先后修订相关制度 5 项，新增制度、流程 5 项，切实提升了公司职责、制度、流程与企业文化理念的匹配度。例如，为推动“聚焦客户、共谋发展”的市场理念融入客户经理日常工作，先后修订了《营销策略管理实施细则》等 3 项制度和流程；为强化经营风险管控，新建《经营业务风险管控实施细则》，有效促进“主动防范、守住底线”的风险防控理念落实落地。

3. 坚持上下贯通抓落实。按照“领导推动、部门主动、员工联动”的思路，扎实抓好企业文化建设工作落实落地。一是坚持“以宣促建”，营造氛围。通过编制下发《企业文化建设实践体系（2020 年版）》、开展企业文化知识竞赛、统一制作企业文化宣传展板、强化典型宣传等形式，营造良好的企业文化氛围，促进“以客户为中心”的文化内涵入脑入心入行动。二是坚持整合力量，统筹推进。以“企业文化活动月”为主要抓手，联合安全环保部、法律风控部等管理部门，大力开展应急疏散演练、廉洁警示教育、防控风险承诺等形式多样的企业文化活动，全方位推进企业文化建设与公司经营管理实践紧密融合。三是坚持上下贯通，百花齐放。鼓励基层网点结合实际，自主开展企业文化实践活动，推动公司企业文化实践体系在基层网点开花结果。两年来，先后有 13 家基层网点围绕服务质量提升、安全管理、队伍建设等工作，开展针对性探索。例如，在北京冬奥会期间，燕山经营部深入践行“公司安全我有责”的安全理念，组织党员突击队多次在凌晨时分冒雪前往河北、北京两个高速公路检查站，开展进京危险化学品车辆集中引领，保障了冬奥能源生产企业原料及时供应和产品顺利出厂。青岛有限公司以“塑造和谐活力团队、推动销售中心任务”为主线，积极打造业务和人才快速成长的“双成长”文化，青年骨干分别在集团公司“易捷杯”青春助力扶贫营销创新大赛和青工“云”端故事会比赛中获得银奖和三等奖。

二、抓实专项文化建设，不断丰富企业文化内涵

针对公司业务特点和实际，按照“以理念来指引、以制度来规范、以机制来保障、以载体来推进、以行为来养成、以典型来引领”的思路，围绕“以客户为中心”的文化内涵，搭建专项文化建设框架，有计划、有重点、有步骤地抓好安全环保、廉洁、质量、服务、诚信合规、风险管控及关心关爱 7 项专项文化建设，构建完备的“1+7”企业文化体系。

各管理部室根据管理职能牵头抓好相应专项文化落实落地。安全环保部通过编印发布《重大活动期间安全保障工作指导手册》及《HSE 典型事故案例汇编》、组织开展火灾应急疏散演练等形式，引导员工自觉践行安全和环保专项文化。监督审计部创新开展员工诚信行为监督管理，研究制定《员工诚信行为管理实施方案》，加强全方位重点监管。多年来坚持开展“廉洁教育月”活动，为公司发展营造风清气正干事创业文化氛围。计划信息部紧扣“以客户为中心”的文化内涵，把“始于需求，超越期望”的服务文化融入服务客户的各项工作实践。通过研究客户需求，细分客户类型，落实“一品一策、一户一案”，为客户提供高质量的专业服务。法律风控部坚持每年组织开展风控制度及风险案例宣贯、定期召开经营业务风险管理研讨会，加强交易对手资信、货权、授信、合同、库存经营、新业务等风险管理，确保业务合规、风险可控。党群工作部坚持尊重员工、理解员工、关心员工，连续多年帮扶救助困难员工，设置 EAP 观察员，开通员工就医绿色通道，建设“华北青年之家”和母婴室，畅通员工意见诉求处理渠道，切实提升员工获得感、安全感和幸福感。

三、抓好成果转化，推动文化“软实力”转化为发展“硬支撑”

近年来，公司大胆尝试和创新推进“1+7”企业文化体系深植落地的路径、方法和措施，不断用文化“软实力”凝聚人心、规范经营、提高效率、提升形象。

在多年探索和实践中，初步形成了公司领导层以高度文化自觉，引领全体员工自觉行动的“企业文化管理”模式。先后组织编制《耕耘者的足迹》及《追梦·华北的足迹》等 8 本系列书籍，以“企业文化月活动”为抓手，扎实推进企业文化建设与公司经营管理有机融合的成功实践，实现了企业文化有效落地，得到中国石化集团公司和有关单位的充分肯定。

特别是2020年以来，不断厚植富有感召力的企业文化，凝聚起公司众志成城、奋发向上的强大正能量。新冠肺炎疫情期间，公司上下主动协调生产企业排产防疫、民生、春耕物资原料，平抑市场价格；全力协调快速打通运输“绿色通道”，保障上游企业生产后路畅通；帮助客户办理通行证及发放防疫用口罩，高效助力复工复产。在党史学习教育“我为群众办实事”实践活动中，不断延伸“办实事”对象和范围，扎实践行“用服务创造价值”的企业责任。在新疆、陕西、天津等地大力开展产业帮扶、捐资助学、公益性捐赠、消费帮扶，以务实举措助力乡村振兴。发挥自身优势，联合上下游研发推广高强耐候可回收“绿色”农膜，为新疆地区治理农田“白色污染”提供有效助力。今年以来，克服国内疫情多点散发影响，积极参与北京冬奥会服务保障工作，持续为雄安新区建设保供绿色建材原料，千方百计为企业稳产纾困，全力维护产业链供应链稳定。其典型事例相继在“人民网”“学习强国”“光明日报”等主流媒体上刊载，擦亮“党和人民好企业形象”，彰显了央企的责任和使命担当。

（作者系中国石化化工销售有限公司华北分公司党委书记王强，党群工作部主任党勇智，党群工作部主办熊文晋）

推行“四化”模式
打造公众开放日活动品牌

中国石化燕山石化公司

一、活动综述

近年来，燕山石化作为中国石化驻京窗口企业，聚焦“探秘智慧能源”主题，围绕活动模式、活动方式、活动内容、活动举措等持续发力，努力实现规范化运行、多元化参与、精准化推动、品牌化提升，打造独具特色的公众开放日活动品牌。自2014年3月启动公众开放日活动以来，公司已举办线下活动394期，接待国内外来宾2万余人次；组织线上活动13期，参与网民59万余人次。通过组织公众开放日活动，不仅促进了文化理念的落实落地，增强了职工的开放意识、安全意识、环保意识和责任意识，而且树立了“党和人民好企业”的良好形象。作为国务院国资委“国企开放日”活动首批参与单位，公司曾获中国石化公众开放日活动首批示范单位、中国石化十大红色教育基地、2021工业企业文化建设旅游示范基地、北京市中小学生社会大课堂资源单位等荣誉称号，并入选中央企业红色资源网络展览。

二、经验亮点

燕山石化按照集团公司党组宣传部统筹安排，结合企业自身实际，持续摸索创新、丰富拓展公众开放日活动的模式、方式、内容、举措，努力做到“四化”，即规范化运行、多元化参与、精准化推动、品牌化提升，不断提升公众开放日活动的实效性和影响力。

1. 总结固化公众开放日活动模式，实现规范化运行。燕山石化制定了《燕山石化公众开放日活动管理实施细则》，形成了以党委宣传部牵头，能源管理和生态环境部、应急管理部、生态环保部、安全监察部等部门以及各单位共同参与的工作格局；建立了“三个联动”“六个固化”的工作模式，即部门联动、内外联动、政企联动，固化可视化的参观路线、固化标准的解说词、固化志愿讲解队伍、固化接待流程、固化专业答疑人员、固化工作人员；确定了“一馆、一园、三个体验中心”五个模块的精品参观路线，即公司展览馆、人工湿地公园、熔喷布体验中心、氢气新能源体验中心、清洁油品生产体验中心，确保职责明确、分工清晰、路线经典、运行顺畅。在此基础上，以标准化、价值化为指导原则，编制解说词，形成标准模板，根据不同参观对象，形成市民版、学生版、专家版、政府版“四个版本”，满足不同参观对象的差异化、个性化需求。

2. 创新丰富公众开放日活动方式，实现多元化参与。燕山石化结合企业实际，在做好日常公众开放日活动的基础上，根据公众需求和社会发展需要，积极创新活动组织方式。创新开展“媒体走进燕化”活动。在2020年燕山石化成立50周年之际，公司创新开展“媒体走进燕化”活动，邀请新华社、中国新闻网、光明网等中央主流媒体和市属媒体35名记者走进燕化，实地深入了解燕山石化50年发展历程中为国家、为社会作出的突出贡献。创新开展“云开放”活动。2020年以来，在集团公司党组宣传部精心指导下，公司创新开放方式，应用信息化手段，围绕防疫抗疫、复工复产，组织“云开放”活动。通过线上网络直播，为公众“云科普”石油石化知识，“云游览”花园工厂美景，“云展示”智慧管理运行，“云见证”冬奥会氢能源装置生产，“云讲述”感人故事和瞬间。创新开展“小小科学家”活动。2021年“六五”世界环境日，中国石化首场“小小科学家”活动亮相燕山石化，活动主要针对学龄儿童量身打造，旨在引导少年儿童了解石化产品应用，探秘智慧能源奥妙，感受科技创新奇趣。此次活动升级了公众开放日活动主视觉，制作了系列文创产品，丰富了活动内容，营造了沉浸式体验新模式。

3. 聚焦选好公众开放日活动内容，实现精准化推动。燕山石化在公众开放日活动内容选取上聚焦重要节点特点，紧扣重大活动热点，回应热点话题焦点，力求实现最大效应。聚焦重要节点，助力企业安全绿色高质量发展。每年安全生产月、地球日、环境日、质量月等重要时间节点，公司邀请社会公众、政府官员、媒体记者等走进企业，常态化开展“奉献清洁能源 践行绿色发展”等不同主题开放日活动，以通俗易懂的方式向外界展示燕山石化在科技创新、绿色环保、多元化产品和服务等方面的做法和成效，体现中国石化创新、绿色、民生的企业形象。聚焦重大活动，彰显“党和人民好企业”社会形象。2018年5月，国新办和国资委宣传局共同主办“国企开放日・走进燕山石化”活动，是中国石化历史上接待外媒数量最多的采访活动。来自美联社、法新社、俄塔社等20余家媒体的30名记者走进燕山石化，实地感受中国石化高度负责任的担当作为。国资委领导专门做出批示，给予高度评价。2019年6月，国家应急管理部将全国“安全宣传咨询日”活动主会场设在燕山石化，中国石化公众开放日燕山石化站活动同步举行，近3000人参加活动。聚焦热点话题，回应社会公众关心关切。2020年全国疫情防控攻坚时刻，口罩核心材料熔喷布紧缺。燕山石化历时12天艰苦奋战，建成首条熔喷布生产线。紧跟社会热点，公司开展熔喷布项目建设48小时“云直播”，邀请百万网友“云监工”，实现中国石化第一次网络同步直播，约1700万人次在线观看。通过云开放，全方位、立体式展示了中国石化急国家所急、想国家所需的责任担当，传播了“战疫”前沿石化人坚守一线、拼搏奉献的感人故事，取得了良好的社会效益。

4. 深化拓展公众开放日活动举措，实现品牌化提升。燕山石化挖掘内部资源，在公众开放日活动组织开展中摸索出“五讲”（即讲故事、讲人物、讲情怀、讲科普、讲用途）、“五小五大”（即小切口大作用、小人物大能量、小视频大影响、小科普大释疑、小产品大产业）等特色举措，拓展活动方式，丰富活动内容，一方面提升了传播效果、拉近了企业与社会公众的距离、增进了互信了解，另一方面为传播石油化工科普知识、消除公众误解、树立企业形象起到了积极作用，并成为企业品牌建设、声誉管理的重要途径。公司公众开放日活动的特色做法与创新举措赢得了公司干部职工和社会公众的普遍信任和广泛好评，形成了企业、政府、公众三方良性互动的良好局面，持续提升了公众开放日活动的品牌度。

三、活动效果

1. 服务改革发展，开创企业文化传播的新模式。公众开放日活动的持续组织开展，推动公司绿色发展、科技创新、服务民生等见形见效，推动现场管理、生产生活环境持续改善。在绿色低碳方面，通过组织参观牛口峪湿地公园、氢气新能源装置，体验炼化工厂里的处理水养鱼池等，向社会公众展示企业在清洁生产、环境保护等方面的做法和成效，凸显绿色低碳的品牌内涵。在科技创新方面，公众通过近距离体验参观智能化的生产控制中心、油品检验中心等，切实感受中国石化推进工业化与信息化融合，打造智慧工厂的做法和成效，展示科技创新的时代特征。在服务民生方面，通过参观熔喷布生产线、油品生产装置、消防应急演练等，感知中国石化本质安全、绿色清洁的工作理念。将社会责任实践贯穿整个沟通过程中，让社会公众感知中国石化高度负责任的企业形象。

2. 外塑企业形象，树立“党和人民好企业”的良好形象。邀请政府官员和社会公众走进企业，实地体验、深度了解，进一步征得政府部门认同支持，赢得社会公众理解信任。2022年，公司对周边社区进行了问卷调查，92%的社区居民认为燕山石化近年来环保治理工作成效明显。网红英国小哥司徒建国、香港城市大学博士学者、美国纽约大学师生等国外友人，通过网络了解到燕山石化的公众开放日活动，不惜长途跋涉慕名参加，参观体验后对公司环保治理、绿色发展纷纷点赞。邀请中央媒体记者亲身走进企业，零距离感受企业环境，采写客观公正的报道，燕山石化公众开放日活动曾在《人民日报》刊载，人民网、新华网、《光明日报》、《经济日报》等中央媒体先后对燕山石化公众开放日活动及环保成就进行了报道，展示了良好的企业形象。

3. 内聚职工人心，增强企业职工归属感和荣誉感。在公众开放日一周年之际，公司邀请燕化子弟走进企业，了解父辈工作的地方，大家为自己的家人能在这样的现代化企业工作感到自豪。公司邀请大国工匠刘劲松、北京市劳模赵国旗等一批燕化先进典型做客公众开放日，传播社会正能量，传承核心价值观。公司做出的社会贡献、取得的各项成就，通过公众开放日活动平台，以文字、图片、视频的形式呈现给干部职工，作为中国石化职工，每个人为此都感到自豪和骄傲，进一步增强了企业职工的归属感和荣誉感。

（作者系中国石化燕山石化公司党委宣传部企业宣传主管王菁）

以文化人　构建和谐劳动关系

中国石油山东泰安销售分公司

和谐劳动关系是经济发展和社会稳定的重要保证。就国有成品油销售企业来讲，和谐的劳动关系事关员工队伍稳定、企业运行质量、销售事业发展、企业文化认同。而推行人性化管理，充分发挥好企业文化潜移默化的以文化人、塑形铸魂、凝神聚气的作用，则有助于增强员工对企业的忠诚度、凝聚力和团队意识，有利于稳定加油站员工队伍，提升一线员工素质和技能，推进企业提质增效，是成品油销售企业构建和谐劳动关系的有效途径。

以人为本构建和谐劳动关系，倡导人性化的工作和生活理念

要“以人为本”构建和谐劳动关系，以推行人性化管理为抓手，积极倡导“开心工作，快乐生活”的理念，以人为本，关爱员工，帮助员工解决工作和生活中的一些实际问题，使员工充分感受到中国石油加油站大家庭的温暖，增强员工的归属感和幸福感，稳定基层员工队伍。

以情绪看板为载体，反映员工喜怒哀乐。公司所属各加油站统一配置“员工情绪看板”，站经理在巡检时，要通过查看情绪看板，及时了解员工情绪，对“不太高兴”“很不高兴”的员工，要采取现场交谈等轻松的形式进行沟通，同时将问题产生的原因记录在工作日志上，及时制定相应的化解措施，将复杂的问题通过便捷的情绪调节进行解决，及时缓解和消除员工的不良情绪，让员工切身体会到团队的关爱，使员工在工作中保持愉快的心情，增强一线员工的工作

上进心。良好的工作状态既能提高员工现场服务质量，又可提升客户满意率。

以典型宣讲为载体，引领员工爱岗敬业。不同的市场时期要针对不同的销售压力和员工思想情绪的实际情况，在活跃员工文体生活、缓解员工工作压力的基础上，要适时开展向优秀典型人物学习和先进榜样事迹宣讲教育活动，调整员工心态和工作状态，提振员工团队精神。使“铁人”王进喜、“大庆新铁人”李新民、集团公司“十大杰出青年”、“劳动模范”、山东公司“十大杰出员工”等先进人物事迹，成为一线员工“看得见、摸得着、易消化”的精神食粮，激励广大员工不断在提质增效爬坡攻坚战中，形成主动作为的行动自觉，坚定提质增效的攻坚决心。

以党员示范为载体，带动员工创新创效。一名党员就是一个干事担当、提质增效的号角。要完善“党员责任区”和“党员示范岗”，引领公司机关党员干部进一步增强率先垂范意识，走在前、干在先，发挥好干事创业的领头羊作用，切实提高解决基层实际问题的能力，想干事能干事干成事。要发挥加油站党员的模范带头作用，加强党员责任考核，督促党员把党员身份亮出来，争当创新创效的能手，在主动融入市场、奋战市场过程中，不断加强思想淬炼、政治历练、实践锻炼、专业训练，从而不断提高破解改革创新、提质增效、风险防控等实际问题的能力。

以文化人构建和谐劳动关系，打造温馨宜人的加油站文化

要“以文化人”构建和谐劳动关系，以“员工之家”建设、“小团队”建设、争创“青年文明号”和“工人先锋号”等活动为载体，倾心打造加油站温馨的“家”文化，激发员工的创业热情。

打造“温暖互助”之家，广泛实施温暖工程。把加强“员工之家”建设、“五小工程”建设作为改善一线员工工作和生活条件的重要手段，丰富员工的业余生活，增强员工的归属感和忠诚度。同时要建立完善困难员工档案，设立扶贫救助基金，形成扶贫帮困的长效工作机制，通过发放慰问金，为特困家庭及患病员工解决燃眉之需，使员工们充分感受到中国石油大家庭的温暖。

打造“育人成才”之家，提高员工两个素质。把员工成长成才作为企业文化工作的立身之本，积极创建学习型组织，努力为员工提供学习进步的平台，不断提高员工的思想道德素质和业务技能素质。开展向“中国石油榜样”学习活动，用榜样的敬业精神、创新精神、职业风范和优秀品质熏陶和感召全体员工；以学习新版“加油管理规范”为契机，开展形式多样的岗位练兵、技术比武活动，提升员工业务素质；与地方技师学院合作，大力鼓励全体员工参加多种形式的成人学历教育，改善员工知识结构，全面提升企业管理水平和服务水平。

打造“民主管理”之家，激发员工工作热情。紧密结合加油站实际，完善加油站站务公开实施办法，组织选举产生不含站经理在内的站务监督委员会，统一规定站务公开的内容、形式、时间，切实做到“工作任务、业绩考核、上情下达、费用支出、评先树优”五公开，提高一线员工对站务公开的参与热情。对员工关注的加油站经营管理方案、工资奖金分配方案、年度评先树优等重要事宜，事先以意见稿的形式广泛征集员工意见和建议，尊重员工的主人翁地位。广泛开展基层员工思想状况调查，组织员工进行思想状况问答，调查员工对工作环境、薪酬待遇、个人发展、经营管理等方面的认识和想法，在员工建设性意见的基础上解决企业发展中的问题，促进企业和谐稳健发展。

以惠为重构建和谐劳动关系，促进企业与员工的“双赢”

以“惠”为重构建和谐劳动关系，以提升员工职业素养、营造良好员工关系、造福员工为主线，让企业改革发展的成果惠及广大员工，满足员工工作、生活、学习各方面不同层次的需要，让员工得实惠，激励全员创新创效，创造出良好的工作业绩，从而实现企业与员工的“双赢”。

注重员工培训开发。企业培训，可以提高员工的责任感与专业知识技能，有助于提高企业的产品与服务质量，提高企业竞争力与社会声誉。出于人性化管理，培训计划的制定与实施应该充分顾及员工的真正需求。针对公司高级主管，可选择外派培训，以实战型专家讲师的课程为主，因高级主管都拥有一定的理论与实际工作经验，需要的是某些方面的突破；针对部门一般管理人员，可主要实施以职业素养为主的内部培训，以日常工作中存在的精细化管理问题作为培训教材的案例，用以提升他们的综合素养；针对加油站一线员工，主要实施职业技能与企业文化的赋能培训。

注重员工关系管理。员工关系管理是推行人性化管理、提高员工满意度的重点。如何让员工保持积极的心态乐于工作？如何建立良好的团队合作关系？要实现这些管理目标，企业通过人性化管理的沟通手段，来调节企业和员工、员工与员工之间的相互联系和影响。在员工工作遇到问题时，多些教导与激励，少些责备与否定；在员工生活遇到困难时，多些关心与帮助，少些官僚与漠视。通过设立经理书记信箱、公司领导下访、开展领导接访日活动等方式，建立有效的沟通渠道，及时协调员工与管理者、员工与员工之间的关系，引导建立积极向上的工作环境。

注重员工绩效考核。绩效考核的方式各有不同，如何选择考核指标需要结合企业与岗位实际情况而定。很多企业绩效考核的体系都很完善，但实施后却得不到员工的认同与支持，主要原因是绩效考核方案的制定过程中没有充分考虑到人性化管理。首先，通过召开职工代表大会和工会会员代表大会，由考核管理部门提交绩效考核方案，征求员工代表意见和建议，让基层员工说话，敢于“品头论足”。其次，针对考核结果与员工及时进行沟通，帮助员工分析其工作中的优缺点，鼓励员工发扬成绩，改进不足。在此过程中，员工

如遇不理解之处，应给予其申诉的机会，让员工口服心服，满足其合理诉求与被尊重的需要。

和谐劳动关系在现代企业管理和企业文化建设中处处得到体现。作为成品油销售企业，要打造企业的核心竞争力，全面推进提质增效专项行动，就要运用各种方法，在推行人性化管理、构建和谐劳动关系的基础上，有效利用人力资源，创造最大化的员工价值和企业效益，使企业与员工同步发展，着力打造一支充满活力的干部员工队伍，打造有效益、可持续、高质量发展的销售企业“升级版”。

（作者系中国石油山东泰安销售分公司政工师王永璐）

培育安全价值导向
探索基层安全行为激励

中国石油川庆钻探工程公司长庆钻井总公司

基层钻井队员工不安全行为常常是导致事故发生的直接原因，直接影响着企业的安全生产业绩。近几年，随着基层钻井队员工队伍更新快，员工流失率高，员工队伍多元化等交替呈现，基层钻井队员工安全文化意识薄弱、操作习惯不规范成为当前长庆钻井安全文化建设和安全生产工作亟待破解的难题。长庆钻井通过设立 QHSE 业绩奖，建立 QHSE 积分制等手段，确立清晰的安全行为激励导向，引导基层钻井队员工主动参与安全文化建设，助力推动安全意识、素质和技能提升，有效提高了基层钻井队的安全管理水平。

一、基层安全行为激励出台的背景

（一）基层钻井队高度分散，安全管理难度大。长庆钻井工作区域横跨陕、甘、宁、蒙四省区，工作区域高度分散，点多、线长、面广，自然环境恶劣，管理跨度和管理难度大，严格监管始终无法面面俱到，因此通过提高基层自主管理能力，深入推动安全文化建设，对实现高质量发展战略目标意义重大，势在必行。

（二）基层钻井队班组管理薄弱。钻井队所有员工虽经安全培训和三级教育上岗，但现实存在的员工流失率高、人员流动性大等问题，致使员工安全意识缺乏，难以养成良好操作习惯，不易实现安全文化的延续和传承，行为安全问题突出，违章现象时有发生，现场隐患周而复始，基本的安全管理得不到落实。

（三）创新激励机制，激发员工自主安全管理意识。通过总结发现，以往依靠严查、严罚等被动激励模式建立的安全状态，稳定性极差，稍有松懈即反弹，管理效果受管理者个人能力影响较大，方式掌握不当易产生负面效果，甚至引起破洞效应。而通过正向激励，从奖罚有度的角度创新安全激励方法，明确激励导向，强化激励作用，使安全行为标杆得到彰显，不安全行为受到鞭策，对提高员工自主安全意识，改变安全习惯，提升基层钻井队整体安全管理水平有着事半功倍的效果。

（四）构建团队安全行为，浇筑安全文化基石。员工行为习惯受群体影响较大，好的班组全员安全素质整体比较高，受外界影响不大，相反，一些管理较差的班组，员工普遍不重视安全生产，这种淡化安全的氛围也有一定的延续性。因此，建构基于班组团队化、群体化的全员安全行为水平是提升基层钻井队安全管理水平的重要保证。

二、基层安全行为激励的主要做法

（一）设立 QHSE 业绩奖。为生产单位设立月度专项 QHSE 业绩奖，与生产绩效奖平行运行，推行三级分配模式。一是总公司通过各单位月度 QHSE 考核，结合单位风险等级，对各单位业绩奖月度额进行调控；二是各单位以同理对各基层队站 QHSE 业绩奖进行二次调配；三是基层队站依据全员 QHSE 积分，进行最终奖励分配。强化了安全第一，以人为本理念，同时增强个人对单位 QHSE 业绩的责任感和荣誉感，让安全就是效益的理念深入人心。

（二）推行 QHSE 积分制模式。以经济杠杆为导向，以积分考核为载体，明确以“5 个突出”为重心的 QHSE 业绩积分制，突出正向考核激励，突出考核过程公平、公正、公开，突出全员参与，突出 QHSE 业绩，突出 QHSE 考核成果应用。坚持以经济杠杆为导向，改变处罚考核为正向激励拉动，按照积分兑现 QHSE 绩效，鼓励员工积极参与安全管理，促使人人为实现 QHSE 目标尽职尽责，推动现场作业的安全发展、正向发展。

（三）建立安全积分银行模式。建立个人 QHSE“积分库”，将不安全行为作为支出，良好的安全表现作为收入，除了每口井开展安全绩效考核外，还开展每周“安全积分”兑换活动，员工通过参加隐患排查、安全观察与沟通、行为安全审核等活动，赢得相应的安全积分，凭借安全积分兑换饮料、洗衣粉、洗发水等奖品，并按照岗位积分挂钩岗位晋级，进一步提高基层员工安全作业的自觉性。

（四）构建轮值安全员管理模式。

1. 围绕一个核心。以建立轮值模式为核心，建立“双轨”轮值模式。一是班组全员轮值，每个作业班组的组员轮流担任本班的轮值安全员，二是在班组轮值安全员中选取潜力最大、能力最强的员工在班长岗位上进行重点轮值。一个班为一个轮值周期，每口井进行轮流任职，赋予轮值安全员安全管理权利，并给予相应的待遇，做到责权利相统一。

2. 建立两个支撑。一是理念支撑，本着自下而上到自上而下的原则，组织基层各班组、岗位提炼安全理念、安全信条，作为安全生产的根本遵循。二是制度支撑，建立轮值安全员管理、考评、班组安全风险管控等制度，确保轮值安全员管理模式规范运行、实效运转。

3. 搭建三个平台。一是搭建准军事化班前会平台，班前班后会由班组长组织召开，轮值安全员负责风险提示、要求、安全表现的讲评，对本班工作可能出现的安全重点进行预想。二是搭建交接班平台。到达现场后，轮值安全员带领本班成员进行现场安全确认，排除隐患，确保没有问题再进行交接班。三是搭建现场实时监控平台。在生产过程中，赋予轮值安全员制止违章和不规范行为，监督安全钻井，让其参与班组安全管理。

4. 十一项保障措施。为确保轮值安全员管理模式的正常运转并收到预期成效，出台 11 项保障措施。即每班一次血压排查，每周轮值安全员上台安全预想、每周事故案例教育、每周进行岗位员工标准细查、每月一次事故案例现身说法、每月一次安全形势任务教育、每月一次巡回讲演、每月一次讲评考核、每季岗位描述竞赛、每半年一次轮值安全员法律法规考试、每半年一次家属进班组演讲。

（五）开展星级员工评比活动。坚持“量化评价、有效激励、全员受控”的原则，制定《“星级员工”评比管理办法》《“星级员工”评比考核标准》和统一的“星级员工”评比栏。每月从“安全质量、素质提升、工作业绩、行为表现”四个方面组织对员工评比一次，其中安全质量占到 60%的分值，将评比结果按照得分高低，分为一星到五星五个等级进行评定。基层员工参评率达到了 100%，通过“星级员工”评比，营造了员工自我加压、苦练技术、提升素质、岗位成才的激励环境，促进了“忠诚企业、技术精湛、管理规范、作风过硬、执行有力”的员工队伍建设。通过开展此项活动，公司基础工作不断加强，钻井生产保持了安全平稳高效。

三、基层安全行为激励的效果与启示

（一）员工主动参与安全管理氛围逐步形成。通过积分考核制度的规范运行，基层钻井队自主查患纠违数量同比显著提升，井队员工的安全管理主动参与氛围逐渐形成，各项风险管控要求均能有效落实，有效调动了全员参与安全管理的主动性、积极性，有效提升了钻井队安全管理水平。

（二）激励的导向符合遵章守纪员工倾斜的原则。员工在遵章守纪的同时，得到了应有的奖励，树立了遵章守纪光荣、违章违纪可耻的良好安全文化风气。

（三）培养员工良好的安全文化意识和安全行为习惯。员工收入增加的同时，由被动地接受安全管理逐步形成把安全标准变成行为习惯，久而久之，员工安全管理的“三不伤害”意识得以形成。

（四）班组自主安全文化管理的氛围逐步形成。班组长找到了安全管理的切入点，班组成员联防联控的氛围逐步形成，班组自主安全管理的积极性和主动性得以提升，班组长的安全管理能力得以提高。

（五）增强了班组的凝聚力。相互关心、相互帮助、班组团队氛围已然形成，班组成员为班组取得的结果和成绩感到自豪。

（作者系中国石油集团川庆钻探工程有限公司长庆钻井总公司企业文化高级主管赖延芳，长庆钻井第一项目部党委副书记、纪委书记蔡利，长庆钻井第四项目部综合办公室主任常军）

聚合提升文化建设资源 打造特色“压裂文化”品牌

中国石油集团川庆钻探长庆井下技术作业公司

长庆油气开发史，就是一部压裂史。1973 年，来自玉门油田、川中会战、革命老区、部队转业的精兵强将，为新成立的井下技术作业公司注入了多元的文化要素。多年来，肩负着“压开磨刀石，解放低渗透”的光荣使命，长庆井下汇聚提升玉门油田精神、川中会战精神、解放军精神、革命老区精神，总结形成了以“攻坚奋斗、奉献争优”为精神特质的“压裂文化”，在助力长庆建成国内最大油气田的同时，确保了公司持续稳健发展。

一、讲好三个文化故事 厚铸压裂文化魂魄

“压裂文化”是长庆井下员工的精神归属和战胜一切困难的不竭动力。我们讲好石油传统、压裂文化、先进典型三个故事，引导广大干部员工传承和弘扬石油会战优良传统，凝聚力量，拼搏进取。

（一）讲好石油传统故事。大力弘扬石油传统、解放军精神、革命老区精神，将石油精神和大庆精神、铁人精神的再学习再教育，列入员工培训、入厂教育、党员轮训、干部理论学习的年度计划，制定刚性措施，保障落实到位；创新内容形式，邀请老会战、老劳模、老工人忆会战、讲传统，邀请老革命忆往昔、讲党课，组织党员走进延安、走进红色教育基地，推动革命传统、石油传统进课堂，进岗位，推动党员干部树立“四个意识”，坚定“四个自信”，做到“两个维护”；常态化开展典型选树、宣传活动，用榜样力量推动优良传统的传承。

（二）讲好压裂文化故事。大力弘扬“攻坚奋斗、奉献争优”的团队精神，创作了享誉石油、传唱不息的企业歌曲——《压裂歌》，48 年来不断创新，融入时代新特质，体现时代新要求，逢会必唱、重要活动必唱，夯实了员工奉献石油的自豪感和责任感；制作形成 MV、手机 5G 彩铃，成为长庆井下人自豪的“身份符号”；精心打造全面展示长庆井下 48 年发展历程的“压裂雄风”主题文化展厅，从精神层面凸显了以创新为特质的“压裂文化”，成为员工思想教育的重要阵地和对外展示形象的重要窗口；建成了“作业工具、酸化液体、工艺技术”三大技术展厅，突出展示重大技术、重点成果、代表产品，扩大了市场影响力。

（三）讲好先进典型故事。以弘扬“攻坚铸魂、油气报国”的会战精神为出发点，持之以恒推进老劳模、老典型进教材、上电视、上灯箱，压裂带头人傅潮水、工人楷模范川祥、学大庆标兵吴文锦、气田虎将王牛灵等一大批英模人物成为广大员工的精神旗帜；以弘扬劳模精神、工匠精神为重点，常态化开展“最美员工”“红色榜样”“身边故事”等 5 大系列典型选树宣传活动，拍摄宣传片 26 部，通过立体宣

传，推动团队精神人格化，培育了一支“特别能吃苦、特别能奉献、特别能战斗”的员工队伍。

二、开展四项实践活动　推动文化实践养成

“压裂文化”的形成靠理念引领，更靠实践养成。近年来，面对主体市场量价双降、市场竞争日益激烈的严峻局面，长庆井下结合高质量发展的时代要求，把文化建设融入公司战略、重点工作，全力推进党建文化、创新文化、安全文化、质量文化实践体系创新，打造具有国际竞争力的专业化完井公司。

（一）开展党建文化实践。充分发挥文化的渗透力、影响力、凝聚力和感染力，通过途径创新，引导党员干部以党建引领企业发展品质。推进“113662”党建质量提升工程，制定实施《进一步加强基层党组织建设实施细则》《基层党组织标准化手册》等5项管理办法。在公司咸阳基地、靖边项目部建设党建文化示范基地，选树13个基层党组织示范点、10个川庆示范党支部、1个集团公司先进基层党组织。

（二）开展创新文化实践。把创新文化建设作为引领企业高质量发展的重要载体，引领倡导“团队学习”“终身学习”的观念，开展“每日悦读10分钟”活动，定期举办技术座谈会和青年论坛，建设员工书屋7个，流动书屋13个，营造起浓厚学习氛围；打造创新型团队，建立了张冕技术专家工作室、苏敏文劳模创新工作室、田军技能专家工作室，形成专家骨干团队，立足公司生产，发挥创新示范带动作用，推动技术进步和经验推广；广泛开展群众性QC活动，连续14年编撰印制《小发明、大创造》书籍，总结推广革新成果900多项，配套形成八大系列技术，成为长庆油田增储上产的技术利器。

（三）开展安全文化实践。树立安全红线意识，推动“绿水青山就是金山银山”理念落地，推动公司成为奉献清洁能源、实现碳达峰和碳中和目标、建设美丽中国的中坚力量；全面推进安全绿色文化制度体系建设，在公司党委宣传部的指导下，精心编制《压裂酸化作业队安全文化建设指导手册》《试油气队安全文化建设指导手册》，下发62个作业队150套机组，推动基层作业队安全文化建设有标准、有依据、有评价；抓好安全环保典型经验总结，在陇东项目部精心打造安全文化教育基地，推进“三标一规范”示范队建设，带动公司基层三标一规范建设达标率100%。

（四）开展质量文化实践。围绕“质量是人格和尊严”的质量理念，通过多种形式的宣讲活动，教育引导全员“像维护自己的尊严一样对待工程质量、服务质量、产品质量和工作质量”；加强质量制度文化建设，由职能部门牵头，以完善内控体系、明确岗位职责、健全责任体系、提高技能水平为核心内容，实现全员全过程质量管控；以致密气项目为重点，打造质量文化示范工程，建立“岗位人员—技术员—队长—平台负责人”四重覆盖责任制，严把质量安全管控，强化总结推广先进管理模式；录制完成《降低致密气压裂异常频率》优秀质量管理成果视频，在集团公司专栏展播，辐射带动质量全面提升。

三、打造三个亮点工程　提升文化传播价值

长庆井下公司党委集中一个拳头，打响“压裂文化”品牌，通过打造特色阵地、企地和谐、传播平台三大文化亮点工程，推动“压裂文化”品牌走出去、树起来、亮起来，提升了“压裂文化”的传播力影响力。

（一）打造特色阵地平台。始终把“压裂文化”的理念融入“全国创新示范单位”和“石油精神教育基地”的建设中，通过文化总结和提升，从精神层面全面展示长庆井下近50年的发展历程；改造升级文化展厅，定期举办公众开放日活动，开展高层次交流研讨活动，每年观摩活动达到40次以上，累计参观人数2000人以上，成为长庆井下的亮丽“名片”，有效提升了市场影响力。

（二）打造形象推介平台。以“学雷锋树新风学铁人立新功”为主题，组织青年志愿群体开展志愿活动，融入参与社会公益事业。每年重阳，定点看望慰问独居遗属老人；组织青年志愿者走进敬老院，送关爱、送温暖；儿童节走进儿童村开展节日慰问；动员组织无偿献血活动，累计献血43800毫升。近年来，累计开展青年志愿者活动21次，400余名青年团员参与其中，让“压裂文化”品牌有了温度和热度，营造了企地和谐的良好氛围。

（三）打造全新传播平台。充分发挥“一网两微”作用，加快融媒体升级改造，构筑起多层级、多种类新媒体矩阵。“压裂雄风”企业微信辐射公司多个部门和单位，使用人员达到2318人，日均活跃用户1850多人，占到了公司员工总数的70%以上。组织拍摄《红工衣》《抉择》等一批微电影，其中5部获集团公司新媒体内容创作大赛一、二、三等奖。这些铭刻着鲜明“压裂文化”印记的文化产品和宣传成果，持续增强了品牌辐射力影响力。

精神铸魂、实践养成、品牌塑造，长庆井下技术作业公司不断完善建设方法，丰富品牌内涵，构建品牌体系，打造出了特色鲜明的“压裂文化”，对内凝聚起品牌信仰，对外展示出良好形象，为公司高质量发展提供了有力的文化支撑。

（作者系中国石油集团川庆钻探长庆井下技术作业公司党群工作科科长薛明，党群工作科干事刘迎迎）

创建特色文化　促进基业长青

中国电力国际发展有限公司

中国电力国际发展有限公司（简称“中国电力”）于2004年3月在香港注册成立，同年10月在香港联交所主板上市，是中国境内首家香港红筹上市的电力央企，是国家电力投资集团有限公司（简称“国家电投”）常规能源业务的核心子企业和旗舰上市公司。产业范围涵盖光伏、风电、水电、煤电、气电、环保发电等电源项目的投资、建设和运营，以及综合智慧能源、储能、绿电、交通、低碳零碳美丽乡村建设、

氢能、配售电和碳交易服务等领域。

一直以来，中国电力党委高度重视企业文化建设，积极进行文化兴企、和谐共进的探索实践，坚持以习近平中国特色社会主义思想为指导，坚持中国特色社会主义文化发展道路，以实际行动落实习近平总书记关于坚定“文化自信”的重要指示精神，以良好实践诠释社会主义核心价值观。坚持以国家电投集团文化体系为引领，创新发展企业特色文化，为引领和推动企业战略发展，提升管理水平，促进基业长青，提供了不竭的精神动力和强大的文化支撑。

一、精心培育　铸就企业发展之魂

习近平总书记指出，文化是一个国家、一个民族的灵魂。作为中央企业，中国电力坚持把企业文化作为企业发展之根、基业长青之魂。

2004 年，中国电力在香港联交所挂牌上市后，认真贯彻执行国务院国资委颁发的《关于加强中央企业企业文化建设的指导意见》（国资发宣传〔2005〕62 号），推进企业文化建设，确立了包括“构建文化”在内的管理方略，并逐步构建和完善企业整体发展战略体系，有序搭建企业战略发展平台，为企业科学发展、和谐发展、可持续发展奠定了坚实的战略基石，更为企业文化培育提供了日益深厚的沃土。

中国电力坚持企业文化与战略匹配，紧紧围绕公司发展战略，发挥企业文化对战略的推动作用，为企业发展战略提供强有力的支撑和保障。在国家电投新企业文化理念体系发布后，中国电力党委以高度的政治自觉，在“2035 一流战略”的统领下，秉承国家电投“创造绿色价值”的企业使命和“绿色 创新 融合，真信 真干 真成”的核心价值观，提出了“绿色赋能 智慧创新 共同成就”的发展理念，与党的十九大提出的“创新、协调、绿色、开放、共享”新发展理念高度契合、合拍共振。同时，企业秉承“低碳赋能美好生活”的宗旨使命，通过实施传统能源升级换代，先进能源技术创新、清洁能源开发、电源结构调整、节能减排等战略，致力建设资源节约型、环境友好型、可持续发展企业，为社会经济发展提供经济、环保、稳定的绿色能源，走出了一条绿色低碳发展之路，为小康社会和“美丽中国”建设做出了积极贡献。

中国电力通过加强企业文化建设，增强企业的凝聚力、创新力、影响力和核心竞争力，破除了体制机制障碍，打破了固有的思维模式和发展方式，成为中国电力深入推进综合性改革取得“双百行动”阶段性成果，全面推进“清洁发展、跨国发展、综合发展、智慧发展”四个转型战略，全力打造“战略落地、经营管理、深化改革、加强党的建设”四个标杆，做建设世界一流清洁能源企业主力军的动力引擎和战略引领。

二、春风化雨 促进文化落地深植

企业文化只有落地生根，才能深入人心。中国电力多措并举，持续深入宣贯企业“低碳赋能美好生活”的宗旨使命，不断促进企业文化与企业经营发展的协同促进。

中国电力加强企业文化建设顶层指导，为企业文化建设提供政治保障、组织保障、人力资源和资金保障。公司党委高度重视企业文化建设的政治性，始终坚持党建引领文化，为企业文化建设提供坚强的政治保障，使企业文化建设与党建工作同向融合发展，确保党的各项方针政策在企业得到顺利贯彻落实，引导广大职工群众更加坚定“四个自信”，牢固树立“四个意识”，坚决做到“两个维护”，培育和践行社会主义核心价值观。

公司设有健全的企业文化建设组织机构，成立了以党政主要领导为组长的企业文化与品牌建设领导小组，在本部设置有专职的企业文化岗位，在公司系统形成良好的管理链条。把企业文化建设置于企业发展的战略高度，与经营发展同谋划、同部署、同实施，制定了企业文化建设中长期规划。同时，每年设立专项资金，为企业文化建设提供经费保障。

中国电力注重企业文化理念体系和视觉（听觉）识别体系建设。在理念体系建设方面，以中国电力新战略发布会为契机，在公司系统第一时间连续组织本部和基层单位的宣贯工作，各级领导带头宣讲企业文化，确保企业文化理念学习全覆盖。在日常将企业文化宣贯植入各类业务培训班、大讲堂中，形成了企业文化培训常态化。在视觉（听觉）识别体系建设方面，印发《低碳赋能美好生活：中国电力新发展战略定义手册》，统一设计了新战略标识视觉识别系统并进行大楼内 VI 更新；同时，设计制作了一批能体现公司重点业务的文创产品、员工办公用品等，使员工在耳濡目染中加深对企业文化的领悟。

三、创新实践 打造企业特色品牌

中国电力注重创新方式方法，坚持全员参与，突出员工企业文化建设的主体地位，以职工喜闻乐见的形式开展企业文化宣贯。积极组织主题教育与职工群众活动，让职工感受到企业文化的魅力，以优异成绩展现企业的亮丽风采。

——将最美奋斗者的先进事迹编印成《奋斗者之歌》一书；摄制企业形象宣传片、年度工作片及各类工作专题片；及时更新制作企业宣传册，展现企业形象和工作亮点特色；编印《中国电力》杂志等，以此激发员工爱国、爱企的情怀和工作动力。

——全员发放文化读本《我们的方向》《和的智慧》《文化之道》等书籍；悬挂和张贴国家电投和中国电力企业文化海报；充分发挥企业官方网站、微信、杂志等宣传平台，以及企业展厅、文化长廊、职工书屋、电子屏、宣传栏、大讲堂等阵地作用，积极营造良好舆论和文化氛围，凝聚推动企业和谐发展的正能量。

——自 2015 年以来，公司连续多年发布社会责任报告，每年定期组织开展“企业开放日”活动、爱心助学、环保宣传等志愿服务活动；鼓励员工结合岗位，充分发挥创新工作室的作用和影响，在职工群众中营造智慧创新的文化氛围，系统单位 QC 小组活动成果斐然。切实增强员工荣誉感、归属感，提高职工群众对企业文化的感知。

——在国际化发展中，中国电力坚持经济合作和人文交流共同推进，注重与海外项目所在地的文化交流融合，书写企业在国际化发展道路上“解释中国实践、讲好中国故事、阐释中国梦想”的动人篇章。作为中巴经济走廊的优先实施项目，中国电力旗下中电胡布项目积极履行社会责任，在巴基斯坦积极建造渔民码头、建设公益学校、翻新城镇干道等，在当地社会获得良好反响。《中电胡布在巴基斯坦打造亲和力形象》案例被评为第二届中国机构海外传播“海帆奖”优秀案例。

中国电力特色企业文化及精神文明建设取得累累硕果，多次得到上级部门和专家学者的高度认可，被认为有红色文化的引领和优秀传统文化的传承，体现了中华民族优秀文化、传统美德与现代市场经济、现代企业理念的紧密融合，是当代中国企业文化建设与创新的一个典型范例，在社会上树立了良好的品牌形象。企业先后荣获“全国文明单位”“中国最具影响力企业”“改革开放40年中国企业文化优秀单位”“改革开放30年全国企业文化杰出品牌组织”“全国电力行业企业文化建设示范单位”“全国电力行业软实力建设贡献奖”“国家电投企业文化示范单位”等荣誉。

（作者系中国电力工会副主席、党委秘书谢仕儒，党建与群团工作部副主任、团委书记刘洋，党建与群团工作部高级经理金二学，党建与群团工作部专责邓蕾）

新时代军工文化建设的守正与创新

90年来，人民军工取得了辉煌成就，积淀的军工文化成为推进军工事业发展的强大动力。作为我国核心军工央企，二十九所不断开展军工文化建设的创新实践，有力推动了企业践行强军首责，成为党和国家可信赖的大国重器。

一、深刻把握军工文化丰富的历史内涵

中国军工文化，是伴随着人民军工事业发展而形成的具有鲜明时代特征的文化形态。肇始于土地革命时期，成长于战争年代，丰富发展于国家建设时期，承载着光荣的革命历史与革命传统，是人民军工发展壮大的精神支柱，激励着军工企业在践行责任担当的征程中砥砺奋进。

革命历史和传统赋予了军工企业典型的文化特征：红色是永远的精神底色。理想信念早已熔铸于企业的基因之中，“自力更生、艰苦奋斗，军工报国、甘于奉献，为国争光、勇攀高峰”是军工精神内核，融合了“国家利益高于一切”的信仰，“舍小家为大家”的报国情怀，是爱国主义、集体主义和科学精神的体现，是军工人奋斗足迹的真实写照。不管时代如何变迁，军工文化始终是军工企业的思想之魂。

二、新时代军工文化建设面临的新挑战

新形势带来新要求。习近平总书记指出：“文化自信是一个国家、一个民族发展中更基本、更深层、更持久的力量”，军工企业悠久的历史、大国重器的使命担当是我们文化自信的底气。大力弘扬军工精神，成为新时代军工文化建设的使命要求。

意识形态带来新冲击。在互联网时代，传统军工文化的家国情怀、集体主义话语有所缺失，某些英雄人物被恶意抹黑。因此旗帜鲜明唱响主旋律，成为新时代军工文化建设久久为功的课题。

员工变化带来新挑战。老一辈军工人见证过弱国无外交的屈辱，经历了筚路蓝缕的奋斗历程，他们同新中国同呼吸、共命运，思想认识高度统一。当今80后、90后成为军工企业的主力军，他们崇尚个性，乐于新鲜事物，抵触教条式宣贯；信息获取、社交娱乐主要通过网络渠道，军工情怀共鸣度弱。员工特征的变化，成为新时代军工文化建设必须面对的现实。

三、守正创新，军工文化建设探索实践

习近平总书记“在守正创新上实现新作为”的重要指示，为新时代军工文化建设提出了根本遵循。近年来，面对问题与挑战，29所坚持守正与创新相结合，通过创新性实践，实现了新时期军工文化建设的整体跃升。

（一）守正精神底色　厚植军工红色基因

始终坚持党对文化建设的领导。我们坚持以习近平新时代中国特色社会主义思想为指导，将文化建设融入企业党建制度建设、企业管理制度体系、经营管理体系和发展战略中，协同推进发挥作用。着力夯实组织保障。以党委为核心、党群工作部为主抓部门、基层党支部为实施机构、工团组织为支撑的工作格局，构建责权明晰、齐抓共管的工作模式。着力强化思想教育。深入学习贯彻习近平新时代中国特色社会主义思想，积极开展爱国主义、理想信念教育，引导干部员工增强“四个意识”、坚定“四个自信”，做到“两个维护”，树牢“根”“魂”意识，强军首责意识，国之重器意识，增强思想自觉行动自觉。着力推进“四同步”模式。思想教育、军工文化与中心工作同部署、同指导、同落实、同考评，实现文化建设年度有策划、月度有指导、年终有考评，确保思想教育、军工文化力出一孔，利出一孔。

持续开展爱国主义教育。90年来，人民军工从无到有，从落后追赶到与西方并跑，靠的是军工报国、甘于奉献的精神。新时代爱国主义就是坚持国家利益高于一切，引导干部员工把个人发展与党的事业、国家的命运紧紧联系起来。从2008年开始，先后举办13期培训班，组织领导班子、党员干部、优秀党员赴嘉兴、井冈山、延安、两弹城，开展“坚定理想信念”专项培训；我们落实《新时代爱国主义教育实施纲要》，面向全员深入开展新时代中国特色社会主义和中国梦教育，为践行科技强军使命凝聚强大的思想动力。

（二）创新文化建设内容形式，军工文化兴企

我们在理念认知、制度规范、行为塑造等方面系统创新，推动军工文化建设升级演化，凝聚人心。

创新理念认知，在感知体验中内化于心。二十九所高举爱国主义旗帜，传承军工精神，凝练出“团结、献身、求实、创新”的853精神。近年来，我们聚焦使命责任，不断赋予853精神新的时代内涵。即：胸怀大局，合作共赢，相互支持共同发展的团结精神；牢记使命，勇于担当，心系国防卓越追求的献身精神；转变作风，用户至上，精益管理真抓实干的求实精神；变革创新，先行先试，勇攀科学高峰的创新精神。结合青年员工特点，编制Q版企业文化手册，选取典型案例和人物故事，以微漫方式呈现，创新传播形式，营造军工文化的“代入感”。

创新制度规范，在激励约束中固化于制。孤阴不生，独阳不长。文化理念与制度规范只有阴阳共济，才能相融，促进发展。倡导创新文化，优化科技创新管理，建立从技术产出路径、投资布局、成果评价、成果管理到成果转化的全流程管理制度。匹配科技创新成果孕育、成果形成、成果转化不同阶段的不同特点，设计差异化的激励约束机制，实施基于转化规模或效益的现金奖励、分红奖励等多种中长期激励。坚持军工产品质量至上。对标国际先进标准体系，持续改进质量管理制度流程，创建卓越绩效体系。基于过程方法和风险管控思想，匹配不同平台产品特点，形成不同领域的质量管理要求和实现工作程序，提高体系文件的适用性和有效性，推动“质量是生存和发展生命线”的理念入脑入心。

创新行为塑造，在文化实践中外化于行。军工文化的落地需要持续浸润和学习，逐步形成价值认知和实践反馈。关键要素是传播渠道和典型故事。构建线上线下体系融合的传播网络。我们加强宣传文化媒体阵地、活动载体等文化传播网络的建设，建立全媒体传播载体，拓展荣誉墙、员工墙、文化主题墙、文化展厅等线下阵地，精心打造文化品牌活动。塑造军工文化软符号，让身边人代言。军工文化理念必须通过具体表现形式来体现。故事是文化最好载体，最好的主角就是身边典型以及平凡人。近年来，二十九所着力在故事挖掘、形象塑造、讲述手法上下功夫，讲好平凡人的不平凡事，塑造军工文化软符号。

我们的主要做法是：故事挖掘突出文化理念与个人价值共鸣。讲述北斗导航团队自主创新的故事，“当抬头仰望星空的时候，除了看见北斗七星，还能看到我们做的北斗星座”动人故事讲述；讲述军工质量重要性，“今天你的一段代码，也许就决定未来一场战斗甚至战役的胜利”；讲述军工绣娘潘玉华的故事，将手工焊平凡的工作与预警机紧密联系在一起，引起了广大干部员工强烈共鸣。形象塑造突出立体感个性化自然美。立体感是通过平面、视频、文字多维打造科学家、大国工匠、年度标兵、杰出员工宣传海报，在醒目位置进行张贴；以短视频讲述人物故事，开展“文化大讲堂”活动。个性化是挖掘区隔他人的特质，对典型人物设置特性传播语，如航天专家“浩渺星辰伴人生，荣誉背后是坚守”；如大国工匠“军工绣娘，无微不至”等。自然美指保留人物的小缺陷，缺陷成就超级英雄，如形容某技术专家的完美主义，“两行文字的间距，让他一天心情无法平静”。宣传手法突出沉浸式体验。我们举行“唱响红色经典”歌咏晚会，唱出了全体员工的时代心声。我们举行“感动二十九所颁奖典礼”，以诗朗诵、情景剧、讲述等方式，再现一幕幕感人故事，在真情流露中将爱岗敬业、为国铸剑的家国情怀纷呈。我们举行建党百年“铸就大国重器”主题活动，以歌舞、朗诵等艺术形式，营造出良好的正能量场域。系列主题活动成为弘扬爱国主义和传承853精神的良好范本，掀起了不忘初心、牢记使命的军工文化高潮。

四、创新军工文化建设的成效

在军工文化的引领下，全所干部员工理想信念更加坚定，爱国主义情怀更加执着，“自力更生、艰苦奋斗，军工报国、甘于奉献，为国争光、勇攀高峰”的军工精神已经成为全员的共识，坚守强军首责，加快自主创新，把智慧和力量凝聚到加快电子对抗事业发展上来，凝聚到建设世界一流企业上来，彰显了“大国重器”的使命担当。

（作者系中国电子科技集团公司第二十九研究所党支部书记杨玺宁、高级文宣主管周露金）

构建以时代英模为核心的新时代军工品牌文化体系

中国兵器辽沈工业集团有限公司

中国兵器辽沈工业集团有限公司（以下简称辽沈集团）是隶属于中国兵器工业集团有限公司的大型兵工骨干企业，工厂始建于1936年，是抗日战争、解放战争的见证者。1948年11月，回到党和人民怀抱，在抗美援朝战争，对印、对越自卫反击战中为部队提供了大量武器弹药。历经几代人的不懈努力，如今的辽沈集团产品面向陆、海、空、武警等军兵种，形成了中大口径炮弹、末敏弹药、制导炮弹等多弹种系列化研产能力，逐步迈入高质量发展轨道，企业经济规模与效益呈现平稳增长的良好态势。

一、构建以时代英模为核心的新时代军工品牌文化体系实施背景

（一）构建以先进典型人物为核心的新时代军工品牌文化体系是军工企业党组织引领企业高质量发展的重要内容

企业文化的核心是思想观念，它决定着企业成员的思维方式和行为方式，能够挖掘潜能、激发士气。辽沈集团成立85年来，在抗美援朝战争以及对印、对越自卫反击战等重大战役中做出了极为重要的历史贡献，先后培养了“毛主席的好工人”、全国劳动模范尉凤英和导弹与运载火箭技术主要开创者之一谢光选等时代英模，充分证实了辽沈集团具有深厚的文化底蕴和历史基础。近年来，辽沈集团党委通过进一步认识到企业文化的深远作用，更加重视企业文化建设，积

极探索了构建新时代背景下与企业改革发展相适应的企业文化体系。

（二）构建以时代英模为核心的新时代军工品牌文化体系是辽沈集团党委推进企业高质量发展的必然需要

辽沈集团党委始终坚持践行人民军工精神，历代军工人坚定树立了“把一切献给党”的崇高信念、“自力更生、艰苦奋斗、开拓进取、无私奉献”的优良传统和“国家利益高于一切”的价值观，共同构成了具有军工特质、体现传统文化、反映时代价值的人民军工精神内涵。传承、弘扬、发展历史文化，积极构建以时代英模为核心的新时代军工品牌文化体系，更加有利于以文化定力筑牢坚定的信仰基石、以文化自信激发强大的精神动力，不断塑造并深化广大干部职工爱企爱党爱国的家国情怀，促进广大干部职工坚定履行强军首责、推动高质量发展的信心与信念，为奋力谱写辽沈集团改革发展新篇章、为兵器集团建设成为具有全球竞争力的世界一流企业作出新的贡献。

二、构建以时代英模为核心的新时代军工品牌文化体系的创新方法

精神传承是企业文化的根本所在，在坚持好守正与创新的过程中，不断凝练出适应新环境、落实新要求的文化体系是极为必要与紧迫的，可以更好地发挥出引领企业高质量发展的重要作用。当前，正值“十四五”开局之年，军工行业踏上了新征程，推进文化振兴正逢其时，建设文化强企大有可为。

（一）坚持政治建设为根本 凝练“尉凤英的劳模精神”以信念增信心

辽沈集团党委坚持把提高政治站位放在核心位置，推进建设举旗树标的文化理念体系。坚定不移地用习近平新时代中国特色社会主义思想指导企业文化工作践行，为“蚂蚁啃骨头”精神源源不断地注入红色基因，构建了以“尉凤英精神”为核心的企业文化体系，形成了内涵丰富、独具特色的“对党忠诚、只争朝夕、执着奋斗、勇于创新、敢于担当、乐于奉献”的“尉凤英的劳模精神”。各级党组织通过理论学习、“三会一课”等方式深入开展学习，教育引导干部职工用忠诚淬炼信念，用担当砥砺初心，用有为诠释使命，更加坚定地扛起“服务于国家国防建设，服务于国家经济发展”的核心使命，更加自信地投身“履行好强军首责、推动高质量发展”的新时代企业的愿景目标，以实际行动体现辽沈军工人的政治担当。

（二）坚持互融互促为基础 构建“文化大格局”以文化聚动力

辽沈集团党委坚持把互融互促作为目标，注重深度融合与双向促进，始终建设凝心聚力的文化体系。从历史沿革看，由于诸多因素影响，职工的思想认同各不相同，行为缺乏基本指引，增加了管理难度。为充分发挥文化与管理的“互融互促”作用，持续完善了符合未来发展需要的企业文化体系，为行为提供基本指引，使全新的文化理念能够更好地落实落地。近年来，辽沈集团党委累计投入 1000 万余元，通过完善区域文化阵地建设、群体活动阵地、党建活动室等阵地建设，逐步将语言体系转变为全体干部职工的文化理念实践。

（三）坚持传播以创新为抓手 讲好“成长奋斗史”以宣传展形象

辽沈集团党委把善于传播视为责任，不断完善“矩阵式”宣传阵地建设，坚持建设具有军工特色的品牌文化体系。始终坚持将品牌与文化相结合，加快常规弹药等“老字号”的升级换代，末敏弹药、巡飞弹药等“原字号”的深度开发，制导炮弹、新型弹药等“新字号”的培育发展，计量检测等军民融合领域的体系化重塑，为实现党在新时代的强军目标雕弓铸剑，有力彰显了负责任、勇担当、有作为的“国之重器”形象。

在宣传工作方面，认真梳理辽沈素材、讲好辽沈故事、传播辽沈声音，近两年来在各级主流媒体播发人物事迹、历史故事、新闻事件等内容 400 余条，累计点击、观看人数 4000 余万，2021 年 10 月 19 日，尉凤英走入《我的艺术清单》，用时 50 分钟讲述了军工人的奋斗史与成长史，形成了广泛影响。在社会责任方面，充分发挥企业区位优势和资源优势，广泛开展独具特色的“乘凉晚会”“职工体育运动会”等活动，积极接待各界人士调研参观，普及辽沈成就、弘扬辽沈文化，持续扩大企业的影响力和公信力。

（四）坚持以学思践悟为标准 以成效促发展

辽沈集团党委坚持把重实践聚焦于人，始终建设落地生根的文化体系。深入贯彻新时代党的建设总要求，以“转变思想观念、转变工作作风、转变体制机制”为切入点，把抓改革、调结构、重科研、谋创新、强管理、防风险作为重点，充分发挥基层党组织的战斗堡垒作用和党员先锋模范作用，用党建创新成果不断丰富企业文化的新时代内涵，从文化上潜移默化影响和改变干部职工的行为习惯，着力建设一支“站位高、责任强、作风实、标准严、技能精、管理新”的新时代军工队伍。切实以文化提升凝聚力、促进生产力、打造竞争力，进一步引导干部职工用“把工作当成事业，让优秀成为习惯”强化责任担当，用“强制成习惯，习惯成自然，自然成文化”强化管理创新，用“不为不行找理由，要为能行想办法”强化执行能力，用“质量在我心中，精品在我手中”提质量、“安全是天，重于泰山”保安全、“持续改善，追求卓越”降成本、“没有创新就没有未来”和“想干事、能干事、干成事”创效益。

三、构建以时代英模为核心的新时代军工品牌文化体系的启示

辽沈集团坚持以“把一切献给党”的人民军工精神为依托，积极探索新时代企业文化发展与建设规律，为企业高质量发展新阶段开好局、新理念谋好篇、新格局起好步提供强有力的文化支撑。构建以时代英模为核心的新时代军工品牌文化体系是一项基础性工作，在于春风化雨、久久为功，经过一个时期的实践，使我们认识到：

一是文化自信汇聚精神力量的根本源泉。推动企业文化大发展，打造企业文化建设新品牌，需要进一步坚定文化自信，在具体实践中积极探索、不断完善，努力把企业文化培育得愈来愈精彩，让企业文化品牌传播得愈来愈闪亮。

二是文化聚气是推动改革发展的强大动力。文化力量能够产生强大的驱动力，驱动员工产生追求愿景、实现愿景的勇气和信心，并使干部职工有着一样的发展欲望、精神和激情，这种力量也会成为企业发展的绝对因素。

三是文化赋能是实现转型发展的坚强保障。良好的企业文化能够让干部职工产生归属感和安全感，培养干部职工的奉献精神，让干部职工在工作过程中实现自我价值，激发员工的积极性、主动性和主观能动性，并让企业成员成为并肩作战、荣辱与共的合作伙伴。

（作者系中国兵器辽沈工业集团有限公司综合管理部部长、团委书记任重远，党委工作部副部长孙学柱，党委工作部企业文化办公室主任任晓川）

以雷锋文化推动企业发展 打造有温度的“雷锋行”

中国建设银行股份有限公司泰安分行

近年来，泰安建行紧紧围绕建设“支持地方建设的主力银行、服务民营企业的标杆银行、推进乡村振兴的样板银行、参与社会治理的智慧银行”目标，扎根泰安大地，创新金融服务方式，优化金融服务环境，有力支持和服务地方经济与社会民生工程发展，得到了地方政府和企业的一致好评。

一、情深缘起二十载 雷锋精神代代传

从 1999 年到 2021 年，建行泰安分行将“学雷锋”作为一项制度在全行坚持，并凝聚成一种精神，形成独具特色的“雷锋•行”企业文化品牌。雷锋精神在泰安分行坚守、传承，在一代又一代建行人心中薪火相传、生生不息。

（一）内化于心 星星之火点亮代代相传的坚守

1999 年，建行泰安岱北储蓄所被共青团泰安市委命名为全市金融系统第一个“雷锋储蓄所”。岱北储蓄所聘请雷锋生前战友乔安山、李开臣为指导员，在日常工作中将“雷锋精神”进行传承和发扬。2001 年，分行营业部大厅树立起雷锋塑像，学雷锋示范教育基地正式成立。2015 年，建行泰安分行提炼出包含“服务、敬业、作风、合规”的“雷锋精神”文化理念。2018 年，建行泰安分行精神文化品牌——“雷锋•行”正式启动。如今建行泰安分行建立的“雷锋基地、雷锋塑像、多功能区”为一体的“三位一体”展示服务区域，已经成为山东省分行的学雷锋基地，在文化传承进步、员工教育发展中发挥着重要作用。

（二）外化于行 久久为功铸造生生不息的传承

经过二十二年每届分行党委班子及全行员工的践行坚守，雷锋精神被不断赋予新的时代特征和内涵，已融入建设银行泰安分行的经营理念和企业文化之中，成为雷锋精神忠实的传承者、弘扬者、实践者和创造者。

建行泰安分行形成了独具特色企业文化品牌——雷锋•行，赋予了生动的品牌文化内涵：雷锋行（háng），是雷锋精神在建行，全心全意为人民服务；雷锋行（xìng），意为雷锋精神与您同行，以实际行动向雷锋同志学习。同时延伸发展了“红色领航”党建品牌、“微蓝服务”志愿品牌，共同构建建行泰安分行企业文化体系。

多年来，建行泰安分行在脱贫攻坚一线，金融活水实现精准滴灌；“裕农通”服务点覆盖全市行政村，打通乡村金融服务的“最后一公里”；开放共享网点资源，让户外工作者落脚休憩；创新推出民工惠；破解小微企业融资难题……以金融力量解决社会痛点，用公益思维传递温暖情怀。近几年，建行泰安分行紧紧围绕“精细化管理”和“价值创造”两条主线，推进“学雷锋、抓服务、比贡献、转作风、树形象”专项活动，让雷锋精神持续内化于心、外化于行，争做金融服务的挑山工，打造有温度的雷锋行。

二、奋楫笃行臻于善 雷锋文化筑根基

建行泰安分行将“雷锋•行”文化作为全行发展的灵魂和精神坐标，作为推动全行管理进步和效益提升的内在动力，以“内聚合力、外树形象”积极作为，形成了广泛的文化认同和强大的文化合力，“雷锋”文化逐步成为建行泰安分行的核心竞争力，让锐利刚性的金融有了更加柔和的温度。

（一）强信心 提升文化的“认同感”在业务发展中凝聚温度

建行泰安分行成立了企业文化工作领导小组，召开各类专题会议，站在全行经营发展的战略高度，谋划文化建设的思路、对策和措施。制定工作计划，拨付足量建设经费，建立人才团队并定期组织培训，贯彻精细化管理理念，提升企业文化的影响力。将建行核心价值理念嵌入业务经营、客户服务、产品创新、风险管理、内控合规等各项制度流程之中，将企业文化列入基础管理考核，使之与制度机制互相匹配、互相支撑，从而转化为全体员工的职业信念和自觉行动。

（二）暖人心 提升员工的“获得感”在关心关爱中汇集温度

以“人本文化”为重要遵循，建立健全以综合素质和业绩为导向的职业发展公平竞争机制，制定公开选拔人才工作方案，完善管理办法，全面提升员工素质和能力。依托中心组学习、红色领航大讲堂、道德讲堂、微信平台等载体，开展社会主义核心价值观和企业文化知识宣传教育。倡导“求真务实”作风，坚持以解决基层重点难点问题为导向，制定调查研究细则，党委班子成员深入基层调研，解决员工在工作和生活中的实际困难。持续开展“最美建行人”“员工故

事会”“榜样的力量”等主题活动，在系统内首家开办“道德讲堂”，深度挖掘“学雷锋十大典型人物”“学雷锋十大标兵”“泰山老黄牛”等先进模范集体和人物，生动展现了学雷锋工作成果。

（三）聚民心 提升客户的“幸福感”在服务客户中传递温度

先后开展了“岗位学雷锋”“创环境、养习惯”“庸懒散慢拖瞒”问题专项治理活动、“学雷锋、抓服务、比贡献、转作风、树形象”专项工作等，近三年来员工差错率连年降低，在省行稽核工作质量考核中连续多年位于前列。建立消费者权益保护快速响应机制，落实“三个一把手”和“网点—支行—分行”三级联动机制，及时高效解答客户难题，客户满意度同业领先。

三、硕果累累满庭芳 雷锋金融为人民

犯其至难而图其至远，建设银行泰安分行以“雷锋•行”文化为指引，将“人民至上”的红色基因深刻烙进骨血，将“为民服务”与“为客户服务”紧密融合，发力住房租赁、普惠金融、金融科技“三大战略”，投身乡村振兴与脱贫攻坚，不断打造人民信赖的“雷锋行”。

（一）践行“三大战略”深化金融实践 社会发展贡献日益显著

在新泰市成功上线省内首个城乡医疗综合体项目，带动投放网络供应链 1.27 亿元；为多家医院合作共建“银医通”；打造全市首家智慧政务网点服务样板间，延伸了政务服务渠道。住房租赁服务平台实现与市房管局深度合作，全市 8200 户公租房全部纳入系统管理。充分运用科技平台，借助大数据发现客户、识别客户。截至 2020 年年底，普惠贷款余额 25.83 亿元，全年培植小微企业首贷客户 473 户。

2018 年以来，为扶贫村引入花生板栗品种改良、打井、亿来塑料等多个项目，因地制宜发放各类扶贫贷款 2.37 亿元。围绕乡村诊所、超市等大力发展裕农通服务点，打通乡村金融末梢循环；为当地村民累计办理医保缴费 68.25 万笔，金额合计 1.97 亿元。

（二）聚焦“三个能力”引流金融活水 实体经济灌溉愈发精准

全面对接全市重点建设项目、骨干企业和民生工程，加大信贷投放力度。2018 年以来，各项贷款累计新增 76.4 亿元、年均增幅达 13.6%。2020 年年末，国际贸易单一窗口签约 174 户、系统排名第 5 位，国际业务信贷日均 5.6 亿元。

近几年，建行泰安分行加大对风险管理的主动管控，强化信贷客户准入，严格执行新生资产会商制度；加快潜在风险释放、加快不良资产处置，优化信贷结构调整，资产质量逐步稳实。

（三）怀揣“家国情怀”履行社会责任 大行担当持续彰显成效

2020—2021 年疫情期间，建行泰安分行迅速建立疫情联动响应机制，及时调度网点防疫物资配备情况，保障网点防疫物资充足；做好营业场所出入测温登记和设备、现金消毒工作，实现全行员工“零感染”，员工家属、到访客户“零感染”。同时，全面助力企业复工复产。

建行泰安分行将“雷锋•行”与“劳动者港湾”紧密结合，将品牌标识一同引入网点 VI 设计中。目前，分行 44 个网点均已开设劳动者港湾，并配全了充电宝、饮水机、微波炉、老花镜、图书等基础惠民服务设施，轮椅、婴儿车、拐棍等无障碍、人文关爱设施，成为一隅靓丽的蓝色风景线。

建行泰安分行始终坚持“带着真情做公益，带着爱心办银行”，在“雷锋•行”文化的指引下创立了“微蓝服务”品牌。7 年来，“微蓝”志愿服务团队以实际行动践行榜样力量，开展公益助学、爱心助残、义务献血、志愿服务等，受到泰安市民一致好评，唱响了新时代的服务号。

“十四五”规划渐次铺展，站在历史新的交汇点上，建行泰安分行将以“雷锋•行”品牌建设为着力点，持续加强企业文化建设，以新金融共绘“十四五”发展新蓝图，以更大的金融担当，为民谋福利，为民办实事，助力推动经济社会高质量发展。

（作者系中国建设银行股份有限公司泰安分行）

赓续公益文化　践行初心使命

中国建设银行鞍山分行

文化是企业的核心竞争力和重要软实力，是企业发展之根、基业长青之魂，公益文化作为企业文化的重要组成部分，是企业履行社会责任、赋能社会进步的关键举措。在社会主义文化强国的新时代，中国建设银行鞍山分行根植于“诚实、公正、稳健、创造”的建行核心价值观，在党建文化的统领下，“以人民为中心”的发展思想，坚持将创新、协调、绿色、开放、共享的新发展理念同新金融理念深度融合，形成了独具建行特色的公益文化。

一、成立爱心团队——构筑公益文化根基

2004 年，在分行党委的领导下，鞍山分行正式组建青年志愿者团队，成为全行业务宣传、消费者权益保护、公益活动宣传等活动的中坚力量。2017 年，中央候补委员、当代“活雷锋”郭明义正式授旗，成立“郭明义爱心团队建行鞍山分行分队”，自此鞍山分行爱心公益活动正式融入社会团队，步入正轨并日益壮大。从成立初期的十几人到如今超 400 人的志愿者服务群体，公益活动由点到面，并具备了一定的社会影响力。近年来，爱心团队先后邀请郭明义来行，组织开展了“与英雄同行”等 3 次大型集体爱心献血，全行员工自发捐款捐资助学“圆贫困学子上学梦”活动 2 次。团队也先后组织开展“走进梦想之家走近柏剑”，走进福利院“关爱

残疾儿童 托起折翼天使”，走进养老院开展“传递爱心 情暖夕阳”等敬老爱老公益活动，不仅提升了建行的品牌影响力，也涌现出一批批总行级明星、省分行先进优秀志愿者。

二、创建爱心港湾——共享关爱民生渠道

打造“劳动者港湾”公益服务品牌，为社会大众提供便民服务，承担社会责任，坚守公益初心。建设银行用新金融的力量关爱民生。2018 年，在全行范围内建设 57 个“劳动者港湾”，对外开放共享网点服务资源，为包括户外劳动者在内的广大社会公众提供临时休息、饮水、手机充电、热饭等贴心、便捷、周到的惠民服务，主动为劳动者歇脚停靠提供便利场所和贴心服务的温情行动，打破了职业界线、环境界线，打造了劳动者的“歇脚地”“加油站”“充电桩”“暖心窝”，创造了尊重劳动者、平等友爱、热爱生活的文化氛围。“累了能歇脚，渴了能喝水，没电能充电，饭凉能加热”……“劳动者港湾”在提供休息、饮水、热饭等惠民服务的基础上，结合网点实际情况，深化发展“劳动者港湾+”服务模式，发挥“爱心桥”和“连心扣”的作用，共同投身公益服务事业，盘活民生一盘棋，打通服务群众的“最后一公里”。

将“劳动者港湾”日常服务与联学共建、公益活动相结合，在部分网点设立“张富清同志先进事迹宣传窗口”“张富清服务示范岗”，成立张富清金融服务队、张富清党员突击队，打造服务客户、赋能社会的建行名片，扩大张富清精神的覆盖面和影响力。

三、捐建金融桥梁——打通助农脱贫“最后一公里”

“你看我家门口就是建行的‘金智惠民桥’，桥架了，路通了，日子一天比一天过得好，更有奔头了，更有希望了！”从岫岩县药山镇水獭村村民王大姐口中，建行人听到最多的两个字就是“感谢”。

为增强村民的获得感和认同感，鞍山分行从改善公共基础服务设施入手，解决扶贫村发展的实际困难。2018 年，水獭村村口石桥被大水彻底冲毁，村民出行需要绕道三公里，山珍、牛羊等农产品运输成了村民的一大难题。由于之前是村里搭建的简易石桥，基本上是年年发水，年年被冲毁，镇里缺少建设资金，这个出行交通枢纽就成了村民脱贫致富的“绊脚石”。鞍山分行在了解情况后，为水獭村申请 30 万元的专项扶贫资金为该村修建了“金智惠民桥”，通过搭建“造血式”扶贫“桥梁”，引领村民致富。2020 年，鞍山分行加快扶贫助贫攻坚步伐，在岫岩县黄花甸店镇沙岗村又捐建了一座“金融活水桥”，将“听民意、体民情、暖民心”的惠民工程做到实处。在帮扶因病致贫的沙岗村村民的同时，帮助贫困农民发展养猪脱贫项目，为当地经济发展打下了坚实基础。

鞍山分行坚决把提升金融精准扶贫质量放在首位。目前，分行在县域支行开通 130 个“裕农通”服务点，将银行业务延伸到村口，实现了普惠金融服务点的全覆盖。服务点提供“裕农快贷”“裕农养牛贷”等全流程线上惠农贷款，为农企备耕融资“输血”助力的同时，还将假币识别、防金融诈骗等金融知识送到村民身边，打通了农村金融服务“最后一公里”。

两座扶贫桥，让天堑变通途，村民心里乐开了花。

四、奉献爱心血液——传递爱心故事

1997 年，门利在第一次义务献血时才知道自己是“熊猫血”。那时的他，刚刚从部队转业进入建行工作，在义务献血验血之后，血站的一名主任则把他请进了办公室，把他是“熊猫血”的情况告诉了他，并为他登记备案，从此他成为一名“特殊的”义务献血志愿者。当年，为救助一位 10 岁肾癌男孩，原本应该献血 200 毫升的门利，毫不犹豫地献出了 400 毫升。献血后，虽然深感不适，第二天他就回到了工作岗位。因为血站保密要求，直到今天，门利连这个小男孩的名字都不知道。

2016 年，青年员工杨文军捐赠造血干细胞，成为鞍山市地方金融系统、辽宁省分行首例，鞍山市第 14 例造血干细胞捐献者。分行以杨文军为道德人物开展了“传递大爱为生命添彩”为主题道德讲堂活动，对杨文军的传递大爱事迹进行了宣传播报。杨文军的大爱行动，受到鞍山市政府领导的高度关注，地方主要电视台、《鞍山日报》、《千山晚报》、《北方晨报》、千华网等主流媒体全程跟踪报道，中华骨髓库微信平台、《建设银行报》等媒体也进行了播报，在系统内外都传播了建行的影响力。2016 年，杨文军被评选为总行十佳公益志愿者，她不仅到北京参加了表彰仪式，而且受到了原董事长王洪章的接见。

2020 年疫情肆虐期间，“郭明义熊猫血爱心团队”成员青年员工周越洋，经过层层筛查检测，克服第一次献血的内心恐惧，主动请缨，为远在葫芦岛的姚女士捐献了 200 毫升“熊猫血”，血液的“交融”，不仅树立了建行员工甘于奉献、勇担社会责任的形象，更是拉近了两座城市的距离。近几年，建设银行鞍山分行多次组织员工献血，累计献血 200 余人次，用实际行动奉献一份爱心，为这座钢铁城市送上一份份温暖。

金融如水，润泽民生。建设银行始终秉持金融为民的情怀和责任担当，传承和发扬公益文化，弘扬大爱，倾力开展各类社会公益活动，投身到社会扶贫救助活动中。汶川地震、抗洪救灾、英模母亲救助、资助贫困学生、为“中国好爸爸”柏剑捐款、走进鞍山市儿童福利院、养老院……每一次捐助鞍山分行都全员参与，近八年来累计捐款近百万元，为公益事业贡献了自己的力量，展现了一个企业良好的社会形象。

（作者系中国建设银行鞍山分行办公室主任闫浩然）

坚持守正创新 培育精彩文化 为国铁企业高质量发展提供有力支撑

中国铁路呼和浩特局集团有限公司

近年来，中国铁路呼和浩特局集团有限公司党委坚持以习近平新时代中国特色社会主义思想为指导，以社会主义核心价值观为引领，把中国特色社会主义文化的浸润、地域文化的涵养和行业特色的彰显贯穿精彩文化建设始终，深入实施文化聚力工程，大力建设与我国深厚文化底蕴和丰富文化资源相匹配、与新时代中国特色社会主义事业总体布局相适应、与推进企业高质量发展相一致的精彩文化，以文弘业、以文培元，以文立心、以文铸魂，为企业改革发展提供了强大的价值引导力、文化凝聚力和精神推动力。

一、在夯基架梁上用力，构筑精彩文化建设的深厚根基

一是建立坚强有力的组织机制。集团公司历届领导班子高度重视，坚持一张蓝图绘到底，从规划设计到推动落实，从理念提炼到体系构建，都亲力亲为、谋篇布局，为推进企业文化建设提供了坚实的思想保障、组织保障和领导保障。在2021年企业文化建设现场推进会筹备期间，集团公司主要领导深入呼东高铁综合维修基地、福生庄站区等地调研指导，亲自部署推动企业文化建设；相关分管领导多次深入现场，召开现场办公会，研究具体推进方案，解决掣肘问题；党委宣传部（企业文化部）、安监室、企法部组建联合督导组，围绕企业文化标准化建设和运输站段标准化规范化创建，开展“一对一”督导帮促。

二是建立科学有效的推进机制。将文化聚力工程与安全强基、运输增量、经营提质、改革驱动、民生保障并列为集团公司六项重点工程，同部署同实施同考核，并将企业文化建设现场推进会纳入集团公司会议制度，推动企业文化建设走深走实。研究出台《企业文化建设三年基础工程实施方案》《高铁文化建设指导意见》《企业文化建设十四五规划》等文件制度。坚持每年开展企业文化标准化建设检查评估，确保企业文化建设纵向到边、横向到底，各项任务有效落地。

三是建立系统完备的构架体系。结合草原铁路发展历程和新时代国铁企业定位，形成了以建设精彩呼铁为总目标，以坚持党的领导、价值引领、文脉涵育、守正创新为原则要求，以安全、高铁、经营、服务、家园、廉洁六大文化建设为重点任务的精彩文化体系构架。提炼形成完善的企业文化理念体系，创作传唱局歌《向着精彩出发》，摄制发布企业形象宣传片《精彩呼铁》，印制企业文化手册，共同构筑起了企业文化的“四梁八柱”。

二、在理念宣贯上聚焦，促进精彩文化深入人心

一是把理念宣贯做“活”。分主题设计9套文化理念宣传画，拍摄文化理念专题片，开展文化理念解读和专项宣贯，先后组织17名先进典型巡回宣讲225场、受众37000多人次，广泛组织“贺云现象大讨论”“花儿为什么这样红”客运服务大反思大讨论，推动文化理念落地生根。创新“文艺+”模式，创作弘扬呼铁精神、传播呼铁价值的“铁字号”文艺作品150余部，举办大型专题书画摄影展，开展“呼铁乌兰牧骑+”慰问演出120余场，每年举办“书香呼铁”阅读分享、经典诵读等读书活动，在寓教于乐中传播了企业文化。

二是把学习培训做“精”。定期邀请高端师资力量为两级党委中心组成员、机关干部解读企业文化基本理论，连续4年举办企业文化专题培训班，将企业文化纳入集团公司各级各类培训，组织管理人员分批到国家税务总局党校、蒙牛乳业、上海局等先进单位学习观摩。

三是把理论研究做“深”。成立“精彩呼铁理论研究课题组”，围绕培育企业文化与中国特色社会主义文化的哲学原理、与建设精彩呼铁奋斗目标的辩证关系、培育企业文化的实证研究等理论课题，为深化企业文化建设提供学理支撑。开展“建党100周年与草原铁路”理论征文活动，深挖精神富矿，征集各类论文115篇，掀起了一场理论思考和文化研究的热潮。

三、在守正创新上着眼，推动精彩文化建设百花齐放

一是增厚文化底蕴。成立铁路文物实物专家组，先后收集“平绥铁路界碑”“汉阳造钢轨”等文物实物260余件，整理宣传京绥铁路工运史、齐心协力建包钢等红色故事32篇。持续开展“老物件会说话”“历史的印记”主题宣传展示活动，拍摄制作“消失的仪式”“一把道尺三代传”等30余个新媒体产品。梳理研究形成以企业精神为核心，以集二精神、福生庄精神、孙奇精神等15个精神为骨干的呼铁精神谱系。建成136个站段史馆、党史党性教育基地等文化阵地，常态化开展党性教育、入路培训、主题党日等活动，实现了“建好一个馆、教育上千人”。坚持从博大精深的中华文化中汲取丰厚滋养，借鉴《美术经典中的党史》内容，运用篆刻和雕版印刷等表现形式，在呼东高铁综合维修基地制作党史浮雕墙。二连站先后建成站史馆、“四边”文化浮雕、口岸文化长廊等，让“以国门为荣，为国门争光”荣誉感和使命感深入人心。

二是注重融入中心。始终聚焦围绕中心服务大局，推动企业文化与中心工作同频共振、相融相促。在高铁文化建设中，乌兰察布高铁综合基地坚持“一盘棋、一条心、一家人”的管理理念，广大职工以高铁为业、基地为家，工作共担、家园共建；兴和北高铁综合基地大力培育“和合”文化，把职工的心凝聚在“筑梦高铁、匠心报国”上，为高铁维修综合管理提供了文化解决方案。在重载文化建设中，集宁车务段十八台站以“重安全、重效率、重素质”的重载理念引领

作业行为，保证了制高点的安全畅通；集宁站葫芦站立足“三线交汇、五向协同”重载通道咽喉定位，着力培育“人畅心齐、车畅行安、和畅呼铁”的“和畅”文化，取得了安全生产45周年的好成绩。

三是创新文化表达形式。充分运用新理念新技术新手段，不断赋予企业文化时代内涵、时代特征和时代表达。呼和电务段和呼和工务段把现代浮雕艺术与铁路轨道结构实景相结合，在呼东高铁综合维修基地建成了轨道结构博物展区。呼和通信段将镜头交给职工，让职工既当演员又当观众，自2014年以来创作高品质微电影、微视频92部，其中有7部作品在全国、全路、自治区获奖。包头车辆段动车所11个班组用雄鹰、骆驼、骏马等动物隐喻工作性格特征，凝练班组精神，在潜移默化中引导职工把标准养成习惯、让习惯符合标准。

四、在品牌培育上深化，增强精彩文化建设内生动力

一是选树精彩文化代言人。连续16年开展月度“呼铁好人”评选，连续14年评选表彰“精彩呼铁·年度人物”，并积极向路内外宣传推介，先后推出4名全国道德模范、5名内蒙古自治区道德模范、8名中国好人、46名内蒙古好人、5名新时代铁路榜样、1300余名“盟市好人”和“呼铁好人”。建立“呼铁人物”宣传机制，坚持为先进典型著书立传、拍摄电影、举办颁奖典礼、创作文学文艺作品。各单位因地制宜建成技能大师工作室、劳模大道、明星路、劳模墙，形成了崇尚典型、争做典型的浓厚氛围。

二是培育精彩文化示范点。实施精准化文化品牌创建，连续三年推出30多项省部级以上管理创新成果，培育“福生庄不走样精神”、包头客运段“五彩哈达高铁服务”等18个企业文化优秀品牌，形成了良好的示范效应。

三是构筑精彩文化新高地。成立企业文化建设专家指导组，连续5年深入各单位调研指导550多次，提出意见建议6000余条。连续5年召开企业文化建设现场推进会，通过现场观摩、经验交流、专家评估等环节，切实解决了企业文化建设边际效应递减、上下贯通梗阻、地区整体推进不平衡、高铁和重载文化建设难破题等问题。

近年来，集团公司持续深耕厚植，企业文化建设的条理越来越清晰、逻辑越来越缜密、要素越来越完善，呈现出蓬勃发展的态势，有效推动集团公司管理品质不断提升、职工面貌更加昂扬、职场环境更加优美、人文气息更加浓郁。未来，集团公司上下将聚焦“记忆积淀、书香气息、行为规范、遗传基因、时代脉动”，培育更有韧性、更具内涵、更富生机的精彩文化，为集团公司高质量发展锻造出坚持坚守的定力、奋起奋发的勇气、创新创造的活力，凝聚走好新时代长征路的磅礴力量。

（作者系中国铁路呼和浩特局集团有限公司）

突出“四大”作用　深耕“至精”文化

中国能建安徽电建一公司

中国能建安徽电建一公司（以下简称“公司”）成立于新中国初期，参与了国民经济建设全过程，走过了风雨兼程、波澜壮阔的 69 载。公司始终传承央企红色基因，坚持党的全面领导，以高质量党建引领企业文化建设，突出战略引领、基层推动、典型示范、品牌辐射“四大”作用，积淀了“至精”特色文化，有力推动了公司的高质量发展。

一、公司党组织引领企业文化建设的具体做法

（一）突出战略引领作用，坚守“至精”文化传承

企业发展战略是企业文化建设的前提和依据，企业文化建设必须与企业发展战略高度匹配、一体化运行。20 世纪 80 年代初期，公司在工程施工和管理中，初次提出“精益施工”项目管理理念，首次将“精”字思想融入公司基础管理和现场管控中。公司承建项目点多面广，生产经营管理水平亟须提升，为此在公司第五次党代会上提出将思想政治工作的着力点放在企业文化建设上。2009 年，为适应市场竞争和战略发展，公司提出“成为中国一流的管理技术型工程承包商”共同愿景，系统梳理企业文化理念体系，明确了“至精者 赢未来”的企业信念。2015 年，公司将共同愿景修订为“成为具有国际竞争力的工程服务商”，为适应 EPC 总包业务发展，将“精益施工”修订为“精益生产”。

公司成立企业文化建设领导小组，健全了公司党委统一领导、职能部门分工负责、基层单位组织实施、全体员工共同参与的企业文化建设体系，并将企业文化融入规章制度，形成 764 项技术标准全业务覆盖、407 项管理标准全流程覆盖和 691 项工作标准全岗位覆盖。2021 年建党百年之际，公司推出党建、企业文化与改革发展的“六个启示”：党建强则企业强、文化精则企业精、战略赢则企业赢、人才兴则企业兴、作风实则企业实、机制顺则企业顺。

（二）突出基层推动作用，坚持理念认知认行

企业文化建设更重要的任务是实现价值观的全面转化，基层党组织在企业文化理念认知认行方面起到了积极的推动作用。公司党委每年两次组建以大党建部门牵头的若干宣讲组，深入 40 多个一线项目开展形势任务教育和企业文化宣讲，统一职工思想。基层党支部利用“三会一课”、主题党日等途径，年均教育培训 3000 余人次，覆盖率 100%。开展企业文化理念进施工现场、进一线班组、进办公区、进生活区、进合作队伍“五进”活动。特别是在境外疫情防控方面，公司党委和 11 个境外项目充分发挥企业文化凝心聚力的作用，落实防控措施，加强生活保障，做实关心关爱，2600 余名职工和中方合作队伍人员勇敢逆行，影响境外 1100 余名属地人员共同坚守现场，生动体现跨文化融合，实现“两稳两保”和“零感染”目标。

近年来，公司党委把企业文化建设的着力点放在项目一

线，落实八个子文化111项实施计划。以安全标准化为牵引，推行绿色施工和可视化管理，连续十六年在标杆项目现场举办安全文化节活动，推进安全文化建设；弘扬“工匠精神”，推广工艺手册，精心组织“质量月”活动，推进质量文化建设；坚持重信守诺，践行“三层次”服务，构建社会、顾客、合作、员工思维诚信体系，推进诚信和服务文化建设；突出精细管理，坚持开源节流，降本增效，推进成本文化建设；突出规范运作，坚持依法合规，遵章守约，推进法治文化建设；突出廉洁从业，做到遵规守纪，健全“大监督”格局，推进廉洁文化建设；秉承“一荣俱荣、一损俱损”理念，倡导“诚实守信、谦虚包容”的开放心态，推进共建共享、相互成就的合作文化建设。

（三）突出典型示范作用，强化案例引导行为

企业文化价值理念的转化需要广为流传的故事和典型人物作为支撑。公司党委始终坚持党管干部、党管人才原则，注重培育和发挥典型人物案例的示范引导作用，把企业文化理念与生产经营实践相衔接，每年提炼260多个见人见事见精神的至精文化案例，以案例引导行为，以行为践行文化。

公司党委大力推行系统全面的统筹力、阶段重点的把控力、攻坚克难的斗争力、一抓见底的成效力的“四力工作法”，提升全员素质能力。完善先模选树与培育机制，每年制定专项培育计划，打造先模品牌，做好典型经验的发掘推广。基层党支部围绕一线生产经营实际，加大对核心人才的培养力度，注重过程跟踪，提升先模质量，有目的、有针对性地培育劳模团队、技术团队、创新工作室，扩大公司先模的示范作用和社会影响力。持续开展首席技师、杰出员工、技能专家、至精工匠、岗位标兵、服务明星等评先评优活动，选树践行企业文化理念的模范标杆人物，引领企业发展。通过“八位一体”宣传载体、劳模故事分享会等形式扩大公司先模的示范作用和影响力。芜湖百万项目党支部采用“微党课”形式，邀请劳模、工匠等先模人物分享成长感悟，引导年轻员工树立“至精”信念，践行“至精”文化。坚持以人为本，发挥企业文化凝心聚人之效，深化“七心”志愿服务，围绕“吃、住、行、洗、医、乐、恋”开展员工满意度测评、思想动态调研，针对反馈共性问题提交公司党委研究，制定改进措施，提升员工满意度。开展春送慰问、夏送清凉、秋送助学、冬送温暖。每年投入近200万元用于困难帮扶慰问、投入8000多万元用于职工各类保险、投入200多万元用于职工体检、投入50多万元用于职工项目文化活动。

（四）突出品牌辐射作用，积淀丰富文化成果

公司党组织通过组织动员党员骨干围绕项目优质履约开展各类主题实践活动，以精细管理和精益生产打造项目履约顺畅、工艺质量先进、性能指标优良的产品，形成优秀管理和技术成果，以优质的产品、优异的服务和统一的视觉规范塑造企业优秀的品牌形象，积淀丰富的文化成果，发挥品牌的辐射作用，助力开拓后续市场。

坚持超前系统策划，结合项目类型分别建立非电、电力等15个业务策划手册。坚持“三快一高”管理策划，即快速组织技术策划、快速实现资源投入、快速实施临建投用、高标准落实开工条件。践行“没有最好、只有更好”对标理念，打造公司标杆、行业领先、区域领先、同台领先的“一杆三先”品牌项目。广州同和项目高标准开工获军方高度认可，为军民融合市场开发创造有利条件。潘集EPC项目赢得业主、总包赞誉，延伸华东院市场。华能瑞金百万、济宁、石洞口项目现场质量工艺、安全文明施工、品牌形象获华能业主多次表扬，为后续合作奠定坚实基础。华润仙桃、阜阳、宁武等项目巩固了与华润业主的良好合作关系。合肥高新管廊PPP项目履约期间迎接各界现场观摩200多次，项目运营绩效位居全国15个试点城市榜首，受到国家相关部委的高度认可。凤阳PPP总承包项目以“信息化、智慧化、立体化”打造“数字凤阳”，获政府方赞誉，成为行业领先项目。土耳其胡努特鲁项目《在地中海岸建设一颗电力工业明珠》获第三届中国企业海外形象建设优秀案例。公司立足于项目执行，注重企业文化实践成果提炼，形成“六安奇迹”“海西精神”“安庆标杆”“生态管廊”“印尼探路”等20个典范案例，丰富文化成果库。

二、公司党组织引领企业文化建设的成效

公司党组织在引领企业文化建设的过程中突出“四大”作用，致力深耕“至精”特色文化，有效助力企业的高质量发展。加入中国能建以来，公司经营业绩“十连增”，获“国优金奖”“鲁班奖”等省部级以上优质工程奖80余项。

（*作者系中国能建安徽电建一公司党群工作部党建文化处处长吴金金*）

面向高质量发展的军工科研院所企业文化建设体系构建与实践

中国船舶集团第七一〇研究所

中国船舶集团第七一〇研究所（以下简称“七一〇所”）对标党中央重大决策部署和集团公司高质量发展战略纲要，把构建并不断完善党建统领的企业文化体系，作为建设世界一流的防务装备和应用产业领域的军工科研院所的“发动机”和“加油站”，在改革发展与新科技革命中发挥好“顶梁柱”和“压舱石”作用，努力成为建设世界一流企业的主力军和排头兵。

面向高质量发展的军工科研院所企业文化建设体系构建与实践的内涵是：围绕“举旗帜、聚民心、育新人、兴文化、展形象”的使命任务，突出顶层设计，注重打牢基础，以推动高质量发展为总目标，构建“培育、认同、践行、保障”的文化强企实施体系。确保“深度认同、固化于制、行动自觉”实效长效，逐步构建“党建统领、传承创新、自觉自信、知行合一”的培育践行格局，以高质量的企业文化建设提升核心竞争力，为建设世界一流企业提供持久强劲的文化力量。

一、主要做法

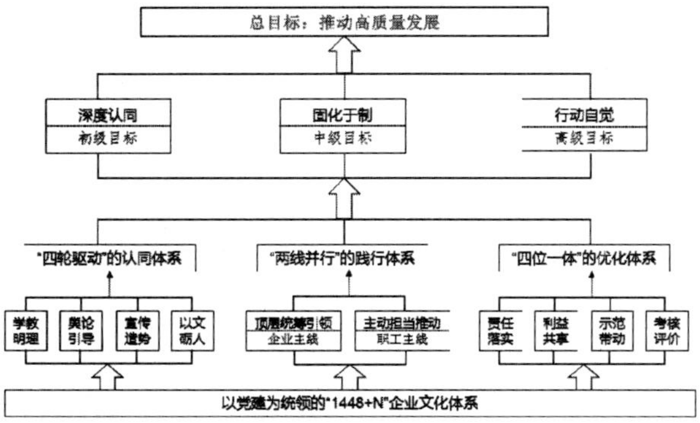

图 1　文化强企实施体系

（一）在传承中抓“培育”，夯实“1448+N”文化体系基础

1. 坚持与时俱进推动文化继承与发展

建所初期凭着对党忠诚、精忠报国的坚定信念，在艰难困苦中开启水中兵器事业，创造和培育了“牢记使命、献身海防、艰苦创业、强军报国”的精神文化。进入新时代，七一〇所对企业文化进行创新发展和完善，形成了以党建为统领、军工特色鲜明的文化体系，有力地激发了全所职工为国防建设和经济社会发展而奋斗。

2. 建立统一的文化理念系统

七一〇所主动对接世界一流企业和海洋强国等一系列重大战略部署，深入推进文化建设，形成了包括一个企业精神、四大核心理念、四大工作理念、八大行为规范和 N 套子文化的“1448+N”理念系统（2.0 版），为推动高质量发展创造了良好的文化条件。

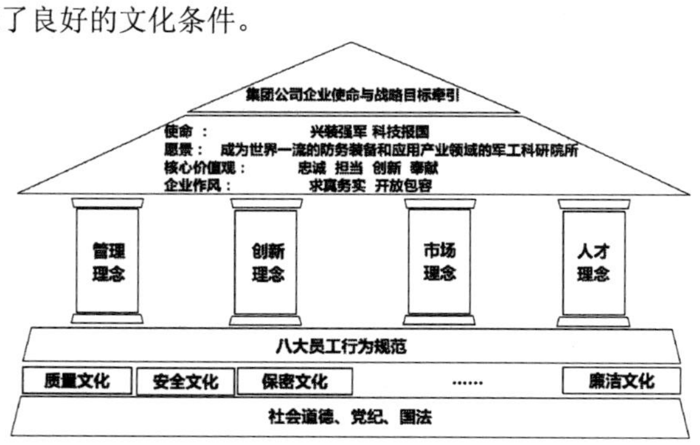

图 2　七一〇所企业文化屋

3. 注重企业 VI 系统和品牌形象的管理

七一〇所深入分析企业形象与品牌定位，规范使用新集团公司统一的形象标志，突出七一〇所形象与品牌特色，大力向上级、客户、合作伙伴、供应商、员工及社会展示企业经营理念、文化特色、价值取向，不断提升“中国船舶”“CSSC”“七一〇所”等形象标志的价值和影响力。

4. 构建企业文化落地实施系统

七一〇所围绕“策、知、信、行、绩”（即：策划、知晓、信服、践行、绩效）五个环节打造了文化落地实施系统，通过 VI 管理、传播教育、主题活动等七个方面形成一个完整的落地实施链条，有力地促进企业文化的入脑入心入行，在其内聚人心、外塑形象、推动发展上发挥了不可替代的作用。

（二）在宣贯中抓“认同”，深入实施全方位的思想浸润

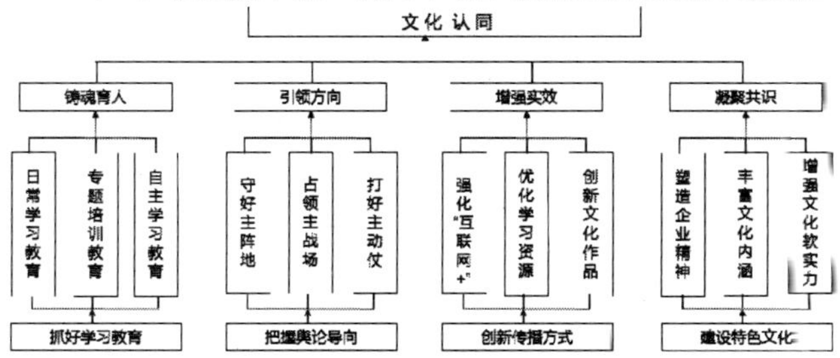

图 3　文化认同体系

1. 正确把握舆论导向，引领方向

七一〇所坚持党管宣传、党管意识形态、党管媒体的工作原则，把企业文化的认知认同贯穿到形势任务教育、典型宣传和舆论监督中。立足大局大势和改革发展中心工作，充分利用所官方微信公众号、所报、内网和外部官方媒体的四个主渠道和文化墙、宣传栏等辅助渠道，开展身边各类先进典型选树和宣传，主动引领文化建设新风尚。

2. 创新价值传播方式，增强实效

七一〇所坚持以“融入中心、服务大局、创新融合、突出特色”的宣传理念，组建所级、各基层单位的二级新媒体矩阵，搭建内容丰富、形式多样的学习交流平台，定期更新文化传播载体，创新推出画册、文化故事精选辑等系列文化精品，增强文化的吸引力和感染力。

3. 建设特色企业文化，凝聚共识

七一〇所着力建设与战略目标相适应的特色文化，突出文化认同与价值创造，从战略协同上对社会责任进行统筹规划，形成独具军工科研院所特色的“强国防、联高校、暖社区、惠社会”社会责任履行体系，把社会公益活动融入“智爱宜昌”志愿者品牌创建，每年坚持发布社会责任报告，提升七一〇所文化辐射力和品牌影响力。

（三）在推进中抓“践行”，着重加强全过程融会贯通

1. 突出“企业”主线，抓实“企业”践行效果

七一〇所从企业使命、愿景出发确立长远发展战略，通过战略分层管理，实现对科研生产经营管理等主要战略目标的分解，深化战略管控，实现发展质量和效益的持续提升。坚持党的领导、加强党的建设有效融入七一〇所治理体系，大力推进民主管理，共建共享改革发展成果。进一步提升精细化管理水平，坚持“求真务实、开放包容”的企业作风引领企业经营和社会责任履行，打造良好品牌形象。

2. 突出“职工”主线，畅通“职工”践行路径

七一〇所将作风建设与文化建设有机结合，在领导干部深入学习领会的基础上带头宣贯分享、主动示范引领。坚持选树先进典型，深入推进“五型”（学习型、创新型、经营性、工匠型、服务型）特色基层党组织建设，充分发挥党组织战斗堡垒作用和党员先锋模范作用。同时，通过深耕民生

工程、融入社会公益活动、传播国防知识传递央企大爱，七一〇所品牌文化影响力与日俱增。

（四）在发展中抓“优化”，持续完善全方位保障机制

1. 建立责任落实机制，增强引领力

七一〇所聚焦兴装强军、聚焦自主创新、聚焦主业实业、聚焦深化改革、聚焦党的建设，加强顶层设计，制定七一〇所发展战略，形成发展规划集群。围绕战略规划的落地实施，建立了战略管理、绩效考核、全面激励和内部审计体系，落实各方面责任，七一〇所始终在党的领导下沿着正确的方向持续发展，履行好国有企业政治责任、经济责任和社会责任。

2. 建立利益共享机制，提升认同力

七一〇所聚焦经营业绩的提升和战略目标的达成，坚持“按劳分配、效率优先、兼顾公平、持续发展”的原则，建立科学合理的利益分配机制，重点向价值贡献的科研生产经营创新的一线岗位和重点骨干人才倾斜。建立全所一体化职位体系，健全职业发展通道，实现管理、技术双序列多通道发展，实现了企业效益发展与职工收入同步增长。

3. 建立示范带动机制，提高执行力

七一〇所把培养选树先进典型、引领企业发展作为企业文化建设的一项重要工作来抓。坚持政治标准，在各个业务领域选树政治强、业务精、作风好、甘奉献的模范人物。以《企业文化故事丛书》为窗口，撰写、刊载了604篇文章，90余万字，宣传了典型人员、团队共计118个，形成了先进典型示范带动、优秀文化潜移默化的多层次联动互促的机制。

4. 建立考核评价机制，强化保障力

七一〇所把企业文化建设工作纳入党建与群团工作目标考核体系，与生产经营工作同规划、同部署、同检查、同考核，将企业文化建设的考核评价与中高层领导干部企业文化建设履职情况和职工对企业文化的认同相结合，近三年认同率达到80%以上。

二、实施效果

（一）创新能力持续提升，核心竞争力不断增强

七一〇所坚持文化牵引创新，一批科技创新激励政策相继出台，全员参与的良好创新环境日渐浓厚。特别是“黄涛创新工作室”被授予“湖北省总工会职工（劳模、工匠）创新工作室”，成为增强一线班组技能提升的“发动机”。“十三五”期间，争取到首个国家级创新平台，分获集团公司科技进步奖43项、国防科技进步奖17项。新增2家核心技术突出、发展前景好的所属公司，为高质量发展发展注入新动能。

（二）管理改革深入推进，经营效益显著提高

“十三五”期间，七一〇所以卓越绩效管理模式深入推进为主线，经营管理效能和组织运作效率进一步提升。主要经济指标大幅增长，2020年与2015年相比，营业收入增长33%、利润增长635%、经济增加值增长1537%、人均利润增长729%、新签合同增长138%。全所产品质量和经营质量均取得了显著成效，荣获国防科工局管理创新成果一等奖，四个生产现场通过全国现场管理成熟度四星、五星级评价，连续两年获集团公司经营业绩考核A级，并荣获经营承接突出贡献奖、经济效益突出贡献奖。

（三）党建引领更加有力，文化影响力不断增强

七一〇所党委“把方向、管大局、促落实”更加坚强有力，把坚持党的领导、加强党的建设，“制度化+融入式”党建体系深入实施，“三基”建设进一步夯实，基层组织力、执行力、攻坚力更加凸显。企业文化的传播力、凝聚力、品牌力、影响力不断提升，党建书苑获中组部授牌，荣获湖北省文明单位、湖北省及集团公司五四红旗团委、湖北省职工创新工作室、宜昌市最佳文明单位、宜昌市创建全国文明城市突出贡献单位、中国企业文化建设优秀单位等。

（作者系中国船舶集团第七一〇研究所）

用文化培根铸魂
助推公司高质量发展

渤海造船厂集团有限公司

一直以来，渤海造船厂集团有限公司（以下简称“渤船集团”）高度重视文化建设，把企业文化建设作为推动企业改革创新和高质量发展的不竭动力，把文化建设融入企业治理、思想政治工作和精神文明建设的全过程，为推进公司高质量发展提供了强大的精神动力和文化支撑。

一、加强顶层设计　夯实文化建设的发展之基

渤船集团坚持以文化理念为指引，把文化建设纳入企业发展战略，保证了企业文化建设与企业发展战略同向而行。

（一）坚持战略引领

企业文化决定了企业高度。渤船集团积极培植具有“军工”特色的文化基因，明确了“聚焦海基发展、支撑国防建设、服务国家战略”的企业使命，确定了新的发展战略目标，凝练形成了“初心不改、强军有我，牢记嘱托、兴装报国”的渤船军工精神。这些战略性思路，明晰了发展方向，凝聚了发展力量，广大干部职工自觉践行核心理念，在公司重大科研、生产任务面前，表现出了强烈的大局意识和责任意识。2021年产品研制重大节点按期实现，经济指标全面完成，深海装备综合试验船克服设计、工艺、生产准备等不利影响，实现下水目标。党的建设全面加强，改革创新快速推进，职工收入稳步增长。

（二）坚持文化治企

公司积极发挥文化的力量，健全完善了企业文化建设运行管理体系，成立了以公司党委书记、董事长为组长，领导班子其他成员担任副组长、重要职能处室主要领导为成员的企业文化建设领导小组。公司党政工团各部门担负起了对军工文化建设工作的组织和管理职能，各自侧重，相互配合，形成了齐抓共管的工作格局。组织开展各级管理人员企业文化建设培训，深化企业文化对增强企业凝聚力和提升企业竞

争力重要性的理解和认识；持续开展文化案例征集和宣传活动，以员工日常生产生活中熟悉的文化事例去感化员工的思想、影响员工的行为。

（三）履行核心使命

公司牢记强军首责，勇担“聚焦海基发展、支撑国防建设、服务国家战略”的核心使命。在国家层面，担当起国家级重大技术装备国产化研制基地的重任；在中国船舶集团公司层面，担当起打造海洋防务装备。全力以赴聚焦主业主责，聚力兴装强军，坚定不移把完成好军品研制任务放在最核心、最重要的位置不动摇。

二、实施再造工程　用文化带动企业创新发展

渤船集团抓住军民分立有利契机，实施企业文化再造工程。公司通过企业文化的创新和建设，内强公司素质、外塑公司形象、增强公司凝聚力、提高公司竞争力、实现公司文化与公司战略的和谐统一，内化于心，外化于形，固化于制，活化于魂，公司管理水平和员工素质明显提高，凝聚力、竞争力明显增强，形成了巨大的无形资产。

（一）融合提升，将企业文化融入公司日常管理

渤船集团紧紧围绕生产经营实际，把企业文化融入公司各项管理中，用文化引领管理向纵深发展，彰显文化管理的作用。公司坚持以精细化管理为手段，深耕精细文化，全面推进精品战略工程，凝练了“做事精心、管理精细、产品精致”的管理理念，将文化管理与各项业务工作深入融合，以文化转型促管理提升，着力打造精品工程，形成渤船特色的文化品牌，提高了公司核心竞争力。

（二）突出特色，扎实推进企业专项文化建设

专项文化建设是促进企业文化建设融入业务管理，提高企业基础管理水平的重要载体。渤船集团大力实施企业文化再造工程，深入挖掘固有的企业文化内涵，重新提炼适应企业改革发展步伐的文化体系，在传承和发扬的基础上，提炼、整合和创新，从不同的角度着手进行文化根植，系统深入地开展企业文化建设。建立健全具有公司特色的专项文化，确立了红色文化、质量文化、安全文化、精细文化、核安全文化等专项文化理念，让管理体系与企业文化实现成功的“对接”，最终实现了具有渤船特色的企业文化。

（三）内外并举，加强视觉形象文化精神

企业视觉识别系统标准化建设是提升企业品牌效应的抓手。2020年，中国船舶集团有限公司下发了《关于正式启用集团公司标识》的文件，作为中国船舶集团旗下的子公司，渤船集团结合文件精神，规范新标识（LOGO）在公司公共场所的使用，让理念入脑入心，营造良好文化氛围。公司深入挖掘企业文化底蕴，加强视觉形象识别系统日常管理，加快对公司企业文化体系和“标准化”建设的推进步伐，进一步加强职工群众和社会公众对中国船舶品牌的认知认同，塑造世界一流船舶品牌。

三、凝聚核心力量　打造“渤船”特色品牌文化

渤船集团积极发挥文化凝聚、导向和规范的作用，在公司与员工之间建立起相互支持和理解的和谐关系，将企业文化的力量转化为高质量发展的凝聚力，致力于打造富有渤船特色的品牌文化。

（一）人文情感融合，凝聚团队合力

员工是企业的最大财富，员工的智慧和才能是推动企业发展的力量源泉。渤船集团大力发展人本文化，把关爱员工作为发展的“助推器”，切实维护员工的切身利益。公司建立扶贫帮弱、金秋助学、互助保障“三位一体”帮扶救助工作体系，持续开展“春有慰问、夏送清凉、秋有助学、冬送温暖”活动，为女职工进行健康体检，汇聚起发展的动力。畅通联系职工渠道，开通“职工热线”平台，主动听取职工意见，狠抓职工意见建议的办理落实，及时解决职工群众关心的突出问题，厂前区道路改造、浴池维修、职工休息室改善等一大批民生工程落地实施，厂区环境焕然一新，生产生活条件显著改善，职工获得感、幸福感、归属感不断增强。

（二）打造职工文化品牌，激发企业发展活力

公司以文化活动为纽带，以各个阶段、时间点等为契机，创新文体活动开展形式，突出特色文化创建，形成了党政领导支持、工会、共青团组织实施、公司上下联动的文体活动组织架构和工作格局。持续开展“迎春系列活动”、“员工文艺会演”、“三八”节一封家书诵读比赛、“渤船之夏”文化广场活动、“书香渤船，悦读人生”读书月活动、职工书画展、“春暖花开、巾帼奋进”女职工征文比赛等一批具有鲜明渤船特色的文体活动。擦亮“青”字品牌，扎实开展团员青年创新创效活动。积极开展学雷锋为民服务日、“跟着郭明义学雷锋”爱心奉献、“文明创城、青年先行”创建全国文明城市宣传等活动，提高青年职工的道德文化素质。

（三）传承渤船军工精神，坚守初心使命

渤船集团牢记保军强军守则，紧紧围绕“6848”“929”等对公司具有特殊意义的时间节点，持续开展富有仪式感的纪念活动，传承红色基因，坚定政治定力。通过向毛主席塑像敬献花篮、党员承诺、誓师大会等多种形式的活动，强化核心价值观引领，不忘初心使命，牢记领袖嘱托，矢志兴装报国。2019 年，公司将 9 月 29 日确定为“兴装日”，总结提炼了“初心不改、强军有我，牢记嘱托、兴装报国”的新时代渤船军工精神。2021 年 9 月 29 日，公司召开“9·29”重要指示发表 7 周年暨“兴装日”2 周年纪念大会暨决胜年度军工任务动员誓师大会，为决战四季度、决胜全年任务目标凝聚力量营造了浓厚氛围，统一了职工思想认识，凝聚了攻坚决胜的信心。

（四）选树先进典型，发挥示范引领作用

典型选树，落细落小，道德建设润物无声。渤船集团注重先进典型的选树、宣传，积极发挥榜样的示范激励和教育引领作用。公司持续开展评选劳动模范、优秀共产党员、科技标兵、“印象劳模”等先进典范，并隆重表彰和大力宣传，弘扬企业文化正能量，激发广大员工争先创优的热情；开展“文明单位”“文明单位标兵”“最美员工”“最美家属”等评选活动，宣扬爱岗敬业、专心致志的工匠精神，表彰助人

为乐、诚实守信的道德楷模。渤船集团连续多年保持全国精神文明建设先进单位、全国模范职工之家荣誉称号。先后涌现出黄树宏、甘学杰等一众国家级技能精英，以及辽宁省劳动模范张鹏辉、“辽宁好人•最美退役军人”朱宇光、“葫芦岛好人”马烈等省市级先进代表人物。坚持以先进模范引领道德风尚，造就有理想守信念、懂技术会创新、敢担当讲奉献的新时代职工楷模。

春风化雨、润物无声。渤船集团坚持企业文化建设与企业改革发展紧密结合，以高度的文化自觉、文化自信和文化担当，努力构建与公司战略目标相匹配的企业文化体系，为实现“十四五”发展目标作出新的更大贡献。

（作者系渤船集团党委委员、纪委书记张宏伟，党委宣传部部长贺永强，党委宣传部主任刘存飙，党委宣传部干事刘雨薇）

贯彻“五新”发展理念
增强企业文化自信

中国联通营口市分公司

中国联合网络通信有限公司营口市分公司（以下简称“营口联通”）是中国联合网络通信有限公司在营口设立的全资分公司，主要经营移动通信业务、固定通信业务、通信设施服务业务、数据通信业务、网络接入业务和各类电信增值业务及与通信信息业务相关的系统集成业务等，是营口地区技术领先的全业务通信运营商。

近年来，营口联通坚持以习近平新时代中国特色社会主义思想为指导，始终秉承企业文化就是凝聚力、就是核心竞争力的理念，从实际出发，贯彻“新基因、新治理、新运营、新动能、新生态”的“五新”联通建设要求，以员工幸福和客户满意为工作初心，持续提升内外两个服务，弘扬职业道德、树立行业新风，扎实推进企业文化建设工作，连续几年被评为“辽宁省文明单位标兵”和“辽宁省思想政治工作先进单位”，形成了文化氛围、人文气息浓郁的良好局面。

一、加强组织领导　确保企业文化建设工作有序开展

公司党委高度重视企业文化建设工作，层层强化责任，成立市公司企业文化建设领导小组，设置企业文化建设领导小组办公室并组建虚拟运营团队，明确具体负责人员和相应职责，围绕公司改革重心，以提升员工满意度和企业凝聚力为主线，做好企业文化建设年度计划，设定阶段目标，形成工作合力，为扎实推进企业文化建设工作提供了组织保障。

二、强化思想建设　构建企业核心价值观

（一）坚持党建统领。公司党委将学习贯彻习近平新时代中国特色社会主义思想和党的十九大精神纳入公司企业文化建设中，推进“两学一做”学习教育常态化、制度化，将开展好“三会一课”、思想宣贯活动作为企业文化建设的重要内容，有计划地组织党委中心组学习、党组织书记集中轮训、书记讲党课等活动，以“不忘初心牢记使命”主题教育为契机，开展“不忘初心　心系基层”结对子、“不忘初心　先锋先行”主题实践等一系列活动，促进党建工作与中心工作有机融合。2020 年开展的“转型发展先锋先行”党建实践活动，充分发挥了党员模范带头作用和党组织战斗堡垒作用，深化了企业文化建设思想内涵。

（二）构建统一的团队价值观。公司党委以混合所有制改革为契机，常态化开展各级人员瘦身健体工作，以机制倒逼的方式来提升组织战斗力和员工进取心。公司先后开展“声誉提升与员工行为准则体系”大讨论、践行“三个一切”大讨论等活动，加强职工职业道德培养，提倡“爱企如家、服务大局”的公德观念与“爱岗敬业、奉献至上”的私德修养相协调，建立科学完善的员工评价机制和价值评价体系，使员工树立底线和红线意识，构建了“友善、公平、贡献至上”的团队核心价值观。

（三）建立培训教育机制。公司党委着力建设“学习型”组织，制定《营口联通创建学习型组织实施纲要》和每季度全员学习安排，通过中国联通网上学院、联通先锋平台、学习强国等网络平台丰富教育形式，强化思想政治和业务知识培训，增强学习效果，旨在提升员工思想境界、提升综合素质、突破管理瓶颈，激发干部员工干事创业的激情、活力，构建营造团结向上、努力工作的氛围。

（四）宣传选树先进典型。充分利用“营联党建”微信公众号、联通先锋系统、OA 等媒介对先进典型进行大力宣传，抓好“党建+重点项目”先锋工程和党员先锋岗创建工作，开展“两优一先”“中国联通好员工”等评选，表彰先进、树立标杆，进一步推动党支部战斗堡垒作用和党员先锋模范作用发挥，激发广大干部员工担当作为的精气神，在企业内部营造良好氛围。

三、推动团队建设　提升团队凝聚力战斗力

（一）开展形式多样的文体活动。近年来，公司坚持加强职工文化建设，开展各项文体活动，丰富员工精神文化生活，组织气排球、篮球、趣味运动会、爬山、徒步、马拉松等户外项目，举办灯谜有奖竞猜、员工书画摄影展、“书香启智文化聚力”读书征文和演讲比赛等文化活动，深入落实加强职工队伍建设工作，让广大员工以饱满向上的精神状态投入工作当中，培育广大干部员工在工作岗位上以实际行动践行初心和使命的良好风气。

（二）畅通员工职业发展渠道。顺应公司互联网化转型的需要，市场、网络等专业线与业务转型同步谋划职工队伍的结构转型，从“质”和“量”两个维度明确“需要什么样的人”“需要多少符合要求的人”。设置一线直销类岗位，引导员工向一线流动，实现职位和岗位分离、岗位能上能下

的有效管理机制。贯彻干部队伍自我优化机制，坚持靠制度管人、用机制催人、按规矩办事的管理理念，引入常态化评价和提名机制；加强后备干部队伍建设，通过民主推荐和分级选拔，组建一支政治素质高、业务能力强的后备干部队伍；注重培训与交流锻炼，在实践中检验和甄别人才、优化干部队伍。近年来，在薪酬总额未突破的前提下，骨干员工薪酬大幅度增长，增长幅度达30%左右，激发了员工队伍活力。

（三）关爱职工工作生活。适时开展“总经理在线”“总经理接待日”活动，征集合理化建议，建立健全困难职工档案、开展救助困难职工活动、为员工解决实际困难，深入开展“冬送温暖，夏送清凉”活动，特别在疫情防控期间，公司党委提高政治站位，压实工作责任，教育引导干部员工积极投身疫情防控阻击战，全力保障员工健康，多措并举做好物资保障，组织员工分批次就餐，保障员工身心健康。加强职工之家建设，大石桥分公司建设“职工书屋”，占地 40 余平方米，藏书 1000 多册，并成功申报省级职工书屋；盖州公司新建职工活动室，内设女子瑜伽室、台球和跑步机等，为员工提供休息时活动娱乐的场所。通过落实子女中、高考员工“带薪休假”制度、召开复转军人座谈会、改善员工工作环境和提高食堂餐食品质等措施，提升了员工满意度和归属感，为公司高质量发展凝聚力量。

四、提升服务水平　提高服务品牌影响力

（一）规范窗口服务。为践行“以客户为中心”基本思想，公司开展了“好服务在联通”“全员服务在行动”等服务提升专项攻坚竞赛活动，纠正不规范服务行为，强化首问负责制，缩短故障修复时间，做优网络价值，降低客户投诉率，切实提升了服务质量、客户口碑明显好转，实现了公司品牌形象和客户感知双提升，营造出良好营商环境。

（二）践行“营口有礼”。公司党委积极配合市文明办创建全国文明城市，助力“营口有礼”主题活动推进落地，2019 年我公司作为创城示范点位接待了 30 余个窗口单位的参观人员，得到了营口市委宣传部、文明办领导的一致好评。在营口联通首个国企开放日，启动了“营口有礼”公益基金募捐活动；印发了《营口联通“优质服务日”活动基本方案》，在首个“营口有礼日”，结合“不忘初心牢记使命”主题教育，开展“营口有礼营口联通在行动”等相关活动，组建了营口联通“雷锋文化营口有礼”青年志愿者服务队。

（三）参与抗击疫情。2020 年新冠肺炎疫情期间，在全力做好通信服务保障的同时，向防疫部门提供了帐篷等物资，组织志愿者协助社区到开放式居民小区参与疫情防控工作。同时，组织党员群众自愿捐款，支持疫情防控工作，累计捐款捐物达 5 万余元，为打赢疫情防控阻击战贡献力量。

（四）助力脱贫攻坚。公司党委成立了脱贫攻坚领导小组，择优选派优秀干部到定点扶贫村开展精准扶贫工作。制定了脱贫攻坚计划，强化帮扶措施，定期到贫困村走访慰问，扶持产业扶贫项目，集中精力加快推进脱贫攻坚。累计支出定点扶贫资金近 23 万元，网络扶贫投入 280 余万元，为贫困户制定相应资费政策，减免通信费用近 6 万元，购买带货农产品等消费扶贫支出 30 余万元，帮助定点扶贫村全部脱贫摘帽。

五、持续发力赋能　扎实推进企业文化建设取得实效

营口联通党委着眼于提高企业文化建设能力，坚持以党的十九大精神为引领，深入落实“五新”联通建设要求，注重将企业文化建设与管理工作相结合，围绕实现营口联通“公平正义的生态环境、高效有序的运营体系、业绩优良的健康企业、政通人和的幸福家园”的企业愿景，强化工作措施，增强大局意识，树企业正气、鼓员工士气，使企业文化建设工作开展有声有色，不断提升企业文化建设工作的科学化水平。

（作者系中国联合网络通信有限公司营口市分公司党委书记王春翔、党群工作部经理牛凯、党群工作部员工朱泛亿）

基于初创企业“家”文化建设的探索实践

中国中化集团高性能材料事业部

一、事业部简介

中化国际高性能材料事业部承担公司战略转型重任，新项目、新业务多。旗下中化高性能纤维材料有限公司（以下简称“中化高纤”）、宁夏中化锂电池材料有限公司（以下简称“中化锂电”）、中化（宁波）润沃膜科技有限公司（以下简称“中化（宁波）润沃”），均成立于 2018—2019 年之间，属初创型企业。

二、实践背景

企业初创阶段面临诸多挑战，团队成员在党组织强有力领导下，拧成一股绳，聚成一股劲，如“家人”般彼此信任、关爱，共同朝着一个方向努力，为新项目建设提供坚强思想保证和强大精神动力。

（一）初创企业特点。新项目企业地处偏远，同时还面临着资金、人才、市场重重压力，需要秉持艰苦创业、勤俭持家、勇于担当的执着信念。

（二）初创企业文化交融支撑需要。许多专家、员工来自不同性质、不同行业、不同文化背景的单位，统一文化理念必不可少。

（三）初创企业团队能力支撑需要。依托良好培养、激励机制，吸引、培养、留住人才。一支素质优、能力强、忠诚度高、稳定性好的员工队伍，有利于企业健康、稳定运行。

（四）初创企业传承优秀文化使命需要。传承中化“科

学至上”核心价值观，求真、求是、求变、求进，在创业中创新，在创造中创优，保障战略发展项目可持续落地。

三、实践思路

“家”文化外延表现为爱公司、爱团队、爱同事、爱客户；内涵表现为彼此相爱，均为“LOVE”文化，核心要素“LOA”：Love One Another。L—Learn（学习）：从制度、通道、薪酬等方面激发员工学习、工作、生活动力，保持良好学习心态。O—Operate（执行）：教育员工不仅有“看”法还要有“想”法，更要在工作中富有成效的“做”法。A—Advance（前进）：持续改进，为企业、为自己、为社会创造价值。

文化核心 LOA

四、实践举措

在党组织统一领导下，立足“人本”思想，全方位、多层面搭建“家”文化体系：节俭、和谐、尊重、英才、安全、卓越。

“家文化”体系建设模型

（一）培育“艰苦创业”的节俭文化

利用支部“三会一课”、员工大会、岗位 T 会，教育员工节约一滴水、一张纸、一度电、一粒米、一颗螺丝钉，将浪费行为纳入《文明规范考核》。“合理化建议”“忆苦思甜饭”“光盘行动”“文化墙”营造良好氛围。

（二）培育“关爱员工”的和谐文化

聚焦“我为群众办实事”。党工团联动建立“员工之家”；党员政治生日、员工入司生日会、特困捐助，既“和风细雨”又“雪中送炭”；“评优表彰”“激励卡”“故事展播”及时肯定价值贡献；参观爱国主义教育基地，组织红歌合唱团、球类、拔河等团体类活动，增强家人之间黏合度。

（三）培育“互利共赢”的尊重文化

建立平等沟通机制。总经理/支部书记“接待日”、一对一交流，打开员工倾诉之门，“零距离”解答薪酬福利、职业发展、后勤保障、工作环境、困难帮扶等热点问题；嫁接杜邦“STOP”安全行为与观察、“走动式”管理先进工具，管理者定期与一线员工讨论改善意见与建议，劳动者价值得到极大尊重。

（四）培育“人尽其才”的英才文化

构建晋升激励机制。“赛马不相马”，重要岗位公开竞聘，吸引想干事、能干事、干成事的高潜质员工主动接受挑选；建立技术、技能、管理三个序列晋升机制，打通各类人才晋升通道；完善岗位评估制度，为岗位、为绩效付薪，促进比学赶帮超。

（五）培育“安全为本”的安全文化

积极推进“五星”工厂创建。以导入杜邦安全管理体系为契机，推行化工事业部 HSE24 管理要素，定目标、补短板、强弱项、提标准，内外对标；以“HSE 风险防控”为管理核心，靶向改善，提升本质安全度；坚持“绿色发展”理念，打造绿色、安全、可持续发展企业。

（六）培育“科学至上”的卓越文化

建立党建融合工作机制，以开展“攻坚克难、党旗飘扬”项目为重要抓手，融入“党员突击队”“党员示范岗”“党员身边无违章”等一系列生产实践活动，充分发挥党支部的战斗堡垒和党员的先锋模范作用；建立研产销联动机制，研发团队瞄准前沿产品、卡脖子技术难题开展新品小试、课题研究；公司董事长、总经理深入市场一线，走访客户、市场调研、推介企业。

五、实践成果

（一）助力融洽干群关系。管理者主动倾听员工所思、所想、所愿，对问题有回应、有落地，“家人”关系更为融洽和谐。现场“走动式”管理、STOP 观察，将党的群众路线、思想教育尊重人、理解人、帮助人工作方法加以新发展、新运用，增强归属感。

（二）助力人才发展。通过“赛马”机制，宁夏生产基地三年中 30 多名新员工走上管理新岗位，后备人才梯队建设赋能企业战略发展。一线员工积极参与生产与管理创新，涌现出“张文博投料法”“刘兵取样法”“冯江切线法”。企业“内训师”承担各项员工岗位培训，锻炼人才自我培养、自我发展。

（三）助力卓越运营。中化高纤“关键技术开发及规模化生产”获中国纺织工业联合会科学技术奖科技进步一等奖；“年产 5000 吨级高强、高韧芳纶纤维及下游产品制备技术”列入“十四五”规划国家重点研发计划。中化锂电创国家高新技术企业，顺利通过“三体系”认证，取得进入车企行业“通行证”。中化（宁波）润沃自主调试成功高品质产品，极大鼓舞干群创业信心。

（四）助力降本增效。“开源节流、降本增效”专项治理，督促全员自我约束、点滴节约的习惯养成，招待费、国内差旅费大幅下降。中化高纤开展管理改善行动237项，内部深耕挖潜，节约生产成本775万元。

（五）助力良好安全绩效。“有感领导、直线责任、属地管理、全员参与”已成为共识。《安全文化手册》《目视化管理手册》《良好实践案例集》《安全经验分享案例集》《安全文化墙》《五星创建微视频》文化成果不断丰富。HSE管理实现“四个零”目标，两年内三家企业全部创成“五星”工厂。

（六）助力积淀优秀企业文化。六个维度“家”文化建设，覆盖文化理念、管理制度体系、硬件投入与优化、内外企业形象宣传与塑造，构建起相对完整、具有自身特色的企业文化，为日后丰富与发展奠定基础。

六、实践课启示及思考

（一）充分体现党的领导引领作用。牢牢发挥党组织的政治核心作用，把方向、管大局、促发展，以高质量党建推动高质量发展。

（二）充分依托中国中化集团文化体系。坚持传承与发扬“科学至上”核心价值观，在此基础上结合实际不断探索新形式、新内容、新方法，否则文化建设就是无根之木，无源之水。

（三）充分体现“有感领导，全员参与”。领导干部带头示范，相信群众、依靠群众，善于调动、发挥员工潜能，激发主人翁精神，增强责任意识、归属意识。

（四）充分意识到硬件投入的必要性。为员工提供看得见、摸得着的关爱举措，员工满意度、社会的认同度必然逐年提升。

（五）充分意识到建设的系统性、长期性、阶梯性。“家”文化建设既是系统工程，也是动态发展的长期过程。通过“家”文化建设，进一步巩固以共同理想凝聚人，以人文关怀亲近人，以优秀文化塑造人的价值体系，凝聚小家、发展大家、报效国家，最终实现员工、企业、社会共赢。

（作者系中国中化集团高性能材料事业部　高明钰）

弘扬“中建信条•共生文化”助推企业实现高质量发展

中国建筑第六工程局有限公司

中国建筑第六工程局有限公司是中国建筑集团有限公司（世界500强企业第13位）旗下的重要骨干企业，前身是由中国人民解放军20兵团后勤部和中国人民解放军建筑工程二师合并改编而成，经过70年改革创新、砥砺奋进，成为中国建筑业竞争力百强企业和天津市建筑业领军企业，同时也是中建集团特色最鲜明、产业链最完整的工程局。

站在奋进“十四五”高质量发展新起点，中建六局党委认真贯彻落实习近平总书记重要讲话精神及重要指示批示精神，注重积极弘扬“中建信条•共生文化”，将企业文化建设与中心工作有机结合起来，充分发挥企业文化的导向作用、促进作用、凝聚作用，使企业文化成为建设世界一流企业的不竭动力。

一、突出文化引领　发挥导向作用

（一）传承红色基因　厚植文化根脉

中建六局具有与生俱来的红色基因，起源于1950年国民经济恢复时期，成立于“一五”计划实施期间，更名于社会主义建设和改革开放进程中，到砥砺奋进新时代新征程，以“共生”文化作为企业内生引擎，驱动全面改革创新，驱动全面高质量发展。

（二）构建文化基石　丰富文化内涵

中建六局企业文化基石是“厚德、笃行、创新、共生”，是六局人践行共生文化价值理念和方法论的基础，是六局的文化特质。厚德是立人立企的根本，也是建立信任合作、进而实现共生的基础；笃行强调坚定的信念和坚决的执行，以长期、持续、强大的执行力，为组织提供源源不断的共生力量；创新要求我们用新的思路和方法解决生存发展问题，用全新的视角发现和构建共生的源泉；共生旨在不断扩大六局长远、可持续发展的生态圈，与自然、与社会、与企业内外部更多的同行者形成利益共同体、事业共同体、命运共同体。

（三）明确行动纲领　践行共生文化

中建六局以中建集团“一创五强”战略目标为引领，深入落实中建集团“166”战略举措，深入实施“全面加强党的领导、全面实现高质量发展、全面践行新发展理念、全面提升企业治理能力、全面建设高素质人才队伍、全面营造风清气正的政治生态”的六局“六个全面”工作布局。深入落实中建集团“建证力量•红色基石”“建证匠心•红色先锋”党建特色品牌，建设六局“心动力”党建特色品牌活动。聚焦党支部政治功能发挥，打造“四个堡垒”，全面推进“五个建造”，实现“两个领先”目标，聚力“两个深耕”，明确六局选人用人“四条标准”，实施“蔚蓝计划”人才培养计划，教育引导全局广大青年争做“六讲六做”新青年，开展“清流计划”，全面形成风清气正的企业政治生态。

（四）丰富文化载体　展示共生文化

中建六局党委组织人员高质量高效率完成企业文化展厅建设。展厅于“七一”前正式落成开放，总面积450平方米，以“厚德 笃行 创新 共生”为主题主线，分为“岁月峥嵘 逐梦同行”“匠心铸造 共建共享”“不忘初心 同心共筑”“砥砺奋进 共生未来”四个板块，通过一幅幅照片、一件件实物、一段段视频、一个个故事，全方位、多角度、立体化地展现中建六局的发展历程、文化脉络、精神传承、发展成果、核心竞争力和战略愿景，展现中建六局始终与祖国共奋进、与时代共成长，以建筑的视角不断见证着祖国从站起来、富起来到强起来的伟大而光辉的历程。

二、提升发展效能　发挥促进作用

（一）健全企业治理机制

积极发挥党委“把方向、管大局、保落实”的领导核心和政治核心作用，修订“三重一大”决策制度，理清决策责任和程序，确保党的建设与改革发展同步谋划。深化董事会建设，规范董事会运作机制，加强二级单位董事会建设。加快推行任期制和契约化管理，出台《关于经理层成员任期制和契约化管理推行方案》，激发经理层的积极性、主动性和创造性。形成权责法定、权责透明、协调运转、有效制衡的公司治理机制。

（二）坚定不移服务国家战略

坚持“两个深耕”（区域深耕、客户深耕），聚力“两个领先”（区域领先、客户领先），厚植市场竞争优势，着力实现市场营销高质量发展，以设置法人公司和强制规定局属各子（分）公司区域管理的方式，深度布局粤港澳大湾区、海南自由贸易区（港）、长江三角洲、京津冀（雄安新区）、成渝双城战略等国家重大区域发展战略。坚定实施“海外优先突围”战略，承建了一批“一带一路”重点工程。

（三）全面贯彻新发展理念

中建六局党委坚持立足新发展阶段，完整、准确、全面贯彻新发展理念，服务融入新发展格局，坚持以科技创新全面赋能企业高质量发展，结合行业发展趋势和自身实际，明确提出打造“五个建造”（精益建造、绿色建造、智能建造、科技建造、人文建造）能力，以此作为企业落实落细新发展理念的重要抓手，逐步打造形成六局“独门绝技”和核心竞争力。

（四）加强新时代人才队伍建设

对照国有企业领导人员 20 字标准、好干部标准，六局党委结合企业实际，将其细化为六局选人用人“四条标准”（重点选拔使用讲政治、有格局，讲团队、顾大局，坚决贯彻落实上级决策部署的干部；有品德、有担当，清正廉洁的干部；有能力、有作为，业绩突出的干部；善于学习、视野开阔，有开拓创新精神的干部），搭建领导干部“五力”模型，建立《行为标准清单 80 条》《负面行为苗头性表现清单》“正负清单”协同联动，实施《激励领导人员担当作为十六条》，着力建设政治过硬、具备领导现代化建设能力的国有企业家队伍。

三、履行央企责任　发挥凝聚作用

中建六局党委第一时间传达学习习近平总书记重要讲话和指示精神，认真落实集团防控部署，精心组织、科学安排、严格管理，组织全局干部职工，争分夺秒完成疫情防控重大政治任务。局属各级单位组织 10 个党员突击队、142 名共产党员、318 名员工，完成天津市 9 个隔离观察点、2 家医院的隔离病房改造和 29 个社区封堵任务，仅用 15 天完成天津市中心妇产医院鉴诊留观处的建设任务，获得天津市委、市政府各级领导和地方百姓的一致好评。在常态化疫情防控中，助力津门打赢新冠疫情“阻击战”，建设中央援港抗疫临时钢栈桥和应急医院、吉林隔离方舱医院等 23 个应急工程建设，受到当地政府表彰和群众赞誉，彰显了央企的责任与担当。

疫情防控中，中建六局党委组织各级领导班子下项目、到一线，深入细致关心关爱，尽最大努力解决后顾之忧。积极响应国家捐赠抗疫物资号召，捐款捐物并加大对甘肃康县的扶贫力度。大力宣传抗击疫情中涌现的好人好事，开展青春战“疫”故事宣讲会，组织“灾疫无情·六局有爱”“建证全球战疫”等专题宣传，新华社专题报道六局助力全球战疫情况；参与创作大型抗疫话剧《生死 24 小时》在国家大剧院成功公演，有力彰显了抗疫斗争中的中国精神、中国力量、中国担当。

中建六局党委积极践行“共生”文化，对于彰显六局形象和品牌力量，对于凝聚全面改革创新、实现高质量发展的共识，对于立足新起点，展现新担当新作为，为建设世界一流企业提供了强大精神保障。“十四五”期间，中建六局党委将更加强化党组织对企业文化建设的引领作用，持续提升企业文化建设的系统化、品牌化、科学化水平，不断丰富企业文化内涵，拓展并深入探索企业文化落地生根的路径和载体，通过深植企业文化服务生产经营，为企业实现全面高质量发展保驾护航。

（作者系中国建筑第六工程局有限公司党建工作部（企业文化部）部长 赵佩华）

争先铸魂　引领企业不断从胜利走向胜利

中建三局三公司

中建三局三公司，是中建三局旗下全资子公司。目前，公司已发展成为具备投资、咨询、设计、建设、运营全产业链能力的建筑综合服务商，年签约额超 700 亿元，营业收入近 400 亿元。脱胎于解放军工程兵的中建三局三公司，成立 69 年来，始终赓续军魂血脉，一脉传承中建三局争先文化，在大战大考的熔炉里淬炼，在时代浪潮的洗礼中前进，形成了“雷霆三实 拼闯争先”的文化特质，成为企业战胜一切风险挑战、不断从胜利走向胜利的制胜法宝。

一、始终听党召唤　永葆能打胜仗的文化基因

新中国成立之初，百废待兴。党和国家一声令下，来自人民解放军工程兵光荣序列的三公司先辈，才下战场、又启

征程，投身火热的“一五计划”建设，建成重庆八大兵工厂、四川汽车制造厂等一大批重点工程。

此后，公司听党指挥，历经三次“千里大转移”。一是千里挺进“三线”，从重庆开赴贵州，在深山峡谷间苦战十年，完成贵州011航空工业基地建设；二是千里移师荆楚，从贵州调迁湖北，在404兵工厂等工程建设中连战连捷，迅速成为驰骋荆楚的建设铁军；三是千里出征特区，从武汉远赴厦门，157天完成计划450天的富山国际展览城，一战成名，创造“富山速度”。从此，公司开启南下、东征、北上、西进的漫漫征途，足迹遍布全国，并远涉海外，终成今日之版图。

三次大转移，三座里程碑。从热血奋战的工程兵，到建造报国的建设者，军装虽脱，军魂未变。

广大职工坚定为党分忧、为国担当、为民造福、为企建功的信念，一次次告别家小、背井离乡，一次次风雨兼程、跋山涉水，始终战斗在党和国家最需要的地方。山河辽阔，跃动的是公司忠诚报国的身影；都市繁华，镌刻的是公司建证时代的足迹。

任何一项事业背后，都有一种无形的精神力量。“三线建设”期间，先辈们艰苦创业，从山上采来石头，亲手垒起办公楼、宿舍，大家把这种房子形象地称为“石打石”，后来化为谐音“实打实”，并逐步衍生成为广大职工做人做事“朴实、务实、诚实”的鲜明风格。

大战大考，检验初心成色。2020年年初，新冠疫情突袭武汉，在人民生命健康安全受到严重威胁之际，中建三局三公司听党召唤、逆行出征，第一时间投入火神山、雷神山医院建设，5000多名建设者以生命奔赴使命，在场地移交最晚、施工条件最差的情况下，不畏艰险、昼夜鏖战，创造性完成建设任务，最先达到交付条件，被雷神山医院授予“雷霆三实 使命必达”。经此一战，熔铸出“雷霆三实 拼闯争先”的文化特质，成为全公司上下新时代的精神信条。

二、不断与时俱进　激发善打胜仗的文化活力

物质基础决定上层建筑。不能代表先进生产力和生产关系的文化，必然走向衰落。时代在变、环境在变、市场在变，企业必须革故鼎新，文化必须与时俱进。人间正道是沧桑，企业文化要在风雨考验中砥砺，在历史检验中升华，持续注入新的丰富内涵，指引企业不断夺取新的胜利。

从在大山深处历经数百次试验，破解山砂应用密码，荣获“全国科学大会奖”，创造“山砂奇迹”，到在西北戈壁滩上爬冰卧雪，苦战数年建起神木电厂，锻造“神木精神”；从率先将日本精细化管理应用于国内项目，在一片盐碱地上建起中外合资现代化厂房，开创“武田模式”，到上海正大广场建设中背水一战，勇当总承包管理先行者，打赢国际总承包管理标志之战，淬炼“正大经验”；从武咸公路项目率先吹响进军基建领域的号角，逐步形成路、轨、桥、隧全专业施工能力，擦亮“桥隧品牌”，到打通6国标准、带领12国团队，在北非地震带上建起世界第三大清真寺，代言“中国建造”……纵观中建三局三公司的发展史，就是一部建筑行业的变革史。企业发展的每一次破立，都孕育出行业最先进的生产力与生产关系。

“十四五”以来，面对千帆竞发、百舸争流的市场竞争形势，中建三局三公司高扬“雷霆三实 拼闯争先”大旗，以加速奔跑的姿态，掀起改革兴业的热潮，全面发动质量变革、效率变革、动力变革。

以争先为魂。旗帜鲜明塑强“干就干最好，争就争第一”的发展导向，与最优者对标，与最强者比拼，与最快者赛跑，不断谋求争先进位，明确了“十四五”期间，打造成为“最具价值创造力的国内领先、中建顶尖的建筑综合服务商”的发展定位，确保2023年前合同额跨入“千亿平台”。

以改革为纲。全面掀起“贯彻新发展理念大学习、大讨论、大落实”热潮，大力推进业务重组、组织调整、管理升级。以科技创新为引领，筑牢高端房建基业，做优做强基础设施、高端机电两大专业，做深做透产品线。升级与全新战略匹配的组织系统，整合北方区域、国际业务、基础设施等机构，组建供应链管理、流程与信息化等职能部门。在加强党的领导中完善公司治理，完善“三重一大”决策机制，加快推进外部董事占多数的董事会改革。

以创新为要。深入学习贯彻十九届六中全会精神，将党史学习教育与企业改革发展结合起来，广泛开展“寻找初心 创新迭代 提升品牌”主题活动，重温过去经典项目制胜绝招，从历史中看清楚公司过去为什么能够成功、弄明白未来怎样才能继续成功，更加坚定地践行初心使命。坚持科技创新赋能，全球首创“桥梁造塔机”，全国首创“住宅造楼机”，将关键核心技术牢牢掌握在自己手里。全面实施精益建造、智慧建造、绿色建造，引领行业变革，带动建造方式根本转变。推动绿色低碳发展，积极探索光伏发电、抽水蓄能等新能源投资建设模式，为人民美好生活赋能。

三、坚持以文化人　淬炼敢打胜仗的文化担当

一支用文化武装的团队，是不可战胜的。企业与员工，最好的合同是心灵契约，最好的关系是双向奔赴，最好的选择是彼此成就。在企业文化建设过程中，公司围绕敢打胜仗、能打胜仗、善打胜仗这个核心，全面彰显争先的品格、拼闯的状态、严实的作风，提振敢打必胜的精气神，张扬人性深处的真善美，不断提升文化的活力、张力、生命力。

引领思想破冰。结合党史学习教育，开展领导干部“工作与思考十问”，通过直击灵魂的拷问，让职工始终保持“赶考”的清醒。赴遵义开展党史学习教育实地研学，在革命圣地重温初心使命、感悟精神伟力。全面宣贯企业“十四五”战略规划和改革兴业精神，让全司上下锚定前进方向。驰而不息改造队伍，提升职工战略思维、体系思维、破局思维“三种思维”，加强全员深度思考、预知预测、资源整合“三种能力”，倡导堂堂正正做人、踏踏实实干事、清清白白用权、

认认真真求学“四种境界”，做到想明白、写明白、讲明白、干明白“四个明白”。

聚力发展破局。树立“扛枪意识”，个个守阵地，人人上战场，功成不必在我，功成必定有我，打造共生共荣的事业合伙人、同心同德的命运共同体。树立“战备意识”，建设学习型组织，对标优秀企业，升级学习机制，全面强化职工的常识、知识、意识、胆识，不断提高打赢本领。树立“雷霆意识”，把执行作为一切工作的生命，将雷厉风行的基因注入企业文化，谋定后动，动若雷霆，在执行中不断改进。树立“实战意识”，让听得见炮火的人呼叫炮火，准确掌握前线信息，让听得懂炮火的人提供炮火，积极响应前线需求，为前线赋能。

突出业绩导向。坚持以争先有为者为本，用争先全面塑造人才的激励、考核、评价、任用体系，实现人员能进能出、干部能上能下、薪酬能增能减。坚持发挥市场机制作用，积极探索“揭榜挂帅”“沙场点兵”，率先试点两级领导班子任期制和契约化管理，全面开展公开竞聘，让想干事的有机会，会干事的有舞台，干成事的有地位。坚持“凭德才、重经历、看业绩、听公论、识状态”的选人用人导向，在急难险重任务中考察干部，让职工经风雨、见世面、壮筋骨、长才干。

铸就精神高地。经营维护好“中国速度”“三线建设”“富山速度”“武田模式”等文化 IP，胸怀“国之大者”，厚植家国情怀。推出报告文学《建证》、武汉话版说唱《搞么斯》等一批有品质、有深度、有情怀的文化产品，举办了抗疫先进事迹报告会、道德讲堂示范课等一批有品位、有特色、有影响的文化活动，选树了抗疫先锋、最美职工等一批敢闯、敢拼、敢赢的“雷霆战将”，不断推动文化特质符号化、故事化、人格化，激发广大职工的自豪感、荣誉感、归属感。

（作者系中建三局三公司党委书记、董事长王延波）

中建深装“家文化”的建设和培育

中建深圳装饰有限公司

中建深装公司党委书记、董事长陈鹏常讲，我们企业能够一次次跨越众多羁绊，成长为中国建筑装饰行业的排头兵，根本原因在于坚持党的领导和先进的企业文化相辅相成。“十四五”要实现高质量“双百亿”目标，成为最具价值创造力的行业先锋，就要激发文化创新创造活力，为高质量发展注入源源不竭动力。

一、思想引领浇铸文化之“魂”

（一）思想的引领

作为央企，公司党委始终坚持以习近平新时代中国特色社会主义思想为引领，主动面对改革发展新动向、经济发展新常态、文化发展新内容，利用“第一议题”、中心组、“三会一课”、青年大讲堂等载体，由领学到谈启示与实践，由宣贯到全员上讲台，由“引进来”到“走出去”，大力培育践行社会主义核心价值观，筑牢全员共同的思想基础，凝聚“家文化”建设的思想之魂。

（二）精神的浇铸

企业发展 30 余年的历程中，我们通过发挥专业优势，在祖国大江南北建造了上千座精品工程，都无不镌刻着深装人志存高远、脚踏实地的奋斗本色，也凝练和演绎出了深装人的精神谱系。

“勇夺太平洋”的争先精神，“召之即来、战之必胜”的武汉站精神，“勇于创新、敢啃硬骨头”的西塔精神，“让业主睡个安稳觉”的契约精神，“首战用我、用我必胜”的雄安精神，“交付希望与美好”的雷火精神，“勇攀高峰、精益求精”的工匠精神……这些精神早已在深装人的思想里深深烙印，既是中国建筑装饰史上的奋斗佳话，更是我们企业接续奋斗、不断传承的精神财富。

（三）理念的升华

企业每一个发展阶段，我们都会寻求到最符合企业自身实际、最利于实现发展目标的“最大公约数”，这个公约数就是当下的共同思维习惯，是企业文化不断丰富的理念来源。

企业的改革管理中，我们会通过价值观高度趋同培育共同思维习惯，如“致力价值创造，没有价值创造就是内卷”的价值文化思维、“永远争第一”的争先文化思维、“以持续奋斗者为本”的奋斗文化思维、“以客户为中心”的客户文化思维、“坦诚交流、坦诚沟通”的交流文化思维等。正是这一个个穿梭回荡在每位员工脑海中的共同思维，才不断促进形成共同的行为习惯，促使全员形成良好的职业素养和价值取向。

二、管理支撑夯实文化之“基”

企业文化是员工共同的价值追求，是思想意识层面的，是内在的无形力量，但要确保能够内化于心、外化于行，需要对文化进行科学的管理。

（一）有强有力的主心骨

为了更好地推动企业文化建设和落地，公司专门成立了以党委书记为组长的企业文化领导小组、以分管领导为组长的工作小组以及各单位文化建设执行小组，主要负责举旗帜、聚民心、育新人、兴文化工作。

（二）有系统性的主框架

注重抓好文化管理与制度管理的有效结合，发布了《企业文化建设实施纲要》《企业文化建设管理办法》，出台了《有为之家企业文化手册》，对公司文化、公司使命、发展历程、行为准则等方面进行了总结、梳理、提炼，促进文化的形成。同时，对各单位文化建设纳入考核，同步推动各单位子文化管理能力和水平的提升，促推文化落地生根。

（三）有全方位的主阵地

升级了文化手册——《家文化手册》，谱唱了文化之歌——《梦想在饰界绽放》，匠造了文化阵地——饰界博物馆，打造了文化之窗——“新饰力”融媒体工作室，丰富了文化视觉——CI、Logo、图牌等，从多个维度完善文化感官和认同，推进文化理念深入员工、根植员工。

（四）有高水平的主力军

每一位员工都是企业文化的践行者、传播者、推动者，主动把文化理念贯穿到日常培训、干部管理考评、员工奖惩条例、行为规范及制度流程、标准等方面，通过价值理念牵引和管理强化，逐步形成共同的习惯和职业素养。除此之外，培育一批专业强、水平高的企业文化内训师队伍，依托新栋梁训练营、青年锤炼营、应知应会专项培训等开展文化课堂，进一步系统性地传播和培育企业文化。

三、行为导向凝聚文化之“力”

我们常说，思想是行动的先导，思想决定行为，思想引领行为，但真正使思想落地成花的是依靠广大员工在实践中不断践行和不断完善的。

（一）强调知行合一

公司重视员工岗位行为准则和行为底线的构建与践行，确立了以“怎么用人才、怎么看业绩、怎么办事情、怎么干事业”为主要内容的企业行为守则，以“争先、匠心、诚信、协作”为主要内容的员工岗位行为准则。通过实践探索，将行为准则渗透到科研、生产、经营、管理的方方面面，促进全员形成按规矩办事的行为习惯，最终成为员工的自觉行动。

（二）活动凝心聚力

从“保护权益、关怀生活、成就价值”三个方面不断细化对员工的关怀，充分尊重员工的职业发展方向，坚持以业绩为导向，让“有能力、想干事”的员工都有施展才华的平台，让广大员工成就自身价值。组织开展丰富多彩的文化践行活动，夏送清凉冬送温暖、传统节日慰问、员工体检、“三个阵地”建设活动、广播操比赛、红歌会比赛、“安康杯”比赛、“文明创建”活动、青年大讲堂、新员工转正定级风采演讲、劳动竞赛、技能比武等系列活动，从活动中健康身心、感悟精神、传递文化。

四、品牌聚力传播文化之“韵”

一个企业的文化与品牌共生一体，互为表里。唯有以文化为重要依托，高起点、高标准规划品牌推广，才能力图实现品牌影响与文化内涵互通、品牌推广与文化宣传齐头并进的局面。

（一）善于“建言”

10天创下雷火战疫的“中国速度”，9天跑出新时代“深圳速度”，30天在香港河套荒滩上建起“生命方舟”，筑造了“雄安质量”“朝天扬帆”“丝路弯月”“地标之变”“冰雪冬奥”，不断彰显品牌形象。公司跃居幕墙第二、装饰第五，斩获詹天佑奖、鲁班奖、国优奖等工程奖项数百项，不断彰显品牌价值；公司频频亮相各类行业盛会、高峰论道、观摩大会、重大赛事，收获政府、业主、客户、总包等社会各界点赞、表彰、感谢无数，不断提升价值口碑，推动文化品牌和企业名片相得益彰。

（二）臻于“立言”

公司始终坚持政治责任、社会责任、经济责任一体承担，积极组织精准扶贫及爱心帮扶、公益捐赠、志愿行动等公益活动，以员工捐建为主的中建深装莲池希望小学正式落成，开展省级贫困村捐款、关爱留守儿童自闭症儿童、上海进博会志愿服务、四川仪陇公益行等“小确幸”志愿活动百余次，塑造了良好的社会形象和影响力；同时斩获“十三五”优秀文化建设单位、改革开放40周年优秀文化建设单位，以及广东、四川、上海、深圳等优秀文化建设单位称号，推动文化形象和社会责任相辅相成。这不仅仅是企业的高光时刻，更是品牌文化的沉淀。

（三）勤于“代言”

我们坚持文化导向，成立了新饰力融媒体工作室，“雷火”建设全网传播量超10亿，“火神山宝宝”上榜国资委、新浪微博优秀案例，“地标之变”登上纽约时代广场大屏，品牌宣传登上主流媒体8000余次。我们以精神为文化内核，以行业唯一“大国工匠”曹亚军、“中国青年五四奖章”刘铖、全国交通建设工匠程希奇以及张鹏霄、张伟方、郭红伟等一系列典型人物为品牌标杆，大力宣传背后的匠心品质和有为文化，营造了争先实干、奋斗有为、使命必达的和谐氛围。

五、执光前行涵养文化之“美”

文化的建设是一个漫长且需要足够耐心的过程，面向未来，我们要以更高站位、更远眼光、更新视角发展企业文化。

要紧扣战略转型，实施“文化+”战略，把企业文化工作融入各项经营管理活动之中；要完善工作机制，扎实推进综合性、全局性文化系统建设工程；要完善文化体系，把有为精神刻在员工的骨子里、贯穿到日常工作中；要助力文化落地，大力实施“有为之家”企业文化铸魂行动；要创新文化传播，讲好文化故事，壮大主流舆论，推动文化品牌向更高层次迈进。

（作者系中建深圳装饰有限公司企业文化部）

践行新中核企业文化 打造新辽核文化品牌

中核辽宁核电有限公司（以下简称“辽宁核电”）作为中核集团和中国核电的重要成员单位，始终坚持党管企业文化，牢固树立“用文化管企业、以文化兴企业”的思想。公司党委秉承“两弹一星”精神、“四个一切”核工业精神和新时代核工业精神以及中国核电卓越文化，大力宣贯新中核企业文化理念，探索形成独具辽核特色的企业文化理念。同时，以公司发展战略为导向，从经营管理、安全质量、廉政建设和人文关怀四个子文化方面入手，积极探索企业文化落地路径及方法，以企业文化增强凝聚力、推动执行力。目前，辽宁核电企业文化已成为凝聚员工智慧力量、推动核电项目建设、引领提升高质量发展的重要动力和源泉。

一、完善管理体系夯实组织机构

公司党委将企业文化建设工作作为企业经营管理工作的有机组成部分，纳入公司的总体工作计划中，建立并不断完善企业文化管理体系，相继编制发布并完善建立了《企业文化领域管理大纲》《企业文化建设管理规定》等制度，通过制度规范企业文化日常管理，并在新员工入职时进行企业文化培训，引导新员工认可并践行公司企业文化理念。

公司成立由党委书记担任组长的企业文化建设领导小组及办公室，随着项目的不断推进，公司企业文化组织机构也在不断健全完善并推进企业文化建设工作。领导小组每年定期讨论年度宣传文化一体化工作计划，办公室按照规划计划做好落实，切实做到企业文化工作年初有计划，过程有管控，年终有总结。公司配备专职企业文化岗，各支部宣传委员作为企业文化联络员，建立了完整的企业文化建设网络，构建形成了领导率先垂范、骨干配备得力、员工参与广泛的企业文化良好氛围。

二、PDCA精细管理优化机制体系

一体策划确定方向。将企业文化纳入发展规划，每年参照中核集团宣传文化重点及中国核电党建宣传文化一体化工作安排及企业文化评估标准，编制年度宣传文化一体化工作计划，结合年度企业文化领域重要工作编制专项方案，企业文化建设领导小组审议通过后发布，企业文化建设办公室按计划组织各支部高质量实施，并按月做好跟踪督办。

完善建立理念体系。公司党委于2021年项目开工元年，立足于新时代新辽核新担当和精品工程蓝图落地，结合十二年前期准备的实际情况，提炼形成六“不”六“要”特色文化理念；按照中核集团和中国核电“精细化管理年”工作方案要求，结合徐大堡核电项目实际情况，提炼出具有辽核特色的“三力三精一高”精益文化；提炼出“联动徐大堡、廉洁徐大堡”的廉洁文化和坚持“安全第一、预防为主、责任明确、严格管理、纵深防御、独立监管、全面保障”的核安全管理原则，构建形成了新辽核企业文化理念体系，并成为增强公司凝聚力和创造力的重要源泉，成为公司核心竞争力的重要因素。

多措并举宣贯落地。专题授课：领导带头开展企业文化授课，激励干部职工为项目建设做贡献，邀请核工业宣讲团进行核工业发展故事、新中核文化理念等宣讲授课，提高员工对新中核企业文化的认同感，更好地传承核工业红色基因；阵地宣传：充分利用科普展厅、宣传橱窗、展板、LED屏幕、标语等宣传阵地宣贯文化理念，通过微信、内网营造文化氛围，制作新辽核企业文化理念桌面壁纸及鼠标垫，推动企业文化理念入脑入心；编印手册：结合上级单位企业文化评估重点难点，组织对处室子文化进行总结、提炼、整合，进一步明晰核心理念、子文化理念，发布《企业文化执行手册》，编制发布《我的奋斗，我的精品工程》文化产品，记录辽宁核电在项目核准开工过程中的奋斗足迹与难忘岁月；丰富活动：积极响应参与上级组织的各类文化活动，多措施、多角度、全方位实现企业文化的宣贯与落地，组织职工开展新中核核心价值观（责任、安全、创新、协同）征文及各类约稿活动，择优通过微信推送；组织职工开展新中核企业文化理念“传声筒”趣味比赛等活动，引导员工积极践行新中核企业文化理念，热爱核工业事业，热爱祖国，点燃心中那团火，更好地承担好核电项目建设的崇高使命。

考核强化深化认识。将企业文化建设落实情况纳入党建考核，对规范使用中核集团、中国核电及辽宁核电标识的要求进行定期宣贯检查，并定期将VI标识规范使用情况进行督导检查，每月对职工思想政治工作情况、意识形态工作情况、企业文化建设，以及新时代核工业精神学习宣贯落实情况进行考核；建立企业文化考核评估机制，强化各支部抓企业文化落实的责任意识。

改进提升奠定基础。公司通过制度规定并认真落实企业文化建设内部自评工作，认真应对中国核电企业文化评估组对公司企业文化建设情况的评估指导，对评估结果及时做好整改落实，并派员积极参加中国核电企业文化同行评估，通过内外部评价相结合，提高企业文化建设水平。结合日常企业文化落地及考核评估情况，辽宁核电及时优化完善企业文化相关制度和体系建设，围绕项目高质量建设，及时提炼补充符合项目实际情况的新文化理念，持续丰富辽宁核电企业文化内涵，优化子文化理念及处室文化理念，确保企业文化落实落地，为公司高质量发展持续注入新的动力，为“精品标杆”工程高标准建设奠定文化基础。

三、坚持融入中心打造文化品牌

辽宁核电结合建党百年活动、党史学习教育、员工思想调研、精细化管理年、“建功新时代、喜迎二十大”等系列活动，不断丰富企业文化宣贯形式，推进文化落地。党委书记带头讲党课，以“承继党的百年荣光　在学思践悟中凝聚起高质量发展的磅礴力量”为主题面向全体党员讲授党课，带领党员同志重温百年奋斗党史，分享学习心得体会，号召全体党员干部常学、常思、常悟党史，从百年党史中凝聚精神力量、思想力量及发展力量，保持奋进姿态；公司领导班子成员分别讲授核安全文化党课，宣讲核安全政策，引导员工不断提升核安全意识，持续增强员工系统观念，强化责任担当，统筹抓好各项工作落实；积极参加上级单位组织的员工思想动态调查，不定期开展员工企业文化问卷调查并形成调查分析整改报告，领导班子适时组织召开专题会，研究企业文化落地方案及员工思想动态情况，引导员工形成良性的思维模式和行为模式，培育员工奋发向上的环境沃土，引导员工作风建设持续提升，践行“强核报国创新奉献”的新时代核工业精神，以文化助力企业高质量发展和项目高质量建设。

辽宁核电党委以文化促管理，坚持践行新辽核企业文化理念，下好了项目开工建设的“关键棋”；辽核人以勇于亮剑、敢于亮剑和善于亮剑的精神，擘画了实施“168”精品标杆工程建设的路线图，引导项目全体参建者攻坚克难，齐心协力助推“精品标杆”工程高质量建设，跑出了精细化管理提质增效的加速度，“六大控制”持续受控，冬季施工取得了实践经验，3 号机组各项工程节点目标逐一实现。辽宁核电以文化引领管理迈向了高级阶段，全体辽核人重执行、抓落实，干事创业热情进一步增强，工作作风进一步改进，各部门主动向前一步的协同意识显著增强。

辽宁核电党委以文化促发展，新辽核企业文化理念已成为辽核人共同坚守的基本价值取向和行为标准。企业治理持续向更加高效、有序、科学、务实的方向发展，深入贯彻落实国有企业三年改革行动，改革任务完成率超过 90%；多管齐下深化成本管控，进行核电项目经济评价研究与模型搭建，降本增效专项行动持续走深走实；推进新项目开发与协同产业多点开花，年度新能源发电指标超额完成，连续两年获评中国核电“业绩优秀单位”；最小投资维持一期项目“热备用”，系统做好对俄合同、重要工程承包合同的执行跟踪监督，探索项目精细化管理模式；持续优化“大监督”和“监督联动贯通”工作机制，切实将党风廉政建设贯穿于经营管理各领域；打造高素质职工队伍，加强青年骨干和人才建设的战略支撑；综合服务保障体系持续优化，保卫保密指标受控；精准防控疫情，实现与重点工程建设“两手抓、两手硬”；持续加强“幸福辽核”建设，提升员工幸福感、获得感。

作为中国核电“卓越文化树”上的一片枝叶，辽宁核电仍将不断汲取中核集团、中国核电企业文化养分，以追求卓越为导向，持续推进品牌建设，讲好品牌故事，引导广大干部职工把握新形势下核工业加快发展的新要求，持续深化企业文化落地，围绕以“核电为中心，多种清洁能源协同的北方生态核电基地”这一目标，全面推进重点工作扎实有序开展，坚定践行新辽核特色文化理念，以文化助推项目实现“六大控制七个零”管控目标，为将徐大堡核电项目 3 号、4 号机组打造成中俄核能合作项目“新典范”而不懈奋斗！

（中核辽宁核电有限公司党委书记、董事长王秀启；党委委员、纪委书记李伟航；党建工作处副处长（主持工作）马静；党建工作处宣传科副科长（主持工作）家喜荣）

传承红色基因　厚植企业文化

中核集团核工业北京地质研究院（以下简称“核地研院”），成立于 1959 年，是一所以铀矿地质为主的多学科综合性研究机构，全国核地质科学研究中心。始终秉持“核地报国”初心和使命，以“建设先进的核地质科技体系，打造研产融合、管理高效的产业体系，建成具有国际竞争力的世界一流研究院”为目标，为支撑落实中国铀业科技矿业集团建设、实现中核集团“三位一体”奋斗目标，助力我国建成世界核工业强国而不懈奋斗。

丰功伟绩　硕果累累

60 多年来，核地研院坚持科研与生产密切结合，理论创新与技术创新并举，锐意进取、创新超越，共完成各类科研项目 3500 余项。在铀成矿理论及勘查技术方法、放射性废物处置、遥感技术应用研究和分析测试等方面，取得了一大批有重要影响的创新性成果，先后获得国家科技进步一等奖、国家发明奖、国家自然科学奖、全国科学大会奖等国家级、省部级奖 550 余项，使我国核地质科技水平处于世界的前列。

在发展历程中，核地研院现设有 8 个研究所和 4 个民品开发公司；建有 3 个国家级重点实验室（遥感信息与图象分析技术、高放废物地质处置，核材料技术），3 个中核集团重点实验室（铀资源勘查与评价技术、遥感与图像分析技术、高放废物地质处置评价技术），3 个 IAEA-CAEA 国际化技术中心（高放废物地质处置协作中心、铀资源勘查技术联合中心、铀资源勘查开发实践中心）；是“中核集团地热勘查技术研究中心”，建有核工业地质分析测试中心。打造了由地质、地球物理、地球化学、铀矿床学、遥感技术、放射性废物地质处置、水文地质、钻探工艺技术、放射性仪器研发、分析测试技术、环境工程、地热勘查和科技情报等组成的完整核地质科技体系。同时，核地研院依托科技优势，大力推进技术转化。铀资源勘查、遥感技术、放射性废物地质处置技术、分析测试技术、防水堵漏产品，全面应用于民生领域。环境检测、建材检测等仪器产品的研制广泛应用于地矿行业和环保领域。看得见的价值，源自看不见的智慧。

科技创新　核地先锋

核地研院作为中核集团和中国铀业核地质领域创新发展的技术支撑单位、国防科工骨干科研院所，始终肩负着打造“强核基石、核电粮仓”和确保“核能安全、核燃料闭环”的历史使命，不负人民重托、服务国家战略，为我国核工业的发展提供科技支撑。

建院以来，一代又一代核地研院人艰苦奋斗、创新发展，总结并发展了我国花岗岩型、火山岩型、碳硅泥岩型和砂岩型四大工业铀矿类型的成矿规律、成矿模式及找矿指南，编制了全国性、区域性铀成矿预测系列图件，在铀矿勘查中发挥了重要的指导作用，为我国核地质科技事业的进步作出了重大贡献。

进入新时代，核地研院持续巩固发展铀资源勘查技术、高放废物地质处置、遥感技术与应用等领域国内先进地位，在分析测试和矿物研究、地热新能源勘查、放射性仪器装备研发、辐射环境调查评价和“核级”防水新材料等领域取得了显著的成果业绩。积极贯彻落实国家“一带一路”倡议，充分发挥积累深厚的人才、技术优势，秉承共商、共享、共建原则，与沙特、巴基斯坦、纳米比亚、安哥拉、乌克兰等“一带一路”沿线国家开展地矿延伸产业合作，为中核集团核技术产业服务“走出去”开创新局。

红色传承　强核报国

党的十九大报告指出，文化自信是一个国家、一个民族发展中更基本、更深沉、更持久的力量。国家如此，企业亦是如此。优秀的企业文化是企业可持续竞争优势的基础，是企业基业长青的精神支柱。

60多年来，第一代核工业人勇敢地点燃了心中的那团火，坚定“国家利益至上”的伟大信念，隐姓埋名，以身许国，铸就了“两弹一星”惊世伟业。中核集团以“强核强国，造福人类”为神圣使命，秉持责任、安全、创新、协同的企业核心价值观，在传承和发展“两弹一星”精神和“四个一切”核工业精神的基础上，形成了“强核报国、创新奉献”新时代核工业精神。中核集团坚持以客户为中心的经营理念，加快建设先进核科技工业体系，实现安全发展、创新发展，努力成为国际核科技发展的引领者，建成世界一流企业集团，为国民经济和社会发展积极贡献力量，推动我国建成核强国，造福全人类。

一流企业需要一流文化。核地研究院传承和发展了核工业优秀文化基因，沿承了中核集团的伟大精神，秉承基本价值取向和价值标准，形成了一套独具特色的“核地文化”、传承了“责任、安全、创新、协同”的核心价值观。

“核”表述了核地研究院人致力于核地质科技进步与创新，致力于国家利益高于一切及核工业发展的崇高目标。

“地”代表核地研究院致力于铀矿和其他矿产资源的突破与发现，致力于高放核废物安全地质处置、核安全和保护人类生存环境，致力于核地质事业与员工个人价值的同步发展与进步。

“核地文化”的特征是一种求是文化、求实文化、创新文化、创业文化，是核地研究院精神文化和物质文化在六十多年发展过程中凝结而成，她充分体现了核地研究院的生命力、创造力和凝聚力，影响和激励着一代又一代核地研究院人，她以强大的文化承载力，成就了核地研究院六十年的辉煌，也必将继续推动核地研究院新的发展与进步。

责任是核地研究院成就事业的基石，是中核人对国家、民族和事业的庄重承诺；中核人始终牢记使命，主动作为，勇于担当，认真履行政治责任、经济责任、社会责任，竭尽全力为国家、民族和人类作出应有贡献；面向市场，认真履行对客户负责、为客户创造最大价值的责任；追求员工与企业共成长，努力实现员工对美好生活的向往。

安全是核工业的生命线，是核工业生存和发展的根基；严格遵守国家《核安全法》，奉行“理性、协调、并进”的核安全观；始终坚持安全第一，努力完善安全生产体系，将核安全文化融入生产经营各个环节，不断提高企业生产经营的安全性；严格遵守规章制度，明确安全责任，重视识别和努力消除各种安全隐患，提高员工的安全防范能力，实现本质安全；为客户提供安全可靠的产品和服务，为员工创造健康、安全的工作环境，为社会营造安全和谐的发展环境。

创新是核地研究院实现卓越的不竭动力。始终保持高度的事业热情，创新求变，创造性开展工作，敢于挑战更高水平的目标；大力倡导自主创新意识，健全创新机制，鼓励创新行为，努力营造开放包容的创新环境；重视基础创新，积极探索核科技领域的核心技术；坚持创新与实践应用相结合，努力把创新成果转化为实际生产力。

协同是强核强国的内在要求。积极倡导各单位之间、产业链上下游之间、各部门之间相互配合与紧密协作；提倡员工把同事视为事业伙伴，在工作中相互支持、相互补位；有大局观，个人融入集体、服从服务于大局，把单位利益置于个人利益、部门利益等一切局部利益之上。

不忘初心　牢记使命

核地研究院设有中国核地质科技馆，是中核集团首批党性教育基地，馆藏的核工业“开业之石”是代表我国核工业事业诞生的信物。地研院人不仅是“开业之石”的守护者，更是“不忘找铀初心，牢记报国使命”的践行者。

进入新时代，核地研究院坚持以习近平新时代中国特色社会主义思想为指导，立足“两个大局”，胸怀“国之大者”，锚定“三新一高”，围绕“四个面向”，继续传承和发扬红色文化基因。牢记“强核强国、造福人类”的历史使命。国有企业是我们党执政兴国的重要支柱和依靠力量，中核集团是国有重要骨干企业，是国家安全的重要基石，肩负着强核强国与和平利用原子能、确保国家能源安全的使命任务，核地研究院与中核集团血肉相依、一脉相承。新时代，核地研究院将全面贯彻落实人类命运共同体理念，全面贯彻科技创新驱动发展战略，持续推动以科技创新为核心的全面创新，实现安全发展、创新发展，为国民经济和社会发展、实现中国梦，积极贡献，造福全人类。

（中核集团核工业北京地质研究院党委书记　李华平）

发展桥文化产业赋能建桥国家队品牌提升

中铁大桥局多年来打造的“天堑通途”特色桥文化是在汲取古代桥梁传统文化养分的基础上，培育的独具行业特色、富含企业特点的企业文化，是来源于历史、创新于实践、贯通于未来的企业文化。历经近 70 年的发展和积淀、传承与创新，提炼了“建成学会、奋发图强、融入市场、追赶世界、领先世界”五个发展阶段，形成了“坚守质量，传承创新”的优良传统和“不忘初心，奋发图强、传承创新、坚守质量、逐梦速度”的五大桥梁里程碑精神。

近年来，公司牢牢把握“创新引路、文化领航”企业发展的两大法宝，推动企业文化建设与执行力建设、作风建设、制度建设深度融合，推动企业管理水平“内涵式”提升，借力繁荣桥文化事业、壮大桥文化产业，对内增底气、对外扬士气，精心打造了“世界一流建桥国家队”企业品牌和“中国桥梁”产品品牌。

一、升级桥文化体系 厚植桥文化建设根基

理念先行，重塑文化价值观念。大力宣贯“开路先锋”文化理念体系。在实现中国中铁“企业核心价值观、企业精神、企业品牌宣传语、视觉识别系统、员工行为准则、司歌”“六统一”基础上，深挖桥梁文化的特点、特质，培育了以“建桥铺路、造福人类”为使命、“打造世界一流建桥国家队”为企业愿景“安全建桥，建安全桥”为安全理念等在内的“天堑通途”特色桥文化理念体系。

战略引领，规范文化行为准则。坚持与企业发展五年规划同步，每五年发布一次企业文化建设“五年规划”，迈进“十四五”，同步发布了中铁大桥局历史上首个“五年品牌发展规划”。以中国中铁“六条基本行为准则”为制度文化建设的基础，出台制并不断更新完善《员工手册》《工程项目塑形标准化操作指南》《“示范道德”讲堂选树实施办法》等制度性文件，用以规范、引导员工行为符合企业健康可持续发展的需求。

铸魂育人，推动文化落地生根。以重点工程项目为阵地，深入推进“铸魂、育人、塑形”三大工程，持续开展工程项目塑形标准化建设，巩固“天堑通途”特色桥文化建设的根基。近年来，实施了川藏铁路大渡河特大桥、巢马铁路马鞍山长江公铁大桥、G3 铜陵公铁大桥等新上项目的“三个一”工程（建造一个会展厅、摄制一部宣传片、制作一个桥梁模型）；完成了武汉杨泗港长江大桥、京张高铁官厅水库大桥、宜昌秭归长江大桥等完工项目“五个一”工程（一本画册、一本文集、一批新闻稿件、一部录像片、一本技术总结）。

二、盘活桥文化资源 增添桥文化产业动力

创造文化生产“一个动力源”。借助国家加快文化产业发展政策，成立桥梁传媒公司这一独立法人市场主体。坚持“把社会效益放在首位、社会效益和经济效益相统一”的原则，发挥桥梁文化底蕴深厚、资源丰富的优势，为社会提供满足人民精神文化生活需求的高质量产品供给。桥梁传媒公司成为国家高新技术企业、湖北省最具成长性文化企业，拥有文化相关专利技术 9 项、计算机软件著作权 25 项。

打通官方民间“两个舆论场”。按照“全媒体”建设思路，成立融媒体中心，推动不同媒介由结构的“物理相加”到内容的“深度相融”。“中铁大桥局”官方抖音账号粉丝超 33 万，累计点击量数十亿次，在中国中铁系统内位居前列。拥有面向行业、面向社会大众不同群体，传播桥梁资讯、普及桥梁文化的“桥梁建设报”“最美桥工”“武汉桥梁传媒”“乔公子”“桥梁博物馆”等微信公众号。利用不同媒体平台促进桥文化在民间与官方互动，引导大众理性思考，弥合“两个舆论场”的隔阂。

串起文化交流“三个层次圈”。在企业内，发挥文化凝聚人心的作用，精心培育打造“凤凰山讲坛”“桥工道德讲堂”“建桥楷模”等自有品牌活动；在行业内，开展“万里长江大桥行”、创办国际桥梁盛会“中国桥博会”行业品牌活动；面向大众，与中央电视台联合开展大型文化文艺活动进工地，在平潭海峡大桥、武汉鹦鹉洲大桥、沪苏通公铁大桥等录制国庆专题《我和我的祖国》《唱响新时代》《我爱你中国》等，实现文化传播的“口口相传”“有口皆碑”。

三、释放桥文化创意 激发桥文化市场活力

自主研发原创文创产品。立足“文化创效、设计创意、产品创新”的文化市场观，深挖桥文化资源的经济价值，将桥梁精神融入实物产品，自主创意研发木质及金属桥梁模型、桥梁丝绸、瓷器、扑克牌、日历等桥梁主题文创产品 100 余款，培育了桥文化“IP”和“乔公子”文创品牌，成为中国唯一一家桥梁文创设计研发、生产制作中心，为数十家桥梁行业内外企业提供产品设计和生产制作数百种创意产品。

创新桥梁影视动画作品。以重大桥梁工程项目中标、开工、建设、报奖为契机，每年制作桥梁影视动画、宣传片百余部。制作的宣传片《中国桥·世界梦》《中国企业架起孟加拉国“梦想之桥”》在中国中铁“三个转变”与高质量发展研讨会暨第三届中国品牌战略发展论坛、2021 中国国际服务贸易交易会上展映。制作的中国高速铁路建设动画，成为行业内外学习交流的重要教材。

升级网络舆情监控服务。自主研发网络舆情监控系统并持续迭代升级，做到对突发事件争取主动权，做到第一时间发现、第一时间处置、第一时间化解。多年来，网络舆情监控系统在保证集团公司舆情监测、研判和处置能力显著提升的前提下，同步为湖北省内国资企业、桥梁建设等 30 多家单位提供监控服务，不断扩大中铁大桥局企业知名度和行业影响力。

四、着眼桥行业发展 扩大桥文化品牌张力

抢占桥梁舆论“制高点”。围绕近年来公司承建的世界最长、跨度最大、高度最高等具有重要影响力的桥梁工程建设，开展成就主题宣传，做到“先发制人”“引导舆论”，把握舆论话语权。以庆祝建党百年活动为契机，梳理总结了中铁大桥局历史上创造的百项“中国第一、世界之最”桥梁纪录，并在行业内外多媒体渠道、多载体形式推广。在践行“三个转变”、决胜全面建成小康社会脱贫攻坚、乡村振兴、防疫抗疫、抗洪抢险等重大事件的关键节点，主动策划，专题宣传，彰显桥梁行业领军者担当。

做好文旅融合“大文章”。在公司原有企业业绩展馆“桥

文化”展示厅的基础上，站在桥梁行业的视角，运用现代化博物馆理念建造了国内首家综合性桥梁博物馆。运营两年多来，线下接待 50 多个国家的 6 万多人次的观众，线上“云游”参观突破 500 万人次，被列为“全国科普教育基地”“湖北省爱国主义教育基地”等，在“建桥之都”武汉开通了一条桥梁文化精品旅游线。积极参与深圳文博会、武汉设计双年展、香港创科博览会等国内国际大型文化交流展会，推动桥文化走进寻常百姓家，不断提升企业社会影响力。

搭建海外对话“同心桥”。响应国家“一带一路”倡议，在参与南亚、非洲等地区的海外桥梁建设中，及时发出“中国声音”，强化“中国桥梁”“中铁大桥局”海外知名度和形象美誉度。开展跨文化融合研究，用卓越的工程品质，成就“中国桥梁”的海外口碑。结合孟加拉帕德玛大桥及连接线工程、马来西亚鲁巴跨海大桥等海外桥梁项目所在国家的鲜明文化习俗和桥梁本体的结构特点，设计研发个性文化创意产品，架起中国与海外国家友好沟通交流的“文化桥梁”。

中铁大桥局通过大力发展壮大桥文化事业和桥文化产业，为企业高质量发展对内鼓劲造势、对外塑造强势品牌提供了强大精神力量和舆论支撑。在国务院国资委官方新媒体平台发起的“国家名片”征集活动中，“中国桥梁”跻身国家名片阵列。新华网评选中国大桥十宗“最”,“中铁大桥局”成为世界最“牛”建桥企业。“中国桥梁”与“建桥国家队”“中铁大桥局”等在网络媒体中关联度高度契合，公司的行业地位、社会品牌形象得以全面提升。

（中铁大桥局集团有限公司党委宣传部（企业文化部）部长、桥梁传媒公司总经理 舒智明；党委宣传部（企业文化部）文化科科长 冀传辉；党委宣传部（企业文化部）文化科科员施舒悦）

弘扬开路先锋文化
引领企业高质量发展

中铁北京工程局物贸公司

1950 年 6 月 15 日，随着邓小平同志一声令下，中国中铁人从贺龙元帅手中接过“开路先锋”旗帜，奔赴成渝铁路建设工地，用灯笼火把照明，钢钎铁锤开挖，建成了新中国第一条铁路——成渝铁路。自此，中国中铁广大员工不畏艰险、不怕困难，在国家基础设施特别是铁路建设中创造了一个个战天斗地、气壮山河的恢宏奇迹，形成了历久弥新、永放光芒的“开路先锋”精神。

70 余年来，一代代中国中铁人用生命、鲜血和汗水接续铸就了成渝精神、抗美援朝“钢铁大动脉”精神、宝成精神、成昆精神、兰新精神、青藏铁路建设精神、南极建设精神、抗震救灾精神、高铁建设精神等一座座精神丰碑，构筑起了中国中铁“开路先锋”精神谱系。经过提炼总结，2021 年 1 月 26 日，中国中铁“开路先锋”文化理念系统正式发布。

自中国中铁“开路先锋”文化理念系统发布以来，中铁北京工程局物贸公司党委高度重视，不断推进“开路先锋”文化理念入心、践行、见效，在实现企业文化“内化于心、外化于行、实化于名”上下功夫，以文化聚合力量，真正让“开路先锋”文化、让新时代中国中铁的使命、愿景、核心价值观，成为引领全公司干部员工“勇于跨越、追求卓越”的强大精神动力。

聚焦思想信念，大力宣贯开路先锋文化。开路先锋文化理念系统被誉为“四梁八柱”的“四大核心价值理念”和“八项具体工作理念”，是一整套的理念体系，具有重要的实践指导意义。不信肯定不学，更不会深思和践行。中铁北京工程局物贸公司党委要求干部员工从历史的深度、文化的广度和发展战略的高度，坚信开路先锋文化的创造性、创新性和实战性。一是通过宣讲解读、张贴海报、演讲征文、知识竞赛等传统手段与公众号等新媒体平台的有机融合，加大宣贯力度，激发员工对开路先锋文化的认同感、归属感，真正自觉认同、自动学习、自发践行，达到心的一致、行的一致；通过播放文化理念系统宣传片《永远的开路先锋》、发放《“开路先锋”文化理念系统手册》、唱响司歌《开路先锋》，打造“开路先锋”背景墙等多种形式，加强“开路先锋”文化的有形化建设；进一步整合业余文化社团等企业文化资源，组织开展群众性的“开路先锋”文化活动。二是充分利用党员“微课堂”，观看《闪亮的“开路先锋”旗帜故事》，学习 20 世纪 50 年代初，老一辈中国中铁人从邓小平、贺龙手中接过“开路先锋”大旗开启筑路报国伟大征程的故事，增强“开路先锋”精神的自豪感。通过集中讲述中铁发展历史、先进人物事迹，以及员工分享学习感悟等方式，完成文化理念自上向下宣贯和自下向上反馈的双向流动，加深党员干部和员工对“开路先锋”文化理念的理解和交流。三是借助党委理论中心组学习、支部党员大会学习阵地，对“四大核心价值理念”“八项具体工作理念”的“四梁八柱”进行经常性集中宣贯，对理念系统、行为准则、司徽、司歌、司旗核心内容进行“五统一”，完成员工对文化理念的系统性认识。

聚焦重点工作，持之以恒熔铸发展之魂。中铁北京工程局物贸公司坚持用统一的企业文化武装人、凝聚人、鼓舞人、塑造人，具体包括完善制度建设、加强作风及执行力建设、推进标准化建设等工作，确保将经营、管理、安全、质量、环保、人才、廉洁、品牌八项工作理念融入各项任务目标中，渗透到生产经营管理的各个环节。在实践过程中，配套形成了相应的具有公司特色的经营、管理、争先、创效、安全、质量、环保、人才、廉洁、品牌、执行等文化。一是紧密结合党史学习教育。中铁北京工程局物贸公司充分利用“开路先锋”文化展等这些能见证历史、体现传承、承载文化的教育基地开展党史学习教育，教育引导党员干部大力发扬红色传统、传承红色基因，赓续共产党人精神血脉，始终保持革命者的大无畏奋斗精神，鼓起迈进新征程、奋进新时代的精气神，在各自岗位中牢记初心使命，坚定理想信念，争创一流业绩。二是紧密围绕领军企业建设。企业文化是企业价值观的集中体现，可持续发展的动力源泉。中铁北京工程局物贸公司紧密围绕“建设‘品质型、效益型’领军企业”的“十四五”发展战略，将“开路先锋”文化的经营、安全、管理、质量、环保、人才、品牌、廉洁八大理念，真正贯穿渗透到企业经营管理的每一个环节和整个过程，勇于跨越，追求卓越，顺利实现企业的战略发展目标。三是紧密依靠企业广大员工。中铁北京工程局物贸公司把领导者的主导作用与全体员工的主体作用紧密结合，既充分发挥各级领导干部特别是党政主要领导高度重视大力倡导、以身作则率先垂范的作用，在实践中自觉认知、自觉实践、自觉培育，更增强员工的主人翁意识和责任感，尊重员工的首创精神，激发员工的积极性、创造性和团队精神，集思广益谋划，群策群力共建，形成全员参与、认同、践行“开路先锋”文化的良好氛围。

聚焦探索实践，全方位抓好成果转化。公司积极探索实践，坚持以开路先锋理念为指导，抓实物资保供、基层管控中的每个环节，推进企业高质量发展，实现开路先锋文化落地生根。一是以典型引路促进开路先锋文化理念系统成为企业员工的行为准则。中铁北京工程局物贸公司通过开展典型选树，推出“榜样的力量”“大干 120 天”等专题公众号，围绕先进典型多层次挖掘好史料、多形式讲述好故事、多途径弘扬好精神，立足新时代、新发展，多层面、广角度、宽领域挖掘选树宣传不同层级、不同专业，切实反映时代风貌、展现“开路先锋”精神的重大先进典型，使之成为新的旗帜、新的标杆，丰富新时代开路先锋文化的内涵。二是以开路先锋文化理念推进“创效文化”建设。中铁北京工程局物贸公司将中国中铁开路先锋文化理念系统纳入公司“十四五”企业文化战略规划，重点围绕以效益为中心进行总结提升。全面贯彻降本增效理念，深入落实“大成本”管理思路，做到有目标、有措施、有结果，树立全员抓成本，人人创效益的意识。三是以开路先锋文化理念推进“争先文化”建设。弘扬争先创优文化，坚定必胜信心，公司机关和各基层单位通过树立争先、创优意识，强化“争先文化”落地生根。时光永远不会停歇，精神总能穿透岁月。中铁北京工程局物贸公司将高擎“开路先锋”精神火炬，厚植理想信念情怀，强化爱党爱国爱企的责任担当，用实际行动续写前辈的光荣与梦想，勇当全面建设社会主义现代化国家的开路先锋！

（中铁北京工程局物贸公司党群工作部部长 王彦鑫）

企业文化激活高质量发展动力源

中铁北京工程局集团第一工程有限公司

文化是一个国家、一个民族的灵魂，也是一个企业行稳致远的立身之本。企业文化作为现代企业管理的重要内容，如何打造具有鲜明时代特征和企业特色、具有强大凝聚力和感召力、职工普遍认同的企业文化是企业生存和发展的内驱动力。作为一家具有 73 年红色基因的国有企业，中铁北京工程局一公司深入贯彻落实习近平新时代中国特色社会主义思想，坚持以“开路先锋”文化理念为统领，深入挖掘深厚的文化底蕴，充分发挥企业文化的激励约束作用，推动企业文化建设与改革发展、生产经营深度融合，走出一条具有特色的新时代企业文化建设之路，激活了公司高质量发展的动力源。

坚持党建引领文化建设深度融合

以党建引领企业文化建设，是现代企业制度下党建工作与企业文化建设融合发展的必由之路，也是企业文化建设沿着正确政治方向前进的根本保证。一公司在抓企业文化落地的过程中，突出党建引领，通过弘扬伟大建党精神，凝聚奋进力量。一是注重与公司治理相融合。科学健康、执行力强的企业文化是公司治理持续稳健运行的前提，也是进一步提升公司治理能力的重要推动力。一公司将党建工作写进公司章程，落实党委研究讨论重大问题的前置程序，明确党委在法人治理结构中的法定地位，发挥党委的把关定向作用。注重将合规诚信、诚信担当等文化基因融入并渗透到公司制度建设、日常管理各个环节，持续推动经理层依法合规运作管理人员忠实勤勉履职，形成党委会全面领导、管理层负责经营的治理格局。二是注重与意识形态工作相融合。文化是意识形态的具体表现形式，企业文化建设是构建企业意识形态工作的具体载体。一公司将文化建设与意识形态建设紧密结合起来，连续五年来坚持选树榜样、奋斗者、先锋等先进典型人物，充分发挥榜样的力量，用身边人讲好身边事，通过身边人感染人、教育人、带动人，弘扬积极向上、奋发进取的正能量。三是注重与基层党建相融合。党的基层组织是党全部工作和战斗力的基础，一个凝心聚力、敢于争先的基层党组织，企业文化建设也必将落地有声、强而有力。一公司将企业文化建设纳入基层党组织年度全面从严治党工作要点，作为党支部主题党日活动的重要内容，将核心价值观融入红旗党组织、先锋党员的标准。四是注重与党风廉政建设相融合。一公司找准廉洁文化建设与党风廉政建设的切入点，通过建立中层管理人员廉洁档案库、廉洁风险防控机制，修订廉洁制度，加强警示教育，强化监督执纪问责，搭建廉洁教育平台、廉洁短信提醒、举办廉洁万里行活动等方式，使教育与监督相结合，形成廉洁自律合力，打造廉洁文化品牌，营造风清气正的干事创业氛围。

坚守理想信念情怀坚定文化自信

一公司坚持将初心使命熔铸于企业文化，自觉践行国之大者，积极开展“理想信念情怀 爱党爱国爱企”主题活动，坚持用“三心”引导和激励公司干部员工把爱党爱国爱企的文化软实力转化为助力改革发展的实际行动。一是永葆赤诚心，誓做红色基因的传承者。通过持续深入开展党史学习教育，组织党员干部集中学习研读“四史”，开展专题党课和宣讲 24 期，700 余人参观红色教育基地，27 个党支部举办主题党日、党史知识竞赛、观看红色电影、书画摄影展等活动，教育引导 1500 名党员干部职工传承红色基因，甘于奉献，厚植爱党爱国情怀。在 2021 年河南多地发生严重汛情时，6 个项目部组织 900 余人全力驰援抢险一线，收到地方政府、相关单位及被救群众 8 面锦旗、4 封感谢信、1 份荣誉证书。二是树牢责任心，争做“开路先锋”的践行者。通过线上线下的方式，利用微信平台、短视频、展板海报等载体，多维度宣贯开路先锋文化理念。深挖企业三代人六十二年“三上兰新”的故事，27 个项目部开展企业文化专题培训，进一步增强员工的责任意识和主人翁精神。基层项目部用心用情用力做好职工群众工作，一年来为 1000 余名农民工集体办理工资卡，开展健康体检，每季度举办集体生日会，慰问职工 678 余人，农民工 3000 余人。三是激发进取心，勇做高质量发展的开拓者。公司上下围绕“抓效益、创信誉”主线，聚焦价值创造，积极推进大商务管理和项目管理效益提升行动，坚持一切工作到项目，紧盯改革发展存在的薄弱环节，通过党建工作融入生产经营中心，持续推进“铸魂、育人、强基、凝心、清风、融合”六项工程，强力推进营销、生产、成本及“双清”等工作，在抓准抓实抓细上下功夫。积极开展“建功一公司杯”劳动竞赛等，大力实施“勤俭办企”“节能创效”活动，激发广大员工讲贡献、爱企业的奋斗热情，引导员工立足岗位奋勇争先、担当作为。

坚持以人为本融入生产经营管理

一公司始终坚持以人为本，将企业文化与人力资源管理紧密结合，在约束的基础上强化激励，激发员工的主动性和积极性，使文化理念成为每一名员工的内心觉醒和行动自觉，确保文化建设落地生根，深度融入生产经营管理等各项工作中。一是全面推行任期制和契约化管理，突出业绩贡献导向。与经理层签订聘任书和业绩责任书，明确经理层管理人员任期内权责利，将岗位职责与任务指标相结合，形成效益共享、责任共担的体制机制。推动全员绩效管理，强化考核结果运用。将指标层层分解、传递到基层员工，考核结果与工资收入、薪酬兑现挂钩，形成“千斤重担人人挑，人人肩上有指标”的工作格局。二是推进市场化选聘，提升人才引进质效。实施“人才强企”战略，坚持以紧缺急需、均衡适量的原则，按照公开招聘程序引进社会人才。多措并举加大“双一流”高校毕业生引进力度，对重点高校毕业生实施特殊补贴政策，对急需紧缺专业进行增补。按照优中选优的原则开展劳务派遣转录工作，真正吸纳确有真功夫、市场认可的优秀人才到公司干事创业。三是加强员工赋能培训，建立健全常态化考核淘汰退出机制。开展“项目管理人员素质能力提升培训班”，采取全封闭、全脱产轮训模式，切实增强富余人员履职能力和综合素质水平。通过鲜明的用人理念准确传导公司文化和价值追求，将文化价值观纳入用人标准，融入管理人员选拔任用、招聘录用、激励奖罚等人员管理制度，确保文化落地刚劲有力。

在迈向第二个百年奋斗目标再出发的新征程上，中铁北京工程局一公司将持续积蓄企业文化软实力，在整合、优化和提升中实现文化认同，在推动企业改革发展中彰显国企红色基因，全面提升企业文化建设水平，增强高质量发展硬动力，为国家交通基础设施建设贡献力量。

（作者系中铁北京工程局集团第一工程有限公司李杰）

探索“五建五强”建设模式
助力企业文化落地生根

中铁四局集团有限公司

中铁四局集团有限公司（以下简称“中铁四局”）在“十三五”期间，按照中国中铁股份有限公司（以下简称股份公司）“十三五”企业文化建设的规划部署，围绕“铸魂、育人、塑形”的总体目标，以构建企业核心价值体系为重点，以加强基层文化建设为基础，以推动企业文化落地生根为根本，探索“五建五强”的推进模式，全面建设与社会主义核心价值观相融合，与股份公司企业文化建设要求相统一，与中铁四局自身特色相衔接，与企业发展战略相匹配的现代型、人本型、开放型、创新型企业文化。

一、构建日臻完善的核心价值体系，增强企业文化的引领力

企业核心价值观集中反映了企业对自身使命和未来发展的认知，是企业文化的灵魂所在。一是注重理念宣贯。积极宣贯和践行股份公司理念体系，切实纳入企业核心价值体系，作为重要基础；纳入干部员工教育培训体系，作为重要板块；纳入年度业务工作考核部署，作为重要内容，确保股份公司理念体系在全局干部员工中入脑入心，在企业发展中见影见效。二是注重体系的完善。在股份公司理念体系的统领下，构建了以体现企业拼搏进取特质的“勇于争先、永不满足”作为企业精神；将“发展自我、造福社会”作为企业使命；将“把每一次成功作为起点”作为企业哲学；将“知人善用、人尽其才”作为企业人才观，将“靠信誉打开市场、靠精品占领市场”作为企业市场观，将“科技先导、以人为本、持续发展”作为企业发展观；逐步构建完善了涵盖“企业精神、企业使命、企业哲学、经营宗旨、企业作风、员工行为准则、企业人才观、企业发展观、企业愿景”九大理念为主要内容的“奋斗幸福观”核心价值体系，以此统领全局企业文化，加快形成全局统一表述、统一阐释、统一宣贯、统一建设，并成为企业最重要最基础的“软实力”。三是注重理念的内化。广泛运用每两年一届的企业文化节、每年举办六次的道德讲堂等各种有效载体，加强企业理念的宣贯；

充分运用传播媒介、典型宣传等多种形式，加强企业核心价值体系的弘扬和实践，成为全体员工的行动指南和自觉行动。2016 年，在第八届企业文化节推出我们自创自编自演的大型情景组歌《舞动山河》，诠释了企业的过去、现状与未来。2018 年，在第九届企业文化节推出我们自创自编自演的大型（原创）场景歌舞剧《薪火相传》，弘扬了企业优良传统在推动企业发展过程中的巨大作用。为庆祝中铁四局建局 70 周年，2020 年 11 月，第十届企业文化节自编自导自演了反映 70 年来几代四局人不懈奋斗的英雄事迹和光辉业绩的大型原创情景歌舞剧——《奋斗之路》。《舞动山河》《薪火相传》《奋斗之路》企业文化三部曲，从历史、精神和故事的角度，艺术地再现了中铁四局争先文化。

二、搭建形式多样的文化落地平台，增强企业文化的推动力

企业文化贵在建设，难在落地，必须以基层文化建设为重点，创新方式，搭建平台，凸显企业文化在理念更新、模式创新和效益提升上的推动作用。一是以基层文化为基础，深入推进项目管理实验室活动，有序开展“十二项基层文化”建设，着力完善基层文化管理制度，全面落实“两纳入四同步”工作方针，深入开展基层文化建设年度任务分解和验收，推动企业文化落地生根。二是以传播媒介为载体，充分整合全局资源，逐步完善以报纸、电视、网站、广播、微博、微信、展览室、文化墙、宣传栏等为主体的传播平台；以企业文化节、展览、征文、研讨、讲座、沙龙等群众性文化为核心的活动平台；以社会交流、书籍画册、折页招贴、专题片等为载体的成果展示平台。三是以先进典型为引领，优化典型选树培养和表彰机制，着力塑造企业“五大典范”，即：三级企业典范、优质工程典范、先进人物典范、道德楷模典范、文化建设典范，已成功举办了十一届“四局好人”评选活动，共有 115 位“四局好人”脱颖而出。其中 10 人被评为“中国好人”、1 人被评为“全国优秀志愿者”、30 多人被授予省市级好人称号。“四局好人”评选活动被评为安徽省文明创建十佳品牌和交通运输行业优秀文化品牌；持续推出各个岗位先进典型。四局好人评选、企业文化节，与中摄协、安徽省文联等联合举办由中国中铁四局冠名的“农民工•我的兄弟姐妹”全国摄影大赛等先进典型经验和做法，不仅获得了员工们欢迎和喜爱，还进一步展示了四局的形象和实力。

三、创建广受推崇的良好企业形象，增强企业文化的辐射力

企业形象是企业核心价值观和企业精神的体现，是社会对企业的认知系统。一是规范企业标识系统。全面落实股份公司标识管理九条规定，修订完善《中铁四局企业文化手册》，严格执行《企业视觉识别系统管理手册》，积极探索徽派幸福项目驻地建设模块，塑造整体划一、规范有序的企业视觉形象。二是深化企业品牌战略。加强品牌战略研究、资源整合及传播规划，规范品牌的使用与管理。丰富提升品牌内涵，把诚信、精品、科技、安全、绿色、人文等文化概念融入品牌建设，提升企业品牌的文化内涵和市场价值，提升企业品牌的生命力；自觉保护生态环境，履行安全生产管理责任，为社会提供安全优质的产品和服务，提升企业品牌的竞争力。三是积极履行社会责任。主动承担国家社会各类重大抢险救援任务，充分发挥标杆企业在社会责任领域的示范作用。中华全国总工会授予局抗震救援突击队“全国抗震救灾重建家园‘工人先锋号’先进集体”称号；与地方政府合作，先后在安徽桐城、枞阳、蒙城、庐江等地建立了 7 个劳务基地，每年为社会提供了近十万人（次）的就业机会。积极参与海外公益事业，在蒙古国、埃塞俄比亚等国家捐资助学。持续开展对口扶贫工作，长期选派人员、划拨资金，在安徽省颍上县、广德县和湖南省郴州市桂东县开展了精准对口扶贫工作，获得“安徽省脱贫攻坚先进集体”“安徽省属单位脱贫攻坚先进集体”荣誉称号。四是注重企业形象塑造。以提炼完善企业文化核心理念为契机，加强企业正面形象宣传，维护好社会公共关系，提高突发事件应对能力，营造良好的社会舆论环境。特别是在全媒体融合上，通过互联网平台，开拓短视频资讯产品，创新企业品牌宣传途径，“十三五”期间，我局每年央视播放新闻次数在国资委一、二级企业中均名列前茅。

四、塑建忠于企业的一流员工队伍，增强企业文化的凝聚力

人是企业发展的根本，也是文化建设的主体，决定着企业发展的动力和文化建设的活力。一是提升职业道德修养。以精神文明建设和党风廉政建设为抓手，深入宣贯《员工行为准则》，每年定期开展道德讲堂、国学教育、廉洁从业教育和警示教育活动，强化“爱国爱企”意识，突出“诚信敬业”主题，宣扬“崇仁尚德”风尚，塑造了廉洁从业、诚实守信、崇德尚礼的员工形象。二是深化学习型企业创建。大力倡导“全员学习，终身学习”理念，完善涵盖学习型企业、党组织、领导班子、领导干部、机关、班组、员工在内的“七位一体”学习机制；构建囊括人才发展院、部门业务学院、子分公司分院在内的“三级联动”基本架构；形成以干部轮训、委外进修、技能培训、岗位练兵、创新创效等活动为主要形式的学习培训模式，全面提升员工综合素质。三是全面建设幸福企业。始终坚持以人为本的管理理念，按照“培育幸福文化、创建幸福项目部、建成幸福企业、构建测评体系”四步走的战略规划，稳步推进幸福企业建设。全面深化以“建设幸福文化、创建幸福之家、锻造一流队伍、争创一流业绩、打造一流品牌”为主要内容的幸福项目部创建，同步开展幸福机关、幸福社区、幸福外协队伍、幸福家庭建设，全面提升员工幸福指数。

五、筑建科学完善的坚强保障机制，增强企业文化的生命力

一是强化组织领导。切实把实施企业文化发展战略作为

加强企业管理、推进企业转型升级的重要手段，充分发挥文化管理的引领作用。建立健全企业文化建设领导机构，设立企业文化管理部门，配齐配强企业文化干部，设立企业文化建设专项经费，从人、财、物等方面为企业文化建设提供保障。二是推动文化创新。创新企业文化建设的工作思路、体制机制和方式方法，积极学习借鉴国际知名企业和国内先进企业的经验，积极探索文化管理、文化建设、文化融合的新途径。企业文化建设经验做法先后在第三届、第四届全国建筑业企业文化建设经验交流会，清华大学首届工商管理案例论坛等国内企业文化建设重要会议上交流。加强新重组和新设立单位的企业文化建设，不断推进文化融合。认真贯彻中央七部委《中国境外企业文化建设若干意见》，加强海外项目文化建设，先后组织了“中蒙文化体育交流周”等境外企业文化活动，为实施“走出去”战略提供文化支撑。三是定期检查考核。加强对企业文化建设的评估、检查和考核工作，完善并落实企业文化考核评价体系。把企业文化建设作为评价企业改革发展的重要指标，作为领导班子和领导干部考核奖惩的重要依据。定期开展企业文化建设专项检查和评比表彰，通过召开现场会、研讨会、交流会等形式，表彰先进，树立典型，推广经验，推动了企业文化建设不断加强。四是加强队伍建设。把企业文化队伍建设和人才建设作为企业人才发展规划的重要部分，健全企业文化人才使用机制，畅通企业文化干部的发展通道，注重后备人才的引进培养。加强企业文化干部的教育培训，定期组织高层次的培训和学习交流，努力构建素质过硬、业务精湛、结构合理的企业文化建设人才队伍。

“千淘万漉虽辛苦，吹尽狂沙始到金。”中铁四局“十三五”期间企业文化建设工作已画上圆满句号，迈上“十四五”期间企业文化新征程，全局员工正立足新起点，定位新目标，把企业文化建设工作引向深入，进一步凝聚内力，集聚合力，形成动力，树立四局行业标杆形象。

（中铁四局集团有限公司党委宣传部部长　路辉；一级职员　文良诚）

建设惠民工程　搭建归属家园

中国核工业第五建设有限公司

一、课题背景和意义

中核五公司作为国有大型安装企业，项目众多、分散、工作条件艰苦。为稳定员工队伍，提升员工的归属感，中核五公司党委推出“五大惠民工程”，包括：建立员工无忧体系、搭建青年线上交友平台、创立志愿者品牌、建立公司荣誉体系、进一步关心关爱员工，激发了员工的工作动力。

二、实践过程和做法

在课题实践过程中，中核五公司党群工作部以问题为导向，因地制宜，充分发挥党组织、团青组织、工会组织的带头引领作用，并以党、工、团青等组织为依托，逐步深入开展以人为本的科学管理理念，助力企业文化理念落地。

（一）建立补充医疗保险

职工的幸福感来自薪酬，也来自更踏实的保障。面对职工重大疾病、意外伤害突发多发、因病返贫等现象，公司党委、工会深感关切、深感痛心，下决心予以解决。2021 年，构建了职工多层次医疗保障体系，建立职工补充医疗保险，提高员工抵御风险的能力，确保职工病有所医，最大限度防止职工因病致贫。

（二）搭建青年交友平台

利民之事，丝发必兴。针对公司总部、项目部单身青年婚恋难的痛点，搭建青年交友平台，开展“线上+线下”牵线搭桥、与婚恋网站签约、与外部单位联谊等各类活动，切实推动解决年轻职工的婚恋困难。

（三）建立公司荣誉体系

员工的幸福感还来自强烈的荣誉感。为褒奖表彰在公司经营发展、改革创新等过程中做出突出贡献的团队和个人，进一步继承和弘扬“四个一切”核工业精神、新时代核工业精神，深化员工价值理念认同，激励员工干事创业，促进优秀人才脱颖而出，根据国家和中核集团相关要求，结合公司实际，制定公司荣誉体系管理规定。

（四）丰富职工文化需求，创立志愿者品牌

开展以“五小四新”为主要内容的创新活动，鼓励职工提出合理化建议，落实合理化建议相关奖励，推动形成公司创新文化。公司积极履行央企社会责任，服务合作伙伴、服务当地社会经济建设，结合中核五公司“五”的关键词，创立了“Give Me Five”志愿者品牌，并于 2021 年 4 月 1 日发布志愿品牌 LOGO 和公司志愿品牌宣传片。

（五）进一步关心关爱员工

通过各种方式开展“得人心、暖人心、稳人心”的工作，提升员工满足感。一是深化员工 EAP 心理帮扶，建立“心理驿站”；二是与本来生活网等电商联合，落实员工节日慰问；三是成立青年人喜闻乐见的各类协会，丰富员工业余生活。

三、实践成效

（一）建立补充医疗保险

中核五公司党委投入 350 余万元建立员工补充医疗保险，实现 4000 名员工全覆盖，包含住院医疗、住院津贴、意外伤害、重大疾病、定寿保障等内容，解除了员工一定的后顾之忧。但同时我们也在思考，真正要实现“员工无忧”，就要让员工的配偶、父母、子女等最重要的人也无忧。为此，中核五公司探索搭建了员工无忧体系，最底层是“员工基础医保+沪惠宝”。第二层是员工补充医疗保险。第三层是修订公司原有的医疗互助保障基金办法、“一日捐”管理办法，经费投向员工补充医疗保险未覆盖的大病门诊、人工器官安装和 2021 年以前的非健康体，最高补充标准达到 20 万元、

10万元。第四层是与核工业总医院签订战略合作协议，为员工进行体检大数据分析，建立员工及配偶、父母、子女的绿色住院通道，疑难杂症专家会诊。第五层是与保险公司合作，为员工的配偶、父母、子女定制团体保险自选方案，鼓励员工为家属投保，包含人身险和财产险，抵御父母罹患癌症、房产遇到地震水灾等重大风险，全方位打造全员无忧的幸福企业。为取得最大程度共识，以上活动以直播的方式，传达到了中核五公司海内外项目每位员工，推进效果较好。

（二）搭建青年交友平台

2021年4月，公司首次启动“与你·相遇”青年线上云交友活动，公司37人参加线上互动。5月，组织11名员工参加经信系统线下交友活动，5位员工现场牵手成功。6月，组织“致青春·匆匆那年”线上+线下交友活动，公司44人次参加。经过调查问卷，中核五公司未婚员工889人，未婚且没有对象的423人，其中65.48%在项目一线工作，开展线上交友、锚定人选后再线下对接更符合员工需要。因此七夕节，公司与婚恋网站签约，购买了交友VIP账号，开通20多项增值服务，持续助力员工“脱单”。

（三）建立公司荣誉体系

公司梳理现有的各类表彰、荣誉。与集团公司的评功记功荣誉体系、中国核建的各类奖励相承接，建立公司的荣誉体系。提高荣誉的规范性、提高荣誉的含金量，让获奖人被尊重、被认可，真正发挥精神激励的带动作用。

对于荣誉获得者，给予精神激励：一是宣传表彰。以公文、新闻媒体、先进事迹报告会等方式多渠道宣传表扬荣誉获得者的先进事迹。二是列席典会。邀请公司荣誉获得者代表出席公司重大庆典、年度工作会等重大典会。三是载入功勋簿。公司建立功勋簿等荣誉管理信息系统，专项记录个人荣誉的授予情况及授予对象的光荣事迹，并以适当方式在公司系统内公开。四是积分奖励。公司建立荣誉激励长效机制，实行荣誉积分制度。

（四）丰富职工文化需求，创立志愿者品牌

为丰富青年员工业余生活，成立了英语留学生协会，后续将成立无人机协会和最强大脑协会。建设职工电子书屋推动全员阅读，让广大职工群众可以免费“云上”学习。以传统节日和“冠名杯”活动为契机，连续6年开展迎新春送春联、迎双节聚青年等职工喜闻乐见的活动；连续10年开展篮球赛、羽毛球赛、拔河比赛；连续5年开展职工冬季趣味运动会，丰富了员工业余生活。同时，与本来生活网等电商联合，落实员工五一、端午节日慰问；开展一线职工夏送清凉，做到一线职工全覆盖；开设“最美证件照”服务，累计服务100+人次。

公司打造“击掌相庆”志愿服务品牌，凝聚向上向善力量。2021年5月至6月，中核五公司“击掌相庆”志愿者们积极报名，踊跃参与新冠疫苗接种服务，志愿者们通过培训并做好自身防护后，纷纷迈上了各自的岗位。2021年7月，在得知河南受灾严重后，中核五公司积极与当地慈善机构取得联系，迅速团结中核五公司“击掌相庆”志愿者，向全体员工发出物资捐助倡议。倡议发出后的短短4天时间，各项目员工纷纷自发伸出双手，慷慨解囊，捐款20余万元。目前，累计注册志愿中国、中国青年志愿者协会2300余人，注册上海志愿网2200余人，共计服务7000多小时。同时，选派公司2名同志申报中国国际进口博览会长期志愿者管理岗位，收到中国国际进口博览会表扬信。“击掌相庆”志愿者相关活动也得到团中央指导的“中国志愿者”“志愿汇”“中核青春”等公众号的多次专题报道。

（五）进一步关心关爱员工

深入推进员工EAP帮扶计划，建立心理咨询平台，开通咨询热线电话，关心关爱员工心理健康。公司启动“赋能·支持·爱”EAP员工帮扶服务，开展员工心检和职工思想动态调查全覆盖。组织开展心理疏导讲座、专项培训和现场一对一咨询，疫情期间对重大项目、海外工程紧急开通心理咨询热线，组织EAP专家定点服务，帮助员工增进身心健康，疏解心理问题。除此之外，中核五公司党委还制定了54条为民办实事清单条目，与公司全体员工同心同力，真正把学党史、悟思想的成效转化成了为群众解难事办实事的实效

四、认识和体会

企业人本文化就是以员工为核心，从尊重员工、关心员工、理解员工的角度出发，通过各种行之有效的方法和措施，充分调动员工的积极性、主动性、创造性，开发员工的潜力，发挥员工的作用，提高员工的文化、管理、技术水平和整体素质，增强员工的自我意识和创造意识，使员工的价值在工作中体现和发展，从而推进企业经营发展。中核五公司多措并举，落地见效，让群众的操心事、烦心事变成了贴心事、暖心事，用实际行动增强人民群众的获得感、幸福感、安全感。

（中国核工业第五建设有限公司党群工作部）

锻造坚强文化引领力 推动华能核电产业突破发展

中国华能核电开发有限公司

华能核电开发有限公司（以下简称公司）成立于2005年12月，是中国华能集团有限公司的全资子公司，专门从事核电产业投资开发、生产经营等业务。实践中，公司坚持以习近平新时代中国特色社会主义思想为指引，坚持“文化引领、创新驱动，深度融合、深化提升”，着力锻造坚强文化引领力，构建符合新时代要求、体现新发展理念、凸显华能特色的企业文化，为中国华能加快建设“三色三强三优”世界一流能源企业提供坚强文化支撑。

一、“信心工程”提升文化引领力

1. 加强顶层设计。公司坚决贯彻新发展理念，编制发布《华能核电产业发展战略规划》，定位企业发展战略，确立2020—2050年近期、中期、远期发展目标，努力把企业建成牢固可靠的“六个力量”。把“安全第一、预防为主，文化引领、创新驱动，统筹推进、重点突破”作为基本原则，把建设“世界一流核电运营商”作为战略定位，把“勇担华能结构调整、转型升级的重大使命，努力成为推进绿色发展的重要力量；勇担国家科技重大专项示范工程建设的重大使命，努力成为解决‘卡脖子’技术问题的重要力量；勇担华能实施‘走出去’战略、推进‘一带一路’建设战略的重大使命，努力成为彰显国家实力的重要力量”作为公司“三大使命”。同步规划、高质量推进集团公司—产业公司—项目公司各层级核安全文化建设，抓关键少数带动绝大多数，持续提升决策层、管理层及全员核安全文化素养。

2. 加强机制建设。编制发布企业文化建设管理办法，推进公司系统企业文化建设制度化、规范化。将企业文化建设纳入四大绩效考核中的党建绩效考核体系，从学习宣贯、践行社会主义核心价值观、成果转化等方面对企业文化建设成效进行考核评价。定期举办企业文化评估问卷调查、企业文化知识问答等活动，加强自查自评，总结经验和不足，抓好闭环管理。

3. 加强深度融合。以核安全文化为核心，以贯彻《核安全法》为抓手，深入学习宣贯《中国的核安全》白皮书，坚持和完善核电三大管理体系，持续推进核安全治理体系与治理能力建设，推动核安全文化深度融入华能“三色文化”。

二、“融心工程”提升文化感召力

1. 以核心价值观教育人。把“最美核电人”风采展示、“书香华能”、红歌传唱等传递正能量的活动融入文化实践，把规范职工行为与加强价值引领、提升文化素养融入文化实践全过程。把文化理念固化于规范准则，融入职工行为，大力倡导、创新实践公司系统职业道德建设的“六守承诺”，即：坚守信念，坚守职责，坚守底线；遵纪守法，遵诚守信，遵德守礼。

2. 以“三色公司”使命引领人。统筹推进所属三大核电基地核安全文化建设，编制华能核电产业核安全文化建设规划纲要，启动核安全文化提升年活动，编发企业文化手册，制作企业宣传片，完善文化氛围设计布置，加强文化宣贯与融合。坚持将核安全文化融入生产、经营、科研和管理的各个环节，切实将“四个凡事”“两个零容忍”变成每位员工的行动自觉与工作习惯。

3. 以事业舞台激励人。牢固树立“人才是第一资源”理念，实施更加积极、开放、有效的人才政策，通过内部共享、外部引进、校企合作等方式汇聚人才。借助行业资源，立足自主培养，形成满足发展需要的高素质专业化队伍。关注职工成长成才，高标准做好团组织向党组织推优荐才工作，公司本部带头，大胆选拔培养使用优秀年轻干部、业务骨干，推动各专业人才双向交流挂职锻炼，发挥价值导向作用。

三、“聚心工程”提升文化聚合力

1. 文化培育抓“常”。注重宣传文化引领，大力宣树党员示范行动优胜项目、“最美核电人”等身边榜样，发挥榜样传播和辐射带动作用。综合运用各单位网站、报刊、宣传栏、微信公众号等媒体，积极宣贯、深入推进，用身边真实、鲜活的典型事例促进企业文化的落地实践，使“华能核电”文化品牌更加深入人心，激发了职工干事创业、推动企业改革发展的积极性和责任感。

2. 文化实践抓“长”。积极践行社会主义核心价值观，近年来先后开展了“弘扬长征精神，推动核电发展”“弘扬爱国奋斗精神，加快突破核电发展”“弘扬华能精神，攻坚示范工程”“学习梁家河精神，做大国顶梁柱”等文化实践活动，开展了“党建引领、聚力攻坚”“众志防疫、聚力攻坚”“华能精神·讲述”等道德讲堂活动，开展了核安全文化建设“十个一”活动，举办示范工程建设成就摄影展，通过“身边人讲身边的事、身边人讲自己的事”等形式，为攻坚示范工程建设、实现华能核电突破发展，唱响主旋律、弘扬正能量，使华能精神底色更加鲜明。

四、“暖心工程”提升文化辐射力

1. 建“家”行动温暖人心。以职工之家创建为契机，着力实施“五项”行动，建设“五型”之家、“六有”工会，弘扬“家”文化精神，打造“家”文化品牌，积极践行“三色公司”使命。

2. 人文关怀疏导人心。积极为职工办实事、做好事、解难事，形成了规范化、人性化的关爱职工工作机制。千方百计推动基层企业职工活动中心、职工之家活动阵地、心理辅导站、爱心妈妈小屋等“爱心之家”建设，着力体现“家”的温情。

3. 文化活动凝聚人心。公司本部带头，带动所属单位每年组织文艺会演、运动会等 10 余项规模性活动，成立文体协会，开展兴趣培训，实现了月月有活动、人人能参与，丰富了职工精神文化生活，促进了企业和谐稳定。

五、成效与体会

通过文化引领、深度融合，促进示范工程高效率建设，实现了昌江核电二期项目核准突破，推进了霞浦项目取得阶段性成果，以华能核电产业高质量发展成果检验了企业文化建设工作成效。

1. 在践行“三色公司”使命中提升创新引领力，助力示范工程攻坚。全球首座具备第四代核电安全特征的高温堆气冷堆示范工程，作为具有“产学研用”特点全球首堆工程，基础性、原创性技术与设备应用较多，工程进度和投资管控长期面临巨大压力。但是项目团队秉承华能“三色公司”使命，大力弘扬“敬业、开拓、进取、创新”的企业精神，启动开展聚力攻坚文化实践活动，创新开展“聚力攻坚杯”劳动竞赛，出色打赢了示范工程“2+5+2”第一场攻坚战，先后攻克多项技术难关，在解决“卡脖子”问题上实现多项突破，作为核电产业首次劳动竞赛入选全国总工会能源化学工会重点名录。7月25日，我国拥有自主知识产权的世界首座高温气冷堆核电站示范工程——华能石岛湾高温堆示范工程全面进入调试阶段。

2. 在践行“三色公司”使命中提升价值创造力，引领华能核电发展。通过文化引领、深度融合，企业创新治理能力得到进一步提升，推动各基地聚力攻坚，产生积极效应，出色完成了示范工程电缆攻坚、昌江公司贷款融资利率创集团及行业最低、霞浦工程进场道路工程七尺门大桥高质量竣工通车等多项攻坚任务，实现了将参建各方从商务技术合作，到基层创新治理合作共赢的新格局。9月2日，昌江二期项目顺利通过国务院常务会审议，华能首个控股建设大型压水堆项目获得国家核准。

3. 在践行“三色公司”使命中提升核心竞争力，打造“聚力攻坚”精神。通过文化引领、深度融合，华能核电系统“特别能吃苦、特别能战斗、特别能奉献”“讲责任、勇担当，讲奉献、勇作为，讲付出、勇开拓”的“聚力攻坚”精神初步形成，“挂牌督战、挂图作战、尽锐出战”等多个攻坚实践模式逐步形成。三大基地主动在行业内外积极发声，树形象、创品牌，营造了良好发展环境。

在新的历史起点上，公司将以敢闯敢干的信念、干则必成的信心，进一步解放思想、开拓创新，解读政策、研判风险、迎难而上，推进实施一系列战略新举措，为中国华能加快建设“三色三强三优”世界一流能源企业加油助力。

（中国华能核电开发有限公司）

传承企业精神　培育特色文化

内蒙古大唐国际托克托发电有限公司

内蒙古大唐国际托克托发电有限责任公司（以下简称“托电公司”）作为中央大型企业，年发电能力300亿千瓦时以上，是国家“西部大开发”战略和“西电东送”北通道重要的大型电源项目，管理总装机容量达到672万千瓦，是世界最大的火力发电厂。历经27年建设发展，创造过同类型火电机组建设“中国速度”，2021年作为国家第一批大型风电光伏基地集中开工建设项目，努力打造千万千瓦级“风光火热储”综合能源示范基地，以“二次创业”的新姿态，开启高质量发展新征程。

一、强化顶层设计　深化“1+6+N”文化体系建设

中国大唐集团有限公司建立健全组织领导和运行机制，统筹协调大唐集团内部企业文化建设、管理与运行工作，托电公司结合企业工作特点，坚持标准和特色相结合，增强企业文化建设的针对性实效性，通过构建“1+6+N”企业文化体系，以“3+2”立体工作模式，充分发挥企业文化引导人、塑造人、鼓舞人的激励管理作用，以文化高质量融合促进企业高质量发展，走出一条不平凡的融合发展之路。

二、艰辛奋斗　铸就“托电”精神

时光如电，沧海桑田。托电公司成立27年来，在祖国发展、建设、改革伟大实践中，一代又一代托电人砥砺前行、忘我奋斗、敢为人先，在创造前所未有的发展奇迹和巨大物质财富的同时，也锻造培育了丰厚的精神财富，最终提炼了大唐托电人的“六大精神”。

（1）在北疆荒滩建成了世界最大火力发电厂的“戈壁”精神。托电人在一片狂风肆虐、黄沙漫天的荒芜盐碱滩，建起绿水青山与现代工业和谐共生、社会民生与经济效益并驾齐驱的世界最大火力发电厂，实现了“煤越苍穹，电送北京”的伟大梦想。

（2）孜孜不倦铸匠心的“夜校”精神。托电人始终发扬“夜校”精神，以厂为家、孜孜不倦、倾心尽力、乐于奉献，走出具有企业自身特色的人才之路，人才建设切实成为企业高质量发展的内在动力。

（3）坚持一切成本皆可控的“滴水”精神。托电人持之以恒做实精益管理，从“一滴水”里要效益。在实现国有资产保值增值的同时，也为国家和地方经济发展注入强大动力。

（4）大战大考中做好能源保供的“三严三同”精神。托电人凝聚奋进力量，保安全、保发电，在事业上十几年如一日“严肃、严谨、严格”，在风雨中“同责、同频、同德”迎难而上，以高度政治责任感和强烈历史使命感源源不断把清洁能源送入祖国心脏。

（5）创新创造的“无中生有”精神。托电人以居安思危的意识、一往无前的身影、创新创造的双手，为企业从无到有、从小到大、从大到强、从强向优的发展历程献智献策。

（6）绿色转型的“站排头”精神。托电公司着力推进节能减排新技术，推动200万千瓦新能源外送项目落地，在守护好祖国北疆这道亮丽风景线的同时，为国家如期实现“双碳”目标御风奋进、砥砺前行，全力谱写“十四五”高质量发展新篇章。

三、实干为要　打造专项文化

在企业精神的基础上，托电公司重点推进具有自身特色的专项文化建设，促进职工融入企业精神形成深刻共识，培育深厚的文化发展实力。

一是打造“红色典范”的党建文化。党建文化是国有企业党建工作与生产经营深度融合的红色文化。托电公司将“红色”典范行动方案融入支部业绩考评“三大体系”，打造“创岗建区”“党员先锋队、突击队”“主题党日+”“指尖廉洁加油站”“党建引领+N”工程等多项特色党建品牌，激

活党建与业务双引擎。

二是打造"崇尚技术 尊重人才"的人才文化。作为"国家技能人才培育突出贡献单位"，托电公司在"育聚暖惠"上下功夫，建设一流培训导师队伍并实施师徒联动激励考评；完善"竞赛"机制，创新实施"实操培训、技能竞赛"一条龙的培训模式；建立青年才俊人才库，积极推进"员工职业发展多通道"建设，实现职工队伍素质稳步提升，高技能人才数量显著增加。

三是打造"心正 行正"的廉洁文化。托电公司以制度建设、廉洁从业教育和强化监督三项工作为抓手，全面推进特色廉洁文化建设工作。建立全覆盖的"大监督"制度体系，采取清单化、业务化、机制化、细实化等标准布好监督职责面；通过完善廉政教育基地等方式打造廉洁教育高地；采取"管好关键人、管住关键事、管在关键时"的施教方法强化监督管理，大大促进干部职工廉洁从业意识，营造了风清气正、廉洁从业的氛围。

四是打造"以人为本 安全发展"的安全文化。托电公司牢固树立"人安企安、厂兴我荣"的核心安全理念，安全文化长廊、安全宣传画册、家属写给职工的"一封家书"等载体，用温情强化反违章意识，消防宣传日、应急演练大赛、安全技能运动会等专项活动贯穿全年，深化"三项体系"建设，连续安全生产天数已突破5700天。

五是打造"精益引领 匠心筑梦"的班组文化。托电公司组织生产部门进行班组文化样板间的评选，以5个必选项、2个自选项、1个辅助项即"521"创建措施组合制定"班组文化样板间"创建内容，将班组文化的成果通过培训、宣贯、班前班后会、集体活动等形式在内部进行沟通、交流，上传下达。托电公司共打造12个班组样板间，共计4个班组荣获"自治区质量信得过班组"称号，让班组文化既扎根于基层，又能与企业文化一脉相承。

四、塑造形象　导入"三大识别系统"

随着企业文化建设的不断深入，托电公司导入"三大识别系统"，以视觉识别、理念识别、行为识别为支撑，以托电精神为引领，挖掘企业自身文化内涵，打造"安全、效益、绿色、多能、智慧、人才、和谐、红色"托电八大品牌，以传播生动化、行为制度化、榜样典型化、理念共识化、监测动态化，进一步提升公司整体品牌形象，丰富企业文化内涵，规范和指导职工行为，不断夯实企业文化落地落实基础。

五、着力推进载体创新 强化文化传播

一是广泛宣传，系统灌输。从个性化制作、可视化呈现、互动化传播方向，持续推动媒体深度融合。2022年1月，正式投入运行融媒体中心，整合托电电视、文化长廊、门户网站、微信公众号等媒体资源，建设文化舆论宣传的新高地。大力选树和宣传表彰，在托电电视、微信公众号开设"我和托电共成长""图说托电人""托电微视"专栏，见人见事见精神。在新华网、《人民日报》、学习强国、《中国电力报》等媒体多次刊发高品质文章，其中《岗位过春节，发电"不打烊"》、《发力"双碳"目标 世界在役最大火电厂转型新能源发电》等稿件以新华社通稿形式发布，浏览量均突破100万，做到了及时发声、有力引领，"活色生香"地讲好托电故事。三年来在各类社会公共媒体刊发新闻报道超过1000篇，为托电品牌建设增添新力量。

二是丰富载体活动，促进企业精神入脑入心。开展主题突出、形式多样、职工广为参与、富有实践成效的活动是企业文化建设落地的有效载体和途径，托电公司深入开展"为最美奋斗者点赞"等大唐故事会、劳模座谈会、各类劳动竞赛等活动，提振职工"奋进新征程，建功新时代"的昂扬士气；围绕庆祝祖国、党的生日，依托厂展室开展爱国爱党爱厂的主题教育活动，增强职工荣誉感、使命感；举办"礼赞70华诞"、"脱贫攻坚"等主题的中国大唐企业开放日和"安全用电""童心向党"等主题的大唐启明星课堂等活动，逐步打造为大唐集团在北疆的靓丽名片，不断提升公司知名度和影响力。

多年来，托电公司深入学习贯彻习近平新时代中国特色社会主义思想，把文化建设融入生产经营、改革发展和党的建设各方面，有力凝聚广大干部员工力量，增强公司软实力、核心竞争力和可持续发展能力，提升了"中国大唐"品牌形象，不断以先进文化引领企业高质量发展。

（作者系内蒙古大唐国际托克托发电有限责任公司党群工作部主任王东星、副主任张学渊、宣传主管陈晓彤）

守正创新　以文化赋能企业高质量发展

石家庄印钞有限公司

文化之于企业，好比灵魂之于生命。习近平总书记曾多次对文化工作进行重要指示，国家"十四五"规划更是明确提出未来五年我国经济社会发展的指导方针、重点任务等，确立了在2035年建设文化强国的远景目标，为企业文化建设提出了新的价值遵循。那么，作为凝魂聚力、强基固本的基础工程，企业文化建设该如何守正创新，才能引领企业迈向新的发展高度呢？作为国家法定货币印制企业，石家庄印钞有限公司（以下简称"石钞公司"）不忘国企初心，立足"为央行履职服务 优质安全保发行"根本宗旨，牢记"为国造币 为民服务"行业使命，积极探索新形势下企业文化建设的新思路、新举措，努力与时代同频共振，与行业发展合力合拍，为推进企业高质量发展凝聚了强大力量。

一、勇担新使命，让党建领航强根铸魂

作为"国家名片"制造者，石钞公司始终为保障国家经济命脉奋斗始终。在长期的发展历程中，公司由小到大、由

弱变强，从艰苦奋斗的三线情怀到“优质安全保发行”的铮铮诺言，从“厚德广行、敬业报国”的行业精神到“为国造币 服务人民”的光荣使命，党的建设始终引领发展，红色基因始终深入血脉。公司积极弘扬行业印文化优良传统，突出“三特”行业特色，努力推进安全、质量、成本、数管、保密等子文化体系建设，党建引领下的企业文化建设取得了长足发展。

特别是十九大中国进入新时代以来，公司积极构建符合新发展理念和转型方向的文化理念体系，完善具有行业“三特”特质的责任文化、安全文化、质量文化、创新文化等子文化体系，持续导入质量第一、安全至上、创新发展的核心要求，将做强、做精、做优企业的思想观念导入日常工作之中，把价值理念渗透于制度体系、渗透于行为规范。先后深入开展“两学一做”学习教育、“不忘初心 牢记使命”主题教育、党史学习教育，旗帜鲜明坚持党管意识形态，大力营造全面从严、一严到底的环境氛围，不断推动企业文化形式和内容的创新、文化管理的创新，在引领企业提高发展质量和核心竞争力的同时，与时俱进强化规矩、纪律、红线、底线意识，弘扬精益、进取、责任、担当等文化理念，先后形成《党建新环境下的文化升级与重塑》《“思想建设 •云课堂”，让思想政治工作“活”起来》《支部联建，开启党业融合之门的“金钥匙”》等课题成果，进一步将党的理想信念嵌入企业核心价值观、共同愿景之中，有效夯实了企业发展的思想根基。

在党建引领企业文化落地的过程中，石钞公司注重丰富活动的载体和形式，把党员作为承载先进文化的价值坐标。通过开展“永远跟党走”群众性主题宣传教育“讲述革命先辈的书信诗词”“红色印制故事”“红色家风传承”等，广泛开展革命传统教育。通过组织干部职工到延安、西柏坡等革命圣地开展体验式、沉浸式实践活动，将红色纪念地塑造成政治文化引领的“网红点”“打卡地”，多维度打造党建与企业文化建设的新平台，用组织的聚合力、文化的感召力，把党员职工凝聚起来，进一步以文化理念凝聚共识、以文化自信鼓舞士气、以文化建设引领企业高质量发展。

二、建立仪式感，让文化传承带生动感

仪式感是一种精神洗礼、一种心理暗示，更是企业文化传承的有形载体，企业文化建设的重要组成部分。仪式感的效力不限于某时某地，而会在更长的时间和更广的空间中起到作用。任正非就曾说过：“发奖典礼上的精神激励，一定会有人记住的，这就是对他长期的自我激励。”

仪式感承载着某种特殊的意义，从而使某一天与其他日子不同，使某一时刻与其他时刻不同。石钞公司紧抓仪式教育，将每年的6月3日确定为企业“司庆日”，通过系列文化主题活动和相关纪念性仪式，沉淀传承企业文化，庆祝并纪念这一特殊的时间节点。同时，还举办“石钞 • 记忆”图片展、陈列室开放日活动等，进一步引导职工追忆司史，增强“三特”意识，凝聚前行力量。

除司庆日外，每年还有年度总结表彰、七一建党节等，都伴有隆重的表彰仪式，向获得表彰的先进集体和个人佩绶带、献花、颁发奖杯等，营造尊重劳模、崇尚先进的良好氛围，进一步增强职工的凝聚力，激发职工的干事创业热情，为企业高质量发展营造良好的干事创业环境。

三、讲好微故事，让文化育人润心启智

榜样与标杆，是企业价值观的代表与风向标。石钞公司在推动企业文化落地的实践中，注重培养、选树、宣传和推广典型，通过模范人物的感染、激励作用，企业所倡导的核心价值观和企业精神就得以形象化、具体化、生动化，为新时代企业高质量发展提供了文化标杆。

要让优秀者被看见、被激励、被尊重，让普通职工看见身边的榜样，燃起成就卓越的希望。在这方面，石钞公司通过喜闻乐见的形式加强正面引导，注重把抽象的文化理念转变成具体生动的人物形象，注重讲好职工身边的“微故事”，通过细致观察和描摹其行为特点，把握其弥足珍贵之处，并将其凝练成一种精神加以宣传教育，从而实现用优秀的文化理念统领人的思想、变革人的思维、规范人的行为，引导员工自我实现和全面发展。这样的方式，更容易引起职工思想感情上的共鸣，更容易被职工接受和认可。

比如，石钞公司每两年组织一次“最美石钞人”评选，聚焦敬业奉献、助人为乐、孝老爱亲、见义勇为、抗击疫情等方面具有突出表现的员工，特别是在企业急、难、险、重工作中自愿分担、甘于奉献，为公司改革发展做出突出贡献的员工，对他们的“最美精神”进行大力宣传和褒奖，进一步弘扬职业道德、社会公德和家庭美德。成为石钞人为印制事业执着拼搏、赤诚奉献而孕育出的精神财富，也是激励石钞人恪尽职守、攻坚克难的动力源泉。

此外，公司举办的“致敬初心”榜样文化展演、“岁月如歌，见字如面”人物访谈、“我与改革开放共成长”主题征文、“优秀文化故事评比”、“优秀案例征集”、“文化大讲堂”等，深挖先进人物典型事迹，大力弘扬劳模精神、工匠精神，标杆人物事迹广为传播。石钞官微还专门开设“闻声如晤”专栏，讲述石钞人的奋斗故事、敬业故事、坚守故事，传递凡人微光，凝聚职工力量。公司以青年先进为代表，策划拍摄的励志视频《青年是束光》《五四精神传承有我》，激发新理念，弘扬正能量，为激励青年职工岗位建功营造了昂扬向上的氛围。

四、提升传播力，让企业品牌赋能添彩

按照“可视化呈现、个性化设计、互动式传播”的思路，石钞公司加快媒体融合发展，努力构建与新时代传播技术、传播理念、传播模式相适应的文化传播体系，为企业品牌推广赋能添彩。

创新全媒体立体化宣传模式，放大传播效果。公司以文化阵地建设为抓手，积极推进传统媒体与新媒体有效融合，

一方面，充分发挥石钞网站、石钞报等主流宣传媒体的价值引领作用，针对公司重点事件、人物、项目等加强策划，主动抓好重大主题报道、深度报道；开设石宣评论、专题稿件、文化故事征集等精品专栏，加强对文化理念和员工行为规范的宣传力度，促进文化理念入脑、入心、入行。另一方面，借助“智绘石钞”企业新媒体官微，灵活形式，及时导入，在潜移默化中引导员工接受熏陶、形成习惯并成为行为准则。此外，以生产现场、办公楼、厂区等为主要背景，加快推进以“三精”为主要内容的可视化文化建设，充分发挥电子屏、宣传栏、电视等载体的作用，形成视觉冲击，营造良好的文化宣贯氛围。通过传统与新兴不同媒体方式的合力呈现，进一步提升企业文化的传播力、引导力、影响力、公信力。

关注社会责任与企业品牌建设。深入推进文明创建工作，积极开展“文明有礼、志愿有我”主题活动、“178寒门学子一起帮”大型捐助活动、“鲜花献雷锋”等公益活动，定期组织“道德讲堂”等，积极营造文明向上的奋进氛围，用实际行动践行社会主义核心价值观，提升企业美誉度。公司连续多年被评为石家庄市“年度十佳公益爱心单位”。

强化对外宣传和文化传播工作。高质量承办人民币发行70周年纪念展，石钞公司首次亮相《新闻联播》《朝闻天下》等主流媒体，大大彰显了中钞品牌。圆满承办行业70年文艺会演和主题展览，600余名职工齐唱“我和我的祖国”，被称为“有温度 有品质 有张力”的史诗性演出，《金融时报》专门刊发报道。此外，公司的红色印制历史、安全管理经验、文明创建工作、党建工作、扶贫工作、抗疫工作、北京冬奥合作项目等经验文章，多次刊载于《中国钱币》《中国应急管理报》《中国报道》《河北日报》等，相继被新华社、人民网等多家媒体报道，在行业和社会引起较大反响，更加鼓舞了干劲，增强了文化自信。

（石家庄印钞有限公司）

以“三四五”工作推进法提升企业软实力

东方国际（集团）有限公司

2017 年，具有 150 年历史的上海纺织集团和具有近 70 年外贸历史的原东方国际集团联合重组，形成了新的东方国际集团。凭借“强强联手、强优互补”的新优势，一家拥有先进制造业与现代服务业，以时尚产业、健康产业和供应链服务为核心主业，以科技实业、产业地产、金融投资为支撑的大型综合性企业集团整装起航，成为中国最大的纺织服装集团和最大的纺织品服装出口企业。

2019 年，为进一步提升集团能级和核心竞争力，使联合重组真正产生“1+1＞2”的效应，集团推出新的企业文化核心理念，以“三四五”企业文化工作推进法的“软实力”，不断赋能企业核心竞争力，成为助推集团第三次创业，改革发展攻坚克难的“心力量”。

一、聚焦起点，用“三个围绕”的思想方法启动企业文化建设

领会和掌握正确的思想方法，对新时代推动集团战略发展和员工提高能力水平有重要作用。从思想方法入手打开新局面，是事业成功的重要经验。

（一）围绕“历史”与“发展”的线索，认清建设企业文化的使命

纵览上海纺织工业发展史，留下了无数辉煌的篇章和值得永志纪念的历史人物与事件，带领工友与日本资本家奋勇斗争直至流尽最后一滴血的顾正红烈士；把一生积蓄捐献给国家，在 87 岁高龄加入中国共产党的民族实业家强锡麟等，是集团乃至全社会、全国人民的光辉榜样。集团在传承深厚的优秀文化基因与价值观基础上，与时俱进、推陈出新，肩负着“集成全球资源，服务美好生活”的使命和“致力于成为全球综合贸易服务商和时尚生活引领者”的愿景，形成了富有特色的“爱国、经纬、时尚、创新”企业精神，激励着广大党员干部职工上下一心，昂首迈进“十四五”、第二个百年梦想新征程。

（二）围绕“机遇”与“挑战”的视角，肩负企业文化的责任

面对世界百年未有之大变革，集团大胆改革创新，结合企业文化建设，抓住经济运营质量。在 2020 年新冠肺炎疫情中，东方国际人深入五大洲购买防疫物资并首批包机运回上海，三枪集团从无到有生产口罩，日产能高达 500 万个，解上海燃眉之急。面对国外高端纺织面料技术垄断，集团自主研发“新一代”飞天舱外航天服用配套面料，为我国空间站阶段首次载人飞行任务添彩。

（三）围绕“战略”与“战术”的实施，明确企业文化的职责

文化的主要力量在于引领力。在培育新时代企业家精神的同时，“企业精神”在实践中得以真正传承与树立；深化企业文化落地，大力建设知识型、技能型、创新型员工队伍。培育“工匠精神”，加强品牌文化建设，促进企业培育全球竞争力。开展“加强党性锻炼，践行企业文化”演讲、征文比赛，鼓励员工讲出身边践行集团“四个顽强、四个不怕、四个特能”企业作风的优秀实践。目前，“东方之花”已经在非洲落地生根，一座座厂房拔地而起。

二、聚焦重点，用“四个结合”的工作方法推进企业文化建设

企业文化必须符合社会经济发展规律，工作方法只有从企业工作实际出发，才能引领发展，促进集团战略经营、战役实现和战术落地。

（一）把企业文化建设与集团深化改革转型发展相结合

联合重组后，集团全力深化改革，优化业务结构，加大企业文化建设力度，凝聚员工共识。集团抓住国企改革“双百行动”机遇，推进旗下东方创业核心资产上市、重组与转

型升级，瞄准上海“四大品牌”建设，把上海时装周打造成亚洲第一。企业文化建设推动集团赢得了战略主动，为企业发展带来了新的希望。

（二）把企业文化建设与集团“六化”建设发展结合

集团注重企业文化建设与制度文化相结合，自觉按照市场化与国际化、法制化与专业化、信息化与系统化的“六化”方向，不断创新文化。自2019年起至2021年，集团先后推出了《东方夜读》《践行企业文化成功案例》《百年荣光·经纬传奇——我们的100个红色基因爱国精神故事》等企业文化系列丛书。

（三）把企业文化建设与支部战斗堡垒、党员模范作用建设结合

集团以党建工作为企业文化建设提供正确的方向与坚强的组织保障，打造集团各级企业党组织成为政治上坚定、思想上过硬、作风上务实的坚强有力的领导核心；打造各级领导班子成为“对党忠诚、勇于创新、治企有方、兴企有为、清正廉洁”的领军团队；锤炼党支部成为推进深化改革转型升级发展的战斗堡垒；锻炼广大党员成为推进深化改革转型升级发展的排头兵。

（四）把企业文化建设与企业核心能力、功能增强、可持续发展结合

文化兴，则企业兴；文化强，则企业强。近年来，集团推进“全球布局、跨国经营”的发展战略，集中优质资源，围绕核心能力建设，统筹境内外先进制造业技术能力布局。集团先后完成香港慧联、联泰控股、美国IAC软饰业务和新疆兵团轧花厂四大跨国跨境跨地区收购，成功实现了产业资本走出国门，从地方国企到跨国集团的跨越式发展。

三、聚焦落点，用“五大成果”的评估方法检验企业文化建设

企业文化是一种具有品牌效应的无形资产，有着强大的生命力和影响力，能通过对人的管理，影响企业的运行，从而影响企业的效益，成功的企业必然受益于成功的文化。

（一）从形成共识看文化认同

企业文化建设的核心是认同和共享。在全集团推动的“寻找优秀基因，提炼文化表述”系列活动中，集团各基层广泛开展企业文化“五个一”活动，全体近4000名党员、300多个党支部参与总结了上海纺织与原东方国际集团的优秀文化基因，继承百年产业精神内涵，共收到集团企业文化核心理念表述300余套，企业文化建设建议500余条，经深入调研、研究讨论、征求意见，上下形成共识，确立了集团新的企业文化核心理念。

（二）从文化普及面看文化宣贯

2020年为集团企业文化宣贯年。集团实现“三个100%”，即企业文化员工培训率、核心理念员工知晓率、直管单位子文化员工知晓率均达到100%。集团下106家单位完成企业文化理念上墙工作，企业文化核心理念书签人手一份。仅2020年，集团报纸做了14个整版宣贯企业文化，集团官方微信、集团杂志开辟“践行企业文化成功案例”专栏持续报道各企业践行企业文化案例。

（三）从理念职责看文化制度

倡导将集团全体职工的价值追求和责任担当，转化为深化改革、提升核心竞争能力和精细化管理等方面的实际行动。2020年，集团党委印发了《关于宣传贯彻东方国际（集团）有限公司企业文化核心理念的通知》，从战略高度推进企业文化建设。同年，集团总部以上率下，上行下效，完善了制度体系和管理流程，加强集团已颁布规章制度的宣贯、培训、落实工作。持续优化OA流程，提高总部审批效率。坚持首问负责制，有效解决跨部门协调问题和二级企业上报审批时间过程问题。

（四）从干部修为看文化践行

集团及所属企业领导干部在企业文化建设活动中，主动对标集团“领导行为守则”，以“铁肩膀”展示顽强战斗力。在2020年初打响的疫情防控阻击战中，集团党政领导干部在关键时刻不惧风险，深入一线指挥。在集团第一批欧洲包机落地时，集团党委书记、董事长童继生等领导干部在机场坐镇指挥，随时解决问题。集团旗下龙头股份党政领导班子连续作战，从大年夜连续一个月睡在公司，仅用19小时完成高速口罩机从签约、运输、调试到生产的所有步骤，成为当时上海唯一拿下国家医疗器械注册证的国有企业。

（五）从员工精神看文化风貌

集团开展企业文化建设以来，各级企业主动对标一流，找不足、找差距、补短板，讲拼搏讲奉献蔚然成风，成为企业内青年新时尚。集团党委开展了“百秒百字·身边的共产党员”微视频拍摄评比活动，共收到来自各党建签约单位创作拍摄的37部作品，弘扬了改革发展正能量。集团官方微信开设了“榜样的力量”“党员干部身边可信可学的先进人物”“昌宁讲故事”“东方夜读”等专题与专栏，强化了舆论导向。

企业文化不仅是理念，更是行动；不仅是精神指引，更是行动结果。东方国际集团将不断构筑具有时代特征、东方特色、企业特点的企业文化建设体系，激励广大党员干部职工共同为致力于“全球布局、跨国经营”发展战略，为集团成为全球综合贸易服务商和时尚生活引领者贡献出更多、更大、更好的智慧与力量！

（作者系东方国际（集团）有限公司新闻中心主任刘才源、新闻中心业务经理徐笑然）

坚持先进文化引领
助推企业高质量发展

北京市燃气集团有限责任公司

1958年，蓝色火焰在古都北京点亮新的黎明，首都燃气事业应运而生。1999年，北京市燃气集团有限责任公司（以

下简称“北京燃气集团”）组建成立。历经几十年的文化积淀，企业在高速发展的过程中，始终肩负“服务社会造福民生”的企业使命，形成了以“气融万物惠泽万家”为核心，安全、服务、廉洁、执行四个子文化为支撑的富有燃气行业特色的企业文化理念体系，并一直传承至今。

作为国有独资企业，北京燃气集团身上承担的不仅包含一个企业生存发展的经济责任，更多地承担了保障首都正常用气、安全用气的政治责任和社会责任。正因如此，企业文化在贯穿北京燃气集团发展壮大过程中的分量就更为突出。因为格外重视企业文化建设，北京燃气集团很早就制定了一整套企业文化理念表述，这套理论由浅至深，自内向外，不断强化和丰富企业文化的内涵，形成了一套全面系统、积极向上的企业文化理念体系。体系的建设成功奠定了北京燃气集团在同行业中“领头羊”的地位，为推进企业发展起到了不可小觑的作用。

回眸六十余年光辉足迹，在北京燃气集团党委的正确指引下，企业先进文化的价值理念体系在不断积淀与渗透的过程中得以落地生根，逐步转化为员工的自觉行动。

一、企业文化建设历程

企业文化是企业的灵魂，是企业生存发展的内在推动力。60 多年来，首都燃气人在历经各种考验、应对各种挑战的过程中，优秀的企业文化逐渐积淀，在坚持改革、锐意创新的号角中，北京燃气集团继承传统优秀文化，并将优秀文化加以提炼升华，进行了丰富和发展。

“十一五”期间，企业文化实现了从无到有，最终形成了一套全面系统、积极向上的文化体系。2006 年，北京燃气集团组成了企业文化编制工作组，启动了企业文化理念建设，2007 年底成功提炼了以“气融万物惠泽万家”为核心的企业文化理念体系，2011 年完成了执行子文化的建设，标志着北京燃气集团企业文化理念体系整体建设形成。在建设过程中，集团党委组织各单位运用成立专项团队、外出考察调研、学习吸收已建立优秀企业文化的先进经验，聘请专业机构深入研究企业特征及经营特点等多种手段，并通过文化资料研读、走访调研听取意见、与企业运营管理结合、集体研讨、充实与调整多种方式对整个企业文化体系进行了完善。

“十二五”期间，集团党委贯彻落实科学发展观，切实把企业文化融入各项经济工作中，在培育企业精神、提炼企业核心价值观、推动制度创新、塑造企业形象、提高员工素质等方面进行积极探索，取得了明显成效，推出了《北京燃气企业文化手册》，标志着北京燃气集团企业文化建设进入了一个新的阶段。

“十三五”期间，北京燃气集团完善、提升了与经济发展、与新常态相适应，与集团“十三五”战略规划相符合，与企业和职工共同发展需求相一致的企业文化体系。同时，作为中国燃气行业时代浪潮的先行者和推动者，北京燃气集团在新媒体日益重要并登上主流传播平台的发展方向中，不断创新，逐步建立了符合自身需求并有效服务于自身发展的企业文化媒体融合传播模式。企业文化的活力和社会影响不断扩大，文化在企业综合竞争力中的地位和作用更加突出，为企业科学发展、员工全面发展的服务能力显著提高。

二、坚持企业文化落地的积极探索

北京燃气集团一方面积极构建具有燃气行业特色的文化体系，另一方面更加注重文化落地，持续积极探索，通过具体行动提升企业执行力，为企业高质量发展提供精神动力和文化支撑。

（一）以制度保障文化落地。在企业文化建设初期，北京燃气集团建立健全了企业文化建设的组织领导机构和工作机构；为保证企业文化工作的长效性和持续性，构建了一套具有燃气特色的企业文化管理系统。近几年，为规范企业文化相关工作在执行职能上的规范性、宣传手段上的多样性，制定、修订了《北京燃气集团对外宣传和新闻发布制度》《北京燃气集团新媒体管理制度》等宣业务类、配合衔接类、基础管理类制度和流程，不断稳步加强企业文化建设，适应企业发展新形势。

（二）在宣贯中推广企业文化。以宣贯工作为抓手，以理念为引导，从组织实施、培训内容和效果评估等方面全方位推进，通过各种载体和形式开展了丰富多彩的活动，营造浓厚的企业文化氛围，保证企业文化建设的健康发展。在各类职工培训中设置讲解北京燃气集团企业文化的课程，利用知识答卷、党团课、志愿服务活动、文化体育活动大力宣传企业文化、弘扬企业精神，使员工对北京燃气集团优秀企业文化充分了解，潜移默化中建立起与企业发展相适应的价值观。

（三）外树形象建设品牌。为树立企业形象、建立良好口碑，北京燃气集团企业文化建设着力在用户中打造“北京燃气”这一优秀企业文化品牌，并通过一系列举措展现北京燃气集团的优秀文化和理念。关注社会民生，扎实推进“我为群众办实事”实践活动，“燃气管家”护航用户安全、“乡村百户行”精准服务特殊群体、“接诉即办”解决老楼居民用气难题等积极为民办实事举措引起社会主流媒体广泛关注，用实际行动展现了国有企业的责任感和使命感。邀请市民走进北京燃气，组织开展首都国企开放日活动，彰显了企业文化理念，加强了与社会各界的沟通互动，伴随标识使用和视觉形象系统的文化输出，使“北京燃气”这一品牌及其所蕴含的文化在首都市民用户的认识中愈发清晰。

（四）融媒体促进文化传播。乘势而上、顺势而为，北京燃气集团的“融媒体”建设在时代发展与企业文化宣传的双重需要中快速推进。北京燃气集团注重发挥企业传统媒体的理念传播和价值导向功能，同时充分发挥新媒体传播快的优势，促进企业文化和品牌建设。企业文化宣传“融媒体”的充分运用，使企业文化以丰富多彩的形式呈现，充分调动了大家的感官，使宣传效果实现巨大提升。

三、企业文化建设成果

在北京燃气集团党委的正确指引下，集团公司一手抓党建，一手抓经营，始终紧跟时代潮流，灵活调整发展战略，充分发挥政治优势，积极拥抱变化，使优秀的企业文化为企业发展和经营管理凝聚了强大的向心力和感召力。

多年来，北京燃气集团企业文化建设硕果累累，先后获得“全国企业文化建设50强”“全国企业文化建设百家贡献单位”“全国企业文化建设百家重诚信单位”“全国践行社会主义核心价值观企业文化模范单位”“‘十三五’开局企业文化建设模范单位”“全国‘互联网+时代’企业文化传媒融合创新三十标杆单位”“全国融媒体语境下企业文化与品牌传播创新优秀单位”等殊荣。

北京燃气集团长期稳健的发展，离不开党的坚强领导。在高质量党建引领下，北京燃气人通过接受宣贯和自主学习，对企业文化建设有了准确且深刻的认知和理解，并在工作中将文化理念转化为执行力，使文化理念真正发挥作用，激发了广大员工内心的热情、智慧与活力，使北京燃气集团在更高的境界、更远的追求中实现科学发展。

优秀的企业文化是凝心聚力、搏击风雨的精神支持，也是号角嘹亮、高歌猛进的内生动力。“气融万物 惠泽万家”特有的文化内涵，是首都燃气人从传统哲理到现代文明的传承，是首都燃气人由物质价值到精神追求的升华，更是首都燃气事业与时俱进的力量源泉。过往的辉煌给人力量，未来的前景催人奋进，在党的领导和指引下，北京燃气集团将以史为鉴，开创未来，引领全体党员干部职工以奋发有为的精神状态投入首都燃气事业发展新征程！

（作者系北京市燃气集团有限责任公司新闻中心董斯博）

以农者心，创天下信

北京农信互联科技集团有限责任公司

走在时代前沿、充满跳跃思维的互联网，与传统农业来个激情碰撞，为何会擦出绚烂的火花？

一个平均年龄31岁的团队，披星戴月用双脚丈量中国的土地，誓将“智慧”赋能于农业。在这其中，是何种力量驱使着他们坚持不懈？

三年时间，它成为全国唯一的“互联网+农业”领域独角兽企业；又经四年，它实现覆盖人群800万大关。透过央视纪录片《中国粮的奇迹》与《大国根基》的镜头，与广大国民见面。究竟是什么，让它保持着惊人的发展速度，不断挑战产业天花板，达成一个又一个里程碑？

其中的答案，无疑是农信创业文化的力量！

文化助推业务发展

北京农信互联科技集团有限责任公司（以下简称“农信互联”）诞生于2015年的中关村，因为深耕农业的多年基础，携带“数据”基因的特质，所以农信诞生之初便树立“用互联网改变农业”的使命。

农信的业务围绕猪、羊、牛、鱼的养殖、屠宰、饲料等领域，助力农业数字化转型升级。七年来，农信互联从成立时的30名员工，发展成为千名员工，下辖多家子公司，累计销售额突破4.2千亿元集团型企业。

农业是立国之本，也是强国之路，是富有潜力的行业。数字经济的今天，农业迎来重大的变革，其中的丰硕成果，有农信互联的一份努力。

创业文化激发农信的发展活力。农信互联发展至今，形成了独特风格的“创业文化”——员工视自己的事业为农信的事业，而不是农信的事业强行转换为员工的事业。这就是树立的农信员工的“东家精神”。公司通过各种途径让员工成为公司的持股者，很大程度上激发员工成为“自我管理、自我约束”的事业合伙人。

一个“信”字助推业务发展。

对于员工，农信在管理上给予充分的信任，员工有了充分的授权，便能够施展更多的创造力，将自己的主观能动性转换为发展业务的动力。在业务开展中获得良好的正向反馈，增加了对工作、对事业的信心，以更饱满的状态投入工作中，心存信仰，认定自己所从事的工作是报效祖国、成就自我的一项伟大事业。

数字经济时代，农信给予客户一项最基本的产品就是信息。畜牧养殖过程中的养、治、保健、生产、屠宰等多个环节的数据信息，通过农信的拳头产品——猪联网得以记录及应用。在为客户提供服务的过程中，农信人始终坚守信用，维护公司信誉。“靠谱”是众多客户对于农信人的描述，这无疑是农信多年在客户心中累积下来的文化形象与口碑。

当文化成为助力员工“打粮食”的帮手，才能真正从冰冷的文化墙上“走进”员工的心里，成为指导员工行为、帮助他们提效增绩的利器。而文化通过员工的行为与动作得以展示与传播，员工成为行走的“文化名片”，使得整个组织的文化浓度不断提高，从而助推业务的开展。

精神铸就铁军

铁军精神是农信创业文化中重要的一部分，它明确地指出农信人在工作中行为风格和做事的态度。“简单、直接、有血性”是农信人对事业的态度，“敢打、敢拼、敢担当”是农信人身上那股“不服输、皮实、有韧劲、能吃苦”的真实写照。

七年来，农信人以铁军精神为指导，在农牧行业拼出了一个特质鲜明、富有情怀的“铁军团队”：不管农信人走到哪里，都带有独特“气味”——稳重踏实的工作态度、报国兴农的强烈愿望、不负客户期待的敬业精神、不怕困难的敢拼血性，脚踏实地的朴素性情。

为什么铁军精神能够成为农信人的团队精神？

一方面是由于客户群体的特征。农信面对的是两种截然不同观点的用户，一类是农牧行业的传统养殖人员，他们多生于农村、长于农村，年轻时简单饲养猪、羊、鸡等。随着技术水平的提高和设备的升级，加之积攒了原始的财富资本，近些年逐渐扩大生产，投建规模养殖场。另一类是有着基础养殖知识且年龄尚轻的“新农人”。

传统养殖人员生产模式、管理知识落后，对于智能化养殖（通过智能饲喂、IA 识别等技术，实现 2 个饲养员管理 500 头母猪场的效果）这类新鲜事物抱有强烈的抵触和怀疑态度。年轻人倒是乐于接受智能养殖，不过俗语讲“家财万贯，带毛儿的不算”，畜牧养殖有着风险性高、收入不稳定等特征，一定程度上阻止了年轻人进入养殖业的脚步。

面对想法如此截然相反的两类客户群体，农信人需要在工作中不断调整销售策略，用最简单的话术阐述清楚产品的特色与功能、用直截了当的态度对待养殖户的需求，帮助中年养殖户转变养殖方式，用事实打动年轻的新农人。

于是，客户的身边常会出现开车五小时只为解决中年养殖户一个软件使用障碍的农信人；受疫情影响的严冬腊月，冷风中隔着围墙与客户调试设备的农信人；长期驻扎猪场进行项目实施，席地而坐、倒头就睡的农信人。农信人的吃苦耐劳、拼搏无畏，向客户诠释了铁军精神的含义。

另一方面是因为农信所处的特殊赛道。近年来，农业生产条件不断变化，农业就业人口数量不断下降，但是质量提升，涌现出一批懂技术、爱农业、懂经营的新型职业农民。他们对于养殖的个性化需求，时刻考验着农信的产品。这就要求软件开发、实施人员要在工作中不断打磨产品，提高质量，提供出乎客户意料的产品。满足使用者的基础需求的同时，还能够提供意想不到且有价值的功能模块。

始终走在用户的前方，这对农信的软件研发人员是不小的挑战。在产品研发中，敢打、敢拼的团队精神，让农信人敢于“试错”，富有创新并且应用于实际产品中的“金点子”层出不穷，农信还给予研发人员“铁军团队”的称号，给予丰富的物质奖励与表彰。

文化无处不在

从入职第一天起，农信文化便充斥着员工的周围。

公司的装修布置以农信蓝为基调，农信 IP 形象“猪小智”“猪小慧”被广泛应用于办公场所的各处，立柱及文化窗用于展示 VMV（value、mission、vision，即价值观、使命、愿景）、创业者公约、产品精神等文化内容。

为了让员工能够更好地理解和认同创业文化，集团董事长特意录制文化微课，逐一诠释企业文化的内涵和对员工的期许。公司文化部还会拆解文化条目，转化为大家喜闻乐见的“漫画”形式，赢得了员工的好评。

员工通过“早晚会”（由于区域事业部的员工每个人负责的区域不同，经常有一个员工负责 3—4 个县级市的市场，所以团队内容通过视频开早会与晚会，进行项目的沟通与复盘）、区域月度会议、线上 E-learning 平台进行文化学习与感悟分享。同时集团也举办文化学习月活动，给员工提供集中学习的时间与平台。

在农信，有针对农信人刊发的文化书籍：《农信人》《农信创业者》，刊物中记载着属于农信的苦辣酸甜。年度金猪奖获得者，还会被邀请录制纪录片，记录他们的创业细节。农信开辟文化微信公众号及 e-learning 平台文化专栏，用于文化输出及展示。

不同形式的活动，员工关怀体现文化：每月一次的生日会，给员工创造一个难以忘怀的生日惊喜；入职周年庆的礼物和受礼仪式，让员工归属感倍增；各类节日的关怀与问候，让员工获得双倍开心（礼品+假期）；过年时给员工发的猪肉和点心，更显得农信的实在与真诚；提供公租房，解决员工的住房困难；为困难员工筹建爱心基金会。同时，促使文化与党建相结合，年中会议结合祝融峰登顶、亲临红旗渠、西柏坡学习红色精神，建党百年农信送祝福等。

对于那些深耕农牧、弘扬创业文化，并且取得优异业绩的伙伴们，农信设立“金猪奖”“金牛奖”“铁军团队奖”“达人奖”“日夜兼程奖”等，给予获奖者丰富物质奖励及股权激励，邀请获奖人及家属开展亲子游学活动。

结语

以农者心，创天下信。不论是袅袅炊烟、小小村落，还是山川田野、大江大河，有农业的地方就有农信人。支撑农信人一往无前走下去的力量，是肩扛“用互联网改变农业”的初心，也是为达成愿景的迫切渴望，更是流淌在农信人血液里的创业精神！

（北京农信互联科技集团有限责任公司）

实施“五零目标”搭建精神家园

北京住总人力资源开发服务中心

一、外施工会成立的原因——员工需要精神归属的家园

为有效维护住总农民工合法权益，构建和谐劳动关系，2016 年住总集团工会决定依托住总人力资源中心集中管理劳务资源及劳务保障优势，与 7 家劳务分包企业共同发起，成立“北京住总集团外施企业工会联合会”。住总外施工会自成立以来，始终坚持党建带工建，建设“家”文化。通过“五零目标”为员工建立精神归属之家园。即：思想引领零距离、安全维稳零隐患、全面保障零缝隙、人才培养零门槛、工匠传承零差异。

二、五零目标的主要做法

（一）发挥政治功能，思想引领零距离，展示家文化的导向。

1. 创新“四个首次”。积极推进产业工人思想政治工作

体制机制进一步完善。由集团工会牵头，在各项目开启“读党史、听党史、看党史”学党史活动。外施工会利用“四个首”将党史学习教育课堂搬进施工现场。

首本口袋书。党的历史是最生动、最有说服力的教科书，为了让广大外施职工在了解党史的同时看到新时代建筑产业工人的发展方向，在集团工会的指导下，住总外施工会多次前往副中心、延庆、门头沟、天津宝坻等项目调研，了解外施职工想看什么，喜欢看什么。编辑制作城建集团内首本外施职工党史学习读本，32开的全彩小册子，承载了党的百年风华正茂，承载了集团对4万余名外施职工的期望。

首个二维码。把中央党史和文献研究院、国家广电总局、中共江苏省委联合出品百集微纪录片《百炼成钢：中国共产党的100年》制作成二维码，外施职工可以通过手机扫码观看，即扫即学，开展“看党史”活动。此次活动在集团范围内各项目部生活区，在分包管理培训现场，广大外施职工“即扫即看”反响热烈，扫码学习覆盖了集团在施各项目部。

首次智能化。住总外施工会通过基层走访发现，现在的外施职工对网络熟悉，视野开阔，在文化程度、生活要求等方面越来越高，外施工会在副中心0701项目部试点建设外施职工智能小家，为外施职工购买智能音箱、智能电视、智能空调、跑步机等设备，外施职工可以直接与AI智能音箱互动，调节空调、电视。

首次传承旅。大力弘扬劳模精神，组织外施职工到北京劳动人民文化宫参观“中国梦·劳动美——永远跟党走，奋进新征程”百名劳模图片展，传承老一辈劳模们的爱岗敬业、争创一流、艰苦奋斗、勇于创新、甘于奉献的精神。

2. 发挥桥梁纽带作用。外施工会充分发挥协办作用，组织召开《构建建筑产业工人技能提升体制环境》课题调研座谈会，邀请和县二建、盐城京华等十余人与中国劳动关系学院专家进行交流座谈。中国劳动关系学院公共管理学院执行院长、教授赵祖平高度重视此次交流并表示，年底根据调研结果为政府提供政策建议，出台一批适合外施职工的普惠政策；邀请市总工会、市建筑工会领导走进和县二建、北京正继等劳务企业，与劳务企业负责人面对面交流，提诉求，解民忧。

（二）发挥保障功能，安全维稳零隐患，映现家文化的温暖。

1. 组织关怀慰问活动。集团工会高度重视外施工会工作，在集团工会的大力支持下，2021年住总外施工会组织开展元旦春节慰问、暑期慰问、中秋国庆慰问、重点项目、重大工期慰问，累计支出慰问费用80余万元，关心关爱到岗位、到班组、到人员，起到凝聚、和谐、稳定的作用。

2. 全面提升生活保障。持续推动暖心驿站建设，持续改善劳动和生活条件，提倡“七有标准”，即让职工有肉吃、有澡洗、有网络、夏天有冷气、冬天有暖气、工资有保障、创新有助推；在集团工会的支持下，在涞源商业广场、通州古月佳园、国道109项目建设首批外施职工户外服务站，在施工现场的搭建房间，为外施职工提供空调、热水、微波炉、充电、座椅等，并各具项目特色，建设劳模传承、文化传承、健康防护三种主题的服务站，加强外施人员与企业之间的黏度，切实让外施人员感受到“家”的温暖。

3. 服务创新组织免费体检。健康是永恒不变的重要课题，为了让外施职工重视健康问题，2021年10月，在北京市建筑工会及市住建委外施工会的大力支持下，外施工会为400名外施职工提供免费体检。针对特殊作业和作业环境所引发的常见病、多发病，选择最适合外施职工的血常规、骨密度、颈动脉血管超声等十余项体检项目，体检项目总价值1600元。体检受到了广大外施职工的好评，也受到多家媒体单位的关注，相继在《首都建设报》《劳动午报》等媒体刊发。

（三）发挥服务功能，全面保障零缝隙，体现家文化的护佑。

1. 科技创新保障工资支付。为促进企业安全发展，降低风险，外施工会加大协调工作力度，做好服务外施职工工作，确保工资100%发放。建立外施工会互联网+智惠平台服务产品，在集团范围内全面推广自主研发的“工资保”农民工工资支付监管系统，实现工资代发“一站式”服务。截至2021年10月，应用“工资保”系统完成外施职工工资代发金额近亿元。

2. 管理创新应用电子合同。住总外施工会积极响应国家号召，创新探索实践，对接朝阳区人力社保局组织的《电子劳动合同》试点工作。在集团公司的大力支持下，2021年4月在住总一公司、工程总承包部试点推进外施职工“电子劳动合同”，维护职工权益，保障合法用工，实现外施劳动关系治理现代化。

3. 创新开展文体活动。充实工作内涵，积极探索自有职工、外施职工文体活动新模式，组织外施人员开展棋牌比赛、云端摄影大赛、羽毛球比赛、篮球比赛等文体活动，丰富外施职工业余生活。

（四）发挥培育功能，人才培养零门槛，展现家文化的担当。

1. 常态培训产业工人。在外施工会推动下，住总集团2020年获得“首都职工教育装配式建筑培训项目示范点”，以此为依托，外施工会开展产业工人培训，2020年培训产业工人总计400余人。组织500余名劳务队培训，组织千余名外施队长培训。2021年组织培训产业工人140余人，组织500余名自有职工、外施职工参加劳务系统培训。

2. 组织竞赛以赛代训。2021年住总人力资源中心先后承接住总集团、城建砌筑工大赛，住总外施工会负责服务保障工作，其中外施工会委员单位盐城京华公司的顾宝开获得北京市砌筑工大赛第六名；组织开展异形空调板钢筋笼绑扎等产业工人技能竞赛，通过以训促赛、以赛代训，不断提升外施人员岗位技能水平，发挥高技能人才示范引领作用。

（五）发挥引领功能，工匠传承零差异，擦亮“家”的本色。

1. 成立外施劳模工作室，2020年经外施工会推荐，外施职工戴子峰获得全国劳动模范。以此为依托，2021 年外施工会推动成立戴子峰劳模工作室，培养外施队伍优秀青年职工，形成人人争当劳模的良好氛围。课程安排、人员筛选、考核机制正在不断完善。

2. 成立外施劳模宣讲团。为大力弘扬劳模精神、劳动精神、工匠精神，把宣讲工作落到实处。外施工会充分发挥各单位资源优势，邀请全国劳动模范戴子峰、北京市劳动模范吴广、各单位先进人物，成立劳模、先进宣讲团，把弘扬三种精神常态化，2021 年累计宣讲 7 场。

三、五零目标的效果

（一）外施人员工资支付率 100%

2020 年集团使用劳动力 6 万余人次，集团全年施工规模 1311 万平方米，累计开工面积 443 万平方米，累计竣工面积 228 万平方米，无任何工资纠纷、劳务纠纷事件，企业生产经营平稳运行，助力集团圆满完成“十三五”目标。

（二）外施队伍凝聚力战斗力强

2020 年面对突如其来的新冠肺炎疫情，住总外施工会接到集团参建小汤山医院扩建工程任务，立即开展劳动力组织工作，在外施工会委员单位吹响“集结号”，委员单位天津劳务公司仅用一天时间集结 130 人率先前往施工现场，圆满完成改扩建任务。

（三）赢得市总工会高度认可

“四个首”学党史活动获得北京市总工会、北京市建筑工会、北京市建委建管中心等领导高度肯定，社会各界媒体相继报道，中宣部学习强国 APP 点击量近 19 万。五零目标的主要做法得到市建筑工会主席莫剑彬高度赞扬。

“铸剑文化”助力打赢航天重大任务攻坚战

四川航天技术研究院

铸剑文化是航天“三大精神”在四川航天技术研究院（以下简称“四川航天”）的落地与生动实践，是四川航天在重大装备科研生产过程中形成的特色产品文化和行为文化的典型代表，是落实四川航天“战略为基”发展方针的文化支撑和依托。在重大装备科研生产过程中孕育形成的“以国为重，铸剑铸魂”特色文化理念，彰显了四川航天人的豪迈气概、理想信念、价值追求和不懈努力。

一、实施背景

五十多年来，四川航天努力践行以国为重的核心价值观，坚持将国家利益摆在首要位置，把满足国家需要作为最高追求，以发展航天事业为己任，努力完成国家重大工程任务，筑牢国家安全战略基石。

正是在航天“三大精神”的指引下，几代四川航天人筚路蓝缕，艰苦奋斗，以青春浇灌梦想，用生命成就辉煌，为四川航天的持续快速发展打下了坚实的基础。在创造辉煌业绩的同时，也孕育形成了“铸剑文化”特色理念。

铸剑文化于 2019 年由院党委倡导提出，由其所属总装工厂具体负责落实，2021 年 1 月，课题荣获中国航天科技集团公司优秀政研成果一等奖；2021 年 12 月，荣获全国企业文化优秀成果二等奖。

二、主要做法

在重大装备制造领域打造“铸剑文化”特色理念是提升四川航天人历史自豪感、文化自信力、精神向心力、意志凝聚力的现实需要。院党委明确重点，从课题研究入手，提炼“铸剑文化”核心理念，形成“铸剑文化”研究成果，建立“铸剑文化”成果转化机制，建设“铸剑文化”展示体系，打造“四个一”的特色文化传播平台，即“搭建一个立体宣贯网络格局，建设一批文化展示阵地，编辑一本铸剑文集，策划一部铸剑文化影视作品”。

（一）宣贯网络格局

按照“新旧融合、内外结合、上下联合”的原则，进一步搭建“铸剑文化”核心理念宣贯网络格局。以党支部“三会一课”、形势任务教育进基层主题活动、班组晨会、新员工入职培训等多种形式，向职工宣贯“铸剑文化”核心理念；开展“我们都是铸剑人”主题征文、在官微推出《讲述》栏目、在四川航天报开设“铸剑故事”专栏，全方位、立体式、多角度展现“以国为重，铸剑铸魂”的深刻含义，助力打赢航天重大任务攻坚战。

（二）文化展示阵地

为宣贯落实“铸剑文化”核心理念，院党委在工厂“一厂四地”开展了“铸剑文化”展示阵地建设，并着力打造了“铸剑文化”示范阵地，升级改造航天传统精神教育基地。按照“文化展示、文化融合、文化植入、文化延续”的工作思路，以“传播‘铸剑文化’，服务中心工作”为目标，建立工厂“1+1+4”文化体系阵地，成为展示“铸剑文化”的重要窗口和传播航天文化的亮丽名片。1 个文化中心区，是指以文化幕墙、主题浮雕、“铸剑”景石、道路命名、绿化景观等为主要内容的铸剑文化广场；1 批文化长廊，是指在厂区主路沿途设置的宣传橱窗、休闲水系文化、钱学森广场、路牌、站点等组成的“铸剑文化”展示长廊；4 个文化示范点，是指 4 个主要厂房的特色门厅文化、大型文化看板等，全面展现工厂 50 多年来积淀的总装文化。

此外，升级改造航天传统精神教育基地，厚植“铸剑文化”底蕴。新增七个现场体验教学点，打造党员学习第二课堂，持续提高参观、学习接待能力，完善和丰富馆藏，及时更新内容，确保常建常新。

（三）《剑魂》文集

开展“铸剑文化”征文活动，编辑《剑魂》文集，收录历年综述评论、人物通讯、散文诗歌等各类作品，并根据作品内容和体裁分为“铸剑情”“铸剑人”“铸剑魂”三辑，展现四川航天人潜心铸剑的精神风貌和家国情怀。

（四）《铸剑礼赞》音诗画作品

作品以长诗朗诵，结合唯美画面和优美音乐的形式，描绘了四川航天从无到有，由小到大，由弱到强的发展历程，讴歌赞美了四川航天人勤劳勇敢、不畏艰险、勇往直前的人格品质和精神风貌。

三、经验与成效

第一，践行“铸剑文化”必须传承历史、体现担当。在五十多年的铸剑为国征程中，四川航天人不忘航天报国初心、牢记航天强国使命，为巩固国防贡献着自己的力量。“铸剑文化”凸显四川航天的政治责任和使命担当，蕴含着“干惊天动地事，做隐姓埋名人”的深刻含义，体现着四川航天人的精神风貌、文化传承，贯穿过去、现在和未来。

第二，践行“铸剑文化”必须彰显价值、体现认同。通过建立“铸剑文化”研究成果转化机制，广泛深入宣贯“铸剑文化”核心理念，全体干部职工的身份认同感和价值感更加统一，全力以赴投身“高质量保证成功、高效率完成任务、高效益推动航天强国和国防建设”全面发展的思想基础更加牢固。

第三，践行“铸剑文化”必须着力发展、体现精神。以中国共产党精神谱系为思想沃土、以航天“三大精神”为指引而孕育的“铸剑文化”是四川航天最深厚的文化软实力，是激励和鼓舞四川航天人敢于战胜一切艰难险阻、敢于攀登航天科技高峰的强大精神力量。四川航天坚定不移秉承强军首责、坚持以国为重，圆满完成了多个重大航天科研任务，型号科研生产接续创造新纪录，有效支撑世界一流军队建设，向祖国交出了一份满意的答卷。尤其是工厂新区“建成即投产、投产即扩产”，创造了新厂区、新场地、新设备、新人员和新型号转产、生产、交付、飞行试验在一年内通过全过程检验的最快纪录，标志着世界一流航天重点型号生产基地建设迈入新时代。

固本培元方能行稳致远，凝神聚魂高扬理想信念。四川航天每一名职工，既是“铸剑文化”的缔造者、开拓者，也是“铸剑文化”的传承者、践行者。站在航天强国新的历史起点上，新征程新目标对四川航天加强党建和企业文化建设提出了更高要求，今后，四川航天将以更高的政治站位、更优的方法路径、更宽的战略视野深化践行“以国为重，铸剑铸魂”的核心理念，融入职工思想、融入管理提升、融入科研生产、融入质量安全，为航天强国建设作出应有的贡献。

“让老百姓用得上、用得起国产优质好药”的家国文化建设实践

齐鲁制药集团有限公司

齐鲁制药集团有限公司（以下简称“齐鲁制药”）是中国大型综合性现代制药企业，主要从事肿瘤、心脑血管、感染、精神系统、神经系统、眼科疾病的制剂及原料药的研制、生产与销售，连续多年位列中国医药行业企业集团十强、中国民营企业500强。

一、家国文化体系的形成

齐鲁制药高度重视企业文化建设，在集团党委、董事长和总裁的坚强领导下，始终坚持精神文明和物质文明、经济建设和文化建设两手一起抓，两手都要硬，历经四十多年的健康持续发展，逐步凝练形成了以“大医精诚，家国天下”为核心价值观的家国文化体系，五湖四海齐鲁人，团结奋斗建家园，正是因为心怀国家，干事创业，齐鲁制药始终专注做药，为振兴民族医药工业不遗余力，以终为始，引领企业第N+1次创业发展。

四十多年的长足发展，由弱到强，历经文化萌芽、文化凝练、文化成长等阶段。在董事长和总裁的大力倡导和全体齐鲁制药员工的共同参与下，以生产经营为中心，2012年、2020年先后两次启动文化升级再造的企业文化项目，确定了“大医精诚，家国天下”为核心价值观的文化体系，这是思想的凝练，是行动的实践。

二、家国文化之道，铸就医药翘楚

优秀文化助推企业健康持续发展。齐鲁制药“大医精诚，家国天下”的核心价值观，引领企业和员工“从药之事，需至精至诚，通过至精产品和至诚责任，实现产业报国，立业天下”，为建立具有齐鲁特色的创新发展之路奠定了精神基础、思想基础和价值基础。

四十年风雨征程，齐鲁制药伴随着国家的发展一路成长，历经创业初期的磨砺和市场经济转型的考验，实现了持续健康稳定发展。四十年发展历程，浓缩着齐鲁制药的发展成就，更是全体齐鲁制药人独有做事风格和行为习惯形成的过程。家是齐鲁，有来自五湖四海的兄弟姐妹；家是国家，致力产业报国，有国有厂才有我们幸福的家；家是全世界，呵护人类健康，人类共同的福祉不分种族地域。一直以来，家国文化为齐鲁制药指明了方向，如一把精神的利剑，“剑锋所指，所向披靡”。

（一）企业持续健康发展

作为一家深具家国情怀的医药企业，齐鲁制药始终以振兴民族产业为己任，以国家之事为首要之事，熟悉齐鲁的人，都能感受到齐鲁制药人身上有着满满的正能量，“人人都要为人类、为民族、为父母、为同事、为他人多奉献自己的爱”“要多想想国家，多想想社会”。“用科技表达我们的爱”是公司使命，现已成为员工一切行动的自觉标准。这一文化内涵体现在一方面是公司在生产质量管理方面的根本准则，另一方面也是企业战略方向，成为员工认真对待工作、不断进行创新提升的内心愿望和自觉行动。“以改革为动力，以市场为龙头，以人才为根本，以科技求发展，以质量求生存，

以管理求效益”是齐鲁制药独有的36字方针，从20世纪80年代沿用至今。公司建有完善的组织结构，形成了行之有效的企业内部管理制度和机制，正是这些牵引，实现了齐鲁制药健康持续发展，从1990年产值过亿元，到2014年销售收入过百亿，再到今天的过300亿元，规模和体量不断实现突破和跨越。

持续创新产品、保证产品质量不但是制度管理和激励的产物，更是企业文化的精髓深入员工心中的外在体现。从行业跟跑到并跑、领跑，无论是研发、生产，还是销售、管理，一切从对患者的爱出发，仁者慧心，以“见彼苦恼，若己有之”之心认真履行自己的工作职责，默默奉献所有的能力和智慧。“我们的百万分之一就是患者的百分之百”，每名齐鲁制药人以此作为衡量自己工作是否合格的标准。做最优质、最安全的药品是齐鲁制药人坚定的承诺。齐鲁制药建有与国际接轨的质量管理体系，是国内首家通过美国 FDA、欧盟EDQM、英国MHRA无菌产品认证企业，产品出口全球80多个国家和地区。

（二）科技创新硕果累累

“创新是引领发展的第一动力”，党的十八大以来，习近平总书记多次强调以新的发展理念引领发展，创新始终是齐鲁制药发展的基因，在这“第一驱动力”的推动下，齐鲁制药实现不断向前发展。

坚持创新驱动战略，不断加大研发投入，至今已有 51 个药物国内首家或独家上市，7 个药物荣获国家科技进步二等奖，涵盖人用药、农药、兽药三大板块。一致性评价行业实现“双领跑”，101 个通过一致性评价的产品中有 43 个为国内首家。齐鲁制药紧跟国际创新药物发展趋势，建立中美联动五大研发平台，整合全球优质资源，持续开发“全球新”“全球好”药物。在肿瘤、感染、肝病、自身免疫、代谢疾病等未被满足重大疾病领域已布局完善的创新药物产品线。

（三）不忘初心，扛起责任和担当

在“齐鲁制药”这个词典中，国家永远是放在第一，爱党爱国是不变的初心，高唱国歌是齐鲁制药各类会议永恒的第一项议程。齐鲁制药历时6年国内首家研发的吉非替尼于2017年上市，这大大减轻了患者高负担，提高了药品可及性。吉非替尼从“天花板到地板”式的降价背后的“齐鲁力量”，就是齐鲁制药人用行动践行的齐鲁制药文化。齐鲁制药胸怀国之大者，积极响应集采，大幅降低了患者用药经济负担，以本土药企之力，惠及中国患者，践行着“让中国老百姓用得上、用得起国产优质好药”的承诺。

2020 年，齐鲁制药投资 35 亿元在内蒙古呼伦贝尔市阿荣旗建设的绿色生物农药项目经过 13 个月紧张建设顺利投产，一期项目全部达产后，满足 2000 人就业。多年来，齐鲁制药一直致力于打造环境友好型企业，走绿色发展道路，每年环保工作的运维费用超过 2.5 亿元，被评定为“国家级绿色工厂”。

持续开展“希望工程救助”、组织学雷锋志愿服务献爱心活动、城乡牵手帮扶活动、助学助老公益行活动等，积极参与救灾援助，开展“阳光工程”，组织全国“申捷”产品救助行动，斥资上亿元，在全国开展“伊瑞可”慈善援助行动、独家支持国家卫生健康“磐石行动”、支持全国医院门诊系统改善医疗服务三年行动等，累计捐赠 4.96 亿元。自新冠疫情发生以来，齐鲁制药干部员工第一时间积极行动起来，共克时艰，战“疫”有我，先后多批次、多渠道捐款捐物累计 2300 万元，在复工开产期间，做好临床用药生产供应，得到了国家部委、省市政府部门和社会各界的好评，被评选为“全国抗击新冠肺炎疫情先进民营企业”。

（四）关爱员工，润物细无声

“五湖四海齐鲁人，团结奋斗建家园”，企业关爱员工，员工奉献企业。这是齐鲁制药的真实写照。企业的管理和发展都离不开人，公司重视人文关怀，高度关注员工发展，着力使企业发展与员工发展并轨同步。从班车、青年公寓、职工餐厅、职工医院、幼儿园、小学、健身房等衣食住用行各个方面给予保障，定期查体、额外大病险、意外险等商业保险让齐鲁员工及家人多一重健康保障，“有国有厂才有我们幸福的家，就是我们齐鲁的家风。”集团董事长如是说。齐鲁是工作的地方，更是幸福的家，它体现在每个生日时如期而至的蛋糕，体现在那细致入微的民生保障中，体现月月有活动，时时有精彩的丰富文化生活中，体现在对离退休员工的关怀中，体现在每个员工人生重大时刻公司给予无微不至的关心慰问中。

齐鲁制药是一个有着美丽梦想和宏伟愿景的企业，在前行的路上，齐鲁制药人将恪守“大医精诚，家国天下”的核心价值观，立足国内，放眼世界，专注做药，为振兴民族医药工业，发出中国医药最强音，为全人类的健康保驾护航！

（作者系齐鲁制药集团有限公司党办主任、工会常务副主席张延铭，党办副主任、团委书记崔文静）

弘扬廉洁文化
助力远洋运输高质量发展

山东海运股份有限公司

文化是民族生存和发展的重要力量，是民族的“根”和“魂”。廉洁文化作为中华民族优秀传统文化、党内政治文化和社会主义先进文化的重要组成部分，在国有企业党风廉政建设和反腐败斗争中发挥着重要作用。近日，中共中央办公厅印发《关于加强新时代廉洁文化建设的意见》，为新时代廉洁文化建设指明了方向、提供了遵循。作为山东省属大型远洋运输企业，山东海运股份有限公司（以下简称“山东海运”）当前正处在全面推进“十四五”规划、开启高质量发展新征程的关键时期，坚持以习近平新时代中国特色社会主义思想为指导，大力弘扬新时代廉洁文化，把廉洁文化融入企业经营管理全过程，涵养政治生态的绿水青山，对推动远洋运输企业高质量发展具有重要意义。

一、弘扬新时代廉洁文化，要以推进全面从严治党为出发点

全面从严治党是新时代党治国理政的一个鲜明特征，而廉洁文化作为党内政治文化的重要组成部分，对于推动全面从严治党向纵深发展具有重要意义。加强新时代廉洁文化建设，既是山东海运深化落实全面从严治党政治责任的具体体现，也是弘扬时代正气、深化改革发展、激励担当作为、丰富企业文化的内在要求。近年来，山东海运党委紧扣新时代全面从严治党总体要求，把廉洁文化建设纳入党风廉政建设整体布局来谋划推进，坚持组织管廉、干部抓廉、各级述廉、人人践廉，建立了党委统一领导、纪委组织协调、职能部门齐抓共管、干部员工广泛参与的工作格局，持续彰显了“砺品行、知规矩、正航向、促发展”的作用。公司突出“关键少数”，把廉洁从业要求融入对干部员工的日常管理监督中，开展基层党组织书记述职述廉评议和综合考核评价，推动党委、党（总）支部、党组织书记等各级责任清单落实落地，引导党员干部增强政治定力、纪律定力、防腐定力。公司结合航运企业特点，探索创建了独具海洋特色的“海韵清风”廉洁文化品牌，通过责任导廉、制度铸廉、教育促廉、防控守廉、监督护廉、铁军塑廉“六位一体”构建，为党风廉政建设和反腐败工作注入了“清流活水”，在固本培元中推动营造了“气正风清、海晏河清”的良好政治生态。

二、弘扬新时代廉洁文化，要以深度融入企业治理为落脚点

廉洁文化作为企业文化的分支，是文化“软实力”的重要组成部分，必须与完善企业治理紧密融合，把崇廉尚洁的价值观融入公司治理的“血脉”，才能更好地发挥治本之效。近年来，山东海运坚持廉洁文化建设与企业经营管理一体研究、一体部署、一体推进，紧贴公司“一体两翼”产业发展定位，结合航运企业特点，通过创新党建与廉洁双共建、开展效能监督、推进业务专项检查等工作，把廉洁文化的理念和要求融入商务洽谈、船舶建造、坞修管理、燃油采购等重点领域权力运行的全过程，积极构建互融互促的工作局面。公司坚持抓早抓小、防微杜渐，持之以恒严格落实中央八项规定精神，深入践行监督执纪“第一种形态”，综合采用批评教育、谈心谈话、督导提升、整改落实等方式，开展靶向纠治，督促规范履职，做到管在关键处、管在关键时。公司着眼长远、立足长效，围绕“廉洁+合规”，把廉洁文化建设与制度机制建设有机结合，持续开展反腐倡廉“制度建设年、制度落实年、制度执行年”三年行动计划，进一步扎紧制度篱笆，形成了管人员、管事项、管流程、管环节“四管齐下”的反腐倡廉制度体系。公司把是否增强廉洁意识、堵管理漏洞、促进制度落实、推动工作开展作为检验廉洁文化建设与制度建设成效的重要标准，让廉洁文化的熏陶与制度机制的约束相得益彰，构建起规范用权、防范腐败的坚实屏障。

三、弘扬新时代廉洁文化，要以筑牢拒腐防变思想防线为着力点

一体推进“不敢腐、不能腐、不想腐”是党推进反腐败斗争的基本方针，相对于不敢腐的高压震慑、不能腐的制度约束，不想腐是一种更高层次、更高境界的内在自觉。筑牢不想腐的思想防线，关键要发挥廉洁文化自律、教化、育人的功能，使其成为干部员工的思维习惯和价值取向，为实现不想腐提供强大的内生动力。在工作实践中，山东海运坚持廉洁文化“从群众中来、到群众中去”，进一步丰富廉洁教育形式载体，创新工作方式方法，广泛开展员工喜闻乐见、参与度高、丰富多彩的廉洁教育活动，真正把廉洁文化建设融入日常、抓在经常、形成常态，使干部员工深植廉洁理念、铸牢廉洁之魂。积极探索体验式廉洁教育，组织签订廉洁从业承诺书，共产党员讲勤廉故事，征集廉洁书画作品，创作廉洁格言警句座右铭，开展廉洁从业主题演讲比赛，自导自演拍摄廉洁微电影和廉洁公益广告，赴青岛监狱、青岛反腐倡廉教育基地、高凤翰廉洁教育馆等地开展现场警示教育等，努力营造崇尚廉洁、恪守正道、担当作为的良好氛围。公司注重把廉洁文化与美德文化、家风文化融会贯通，开展家庭助廉座谈会、优良家风家训分享会、亲子廉洁手抄报创作、撰写廉洁家书和廉情寄语等活动，将廉洁教育延伸到员工“八小时之外”，以良好家风共筑反腐倡廉坚固防线。针对船舶航线遍布全球、远洋船员长期漂泊在外的情况，公司创新运用融媒体理念和“互联网+”思维，创办了《海韵清风》廉洁内刊和微信公众号、微信视频号，开设“云上说廉”微课堂，编印《护航系列——廉洁文化手册》、打造廉洁文化宣传长廊，构建“一刊一微一号一堂一手册一长廊”全方位立体化的廉洁文化教育媒体矩阵，讲好廉洁故事，传播清廉声音，让“海韵清风”吹遍山东海运每一片流动的国土，从而在潜移默化中浸润心田、启智化人。

山东海运成立近 12 年来，资产总额近 200 亿元，控制运力超 1360 万载重吨，船队规模稳居国内前三，彻底改变了山东省“港强航弱”的局面，赢得了世界第一大铁矿石供应商巴西淡水河谷、第一大矿业集团澳大利亚必和必拓、第一大石油服务商荷兰壳牌及美国邦吉、瑞士英力士、德国莱茵等国际行业巨头的认可。公司先后荣获“全国交通运输系统先进集体”“全国交通运输行业文明单位”“山东省文明单位”“山东省优秀企业”“山东省五一劳动奖状”“山东省先进基层党组织”等一系列荣誉，走出了一条地方航运企业高质量发展的新路径，成为国内发展最快、最具竞争力的航运企业之一，在国内外市场上打响了“山东海运”品牌。

（山东海运党委委员、纪委书记贾庆格）

后疫情时代
线上平台开启文化新联结

江苏林洋能源股份有限公司

企业文化是企业经营管理的灵魂，是一种无形的管理方式，企业文化不是虚无缥缈的，最终要真正融入企业的生产经营和员工的思想行动中，从而提升组织能力，最终实现经营业绩有效提升，这才是所谓的落地。林洋能源对于企业文化如何有效落地，我们一直积极探索并予以实践。

随着公司的集团化发展，员工年轻化，需求呈多样化，当前的文化建设需要与时俱进不断优化。同时，伴随着后疫情时代的到来，各种“云模式”逐渐融入我们的工作和生活中。江苏林洋能源股份有限公司（以下简称“林洋能源”）在这样的环境背景下，搭建起一个集社区互动，学习提升、活动集锦及积分商城为一体的一站式文化云平台——林洋家园，它是积分制的创新和延伸，融合了制度体系、组织建设、职业提升、党建学习、员工心声等内容。用积分调动员工的积极性、主动性、创造性，提升员工个人成长；用积分增强制度的执行力，保障制度落地；用积分解决节日礼品的选择难题，让员工有了更多的选择性；用积分推动健康的企业文化建设，让员工与企业步调一致，为企业目标的实现而奋斗。这是搭建平台的初心和使命。

一、实现一站式传播，文化建设更全面

林洋家园文化平台目前设置社区、内刊、党建、关怀、活动、学习、相册、商城八个子模块。在平台社区：员工可以发表自身在工作与生活中的所见所想，以及分享自己的兴趣爱好，在一个大型朋友圈中打造个人名片。通过点赞、评论等方式的互动让员工之间更亲近；内刊除了公司发展资讯，还有公司文化发展及团队建设、管理分享、轻松一刻等内容，也是林洋通讯员团队大显身手的平台，不仅有稿费还有额外积分奖励，促进了员工投稿积极性；党建板块既是党员学习阵地也是全体林洋人的精神园地，通过第一时间的学习互动，有效推动了党建文化建设和党建队伍管理；关怀板块中，公司会在员工的生日、入职纪念日、入党纪念日等这些特殊的日子，给予董事长祝福和平台积分奖励，得到祝福的员工也可以与伙伴们互动感想；学习板块是提升个人成长的平台，是员工了解公司的场所，是制度规范落实的窗口。通过了解、学习和贯彻，员工更了解公司，并与公司共成长；相册里有丰富多彩的美好记录，关于人物、关于发展、关于活动、关于林洋更多的故事。通过影像资料我们会看到更加多元化的林洋；而起激励作用的商城板块，目前已有 212 件礼品上线。主要以小家电、生活用品为主。礼品多数是与京东自营供货商和大型礼品商合作，均是市场知名且紧俏的产品，保证正品的前提下追逐质量及实用性。员工可用当前所得积分兑换目标礼品，每件礼品数量限定，兑完即止。并且根据季节会定期更新产品，更好地迎合员工需求。为了保障员工兑换体验，公司文化部门设立了兑换服务体系，持续精益求精，保障员工礼品质量，跟进解决员工的问题。

二、用积分加强互动，文化氛围更浓郁

“今天你积分了吗？”一张张文化海报在公司各个角落随处可见，甚至变成了一种问好方式。积分制早已运用到很多公司的文化建设中，设计一个合理的积分兑换规则是关键，不仅需要站在公司角度实现降本增效，还需通过有高颜值、高品质的商品来吸引员工完成积分获取到消耗的过程，这样才能激发大家赚取积分的动力，让兑换变得物有所值。搭建一个企业内部的积分兑换商城，除了处理日常的货品补缺，还需要定期监控兑换数据，对奖品种类做及时调整。根据员工在商城的兑换数据反馈及时调整运营方向，通过平台运营满意度的调查，加强了员工的参与感和文化认同感，持续提升员工满意度。

搭建好平台的同时一定要加强传播力度，林洋从视觉、听觉、员工关系三个角度进行传播，视觉方面是把海报趣味化，一眼明了。把有趣的宣传海报布置在员工聚集、出入的场所，让员工抬眼就看见。并且各个宣传平台都能看到林洋家园的插入广告，不断加深员工视觉印象；听觉方面是利用公司广播——林洋之声，每天上下午都会进行宣传，并以平台问题互动抢答的方式进行激励。每周五的“文化知多少”栏目就深受员工欢迎，广播出题，在家园平台上抢答，排名靠前的员工将会获得 200 积分。奖励名额数量从一开始的 30 名到后来的 50 名，目前在员工的积极响应下，已增加到 120 名。大大增强了文化互动趣味性的同时，也让更多员工有了登录平台的习惯。员工关系则通过积分互借和积分排行 PK 的方式，帮助实现彼此的兑换心愿，无形中加强了员工之间的联结，借助文化平台亲密了同事间的情谊。

三、统筹文化传播，文化传承更有效

后疫情时代，文化传播方式有了新的转变。“云旅游”“云展览”“云课堂”“云联欢”“云竞赛”等新颖的线上文化展示方式层出不穷，极大地丰富着员工的文化生活。这种方式的优势在于，没有区域和人数限制，有效联结了集团各板块公司之间的联系，集团文化传播更统一、更迅捷、更有效。实现了集团化统筹管理，逐步实现信息一致，文化一致，行为一致，同心同德，携手奋进的文化传承。

通过云平台，由集团人力资源部统一培训新员工，对各分公司新晋员工设置培训体系和奖励机制，新员工完成平台各块学习任务都会获得积分奖励，任务结束后可以根据获得的积分兑换心仪的礼品。这个方式打破了培训分块化、培训资源和水平参差的情况，让新员工有了更好的培训体验，也能更快、更全面地了解公司文化，从而快速融入公司环境。

通过云平台，我们设定了阅读和转发的积分奖励机制，改变了以往被动传播的方式，如今的公司新闻都能在第一时间被员工阅读，并且进行积极转发，公众号阅读量提升了 45%，转发量提高 30%。有效提升了品牌传播力度。

通过云平台，我们转变了活动方式，增强了员工归属感。以往各分公司开展的年终团拜会，现在以集团云联欢形式开展，不仅是全国各地的员工可以参加，就连国外的员工也可以加入进来。员工除了互动表演，还可以发表想法，点赞评论。有了大家庭的氛围，加强了员工与公司的文化黏性，提升了员工凝聚力。

通过云平台，公司统筹策划文化活动，以线上主题为中心，线下积极开展，通过参与率与得分率 PK 排行榜，树立文化积极典型，营造分公司之间比学赶超的文化氛围，让公司文化在发展中传承，在传承中持续创新。

林洋家园文化平台从 2000 年 6 月 8 日成立到现在，将近两年的时间，经历了三次升级，在员工的反馈中持续优化。陆续增加“总经理互动答疑”“微心愿”“鸳鸯信箱”“好人好事”等子栏目。登录人数从刚开始的 100 多人到现在每日平均登录人数近 1000 人，累计阅读量为 255 万+，累计发布话题 8 万+，评论量 161 万+，活动参与率较线下提升 40%，文化建设满意度提升了 28%。现在林洋家园已成为林洋人的一个习惯，“你登录了吗？”“你今天多少积分啊？”“这个活动你参加了没有？”“家园上的那个通知你看了没有？”……围绕着林洋家园，员工们多了共同的话题。林洋家园已然成为公司文化建设的主要阵地。想要知道公司最新发展，登录林洋家园；想要参加公司活动，登录林洋家园；想要发表自己的建议想法，登录林洋家园；想要秀一秀自己的才华，登录林洋家园……通过平台的成功搭建，文化的引导力和推动力更加强劲，文化氛围高涨不下。后疫情时代，应运而生的林洋家园为公司的高质量发展注入了活力与希望。

（江苏林洋能源股份有限公司企划部部长徐琳）

坚持“以文治企、文化强企”保障可持续发展

邯郸正大制管集团

“企业文化是企业的灵魂所在，是企业长寿的基因，也是知识形态的生产力转化为物质形态生产力的源泉。”多年来，邯郸正大制管集团（以下简称“正大制管”）高度重视企业文化建设工作，紧紧围绕公司发展目标，将其纳入企业总体发展战略，不断创新积累，增强了企业凝聚力和竞争力，实现了和谐、持续、稳定发展的良好局面，走出了一条“以文治企、文化强企”可持续发展之路。

一、以文化人　以文强企

创业之始，公司总裁张洪顺即创造性提出“做正派人、干大事业”企业精神和“儒家待人、法家治厂”管理理念。公司确立了企业文化总体规划目标，培育一流的文化体系，创建一流的文化建设机制，营造一流的文化创建环境，凝聚一流的文化建设人才，打造一流的文化品牌，形成一流的发展软实力。通过企业文化建设，内强素质，外塑形象，增强公司凝聚力，提高公司核心竞争力。实现公司企业文化与发展战略的和谐统一，公司文化理念与具体实践的和谐统一，公司发展与员工发展的和谐统一，文化优势与竞争优势的和谐统一。

正大制管企业文化发展历程，经历了三个不同的发展阶段。2005—2008 年，是创业探索阶段，在艰苦创业期内，公司高层推出“广博为贤，唯正乃大”的核心价值观，“做正派人、干大事业”的企业精神，“儒家待人，法家治厂”的管理理念，确定了《正大员工训》成为员工的行为准则。在全体员工中开展了企业理念、企业 LOGO、广告语等讨论征集活动。此阶段“正”文化初具雏形，成为企业文化显著特征。

2009—2011 年，正大制管企业文化进入推进丰富阶段。此阶段高层领导制定企业文化主体框架，明确企业文化发展规划，秉承“儒法结合，快乐制管”的理念，开展“服务提升价值、发展赢得尊重，团结奋进、共度危机”的学习大讨论，提出独具特色的《正大制管管理团队道德宣言》，建立了系统的企业文化理念识别系统、行为识别系统，成为凝聚正大制管员工的巨大精神力量。此阶段是企业文化的形成期。

2012 年至今，公司企业文化建设进入全面升华阶段。公司成立了企业文化建设指导委员会，设立企业文化办公室，召开文化建设创新推进大会，形成了符合公司实际、富有时代特色的企业视觉识别系统，提升企业品味，展示企业形象。此阶段为企业文化的成熟期，企业文化建设工作取得显著成效。

近年来，正大制管企业文化建设伴随企业快速发展与时俱进。借助于现代传媒技术，打造起多个公共宣传平台，相应建立起多层次、全方位信息传递系统，即时传递企业信息，促进文化交流。完成 VIS 视觉识别系统建设，编撰《企业文化手册》，对企业精神、管理理念、产品品牌等进行全方位宣传。

公司基层党支部和工会开辟《工会活动室》《党员活动室》，定期开展工会会员和党员各项活动，让企业文化渗透到每个环节。在车间，建立“车间文化牌”，记录车间荣誉、生产记录、先进人物事迹等，激发员工创造性、积极性。

为激发正能量，实现新梦想，公司每年抽派员工外出学习，在公司内部实行定期岗位培训、开展技能比武，让员工在竞赛中增长技能和才干。近年来，公司常态化开展增持百日攻关活动，调动全员，群策群力，踊跃参与，取得了优异成绩，为正大制管企业文化增添新活力，激发新动能。

二、外儒内法　人正管圆

自创业以来，公司全员坚定不移地诠释和践行“广博为贤，唯正乃大”的核心价值观，恪守“造一根好钢管，树一个好口碑”的初心，秉承“为振兴民族工业而工”之使命，致力于生产一流钢管，用卓越的产品与服务满足客户的需求，提升社会生活品质。在“外儒内法，人正管圆”理念下，

构建起与社会主义核心价值观高度契合的企业文化体系，为企业健康、永续发展注入了源源不断的动能和活力。

立足于建设新时代钢管制造业现代化标杆示范企业，围绕“永葆正大团队本色，永葆行业领先地位”中长期纲领性规划，公司一如既往严于律己，专心致志，把精力和能量全部释放在产品品质的提升和客户服务满意度上。与广大客户携手共赢，在提高市场核心竞争力上下苦功、下硬功，制造经得住市场检验的好产品，树立社会上人人称赞的好形象，营造与合作伙伴融洽、和谐、轻松、愉悦的好氛围。

以贯彻新发展理念为引领，公司坚持持续改进和创新，把提高生产工艺自动化水平和生产工艺标准化，提升产品品质、品牌建设作为持续保持行业领先的关键举措，以企业文化建设、先进生产力、先进营销力作为强有力抓手，强壮筋骨，实现高质量发展。

三、企业报国　使命担当

“致力发展，奉献社会”。多年来，正大制管主动履行企业报国责任担当。公司常态化开展了“梅花盛开助学行动”，资助寒门学子立业成才，报效国家。常态化开展爱国拥军活动，以高扬主旋律，共建鱼水情为主题，营造出“军爱民，民拥军，军民团结一家亲”的良好氛围。

2020 年，新冠肺炎疫情突袭，公司积极响应政府号令，全面打响疫情防控阻击战。张洪顺总裁亲自安排部署，亲切慰问邯郸 980 医院奔赴武汉抗疫一线医务人员家属，组织货源驰援湖北雷神山、火神山、北京小汤山基建物资近千吨。通过国内外多种渠道采购急需医疗设备，捐赠给总部基地及各子（分）公司所在地医院，增强疫情防控能力。2022 年 4 月，开辟绿色通道紧急调配资源，为邯郸市方舱医院提供建设急需 1420 大直径螺旋管，紧急驰援成安隔离点基建物资等，表达了正大制管人的速度与态度。

四、永葆本色　永葆领先

经过多年的企业文化建设，目前正大制管已经跻身同行业领先地位，成为制管业领导者之一，行业跨越式发展的典范。公司先后获中国制造业 500 强、中国民营企业 500 强、国家级高新技术企业、全国守合同重信用企业，国家两化融合管理体系贯标企业、中国民营企业文化建设三十标杆单位等。是中国钢结构协会冷弯型钢分会通用钢管技术委员会主任单位，国家行业标准参编单位。公司自主品牌“天虹”荣获中国驰名商标，系列钢管产品实现行业领跑，成为业内翘楚。2020 年 7 月，公司获“抗击新冠肺炎疫情工作爱心企业”；2020 年 8 月，获“新冠肺炎疫情防控先进集体”。

张洪顺总裁屡获国家及省市级多项殊荣，获“河北省优秀民营企业家”“河北省优秀中国特色社会主义事业建设者”“河北省杰出青年企业家”邯郸市首批“百人计划”创新创业团队和领军人才“河北省百名科技型民营企业家”“河北省文艺管理类贡献奖”“中国民营企业文化建设先进个人”“河北省最美双拥人物”“河北省爱国拥军先进个人”等荣誉称号。

2022 年，是开启全面建设社会主义现代化国家新征程、向第二个百年奋斗目标进军的攻坚之年。站在“两个一百年”的历史交汇点，公司将以新发展理念为引领，恪守振兴民族工业初心使命，紧紧抓住经济结构调整和制造业高质量发展机遇，坚持改革创新，实现稳健发展，以优异成绩迎接党的二十大胜利召开！

（邯郸正大制管集团股份有限公司总部秘书处　杨阳）

打造创新文化　铸就大国重器

沈阳鼓风机集团股份有限公司

沈阳鼓风机集团股份有限公司（以下简称“沈鼓集团”），是中国装备制造业的战略型、领军型企业，主要承担着为能源与化工重大工程提供大型离心压缩机、往复式压缩机、泵、汽轮机等核心装备和全生命周期服务的任务，是中国最大的通用装备研发制造基地，也是中国唯一一家在能源与化工核心设备所有细分市场领域能与国际一流公司抗衡的企业。习近平、江泽民、胡锦涛等党和国家领导人曾多次莅临沈鼓集团视察，赞誉沈鼓集团是“大国重器”“国家砝码”。

长期以来，特别是党的十八大以来，沈鼓集团坚持党对企业的全面领导，形成以“技术创新、管理创新、人才体制创新、文化创新”四大创新为核心的创新文化，不断推出多项国产重大技术装备，在多个领域内打破了外国公司的长期技术垄断，为维护国家战略安全、有力支撑大国博弈做出了突出贡献。

一、坚持党对企业的全面领导 打造引领企业发展的红色灯塔

沈鼓集团深入贯彻习近平总书记在全国国企党建工作会议上的讲话精神，把党的领导内嵌到企业运营的各个环节中，集团党委真正在企业中把方向、管大局、促落实。

——**把方向**。一是把牢政治方向，深入贯彻习近平新时代中国特色社会主义思想，将党的领导和党的建设写入公司章程，明确了集团党委在企业的领导核心地位。二是把正宣传方向，牢牢把握党对意识形态工作的领导权，积极开展宣传和思想工作，建设了理论课堂、信念讲堂和党建学堂 3 个思想工作阵地，打造了《今日沈鼓》微信公众号、《沈鼓信息》报纸、《沈鼓之窗》杂志“一号一报一刊”思想引领新平台，引领广大党员、员工听党话、跟党走。三是把正发展方向，由集团党委组织开展“十四五”规划的编制，确保企业“十四五”发展规划始终与国家规划相契合。

——**管大局**。一是管好经营发展大局，集团党委会成为企业研究“三重一大”事项的前置程序，对企业重大事项决策把关定向。二是管好全面从严治党大局，集团党委每年定

期研究两次全面从严治党工作，部署党建重要工作，开展基层党组织月度绩效考核，扎实开展内部巡察，建设六位一体联合监督体系，将企业全部重点环节和重点岗位纳入监察范围。三是管好选人用人大局，企业坚持党管干部、党管人才原则，将全体干部和顶尖人才纳入组织管理，打造了一批高素质、专业化的干部队伍和人才队伍。

——**促落实**。一是深入开展共产党员工程，全面推动企业重大项目。共产党员工程是集团党建工作的品牌活动，其经验被收入中组部编写的“不忘初心、牢记使命”主题教育教材。共产党员工程由党组织领导实施，以共产党员为主体，带领入党积极分子和员工群众，围绕经营生产和工作中的急难险重任务，以项目化管理、工程化推进的方式开展项目攻关活动，5 年来累计创造价值 200 多亿元。二是及时成立共产党员突击队，调集精兵强将打歼灭战，在短时间内完成任务、突破瓶颈。三是广泛设立共产党员机台岗，有效发挥先锋模范作用。集团党委设立了 1350 个党员机台、先锋岗和 1450 块党员责任区，覆盖全体党员。党员在岗位上亮出身份，做出承诺，推动工作，全天候叫响“我是共产党员”。

二、坚持技术创新 实现重大装备国产化新突破

沈鼓集团多年来的持续快速发展，关键在于核心技术的全面掌握和不断突破。1976 年，国家斥资 2 亿元，从美国、意大利等国家引进了先进的透平机械设计、制造等单元和整机核心技术，以及设计、结构分析软件，并从 IBM 公司引进了中国大陆第一台大型计算机，使沈鼓的技术水平在当时达到了国际先进水平，沈鼓也走出了一条引进、消化、发展、创新的技术发展道路。

四十多年来，无论市场风云怎样变幻，沈鼓始终坚定不移地践行自主创新战略，将创新发展的主动权牢牢掌握在自己手里。沈鼓常年保持6%左右的科研投入，建立起“两站四院五中心”的产学研创新体系，在关键技术和单元技术领域开发了120个模型级，轻介质、重介质模型级范围提高5%—10%，保障了离心压缩机整体效率指标提高3%—5%。沈鼓承担了我国能源与化工领域所有大型压缩机组国产化首台套的研制任务并获得100%成功：完成了每年120万吨乙烯“三机”的国产化成套供货；研制成功我国首台10万等级空分压缩机组、单线每年2000万吨炼油装置用每年380万吨重整循环氢压缩机组、150吨活塞力往复式压缩机研制、2.4米风洞用压缩机、CAP1400核主泵等近百种重大技术装备，有力捍卫了我国压缩机产业链供应链的安全、自主、可控。

三、坚持管理创新 推动企业治理体系和治理能力现代化

沈鼓集团坚持创新与管理“双轮驱动”，向管理要效益。我们不断完善健全企业管理体系，建立了更加科学的现代化法人治理结构。坚持开展管理创新活动，综合运用战略管理、全面预算管理、精益管理、风控合规管理等多种现代管理手段，有效提升了企业综合运营能力。同时，我们敏锐地捕捉到新一代信息技术对传统行业带来的巨大变革，在行业内率先开展数字化转型。我们大力推动数字技术与企业业务场景的深度融合，应用了仿真设计、研发数据管理等多种数字化设计平台；建设了生产制造全过程的全面感知、实时分析、精准执行和动态优化的数字化车间；打造了贯穿行政、财务、采购、营销、服务全管理流程的数字化企业运营系统，开发了机组远程在线监测系统，实现了产品的数字化设计、数字化生产、数字化交付、数字化服务。

四、坚持人才体制创新 打造企业高质量发展的战略力量

沈鼓集团十分重视人力资源的优化与发展。企业持续在西安交大、大连理工等双一流高校招募高端人才，使人才层次大幅提升。同时，沈鼓集团下大力气进行人才的培育。先后建立了远程教育平台、网络学院，与国家重点高校合作联合办学；开展职业资格培训 2000 余人次，开办硕士研究生班五期，培训在职研究生 200 人，为企业快速发展提供了坚实的人力资源保障。同时，沈鼓集团以企业综合创新改革为契机，重新设计了劳动薪酬体系，构建起经营管理、产品技术等六大职业发展通道，员工最高等级待遇相当于集团副总，使所有沈鼓人共享人生出彩的机会、拥有建功立业的舞台。创新科研人才工作机制，为他们减负松绑，让一切创造活力竞相迸发，聪明才智充分涌流。此外，沈鼓集团还扎实建设劳模创新工作室、技能实训基地等培训平台，定期开展技能大赛和劳动竞赛，选派技术领军人才进修深造，有力打造了一支高素质、专业化的员工队伍。

五、坚持文化创新 凝聚起推动沈鼓发展的强大精神动力

沈鼓集团是辽沈大地最早开展企业文化建设的工业企业，沈鼓集团坚持文化育人、文化塑魂，用统一的企业文化和价值观将全体员工紧紧地凝聚在一起。

沈鼓集团大力实施 CI 战略，建立起战略、理念、视觉、行为等企业文化的四大识别系统，并且根据企业发展和时代变化，不断丰富和更新企业文化的内涵理念，2020 年完成了企业文化的全面升级，使企业文化始终紧扣时代发展的脉搏。

沈鼓集团的企业文化不断丰富发展。我们培育劳模文化，在员工中营造勤学苦练、争当劳模的浓厚氛围。进入新世纪以来，沈鼓集团先后涌现出杨建华、徐强、五朵金花、姜妍四位全国劳模典型，沈鼓集团被誉为人才沃土、劳模摇篮。我们培育感恩文化，通过举办“感动沈鼓”“孝老敬亲”等系列活动，弘扬社会主义核心价值观，从而提升广大员工的道德水平，激发昂扬向上的强大正能量。我们培育班组文化，通过开展“最美雁阵”十佳班组评选活动，总结提炼优秀集体的宝贵经验，营造团结和谐、文明向上的团队氛围。

此外、廉洁文化、核文化等子文化纷纷落地生根，成为指引员工前进的灯塔。

（沈阳鼓风机集团股份有限公司纪委副书记、监察室主任、党群党总支书记刘沛华，党委办公室秘书马健淞，党委宣传部宣传干事孙宇、于震尧）

聚力文化建设　凝聚奋进力量

武汉市汉阳市政建设集团

武汉市汉阳市政建设集团有限公司（以下简称“汉阳市政”）是一家拥有六十余年历史的大型国有建筑业企业，是一支以“厚德善建、实干兴邦”为使命，阔步迈入全国市政行业第一方阵的城市建设劲旅。

六十余载风雨兼程，汉阳市政人始终致力于建筑领域的探索和实践，用心铸就精品工程，力创“实力汉阳市政、特色汉阳市政、和谐汉阳市政”。

一、汉阳市政企业文化的积淀

1953 年年初，由 15 名技术工人组成的汉阳区市政维修班成为汉阳市政最早雏形。从 20 世纪 50 年代至 80 年代，汉阳市政全体职工将“延安精神”内化为自身文化，发扬“自力更生、艰苦奋斗”的创业精神和“全心全意为人民服务”的奉献精神，靠着肩扛手提、人工疏捞，一锹一镐肩负起汉阳区道路和水务设施维修的重任，确保汉阳区主干道通畅和排水畅通。这一过程中，汉阳市政人凭借勤恳踏实、任劳任怨的形象培育着汉阳市政企业文化的种子。

1983 年，汉阳区建设局在全区率先实行经济责任制改革，市场经济体制逐步建立，市场竞争日益激烈。汉阳市政领导班子深感只有走出去才能有出路，于是，带领汉阳市政全体职工开疆拓土。先后参与了宜黄高速公路、黄黄高速公路等建设工程。这一时期，汉阳市政工程遍地开花，同时“解放思想，与时俱进、革故鼎新、勇于创新”的“改革开放”精神也为汉阳市政的文化随之注入新元素。

1998 年，长江发生全流域性大洪水。在百年一遇的洪涝灾害面前，领导班子号召全体职工防汛抢险，举全局之力，用短短两个多月的时间，完成了城区排渍、黄金口抢险、打通晴川防汛通道、晴川清淤、座哨查险“五大战役”，被武汉市副市长涂勇誉为敢打硬仗的“铁军”。在此阶段，汉阳市政融入了“万众一心、众志成城，不怕困难、顽强拼搏，坚韧不拔、敢于胜利”的“九八抗洪精神”，形成了以“铁军精神”为核心的文化理念，包括“甘于奉献、艰苦奋斗、敢闯敢拼”等内容，汉阳市政文化的萌芽破土而出。

2008 年 5 月 12 日，汶川发生 8.0 级大地震。领导班子带领全体职工主动请缨参与汉源抢险，历时 48 天完成了 6 个安置地、近 30 处点位、1133 套活动板房的建设任务。汉阳市政胸怀群众、奉献社会，危急关头、挺身而出，以铁肩担大义、以热血安民生，形成了“自强不息、顽强拼搏，万众一心、同舟共济，自力更生、艰苦奋斗”的文化基因。

二、企业文化落地措施及成效

（一）以党建引领，凝聚思想共识

坚持党的领导，加强党的建设，是国有企业的“根”和“魂”。公司将企业文化建设纳入“大党建”工作格局，将党建工作与企业文化建设充分融合、持续发力，激活文化源泉，助理企业高质量发展。

（二）聚合力，深入推进企业文化建设

公司紧抓企业文化这一显著特点，发挥企业文化成风化人、润物无声的作用，建设富有影响力、感召力和凝聚力的企业文化，为汉阳市政健康快速发展提供了强大的软实力支撑。

1. 携手咨询公司，梳理文化体系

2017 年，公司聘请专业文化咨询公司，对汉阳市政 60 余年发展中逐渐形成的优秀文化提炼和总结，重新梳理并建立了公司文化体系，涵盖企业发展理念、质量理念、安全理念、团队理念、人才理念、廉洁理念、领导原则、管控原则、工作原则等多个方面，确立了“信义之道，工匠之心”为总纲的文化体系。

2. 制定实施方案，推动文化落地

汉阳市政企业文化体系梳理形成之后，公司制定了企业文化落地规划与实施方案。遵循由浅入深、由虚到实的原则，围绕汉阳市政文化实施宣贯目标，将汉阳市政文化实施宣贯划分为三个阶段：造势阶段（2018 年）通过企业文化的物化设计和展示，营造企业文化宣贯学习氛围，通过大范围、高密度的宣传培训，使汉阳市政全体员工认知和理解汉阳市政的企业文化相关理念；深化阶段（2019 年）在文化培训、制度建设、领导示范、员工活动等各个方面发力，使企业文化理念变成员工内心所信奉的准则和信念，变成员工工作和生活的内在指导，调整员工的行为和习惯；常态化阶段（2020 年以后）在巩固前两个阶段工作成果的基础上，继续全面纵深推进各项工作，并在推进中不断总结、不断完善、不断提升，使企业文化建设能够促进汉阳市政管理的改进和效益提升，增强企业的竞争力。同时在前期企业文化建设活动的基础上，选取相对有效的文化活动形成特色品牌，长期开展，并针对不同类别员工设计相应主题文化活动，将文化建设工作常态化。

3. 规范形象识别，提升对外品牌形象

随着汉阳市政跨地区、跨领域的不断发展和经营能力的不断提升，重新规范 VI 使用既是汉阳市政品牌建设的需要，也是凝聚员工共识和归属感的关键举措。2019 年，汉阳市政从规范形象识别系统入手，对 VI 体系进行完善升级，对 logo

的标准色、标准字体及应用部分进行了明确。将 VI 的规范使用提升到公司品牌建设的高度，规范对外宣传、日常工作、工地布置等方面 VI 的标准应用，提升公司品牌形象的整体性。企业形象识别系统的规范统一，也促使职工对企业的归属感、融入感、荣誉感不断增强。

4. 创新文化载体，深入文化理念渗透

公司紧跟时代步伐，在加强文化建设方面不断丰富形式风格，创新传播载体，打造文化建设新高地。深入挖掘汉阳市政文化底蕴，拍摄汉阳市政企业形象宣传片、《“疫”往无前——汉阳市政战疫实录》抗疫宣传片。编纂《宣传册》《企业文化手册》《匠心筑梦——汉阳市政企业文化故事集》《平凡与不凡》抗疫故事集等文化书籍，将企业文化具象化；以重大节日为契机，开展特色活动，开展汉阳市政杯职工足球赛、组织“纪念五四 100 周年职工运动会”、开展“对话 90 后”巡回座谈活动、“青年大学堂”团员教育活动，深入了解探究新生代广大职工所思所想，实现以文“化”人，以文“养”人。

5. 丰富宣传渠道，提升品牌知名度

一是紧抓新媒体发展契机，积极适应新媒体发展趋势，创新构建传统媒体和新媒体融合的品牌传播格局。持续夯实汉阳市政报、官方网站、微信公众号、抖音企业号等传播矩阵，同时不断提升各类渠道细分度，提高粉丝黏合度、深化宣传精准度。汉阳市政报连续多年获评中国施工企业管理协会精品报刊，公司微信公众号获得湖北省建筑行业优秀公众号，粉丝量不断突破，单个抖音播放量最高突破 36.8 万，网站日均访问量超过 7000 次，品牌传播力度不断加强；二是积极开拓媒体资源，扩大外宣窗口。开拓中国网、荆楚网、中华建设网、《湖北日报》、《楚天都市报》、《长江日报》、湖北电视台等媒体渠道，为公司的长效发展积累优秀的宣传资源；三是加强行业沟通，积极投稿湖北省市政行业协会、湖北建筑业协会，参与中国市政行业协会《百城百企》《(辉煌历程——纪念中国市政工程协会成立 30 周年)纪念册征稿》，提高企业知名度，增加曝光量。

6. 讲好企业故事，诠释汉阳市政文化精神

企业文化是一个企业在长期发展中积淀下的优秀文化基因，汉阳市政在近 70 年的发展历程中留下了宝贵的精神财富。为全面、系统展现汉阳市政发展的风雨历程、沧桑巨变、辉煌成就，留驻、珍藏公司发展历程中的记忆，传承汉阳市政人厚德善建、拼搏奉献的精神风貌，2021 年公司开始建造汉阳市政企业展厅，完整立体地展示了汉阳市政的历史、现状、未来蓝图，凸显出汉阳市政的综合实力、多元发展、社会担当，诠释了汉阳市政的文化精神，使之成为汉阳市政展现企业形象、讲好企业故事、弘扬企业文化的教育主阵地。

（武汉市汉阳市政建设集团有限公司　胡皇旭）

文化融于企业发展血脉

——“一三九”幸福文化品牌体系

青岛地铁集团

青岛地铁集团始建于 1987 年，2010 年首条线路开工建设，2012 年年底组建青岛地铁集团（以下简称“青岛地铁”），与市地铁办合署办公。青岛地铁紧密围绕习近平总书记提出的“建设世界一流企业”的重要指示精神，秉承“为城市建地铁，为人民建地铁”的理念，提出“三六五”发展战略决策部署，以“建设世界一流地铁，争做一流城市投资建设运营商”为战略目标，实现以创新驱动引领，安全、优质、绿色、智慧、高效、和谐的“1+6”世界一流地铁指标体系。推进青岛地铁建设向优质、高效、可持续发展快速转型。

自成立以来，青岛地铁始终把人民对美好生活的向往作为奋斗目标，贯彻“畅达幸福”服务理念，构建全链条的文化体系，通过系统性、整体性、协同性推进文化目标体系落地，收获“2020—2021 年度全国企业文化优秀成果一等奖”、全国交通运输“榜样品牌”“全国质量信得过班组”等多项重量级荣誉。2022 年，青岛地铁将围绕青岛市城市建设三年攻坚行动重点任务，用全新商业模式和资本运作激发地铁活力，打造本土千亿级产业集群，建设实施“一三九”幸福文化品牌体系，引导员工形成共同的价值观念，更好地为保障人民群众美好出行需求提供强大正能量和营造良好内外环境。

一个服务品牌：将“以人民为中心”的发展思想具象为“畅达幸福”的服务品牌，致力于实现文化与发展同频共振，幸福与员工同建共享，美好与乘客同向同行。

三个核心价值理念：地铁提升城市综合承载能力，是畅行城市的动力，是推动城市经济发展的加速器，更是城市践行“满足人们对美好生活的向往”奋斗目标的责任主体。青岛地铁以“城市动力、畅行青岛、精彩生活”为使命，以“打造幸福地铁，做引领新生活的城市运营商”为愿景，大力倡导“包容、高效、卓越、责任、精进+”的核心价值观，为乘客创造安心舒畅的幸福出行体验，为员工打造宜业宜居的幸福港湾。

九个运营子文化理念：以“运营幸福地铁，服务精彩生活”为企业目标，以“安全运营、优质服务、高效管理”为经营理念，提炼形成了安全理念、服务理念、质量理念、人才理念、廉洁理念等应用理念，全体员工攻坚克难，创新增效，保障了线网安全建设运营，塑造了“畅达幸福”的服务品牌形象。同时，明确“有严有爱、有序有效”的运营管理理念，全体员工凝心聚力，形成“严谨务实、激情拼搏、团结协作、追求卓越”的企业精神，打造了充满凝聚力和战斗力的员工队伍。

一、“1234”工作思路——青岛地铁“一三九”幸福文化品牌体系创新建设路径

青岛地铁将企业文化建设作为关系企业长远发展的全局性、基础性工作来抓，按照“坚持一个引领、建立两项机制、抓好三个教育、实施四项工程”的“1234”工作思路，持续推进“一三九”幸福文化品牌体系建设和管理，充分发挥文化导向、凝聚、规范和激励作用。

1.坚持党建引领，传承文化“幸福基因”

青岛地铁深入贯彻党的十九大及历次全会精神，始终保持企业文化的政治性、先进性和时代性。加强党建文化品牌建设，打造独具地铁特色的“党情伴畅行”党建品牌，以“党情相伴、畅行青岛”为核心理念，提升党建引领作用，并与16家企事业单位组成“党建红色联盟”，组织党建文化建设与集中教育活动、政治理论学习、思想政治工作等有机结合起来，使企业文化建设融入党的建设要求并充分发挥先进典型在工作中的示范引领作用。

2.建立两项机制，推动文化“幸福保障”

青岛地铁成立企业文化建设领导小组和办公室，形成全链条化文化体系，明确了企业文化建设主体和具体目标，形成统筹推进、层层分解、落实到位的文化机构体系。

青岛地铁以运营需求标准化为前提，以建设变化为基础，量化企业文化建设评价指标，实现人性化服务、发挥制度化管理、标准化建设，为企业文化体系化、标准化建设提供支撑。

3.抓好三项教育，建设员工“幸福港湾”

“塑身教育”，规范员工行为作风。将企业文化建设与思想作风、行为规范有机结合，使得各级员工在自身行为规范方面自觉塑造符合核心理念的个人形象，打造出一批规范化、标准化、作风正、服务优的员工队伍。

“塑心教育”，发挥典型引领作用。以企业文化核心理念感染和塑造员工的事业心、责任心、奉献心，开展了优秀典型选树、“劳模事迹宣讲会”等活动，使得员工个人价值取向与企业核心价值观步调一致，印在脑中，烙在心里。

“塑魂教育”，奏响企业文化强音。搭建“两微一端一抖”、青岛地铁App等新媒体宣传平台，组织了一批主题鲜明、形式多样的文化实践活动，广泛记录文化、传播文化、讴歌文化，展现新时代地铁青年朝气蓬勃的精神面貌，实现文化触及灵魂、引发共鸣。

4.实施四项工程，打造人民“幸福快车”

实施文化引导工程，畅行幸福青岛。青岛地铁以“一三九”幸福文化品牌系列为引导，通过发布服务承诺、培训服务礼仪、推出“三米有真情”服务标准等方式，对内加深服务文化的价值植入和传导，对外承载市民出行的幸福感和人民对美好生活的向往的奋斗目标，推出母婴室、幸福百宝箱等暖心举措，以优质可靠的服务质量，实现幸福文化价值输出，为“一三九”幸福文化的认可度奠定基础。

实施文化责任工程，彰显国企担当。青岛地铁坚持“双碳”引领，制定“建成世界一流绿色地铁，节电30%，降碳40%”的双碳目标，通过投用飞轮储能装置、实施光伏发电项目等技术创新举措，全力挖掘节能降碳潜力，建设世界一流绿色地铁。

青岛地铁履行公益责任，成立了青岛市地铁志愿服务协会，系青岛市第一家国有企业发起的志愿服务协会，广纳会员单位50余家、在册志愿者10000余人，累计开展爱心助学、拥军优属、助残扶残等志愿服务8万余人次，不断拓展地铁“幸福之旅”。

实施文化传播工程，建设“青岛之窗”。利用地铁自有资源，做好核心价值观、文明城市创建、道德模范等主题宣传，登挂公益广告占比达60%，打造“雷锋车站”“光盘行动号”、庆祝建党100周年“三线五站一馆”主题展等文化车站、列车，弘扬社会主义核心价值观，筑牢城市精神文明脉络，为城市文明打开一扇扇“青岛之窗”。

实施文化保障工程，抓好员工关怀。畅通员工沟通渠道，设置多样化沟通平台，开展合理化建议活动，落实了企业年金、员工互助险等员工意见建议，帮助解决基层员工最盼最急最忧的问题。建立完善员工服务保障机制，全方位保障员工衣食住行，切实提升员工幸福感、获得感。

凝聚力、导向力、影响力不断提升——青岛地铁“一三九”幸福文化品牌体系文化成果见实效。

二、文化凝聚力不断提升，打造了地铁先锋团队

青岛地铁充分发挥“一三九”幸福文化聚合作用，做好“企业为员工、员工为企业”双赢工程，以企业文化科学引导员工的思想和行为，全体员工将幸福文化理念转化为内在动力，扎根一线、坚守前线、紧密团结，圆满完成多项重要节点运营保障任务，产生了“全国劳动模范”“全国城市轨道交通服务明星”等一批无私奉献、乐于助人的青年模范，内外塑造了符合“一三九”幸福文化理念的地铁先锋形象。

三、文化导向力不断提升，推动了企业高质量发展

青岛地铁积极践行安全发展、绿色发展、创新发展等发展理念，围绕“全国123出行交通圈”大战略，努力建设“轨道上的青岛”，实施以TOD模式（以公共交通为导向的城市空间开发模式）提升城市生活品质和消费能级发展战略，推出智慧客服、智慧安检等人工智能应用，为市民营造智慧便捷的出行环境，开启智慧、便捷、绿色出行新方式。

四、文化影响力不断提升，塑造了优质品牌形象

青岛地铁将“一三九”幸福文化理念落实到不断满足乘客出行需求的各项生产和经营过程中，形成了全体员工的统一思想认识、标准行为规范和行动指南，确保了运营安全平稳，运输高效顺畅，设备运转可靠，服务优质贴心，连续五

年乘客满意度调查得分处于“非常满意”水平，线网多项关键指标居行业前列，成为全国首批达到安全生产信用A级的轨道交通运营企业，乘客对幸福品牌的认可度和支持度不断提升。

坚持文化引领　突出文化融合 为管网改革重组和高质量发展汇聚精神力量

国家石油天然气管网集团有限公司

组建国家石油天然气管网集团有限公司（以下简称“国家管网集团”），是党中央深化油气体制改革的重要部署，事关国家安全、经济发展、人民福祉和社会稳定，意义十分重大。公司于2019年12月9日正式挂牌成立，2020年9月30日通过市场化方式完成对中国石油、中国石化、中国海油的全国骨干油气管网重组，全面转入实质性运营。

相比资产、业务等物质层面的显性整合，组织文化层面的整合是更深层次、更持久的融合。统计数据表明，只有四分之一的重组企业能够取得真正成功，而导致整合失败的主要原因之一就在于组织文化没有实现充分融合。作为新组建的“国家队”，国家管网集团员工队伍来源多元，思想观念、管理模式各有特色，实现文化融合面临诸多挑战。在管网改革重组过程中，国家管网集团把企业文化融合作为重组整合的关键环节，坚持文化引领，突出文化融合，着力塑造管网精神、管网行为、管网形象，汇聚“上下一条心”，共筑“全国一张网”，为圆满完成改革重组任务、实现高质量开局起步提供了强大的精神力量。

一、着力塑造管网精神 以“上下一条心”共筑“全国一张网”

一是厚植红色基因。坚持以党内政治文化为引领，坚持不懈用习近平新时代中国特色社会主义思想武装头脑，严格落实“第一议题”制度，提出并践行“学思践悟验”五步法，坚持每周跟进集体学、专题研讨重点学、制发汇编深入学、专项检查督促学，第一时间将总书记重要讲话转化为管网行动，做最讲政治、最有信仰的新的能源革命军。深入开展党史学习教育，聚焦学史明理、学史增信、学史崇德、学史力行，建立沉浸式深度学习机制，打造党史理论课堂、现场课堂、流动课堂、网络课堂，组织编印了《安全生产优良传统》《从新康街五号到东土城五号》等书籍，从百年党史中汲取精神和力量，赓续共产党人的精神血脉，厚植“新国家队”的红色基因。

二是做好顶层设计。把建立全新的文化理念体系作为重中之重，在企业文化访谈和调研的基础上，完成了对企业宗旨、愿景、战略目标、发展战略、核心价值观、经营理念的提炼和内涵阐释，建立了文化理念体系，为统一员工思想提供了总体遵循。依据企业文化层次结构理论，建立了管网之道企业文化模型，分为理念层的“管网精神”、制度层的“管网制度”、行为层的“管网行为”、物质层的“管网形象”四个层次，以管道嵌套的形式表明由内至外的文化关系和内在逻辑，并分别赋予精神红、理性蓝、活力绿和温暖橙等不同的色彩，形成了指导集团公司企业文化建设的总体框架。统筹谋划“十四五”企业文化建设，充分吸纳世界一流企业对标成果，发布集团公司《“十四五”思想政治和企业文化建设规划》，为企业文化高质量发展奠定了基础。

三是强化理念宣贯。加强企业文化理念的宣贯，在三大石油公司相关资产和人员尚未正式纳入国家管网集团之前，就制定和发布了《管网之道》企业文化手册，集中阐释集团公司企业文化理念，并通过官方网站、微信等媒介广泛传播，将国家管网集团新的信念、新的理念和新的做法传递到每一名管网人，增强“第一印象”，做到“人没过来心先拉过来”。公司进入实质性运营之后，每年围绕一个主题开展形势任务教育，从第一年的“践行新思想，追逐新梦想，打造新企业，展现新形象”，到2022年的“抢新机、闯新路、开新局、抓落实”，通过集中宣讲、员工讨论、岗位实践等活动，把管网文化穿透到基层一线，做到上下同欲、万众一心。

二、着力培育管网行为 在推动改革发展中彰显精神力量

一是注重载体创新。用好传统纸媒，着力打造精品文化传播载体，形成《管网之道》企业文化手册、《管网之声》形势任务教育读本、《管网之韵》员工文集和《管网图志》系列丛书，每年定期发布，广受员工欢迎。主动拥抱新媒体，抓住资产业务划转关键节点，发布了《关于这家最年轻的央企》文字快闪视频和《管网之道》H5，阅读量突破3.3万，成为微信公众号上线以来阅读量最大的一篇文章，得到广大管道员工的广泛转发和点赞，有力地传播了公司企业文化理念。在制定践行核心价值观行为准则的过程中，全集团近1.5万名员工通过网络平台参与准则征集和投票活动，有力推动了企业核心价值观落地践行。

二是注重仪式熏陶。充分发挥仪式在企业文化构建中的独特作用，通过开展群众性仪式活动，凝聚管网一家人的共同体意识。国家管网集团10月1日正式接管运营原三大石油公司资产，集团党组把这天确定为“三大主力部队”会师节，开展了一系列喜庆团圆活动。2019年10月1日上午8:00，集团公司分布在全国各地的292个基层站场，举行了升国旗和司旗仪式，广大员工换上新工装，礼赞新时代，以全新的形象和姿态开启管网事业新的征程，有力地激发了员工爱国兴企的责任感、使命感。2021年会师节前夕，举办了“管网员工跟党走、扬帆奋进新征程”文艺演出，共同见证会师一周年盛典。在企业后续发展中，又先后固化形成司庆日、冬季保供出征日、安全警示日等一系列具有管网特色的节日，

并结合实际举行务实节俭的文化仪式，形成全体员工的共同记忆，推进队伍融合。

三是注重典型培育。充分发挥先进典型示范引领作用，建立“搭台—发现—培养—选树—传播—保护”机制，组织中俄东线劳动竞赛和“两优一先”“五大攻坚战”先进集体和个人等表彰活动，着力培养选树各层级、各类先进典型，先后有 10 个集体和个人获得全国五一劳动奖状等荣誉，员工许迎春获全国道德模范提名奖，襄阳输油处志愿服务获全国学雷锋“四个 100”先进典型，形成学先进、当先进、赶先进的浓厚氛围。注重挖掘和弘扬员工身边的典型，开展“党旗飘扬 管网担当”优秀故事征集展示活动，生动展现一线员工践行管网文化、担当责任使命的感人故事，《管道红妆更鲜艳》获国务院国资委第四届中央企业优秀故事一等奖，微视频《在毛主席圈阅中诞生》成功荣获“中央企业庆祝建党百年百部微电影（微视频）”。

三、着力打造管网形象 不断提高公司知名度美誉度

一是高质量抓好品牌塑造。坚持提前谋划，在公司成立大会当天正式发布集团公司标识，确定“大国智慧管网、无限能源未来”等品牌口号，通过宣传片、官微、管网广泛传播，增进了社会大众对管网集团的品牌认知度。制定《国家管网集团视觉形象识别手册》和《国家管网集团标识系统基层应用标准化手册》，完成集团公司新工装设计，按照“统一标准、分步实施、勤俭节约”的原则，全面实施基层标识更换行动，对内增进了员工的归属感、认同感，对外展现了企业的新形象。

二是高标准抓好阵地建设。深入贯彻落实习近平总书记关于传承红色基因、发扬爱国主义基地作用的重要论述精神，评选发布首届 10 个集团公司思想文化教育基地，举行“继承优良传统、谱写管网华章”管网历史展览和线上 VR 展，通过 800 余幅珍贵历史图片、300 多件（套）文件和实物，集中展示了国家管网集团不忘初心、筑梦前行的奋进历程，增强了管网人的自豪感和荣誉感。立足全球视野、国家站位、行业格局、管网特色，用 8 个月时间高标准建成了企业展厅，展厅投运以来接待来访客人 120 次，成为传播管网文化、展现管网形象的重要窗口。

三是高站位抓好形象传播。筹备组建期间，围绕改革重组中心任务，科学制定宣传策略，确定了“筹备期间‘少说多做’，成立大会期间充分报道，过渡期间适度发声”的宣传基调，积极策划了集团公司成立大会、龙口 LNG 项目和中俄东线长江盾构开工、我国主要油气管道实现并网运行、中俄东线中段工程建成投产等重大新闻报道，未雨绸缪地做好舆情工作，筹备组建期间正面舆论占 99.3%以上，为改革重组营造了积极向上的良好氛围。进入实质性运营之后，全面加强正面宣传，围绕打好打赢“五大攻坚战”、冬季保供等重点工作、重要事件、重大工程进行深度报道，2021 年公司相关消息 36 次登上央视新闻，中央电视台等 8 家主流媒体发布公司相关内容 500 余次，对外树立了新“国家队”的良好形象。

（国家石油天然气管网集团有限公司党组组织与宣传部思想文化副总监 廖海珍）

夯实文化基础 彰显文化特色

国家管网集团北方管道公司大庆（加格达奇）输油气分公司

2011 年 1 月 1 日，举世瞩目的漠大原油管道正式投入商业运营。国家管网北方管道公司大庆（加格达奇）分公司党委高度重视企业文化工作，要求文化与输油并行。他们继承和发扬大庆精神、铁人精神、“八三”管道传统，积极打造有特色、有活力、有内涵的“镇守神州北极，为共和国加油”北纬 53° 漠大管道文化品牌，并深入漠大管道人心中，引领漠大人扛起责任与担当，展现管网员工的新形象。

一、传承优秀 创新理念 创建特色文化

随着漠大线的投产运营，特别是输油管理步入正轨以后，紧张的投产任务结束后，如何让漠大管道人立足北国边陲、弘扬管道传统？如何让员工在漠大线自然条件艰苦的状况下生活得更充实？如何培养员工爱岗敬业、为油奉献的精神，让他们感觉工作很愉快、生活很幸福、爱好很广泛、情趣很健康？分公司党委以打造“北纬 53° ”文化品牌作为突破口，连续三年一年一个主题实践活动，大力弘扬“北纬 53° ”文化品牌，逐步培育形成了独特的企业文化。

强化文化理念，生产文化产品。2012 年伊始，分公司以开展“北纬 53° ”文化品牌宣传提纲的学习活动为引领，在广大员工中树立北纬 53° 文化品牌意识，建立分公司北纬 53° 文化品牌体系。这一年，分公司成立了北纬 53° 文化体育联合会，极大地丰富了员工业余文化生活；以“北极光杯”创先争优活动为窗口，深入开展创先争优工作；拍摄的专题片《祖国不会忘记》，真实地再现了管道人对家的牵挂与思念，凝结了数不清的父亲、母亲、儿女在默默地付出。播放之时，年轻的漠大将士都流下了泪水，瞬间将漠大管道人的情感高度升华，激发了漠大线青年员工干事创业的热情。员工们每天都在翻阅散发着油墨芳香的《长歌黑龙——写给漠大线上的管道人》书籍，学海泛舟读书大讲堂开讲，更让员工眼界大开，受益匪浅。一系列文化产品的生产拉开了以“镇守神州北极，为共和国加油”为主题的“北纬 53° ”文化品牌建设的序幕。

增强舆论氛围，建立文化阵地。2013 年，分公司把“北纬 53° ”文化品牌的创建重点放在了漠河企业精神教育基地的建设上。教育基地坐落在漠河县兴安镇漠河输油站，它集中展示了管道优良传统在当代的诠释，更向世人呈现出一条国际化、高水平的跨国管道。分公司把建章立制，规范基地日常管理，纳入日常检查考核范畴；充分发挥企业精神教育

基地的窗口作用，抓好讲解员培训，加强文化教育、文化宣传、文化熏陶，增强参观者的认知、认同感，扩大企业文化影响面、增强影响力。2016 年、2021 年，教育基地先后两次被命名为集团公司级企业精神教育基地。

完善文化机制，打造文化品牌。分公司始终以石油精神、大庆精神、铁人精神、“八三”管道传统为源起，固化成型经验和文化成果，对品牌文化精神内涵进行再提炼、再升华。2014 年，在北纬 53° 品牌文化建设已取得成果的基础上，持续丰富文化内涵，突出核心价值观培养，先后编写《北纬 53° 企业文化建设纲要》，《北纬 53° 文化实践案例》，将行业特点、地域特色融入文化精神，使北纬 53° 文化的行业特色、时代烙印更加鲜明。以“企业精神教育基地、科研实践基地、人才培养基地”硬文化为依托，推进“健康文化、礼仪文化、团队文化、和谐文化”软文化建设，开创文化兴企、文化强企新局面。

二、继往开来　创先争优　打造优秀品牌

在“北纬 53° ”文化品牌的引领下，分公司全体干部员工克服了常人难以想象的困难，发扬大庆精神、铁人精神和管道优良传统，立足北国边陲，攻坚克难，圆满完成了输油生产任务。基本建成了“企业精神教育基地、科研实践基地、人才培养基地”三个基地，实现了“管道完整性管理与国际接轨、高科技技术应用与国际接轨、先进管理及标准与国际接轨”三个接轨，将漠大线打造成了一条“绿色、科技、人文”的国际化管道。

（一）投产运营的艰辛打造辉煌业绩　凝结出企业精神教育基地的硕果

漠大线是我国四大能源战略通道之一，经过两国两代领导人历经 14 年的共同努力，终于促成了中俄管道的开工建设。在建设和投产运营期间，石油管道人舍小家为大家，为国家的能源安全做出了应有的贡献。他们中可歌可泣的故事和典型人物是我们一生值得回味和学习的榜样。国门掌门人张春青、漠大线的公益大使吴传磊、架起中俄友谊桥梁的女翻译官鲁宏……他们传承“八三”传统，弘扬石油精神，就像一面面鲜红的旗帜，引领管网人砥砺前行。

（二）先进的科研技术树立优秀品牌　凝结成科研实践基地的硕果

漠大线是我国第一条经过高寒地区、永冻土的大口径长输管道，有很多技术难题和未知领域需要我们去研究和探索。在建设、投产及安全运营过程中，分公司与科技研究中心、石油大学等建立了良好的合作关系，解决了大量的技术和管理难题。投产以来，分公司依靠科技创新，成功攻克了高寒地区管道运行工艺、多年冻土区管道线路管理以及高寒条件下管道维抢修保障等 18 项重大技术难题，确保漠大线在诸多不利条件下，圆满完成接管投油、满负荷运行的既定目标，创造了储运行业的诸多第一，为我国高寒地区管道投产和运营积累了丰富的实践经验。

（三）一流的队伍展示先进文化　凝结成人才培养基地的硕果

漠大线远离喧嚣的繁华都市，员工最难克服的是难耐的寂寞。分公司坚持围绕生产抓党建，抓好生产促党建的工作思路，贴近基层、贴近一线、贴近职工，不断创新丰富新时代基层党建的工作方法和活动载体，目标凝心、文化聚力、榜样引领。在榜样的带领下，广大职工爱岗敬业、攻坚克难、拼搏奉献、忠诚企业，队伍的凝聚力和战斗力显著提升，出色地完成了各项生产任务，为企业赢得较高的声誉、荣誉和信誉。分公司实施“人本”管理，与高校联合组织“成才在漠大”研究生班，促进有进取心和有能力的员工在企业得到成长，同时完善了人才的梯队建设，努力留人、育人、激励人，把漠大线建成了人才培养基地。

三、全面提升　创新管理　追逐全新梦想

如今，国家油气体制和管网运营机制改革掀开了新篇章，在“X+1+X”油气市场体系中，国家管网集团正在加速推进“全国一张网”建设，确保对上下游市场主体公平公正开放，分公司作为国家管网北方管道公司的一员，担负着漠大跨国管道运营管理的艰巨任务，安全运行显得尤为重要。展望未来，我国在“十四五”规划蓝图指引下，我国油气管道建设规模和速度将在“十四五”时期呈爆发式增长，广阔的市场前景，机遇与挑战并存，我们也将与国家管网一起，书写新的发展篇章。

忠诚爱国，做为国尽责的担当者。当前国家管网以开放的姿态，以国际化的视野，以建成中国特色世界一流能源基础设施运营商为目标，开始了伟大的实践。漠大管道人将始终保持一颗对党忠诚的心、一颗国家利益高于一切的心，以保障国家能源安全、支撑国家经济建设为己任，把企业发展放入世界能源大格局和国家发展全局中去定位。

求真务实，做标杆旗帜的维护者。漠大管道人始终“立足业内”，注重提升关键领域核心技术新优势；“放眼行业”，致力于打造国际管道品牌和影响力。保持先行者的姿态，以时不我待、舍我其谁的干劲，冲锋在前、攻坚克难，坚持在能源供给等方面发挥带头作用，争当敢拼敢搏、苦干实干的排头兵，始终成为全国工业战线的一面鲜艳旗帜，为后疫情时代经济包容性增长贡献一分力量。

苦干实干，做接续创业的奋斗者。漠大管道人以改革创新意识，实施创新战略，适应国家油气管网新一轮改革开放的举措，通过自身的努力赢得竞争、赢得市场。做大庆精神、铁人精神、管道传统的传承人，进一步拓宽国际视野，不断提高中俄原油管道的认知度和美誉度，在用好“两种资源、两个市场”的同时，为促进国际合作交流、推动建立人类命运共同体贡献力量。

（国家管网集团北方管道公司大庆（加格达奇）输油气分公司党群科科长　毕波）

整合融合"奋进文化"推进奋进历程

国能包神铁路集团有限责任公司

一、国能包神铁路集团公司基本情况

国能包神铁路集团有限责任公司是国家能源集团的全资子公司（以下简称"包神铁路集团"），2019 年 11 月 23 日，由原神华包神铁路集团有限责任公司和中国神华能源股份有限公司神朔铁路分公司重组整合而成。目前，包神铁路集团拥有从业人员 1.7 万余人。主要负责包神、神朔、甘泉、塔韩四条铁路 872 公里的资产管理和生产运营。线路北起中蒙边境中方口岸甘其毛都，经甘泉线向南，通过包神、神朔与朔黄线贯通，直达黄骅港，相继穿越 3 省 6 市、17 个区县，"集疏运"能力覆盖蒙西、神府等煤炭矿井群，重点服务于神东煤炭、煤炭运营分公司、国神集团、包头能源、杭锦能源、煤制油公司（煤化工公司）等 16 家国家能源集团内部企业，承担了国家能源集团核心区矿区 70%以上的煤炭装运任务，以及部分地方煤炭和非煤产品的运输业务，年运能 4.2 亿吨，是国家能源集团铁路运输网络和资源获取的源头，是国家能源集团装车量最大的铁路运输企业，对促进沿线地方经济发展、保障国家能源供应具有重要战略意义。

二、坚持"五个相结合"，整合融合全新包神铁路集团奋进文化

包神铁路集团重组整合以来，不仅在组织、资源和业务层面推进深度融合，更注重在思想和管理理念层面加快整合融合，以全新的企业文化理念引领公司向更高的目标奋进。

一是坚持企业文化建设与党的政治文化建设相结合。包神铁路集团党委牢固树立"四个意识"、坚定"四个自信"、坚决做到"两个维护"，强化党委对企业文化建设的领导，用党的政治文化力量补钙壮骨。党政工团齐抓共管形成合力，营造企业文化建设良好氛围，为企业文化建设筑牢坚强的文化思想保证和基础。

二是坚持文化传承与创新发展相结合。认真贯彻落实国家能源集团企业文化建设工作意见和要求，弘扬社会主义核心价值观，坚持以改革创新为核心的时代精神、企业家精神，健全体系、创新机制，在新时代赋予企业文化新的内涵。学习借鉴优秀企业典型做法和创新方法，汲取文化之所长，用其精髓之处，持续为奋进文化注入活力。

三是坚持共性与个性发展相结合。在整合融合过程中，能够正确处理奋进文化与专项文化的关系，坚持奋进文化统筹兼顾的原则，站在品牌建设高度搭建具有战略性、主导性、整合性、包容性的奋进文化体系。同时为专项文化建设提供指导，给专项文化建设创造发展空间；另一方面建立健全管理手段和激励机制，大力开展企业奋进文化和专项文化落地模式的探索与实践。

四是坚持企业文化感召与形象塑造相结合。为更好地发挥企业文化内外兼修的作用，公司深度思考和领会企业文化精神层面与物质层面之间的辩证关系。坚持企业文化建设"以人为本"思想，积极倡导精神引领、氛围营造和典型塑造，充分发挥企业文化熏陶人、引领人、激励人、培育人的作用；加大文化意识形态向物质形态的转化，持续传递奋进文化的人文精神，推动包神铁路集团社会形象和品牌价值的不断提升。

五是坚持系统提升与企业文化体验相结合。坚持立足实际、立足落地有效促进奋进文化体系更好地得到提升，更好地服务于公司战略，推动公司管理水平的提升，推动公司组织活力的提升。同时注重企业文化体验与包神铁路集团战略相匹配，立足现实，探索更多"看得见、摸得到"的路径与方法，增强全体员工对企业文化的感知与体验，真正发挥奋进文化的引领力、凝聚力，提升员工的认同感、归属感。

三、传承国家能源集团企业文化，凝练包神铁路集团奋进文化

包神铁路集团奋进文化是国家能源集团的子文化，是对国家能源集团企业文化的继承、弘扬和丰富，以国家能源集团总体发展战略为使命统领，以国家能源集团企业文化核心价值理念体系为行为指南，以包神铁路集团的发展历程、经营实践、产业属性、地域属性、人文属性和全体员工的奋斗激情为行为载体凝练形成的企业文化体系。奋进文化是包神铁路集团的文化品牌，由文化品牌、文化主题、文化品格、理念体系、行为规范与企业标识六部分构成。即：

文化品牌：奋进文化

文化主题：一路同行，一路奋进

文化品格：讲诚信，求创新，敢担当，争一流

企业使命：高效运输，创造价值，造福员工，贡献社会

企业愿景：建设具有核心竞争力的世界一流铁路运输企业

经营理念：聚合资源，共赢发展

管理理念：规范严谨，权责明晰

领导干部基本行为规范：对党忠诚、勇于创新、治企有为、兴企有方

各级员工基本行为规范：敬业担当、精于务实、团结协作、创新进取、富有成效

四、推广应用企业文化建设成果，丰富包神铁路集团管理实践

通过党建引领、多部门、多条块、多层面工作的有机结合、共同作用，凝练形成了具有包神铁路集团特色完整的《奋进文化》理念体系、《视觉识别系统应用》体系、《员工行为规范》体系以及企业文化传播落地协同工作格局。包神铁路集团非常注重企业文化理论研究，经过近一年的系统研究，

形成的理论文章获得了国家能源集团 2021 年政研会思想政治理论课题研究论文一等奖，夯实了企业文化宣贯的理论基础，为包神铁路集团提升良好形象和美誉度奠定了坚实的基础。

五、强势宣贯包神铁路集团奋进文化，推动文化理念落地生根

（一）强化企业文化宣贯推广，扩大文化理念覆盖范围

包神铁路集团各级领导做到先学一步、学深一步，发挥表率作用，做企业文化的主动学习者、自觉实践者、模范贯彻者和主动宣讲者。

同时，充分发挥包神铁路集团内部宣传媒体的舆论主导作用，做好国家能源集团公司战略、文化理念与品牌形象的宣传普及，广辟宣传渠道，在公司网站、公众号及微信群等宣传媒体统一宣传口径，集中形成大范围、多层次、多角度的宣传热潮，让员工记得住、说得出、理解深。

为强化员工视觉冲击氛围营造，按照国家能源集团“四统一”要求，将国家能源集团企业文化核心价值理念体现于生产经营领域、办公、会议等场所的文化环境之中。确保统一规范，不走样、不变形，全面提高视觉识别系统应用工作的统一性、规范性。

（二）因地制宜开展载体活动，促进文化理念落地生根

一是企业文化建设与党建工作深度融合。在开展党建系列活动中，融入“奋进文化”关键词。

二是实施企业文化故事“月讲月报”，讲好身边的“奋进”故事，每月筛选、提炼最具典型性、代表性的故事，以此形成“月讲月报”的长效机制。

三是组织开展企业文化落地特色宣讲活动，展示包神铁路集团全体员工实践“奋进文化”的感人事迹，展现包神人的新思想、新文化、新观念、新形象。

四是与专项文化建设相结合。根据实际需求，选择开展安全文化、党建文化等专项文化建设。形成分管领导主抓、企业文化部门指导、专业管理部门主导、全体员工参与的专项文化建设工作机制。

五是与贴近员工生活的文化建设活动相结合。开展丰富多彩接地气的企业文化建设活动，充分让一线员工广泛参与，引导员工树立“大包神”观念，增进员工的归属感、自豪感、荣誉感与幸福感。

六是打造企业文化建设常态化宣传阵地。筹建“包神铁路集团奋进书院”，通过智能化多媒体展示，打造包神铁路集团企业文化沉浸式综合体验馆和培训教育基地。

（国能包神铁路集团党委书记、董事长惠舒清，党委副书记、工会主席钟晓光，企业文化部主任王宏彬，企业文化部高级政工师张文云）

基层电力企业
基于雷锋精神传承实践的
党建创新研究

国网抚顺供电公司

雷锋精神是中国共产党精神谱系之一，着眼新时代发展，国网抚顺供电公司作为基层电力企业，积极贯彻落实国网公司“建设具有中国特色国际领先能源互联网企业”发展战略要求，将雷锋精神融入电力企业文化发展，发挥国企党建优势和新时代“雷锋工程”特色企业文化优势，结合企业发展实际，依托岗位学雷锋创新示范基地、“八个一”主题实践等特色企业文化建设项目，以党建创新切入企业各项工作，引导和激发企业全员以雷锋为榜样，牢记使命初心，投身于岗位学雷锋实践活动，在推动资源枯竭城市转型，服务家乡人民生产生活用电中，助力公司高质量发展，为抚顺作为东北老工业基地一份子的全面振兴、全方位振兴贡献蓬勃力量。

一、主要做法

（一）打造岗位学雷锋创新示范基地

国网抚顺供电公司贯彻落实国网公司“建设具有中国特色国际领先能源互联网企业”发展战略要求，发挥国企党建优势和新时代“雷锋工程”特色企业文化优势，建设的创新、研发、培训、展示为一体的多功能综合型岗位学雷锋创新示范基地。

国网抚顺公司以党建创新“领航”公司发展为目标，统筹协调建设党建创新工作室与专家工作室、劳模工作室、职工创新工作室。以不断完善党的建设制度体系，持续提升党建工作质效，精准赋能企业高质量发展为目标，形成党建与生产经营深度融合的“五步工作法”，即任务梳理、立项研讨、团队认领、基层实践、验收评估。任务梳理是深度结合工作实际，服务公司中心任务、技术攻关、管理提升、工程建设等重点工作；立项研讨是明确党建创新项目的预期目标、运行机制、实践载体、融合实践举措；团队认领是将党建创新项目进行组织委派和基层党组织自愿认领；基层实践是在各基层党组织组队设区（责任区、示范岗、服务队、突击队），深化党建攻坚实力，确保党建创新基础保障；验收评估是通过量化考核与成效评估，进行基层党组织建设的整改提升，形成基层间的经验交流，实现典型推广和成果分享。

以建设“智慧党建、集成党建、幸福党建”为建设目标，以“五步工作法”为指导思想，形成“创新团队分组，研讨项目分类，团队与项目对接，项目与实践对接，团队与基层对接”的“两分三对接”工作模式，总结出“四出、四强化和四个下功夫”党建创新工作法。即出亮点，强化研讨，在攻坚克难上下功夫；出精品，强化创新，在特色成果上下功夫；出榜样，强化服务，在指导保障上下功夫；出成果，强

化实践，在推广应用上下功夫。

（二）打造抚电特色“四维度”创新文化

1. 领航护航 担当务实的党建创新文化

坚持党的建设与抚顺公司发展紧密结合不动摇，始终围绕公司中心任务，充分发挥各级党委的政治核心作用、党支部的战斗堡垒作用和广大党员的先锋模范作用，在全面落实管党治党责任上，重实际、出实招、求实效。

2. 团结协作 精益求精的管理创新文化

有效融合不同专业、部门、单位，技能、经验、方法，不断强化横向与纵向之间协调配合，形成角色互补、产生协作动力，倡导精益求精、一丝不苟的理念和严谨、耐心、专注、细致的工作，推动企业管理高效运转。

3. 相融共进 传承开拓的雷锋文化创新文化

借助“抚顺是雷锋第二故乡”这一无可替代的地区文化优势，用“传承与担当”的态度，持续推动“雷锋工程”升级发展，实现社会主义核心价值观和国家电网公司统一的企业文化全面落地根植。

4. 钻无止境 勇攀高峰的专业技术创新文化

以持续创新增强动力、全员创新激发活力、全面创新提升核心竞争力为目标，开展各种职工创新活动，最大程度发挥劳模、专家和高技能人才的先锋示范作用，最终实现抚顺公司创新驱动发展。

（三）开展“八个一”主题岗位实践

1. “一颗心”幸福主题实践

把雷锋热爱党热爱国家热爱集体优秀品质，融入国家电网公司“旗帜领航”党建工程，推动党的建设提质登高。要求广大党员干部职工坚决捍卫“两个确立”，不忘初心，牢记使命，一心跟党走，努力践行社会主义核心价值观，为建设具有中国特色国际领先的能源互联网企业而奋斗。

2. “一股劲”奋斗主题实践

把雷锋敢于向困难挑战、敢于胜利和积极进取精神，融入国家电网公司适应能源革命升级和数字革命融合趋势，加快电网全面跨越升级，服务双碳落地战略，引导党员干部职工形成干好党的事业的一股劲、电网建设一盘棋。

3. “一片情”安全生产主题实践

把雷锋关心他人、关爱集体、关注社会的浓厚人文情怀，融入企业安全生产全过程，确保电网安全稳定运行和电力可靠供应，为公司高质量发展提供保障，更好地服务人民美好生活和经济社会发展。

4. “一缕风”营销服务主题实践

把雷锋对待同志像春天般温暖的全心全意为人民服务意识，融入“人民电业为人民”企业宗旨，全面履行经济责任、社会责任、政治责任，用“雷锋式”服务，持续为客户创造最大价值，助力经济社会发展和人民美好生活。加强业务培训，提升营销人员工作技能和业务水平。

5. “一把尺”企业管理主题实践

把雷锋对待工作严谨认真、精益求精的优良品质，融入全面深化改革和企业治理现代化，推进公司管理“质”“效”双提升。优化绩效考核管理，建立业绩管理平台，完善指标考核体系，促进公司经营质效全面提升，为评先评优提供依据。

6. “一颗钉”学习创新主题实践

把雷锋善于学习、善于挤和钻的钉子精神，融入国家电网公司“勤奋学习，开拓创新”要求，不断提高职工技术业务能力、核心技术攻关和科技创新能力。致力专业融合，培育“一专多能”复合型专业人才。加强职工创新基地建设，完成尖峰学社创新团队骨干纳新和培训。

7. “一滴水”团队建设主题实践

把雷锋“一滴水融入大海就永远不干涸，一个人只有把自己和集体的事业融合在一起才有力量”的集体主义精神，融入国家电网公司“以共同的价值追求凝聚团结奋进的动力”要求相融合，培养党员干部职工热爱集体，感恩企业，积极协作，关心关爱他人的优秀品质，打造具有高度团结协作意识，奋进担当，高度凝聚力、战斗力的优秀团队。

8. “一头牛”廉洁从业主题实践

把雷锋甘心奉献，严于律己，公而忘私，不求私利的精神，融入国家电网公司“干事、干净、廉洁从业”理念，引导党员干部职工自觉履行“两个责任”，涵养依法经营，遵章守纪，廉洁从业的清风正气。深化党风廉政建设，树立优先做好政治监督鲜明导向，持续优化政治生态。

二、案例成绩

2021年至2022年，国网抚顺供电公司高举习近平新时代中国特色社会主义思想伟大旗帜，从党的百年奋斗中汲取智慧和力量，以持续提高党的建设质量为主题，以“巩固、坚持、发展”为主线，实施“品质党建”新跨越行动，公司党委被省国资委党委授予“省（中）直企业先进基层党组织”荣誉称号。郑献春同志荣获“全国第七届岗位学雷锋标兵”，刘传波同志荣获“全国五一劳动奖章”，多家集体和个人荣获网、省公司表彰，公司雷锋共产党员服务队争创品牌效应，荣获国家电网公司“金牌”共产党员服务队。

（作者系国网抚顺供电公司党建部主任郑献春，党建部副主任孙宇，党建部专责宋柯、蒋忆晓）

汇聚促进发展正能量 提升企业核心竞争力

河北津西钢铁集团股份有限公司

河北津西钢铁集团股份有限公司（简称“津西股份”）始建于 1986 年 10 月。2009 年 12 月，注册成立河北津西钢铁集团（简称津西集团），现已成为拥有 3 家上市公司、4 家高新技术企业、境内外控股公司近百家，年实现销售收入突破 1000 亿元，集钢铁、非钢、金融三大板块为一体的大型企业集团。

在集团董事局韩敬远主席带领下，坚持践行以“四为”为核心的企业文化，强化责任，为社会创造财富，在促进社会和谐发展中实现自我完善与提升；履行受托，为股东创造回报，凝聚企业的向心力；诚信经营，为客户创造价值，实现互惠、共赢，树立良好的市场信誉；以人为本，为员工创造前途，努力构建和谐劳动关系，充分发挥了企业文化的灵魂指导、激励提升、凝心聚力、推动创新的强大作用。津西连续8年获得“全国企业文化建设优秀单位”荣誉称号，2013年11月，中国企业文化研究会授予我公司“改革开放35周年企业文化竞争力三十强单位”。

一、坚持“四个一起”，力行创新发展，构建具有津西特色的立体文化格局

津西集团的企业文化建设，始终与企业不断发展壮大紧密相连，相互促进。把文化建设融入企业改革与发展的各个时期和各个领域，成为检验企业管理的硬任务、硬指标。津西审时度势地提出“跳出津西看津西，站在行业看津西”“能力决定岗位，岗位决定收入，收入决定生活水平”“培训是员工的最大福利”等一系列文化理念，为凝聚员工心智、推进企业体制机制改革、实现多次跨越发展奠定了坚实基础。津西集团明确提出“为社会创造财富、为股东创造回报、为客户创造价值、为员工创造前途”的“四为”文化理念。按照统一性与多样性相结合，企业文化建设与产品创新、经营管理实际相结合，整体构建与分步实施相结合，领导推动与员工广泛参与相结合的原则和方法，企业文化不断得到深化和推进：

一是内容更加深刻、丰富、系统，已经形成以理念文化、行为文化、试听文化为一体的企业文化体系，企业文化的系统性、先进性、实用性、导向性得到充分体现。

二是表现方式更加直观、鲜活、深入。印制《企业文化手册》《企业形象视觉识别系统手册》，创办《津西人》报、《津西内参》等内刊及数次开展大型企业文化研讨营活动和丰富多彩的文体活动等，使企业文化日益深入人心。

三是津西特色更加鲜明突出、贴近实际。企业文化成为津西人的言行规范和共同精神追求。

四是制度保障更加完善、规范、有力。先后出台《企业文化建设管理办法》《企业形象视觉识别系统管理与使用规定》《关于推进企业文化落地工程的实施方案》《关于加强集团企业文化建设的指导意见》，确保企业文化整体、持续推进并落到实处，对提升企业文化管理水平起到重要作用。

五是引领作用更加显著、有效、深入人心。在推进企业发展过程中，津西坚持产品品牌与文化品牌同谋划、同部署、同推进，企业发展水平与文化管理水平相互促进、共同提高。

二、坚持“四为”领先，打造文化精品，以文化理念的实践带动企业实力的全面提升

（一）强化责任，为社会创造财富，在促进社会和谐发展中实现自我完善与提升。

一是坚持科学发展观，优化产业结构和布局，不断采用新技术、开发新产品，促进社会进步与繁荣。津西根据国家钢铁产业政策和“在发展中调整、在调整中发展”的战略思路，坚持“靠特色打品牌，以品牌占市场”的理念，津西牌型钢荣获“中国H型钢市场品牌信誉第一品牌”“中国钢铁行业十大畅销品牌”等一系列殊荣。

二是强化节能减排，大力发展循环经济，努力建设资源节约型和环境友好型企业。集团积极贯彻国家钢铁产业政策，加大环保投入力度，先后投入20多亿元更新设备和工艺，抓好节能减排重点工程，强化减排设施的运行和监管，强力推进清洁生产和环境治理，变“三废”等污染物为再生资源，煤气、蒸气全面回收发电，自发电量达到50%以上，打造绿色钢铁企业，实现了和谐发展。

三是坚持依法依规纳税，积极回报社会。累计向国家上缴税金超380亿元，安排劳动力就业16000余人，带动了地方铁矿、运输、城建、餐饮等一大批相关产业的发展，成为企业驻地的立县支柱企业。与此同时，积极履行社会责任，回报社会。董事长韩敬远及领导下的津西集团先后捐款近亿元，用于教育、扶贫、救灾等社会公益事业。其中，韩敬远捐资1000万设立“河北省静远教育基金”，为振兴迁西教育培养后备人才做出突出贡献。

四是丰富文化底蕴，打造文化精品，提升企业文化的影响力和竞争力。为弘扬中华传统优秀文化，集团旗下龙翔文化公司出资编纂了《蒙学十三经》，并在北京人民大会堂举行发布会，在国内外引起强烈反响，受到国家领导、知名学者和读者广泛好评，为传承国学文化，实现以文育人、以文兴企探讨一条成功之路。

（二）履行受托，为股东创造回报，凝聚企业的向心力。

津西集团牢固树立对股东负责，为全体股东谋利益的市场理念，履行受托承诺，注重投资者利益的回报，实现股本股金的保值增值，增强股东对公司的信心。2003年以来，津西股份每年以高于20%的分红比率回报股东。改制时的原始股东，人人有了丰厚回报，多数人购买了轿车，拥有了高标准住房。

（三）诚信经营，为客户创造价值，实现互惠、共赢，树立良好的市场信誉。

一是倡导和确立以“诚信”为核心的企业文化，树立良好的企业形象。在企业文化体系建设中，把“诚信”二字贯穿于理念文化、行为文化等各个方面，“诚信”成为全体干部员工共同遵守的行为准则。

二是坚持客户至上的营销理念，大力推行星级服务，让客户感受真诚、超前、细致、周到的优质服务。津西集团秉承“用户满意就是我们的工作标准”的服务信条，不断完善客户服务手段、服务内容，加强与客户的信息沟通与服务。

三是健全客户评价体系，严格合同的管理与履行。津西集团重合同、守信誉，产品产销率和货款回收率连续13年

达到两个百分之百，综合用户满意率达99%以上。集团核心企业津西股份被商务部授予信用等级AAA级企业，并先后获评“全国文明诚信示范单位”“中国化工机械行业全国守信单位”等荣誉称号。

（四）以人为本，为员工创造前途，努力构建和谐劳动关系。

一是完善维权机制，切实维护员工合法权益。各子公司都建立和健全员工代表大会制度，完善民主管理、民主参与、民主监督和厂务公开制度，员工的参与权和知情权得以落实。落实集体合同制度，在劳动用工、工资分配、劳动时间、社会保障等方面都做了较大调整和进步，并以法律文本形式做出约定。员工社会保障体系进一步完善，每年为员工交纳各种保险金9000多万元。2007年，率先在唐山市民营企业中建立“员工特病大病特困救助基金”，多年来，先后救助员工1653人次，发放救助基金472.78万元，实现了员工老有所养、病有所医、困有所助、育有所补、住有所保。

二是建立激励机制，为员工搭建展示才华的平台。建立健全现代、科学的人力资源管理机制，营造尊重知识、尊重人才、尊重劳动的氛围，形成靠事业、用政策、凭环境和以情感引进人才、留住人才的新局面。同时，干部层层实行聘任，员工推行“双聘制”，形成能进能出、择优聘用、竞争上岗的新机制。完善干部和优秀技术人才的培养、选拔与任用机制，全面推行职业技能鉴定社会化考评并按职级给予相应的技术津贴。津西股份积极推行宽带薪酬管理制度，调动了员工工作的积极性和主动性。

三是实施“素质工程”，促进员工素质的提升和自身价值的实现。津西确立“培训是员工的最大福利”理念，强化员工教育、技术素质培训。累计投资1000多万元建立员工培训中心、图书阅览室及14个厂级培训教室，每年投入400多万元进行员工培训。

四是注重环境建设，为员工创造良好的生产生活条件。集团各子公司全力抓好净化、绿化、美化、亮化，引入6S管理，推进生产、生活的标准化管理，搞好清洁生产和环境保护。津西股份投资7200多万元新建总面积35400多平方米的4栋大学生公寓；建设3000多平方米的员工服务中心。每逢春节、中秋等传统节日，投入200余万元购买实用生活用品慰问员工。定期走访伤残、疾病及家庭发生重大变故的员工家庭，及时送上温暖。

五是加快文化产业发展，推进集团文化产品的系统化和精品化。2012年3月成立津西龙翔文化发展有限公司，为推进集团文化产品向系统化和精品化发展迈出坚实的一步。

三、立足文化强企，着力深度融合，不断创新和完善文化理念与内涵的实践方式

津西集团在推进企业文化建设中，把文化建设作为项目来经营，真抓实干，不断创新，软任务变为硬指标，文化建设贯穿于企业经营和持续发展的整个过程中。呈现出以下显著成效：

一是联系实际，发展创新，实现了文化建设内容与形式的高度统一。

二是持续推进，力求实效，实现了文化建设与企业发展的高度统一。

三是健全制度，落地生根，实现了文化建设与企业进步的高度统一。

（河北津西钢铁集团股份有限公司）

全面提升“四力” 建设独具港口特色的企业文化

河北港口集团

“十三五”期间，河北港口集团坚持以习近平新时代中国特色社会主义思想为引领，坚决贯彻落实习近平总书记关于中国特色社会主义文化建设的部署要求，以高度的文化自觉在集团第一次党代会上明确提出了大力实施文化强企战略，坚持历史传承与时代精神深度融合，建立健全企业文化运行机制、责任体系，开展丰富多彩、灵活多样的文化活动，有效激发了文化创新创造活力，在企业转型升级高质量发展的关键时期，全面提升“四力”（即引领力、创造力、传播力、服务力），切实发挥企业文化价值引领、凝心聚力、助推发展的重要作用。

一、坚持责任落实，建立了权责清晰的工作格局

集团公司党委站位全局和战略高度，构建横向到边、纵向到底的企业文化建设责任体系，确保企业文化建设始终保持正确政治方向。集团党委坚持对企业文化建设领导，凡涉及企业文化建设的重大决策均由集团党委常委会集体研究决定，班子成员对分管系统和部门的企业文化建设工作承担领导和推进责任。成立了河北港口集团有限公司企业文化建设工作小组，牵头部门为党委工作部，14个集团机关部室均为成员单位，按照系统管理、分级负责、谁主管谁负责原则，建立了权责清晰、分工负责、协调配合的企业文化横向运行体系。将企业文化建设情况作为重要内容列入集团党建绩效考核，以季度为单位对各基层单位企业文化建设年度计划实施情况、重点任务措施落实情况、职工认知情况进行检查、评估、督导，形成了行之有效的纵向考核评价和激励机制。把企业文化建设经费纳入集团公司年度预算，保证专款专用，加大软硬件投入，为企业文化建设提供了重要资金支持和物质保障。

二、坚持文化引航转型，升华提炼了新的企业文化

贯彻新时代党中央对国有企业文化建设部署要求，聚焦集团转型发展新形势、新思想、新理念、新战略，在继承秦港百年优秀文化因子基础上，升华集团企业文化理念系统。

先后召开基层职工代表、中层领导干部和宣传干部队伍3个层面座谈会征求意见建议，使新的企业文化理念具有广泛深入的群众基础，并于2017年10月正式发布《河北港口集团企业文化理念系统》。将“为党报国、服务地方、担当负责、客户至上”作为核心理念，体现了公司党委的政治意识和责任担当。基础理念分别为企业愿景、企业使命、企业精神、企业价值观，是集团企业文化主流价值的充分展现。应用理念分别为企业营销观、服务观、质量观、安全观、环保观、荣辱观、纪律观和廉洁观，是对集团各项工作贯彻执行的基本要求，三个不同层面的价值理念在内涵上构成了完整的理念体系。《企业文化理念系统》一经发布，得到了广大干部职工的普遍认同，进一步坚定了集团上下文化自信，为引领企业发展提供了强大的文化支撑和精神动力。集团坚持每年发布旗下核心子公司——秦港股份社会责任报告，以实际行动为秦皇岛创建全国文明城市、国家卫生城市做出重要贡献。“帮建社区助创城、清洁港区保创城、文明先导促创城”等做法多次得到市委、市政府表扬。

三、坚持打造新时代文明实践特色文化，深入开展志愿服务

贯彻习近平总书记关于推进新时代文明实践中心建设的指示精神，深入开展新时代文明实践志愿服务，打造独具港口特色的国企样板，成立河北港口集团新时代文明实践志愿服务总队，实名注册志愿者1.3万余名。组织新时代文明实践志愿服务誓师大会，为8支骨干和专业志愿服务队授旗，党的十九大代表、全国劳动模范张海波带领400名志愿者集体宣誓，有效激发了广大志愿者服务热情。集团广大志愿者秉承“为党报国、服务地方、担当负责、客户至上”的核心理念，广泛深入开展理论宣讲、环境保护、法律援助、医疗健康等各具特色的志愿服务活动，在脱贫攻坚、抗击新冠肺炎疫情、创建全国文明城市、国家卫生城市等重要工作、重大活动中发挥了国企重要作用、展现了国企良好形象。党的十八大以来，累计投入志愿服务力量3万余人次，志愿服务超过8万个小时。集团职工及志愿服务组织荣获河北省学雷锋志愿服务优秀志愿者、先进志愿者服务组织、志愿服务示范站点等荣誉称号。

四、坚持大抓基层原则，突出彰显了文化传播力感染力

将企业文化宣传贯彻落实作为凝聚集团转型升级强大力量的重要抓手，坚持开展“企业文化月”活动，集中开展理念宣讲、优秀宣传品评比、职工文化作品展、“我与企业共转型”主题征文、“一起走新路”演讲比赛等主题活动，开展“德行港口·唱响文明”“基础文明、基础道德、基础素养”等主题系列活动。深入挖掘普通一线职工感人故事编发集团企业文化故事集《大港无疆》，在集团主办报刊和微信公众号上开设“奋斗者的信仰”专版专栏，引导职工发现和记录身边的动人瞬间和感人故事，编发主题鲜明向上、情节生动感人的企业文化故事，并组织职工广泛学习转发，有效激励了广大干部职工践行“忠诚敬业、务实创新、团结奋进、争创一流”的企业精神，为形成与集团企业文化相符的主流价值体系起到了重要推动作用。开展“我学习我践行”集团企业文化理念学习宣传活动，形成线上学习、线下教育、现场宣讲、环境布设四位一体的学习教育格局。紧密结合集团实际、详细解读企业文化，起草印发2万余字的宣讲提纲，在内部报刊、微信公众号上宣传连载，为基层学习宣讲提供重要蓝本。组织基层单位7093人次参加了企业文化线上专题培训及考试，制作、发放简版《企业文化手册》1.1万册，推进职工对集团企业文化的认同与践行。组织开展“港夫日”线上体验教育活动，制作推出“我为河港升司旗”“扫摄港口工作照”“百年秦港迈进新时代”等线上专题教育活动，得到广大干部职工的积极响应和热情参与，仅一天时间点击量达5844人次。坚持发挥先进典型示范作用，评选命名了36个企业文化示范基地，有效激发了基层单位贯彻落实企业文化的积极性主动性，有力推动了服务文化、创新文化、安全文化、环保文化、家园文化、志愿者文化等系统文化、基层文化与集团倡导的企业文化相融共促，形成了一主多元、百花争妍的企业文化建设生动局面，培育了推动集团发展新战略贯彻落实的重要力量。

五、坚持打造独树一帜河港形象，进一步优化视觉文化环境

把企业文化环境建设作为引领主流价值导向的重要手段。加强标准化文化环境建设。在集团重要地段龙海大道布设中英文双语宣传标语，在集团南楼大会议室及楼道布设党的十九大精神、集团企业文化理念等宣传标语牌。全面提升秦港调度指挥中心视觉形象及宣传文化环境，设计更换楼内索引牌、业务大厅窗口吊牌、楼层办公指示牌、综合信息栏等，统一布设楼内会议室、单位形象墙及宣传标语牌，打造了企业文化环境建设示范样板。加强规范化文化环境管理。坚持每年开展宣传文化环境专项实地检查，明确整改要求、整改时限，并将通报检查结果纳入集团党建绩效考核。规范了外单位在集团发布广告相关工作，对不再继续发布广告的予以拆除，继续发布广告的按照《管理办法》办理了相关手续。加大企业重点部位基层布设宣传标语审核把关力度，确保统一、规范、鲜明的企业整体形象。

六、坚持提升文化治理能力，制定出台一批管理制度

适应集团转型发展文化建设新需要，建立有效的企业文化工作运行机制，出台集团公司《企业文化建设管理办法（试行）》，明确企业文化建设基本内容、管理体系、考核评估与改进提高等具体措施，是集团企业文化建设基础性文件。印发集团公司《宣传标语管理办法（试行）》《外单位在集团发

布广告管理办法（试行）》，为规范集团公司企业宣传文化环境建设提供了重要制度依据。印发集团公司《全资及控股子公司对外简称管理办法（试行）》，统一规范了集团公司、股份公司全资及控股子公司、有市场经营业务单位的中英文对外简称，为塑造规范统一的企业形象奠定了坚实制度基础。

七、展示港口文化力量，赢得各方瞩目

组织开展集团公司改革开放40周年暨秦皇岛港开港120周年系列庆祝活动，弘扬了百年港口优秀文化，激发了再创辉煌的昂扬士气。集团公司荣获“改革开放 40 年中国企业文化典范组织”称号。开展集团公司庆祝中华人民共和国成立 70 周年“我和我的祖国”群众性系列主题宣传教育活动，制作“我和我的祖国”快闪宣传视频，承办河港杯河北省国资委系统“壮丽 70 年 奋斗新国企”暨“不忘初心 牢记使命”主题教育演讲比赛，在省国资委系统获得巨大反响，得到省国资委领导充分肯定、高度评价。

（河北港口集团党委工作部宣传教育科副科长黄潮海）

矢志向善而建 打造母子文化融合典范

陕西建工第十一建设集团有限公司

陕西建工第十一建设集团有限公司（以下简称“陕建十一建集团”）是全球知名承包商（ENR）陕建集团旗下重要骨干企业，前身是中国人民解放军建筑工程第七师，1955 年 9 月 22 日奉命集体转业为企业建制，朱德总司令题词“在战斗中是英雄，在建设中是模范”，现已发展成为具有国家建筑工程施工总承包特级资质的百亿集团。在其近 70 年发展中，始终秉承红色企业文化因子，与时俱进发展，在陕建集团“向善而建”企业文化引领下，打造“专业建造”企业文化品牌，树立了母子文化融合发展典范，引领企业持续高质量发展。

一、根植红色沃土

企业文化不是从天上掉下来的，陕建十一建集团企业文化从哪里来？企业文化的根和魂在哪里？

公安十一师精神。1950 年，根据中央军委命令成立公安部队，主要担负肃清残匪、保卫政权、维护社会治安，保卫祖国建设的任务。企业前身就是其中的中南军区公安第十一师，在巩固人民民主专政，保卫社会主义革命和建设中，形成了“政治可靠、忠诚担当、提高警惕、保卫祖国”的中国人民解放军公安第十一师精神。

建七师精神。1952 年，由战斗部队转为建筑部队后，先后投身荆江分洪、进军海南、突建南海机场、武汉防汛、抢建龙田机场等战斗任务，并胜利完成了一系列重大工程建设任务，同时也铸就了“特别能吃苦、特别能战斗、特别能奉献”的建七师精神。

“两弹一星”精神。1963 年 3 月，经过严格政审，陕建十一建集团集结了 4630 人队伍奔赴青海，承担了被称之为“天字第一号”工程的中国第一个核工业研制基地（221 厂）施工任务。1971 年，投身 7201（西昌卫星发射中心）工程，为我国航天航空事业起步发展做出了重要贡献。近 20 年间，陕建十一建人转战青海、四川等地投身国防经济建设，成为“两弹一星”精神——“热爱祖国、无私奉献、自力更生、艰苦奋斗、大力协同、勇于攀登”的践行者，因此，“两弹一星”精神成为陕建十一建集团企业文化的灵魂和主干。

二、发展之源

梦想从学习开始，事业从实践起步。陕建十一建集团始终重视学习对企业发展的重要作用。

陕建十一建集团有着光荣的学习传统。早在中国人民解放军建筑工程第七师时期，陕建十一建人就通过在战中学、在学中干的全员学习，提升建筑施工管理能力，顺利实现了由战斗部队向工程建设部队的转型，顺利完成国家“一五”计划 156 项重点工程中的 9 项建设任务。改革开放后，陕建十一建集团善于学习，主动适应市场经济，率先进入了高层施工领域，在世纪之交承建了西北第一座超高层建筑——陕西科技信息大厦。

爱学习成为陕建十一建人的标签。2019 年 11 月，陕建十一建集团将“11 月 11 日”确立为企业“学习日”，并开启企业大学成立仪式，明确创办愿景：让学习无处不在，让优秀触手可及；办学理念：产学融合、提升能力、推动发展；教学理念：坚持“系统学、持续学、实践学”；学风：每天学习一小时，持续学习一辈子，开启了陕建十一建集团“建立学习型组织、打造企业核心竞争力”的新篇章。目前，企业大学开办有高管、项目经理、总工、商务经理、营销、财务管理、党群及综合管理 7 个项目制的研修班，共计 850 余人参与到项目制研修班学习。

三、在历史积淀中孕育出优良传统

陕建十一建集团自 1955 年 9 月转业成立以来，广大职工服从命令听指挥，发扬“四海为家干革命，艰苦奋斗搞建设”的革命精神，始终把国家和人民利益看得高于一切，个人利益自觉服从国家和人民利益，为社会主义国防建设、经济建设作出了重要贡献，这些充分表现出全司职工哪里需要哪里去，哪里艰苦哪安家，舍小家顾大家的全局观念。长期的流动作业，形成了企业团结如家的好传统，企业兴衰荣辱牵动着每一个员工、家庭的心，形成了独特的家文化。2015 年，经过征集意见、梳理总结、凝练提升，形成了陕建十一建集团优良传统：服从指挥、能打硬仗、乐于奉献、团结和睦。

四、在“向善而建”引领下的陕建十一建集团企业文化

2020 年 12 月，陕建集团发布以“向善而建”为核心价

值定位（由善是善良诚信的品质、善是追求至善的匠心执守、善是善待自然的绿色发展、善是善战善成的铁军作风、善是友善合作的共赢理念、善是济善社会的责任担当六大维度构成）的企业文化体系，陕建十一建集团企业文化体系建设是在陕建集团企业文化“五个一致”（企业哲学、核心价值观、企业精神、文化传播语、行为规范）规范下率先进行的。

企业存在原因及将来走向哪里？陕建十一建集团根据企业自身特点和发展战略，结合企业过去、现在、未来发展定位，提炼总结出“用专业建造管理服务送达建筑美好体验”企业使命、“成为倍受尊重的一流建造管理服务商”企业愿景，其在适合陕建十一建集团发展同时，也与陕建集团“弘扬建筑文明 赋能美好生活”“成为国际一流的现代化综合建筑服务商”企业使命和企业愿景具有关联性、承接性。

坚持客户至上和一线优先理念。坚持客户至上市场理念，即客户有需求第一时间到位、客户有投诉第一时间响应、客户不满意第一时间拜访、客户很满意第一时间感谢；坚持一线优先理念，即优先接待、优先协调、优质答复、优化状态。

以上率下，以行践言。陕建十一建集团结合企业近70年历史积淀及管理经验，提出了具有明显企业特色的行为要求，即干部行为守则4+4、员工行为守则4+4，干部是员工一分子，践行的是8+8行为守则。干部4+4行为守则：提倡以上率下，拒绝高高在上；提倡目标导向，拒绝资源导向；提倡奋斗为荣，拒绝平庸无为；提倡开放合作，拒绝自我封闭。“员工4+4行为守则”：坚持热情待人，反对漠然置之；坚持终身学习，反对无知无畏；坚持绩效精神，反对一团和气；坚持敬畏标准，反对自以为是。

三把价值实现的金钥匙。为客户创造价值是企业基业长青的根基，为此陕建十一建集团将三把价值实现的金钥匙——以客户为中心创造价值，以诚信履约为原则获取共赢，以贡献性思维为引领打造团队作为企业核心理念。“以客户为中心创造价值”是方向，是一切工作的基础和核心；“以诚信履约为原则获取共赢”是方法论，是具体行动的途径和措施；“以贡献性思维为引领打造团队”是保障，是践行企业价值观的有效支撑。三者之间相辅相成、相互依存、有机统一。

打造“向善而建”企业文化品牌体系。善良诚信，用品格铸就前行风帆。面对疫情大考，陕建十一建集团主动请战履约，创造了“隆基”发展速度，被驻地政府授予“建筑铁军 国企第一”牌匾！闻令而动，不辱使命，圆满完成西安市3项抗疫隔离点抢建项目施工任务，筑牢抗疫安全屏障；善战善成，专注为客户创造价值。近年来，连年五获鲁班奖，国优金奖再添荣耀，两年两获中国安装之星，连续五年建成省级文明工地现场观摩会工地，接续不断创造了四刷驻地建设纪录的奋斗佳话；追求至善，执守专业匠心。在航天六院等国家重点实验室工程中，陕建十一建人研制出了精准预埋等多项发明专利技术成果，率先将砼施工提升到了“毫米级”水平，达到了国际标准，赢得了国内外专家的惊叹和赞许。汇聚近70载最佳奋进实践，发布企业标准化手册，实行工艺技术强推标准；友善合作，共赢天地宽；陕建十一建集团把“头回客”变成“回头客”，摒弃零和思维，以诚信履约为原则获取共赢，保持经济链的生命力和创造力，以为客户创造更多价值为荣；善待自然，绿色发展引领。坚持绿色发展，厚植发展底色，特别是在海绵城市建设领域，大力推广再生材料使用，实施绿色施工技术，获得多项国家专利，为城市功能自身调节贡献智慧；济善社会，共创美好生活，发挥专业建造管理服务优势，投身镇安米粮山区建设、紫阳危房鉴定、辣蒜基地扶贫、公益助学事业，在为脱贫攻坚贡献十一建力量后，积极投入“大泥河村”美丽乡村振兴事业。打造“520”公益品牌，连续五年开展520关爱留守儿童点亮微心愿活动，用陕建十一建公益基金传递众善之心。

强化思想引领 提升文化内核
为重庆银行高质量发展注入不竭动力

重庆银行股份有限公司

重庆银行股份有限公司（以下简称“重庆银行”）成立于1996年，是西部和长江上游地区成立最早的地方性国有股份制商业银行。按照市政府制定的“龙虾三吃”发展战略，2013年11月6日在港交所成功挂牌上市，成为全国城商行中首家在港交所主板成功上市的内地城商行。2021年2月5日，成功登陆上交所主板，成为西部首家“A+H”上市城商行。

一、提升“三个内涵”打造重庆银行特色企业文化

近年来，重庆银行深入贯彻落实习近平总书记关于社会主义文化建设和意识形态工作的重要思想，着力构建符合企业特点、具有时代特色、富有竞争力和创新活力的企业文化，先后通过基层现场调研、优秀服务案例征集、全行员工问卷调查、企业文化工作座谈会等方式开展意见征集，将我行原品牌标语“心相伴，共成长”作为新时代企业文化建设的核心理念和文化导向，具体包含三个层面的精神内涵。

（一）与客户“心相伴，共成长”

客户是重庆银行长期持续健康发展的根源，是立行之本。作为现代金融服务企业，始终着力“以客户为中心”，不断创新金融产品，打造优质金融服务体系，以专业化、特色化的服务为客户实现财富增长，为客户带来舒适、贴心、便捷的服务体验，赢得客户的信赖与支持，营造出互促共进、相伴共长的良好氛围。

（二）与员工“心相伴，共成长”

员工是重庆银行长期持续健康发展的核心，是兴行之基。作为拥有超过4000名员工的全国12家城商行领头羊之一，始终坚持为员工打造更广阔、开放的学习交流平台，建

设更科学、完善的薪酬管理体系，丰富员工业余生活，助力员工发展成才，不断提高员工收获感、满足感、认同感，打造一支有本领、有理想、有担当、有作为的员工队伍，持续激发员工的奉献热情与干事创业动能。

（三）与社会“心相伴，共成长”

社会各界的关心支持是重庆银行长期持续健康发展的动力，是强行之路。作为西部和长江上游成立最早的地方性股份制商业银行，始终秉持“地方的银行、市民的银行、小微企业的银行”发展定位，持续履行社会责任，助推社会公益事业发展，不断增强社会认可度，提升企业品牌形象，凝聚成推动重庆银行高质量发展的强大合力。

二、推行“三个建设”保障文化工作全面落地

（一）强化组织机制建设

重庆银行领导班子高度重视企业文化建设，在总行层面专门设立了“企业文化与公共关系部”，整合多个部门职能，由董事会直接领导，具体负责“心相伴，共成长”企业文化核心价值观的推进落地及全行企业文化建设工作。在部室和分支行层面，明确了企业文化建设的分管领导与具体经办部门和人员，理顺了基层践行、推进机制。持续完善、细化《企业文化工作考核方案》，加强企业文化全行考核，构建了有效的组织推进体系，形成了全面、立体、可持续的文化建设氛围。

（二）丰富文化载体建设

重庆银行整合全行宣传资源和部门职能，通过构建宣传平台、培训平台和活动平台，形成了《重庆银行人报》、OA企业文化版块、企业文化墙、荣誉墙、“心相伴，共成长”标语、微信公众平台、“一块屏”工程、金融服务指南、文化之声、行史陈列管“十大”企业文化载体，积极在全行挖掘、塑造、宣传先进典型，潜移默化地推动“心相伴，共成长”核心理念在员工心中生根发芽，变成他们真心接受、自学践行的文化价值观。

（三）提升特色文化活动建设

紧密围绕“心相伴，共成长”主题，结合业务发展，开展“客户走进重行”活动，增强客户凝聚力；开展“员工家属走进重行”活动，提升员工及员工家属的向心力；举行员工文艺会演、主题演讲、才艺展示等特色文化活动，增强员工归属感；举行员工运动会和特色体育活动，增强员工参与感；组织企业文化沙龙、网上论坛和企业文化走进分支机构活动，构建“面对面”文化交流平台，将“心相伴，共成长”核心文化理念的辐射力、影响力转化为推动企业发展的强大精神动力。

三、突显“三大成效”促进文化力转为企业发展软实力

近年来，重庆银行一直秉承“心相伴，共成长”的理念，在全行大力推进企业文化建设，有力促进了全行持续健康发展，增强了员工凝聚力，在客户、员工、社会三个层面取得了良好成效。

（一）贴心服务客户，与客户“心相伴，共成长”

重庆银行通过积极服务地方经济发展，大力扶持企业客户发展，以优质的产品服务赢得广大市民认可，充分体现出重庆银行贴心服务客户，与客户“心相伴，共成长”的企业文化理念。

1. 立足“地方的银行”，积极服务地方经济发展

一是大力支持实体经济发展。回归城商行“服务实体经济”的本源，致力于为客户提供全方位、多维度“一揽子”金融服务方案。

二是积极参与“一带一路”金融服务。积极支持“渝新欧”铁路发展，深入推进“中新（重庆）战略性互联互通示范项目”金融服务升级，先后创新业务产品和模式助力区内企业结算与融资。

三是大力支持智能化发展。将大数据智能化建设、数据治理与全行数字化转型紧密结合，深入探索大数据智能化发展，与第三方大数据公司合作建立“普惠金融在线信贷创新中心”。

2. 立足“中小企业的银行”，大力扶持企业客户发展壮大

一是全力扶持小微和民营企业发展。面对经济下行周期中生产经营暂时陷入困难的小微和民营企业，始终秉持“不断贷、不抽贷、不压贷”理念陆续推出一系列创新信贷产品，进一步化解企业经营风险，全力扶持传统制造业、民营企业发展。

二是努力破解小微企业“融资贵”难题。坚持“保本微利”原则，通过政策红利转移方式为小微客户持续让利，连续多年保持小微企业融资服务成本下降态势。

三是创新小微企业线上信贷服务。首创西部地区金融领域第一款服务小微企业的纯信用线上信贷产品“好企贷”，实现“秒批秒贷”，信用风险实时量化评估，为小微企业发展不断注入“源头活水”。

四是不断提升中小企业融资服务效率。实现信贷流程再造，利用互联网、大数据等智能化技术，重构信用风险评价体系，实现“在线申请、智能秒批、自助放款”。

五是疫情期间开辟金融服务绿色通道、强化疫情防控金融支持，全力以赴为客户提供专业、高效、安全的金融服务，助力中小微企业渡难关。

3. 立足“市民的银行”，以优质产品服务赢得广大市民认可

一是构建特色存款产品体系。陆续推出了“幸福存”“梦想存”等多个全国首个特色化储蓄存款产品，构建具有“重行特色”的金融产品体系，为客户实现价值创造，不断增加财产性收入。

二是全面提升优质服务水平。持续秉持“以客户为中心”的服务理念，加强服务硬件建设、服务软件建设，强化文明服务、优质服务、微笑服务。涌现出网红服务明星“护头哥”等感人服务故事，总行营业部被评为全国百佳优质文明服务

单位。

（二）真心关爱员工，与员工“心相伴，共成长”

重庆银行把员工作为宝贵财富，在工作和生活上与员工“心相伴，共成长”。

1. 打造员工成长平台，激发员工创造力。

一是畅通员工职业发展通道。建立“管理+专业”双通道并行的职业发展路径，推出资深级、高级、中级、初级梯度职业发展通道，实现员工职业发展路径通畅、成长渠道的多元化。

二是广泛吸纳员工建言献策。通过设立“啄木鸟”信箱、“回音壁”栏目、开展“金点子”大赛等方式，进一步将员工智慧融入企业发展动能。

三是提升员工素质能力。连续多年开展“金融大讲堂”，创新设立“网上掌上学院”，开设“重银书屋”，在全行营造积极向上的学习氛围。

2. 强化员工人文关怀，增强员工凝聚力

一是关爱员工家庭。建立员工家访制度，连续多年举办“员工家属进重行”活动，邀请员工家属走进各分支机构，实地感受责任银行发展成就和员工工作业绩，促进企业、员工、家属之间的相互理解与沟通交流。

二是丰富员工业余文化生活。发掘员工兴趣爱好，组建丰富多样的兴趣小组，利用重要节日，组织开展员工文艺会演、员工运动会、员工摄影大赛、员工歌咏比赛等员工喜闻乐见的主题活动，丰富员工业余文化生活。

（三）勇于责任担当，与社会“心相伴，共成长”

重庆银行在发展的同时，积极回报社会，勇于责任担当，与社会“心相伴，共成长”。

1. 倾力投身扶贫攻坚战役，体现重行担当

一是持续发展金融扶贫。高度聚焦深度贫困地区及定点帮扶区域，创新推出“支困贷”，有效地支持了建档立卡贫困户“造血式扶贫”，提前实现了3年扶贫攻坚目标。

二是积极参与乡村振兴。以“新六产助农贷”等产品为抓手，助推基础农业与二三产业交叉融合的现代农业产业发展；推进“路保贷”等产品，助力交通基础设施建设；推进“三变改革+特色产业+银行信贷”模式，支持农村经济体制改革；推进“三农诚信贷”等产品模式，优化现代农业主体金融服务。

三是推进金融知识下乡。将扶贫与扶志、扶智相结合，针对边远山区乡村、银行服务缺失的贫困人口，建立金融知识宣传服务站点，促进国家扶贫惠民政策在贫困地区的高效传播。

2. 全力帮扶社会公益事业，体现重行责任

一是设立爱心公益基金。开展“一天一元钱，天天献爱心”捐助活动，累计捐赠金额百万余元。

二是开展青年志愿服务。组建超过员工总数50%的重庆银行青年志愿服务队，服务涵盖全市各远郊区县支行以及成都、西安、贵阳等分行所在地区。

三是真情扶助特殊群体。主动为聋哑儿童送上关爱，投入资金数百万元，在高速公路服务区等固定场所向返乡农民工及留守儿童提供志愿服务，树立良好的企业社会形象。

四是火线驰援疫情防控。在全市上下奋力抗击新型冠状病毒感染肺炎疫情之时，重庆银行作为重庆第一家捐赠的金融机构，通过重庆市红十字会捐款1000万元，专项用于重庆市内疫情防控工作。

重庆银行通过大力推进“心相伴，共成长”企业文化建设，为企业高质量发展注入不竭动力，在西部地区和全国的地位和影响力不断提升。

（重庆银行企业文化管理岗李笑吟）

文化驱动高质量发展

中国联通有限公司浙江分公司

近年来，中国联通有限公司浙江分公司（以下简称“浙江联通”）充分发挥党建统领作用，从文化入手，引入互联网新基因，在战略规划、体制机制、作风面貌、品牌声誉等“文化软实力”上固本培元，重构文化生态和价值生态。企业运营效率和内外部感知形象得到大幅提升，成为推动企业高质量发展的精神动力。

一、主要做法

（一）党建统领文化建设，牢牢掌握意识形态领导权

浙江联通深入贯彻习近平总书记建设社会主义文化强国、省委省政府建设“文化浙江”工作要求，以“打造一流的党建和文化，树立文化自信、建设全集团文化示范专区”为目标、以“牢牢掌握意识形态工作领导权，培育和践行社会主义核心价值观”为核心任务，党建统领，全面实施“文化兴企”战略，努力把公司建设成为备受客户信赖、备受员工热爱、备受社会赞誉的优秀企业。

1. 聚人心 文化兴企众志成城

通过深入调研，提炼公司六大核心文化理念形成了浙江公司奋斗者文化理念体系。开展“企业文化VI形象标准化”工程，塑造全省统一有力的形象。制作了《应知应会知识手册》《三折页》等学习材料，开展知识培训测试实现人人过关。开展一把手和领导干部讲专题党课、向一线员工公开承诺，做到知行合一。

2. 抓落实 党建文化扎实有力

一是党建文化深度融合，发挥战斗堡垒作用。加大“一支部一特色一品牌”党建精品工程建设，深入打造“五心领航”等特色品牌，把党建工作优势转化为企业改革发展优势，实现基层党建文化与支部堡垒作用的“双提升”。

二是打造党建+文化双阵地，实现县县有阵地、市市有窗口。在省、市、县三级所有重点公共区域建立全覆盖、统一规范的党建和企业文化宣传阵地，确保企业文化内容和视觉形象深入公司每一个角落，没有歧义、不留死角。

三是纵横双向运营，确保“层层有落实”。设立文化管理办公室统筹全省文化建设，构建覆盖省、市、县所有单位，共计195人的企业文化运营团队和微信运营群。

四是多维考核评价，保障实施成效。制定9大类22条企业文化建设评价体系，每年与党建考核同布置同评价。打造“1+3+1”奋斗者文化评价体系、荣誉体系，并将考核结果纳入员工薪酬及晋升管理，保障实施成效。

3. 树新风 口碑形象焕然一新

一是创新传播形式，强化全员认知。通过每年拍摄文化专题宣传片，开展“我和我的祖国”文化展览等，塑造爱生活爱工作，越奋斗越美好的良好氛围。

二是打造品牌活动，提升文化感知。打造“企业文化宣传月”“沃星光荣誉殿堂”“奋斗者之歌”“职工运动会”“企业开放日”“客户日”等系列活动，以喜闻乐见的形式和身边故事传播文化。

三是强化对外宣传，树立口碑形象。积极展现创新发展成果，人民日报、浙江日报等媒体刊发《重启之路》《云端之下》《以奋斗者文化与数字化建设推动高质量发展》等系列报道，把公司作为创新发展、文化兴企、责任央企的典型，有效提升品牌知名度和美誉度。

4. 育成果 经验探索硕果累累

加强经验的总结推广，形成了《党建文化统领中心工作实践与探索》《以文化引领意识形态建设，打造国有企业创新发展新动力》等思政课题，《以企业文化引领企业创新发展的探索与实践》《以流程再造推动公司数字化转型 实现企业价值经营》等创新成果，课题成果多次在集团和全国通信行业获奖。

（二）以文化促转型，建设备受客户信赖的企业

浙江联通紧抓数字经济发展机遇，以企业文化引领战略转型发展方向，以客户为中心优化业务结构和体验，大力培育自主创新能力，发展创新业务。

一是以客户体验重塑管理运营。切实落实“三个一切”经营理念，以企业文化理念检视公司流程及规章制度，实现清单制、系统化动态管理；聚焦一线痛点问题开展简政放权、流程优化累计优化流程700余项，在集团公司“三个一切大讨论”活动中，问题解决满意度评价全国第一。

二是建立全员创新的文化制度。设立500万元创新基金，强化创新扶持和激励，并将人才队伍建设与创新管理紧密挂钩，积极鼓励全员创新、微小创新。自2018年以来创新项目总计立项一千多个，公司专利受理数量在集团省分公司中位列前三。

三是打造互联网+智慧服务能力。以创享美好智慧生活为使命，大力发展大物云、5G、工业互联网等创新技术，自主研发的“河长制2.0”项目入选浙江省改革开放四十周年民生示范工程，“最多跑一次”智能终端代表浙江省政府参加首届“数字中国”建设峰会成果展，“智慧医卡通”项目开创了我国地级市层面全面推行健康一卡通的先河。

（三）以文化暖人心，建设备受员工热爱的企业

一是文化关爱，提升员工满意度。持续深化员工关爱计划，设立中考高考陪护假、孝心假等，全方位解决员工后顾之忧。

二是兴趣关怀，提升员工参与度。通过设立各类俱乐部、开展趣味运动会等体育比赛和文艺活动，真正让员工快乐工作，快乐生活。

三是成长关爱，提升员工获得感。实施“沃幸福”等全面激励体系，设立年度员工培训基金，开设五爱大课堂，关注员工成长成才，近三年全省薪档晋升3974人，年晋档率超20%。

四是环境关爱，提升员工幸福感。大力开展“亮相、点亮”等六大工程，全省98个县公司全面改造，基层环境形象得到显著提升。

（四）文化强责任，建设备受社会赞誉的企业

一是互联网+精准扶贫。以“扶真贫、真扶贫”为目标，把推进产业扶贫、增加群众收入作为脱贫攻坚核心任务。5月17日电信日，公司党委领导亲自参与，以网络直播带货助力扶贫，短短两小时，销售金额超410万元。

二是做好爱心公益。积极参与各类公益活动，传递文化温暖。疫情期间，更是组建130余支志愿队伍与乡镇社区一线干部群众共同奋战，参与疫情防控志愿活动达8000余人次。多位员工荣获“最美浙江人”称号。

三是科技抗疫，助力复工复产。充分发挥网络和技术优势，全力以赴响应和保障防疫需求。公司5G网络和医疗云平台实现湖北医疗队与浙江省卫健委、邵逸夫医院的实时汇报、远程会诊。自主研发了疫情防控、企业开复工、5G热成像人体测温等系列平台和解决方案，助力政府开展科技抗疫和企业复工复产。

二、改革成效

浙江联通坚持不懈以党建统领，推进文化建设，公司面貌焕然一新，企业形象得到有效提升，经营业绩更是取得了快速增长，真正实现建设“一流的党建和文化”的目标。

（一）企业经营业绩大幅改善提升

企业创新能力得到突破性发展，公司主营收入规模突破100亿元大关，主营收入定比2017年增长29.7%，增长率排名全国第一，利润总额定比2017年增长10.3亿元。混改三年公司收入增长全集团第一，荣获集团颁发混改三年发展领先奖。

（二）企业运营效率得到大幅提升

浙江联通数字化转型成效显著，互联网化触点和订单转化率大幅提升，数字化智能化中台赋能显著加强，管理运营实现一点式接入可视化管理，流程总体精简压缩比例达43%，平均审批时长由3天缩短至1.5天。实现了90%业务授权分公司自行审批，审批流程80%进入短流程，流程时效平均提升50%以上，全口径人员劳动生产率同比提升30%。

（三）企业员工感知得到有效提升

员工对企业文化的感知和满意率得到较大提升，超过95%的员工表示愿意践行奋斗者文化，2021 年公司调研显示企业文化平均分 4.52 分，相较 2019 年 3.82 分提升显著。基层一线对于流程优化的满意度平均得分 4.5 分（满分 5 分）。浙江联通员工离职率也逐年下降，相较 2016 年同比下降 45%。

（四）企业品牌形象得到有效提升

通过以客户体验为中心推进流程优化公司NPS客户口碑大幅提升，行业排名保持第一，企业口碑及形象得到有效提升，公司成功通过“全国文明单位”复评认定，获批成为中国企业文化研究会理事单位，并连续获得“浙江省企业文化十佳示范单位”的荣誉称号。

打造特色“军企文化” 积蓄企业高质量发展“动力源”

鞍钢建设集团有限公司

文化是一个企业的灵魂，对企业发展的影响是根本的、长期的、广泛的、深远的，是企业凝聚力、发展力、创造力和战斗力的重要源泉，也是增强企业核心竞争力的重要因素。鞍钢建设集团有限公司始终把企业文化建设作为企业的重要工作来抓，不断在继承中创新，在创新中发扬，逐渐形成独特的企业文化——军企文化。

鞍钢建设集团有限公司的前身是20世纪50年代初组建的中国第四冶金建设公司。60年代中期整体改编为中国人民解放军基建工程兵第一支队。1983年成建制转业划归鞍钢。2002年与国家一级建筑施工企业鞍钢修建公司合并，成立鞍钢建设总公司。2005年4月改制，组建鞍钢建设集团有限公司。在半个多世纪的发展历练中，鞍钢建设先后获得了企业文化建设20年先进集体、改革开放30年全国企业文化优秀单位、“十三五”中国企业文化建设优秀单位等多项荣誉称号，并连续多年被评为全国建筑业先进企业、全国优秀施工企业，被誉为冶金工业全流程和基本建设多领域建设施工的主力军、“国家队”。

一、确定建设目标，丰富企业文化内涵

鞍钢建设党委充分发挥党组织的引领作用，以培育企业精神，塑造企业形象，优化企业环境，提升整体素质，达到管理功能的优化，增强企业的凝聚力和市场竞争力为目的，以党组织为建设企业文化的基础，总结经验，融入创新，提出并确定了企业文化建设总体目标：铸魂、立道、固本、塑形、聚力。

铸魂，就是坚持党的领导，按照建立现代企业制度，适应社会主义市场经济发展和转换经营机制的实际要求，对企业的宗旨、价值观、人才观、企业精神等进行重塑，为鞍钢建设实现新的目标，发掘振奋精神的力量源泉。

立道，就是发挥党组织在国有企业中的独特优势，打破国有企业体质藩篱，建立与社会主义市场经济相适应的经营机制和管理体制。把发展战略和文化体系相融合，将企业经营管理的指导思想、原则和制度体系转化为内在动力，促进企业经营又好又快发展。

固本，就是要坚持“以人为本”，落实党管人才、党管干部的原则，构筑全面提高职工队伍素质之根本。发挥党组织教培作用，以军企文化引导职工观念创新、管理创新、科技创新和机制创新。同时加强全体职工的思想道德建设和业务素质建设，全面提高业务水平、技术素质、工作能力和品质作风。

塑形，就是坚持党管媒体，充分发挥党组织喉舌作用，借助军企文化的力量，努力培育企业的知名度和美誉度。在社会公众中树立良好的企业品牌和形象。从培育“经营业绩形象”“企业公众形象”“员工社会形象”等方面入手，通过经营业绩展现、服务窗口示范，文明施工行为达到塑形目的。

聚力，就是发挥党组织凝心聚力作用，积极营造尊重人、理解人、关心人、爱护人、培育人的企业环境，引导全体职工认同企业的追求与目标，自觉参与企业管理，理顺员工思想情绪，满腔热忱地解决职工实际问题，使职工对企业产生强烈的归属感，从而形成强大的凝聚力、向心力。

二、融入红色引擎，企业文化在继承中创新

在鞍钢建设 70 余年的发展历程中，经过一代代建设者的心口相传和总结提炼，把军队优良传统和企业经营管理文化完美融合，逐渐形成以“步调统一、齐心奋斗的团结精神；遵章守纪、令行禁止的组织观念；言行一致、雷厉风行的优良作风；勇于创新、敢打硬仗的拼搏志气；准军事化、规范管理的运行机制”为核心内涵的具有深厚历史底蕴的军企文化。党组织的群众性和服务性特点，成为企业文化建设的有效推动者。

发挥党组织学习功能，让企业文化传承不断。面对积淀深厚、内涵丰富的企业文化，鞍钢建设党委充分发挥党组的学习功能，通过党委书记例会，党群工作例会，党支部“三会一课”、党小组会议等方式，不断组织党员进行企业文化知识学习，让企业文化目标及核心内涵印入每名党员脑海，记在每名党员心中，使得每名党员成为企业文化的传播者，让企业文化传承不断。

发挥党组织凝聚功能，促企业文化价值实现。通过党组织、党员深入基层实际了解群众、学习群众、服务群众、引导群众、帮扶群众，让特别能吃苦、特别能战斗、特别能奉献的企业文化精神魅力潜移默化地感染职工群众，使得职工群众紧紧围绕在党组织周围，让党组织的凝聚力和战斗力不断增强。正是通过党组织的这种企业文化传递方式，促进企业文化转化为战斗力的价值得到实现。

以“一不怕苦，二不怕死”的优良作风和敢教日月换新

天的精神担负起鞍钢恢复生产、重建鞍钢的历史重任，自觉地承担起改造鞍钢，建设鞍钢的重任，创造了“线材速度”“厚板奇迹”“热轧样板”“百日功勋”“移山填海，造地建厂”，为鞍钢实现了“一池清水、一片蓝天”的多年夙愿。以“召之即来，来之能战，战则能胜”的军人作风和“特别能吃苦、特别能战斗、特别能奉献”的军人形象开启自我发展的漫漫征程。先后出色完成了沈阳华晨宝马汽车铁西工厂非冶金项目建设，摘取中国建筑质量最高奖——“鲁班奖”；承建的济钢 1700ASP 工程荣获“泰山杯”，创造了“济钢模式”；在俄罗斯车钢建设项目中，以优质高效的施工形象，受到俄罗斯总理梅德韦杰夫的高度赞誉并亲自参加竣工剪彩。

发挥党组织创新功能，赋予企业文化新内容。通过开展党建创新性课题研究，把党的建设、职工思想等纳入研究范围，丰富企业文化内容，让企业文化赋予广大干部职工不断创新的能力和灵感。通过对历史的回顾、业绩的总结、精神的提炼、战略的定位，得出了多年来指导我们实践的正是老企业的光荣传统和人民解放军的优良作风，公司党委大胆创新，提出企业文化保障及检验标准，提出了促进企业全面、协调、持续发展的保障及检验标准：即增强“四种能力”，创建“四好”领导班子，培育“四有”职工队伍。

发挥党组织形象功能，打造企业文化推广中心。鞍钢建设党委传承红色血脉，弘扬“把支部建在连上”，坚持把“支部建在项目上”，确保符合条件的项目部（队、车间）必须建立起基层战斗堡垒，正是一个个基层党组织的建立，充分发挥凝心聚力、稳定后方、塑造形象等作用。同时形成一套施工现场标准化管理规范，对施工现场环境、企业标志、现场标识等进行系统要求，通过基层党组织在各大施工现场得以实施，进一步加强了公司的企业文化建设。

三、实施“党建+文化”，推动企业文化取得实效

实施“党建+文化”，促进党员、干部践行企业文化精神，推动生产经营任务完成。党员在实施过程中起到了重要作用，尤其是党员干部的模范带头作用是一种无声的号召和导向，对广大职工产生了巨大的示范效应。公司党委将党组织在企业文化建设中党员、干部的模范带头作用与中心工作紧密结合起来，促进党员干部排解企业改革发展中存在的新问题、新矛盾的主动性，以此影响和带动周围广大职工群众参与进来，发挥众人拾柴火焰高的积极作用，推动企业高质量发展。

发挥党员干部在企业文化建设中的率先垂范和监督检查作用，确保企业文化建设各项工作取得实效。党员领导干部是企业文化建设的领导者和推动者，各级党员领导干部在传播企业文化工作中，始终坚持以身作则，率先垂范，自觉服从，把企业文化建设落到实处。党员干部有责任和义务监督检查每一位党员的言行是否与鞍钢建设特色军企文化相一致，维护好、建设好企业文化。以党建工作季度、半年和年度检查为手段，监督检查各基层组织和党员在企业文化建设工作中的表现情况，推动企业文化深入基层、深入人心，提升党员队伍素质，促进职工队伍素质整体提升，实现企业文化推动企业发展良好局面。

国家的强盛、民族的振兴、人民的幸福、企业的发展，都离不开文化的保证。作为国有企业，鞍钢建设将始终坚持党的领导，加强党的建设，发挥党组织独特优势，牢牢抓住“特色军企文化”建设之要务，紧密结合企业发展实际，不断总结、丰富和完善，不断发挥党组织在企业文化建设中的指导、实施作用，为企业持续发展提供强大的思想保证、组织保障，更好地服务鞍钢建设实现高质量发展和成为国内一流创新型工程总承包服务商的奋斗目标。

（鞍钢建设集团有限公司党委工作部副部长于丽娜）

创新文化引领建设世界领先绿色智慧资源开发企业

鞍钢矿业有限公司

鞍钢集团矿业有限公司党委（以下简称“鞍钢矿业”）深入学习贯彻习近平新时代中国特色社会主义思想和党的十九大精神，以勇当铁矿石产业链、供应链链长为己任，坚持政治引领、高位推动、制度保障，打造以新时代高质量发展为主题的创新文化，不断提升企业软实力和核心竞争力，推动矿业高质量发展。

一、始终坚持党的领导，确保企业文化建设的正确方向和先进导向

（一）坚持政治引领。鞍钢矿业坚持党的全面领导，把党的领导融入公司治理各环节，构建党管文化的整体责任体系。公司党委定期召开会议，将加强企业文化建设工作的要求，贯穿落实到各级组织工作的部署中去，对文化理念、实现载体、工作主线及体系搭建实施全过程的引领，确保各项任务目标落细落小落实。

（二）加强思想引领。以党的“宗旨”教育和企业文化来影响、整合党员和全体员工的行为规范。加强理论武装。以党委理论学习中心组、党委会第一议题、领导干部联点宣讲、网络大讲堂、互动学习等方式，深入学习贯彻习近平总书记重要指示批示精神，用党的创新理论引领企业文化建设创新发展。

（三）深化组织引领。鞍钢矿业牢记加强党的建设是国有企业的“根”和“魂”，以党内政治文化引领企业文化建设，深入开展“守初心、担使命、当先锋、促发展”“党旗在基层一线高高飘扬”等党内主题实践活动。持续提升党建引领力和文化驱动力。传承红色基因，编制《鞍钢矿业在新中国成立以来的50个第一品牌》，制作矿业百年矿山发展历程展板，深入挖掘大孤山铁矿胡东汉“祖孙三代讲党史”事迹材料，宣讲矿业红色故事，提振党员职工队伍勇于担当、

砥砺奋进的精神状态。

二、强化组织高位推动，推进以高质量发展为主题的文化持续创新

（一）构建"文化体系"，铸就高质量发展之魂。打造"主动竞争、追求卓越、加快发展"的企业战略文化。从"培育具有全球竞争力的世界一流企业"站位出发，按照"掌控资源、开发资源、经营资源"的总体思路，做强做大资源产业，加快转型升级。鞍钢矿业第一次党代会提出打造世界领先资源开发企业目标任务，同时与国际一流铁矿巨头对标，力争到2035年，将鞍钢矿业建设成为在资源、规模、技术、管理、产业、品牌等方面具有全球竞争力的资源开发企业，做世界铁矿行业发展的引领者。

打造"精细、严格、到位"的企业管理文化。把自身的管理工作理念概括为"精细、严格、到位"六个字，要求各项管理工作在规划上做到精准细致，在控制上做到考核严明严密，在执行上抓紧抓实。形成了事事有标准、处处讲规范，按程序办事、靠制度管人的局面。

打造"心往一处想、劲往一处使"的企业行为文化。组织开展了"建设高质量发展新矿业，我们怎么干"全员大讨论，确定用户永远是对的、第一次就要把事情做好、今天要比昨天做得更好、要做就做到最好、安全隐患就是事故、绿色发展从我做起等"八种群体意识"，并把"积极向上、高效执行力"工作作风转化为全员的行为习惯。

（二）推进与经营管理深度融合，为企业发展提供牵引。开展全方位宣贯，推动内化于思想。营造浓厚氛围。把企业文化理念写进公司党代会和年度职代会报告，组织开展以领导干部深入一线针对讲、典型人物带动讲、各种会议广泛讲、运用新媒体云宣讲的"四讲"活动，编发《理念故事集》，将愿景具体化、理念故事化。加强文化传播。利用宣传阵地，编制《企业形象专题片》，坚持不懈向员工传播矿业文化；组织对《企业文化手册》《视觉识别系统》进行修订，作为员工必学的培训教程，使之成为指导企业发展的行动指南和价值标准。强化典型领航。深入贯彻落实习近平总书记给郭明义爱心团队回信精神，常态化开展"跟着郭明义学雷锋"活动，持续开展辽宁工匠、鞍钢楷模、矿业标兵等典型选树宣传，激发奋进的力量。

（三）推进理念深度融入，增强内生动力。建立精细化管控模式，将文化理念体现在企业运营上。建立了精细化生产管控模式。以质量效益为中心，统筹计划、生产、销售各个生产环节，建立以P指数为核心的动态组织模式、精细化成本管控模式，实施超常规降本增效举措，推进全员、全要素、全过程成本管控。全面深化运营模式改革，推行"现代矿山合同采矿"新模式，促进市场化协作经营。二是构建智慧化管理平台，将企业文化体现在岗位职责上。把企业文化同加快自主创新、突破核心技术结合起来，在国内矿山首创了"云计算应用"技术，打造了具有国际领先水平的矿业管理平台，形成了智慧人本管理、智慧生产执行、智慧设备管控三大系统，智慧矿山建设成果列入《2016—2020年中国钢铁工业调整升级规划》。三是建设员工创新活动平台。组织开展"新理念、新矿业——创新发展大家谈"活动。在各厂矿的基层作业区成立了员工创新工作室、建设提升安全水平平台，发动广大员工开展技术创新、管理达标，使企业的管理理念在企业精神和物质层面得到了全面反映和融入。

注重素质养成，推进行为习惯化。按照"理念规范化"的要求，规范员工日常工作行为、安全行为、文明行为。开展了"讲规范、除陋习、做高素养矿业人"活动，促进员工"上标准岗、干标准活、交标准班"意识，把自觉自愿、不折不扣的执行，锤炼成为日常行为习惯。

三、筑牢文化兴盛根基，建立适合企业特色发展的制度管理新机制

（一）完善科学化制度机制。以落实集团"双核"驱动发展战略为出发点，根据文化理念导向，对现有的规章制度、工作流程进行"废、改、立"。2021年以来，新修订制度61项，新制订16项，修订45项，发布《鞍钢矿山生态修复三年规划》，着力推动钢铁产业链强链补链，形成建设世界一流企业的制度管理和治理体系。

（二）实施全过程管理机制。建立党组织抓企业文化建设管理机制。各级党组织确定年度工作项目和责任清单，层层落实责任制；各单位定期向上级党组织报告企业文化建设工作情况。加强全过程管理，将企业文化建设信息收集、问题分析、整改措施论证、执行效果、信息反馈作为一个完整的工作流程，实施闭环管控，实现责任、权利、利益"三位一体"的全过程管理。

（三）开展长效化考核机制。建立《战略绩效与薪酬评价考核》《关于对干部实行提示、督办、告诫和问责》等制度文件，将企业文化建设纳入公司整体考核之中，对因制度不落实、措施不到位、责任不明确引发工作问题的单位和领导者个人，追究责任，严肃问责。同时，在月季年度考核评比中，对企业文化建设完成情况进行考评和表彰。

（四）强化常态化保证机制。公司加强企业文化队伍建设，设立专门机构，从事人员享有与同级行政干部同等待遇，并为其开展工作创造有利条件。保障企业文化建设专项预算的编制和使用，在人力、财力、物力、阵地等方面提供保障。

四、以新时代高质量发展为主题的创新文化成效显著

（一）进一步增强引领行业发展的前进定力，促进对国家使命有力担当。近十年来，效益贡献400亿元，上缴税费289亿元，铁精矿完全成本降幅30.4%。2021年，铁矿石和铁精矿产量、收入、利润、精矿综合能耗五项指标均创历史纪录，成为鞍钢集团无短板的一类企业。制定完成48项国

家和行业标准，牵头编制我国首个铁矿行业中长期发展规划，引领了行业高质量发展。

（二）深入激发变革创新的内生动力，竞争发展优势更加凸显。成为国资委国企改革“双百行动”综合改革试点单位，各项改革深入推进，全员劳动生产率达每人51.9万元，同比提高32%。推进创新全面展开。研发“提铁降硅”“协同开采”“地下采选一体化”等系列关键技术，破解了半个世纪以来资源开发利用的行业共性难题，创立“五品联动”矿冶系统工程模式，荣获国家管理创新成果一等奖，被评为“全国智能制造标杆企业”。

（三）广泛凝聚向上向善向美的磅礴力量，矿业品牌形象更加响亮。绿色生态矿山建设取得新成效，鞍钢矿业露天采矿资源回采率达到97%以上，井下采矿资源回采率达到88%以上，为国内同行业领先水平，所属铁矿山全部成为“国家级绿色矿山”。郭明义爱心团队辐射全国，成立了各省市郭明义爱心团队1500多支，240多万人加入郭明义爱心团队，被评为“中国企业管理最佳企业”“中国最具影响力企业”。

（鞍钢矿业有限公司党委宣传部部长刘桂涛、业务主管关荣生）

战略引领　守正创新
推动企业高质量发展

浙江新安化工集团股份有限公司

浙江新安化工集团股份有限公司（以下简称“新安集团”）创建于1965年，2001年A股上市，主营作物保护产业和硅基新材料两大产业，同时以新能源为应用场景，于氯、硅、磷元素为基础的新材料和解决方案的整合提供者方向快速崛起。现有员工近6000人，控股子公司76家，2021年集团营收近190亿元，税收贡献7.13亿元，属中国制造业500强、化工500强、全球农化销售20强企业，中国氟硅行业30周年领军企业。近五年来，新安坚持以优秀的文化指引人、规范人、凝聚人、激励人、影响人、培育人，助推集团取得高质量发展的阶段性成果。从2016年到2021年，营业收入从68亿元增长到190亿元，年均复合增长22.81%；利润总额从1.5亿元增长到32.2亿元，年均复合增长84.65%；2022年继续保持高昂发展势头。在企业文化建设上，先后荣获“十三五”全国企业文化建设优秀单位、中国石化行业企业文化建设示范单位、中国民营企业社会责任百强、浙江省文明单位、浙江省社会责任优秀标杆企业等诸多荣誉。

一、在战略引领创新实践中打造文化精品

集团以《新安企业文化大纲》为指引，充分利用现有资源，不断创新方式方法，强化阵地载体建设，加快推进新文化理念的宣贯和落地，逐步形成集团党委统一领导、党政群齐抓共管、相关部门各负其责、全体员工广泛参与的工作机制和良好氛围。

文化转型焕发企业生机。新安集团发展57年来，始终高度重视企业文化建设，逐步形成优秀的文化基因，积累了丰厚的文化底蕴，内聚人心，外塑形象，在转型升级和高质量发展中发挥了不可替代的重要作用。新安企业文化建设起步于20世纪80年代，1996年导入CIS战略，进行企业形象设计；2002年举办企业文化论坛，掀起企业文化学习和建设的高潮；2003年成立企业文化课题组，深入开展企业文化研究；2004年首发《新安文化手册》；2008年“Wynca新安”新品牌正式启用，初步形成具有新安特色的企业文化体系；2016年与华夏基石开展企业文化咨询合作，建立了新安企业文化建设体系；2022年与复大复为开展品牌咨询合作，形成了《新安集团品牌战略》，推动品牌与文化双轮驱动一体化发展。

文化大纲指引行动方向。2016年以来，面向新安新五十年发展，集团董事会审时度势，发出“决战未来五年、全面实现转型升级”的号召，从战略、文化、组织、机制四个方面，大刀阔斧地推进转型变革，取得了重大成果。全面启动文化转型项目，传承优秀文化基因，融入时代元素，对新安文化体系进行了重构，形成了新安新文化大纲，对集团的使命、愿景、核心价值观、企业精神、企业作风、组织氛围、经营理念作了重新定义，为新安未来成长发展的根本性问题作出了答案，集团董事长针对企业文化建设提出了“内化于心、外化于形、固化于制、实化于行”的总体要求。

文化展示塑造品牌形象。新安集团总部位于建德，在新安大厦、马目智能园区共建有2个集团级企业文化展厅，展厅总面积超过1000平方米，均于2015年建设，发展过程中进行了改造升级。展厅通过图文、视频、沙盘、模型、数字技术和信息化等手段，立体展现了习近平总书记两次调研新安的深远意义，以及企业的发展历程、企业文化、技术实力、业务布局、产品服务、成就荣誉、对外合作等内容，一方面作为员工企业文化教育基地，增强文化认同感和思想凝聚力；一方面作为企业品牌文化展示窗口，展示企业核心竞争和产品服务能力；一方面作为政府和客户商务接待场所，让政府、客户和上下游合作伙伴快速了解企业的发展和优势。特别是园区展厅，作为新安深入践行“两山理论”构建绿色低碳循环经济体系的重要窗口，以及国家智能制造和两化融合试点示范企业、浙江省“化工大脑”试点企业、浙江省首批工业互联网平台、杭州市“未来工厂”展示区，已成为整个建德工业经济数字化转型和高质量发展的“金名片”。

二、在价值观落地见效行动中激发企业内生动力

“幸福是奋斗出来的、奋斗是幸福的”。集团积极践行“艰苦奋斗、同创共享”的核心价值观，同时在全体员工中倡导“奋斗至上、价值贡献”为本的理念，集团上下形成了“比学赶帮超”的正向激励文化氛围。

文化教育引领思想行动。集团立足企业大学“新安学

院”，全面推进学习型组织建设，配备有专门的报告厅、教育培训室，以及“望年会”“文化年”“体育年”等员工大舞台，近五年累计投入员工教育经费 1578 万元，各类企业文化培训超 4600 期、近 12.1 万人次。其中，2021 年共开展培训 644 场，累计培训 120117 学时，人均 20.1 学时；如广泛开展“跟着总书记脚步学思维”“学党史 办实事 显实绩”等主题学习教育活动，结合开展党史、新安史学习教育，参与线上学习 5464 人次、51950 学时，各基层党支部举办主题党日学习活动 610 次，引导全员学史增信、学史力行；如结合企业愿景使命，创新开展“我是战略宣讲官”等宣贯活动，组织全员学战略、讲战略、推战略，引导学习领会战略研讨会精神，统一全员思想和行动；开设线上享学云平台，每年动态发布全员学习任务，不仅要求全员学习，还对定性定量的学习完成情况列入年度绩效考核 10%比例进行扣除。

奋斗文化催生企业动力。新安集团不断落实“客户为先、贡献为本、艰苦奋斗、同创共享”的核心价值观，“价值创造的绩效文化、持续变革的创新文化、精益求精的奋斗文化”为核心的激励分配体系基本成形。基于岗位价值和能力的薪酬机制、以责任结果为导向的增量分享机制、匹配业务特点的各种个性化激励机制、全方位的荣誉评选机制、多元化的福利机制，构建了员工幸福导航激励蓝图。持股平台跟投、项目制组织激励、战略新业务激励、战略人才基金等新型激励机制，为转型变革注入新的动力源泉，激发组织活力和员工斗志。近三年，集团人均薪酬增幅 32.7%，员工获得感明显提升。

典型示范彰显文化魅力。新安集团作为浙江省产改工作综合试点单位，将“吸引人、发现人、培育人、使用人、成就人”作为系统工程来对待，实行全生命周期管理，大力弘扬“劳动、劳模、工匠”精神，健全技能人才发展体系和平台。集团现有浙江省级大师工作室 1 家、杭州市级 5 家、建德市级 3 家，获聘浙江工匠 2 人、浙江青年工匠 3 人、杭州市工匠 1 人、建德工匠 3 人，如集团作保生产中心工程装备部在全体维修人员共同建设下，成为享誉省内的工匠文化培育基地，曾得到浙江省委领导、省总工会领导的充分肯定。2021 年“五一”期间，集团隆重表彰了一批“新安工匠”“优胜班组”“十佳师徒”等，引导全员传承劳模工匠精神，传递“劳动最美、劳动者光荣”的鲜明价值导向，营造“比学赶帮超”的正向激励文化氛围。

三、在共建共享文化成果中打造品质新安

集团持续深化“绿色化学、红色保障”的党经融合实践，以“绿色化学创造美好生活”为企业使命，推动“科技+管理”双轮驱动，持续深化绿色低碳循环经济体系，创造美好生活。

红色基因护航绿色发展。通过建立红色党建联盟，不断加强国内知名科研院所的连接，与上海交大、中科院过程所、微电子所、宁波材料所、厦门大学等近 20 家院所开展技术合作交流，与浙大科创中心、浙江工业大学、山东大学共建 3 个高能级研发平台，资源共享、党经融合，全面开启“名校+名企”产学研用新模式。积极响应国家推进绿色低碳循环发展，2021 年立项环保技术研发课题 8 项，80 余名党群研发骨干参与环保技术研究与应用，围绕公司主营业务主要攻关废水减量技术研究、废气治理技术研究和副产的资源化利用研究。近五年来，在集团主要装置产能提升 32.19 万吨产品的前提下，产品综合能耗累计减少 33.5 万吨 CO2 排放量，VOCs100%达标排放，废水减量 179.88 万吨，污泥减排 10523 吨，为打赢蓝天、碧水、净土三大保卫战贡献了新安力量，荣获了“中国石化行业绿色企业和绿色产品”等多项环保荣誉。

文化活动汇聚精神力量。集团建有新安大厦员工活动中心、电教室、图书阅览室、健身房等，并设立了口罩、快递收发室、女性用品互助站等细节服务，满足员工学习、文艺活动、体育健身等需求。同时，坚持每年开展“一文一武”的特色文化活动，通过篮球、乒乓球、龙舟赛、拔河、趣味运动会等竞技类活动，以及微电影、新安好声音、挑战主持人、出彩新安人等文艺活动，凝聚新安人积极进取、奋勇争先的拼搏精神。如 2021 年举办大型文化活动 7 场，其中“牢记重要嘱托 推进高质量发展”建党百年庆祝大会，全网直播实时观看 120 万+，得到上级党组织和社会各界的高度肯定；“奋擂击鼓竞上游 数智争锋创未来”龙舟大赛，现场盛况获得新华网、人民网、央视等主流媒体集中报道。

和谐关系共建美好未来。通过引进来、走出去，集团各党群组织积极开展心理咨询、女性关爱讲座、主题党日活动、组织团建等，并在新安大厦 16 楼专门打造员工休憩场所配备心理健康书籍、音乐放松椅、茶吧等，助推员工形成积极健康心态，让员工快乐工作；在企业微信端开设“同事吧”，让员工自主发出内心所想、所见、所闻、所思，有效参与民主管理，日活数据达 2800+，已成为新安员工的“罗马广场”；坚持开展“一访三问”和“五个关爱”活动，完善员工福利保障体系，如免费班车服务体系、人才公寓、健康体检、食堂补助等，不断提升员工吃住行生活品质；坚持每年召开职代会，征集员工提案建议，做到件件有落实、事事有回音，自觉接受职工代表的监督，在员工管理制度修订、员工劳动合同签订、企业年金缴纳、员工薪酬体系改革等方面，积极听取员工代表的意见，切实保障广大员工的民主权利。

新安文化归结起来就是，以“天人合一”的思想武装人，以企业发展的美好愿景鼓舞人，用艰苦创业的思想教育人，以同创共享的成果凝聚人，以历史的教训警诫人，用成功的经验引导人，以“奋斗者”的事迹激励人。新安集团将继续把企业打造成与员工的事业共同体、利益共同体和命运共同体，让员工不断增进获得感、幸福感、安全感，在成就时代优秀企业的新征程上做出更大的贡献。

（浙江新安化工集团股份有限公司党委办公室副主任 余啸）

党组织引领企业文化

传承红色基因 创建世界一流
——中国建筑的跨越发展之路

中国建筑集团有限公司

自 1982 年组建至今，中国建筑集团有限公司已成长为全球最大的投资建设集团，走出了一条创业、立业、兴业的发展之路，从 2006 年首次进入世界 500 强，实现“每十年多环比增长 10 倍”的快速发展目标，刻画出一条不断跨越的绚丽曲线。

一、传承“红色基因”，形成文化星系

七十余年薪火传承，四十余载砥砺奋进。中国建筑处在中国特色社会主义的伟大时代，始终传承红色基因，勇于改革创新，推进高质量发展，走出一条“践行初心使命、彰显央企担当、迈向世界一流”的“中国建造之路”!

解放时期（1949 年之前）

中国建筑的先辈们大多来自人民解放军的光荣序列，他们为全国解放浴血奋战，也为迎接新中国的诞生屯垦建设、铺路架桥，为建立人民当家做主的新中国作出重大贡献。这一时期，中国建筑将“为国家担当、为人民奉献、为民族争光”的红色基因熔铸到血脉之中，为企业文化注入不怕牺牲、英勇斗争、对党忠诚的红色文化，使其成为中建人最鲜明的奋斗底色和最独特的精神传承。

建设时期（1949—1982）

新中国诞生之初，百废待兴。中国建筑各成员企业按照党和国家的统一指挥和调遣，责无旁贷地参加长春第一汽车制造厂、富拉尔基重型机械厂、大庆炼油厂等一百多个国家重点项目，被誉为“重点建设的先锋，南征北战的铁军”。这一时期，中国建筑形成了以“甘于奉献、艰苦奋斗、敢闯敢拼”为核心的“铁军精神”。

改革时期（1982—1991）

1982 年 6 月，国家机关进行机构改革，撤销原国家建筑工程总局，组建中国建筑工程总公司。中国建筑通过从军工向民用、从“三线”向城市、从集中一隅向开拓全国、从国内经营向国内国外一体化经营的“四个转变”，走向市场竞争、迈步国际化经营。这一时期，中国建筑形成了“改革创新、勇于争先”的争先文化，确定了“敬业、求实、创新、争先”的企业精神。

发展时期（1992—2011）

乘着邓小平同志南方谈话的东风，中国建筑加大了改革发展的步伐。旗下子企业中建二局、中建三局在深圳地王大厦项目创造了“两天半一个结构层”的“新深圳速度”。中建八局在戈壁腹地巴丹吉林沙漠承建了酒泉卫星发射中心项目，创出三项世界第一、一项亚洲第一、三项中国第一的建筑奇迹。同时，中国建筑吸收日本大成公司在中国创造的“鲁布革”经验，开启项目管理变革之路，提出“对外发展总承包，对内实行项目法”的改革思路，成为第一家实现项目管理与劳务分离的建筑企业。这一时期，形成了“大漠精神”“利比亚大撤离精神”“超英精神”，为中建文化注入新的内涵，同时绩效文化深入发展，与铁军文化、品质文化一同构成了中国建筑改革发展的文化基石。中国建筑导入 CI 战略，实施文化整合与品牌统一，强力推进了“中国建筑”“中海地产”品牌建设，为中国建筑的快速发展奠定了形象基础和文化基础。

新时代（2012 年至今）

党的十八大以来，中国建筑学习贯彻习近平总书记重要讲话和指示批示精神，将党建最新要求和成果融入企业文化，保持在价值理念上的战略清醒。2012 年，《中建信条》首次正式发布，此后又颁布了行为规范手册《十典九章》，标志着中国建筑以“拓展幸福空间”为企业使命，以“品质保障、价值创造”为核心价值观的企业文化体系正式确定。中国建筑逐渐形成了主导文化清晰鲜明、特色文化灵活有序的“文化星系”大系统格局，文化的力量业已成为推动企业可持续发展的强劲动力。

进入新时代，中国建筑对标世界一流企业、行业先进企业，提出“一创五强”战略目标，以创建具有全球竞争力的世界一流企业为牵引，致力成为价值创造力强、创新引领力强、品牌影响力强、国际竞争力强、文化软实力强的世界一流企业集团。这一时期，中国建筑始终坚持“央企姓党”，旗帜鲜明讲政治，将坚决拥护“两个确立”作为最高政治原则，将坚决做到“两个维护”作为最根本政治纪律，学习贯彻习近平总书记关于本企业本行业的重要讲话和指示批示精神，主动融入国家区域重大战略。践行“双碳”战略，积极服务国家抗疫大局，打造精准扶贫“中建模式”，创建“建证力量•红色基石”和“建证匠心•红色先锋”党建品牌，高

质量推进党风廉政建设，发挥文化价值理念的政治站位。

二、凝聚文化力量，拓展幸福空间

中国建筑的发展历程证明，传承“红色基因”的企业文化是中国建筑永葆基业长青的“发动机”。在文化建设中坚持党的领导，发挥“六种力量”，推进全面深化改革创新，以文化入战略、驱管理、保落实，是推动中国建筑进入更高发展境界的秘诀。

1. 文化定力保证战略定力

企业的战略定力决定未来的发展。随着企业改革进入深水区的客观形势，中国建筑将党的建设作为文化发展的基石，始终把党建工作放在巩固党的执政基础、执政地位和推进国有企业改革发展“两个大局”上谋划、推动和落实，坚持“不动摇、不偏离、不能变、不放松”的总要求，强“根”固“魂”，管党治党，从严治企，将党建最新要求和成果融入文化，保持在企业文化问题上的战略清醒。完整准确全面贯彻新发展理念，落实“双碳战略”，致力推动数字化转型，实现高质量发展，并将其纳入企业文化手册修订中，开展深植活动，以文化坚定发展理念，保障企业发展目标的实现。

2. 文化解放激发思想解放

思想解放是企业创新发展的核心动力。中国建筑在伟大建党精神的指引下，聚焦“文化软实力强”战略目标，遵循公司“十四五”战略规划文化建设要求，对过往 70 年来中建精神图谱进行凝练与升华，总结提炼新时代中建精神。统筹推进疫情防控和生产经营、加快建设世界一流企业、实现高质量发展的实际行动，推动制度创新、管理创新、技术创新、商业模式创新，始终保持发展活力。编发“十四五”发展规划，推动实施“一个提高、六个转型、六个专项”的“166”战略举措。同时，将打造先进建造技术作为立身之本、立业之基，把握数字化、网络化、智能化融合发展契机，围绕产业链部署创新链、围绕创新链布局产业链，在绿色建造、智慧建造、建筑工业化、水务环保、电子商务等业务领域不断突破关键核心技术，担当产业链“链长”，带动产业链共同发展。

3. 文化成熟驱动管理成熟

直面激烈市场竞争的企业必然具备市场化、商业化的文化。多年来，中国建筑坚持“市场唯大、经营为先”独有理念，不断调整经济结构和经营方式，推动管理提升和转型升级，致力于在投资运营、工程建设、勘察设计等领域保持行业领先地位，加大新兴业务拓展力度，构建更具竞争力的规划、设计、投资、建设、运营全产业链商业模式。加强产业链开放合作，着力提升基础固链、技术补链、融合强链、优化塑链能力，引领产业发展方向。同时，采用不同策略对各业务板块结构做出调整，有序配置各项优质资源，鼓励各成员单位高效协作，促进各主营业务融合发展，不断彰显全球最大投资建设集团的整体优势。

4. 文化自信保障发展自信

企业腾飞发端于高度的发展自信。中国建筑组建以来，一直以“行业排头、央企一流”为目标。进入新时代，中国建筑用信息化建设、数字化转型、智能化技术赋能建造主业把绿色发展理念和生产生活方式融入投资建设全过程，持续提供高品质、绿色产品和服务，致力成为全球拓展幸福空间解决方案的最佳提供者。同时，致力提升国际竞争力，持续深化跨文化融合模式，培育跨文化交流使者，推进文化“软联通”、构建“人文共同体”。通过奉献中国智慧、中国技术、中国标准，在全球范围内建幸福城、筑致富路、架连心桥，以一座座民心工程书写全新的开放篇章，搭建起合作共赢共享的友谊桥梁。

5. 文化担当诠释担当有为

中国建筑全力服务区域协调发展战略，精准对接地方发展需求，优化市场布局，在服务区域经济社会发展中实现企业更大发展。中国建筑承接的京雄城际铁路雄安站、深圳地铁 13 号线、上海市黄浦区建国东路城市更新、上海市临港新片区、西安幸福林带等一大批重大标志性工程，5 年来累计完成投资额 1.36 万亿元。在急难险重时刻展现中央企业担当作为，坚决完成各项重大建设任务。服务保障建党百年庆祝活动，建设中央礼品文物管理中心、修复北大红楼等。主办“时代精神耀香江”之大国建造展系列活动，让香港市民领略大国建造的“绝、新、奇、智”。参与北京冬奥场馆建设，推进运维保障工作落实落细。建证全球战疫，建设包括火神山医院、雷神山医院在内的超过 300 所应急医疗机构。努力做好巩固拓展脱贫攻坚成果同乡村振兴有效衔接各项工作，积极参与重大基础设施建设。坚持为国担责、为人民尽责，仅 2020 年便接收大学毕业生 1.9 万人，为农民工提供工作岗位 200 万个。

未来，中国建筑坚持以习近平新时代中国特色社会主义思想为指导，深刻领会“两个确立”的决定性意义，增强“四个意识”、坚定“四个自信”、做到“两个维护”，大力弘扬伟大建党精神，传承 70 多年中建精神谱系，持续深化中建“文化星系”，凝聚建设世界一流企业、致力实现高质量发展的文化底蕴，谱写“缔造幸福空间、建证美好时代”的中建新篇章。

九三集团构建全媒体传播体系 助力“九三”品牌高效传播

九三粮油工业集团有限公司

近年来，九三粮油工业集团有限公司（以下简称“九三集团”）在探索企业全媒体传播体系构建的过程中，逐步形成了以“文化九三”“九三话生活”微信公众号为基础，以《九三集团报》和《高尚九三》杂志为两翼，以官网、抖音、微博、微视频为支撑的立体式宣传格局，从多元传播、实时传播、精准传播以及人人参与传播等方面，全力推进企业宣传、品牌打造、网络营销，在大豆压榨行业形成了较强的影响力，为将“九三”塑造成“非转基因绿色食品第一品牌”奠定了坚实的基础。

一、全媒体传播体系构建情况

近年来，九三集团加强全媒体传播体系构建，不断加大资金和人员的投入，创建了“一报一刊一平台”三项载体，其中“一报”即2005年创刊，现已出刊400期的《九三集团报》；“一刊”即2016年创办的双月刊杂志《高尚九三》；“一平台”即“文化九三”微信公众号，2015年上线，创建了包括“九三民族品牌”“我与董事长共读一本书”“一周新闻汇”“九三知礼”“九三大事件”“践行核心价值观·争做高尚九三人”等在内的多个品牌栏目。三项载体进一步推动了“九三”品牌传播进程，成为锻造和挖掘品牌文化的“金字招牌”。

当前，短视频逐渐成为新的传播方式，九三集团创新增加了“两微一抖”三项载体，即微视频、微博和抖音。抖音累计浏览量超3万次，点赞数破5000次。

二、“九三”品牌建设情况

“九三”的名字来源于北大荒人对9月3日抗日战争胜利的纪念，代表着对民族抗争精神的传承，也蕴含着十万转业官兵对“战天斗地”的拓荒精神的凝练。九三集团一直以“为社会提供健康食品”为宗旨，奉行“诚信、责任、敬业、忠诚”的企业核心价值观，连续多次入围中国企业500强和中国制造业500强，是中国粮油行业唯一获得中国工业领域最高奖“中国工业大奖”的企业。

2014年，九三集团打破了“一桶豆油打天下”的格局，开创了多品种、多规格的产品体系，“九三”非转基因玉米油、菜籽油、鲜榨大豆油、花生油等新品相继上市。其中“九三”有机、鲜榨、冷榨、精榨大豆油迅速成为高端市场的明星产品，连续12年入围“中国500最具价值品牌”排行榜，跻身“亚洲品牌500强”。

三、全媒体传播体系构建与品牌传播

全媒体时代的背景下，媒体结构已经发生了变革，整合化、多维度、立体化的传播方式是时代发展的必然趋势，是企业品牌传播的必然要求。

（一）夯实传统媒体基础，加固品牌传播“能量场”

当今的时代不再是“是金子总会发光”的时候，企业品牌要大力宣传，增加曝光率，提升知名度。

内容为王，提升品牌竞争力。企业内刊除了能赋予企业强大的社会影响力之外，还能发挥其经营服务工具的作用，与企业的品牌经营融为一体，成为推动企业健康发展的“猎猎战旗”。《高尚九三》除了时刻关注行业信息，还十分注重九三品牌形象的打造和九三品牌美誉度的培育工作；《九三集团报》增添了“品牌故事”专栏，通过专题文章来诠释九三品牌精神、形象，提升了九三品牌的市场竞争力。

文化引领，提升品牌影响力。近年来，九三集团实施“大品牌”战略，并建设以“品牌、品质、品格”为核心的“三品”文化，力将“九三”打造成为中国食用油第一序列品牌。在企业内刊宣传过程中，九三集团注重以“高尚+奋斗”文化为引领，结合“九三”品牌产品的“天然、营养、安全、健康”的特性，归纳总结品牌的成长历程，丰富品牌内涵，讲好品牌故事，塑造品牌特性。

（二）激发新媒体潜能，增添品牌传播“新引擎”

新媒体是继报刊、广播、电视等传统媒体之后发展起来的媒体业态，其具有信息扩散速度快、传播范围广、形式丰富、互动性强等特性。面对新媒体时代的变革，九三集团在传统媒体的基础上，通过新媒体开展企业品牌传播方面进行了积极的探索和尝试，目前取得了良好的效果。

结合社会关注热点，打造传播“爆点”。九三集团紧扣“习近平总书记到垦区考察”“耕地中的大熊猫”“共同抗疫”等社会关注的热点话题，深入打造传播爆点。2020年，在抗击新冠疫情期间，九三集团20余家工厂于大年初七全面实现复工复产。集团抓住品牌传播的好时机，对内充分利用微信公众号、抖音、官网、微博等媒体，对外通过凤凰网、新浪网、今日头条、东北网、搜狐网等媒体，大力宣传企业保生产、稳供应；大力宣传开辟绿色通道，紧急生产发运50万吨豆粕驰援湖北、内蒙古等地；大力宣传为武汉医护人员捐赠4万吨食用油；大力宣传企业为中央提出的“六保、六稳”工作做出的贡献。通过集中传播九三对消费者负责、对社会担当，让“九三”品牌深深印在国民心中，消费者对于“九三”品牌的信任度明显增强。2020年上半年，九三电商销量同比增长86.6%。

聚焦企业宣传重点，打造传播“燃点”。九三集团以企业重大活动开展、重大战略部署、重大节点攻克、重要人物典型等为企业宣传亮点，整合集团宣传系统新媒体资源掀起报道高潮。围绕中国品牌价值发布、“九三”品牌价值连年攀升，深度挖掘新闻点，邀请新华社、人民网、中新网、黑龙江电视台等主流媒体，全面剖析取得成绩背后的原因，向社会呈现了九三人为保证食品高质量所做出的努力；围绕登录央视、冠名高铁、明星代言、赞助赛事和商演等品牌活动，以图片+文字+视频的形式，全方位、立体式地开展宣传，借助名人大事效应扩大品牌知名度，经各大媒体转载推送后，赢得了社会的广泛关注；围绕庆祝企业日、团队户外活动、英文演讲大赛、读书分享会等多项文化品牌活动，深入挖掘展现企业发展过程中的典型人物和故事，树立“勇当脊梁，造福社会”的国企形象。

契合近期网络焦点，打造传播“触点”。为提高关注率，九三集团改变传统宣传的“硬”方式，结合当下热点，创新宣传内容，借用电影《速度与激情8》时机，推出“速8热血落幕，九三情怀永恒”一文，宣传“九三”食用油新装上市；在《夏洛特烦恼》热播期，集团又利用《茴香打卤面岂能少了TA》一文推广新品鲜榨大豆油；《长安十二时辰》热播期，集团推出《九三集团十二时辰》，全面展现了九三人为品牌建设、产品品质奋斗拼搏的场景。《九三人图鉴》《九三集团：←2017，2019→》《九三版李焕英》《九三人 你有一份定制盲盒待领取》……阅读量大幅提升。

（三）加强融媒体协同，打好品牌传播“组合拳”

九三集团加强融媒体协同，统筹传统媒体和新媒体，利用“线上+线下”的品牌营销传播方式对品牌内涵进行充分挖掘，增强与受众的沟通和互动，并加强受众体验。

“全”覆盖传播渠道，扩大宣传辐射面。当前，在自媒体高度活跃的大形势下，在“人人都是宣传员”的时代，人人都是信息的传播者。因此，九三集团建立了“全员参与，‘号’‘圈’‘群’联动”的宣传工作机制，增强传播辐射范围。以微信公众号为例，目前九三集团的微信平台共有17个。按照“专人负责，统一管理”的原则，在企业内形成以各微信公众号为核心的多个宣传辐射圈。按照每个人朋友圈非重复性好友50人计算，3000名员工的转发就可以覆盖150000人次，一条新闻可在微信中快速形成强大而震撼的传播波。

“快”推送实时消息，突出即时性优势。近年来，九三集团微信公众号、微博、抖音、微视频、OA新闻，重要活动实现即时发布。2020年10月1日，九三集团举办“迎国庆暨企业成立35周年”云诗会，于圆点直播和人民网频道同步直播，当天在线观看人数达到150万+，并利用“传统媒体+新媒体”各种渠道，以矩阵的方式实现同频共振，九三集团的“民族担当、爱国情怀”形象大幅提升。2020年8月5日，“世界品牌大会”上，“九三”品牌价值再度提升，以423.76亿元的品牌价值稳居食用油行业前三。“九三”品牌的知名度、热度与“九三”品牌价值一路攀升。

“直”播出新的格局，增强互动性营销。作为快消品企业，传统的卖货思想、“坐商”思维将难以生存，“酒香不怕巷子深”的营销观点也已无法跟上现代的消费理念，与时俱进，在融媒体新领域中寻求新商机，才是新常态下的生存法则。2016年以来，“九三”非转基因系列油品在淘宝、京东、1号店、拼多多等平台，以自营和分销模式全面入驻，并实现“线上+线下”开拓性销售。2020年，九三集团聚焦个性化、精准化营销，通过天猫头部主播带货、抖音打通直播链路、店铺自播等方式深耕“电商+直播”领域蓝海，激发直播电商的发展潜力，构建了全渠道、全场景、全时段、全品类、线上线下全维度的营销新格局，销售业绩持续上扬。

（九三粮油工业集团有限公司）

大杨集团企业文化与企业发展DNA探秘

大杨集团

创立于1979年的大杨集团在四十多年的发展实践中，培育出了独具特色的大杨企业文化。而随着大杨文化的成长、成熟，反过来又全方位、多层次、立体化地促进了大杨集团在战略转型、经营管理、改革创新等方面实现了不断的自我超越，成为当今世界上最大的单量单裁服装定制公司。

一、大杨发展孕育了大杨文化，大杨文化助力大杨持续成功

从不同时期、不同视角，可以看到大杨集团企业文化的不同层次、不同色彩、不同温度和不同内涵。

一是通过起步创业、千辛万苦的创业文化，来重温“创业艰难百战多”的艰苦历程，去感受创业元勋们当年那种豪情壮志、义薄云天！

二是以尊权、守信为核心的商道文化。尊权文化是当今社会最稀缺的商业资源，大杨集团从创立之日起，就把尊重人保障人的权利作为经营管理的核心理念。以“为客户创造最高价值为创新目标”，这是李桂莲董事长的名言（摘自《大杨记忆》）。此外，“善于挣钱，学会让利”“坚守信誉、恪守契约”的企业风格都成为大杨在国际国内市场纵横捭阖、无往不利的商道文化重要内涵。

三是一以贯之、敢为天下先的创新文化。大杨集团在做大做强的同时树立做长做优、打造百年现代企业的宏图壮志，靠的就是一种持之以恒的创新精神，并把创新创造贯穿于大杨集团的产权结构改革、产品结构改革、分配结构改革、企业结构改革、人员结构改革等，给大杨做优做长提供了强大的动力源泉。

四是稳如泰山的战略定力文化。制定好企业发展战略难，执行好企业发展战略更难，以战略家的眼光、胸怀、智慧和韬略制定好战略并能以“咬定青山不放松”的韧劲和“任凭风吹浪打、我自岿然不动”的定力坚决、坚定地执行好战略，更是难上加难。李桂莲董事长曾高度概括“一群人、一辈子、一件事”，有了这样的战略定力，大杨集团才能心无旁骛做服装，不忘初心创辉煌。

五是求贤若渴、能人兴企的人才文化。以李桂莲董事长为首的大杨集团创始团队乃至早期员工队伍基本都是面朝黄土背朝天的农民，她们是农民中的精英，有着一种追求先进文化和新兴知识，尊重知识、敬重知识分子的宝贵品格。“我们这些农民只有脱胎换骨，不断培养新型人才，才能使我们大杨集团有巨大生命力”（摘自《大杨记忆》）。大杨集团不仅在国内找人才，还面向全球找能人，意大利著名品牌阿玛尼首席设计师伊万诺·凯瑟琳2005年签约大杨，就是大杨人才文化的生动案例。

六是大杨的家文化和家国情怀。李桂莲董事长说：“大

杨拥有深厚的家文化，体现的是朴实、友好、善良、包容的价值观。”“我们要与默默奉献的一线员工共同分享这块巨大的蛋糕，让大家在大杨集团安居乐业，感受大杨的家文化，感受大杨大家庭的温暖。”（摘自《大杨记忆》）

二、解密大杨文化基因，解构大杨成功的 DNA 密码

（一）中华民族的民族精神基因

2018 年习近平主席首次对“中华民族精神”做出了高度凝练，清晰阐发为“四个伟大精神”，即“伟大创造精神”“伟大奋斗精神”“伟大团结精神”“伟大梦想精神”。四个伟大精神在大杨集团都有显著体现，创新创造、团结奋斗，40 多年的光辉历程留下了不胜枚举的鲜活事例。梦想精神的体现也是随着大杨的发展不断提高和升华，从最初的住楼房、看鲜花、有存款到如今的打造国际一流服装品牌，做全球最大单量单裁服装企业的远大梦想。

（二）中国优秀女性的传统基因

中国女性具有的崇高品质主要有以下几个方面：一是善良的美德；二是勤劳的美德；三是贤惠的美德；四是仁爱的美德；五是中国女性具有的信仰、奋斗与献身精神、乐观精神。以上五个方面足以显现出中国妇女优良的中国传统和特性，体现出中国妇女的心灵美、伦理美、道德美、劳动美、智慧美、形象美、艺术美等，彰显出中华民族风貌与民族精神。

（三）中国共产党缔造的红色基因

习近平总书记指出，红色基因是党和国家的宝贵精神财富，要让“红色基因代代相传”。大杨集团的发展得益于大杨集团重视党建，得益于持续不断地享受到党的富民惠企政策，得益于在企业发展的关键时间节点上总能得到党和政府的政策红利。正如李桂莲董事长所讲，几乎每十年大杨都会登上一个大台阶，而每次大的机遇期都是在前期就得到了各级党委和政府的大力支持和政策扶持。比如企业改制、比如取得外贸进出口权、再比如集团上市等。如今大杨集团发展进入新时代，正站在新的历史起点上，因此必须紧密结合新形势新任务新要求，大力传承红色基因，为实现集团的奋斗目标提供强大精神动力和政治保证。

（四）东北和辽南人特有的“闯关东”历史文化基因

“闯关东”是中国近代历史上一个非常独特、影响巨大的历史文化现象，在世界历史上也堪称移民壮举，为后人积累了巨大的精神财富。“闯关东”的凝聚力和生命力，就在于一个“闯”字。向陌生的地方“闯”，向艰险的地方“闯”，向有希望的地方“闯”。在“闯”中探索，在“闯”中成熟，在“闯”中成长，在“闯”中壮大。

按照今天的理解，“闯关东精神”的内涵主要表现在以下四个方面：一是敢于和磨难进行抗争，无畏于牺牲生命，不屈不挠地与天、地、人英勇奋斗的进取精神；二是敢于与人生命运进行抗争，无畏于任何阻力，为实现美好的人生追求，敢于置之死地而后生的拼搏精神；三是敢于为改变贫穷落后与自身的种种不良品性进行抗争，无畏于任何陈规陋俗的束缚，与时俱进、勇于创新的精神；四是面对复杂多变的社会生活，积极践行温良恭俭让、仁义礼智信的人生准则，扶危济困、宽容大度、和睦共处的人文精神。这些精神是中华民族传统美德的精华。

李桂莲董事长领导的大杨集团之所以受到国内外各界朋友的广泛认可，赢得赞誉，就是因为在她和大杨集团的身上充分体现了这种“闯关东”精神。现在的生活，虽然已经发生了翻天覆地的变化，但仍然需要这种“闯关东精神”。因为社会进步的动力，就在于“闯”和“创”。只有吃尽苦头，才能尝尽甜头。越是发展，就越要敢“闯”。闯出陈旧观念，闯出传统模式，闯出安乐环境，闯出等靠思想，到那些充满风险和挑战的地方，创造自己的辉煌。

“闯关东精神”就是为了活着、为了改变命运而不向命运低头的敢拼、敢闯、敢想、敢干，在前无古人的地方杀出一条血路的开拓精神和创新精神。大杨集团到任何时候都离不开、都需要弘扬这种可贵的“闯关东精神”，闯世界，创名牌！

（五）已被世界经济社会发展史验证的现代企业制度文明的基因

正如著名经济学家冯玉忠教授所言，“从第一产业成功转移到第二产业乃至第三产业，从农业文明转向工业文明和信息文明，思维、观念、气质、品行、风格、习俗等，真可谓脱胎换骨啊”。正是在这巨大的“转变”“转换”过程中，李桂莲从一位农家女成长为世界知名的现代企业掌门人。她是这种“大转变”的榜样和领路人！正是因为在她的领导下，一批一批、成千上万的各类专业人才不断地涌现在大杨集团中（摘自《大杨记忆》）。无论是大杨集团成立、获得自营出口权，还是大杨集团股票上市，乃至今天大杨集团的智能化、数字化改造、企业经营管理的优化升级等，这每一步每个大动作都是思想的解放和企业文化的洗礼，背后都折射出西方先进现代企业制度文明强大基因的现实影响力、辐射力和推动力，这是客观的不争事实。大杨文化的核心是企业家文化，而企业家文化的核心是决策文化。决策文化的基因是中国特色社会主义时代背景下的以“亲和清为要义”的政商、政企关系。在事关企业生死攸关的关键问题、关键节点上，总能从成功应对的背后寻到上述诸多基因的 DNA 密码，或者是这些密码的全新智慧组合。

（大杨集团副总经理　吴江）

党建与企业文化建设相融合
推进企业高品质发展

大连华冶联自动化有限公司

党的十九大报告指出：“文化是一个国家、一个民族的灵魂。文化兴国运兴，文化强民族强。没有高度的文化自信，没有文化的繁荣兴盛，就没有中华民族伟大复兴。”对于企业而言，如果将企业比作船，那么企业文化就是帆，党建工

作就是舵。优秀的企业文化带动企业快速发展，具有引领、激励、约束、导向作用。党建工作引导企业向正确的方向前进，发挥党组织的政治核心和领导核心作用。因此，要将党建工作与企业文化建设融为一体，相互借力、相辅相成，增强企业的凝聚力和向心力，为建设高品质的大连华冶联自动化有限公司贡献力量。

一、将党建工作与企业文化建设相融合，为公司发展提供精神动力

企业政治思想工作离不开企业的文化传统，党建工作重要任务之一是指导企业文化建设工作，必须将两者融合统一起来，建立引领企业发展的文化体系，引导员工树立正确的世界观、人生观、价值观，为企业创造强大的精神力量。一是加强员工思想教育。党的十九大报告提出："广泛开展理想信念教育，深化中国特色社会主义和中国梦宣传教育，弘扬民族精神和时代精神，加强爱国主义、集体主义、社会主义教育，引导人们树立正确的历史观、民族观、国家观、文化观。"坚持党对一切工作的领导，不断夯实党组织在企业思想文化领域的领导权、话语权，将企业党组织的思想政治优势充分发挥出来，全面学习贯彻落实习近平新时代中国特色社会主义思想和党的十九大精神。通过开展以"讲危机，迎难而上；讲责任，敢于担当；讲奉献，全力完成指标"为主要内容的"三讲"形势任务宣传教育、举办讲习所宣讲会、开展党员主题教育活动、知识竞赛、主题征文等活动，提高员工的政治理论水平和文化素养，从而引导职工增强对企业的认同感和自豪感，坚定理想信念，爱厂爱岗，提高员工工作积极性。二是抓好意识形态工作。十九大报告强调要牢牢掌握意识形态工作领导权。加强媒体建设和阵地建设，对《华冶联快报》、学习与创新论坛、鞍信时讯等宣传平台集中管理，强化管控，起到了正确引领作用。加强舆情监控，及时把握员工的思想动态，营造积极向上的良好环境。三是传承英模文化。鞍钢是一个英模辈出的地方，培养和选树先进典型历来受到公司党委的高度重视，公司党委结合企业实际注重传承老典型，挖掘新典型，努力形成宝塔式典型群体。通过评选"最美员工"和选拔技术拔尖人才等多种形式，从不同维度选树宣传先进典型，发挥先进典型的示范引领作用，使广大员工自觉传承英模精神，为建设高品质企业发挥引领示范作用。

二、将党建工作与企业文化建设相融合，做到"三个结合"

优秀的企业文化是企业长盛不衰的基因，对提升企业核心竞争力，促进企业科学全面发展具有不可替代的重要作用。在企业文化建设中要坚持做到"三个结合"：一是与加强员工队伍建设相结合。党的十九大报告指出："党的一切工作必须以最广大人民根本利益为最高标准。我们要坚持把人民群众的小事当作自己的大事，从人民群众关心的事情做起，从让人民群众满意的事情做起，带领人民不断创造美好生活！"要坚持以人为本，从员工的角度出发，激发员工队伍的活力。公司成立了球类协会、登山协会和文娱协会三个职工兴趣协会，通过开展丰富多彩的文体活动，活跃了员工的文化生活。开展"践行共享理念，关爱一线员工"活动，着力解决员工关心的热点问题，真正做到为员工做实事。坚持用先进的企业文化凝聚人心、鼓舞士气，汇集改革发展的强大力量。二是与完成企业生产经营任务相结合。习近平总书记在全国国有企业党的建设工作会议上强调："坚持服务生产经营不偏离，把提高企业效益、增强企业竞争实力、实现国有资产保值增值作为国有企业党组织工作的出发点和落脚点，以企业改革发展成果检验党组织的工作和战斗力"。自实施契约化经营以来，紧紧围绕公司的生产经营和改革发展的实际，在党建工作和企业文化建设共同作用下，扭转了被动的局面，全面完成了契约化经营指标。三是与实施公司发展战略，加强品牌建设相结合。结合公司"421"发展战略、确定公司发展战略与发展方向，调整市场布局，划分6个区域，设置3个办事处。大力发展以机器人、无人行车为代表的新兴业务，成功设计研发了冶金企业第一台喷码贴标一体化机器人。喷码贴标一体化机器人在鞍钢诞生在中国冶金钢铁行业产生了良好效应，擦亮了公司品牌，提升了公司的知名度，为下一步拓宽市场，实现高质量发展奠定了坚实基础。

三、将党建工作与企业文化建设相融合，凝聚高素质人才队伍

在企业文化建设中，领导班子和党员干部是主力军，要充分发挥领导班子和党员干部的模范带头作用。一是提高政治站位，使领导班子和党员干部在政治立场、政治方向、政治原则、政治道路上同党中央保持高度一致，提高领导班子和党员干部作为企业文化建设者的业务水平和能力。二是突出领导班子和干部队伍建设。公司党委提出了"创新思维、激发活力、做强做优"的工作思路，公司副职领导担任各中心主任，领导班子成员横向抓业务强化管理，纵向抓事业部带指标。同时，把创新创效能力作为考核评价和衡量班子、干部的标准，引导干部干事创业，有所作为。三是突出青年干部的培养。习近平总书记强调，各级党委要把关心年轻干部健康成长作为义不容辞的政治责任，加强长远规划，健全工作责任，及时发现、培养、启用优秀年轻干部。党的十九大报告提出："要有识才的慧眼、爱才的诚意、用才的胆识、容才的雅量、聚才的良方"。公司党委大胆选用优秀的、敢于管理的年轻干部，开展"五个一"工程，即：建立一支后备干部队伍、到一个业务中心挂职锻炼、完成一项攻关课题、选派一名导师、做一次学术报告。为青年干部搭建平台，促进青年干部尽快成长，在企业文化建设进程中发挥作用。

四、将党建工作与企业文化建设相融合，打造独具特色的企业文化

企业文化是企业发展不可或缺的精神力量和道德规范，对企业发展具有强大的导向、规范、凝聚和激励作用。为建设独具特色、适应公司发展的企业文化，公司党委充分发挥领导核心作用，把方向、管大局、保落实。一是充分发挥党建工作的组织优势，为企业文化建设提供保障。创办内部刊物，开展文化理念征集和内部刊物名称征集活动，让每名员工都参与到企业文化建设中，提高主人翁意识。确定20条企业文化标语，确定了企业愿景是“通过自动化与信息化技术应用，为人类创造美好未来”。企业目标是“建设最具竞争力的自动化领军企业”。企业定位是“通过自动化技术与信息化技术的有效融合，为用户提供智能制造的整体解决方案、产品和服务”。树立“层级管理、制度管理、细节管理”的管理理念，制定完善了各项规章制度，形成规章制度汇编，共六方面86项。完善了各项管理流程，实现规范有序。规范员工行为，强化员工劳动纪律和工作纪律。二是加大企业文化宣传力度，营造和谐人文环境。建立文化长廊、光荣榜、宣传栏，悬挂电子显示屏，努力营造浓厚的文化氛围和良好的人文环境。通过《华冶联快报》、鞍信时讯、OA 办公系统、微信群等新兴媒体宣传两个文明建设成果，鼓舞士气，引导员工讲传统、讲尊严、讲发展、讲奉献，擦亮公司品牌，提升公司形象。通过视觉识别、行为识别、理念识别三个维度，着力构建符合企业特点、具有时代特色、富有竞争力和创新活力的企业文化。凝心聚力，构筑企业精神，创造企业价值，为职工提供精神指引，树立企业形象，强化企业品牌，彰显文化力量，引领企业高品质发展。

（大连华冶联自动化有限公司党委书记、董事长　田树魁）

“上汽党建四季论坛”激发组织新活力

上海汽轮机厂有限公司

一、背景

为充分发挥企业党委“把方向、管大局、保落实”的领导作用，上海汽轮机厂党委以党建工作与企业中心工作深入融合为抓手，在形势教育、政策宣贯、措施研讨、成果检验等各环节充分发挥组织引领和带动作用，推动各支部先行先试，大胆创新，主动扛起推动企业改革发展的重任。

“上汽党建四季论坛”最早起源于厂党委 2011 年举办的“专题党建论坛”，当时在论坛上交流了“发挥岗位承诺品牌作用　推进创先争优工作”的经验和体会，随着党建论坛的逐步开展，论坛上交流的内容和形式也不断丰富，这个平台也孕育出了我们的两个党建品牌——“融入式党建”和“服务型党支部”。2019 年年初，论坛正式改名为“上汽党建四季论坛”，通过每季一讲的形式讨论企业改革发展中最迫切、最重要的问题，更加明确了围绕新时代党建工作要求和企业发展需要抓党建的定位。

二、品牌简介

上汽党建四季论坛

叶子形状——采用的是我厂代表性的香樟树树叶的形状，香樟树自 1953 年建厂开始就在厂区内广泛种植，如今已郁郁葱葱、枝繁叶茂，见证了汽轮机厂的发展壮大；

四片叶子——用红、绿、橙、蓝四个不同的颜色代表春、夏、秋、冬。春夏秋冬是由地球围绕太阳公转形成的，寓意我们党建论坛围绕“党”开展，即“春讲、夏述、秋论、冬谈”四次论坛活动；

花形——花的形状中间是党徽，四片叶子围绕党徽形成一朵花的形状，寓意党建之花四季常开、开遍企业。

黑色的“上汽党建四季论坛”——黑色的代表土地，开出的党建之花在上汽厂落地生根，结出成果。

三、经验做法

（一）主题来源广泛

论坛主题的来源主要有以下几个方面：**第一类是自上而下的指定主题**。有党中央重要会议精神的学习和传达，这是一项重要的政治任务，也是基层党组织“把方向”的重要保障；有企业面临的形势任务和转型发展的总体目标，这是服务企业中心工作的主要切入点。**第二类是自下而上自选命题**。这一类主题不指定内容、不讲究成果，以各党支部的党建工作和部门管理创新的交流学习为主，无论是探索尝试还是经验成果，都可以拿到论坛上讲一讲、议一议，我们坚信只有基层有思路、有创新、有活力才能成为工厂转型发展的强大动力。

（二）形式灵活多样

针对不同的交流主题，党建四季论坛用不同的方式来进行呈现。既有公司党政主要领导的主旨演讲，也有部门主管参与的访谈交流，既有好的经验成果总结分享，也鼓励对某一论点发表不同的意见。此外，在疫情期间我们通过线上论坛的方式组织各党支部就如何“战疫情　保生产”进行了讨论，也开辟了四季论坛的线上模式，今后我们也会将这种论坛形式延伸到项目现场和我们的党建联建单位。

（三）参与人员广泛

党建四季论坛除了交流的主题和形式不拘泥于某一种或几种固定的模式之外，参与论坛的人员范围，我们会根据需要邀请支部书记、党务工作者、部门行政主管、业务骨干等不同的群体参与到不同的论坛活动中来，一方面扩大了论

坛的覆盖面和互动性，同时也提高了论坛交流的针对性和有效性，通过靶向互动提高了论坛的交流效率，也为更好地“保落实”奠定了基础。

（四）内容输出丰富

结合以上三点，党建四季论坛聚焦党政所想、企业所需、职工所盼，所输出的内容也更加丰富多彩。既有党委和支部进行党建研究探索的党建课题成果发布，也有聚焦思想引领和认识提升的各类主题教育活动；既有聚焦企业发展规划的未来展望，也有着眼当前目标任务的措施研讨、经验分享和成果汇报。除此之外，根据工厂对持续进行管理提升的要求，党建论坛不定期就成本、质量、安全、交货期等内容开展研讨交流，直面自身的差距和不足，就现有的政策措施反复推敲、仔细打磨、不断精进。

四、经典案例

[**春讲**]：

2020 年的春天，突如其来的新冠疫情席卷全球。一手抓疫情防控，一手抓复工复产，成为企业党政的首要任务。2 月 10 日节后一上班，工厂就成为本市首批复工的制造型企业之一。然而，供应链还没复工、库存原材料跟不上、周边道路管制……一大堆问题接踵而至。关键时刻，党委四季论坛——春讲云上展开，“主会场+分会场”视频连线，论坛定调：按下复工复产“快进键”，跑出目标履约“加速度”。设计、采购、制造等 10 个分会场，一同分析摸排供应链形势、分享对策明确措施、集思广益建言献策。论坛后，各部门迅速行动，首次海外机组远程调试、云上谈妥机组协议等一大波创新手段迅速上线。

[**夏述**]：

经过一番努力，供应链打通了，生产经营全面提速。然而，因为疫情影响，生产节奏被打乱、供应链节奏也受影响，导致产品成本提高，有的产品甚至高价中标却还是不挣钱。如何降低成本？8 月 26 日，四季论坛夏述，聚焦“成本”展开。论坛上，财务、技术、工艺、采购、物流，从多角度、全方位阐述了降本方案。印象比较深刻的是采购条线“多维度并进　抓大不放小”的分享，挤干降本的每一滴水份。厂党委顺势而为，论坛上发出倡议，开展“降本我行动，齐心求突破”大讨论及职工“降本金点子”征集活动。高手在民间，汇聚员工智慧的 420 多个金点子已转化为开源节流的真金白银。

[**秋论**]：

春讲关注“交货期”，夏述聚焦“成本”，秋论的主题更是“王道”——“聚焦品质提升・推进卓越实践”，关注品质，聚焦高质量发展。当时，龚正市长刚刚为我厂颁发了市长质量奖，上汽人既感光荣更感责任重大。秋论邀请上海电气质量专家倪红卫，分享体系整合、产品标准化和智慧赋能卓越产品的“专家观点”，释义企业质量文化精髓。工厂质量、制造、服务等条线的“大咖”们进行了热烈探讨，就如何弘扬“一丝不苟，精益求精”的企业精神，在“精湛技术、精准管理、精益生产”上下功夫，创造精致产品，做强做优做大品牌达成了广泛共识。

[冬谈]：

秋论话题为品质，品质固化即成品牌，品牌自然成为冬谈主题。近年来，厂党委持续开展“以品牌促党建”主题活动。党委和党支部围绕企业发展和支部建设的热点重点难点问题，培育党建品牌。27 个支部涌现了 18 个特色鲜明、成效显著、机制化运行的特色品牌。春节前夕，以“强化品牌引领・提升党建质量”为主题的冬谈如期举办。论坛上，技术第二党支部的“十年之约”，工艺第一党支部的“五联建五促进”，中小件党支部的“五微生活”，燃机车间党支部的“三领三带，燃动未来”，从不同角度诠释了党建品牌为凝心聚力、引领创新、攻坚克难等方面注入的新动力。

五、成效

1. 统一思想意识

党建四季论坛作为一个统一思想的平台，通过对党建的新形势和工厂面临的新任务的解读研讨，确保工厂各项政策措施的推进能得到全体职工的认同和支持，做到心往一处想，劲往一处使。

2. 推进协同高效

通过各党支部、各部门在论坛上交流的在党建和业务工作中的新方法和新路径，各部门进一步增加了解，增强了互信，更加明确了各自的优缺点，便于部门之间更好地取长补短，高效协同。

3. 促进交流分享

党建四季论坛培养了各部门敞开心扉交流，大胆改革创新的行为习惯，先进经验的挖掘和推广进一步放大了部门局部创新和个体创新的效能，尤其是在体系建设、工厂总体规划布局等全局性事务的推进上更容易进行卓有成效的新探索，形成更大格局的新思路。

上汽党建四季论坛是通过搭建一个可以大胆想、大声讲、放开谈的平台，促进部门之间、上下之间通过高效交流，明确各自定位，建立互信合作，把全厂的力量凝聚在一起聚焦企业改革发展最重要、最迫切的任务，群策群力，抢抓新机遇，共谋新发展。

（上海汽轮机厂有限公司党委宣传部高级专员　徐佳雯）

文化固魂　机制健体
创新求变　聚力兴企

山东中烟工业有限责任公司青州卷烟厂

功以才成，业由才广。实践证明，人才对于一个国家、一项事业的成败起着关键性的作用。人才是第一资源，是推升企业文化软实力和核心竞争力的关键，是推进企业高质量发展的力量源泉。要想实现企业发展目标，就必须建立一支素质优良、技艺精湛、结构合理的“知识+技能”高素质人才队伍。

近年来，山东中烟工业有限责任公司青州卷烟厂党委把“珍惜人才、培养人才、用好人才”作为催生企业发展动能、积蓄内生动力的重要源泉，紧紧围绕装备一流、工艺一流、管理一流、质量一流、产品一流“五个一流”目标，在打造“专、精、特”中高档卷烟制造强厂的道路上，强化育人导向、做实育人文章，企业核心竞争力不断增强。

一、“一甲”文化固魂熔铸人才成长“人格基因”

用企业文化熔铸人才成长的“人格基因”，是企业提升文化软实力和核心竞争力的内在逻辑和源头活水。青州卷烟厂党委牢牢抓住文化建设这个内核，持续发挥企业文化的导向、约束、凝聚、激励、辐射功能，用先进文化熔铸全体员工“勇担当、创一甲”的优秀“人格基因”，在企业内营造“人人努力成长、人人争相成才”的浓厚氛围。

坚持理念先行。青州卷烟厂传承企业军魂血脉和优秀文化基因，融入明代状元青州人赵秉忠殿试卷“第一甲第一名”人文基因，将“一甲”作为目标追求，打造以人为本、和谐统一的企业文化品牌。坚持党建引领，突出“抓党建促发展”理念，创新打造“一甲先锋”党建品牌，构建起以“坚持党建引领建强厂”为目标，“传承、融合、创新、突破”为工作方针，“有红旗必扛、有阵地必上、有第一必争”为精神追求，“四个一”为行动准则，“提升五力”为工作保障的党建运行体系，教育全体党员把发挥先锋模范作用与实现个人成长结合起来，争做“一甲先锋”。突出文化驱动，坚持传承、融合、创新、突破“八字方针”，以“勇担当、创一甲”为主题，优化打造青烟“一甲”文化，教育引导员工把推动企业高质量发展与实现自我价值结合起来，树立“一甲品质”标准，用“一甲人品”打造“一甲产品”，在企业高质量发展中实现人生价值。

深化文化实践。聚焦培育员工“一甲人品”，运用文化熏陶、凝聚、激励员工，用好用活用实文化活动和文化阵地，凝聚崇德向上的干事创业合力。将深入践行社会主义核心价值观作为培育优秀人品的重中之重，以传统节日、重要纪念日、重大节庆日为契机，广泛开展党性教育、爱国主义教育等系列主题宣教活动和书画创作、全员阅读、演讲朗诵、比赛竞赛等群众性活动，丰富职工精神文化生活，唱响主旋律、汇聚正能量。将发掘宣传员工优秀的“人格基因”作为激励员工成长的重要手段，充分运用专题宣传、主题征文、作品征集等形式，开展企业高质量发展宣传和先进典型事迹宣传，持续讲好“青州·青烟”故事，凝聚干事创业合力。坚持有传承、有情怀、知感恩，打造企业文化长廊、党员活动室、工匠创新工作室、职工之家等文化阵地，广泛宣传干事创业先进事迹，持续拓展阵地内容的宽度和深度，营造学习先进、崇尚先进、争当先进的良好氛围，汇聚实干、担当、奉献的力量。

二、机制保障健体赋予人才成长广阔舞台

注重顶层设计。爱惜技能人才、重视技能人才，不仅要表现在形式上，更要重实质、见实效，着力提升劳模工匠人才地位，不断强化技能人才激励保障机制，落实和提升高技能人才的各项待遇，让他们在荣誉上受嘉奖、在待遇上有收获、在精神上有激励。

青州卷烟厂党委始终坚持提高站位、全局谋划，从企业发展全局的高度，注重企业人才顶层设计，把人才队伍建设作为企业高质量发展的重要支撑和提升企业核心竞争力的基础保障，纳入党管人才总盘子统筹考虑，制定人才培养三年规划，与青州烟草中专学校、秦皇岛烟草机械有限责任公司、山东理工大学签订战略合作协议，打造烟机实训基地、创新创业实践基地等平台，多途径、多领域加强人才培养，全面提升各类人才在员工中的影响力。

丰富培训模式。依托技师工作站、劳模创新工作室，积极推进技能领军人才队伍、工匠队伍和青年骨干队伍建设。坚持问题导向，强化教育培训管理，以提升干部队伍执行能力、专业技术人才创新能力、高技能人才实践能力为重点，建立完善以成长需求为导向的计划提报机制、以解决问题为导向的过程管控机制和以能力提升为导向的效果验证机制，持续提高培训效果和质量，为提升企业核心竞争力提供充足的智力支持。

畅通成长渠道。持续建立完善人才成长成才工作机制，畅通管理、专业技术、技师和首席员工四条成长通道，为员工搭建展示自我、实现自我的舞台。建立青年后备管理人才库，加强规划指导，注重知识和能力并重、培训和工作实践相结合，不断建立完善以教育培训、个人提高、导师辅导、行动学习为核心环节的青年后备人才培养考核体系，多途径、多形式搭建青年成长舞台。制定技能人才队伍建设工作要点和厂领导联系一线技能人才工作机制，常态化开展“工匠日”“工匠月”系列活动，开展“青烟工匠”“一甲工匠”评选，不断完善高技能人才培养长效机制，积极推进技能领军人才队伍、工匠队伍建设，广造尊重人才、尊重劳动浓厚氛围。实施“青蓝工程”，完善员工自主学习、职业技能培训、岗位交流、师徒带教等有机结合的技能人才培养格局，着力搭建专业技术、高技能人才成长“快车道”。

三、创新突破求变激发人才成长强大动能

青州卷烟厂党委尊重首创精神，鼓励员工创新创造，强化制度支撑，出台《创新工作管理规定》，细化科技创新、管理创新、群创活动、安全创新等标准，明确项目立项、过程管控、固化推广、评审奖励等工作要求，加大各类创新项目奖励力度，激励全体员工创新创造。配套成立信息化、工艺质量、安全管理、设备计量四个专业小组，优化资源配置，

充分利用学术沙龙、课题攻关、技能竞赛等形式促进专业技术交流，推动各类主体加强协同创新，创新工作成为企业提升核心竞争力的内在要求。

创新永无止境，创新形式不能僵化。青州卷烟厂党委全面导入卓越绩效管理模式，建立自评师队伍，推进“最佳案例（实践）”评选，创新实施“工作课题化，课题项目制”管理机制，围绕企业难点、堵点、痛点问题，以课题推进为切入点，有效承接厂重点工作任务，由厂领导领题并签订责任书，挂靠实施，对课题推进情况进行督导推进，同时在创新管理、文化软实力、工艺控制、智能制造、节能减排等专业领域推行“一季度一主题”活动，通过论坛、诊断、自主改善破除制约瓶颈、探索前沿科技、合力开展攻关，推动课题成果切实转化为生产力，积聚起企业高质量发展新动能。

在探索中创新，在创新中总结。近年来，青州卷烟厂党委逐渐构建形成“1235”创新工作体系模型——发挥创新委员会总体管理作用，培育管理、技术两支队伍，搭建劳模工作室、创新工作室及创新团队三个支撑平台，全面推进管理创新、技术创新、QC 小组活动、六西格玛项目、精益项目五种创新载体，全员创新创效积极性和创造力全面迸发。

“致天下之治者在人才。”青州卷烟厂正以识才的慧眼、爱才的诚意、用才的胆识、容才的雅量、聚才的良方，打造“一甲”人才，铸就“一甲”品质，持续提升企业文化软实力和核心竞争力，全力打造“五个一流”的“专、精、特”中高档卷烟制造强厂。

（山东中烟工业有限责任公司青州卷烟厂党委书记孟庆华）

充分发挥党组织优势 引领企业文化蓬勃发展

山东电力工程咨询院

山东电力工程咨询院有限公司（以下简称“山东院”）创建于 1958 年，隶属于国家电力投资集团有限公司。业务涵盖新能源、火电、电网、核电常规岛及 BOP、智慧能源、水利水电、生态环保等 7 大板块，形成了集咨询、勘察、设计、工程建设、寿期服务、科技研发于一身的发展格局。历经六十多年的艰苦拼搏，山东院在企业文化的助推和引领下，砥砺奋进、稳步向前，现具有工程设计综合甲级资质，是国内唯一同时拥有国内外 1000MW 火电、±1100kV 特高压、三代核电常规岛业绩的工程公司，具备为电力工程建设和运营提供全方位、全产业链条的资质和能力。

一、持续加强组织建设，把企业文化建设作为党组织建设工作的重中之重

完善组织体系和制度建设。山东院党委坚持把企业文化建设作为一项长期的系统工程来抓，注重顶层设计和系统策划，成立了企业文化建设领导小组及工作小组。在 2021 年开展了 5 项重点工作：根据《关于开展集团公司核心价值观和员工行为公约大讨论的通知》，组织开展我院专题座谈会和研讨，同时广泛征集一线干部员工意见建议，总结提炼具有我院特色的核心价值观和行为公约方案；在集团公司“和”文化框架下，梳理总结我院已有的文化理念（如精诚文化等），研究和建立我院新时代的企业文化理念体系，开展企业文化理念体系升级；组织各基层党组织梳理事业部级子文化理念，总结和提炼各业务板块、各专业领域的理念体系；编制《山东院文化纲要》；梳理总结各板块和专业领域内展览展示素材，配合展览展示公司开展布展、片源制作。同时，院党委将企业文化建设纳入基层党组织的党建工作考核中，强化企业文化的基层建设力度，确保企业文化宣贯全覆盖、企业文化建设全落地。

创新工作思路和管理办法。牢固树立创新引领、抓实抓实的鲜明导向，不断升级完善企业文化建设思路和方法。为更好地落实企业文化建设，山东院制订了企业文化建设三年滚动规划和年度企业文化建设方案，确定阶段性目标和实施细则，将企业文化建设渗透到企业运营管理的各个层面，实现设计、管理、服务等各环节的相互协同，促进企业文化建设与业务发展同步提升。将《企业文化工作管理办法》《视觉识别系统应用管理办法》等，纳入企业三标一体管理体系，加强企业标识、VI 等体系的规范建设。

二、组织开展形式多样的庆祝建党 100 周年文化活动，塑造高效的企业文化氛围

2021 年是建党 100 周年，院党委制定《关于庆祝建党 100 周年专项工作方案及党史学习教育专项工作方案》，组织开展了形式多样的文化庆祝活动，充分展现基层广大员工的精神风貌，充分展示企业文化建设的优秀成果，唱响主旋律、营造正能量。

1. 向全体干部员工下发倡议书，为“庆祝建党 100 周年”系列活动预热。倡议书倡议各基层要组织广大党员深入学习贯彻习近平总书记重要讲话精神，自觉把思想与行动统一到集团党组、院党委决策部署上来，确保党史学习教育扎扎实实、高质高效开展。全面把握开展党史学习教育的目标要求，做到学史明理、学史增信、学史崇德、学史力行。各基层要组织广大党员通过书写文章、感悟的形式讲述入党初心，挖掘身边优秀党员的先进事迹，树立典型榜样，传承优良传统，提高党性修养。各基层要围绕“庆祝建党 100 周年”主题，立足具体业务、立足岗位实际、立足重大工程、立足重大节点等，开展有特色的活动。同时，号召广大党员干部要继承和发扬共产党员全心全意为人民服务的宗旨，积极参加志愿服务活动，为职工办实事、办好事。各基层要引导广大党员干部到红色教育基地参观学习，从红色文化、奉献精神中深

刻感受红色精神，感悟初心使命，不断提升思想觉悟、能力素质、道德修养、作风形象。

2.组织开展山东院“庆祝建党100周年”专项工作。专项工作贯穿全年，以“1186”为主线，开展共计16项工作。

1次贯穿全年的党史学习教育：根据集团公司专项工作要求，制定专项方案，开展三部分工作：以“三问”为载体组织好学习教育、我为群众办实事主题实践活动（涵盖关心关爱体系及行动，领导班子走一线等）、学习教育成果宣传（实时宣传、总结视频及记录册等）。

1场七一当天的大会：在建党100周年当天，组织山东院庆祝建党100周年暨党建工作会议，系统总结山东院党建工作经验和良好实践，分析形势任务，全面部署当前及今后一个时期党的建设工作。隆重表彰一批先进基层党组织、优秀共产党员、优秀共产党员标兵、优秀党务工作者，选树一批党内先进典型，立标杆、作示范。

8项逐月开展、层层递进的特色活动：（1）2021年3月：开展“庆祝中国共产党成立100周年”主题征文活动；（2）2021年4月：与山东省能源局联合举办“永远跟党走，追寻红色足迹”春季健步走活动；（3）2021年5月：开展“青春心向党、建功创一流”庆祝建党100周年青年主题实践活动；（4）2021年5月：举办“永远跟党走，启航新征程”山东院第28届职工运动会；（5）2021年7月：举办“党旗下的山东院”庆祝建党100周年职工文艺晚会；（6）2021年7月：举办“我是共产党员”好故事分享活动；（7）2021年8月：举办“红色记忆”建党100周年职工书画摄影展；（8）2021年9—10月：国庆升旗仪式、院庆活动及红色主题第六届职工集体婚礼。

6项特色宣传及文化活动：（1）2021年5—6月：以微电影或纪录片形式开展“山东院的红色记忆”系列宣传报道；（2）2021年6月：集中开展省内党媒大众日报的整版宣传，以及学习强国、新华网、集团媒体的专项宣传；（3）2021年5—6月：编制《党旗下的山东院》（暂名）书籍及视频，纳入“幸福山东院”系列书籍，党建大会发布；（4）2021年6月：为全体党员设计及定制建党100周年创意纪念品；（5）2021年10月：随山东院展览馆设计，升级党建宣传区域内容，展示全国国有企业党的建设工作会议召开5年来山东院党建工作取得的成就；（6）2021年全年：在内网开辟党史上的今天飘窗、庆祝建党100周年专栏、通过院区展板、电子屏、道旗等做好氛围营造。

三、举办“我是共产党员”好故事分享活动，打造党建特色的文化品牌

为庆祝建党100周年，弘扬山东院发展历程中优秀共产党员为党奉献、为企业奉献的先进事迹，院党委决定举办“我是共产党员”好故事分享专项活动。

大道无垠、精诚致远。至精至诚是我们的文化核心，永续创造是我们的企业品质，不断超越是我们的孜孜追求。“精诚文化”指引着山东院人不断超越自我、走向未来。这期间涌现出了无数以共产党员为代表的先进人物和优秀事迹，他们是山东院1000余名优秀党员的代表和缩影。活动选取了山东院六十三载发展历程中最具代表性的8个故事，有老一辈山东院人的故事，他们踏平坎坷、一路追随，赤诚之心经得起岁月洗礼和现实考验；有群策群力、拼搏奉献的五峰山故事，有艰苦创业、勇于开拓的嘉峪关故事，有抗冰抢险、冲锋一线的救援故事，也有新时代在疫情中坚定逆行、向着深海勇敢征服、于平凡中再造不凡、靠创新领跑新赛道的故事等，他们的故事是山东院企业文化和精神品质的鲜活呈现，是精神的发扬、文化的传承、基因的赓续。活动受到了广大干部员工的一致好评，深受洗礼和鼓舞，达到了“文化润心”的良好效果。

山东院把企业文化建设视为企业的灵魂和核心价值体系，视为企业存在和延续的价值支柱。新时代山东院企业文化体系将以“三创两化”（三创：创新、创造、创业；两化：差异化、国际化）战略为中心，通过企业文化规划、传播、落地、考核等建设工作，全面部署企业文化建设战略路径，最终形成具有新时代山东院特色的企业文化体系。

思想的力量，总能穿透迷雾，引领前行的方向。在山东院波澜壮阔的创新发展宏伟征程中，企业文化建设工作必将凝聚起强大的思想动力，在打造“国内领先、国际知名的工程公司”新征程中贡献力量！

（山东电力工程咨询院有限公司）

推动党建与经营管理融合
着力打造特色企业文化

山西焦煤汾西矿业洗煤厂

山西焦煤汾西矿业洗煤厂（以下简称“山焦汾西洗煤厂”）坚持发挥国有企业党组织的领导核心和政治核心作用，着力把党的思想优势、政治优势、组织优势与企业文化建设有效深度融合，在打造独具特色的品牌文化、环境文化、安全文化上取得显著成效，为企业高质量发展积聚起强大的文化推动力和核心竞争力。

具体做法：

一、党建融入生产经营，“两翼共振”打响特色品牌文化

（一）发挥党委前置研究把关定向作用 抓质量提升影响力

山焦汾西洗煤厂党委将诚信经营理念引入生产全过程，健全完善了一套缜密可行的质量动态管理机制，实现了全员、全过程的产品质量管控。注重发挥党员在技术攻关中的引领作用，不断引进新技术、新工艺，提高生产效率。

坚持生产全过程纪检效能监察，定人、定标准、定流程对产品煤进行严格检验，确保出厂产品“车车检验，批批合格”。以党员为骨干组成售后服务团队，与各用户方保持常态联系，及时掌握用户对产品质量的需求。近年来，先后有武钢、宁波钢、鞍钢等用户来厂走访，国家能源局检查组现场观摩销煤装车过程，并给予肯定。

（二）发挥党员的先锋模范作用 强服务激发新动能

党员专业服务团队从固守一隅到外出服务，先锋模范作用得到体现。党员干部挨个与工友谈心、交底，使职工逐步打消了顾虑、树立了信心；党员干部带领专业技术人员赴各矿开展走访和考察，与矿方坦诚交流，了解各选煤厂的工艺流程和设备状况，为打开专业服务市场创造前提条件。党员突击队在各个急难险重现场冲锋在先、奋战在前，有效带动了其他职工的积极性。党员攻坚队积极参与各矿选煤厂设备更新招标计划，开创设备研发制造之路，先后完成上百台选煤设备的设计制造任务，为各矿选煤厂节约设备采购资金50%以上。

二、党建融入环保工作，“四步联动”打造特色环境文化

（一）注重建章立制 夯实环保工作基础保障

我厂党委严格对照上级要求，指导业务部门建立和完善企业环保制度体系，把环保工作与安全生产、经营管理同部署、同落实。编制下发《环境保护管理办法》《矸石处置规定》等十余项制度，确保环保工作有章可循，有法可依。运用检查、考核、通报、曝光等手段，加大执纪力度，推动环保管理工作规范化、精细化、长效化。编制《重污染天气“一厂一策”应急预案》，定期组织应急演练，提高专业人员应对突发状况的能力。

（二）注重防治结合 环保治理成效突出

我厂党委以高度的社会责任感和使命感，以保护社会环境为己任，多措并举开展环境隐患排查治理。严格控制工业污染源排放，煤矸石排放、噪音、粉尘排放等指标均达到国家环保标准。认真对照上级环保文件要求，严格执行《环境隐患排查治理闭合管理制度》，强化环保人员走动管理，超前防范，及时发现并处置环境污染隐患。给全厂34台（套）重点设备安装消声器、除尘器等，健全环保设施台账，规范设备维护保养及检查记录。加强车辆运输管理，要求全部运输车辆加盖篷布，在出厂地磅房前设置洗轮机，对出厂车辆进行清洗。

（三）注重宣传教育 提升全员环保意识

我厂党委坚持把环保专业培训和环保知识宣传列入职工教育体系，使社会主义生态文明观和环保新理念深入人心。

每年结合实际，组织全员学习环保法律法规，重点加强专业环保人员的常态化和制度化学习，不断提高专业人员的业务能力和工作水平。在全体职工中开展“扮靓厂区、青年先行”“俯身拾起小烟头，昂首树立大文明”“绿色低碳环保，我是行动者”等专项教育活动。在每年的植树节、世界地球日、世界环境日等重要节点，采取主题宣讲、发出倡议、知识竞答等灵活多样的形式开展宣传，使环境保护意识成为全厂职工共识。

（四）注重绿化亮化 打造绿色优美国企

坚持科学规划、合理组织企业绿化亮化美化工作，不断提高企业的形象力和美誉度。发挥职工主动性，全面开展设备除锈防腐整治工作，使全厂生产设备重焕新颜。从源头治理和规范行为两方面入手，开展生产现场标准化治理，使生产现场面貌大为改善。科学制定企业年度和长期绿化目标，在新种和补种绿植的同时，加大对现有植物的养护，保证成活率，全厂绿化覆盖率达40%，实现了春有花、夏有荫、秋有果、冬有青的绿化目标。

三、党建融入安全生产，“五措并举”打造特色安全文化

（一）持之以恒、灌输渗透，推进安全理念文化内化于心、外化于行

该厂党委坚持履行安全宣传教育第一责任，推进安全理念文化建设，有效发挥视觉系统的冲击力，真正将理念内化到职工思想深处，外化为日常行为习惯。坚持安全文化活动不断线，经常性举办安全宣讲会、安全座谈会、安全辩论赛、讲述身边的安全故事等特色活动；每年在安全生产月开展丰富多彩的安全文化宣传活动，连续十九年举办为期半年的职工文化节。坚持正面引导和反面警示相结合强化安全教育。拍摄制作《职工安全行为规范宣传片》；编制《洗煤厂伤亡和非伤亡事故汇编》，每周开展案例剖析活动。在一线职工中开展“吓一跳、冒冷汗”经历征集活动，让职工成为安全宣传教育的主角。

（二）巩固创新、夯实基础，推进安全制度文化有序运行、高效落实

坚持将干部职工履行安全职责情况纳入党建目标责任考核。逐步完善安全生产标准化考核、安全绩效奖惩、安全责任追究、安全培训教育、安全应急演练五大制度体系。每年修订《安全文化建设实施方案》，落实工作责任，加强绩效考核，确保安全文化建设常态化开展。坚持厂、车间两级安全办公例会制度；按照“三必管”要求，开展专业委员会安全管理竞赛，以专业会诊治安、保安。不断完善双重预防机制，每年组织开展危险源辨识、风险评价和风险控制工作对各类隐患严格分等级进行“四定”闭环处理。

（三）检查督促、示范引领，推进安全行为文化潜移默化、落地生根

对党员安全责任示范区、各级干部“下现场、抓安全”提出量化要求，建立起自上而下的安全检查网络，对“三违”人员坚持三级帮教，对安全不放心人员进行帮扶引导。引入杜邦安全管理和精益化管理理念，提升现场安全管理水平，

推行岗位作业流程标准化，规范职工岗位操作行为。广泛开展技术技能培训和“师带徒”活动，每年举办十多个工种、数百名职工参加的技术比武。建立各个专业培训教室和职工书屋，定期补充各种书籍，满足职工工余学习需求。

（四）多方联动、发挥作用，推进安全亲情文化拓展延伸、共促平安

厂党委坚持领导和支持工青妇组织开展亲情关爱活动，成立帮扶救助资金，每年拨发各类慰问资金 10 万元以上，开展结对帮扶、走访慰问等救助活动。建立党员包保、家庭互保、女工协管员共保机制，将安全教育的触角延伸到职工家庭中，动员各方力量共保安全。

坚持为职工健康安全“买单”，设置防范、隔离设施，为职工配备特殊劳保用品，有效防控污染源；定期为职工进行健康体检，建立职工健康档案。在职工中开展清洁生产“小妙招、金点子”征集活动，集中整治“老大难”项目，为职工创造良好工作环境。

（五）内强素质、外树形象，推进安全诚信文化广受认可、凝聚共识

坚持落实“党管安全”要求，每年年初分析研判安全生产形势，每季度召开安全工作专题会，分析存在问题，对重大安全举措进行研究。逐级签订《安全承诺书》《安全责任状》，全员开展安全承诺践诺活动。健全“以防为主、打防并举、群防群治”的工作机制和管理网络，强化治安综合治理。坚持量入为出、合理投入，推进科技创新，每年有数十项技改项目投入应用，安全投入更是坚持“应投尽投，应保必保”，每年投入上百万元，对列入“一厂一档”的重大隐患进行整改，企业科技含量和安全生产水平不断提升。

取得成效：

一、品牌建设成果显著

通过严格质量管控，山焦汾西洗煤厂精煤产品连续多年获得“精煤全国质量稳定合格产品证书”。2020 年 6 月，焦用精煤品牌成功注册国家知识产权局“商标注册证”。

该厂开展选煤专业服务十年多来，先后完成下矿突发抢修任务 200 多次，维修大、中、小各类设备 900 余台，成为山焦汾西选煤系统正常运转的守护者，在更广领域打响了专业服务品牌。

二、环保工作有力有为

山焦汾西洗煤厂坚持开展环境综合治理和环境质量体系的持续有效运行，企业环境面貌显著改善，连续多年实现环境零污染事故目标。被评为山西省环境保护“蓝色”（较好）等级，先后获评“中华环境友好单位”“山西省园林单位”。

三、安全文化建设屡创佳绩

山焦汾西洗煤厂先后于 2013 年、2017 年，荣获“山西省安全文化建设示范企业”和“全国安全文化建设示范企业”称号。2020 年，通过“全国安全文化建设示范企业”复查审核。2021 年，该厂安全文化建设成果参与全国安全文化建设经验交流，先后通过山西省应急厅、山西省能源局“一级标准化选煤厂”达标定级验收。

（山西焦煤汾西矿业洗煤厂党委书记　胡燕文）

“北投驿家”党建文化品牌助推企业发展

广西北部湾恒信资产经营有限公司

广西北部湾恒信资产经营有限公司（以下简称“恒信资产公司”）是广西北部湾投资集团有限公司（以下简称“北投集团”）下属企业广西新发展交通集团有限公司（以下简称“新发展集团”）的全资子公司，负责高速公路服务区运营。恒信资产公司党委于 2016 年着手打造“北投驿家”党建文化体系。“北投驿家”品牌获评 2020 年中国交通报社、中国交通报刊学会举办的第二届交通运输“优秀文化品牌”，2017—2019 年度广西企业文化建设优秀成果及案例一等奖。

“北投驿家”主要从“家+”和“驿+”两条主线统筹推进，“家+”主要包括树家风、创家绩、尽家责等方面，“驿+”主要从“一区一特色一品牌”角度推进，包括服务区+旅游、服务区+乡村振兴、服务区+物流等，最终的目的都是为了让司乘人员来到北投集团的服务区之后享受到高品质的服务，体验到“家”的温暖；让公司内部的职工在远离都市的高速驿站工作也能体验到“家”的归属感。

一、主要做法

（一）发挥党组织战斗堡垒作用以党组织引领企业文化融入中心工作

一是抓牢抓实党组织建设，推动企业文化添注力量。以党支部作为最基本的组织，坚持以加强基层党建工作为着力点，深入学习习近平新时代特色社会主义思想，认真贯彻习近平总书记在全国国有企业党的建设工作会议上的重要讲话精神，深刻把握国企政治属性、经济属性、社会属性，加强政治建设，压实主体责任，落实“一岗双责”。

二是发挥基层党组织优势，将企业文化融入中心工作。恒信资产公司党委注重将基层党组织的组织优势与经营实际相结合。在“北投驿家”文化品牌下，以“主题服务区”建设为抓手，以“党团助力 情满驿站”志愿服务活动为主要服务平台，利用重大节假日为切入点，以主题党日团日活动为载体，号召恒信资产公司党、团员主动放弃休息，坚守服务区一线，开展公共服务和生产经营工作，包括疏导交通、清洁卫生、旅游问询、安全宣传、扶贫帮困、文化传播、便民服务、防疫抗疫等。

三是增强思想引领力，推进人才队伍建设。通过人才引进、人员选拔、教育培训、绩效考核、人力资源配置、骨干人员培养和建立后备人才库、劳动竞赛等工作，培养干部职工队伍。近年来通过提拔、岗位竞聘、考试、调配、挂任等方式组织选拔职能部门中层、区域中心经理、服务区经理、副经理和管理员后备人才共计 50 人次；通过“上挂下派”、借调方式组织公司员工挂职锻炼、交流学习，其中以“上挂下派”的形式，分别安排本部和一线岗位员工 10 人次在公司内部挂职锻炼，3 人次到集团公司进行挂职锻炼，1 人到区团委挂职。

（二）坚持正确的政治方向打造具有特色的国企文化品牌

一是以传播社会主义核心价值观为导向，打造“北投驿家”企业品牌。在交旅融合发展的大背景下，为凝聚广大职工的磅礴力量，满足公众美好出行需求，2016 年以来，恒信资产公司党委开始着力打造“北投驿家”文化体系。“北投驿家”中的“北投”体现文化的主体和范畴，即北投集团，“驿”体现了文化的行业属性，即：高速公路服务区；“家”体现了文化的内涵和追求的目标，既要成为司乘人员旅途中的“家”，也要让内部的员工有“家”的归属感。通过“家+”和“驿+”内外两条线融合发展，从内部职工需求层面出发，结合企业实际发展“家+”文化体系，将“党团助力 情满驿站”、“服务区+乡村振兴”“服务区+旅游”等作为文化的载体，通过丰富的活动，将文化理念落到实处，不断深化和拓展“北投驿家”的文化内涵和影响力。

二是以“我为群众办实事”为工作原则，多种形式弘扬社会正能量。组织党团员和职工群众筑牢抗疫安全屏障。2021 年投入防疫抗疫工作人员 37 万人次，测温排查进出服务区的人员 3469 余万人次，确保所辖 25 对服务区和 5 对停车区均为新冠疫情“零感染”。通过建设乡村振兴农产品展厅和农产品专柜搭建农产品展销平台，推动线上线下农产品销售，助力乡村振兴建设。开展“党团助力情满驿站”主题系列活动，包括义务植树活动、三月三展销活动、党史知识有奖问答、“百场党员义务劳动”、爱国卫生月活动和便民志愿服务等，同时多种形式服务社会经济发展建设，打造服务区特色品牌形象。分别以“那文化地标和体验式风情园”和钦州海豚及坭兴陶文化为主题，打造全国首个“那文化”主题服务区和钦州西特色主题文化服务区。还在积极推进合浦服务区“海丝之源，汉韵合浦”、北海服务区“梦想北海扬帆起航”和铁山服务区“山盟海食铁山情”等主题服务区的打造。积极推动服务区往 4.0 版提升，努力把服务区打造成为展示地域风土人文和北投集团品牌形象的窗口，城市经济发展的一面镜子。

二、取得成效

（一）突出“以人为本”理念“家+”文化内涵不断深化

“人性化”服务，是“北投驿家”文化发展的重要抓手。对外，在服务区打造完善了党团服务台、母婴室、第三卫生间、淋浴间、生态停车棚等硬件设施，将党建融入服务区生产经营中，让旅客在服务区切实感受到“家”一般的服务品质。对内，以打造“幸福恒信”为依托，落实落细职工福利，搭建职工成长平台，丰富职工业余生活，切实让职工感受到恒信大家庭的温暖。2020 年至今，那马服务区以“那文化”特色主题，充分展示服务区文化建设、服务管理成就和良好形象，作为国评标准示范路示范服务区的创建对象、第四届中国旅游交通大会的现场考察点、交通运输部“沿着高速看中国——红色之旅看交通”主题宣传活动的现场考察点，2021 年那马服务区荣获中国公路学会“第二届全国高速公路旅游主题服务区”称号。

（二）以干事创业创先争优的文化生态引领员工成长

恒信资产公司党委带领党团员青年、党员突击队积极发挥战斗堡垒作用和先锋模范作用，参与的党团员突破 2000 多人次，服务司乘达 150 余万人次，指挥疏导车辆 20 余万辆，有效地完成了每年春运、国庆等假期的保畅任务，在防疫抗疫和乡村振兴等工作中涌现出一批先进典型。钦州西服务区荣获交通运输部全国交通运输系统先进集体、全国总工会“工人先锋号”、广西三八红旗集体、1 名员工获 2020 年全国感动交通人物、两名员工荣获“中国最美路姐”称号、那马服务区“那么美”团队荣获第七届“最美中国路姐团队入围奖”，50 余名员工获得广西交通运输行业“情满旅途”志愿服务活动“先进个人”等。

（三）结合时代发展趋势文化建设载体丰富有效

“北投驿家”坚持文化建设与生产经营融合发展，持续推进“党团助力 情满驿站”活动，每年制定活动开展计划，抓住春节、端午、暑期等重要节假日，深入服务区开展各类志愿服务活动，融入企业中心工作，助力生产经营管理，促进了服务品质提升和经营效益的提升；深入开展“情满旅途”学雷锋志愿服务，联合分公司、改扩建、石化公司及交警路政等单位，在全线服务区同步开展“情满旅途”学雷锋志愿服务，有效提升了“北投驿家”的社会效益，品牌影响力逐步扩大。

三、启示

“服务”是恒信资产公司的核心工作之一，服务司机乘客，服务业态商户，如“家”般的高品质服务是“北投驿家”的服务承诺。为实现这一目标，“北投驿家”正是从“内外”条主线推进：对外，“北投驿家”从顾客需求角度出发，通过改革创新，优化服务，做好了“家”的硬件服务。对内，通过“家+”文化，凝聚全体职工的力量，让职工认可“家”的理念，自觉接受和践行“家”的服务标准，通过“三声”服务和“三心”服务等，做好“家”的品质服务。“家+”和“驿+”两条线融合发展，共同塑造了“北投驿家”的良好品牌形象，不断深化和丰富“北投驿家”的文化内涵，这种良性的发展循环是“北投驿家”推动企业发展的不竭动力。

（恒信资产公司党委书记、董事长姚雷；党委副书记、董事、工会主席 苏云；党群工作部主任 黎筱媚；党群工作部职员 李菁）

构建“六大文化”助推国企高质量发展

广西交通投资集团有限公司

广西交通投资集团有限公司（以下简称“集团”）成立于2008年7月，是广西壮族自治区政府直属大型国有独资企业，肩负推动广西高速公路、铁路建设任务，是广西交通建设主力军，也是广西首批交通强区建设试点单位。集团稳步拓展“交通+”产业发展格局，连续多年进入中国企业500强。集团坚持以品质党建引领企业文化建设，秉承交通行业特性，大力弘扬伟大建党精神，打造责任、创新、诚信、学习、和谐、清廉“六大文化”，聚力推进交通强国建设，加快打造全国一流综合交通产业集团。集团获全国先进基层党组织、全国企业文化建设先进单位等荣誉。

一、大力弘扬践行初心、担当使命的政治品格

打造责任文化 在推进交通建设和乡村振兴中彰显国企担当。

集团大力弘扬“坚持真理、坚守理想，践行初心、担当使命，不怕牺牲、英勇斗争，对党忠诚、不负人民”的伟大建党精神，传承红色基因，打造责任文化，引导广大党员干部职工以“发展交通 服务社会”为初心使命，认真落实国企政治责任、经济责任、社会责任，发挥国企在经济社会发展中的“压舱石”作用。担好交通建设主力军使命，推进交通重大项目建设提速。集团坚决贯彻中央、自治区决策部署，开展“担当落实创优年”活动，快速推进高速公路、铁路建设。截至2022年5月底，集团承建高速公路项目73个，已建成项目38个，新增29个县通高速公路，助推广西县县通高速率达97%；运营管理高速公路4778公里，占广西全区65.1%。筹集地方配套资金建设铁路项目35个，助推广西高铁运营里程达1792公里，位居全国前列。进一步完善面向东盟、连接周边省份的互联互通，为落实国家发展战略和建设壮美广西提供强有力支撑。强化政治责任担当，着力巩固脱贫攻坚成果和推进乡村振兴。集团累计直接投入3278万元、调动社会捐赠1.2亿多元，实施帮扶项目79个，实现集团定点帮扶的7个村和1个挂牌突击支援村2020年全部脱贫摘帽。依托集团优势，持续推进产业帮扶、消费帮扶；实施“建设管理养护+乡村振兴”一体化，把临时工程纳入地方规划，完成新建便道192.4公里，便捷沿线群众出行。

二、大力弘扬重视学习、善于学习的优良传统

学习文化，在队伍能力建设中提升企业竞争力。

重视学习、善于学习是中国共产党的鲜明品格，也是中国共产党的优良传统。集团弘扬党的这一优秀品格，以学习文化为抓手，搭平台创载体，着力提升职工队伍能力，推动集团交通建设和改革发展。建立学习组织体系和激励机制，实施“瞪羚人才”“交投生力军”培养工程，建立院士工作站、博士后工作站各1个；建立交投书院，连续多年与清华大学等合作举办培训班，打造“交投智慧谷”培训品牌；强化新入企干部员工“第一课”，开展“导师带徒”活动；持续十余年开展行动学习，打造行动学习教育培训基地和实践基地，将行动学习应用于产业发展研讨、专题培训，推动破解发展难题。下属单位打造国家级“职工书屋”3个，推进专题学习和多种实践活动相结合，建设知识型、技能型、创新型职工队伍，涌现全国优秀党务工作者、全国劳模农凤娟、广西劳模韦艳颖、玉大熙，“广西工匠”凌洪明等一批金牌员工。拥有享受国务院特殊津贴专家3人、广西十百千第二层次人才4人。

三、大力弘扬改革创新的革命精神，打造创新文化

在交通科研攻关和创新创效中推动企业发展。

中国共产党的历史，就是一部不断探索、不断创新，砥砺前行的历史。集团传承红色基因，大力弘扬改革创新的革命精神，以创新文化为驱动，推动企业高质量发展。加强科研创新，建立1个国家级企业技术中心、1个自治区级重点实验室、1个数据工程与智能计算联合实验室；成立以来承担省部级以上重点科研项目34项，获国家和省部级奖科研项目25项，其中国家科技进步一等奖1项、二等奖1项；取得39项科技成果，其中国家级发明专利16项。在交通建设运营中大力开展科技创新攻关和成果运用，如开展智慧高速车路协同技术应用示范创新研究，大力推广使用智慧梁场等“四新”技术，大大提升工程品质；建立高速公路通信骨干网、集团私有云、交通大数据，研发收费稽查辅助智能分析系统等，用科技创新服务集团主业成效明显。深化国企改革，探索科技企业员工持股试点，交投科技成为广西首家实施股权激励的国有科技型企业，激发基层创新活力。

四、大力弘扬诚实守信的政治品格，打造诚信文化

在诚信经营和建设品质工程中展现交投良好形象。

习近平总书记指出：“我们党最讲认真，言必行、行必果，说到做到。”这揭示了中国共产党为什么“能”的一个重要原因：中国共产党最讲认真、最讲诚信。集团充分发扬诚实守信党的这一政治品格，打造诚信文化，将诚信理念融入企业改革发展各方面，厚植诚信基因。将诚信理念融入商贸及服务区经营等活动，突出诚信经营，提升企业良好形象。将诚信理念融入项目建设，强化“使用者优先”，为用路者建设人民满意交通工程。集团1个项目获广西首座国优工程金奖，2个项目获国家优质工程奖，1个项目获中国建设工程鲁班奖，3个项目获李春奖。建成“世界第一拱”——荔玉高速平南三桥等一批精品项目。将诚信理念融入职工思想政治工作，开办“道德讲堂”，突出对广大职工的诚信教育。用好“交投先锋+工作站”等平台，创新“交投先锋微讲坛”等职工喜闻乐见的形式，让诚信教育做到“走心”入脑，形成员工人人讲诚信、守诚信的良好风尚。

五、坚持以人民为中心的发展思想 打造和谐文化

在品质服务提升和关爱职工中营造企业与职工、社会和谐关系。

习近平总书记指出，“江山就是人民，人民就是江山”。集团坚持以人民为中心，构建和谐文化，聚焦主责主业，着力建设人民满意交通，打造“暖心交投”。提升运营服务品质，服务人民美好出行。南宁东收费站是中国高速公路微笑服务发源地，集团延伸“微笑服务”内涵，着力整治高速公路“痛点”“难点”问题，持续开展“治堵、治危、治漏、治臭”工程，打造“安、畅、舒、美”高速公路。推进特色服务区建设，五星级服务区占全区 85%，拥有全国 5A“司机之家”5 个。集团下属五洲交通联合广东云梧高速以及辖区交警、路政等单位打造“一小时党建协作圈”联盟，实现六路同心做保畅提服务。深入实施“暖心交投”职工满意行动，关爱基层惠民生。深化“我为群众办实事”实践活动，持续对收费站、服务区员工餐厅、办公场所等进行改善提升，解决一线职工生产生活后顾之忧。出台关怀帮扶等制度，加大送温暖帮扶力度，为职工群众办实事、解难事，持续提升职工满意度、获得感、幸福感。

六、大力弘扬清正廉洁的政治品格 打造清廉文化

在落实全面从严治党中实现“干成事、不出事”。

中国共产党自成立伊始，就把清正廉洁作为必备政治品格写在了自己的旗帜上。集团继承和弘扬清正廉洁党的这一政治品格，着力构建清廉文化，为集团持续健康发展提供纪律保障。集团坚持全面从严治党，提出并践行“六条共勉”、全面从严治企“十个绝对不准”，构建“四责协同”机制，一体推进“不敢腐不能腐不想腐”。常态化开展“反腐倡廉教育月”活动，创新廉洁教育载体，运用好监督执纪四种形态，筑牢防线。率先在广西国企系统实行派驻纪检监察体制改革，设立 8 个派驻纪检监察组，强化监督执纪问责；强化政治监督，加强对下属企业的巡察，实现巡察工作全覆盖。加强对党员干部“八小时以外”监督，创新开展廉洁监督共建活动；创建党风廉政建设和反腐败工作联席会议制度，构建多部门联动的“大监督”体制，提升监督效能。强化制度建立和执行，从源头预防和治理腐败，做到“干成事、不出事”。

（广西交通投资集团有限公司党群工作部主任林鹏，业务经理黄才源、陆耀东）

“交投先锋+五融品质党建”文化引领大工程建设

广西南玉铁路有限公司

一、背景

新建南宁至玉林铁路项目是广西全面对接融入粤港澳大湾区、推进东融开放发展的重大项目，也是广西自主建设的第一条时速 350 公里的高铁项目，备受自治区党委政府和社会各界的关注，面临着代建模式以及各参建单位之间不同文化理念碰撞的新挑战，如何融合不同的文化理念，形成合力优质高效推进南玉铁路建设成为“考题”。

二、创建“交投先锋+五融品质党建”文化

广西南玉铁路有限公司（以下简称南玉公司）以习近平新时代中国特色社会主义思想为指引，贯彻党的十九大和十九届历次全会精神，认真落实全国国有企业党的建设工作会议精神，在广西交通投资集团“品质党建”载体下，不断推进项目党建工作与中心工作深度融合，创建南玉铁路项目“交投先锋+五融品质党建”文化，通过组织机构融和、项目管理融通、党建文化融入、员工队伍融合、制度建设融汇等“五融”方式，把项目全线党支部及党员凝聚融合起来，协调各方形成基层党组织引领力和建设合力，促进项目又好又快建设，确保各方深度融合和双赢。

三、“交投先锋+五融品质党建”文化实施的经验做法

（一）打造党建“朋友圈”组织机构融和有深度

南玉公司与参建单位建立党建工作联建机制，通过签订党建共建协议，共建党建“朋友圈”，按照“南玉速度，品质领先”建设理念和“起步就是冲刺，开工就是决战”的工作要求，快速凝聚项目建设力量，形成工作同部署、管理高标准、员工齐奋斗的良好局面。在疫情防控和复工复产的关键时期，南玉铁路项目组织机构融和发挥了强大的优势，组建南玉铁路联合防疫复工突击队，一手抓疫情防控，一手抓复工复产，争分夺秒抢工期，高效推进项目建设，得到了中央电视台等媒体的点赞和报道。党员干部还从党史学习教育中汲取精神力量，扎根沿线基层合力为民办实事，在满足南玉铁路项目建设的同时，采用永临结合的方式，为沿线群众架设钢栈桥、加宽既有村道、安装水管、挖掘水井、为群众农耕作业等生产生活提供便利，同时还为当地群众提供物资及设备使用、协助拆除旧房、疏通水渠等，累计为民办实事投入约 3995 万元。

（二）打造攻坚“合力圈”项目管理融通有品质

南玉公司充分总结“交投先锋+攻坚突破”主题活动的经验做法，联合南玉铁路参建单位组建了“交投先锋+南玉铁路控制性工程攻坚突破”先锋队，主动把行动学习融入项目建设管理过程中，通过运用行动学习，在项目建设管理中形成了“坚”在何处、“谋”在思路、“攻”在方法的攻坚突破工作思路，着力解决建设难题，打造工程建设“合力圈”。目前南玉铁路项目重点控制性工程“三桥两隧”中的平悦隧道、良睦隧道已相继贯通，三座跨邕（郁）江特大桥进展均在施工计划范围内，其中百合郁江特大桥主塔施工已完成封顶，为后续梁部施工奠定了坚实基础。

（三）打造文化“共享圈”党建文化融入有特色

南玉公司联合各参建单位开展常态化开展廉洁共建“五共五廉”活动及“廉风融家风 清廉齐家行”家庭助廉开放日活动等，把家风建设与党风廉政建设相融合，树立“有廉才有家”的清廉文化理念，建立知廉于心、践廉于行、督廉于实的“交投先锋+三廉”工作室，坚持把全面从严治党深层次纳入项目党建文化建设全过程，以推动党风廉政文化不断提高项目管理成效。同时将“交投先锋+攻坚突破”精神与登高英雄杨连第“不畏艰难，勇攀高峰”的“登高”文化进行了有机融合，与施工单位共同打造了“交投先锋+南玉铁路六景郁江特大桥攻坚突破工作室”和“杨连第队陈列室”，作为南玉铁路项目攻坚突破的示范点和先进典型，体现南玉铁路“不畏艰难、攻坚突破”的精气神，成为党建文化融入的特色体现。

（四）打造南玉“同心圈”员工队伍融合有活力

通过与参建单位联合开展交投先锋+攻坚突破主题党日活动，将道德讲堂及南玉铁路“初心讲堂”平台相结合，共上廉洁党课，筑牢项目全线党员干部及员工队伍的廉洁意识；共同开展“唱响红色经典、永葆对党忠诚”主题党日活动，共上一堂音乐党课，激发项目全线员工队伍干事创业的热情和干劲；共同举办水上救援及隧道安全应急演练等活动，在高效协同的配合中磨炼员工队伍应急管理的能力与默契；同时成立南玉铁路项目建设青年突击队，积极开展交投青年科创行动，带头开展《高速铁路320米跨桥梁结构及无砟轨道关键技术研究》等10余项科研课题研究和攻关，有效解决施工中遇到的技术难题；大力宣传南玉铁路项目克难攻坚、大干快上的建设情况，形成激励全线员工队伍勇于担当、奋勇拼搏的正向引导等。通过以上丰富的共建载体和广泛的正向宣传，积极营造南玉铁路“大家庭”的良好氛围，让南玉铁路建设者感受到在“大融合”的文化氛围中共同建设南玉铁路的幸福感和成就感。

（五）打造管理“标准圈”制度建设融汇有成效

南玉公司聚焦项目建设攻坚突破和质量安全，与各参建单位共同商讨、互相借鉴、结合实际，共同制定南玉铁路项目管理制度，为项目建设步调一致和规范管理提供坚强保障。目前已制定涵盖党建工作、工程建设、安全质量管理、财务管理、验工计价等制度96项。其中，制定和完善了《新建南宁至玉林铁路工程项目激励约束考核办法》，充分激励参建单位和参建人员的工作积极性和创造性，形成“比、学、赶、超”的劳动竞赛局面，推进项目质量上水平、进度上速度、管理上台阶，圆满完成南玉铁路各项目标任务。此外，南玉公司还与南宁建指积极探索代建管理模式的新路径，初步形成了南玉铁路代建管理手册，进一步明确代建管理期间，各方的管理权限和职责，有效发挥各项管理职能，高质高效完成南玉铁路建设管理工作。

四、“交投先锋+五融品质党建”文化实施的主要成效

南玉铁路在“交投先锋+五融品质党建”文化的带动下，创造了“审批速度”“前期速度”“建设速度”“复工速度”等多个“南玉速度”。从2019年年初项目启动到11月全面开工，用不到一年时间，基本完成各项前期工作，成为全国铁路建设前期工作推进最快的项目之一，创造了中国铁路建设项目初步设计批复周期的新纪录，跑出了广西铁路建设“加速度”；2020年南玉铁路项目创造了广西铁路建设“当年开工、当年架梁”的新纪录，开工元年超额完成投资任务等，为我区实现“六稳”“六保”目标作出了应有贡献，得到时任自治区党委书记、自治区人大常委会主任鹿心社肯定，取得了良好的社会效应，得到了沿线人民群众的高度认可。截至目前，广西交通投资集团南玉铁路项目获评“2019年度全区交通运输工作成绩突出集体”荣誉；南玉公司第一党支部获评为自治区国资委党委系统第二批企业创优示范党支部；《交投先锋+五融品质党建文化助推南玉铁路建设》案例荣获2017—2019年度广西企业文化建设优秀案例三等奖；南玉铁路项目建设青年突击队在2021年度广西重大项目青年突击队建功竞赛中荣获二等奖，公司党委书记、董事长陈华梁荣获2022年度广西科学技术进步奖二等奖，公司常务副总经理、总工程师罗阳明荣获“第三届广西卓越工程师奖”。

（作者系广西南玉铁路有限公司党委书记陈华梁，党委副书记杨鑫，综合部副部长陈果，综合部党务纪检干事冯关宪）

坚持“红色引擎”领航 “五位一体”构建国企文化建设体系

云天化集团有限责任公司

习近平总书记指出，文化兴国运兴，文化强民族强。文化，对于一个国家、民族而言，是血脉的传承、精神的源泉；对一个企业而言，是价值观的引领，是最重要的软实力。云天化集团有限责任公司（以下简称“云天化集团”）作为云南省属国有重要骨干企业，始终牢记国资国企的红色属性，深入贯彻落实习近平总书记关于文化建设的系列论述，坚决扛起新时代加强国企文化建设的政治责任，通过完善“五位一体”的企业文化建设责任体系、管理体系、内涵体系、传播体系、示范体系，持续提升新型国企进取型文化软实力，干部员工直面困难、攻坚克难的精气神更加充足，干事创业、担当作为的组织氛围更加浓厚，全员自信心、凝聚力、向心力持续增强，云天化集团的社会影响力和美誉度持续提升，

为改革发展凝聚起了强大的精神力量，有力推动了集团绿色高质量发展。

一、坚持红色引领，着力完善企业文化建设责任体系

依托新型国企高质量党建工作的引领，云天化集团党委构建了具有云天化特色的新型国企文化建设责任体系。纵向形成了“集团党委总抓、二级党委主抓、工作部门专抓、基层组织实抓”的“四级联动”责任传导体系。横向明确了各级党组织的主体责任，书记的第一责任人责任，专职副书记的直接责任，班子成员的“一岗双责”，职能部门牵头抓总责任，相关部门齐抓共管责任，党务工作者具体落实责任，形成了横向到边的“七位一体”责任落实体系。立体形成“任务清单、责任清单、考评清单、问题清单”的清单化管理目标任务分解体系。集团党委抓好全面统筹、跟进指导，各基层党组织结合实际，创新方法，推动企业文化建设责任层层传导，重点任务逐级分解落实。

二、明确红色路径，着力完善企业文化建设管理体系

云天化集团党委坚持把企业文化建设与意识形态工作有机结合，以社会主义核心价值观为统领，全面构建企业文化建设管理体系。强化企业文化建设全局统筹。健全完善集团化组织模式下的企业文化建设统筹管理体系，按年度分解企业文化建设任务，逐级开展动态督查，常态健全企业文化管理制度，保证企业文化建设工作日常化、规范化、专业化。强化企业文化教育培训。立足自身平台，建设了“云天化党校”，持续加强党校师资库、课件库、核心人才库的常态化管理。按年制定科学合理、可操作性强的企业文化培训计划，通过抓实“理论、忠诚、能力”三大培训，将干部队伍建设、职工素质教育、各类管理经营培训、技能技术培训与企业文化培训有机结合，切实增强培训效果，提升企业文化的影响力。强化企业文化建设检查考核。从集团层面加强对所属各单位企业文化建设的指导，辩证看待“主流”与“支流”的关系，要求各单位企业文化与集团主体文化保持一致的同时，也鼓励发展具有独特个性的子文化；加强专项考核，结合年度党建工作综合考核，按年下发企业文化建设考核细则，充分发挥考核“指挥棒”“风向标”的作用，确保年度工作任务有效贯彻落实。

三、厚植红色基因，着力完善企业文化建设内涵体系

云天化集团党委坚持从精神理念层、制度行为层、物质形象层三个方面着力丰富企业文化建设内涵。精神理念层方面，在完善集团公司文化理念体系的同时，大力推进子文化建设，各所属企业党组织结合实际，根据行业特点和企业特点，持续构建“安全文化、质量文化、学习文化、廉洁文化、班组文化”等子文化系统。制度行为层方面，集团和各级企业动态更新《干部管理办法》《企业文化建设管理制度》《员工行为规范》等各类管理制度，保证企业管理制度与企业文化理念相符合，使企业文化融入管理的全过程、各方面。物质形象层方面，以《云天化之歌》《企业文化视觉识别体系（VI）手册》为主载体，持续完善丰富听觉识别体系，加大听觉识别体系的推广力度。以《云天化集团企业文化手册》《员工行为手册》为主依据，编写核心理念体系解读，经典管理案例汇编，企业文化故事和模范人物故事集等，形成丰富的文化展示体系。

四、激发红色动能，着力完善企业文化建设传播体系

云天化集团党委充分整合现有的内外部传播媒介和阵地，积极构建符合企业发展形势、符合时代传播特点的企业文化传播体系。融合拓展文化宣传平台。以《云天化集团》报、集团内网等优势宣传平台为依托，创新应用微信群、企业公众号等新媒体，加强职工思想引导，紧紧围绕集团生产经营、改革发展、转型升级等中心工作进行专题策划，集中体现企业的核心价值观和发展理念。建设数字展厅，借助3D模型、合影互动等手段，呈现云天化数字化、智能化的现代国企新形象。优化提升对外传播能力。依托主流媒体平台，对集团经营业绩动态、国企改革、保春耕化肥供应、国企开放日、云南首个大湾区“菜篮子”展示交易中心落户云天化等进行报道，有效传递企业发展信息，提升集团的社会知名度。积极融入国家“一带一路”建设，精心组织参与进博会、南博会等展会平台，在缅甸设立奖学金、资助优秀老师等活动，展示新型国企形象，传播企业文化，提升品牌价值。勇担国企责任，聚力脱贫攻坚、疫情防控等重大任务，投入扶贫资金物资，切实履行社会责任，展现国企担当。

五、聚合红色力量，着力完善企业文化建设示范体系

云天化集团充分发挥先进典型示范引领、辐射带动作用，推动基层党组织企业文化建设整体创新提质扩面。高站位建成党建示范区。坚持高位谋划，从强化示范带动作用、提升基层组织影响力入手，通过成方连片树立示范点，聚合力量建设党建示范区方式，按照“一轴两翼”进行布局，建成集“党建品牌示范、党建创新研究、党员教育培训、企业文化教育、企业形象展示”五大功能于一体的云天化党建示范区。建成投用以来，先后接待国内、省内超过1.1万人的现场观摩和案例学习，以全新的思路、创新的方法、新颖的载体，提供了基层党建的创新范例，受到广泛好评。制定发布《云天化党建示范区迭代升级建设方案》，通过实施“理念深化、管理细化、成果转化、品牌亮化”四大工程，推动示范区从“一轴两翼”布局升级为“一区四片”的新格局，不断丰富和拓展云天化党建示范区新内涵。云天化党建示范

区建设案例被国务院国资委新闻中心在 2020 年中外企业文化峰会上作为典型案例进行推广交流。高标准打造榜样力量。坚持榜样励志，云天化集团持续开展“云天化之星”评选活动，并同步打造以“榜样之优秀共产党员”“榜样之创新团队”“榜样之劳动模范”“榜样之工匠楷模”“榜样之道德模范”“榜样之岗位能手”等为主体的榜样系列，多角度、宽领域挖掘不同层面、不同专业的先进典型，并通过现场宣讲、视频展播、推送风采录等方式扩大影响力，发挥先进典型的示范、引领、传帮带作用，激发职工队伍崇尚榜样、学习榜样、成为榜样的动能，推动企业各项工作顺利开展。高质量开展品牌活动。围绕集团企业使命、企业愿景、企业精神以及核心价值观，统筹开展“初心活动”“匠心活动”“聚心活动”“暖心活动”等，广泛开展岗位练兵、技术比武、劳动竞赛等活动，构建多点推进的特色企业文化活动，通过文化活动促进企业文化的宣贯落地。在集团改革发展过程中，涌现出全国劳模、“三八红旗手”刘丽芬、全国装载机技术状元肖永湖、玻纤信息专家张波等一批先进典型，充分展示了新时代国企基层优秀共产党员的先进形象，在职工群众中起到了良好的模范带头作用。

云天化集团坚持以党建引领企业文化建设，推动企业文化持续丰富发展，让文化理念成为指导企业改革发展、规范运行机制的基本遵循，将企业文化软实力切实转化为发展硬实力，有力推动了云天化集团绿色高质量发展。

（云天化集团有限责任公司党委供稿）

打造党建品牌 创新助力企业文化新发展

中交二航局四公司

在国有企业中，党建工作与企业文化建设相互联系、相互作用、与时俱进、共同发展。以党建引领企业文化建设，正确把握二者关系，在改进和加强党建工作中探索企业文化建设的新路径，实现党建工作与企业文化建设的相互促进、相辅相成，必将更好地将党建优势转化为企业核心竞争力，从而为企业的高质量发展提供强劲动力。中交二航局第四工程有限公司（下文简称“二航四公司”）党委以党建品牌打造为抓手，通过培育“四有四亮”党建品牌体系，持续扩大党建品牌影响力，创新助力企业文化新发展。

一、培育党建品牌，厚植企业文化

二航四公司是一家集路桥、水工、市政、铁路等工程以及投融资于一体的大型综合性施工企业，年经营额、产值均突破百亿元，施工足迹遍布全国 20 多个省市及海外多个国家。近年来，为强化党建引领，凝聚最广泛的精神动力和发展合力，公司党委始终坚持党的领导，深刻认识和把握新时代基层党建工作特点与规律，紧密结合建筑行业属性，突出党建工作与生产、经营、管理、文化的深度融合，在全公司统筹推进党建品牌培育工作。在落实党建标准化建设的基础上，将党建品牌创建作为探索党建工作与生产、经营、管理、文化深度融合的重要载体，匠心构筑起“四有四亮”党建品牌体系，在党建品牌体系的带动下，探索出一条创新助力企业文化新发展之路。

（一）“四有四亮”党建品牌的基本内涵

党建品牌创建是新时代推进党建工作的重要抓手和有效路径，既是加强企业文化建设的助推器，也是提升企业软实力，推动企业高质量发展的重要因素，对企业文化建设有着深远意义。创建符合新时代特色的党建品牌，已成为加强基层党建工作的有效途径和广泛共识。在这个背景下，公司党委以“四有四亮”党员主题实践活动为契机，全力培育和打造“四有四亮”党建品牌。

2018 年，公司党委响应上级党委特色党建品牌打造，启动开展了“中交蓝・党旗红・二航先锋行・四有四亮”党员主题实践活动，顺势打造出自身党建品牌。“四有”，即有场所、有经费、有制度、有载体。“四有”作为基础，强化活动阵地建设，是基层党员组织起来、基层党组织构建起来的基本要素，是支部建在工地上的基本标志，也是开展项目党建工作的基本前提。“四亮”，即亮身份、亮党旗、亮承诺、亮作为。“四亮”作为手段，是通过开展各类党建主题活动的形式推动工地党员“亮身份”、工作活动阵地现场“亮党旗”、基层党支部及构成人员“亮承诺”和重要场所驻地“亮作为”，实现项目党建工作形象化。活动深入推进，使群众时刻感受到“组织在身边、党员干在前”。

（二）“四有四亮”党建品牌的基层实践

党建品牌创建过程虽然很重要，但如何将创建规划落到实处、与企业文化建设相融，以保持品牌的含金量却更为重要。党建品牌只有获得认同、引发共鸣才有其号召力、凝聚力和生命力，才能推动党建工作提质增效、创新有为。

公司常泰长江大桥项目党支部创建党员示范岗，党员突击队冲锋在前，通过不断摸索实践和改进，实现了世界最大水中沉井——大桥 5 号墩钢沉井“可控、可测、可视”终沉，以日均取土下沉 45 厘米的速度，创造了粉质黏土层大型沉井世界最快下沉纪录，为世界级桥梁的建设打下坚实基础，契合了公司“创新”的文化特质。

公司济南黄河凤凰大桥项目党支部构建覆盖全项目党员示范工作网络，以“组织最优、党员最亮”的实效在职工中树立标杆，提高项目党建工作的影响力和凝聚力。党员干部亮明身份、挂牌上岗，带头发扬“敢拼敢干”的主墩精神，大桥顺利建成通车，与公司“稳健”的文化特质高度契合。

党建品牌创建是提升基层党组织组织力、助推企业党建高质量发展的现实需要。“四有四亮”党员主题实践活动在基层一线扎实有效开展，充分发挥了基层党组织的战斗堡垒和党员的先锋模范作用，促推了党建工作与工程建设的深度融合，有力推动了企业文化的落实落地。

二、构筑品牌矩阵，助力企业文化新发展

党的力量源自组织。为充分发挥党组织优势，公司党委以党员主题实践活动为载体，以文化为支撑，构筑起以产品结构、核心业务为特色的“四有四亮”党建品牌体系，在深度契合与融入中，助力党建工作和企业文化建设新发展。

（一）党建品牌体系的文化支撑

文而化之、知而行之，企业文化是企业在长期生产经营管理活动中确立的，为企业全体员工普遍接受并共同遵循的价值观念和行为规范，是企业的精、气、神，党建品牌的建设需要有文化的支撑。公司党委从理念、视觉、行为识别推进企业文化建设，加大企业文化和品牌建设力度。经过六十余年的积淀，公司形成了“厚重、稳健、务实、创新”的企业文化。文化已经成为公司发展的软实力，这种文化因子深植于员工心里，成为企业持续发展的强大动力，也为公司党建品牌的打造提供了强有力的文化支撑。

为扎实推进公司党建品牌创建工作，公司党委还设计了“四有四亮”党建品牌标识LOGO，从视觉识别层面提高党建品牌的知晓度、影响力，LOGO整体造型“内化于心、外化于行”，旨在带动和激发起广大党员的身份意识和责任意识，提升广大职工对党建品牌的认同感、归属感与自豪感。

（二）党建品牌体系的矩阵管理

基层项目部作为建筑企业的生产一线单位，直接承担着工程建设的重任，是建筑企业生存与发展的根基，也是建筑企业持续稳步发展和经济效益提升的最直接力量。近年来，公司党委所属基层项目党支部积极主动作为，找准党建和工程建设契合点，为重点工程项目建设加挡提速。经过不断实践探索，公司党委构建了桥梁项目打造“建桥先锋”，铁路、公路项目打造“筑路先锋”党建子品牌的基本框架。

公司下设混凝土装配化构件分公司、装备分公司、物流中心、检测中心、物业分公司等专业化分公司。为提升党建品牌内涵，公司党委将党建品牌建设理念植入党建和中心工作，针对专业化分公司特点和职能，按照“五位一体”管理模式，以点带面，衍生出了专业化分公司党建子品牌。实现了“一个业务板块一个品牌”基本框架，“一个分公司一个品牌”的新格局，共同构建“1+N”党建品牌集群。

（三）党建品牌催生的文化效能

公司党委充分发挥党建品牌的示范引领效应，并努力形成一种持久的价值体系。在党建品牌打造的过程中，公司党建工作和企业文化建设同步实现了“横向到边、纵向到底、上下贯通”，催生了基层党建新动力，焕发了党员建功新活力，为企业增效提供了新动能。“十三五”期间，公司实现了“212”的发展目标，即经营额突破200亿元，产值突破100亿元，利润超2亿元。数字背后是坚持党建引领，推动公司高质量发展的结果，有着公司全体党员干部职工努力奋斗的汗水，也有着党建品牌体系建设价值体现和文化软实力的加持。

党建品牌推进过程中，在实践的基础上，公司党委注重经验的总结和提炼，形成的党建工作案例分别获评“工程建设企业党建工作最佳案例”和“工程建设企业党建工作优秀案例”，公司也获评“工程建设行业党建工作示范单位”荣誉称号。与此同时，公司企业文化工作也得到了肯定，在中外企业文化峰会上，先后获评“新中国70年企业文化建设优秀单位”“‘十三五’中国企业文化建设优秀单位”称号以及“企业党组织引领企业文化建设”典型经验和创新方法。

企业文化作为一种特殊的生产力，是企业秉持和信奉并付诸实现的价值理念和行为准则。公司党委通过培育党建品牌，持续扩大品牌影响力，助推企业文化新发展，成为推动企业高质量发展的不竭动力。

（中交二航局四公司刁湘俊、朱文刚、路冬）

党建引领企业文化建设

中交城市投资控股有限公司

企业文化是企业的灵魂，是推动企业发展的不竭动力。而企业的发展和企业文化建设要有底气、有目标，离不开党建工作培根铸魂。2021年，中交城市投资控股有限公司（以下简称“中交城投”）坚持以习近平新时代中国特色社会主义思想为指导，坚定“央企姓党国企为国”，胸怀“国之大者”，积极投身“美丽中国”“交通强国”战略，深度参与国家新型城镇化建设，企业实现跨越式高质量发展。坚持党建引领，加快建设特色企业文化并全面融入企业组织建设、队伍建设、经营管理、党群工作和文明建设等各领域工作，营造积极向上的文化氛围、形成崇高的经营管理境界、养成员工良好的行为习惯、树立广受赞誉的企业形象，提升文化软实力，画好发展同心圆，以崇高目标统一价值追求，打造“中交城投”品牌。

一、坚持党对企业文化的引领

中交城投高度重视党建引领对推动企业高质量发展的重要作用，以“生产经营中的难点就是党建工作的重点，企业发展中遇到的问题就是党建工作的课题”的要求，在企业发展、生产经营、企业文化建设等方面充分发挥党的核心作用。

唱响主旋律弘扬正能量。以隆重庆祝中国共产党成立一百周年重大历史事件贯穿全年的企业文化核心工作，坚持举旗帜、聚人心、兴文化、展形象，为建设世界一流企业提供坚强的思想保证和精神力量。大力弘扬伟大建党精神，倡导积极进取、公平公正、讲奉献、肯学习、勤思考、敢创新的价值导向，夯实共同发展的思想根基。

强化宣传舆论引导。落实意识形态工作责任制，把握“凝魂聚力”工作本质，统筹内宣外宣、网上网下，做强做大做活新闻宣传舆论，把士气鼓舞起来、精神振奋起来。把握“时度效”原则，生动讲好“连心桥、致富路、发展港、幸福城”

的中交故事，全面展示“责任公民”的中交形象。

铸就精神文化高地。大力宣贯在伟大建党精神启迪下淬炼出的中交精神内涵，引导广大党员干部始终成为中交先进精神的坚定传承者和自觉践行者。统筹开展理想信念教育、精神文明创建，积极践行社会主义核心价值观，引导全员以昂扬向上的精神风貌投身公司改革发展。

推动品牌价值跃升。加强品牌价值管理，通过党建工作强化责任落实，推动视觉系统、品牌体系、产品服务、能力水平、社会责任一体化建设，持续提高公司品牌美誉度和影响力。

二、树立共同的价值追求

中交城投坚持深入学习贯彻习近平总书记关于做强做优做大国有企业、国有企业改革发展、新时代国有企业党建工作等重要论述，以全面推进世界一流企业建设为根本遵循，提振广大干部员工干事创业的精神气魄，引导广大干部员工将个人奋斗目标和人生价值追求归集到与企业同发展、共成长的同一条轨道上。

坚持高目标引领，响亮提出“中国领先、世界一流的城市发展商”的发展目标，激励公司上下致力于打造一流的团队、一流的管理、一流的文化、一流的业绩，公司成立仅 7 年，总资产、净资产均增长 3 倍多，迅速成长为一家“让出资人放心、客户满意、受社会赞誉、经营者安心、相关利益方信任、员工幸福”的公司。

坚持高起点规划，明确“成为中交集团城市综合开发运营领域的主力军和创新引领者”的定位，坚定“城市综合开发+”为主线、一二三级联动的专业化、差异化发展道路，以城市价值策划、价值实现、价值提升为核心，为城市综合开发运营提供一揽子解决方案，推动城市经济、社会、生态、文化等全面协调发展。

坚持高品质建设，高效整合行业优质资源，紧密对接地方发展需求，创新城市综合开发模式，在粤港澳大湾区、长三角、成渝等国家发展重点区域投资在建项目 55 个，合同投资总额逾 3800 亿元，匠心打造的广州南沙灵山岛尖、宁波奉化中交未来城、广州南沙国际邮轮母港、珠海横琴广场等一批精品项目成为地方发展的重要标志，显著推动当地经济社会发展和区域价值提升。

坚持高品位追求，以“固基修道、履方致远”“交融天下、建者无疆”“让世界更畅通，让城市更宜居，让生活更美好”等为企业文化核心理念，提炼了“以客户为中心，以价值为导向，赋能城市发展”的经营准则，“经略城市，创新驱动，共生共赢”的发展观、“称贤使能，善用重育”的人才观、“未来城市，生而悦人”的城市观和“营造新城市，创享新生活”的品牌标语，厚植公司全体员工的共同信念和精神追求。

三、深度融入企业经营管理

中交城投紧紧围绕经营生产中心、服务发展大局深入推进企业文化建设，始终坚持以人为本、文化育人，加强文化宣贯、文化培训和文化活动，注重满足员工物质、精神、心理和知识等需求，增强员工与企业同发展的意愿，充分尊重员工个体的文化差异，重视做好员工适应组织文化的引导工作。

牢牢把握企业文化的管理属性，在企业组织建设、经营管理和各项规章制度中，旗帜鲜明地提倡什么、反对什么，用企业文化理念作为企业提倡的一种“德”的标准，让广大员工认真领悟和自觉贯彻企业核心价值观，心与企业贴得更紧，行动与企业的发展目标更一致，推动企业文化理念转化为部门管理理念，转化为员工个人工作理念，作为部门的管理理念和员工的行为习惯，促进全体员工统一思想、价值共通、行为规范、形象优美。

大力丰富企业文化的载体，加强公司网站、微信公众号、杂志、宣传栏、走廊挂画等文化阵地建设，印发《企业文化手册》和《宣贯手册》，精心制作公司宣传片、画册、电子沙盘、展板，展示公司风貌、树立公司形象、介绍公司优势、宣传公司理念，征集、编印企业文化故事，用鲜活具体的人物和案例来诠释企业文化内涵，促进员工对文化理念的认同和遵循，推动公司文化融合、文化创新、文化引领。

创新开展文化建设活动，完善企业文化设施，开展诚信、廉洁、安全、合规、文明、礼仪等主题活动，组织文化讲座、培训、道德讲堂、座谈会、拓展训练、集体生日会、文艺晚会、体育等群众性活动，帮助员工加深对企业文化内涵的理解和认识，增进公司前进方向和发展路径的共识，营造健康、祥和、温馨的文化氛围，激发员工以企为荣、爱岗敬业的高尚情操。

四、激发员工的创造活力

中交城投针对员工来自五湖四海，不可避免或多或少出现“观点不适应、能力不符合、思想不统一、步调不一致、执行不到位”等现象，加强团队建设、加快文化融合，多维度激发员工的创造活力。

加强员工思想政治、理想信念、道德教育和人文关怀，引导员工树立正确的世界观、人生观和价值观，不断提高思想境界；倡导“以价值创造者为本”理念，努力营造“要想获提拔，要想得实惠，就必须有创造价值、作出贡献”的企业氛围；推进评先表彰工作制度化、规范化，树立榜样、标杆，宣传先进事迹，交流先进心得，发挥模范人物的示范效应，充分激发员工以企为荣、爱岗敬业、兢兢业业、勤奋工作，为公司持续提升绩效和竞争优势不断创造新的业绩。

梳理完善各项管理制度，使企业文化理念渗入公司核心业务的价值链条和管理流程每个环节中，贯穿于企业管理的所有工作中，体现在企业经营、管理、创新、安全、质量、绿色等各类活动中，通过企业管理制度、行为规范和先进典型引导等途径，广大员工真切感受到企业文化所激发的精神力量，取得了疫情防控和经营生产“双统筹双胜利”，“十四五”良好开局，谱写出一曲高歌猛进的壮丽诗篇！

中交城投全面推进企业文化建设，有效促进了企业经营管理、战略管理、队伍建设、品牌树立，增强了公司的凝聚力、创新力，为公司跨越式高质量发展提供了有力的文化支撑。在发展新阶段，在习近平新时代中国特色社会主义思想科学指引下，谱写企业文化建设的壮丽篇章，汇聚磅礴伟力开启新征程奋进新时代，向着“中国领先、世界一流的城市发展商”发展目标奋勇前进。

（中交城市投资控股有限公司）

强根固魂　构建特色鲜明科学先进的企业文化

中冶葫芦岛有色金属集团有限公司

中冶葫芦岛有色金属集团有限公司（以下简称“葫芦岛有色”）是集生产经营有色金属产品、化工产品于一体的大型冶炼企业。前身葫芦岛锌厂始建于 1937 年，是诞生了新中国第一块锌锭、有着八十余年历史的企业。2013 年，企业重整并进行混合所有制改革，改制几年来葫芦岛有色坚持把党的领导和建设作为企业发展的“根”和“魂”，不断构建特色鲜明科学先进的企业文化，沿着新的改革思路，克服了市场的波动起伏，破浪前行，为国企改革发展开拓了体制创新和文化创新的新路径。

一、坚持政治引领，不断建立和完善特色鲜明科学先进的企业文化

党建文化是企业文化的基础和底色，企业文化是党建文化的具体体现。先进的企业文化是企业前进和持续发展的动力，是企业核心竞争力的重要组成部分。只有把加强党的领导和企业文化建设以及完善公司治理统一起来，以高质量党建引领企业文化建设作为出发点，以建立和完善特色鲜明科学先进的企业文化作为落脚点，以增强企业治理体系为核心，才能进一步提高企业经济效益，提升企业竞争实力。

在葫芦岛有色改制后，民营股东极为重视企业文化建设，按照“对党忠诚、勇于创新、治企有方、兴企有为、清正廉洁”的要求，结合自身实际确定了“自信自强 创新发展”文化理念。按照于洪董事长所说的：“要让员工活得有尊严、更体面，让改革成果惠及每一名员工”。为此，公司党委积极探索新时代下企业文化建设的新途径新方法，着力打造有“高度”、有“亮度”、有“力度”、有“温度”的新格局，即：不忘初心强使命，政治引领有“高度”；强基固本炼党性，融入中心有“力度”；围绕大局促发展，舆论宣传有“亮度”；凝聚人心鼓干劲，联系职工有“温度”。

二、坚持固本强基，不断将企业文化建设转化为推动企业高质量发展的强劲动力

公司党委紧紧围绕抓党建促发展这一主题，引领企业文化软实力服务于公司跨越式发展新格局，努力做到“四个有机融合”。

（一）将党的建设与企业文化建设进行有机融合

公司党委始终把党的建设摆在首位，认真学习党的十九届五中、六中全会精神和习近平新时代中国特色社会主义思想，不断增强“四个意识”、坚定“四个自信”、做到“两个维护”，确保“十三五”圆满收官，为“十四五”开局创造良好开端。开展爱国主义、集体主义和人生观、价值观和厂情厂史教育。组织 1253 名党员干部赴白洋淀、狼牙山、冉庄、正定、西柏坡等革命圣地参观学习，开展生动而深刻的革命传统和爱国主义教育活动。全面加强基层党组织建设，充分发挥党组织战斗堡垒和党员先锋模范作用，增强公司党员的集体荣誉感、使命感、归属感，确保有色事业始终沿着正确方向前进。

（二）将人文关怀与企业文化建设进行有机融合

公司高度重视人文关怀工作，随着企业效益不断增加，员工收入也随之不断增加。一是强化就业工作。对于高校毕业生，公司有更高的薪酬待遇和更顺畅的培养通道，近三年吸引包括海外留学生在内的近百名毕业生来公司发展。二是积极解决员工子女就业问题。继续延伸父辈们爱厂爱岗爱家的“主人翁”情怀，在岗位上不断学习锻炼努力。三是切实关爱困难员工家庭。公司自改制以来，就把困难员工、困难群体关怀作为重点，以大病救助为例，公司对癌症、尿毒症、重度心脑血管类等大病员工进行每月 800 元—1600 元的救济，救济金每月金额达 6 万余元。四是不断提高员工综合能力。公司开展岗前培训、以工代训、转岗培训、技能提升培训等系列培训，有近 1500 人通过了辽宁省职业技能等级认定的理论和实际操作考核并获得了职业等级证书。

（三）将企业高质量发展与企业文化建设进行有机融合

公司党委紧紧围绕企业健康持续高质量发展做好大文章，将企业文化的软实力转化为推动企业持续发展的强劲动力，为实现新体制下的效益增加、收入提高、环境改善、作风改观、大局稳定等目标保驾护航。实行混合所有制以来，公司生产总值由原来的 34 亿元，逐年增长至去年的 157 亿元，由地方经济的拖累者一跃成为突出的贡献者；企业的生产总量由原来的有色金属总量 26 万吨、化工产品总量 42 万吨到现在的有色金属总量 45 万吨、化工产品总量 100 万吨；企业的效益由原来的十几亿元亏损到每年几亿元的纯利润。同时，企业深入践行生态文明思想，坚持绿色环保的可持续发展道路，水、汽、尘、渣基本实现综合利用、变废为宝，如今厂区环境面貌今非昔比，处处焕发着蓬勃生机——葫芦岛有色的改革，以实际成效经住了时间考验，论证了积极发展混合所有制经济论断的成功。

（四）将精神文明建设与企业文化建设进行有机融合

公司党委加强舆论阵地建设，建立“宏跃家园”微信平台，办好传统的“一台一报一橱窗”，在厂门设立 LED 大屏幕，每天播放公司新闻，营造了改革发展良好舆论氛围，宣传劳动模范、先进人物和优秀集体事迹，激励广大职工立足

岗位、无私奉献。《葫芦岛有色报》每周传达公司生产经营情况、会议精神和职工关心的热点、难点问题。通过中央电视台、省市电视台、各大报等外部新闻媒体宣传了企业混改以来的喜人变化，重塑了企业的外部形象。紧密围绕生产经营中心工作，激发职工干事创业热情，开展了丰富多彩的文化活动。市全民运动会 800 多人的体操表演震惊观众，市大型演唱会千人齐唱震天动地；“共欢国庆”文艺演出、“共圆有色梦”新春联欢会、“缘来你在这里”、“我和草原有个约定”等活动凝聚人心；“铿锵八十载、砥砺铸辉煌”大合唱气势磅礴、直抒襟怀，“新中国成立 70 周年职工文艺会演”心潮澎湃、盛况空前；“走在我家园”活动中，数千名员工迈着豪迈的步伐，在企强民富的康庄大道上走出了尊严和自信；辽宁省首届职工拔河比赛中，公司代表队力战群雄、惊艳夺冠；“百年宏愿 飞跃梦想”喜迎建党 100 周年大型庆祝活动，125 名新党员在庆祝活动现场进行新党员入党宣誓仪式和老党员重温入党誓词，进一步增强了公司广大党员的集体荣誉感、使命感、归属感——多姿多彩的活动让员工倍感喜悦和自豪，鼓舞了士气、振奋了人心，向社会各界展示了葫芦岛有色员工的精气神。今天的葫芦岛有色，实现了“一年稳起步，两年翻一番，三年大发展，五年创辉煌”的发展规划目标，打造了全国混改企业典范，公司发生的巨大变化，混改典范企业的独特魅力，在《人民日报》、新华社、《经济日报》、《光明日报》、《中国改革报》、中央电视台等多家新闻媒体上大放异彩。

三、坚持“一以贯之”，不断开创党建引领企业文化建设新路径

中国特色现代企业制度，“特”就特在把党的领导融入公司治理各环节，把企业党组织内嵌到公司治理结构之中，明确和落实党组织在公司法人治理结构中的法定地位，做到组织落实、干部到位、职责明确、监督严格。为此，坚持党对企业的领导是重大政治原则，必须一以贯之；建立现代企业制度是企业改革的方向，也必须一以贯之。这两个“一以贯之”相辅相成、不可或缺，也引领了公司广大员工牢固树立政治意识、大局意识、核心意识、看齐意识，把爱党、忧党、兴党、护党落实到经营管理各项工作中。

从葫芦岛有色实行混合所有制改革的实际成效来看，其经受了时间的考验，实现了体制机制的转变和文化的融合。以党建为引领的企业文化建设已建成体系，各项工作得到了全面发展。一是员工素质明显提高。全体干部员工遵章守纪、乐于奉献，“敬业 忠诚 团结 奋进”的企业精神已落地生根。二是企业高速发展已进入快车道。通过企业文化建设软实力的提升，实现了生产经营能力、资产规模效益、企业发展方式、内部管理模式的变样，企业实现了高质量发展。三是企业社会形象不断提升。

党建强则文化盛，文化盛则管理优，管理优则企业兴。实践证明，党建引领文化，就是用党建铸造企业之魂，这个“魂”就是企业文化的方向、底色、初心和使命。今后，我们将从实际出发，继续丰富和发展适合企业特色发展的治理新体系，实现文化创造价值、党建与经营双丰收的目标，不断推动企业高质量可持续发展。

（中冶葫芦岛有色金属集团有限公司党委工作部副部长刘希良，办公室副主任叶少维）

党建引领　文化铸魂
为企业高质量发展提供强大精神力量

中国工商银行辽宁省分行

2021 年是“十四五”开局之年，是开启全面建设社会主义现代化国家新征程、向第二个百年奋斗目标进军的起步之年，中国工商银行辽宁省分行（以下简称“辽宁工行”）党委为开展好党史学习教育、落实好党中央和总行党委决策部署，坚持将辽宁工行特有的红色资源作为文化优势和精神源泉，丰富发展辽宁工行企业文化建设体系，提升文化软实力，以“文化自信”进一步激发责任担当与改革动力。

分行党委践行聚民心、育新人、兴文化、展形象的使命任务，推动宣传思想工作不断强起来，促进全行员工在理想信念、价值信念、道德观念上紧紧团结在一起，做到因势而谋，应势而动，顺势而为。核心价值理念传播深入人心，集团文化及分行特色文化协同融合显著增强，以文化寓经营管理、促战略实施的强文化导向更加明确。熔铸了企业之魂、形成了管理之道、塑造了企业之行、聚合了全员之力、稳固了发展之本。

一、立体化传承 塑造发展之魂

红色基因诞生于烽火连天的革命年代，发展于热情似火的建设时期，淬炼于砥砺奋进的改革岁月，充分展示了中国共产党一百年来为中国人民谋幸福、为中华民族谋复兴的奋斗历程，集中体现了中国共产党人带领中国人民推进伟大事业的优秀品格。2020 年 9 月，总书记在湖南考察调研时，强调“要用好红色资源，讲好红色故事，搞好红色教育，让红色基因代代相传”。辽宁工行的红色基因印记同样清晰厚重、源远流长，12 个具有代表性的机构，以抗日战争、解放战争、抗美援朝、社会主义建设、改革开放等不同历史阶段的时间轴为线索，呈现与辽宁工行密切相关的红色历史故事以及红色金融历程。

（一）沈阳南站支行——弘扬抗战精神。沈阳南站支行是原奉天志城银行旧址。志城银行曾为东北民族工商业的发展作出过重要贡献，更是中共地下组织在东北地区存留时间最长、隐蔽最深的情报站。志城银行身上体现出的抗战精神，即天下兴亡、匹夫有责的爱国情怀，视死如归、宁死不屈的民族气节，不畏强暴、血战到底的英雄气概，百折不挠、坚忍不拔的必胜信念，已经成为流淌在工商银行血液里的红色基因，辽宁工行员工牢记习近平总书记嘱托，传承好抗战精

神，以实现中华民族伟大复兴的中国梦为追寻目标，不忘国耻、努力工作，以高质量的发展回报党和人民的期待。

（二）锦州中央大街支行——弘扬辽沈战役精神。锦州中央大街支行所在建筑始建于1936年，辽沈战役期间该建筑曾作为国民党东北“剿总”临时作战指挥部。锦州中央大街支行见证了辽沈战役的胜利，更见证了从旧中国到新中国的时代变迁。锦州分行聚焦东北振兴和辽宁高质量发展方向，全力以赴打好辽宁工行的“辽沈战役”，对党忠诚、听党指挥，锐意进取、实干攻坚。

（三）丹东元宝支行——弘扬抗美援朝精神。丹东元宝支行所在建筑始建于1935年。1952年，为支持抗美援朝战争，中国人民志愿军建立随军银行，元宝支行成为随军银行的主要分支机构，广泛服务于前线的志愿军将士和军队供给，为战争的胜利提供了金融支持保障作用。伟大的抗美援朝精神，是当前辽宁工行最需要的精神，持续激励着全行员工保持渴望建功立业的心气，保持舍我其谁的担当精神，激励着全行员工重整行装再出发，坚定走好新时代再次创业的长征路。

（四）抚顺雷锋支行——弘扬雷锋精神。雷锋支行的前身是抚顺望花七百储蓄所。1960年，雷锋同志到七百储蓄所存下第一笔存款，从此工商银行便与雷锋结下不解之缘。半个多世纪以来，雷锋支行一批又一批的干部员工矢志不渝地传承雷锋精神，先后与解放军雷锋旅、王杰班、雷锋纪念馆、雷锋小学、雷锋商会、街道和行政村等10余家雷字号单位建立共建关系。辽宁工行以雷锋支行为支点，开展系列慰问、劳军、共建活动，坚持以优质金融服务播撒雷锋“火种”，传承雷锋精神，受到了社会各界的一致好评。

（五）鞍山鞍钢支行——弘扬改革开放精神。新中国成立初期，鞍钢作为中国第一个钢铁生产基地，承担了我国社会主义建设阶段钢铁需求的半壁江山，辽宁工行始终以专业的服务助力鞍钢乃至辽宁工业的成长壮大，此外，本钢支行、辽河油田支行等一批特色支行，也都亲历了辽宁工业的成长。在“共和国工业长子”的土地上，镌刻着辽宁工行人精益求精的工匠精神和忠诚奉献的爱国情怀，也是新时代全行高质量发展的精神指引。

（六）沈阳沈飞支行——追逐“中国梦”。沈阳沈飞支行是我行扎根沈飞、服务沈飞的前沿阵地。从新中国第一架喷气式歼击机腾空、第一艘万吨巨轮远航，到如今“辽宁舰”入列、航母舰载机批量列装，辽宁工业一直没有停止前进的脚步，辽宁工行始终没有停止以金融助力“中国制造”升级发展的步伐，不仅有航空梦、强军梦，还和亿万中国人一起，正在用智慧和力量汇集起磅礴的力量，共同推动实现伟大的“中国梦”。

精神之光指引前进之路。辽宁工行新一届省行党委贯彻落实习近平总书记指示精神，充分利用红色阵地，引导党员干部重温革命传统、传承革命精神、坚定理想信念、增强文化自信、加强党性修养，以弘扬“伟大的抗美援朝精神”“雷锋精神”“老工业基地的创新实干精神”为重点，培育具有辽宁工行特色的红色金融文化。

二、全方位弘扬 凝聚发展动力

省行党委坚持宣传思想和企业文化工作同向发力，坚持把宣传思想文化建设作为一项系统工程，以坚持党的建设为统领，以抓好战略传导为重心，以融入经营管理为途径，以拓展内涵外延为着力点，以打造品牌活动为抓手，以加强组织建设为保障，大力推动新时代宣传思想和企业文化引导力、牵引力、渗透力、感召力、影响力和执行力的“六力”建设，在聚才、聚心和聚势中，做好强信心、聚民心、暖人心、筑同心的工作，将文化软实力不断转化为发展硬支撑，为推动省行“三步走”发展目标和“4+6”振兴计划落地提供强劲的精神动力和文化支持。

（一）以坚持党的建设为统领，提升文化引导力。坚持以党建为引领，汇聚党建工作与企业文化建设融合发展合力，形成二者相辅相成、相互促进、互补互促的良好格局，充分激发全行的信心斗志。启动了党建引领“旗帜工程”，以高质量党建引领高质量发展，实行党的建设和企业文化建设同步谋划、同步开展，实现体制对接、机制对接、制度对接和工作对接，确保党的领导、党的建设在全行深化改革中得到体现和加强。例如，在党建引领工程中设立了“红色基因传承工程”，目的就是要运用好自身红色金融资源，把中国共产党在长期奋斗中淬炼出的精神品质和优良作风传承下去。

（二）以抓好战略传导为重心，提升文化牵引力。把推动改革发展作为宣传思想文化工作的出发点和落脚点，用改革发展成果来检验宣传思想文化工作成效，实现与经营的同向聚合、深度融合。进一步聚焦主题、拓宽载体、丰富手段，为推动实现新时代辽宁工行提供坚实的思想保障和文化支撑。以总行党委“48字”工作思路为指导，提出“十四五”时期“三步走”发展目标和振兴计划，找准服务全局的切入点和着力点，对总行“48字”工作思路进行提炼解读，引导全行干部员工在认真学习、融会贯通和狠抓执行上下功夫，做好战略“最后一公里”传导，深化战略认同，凝聚发展共识，推动“比的思想”落地，以新气象新作为推动经营发展再上新台阶。

（三）以融入经营为途径，提升文化渗透力。统筹推进集团文化、专业文化和红色金融文化，深耕细作，融入经营管理工作的规划、部署、实施和考核全过程，坚持高标引领，明确辽宁省分行新时代发展目标，着力打造协同联动新格局。自年初开始一个季度一个主题，分步分层推动计划实施，进一步激发1200个基层党组织宣传思想文化活力，着力打通“最后一公里”，实现宣传思想文化工作全面过硬、全面提升。抓好典型引路，将12个红色金融特色网点打造成“红色文化样本店”，培育成“文化名片”，通过多种形式宣传推广经验，以点带面提升全行特色文化建设水平。推动基层宣传工作打牢基础、补齐短板，有效调动基层员工实干兴行的积极性，把基层宣传思想文化的短板变成“潜力板”。推动企业文化与业务发展同频共振、同向发力，实现以点带面、多点开花的生动文化格局。

（四）以拓展内涵外延为着力点，提升文化感召力。持续拓展我行企业文化的广度和深度，传承发展红色金融文化，持续梳理、深入挖掘全行红色金融文化资源，通过开发“红色金融文化”精品课程、建设“红色金融文化基地”，突出学用结合，各级党组织充分运用好行内外资源，搭建联学联建联创平台，增强员工、客户和社会的文化认同感。志诚银行旧址沈阳南站支行分别与人民银行沈阳分行、和平区委宣传部、省公安厅辽宁隐蔽战线历史编委会、省委党校、沈阳市档案局、《辽宁日报》、辽宁社科院开展党建共建。多平台做好动态报道、成效宣传和典型宣传，多形式创新学习和宣传渠道，大力宣传先进典型事迹，进一步鼓舞了干部员工积极向上的激情和状态，形成新时代团结带动全行干部员工共奋进、谋发展的价值遵循和行动指南，实现“同频共振”，让“奋斗+落实”精神成为新时代工商银行最强音，为分行发展提供了强大动力引擎。

（五）以凝聚共识与发展合力为目标，提升文化执行力。推动各级领导班子压实思想政治建设责任，党性教育和理论学习质量与水平稳步提升，文明创建工作和树典推优活动感染力和渗透力更强，员工思想政治工作进一步体现人文关怀，舆论宣传更好地发挥出正面引导作用，把各种资源力量整合起来，把方方面面的积极性调动起来，形成企业文化工作的强大合力。加强文化队伍建设，通过培训轮训、座谈交流、评优创先等举措，打造一支政治过硬、本领高强、求实创新、能打胜仗的高素质专兼职队伍，建设一支高标准的文化讲师队伍，培育一支高水平的文艺作家团队，为推动全行企业文化建设提供人才支撑。

（六）以打造品牌载体为抓手，提升文化影响力。深度提升企业文化传媒价值，加强红色金融文化自身品牌形象塑造，运用文化的柔性手段传播工行价值，树立我行良好品牌形象。以打造红色阵地、讲好两个故事为中心，采取专刊专栏、直播课堂、视频展播及故事会、情景演绎等多种形式，开展全方位、立体式的宣传教育，通过行内外各类媒体平台，推出一系列富有感染力、具备传播力的宣传报道，持续提升我行红色属性、大行担当的品牌形象。

一是依托“线上+线下”打造红色阵地。通过开辟“党史学习教育”网讯专栏，在省市行建设党史学习教育红色展示区、在全辖区572个营业网点实施党建“七个一”标准化工程等多种形式，深化全员思想认同和行动协同，有效加强基层党支部战斗堡垒的建设，让党旗在基层一线高高飘扬，把基层支部的活力汇聚成全行发展的创造力、凝聚力和战斗力。

二是汇集宣传合力讲好“红色故事”。以辖内12处红色金融资源为背景制作《红色足迹 热土新征》系列纪录片，打造沉浸式课堂。在处级以上干部集中轮训中设置专门课时。省行开展“寻找身边最可爱的人”主题活动、“我心向党、百年启航”党史知识竞赛和“唱支山歌给党听”文艺活动等主题宣传教育活动。与省网信办联合举办“工行杯·红色经典诵读”活动，组织广大员工录制视频和音频，参与全社会建党100周年系列纪念活动，充分展现政治担当。辽阳分行开展沉浸式学习党史《百年足迹》活动，盘锦分行开展主题巡演，将党的光荣历程融入诗歌和歌曲等艺术表现形式。

三是加强外部传播讲好“工行故事”。综合运用党报党媒、新闻客户端做好正面宣传，拓展融媒体传播力影响力做好社交化、互动化宣传，在《辽沈晚报》融媒体、新华网、人民网、新浪辽宁、网易辽宁等新闻媒体接续地开展“文明花开满工行”“工行有雷锋”“多一度热爱”“工行有young”“感受金融之美”暨工行大文物打卡活动等主题宣传，综合运用微博话题、开机画面等传播手段开展“党旗在基层网点高高飘扬”主题宣传，展示我行文明单位、雷锋文化、文物建筑、青年志愿者风采以及全行员工热爱党、热爱辽宁、服务辽宁、热爱生活的向上形象和办好“党的金融事业，建设人民满意银行”的坚定决心。

三、持续性实践 结出奋进硕果

心中有信仰，脚下有力量。在红色精神引领下，2021年，辽宁分行咬定青山奋勇登攀、风卷红旗过大关，各项经营指标不断刷新历史纪录。全部存款突破4500亿元大关，创造历史新高；各项贷款突破3000亿元大关，实现历史跨越；个人客户突破2000万户大关，手机银行突破1000万户大关，对公结算账户突破20万户大关，总量增量均全面领先同业。沈阳分行总行考核收获十年最好成绩、竞争力评价首次进入前五位，荣获全国金融“五一劳动奖状”，是辽宁地区唯一获此殊荣的金融机构。

（中国工商银行辽宁省分行副行长周波，高级综合经理曹扬、潘玉）

坚持党建引领
培育雪域高原特色企业文化

中国工商银行西藏分行

习近平总书记指出，坚持党的领导、加强党的建设是我国国有企业的光荣传统和独特优势。近年来，中国工商银行西藏分行（以下简称“西藏分行”）立足西藏特殊的人文地理和政治社会环境，坚持以党建引领企业文化建设，坚定传承“老西藏精神”和“两路精神”，大力培育求真务实和“分享、感恩、奉献”的核心理念，为推进全行高质量发展凝聚强大软实力。

一、党建引领企业文化建设的经验举措

（一）坚持党建引领，筑牢理想信念。“治国必治边、治边先稳藏。”西藏地处祖国西南边陲，是重要的国家安全屏障、反分裂斗争的主战场。西藏分行作为工商银行在雪域高原上的政治形象窗口，坚定把思想政治工作作为企业文化建设的最重要基础和根本保证，切实提高政治站位，强化理想信念，强化使命担当。一是坚持党对思想政治工作的领导。政治属性是国有企业的根本属性，讲政治是第一位要求。分行党委严格落实抓思想政治工作的主体责任，并纳入党建工作责任制和基层党组织书记履职考核，确保思想政治工作从“软任务”变成“硬杠杠”。二是坚持以上率下筑牢思想根基。坚持领导干部带头学、做表率，通过抓实党委理论中心组学习、领导干部上党课、规范“三会一课”制度等，加强对习近平新时代中国特色社会主义思想，特别是治边稳藏兴藏重要战略思想，党中央、自治区及总行党委重要会议精神的学习宣导。同时，把区情行情教育、提高政治意识、维护民族团结作为党员干部教育必修课，不断提高政治判断力、政治领悟力和政治执行力。三是坚持务实笃行理念。分行党委认真践行总行党委“48 字”工作思路，大力倡导“功成不必在我”的思想，一茬接着一茬干的精神，务实笃行、稳中求进的理念，让其逐步根植于广大干部员工内心、外化于行动，成为一种鲜明的集体气质。

（二）突出区域特色，强化学习教育。西藏分行立足区域实情，结合党史学习教育，坚持“四个突出”特色，使建设学习型党组织和培育优秀企业文化相互融会贯通。一是突出“五史”学习教育。结合边疆民族地区实际，在开展“四史”学习基础上，增加西藏地方和祖国关系史教育，组织观看《繁荣发展 70 年的西藏迎来了新篇章》纪录片，把《解放西藏史》《西藏革命史》纳入学习篇目，强化家国意识，坚定维护祖国统一，促进民族团结。二是突出新旧西藏对比教育。组织参观百万农奴解放纪念馆、观看西藏题材电影《我的喜马拉雅》，组织到山南玉麦乡、阿里日土村等地开展主题党日活动，通过真场景、真事迹、真情感，揭批旧西藏、畅谈新生活，使广大干部员工从西藏短短 70 年跨越上千年的历史巨变中，从新旧西藏两重天的鲜明对比中，深刻认识党的领导是西藏繁荣发展的根本保证，增强全行员工听党话、跟党走、报党恩的思想自觉和行动自觉。三是突出弘扬革命精神。西藏是一个没有勇气来不了、没有体质待不了、没有情怀干不了的地方。通过积极倡导革命的浪漫主义情怀，组织参观谭冠三纪念园、“两路精神”纪念碑、西藏军区军史馆等红色教育基地，缅怀革命先烈，重温入党誓词，感悟“老西藏精神”“两路精神”和孔繁森精神，赓续红色精神血脉，教育员工“与其苦熬浪费生命、不如苦干燃烧岁月”，大力发扬“艰苦不怕苦、缺氧不缺气、缺压不缺力”“宁可透支生命、绝不辱没使命”的大无畏革命气概。四是突出案防警示教育。将各类规章制度纳入每周学习例会和各专业培训的必学必训内容，通过反复宣讲传导，使干部员工对制度红线牢记于心，底线意识更加清晰。通过组织分行党员干部参观监狱、观看警示教育影片、邀请纪委专家专题授课等教育形式，以案说纪、以案说法，让大家心存敬畏、警钟长鸣，培育清廉金融文化。

（三）构建特色文化，激发团队活力。企业文化是企业的灵魂，是企业发展的不竭动力。西藏分行始终高度重视特色企业文化建设，历经多年探索实践，由表及里、由浅入深、由内而外，初步形成了一套融入西藏特殊人文地理和政治社会环境、适应分行员工队伍特点的特色企业文化体系，成为引领和支撑全行干部员工坚守雪域高原、奋斗前行的精神力量。在构建企业文化体系的基础上，从理念传导和思想灌输入手，不断促进全员认同，内化于心、外化于行。总体来看，西藏分行特色企业文化体现了五个特性：一是独特性。基于分行特殊的内外环境、队伍结构、经营定位，吸纳和传承了“老西藏精神”“两路精神”“孔繁森精神”，具有独特文化基因；二是相融性。融合了所处环境和经营管理，具有高度的适应性和鲜活的生命力。“五湖四海”是分行员工结构的特点，通过探索完善“长期+短期”系统选聘援藏机制，实施师徒“结对子”工程，建立员工“家访”，积极倡导团结分享、和谐相融的“家文化”；三是人本性。始终把“以人为本”理念贯穿于经营管理的方方面面，作为企业文化建设的主线。在总行党委关心支持下，始终把干部员工队伍建设作为事业长远发展的“关键一招”，激发广大员工拼搏奉献、干事创业的动力。同时，在员工健康管理、住宿交通保障、业余文化生活等方面，建立健全员工关心关爱机制，让员工及家属安心、放心。四是整体性。注重整体协调、有机统筹、系统实施、有效衔接，既确保推进效果，又便于员工认知认同并形成自觉。五是创新性。既将勇于创新作为核心理念的一个重要方面，又在特色文化形成和过程中做好创新运用，使其成为一个不断探索、创新的过程。

二、高质量企业党建建设取得的工作实效

加强高质量党建是推动国企深化改革、高质量发展的政治优势，培育卓越企业文化是国企稳健发展的精神家园。西藏分行通过将高质量党建与企业文化建设融合发展，有力提升了全行干部员工的政治意识、奋斗精神、务实作风、荣辱意识，在推动安全稳定、提质增效、强化管理和提升形象等方面发挥了重要作用，实现了西藏分行高质量发展的良好成效。

（一）政治教育保驾护航，始终保持稳定局面。通过“不忘初心，牢记使命”主题教育和党史学习教育，广大党员干部从百年党史和伟大建党精神中汲取智慧力量，自觉做政治上的明白人，不断增强“四个意识”、坚定“四个自信”、做到“两个维护”，胸怀“国之大者”，在思想和行动上与以习近平同志为核心的党中央保持高度一致。在具体工作中，坚持把风险防控和安全稳定作为首要任务，实行“半军事化”员工管理，确保员工思想和经营秩序稳定。在历届分行党委和干部员工共同努力下，全行始终保持着维稳工作“三不出”

和经营管理“三无”的良好局面，资产质量保持同业及系统较优水平。

（二）奋斗精神提供支撑，经营发展提质增效。以高质量企业文化建设，增强干事创业的精神动力，从而转化为高质量的经营发展实效。动员全行干部员工以不被“同业矮化、系统边缘化”的亮剑精神，一锤接着一锤敲，一件接着一件干，推动市场竞争力显著提升。近三年来，西藏分行多项业务指标保持两位数增速，公司存款、储蓄存款、个贷和中收等主要指标增幅，分别增长了 111%、118%、475%、82%，增幅均居四大行首位。在自治区职业年金计划招标、全区边防公路项目保函业务、区外西藏社保卡等重点项目竞争上也取得了优势地位。

（三）服务导向深入融合，品牌形象有力彰显。在党建工作和企业文化建设过程中，树牢“客户至上、服务实体”的导向，以先进理念引领高质量发展，持续提升雪域工行品牌形象。坚守“人民金融”底色，通过加大信贷投入、优化渠道布局、开展驻村扶贫和社会公益活动，在雪域高原上擦亮工行金字招牌。成立以来累计投放各类融资超千亿，累计承销地方债 76 亿元，有力支持了交通、电力、城建、民生等重点项目，以及精准扶贫、小微企业和居民消费等资金需求。近两年来，以每年同步筹建两家分行的高效率，顺利实现了西藏七个地市机构全覆盖，极大提升了金融服务供给能力。在平均海拔 4500 米的阿里地区，十年如一日做好强基惠民驻村工作，彰显雪域工行人朴实为民的形象。连续两年邀请河南省胸科医院专家来藏开展爱心义诊，为先天性心脏病患者提供免费医疗救助。广大干部员工的努力和付出，也得到了自治区政府、社会和群众的认可，工商银行西藏分行先后获评全国文明单位、金融工作先进单位、群众满意单位、强基惠民驻村工作优秀组织单位等荣誉。

（中国工商银行西藏分行综合管理部冯力）

坚持党建引领　弘扬石油精神
以文化力提升企业高质量发展
核心竞争力

长庆油田公司第三采油厂

长庆油田公司第三采油厂（以下简称“采油三厂”）是中国石油长庆分油田公司下属的一个以石油开发为主的专业化采油厂，成立于 1971 年，厂部位于宁夏银川市，生产区域横跨陕西、宁夏 2 省（区）5 市 11 县，管理着靖安、姬塬、油房庄、红井子等 11 个油田，年产原油 330 万吨以上，是一个科技立企、管理现代、以人为本、充满活力的大型采油厂。

近年来，采油三厂深入贯彻落实习近平总书记关于文化建设的系列论述，弘扬石油精神，传承优良传统，努力培育具有时代特色、采油特质的企业文化，走出了一条文化兴企的新路子，使灿烂的企业文化之花在火热的生产建设实践中结出了累累硕果，以石油工业文明推动了社会文明建设，以石油工业发展助推了经济社会发展。建厂 50 年来累计向国家贡献原油 8000 余万吨，荣获“全国企业文化建设优秀单位”“宁夏企业文化建设示范基地”等称号。

一、坚持党建统领，顶层化设计，使企业文化建设站位“有高度”

加强党的建设，是国有企业的光荣传统，是国有企业的“根”和“魂”，是国有企业的独特优势。采油三厂党委充分发挥把方向、管大局、保落实的领导作用，认真履行领导企业文化建设的职责，把文化建设作为党的建设的一项重要内容列入重要议事日程，全面实施文化塑党工程，确立了以“行为规范引导、标准动作实践、特色工具促进、团队作风养成”为模式的采油企业文化建设路径，构建了以“发展目标聚力、团队精神铸魂、企业品质育人、理念实践增效、品牌文化塑形”为主要内容的采油企业文化体系，确保了企业文化建设旗帜亮、方向正、步伐稳。

二、坚持理念先行，系统化构建，使企业文化建设立足“有厚度”

文化理念不是一成不变的。采油三厂立足油田高质量发展的新形势新要求，遵循“六统一”的文化建设原则，借鉴行业内外先进企业文化经验，集中专家学者、领导干部和广大员工的智慧，比较全面总结和系统提炼了文化理念，确立了“建采油强厂 创美好家园”的发展愿景，构建了以“五个特别能”精神（特别能吃苦、特别能战斗、特别能负重、特别能奉献、特别能创造）、“真诚、厚道、务实、奋进”品质为核心的文化理念体系，形成了指导全厂文化建设的《企业文化手册》，使文化建设赋予了新内涵、找到了导航仪，成为全厂员工的共同信念和行动指南。

三、坚持载体诠释，多元化呈现，使企业文化建设融入“有深度”

文化建设从无形到有形，载体是一个重要呈现手段。采油三厂在文化理念体系确立之后，用丰富多样的手段去演绎、诠释，生动地呈现给员工，使企业文化化无形为有形。打造了“四馆”（宁夏石油展览馆、靖安油田展览馆、《印象采三》展览馆、《魅力红井子》展室），创建企业文化示范窗口 15 个，形成了面向一线、覆盖全员、没有围墙的文化中心，成为员工教育培训的精神课堂，外界了解感知石油的重要窗口。宁夏石油展览馆被宁夏回族自治区授予“延安精神示范教育基地”“新时代文明实践基地”称号，红井子作业区姬九联合站被宁夏回族自治区授予“企地共建新时代文明实践所”称号。

四、坚持典型引路，人格化表达，使企业文化建设传播“有温度”

文化落地是员工对价值观认同的过程，先进典型是企业精神的人格化载体。为了实现文化认同，采油三厂积极培育和践行社会主义核心价值观，选树宣传了一批先进典型，使员工心理得到不竭的文化浸润，从而使企业行为准则转化为员工的行动自觉。近年来，连续五届开展“员工眼中的好员工”评选，评选出各层面好员工 320 余名。“好采油工”杨映武精心守护油井的照片走进国家博物馆庆祝改革开放 40 年大型展览，“好员工”赵彩霞持续多年帮助孤儿的事迹被主流媒体广泛报道，彰显了石油人坚守奉献的高尚品格。50 年来，我们选树了以全国劳动模范邢仙茹、顾燕，宁夏回族自治区劳动模范刘向玲等为代表的一批先进典型，成为企业精神和良好形象的“代言人”。

五、坚持知行合一，实践化养成，使企业文化建设落地“有力度”

企业文化建设，不仅在于“知”，更在于“行”。采油三厂坚持“理念导引、行为养成、持续改进”的文化建设路径，积极探索企业文化融入企业管理的有效方法，全面推进企业文化要素标准化建设，深入开展文化理念实践和成效测评，组织评选“十佳案例”“十佳工具”，用理念实践的方法解决管理上、队伍中的问题，用成效测评的工具解决文化建设效果难以观察、评估难以量化的问题，用案例评选的方式使文化建设经验能复制、可推广，打造了以南六转中心站家园文化、靖五联合站安全文化等为代表的一批文化建设示范点，《“家故事”助力团队和谐》《“爱心联盟”积“小善”铸就人间大爱》分别荣获长庆油田“十佳优秀案例”“十大优秀工具”。

（长庆油田公司第三采油厂党委副书记郝朋朋，党委宣传部部长夏文娟，党委宣传部主管杨彦春）

党建引领国家级页岩油示范区文化建设研究

习近平总书记在全国国有企业党的建设工作会议上指出，坚持党的领导、加强党的建设是国有企业的“根”和“魂”，是我国国有企业的独特优势。先进的企业文化是企业前进和持续发展的动力，以党建引领新时代企业文化建设，是企业党建改革创新的重要内容，对推进党建工作与企业文化建设同向融合发展有重要意义。新时代新形势下的党建工作，是企业一项基础性的思想政治工作，是一切工作的灵魂和政治保障，对企业文化建设有极其重要的指导和保障作用。

一、国家级页岩油示范区文化建设面临的新常态

“油公司”改革工作开展以来，吉庆油田作业区对党建引领企业文化建设工作进行了积极探索，但由于作业区结构扁平化、职能部门合并、企业员工背景多元化等要素的叠加，对党建与企业文化建设带来挑战与机遇，具体表现为以下特点。

改革对企业党建与文化建设带来新要求。随着“油公司”改革的不断深入，企业市场化程度越来越高，企业治理中对效益性的追求更加突出。在推进国家级页岩油示范区建设进程中，建设现代化企业治理体系与加强企业党建与文化建设产生新的矛盾点，“两手抓”但难“两手硬”，对党建与文化建设体制机制和实践途径提出更高要求，既要求强化国有企业的政治属性，又要求提高企业现代化的治理能力和合理水平。

员工背景多元化对企业党建与文化工作带来新挑战。吉庆油田作业区成立之初从新疆油田公司各单位广泛选拔人才，来自不同单位的员工企业文化背景多元，员工素质普遍较高，对实现自身价值的追求更高。这些现实需求对企业党建与文化工作思路和方式提出更高标准，要求在做员工思想政治工作中能及时跟进企业发展变化和员工的思想动态，要求工作思路和方法不断创新，充分释放党建引领作用和文化凝聚作用。

新媒体对党建与文化建设工作带来新机遇。以数字技术、网络技术为核心的新媒体正在引发信息传播生产方式和格局的大变革，进而导致员工对信息的获取和接收的心理和行为习惯也逐渐发生变化，沿用传统的思想政治工作方式易被替代忽略，党建与文化工作传播的效果受影响，要求党务党群工作者的观念和技能水平不断更新。由于新媒体个体自主高度参差、传播者之间的多极沟通容易产生热点或舆论，带来新的机遇同时也带来新的挑战，但总体来说机遇大于挑战。

二、党建引领国家级页岩油示范区文化建设的工作实践

吉庆油田作业区是新疆油田公司“油公司”改革的示范区，2019年12月成立，实行“四办四中心”扁平化运行模式，2020年3月，国家能源局、自然资源部批复同意开展吉木萨尔国家级陆上页岩油示范区建设。作业区设有党政综合办公室、安全生产管理办公室、经营办公室、党群综合办公室、研究中心、中控中心、监督中心、运维中心。作业区党委下设党总支1个，党支部7个。吉庆油田作业区在建设国家级页岩油示范区进程中始终重视党建引领、文化聚魂。

以党的领导为统领，充分发挥党建思想引领作用。吉庆油田作业区坚持把学习习近平新时代中国特色社会主义思想作为首要政治任务，牢牢把握党委理论中心组学习机制，持续深化党的创新理论应用，提高思想引领能力，不断提高运用党的创新理论指导文化建设工作的能力。始终把坚持党的领导、加强党的建设作为油田建设的“根”和“魂”，搭建党“党建引领全局、八大理念支撑”的企业文化建设理念构架，即党的建设是指引和方向，系统开展“发展愿景、发

展方针、管理方略、创新理念、人才理念、团队理念、勤廉理念、吉庆信条”八大文化实施工程，建立吉庆油田作业区企业文化价值体系。明确“担大任 攀高峰 建大业 创典范”的企业文化建设定位，凝练“越山渡河 敢为人先”的企业文化内涵，凝聚共识、统一行动，确保作业区企业文化建设始终沿着正确的方向发展。

以搭建创新平台为抓手，充分发挥党建方法引领作用。用党的文化建设经验引领企业文化建设，有助于员工在企业统一的价值观中形成共识，将企业发展经营理念、使命、愿景等融入党的宣传教育工作，打通党建与企业文化的壁垒，两者就能更好地形成合力、相互促进。

吉庆油田作业区在改革发展中始终坚持党建引领、文化强企，把“工作开展到哪，党组织建设就到哪，文化建设就跟进到哪”作为基本原则，在作业区各部门、各片区设立党组织，跟进开展人本文化、安全文化、创新文化等业务文化建设，以吉172-H功勋井、五号大平台等文化阵地建设为载体，确保党组织100%全覆盖，企业文化辐射100%全覆盖。

作业区党委持续推进“不忘初心 牢记使命”主题教育常态化制度化，发扬“安下心 扎下根 不出油 不死心”的新疆油田精神，从地处的北庭文化、兵团文化中汲取营养，不断丰富吉庆精神的内涵与实践载体，创建“北庭大讲堂”文化名片，融合党的宣传思想、企业文化、意识形态阵地功能。创新作业区党建与企业文化的交流平台，用好石油党建平台、吉庆云工会和吉庆微信公众号平台，覆盖不同员工群体对党建知识、文化信息的需求，为企业文化建设营造良好氛围。发扬典型引路的党建优良传统，大力开展优秀党员、页岩油开发先进个人选树活动，举办“石油魂·大庆精神铁人精神”宣讲，凝聚发展正能量，推进党建与文化共同进步。

以制度建设为保障，充分发挥党建作风引领作用。吉庆油田作业区对标新时代党建工作要求，坚持以“苦干实干”“三老四严”作风传承石油精神，大力提倡“敢于担当、勇于作为”的工作作风，严明纪律要求，在党员干部中开展“加强和改进作风”专项活动，将全面从严治党的思维创造性应用到企业文化建设中。

作业区完善考核激励措施，制定《党建工作责任制考核评价管理程序》，配套出台了《吉庆油田作业区员工行为规范三十六条》《吉庆油田作业区全员绩效考核管理细则》，将企业文化建设纳入其中，细化量化责任指标、评价标准和考核办法，规范考核程序和结果应用，构建从严治企与到从严治党的结合载体，促使各级党组织和党员干部员工把践行企业文化核心价值理念融入日常，塑造企业共同的愿景与价值观念。

以激励关爱为导向，充分发挥党建组织引领。企业文化工作的对象是企业的员工，是培养引导全体成员认可和遵循的共同价值理念，引导员工与企业共同成长进步，实现员工个人的全面发展，这是党的根本工作路线（群众路线）、坚持以人民为中心的理念在企业最具体的实践。

吉庆油田作业区充分发挥党建组织优势，将组织生活与企业文化活动相结合，以员工为工作核心，发扬党组织密切联系群众的优良传统，加强与员工的沟通交流，每季度开展员工思想动态问卷调查，推动党建与企业文化建设同向发力，及时回应员工关切，统一思想、凝聚力量、营造团结和谐的良好氛围。

构建作业区文体“十大协会”，充分发挥党支部组织群众、宣传群众、凝聚群众、服务群众的职责，合力开展党建与文化活动，作业区的读书小组活动、舞蹈协会、乒篮足羽球等协会凝聚组织最活跃的员工，带动作业区积极健康向上的文化氛围，增强员工对企业的荣誉感、对团队的归属感、工作的使命感，促进企业的健康长远发展。

三、对加强党建工作引领企业文化建设的几点建议

以党建工作引领企业文化建设，必须紧密结合企业实际，整合企业各种资源，打造综合性平台；注重组织建设，打造特色企业文化。

（一）注重政治引领，抓好思想认知统一

以党建推动企业文化建设工作，必须旗帜鲜明树立党的领导导向，在思想认识上高度统一，把党建工作思想融入企业文化工作，作为促进的助推器，在安排制定工作规划计划时注重党建工作的嵌入，在实践中注重发挥党建工作的引领保障作用，充分发挥党员的先锋模范作用，进步提升各级组织的凝聚力、战斗力，最大限度调动全体员工的创造性、主动性、积极性，汇聚起改革发展的强大力量。

（二）注重职能融合，抓好组织机制建设

在新时代，要注重妥善推进党建工作要求融入企业文化建设制度章程，在新模式运行背景下，注重发挥组织保障功能，企业组织机构建设要加强顶层设计，将企业党建工作与自身实际需求相互结合，优化调整企业岗位设置，稳步推进大党建工作格局，开展“多岗位交流、多岗位锻炼”的党务党群工作人员综合培养机制。

（三）注重整合资源，打造综合性平台

在“油公司”改革的背景下，运用党建工作引领企业文化建设，应适应新时代的新要求，注重新媒体时代信息传播规律的把握和运用，通过融合，整合资源与职能，打造综合性的党建与文化平台，让企业员工能够积极参与文化建设活动，保证企业文化建设的效率与质量，为企业发展夯实基础，为企业文化建设营造良好氛围。

（四）注重内容结合，打造特色文化品牌

企业在进行文化建设过程中，要充分考虑将党建文化内容与企业文化建设内容的结合，形成价值理念共通的核心文化，增强企业文化的指导性和实用性，以党建工作引导企业文化建设，实现企业价值的延续和传承，在企业努力打造特色文化品牌。企业组织机构的建设要统一到企业价值目标践行中，要实现与党建组织工作和价值目标的统一。

四、结语

新时代新形势下的党建与企业文化建设工作，是一项重

要的思想政治工作，吉庆油田作业区将党建工作应用于企业文化的改进和创新上，塑造员工与企业共同的愿景与价值观念，培育员工内化于心的精神与信条，以党建文化活动促进全体员工形成外化于行的行为准则与工作作风，确保员工工作状态良好、工作效能提升，不断开创国家级页岩油示范区建设的新局面。

（吉庆油田作业区党委副书记、工会主席刘峰，吉庆油田作业区经理助理段云菲，吉庆油田作业区三级副组织员汤涛，吉庆油田作业区宣传干事宋娜娜）

党建强心　文化铸魂
党建与企业文化建设深度融合

中国华能华中分公司

中国华能华中分公司（以下简称“分公司”）党委高度重视以党建引领企业文化建设，将企业文化建设摆在企业发展中的突出位置，确立了“党建强心、文化铸魂、融合发展”总基调，着力培育“华能华中文化”，引领党建工作与企业文化建设深度融合，并逐步形成了具有华能华中特色的“三色文化”子文化。在“三色文化”实践过程中，企业文化层层渗透企业生产经营、党的建设、安全生产、创新创效、企业发展等工作，极大地提升了企业凝聚力和向心力，助推华中分公司高质量发展。

一、党建强心，牢牢把握企业文化发展“红色引擎”

分公司党委坚持“红色”底色，牢记国企姓党，坚持以习近平新时代中国特色社会主义思想为指导，始终将党的领导作为企业文化建设工作的根本保障，着力打造“华能华中文化”建设工程，引领党的建设与企业文化建设深度融合。

（一）抓好“红色引擎”强导向。党委发挥“把方向、管大局、促落实”的领导作用，“把方向”就是要把好企业文化建设的“航向”，保证正确方向。分公司党委立足企业实际，厘清“高质量发展必须凝心聚力、全员参与”总思路，将企业文化建设作为“一把手”工程来抓，成立企业文化建设领导小组，完善企业文化建设工作机制，制定《企业文化建设对标一流方案》，将企业文化建设作为党建工作的“硬任务、硬指标”，加大人财物方面的支持力度，担负起企业文化建设主体责任，形成了党政主要领导带头抓、分管领导主要抓、职能部门具体抓的长效机制。

（二）抓好顶层设计强引领。分公司党委大力弘扬中国华能企业文化理念，积极践行华能“三色”公司使命，结合实际，汲取楚文化精髓，顶层设计具有华能华中特色的企业子文化理念体系。如将“聚力、创新、卓越、引领”作为企业的核心理念，着力构建“凝心聚力、不断创新、追求卓越、行业引领”的一流区域清洁能源企业；将“三色三强三优”作为企业的战略愿景，着力打造以“红、绿、蓝”为三原色的“三色”公司，做到创新引领力强、价值创造力强、核心竞争力强，力求资产优、管理优、业绩优；将“绿色发展、高质量发展、可持续发展”作为企业发展理念，使分公司在转型发展、绿色发展中再创辉煌；将“敢为人先、追求卓越、勇于担当、团结拼搏”作为企业精神，坚持争第一、创一流、攀高峰，不断有新的创造、新的建树、新的超越。

（三）抓好落地见效强品牌。分公司将企业文化管理落地作为一项重要工作来抓。党委层面负责顶层设计、重点推进和督导考核，职能部门根据业务对照理念优化流程、完善标准、管理落实，各单位主体负责贯彻执行、自我优化。建立考核排序点评制度，编制职工手册，以考核“倒逼”文化落地，使文化理念真正成为全员行为自觉和企业提升综合治理水平的基本遵循。

二、文化铸魂，引领党建与企业文化建设深度融合

深刻把握党建与文化建设的有机联系。党建工作开展的最终目的在于促进国有企业的良性发展，实现国有企业经济效益与社会效益的双丰收，而企业文化则是企业精神的体现，企业文化建设的目标也在于以文化影响企业员工，使其能够认同企业发展理念，提升凝聚力和向心力，助推企业实现高质量发展。可见，党建与企业文化建设具有共同的目标，企业文化建设是企业发展的内驱动力，实现党建与企业文化的深度融合，能够更好地为企业做强做优做大提供思想基础和发展动力。

（一）坚持“党建+安全”，着力培育安全文化。“安全就是效率、安全就是信誉、安全就是竞争力”，这是分公司长期着力培育的安全文化。通过党委理论学习中心组专题学、支部集中学、党员自觉学“三步走”原则，深入学习习近平总书记安全生产重要论述，讲好安全生产专题党课。开展好安全生产事故警示教育。党员干部落实“一岗双责”，党支部书记带头“抓安全”，带动全员从源头防范安全生产事故发生，特别做好疫情防控、机组大修、迎峰度夏度冬等重要任务时段安全生产工作。特别是 2020 年新冠肺炎疫情肆虐湖北，分公司迅速打响“抗疫保供”攻坚战，所有生产人员实行“封闭”管理达 81 天，员工同心同德，奋力拼搏，一手抓疫情防控，一手抓电热保供，将安全文化根植于“抗疫保供”的方方面面，实现了生产区域“零”感染目标，确保了湖北省电力热力安全可靠供应，展现了央企担当。

（二）坚持“党建+创新”，着力培育创新文化。创新，是民族进步的灵魂，也是企业立于不败之地的不二法门。分公司坚持“党建+创新”理念，着力培育“逢山开路，遇水搭桥，敢为人先，挺立潮头”的创新文化。

（三）坚持“党建+发展”，着力培育发展文化。积极履行社会责任，致力绿色发展，是分公司始终不渝的追求。分公司党委秉持“绿色发展、高质量发展、可持续发展”的企业发展理念，着力培育发展文化。近年来，先后投入□亿多元用于超净排放和废水“零排放”改造，为长江经济带实施蓝天碧水工程作出了贡献。落实“碳达峰、碳中和”要求，

大力推动企业绿色发展，精心编制“十四五”发展规划，“十四五”期间将力争实现总装机“翻番”，新能源装机占比达到50%。

三、融合发展，以坚实党建基础厚植企业文化底蕴

（一）“三个载体”打造过硬党支部。全面推动实施“标准化党支部”“红旗党支部”“一支部一品牌”三大工程，全面推动党支部规范化、标准化，着力打造支部战斗堡垒。发挥党支部组织动员作用，推动构建“党建+文化”机制，确保企业党组织各项举措部署落实落地。

（二）“三大举措”发挥党员示范效应。深入开展“党员示范行动”“党员积分制管理”“党员创新创效”三大举措，全面发挥党员在传播弘扬企业文化中的示范作用。围绕中心工作，创建“党员示范岗”86个，“党员责任区”43个，“党员突击队”12个。在急难险重任务中，党员冲锋在前，忘我拼搏奉献，党员先锋模范作用得到充分发挥。

（三）“三个融合”营造企业文化共建氛围。落实党建带工建、团建要求，推动党组织、工会和团组织工作融合互促，发挥群团组织纽带作用。坚持每年组织迎新晚会、每两年举办职工运动会等，通过举办各类主题活动增强党工团的凝聚力和号召力，使企业文化既要在政治上有高度、思想上有深度，还要在群众中有基础。

（四）“以人为本”丰富企业文化内涵。将职工利益放在首位，深入开展“我为群众办实事”实践活动，切实增强职工的幸福感和对企业的认同感。实施人才强企战略，制定人才发展规划，推行人才“双通道”，选拔技术专家、技能专家，落实薪资待遇保障。坚持以赛代训，开展以“当好主人翁、建功新征程”为主题劳动、技能竞赛。举办丰富多彩的文化体育活动，深入开展党史学习教育，走出去现场学，请进来交流学等。深化民主管理，落实职代会制度，加强党务公开、厂务公开和信息公开，重视困难职工帮扶和救助，完善“领导接待日”制度，坚持为女性职工购买“安康险”等，让职工参与到企业管理中，感受到企业的关怀和温暖。通过以上形式，进一步在新形势下丰富和扩展企业文化的内涵和外延，进一步增强了企业文化的生机和活力，使企业文化理念随着企业的不断发展得到丰富拓展。

（中国华能集团有限公司华中分公司党建工作部主任张石磊，党建工作部主管陈驰）

党建筑魂文化赋能
激发企业发展新动能

中国建筑第八工程局有限公司

中建八局前身是基建工程兵22支队，作为由部队转业而来的国有企业，中建八局始终坚持党的领导，传承红色基因，积淀形成了“军魂匠心，家国情怀，令行禁止，使命必达”的铁军文化，是八局代代相传的精神之火和力量之源。面对新时代新征程，以党建筑魂，赓续革命精神，以文化赋能，激发文化力量，是国有企业加强党的建设，培育世界一流企业的精神动力和重要支撑。

一、传承红色基因　坚定理想信念

加强组织领导，完善体系建设。构建企业文化领导体系，形成了党委统一领导、党政齐抓共管、文化主管部门组织协调、有关部门分工负责、职工积极参与的组织管理体系。构建企业文化管理体系，制定企业文化建设规划以及文化品牌建设“127”战略，开展企业文化推进年、体系建设年、巩固提高年等主题年活动，努力构建螺旋式上升、渐进式优化、持续性创新的体系，保持铁军文化与企业发展方向的一致性。

注重顶层设计，构建理念体系。在全面总结企业发展和文化建设实践基础上，不断进行文化升级，先后发布《筑魂》《中建信条·铁军文化》《铁军宣言》企业文化手册，确立了使命、愿景、核心价值观、企业精神、企业作风等核心理念，“军魂匠心、家国情怀、令行禁止、使命必达”的文化定位，“员工认同、客户接纳、同行尊重、社会推崇”的文化建设目标，形成了海外、基建、投资、地产四项专项文化和党建理念、人才理念等八项践行理念，形成了以中建信条为主导，铁军文化为特色的企业文化体系，赋予了铁军文化更强烈的价值导向，成为广大员工共同的价值追求。

增强文化认同，赓续精神根脉。文化认同是最深层次的认同，是企业形成强大凝聚力、向心力的根本要素。部队时期，广大官兵听党指挥，响应祖国召唤，在完成一大批国防工程和大型工业民用设施的建设任务中，培育和积累了军令如山、使命必达、作风优良、英勇善战、勇担责任等宝贵的精神财富。部队改编为企业后，员工身份有了变化，管理模式有了变化，但军队的文化传统、“虎狼之师”的团队精神、敢打硬仗的优良作风、军队超强的执行能力和作战能力、艰苦创业的光荣传统没有变。这是铁军文化最重要的渊源，是八局立根铸魂的根本，我们始终强化理想信念，筑牢精神之基，赓续光荣传统，让部队文化的红色基因始终成为中建八局的先天优势和鲜明底色。

二、加强系统建设　夯实管理基础

深入实施企业文化战略。将文化建设作为企业发展的重要组成部分，一体筹划、一体推动、一体实践。始终确保企业文化与时代发展同频共振，把握新形势新任务要求，将创新导向和绩效导向融入战略规划，培育创新文化、绩效文化，全面提升企业的治理能力，推动企业高质量发展。始终确保企业文化与企业战略高度匹配，使文化理念融入中建八局“六个一流”奋斗目标，融入“十四五”战略规划，最大限度地丰富文化管理的内涵，实现战略的全面升级。始终确保企业文化与员工发展紧密结合，实施文化价值观考核，将考

核结果应用于干部选拔、员工激励等各个环节，进一步引导和约束员工行为，使文化理念内化于心、外化于行、固化于制，确保文化战略落地生根。

深入推进文化理念创新。充分发挥企业文化的“推进器”作用，推动企业体制变革、管理升级。持续深化系统文化建设，将党建、人才、科技、客户、安全、环境、风控和廉洁等系统理念，融入各系统管理制度、工作标准、考评体系之中，由各职能部门承担与自身业务和管理职能相匹配的系统文化建设任务。持续赋予铁军文化更强烈的市场导向意识，牢固树立聚焦业主需求、超越业主期望、助推业主发展的理念，做到“建一项工程就铸一座丰碑，提供一次服务就留下永久信誉”，使文化成为闯市场、强管理的竞争优势。以不断创新的文化理念汇聚各方、凝聚上下、广聚同道，以制度“硬管理”与文化“软管理”的有机结合，实现从业务链到产业链，再到价值链的转化。

深入开展项目文化建设。始终注重发挥项目准军事管理的作用，将项目准军事化管理作为铁军文化的特色践行载体，作为传承文化弘扬传统、提升项目团队执行力和战斗力的重要抓手，以“行动军事化、工作标准化、作风严谨化、管理精细化”为要求，融入施工生产的各个环节，培养项目团队良好的行为习惯和作风纪律，打造勇于亮剑、敢于担当的铁军团队。始终注重培育项目特色品牌工作，大力开展“建证力量·红色基石”“建证匠心·红色先锋”党建品牌创建，深入开展劳动竞赛、三号联创，推广区域党建联建、农民工工作站，打造“学习型、创新型、和谐型、廉洁型、效益型”项目，使项目成为效益的源头、管理的样板、形象的窗口、精神的园地、人才的摇篮。

三、注重文化传播　提升品牌形象

强化文化宣传提升文化软实力。紧跟全媒体时代发展趋势，因势而谋、应势而动、顺势而为，重视媒体增量，丰富传播渠道，构建起“两报两网三微多平台”的宣传矩阵，打造多媒体、立体化、全方位、宽领域的大宣传格局，形成全方位覆盖、多终端发布的品牌文化传播网络，充分发挥出宣传思想工作举旗帜、聚民心、育新人、兴文化、展形象的重要作用。坚持导向为魂，创新为要，内容为王，聚焦企业发展，以形势宣传、政策宣传、成就宣传、主题宣传、典型宣传这“五项宣传”，讲好党建引领、改革创新、责任担当、奋斗圆梦、合作共赢等方面的故事，多维度传播八局好声音，全方位展现八局文化理念，提升主流舆论影响力，让正能量更强劲，让主旋律更高昂。

强化作风建设提升团队战斗力。铁军文化培养出来的八局人，以高效的执行力和出色的执行能力，赢得社会广泛赞誉。始终注重作风建设，大力开展总部作风建设年行动，发挥各级领导干部的“头雁效应”，切实提升总部服务基层的能力，增强引领企业发展的战斗力。始终保持“令行禁止、使命必达”的铁军作风是提升团队战斗力的关键要素，大力开展新砼人训练营，组织新员工军训，以严格的标准和务实的举措，锻造“铁的信念、铁的团结、铁的意志、铁的纪律、铁的作风”的“五铁团队”，将“铁军团队”锻造为八局永不褪色的金字招牌。

强化履责担当提升品牌影响力。铁军文化的使命感、荣誉感、成就感，始终与国家发展、民族复兴息息相关。在急难险重任务面前，用铁军文化培养出的八局人，勇于亮剑，敢于争先。积极响应党的号召，在精准扶贫、公益事业、志愿服务、定点帮扶、援疆建设等方面持续发力，塑造了中建八局响应国家号召、服务国家战略、担负国家使命的央企形象。积极践行“一带一路”倡议，发挥海内外一体化、产业链一体化的竞争优势，大力塑造中国建造名片，成为中国高端建造品质和形象的代表。积极开展跨文化融合工作，深入落实中宣部、国资委加强跨文化融合工作要求，在中建集团党组的坚强领导下，牵头中央企业在埃及、马来西亚等国开展跨文化融合工作，打造了央企海外传播示范样板，持续提升了中国企业品牌国际影响力，以企业故事传播了国家声音，以企业形象展现了国家形象。

立足新发展阶段，中建八局将始终坚持党的领导，坚定文化自信，推进文化传播，持续打造“员工认同、客户接纳、同行尊重、社会推崇”的优秀企业文化，为实现企业高质量发展提供不竭力量源泉。

（中国建筑第八工程局有限公司供稿）

践行“大力协同”创新党建联建
助推核电工程建设突破

中国核能电力股份有限公司

一、党建联建的实践背景

2015 年 5 月 7 日，“华龙一号”全球首堆示范工程在福建核电开工建设。华龙一号是“创新中核”的代表，是中核集团在 40 多年核电科研、设计、制造、建设和运行经验的基础上，满足国际最先进的法规标准研发设计的三代核电机型，具有完整自主知识产权。

但在国际上，如何高质量、按期投产重大核电工程建设是一个难题。尤其是三代核电技术品牌，美国的 AP1000、法国的 ERP 都出现过严重拖期。如何打破三代核电技术拖期的困境，如期建成高质量的三代核电技术品牌首堆，堪称一道世界难题。

为解决这道难题，中国核能电力股份有限公司（以下简称“中国核电”）充分发挥党组织的政治优势、组织优势、人才优势、文化优势，大力弘扬“两弹一星”精神中的“大力协同”优良传统，探索、建立、推广了核电工程的党建联建，于 2018 年首先在福清核电“华龙一号”项目建设过程中启动，2019 年 5 月，发布了党建联建工作大纲，强化党建引领，提高政治站位，打破合同藩篱，凝聚团队合力，有力推进了工程建设。2021 年 1 月 30 日，福清核电“华龙一号”顺利建成。

二、党建联建的主要思路和做法

党建联建是新时代在重大工程中继承核工业“大力协同”的优良传统，更加充分地发挥党的领导和党的建设优势，实现党建工作与中心工作有机结合的创新实践，坚持以习近平新时代中国特色社会主义思想为指引，加强党的全面领导，充分发挥党的思想政治传统优势和践行党的群众路线优良作风，建立了一个新的党建工作联合体。

（一）用系统观念构建党建联建工作机制的“四梁八柱”

首先，重大工程党建联建工作全面贯彻新时代党的建设总要求，在充分结合工程建设实际需要，建立了联合委员会、委员会办公室、统一编排的联建党支部“三级机构”；其次，明确了围绕工程施工、工程设计、设备采购“三个一线”，分为土建、安装、调试“三个阶段”，聚焦工程建设重点难点，聚焦工程安全质量，聚焦基层团队建设，聚焦党组织和党员作用发挥“四个聚焦”等要求；第三，建立了会议决策、汇报协调、评价激励、经费保障、制度保障“五项机制”；第四，确定了委员进支部、党员进班组、党员突击队、支部共建、文化建设、品牌宣传、大监督“七个抓手”。

（二）强担当，抓落实，让党旗在一线高高飘扬

一是委员进支部做到带头和示范。党建联建联合委员会成员主要由业主单位、各主要参研参建单位本部党委领导组成。委员会成员率先垂范，通过“委员进支部”机制，跨单位直接联系 1 个工程建设相关的基层党支部，统一一线员工思想认识，解决工程一线实际问题。

二是党员骨干进班组结对子、促安全。实施四项创新工作举措。制作党员骨干与联系班组“流程卡”，简洁明了说明进班组全流程具体步骤，实现进班组工作标准化、规范化；实施“每月同吃同工作半天”举措，联系党员骨干与班组成员深入交心、交朋友，并通过较长时间的观察、参与，观察到班组工作中真正的危险源、风险、隐患，并在观察过程中认真做好活动记录，完成月度主题活动，传递安全理念，帮助班组提升安全意识；实施“点赞卡”举措，对班组一线工人的良好安全行为、过硬的安全意识等“马上”进行奖励，树立正向激励导向，营造“我要安全”的良性氛围。

三是党员突击展现责任与担当。各参建单位迅速组建各类党员突击队，全天候服务确保疫情期间返工人员顺利“回家”；全面落实房间移交“负接口”管理，推进提前实现重要子项开工等攻坚目标。业主单位工程管理处和土建施工单位项目部创新性采用“1+1”模式，双方各成立 8 个党员突击队，较专项施工计划提前实现重要厂房开工等重要目标；重要设备安装突击队充分发挥建安一体化优势，把计划做到小时单位，提前实现重要设备具备安装条件的攻坚目标。

四是支部共建筑牢根基和堡垒。重大工程党建联建支部共建工作广泛开展。与设备厂家党支部共建，开展联学、联创、联享以及联合攻关活动，助力重要设备提前完成出厂验收；与各施工单位项目部党支部共建，发挥施工单位现场实践经验优势，联合开展进度计划优化工作；联合设计院现场党支部开展设计领域联学联做，保障设计出图进度、提高出图质量；与厂址所在地村委开展“五联共建”活动，助力工程建设和地方经济社会发展；与地方教育局、学校开展共建，协调解决各单位子女就学难题。

（三）积极营造正能量氛围，形成攻坚克难合力

一是宣传文化激励鼓士气。福清核电成立了华龙融媒体工作室，整合现场各方宣传资源，发表 70 余篇党建联建文章，阅读量超 100 万人次，2020 年 9 次登上央视，极大提升全体参建人员的士气和信心。

二是学党史、悟思想，为广大一线工人办实事办好事。建立“党员进班组意见建议反馈平台”，陆续解决了包括工作环境、生活住宿、福利待遇、现场停车等问题。制定党员领导干部“我为群众办实事”清单，挂牌督办、对号销账。

三是构建工程现场“大监督”体系净风气。联合委员会要按照“党中央的决策部署到哪里，监督检查就要跟进到哪里”的要求，全面推进联合监督工作，构建工程现场“大监督”体系，助力打造廉洁工程、阳光工程。

三、党建联建的成效及启示

第一，党建联建是重大工程建设与党的建设有机融合的创新实践，是将党的领导优势全面应用到重大工程的重要途径。通过党建联建，联委会及办公室各项要求，在工程现场各领域全传达、全覆盖、全落实，有效打破行政局限、打破合同边界、打破专业接口，实现了党委领导作用、支部战斗堡垒作用、党员先锋模范作用有机统一。

第二，党建联建是重大工程领域协调各方协同作战的系统平台，有利于破解参研参建各方利益诉求差异难题，形成工程推进的整体合力。通过党建联建，一线工人实现了从“打工者”向“建设者”的转变；参建单位实现了从完成“工程任务”到铸国之重器“使命责任”的转变；全体参建者实现了从“利益诉求”到“价值认同”的转变。

第三，党建联建是党建融入中心工作，在基层一线单位落地的重要路径，是实现价值党建、人本党建的有力抓手，有利于实现党建和工程双丰收。委员进支部和党员进班组，形成闭环管理，强化了领导对工程建设的关注度，提高了联系班组党员的身份认同，解决了各级组织的工作难题和生活诉求。

第四，党建联建是在社会主义市场经济条件下，中国核工业人在重大工程建设中践行党的群众路线的创新举措，体现了时代精神，彰显了党组织的政治优势和文化优势，贴近了一线建设者的需求，具有较大的推广价值。通过党建联建，各单位在党建联建工作中真抓、真干，真正将党建融入工程、促进工程；基层党支部和全体党员实心实意解决难题、实实在在服务工程的作用得到发挥。

（中国核能电力股份有限公司供稿）

赓续红色基因　涵养初心使命 为建设国内一流运载技术研究院 汇聚磅礴力量

中国航天三江集团有限公司

红色资源是我们党艰辛而辉煌奋斗历程的见证，是最宝贵的精神财富，更是国有企业铸魂之基、兴业之本、聚力之源。长期以来，中国航天三江集团有限公司（以下简称“航天三江”）党委贯彻落实习近平总书记关于把红色资源利用好、把红色基因传承好、把红色传统发扬好的重要指示精神，始终坚持传承航天精神，充分利用民族军工文化和三线军工文化的精神禀赋，引导激励广大党员干部职工赓续红色基因、涵养初心使命，为推进航天三江高质量发展、加速建设国内一流运载技术研究院汇聚磅礴力量。

一、深挖红色“富矿”，汲取红色力量

“红色”是国有企业发展的鲜明底色。自诞生之日起，航天三江就肩负着“科技强军，航天报国”的重大使命，被深深烙上红色印记，走出了一条自力更生、自主创新的发展道路，积淀了深厚的红色底蕴。

一是挖掘民族军工文化。作为我国近代工业遗存中保存数量最多、建筑状况最好、空间格局最清晰、传统风貌最完整、历史遗存最丰富的代表之一，南京金陵机器制造局旧址得到充分保护和利用，面向社会公众开放，实现由工业记忆转向文化创意、由旧空间转向新地标，“自强自立、亲爱、忠诚、严格求实”的民族军工文化跨时代交融碰撞。

二是用好三线红色资源。以打造国家一流军工文物保护单位为载体，充分发掘三线基地遗存的红色资源，将其作为所属各单位党支部主题党日、研学实践教育和党史学习教育活动的重要场所，把史料转化为教材，把现场转化为课堂，积极打造全面展示航天（三线）军工事业发展历程的生动现场、全国中小学生研学实践教育基地的标杆课堂、党员干部教育培训的经典课程、红色旅游的经典线路，增强红色传统教育的鲜活性和多元性，使其有深度、接地气、涤人心。

2021年，“三线航天066导弹基地旧址”“金陵机器制造局和金陵兵工厂旧址”双双入选首批100个中央企业爱国主义教育基地和中央企业工业文化遗产（军工行业）名录，两地累计开展200余批次5000余人次现场教育活动。

二、激活红色资源，办好红色课堂

历史是最好的教材。航天三江整合红色资源，激活红色基因，抓重点、重实效，使红色资源活化为可看、可听、可读、可续的党性教育资源，再现红色资源历史“原味”。

一是讲好红色故事。组建三线红色文化专班，历时8个多月组织对50位三线建设亲历者进行采访，抢救性整理13余万字珍贵史料；与远安县政协合编的《激情岁月》一书被国家图书馆收藏；积极探索创新南京晨光1865创意产业园学习参观形式，讲好民族工业红色发展史，现已成为南京红色文化的打卡热点；借助融媒体平台刊发有关三线历史和红色文化原创文章100余篇。去年党史学习教育期间，发表题为《让三江精神放射出新的时代光芒》的理论文章，进一步丰富了三线军工文化的时代内涵，得到广大干部职工的普遍认同。

二是打造精品线路。以“在远安066基地旧址开展三线传统教育、在孝感三江产业园参观大国重器、在武汉国家航天产业基地体验未来太空探索、在南京1865产业园领略民族军工文化的独特魅力、在酒泉卫星发射中心观摩火箭发射”为主线，统筹协调企业、地方资源，打造具有航天特色的党性教育线路，把红色资源融入革命传统教育、爱国主义教育的“大课堂”，实现“有形覆盖”向“有效覆盖”转变。

2021年，《人民日报》、新华社、中央电视台等主流媒体先后130余次关注和报道航天三江发展动态；一项党建案例入编由中央党校出版的《旗帜——“献礼建党百年”基层党建与民生发展优秀案例集》、两项课题受到国家级表彰。

三、传承红色基因，强化使命担当

航天三江党委以“加强科学保护、开展系统研究、打造精品展陈、强化教育功能”为抓手用好红色资源、传承红色基因，切实把企业红色资源优势转化为高质量发展的制胜优势。

一是凝聚不竭动力。在三线旧址重塑杰出科技工作者三振华总工程师铜像，航天三江党委读书班全体成员重返鄂西三线，重温入党誓词，缅怀航天先辈，传承“报国敬业奉献”精神；在北京、武汉、孝感三地分别打造具有标志性的“黄纬禄精神讲堂、王振华精神讲堂、三江精神讲堂”，常态化开展内涵丰富、形式多样的宣讲，在“讲解、追寻、缅怀、聆听、体验”中传承弘扬红色文化，广泛凝聚起三江人投身航天报国主战场、争当科技强军排头兵的澎湃动力。

二是坚定必胜信心。2021年，航天三江全体干部职工经受住“飞试数量历年最高、研制任务历年最重、批产任务历年最多”三大挑战，克服“资源严重冲突、原材料严重短缺、疫情严重影响”三大困难，取得“立项数量创新高、生产数量创新高、合同储备创新高”三大成果，营业收入首次超440亿元，经营业绩考核连续7年优秀，实现“十四五”良好开局。

风好扬帆正当时，启航破浪再前行。站在新的历史起点，航天三江党委以习近平新时代中国特色社会主义思想为指导，继续把红色文化利用好、传承好，弘扬伟大建党精神，传承航天精神，推动民族军工文化和三线军工文化焕发时代生机，以永不懈怠的精神状态和一往无前的奋斗姿态，真抓实干、埋头苦干，以优异成绩迎接党的二十大胜利召开！

（中国航天三江集团有限公司党委谭青海、冯晓康）

强化党建引领
凝聚力量筑牢“根”和“魂”

中国航发西安航空发动机有限公司

中国航发西安航空发动机有限公司（原名红旗机械厂，以下简称“西航”），是国家“一五”期间156个重点建设项目之一。60余年来，几代西航人牢记使命、牢记责任，倾心铸国之重器，为国防装备现代化建设做出了卓越贡献，先后创造了新中国多个“第一”：成功研制了我国第一台大型轰炸机发动机、第一台重型歼击轰炸机发动机、第一台大功率舰用燃气轮机燃气发生器。从涡喷发动机到新型涡扇发动机，从航空动力到航海动力，西航已经成为我国大中型航空发动机和舰船动力研制的重要基地，是国家“某工程”和航空发动机及燃气轮机重要研制单位。

走进新时代，改革开放进一步深化，西航党委不忘初心、牢记使命，以习近平新时代中国特色社会主义思想为指导，深入贯彻党的十九大精神和十九届二中、三中、四中、五中全会精神，以社会主义核心价值观为引领，深入贯彻落实习近平总书记对航空发动机事业的重要指示批示精神，坚持继承、弘扬、丰富、创新的推进原则，持续深化铸融一心“铸心文化”落地实践，培育运用与科研生产、经营管理相适宜的“铸心文化”实践要素和管理要素，推广交流试点单位经验，持续推进“铸心文化”融入管理、融入生产、融入员工行为，构建了支撑中国航发“铸心文化”落地、具有西航特色的“铸融一心”企业文化落地实践模式，使之成为干部职工共同践行的价值标准，促进企业文化内化于心、外化于行、显化于物、固化于制，为西航实现持续稳健发展奠定了坚实的思想基础和强大的文化支撑。

一、持续推进铸融一心“铸心文化”落地实践体系建设，明确“铸心文化”导向力

以社会主义核心价值观为引领，紧紧围绕公司改革发展、科研生产和经营管理中心，持续完善铸融一心“铸心文化”落地实践体系建设，统筹计划安排，做好全年文化落地实践工作，在中国航发西航党委的统一领导下，修订完善《企业文化建设纲要》《企业文化建设管理职责条例》《企业形象管理实施细则》《企业文化建设考核评估标准》等，健全完善文化落地实践管理架构，使其客观、适宜并能积极推动公司高质量发展。

二、持续深化“铸心文化”理念培育宣贯，增强“铸心文化”认同度

坚持继承、弘扬、丰富、创新原则，统筹把握好“铸心文化”实践与培育践行社会主义核心价值观、弘扬“老红旗精神”、弘扬职业精神之间的关系，做好“铸心文化”理念宣贯与内涵挖掘。各级领导干部发挥“头雁”作用，带头学习、宣讲、实践“铸心文化”，带头用“铸心文化”倡导的价值理念规范自身言行，修编铸融一心“铸心文化”实践读本，编发“铸心文化”微课件，制作“铸心文化”公益片，充分利用微信、电子屏等各类载体平台，采取普及性宣贯和有针对性教学相结合，提升“铸心文化”宣教效果。通过多种形式“铸心文化”宣讲，分层分类培训宣贯、体验式交流分享，不断丰富“铸心文化”价值内涵，强化全员对“铸心文化”的认知认同和自觉执行。

三、完善“铸心文化”实践评估和激励机制，推广“最佳实践”经验，树立“铸心文化”价值引领新格局

重点关注“铸心文化”实践促进中心工作效果、符合“铸心文化”价值导向的员工行为习惯养成，完善“铸心文化”实践评估和激励机制，加强对各单位尤其是试点单位服务和督导，增强文化建设主动性，倡导“严慎细实、精益求精”的工作作风，弘扬“工匠精神”，强化质量意识和精品意识，营造尊重劳动、尊重知识、尊重人才、尊重创造的人才文化建设氛围，充分遵守和激发员工首创精神，鼓励各单位开展富有特色的“铸心文化”实践活动，结合科研生产和工作实际，推出一批优秀基层文化案例、文化研究成果、文化特色活动、文创产品等，形成一批具有借鉴意义和推广价值的“铸心文化”“最佳实践”，促进优秀成果共享。持续深化成本文化“最佳实践”，以文化实践推进管理变革，树立“铸心文化”价值引领的新格局。

四、全力打造标准化宣教阵地，提升“铸心文化”影响力传播力

以建党100周年为契机，以阵地建设为抓手，挖掘利用西航优秀文化传承，推进标准化文化教育阵地建设，全力打造吴大观精神学习教育基地，拓展党建“铸心”文化展厅功能，广泛组织各级干部员工依托标准化阵地，利用“三会一课”等方式，规范开展爱国主义教育、理想信念教育、职业道德教育等，使文化教育阵地成为培育践行社会主义核心价值观、“铸心文化”，弘扬大观精神、劳模精神、劳动精神、工匠精神的重要载体和平台。突出“警钟长鸣”的警示教育作用，持续深化质量文化、安全文化、廉洁文化等阵地建设，强化全员质量、安全、廉洁工作的“底线”“红线”“高压线”意识。持续运用道德讲堂、“铸心”讲堂等品牌活动载体，把“铸心文化”所倡导的理念化为鲜活的故事，通过宣讲、歌唱、诵读等多种形式全方位、多角度、艺术化呈现，增强“铸心文化”传播效果。

五、坚持整体布局与细节谋划相结合，优化功能与区域特色，营造内聚士气、外树形象的新氛围

突出“铸心文化”和职能文化宣贯主题，对厂区文化氛

围进行整体规划，分步实施，彰显不同区域功能与特色；细节入手，规范设计，对主干道、广场、卫生间等公共区域进行统一打造，树立公司文明新风尚，通过环境建设提升人、塑造人；以统一、规范、及时、节约、高效为原则，严格执行文化产品设计制作审批制度，杜绝违规制作；持续推进新媒体端口进现场，提升氛围营造效果，促进文化氛围逐步转向载体信息化、传播多元化，增强文化氛围互动感和体验感，努力营造内聚士气、外树形象的新氛围。

习近平总书记深刻指出，文化自信是更基础、更广泛、更深厚的自信，是更基本、更深沉、更持久的力量。航空发动机作为国之重器，与民族复兴、国家安全和人民幸福息息相关、紧密相连。站在“十四五”新的起点上，中国航发西航企业文化建设将更加注重以企业实际情况为出发点和落脚点，以举旗塑魂为目标，切实发挥企业文化建设融入中心、服务大局、凝聚人心的重要作用，为企业完成各项军品科研交付任务提供坚实的保障，为推进国防现代化建设、振兴航空发动机事业贡献更大力量。

（中国航发西安航空发动机有限公司供稿）

党建引领文化筑魂
汇聚高质量发展动力源

中建八局第一建设有限公司

建八方广厦，献一片真诚。中建八局一公司是拥有光荣传统和深厚历史文化积淀的企业，从“南征北战的铁军，重点建设的先锋”到国家建筑行业的“钢铁脊梁”，“令行禁止、使命必达”的铁军精神历久弥新，在各个历史时期的急难险重任务中，公司各级党组织、广大党员团结带领全体职工，锻造出大漠精神、援藏精神、抗震救灾精神、战疫精神等，成为企业发展最宝贵的精神财富。

在企业文化建设过程中，中建八局一公司党委始终坚持党建引领方向不动摇，发挥党组织把方向、管大局、保落实的核心作用，不断夯实企业文化建设的思想基层、组织基础、物质基础，让党建文化成为最优秀的企业文化，让党员成为最坚定的文化传承者，实现党建工作与文化建设的融合共进，持续激发企业文化建设的动能与活力。

一、党建引领方向健全文化管理体系

中建八局一公司党委坚持党建工作与企业文化建设同部署、同考核，实现党政工团齐抓共管，全体员工共同参与的良好氛围，为企业高质量发展、保持和谐稳定健康态势，提供了坚实的组织基础和思想保障。

一是健全组织管理体系。高度重视企业文化建设，在总部设置企业文化部，与党委工作部合署办公，统筹管理企业文化各项工作，助推企业文化在基层的扎根、开花、结果，促进党建与文化的相互融合。公司党委制定发布《品牌文化建设实施方案》《企业文化与品牌建设 2021—2025 年专项规划》，建立品牌建设领导小组，党委书记担任组长，统筹、决策、督导文化建设与维护工作，促进文化与发展战略的融合。

二是赓续红色文化血脉。在继承发扬辽化精神、大漠精神、高原精神、抗震救灾精神等铁军文化的基础上，公司党委始终以敏锐的文化自觉，不断丰富企业文化内涵。2020 年新冠肺炎疫情暴发后，公司在武汉、济南、济宁、深圳、郑州五条战线建设防疫医院，共计改扩建隔离病房 500 余间，施工面积 4.2 万平方米，公司党委第一时间提炼“临危不惧、勇当先锋、争分夺秒、大义大爱”的中建八一战“疫”精神，并制作相关 MV、故事集等文化产品，成为激励全体员工奋发向上的重要精神源泉。

三是塑造核心文化理念。在中建集团、八局母文化的基础上，中建八局一公司持续塑造核心文化理念，形成了包含物质文化、行为文化、制度文化、精神文化四层结构的文化理念。

二、领导以上率下文化导向旗帜鲜明

在企业文化建设过程中，公司党委以及各级党组织书记发挥着至关重要的作用。

一是高层践行宣贯文化。在重要发展阶段，党委书记在内部平台撰文，先后发布《永远战战兢兢时刻如履薄冰》《以奋斗者为本为担当者担当》《跨越发展需要更大担当》《让更多优秀人才在跨越发展中脱颖而出》《跋山涉水唯有执行》等重磅讲话，引发基层广泛讨论，明确核心文化主题；此外在每年新员工入职培训等各层级培训中，主要领导均带头讲授企业历史文化。

二是年度主题词引领方向。从 2010 年起，公司主要领导牵头、连续 11 年制定年度主题词，倡树核心理念、指明前进形势、引领发展方向，将企业愿景与个人发展相关联，传递聚力前行的正能量。公司 2021 年主题词为“质高致远·智新制胜”，旨在鼓励全体员工以“国之大者”立品质之高，以“第一动力”启发展之智，努力实现更多“从 0 到 1”的突破。

三是选树榜样立标杆。公司党委连续 4 年表彰了“年度主题人物”，全员评选“最美代言人”，通过身边的榜样，凝聚全员奋进力量。公司在绩效考核、干部选拔中，将认同企业价值观、践行文化理念作为重要因素，特别是领导干部精神气质，必须符合企业基本价值关键，作为企业文化传承的载体。

四是总结提炼特色管理理念。公司党委对多年来持续践行的管理理念，加以梳理、归纳，总结提炼“八大管理理念”“六大管理优势”，包括“以客户为中心”的服务理念、“以奋斗者为本，为担当者担当”的责任理念、“责任心+执行力”的安全理念。其中蕴含的价值观导向，为全员指明了公司在倡导什么、反对什么，尤其在以下三个方面形成了极具代表性的文化软实力、竞争力，特别是“无条件”的执行力、“未来已来”的危机感、风清气正的“生态圈”，成为社会称道、客户赞誉的“八一”品格，培植了鼓励干事创业、激励担当作为、褒奖奋斗实干的生态厚土。

三、丰富文化载体不断激发内生活力

公司党委持续强化文化建设投入，在推进文化宣传、文化传承、文化创新方面取得了显著成效。

一是打造文化宣贯体系。建立健全OA平台、官网、微信公众号、视频号、抖音、头条号、百家号等“线上阵地”，自媒体矩阵年度浏览量超过1000万，中央级媒体年度发稿超过500篇，极大提升了企业品牌文化影响力；加大企业文化投入，打造企业文化展馆、党建文化馆、职工书屋等“线下阵地”，初步构建了全方位、立体化、多元化的企业“全媒体”文化宣贯体系。

二是持续企业文化传承。公司党委采取多种形式发掘、保存珍贵的历史文化遗产，2014年完成《兵史》编撰，追述公司前身基建工程兵201团1966年至1983年18年的历史；2019年完成《公司志》编纂，展现1983年至2017年共35年的发展脉络，全书共计145万字；2019年开启《中建八局第一建年鉴》编纂工作，及时、全面、系统地记录企业发展重要历史时刻，留存企业文化的第一手文献资料。为进一步挖掘铁军故事，做好铁军精神传承，组建了一支20余人的企业文化宣讲团，定期向各单位宣讲公司历史上的援藏建设、汶川救灾、进军海外、完美履约、五线战“疫”等感人事迹，提升新入职员工对企业历史、企业文化的认同感。

三是丰富文化展现载体。制作企业宣传片，发布《铁军魂八一梦》、新员工《新青年》《逆行，为生命的芳华》《“硬骨头战士”黄雪官》等文化产品，不断提升企业文化吸引力。2020年五四青年节，公司历时8个月，编辑发布了《铁军魂八一梦》品牌故事集，从党建力度、民生温度、突破高度等八个方面，展现了“十三五”以来39个精彩故事，成为铁军精神的生动缩影。2021年“五四”当天发布了《少年》MV，微信视频号浏览量超过30万，受到学习强国APP转载。

四、夯实融合践行增进全员文化认同

公司党委以党建联建为抓手，积极开展国企开放日等活动，助推企业文化与党建工作融入的传播、与生产经营的融合，提升各方对铁军文化的认同感。

一是党建联建促进文化交流。公司以党建联建为载体，强化与山东省委省直机关工委、团省委等政府机构合作交流，联合开展国企开放日、我为群众办实事、助力乡村振兴、爱心助学等活动，深化公司与政府、客户、媒体的文化交流。各重点工程通过定军规、肃军容、搞军训，努力做到整齐规范的外在形象与严谨细致的内在管理相统一，让客户对企业的“部队基因”，产生更强烈的信任感，提升相关方对企业文化认可度。

二是开展铁军文化宣传月。每年9月开展铁军文化宣传月活动，以党支部为单位开展全员学习。2021年9月，在曲阜尼山圣境项目召开“建证·我们是铁军”国企开放日活动，全方位展现企业红色基因、社会责任、文化成果，邀请党政机关、战略客户、媒体记者、基层员工近200人参加，共同探讨企业文化建设之道。

在党建引领、文化筑魂作用下，中建八局一公司2020年合同额突破1000亿元、营业收入突破500亿元，综合实力连续4年位列中建集团三级号码公司第一、连续3年位列山东省建筑企业前四强。公司先后荣获全国文明单位、全国五一劳动奖状、中央企业先进基层党组织等综合性荣誉，高质量发展成果受到社会各界广泛认可。

党组织引领企业文化高质量建设

中信戴卡股份有限公司

习近平总书记在十九大报告中指出，“党政军民学，东西南北中，党是领导一切的。”又指出“文化自信是一个国家、一个民族发展中更基本、更深沉、更持久的力量。”党的领导是国有企业推进企业文化建设的重要指引和保障。中信戴卡股份有限公司（以下简称“中信戴卡”）以党组织的引领为企业文化铸基因、把方向、促落实，促进戴卡企业文化发挥强大软实力，助力公司实现高质量发展。

一、党组织引领企业发展 积累深厚文化基因

中信戴卡的党组织在带领企业实现一次又一次跨越式发展的过程中，为中信戴卡积累下深厚的文化基因，成为构建企业文化理念体系的重要基础。

（一）依靠党的坚强领导，奋力开拓进取，积累“实业报国”与“担当”基因。

中信戴卡传承中信荣毅仁老董事长实业报国的初心，从凭借“外国人能做的，中国人一定也能做”的韧劲造出中国大陆第一只铝车轮，到第一代销售员背着轮子南下北上打开国内零售市场，从打开国内整车配套市场，到成为国内第一家进入国外整车配套市场的企业，中信戴卡党组织始终把稳企业发展方向，将“实业报国”与“担当”的文化基因深深植根在企业文化的内核之中。

（二）活用党的创新理论，实现“国民共进”，积累“凝聚”“诚信”基因。

2002年起，面对着国内外铝车轮需求骤增的市场环境，中信戴卡党委活用中国特色社会主义理论，探索出一条坚持“两个毫不动摇”，促进“国民共进”的新路子，先后与10多家同行民营企业建立产业联盟，以4.4亿元国有权益聚合50.2亿元社会资本，控制资产规模近120亿元，显著放大了国有资本功能，“凝聚”精神由此愈发彰显。2008年金融危机中，中信戴卡坚守信义，与民营伙伴抱团取暖，使得危机中没有一家民营伙伴企业倒闭，公司也一跃成为全球最大的

铝车轮供应商，使“诚信”精神凝结为中信戴卡实现发展的重要原则。

（三）提升党组织建设质量，赋能企业高质量发展，积累“创新”“合规”基因。

中信戴卡在公司党委领导下，践行“走出去”战略与“一带一路”倡议，收购德国凯斯曼铸造集团、建设北美工厂、在摩洛哥建设生产基地，严格按照国际化的市场与法律规则提升全球化管控能力，深入践行“合规”精神。始终注重未来产业发展与科技创新，专利公开量在中国汽车零部件行业排名第一，在国际车轮标委会拥有唯一中国席位，建成世界级“灯塔工厂”，将“创新”精神打造为企业生存发展的法宝。

二、党委把准方向 以社会主义核心价值观引领企业文化体系建设

2011 年，中信戴卡进入了多元化、国际化发展的新阶段，以文化提升发展软实力成为现实而紧迫的任务。2013 年，中信戴卡启动了企业文化体系建设工作，中信戴卡党委始终保持高度政治自觉，把准建设方向，以社会主义核心价值观引领企业文化体系建设，打造具有国有企业特色的企业文化。

（一）党委“一把手”挂帅，上下联动，全员参与。

公司党委“一把手”亲自挂帅，牵头成立企业文化领导小组，党委班子成为企业文化建设的倡导者、策划者和组织者，把准文化体系建设的政治方向。党、政、工、团抽调精兵强将组成企业文化建设执行小组，通过对领导小组成员的一一走访和对基层员工的问卷调研，确保企业文化反映全员意志，加强了与海外工厂职工的沟通，为戴卡企业文化注入了新的活力，营造了全球戴卡员工在党组织引领下共建企业文化的良好氛围。

（二）以“爱国”理念引领企业使命。

在企业文化体系的建设过程中，中信戴卡党委将企业使命与社会主义核心价值观中的“爱国”理念相结合，后又传承借鉴中信集团“做强做优做大，践行国家战略，助力民族复兴”的发展使命，最终将中信戴卡的企业使命定为“致力成为全球受人尊敬的，为客户、员工、股东、社会持续创造价值的伟大企业，把产品做成符号，为全球绿色经济发展及人类轻量化安全出行作出应有贡献”，以此引导企业行为始终走在为国家战略服务、为社会和人类持续创造价值的正确道路上。

（三）以社会主义核心价值观引领企业核心价值观。

中信戴卡在党委领导下，继承中信集团优秀文化基因与戴卡自有精神品格，在中国优秀传统文化中选取了“仁、义、礼、智、信”的高尚价值理念作为企业核心价值观的基本框架，深入分析支撑西方工业文明发展的智慧力量，结合社会主义核心价值观中的“和谐”“友善”理念，将“仁”具体解读为“凝聚”；结合“爱国”“敬业”理念，将“义”具体解读为“担当”；结合“公正”“法治”理念，将“礼”具体解读为“合规”；结合达致“富强”目标的重要手段，将“智”具体解读为“创新”；结合“诚信”理念，将“信”具体解读为“诚信”，形成了“仁（凝聚）、义（担当）、礼（合规）、智（创新）、信（诚信）”这一整套融合东西方智慧的企业核心价值观体系，成为指导全球戴卡人行为的根本信条。

三、党建引领文化工作 促进企业文化落地见实效

中信戴卡党委坚持把企业文化建设作为党的政治建设、思想建设、作风建设的重要抓手，增强党员及员工群众队伍的文化认同和文化自信，为推动公司高质量发展提供价值引领和深层动力。

（一）推进基层党建与文化共建，促进基层文化落地。

选用基层党务工作者担任基层企业文化工作者，瞄准党建工作要点与经营管理需要，每年制定下发基层企业文化工作指导意见，举办企业文化对标会，促进基层单位将文化理念植入党建工作与管理制度。融合党史学习教育，组织党委班子、青年员工围绕责任文化建设开展专题研讨，举办“读书、学史、悟责任”微视频读书推介活动，引导员工以履职尽责、担当作为的新面貌推动党史学习教育成果落到实处。

（二）以风清气正的文化生态助力塑造良好作风。

以企业文化对员工行为的软引导作为纪律、制度的重要补充，通过开展“向不当观念和行为说不”“转变作风、提升效率”等主题活动，倡导广大员工担当作为，提升合规意识，在制度和纪律之前，对员工思想和行为加以引导，持续营造风清气正的政治生态和积极向上的经营氛围，塑造企业良好作风。

（三）将传承文化基因作为国有企业“走出去”的重要抓手。

以“同一个世界、同一个戴卡”理念为指导，系统开展跨文化管理工作。组建包含中外双方人员的跨文化管理专项工作团队，由总经理担任领导小组组长，搭建由本部引导、海外执行的工作机制。识别跨文化差异，组织跨文化沟通培训，开展丰富多彩的跨文化交流活动。加强驻外人员激励关怀，向贡献突出的驻外人员授予“跨文化融合标兵”荣誉。用先进的企业文化向世界传递戴卡智慧。

（四）拓展文化载体，深化思想政治宣贯效果。

组织开展举办“合规杯”抗疫保产摄影比赛、主题读书月、“党旗下的风采”微视频征集、中华经典诵读微视频征集、厂史有奖答题、冬奥知识答题等内容丰富、形式多样的企业文化活动。借助新媒体平台打造企业文化宣传矩阵，提升企业文化公众号运营水平，开设新闻公告、基层风采、电子报告、员工祝福等板块，及时编发和展示各条线践行企业文化理念的风采。形成《第一只铝车轮诞生记》《金融危机抱团取暖》等一系列文化故事，拍摄《戴卡之路》《变革的力量》等文化短片，积极宣传中信戴卡所取得的最新经营业绩，激发企业员工对中国特色社会主义的道路自信。

中信戴卡的企业文化建设在公司党委的领导下，提升了文化软实力，坚定了理想信念，激发了创业干事的热情，有效地推动了高质量发展。未来，中信戴卡还将继续以党的创

新理论和党组织的领导作为企业文化建设工作的根本指针，为实现民族复兴贡献力量，为建设“制造强国”添砖加瓦！

以高质量党建引领高质量企业文化建设

中铁十七局集团第六工程有限公司

面对企业发展进程中出现的新情况和新问题，如何通过高质量党建引领高质量企业文化建设，起到内聚职工合力，外塑企业形象的作用。为此，中铁十七局集团第六工程有限公司（以下简称“六公司”）在深入学习贯彻习近平新时代中国特色社会主义思想，认真领会把握上级党组织各项决策部署要求的基础上，结合企业和职工实际，积极探索把企业党建工作优势与企业文化建设相结合的有效措施，推行“党建+文化”，为实现做强做优做大国有企业目标提供强有力的思想保证、舆论支持和文化氛围。

一、坚持党的领导 政治文化守根铸魂

六公司坚持把政治文化建设作为企业文化建设的首要内容，引导党员干部树牢“四个意识”，坚定“四个自信”，坚决做到“两个维护”。一是把党的领导融入企业治理。将政治立场、政治纪律、政治要求贯穿于党内政治文化建设的全过程、各方面，把党组织发挥领导核心和政治核心作用，把方向、管大局、保落实写进了公司章程，出台了重大问题决策前置程序的实施办法，修订并印发规范落实“三重一大”决策制度实施细则和党委议事规则，确保党的意志在企业治理中得到充分实现，进一步强化了党内政治文化之“根”。二是以理论武装筑牢思想根基。突出抓好习近平新时代中国特色社会主义思想的学习，提高理论中心组学习和“三会一课”的质量，扩大职工大讲堂、一线课堂、每周一课等成效，推进学习党的创新理论成果进一线、进班组、全覆盖，把理想信念和党性教育作为党员干部修身养性的必修课，引导广大党员增强“四个意识”，坚定“四个自信”，做到“两个维护”，进一步铸就了党内政治文化之“魂”。三是用先进文化引领前进方向。大力弘扬坚持真理、坚守理想，践行初心、担当使命，不怕牺牲、英勇斗争，对党忠诚、不负人民的伟大建党精神，大力培育和弘扬社会主义核心价值观，进一步筑牢了党内政治文化之“基”。

二、践行实干达标 执行文化蔚然成风

六公司积极践行“实干达标”理念，在职工中大力弘扬“定了就干，干就干好”的执行文化，提升企业管理效能。一是坚持龙头带动。通过调研访谈等方式了解掌握本部执行力建设情况，针对基层反映突出的问题，以专题形式推进整改，进一步简化、优化审批流程，明确审批程序和办结时限，并大力推行部务会和部门工作联系单、工作督办函等制度，切实提升本部执行力建设，并在全公司范围内引领带动执行文化。二是营造争先氛围。组织所属各基层单位掀起以“深学图纸规范、解读招标文件、研究合同条款、探讨创效方案、推进小型技改”为主要内容的大学习、大提升热潮，提升全员能力素质，并选树“标杆”广泛宣传，激发全体干部职工“比创效、比贡献”的积极性和主动性，营造比学赶超的争先氛围。三是强化履职担当。深入开展执行力提升主题实践活动，通过开展主题宣誓、梳理工作职责、开展形势任务教育、组织座谈交流研讨、搭建干事创业平台，促进干部职工明晰岗位职责，重新定位就位，主动担当作为，以实际行动践行实干文化。

三、突出业绩导向 价值文化激先敦后

六公司注重价值文化的宣贯与实践，通过鲜明的选人用人导向和奖罚激励措施，推进价值文化在干部职工队伍中落地生根。一方面倡导能上能下，改进人才选拔任用模式。通过公开竞聘、民主推选、公开遴选等方式，选拔、任用 35 名本部部室正副职人员及实体单位负责人、8 名新上项目主管领导、62 名项目部门副职及以上人员、8 名项目经理后备人选，破格提拔 14 名 35 周岁以下年轻同志到项目主管岗位，择优上报一批长期扎根企业、积极创造价值的人事代理员工转正，先后对 17 名业绩不达标的项目主管进行了更换，与 19 名严重违反企业制度的职工解除合同，对关键岗位上工作不称职、业务不扎实的人员进行“回炉”培训，打破了干部“能上不能下”的传统模式，“实干者有位、空谈者靠边”的价值文化成为企业选人用人的鲜明导向。另一方面完善考核机制，激发职工干事创业激情。修订完善绩效考核办法，按照“总额包干、超额提存、绩效挂钩、自主分配”的方式进行绩效薪金管理，建立“全生命周期”考核机制，做实超额收益分享、绩效考核运用等多元激励的方式，切实以价值文化激发项目自主管理和职工主动创效的积极性，进一步激发公司上下干事创业的激情。

四、坚持履约践诺 诚信文化塑形聚力

公司着力构建诚信文化，职工诚信意识和核心客户、合作伙伴信任度大幅提升，企业对外形象、知名度和美誉度不断攀高，对内凝聚力、向心力持续提升。一是对待核心客户，坚持诚信履约，塑造有品质可信赖的企业形象。深入践行“以客户为中心”的理念，落实“三新破三型”，推进项目高质量、高标准、高效率建设，所属项目安全、质量、进度全面受控，公司先后 3 次问鼎全国公路信用评价 AA 级，10 次获评福建省高速公路信用评价 AA 级，以优质的产品和服务赢得业主信赖和市场认可。二是对待合作伙伴，坚持以诚待人，塑造有信用可依靠的企业形象。严格遵守市场秩序，严守信用底线，认真履行合同、兑现承诺，进一步丰富“以价值创

造者为本”的文化理念，与一批产业链上游的规划、设计、资本运作及产业链下游的设备租赁、材料供应、劳务分包等单位形成长期战略合作伙伴关系，在市场开拓、项目攻坚、成本管控中彰显了产业链优势。三是对待内部职工，坚持信守承诺，塑造有温度可托付的企业形象。贯彻以职工群众为主体的发展理念，积极回应职工期盼、共享发展成果，推动各基层单位着力加强“三线”建设，为职工创造良好的工作生活环境，给予职工“家”的认同感和归宿感；坚持落实“三不让”承诺，下大力气解决职工“急难愁盼”问题，走访慰问困难职工、生病住院职工，进一步坚定了广大职工与企业风雨同舟的信念；推进“四季送”“导师带徒”“我们 17 约会吧”等活动常态化，提升广大职工的获得感、幸福感和安全感。

五、强化宣传引导 企业文化入脑入心

围绕企业生产经营中心，六公司借助宣传思想工作优势，不断推进公司 CIS 系统的使用和推广，推进企业的理念识别、行为识别、视觉识别三大系统“落地”，推进企业党建工作内涵式发展，增强企业竞争软实力。一是传播发展愿景，提升企业向心力。公司结合股份公司“品质铁建”发展战略，对标集团公司建设“更强更好更美十七局”愿景，立足自身“筑底提升”工作重点，通过多层次宣讲、多举措推进，对照打造“实力更强、质量更好、效率更高、活力更足、氛围更暖”六公司的战略目标，进一步制定和细化企业改革发展的时间表和路线图，通过集中学习、专题宣讲、交流研讨等多种形式做好全员宣贯，把广大职工的思想和行动统一到实现企业高质量发展的目标上来。二是推动文化落地，优化企业形象。在有形文化上，公司积极推进企业视觉识别系统规范，下发了企业视觉文化规范指导手册，严格规定了各类文宣产品的的设计规范、制作材料和制作工艺，规范使用标语，统一项目“门面”，提升企业形象，塑造企业品牌，切实将每个基层项目打造成为展示企业形象的窗口，提升企业形象传播力与品牌影响力。三是构建“大宣传”格局，唱响企业“好声音”。公司始终把宣传工作作为重要生产力，近年来，公司年均在各类宣传媒体发表报道近 600 篇，全员参与宣传思想工作的“大宣传”格局初步形成；多次与中央和省部级媒体合作，宣传企业在“最美劳动者”、科技创新、工程建设、基层党建等方面的亮点工作，塑造了企业的良好形象，赢得社会各界广泛认可，企业连续 6 届蝉联“全国文明单位”称号。

（中铁十七局集团第六工程有限公司党委书记、董事长廖日才，党委副书记、工会主席刘斌，党群工作部部长、团委书记邱开祯，党群工作部副部长蓝曙文）

以强“根”固“魂”引领保障企业高质量发展

中铁电气化局集团有限公司

中铁电气化局集团有限公司（以下简称“中铁电气化局”）自 1958 年成立以来，始终以引领和推动铁路电气化行业发展、打造享誉世界的“中国中铁电气化”品牌为己任，以追求卓越的信念努力创造了数十项中国第一，在我国电气化铁路实现从无到有、从轻载到重载、从常速到高速的历史跨越中发挥了关键作用，为我国电气化铁路和高速铁路跃居世界第一做出了巨大贡献。面对每一个重大阶段，每一次重大转折，每一步发展跨越，中铁电气化局党委坚持把方向、管大局、保落实，把党建优势转化为发展优势，一次又一次推动企业发展迈上新的台阶。

特别是党的十八大以来，中铁电气化局党委以习近平新时代中国特色社会主义思想为指导，深入贯彻落实新时代党的建设总要求，大力实施强“根”固“魂”工程，坚持加强党对企业的领导，全面推进党的各项建设，把方向管大局保落实，管班子带队伍育人才，抓基层打基础强堡垒，严纪律正风气促廉洁，兴文化展形象聚合力，形成“规范、务实，集成、创新”的党建工作新格局，实现企业党建质量循环上升、党建工作优势充分发挥，以高质量党建引领保障企业高质量发展。

一、传承红色血脉，铸造时代标志工程

中铁电气化局始终保持“姓党为民、矢志报国”的政治本色，勇担“交通强国、铁路先行”的时代使命，大力发扬红色传统、传承红色基因，赓续精神血脉，心怀“国之大者”，实现了中国铁路电气化技术从国外引进到中国制造、再到中国创造，由追赶、并跑再到领跑的历史跨越。

中铁电气化局的企业发展史就是一部坚持党的领导、加强党的建设的奋斗史。1958 年，在一穷二白的基础上，中铁电气化人自力更生、艰苦创业，开工建设了我国第一条电气化铁路宝成线宝凤段，实现了我国电气化铁路从无到有“零”的突破。改革开放之初，参建了我国第一条双线电气化铁路石太线，有力推动我国电气化铁路建设向前发展；2008 年，建成我国第一条时速达到 350 公里的高速铁路京津城际，为构建中国高速铁路电气化技术标准体系奠定了基础；2011 年，京沪高铁建成开通，成为世界上一条建设里程最长、标准最高、具有世界先进水平的高速铁路，双弓运营动车组创造了时速 486.1 公里的最高运营试验速度，形成了具有中国自主知识产权高速铁路牵引供电系统技术体系。2019 年，由我国自主设计建造、世界上最先进的时速 350 公里的智能高速铁路——京张高铁建成开通，实现了铁路自主设计建造从时速 35 公里到 350 公里的历史性飞跃。中铁电气化局建成

开通电气化铁路占全国电气化铁路总里程的 60%以上，建成开通地铁里程占全国地铁运营总里程的 70%以上，以几代人的不懈奋斗锻造出轨道交通建设的国家队和主力军，铸就了现代化铁路动力之源，开创了城市轨道交通美好时代。

在铸造一座座时代精品工程的同时，中铁电气化局把培育和践行社会主义核心价值观作为义不容辞的政治使命，始终高举“开路先锋”旗帜，弘扬“促创干 争一流”的电气化精神，用生命、汗水和智慧铸就了“建设优质铁路，勇当开路先锋”的南昆精神、“拼搏奉献、创先争优”的京九精神、“挑战极限、超越自我、创造之最”的大秦精神、“挑战极限、勇创一流”的青藏精神、“为荣誉而战、建时代精品”的京沪电气化改造精神、“挑战新时速、砥砺再奋进”“永攀科技高峰、争创世界一流”的高铁精神、“关键时刻冲在前、舍生忘死我来干”的抢险救灾精神，“忠诚、实干、创新、奉献”的晓林精神等一座座精神丰碑。

二、践行初心使命，做大行业核心产业链

中铁电气化局党委一以贯之履行党建主体责任，系统推动党建工作创新，努力把党组织的思想理论优势转化为企业的科学决策，引领企业发展方向；把党的人才队伍优势转化为企业发展的支持力，建设一流的干部职工队伍；把党的优良传统和严格的纪律作风优势转化为企业发展的执行力，引领企业风尚；把党的群众工作优势转化为企业发展的凝聚力，共建企业家园。

在不同历史时期，中铁电气化局党委通过不断探索形成了政治思想引领型、决策和前置作用型、服务保证型“三型”党委建设、党支部“星级达标、晋位升级”机制、党员教育管理“9+N”标准、“落实两个责任，排查廉洁风险”自查自纠工作体系和“讲清小道理、解决小问题、做好小事情、开展小活动、宣传小人物”思想政治工作精耕细作“五小工作法”，为党建质量的持续提升打下了坚实基础。

中铁电气化局始终牢记“提供绿色智能轨道交通产品和服务 为品质生活提速”的初心与使命，经过 60 余年的发展，逐步发展成为集科研设计、工业制造、工程施工、试验检测、运营维管和系统集成六位一体的轨道交通系统集成企业集团。中铁电气化局以引领行业发展为己任，大力推进技术创新，在一些重点领域、重点项目和关键技术的研发上获得重大突破，实现了从引进技术到中国制造再到中国创造的历史性跨越：积极探索“投融资+EPC+运维”经营模式，进一步提升了集团公司核心产业链优势，采用“投资建设+运营+移交”的运作方式，建成开通山西省首条地铁太原地铁 2 号线、南昌地铁 3 号线，集团公司从工程承包商向地铁运营商转型发展迈出关键一步，推动中国中铁实现了城市轨道交通自主运营历史性突破，为构建新发展格局贡献了中铁电气化局的智慧和力量。

坚持党的领导、加强党的建设是企业的“根”和“魂”，也为企业做强做优做大提供了根本保证。中铁电气化局党委认真贯彻落实全国国有企业党的建设工作会议精神，促进党组织发挥作用组织化、制度化、具体化，将党的组织机构设置、职责分工、工作任务纳入企业的管理体制、管理制度、工作规范，明确党组织在企业决策、执行、监督各个环节的权责和工作方式，实现体制对接、机制对接、制度对接和工作对接。深入贯彻落实党中央、国务院、国务院国资委和上级党委的决策部署，在顶层决策体系中强化党的领导，进一步厘清企业党委常委会“把方向、管大局、保落实”与董事会“战略管理、科学决策、防控风险”的职责权限，明晰党委常委会和董事会、经理层决策清单和规则程序，落实党组织研究讨论作为企业决策重大问题前置程序要求，保证党的路线方针政策在企业贯彻执行。

三、砥砺奋进新征程，勇当轨道交通开路先锋

踏上“十四五”发展新征程，中铁电气化局党委坚持以习近平新时代中国特色社会主义思想为指导，全面贯彻党中央、国务院一系列重要会议精神，立足新发展阶段，贯彻新发展理念，融入新发展格局，全面落实中央“国企改革三年行动方案”和国务院国资委“对标世界一流管理提升行动”等相关要求，以深化改革创新为动力，不断推动集团公司做强做优做大，勇当轨道交通四电工程的开路先锋。

集团大力实施“一条主线，双轮驱动，三大能力，四个领先”的“1234”长期发展战略，即以高质量发展为主线，坚持科技创新和管理创新双轮驱动，聚焦建设“工程总承包、工业制造、运营管理”三大核心能力，实现人才技术领先、集成服务领先、资本运营领先、体制机制领先，打造享誉全球的轨道交通系统集成企业集团。“十四五”期间，中铁电气化局将围绕“1234 战略”，大力构建党建引领的治理体系、高效运转的管理体系、竞争有力的营销体系、聚焦客户的服务体系、合作共赢的价值体系、科学有效的内控体系“六大体系”，全面搭建科技研发平台、软件集成平台、工业产品平台、智能建造平台、智慧运维平台、国际业务平台、投资融资平台“七大平台”，推动集团公司由劳动密集型企业向技术密集型、资本密集型企业转变，由规模速度型增长向规模质量效益型增长转变，由工程承包商向工程全生命周期服务商转型，由国内领先向国际一流转型。

电气化是轨道交通的动力之源，在“交通强国，铁路先行”中肩负着提供不竭动力的重要使命。中铁电气化局将继续坚定地以习近平新时代中国特色社会主义思想为指引，坚定不移贯彻“创新、协调、绿色、开放、共享”的新发展理念，把握方向、稳步前进，努力提升牵引供电设计建设运维现代化水平，推动中国轨道交通高质量发展，在全面建设社会主义现代化国家的新征程上勇毅前行、行稳致远，书写新时代铁路电气化事业发展的新辉煌。

（中铁电气化局集团有限公司）

“三为”文化让“江畔明珠”璀璨绽放

华电能源牡丹江第二发电厂

被誉为塞北“江畔明珠”的华电能源牡丹江第二发电厂（以下简称“牡二厂”）建厂四十余年来，弘扬“安全、经济、科学、文明”的企业精神和“开拓进取、敢为人先”的群体价值观，锻造企业品格，熔铸牡二之魂，形成了“以人为本、以动为源、以和为体”的“三为”文化。在《华电文化纲要》指引下，牡二厂把握文化脉搏，深播文化理念，通过富有成效的“三为”文化建设，为企业科学发展提供有力的文化支撑，让牡二这颗“江畔明珠”绽放出更璀璨的光芒。

一、注重文化传承　形成分支文化齐备的企业文化体系

建厂四十余年来，牡二厂的企业文化经历了以“北大荒”精神为代表的“创业”文化和以“排头兵”意识为根本的“创争”文化两个阶段。从 1978 年开始，牡二厂创业者用“艰苦奋斗、勇于开拓”的“北大荒”精神，战严寒、争工期，仅用两年时间使机组投产发电，谱写了高寒地区电力建设的新篇章。从 1985 年开始，树立“争当排头兵”的理念成为牡二人的行动指南，企业文化建设在实践中深化，为企业快速发展提供了动力。时任电力部部长的史大桢同志在 1993 年和 1996 年曾为牡二厂两次题词“电力企业排头兵”。

为了传承和发展“创业”文化、“创争”文化，从 2005 年开始，牡二厂开始提炼文化品牌，丰富文化内涵，最终确定形成了“三为”文化。基本内容是“以人为本、以动为源、以和为体”。“三为”文化体系由安全文化、道德文化、廉洁文化等子文化系统构成，形成“三为”文化统领、分支文化齐备的企业文化体系。牡二厂在多年的企业文化建设过程中，牢牢把握文化兴企方向，实现文化与发展同步推进，使牡二这个矗立在东北高寒地区的大型火力发电厂焕发出勃勃生机。

二、“以人为本”引领　增强“三为”文化的凝聚力感召力

人本管理促安全。牡二厂安全管理处处体现着人本管理的思想，安全文化长廊两侧是由员工自己绘制的安全漫画和安全格言，朴素又饱含哲理的安全警句配上全家福合影贴在值班员的更衣柜上，提醒他们为了家庭幸福要珍视安全。车间利用自办技术报、板报开辟丰富多彩的“安全之家”专辑。通过家属谏言、职工安全短信征集互发、面对全家福照片提出安全承诺等活动，把安全氛围烘托得浓厚热烈。通过举办职工“安全小讲台”，“厂长上安全课”，“安全事故大讲堂”，签“安全承诺书”等活动，提高了职工安全防范意识。

人才强企固根基。针对老火电企业存在的职工年龄偏大，结构性缺员等问题，加大人才开发管理力度，优化人才资源配置，完善岗位竞聘工作，实现了管理岗位以及重要敏感岗位竞聘上岗；加大高技能人才培养，突出抓好关键工种和重要岗位人员的持证上岗培训；开展技能人才“精英工程”和“名师带徒”活动，让先进成熟的技能获得传承；探索先进的薪酬分配手段，建立薪酬激励机制；推进“挂职锻炼”和“职位职级拓展”工作，让年轻人才早日成熟、让老技术骨干终有所得。

三、“以动为源”助推　增强“三为”文化的鲜活力生命力

牡二厂把为社会提供优质绿色热能作为推动发展原动力。“以动为源”，彰显了“光明万户，温暖丹江”的企业愿景。作为牡丹江市最大的热电联产企业，牡二厂以履行社会责任为己任，矢志不渝奉献绿色能源，真情优质服务社会大众。

牡二厂的供热服务队是牡丹江市一道流动风景，提出的“三主动”服务理念，开展的“七亮”服务深受用户好评。牡二厂建设了供热调度远程调控管理平台、客户服务呼叫等智能控制系统，实现热网在线监控，提高热网运行的安全性和经济性。供热服务呼叫系统平台电话 24 小时有人接听，实现了短信派工、用户回访、查询统计一体化。开展热网智能控制以来，单位热耗由 2009 年的每平方米 0.78 吉焦降至 2019 年的每平方米 0.45 吉焦，降低了 42.3%；年年实现 98% 的热费收缴目标。牡二厂被省市政府评为“五星级供热企业”最高荣誉称号。

四、“以和为体”兴企　增强“三为”文化向心力亲和力

道德文化提升精神境界。牡二厂坚持多年开展“感动牡二”道德讲堂活动。讲堂上诵读经典、讲道德感悟、道德故事，让员工心灵在道德中净化、让善心在道德中滋长。编印了《道德文化手册》，提出了“以道兴企、以德聚心”的道德文化理念。倡导“以道兴企”，是以管理和规范来实现企业科学发展，实现本质安全生产，实现员工遵章、守纪、勤业、敬业、乐业。倡导“以德聚心”，是以大行德广的企业追求、奉献担当的开阔胸襟、崇善仁爱的家国情怀、清白做人的廉洁品质实现企业欣欣向荣，员工幸福美好。在道德文化的感召下，涌现出了职工徐长青勇救落水少女、消防队抢救被困人员，十六年坚持献血、献血总量达 6000 毫升的退休女职工庞敏，义务照顾同事家老人的孝老爱亲模范李冬青等感人事迹。在疫情期间，选派 43 名党员干部在牡丹江市城区开展疫情防控，协助所在社区解决居民的各种问题。道德文化建设提升了牡二厂人整体思想道德素质，企业获得了黑龙江省“职业道德建设十佳单位”称号。

特色活动勾画靓丽风景。多年来，牡二厂不断丰富群众性文体活动的内容和形式，探寻职工的“兴趣点”，激发职工创造力，调动职工参与热情，大力繁荣职工文化。2019 年

以来，举办了“爱我中华 共铸梦想”主题系列活动。有声经典诵读大赛、体育运动会、“荷香清风”摄影赛、“迎金秋、庆国庆、颂家园”主题征文、《我爱你中国》职工文化艺术展演等活动将主题活动推向纵深。疫情期间，通过“云竞赛”“云展会”发起居家文化、文明生活竞赛，以“宅文化”“宅竞技”提升职工幸福指数。

文以载道，文以化人。牡二厂进一步加大《华电文化纲要》宣贯力度，实现文化与发展同步推进，将华电文化深植于心灵、融汇于战略、体现于制度、外化于行动，发挥企业文化引领作用，为共建幸福美好的“华电家园”做出贡献。

一是建立了科学管控体系，推进了提质增效工作。牡二厂把无形的文化细化为企业生产、经营、管理各环节的具体理念和文化主张，实现了管理精益化、科学化；“十三五”期间累计发电量达 178.78 亿千瓦时；全力打造供热品牌，供热管理成效显著，供热面积达到 2067 万平方米；积极推进了机组环保改造，已完成机组脱硫、脱硝以及烟尘设施改造，环保排放指标达到环保要求，为改善地区环境，打造青山绿水城市作出了贡献。加强了内控管理。组织开展“依法经营、依规治企”和“三纵三横”制度体系建设工作，覆盖所有管理业务领域。做好市场营销。开展优先发电权发电量指标争取工作。合理优化资源布局，开拓外煤资源，保证低质煤采购量以降低燃料成本。

二是员工成长通道畅通，队伍建设成效显著。通过推进人才工程建设，加快了技能型人才培养，造就了一批重点专业的操作能手。职工王立泉荣获“中央企业青年岗位能手”“牡丹江市优秀中青年专家”称号。厂领导与年轻大学生“结对子”，从思想意识上、成长经历上多角度进行“一对一”引导培养，让大学生快速成为专业上的行家里手，成长为企业未来的中坚力量。开展了职位职级序列试点，建立了适应人才岗位特点的薪酬激励机制，形成了用合理的分配制度留人的机制。完善了中层管理人员选拔评价制度，建立了人岗适宜、人尽其才的人才评价选拔体系。

三是加强了和谐企业建设，员工生活工作幸福。牡二厂在社区建设了文体活动中心、塑胶篮球场、图书馆、体育馆等休闲健身娱乐场地；通过文体协会举办的各类活动，陶冶职工精神世界；通过制定《道德文化手册》、职工礼仪培训，职工思想道德境界和文明素养得以提升，使践行社会主义核心价值观良好风气逐步形成。金振宇荣获牡丹江“好人之城·最美职工”荣誉并获得华电集团公司“华电职工道德模范”提名。几年来，无重大安全责任事故，无刑事案件，治安秩序和工作秩序良好。

四是认真履行社会责任，树立良好品牌形象。通过实施“引热入市”工程，实现了每年节省原煤19万吨，降耗10.7%；二氧化硫每年减排 11911.48 吨，减排 94%；烟尘排放量每年减少 14587.32 吨，减排 97%，解决了牡丹江市环境污染及冬季采暖质量问题，使上千根烟囱退出了历史舞台。积极投身地方经济建设中，投入 9 万余元帮助宁安市莲花村搞好农村基础建设工作。为改善牡丹江市空气质量先后投入 7066 万元进行电除尘改造。通过职工捐款 60 余万元，兴建了两所希望小学。汶川玉树地震，厂职工为灾区共捐款 369907 元。在市政府开展的救助贫困职工爱心捐款活动中，自发捐款 75850 元，树立了牡二厂良好的社会形象。

（华电能源牡丹江第二发电厂党建部主任　黄海东）

赓续红色血脉 铸就奋进之魂

中国华电青岛发电有限公司

华电青岛发电有限公司（以下简称“青岛公司”）始建于 1935 年，是一个经历抗日战争、解放战争和改革开放、现代化建设洗礼，有着 87 年悠久历史的老企业，是青岛市最大的热力生产基地。公司先后荣获全国五一劳动奖状、全国文明单位等荣誉称号，2021 年被评为首批中央企业爱国主义教育基地。一直以来，青岛公司高度重视红色文化的传承和建设工作，深入挖掘“护厂精神”“电心文化”等红色基因，创新地将原形成于解放战争时期的“护厂精神”与当前“打造一流综合能源供应商”的企业愿景协调统一，赋予了“护厂精神”新的时代内涵，助力企业有效应对新冠肺炎疫情挑战、能源保供等考验，为企业高质量发展增强了绵绵后劲。

一、背景意义

（一）弘扬红色文化是加强党对国有企业领导的优良传统

习近平总书记强调，一切伟大的事业都需要在承前启后、继往开来中推进，要把理想信念的火种、红色传统的基因一代代传下去，让革命事业薪火相传、血脉永续。红色始终是国有企业的“底色”“基色”和“本色”，青岛公司有着 87 年历史，蕴含着丰富的红色资源、强大的红色基因，在企业从无到有、从小到大的过程中，党的领导、党的建设始终是重要力量源泉。

（二）弘扬红色文化是提升企业发展动能的强劲“引擎”

国有企业是中国特色社会主义伟大事业重要的物质基础和政治基础，在迈向“两个一百年”宏伟目标的伟大征程中，要继续把红色文化作为保持企业核心竞争力，持续应对世界经济形势变化、保持能源转型定力、应对风险挑战的动力源，增强企业可持续发展能力和核心竞争力，确保企业沿着党指引的正确方向前进。

（三）弘扬红色文化是增强意识形态吸引力的精神“内核”

红色是国有企业的“底色”“基色”和“本色”。进入新时代，我国社会主要矛盾发生变化，能源央企面临着能源转型、能源保供等艰巨任务，企业更要团结调动广大员工的积极性和创造性，利用好红色资源，发扬好红色传统，传承好红色基因，建设好红色文化，激励广大党员干部职工努力奋斗，为实现中华民族伟大复兴提供强大精神动力。

二、方法路径

青岛公司结合红色文化特点，深入挖掘企业“护厂精神”等红色基因，拓展丰富新时代“护厂精神”内涵，让青电的红色基因融入血脉、薪火相传、世代永续，进一步推动企业“煤气互补、风光协同，清洁高效、绿色低碳”战略实现。

（一）强谋划引领构建红色文化矩阵

加强红色文化矩阵建设的组织领导。从战略高度加强文化品牌引领，健全企业各级工作机构，针对红色文化建设及时修订《企业文化建设管理奖惩办法》，建立党政一把手同为第一责任者，党委领导主抓宣传普及、行政领导主抓创新实践的工作责任制；同时，将企业红色文化矩阵建设和红色文化品牌创建工作纳入各部室、车间（公司）年度经济承包责任书，加强红色品牌建设考评，文化建设与企业年度重点工作同部署、同检查、同考核。

规划建设红色文化矩阵。坚持“三贴近”原则，即坚持贴近红色文化矩阵建设总要求，贴近企业发展新需要，贴近职工生活和精神追求，加强红色文化建设的顶层设计和过程管理，每年召开文化研讨会，客观分析红色文化品牌建设现状、存在差距，明确工作思路、目标和主要任务，围绕红色文化矩阵打造、落地和推广，制订企业文化建设“十四五”规划并滚动修订。

完善企业文化品牌评估诊断。加强企业文化 PDCA 循环管理，每年下发年度企业文化建设工作计划、调整组织领导机构、设立企业文化建设专项经费，为企业红色文化矩阵的普及推广提供了机制保障和资金支持。本着“全面推进，重点突破”的原则，开展“一个普及，六项活动”，举办企业文化节，组织专题培训、企业文化经验交流等，加速干部员工对企业红色文化从熟悉到遵从，从领悟到内化的落地进程。

（二）重融合运用化无形为有形

青岛公司经过对深植红色文化引领、助力企业高质量发展的不断探索和实践，通过打造企业红色教育基地、创新党史学习教育载体、抓好我为群众办实事等，将构建企业红色文化品牌与生产经营深度融合，企业红色文化品牌激励作用不断显现。

红色教育基地让红色文化“火”起来。2021 年，以庆祝建党 100 周年为契机，精心打造红色教育展厅。展厅设置“峥嵘岁月、红色基因、激扬时代”三大板块，讲述了企业 87 年不平凡的发展历程，见证新中国电力事业从小到大、由弱到强发展之路的红色历史。通过在展厅布展图片、实物、沙盘等呈现载体，使企业员工全方位了解从解放战争时期的“护厂运动”，到 20 世纪 70 年代“人心齐、泰山移，百吨锅炉截腰起”的锅炉改造，90 年代初“汗水里能跑旱船”的创业精神。自开馆以来，已顺利接待 50 余个团队，参观人数累计达 3000 余人次。

党史学习教育让红色文化“新”起来。创新开展党史学习“三个一”活动，开展了“线上”+“线下”的多维文化传播创新。12 个党支部线上通过微信公众号、视频号和抖音等新媒体策划编发“青电红色故事”“青电传家宝”“学党史践初心‘支部讲堂’进行时”“我和我的支部”系列微信和视频，线下利用主题党日、“三会一课”等平台，开展“听老党员讲那过去的故事”“党史学习教育·青年说”等活动，挖掘传播了公司老一辈地下党员“韶光”“护厂英雄”刘文东、徐一贯、赵景业等革命英雄人物事迹，进一步让企业红色文化在全体干部职工心中“生根发芽”。

为群众办实事让红色文化“活”起来。把深化企业红色文化创建、党史学习教育同总结经验、推动工作结合起来，弘扬公司老一辈共产党员光荣传统，聚焦“五个服务”用心用情推进“我为群众办实事”实践活动走深走实。2021 年，先后解决职工反映强烈的热点难点问题 43 项，走访看望生活困难党员、老党员共 39 人次。面对 2021 年下半年严峻的能源保供形势，公司心系群众冷暖，发扬 50 年代“千辛万苦度煤荒”的红色文化传统，自觉扛起保供责任，千方百计不计成本增加煤炭库存，坚决将各级保供工作具体要求落实到底，实现了机组应发尽发、稳发满发，有效保障了能源保供万无一失。

三、实施成效

近年来，青岛公司持续加强红色文化建设，深化企业红色文化凝心聚力、固本培元的作用，教育引导党员干部职工从红色基因中汲取智慧力量，化思想自觉为行动自觉，催化“红色效应”为“现实生产力”，企业各项工作取得了显著成绩。

（一）能源保供成效显著

面对能源保供紧张形势，青岛公司牢固树立“上下一盘棋”意识，用时 35 天超前完成了 4 号机组切缸改造，构建“双背压+双切缸”供热新格局，改造后企业热源能力大幅提升，供热面积突破 3700 万平方米，为供热季提供了充足热源保障。

（二）绿色发展硕果累累

青岛公司风光电拓展、供热拓展、燃机推进工作全面发力、多点开花。2021 年以来，该公司累计落实光伏、风电项目等意向资源超 2000 千瓦，全力打造山东省首个重型燃机热电联产示范工程项目，项目投产后市内三区清洁供热占比将由现在的 19.1%提升到 42.3%。

（三）青电温度亮暖岛城

多次组织购买扶贫产品助力打赢脱贫攻坚战，连续多年开展“希望工程”结对帮扶活动，累计向 20 余名困难学生捐款 30000 余元；莱西疫情关键时刻，该公司严格落实疫情防控工作的同时，对接莱西热电企业，“疫”中送炭，响应燃煤保民生供应号召；连续 26 年举办无偿献血活动，累计 2796 人次参与，献血总量达 697330 毫升，以央企担当联结岛城血脉。

（华电青岛发电有限公司党建部宣传干事　杨嘉伟、李珊珊、耿悦）

党建引领 文化铸魂 构建“三色”家园

中国华能内蒙古上都发电有限责任公司

引领建设先进企业文化，是国有企业抓好党建的重要任务。如何将党建工作与企业创新发展深度融合起来，切实加快形成以创新为引领的经济体系和发展模式，一直是中国华能集团内蒙古上都发电有限责任公司（以下简称“上都电厂”）探索的方向。

上都电厂地处内蒙古锡林郭勒盟正蓝旗境内、毗邻金连川草原上的元上都，是以农牧为主的少数民族聚居区，常住人口蒙古族占50%。上都电厂始建于2003年7月1日，目前一、二、三期六台机组装机容量372万千瓦，所发电量由3条500千伏输电线路全部直送北京，是国家“西电东送”北通道和优化华北电网网架结构的重要电源点，是带动地方经济快速发展的重点工业项目。

从创立之始，上都电厂就始终坚定不移地把党建工作放在与企业发展同等重要的位置，不断把党的政治优势转化为企业发展优势。上都电厂始终不忘“建设一座电站，培育一支队伍，保护一方生态，造福一方百姓”的初心，在中国华能企业文化建设“五统一”的指导下，以华能“三色三强三优”战略愿景为引领，结合地域特征鲜明的蒙元文化，将现代企业文化理念与草原文化融为一体，培育形成了既科学又务实、既传承华能“红绿蓝”三色使命又独具草原特色的“勇气、创新、活力、包容”上都特色子企业文化体系，实现了文化建设协同企业发展。

一、问题源起

习近平总书记在党的十九大报告中指出，文化是一个国家、一个民族的灵魂。企业是社会的细胞，优秀的企业文化是中国特色社会主义文化的重要组成部分，同时也是企业的灵魂，是企业实现长远战略目标最重要、最根本的“软实力”。

近年来，随着社会环境、电力、煤炭市场形势不断发生变化，上都电厂面临着一些亟待解决的困难和挑战，亟须企业文化创新和发展。从上都电厂自身来看，企业一方面面临着电力体制改革的严峻考验；另一方面随着职工思想和利益诉求的变化，企业文化建设面临着更为复杂的形势和任务，迫切需要深挖潜力，振奋精神。因此，在企业文化建设中，要通过构建广大员工共同认同、遵循的价值观，重塑创新、担当与实干的精神，凝聚集体智慧和力量，破解发展难题，使企业和员工成为制度共守、利益共享、风险共担的“大家庭”，形成休戚与共、相互包容的命运共同体。

二、实施过程

如何以党建引领企业文化建设？上都电厂党委深入学习习近平新时代中国特色社会主义思想，深化“经营、管理、人才”子文化体系建设，不断培育企业文明新风，实现党建引领下的企业文化建设与企业经营互动互进。

一是突出思想引领，形成一个“共识”。2021年恰逢中国共产党建党百年，也是上都电厂直面挑战、二次创业、推动高质量转型发展的关键之年。电厂党委坚持以习近平新时代中国特色社会主义思想为引领，深刻领会“文化自信”的内涵和实质，在对电厂发展形势全面判断的基础上，形成了“坚持党建引领文化建设，融合创新发展”的共识。先后开展了“学雷锋践初心，环境整治志愿行”“青春志愿行，建功新时代”“学党史，忆先烈，守初心”“不忘初心跟党走，爱岗敬业讲奉献”等主题党团员奉献日活动，举办“学习百年党史、汲取奋进力量”演讲比赛；参加正蓝旗庆祝建党百年群众性合唱比赛，推动基层党建与企业文化建设深度融合、落实落地。

二是突出企业文化铸魂，紧扣内外“两条主线”。上都电厂把线上线下舆论引导作为新形势下做好企业文化工作的重心，充分利用“上电传媒”微信公众平台、上电播音台、上都发电专刊、内部网络、电子屏、楼梯道路展板等媒体媒介渠道，加强宣传，营造企业文化良好氛围，并将企业文化建设融入经营生产、社会效益、民族团结、生态建设，从认知到付诸实践，从建设走向管理，确保企业文化落地生根。

三是突出知行合一践行，着力构建“三色家园”。融合集团公司“红色、绿色、蓝色”三色文化，全面构建“三色家园”，让文化理念入脑入心、见行见效。

（一）践行“红色”使命，促进民族团结进步

企业文化建设要与社会责任联动。多年来，上都电厂始终坚持践行“建设一个服务于社会主义的红色公司”的使命，通过改善生态、带动就业、增加税收，助力当地脱贫致富，努力推进少数民族和谐团结进步。

（二）践行“绿色”使命，保护生态环境

上都电厂始终以保护草原生态为己任，坚持贯彻落实国家最新环保政策要求，坚持环保与发展齐头并进，为保护地方生态筑起了绿色屏障。2020年顺利通过“优秀节约型燃煤电厂”复查验收，全面达到“资源节约型、环境友好型”企业标准，为地方环境保护建设贡献出了应有力量。

（三）践行“蓝色”使命，提升企业核心竞争力

上都电厂是集我国在北方高寒地区建设60万千瓦空冷机组技术难题于一身的电站，客观上需要过硬的专业技术人员队伍。因而，上都电厂紧紧围绕聚心和赋能两个维度构建文化管理体系，制定了创建“学习型组织”和“知识型员工”规划，将生产人员造就成电力系统内60万机组的行家里手，使公司成为北方公司乃至华能集团大型火电厂的人才库，为企业发展提供了坚强人才保障。

（四）加大宣传引领，树立企业品牌形象

对内启动道德讲堂、学习讲堂、典型选树等活动，设置宣传牌，完成了统一厂区、道路、室内所有的标识牌、路标、宣传板等企业视觉识别系统，完成了职工文体中心建设规划，总结提炼安全文化、文明建设亮点，积极宣传特色文化理念。

（五）爱心公益活动，架起文化传承纽带

上都电厂深入推进新时代文明实践志愿服务活动，成立“党团员示范岗”“青年突击队”，以点带面带动全体职工服务企业、服务社会，塑造了良好的企业形象。连续10年组织开展无偿献血活动，2020年获“全国无偿献血奖”；组织青年志愿者去往属地儿童福利院和敬老院进行帮扶；参与蒙古魂公益助学行动；公司“爱心公益中转站”注册内蒙古“志愿北疆”APP，成为内蒙古志愿者协会成员单位。

三、实施成效

上都电厂党委在自治区、锡林郭勒盟及地方党委、政府、华能集团和北方公司的领导和支持下，以深化改革为主线，经济效益为中心，安全生产为基础，履行社会责任为己任，紧紧围绕生产经营中心开展文明创建，完成自营供热改造工程，大力推动上都百万风电项目建设，全力打造“风光火储热化”智慧型大型综合能源型发电公司，精神文明建设取得了丰硕成果。

（一）价值认同促进队伍精神面貌显著变化

目前，上都电厂职工精神状况呈现积极健康向上的良好氛围。具体表现在：一是大部分职工心系公司发展，将个人前途与公司发展紧密结合，在重要节庆、重大活动的保电工作中，能够提振精神，确保机组运行安全、稳发满发。二是职工对电厂发展信心指数较高，反映出青年群体具有一定的主人翁意识和与企业共荣辱、同患难的责任意识。三是活动的开展，使青年职工树立了正确的人生观、价值观，调动起广大职工渴望在企业发展中施展才能、实现自我价值的需求。

（二）文化聚力提升了企业核心竞争力

电力体制改革多点发力持续深入，电源结构清洁化、电力工业智能化、电力行业市场化实现全面推进，市场竞争也更加残酷，面对煤价居高不下等复杂严峻的经营形势，上都电厂党委立足公司生产经营实际，抓好企业文化建设与党建群团工作的横向联动，提升凝聚力、提振精气神，传递正能量。

浩渺行无极，扬帆但信风。面对新形势新任务，上都电厂将继续深化党建引领，弘扬社会主义核心价值观，围绕华能“三色三强三优”的战略愿景，深化企业文化建设，凝聚企业发展力量，书写新篇章，铸就新辉煌！

（华能内蒙古上都发电有限责任公司党建工作部政工宣传　范红梅）

党建引领　创新驱动　文化塑造
推进大健康产业高质量发展

天士力控股集团有限责任公司

天士力控股集团有限责任公司（以下简称“天士力”）创建于1994年5月，是以大健康产业为主线、以生物医药产业为核心、以生物工程技术为协同的混合所有制集团企业，集团总部基地设在天津，核心企业天士力医药集团股份公司于2002年上市。

多年来，天士力始终把企业文化建设列入公司治理框架，坚持“党建引领、创新驱动、文化塑造”的现代企业管理方向，以“旗帜工程、铸魂工程、赋能工程”为抓手，积极探索将现代企业管理推进到特色企业文化管理的高级阶段。

一、塑造与时俱进的企业文化理念体系

创业初期，以中药现代化、国际化为发展目标，天士力确立了“追求天人合一，提高生命质量”的企业理念，提出了“以人为本，诚信通达”的企业价值观，明确了“百年企业、百年育人、百年品牌”的战略构想。全面推动思维创新、科研创新、产品创新和市场创新。率先提出“现代中药”新概念并快速形成创新剂型自动化生产能力。率先创建GAP药材种植基地并初期探索产业扶贫助农新模式。率先实践“医疗、OTC、城乡”三个板块市场经营并形成现代中药第一品牌，天士力进入现代中药产业企业前列。

进入新发展时期，天士力以核心企业上市为契机，确立“创造健康，人人共享”的企业使命，提出“三个人文化”内涵：突出“继承与创新”，传承祖先文化，遵循中华民族文化本源；突出“诚信与服务”，宣扬消费者文化，倡导大健康管理新理念；突出“责任与价值”，打造员工文化，培育守信念、懂技术、讲奉献的新时代产业团队。忠实践行科学发展观，率先倡导“大健康”理念并进入“健康中国”战略，率先发展大健康产业并形成高质高端化产品体系。围绕社会主义核心价值观实践，同时开展了以文化活动为主线的系列企业文化拓展与体验活动，并形成传统，成为天士力的文化品牌与企业名片。

十八大以来，立足新理念新阶段新格局，天士力坚持党的政治优势，突出党建引领地位，确立“在服务产业发展中坚定党的领导，在助推发展模式上勇于创新突破，在破解经营难题上发挥核心作用，在维护员工权益上展示良好形象”的企业党建方针，结合产业转型升级提出了“通”的哲学思想，核心内涵是：天人合一，人企合一，社企合一，立天人合一之德，行大健康之道。在文化建设上，以“发挥先锋作用、激发先锋动力、贡献先锋力量”为路标，引导员工才智融入企业发展中，推动企业发展汇入国家力量中，形成以人为业、以业树人、和谐发展的良好局面。在产业实践中，以“两转一升”为战略发展中心任务，推动大健康产业全面向创新型企业转型，向智慧服务型企业转型，向数字化智能制造升级。

二、创建特色鲜明的企业文化实践体系

开展旗帜工程。充分发挥企业党组织的政治功能与服务功能，坚强领导、激活要素、长手服务、凝聚力量。一是组

织融合，党委班子与经营团队融合互促，严格落实“三重一大”决策制度，聚焦产业发展，发挥“主心骨”作用；二是业务融合，支部建设与经营活动融合互促，实施“双向进入，交叉任职”领导体制，活跃经营一线，发挥“先锋队”作用；三是队伍融合，人才建设与机制创新融合互促，党组织统一部署首席人才计划，发挥“示范岗”作用，激发全员“忠诚企业，忠于事业”的职业使命。

创建“党建引领，文化塑造”的教育实践活动载体并形成常态化机制：坚持书记党课报告会每季度一次，宣讲党的政策、解读产业形势、剖析发展问题；坚持办好《党建旗帜工程》党员读本双月刊，《大健康导报》周报，党建展览活动室和百米企业文化墙，聚焦时势丰富多彩，贴近员工宣扬时代；坚持“党员带项目”制度，引入项目管理机制，采用公司委托计划项目或自主申报创新改善项目的方式，由党员担任项目组长或核心成员，带领员工组成项目团队，开展项目攻关。

开展铸魂工程。天士力连续 21 年开展“文化寻根”活动，成为“三个人”文化为内涵的实践之旅，创造出丰富的精神文化与产业发展成果。

一是寻中国革命胜利之根，铸企业信念之魂。访延安，上南梁，是寻根线路之一。寻根团登上宝塔山，重温入党誓言，坐进窑洞里，触摸革命印记，走进大礼堂，感受信仰力量。“艰苦创业、自力更生、执政为民、服务于民、开拓创新、与时俱进”的延安精神，为企业发展注入了巨大的精神动力，进而转化为干事闯业的强大能量，坚定理想信念，提升发展自信，咬紧“数字化、智能化”建设，专注“两转一升”攻坚任务，凝心聚力，砥砺前行。

二是寻中医药文化之根，铸大健康事业之魂。谒岐黄，下基地，是寻根线路之二。寻根团先后到陕西黄帝陵祭奠人文始祖，到甘肃岐伯殿拜谒医祖药圣，到秦岭商洛药材种植基地参观体验。“敢为人先、重于实践、百折不挠、勇于创造、自强不息、甘于奉献”的岐黄精神，为以中医药文化为本源的大健康产业指明科学的行动方向，激发创新力量，坚定新发展理念，实现关键核心技术重大突破，强化高水平高技术领先优势，构建大健康产业集群新生态链。

三是寻天士力成长之根，铸创业精神之魂。走进天士力大健康城，是寻根路线之三。来自全国各地产业基地的寻根团员，在高速滴丸制剂智能制造车间，在大健康体验展览馆，在天士力研究院……通过“学、读、思、讲、行”，从“抢抓机遇、开创事业的激情；敢为人先、迎难而上的勇气；顺势而为、与时俱进的作风；勇于创新、敢于竞争的斗志；产业报国、服务社会的情怀”的天士力创业精神中，触摸产业成长轨迹、体悟企业成功逻辑、焕发创业激情、凝聚发展共识。

开展赋能工程。天士力始终坚持创新企业文化与完善公司治理有机结合、相辅相成，突出产业特点，体现时代特征，努力塑造健康向上的集体人格和共同价值观。

一是倡导“感恩文化”系列实践活动。围绕“我从哪里来，要到哪里去”，坚持周一和重大节日升旗仪式，开展公益基金会志愿者活动，激发爱党爱国热情，焕发爱岗敬业精神；围绕“员工贡献企业，企业服务员工”，坚持厂庆纪念日、员工家庭日、员工康体中心、员工健康管理等活动，强化事业责任心，拉近企业归属感。围绕“企业大平台，人人能成才”，建立“三鹰人才计划”，定制数字制造、技术迭代、效率变革、模式创新、能力提升等专属课程，专项培养“金鹰、雄鹰、菁鹰”三级专业人才。

二是倡导“榜样文化”系列实践活动。建立企业荣誉制度，每五年评授一次“天士力功勋”，每年度表彰一批天士人物、立功集体、工匠标兵等。建立“天士力明星大道”，用花岗岩石刻记录优秀员工、人才团队的业绩与贡献，成为天士力大健康城内耀眼的企业文化景观。建立科技创新奖励条例，奖掖科研成果、专利发明、技术突破、人才项目、获奖项目和重大项目。积极构建核心人才、工匠团队、合作伙伴、忠诚客户共享企业创新增值的新机制。

三、推动企业数字化智能化高质量发展

创新是天士力的 DNA。从理念创新到体制机制创新，从科研创新到技术工艺创新，从模式创新到产业标准创新，从装备创新到智能制造创新……天士力的创新中蕴含着坚韧的文化定力。企业文化推动产业发展，发展成果提升文化创新。天士力驶入了智能化发展的快车道，进入了高质量发展的新阶段。

天士力进入医药行业排头兵行列。累计获得国家科技进步奖 4 项、获批国家发改委“中药先进制造技术国家地方联合工程实验室”，承建国家科技部“创新中药关键技术国家重点实验室”，荣获国家工信部“2016 年智能制造试点示范”企业称号，荣获第四届“中国工业大奖”，荣获“全国文明单位”，入选 2021“中国战略性新兴产业领军企业百强”。

重点产品长期处于市场领先地位。现代中药复方丹参滴丸在中药用于缺血性心脏病的市场份额中连续多年排名第一；养血清脑颗粒（丸）在中药用于头痛或偏头痛市场份额中排名第一；同时有 13 个产品年销售额已经超过了 1 亿元。生物药普佑克脑梗新适应症“科技重大专项”验收高分通过。

天士力大健康品牌影响力日益扩大。荣获工信部颁发的“全国工业品牌培育示范企业”称号，入选 CCTV·品牌强国工程和新华社民族品牌工程，连续 7 年入选中国制造业企业 500 强和中国民营企业 500 强。天津产业和淮安产业基地获得“国家级绿色工厂示范企业”称号。

履行企业社会责任获得多项表彰和荣誉。积极响应国家扶贫攻坚号召，参加“全国万企兴万村”专项行动，参与天津对口甘肃扶贫攻坚，开展产业扶贫、支教行动、教育捐赠、医疗捐建等项目，集团荣获“全国扶贫攻坚先进集体”，天士力公益基金会首获 4A 级社会机构认证，荣获中华慈善事业突出贡献奖等多项荣誉。

（天士力控股集团有限公司）

锻造坚强文化引领力 推动华能核电产业突破发展

中国华能核电开发有限公司

华能核电开发有限公司（以下简称“公司”）成立于2005年12月，是中国华能集团有限公司的全资子公司，专门从事核电产业投资开发、生产经营等业务。实践中，公司坚持以习近平新时代中国特色社会主义思想为指引，坚持“文化引领、创新驱动，深度融合、深化提升”，着力锻造坚强文化引领力，构建符合新时代要求、体现新发展理念、凸显华能特色的企业文化，为中国华能加快建设“三色三强三优”世界一流能源企业提供坚强文化支撑。

一、“信心工程”提升文化引领力

1. 加强顶层设计。公司坚决贯彻新发展理念，编制发布《华能核电产业发展战略规划》，定位企业发展战略，确立2020—2050年近期、中期、远期发展目标，努力把企业建成牢固可靠的“六个力量”。把“安全第一、预防为主，文化引领、创新驱动，统筹推进、重点突破”作为基本原则，把建设“世界一流核电运营商”作为战略定位，把“勇担华能结构调整、转型升级的重大使命，努力成为推进绿色发展的重要力量；勇担国家科技重大专项示范工程建设的重大使命，努力成为解决‘卡脖子’技术问题的重要力量；勇担华能实施‘走出去’战略、推进‘一带一路’建设战略的重大使命，努力成为彰显国家实力的重要力量”作为公司“三大使命”。同步规划、高质量推进集团公司—产业公司—项目公司各层级核安全文化建设，抓关键少数带动绝大多数，持续提升决策层、管理层及全员核安全文化素养。

2. 加强机制建设。编制发布企业文化建设管理办法，推进公司系统企业文化建设制度化、规范化。将企业文化建设纳入四大绩效考核中的党建绩效考核体系，从学习宣贯、践行社会主义核心价值观、成果转化等方面对企业文化建设成效进行考核评价。定期举办企业文化评估问卷调查、企业文化知识问答等活动，加强自查自评，总结经验和不足，抓好闭环管理。

3. 加强深度融合。以核安全文化为核心，以贯彻《核安全法》为抓手，深入学习宣贯《中国的核安全》白皮书，坚持和完善核电三大管理体系，持续推进核安全治理体系与治理能力建设，推动核安全文化深度融入华能“三色文化”。

二、“融心工程”提升文化感召力

1. 以核心价值观教育人。把“最美核电人”风采展示、“书香华能”、红歌传唱等传递正能量的活动融入文化实践，把规范职工行为与加强价值引领、提升文化素养融入文化实践全过程。把文化理念固化于规范准则，融入职工行为，大力倡导、创新实践公司系统职业道德建设的“六守承诺”，即：坚守信念，坚守职责，坚守底线；遵纪守法，尊诚守信，遵德守礼。

2. 以“三色公司”使命引领人。统筹推进所属三大核电基地核安全文化建设，编制华能核电产业核安全文化建设规划纲要，启动核安全文化提升年活动，编发企业文化手册，制作企业宣传片，完善文化氛围设计布置，加强文化宣贯与融合。坚持将核安全文化融入生产、经营、科研和管理的各个环节，切实将“四个凡事”“两个零容忍”变成每位员工的行动自觉与工作习惯。

3. 以事业舞台激励人。牢固树立“人才是第一资源”理念，实施更加积极、开放、有效的人才政策，通过内部共享、外部引进、校企合作等方式汇聚人才。借助行业资源，立足自主培养，形成满足发展需要的高素质专业化队伍。关注职工成长成才，高标准做好团组织向党组织推优荐才工作。公司本部带头，大胆选拔培养使用优秀年轻干部、业务骨干，推动各专业人才双向交流挂职锻炼，发挥价值导向作用。

三、“聚心工程”提升文化聚合力

1. 文化培育抓“常”。注重宣传文化引领，大力宣树党员示范行动优胜项目、“最美核电人”等身边榜样，发挥榜样传播和辐射带动作用。综合运用各单位网站、报刊、宣传栏、微信公众号等媒体，积极宣贯、深入推进，用身边真实、鲜活的典型事例促进企业文化的落地实践，使“华能核电”文化品牌更加深入人心，激发了职工干事创业、推动企业改革发展的积极性和责任感。

2. 文化实践抓“长”。积极践行社会主义核心价值观，近年来先后开展了“弘扬长征精神，推动核电发展”“弘扬爱国奋斗精神，加快突破核电发展”“弘扬华能精神，攻坚示范工程”“学习梁家河精神，做大国顶梁柱”等文化实践活动，开展了“党建引领、聚力攻坚”“众志防疫、聚力攻坚”“华能精神·讲述”等道德讲堂活动，开展了核安全文化建设“十个一”活动，举办示范工程建设成就摄影展。通过“身边人讲身边的事、身边人讲自己的事”等形式，为攻坚示范工程建设、实现华能核电突破发展，唱响主旋律、弘扬正能量，使华能精神底色更加鲜明。

四、“暖心工程”提升文化辐射力

1. 建“家”行动温暖人心。以职工之家创建为契机，着力实施“五项”行动，建设“五型”之家、“六有”工会，弘扬“家”文化精神，打造“家”文化品牌，积极践行“三色公司”使命。

2. 人文关怀疏导人心。积极为职工办实事、做好事、解难事，形成了规范化、人性化的关爱职工工作机制。千方百计推动基层企业职工活动中心、职工之家活动阵地、心理辅导站、爱心妈妈小屋等“爱心之家”建设，着力体现“家”

的温情。

3. **文化活动凝聚人心。**公司本部带头，带动所属单位每年组织文艺会演、运动会等 10 余项规模性活动，成立文体协会，开展兴趣培训，实现了月月有活动、人人能参与，丰富了职工精神文化生活，促进了企业和谐稳定。

五、成效与体会

通过文化引领、深度融合，促进示范工程高效率建设，实现了昌江核电二期项目核准突破，推进了霞浦项目取得阶段性成果，以华能核电产业高质量发展成果检验了企业文化建设工作成效。

1. **在践行“三色公司”使命中提升创新引领力，助力示范工程攻坚。**全球首座具备第四代核电安全特征的高温堆气冷堆示范工程，作为具有“产学研用”特点全球首堆工程，基础性、原创性技术与设备应用较多，工程进度和投资管控长期面临巨大压力。但是项目团队秉承华能“三色公司”使命，大力弘扬“敬业、开拓、进取、创新”的企业精神，启动开展聚力攻坚文化实践活动，创新开展“聚力攻坚杯”劳动竞赛，出色打赢了示范工程“2+5+2”第一场攻坚战，先后攻克多项技术难关，在解决“卡脖子”问题上实现多项突破，作为核电产业首次劳动竞赛入选全国总工会能源化学工会重点名录。7 月 25 日，我国拥有自主知识产权的世界首座高温气冷堆核电站示范工程——华能石岛湾高温堆示范工程全面进入调试阶段。

2. **在践行“三色公司”使命中提升价值创造力，引领华能核电发展。**通过文化引领、深度融合，企业创新治理能力得到进一步提升，推动各基地聚力攻坚，产生积极效应，出色完成了示范工程电缆攻坚、昌江公司贷款融资利率创集团及行业最低、霞浦工程进场道路工程七尺门大桥高质量竣工通车等多项攻坚任务，实现了将参建各方从商务技术合作，到基层创新治理合作共赢的新格局。9 月 2 日，昌江二期项目顺利通过国务院常务会审议，华能首个控股建设大型压水堆项目获得国家核准。

3. **在践行“三色公司”使命中提升核心竞争力，打造“聚力攻坚”精神。**通过文化引领、深度融合，华能核电系统“特别能吃苦、特别能战斗、特别能奉献”“讲责任、勇担当，讲奉献、勇作为，讲付出、勇开拓”的“聚力攻坚”精神初步形成，“挂牌督战、挂图作战、尽锐出战”等多个攻坚实践模式逐步形成。三大基地主动在行业内外积极发声，树形象、创品牌，营造了良好发展环境。

在新的历史起点上，公司将以敢闯敢干的信念、干则必成的信心，进一步解放思想、开拓创新，解读政策、研判风险、迎难而上，推进实施一系列战略新举措，为中国华能加快建设“三色三强三优”世界一流能源企业加油助力。

（华能核电开发有限公司供稿）

强化党建引领　建设优秀文化

内蒙古电力公司

近年来，内蒙古电力公司深入学习贯彻习近平新时代中国特色社会主义思想和党的十九大以及十九届二中、三中、四中、五中、六中全会精神，落实全国国有企业党的建设工作会议精神，强化企业党建引领，建设优秀企业文化。通过大力弘扬和践行社会主义核心价值观，开展“三抓三创”激发基层最深层的力量，营造出强大的引导员工立足本职、岗位成才的正能量场，形成了全员爱岗敬业、实干圆梦的良好氛围，以实干精神奏响了逐梦路上的奋进强音，为公司高质量发展提供了精神动力和文化支撑。

一、抓思想引领 创以服务为核心的尽责圆梦文化品牌

公司党委突出“三个强调”，实施文化管理，夯实凝聚全体员工守望相助、团结奋斗的思想基础，搭建起员工成就个人价值的梦想平台，发挥文化持久效力。

一是强调“服务”意识，坚持人民至上，突出尽职履责。凝练提升“人民电业为人民”的企业宗旨，把“内蒙古电网”定位为“责任蒙电”“绿色蒙电”“数字蒙电”，制定“建设全国一流现代化能源服务企业”的发展愿景。整套理念体系务实朴素，彰显蒙电作为国有企业、现代企业、能源企业的政治属性、服务属性和人民情怀，以企业党的建设为引领，践行以人民为中心的发展思想，确保蒙电事业始终是党和人民的事业，使公司的各项工作始终围绕中心和大局、更加符合时代要求和人民意愿。二是强调普及推广，发挥党建阵地学习宣传作用，做到人尽皆知。借助《内蒙古电力报》、公司网站、楼宇智能系统、《今日蒙电》微信公众号等学习宣传平台，在班组、站所、营业窗口设文化墙，利用“蒙电理论日日读”“蒙电高端讲坛”“职工大讲堂”“道德讲堂”“学习讲堂”等党建阵地大力宣讲，以深入开展“不忘初心 牢记使命”主题教育活动和党史学习教育为契机，引导党员干部、职工群众踊跃参加公司党委组织的“我是共产党员我帮你”践行企业宗旨诗歌演讲比赛、“中国梦•蒙电人”风采故事会和“学党史、知企情”知识竞赛等各类主题活动，营造了浓厚的文化氛围。三是强调共鸣共振，突出政治引领，寻求心灵认同。开展多层次、大范围的“不忘初心 牢记使命”企业宗旨大讨论和征文、格言征集活动，广大员工通过“奋进百年路、启航新征程”文艺作品网上展、“我是蒙电人”员工形象展等平台，突出党建引领，畅谈对公司文化的理解，展现蕴藏于心中的光荣与梦想，表达爱岗敬业的热情。公司的倡导与员工的响应、追梦的使命与心灵的共鸣形成了强大的正能量场，公司上下思想统一，面对电力体制改革、国企改革三年行动、“双碳”目标等新形势新要求，蒙电企业文化发挥凝心聚力的强大作用，公司上下融心共智破解发展难题，电网建设实现历史性跨越，经营绩效和综合实力持续

增长。

二、抓行为落地　创以履职为核心的尽责圆梦实践品牌

文化是管理的最高境界，只有渗透到行为中，才能落在实处。公司“三融入”“三突出”把履职理念融入具体的管理体系和管理流程中，融入全面的电网运营实践和员工的具体行动中，确保“爱岗敬业、实干圆梦”成为每位员工的切实行动。

融入公司改革发展实践。集团公司党委充分发挥党的思想政治工作优势，把党的先进思想和价值追求转化为公司发展规划、企业宗旨、公司愿景，形成有利于弘扬社会主义核心价值观和文化理念的良好政策导向，体现公司发展行为与价值导向的统一；融入公司治理建设实践。注重把中央、自治区党委对于公司相关要求上升为具体规章制度，探索建立科学有效的企业内部诉求表达机制、利益协调机制、矛盾调处机制、权益保障机制、善行义举激励机制，实现企业管理与道德提升同频共振、相互促进；融入推动企业战略目标实现的实践。以党史学习教育、“不忘初心 牢记使命”主题教育、“两学一做”学习教育为契机，建立长效机制，规范管理程序，健全行为规范和行为准则，倡导遵守员工守则和服务规范，强化规章制度的执行，在日常管理中鲜明彰显党建工作要求，推动社会主义核心价值观和文化理念在企业制度中的刚性落地。

突出抓好党员领导干部、营业窗口员工和新入职员工三个重点人群，实现全方位带动，分众式熏陶。深化党史学习教育，以党员领导干部为主体深入开展“我为群众办实事”实践活动，突出责任担当意识，发挥以上率下的作用；在营业窗口员工中开展“爱岗敬业•蒙电为你服务”活动，结合“蒙电杯”规范化服务竞赛活动，开展“从小事做起，做文明蒙电人”“从本职做起，做负责任蒙电人”“从窗口做起，做诚信蒙电人”等具体实践活动，树立窗口形象；加强对新入职员工的历史与传统教育，在培训中心设新员工入职教育第一站，帮助他们迅速领悟公司文化，消除文化空白点。特别是通过开展企业文化品牌示范项目创建活动，每个单位根据自己的实际创建企业文化传播载体建设、实践活动、落地运用、制度规范等各类示范点。巴彦淖尔电业局的“厚德善小在行动”、呼和浩特供电局的“绿色服务•金色急修”等21个创建项目，全面带动社会主义核心价值观建设在基层的落地、深植，目前已成为公司系统有亮点、有创新、可以复制、可供推广的实践品牌。

三、抓典型引路 创以实干为核心的尽责圆梦形象品牌

先进人物是旗帜，是坐标，也是企业的形象。公司“三步走”选树先进典型，扩充和丰富“蒙电”形象品牌的内涵，让实干履责成为优秀蒙电人的特质，扩大社会影响力和提升社会美誉度。

一是选树过硬典型，制定下发《关于开展“蒙电楷模”“最美蒙电人”评选活动方案》，每月、每季度组织开展“最美蒙电人”候选人评选工作，每期拍摄制作典型事迹片进行宣传公示。同时，建立“善行义举”榜，开展“我发现我寻找”“我推荐我记录”“我感动我点赞”活动，随时发现孝老爱亲、爱岗敬业等人物实时上榜公布；二是广泛组织宣传，层层举办故事会和先进人物事迹报告会，通过身边人讲身边事，用身边事感染身边人。结合庆祝建党100周年系列活动，举办“永远跟党走 岗位建新功”——“蒙电楷模”“最美蒙电人”发布仪式暨先进模范事迹交流会，通过播放短片、现场讲述、采访交流、文艺表演等方式，生动展示了“全区道德模范”“内蒙古好人”“最美蒙电人”先进事迹，并进行表彰奖励、宣传推介，在全系统掀起了学习模范、宣传模范、尊重模范的良好氛围。三是集中推出统一命名，坚持评选公司系统“责任团队”“敬业员工”“道德模范”，形成“最美蒙电人”，汇总公司系统各类典型，评选事迹突出、影响广泛、感召力强的先进个人和团队向自治区推荐“内蒙古好人”和“北疆楷模”，在社会上广泛宣传，使先进典型推荐、宣传、评选的过程，成为弘扬主旋律、传播正能量的过程，让电力职工履职敬业、担当奉献的形象为社会广为人知。公司先后圆满完成党的十九大、神舟系列飞船返回、庆祝建党100周年等重大政治保电任务，多次成功处置突发事件，确保了电网安全，为打造祖国北疆亮丽风景线作出了重要贡献，树立了“蒙电”形象品牌。

面向新时代，随着内蒙古电力（集团）有限责任公司“十四五”企业发展战略的制定和“责任蒙电、绿色蒙电、数字蒙电”发展定位的确立，提出认真总结凝练公司优秀文化基因，推动文化建设与发展战略相匹配，加快形成体现时代要求、具有蒙电特色的企业文化体系，提升企业发展“软实力”的企业文化建设新要求。因此，我们将进一步深化公司企业文化研究，凝练形成企业核心价值观，推进统一的企业文化体系建设，打造具有公司特色的优秀企业文化。到“十四五”末，形成与公司战略高度融合、与企业管理深度契合、与员工发展紧密相关的企业文化体系，全面提升公司向心力、凝聚力和社会影响力，在建设亮丽内蒙古，共圆伟大中国梦的征程中，使“蒙电”企业品牌成为自治区公共服务领域最响亮的名片。

（内蒙古电力（集团）有限责任公司党委宣传部部长刘景荣，企业文化处处长田真华）

党建引领促发展　文化铸魂聚合力

内蒙古电力（集团）有限责任公司
乌海超高压供电分公司

乌海超高压供电公司党委以习近平新时代中国特色社

会主义思想和党的十九大精神为统领，以加强国有企业党的建设实施意见为指导，研究制定党建引领文化建设的方向和目标，大力实施“123”工作法，努力丰富建设的形式和内容，创新拓展实践的载体和途径，逐步形成党建引领文化体系，增强企业的凝聚力和竞争力，为企业发展稳定凝聚强大精神动力。

一、贯穿“一条主线”提高政治能力

贯穿“理论武装”这条主线，坚持用党的创新理论最新成果武装头脑、指导实践、推动工作，不断提高党员领导干部的政治判断力、政治领悟力、政治执行力。

发挥党委中心组领学作用。紧密围绕习近平新时代中国特色社会主义思想和党的十九大精神，每月学习 1 篇习近平总书记重要讲话原文，每季度开展 1 次专题研讨并形成推进工作的思路举措，每年开展理论测试 2 次，形成理论学习“学、思、用、督”工作闭环。通过邀请全国人大代表面对面宣讲全国“两会”精神、邀请“国家的孩子”分享“三千孤儿入内蒙”的历史佳话、前往党性教育基地开展党的十九大精神学习、在施工现场开展安全生产专题学习、前往廉政警示基地开展廉政教育、在职工创新工作室开展科技创新专题学习等方式，进一步提升党委中心组学习质效，为推动企业高质量发展提供思想保障和精神动力。

推动党的创新理论“三进”。结合安全生产工作实际，推动党的创新理论最新成果进基层、进班组、进人心。组织领导班子成员前往基层党支部讲授专题党课，组织新时代讲习团成员前往基层生产单位和基层变电站举办基层巡讲活动，开展党支部书记讲党课竞赛活动，举办先进模范事迹分享会，形成“公司领导率先带头讲+党支部书记联系实际讲+讲习骨干交流互动讲+先进典型以身示范讲”四讲模式。每年开展各类学习讲堂和理论宣讲活动 40 余期，公司干部职工线上线下参与 4000 余人次，不断推动理论学习往深里走、往心里走、往实里走。

开启“指尖上的学习”新模式。用好学习强国平台，将党员以及 35 周岁以下青年全部纳入学用队伍，日均积分位居内蒙古电力集团公司前列。举办线下知识竞赛，评选学习标兵，1 名党员通关学习强国“挑战答题”成为“学习达人”，该局获评内蒙古自治区学习强国优秀通讯站，2 名个人分别获评内蒙古自治区学习强国优秀管理员、优秀通讯员。借助“蒙电理论日日读”“乌超党建云”等平台，组织干部职工常态化开展线上理论学习的同时，每年开展 2 至 3 次线上知识测试，检验学习成效。契合新时代“微运用”新特征，充分运用“互联网+”手段，在官方微信号开设“宣讲有声”线上专题栏目，制作“党的十九届六中全会精神”“党史学习教育”等专题理论宣讲微视频、微故事、H5 动画、慕课等宣讲作品，定期进行展播，以职工群众喜闻乐见的方式进一步扩大理论宣讲覆盖面。

二、打造“二个阵地”筑牢思想基础

打造意识形态阵地和企业文化阵地。压紧压实意识形态主体责任，把握正确舆论导向；完善企业文化服务体系，以高质量文化供给增强企业职工的文化获得感、幸福感。

打造意识形态阵地，凝聚发展正能量。制定《乌海超高压供电公司党委意识形态实施办法》，建立意识形态正面清单和负面清单，与机关处室和基层党支部层层签订责任书，将意识形态工作成效纳入领导干部考察、监督执纪、业绩考核范畴，形成了由党委统一领导、各部门分工负责的工作机制。开展意识形态网格划分工作，建立覆盖全员的四级意识形态网格 92 个，开展四类阵地梳理和微信工作群清理整顿，筑牢意识形态安全屏障。制定《意识形态工作责任制落实情况督查调度表》，掌握各党支部工作推进情况。坚持边调度边整改的原则，发现问题及时整改。印制意识形态工作手册，组织全体干部职工开展线上意识形态及理论知识测试。成立三级网评员队伍，积极转发评论“蒙电助力脱贫攻坚”“蒙电高质量发展”等正能量话题，坚持正面发声。

打造企业文化阵地，提升发展软实力。坚持“以人为本、以文化人”理念，以统一思想、凝聚共识为出发点，不断深化“文化+ ”模式。一是注重团队文化建设，先后打造出变电管理处“树立一面旗、凝聚一股力、安全一家人”、输电管理处“一个共识、两轮驱动、三层保障、四化管理、五心原则”等 3 个团队文化。二是注重班组文化建设，先后凝练出“尖兵文化”“绿源文化”“责任文化”等 9 个班组文化。三是注重书香文化建设。多形式开展读书分享会、经典诵读、歌曲快闪和书法、摄影、美术作品展等活动，举办“送书下基层活动”。四是注重科技文化建设。通过举办科技创新论坛，深化变电站智能机器人巡视、输电线路无人机巡检、500 千伏超高电压带电作业、集控中心远程视频指挥等科技成果应用。随着企业文化建设的不断深入，广大青年职工的文化自信不断增强，企业的文化软实力不断提升，企业发展的内生动力越来越足。

三、建强“三支队伍”锻造专业铁军

建强“新闻宣传、先进模范、志愿服务”三支队伍，主动宣介新思想新理念，主动讲好企业故事，积极培育和践行社会主义核心价值观，不断提升企业职工的思想觉悟、道德水准和文明素养。

建强新闻宣传队伍，讲好企业故事。结合企业实际，打造局、党支部、班组三级通讯员队伍，定期举办新闻写作、摄影知识培训班，组织通讯员经常性深入变电站和输电线路等基层一线，开展“一线故事传真”等各类主题采访活动，做到脚下有泥土，笔下见真情，不断提升宣传队伍的脚力、眼力、脑力、笔力。开通综合信息网、微信公众平台，开办《乌海超高压电力报》《乌超视界杂志》，打造“网、微、报、刊”四媒联动的宣传格局，扎实开展“奋进百年路、启航新征程”“中国共产党成立 100 周年”“乌超这五年”等各类主题宣传，定期发布图文、视频新闻报道，充分展示我局改革发展新成就和员工无私奉献新风貌。扩大对外宣传，多篇新闻报道在学习强国、中国电力报、内蒙古日报等媒体刊发，讲好乌海超高压故事，展示好乌海超高压形象。

建强先进模范队伍，汇集榜样力量。先进典型是一面旗帜，让先进典型引路，发挥先进典型的示范作用，一直是我局精神文明建设的重要工作方法。我公司注重在一线实践中培树先进典型、从群众关注中发现先进典型、于日常工作中用好先进典型，充分挖掘身边典型的人和事，深入开展“最美蒙电人”“最美家庭”“文明家庭”“青春榜样”“身边好人”等系列选树活动，通过逐级推选，先后选树出了自治区五一劳动奖状、工人先锋号、“中国网事·感动内蒙古”最受关注集体、蒙电楷模等多个自治区级先进集体和自治区文明家庭、最美家庭、五一巾帼标兵、青年创新创业创优标兵、青年岗位能手、乌海市身边好人等一批先进个人，打造出了一支修身立德、干事创业的先进模范队伍。并通过常态化举办道德讲堂、模范事迹分享会、先进模范基层巡讲等活动，在全公司上下营造出见贤思齐、崇德向善的良好氛围，起到“树起一个点，带动一大片”的效应。

建强志愿服务队伍，助推新时代文明实践活动。践行“人民电业为人民”宗旨，建立新时代文明实践中心（所、站），在成立局级志愿服务总队基础上，按照“1＋N”模式，在基层党支部成立“电力星”“光明使者”“青竹”等多支志愿服务队，打造出“关爱留守儿童”“守护母亲河”“电力设施保护宣传”等志愿服务项目，推动志愿服务活动常态化。助力乌海市“双城联创”工作，深入开展“包联共建”“文明交通”“光盘行动”等志愿活动，履行国企责任。新冠肺炎疫情期间，100 余名志愿者积极参与社区疫情防控，为社区捐款 2 万余元，组织志愿献血活动，为抗疫贡献力量。党史学习教育中，深入开展“我为群众办实事”实践活动，组织开展“我帮你—植绿护绿”“我帮你—爱心扶助困难职工”“我帮你—保护红嘴鸥”等志愿服务活动，形成了守望相助、友爱互助的浓厚氛围。公司获评自治区志愿服务项目大赛金奖、优秀组织奖和新时代雷锋企业、乌海市优秀志愿服务组织、学雷锋活动示范点、优秀志愿服务项目等多项荣誉。

（乌海超高压供电公司党委书记副总经理郑巴特尔，党委宣传部部长张伊雯，职员池青华）

党建引领新征程　二次创业再出发

四川宏达集团

四川宏达集团（以下简称“宏达集团”）党委始终坚持“围绕经济抓党建，抓好党建促发展”的党建工作思路，组织带领全体党员、干部和员工听党话、感党恩、跟党走，已形成与党同心同德、同心同向、同心同行的富有宏达个性与特色的“四同党建文化”。

一、强化政治引领夯实党建基础

为充分发挥党组织的战斗堡垒作用，集团党委全面实施“一把手工程”和“党建榜样工程”。

一把手挂帅：企业创始人或董事长担任集团党委书记，集团总部和产业板块主要党员负责人为集团党委委员；各成员企业也组成以董事长或总经理为党委书记（党支部书记）的基层党组织。他们决定企业政治方向，即永远跟党走。

中层做旗手：中层干部 80%为党员。他们以党性把握法度和尺度，带领团队推进各项目标任务的达成。

骨干当先锋：业务骨干 40%为党员。他们以身作则、身先士卒推进部门管理和业务发展。

榜样工程：一名党员就是一面旗帜，一个支部就是一个堡垒。

与此同时，集团党委坚持党建工作的“三原则”：围绕中心工作，坚持开展党管干部的组织原则、干部竞聘同等条件下党员优先的选人原则、党组织活动经费保障原则。

推行“四个凡是”：凡是有人的地方，就应有思想政治工作和心理沟通；凡是组建了公司的地方，就要建立党群组织；凡是有组织的地方，就要有人员落实、职责分工、阵地平台、宣传载体和文化活动；凡是有党员和干部的地方，就要有民主监督和纪律检查。

坚持将党建工作与思想政治工作和企业文化建设相结合；将党建工作目标考核与生产经营目标考核相结合；将学习实践科学发展观与企业以人为本、调整产业结构、转变发展方式相结合；将中央要求确保非公经济健康发展、确保非公经济人士健康成长的“两个健康”与确保企业健康可持续发展、确保干部员工健康可持续成长”的“两个健康”相结合等“十一个结合”原则，将党的政治优势转化为推动公司高质量发展的强劲动力。

二、提升党建效能促进党建工作与生产经营深度融合

思想政治工作等同企业“生命线”。企业党建工作要从实际出发，着眼特色，发挥优势，有效激发党建工作活力，促进企业发展。集团党委始终将党建工作、主题教育与生产经营相结合。

5.12 四川特大地震、全球性金融危机、实体经济低迷、新冠肺炎疫情……在企业面临诸多暂时困难的关键时期，集团党委正确引导、激励、教育干部员工，认清形势、保持清醒，明辨是非、坚守底线，改革创新、艰苦奋斗。

在集团年度目标和战略规划的实施过程中，集团党委充分发挥党组织的政治优势和战斗优势，鼓舞斗志，凝聚人心，为企业健康发展保驾护航。

在干部管理方面，始终坚持党管干部的原则，由专职党委副书记负责干部的异地调动、交流和任免谈话，特别是中层管理干部一律实行竞聘上岗。

全力实施目标考核并提供基本保障。宏达集团已从 2010

年开始全面实施党群工作和企业文化建设年度目标考核制，所占分值5%。2011年，又做出决定，各单位每年按每名党员500—800元的标准计提党建活动经费，从而在制度保障、组织保障、考核保障的基础上，增加了经费保障。

三、培根铸魂建设优秀党建文化

宏达集团党建工作始终与企业的文化建设、工青妇工作紧密结合，与企业的行政管理体系相辅相成、互为补充，形成独特的党建文化。

一是将党的核心思想与企业的文化活动有机结合，寓教于活动实践，实现党的宣传与企业发展相得益彰。2011年7月1日，集团党委隆重组织了“宏达集团庆祝建党90周年表彰大会暨颂红歌唱宏歌歌咏比赛”。2019年国庆，结合新中国70华诞和宏达40周年庆，集团党委在什邡广场举行“庆国庆贺华诞唱红歌”歌咏大赛，成为什邡国庆主要文化活动。

二是坚持以党建引领企业文化再造，以“四全媒体”（全程媒体、全息媒体、全员媒体、全效媒体）提升企业品牌传播。集团党委以创新思维和全新理念，整合自有传统媒体、新媒体等资源，打造全媒体互动传播平台，切实助推企业文化创新发展，全面提升宏达品牌文化。加强宏达报网记者、通讯员、信息员队伍建设，加大正面宣传和主动引导，大力宣传企业品牌、模范人物、典型事迹，做好重要节点和敏感时期的舆论监管，提升企业防范化解网络舆情风险的意识和能力。

三是坚持正确舆论导向，贯彻落实意识形态责任制。加强党委对意识形态工作领域重大问题的分析研判，及时传达学习党中央和上级组织意识形态工作决策部署及指示精神，牢牢把握正确的政治方向。坚持把社会主义核心价值观、中华优秀传统文化精髓与企业文化深度融合，建立有效的激励机制，把党建纪检工作、思想政治工作、心理疏导与沟通、企业文化建设、舆情管理和危机应对等工作，纳入精细化管理和目标责任制考核。

四是加强与员工思想沟通，构建幸福企业，齐心共谋发展。党委全面推行党政“一把手”联系本企业班子成员，本企业班子成员联系中层干部、中层干部联系班（组）长、班（组长）联系党员员工的“四联谈心谈话”活动。通过真心诚意作交流，真心诚意谈看法，沟通了思想、化解了矛盾。

四、以主题活动为抓手提升组织活力

在践行党中央提出的“创先争优”活动中，集团党委抓住建企30周年契机，号召全体党员、干部和普通员工全员全程参与。通过发布宏达集团《二次创业宣言》和《创先争优承诺》，要求全员敢于直面后危机时代的机遇与挑战，在“二次创业”中践行“创先争优”，在“创先争优”中实现“二次创业”，在“二次创业”中推进“科学发展”，在“科学发展”中建设“绿色文明”。宏达集团党委在二次创业中创先争优的做法，在四川省委创先争优电视电话交流会上受到肯定和好评。

2019年，宏达集团党委结合宏达40周年时间节点，在全国民营企业中率先分两批开展“不忘初心、牢记使命”主题教育，集团党委扩大会议提出“全面推进党建强企，全力推动宏达集团二次创业再出发向高质量发展”的工作要求，以“党建引领新征程，二次创业再出发”的党建工作思路，从企业发展战略、党建工作、经营管理和文化建设等方面开展“初心不改再出发，使命在肩勇担当”的大学习、大讨论以及民主生活会，同时以“星期六学习日”的方式，率先在全集团开展学党史、学军史、学新中国史、学改革开放史等活动。把“全面加强党的领导”写入公司章程，制定“358”发展战略和“十四五规划”，守初心、担使命、找差距、抓落实，自上而下利用“三会一课”、班组会以及学习强国APP等自主学习方式开展好主题教育工作。宏达主题教育的特点是党员示范、全员参与。

五、适应新常态强化党群纪检工作

宏达集团党委积极探索和逐步建立适应企业实际的纪检工作长效机制，认真贯彻落实中央八项规定精神。一是强化制度建设。制定宏达军规——《中高层管理人员“廉洁从业十一项规定”》及《管理人员21条禁令》。二是加强队伍建设。设立专兼职纪委与监察室，公选专职纪检监察干部，建立纪检监察五支队伍（专职纪检监察人员、党支部纪检委员、内外党风廉洁督察员、廉洁从业监督员、风控合规审计人员），加入中国企业反舞弊联盟，开展培训与交流。三是推进廉洁文化建设。通过将思想政治工作、党风党纪教育、职业道德培训、社会主义核心价值观、中华优秀传统文化精髓与企业文化建设融为一体，培育和营造廉洁文化氛围。征集和提炼员工家风家训，编印《廉洁宏达》口袋书，开设新员工入职第一课“廉洁宏达”，常态化开展党风党纪、职业道德的教育培训和案例分享，策划、制作并组织观看廉洁从业警示片《贪戒》，结合各类违纪违法案件，以案促改，教育引导全员筑牢思想防线、守住职场底线、不越制度红线、不碰法律高压线。四是畅通员工举报路径和信息沟通渠道。通过项目巡查、专项调查、审计督查、员工座谈、信访举报等方式，强化民主监督，开展案防工作，落实内部问责，确保全体党员和干部认真执行“廉洁从业”规定。工会职代会的民主监督与纪委的监督机制和审计监察的经济审计等相结合，抓源头管控风险和提前预警等。

此外，宏达集团党委不断探索和创新党建工作新路径，充分发挥大企业党建工作的辐射效应。与辖区街道党工委共同成立楼宇党建联盟，联合辖区300多家企事业单位，以“共治、共建、共创、共享”为理念，实现街道党工委与辖区企业、社会组织、社区的无缝对接，与以“旗舰店”模式打造以党建为核心、经济为主体、服务为载体的“三位一体”楼宇党建管理新模式，成为党建创新和社会治理创新的示范点。

（四川宏达集团党委书记刘德山）

在推进企业高质量发展中打造“品质文化”升级版

华北制药集团有限责任公司

华北制药集团有限责任公司（以下简称“华药”）是中国“一五”计划期间苏联援建的156项工程中的重点建设项目。建成投产60多年来，以“人类健康至上 质量永远第一”的企业宗旨和“一切为了人类健康”的企业使命为重要内涵的“品质文化”，作为诠释和传承红色基因的重要精神载体，是激励几代华药人不忘初心、攻坚克难、不断前进的制胜法宝，成为华药企业文化的标志和象征。

2017年年底，华药以习近平新时代中国特色社会主义思想为指导，积极落实“创新、协调、绿色、开放、共享”五大发展理念，进入了全面深化改革，加快转型发展的新阶段，明确了“打造国内领先、国际一流的医药健康产业集团，建设美丽新华药”的企业愿景，大力实施企业战略再造、管理再造和文化再造，始终坚定文化自信，推进文化创新，着力打造“品质文化”升级版，取得了很大进展。

（一）把关定向，在科学决策中引领推动文化战略完善，着力夯实文化之基。华药自1953年筹建之日起就被深深烙上红色印记，红色基因是华药独特的精神禀赋。华药文化定位为“品质文化”，传承以质量为内核的企业文化，注重产品品质、运营品质和人文品质的提升。60多年来，华药文化倔强地生根、发芽、开花、结果，正是得益于始终坚持和加强党对企业文化建设的领导，充分发挥党组织这一国有企业独特优势，在关键时刻和重大问题上发挥了把方向、管大局、促落实的作用。特别是近年来，华药全面深化改革，加快转型发展带来企业战略、组织机构、产业结构的全面调整优化，需要建设战略支撑的企业文化，服务于企业战略。公司党委通过研究讨论企业重大决策引领推动企业发展战略制定完善和科学决策，从而发挥了企业文化在战略制定和实践中的作用，为企业文化建设提供可靠的前提和依据。以持续完善品质文化体系为重点，以构建企业文化理念系统为核心，以建立战略导向型企业文化为目标，探索建立了一个符合企业实际、操作性强的企业文化规划体系，极大促进了企业文化建设在实践中创新、在创新中升级、在升级中深入，在落地生根中开花结果。

（二）高位引领，在思想教育中引领推动核心理念转化，着力铸牢文化之魂。作为承载民族医药工业振兴的大型国企，“人类健康至上，质量永远第一”始终是华药的企业宗旨。鉴于此，华药将“责任引领、品质卓越、和谐包容”确定为新的核心价值观，延续了华药“以人类健康为己任，以质量第一为导向，以和谐发展为目标”的经营理念，是对华药历史文化积淀新的诠释和全面升华，为实现“国内领先、国际一流”的战略目标提供了有力的文化支撑。为强化企业文化核心理念宣贯传播，华药各级党组织以公司发展战略和核心理念为重点，广泛开展集训轮训、专题学习、宣讲辅导、竞赛征文等多种形式的企业文化宣贯传播，通过党委中心组学习、华药大讲堂、中青年干部培训班三大学习平台，做到全员、全方位、全领域覆盖。充分利用各类媒体和办公场所、文化长廊、宣传栏板等载体，加强文化阵地、环境和氛围建设，开展可视化传播。利用身边人讲述身边事，加强企业文化的人格化承载、故事化诠释，切实把核心理念转化为全部员工的实际行动，凝聚起广大员工共同奋进的思想基础和价值追求。

（三）立德树人，在发挥典型作用中引领推动行为文化建设，着力坚守文化之本。先进典型是企业文化建设实现人格化的鲜活表现。华药在不同的历史发展阶段，产生过一批又一批先进模范人物。这当中，最有代表性、最具有影响力的是齐名和“齐名精神”。齐名同志是华药金坦生物技术股份有限公司首席工人技师，全国劳动模范、全国优秀共产党员，党的十九大代表，享受国务院特殊津贴。是有“工人院士”美誉的中华技能大奖获得者。以他名字命名的“齐名创新工作室”被中华全国总工会授予“全国示范性劳模和工匠人才创新工作室”。为广泛宣传齐名事迹，弘扬传承齐名精神，华药党委自2012年以来持续开展向齐名同志学习活动，坚持每年选树“品质华药”道德模范，传承劳模精神、劳动精神和工匠精神。同时，还积极组织“践行品质文化 讲好华药故事”主题宣传活动，举办大型故事会，编撰《华药故事集》100篇，打造“华药故事”文化品牌。大力开展“弘扬新时代华药精神”主题宣传活动。挖掘华药精神孕育、形成和发展的背景及过程，提炼“忠诚担当、追求卓越”的华药精神，梳理了华药在不同发展阶段的精神谱系，成为企业改革转型发展的强大动力。

（四）整合资源，在推进宣传工作中引领推动品质文化传播，着力抓牢文化之责。近年来，华药党委高度重视企业文化宣传载体建设，把推进媒体融合作为打通新闻宣传、舆情管控、品牌管理、文化传播的有效途径，大力推进传统媒体和新兴媒体融合发展，通过内部资源、技术、人员的有效整合，形成以“品质文化”为基础、以“报、台”为两翼、以“一网四端”为支撑的运转高效、灵活顺畅的全媒体传播体系，实现了报纸大众化、杂志专业化、电视专题化、网站品牌化、新媒体平台化的“五位一体”媒体发布格局，形成了微信做速度、报台做权威、杂志做深度、官网做传播的多元综合传播形式，打造了具有华药特色的“中央厨房”。并结合中央、行业和地方媒体等外部媒体的有效合作，形成了融媒体“5+N”新闻宣传的全方位、多渠道、系统化传播渠道，为提升企业品牌知名度、营造良好发展环境搭建了重要传播平台。新中国成立70周年之际，配合中央电视台拍摄大型纪录片《我们的征程》第五集《春风化雨》在央视财经频道黄金时间播出，获得广泛关注。

（五）守正创新，在文化品牌建设中引领推动历史文化传承，着力丰富文化之蕴。华药于1994年建立企业标识（VI）系统，早于同行业，形成了“华北制药”品牌，在国内外享有良好赞誉和知名度。2021年品牌价值达273.72亿元。为让企业品牌更具影响力，2018 年华药在河北省医药行业和国资系统首家成体系规划卡通形象，确定了卡通形象“白鸽宝贝——“华小康”。作为华北制药官微的“形象大使”和文化符号，“华小康”卡通形象已融入形象宣传、品牌传播、产品推广、社会公益以及品质文化建设中，提高了企业的社会认知度。自 2015 年开始，依托华药作为“中国工业遗产”“河北省文物保护单位”等资源优势，创新开展“品质文化之旅”活动，广大市民、学生走进华药，亲身领略世界先进的制造体系和管理理念，科普合理用药知识，体验健康消费产品，全方位传递了华药品牌文化与精神内涵，从根本上提升了社会公众对华药品牌的美誉度和忠诚度，成为华药企业文化的标志性项目。

（六）推动发展，在战略管理中引领推动企业文化创新，着力增强文化之力。华药始终重视党组织对企业文化建设的政治引领，不断完善党委部门统筹协调、抓文化传播，专业部门各司其职、抓文化承载，基层单位结合实际、抓文化实践、全员积极参与、共建企业文化的工作体系，有力推动了企业文化建设各项任务落地落实。近年来，围绕公司发展战略，滚动修编《“十四五”企业文化建设规划》，调整完善企业文化建设的目标任务。打造了理念文化体系、视觉文化体系、制度文化体系、行为文化体系、品牌文化体系“五位一体”企业文化战略体系框架，构建起以集团文化为主导，以子分公司文化为支撑的“一主多元”战略导向型企业文化生态。修订完善《企业文化建设考核管理办法》，建立健全企业文化考核评估体系，并纳入企业党建工作责任制考核。积极探索推进安全文化、质量文化、环保文化、廉洁文化、合规文化、服务文化以及绩效文化等专项文化建设，推动企业文化建设与企业管理有机融合。制定《企业文化建设示范点创建工作实施办法》，加强子文化和班组文化建设，选树有代表性的子公司先行先试，并举办“企业文化示范点”展示观摩活动，充分发挥示范点的辐射带动作用，促进专业成线、地域成面，推动企业文化建设开创新局面。六十多年来，华药始终秉承“人类健康至上，质量永远第一”的企业宗旨，经营范围不断拓展，发展业绩保持优良，主要经济技术指标始终处于国内同行业前列，形成了化学药制剂、生物生化药、原料药、农兽药、健康消费品五大产业领域，踏上了以智能制造和绿色制造为双引擎的高质量发展之路。

（华北制药集团有限责任公司）

重塑企业文化　激发转型动力

杭州巴士传媒集团有限公司

杭州巴士传媒集团有限公司成立于 1984 年。作为中国城市公交户外媒体开拓者，国内领先的城市出行场景媒体传播平台，杭州巴士传媒集团以巨大的品牌引流深刻影响着消费者的品牌认知与选择。

近年来，随着互联网技术的不断发展，传统的公交广告作为一个精准投放的关键流量入口，也不得不面临着数字化转型的迫切需要。就公交广告数字化转型的方向来看，数字化、数据化、精准化是发展趋势，通过技术手段，包括物联网、5G、人工智能等实现公交媒体的高阶转型是每一个公交媒体公司绕不过的路径。

伴随着公司的战略转型，企业文化是公司战略落地的重要保障措施和支持要素，要将一家以制作工艺为主导的传统公交广告公司转型为市场驱动的创新运营型企业，以企业文化塑造出一支专业、创新、开放的团队是必要条件。近三年来，公司通过调查研究、座谈访谈、群策群力，全面升级了以“专业第一、创新进取、包容开放、合作利他”为核心的企业文化内容，最终形成了涵盖理念层、行为层和传播层，既突出导向作用，又包含落地实施，兼具引领性和操作性的全新企业文化体系，在企业战略转型发展过程中不断发挥积极引领作用。

一、全新企业文化系统的主要内容

杭州巴士传媒集团三十多年的文化沉淀有着丰富的精神内涵，是宝贵的精神财富。为适应市场化、国际化发展需求，公司企业文化建设也与时俱进，内涵不断丰富和完善。自 2019 年开始，公司开展企业文化全新升级项目，梳理公司企业文化理念，汇编员工手册，进行企业视觉识别系统的提升，逐步形成了巴士传媒人所认同并遵守的使命、愿景与价值观。

（一）使命：致力于为客户、员工和股东持续创造价值增量

这是个追求增量而不是存量的时代，面对激烈的市场竞争，持续为客户创造价值增量是企业赖以生存的根本之道，只有持续为客户带来价值增量，才能不断提升客户黏性，获得认可，从而为企业发展注入动能；只有持续为员工创造价值增量，才能使企业与员工之间相互成就，持续成长，良性发展；只有持续为股东创造价值增量，才能赢得股东认可，为企业战略发展赢得更大的战略支持，使企业不断做优做强做大。

（二）愿景：打造国内一流，行业领先，受人尊敬的大型综合性传媒集团

实现行业一流的企业管理，专业创新能力与绩效要在行业内保持同规模下的持续领先，并塑造富有正能量和社会责任感的价值观与企业文化，实现高绩效的同时，不断追求客户的认可、员工的满意和社会的广泛尊重，为员工带来归属感、获得感与自豪感。

（三）价值观：专业第一、创新进取、包容开放、合作利他

专业第一：以专业能力致力于不可替代。专业即效率，专业即尊严，专业即价值，专业即竞争力。对专业的追求永不止步，并愿意为之付出全部努力与行动。用专业精神和专业能力影响更多的人，获得认可；用专业精神和专业能力致力于绩效的持续提升。

创新进取：过去决定现在，现在决定未来。提升眼界，提高格局，突破瓶颈，全力以赴；不满足于现状，尝试在多维度突破与创新，包括微创新；拥抱变化，创造正向变化，主动作为，主动担当，主动学习，深度思考。

包容开放：阳光心态兼容并蓄。放弃偏见，坦诚沟通；拥有积极、宽容、感恩、乐观和自信的心智模式；勇于打破边界，换位思考，勇于自省。

合作利他：团队协作利他共赢。积极融入团队，服从大局，协作共赢；乐于分享，乐于奉献，乐见成长；积善行，思利他，存敬畏；拥有正能量，传递正能量。

围绕全新企业文化系统，公司从行为规范、宣贯传播等层面进行了系统重塑，开展了一系列凝聚共识、深入人心的文化活动，并以此为基础进行广泛、持续传播，促使企业文化真正成为整个企业的信仰和追求，为公司战略转型提供了强大的精神驱动力。

二、全新企业文化系统的落地策略

自 2019 年底全新企业文化系统发布之后，公司从企业文化建设工作出发，围绕内化于心、固化于制、外化于行三个方面，组织培训学习、丰富文化传播，充分发动了员工积极性与创造性，让全新企业文化在员工心中落地生根。

（一）内化于心，打造以专业第一为核心的企业文化

自上线全新企业文化系统后，公司每年组织开展专业竞赛、知识竞赛、技术比武、评先树优等活动，同时也会定期开展兴趣派、运动会等各类文体活动，传递以“专业第一”为核心的企业文化价值观。在公司日常工作中，高层管理者也会身体力行地参与各类文化活动，并通过经理接待日等座谈会倾听员工心声，关注员工的成长和生活，推动企业文化建设。

（二）固化于制，实现企业文化与企业管理的融合

企业文化的制度保证就是指通过建立和完善企业的组织制度，使企业所倡导的价值观念和行为方式规范化、制度化，使员工的行为更趋合理化、科学化，从而保证企业文化的形成和巩固。公司结合自身经营实际与全新企业文化系统理念，近三年来逐步形成了新版《员工手册》及相关的一系列文化规章制度，从不同层面、不同范围对全体员工行为进行明确和规定，形成了员工自觉、有序地遵守和维护企业制度的思想观念，进一步完善了企业管理。

（三）外化于行，企业文化影响员工行为习惯

公司围绕全新企业文化系统通过开展各类文化学习活动积累沉淀、提炼总结一年之余后，2020 年下半年开始逐步形成了“仪式感文化”“学习文化”“活力文化”等特色文化体系，进一步促进员工潜移默化地接受并践行文化价值观，并有效提升了员工归属感、幸福感与满意度。

“仪式感文化”方面，通过推出“巴士情周年文化”，在“激情三年”“真情五年”“长情十年”“终身校友”等具备里程碑纪念意义的日子里为员工授予勋章，增强员工归属感。

“学习文化”方面，一是从 2020 年开始每年推出“遇见成长”系列年度学习成长计划，通过丰富的培训活动与课程体系进一步促进员工个人提升与发展。二是成立“点尘读书会”，通过定期线上共读与线下分享会的形式，帮助员工拓宽知识面，开阔视野。

“活力文化”方面，通过开展员工关怀类、体育竞技类、节日福利类活动，渗透员工业余生活，让员工能够真正实现“热爱工作，丰富自己，理想生活”。

过去三年的时间里，公司逐步将重塑后的企业文化理念传递给每一位员工。面向未来，公司将总结提炼过去发展中的企业文化建设精髓，同时也将以更加包容开放和谦逊的态度，逐步完善企业文化系统，不断增强企业的整体文化软实力和核心竞争力，以更好的文化激发公司转型动力。

（杭州巴士传媒集团有限公司人力资源部王姣蕾、彭琳）

坚持党建引领　助推企业发展

国家电投集团湖北分公司

国家电投集团湖北分公司（以下简称“湖北分公司”）党委始终坚持以习近平新时代中国特色社会主义思想为指导，深入贯彻落实全国国有企业党建工作会议精神，积极践行新发展理念，紧紧围绕“1+2+3+N”的党建工作思路，坚持“融入中心抓党建，抓好党建促发展”，加强党建工作与中心工作的深度融合，为公司实现高质量发展提供坚强保证。

一、党建工作具体实践

1. 坚持“一个统领”，谋划党建布局

一是公司党委将学习贯彻习近平新时代中国特色社会主义思想和党的十九大精神作为首要政治任务，党委领导班子带头专题学习并讲党课，邀请省委宣讲团开展主题宣讲，党员学习宣贯十九大精神实现全覆盖。

二是扎实开展党史学习教育，坚持以学为基、向实问效，用实际行动将学习党史的成果转化为办实事、真办事、办成事的新动能。深刻领会集团公司历次党组（扩大）会议精神和重大决策部署。

三是规范确立党建治理的顶层设计，全面落实并严格执行党建工作进章程，落实党委决策前置程序，把党的领导纳入公司治理体系，完善“三重一大”决策合法性审查机制和相关规章制度，充分发挥政治核心作用和“把方向、管大局、促落实”作用。

四是每年召开党建工作会暨党风廉政建设和反腐败工作会议、党委会、专题会研究部署党建工作，统筹制定党建工作三年规划、党建工作要点，制定党建工作管理提升大纲和党建、党风廉政建设、群团统战相关工作规则，为工作开

展提供根本遵循。

2. 建立“两个机制”，明确党建责任

一是公司党委把党建工作机制、党建责任机制作为落实党建布局的基本保障，逐步落实组织保障和人员保障。

二是建立以党委、党群归口部门、党支部为组织架构，配齐支委和支部专兼职人员。

三是公司党委与党支部签订党建工作责任书，制定党建工作责任制管理办法和党建工作责任清单、台账，制定“大党建”对标管理体系，明确党建责任机制，关注支部的政治责任和支委“一岗双责”履职情况，开展党支部年中党建工作自查整改和工作调研，公司党建工作体系基本形成。自2019年度开始，将党建责任制考核结果纳入综合业绩兑现。

3. 夯实“三基建设”，打牢党建基础

公司党委以问题为导向，坚持补短板、强基础，夯实“三基”建设。

一是完成了公司党委、纪委的成立和选举工作，根据公司组织架构调整和便于管理，先后调整了基层党支部，按期完成支部换届选举，基层党组织实现全覆盖。

二是选配兼职党群人员，配合支部做好日常工作，加强党支部党的建设。

三是制定党群规章制度框架体系，制定党群工作制度45项，编制党建工作指导手册和党支部工作指导手册、标准化党支部工作手册第一、二版、党建责任+清单和台账，梳理流程表单，制定党委理论学习中心组学习内容安排、党员发展计划、培训计划等各类参考计划。

4. 推动群团工作，构建和谐企业

一是成立了工会、团委，完成工会“两委”选举和团委选举，根据组织架构调整，成立、调整了分工会、团支部设置，制定群团工作制度体系，群团组织基本建立。

二是坚持民主管理，通过职代会、年中党委（扩大）会、内部通报等各种形式深入推进党务公开、司务公开，保障职工的知情权。开展“青年大讲堂”“建功创一流”等主题实践活动为载体，深入基层开展慰问活动，荆门公司开展技能培训、技术比武等，光伏分公司开展技术交流和创新创效活动，积极参与集团公司“三好一秀”，做好“三送三请”工作，成立了各类文体兴趣小组，举办三八节旗袍秀、区域气排球邀请赛等活动，推动年度生产经营任务完成。

5. 紧抓舆论引导，积极传播正能量

一是坚持党管宣传，党管意识形态原则。搭建公司门户网站、逐步明确微信公众号宣传工作定位，制定公司宣传思想工作整体计划，明确新闻宣传工作目标和总体要求，对全年重大宣传节点进行梳理，有的放矢。

二是明确工作职责，建立新闻宣传机制。根据集团公司宣传思想文化工作会议精神和相关要求，在原有的新闻宣传通讯员准入机制基础上，明确各三级单位综合管理部为新闻宣传归口管理部门，并要求鼓励各单位与地方媒体加强沟通，通过当地媒体及时宣传报道投资及经营、履行社会责任、环保生态保护等情况。树立良好品牌，培育利于扩大当地投资有利环境，增强国家电投在地方品牌效应。

三是抓好重大新闻宣传。近三年，公司组织对学习贯彻党的十九大、二中、三中、四中、五中全会精神和习近平新时代中国特色社会主义思想、“不忘初心、牢记使命”、党史学习教育、新冠肺炎疫情防控、防洪工作等重大主题，以及建国70周年、建党100周年等重大节日，关心关爱、党风廉政建设和反腐败教育月、“保密宣传周”、安全生产月等重大时段的新闻宣传工作；围绕公司职代会暨工作会等重点工作，光伏、风电、综合智慧能源等工程建设和生产经营重要进展开展宣传工作。对疫情期间涌现出的先进个人和集体进行了广泛的宣传报道。

6. 畅通信息渠道，共建企业文化

一是扎实推进企业文化建设。2020年，公司在《国家电投湖北省区域“十四五”及中长期发展规划》中明确了企业文化和品牌建设规划，以党的十九大及历次会议精神、习近平总书记系列重要讲话精神和集团公司“2035一流战略”及中长期发展规划为指引，以区域统筹、引领区域发展为统领，以能源服务、智慧生态、电力交易、氢能产业为主线，着力培育和建设一批国家电投业务品牌、产品品牌、技术品牌、服务品牌和人文品牌，提升国家电投在鄂品牌形象和牵引能力，公司员工忠诚度、行业信誉度、社会美誉度显著提升。

二是近年来公司党委畅通信息渠道，组织广大干部积极建言献策，多次召开党委沙龙、党委专题会等，最终确定下来“十四五”期间湖北分公司的基本发展战略，让发展方向更加笃定，让价值理念更加鲜明，让自身定位更加清晰，让方法路径逐步成熟，一步步实现公司愿景和目标。

二、党建引领取得的实效

装机实现爆发：截至10月底已实现投产装机185万千瓦，在建70万千瓦，储备新能源项目270万千瓦，集团公司2个场景的综合智慧能源示范项目（荆门、麻城）实现投运，智慧城市、电氢替代、储能等三新业务和配售电业务稳步推进，资产同比增长63%，预计2021年将突破投产装机220万千瓦。

管理得到提升：从2015年简陋的全体会议到2020年的职代会，从“项目开发”向“项目开发、立项核准、工程建设、运行维护、市场经营”转变，从单一模式向全方位业务形态和综合管理转变，从管理提升、管控改革到优化巩固、不断完善，从最初的15人到区域统筹的12家单位，从几名党员的党总支到区域党建联建共建，从打好疫情防控和防洪防汛阻击战到发扬“店小二”精神履行区域统筹使命，基本形成了适合和匹配区域公司高质量发展的组织架构和框架体系。

三、工作启示

习近平总书记强调，坚持党的领导、加强党的建设是国有企业的“根”和“魂”。企业能否沿着正确方向航行，关键在于是否一以贯之地坚持党的领导、加强党的建设。湖北分公司五年的前行，充分体现了贯彻落实国家电投“2035一流战略”的发展方位感，用实践证明了治理规范、迎接挑战的能力和勇气，湖北分公司发展中的每一步都证明了党建工作做实了就是生产力，做细了就是凝聚力，做强了就是战斗力。

未来，努力奔跑的湖北分公司将不忘初心，继续以习近平新时代中国特色社会主义思想为指导，坚决落实集团公司“2035一流战略”第二阶段工作部署，坚定履行集团公司赋予的区域统筹使命，大力发展风光可再生能源，创新发展综合智慧能源，实现装机规模爆发增长，致力建设以清洁高效和智慧生态为竞争优势的创新型能源企业，在荆楚大地续写国家电投高质量发展的新篇章！

（国家电投集团湖北分公司供稿）

坚持党建引领
助推文化服务精准有效供给

国家能源集团神东煤炭集团

一、背景和意义

坚持党的全面领导，是国有企业的“根”和“魂”，是我国国有企业的独特优势。神东煤炭集团作为央企骨干企业，保障煤炭安全、稳定、清洁供给，发挥好能源供应的“稳定器”和“压舱石”作用，必须加强党组织建设，才能确保企业发展战略方向的正确性，推动企业发展战略目标的实现。强化党的建设，坚持党组织领导企业文化建设，发挥企业核心价值观的引领作用，为一流企业文化建设和文化服务供给提供政治保障。

国能神东煤炭企业文化中心（以下简称“企业文化中心”）作为“文化建设与实施”的主责单位，作为文化服务的提供者，成立三年来，秉承“党建引领、文化聚力、共创共惠”的工作理念，始终聚焦两级公司发展战略和目标任务、聚焦职工群众对美好生活的向往“两个聚焦”，充分发挥党组织的引领和带动作用，着力推进创领文化践行工程，在推进文化建设系统化、文化惠民品牌化、文化产品精品化、文化活动常态化、文化服务精准化、场馆管理智能化“六化建设”上进行了积极的探索和有益的尝试。

二、实践与做法

1. 实施“13851”党建工程，发挥好党组织在企业文化建设中的战斗堡垒作用

“13851”党建工程是指围绕“一个目标”即全面提高党的建设质量和实效；强化“三个着力”即强化理论武装，夯实基层基础，推动党建引领、责任体系落实落地。采取“八项举措”即“三个结合”：构建学习贯彻与主题教育、制度建设、文化践行结合机制；“五个坚持”：坚持“六+学习法”、坚持分层分类学、坚持领导带头学、坚持以学促行、坚持查改贯通。做到“五个融合”：在思想引领上、系统谋划上、体制机制上、载体建设上、考核评价上的深度融合，做到党支部领航向、强堡垒，党员争示范、当先锋。创建“一个品牌”：创建一个“文化共享、融合创新”党建品牌，用一流党建引领世界一流示范企业文化建设，按照“一年打基础补短板、两年抓巩固促提升”工作目标，开展“制度建设和执行能力提升年”，逐步打造一支政治强、信念坚、本领高、作风硬的党员干部队伍，推进一个党支部线上线下‘文化”共享活动阵地高标准建设，创新载体，拓展活动，强化特色，不断增强党建与企业文化建设工作深度融合。

在“13851”党建工程推动下，企业文化中心立足企业文化宣贯践行职责定位，将既有要素重新组合，实现组合创新，多点联动，多措并举，推动文化建设系统化。坚持问题导向，以“品牌打造+文化输出”“科技项目+课题研究”“调研检查+活动引导”“专题培训+公益培训”4+方式，系统推动文化理念在制度建设、安全管理、科技创新、人才培养等方面的融合互促。

2. 搭建“党建+”实践平台，充分发挥党员在企业文化建设中的先锋模范作用

如何促使神东员工具有高度的文化自信度和认同度，在丰富思想滋养中凝聚干事创业的精气神，这就需要进一步探索“党建+”实践平台，大力开展“党建+企业文化”工作，不断激发党员的积极性、主动性、创造性，使每名党员都能成为奋勇向前的战士、创新发展的勇士、敢立潮头的斗士，推动神东文化工程建设。企业文化中心作为神东企业文化宣贯实施主责单位，在搭建“党建+”实践平台上，作了一些探索和实践。

2019年，在中心党组织安排部署下，全体党员以新中国成立七十周年为主题，深入开展企业文化宣贯“五个一”活动，即“一场创领文化践行应用交流分享会、一场庆祝新中国成立70周年主题会演、一次企业文化管理能力提升专题培训、一次优秀语言类剧本评选、一次“与祖国同行、铸神东辉煌”主题展，活动的开展进一步浓郁了公司企业文化建设和传承的氛围。

2020年，在新冠疫情常态化管控形势下，企业文化中心成立党员文化创研小分队、党员工程资产骨干小组、党员科技攻关小组，在疫情防控、工程改造、科技创新上发挥先锋模范作用，带领员工群众精心创研抗疫主题文化产品，推动文体中心主楼改造项目顺利进行，探索“智慧文化云服务模式”，助力文化建设工作顺利推进。两个科技创新项目获得公司科技进步二等奖、三等奖，数篇论文获公司、地方奖项。企业文化中心荣获“十三五”中国企业文化建设“优秀单位”。

2021年，企业文化中心持续探索“党建+重点工作+重大活动”的实践平台，围绕“永远跟党走”这一主题，在党史学习教育氛围营造、庆祝建党一百周年大型文体活动承办、系列文化惠民暖心清单推送、我为群众办实事路线图绘制等方面，取得了一定的成效，涌现出了一批关键时刻“站得出、冲得上、打得赢”的优秀共产党员，切实发挥了党员的先锋模范作用，让党旗在基层一线高高飘扬。譬如为营造浓厚的党史学习氛围，中心党史学习教育与中国共产党成立100周年庆祝活动有机结合，统筹推出“重温红色记忆 激发奋进力量”庆祝中国共产党成立100周年“五个100”主题系列活动。自2月底开始在“文化神东”上以“图•文•声”形式持续展播。党员王玉丽作为活动的主要策划者之一，从前期活动的整体策划到每期内容的审核把关推出，再到活动期间阶段性总结宣传推广，投入了较大的精力，力争做到每期内容主题鲜明、特色突出。在中心各部室积极配合下，活动的开展受到了员工的广泛关注和自觉参与。截至10月底，5个100线上系列活动点击量近20000人次，营造了浓郁的党史学习氛围。

3.修订完善党建相关制度，进一步畅通企业文化建设的体制机制

企业文化中心成立后提出了“一年打基础补短板、两年抓巩固促提升”总体思路，厘清现状，找到差距。以提升组织力为重点，突出政治功能，以基本组织、基本制度、基本队伍“三基”建设为切入点，实施“13851”党建工程，健全党建工作责任体系，完善和落实中心党支部议事规则和决策程序，落实“四同步四对接”要求，公开选聘配齐配强党务工作人员，建立“党建+长效机制，实现党组织把方向、管大局、保落实发挥作用的组织化、制度化、具体化。

在制度保障运行方面，制定了《神东企业文化中心（文体中心）党建引领业务发展管理办法》等十三项党建群团与综合管理制度，进一步促进党建工作与业务工作深度融合，全面促进业务发展，实现中心“党建引领、文化聚力、共创共惠”工作理念落实落地，满足神东员工群众对美好生活的向往和需要。在党建引领业务发展管理办法的工作目标中，将创建示范、标杆党支部要求制度化；在工作机制中，健全党支部在党建引领业务发展中发挥战斗堡垒作用的制度机制，深入推进党员责任区、示范岗工作，进一步夯实党支部战斗堡垒作用，充分发挥党员的示范引领作用，锻造出一支“有担当、干实事”的党员队伍，促进党建与生产经营等业务工作融合发展。制订《神东企业文化中心（文体中心）党员学习教育管理办法》，将党员积分考核管理一体推进，从积分考核标准、规则、流程、应用，以及党员监督和处置，引导党员增强“四个意识”、坚定“四个自信”、做到“两个维护”，激励党员做“五个带头”“四讲四有”“四个合格”的合格党员。制订了《神东企业文化中心（文体中心）安全生产责任制管理办法》等七项安全运行与工程管理制度，进一步巩固安全生产责任体系建设成果，加快推进责任体系考核、党建引领与安全绩效考核深度融合，形成常态化考核机制和责任追究机制，将党的思想建设与强化安全意识结合起来，积极发挥了思想引领的优势。

坚持问题导向，强基固本是提升党建工作的必要手段。各项党建相关制度的修订，为下一步企业文化建设和践行应用打下了坚实的基础。

三、下一步工作启示

1.要坚持党建引领。企业党建为企业文化提供正确的思想政治保障，企业文化为企业的健康发展提供文化沃土和精神养分，两者是相辅相成，相互促进的。在企业文化践行和文化服务供给中，一是要发挥好党组织的战斗堡垒作用和党员的先锋模范作用，强化企业领导者在文化建设中示范作用。二是推进核心价值观转化。要进一步明确企业文化核心定位，明确企业行为中什么有价值或者最有价值，什么是企业倡导的员工必须践行的，使其成为员工行为标尺和行动遵循。三是构建企业核心价值观综合考评体系，形成价值观考核倒逼机制。通过薪酬、员工参与、文化活动等相关激励政策，提高全员参与文化建设和文化服务供给，增强价值观的渗透力。

2.要重视员工深度参与。员工群众是文化践行落地的主体。中心在促使文化转化落地过程中，各项文化活动设计要进一步聚焦员工需求，重视员工参与，与员工群众深度互动，引导参与到文化活动中来，真正达到以文化人的目的。

3.要树立问题导向思维。文化践行过程中，要重视遵循“发现问题、分析问题、解决问题”的管理路径，充分发挥文化的管理属性，真正用文化指导管理问题的解决，促进管理水平提升。

（国能神东煤炭企业文化中心党支部书记、主任韩浩波，办公室副主任王玉丽，党政办公室主任袁建平）

以党建“三融”创新引领企业文化建设

国能浙江北仑第一发电有限公司

国能浙江北仑第一发电有限公司充分发挥党组织坚强领导对国有企业文化建设的定向把关作用，近年来，电厂党委以习近平新时代中国特色社会主义思想为指导，通过强化党建工作创新引领企业文化建设，坚持党的文化建设服务于企业改革发展中心任务，深化“三融”载体提升文化竞争力，实现了党建工作与企业文化建设相辅相成、相融共进，真正实现以文化力提升竞争力，为创建世界一流示范企业提供坚强文化保障。

一、打造“融学”载体：创新教育强堡垒

“中国共产党为什么能，中国特色社会主义为什么好，归根结底是因为什么行？”2021年7月，该厂开展“建党百年 峥嵘岁月”第二季度考学测试，以习近平总书记“七一”重要讲话精神为主要内容，全体党员参与测试，平均分超过95分，进一步强化“七一”重要讲话精神的学习效果，深化党员职工“融学”模式。

2020年年初，公司党委开始用心打造“述学、评学、考学”制度，引导党员制定年度学习目标，每月一抽查学习情况、每季一检验学习效果、每年一总结学习成果，有效避免

日常学习流于形式、浮于表面，做到全员覆盖学深学透。每年依托学习强国平台开展主题学习竞赛，党员带领指导群众共同参与学习，每季度开展考学测试，评选“学习标兵”，2021 年两个季度就有近千余人次达到标准获得标兵称号。

党课是党员教育中重要的不可或缺部分，是政治的、艺术的和技术的有机结合。公司党委精心打造“党课开讲啦”品牌，推出党课系列讲堂，从党委委员“主题讲”、先进模范“现身讲”、技术专家“专题讲”到普通党员“体会讲”，拓宽党课的深度和广度。2021 年，共开讲党课 28 次，并首次开展党支部书记讲党课竞赛。同时，公司开展主题微党课竞赛，为党员提供展示学习成果舞台，传递信仰和担当，微党课《传承》被“学习强国”平台录用。

公司党委连续 10 年打造道德讲堂风尚高地，至今已开展道德讲堂超过 100 期。围绕爱国爱家、爱岗敬业、诚实守信等主题，公司组建讲师团，深挖身边榜样事迹，运用故事宣讲、红歌快闪、汉服朗诵、手语感恩、现场祝福等多种形式，增强道德讲堂吸引力，传播核心价值，成为职工能量加油站，受众职工超 5000 人次。承办过宁波市“志愿服务”主题道德讲堂，集团公司“争当大国顶梁柱”主题道德讲堂华东区域宣讲等活动。

非学无以广才。公司党委创新党员教育方式方法，打造学习品牌，营造全员学习、学出成效的良好氛围。在今年的党史学习教育中，公司已开展专题宣讲 149 次，参与人员超过 2000 人次；开展红色基因教育 50 次，参与人员超过 1000 人次；在各级媒体发表相关文章和心得近 400 篇，切实做到学史增信、学史明理、学史崇德、学史力行，激发党员职工干事创业的活力与动力。

二、打造“融坚”平台：党员攻坚当先锋

狂风、巨浪、暴雨，2021 年夏天，台风“烟花”给浙江省多地造成严重影响。“北仑电厂是华东电网的能源枢纽，确保机组安全，就是我们的责任。”从 7 月 23 日到 26 日，连续 4 天 4 夜，96 个小时，运行部主任、第六党支部书记林志峰时刻绷紧安全弦，坚守阵地，靠前指挥。实在太累了，就在办公室休息一下，饿了就吃几块饼干。

“我是党员，就要带好头。”面对困难考验，公司党员冲锋在前，哪里有需要哪里就有他们的身影，坚守一线确保机组可靠运行，“实干、奉献、创新、争先”的文化价值观早已在全体党员心里扎根。在“烟花”侵袭的最危急关头，公司两天完成发电量 1.4 亿千瓦时，为浙江省打赢防汛抗台战役提供强大能源保障。

“困难面前冲得上，关键时刻顶得住，切实发挥好党组织战斗堡垒作用和党员先锋模范作用。”无论是高温寒潮、台风雨雪，还是重大改造、突击抢修，公司党委都发挥党组织的坚强堡垒作用，带领党员始终聚焦难题冲锋在前，真正锻造一支红色铁军。

2020 年新冠疫情期间，公司党委开展“一防三保我带头”“战疫当先锋 夺取双胜利”主题党日，成立 9 支党员突击队全力攻关，下发防控手册 4000 余册，排查人员超过 10 万人次，打赢疫情防控“阻击战”。当年，累计发电 232.68 亿千瓦时，对外供热 797.61 万吉焦，为助力经济发展做出贡献，同时，获集团公司抗击新冠肺炎疫情先进集体。2021 年，公司党委印发《关于充分发挥党组织和党员在疫情防控攻坚战中战斗堡垒和先锋模范作用的通知》，全力构筑起疫情红色防护网。

青海省刚查县热水煤炭产业园区是该厂精准扶贫对口帮扶点。产业园区所在位置海拔 3700 米，自然条件非常恶劣。该厂党委组织党员克服困难，忍受着高原头痛等诸多不适，在当地考察实际情况，并与热水煤炭产业园区奥凯民族寄宿制小学，开展“心连心 山海情”文化志愿服务活动。

同时，公司党委两次邀请青海党员来浙江参加“两山”理论培训班和管理技能培训班，通过党支部结对、寄送党建书籍、组织到电厂参观、党员点对点交流指导党建经验、援建党支部党员驿站等多种文化活动，确保党建扶贫有效落地。

三、打造“融亮”品牌：文化强基促发展

公司党委注重创建党建文化特色品牌，围绕“找准重点、突出特点、展现亮点”进行传承创新，将党建引领文化创新工作成效转化为企业发展优势。

《党员带头，全面推进供热市场拓展与综合能源服务建设》《发扬创新精神，优化调运节奏，全力以赴降控燃料成本》……2021 年，该厂“创一流 谋发展 开新局”党员集体立功竞赛成立 32 个项目组，涵盖企业全年重点难点工作。

自 2009 年以来，公司创建项目化管理“党员集体立功竞赛”党建品牌，通过把牢立项关、过程关、标准关和评审关，激发党组织牵引激励、党员率先垂范、集体创新创效。截至 2020 年底，已完成 471 个项目，评选优秀项目 221 个，累计创造经济效益超过 3 亿元，品牌案例被人民网、《国企·党建》等媒体选用推广，在地方和系统内形成较大影响力。同时，公司党委推进党员示范责任区、“党建+安全”、党员突击队、党员先锋岗等品牌创建，以生产经营、日常管理上的难点、堵点、热点问题为重点，问诊短板、治理沉疴，形成党员示范共克难关品牌示范效应。

“要发挥好劳模等先进模范作用，形成创新创效合力。”公司党委创建由浙江省劳动模范张立牵头的劳模创新工作室，短短 5 年，成立 17 个攻关课题小组，完成 16 项技术创新项目，其中煤种掺烧“全价值链”效益评价研究课题，每年至少可节约直接燃料成本 1 亿元；张立劳模创新工作室成功入选浙江省劳模创新工作室。

公司党委依托中央企业首批基层示范党支部生产技术党支部，因地制宜创建“红蓝”党建文化长廊。示范阵地以寓意红心向党的红色和匠心筑梦的蓝色为两大主线，通过展示党的发展历程、党支部特色经验做法、优秀党员等，提升凝聚力与向心力。该阵地被评为宁波市国资委国企党建示范阵地。同时，该厂党委以示范阵地为辐射，引领其他各支部把党建阵地“活”起来，在规范标准前提下突出特色和实效，

提升党建工作整体水平。

2021年7月以来，公司党委又组织开展“央企百年跟党走”主题党日活动，各党支部、党小组结合党史学习教育，多种形式提升主题党日实效。党员们集中学习习近平总书记“七一”重要讲话及其他重要指示批示精神，增强对党领导中国人民百年来取得的历史成就的认识；参观“党章学堂”、清风馆等红色基地、主题展览，从第一手史料中加深对党百年征程中一往无前奋斗姿态的认识；开展“四史”学习、红色电影观看、红色故事宣讲等，强化对党在革命、建设和改革不同时期发挥伟大作用的认识，切实做到学党史、悟思想，感党恩、跟党走，也进一步增强了党建文化凝心聚力作用，更好激发了全体党员干事创业激情，有力推动了企业高质量发展。

（国能浙江北仑第一发电有限公司党建主办　刘优芬）

坚持党建引领　绘制新时代文化图谱赋能企业高质量发展

南京钢铁集团有限公司

党的十九大提出：文化是一个国家、一个民族的灵魂。没有高度的文化自信，没有文化的繁荣兴盛，就没有中华民族的伟大复兴。南京钢铁集团有限公司（以下简称“南钢”）坚持以习近平新时代中国特色社会主义思想为指导，积极践行新发展理念，坚持党建引领，坚定文化自信，把先进的文化理念贯穿于企业生产经营和改革发展的全过程，在企业数字化转型过程中创新企业文化管理，以“智联价值，让制造更加美好，让工业更有力量”的核心理念，绘制文化图谱。以战育人，规划员工行动自觉目标落实步骤；以客为尊，设计企业文化建设配套制度规划；以“知、信、行”为抓手，夯实企业文化建设工作，倾力打造以奋斗者为本、共创共享为核心的南钢特色文化。以文铸魂、以文强企、以文塑形、以文聚力，在建设企业品牌、凝聚员工队伍，助推企业生产经营、转型发展、全面创新等方面发挥了文化的引领、凝聚及激励作用，为企业高质量发展提供精神力量和文化支撑。

党建引领　以文铸魂

习近平总书记指出：“坚定中国特色社会主义道路自信、理论自信、制度自信，说到底是要坚定文化自信，文化自信是更基础、更广泛、更深厚的自信，是更基本、更深沉、更持久的力量。”作为混合所有制改革先行企业，南钢坚持以高质量党建引领企业高质量发展，围绕企业“十四五”战略规划，用心绘制文化图谱，实施文化驱动，在转型升级实践中培育了优秀的党建文化，推动企业实现更高质量、更高水平的发展。

以“三领一铸”工程为统领，坚持党建领航，把党的方针政策融入公司治理各环节，把企业党组织内嵌到公司治理结构之中，聚焦价值创造，聚焦改革难点，使党组织成为推动企业高质量发展的“红色引擎”，确保了企业正确发展方向。坚持组织领先，以钢铁先锋工程为抓手，创新开展党组织先锋活动，筑牢战斗堡垒，激发组织活力；坚持党员领跑，提出打造“思想觉悟高于群众”，学习能力高于群众，业务技能高于群众，工作业绩高于群众，树立“思想先导、行动先行、克难先锋”党员领跑新标杆。

以党的红色基因激活企业的活力因子，全方位开展红色历史、红色文化教育，厚植政治根基。在“十四五”战略规划中设置专门的企业文化板块，把优秀的文化基因融入顶层设计，推进价值理念的迭代进化，构建面向未来、适应竞争、兼顾多方利益的企业文化体系。组织公司中高层人员及基层党支部书记赴井冈山、延安等革命圣地接受红色教育，对新加盟职工进行红色基因导入，用共同的理念塑造人。

创新驱动　以文强企

企业文化是软实力，创新是原动力。南钢积极贯彻新发展理念，围绕“创建国际一流的智慧生命体”的企业愿景，聚焦以创新能级为首的六大能级提升，以产业数字化、数字产业化、治理数字化、数据价值化为主线，不断提升创新“高度”，加快创新“速度”，夯实创新“厚度”，挖掘创新“深度”，构建面向未来的增长动能，引领行业技术发展。

聚焦行业关键共性技术、基础工艺技术、原创性技术研究及数字化研发应用，以基础研究、自主创新、协同创新助推企业智慧生命体建设，打造全球化高科技产业集团。汇聚国内外优势研发资源，打造“2+3+5+5”的国际级、国家级、省级、企业级创新平台体系，抢占产品及技术研发制高点。

坚持数字化转型，从落实制造强国战略和推动形成“双循环”新发展格局的高度，主动将工业互联网建设融入数字中国建设的全局之中来谋划。以市场领技术，用产品拓市场，推动产品和服务的数字化升级，打造差异化、场景化、智能化的数字产品和服务。南钢建成世界首条专业加工高等级耐磨钢配件化、零件化、柔性化生产的“5G+工业互联网”JIT+C2M智能工厂。

坚持“创新入魂，享受进化乐趣”的创新观，弘扬“艰苦创业、开拓创新”的企业精神，建立三级创新体系，推进全面创新、全员创新、全要素创新。构建互联网思维下的阿米巴生态圈，形成“中巴、小巴、微巴”三级巴组织，最小是班组级微巴，员工既是“CEO”，也是平台创客，通过一系列的降本经营活动，焕发了全员的阿米巴经营意识，各类阿米巴降本增益活动如火如荼开展，进行阿米巴赋能，点燃了员工的工作激情。

责任担当　以文塑形

南钢以“挺钢铁脊梁，筑强国之基”为己任，将企业命运与国家发展紧密相连，以情怀铸脊梁，以责任行大道，积极履行社会责任，努力实现企业与社会的可持续协调发展，展现了南钢人的家国情怀和企业公民的责任担当。

坚持“绿水青山就是金山银山”发展理念，秉承“善行利他，共建美好生态”的生态观，坚定不移地推进工厂花园建设，倾力打造国际先进水平的清洁工厂，建设碧水蓝天、环境优美、空气清新的美丽都市型生态化钢企。

在精准扶贫方面，制定行动方案，连续四年开展全国100个贫困县乡村医生健康扶贫公益项目。为国家级贫困县捐赠800万元环境保护基础设施，送温暖、送产业、送技术、送动能。组织“爱心暖冬”公益捐赠活动，通过特殊党费等形式捐赠物资、认购农产品，助力打赢脱贫攻坚战。

共创共享　以文聚力

党的十九大提出“以人民为中心”的思想，南钢始终坚持为员工谋幸福、为顾客谋发展、为股东增回报、为社会担责任、为相关方创共赢的初心和使命，持续加强人文关怀，建立惠及全体员工的共创共享体系，倡导共创共享文化，打造和谐共生、合力共创、幸福共享的利益共同体、事业共同体与命运共同体。

以“至精至诚，超越客户期望”的客户观，持续开展客户满意工程建设，追求从“客户满意”到“客户感动”，再到“极致体验”，塑造让顾客满意是每个员工共同追求的服务文化。以“凝聚党建合力、打造南钢产业链”为目标，构建党建联盟工作机制，发挥聚合联动效应，凝聚发展合力，推动南钢C2M生态圈高质量发展。

践行“共创共享，成就最好自己”的成长观，打造富有活力、吸引力的薪酬激励体系和培育成长机制。建立起基于事业合伙人制的全员共创共享管理机制，积极实施利润分成、股权激励，倍增员工收入。

积极推行“幸福南钢，健康生活”文化理念，以高层次满足员工对美好生活的向往为出发点，14个文体联分会组织开展员工喜闻乐见的文体活动，营造健康向上、拼搏争先的文化氛围。公司、各事业部和各子公司共投入1000多万元建设员工健身场所和体育设施，引导员工健康生活新方式。

文化兴国运兴，文化强民族强。立足百年新起点，面对数智化新时代的到来，南钢正以习近平新时代中国特色社会主义思想为指导，以高度文化自信加快推进文化强企建设，为企业发展注入灵魂和原动力，推动南钢从“高原攀上高峰”，为打造具有全球竞争力的高科技产业集团提供文化滋养和精神动力，努力打造更高标准更高水平的文明高峰，建设共同成长、感恩社会的企业文化新高地。

党的光辉时刻照耀重药人
以党的建设引领企业文化建设
创新方法实践

重庆医药（集团）股份有限公司

72年前，重庆医药（集团）股份有限公司（以下简称“重药集团”）肩负着保障新中国西南地区药品供给、稳定市场价格的历史使命应运而生；70余载，重药集团传承党的红色文化基因，沐浴党的阳光和雨露，走过了一条探索之路、奋进之路、跨越之路。回顾企业发展历程，一个充满活力、凝聚力、精神指引力的强大党组织始终创新引领着重药集团企业文化建设，推动企业高质量发展，实现国有资产增值保值。

一、始终坚持党的领导，不断锤炼党性修养、凝聚前进力量

重药集团前身是成立于1950年的中国医药公司西南区公司，同时成立的还有西南区公司党支部，重药集团党的建设工作便从此开端。2015年，公司启动“走向全国”战略，网络布局从西部到中原，再到东北、海南。短短六年时间，实现了全国27个省（直辖市、自治区）的布局，真正从一家区域性地方国企成长为全国性医药健康集团。在全国网络布局的高速扩张时期，重药集团坚持党要管党、从严治党，狠抓基层党组织建设，坚持基层党组织全覆盖，确保企业发展到哪里，党的建设就跟进到哪里。公司所属173户企业实现党组织全覆盖，按党建工作新要求修订了公司章程，将党的领导融入公司治理各环节，不断强化党组织在企业内部的思想引领、政治引领、组织引领作用，增强基层组织创造力、凝聚力和战斗力。

公司高度重视党组织的思想引领作用，持续锤炼党员党性修养、厚植红色基因。通过邀请专家授课、宣讲队宣讲、探访“红色足迹”等多种形式组织理论知识、历史知识和文化知识学习，下足“读书不觉已春深”的硬核功夫，切实抓好组织“神经末梢”、党员“肌体细胞”，增强“四个意识”、坚定“四个自信”、做到“两个维护”，从灵魂深处拧紧螺丝，激励广大党员主动自觉融入党和国家事业发展大局、融入企业改革发展稳定大局。

二、传承红色文化基因，构筑以“因爱卓越”为核心的重药文化体系

公司档案室有一张珍藏的照片，记录了1950年重药人为解放西藏的部队赶制急救包的珍贵场景，这是重药最早期的红色印记——不畏艰险、挺身而出。从此，在红色基因的影响下，重药精神代代相传、重药事业生生不息，千千万万的重药人几十年如一日，全力满足全国各地的医疗机构和老百姓的医疗健康需求，在重大灾害面前挺身而出。

2020年，以重药建司70周年为契机，我们以党的红色文化为基础，充分汲取“红岩”精神力量，确定了“因爱卓越”为核心的文化体系，将“爱”确定为重药文化中的鲜明符号，对企业使命、愿景、核心价值观和企业精神赋予了新的内涵，编制《因爱卓越——重药企业文化手册》，以此作为广大干部员工价值判断的基本依据和行为规范的基本指引，为重药企业文化指明建设落地的方向和路径。在致力于文化建设的同时，我们同步开展文化管理。创新提出重药文化管理的“三条主线”，即以“精细化管理年”为契机，打

造高质量的“精益文化”；以“从爱出发、回到爱里”为主题，打造重药“爱的文化”；以“深度融合、兼容并蓄”为原则，打造高黏性的“融合文化”。实践工作中，我们围绕文化管理“三条主线”，坚持党建引领，依托“建强基层堡垒”“点亮希望之光”两大党建品牌，“提素建功”“知心大姐”“缘聚重药”三大工会品牌和“爱和美让你熠熠生辉”主题活动为重要载体，将文化工作与党建、工建、团建深度融合，贯穿于企业经营管理日常，打造高效集约的集团化管控力，激发员工干事热情和工作活力。

三、党的建设引领企业文化建设，重药文化有声有色、落地掷地有声

坚持党的领导、加强党的建设是国有企业的“根”和“魂”，重药集团积极探索企业党组织引领企业文化建设与管理的规律和方法，创造性地开展企业文化建设。

一是打造“两大党建品牌”，为重药文化建设构筑红色阵地。我们创建“建强基层堡垒”作为党的组织建设品牌，引领基层党组织坚持“党的一切工作到支部”理念，积极推进“四强四好”党支部创建，深化拓展“两学一做”、“三会一课”、民主生活会、主题党日等制度，有力夯实党员责任区、党员先锋岗建设，不断增强基层党组织的政治功能和组织力，充分发挥基层党组织的政治引领力、服务发展战斗力。创建“点亮希望之光”作为党的人才培养品牌，建立重药商学院作为载体，构建由一个重药大讲堂，“镌石计划”“筑梦计划”两大培训项目，及管理论坛、销售训练营、短期工商管理课程培训、线上学习平台等多个培训品牌构成的“1+2+N”培训体系，深化人才机制改革，加强干部人才队伍建设，成为宣贯企业文化和企业战略规划的重要平台，从而引领企业健全完善与企业人才梯队、文化建设和发展战略相适应的制度体系。一年以来，重药商学院上线课程560余门，累计学习8000人次；在疫情缓和期间组织线下培训15次，参训学员1000余人次。

二是把工会工作、共青团工作作为重药文化落地的重要抓手。切实加强党对群团工作的领导，充分发挥工会、共青团的基本职能，公司工会、团委以促进职工成长为出发点和落脚点，紧紧围绕文化管理“三条主线”，创造性地建设“提素建功”“知心大姐”“缘聚重药”三大工会品牌和“爱和美让你熠熠生辉”主题活动，以及“重药青年成长讲堂”“重药青年优选计划”“重药志愿者服务队”三大共青团工作品牌，让文化落地有抓手、有路径。开展“合理化建议”“金点子”助推管理创新、业务创新，举办“劳动技能竞赛”、“药师技能竞赛”、“安康杯”传递工匠精神，建设“爱心妈咪屋”关爱哺乳期女职工……通过这些具体活动，实现群团工作与企业文化管理相辅相成、共促共生，引导员工做企业高质量发展的认识者、支持者、参与者、贡献者、受益者。

三是用好用活红色资源，在坚守初心使命中赓续红色血脉。以中国共产党建党百年为契机，重药集团党委组织全国各地所属党组织以“百年初心凝伟力 奋斗重药启新程”为主题，充分利用当地红色教育资源，开展党史研学，再感受“砍头不要紧，只要主义真”的共产党人忠贞，再砥砺“忠诚印寸心，浩然充两间”的共产党人品格。在重温红色经典中寻求理想之光、在学习革命先烈中汲取信仰之力、在对比时代变迁中感受奋斗之艰，走出“红色足迹”，接受革命传统教育，并隆重举办庆祝中国共产党成立100周年大会暨“唱支山歌给党听”职工文艺演出，来自27个省市的重药干部员工展现了重药人在党的领导下团结向上、拼搏奋进的精神风采。

四是弘扬正气，树立典型，鼓励广大干部员工践行重药精神彰显重药价值。在公司内部，开展寻找“重药工匠”、评选“重药好青年”“身边最美同事”等活动，对外推荐参评“劳动模范”“五一巾帼标兵”“两优一先”“向上向善好青年”等先进个人和先进集体，通过典型事迹强化树立榜样形象，总结、提炼和推广先进人物的行为和经验，不断强化企业价值观，激发员工士气。同时，主动运用各大宣传媒介弘扬正气，大力宣传重药人在企业改革、疫情防控、复工复产、服务群众等各项工作中当好中流砥柱、展示先锋的形象，营造浓烈的干事创业氛围。

四、强大的文化力凝聚巨大发展动能，助力重药集团更高质量发展

重药集团以高质量党建引领文化建设，又以强大的文化力反哺企业助力高质量发展。2020年营业收入452.20亿元，利润总额13.74亿元，分别比上年增长33.61%和22.90%。同时，重药文化深深地根植于每一个员工心中、落实到每一项具体工作之中，让企业员工心中充满爱、感受爱，企业的团队精神和协同合作力增强，员工干事热情和活力空前高涨。公司干部员工多次荣获“全国劳动模范”“全国五一巾帼标兵”等荣誉，公司先后荣获“全国五一劳动奖状”“重庆市抗击新冠肺炎疫情先进集体”等荣誉。2021年重药集团首次荣登中国企业500强，企业形象得到社会各界的广泛认可，企业关注度和美誉度持续提升。

公司成立72年以来，鲜艳的党旗始终高高飘扬，党的光辉时刻照耀重药人！艰难方显勇毅，磨砺始得玉成，我们坚信在高质量党建的引领下，在“因爱卓越”重药文化的感召下，重药集团始终坚持党的领导毫不动摇，践行新发展理念，融入新发展格局，团结一致、众志成城，续写无愧于历史，无愧于时代的新篇章！

（重药集团党委副书记杨玉兰、何彦瑾）

发挥党建引领文化作用　以高品质企业文化推动企业重组转型

晋能控股装备制造集团

晋能控股装备制造集团是由大同煤矿集团公司、山西晋

城无烟煤矿业集团公司和晋能集团公司三家省属世界500强企业联合重组而成，同步整合山西潞安矿业（集团）公司、华阳新材料科技集团公司相关资产和中国（太原）煤炭交易中心，于2020年10月30日正式挂牌成立。装备制造集团是晋能控股集团旗下三大板块之一，是一家跨区域、跨产业、跨所有制的现代企业集团，业务范围主要涵盖装备制造、煤化工、特色电力、多种经营及新兴产业。

一年来，面对企业改革重组带来的装备制造集团产业转型升级，以及职工思想转型、观念转型、素质转型等一系列巨大挑战，晋能控股装备制造集团党委坚持贯彻全国国有企业党的建设工作会议精神，不折不扣执行晋能控股集团党委的部署要求，充分发挥对企业文化的引领作用，引导广大干部职工认真践行“创新、绿色、卓越、高效”企业精神和“五个一、九统一”等系列重要文化理念。

主要做法

一年来，装备制造集团党委立足五个维度，积极创新，认真实践，以行之有效的举措强有力引领企业文化建设。主要做法有：

1. 强化“政治引领”。坚持党的创新理论指引，紧抓党史学习教育等党内集中教育契机，采取领导带头学、专题研讨学、及时跟进学等方式，持续学深悟透习近平新时代中国特色社会主义思想，深入贯彻习近平总书记视察山西重要讲话重要指示和习近平总书记关于制造强国的战略重要论述，筑牢始终胸怀“国之大者”，用伟大建党精神和社会主义核心价值观，引领企业文化建设的思想根基。2021年，集团公司党委开展党史学习教育专题学习研讨16次，系统学习了习近平总书记在庆祝建党100周年大会上发表的重要讲话精神等内容。

2. 强化“战略引领”。坚持整体布局，紧扣装备制造集团“高端化、智能化、绿色化”发展方向，将企业文化的融合与创新工程纳入企业“十四五”发展规划中，鲜明提出“以一流企业文化支撑企业高质量发展”的使命担当，并在重点任务中用独立章节对企业文化进行了系统科学布局，为全面持续推动企业文化建设提供了战略指引。注重阶段推进，高质量制定《企业文化建设三年滚动计划（2021—2023），进一步把企业文化建设目标任务清单化、项目化、责任化，确保企业文化建设常态化、可操作、能落地。

3. 强化“组织引领”。为了充分发挥党组织的独特优势和企业领导的文化引领力，集团公司党委书记、董事长宣宏斌亲自担任企业文化建设领导组组长，明确各级党委宣传部门为企业文化建设牵头部门，制定实施《企业文化建设管理办法》，以党政联合文件形式下发至企业各层级，为企业文化体系建立完善提供了有力保障。人员配置上，严格按照晋能控股集团“六定”方案要求，配齐配强了企业文化建设专职管理人员，利用党史学习教育专题研修班和党员脱产轮训，组织开展了企业文化建设人员培训，巡察整改了政工人员与生产系统人员“同工不同酬”的问题，确保企业文化建设有人干、有动力、有激情。

4. 强化“机制引领”。坚持把制度建设作为根本之策，建立实施“年度大循环、季度小循环”党建闭合管理机制，保障企业文化建设渐进化推进和螺旋式上升。年度大循环，即年初召开党委（经营）工作会等全局性会议，系统化研究部署企业文化建设，定方向、定任务、定思路，年中利用“季度小循环”机制，动态化研究解决难点问题，有条不紊推进；年终开展党建工作专项述职评议，现场述职、现场评议、现场点评，精准化兑现党建和企业文化建设既定目标。

5. 强化“考核引领”。坚持把管文化作为党建检查考核的重要内容之一，创新建立“37·55”党建考核机制，实现了党建工作、企业文化建设与中心工作同频共振、互促共进。“37机制”是指逐步提升党建和企业文化在集团整体绩效中的占比，达到党建和企业文化占30%，生产经营占70%。“55机制”是指对基层单位党组织书记的绩效考核中，党建和企业文化分值占50%，所在单位经营业绩占50%。

阶段成效

一年来，在集团党委的高度重视和各级党组织的探索实践下，党建对企业文化的引领保障作用充分发挥，助推企业从软件到硬件，从人的精神状态到企业的转型发展，全方位取得令人欣喜的成绩。主要体现在：

1. 企业文化建设成果突出。以理念文化为核心、以行为文化为保障、以制度文化为支撑的企业文化体系初步形成，理念文化上，确立了“建设特色鲜明、主业突出的世界一流装备制造企业集团”的战略目标和“双轮驱动、多元支撑、高端引领、千亿规模”战略路径，编印了《企业文化手册》《营销手册》《形象画册》《业务知识手册》等读本。行为文化上，倡导实施管理人员“五在现场”工作法，严格执行《员工奖惩条例》，员工行为更加规范化、职业化。

2. 强大正能量广泛集聚。今年开展企业文化宣讲2980场，覆盖68185人次，企业重要场所和醒目位置随处可见企业文化元素，晋能控股集团和装备制造集团企业文化理念深入人心，干部职工对企业文化的认同感持续增强。创新建立干部作风评价体系，每月采取“无记名网上评价”的方式，对各总部机关和机关领导干部进行作风满意度测评，结果与部门绩效、个人薪酬挂钩，以优良作风体现担当作为蔚然成风。扎实开展“我为群众办实事”实践活动，全员每年一次分年龄段定单式体检等实事全部落地，人均工资也较上年同期相比有了新增长，并形成长效机制91项，“一家人、一条心”的奋进合力充分凝聚。

3. 高质量发展态势强劲。广大干部职工心齐气顺劲足，克服大宗商品价格历史高位、环保严查、疫情反弹等诸多不利因素对企业生产经营的影响，推动主要生产经营指标前三季度全面实现“飘红”目标。建成了全国煤炭行业首个科研创新人工智能计算中心，赋能矿井自动化生产、智能化升级，努力为全国煤炭行业提供“山西方案”“晋控模式”。综采成套设备、智能装备制造、高端钻机制造等一批重点项目取得标志性进展。全面实施“走出去”战略，作为山西省智能煤机装备产业技术联盟理事长单位，吸收了56家高校、院所、企业加入联盟，高规格组织4次大型交流活动，成功打开了四川、云南、甘肃等地煤机市场。

装备制造集团仅仅是一个不满周年的“新生儿”，我们有着迎难而上、探索求索的艰辛，也有着图新图强、筑梦未来的信心和体验。一年来，我们深切体会到，党的建设是国有企业的“根”和“魂”，企业文化是国有企业重要的“软实力”。只有充分发挥党建政治统领、思想引领和坚强的组织保障作用，将党的“红色基因”植入企业文化根脉，融入企业文化建设全过程、各环节，才能确保企业文化建设方向不变、思想不偏、信心不垮，才能保障企业文化“软实力”有效转化为助推企业高质量发展的“硬支撑”。

（晋能控股装备制造集团党委专职副书记、副董事长王锁奎，党建高级总监　谷国兴，党委工作部副部长　李宏，党委宣传部技术主办韩雅楠）

开展包保帮扶
推动党建与企业文化相互融合

晋能控股装备制造集团华越机械有限公司

习近平总书记指出，国有企业是中国特色社会主义的重要物质基础和政治基础，是党执政兴国的重要支柱和依靠力量。坚持党的领导、加强党的建设是国有企业的“根”和“魂”，是我国国有企业的光荣传统和独特优势。

近年来，晋能控股装备制造集团华越机械有限公司（以下简称“华越公司”）党委深入学习贯彻习近平新时代中国特色社会主义思想，把握党委“把方向、管大局、保落实”的工作定位，创新开展“5+3”支部包保帮扶活动，推动基层党组织建设与企业文化建设相互融合，机关基层互帮、互学、互助，通过文化宣教、情况调研、参与劳动、共同学习，着力提升基层党支部战斗堡垒作用，以文化人，确保各项任务在基层落实落地，为煤机装备制造企业向高端化、数字化、智能化转型升级保障助力。

一、紧扣发展大局 明确“5+3”活动内容

聚焦“六新”带来的“换道超车”新机遇，我们深感基层干部职工思想认识高度不够、贯彻落实成效不突出、攻坚克难能力不足，是制约支部基层治理能力和水平的主要问题。为此，2020年以来，华越公司党委以高质量党建引领企业高质量发展，将“机关与基层党建、公司党建与企业文化”双融合，作为“5+3”支部包保帮扶活动核心，通过“互动式、穿透式”管理，实现上下贯通，打通基层支部治理“任督二脉”，将党组织的政治优势与企业文化的柔性功能有机结合，提升基层党建治理效能，提升企业文化的凝聚力和向心力。

具体来说，就是职能机关党支部与基层生产党支部“一对一”结对包保，通过机关干部深入基层，基层组织创新实践，全体党员带头示范，开展“5+3”包保帮扶。即通过党课宣讲、主题党日、精益管理、班组活动、读书学习五项活动，以先进帮后进，以党员带群众，促进党支部和党员作用发挥，有效提升基层党建工作质量和治理水平，为实现“政治引领、安全稳定、提质增效”目标提供坚强组织保障，将党的建设与企业文化共融互补，实现公司发展形势认同、企业理念认同、干事创业精气神认同，有力提升了基层党支部行动力，挖掘基层治理效力，服务企业转型升级。

二、结合企业文化 丰富“5+3”活动内涵

党课宣讲，实现职工凝心聚力。公司班子成员以普通党员身份，与所在机关支部党员干部一同深入基层，开展党史学习教育专题党课宣讲，提高党员干部的学习意识和使命担当，形成以党的创新理论武装头脑、指导实践、推动工作的共识；开展晋能控股集团企业文化宣讲，加强思想引导，践行“五个一”，成为一家人，实施“八统一”，拧成一股绳，引导广大干部员工思想上同心、目标上同向、行动上同步；开展党风廉政和形势任务宣讲，筑牢理论教育与基层实际结合、企业文化与发展融合的思想自觉，凝聚山西省高端装备制造“主力军”，晋能控股高质量发展“护卫舰”的广泛合力。

主题党日，党史学习正身铸魂。11对结对党支部先后以知识竞赛、参观廉政警示教育基地、安全宣教活动等多种形式，创新开展65次联合主题党日活动，特别是党史学习教育以来，各结对党支部联合开展红色教育，听党课，学党史，接受爱国主义和革命传统教育，并通过交流座谈，烧旺党内政治生活“大熔炉”。同时，机关党员干部通过活动，深入听取基层单位关于职能部门服务生产经营的意见建议，明确工作改进方向，提升各级党员干部党性修养，共同增强高质量转型使命担当。

帮扶劳动，精细管理优化提高。围绕安全环保、高端制造对作业环境的新标准和高要求，包保机关党员干部与基层党支部将精细管理作为联合行动的重要内容，职能部门与生产单位协同，利用周末、节假日时间，开展现场大整顿23次，清理管理死角25项，清洁生产设备200台，培育现场管理6S精细管理文化，建成了中浩公司、支架总装车间精益生产示范区域。通过专项契约管理，回收利用各类型板材122吨，节约费用44.94万元，有效推动了挖潜增效，提升了生产精细管理水平。

班组活动，系统整改强基固本。将班组作为企业强基固本的主阵地，大力推进班组文化建设，组织机关中层干部分批深入包保生产单位，参加班组会议，调研工艺纪律、质量管理、成本管控、技能培训、激励机制等制度在基层班组的落实情况，多部门把脉，联合会诊，制定实施15个重点班组系统整改方案，有效提升了班组治理能力。

读书学习，打造精英人才队伍。结合企业文化建设和基层实际需要，为基层生产单位订购配备《丰田企业文化管理》

《工厂成本费用控制精细化管理手册》《现代班组长现场管理》等不同类别书籍 180 余本，制定读书计划 11 份，机关干部和基层班组定期组织学习和集中讨论，按照精细化管理要求，完善等离子切割机、激光切割机、H 架焊接机器人等新进精密设备的工作标准、工艺、流程，推进学习型、制度型、管理型班组建设，培育高素质后备班组长人才，促进基层管理效能提升。

三、以文化人 持续提升“5+3”包保活动文化影响力

一是机关干部着力转变作风，执行文化不断深化。通过“5+3”支部包保帮扶活动，机关干部以下沉式服务代替了检查，以解剖式调研代替了督办，增强了服务意识，密切了干群关系。研究院和技术中心干部跟踪服务在一线，优化设计结构，改进工艺流程，现场解决技术难题，服务主动性大大增强。政工干部带队，分成 9 个小组，参加基层活动、调研座谈，收集职工意见建议，组织解决了一线职工福利待遇、薪酬分配、晋级发展、生活住宿条件改善等诉求，促进机关干部逐步由被动转作风向主动转作风转变。特别是划转重组以来，公司领导和机关干部先后多次深入基层，与班组长座谈交流，谈思想、谈文化、谈企业发展前景，预防化解划转过渡期间的舆情稳定风险，实现了干部职工对晋能控股的文化认同。

二是基层干部着力攻坚克难，品牌文化得以提升。通过开展“5+3”支部包保帮扶活动，基层广大党员干部对标行业先进，示范引领表率作为，查找工作差距，结合实际，有力创建“一支部一品牌”。支架制造厂党员干部紧盯生产任务，组织劳动竞赛和练兵培训，引导和培训 65 名骨干职工，先后取得 109 项国际焊接资质证件，培育支部“制造工匠”品牌。华越公司党员干部以物联网等新技术，打造省级智能制造试点示范，培育支部“数字化工厂”品牌。4S 中心党员干部加快推进“煤机设备全生命周期”平台建设，强化井下智能装备实时数据采集与“一条龙”服务，培育支部“全生命周期管理”品牌。煤机研究院党员干部与清华大学团队合作，研发智能选煤、配煤成套系统，开发矸石回填、开采成套装备，构建绿色智能开采新模式，培育支部“装备智能升级”品牌。

三是广大党员着力带头表率，人才文化蔚然成风。通过“5+3”支部包保帮扶，公司各条战线先进党员不断涌现，各类人才层出不穷。其中郝铁栓、刘瑞华、王军等中层干部纷纷成为公司发展中坚力量；王宇、张静颖、任启等基层骨干党员带头发扬劳模精神、劳动精神、工匠精神，带动一大批青年党员逐渐成长为公司高质量发展的可靠支撑。通过活动开展，公司正在形成“机关包基层、先进帮后进、党员带群众”的浓厚文化氛围，支部凝聚力和战斗力得到了全面增强，有力驱动了企业高端化、数字化、智能化转型发展。

（晋能控股装备制造集团华越机械有限公司党委副书记、工会主席　张作春）

党建与企业文化深度融合的实践与探索

晋能控股装备制造集团山西金驹煤电化有限责任公司

1991 年成立的金驹煤电公司是晋能控股集团所属装备制造集团的子集团，是全国最大瓦斯发电企业。30 年来，公司党委秉承“围绕中心、服务中心、融入中心”的党建与企业文化融合理念，坚持将企业改革发展成果作为检验党组织工作和战斗力的重要一环，持续发挥党建引领作用，深入推进企业文化往深里走、往实里走、往心里走，公司上下汇集起了强大的凝聚力、向心力，助推企业经济效益继续攀升社会效益进一步扩大。

一、课题实践的重要意义

2020 年 9 月底，晋能控股集团改革重组以来，面对地域跨度广、文化差异大、发展历程不尽相同的 200 多家公司要想在短期内实现管理重构、文化弥合、精神再塑、员工同向等内在目标，必然会经历由“碰撞”的“痛苦”到“一家人”“一条心”的喜悦。金驹煤电化公司从党建与企业文化的持续融合上，深入探索汇集力量的新方法、新路径、新模式，保证了全体干部员工在接踵而至的“变化”面前，稳得住心神、管得住身手、抗得住诱惑、经得起考验，有效促使改革成果得以巩固、品牌形象持续提升、职工群众得到实惠，员工的凝聚力、战斗力进一步增强，为企业改革发展做出了实践范例。

二、主要实践做法

一是坚持组织构架融合，创新构架融合方式。在企业 30 年的发展历程中，金驹煤电化公司党建和企业文化始终由公司党委负总责。党委工作部作为党建工作的日常管理部门，既抓党建，又抓企业文化。党支部负责党建和企业文化的落地实施。这种组织构架融合方式最大限度地保障了两者工作推广的有效性，最大限度地保证了两者推广同一内容的一致性。

在保持构架稳定发挥作用的基础上，金驹煤电化公司积极创新构架融合方式，针对国有企业推广行政一把手兼职党组织书记的实际，坚持从人的融合做起，在组织构架中更多选聘行政负责人兼任党支部书记，构建起了“一区域一特色，一支部一品牌”的党建和企业文化融合品牌。

二是坚持管理责任融合，创新管理融合机制。将管理责任的融合作为工作落地的基石。公司由党委书记、董事长总牵头总体管，党委副书记具体抓，党工部日常抓。公司党建重在落实管党治党的政治责任，将党的政治影响力融合到企业文化宣传教育中。企业文化则在党建工作的引领下，将学习责任、践行责任、教导责任、维护责任、创造责任等化为具体的实施目标，由各基层党支部书记具体落实。

金驹煤电化公司要求，基层党支部书记作为党建工作的“一线总指挥”和企业文化建设的“施工队长”，必须把落实党建责任作为职责所在、使命所系。

三是坚持战略目标融合，创新战略融合体系。金驹煤电化公司坚持党建和企业文化工作围绕“生产经营战略”组织实施。1991—2000年，企业从初创到发展，始终围绕“先行先试”战略，打造了山西省和全国煤炭系统首家职工集资电厂；2001—2015年，企业始终围绕“工艺变迁”战略，通过燃煤改燃气的“工艺变迁”成功实现转型，建成了全国最大瓦斯发电企业；2016年至今，企业始终围绕“高质量发展”战略展开，持续快速拓展低浓度瓦斯发电，成功迈入内涵式高质量发展阶段。

在企业三个阶段的发展时期，金驹煤电化公司的党建和企业文化不仅始终服务于各个时期同一战略目标，而且创新性地探索了适合自身的战略融合体系。

四是坚持精神价值融合，创新精神融合内涵。金驹煤电化公司成立30年来，始终坚持党建精神食粮与企业文化价值取向相向而行，建厂初期就将“综合利用，低碳环保”作为企业文化中最核心的精神价值追求，保持党建工作自始至终紧紧围绕这一核心精神价值提供引领服务。

面对发展环境的变化，公司不断融入新的精神内涵。从创业初期“先行先试阶段”提出“求实进取，敬业自强”，到“工艺变迁阶段”提出“超越昨天，追求卓越”，再到“高质量发展阶段”提出“精益求精，追求极致”，并结合晋能控股新要求，创新性地提出——“创新绿色引领瓦斯发电，卓越高效助力能源转型”的发展要求。

五是坚持传播载体融合，创新传播融合手段。在党建和企业文化的传播上，金驹煤电化公司始终重视传播载体的使用，从建厂初期的《建设简报》、墙体标语、黑板报等的运用，到适应时代发展逐步建立的广播、报纸、网站，再到如今扩展的微博、微信、短视频、新模式文艺节目等综合、融合传播载体，始终都能够将党建和企业文化内容的传播融入其中。

在传播载体的创新使用上，金驹煤电化公司创新性地使用自身的地标建筑，留下了深刻的“文化印记”。企业建厂时北石店区域范围内最高的烟囱就留下了“1989”至今犹存的时代记忆；成庄电厂冷却塔“瓦斯发电”的耀眼名片就曾在中央和省级主流媒体广为传播。

六是坚持考核机制融合，创新考核融合制度。金驹煤电化公司坚持将党建和企业文化作为对公司班子成员、党群部门、基层党支部工作绩效考核的一项重要指标，建立了公司班子成员党支部工作联系点制度，每年对党建工作考核评价体系进行修订完善，形成了对各基层党支部“任务到支部，责任到人头”的考核指标体系和“年部署、月计划、季考核”的监督流程。

在考核的灵活度上，金驹煤电化公司列出了公司主要领导绩效考核加分项，细化了党建工作责任考核标准，将企业文化作为其中重要一项，对基层党支部落实党建和企业文化情况好的进行加分考核。

三、主要成效

一是实现了党建和企业文化的“双丰收”。公司30年的实践证明，党建文化是企业文化的基础、底色，企业文化是党建文化的具体体现。公司荣获“新中国70年企业文化建设优秀单位”、全国煤炭工业文明单位、晋城市“先进基层党组织”、山西省国资委“先进基层党组织”，连续六年荣获山西省省属企业文明单位标兵。

二是有效推动企业长周期稳健成长。“党建和企业文化融合实践”推动企业发电装机容量比建厂初期增长了10多倍，实现了发电工艺的巨大变迁，创造了许多“响当当”的“第一”——全国最大的瓦斯发电企业；全国首座分布式瓦斯发电站；全国最大“一站式”高低浓度瓦斯发电站；全国最大室外集装箱瓦斯发电站，等等。2020年又投运了全国首个智慧化分布式瓦斯发电厂。

三是有效激发了企业创新活力。“党建和企业文化融合实践”极大地激发了企业创新活力，员工岗位创新、干部管理创新成果不断涌现。截至目前，公司已拥有国家实用新型专利38项、发明专利2项、软件著作权17项。公司编制的国内首部省级瓦斯发电安全生产管理规范——《瓦斯发电安全生产管理规范》已经颁布，有效填补了国内空白。

四是为企业改革发展提供了强劲的“原动力”。党建和企业文化融合实践不仅为初创时期的员工提供了战天斗地的精神力量，而且为转型时期的员工提供了敢闯敢试的进取泉源，还为企业快速壮大提供了精益求精的“思想认知”。

四、几点启示

一是要培养发散型融合创新思维方式。党建和企业文化融合是一个需要长期实践探索的课题。因此，作为主导两者的人，就需要培养视野广阔的发散型思维。金驹煤电化公司在两者的融合上不拘泥于简单形式，就与长期培养各级管理者发散型思维有关系。

二是要建立强有力的融合领导机制。无论是企业党建，还是企业文化，都属于企业上层战略，只有强有力的领导融合机制才能有可靠的战略指引和实施推广的可能性。

三是要有清晰的融合发展定位。清晰的融合发展定位是保证党建和企业文化能够长期深入实施的重要前提。金驹煤电化公司融合实践的“六个坚持，六个创新”就是长期坚持和发展的结果。

四是要围绕新发展理念进行融合。金驹煤电化公司坚定不移地将“高质量发展”作为贯彻“新发展理念”的突破口，着力提升发展质量和效益，特别是将我国“创新、协调、绿色、开放、共享”的新发展理念和晋能控股集团“创新、绿色、卓越、高效”的企业精神，及时转化为自身“创新绿色引领瓦斯发电，卓越高效助力能源转型”的发展要求。

五是要有一张蓝图绘到底的融合目标。金驹煤电化公司能从最初装机容量仅有 2.4 万千瓦/小时的小型燃煤电厂发展成为今天全国最大的瓦斯发电企业，是“一张蓝图绘到底”“一任接着一任干”的坚定与从容决定的。

（晋能控股装备制造集团山西金驹煤电化有限责任公司总经理助理、党委工作部部长高鹏飞，山西金驹煤电化有限责任公司高级政工师杜朝安）

守正创新　归位尽责
打造建设航空强国的先进文化力

航空工业沈阳飞机工业（集团）有限公司

习近平总书记在党的十九大报告中向全党全国人民发出了坚定文化自信、推动社会主义文化繁荣兴盛的伟大号召，为中华文化前行指明了方向。建设社会主义文化强国，军工央企必须积极作为、责任担当。面向新征途，集团公司提出“一心、两融、三力、五化”发展战略。在新时代背景下，沈飞公司将文化建设作为践行“航空报国航空强国”使命源发动力的新要求，推动集团文化落地，服务大局，充分发挥企业文化建设的导向引领、凝聚人心、指导工作、推动发展作用。从文化认同的高度，深入开展专项文化建设工作；从文化落地的高度，持续开展系列文化创建载体活动，切实发挥思想引领、文化塑造、规范行为的作用，进一步坚定广大干部职工爱岗敬业、建功立业的理想信念，激发广大干部职工投身改革、创新创效的实干激情。

一、统筹推进集团文化规划、实施、培训、传播

在集团文化规划制度保障方面，公司将集团文化建设规划作为公司总体战略规划的一个重要组成部分，作为公司实现总体战略目标的支撑和保障。公司领导班子对集团文化建设高度重视，将集团文化建设列入公司未来发展的一个重要内容，为促进集团文化在公司的落地和深植，2016 年公司将集团文化建设纳入公司“十三五”规划中，明确要求按照集团文化建设总体部署，坚持先进文化思想引领，充分发挥文化导向作用，制定了“1235”文化落实的工作方案，总结和统筹“选树先进人物、典型引路育人、讲好航空故事”等各项工作。

坚持一个统领：就是始终坚持以“航空报国”为统领，一人一把号，同吹一个调，保持对集团文化的高度认同，并落地深植。注重两个拓展：一是拓展厂所文化共建，与航空工业沈阳所积极推进以“型号文化”为核心的文化共建；二是拓展军民融合文化，与省市及地方加强互动沟通，发挥军民融合文化辐射作用，提升航空工业文化形象。突出三个专项文化：一是强化质量文化建设；二是强化管理文化建设；三是强化作风文化建设。构建五个文化支持平台：一是构建制度建设平台；二是构建员工教育平台；三是构建导向引领平台；四是构建典型引路平台；五是构建融合推进平台。完整的构建了一套集团文化规划、实施、培训、传播的推进模式，以多种渠道和形式加速集团文化落地。

二、以文化基础建设为核心，大力推进集团文化落地

企业文化是企业的软实力，企业文化对提升员工素质、提升企业竞争力有着重要作用。同时，员工又是企业的主体，是企业文化的承载者和受益者。因此，要想成为一流的企业，必须要有一流的企业文化软实力，而一流企业文化软实力的重要标志就是超强的凝聚作用。为了提升企业文化的凝聚力，航空工业沈飞紧抓宣传工作不放松，广泛宣传集团文化建设要求：一是编制下发《关于规范公司简称相关工作的通知》的文件，将公司四号门、公司办公楼、沈飞航空博览园等显著标示立即更换；二是规范展品管理，修订《公司展品制作管理规定》，做好文化标识统一；三是编制《航空工业沈飞视觉识别系统手册》（2017）版、（2018）版、（2019）版，对全公司范围内的不符合新版 VI 要求内容有计划地进行规范及整改，统一公司文化形象；四是根据集团公司下发的《中国航空工业集团有限公司文化建设规划（2017—2020年)》的通知精神，公司以“报国·航空”“责任·航空”“创新·航空”“风采·航空”四个专项文化建设具体支撑和落实，认真组织开展主题活动，以“报国”的初心肩负起“强国”的使命，使集团文化内化为员工的行为习惯，不断提升员工素养。

三、承接集团文化落地，开展丰富多彩的文化活动

为深入贯彻落实新时代集团发展战略，推动集团文化落地，发挥企业文化作用，增强员工对公司的认同感和归属感，公司开展丰富多彩的系列文化活动。一是开展迎厂庆、庆国庆系列活动。为丰富职工生活，了解公司历史文化，厂庆期间开展文化答题活动，通过《今日沈飞》报、“航空工业沈飞”微信公众订阅号开辟文化答题专栏，共收集答卷 1000 余份，同时厂庆日前一天在公司办公楼前举办升旗仪式活动，公司领导班子成员、副总师及各单位责任人和劳模先进代表参加，升旗活动结束后进行集体健步走，教育广大员工不忘初心，珍惜岗位、热爱岗位。二是开展“守初心担使命”主题教育活动，其中收集征文 100 余篇，修改 30 余篇优秀征文，编辑成册下发各单位，进一步激发沈飞人再创伟业、再续辉煌的积极性和创造性，对于统一员工思想、凝聚攻坚力量、推进各项工作具有非常重要的现实意义和促进作用。三是举办烈士纪念日活动，9 月 30 日在公司群英林罗阳塑像前，举行了庄严肃穆的缅怀罗阳烈士活动。缅怀罗阳烈士，激发干部员工将“罗阳精神”融入工作中、岗位上，抒发我们继承罗阳烈士未竟事业的豪情和壮志。

四、打造“魅力沈飞”，营造厂区文化氛围

大力宣传弘扬集团“航空报国精神”，推进公司 VI 系统的换代升级，利用公司主建筑物宣传集团精神，在重点单位

广泛宣传集团战略和愿景、精神等元素，教育引导广大党员、干部更加忠诚于党和国家，更加聚焦使命任务，以顽强坚持、拼搏奉献的精神，完成科研生产任务。为进一步巩固党建基础，发挥文化宣传作用和促进作用，在公司厂区主干道路悬挂国旗453套，在各主要生产现场悬挂各类国旗105面，在主建筑物设置集团精神等文化设施，营造忠诚奉献氛围。对数控加工厂、33厂、34厂、试飞站等20余家生产单位及部分功能支持部门开展物质文化建设，重点发挥航空博览园科普教育基地文化展示作用，在公司内逐渐形成以星光大道、部总装区域为代表的“三横、两纵、六区域、一基地”文化建设新格局，有效提升公司文化品位和文化视觉传达效果。四号门大屏幕日常使用，每天坚持利用大屏幕在上下班时间播放各项文化信息，编辑各类文化图片200余幅，在公司内营造了和谐融洽的文化氛围；配合公司各单位文化活动做相应宣传工作，累计为公司各单位播放文化建设信息100余条，有效丰富了公司文化建设形式，提升了公司整体的文化形象。

面向未来，在新时代背景下，沈飞公司践行“航空报国、航空强国”使命源发动力的新要求，紧紧围绕科研生产中心任务，深度融入公司重大事件和重要活动，牢牢把握方向性、全局性、战略性重大问题，全方位抓好文化宣传思想工作，为公司全面完成各项科研生产经营任务、深入推进改革发展，提供了强大的精神动力。

（航空工业沈阳飞机工业（集团）有限公司供稿）

以“一突出，六作为”文化深化党的政治核心引领作用

黑龙江珍宝岛药业股份有限公司

黑龙江珍宝岛药业股份有限公司（以下简称“珍宝岛药业”）作为“珍宝岛精神”的继承者与传承者，将民族奉献精神及“不怕吃苦，敢打硬仗”的战斗精神融入企业的发展血脉。自企业成立之初，就高度重视非公有制企业党建工作，将党建文化与珍宝岛企业文化及经营管理深度融合。

近年来，珍宝岛药业党委始终坚持以习近平新时代中国特色社会主义思想为指导，以习近平总书记在民营企业座谈会上的讲话精神为指引，严格遵照非公有制企业党建要求开展工作，建立了独特的“一突出、六作为”党建文化体系，并同珍宝岛企业文化体系深度融合，积极推行党支部标准化建设，打造企业党建品牌阵地；以企业发展带动党建发展，以党建成果促进企业振兴；让党建文化成为企业发展的强劲动力，助推企业踏实前行，不断向着更高的目标迈进。

一、把握政治方向，将“一突出、六作为”作为党建文化核心

习近平总书记指出，民营企业和民营企业家是我们自己人，我国民营经济只能壮大、不能弱化；不仅不能“离场”，而且要走向更加广阔的舞台。珍宝岛药业作为黑龙江省鸡西地区唯一一家主板上市的非公企业，要让党建在非公企业中充分发挥政治核心和政治引领作用，保证政治核心居中，经营方向不偏，这是党委要做的头等大事。因此结合企业发展形势及运营管理特点，制定出了符合珍宝岛特色的党建核心文化理念：“一突出、六作为”。

“一突出”是指突出党在非公有制企业中的政治核心和政治引领作用，这是珍宝岛党建文化的前提与核心要务。“六作为”是指：在贯彻党的路线、方针、政策上有所作为；在加快企业创新发展上有所作为；在塑造企业文化品牌上有所作为；在打造诚信企业上有所作为；在构建和谐劳动关系上有所作为；在营造良好发展环境上有所作为。

二、切实做好党建文化宣贯培训

在党建文化培训上，珍宝岛药业致力开展面对全体党员及员工的多种形式宣贯及培训。珍宝岛党委坚持“三会一课”制度，开展“主题”教育，形成常态化、制度化；坚持用科学理论武装党员头脑，保持共产党员的先进性和纯洁性。党委建立健全活动阵地和各项规章制度，强化了基础建设。每年都要制定发展新党员工作计划和加强入党积极分子队伍的培养教育，保证党员队伍顺利、健康、稳定发展。加强党对工会、共青团、女工委员会工作的领导，做到定期听取群团组织的工作汇报，部署工作。通过党建带群团，使得各项工作均能有声有色地开展，在精神文明建设和企业文化建设中发挥着积极作用。党的工作做到了科学化、制度化、规范化；党员们发挥先锋模范作用，引领全体员工为企业降本增效、创新发展做出了不懈的努力。

三、以党建文化凝聚员工，促进企业和谐稳定

党来自人民、根植人民、服务人民，一切都要以人为本。珍宝岛药业率先推行了厂务民主公开建设，紧紧围绕企业发展、稳定和谐的大局，坚持从实际出发，抓住党员群众普遍关心的热点、难点问题公开，并对厂务公开和民主管理的程序、内容、形式、载体都加以规范，促进企业稳定发展，共同建设珍宝岛和谐家园。

珍宝岛药业通过每年组织召开各级职工代表大会，并广泛征集“合理化建议”。为了引导党员群众参与企业管理，充分发挥主人翁精神，为企业经营发展献计献策。近年来，企业共征集合理化建议2000余条，切实可行、操作性强，且企业采用后受益的建议600余条，均是在生产优化、技术革新、质量提升、成本管控等方面的优质建议；企业也对建议人进行了表彰奖励。广大党员群众通过实实在在的参与，切身感受到在企业中的作用和地位，从而提高了参政意识和监督意识，真正地开始“爱企如家”。

四、以党建文化促经营管理，贯彻“三有、三带头”工作理念

珍宝岛药业认为，在非公有制企业党组织建设工作中，

只要找准企业的生产经营和党建工作的结合点，努力探索适应企业发展的党的工作路子，深入挂钩企业、指导企业搞好党建工作，就一定能够实现党组织建设与企业生产协调发展的双赢局面。

因此，珍宝岛药业自党委成立以来，一直坚持“党政联席工作会议制度”。党委班子成员和总裁办成员共同听取各分公司和党建工作完成情况汇报，分析和解决生产经营、日常管理、组织建设中存在的问题，做到及时发现、有效沟通和协商解决。

更重要的是，珍宝岛药业将党员作用的发挥定位于每一个细节，注重发挥党员的率先垂范和突击队作用，并始终奉行“三有、三带头”的工作理念。其中，切实做到“关键岗位有党员、困难面前有党员、突击攻关有党员”，党员带头学习技术、带头研究创新、带头建功立业。

同时，珍宝岛药业党委发展党员时，坚持“控制总量、优化结构、提高质量、发挥作用”的原则，把优秀的党员培养成为管理者，把优秀的管理者发展成为党员。到目前为止，企业有200余名党员走上了企业中高层管理岗位，有150余名党员成为技术骨干、核心员工，让党员队伍真正成为企业发展的中坚力量。

五、营造良好氛围，带动企业文化建设

珍宝岛药业党委围绕企业发展，以提高企业竞争力为重点，积极培育富有特色的企业文化，培育企业精神，增强企业发展的内在动力，营造企业生产、经营的良好氛围。公司党委每月根据不同节日，开展丰富多彩的主题党日活动，如三八妇女节召开女职工座谈会，表彰奖励“三八红旗手”；五四青年节开展志愿者服务活动，帮助清理城市街区环境，创建全国文明城市；七一建党节组织党员参观游览，接受红色教育；八一建军节与消防、边防官兵联欢，拥军亲军；十一国庆节组织文艺演出，共庆国泰民安。此外，党委书记亲自制作课件，走上讲堂，给全体党员和群众传达党的十九大、全国“两会”、习近平总书记考察东北三省指示精神，让大家及时领会、学习、应用。同时公司党委还利用多媒体等先进设备进行线上教学，创新“三会一课”的形式，党员同志们反响很好，党的组织生活真正地严起来、强起来、活起来。

六、积极投身社会公益事业，党员力量温暖人心

珍宝岛药业党委在倡导企业发展壮大的同时，不忘回馈社会，积极投身公益事业，履行企业的社会责任。积极响应国家精准扶贫号召，组织开展了一系列精准扶贫工作，由党员带头，自觉积极参加社会公益、扶贫活动，努力创造和谐公共关系。多年来，公司党委坚持向各慈善事业、社会公益活动、希望工程、新农村医疗合作事业捐款、捐药累计金额超亿元。

特别在2020年“十三五”的收官之年，也是全面建成小康社会的关键之年，公司党委结合自身产业特点，通过持续的中药产业战略布局及规划，开展了一系列助力脱贫攻坚的产业扶贫工作。聚焦中药产业上下游全产业链体系的构建。在上游优质药材资源汇聚方面，以国家中医药管理局、国务院扶贫办等机构联合发布的《中药材产业扶贫行动计划》为指导纲要，着力推进中药材产业扶贫行动，优先采购贫困地区优质药材。公司党委曾协同中药材采购人员深入甘肃地区、大别山地区、武陵山地区、内蒙古赤峰等贫困区域采购中药材，助推当地经济结构调整，带动当地中药产业升级，促进当地经济发展，提高地方政府税收。

七、以党建荣誉提升企业社会影响力

近年来，通过持续努力，珍宝岛药业党委工作获得了省、市高度评价，提升了企业在社会上的知名度、竞争力，进一步提升了企业产品在市场上的招投标优势，以党建荣誉提升了企业的社会影响力。此外，积极做好各级党委政府参观、调研的接待工作，通过出色的接待，让各级党委政府认可企业、肯定企业、宣传企业，给予更多的政策扶持，塑造企业的社会品牌形象，让企业的产品获得良好的口碑和好评。

多年来，珍宝岛药业始终坚持中国共产党领导，与国家民族的振兴发展同频共振，在时代大路上迈出一步步坚实步伐。始终在党组织建设上强规范，在企业发展上强引领，在企业文化上强打造，在社会效应上强参与。为推动中医药事业发展、建设健康中国、实现中华民族伟大复兴的中国梦贡献力量。

（黑龙江珍宝岛药业股份有限公司供稿）

党组织推动文化功能发挥 助力企业高质量发展

鞍山冶金集团矿渣工业有限公司

在纪念伟大的中国共产党建党100周年的光辉日子里，我们回顾百年历史风云，百年奋斗历程，特别是从改革开放到新时代全面振兴实现中国梦，中国共产党几代领导人带领中国共产党人历经千难万险，建立了不可磨灭的功勋。应该说，精神和实干，就是以一敌十、战胜一切困难、把不可能变成伟大的成功。中国共产党代表最广大、最基层人民的最根本利益，焉有不胜之理？

从企业管理实践看党的领导作用，我们不难看到，我们的企业通过四十余年改革开放的历练，特别是那些国有成功企业，他们在中国共产党的领导下全面推进企业文化建设的健康发展，特别是在学习贯彻习近平新时代中国特色社会主义思想的新一轮学习中，更加深刻地领会其科学内涵，在全面把握其精神实质上下功夫，逐渐把企业文化转化为全体员工共同的精神、观念、风格、心理、习惯的总和。

一、坚持党的领导，推进企业文化建设的健康发展

企业文化对外是一面旗帜，对内则是一种向心力和凝聚

力。企业文化建设是职工观念形态、价值取向的精神面貌、道德准则、思维方式的重塑，这也是企业赖以持续发展的根本。坚持党的领导，学习贯彻习近平新时代中国特色社会主义思想，全面推进企业文化建设的健康发展，是我们国有企业在新时代如何深化改革，转换经营机制，更好地发挥其主导作用的新课题。

2020 年以来我们面对疫情，坚持党的领导，积极学习贯彻习近平新时代中国特色社会主义思想，通过发挥企业文化的导向作用、约束作用、凝聚作用以及融合作用，实现群体综合素质的不断优化，努力实现管理的规范化、科学化。结合公司生产经营实际、在从根本上解决目前管理上存在着的各种问题和漏洞，实现树立全新理念，按制度化工作的新思路、新思维，进一步提高企业核心竞争力方面做出了详细的实施内容和步骤。

我们知道，所谓的企业核心竞争力是指：建立在企业核心资源基础上，企业的人才、智力、技术、设备、管理和文化的综合优势在市场上的反映。为此，单位一直把内树队伍正气，外塑企业形象，作为开展企业文化建设的中心内容。

坚持党的领导，全面推进企业文化建设，把关心职工生活疾苦放在首位，提出做好思想政治工作和关心职工生活是企业职工形成凝聚力、向心力、核心力的基础，公司各级领导还在今年走访慰问了困难职工 30 多户。

通过坚持党的领导，进一步学习贯彻习近平新时代中国特色社会主义思想，我们充分认识到，企业的发展必须要全面加强企业文化建设，努力在提高职工职业道德、文明施工意识的基础上，加强对职工的业务水平和技术技能的学习与培训。

我们知道，现代企业管理的管理要素可以分为两类。一类是对资金、设备、原材料等“硬件”管理，一类是注重人的意识、思想、精神及与行为有关的“软件”管理。后者既为现代企业文化范畴。推进企业文化的健康发展，探索企业未来的发展战略，将是企业在未来市场竞争中决定成败的关键因素。

坚持党的领导，推进企业文化建设是培育核心竞争力的法宝，而企业战略的制定和管理的重要内容，就是如何形成、培育、积累和提高核心竞争力。为此，充分利用企业文化的这一优势，加大公司宣传思想工作力度，努力塑造企业新形象，此举不仅提高了公司知名度和市场信誉，还拓展了活源。

二、坚持党的领导，灵活运用企业文化的五个功能，为生产经营的健康发展提供动力

我们知道，企业文化最能反映知识经济的根本特征。只有树立先进的企业文化并被职工接受且付诸实践，它才能成为企业生存与发展的生命线。

创新功能。德鲁克说：“创新是改变资源产出、改变资源给予消费者的价值满足。”也就是说，创新是赋予资源的一种新能力。而新能力的产生以新知识积累为基础，以垂直思考、平行思考为动力；以勇于实践为前提，视风险为机遇而形成，这是创新的基本原理。创新是社会赋予我们的责任，同时也是我们自身发展的需要，如你具备了创新能力，就会对“快速的变化”有所准备，并能做到视变化为常规，企业文化具备了能让你不断创新的智慧和灵感。

凝聚功能。一个被整合的团体不一定具有凝聚力，因为整合是树立企业共同目标的过程，而凝聚力是团结、合作、互动、高效集体力量的体现。不但反映职工对企业发展目标的认同，也反映职工全身心投入和努力实现企业共同愿景的美好向往。企业文化在企业形象文化、职工形象文化、用户文化、安全文化等系统建设中，起到凝聚职工的强大作用。这种凝聚力会使职工产生积极向上、互教互帮、敬业爱岗、携手并进的团队精神，达到企业核心竞争力的全面提升。

激励功能。企业文化的作用重要的是文化向经济效益的转化过程，在这一过程中，激励的功能显得更为突出。如职工每天都能富有激情地工作并在成就感中得到满足，那就是企业文化对人产生了震撼心灵的力量。在激励作用下会形成比、学、赶、帮、超的热潮。当着力于激励机制研究时，可将企业文化的激励功能与分配制度综合加以考虑。您是否认识到，在有些时候和条件下，当钱失去它“万能”的魅力时，会感悟到精神变物质的巨大能量。

形象功能。一个致力于企业文化建设的企业，一个将企业文化作为企业战略推进的企业，它的企业形象功能会不断提升，将形成具有鲜明个性的企业形象识别系统。高度竞争的市场已使企业处于经济领域中心，而具鲜明个性的企业形象会给用户一个容易识别的鲜明印象，成为企业在市场中的显著标志。

发展功能。有些企业不但能看到机遇且能抓住机遇发展自己，而有些企业对机遇到来却毫无感觉，当感觉到时已为时过晚，其重要原因之一就是忽略企业文化建设。由此产生沟通不畅，自身敏感度下降，尤其是对企业长期发展缺乏正确目标和科学对策，往往只看到眼前利益而很少对企业未来进行思考。

企业文化是企业发展战略的根本保障，具有先进企业文化的团队的决策机制更加科学、快速、民主，因为企业发展文化、营销文化、形象文化等形成了紧密、相互作用的运作系统。这一系统使我们看到的是事物整体而不是局部，看到的是长远利益而不是短期行为。因此，灵活运用企业文化的五个功能，会为企业生产经营的健康发展提供动力。

我们充分认识到，在全面推进企业文化建设的健康发展中必须坚持党的领导，学习贯彻习近平新时代中国特色社会主义思想，坚持以思想创先为先导，紧紧围绕企业改革，对建立现代企业制度方面进行有益的探索和实践，实现用企业文化丰富和发展企业精神，紧紧抓住企业管理的三要素，即创自己的管理创效之路；创自己的品牌效应；用自己的文化发挥优势，在企业生产经营活动实践中创造成果。

为使企业尽快适应当今激烈的市场竞争，首先要进一步在推进企业文化建设的健康发展中，从完善企业管理办法入手，全面对工程的质量、进度、成本、效益和文明施工进行

逐级承包，分解细化考核指标，全面提高企业的核心竞争力。其次，要向全体职工明确提出“只有追求卓越，才是企业力量的源泉；只有提高质量，形成自己的品牌，才能拥有企业发展的资本；只有提供优质服务，让顾客满意，企业才能立足于市场”，全面引导教育职工牢固树立精品意识、品牌意识、创先意识，逐步形成别人偷不去、买不来、带不走的企业核心竞争力。第三，要进一步认清形势，抓住中心，突出重点，学会向管理要效益，本着强化、细化的原则，积极投身于企业的改革、发展、稳定中来，立足本职，干好工作。第四，要彻底摆脱等、靠、要思想，动员全体干部职工尽一切所能，全力抢占市场，要采取两条腿走路的方针，为企业的发展出谋划策。第五，要进一步明确全体干部职工责任、义务和自身岗位标准，树立好无私贡献、埋头苦干的工作作风，发挥广大职工的生产积极性，最终以企业文化为载体，灵活运用其五个功能，不断推进企业实现健康发展。

（鞍山冶金集团矿渣工业有限公司综合管理部部长 丁梓峻）

打造英模文化　培养选树先进典型

鞍钢绿色资源科技有限公司

面对新一轮国企改革的新形势新任务，鞍钢绿色资源科技有限公司（以下简称“绿源科技公司”）党委充分发挥党组织在企业文化建设中的引领作用，通过大力选树宣传在塑造企业形象、提升企业品牌、增加企业效益等方面做出贡献的先进个人，传承“矿渣”精神，打造“绿源”品质，进一步坚定全体干部职工与企业共发展的信心和决心，汇聚迎接挑战、战胜困难的强大正能量，为实现绿源科技公司生产经营目标提供强有力的精神支撑。

一、加强理论研究，充分认识培养选树宣传先进典型的目的和意义

1. 树立典型人物、宣传先进事迹是提振职工士气的有效途径。公司党委从道德文明、敬业爱岗、创新创效、改革先锋、勤政廉政等方面宣传先进人物，以先进人物为镜鉴，激发职工创新求实的干劲儿、勇为先锋的闯劲儿，坚定走出困境的决心，形成以先进人物为引领，向先进看齐，争抢赶超先进的浓厚氛围。

2. 树立典型人物、宣传先进事迹是加强和推进思想政治工作的重要方法。发现典型、宣传典型，出发点和落脚点都在于推广和发扬，一个典型就是一面旗帜，可以起到影响一面、带动一片的作用。注意运用榜样的力量，在生产的最前线形成崇尚先进、学习先进、争当先进的良好风气，以增强员工凝聚力和荣誉感。

3. 树立典型人物、宣传先进事迹是坚定推进国企改革信心和决心的重要方式。人力资源优化是国企改革中的一项重点工作，职工普遍存在对企业改革抱有怀疑态度，关心自身利益是否受到波及等问题。此时宣传改革的典型事例显得尤为重要，以成功的改革案例来坚定职工改革的信心是思想政治工作中的一项重要任务。同时开展以先进人物现身说事等形式，对存在害怕改革的职工进行宣传，消除职工的畏惧心理和犹豫情绪，达到顺利推进改革的目的。

二、加强典型培养，深入挖掘和培育典型

1. 坚持“三个原则”。要坚持实事求是的原则，以事实为依据，保证典型真实可靠，经得起考验。要以广大职工公认为原则，把职工满意不满意、认可不认可、信服不信服作为选树典型的重要标准，使典型可信可学。要坚持与时俱进的原则，选树典型要符合时代要求，始终成为引领时代的价值取向。

2. 搭建“三个平台”。以鞍钢集团党支部示范基地钢渣磁选作业区党支部为平台，引导党员积极开展“五效”“三先”活动，充分发挥党支部战斗堡垒作用。以辽宁省劳动模范“刘丽娜”命名的创新工作室为平台，引导职工创新创效，充分发挥职工群众主力军作用。以全国最美志愿者“孙宝江”命名的爱心工作室为平台，弘扬社会主义核心价值观，凝聚向上向善力量。

3. 注重“三个通道”。要注重在基层群众中发现典型，对基层成绩突出的个人和集体进行摸底，并在基本数据翔实、材料充分的前提下组织相关部门深入所在班组进行调研，确定选树的可行性。要注重在急难险重任务中发现典型，挖掘在微粉抢修会战、防疫防控工作、改革关键时期涌现的先进集体和个人。要注重在年轻群体中发现典型，推动青年价值观与公司价值观、社会主义核心价值观相契合，树立见贤思齐、奋斗成才的价值导向。

三、加强典型选树，发挥引领示范作用

1. 选树道德文明典型。绿源科技公司大力营造崇尚道德模范、践行社会主义核心价值观的良好环境。大力宣传全国最美志愿者孙宝江爱心事迹，成立以孙宝江名字命名的爱心工作室，坚持以相互关爱、服务职工为重点，把有志于志愿服务的职工动员组织起来，集中力量精准帮扶，针对部分职工子女升学困难、职工患病医治困难等问题，开展一系列扶贫帮困、扶老助残、应急培训、捐书助学、交通文明劝导等活动，推动企业形成崇德向善、凡人善举、知荣辱、树正气、促和谐的良好风尚。

2. 选树敬业爱岗典型。大力选树立足岗位，在生产经营、重点项目、重点任务和关键领域做出重要贡献的先进集体和个人。微粉分公司点检长谢军同志多年来扎根一线，在公司降本增效中，德方主减速机设备维修需要聘请德方专家，在前几次德方指导维修后，谢军主动请缨自己组织指导维修，圆满完成了检修任务，为公司降本增效做出重要贡献。

3. 选树创新创效典型。大力选树在科研创新成果转化为

经济效益方面涌现的先进集体和个人，以刘丽娜创新工作室为平台，紧紧围绕企业生产经营重点、难点，以技术创新、管理创新为方向，激发职工创新热情和创造活力，增强企业自主创新能力。

4. 选树改革先锋典型。大力选树在公司体制机制改革、人力资源优化、创新经营模式等方面实施的改革工作中，为企业改革发展做出重要贡献的先进典型。鞍钢劳动模范唐克军在钢渣磁选作业区探索实施“市场化运作、货币化管理、制度化考核”的模拟市场化管理体系，全面推行成本货币化，使职工成为“管家”和主人，变躲活干为抢活干。

5. 选树勤政廉政典型。大力选树坚持全心全意为职工服务，廉洁自律、秉公办事，不徇私情、不谋私利的先进典型。选树勤政廉政典型，大力宣传党性强、作风好的党员领导干部，公司机械工程师胡广普的勤政廉政事迹在《鞍钢日报》进行了报道，在群众中树立起榜样，起到带动一片的积极作用，营造出风清气正的精神家园。

四、加强典型宣传，丰富宣传阵地建设

1. 加强传统媒体建设。2021 年，绿源科技公司充分运用中国冶金报、辽宁日报、鞍山日报、鞍山电视台、鞍钢新闻传媒中心等新媒体，着力选树宣传在党建品牌、技术创新、降本增效、改革实践等领域的先进典型、先进事迹，发表稿件 135 篇。编发《绿源科技宣传简报》下发到班组学习，制作《战“疫”快讯》及时报道在防疫防控工作中涌现的好人好事。

2. 加强新媒体建设。先进典型宣传不断创新思路和方法，公司建立了绿源科技公司微信公众平台，及时发布公司的新闻动态和先进典型，让职工在第一时间接收到信息，在先进典型宣传的广度和深度上实现更大的突破。制作《党建引领铸辉煌》《共享的力量》《我是党员》《最美家庭孙宝江》等宣传片，在食堂电视循环播放，传播绿源好声音。

3. 开展多种形式宣教活动。充分利用鞍钢集团展览馆、孟泰纪念馆、雷锋纪念馆等阵地，学习鞍钢集团英模文化。组织职工到孙宝江爱心工作室参观，邀请孙宝江为职工开展爱心事迹宣讲会，号召更多职工加入爱心志愿服务行列中。下发形势任务宣传提纲，使全体干部职工进一步解放思想、转变观念。出版了《渣山开拓之歌》《奉献者之歌》，反映矿渣人知难而上、奋发有为的高尚情怀，引领更多的职工传承矿渣精神、赶超先进。

五、注重完善典型，永葆典型先进性

1. 注重思想引导。抓好典型的自我完善和不断提高，才能持久地保持典型的先进性和生命力。在思想上多交流，注重引导典型正确对待成绩，不背荣誉的包袱；帮助典型查找不足，自我加压，不断确定新目标、提出新要求，确保典型始终保持不断前行的动力。

2. 关爱典型成长。坚持政治上关注，工作上关心，生活上关爱，用心帮助关爱典型成长。与他们讲“贴心话”、办“贴心事”、做“贴心人”，形成不定期找典型谈心，走进典型家庭，帮助典型解决困难等一系列关爱措施，激发典型的干劲和斗志。

3. 加大奖励力度。在公司开展的“五效”“三先”活动中，涌现出了一批为公司经营增效、降本增效、创新增效、创先增效、清欠增效做出突出贡献集体和个人，公司对优秀的项目负责人和团队进行大力表彰和重奖，赋予典型荣誉，注重精神上的奖励，又注重对典型物质上的奖励，激励更多职工争当典型。

4. 搭建晋升平台。深入挖掘和提炼先进典型事迹背后的精神内涵，进一步加大宣传力度，使先进典型不仅在企业内具有广泛影响力，而且在企业外也能够广为人知。要注重对典型的持续培养，为先进典型积累荣誉，提供晋升机会和平台，让先进典型永保先进性。

（鞍钢绿色资源科技有限公司党委书记韩伟，宣传管理张清玉）

深入实施“五个一”红色文化浸润工程 推动党史学习教育走深走实走心

攀钢集团有限公司

攀钢集团有限公司（以下简称“攀钢”）党委深入学习贯彻习近平总书记重要指示精神，在党史学习教育中深入实施“五个一”红色文化浸润工程，主动挖掘和传承企业红色基因，用好用活“家门口”红色资源，守正创新推动党史学习教育走深走实走心。

一、内涵和做法

“五个一”红色文化浸润工程的具体内涵为：厘清一条发展脉络，追寻红色根脉；用好一方红色资源，坚定理想信念；打造一批文化精品，激发使命担当；开展一场读书研讨，提振奋斗精神；营造一种浓厚氛围，奋力开创新局。“五个一”红色文化浸润工程层层递进实施，推动内容和形式的有机统一，实现效应和影响的持续显现，让党史浸润心灵，形成强大的引领力。

（一）厘清一条发展脉络，追寻红色根脉

伟大工程孕育伟大精神，伟大精神蕴含伟大基因。诞生于三线建设时期的攀钢，至今已有五十多年的建设创业发展历史，这段历史是我们党领导社会主义建设事业的一个缩影，积淀了丰厚的红色文化基因。为更好诠释和把握攀钢红色基因的深刻内涵，攀钢党委本着尊重历史的原则，系统梳理并总结提炼出一条具有鲜明特色的攀钢因国家战略而生、因科技创新而立、因改革开放而兴、因供给侧改革而新“四个因”红色脉络，并广泛开展宣传活动。通过“四个因”的

提炼宣传，攀钢的红色发展历史脉络更加清晰，广大干部职工深刻感悟到：攀钢建设发展的每一步都是在党的坚强领导下取得的，攀钢的命运与党的命运始终紧密相连，必须始终如一跟党走，听党话。

（二）用好一方红色资源，坚定理想信念

习近平总书记强调，党的历史是最生动、最有说服力的教科书。攀钢党委充分运用三线建设等“家门口”的红色资源，引导广大党员干部追寻红色记忆，增强信仰信念。

开展“沉浸式”现场教学活动。将党史学习教育搬到爱国主义教育基地现场，组织班子成员走进攀枝花中国三线建设博物馆，观看攀枝花三线建设的有关文物、图片和短片，共同追寻红色记忆，重温三线建设史。随后面对鲜红的党旗，重温入党誓词，表达永远跟党走的决心。各单位也充分利用攀枝花英雄纪念碑、同德烈士陵园等本地红色资源，开展了“祭英烈”祭扫活动、诵读红色家书等形式多样、内涵丰富的现场教学活动。

策划“体验式”主题党日活动。矿业公司开展了“重走矿山路，追忆红色情”主题党日活动，党员干部背着背篼、挑着扁担、提着采样袋，装满矿石，重走矿山路，体验当年铁矿原石运输的艰辛，还原了“三块石头架口锅、帐篷搭在山窝窝”“白天压杠杠、晚上杠杠压”的真实场景，让党员干部在身体力行中体会当年建设的艰苦卓绝，感悟初心；国贸公司开展了“讲好红色故事，致敬革命英雄，传承红色基因”主题党日活动。通过同唱革命歌曲，倾听抗美援朝老兵讲述红色故事，深刻感悟爱国主义精神。

打造“情景式”教育示范点位。强化政企联动，深化红色资源保护利用，联合攀枝花市委、市政府，启动打造攀枝花“城市原点”项目，建成了原点广场及攀枝花原点博物馆，生动展现了历代建设者不畏艰难，建设攀钢“钢铁粮仓”的三线故事。自开馆以来，该馆已先后接待 80 余场，2600 余人参观学习，成为“讲好三线故事，赓续三线精神”的“家门口”红色文化教育基地。

（三）打造一批文化精品，激发使命担当

优秀的文化作品最能打动人心，触及灵魂。攀钢党委深耕红色题材，策划创作了“一部视频、一本书籍、一台晚会”文化精品，引发强烈反响。

拍摄制作一部专题片。为生动展示攀钢在党的领导下接续奋斗的光辉历程，攀钢党委策划拍摄制作了《历史使命与新征程》。该片运用影视资料穿插、重要人物访谈等形式，再现了在党的领导下，攀钢开拓进取的奋斗史实，让观众真实感受到几代建设者始终铭记家国情怀，艰苦奋斗、勇攀高峰的感人事迹和崇高精神，得到了受众的高度称赞。

编辑出版一本文化教材。为进一步弘扬三线精神和攀钢精神，攀钢党委编辑出版《三线之光——攀钢向共和国报告》。该书以攀钢建设发展史为基本脉络，梳理和反映在党的领导下，攀钢建设发展的主要事件、典型人物、各方面成就和企业精神。该书出版后，将作为攀钢职工内部培训教材、党史学习教育和三线精神教育读本。

策划编排一台文艺晚会。在建党 100 周年来临之际，发动职工群众编排“永远跟党走 裂谷展宏图”晚会，通过大合唱、歌舞、朗诵、音诗画等多种演出形式，讴歌了攀钢人“不想爹不想妈，不出铁不回家”的豪迈情怀，回顾了攀钢在中国共产党领导下，始终与祖国同呼吸、共命运，在攀西钒钛资源综合利用、绿色发展、脱贫攻坚等方面作出的突出贡献。晚会实行线上直播，26.1 万名职工和网友云上观看了晚会直播，营造了庆祝建党百年的浓厚氛围。

（四）开展一场读书研讨，提振奋斗精神

攀钢党委举办了为期两天的“读书知史、学思践悟，党旗引领红色攀钢”党史学习教育专题读书班，进一步在学习中升华思想、在思考中深化认识、在交流中凝聚合力。

学习内容“实”。集中听取了百年中国共产党的发展历程和历史性贡献辅导报告。集中学习了《中国共产党简史》、习近平《论中国共产党历史》和《习近平新时代中国特色社会主义思想学习问答》中的相关篇目，集中观看了攀钢党史教育片《历史使命与新征程》。

交流研讨“深”。聚焦“推进攀钢高质量发展”主题，党委书记带头作了 2 次分享报告，强调要全力以赴把企业经营好发展好，全心全意为职工解决实际问题，千方百计帮助职工成长成才，不断增强职工群众的获得感和幸福感，凝聚起打造世界一流新金属材料企业的奋进力量。

发展方向“明”。结合攀钢产业现状，提出了“打造高端零部件制造产业集群”新产业目标设想。在此基础上，结合“十四五”规划，再次举办 1 期班子研讨会，巩固学习成果。抓好学思践悟，聚焦鞍钢集团“7531”战略目标和“双核”目标，通过系统调研，科学谋划了攀钢要成为新鞍钢加快融合发展的重要一极、新鞍钢战略转型升级的重要一极、新鞍钢科技创新驱动的重要一极、新鞍钢铸造大国重器的重要一极、新鞍钢改革引领发展的重要一极“五个重要一极”战略定位。

（五）营造一种浓厚氛围，奋力开创新局

充分运用各类宣传平台，通过多种载体方式，营造浓厚的舆论氛围，动员引导党员干部积极投入、热情参与，以实际行动传承红色基因，开创发展新局。

讲好红色故事。在攀钢宣传平台同步开设《旗帜引领 英雄攀钢》专栏，设立“勋章闪耀”“红色记忆”等栏目，集中讲述了许光奎、冯广臣、付光烈、马景强、杨林等攀钢 50 多年的建设发展中涌现出的先进模范故事 28 个，回顾了大田会议、毛泽东同志“三·四”批示、攀钢第一炉钢等攀钢在党的领导下的光辉历程和突出成绩故事 34 个，引导干部职工从攀钢跟随党百年奋斗光辉历史中汲取智慧和力量。

用活媒体资源。用好传统媒体，开设党史学习教育专栏 6 个，刊发报道 400 余篇、理论专版 8 期（13 篇），外部媒体刊发 51 篇。编发《简报》41 期。用好新媒体，上线新攀钢 APP，拍摄制作反映攀钢拳头产品——钢轨发展史的短视频、微信长图文等新媒体作品。攀长特公司炼钢厂改版升级“炼钢厂党史天天读”音频录播工作，每个工作日录制一天天读音频”，每期时长 3—5 分钟，定时在 QQ 工作群或微信群发布，用身边人讲述红色经典，弘扬先烈精神。

丰富活动形式。组织开展“学党史·‘云’上庆华诞”知识竞赛，参与答题人数达 20364 名，普及了党史知识；组织党员干部职工，在 126 个分会场收听收看大会盛况，聆听了习近平总书记重要讲话；开展理论研究，以新时代弘扬“鞍钢宪法”精神、践行攀钢精神为主题，开展党史学习教育理论成果征集表彰活动等，进一步丰富了党史学习教育开展方式。

二、实施效果

（1）**职工队伍焕发新面貌**。广大干部职工更加深刻地认识到，攀钢的历史就是一部在党的坚强领导下、坚决贯彻党中央决策部署、始终秉承国家战略指引，自力更生、砥砺奋进的创业发展史。增强了想干事的思想自觉和干成事的工作本领，坚定了在打造高质量发展“新鞍钢”目标统领下，建设世界一流新金属材料企业的信心。

（2）**企业发展实现新跨越**。成都材料院“科改示范行动”改革成果案例入选国务院国资委案例集，与东北大学等单位联合研制的“连铸凝固末端重压下技术开发与应用”项目获国家科学技术进步奖二等奖；持续深化三项制度改革，钢铁主业劳动生产率、全员劳动生产率同比分别提升 12%、40%；高端钛及钛合金、攀长特高端特种材料真空冶炼升级等项目竣工投产。建成“四化”项目 7 个，产线自控化率达 71%。

（3）**未来发展谋定新征程**。就是要高举习近平新时代中国特色社会主义思想伟大旗帜，始终牢记开发攀西战略资源的国家使命，坚持两个“一以贯之”，积极践行新发展理念，对标对表新鞍钢建设的“六个鞍钢”新内涵，锚定建设世界一流新金属材料企业目标，积极争当新鞍钢建设的战略中坚力量。

（攀钢集团有限公司党委副书记、工会主席杨槐，政工部（企业文化部）部长马海波，政工部宣传总监周军，政工部宣传业务高级经理易海林）

母子文化共建

中国石油

传承红色基因 高举精神旗帜 为推动企业高质量发展凝聚磅礴伟力

中国石油天然气集团有限公司

党的十八大以来，习近平总书记先后十一次对中国石油和中国石油相关工作作出重要指示批示，勉励我们要大力弘扬大庆精神、铁人精神，“当好标杆旗帜、建设百年油田”；要当好共和国“种子队”；要大力弘扬以“苦干实干”“三老四严”为核心的石油精神。2021 年 9 月，大庆精神、铁人精神被中宣部确定为中国共产党人精神谱系第一批伟大精神。中国石油高举习近平新时代中国特色社会主义思想伟大旗帜，牢记初心、担当使命，传承红色基因，赓续精神血脉，不断凝聚起推动企业高质量发展的磅礴力量。

一、石油精神和大庆精神、铁人精神孕育于火热的石油大会战，得到历代党和国家领导人的亲自培育

中国共产党伟大精神、中华民族优秀文化以及中国工人阶级、中国人民解放军优良传统是孕育石油精神和大庆精神、铁人精神的肥沃土壤，党领导下的大庆石油会战是锻造大庆精神、铁人精神的红色熔炉。

1949 年 9 月 25 日玉门油矿解放，掀开了中国石油工业新的篇章。老一辈石油人把“打好石油翻身仗、支援国家经济建设”作为使命，战严寒、斗酷暑，上高原、闯荒漠，舍生忘死为国家寻找大油田，播下了石油精神和大庆精神、铁人精神的火种。20 世纪 50 年代末，我国开展了惊天动地、波澜壮阔的大庆石油大会战，以铁人王进喜为代表的新中国第一代石油工人发出了“宁肯少活 20 年，拼命也要拿下大油田”的钢铁誓言，以“有条件要上，没有条件创造条件也要上”的拼命精神，自力更生、艰苦奋斗，在实践中创造形成了人拉肩扛精神、干打垒精神、缝补厂精神等艰苦创业“六个传家宝”“两论”起家“两分法”前进的基本功，“三老四严、四个一样”优良作风，“三个面向、五到现场”机关工作指导思想，以岗位责任制为基础的管理制度，抓“基层建设、基础工作、基本功训练”的“三基”工作基本经验，“抓生产从思想入手，抓思想从生产出发”的思想政治工作基本方法等，在我国自然灾害最困难的时期，仅用三年时间拿下了世界级大油田，一举甩掉了“贫油国”的帽子，为国家建设提供了源源不断的工业血液。

中国石油历世纪风云、伴祖国同行，每一步发展、每一次跨越、每一个成就，都饱含着党和国家领导人的亲切关怀、殷切嘱托。1964 年，毛泽东同志发出了“工业学大庆”的号召，多次接见“铁人”王进喜，亲自树起了大庆油田这面旗帜。1977 年，邓小平同志讲道：“在延安中央党校，毛泽东同志亲笔题的四个大字，叫‘实事求是’。我看大庆讲‘三老’，做老实人，说老实话，干老实事，就是实事求是”。1990 年，江泽民同志视察大庆时把大庆精神进一步概括为“爱国、创业、求实、奉献”。1996 年，胡锦涛同志视察大庆时指出“珍惜大庆光荣史，再创大庆新辉煌”。

2019 年，习近平总书记在致信祝贺大庆油田发现 60 周年时强调，大庆油田的卓越贡献已经镌刻在伟大祖国的历史丰碑上，要大力弘扬大庆精神、铁人精神。2021 年，总书记在山东考察时再次强调，石油战线始终是共和国改革发展的一面旗帜；要继承和发扬老一辈石油人的革命精神和优良传统，始终保持石油人的红色底蕴和战斗情怀。石油精神和大庆精神、铁人精神，始终是百万石油人攻坚克难、夺取胜利的强大精神力量。

二、石油精神和大庆精神、铁人精神闪耀着时代和真理的光芒，具有传承不息、历久弥新的永恒价值

石油精神和大庆精神、铁人精神之所以生生不息、熠熠生辉，就在于他集中体现了党的坚定信念、根本宗旨、优良作风，凝聚着石油人苦干实干、三老四严、勇于奉献的崇高品格，并深深融入一代代石油人的血脉之中，成为石油人的精神标识。具体体现为 5 个鲜明特性。

（一）政治先进性。石油精神和大庆精神、铁人精神是党的优良传统催生的精神硕果，是中国共产党人奋斗精神、高尚情操和优秀品格的生动诠释。70 多年来，石油战线始终把坚持党的领导、加强党的建设作为企业发展的“根”和“魂”，始终坚持用党的创新理论武装头脑、指导实践，始终坚定不移听党话跟党走，对党忠诚、为党分忧、为党尽职。这种红色基因是石油精神和大庆精神、铁人精神长盛不衰的根本保障。

（二）鲜明时代性。随着时代背景、发展阶段和使命任

务的变迁，石油精神和大庆精神、铁人精神与时偕行、创新发展，底色愈发靓丽、内涵更加丰富。在社会主义建设时期，集中体现为艰苦创业、苦干实干，为国分忧、为民族争光；在改革开放时期，主要体现为开拓创新、锐意进取，开放合作，忠诚履行央企责任使命；中国特色社会主义进入新时代，石油精神和大庆精神、铁人精神，又在实现中国梦的奋进中呈现出自信自强、守正创新、担当作为的新风采。

（三）实践创造性。伟大实践孕育伟大精神，新的伟大实践为石油精神和大庆精神、铁人精神注入新内涵，使之更具旺盛的生命力。“为国争光、为民族争气”的爱国主义精神突出体现为牢记初心使命、坚定理想信念、永远对党忠诚的政治站位，“独立自主、自力更生”的艰苦创业精神突出体现为勇于改革创新、奋力创造一流业绩的担当作为，“讲究科学、三老四严”的求实精神突出体现为解放思想、尊重规律、崇尚实干的优良作风，“胸怀全局、为国分忧”的奉献精神突出体现为勤勉敬业、兴油报国的境界情怀。

（四）文化传承性。石油精神和大庆精神、铁人精神继承和发扬了中华民族的优秀文化传统，是历代石油人接力传承形成的精神文化积淀，是石油行业先进精神和优良作风的总和。艰苦创业、苦干实干的优良作风承袭着“天行健，君子以自强不息”的向上精神基因，“三老四严”“四个一样”的优良品德赓续着“地势坤，君子以厚德载物”的向善精神基因，“为国分忧、为民族争光”的优良品质延续着“天下兴亡、匹夫有责”的爱国主义精神基因等。

（五）共同价值性。石油精神和大庆精神、铁人精神蕴含的基本理念与人类共同价值追求是相通的。“井无压力不出油，人无压力轻飘飘”的哲思表达，“磨刀石上闹革命，低渗透中铸丰碑”的坚定信念，“绿色发展、奉献能源，为客户成长增动力、为人民幸福赋新能”的价值追求等，都蕴含着石油人的奋斗精神、实干作风、合规观念、合作意识、生态理念，也包含着对待工作的态度、开展工作的方法、检验工作效果的原则等现代管理理念，彰显了人类精神世界真善美的崇高境界，体现了大国央企的责任担当。

三、石油精神和大庆精神、铁人精神是中国共产党伟大精神和中华民族伟大精神的重要组成部分，让红色基因永续传承是我们的神圣使命无限责任

历史川流不息，精神代代相传。新时代我们在传承中创新，在创新中发展，让石油精神和大庆精神、铁人精神穿越历史、辉映未来，让红色基因代代相传、永不变色。

（一）坚持继承传统，履行文化责任，永葆精神的生机活力。始终把传承弘扬石油精神和大庆精神、铁人精神作为我们的文化责任，坚定不移当好新时代伟大精神的播种机和宣传队。以系统思维构建弘扬伟大精神长效机制，成立大庆精神、铁人精神研究会和中国石油延安精神研究会，设立“中国石油纪念日”恒定精神之源，连续四届举办石油精神论坛，利用“铁人先锋”党建平台让伟大精神直连基层、直达岗位。坚持制度化规范、人格化塑形、有形化熏陶、艺术化表达，持续11年开展“石油魂”巡回宣讲，累计720场、覆盖300万人次，宣讲团被授予“全国工人先锋号”。推进伟大精神再学习再教育再实践再传播，持续保护和利用红色资源，先后建成投用石油精神教育基地164个、首批工业文化遗产29个。

（二）坚持开拓创新，丰富时代内涵，彰显精神的实践价值。坚持以习近平新时代中国特色社会主义思想为指引，推进实施文化引领战略举措，始终用石油精神和大庆精神、铁人精神凝聚力量，以“困难面前有我们，我们手下无困难”的坚定信念，肩负起“能源的饭碗必须端在自己手里”的重大责任，持续提升公司治理体系和治理能力现代化水平，专题部署推进科技创新、市场营销和企业文化等工作，全力加大国内勘探开发和天然气产供储销体系建设力度。在伟大精神的引领和激励下，中国石油已经成长为国内最大的油气生产商和供应商，2021年国内原油产量和天然气产量分别超过全国总产量的53%、70%，国内油气产量当量突破2亿吨，为保障我国油气供应安全、推动能源结构转型发挥了“压舱石”和“主力军”作用。2021年公司经营业绩创7年来同期最好水平，经营效益位居央企前列。

（三）坚持发扬作风，赓续精神血脉，打造过硬的铁人队伍。“苦干实干”“三老四严”是石油精神和大庆精神、铁人精神的鲜明特质，是铁人式队伍的文化基因和精神内核。中国石油坚持用“干”“实”“严”铸魂育人、锤炼作风，从“宁肯少活二十年，拼命也要拿下大油田”的第一代铁人王进喜，到“宁肯把心血熬干，也要让油田高产再稳产”的第二代铁人王启民，再到“宁肯历尽千难万险，也要为祖国献石油”的第三代铁人李新民，“苦干实干”“三老四严”的优良传统一脉相承、薪火相传。迈进新时代、奋进新征程，以奉献雪域高原的全国“最美支边人”梁楠郁、摘取高铁润滑油皇冠明珠的“全国优秀共产党员”伏喜胜、扎根一线矢志攻坚的周英操为代表的百万石油人，正以昂扬的斗志、饱满的热情、旺盛的干劲奋战在生产一线，续写铁人式队伍的时代风采。

举精神之旗，建精神家园，只有起点没有终点。我们将深入学习贯彻党的十九届六中全会精神，不忘昨天的苦难辉煌，不愧今天的使命担当，不负明天的伟大梦想，以伟大精神引领伟大事业，努力推进高质量发展、建设基业长青世界一流企业，为实现第二个百年奋斗目标继续贡献石油力量、争取更大荣光。

（中国石油天然气集团有限公司企业文化部）

坚持守正创新　赓续红色血脉
弘扬大庆精神　凝聚强大力量

中国石油集团大庆油田

2019年，习近平总书记致信祝贺大庆油田发现60周年，

强调指出“大庆油田的卓越贡献已经镌刻在伟大祖国的历史丰碑上，大庆精神、铁人精神已经成为中华民族伟大精神的重要组成部分”，对大庆油田的历史贡献、大庆精神的文化价值作出明确定位。同时，习近平总书记在贺信中嘱托“希望大庆油田全体干部职工不忘初心、牢记使命，大力弘扬大庆精神、铁人精神，不断改革创新，推动高质量发展，肩负起当好标杆旗帜、建设百年油田的重大责任，为实现‘两个一百年’奋斗目标、实现中华民族伟大复兴的中国梦作出新的更大的贡献”，对大庆油田的未来发展提出要求、指明方向。

面对总书记的谆谆嘱托、殷切期望，大庆油田以习近平新时代中国特色社会主义思想为指导，深化实施“四个革命、一个合作”能源安全新战略，以“当好标杆旗帜、建设百年油田”，面对困难挑战，大庆油田坚定文化自信，充分发挥得天独厚的政治文化优势，坚持用好大庆精神这一制胜法宝，通过与时俱进、守正创新，不断用大庆精神育人铸魂、凝心聚力，为企业实现高质量振兴新发展提供强大的精神力量和文化支撑。

一、创新载体，根植基因，用大庆精神“铸魂”

大庆精神产生于社会主义建设初期，具有鲜明的时代印记。随着企业员工代际更替，80 后、90 后逐渐成长为油田发展主力军，其中 40 岁以下青工占员工总数的 32.8%。这些青工生于改革开放后，物质条件充足，精神生活丰富，对于产生于困难时期、困难条件的大庆精神，很多年轻人认识模糊，感受表面化。如何让红色基因传承下去，让大庆精神始终成为一代代大庆石油人共同的精神品格，是油田文化建设的核心任务。对此，大庆油田党委联合中国石油党组宣传部于 2010 年 6 月启动“石油魂——大庆精神铁人精神”巡回宣讲活动，开启了一场传承红色基因、赓续精神血脉的文化传播长征。通过在宣讲内容、宣讲手段、宣讲人员上精雕细刻、精益求精、精心组建，努力增强宣讲的思想性、生动性、感染性；在受教育层面上坚持“进机关、进基层、进课堂、进海外、进社会”，不断扩大教育的受众面。11 年来，举办宣讲 700 余场，行程 75 万多公里，直接受众超 300 万人次，在企业内外引起强烈反响。2012 年，“石油魂”宣讲团被全国总工会授予“全国工人先锋号”荣誉称号，这是独获此项殊荣的精神文化传播团队；2017 年，宣讲团被中宣部评为“基层理论宣讲先进集体”。

同时，油田加强教育基地建设，打造弘扬优良传统、培育红色文化的生动课堂。2006 年，在油田发现 47 周年之际，新建落成铁人王进喜纪念馆新馆、大庆油田历史陈列馆，成为弘扬大庆精神、铁人精神的大庆地标。2009 年，修葺大庆油田发现井——松基三井，全方位展示“大庆从这里走来”的历史文化。2019 年以来，陆续对北二注、西水源、喇 72 井、葡萄花炼厂遗址、1205 钻井队等进行升级改造，进一步突出陈展主题，展示优良传统。目前油田拥有省级以上爱国主义教育基地 8 个、文物保护单位 8 个、工业遗产 4 个，中国石油集团公司石油精神教育基地 23 个，形成了大庆精神传播的系列名片，年参观人次超过 200 万。

此外，在今年开展的党史学习教育中，围绕“弘扬伟大精神，学好百年党史”，精心组织制作了油田首部大型文献纪录片《典藏大庆》（40 集）、短视频《党之盛典、国之大庆》（62 集）、《传承红色基因，赓续企业精神》文化海报等文化作品，对大庆精神进行有形化成果转化，形成大庆精神传播系列文化精品，对于引导干部员工深刻领悟大庆精神丰富内涵，培育社会主义核心价值观起到积极推动作用。

二、选树标杆，示范引领，用大庆精神“立行”

企业精神本身是抽象、无形的，只有将其与企业英模相融合，才能诠释出精神的丰富内涵和现实表现。铁人王进喜是大庆石油会战选树的第一个劳模，他“宁肯少活 20 年，拼命也要拿下大油田”的英雄事迹和“有条件要上，没有条件创造条件也要上”的豪言壮语，感召了无数石油人为油拼搏、为油奉献。铁人精神作为大庆精神的具体化、人格化体现，将大庆精神演绎得更为形象、生动。为使大庆精神传承下去，始终成为大庆石油人攻坚克难、砥砺前行的动力源泉，大庆油田坚持抓典型、树样板，让企业英模成为油田价值导向的风向标。

60 多年来，油田累计选树各类先进典型 5000 多人，目前拥有省部级以上劳模 477 人，其中国家级劳模 35 人。继王进喜之后，油田陆续选树了第二代铁人王启民和第三代铁人李新民。2020 年组织油田作家创作了短篇报告文学《三代铁人英雄谱》，用“三代铁人”的英雄事迹演绎大庆精神与时俱进的时代光芒，展示大庆石油人苦干实干、科技兴油、海外亮剑的时代风采，2021 年 6 月《中国作家》刊发该文。第三代铁人李新民，作为产业工人实现中国梦的优秀代表，集中体现了大庆铁人队伍的新时代风采。党的十八大以来，油田重点对其进行了全方位宣传。2012 年起，举办李新民先进事迹音乐故事会，累计宣讲 72 场次，引起热烈反响。今年，以李新民先进事迹为原型，联合黑龙江省委宣传部、大庆市委宣传部创作了大型原创音乐剧《铁人在非洲》，展示了大庆海外石油人舍家为国、为油奉献的崇高品德和家国情怀。

同时，为发挥先锋模范示范引领作用，油田于 2011 年 5 月创办“铁人大讲堂”，邀请油田功勋员工、行家里手担任主讲嘉宾，立足岗位讲传承讲敬业讲奉献。为增强宣讲的鲜活性和代入感，大讲堂创新宣讲形式，运用短视频、PPT、情景剧、沙画、诗朗诵等手段，打造形式新颖、接地气、油味儿浓的精品讲座。11 年来，累计举办 20 期 44 场讲座，现场参与员工上万人，网络直播观看人次突破 14 万。技术革新标兵段福海、“国际焊王”王召军、星火一次变电所党支部、改革先锋王启民、新时代“双标”等油田发展不同阶段的 44 位先优模范代表走进讲堂，讲述石油故事，分享思想感悟。铁人大讲堂深受员工喜爱，被誉为“油田员工自己的讲堂”，发挥了“分享思想、汇聚力量”的积极作用。

三、盘活资源，传播文化，用大庆精神“吸粉”

作为大庆精神发祥地，大庆油田不仅承担着保障国家能源安全的政治、经济责任，还承担着弘扬大庆精神的社会责任、文化使命。如何将大庆精神“有价值”地传播出去，让大庆精神走向社会、“飞入寻常百姓家”，是油田企业文化孜孜以求的建设目标之一。近年，油田加强文化传播能力建设，推进媒体融合，发展“大庆精神+”文化产业，不断提升大庆精神的传播力、影响力，向全社会释放大庆精神正能量。

及时把握互联网蓬勃发展态势，推进新媒体、融媒体建设。2011 年以来，打造形成了以油田官微为龙头的油田新媒体矩阵，包括客户端 5 个、微博 3 个、微信公众号 72 个、抖音号 13 个等 93 个网络平台，覆盖人群 200 万人次。2019 年 5 月组建大庆油田新媒体制作中心，负责油田官微、油田官博、油田 APP、“大庆油田”抖音号等内容生产和运营工作，总粉丝量 38.7 万。2020 年以来，随着一稿双创、媒体互动等工作的推进，初步形成油田报社、电视中心、新媒体制作中心采编联动、即采即发机制，媒体融合进入一个新阶段，实现了新闻信息一次采集、多种生成、多元传播。通过运用 H5、短视频、网络直播等新媒体技术，实现传统媒体与新媒体互通互联、资源共享、优势互补与内容融合。其中，融合短视频和多媒体技术，及时跟进新闻热点，制作《要闻周报》视频片，将其投放到油田各基层单位的通勤车、办公楼 LED 屏、电梯广告机、食堂电视等 1497 块显示点端，成为快速传播主旋律的日常宣传新载体。

整合文化资源，由石油产品输出向文化产品输出拓展。推进“大庆精神+”与教育培训相结合，2018 年 3 月揭牌成立“铁人学院”，着力构建“大庆精神+文化传播+人才培育”的培训模式。2019 年，中国石油集团公司党组和油田党委决定在不破坏遗产及生态环境的前提下，将铁人一口井所在地改造成铁人学院体验式培训基地，包括铸魂岁月 5D 影院、又见铁人全息投影、六个传家宝展厅等系列教学内容，使学员通过亲身体验，感受“爱国、创业、求实、奉献”的大庆精神。推进“大庆精神+”与文化旅游相结合，2019 年 6 月成立文旅项目部，将铁人纪念馆等 43 个教育基地纳入大庆红色文化旅游景点，设计了会战传统文化之旅、寻根之旅等 3 大主题 27 条精品线路，开发了“游学式”文化旅游项目，设计了重走会战路、盖干打垒、人拉肩扛等 14 个会战主题互动体验项目，通过在油田工业遗址现场学习体验游览，让游客感受会战岁月，感知大庆精神。三年来，累计发团 255 个，受众 12000 余人，经营收入 560 多万元，成功打造油城文旅新业态。

四、释放力量，赋能助力，用大庆精神“提质”

一是推进了发展。在大庆精神的感召下，围绕“当好标杆旗帜，建设百年油田”重大责任，油田干部员工解放思想、顽强拼搏，奋力谱写发展、改革、科技、党建“四个新篇章”，不断开创新时代油田高质量振兴发展新局面。

二是推动稳油增气。以“困难面前有我们，我们手下无困难”的豪迈气魄，举全油田之力打响新时代古龙页岩油新会战，实现“大庆以外找大庆”。

三是推动改革增效。坚信“只要精神不滑坡，办法总比困难多”，积极推进改革三年行动方案，实现了创业集团和昆仑集团重组整合，探索建立了 6 个“油公司”模式试点，完成钻探工程公司和工程建设公司组织机构改革和人员优化调整工作。

四是推动科技创新。发扬“超越权威、超越前人、超越自我”的“三超”精神，围绕稳油增气、提质增效全力推进“765”重大攻关任务，“大庆长垣特高含水油田提高采收率示范工程”实现油田主体开发技术接替发展，“松辽盆地致密油开发示范工程”实现非连续型薄层致密油规模效益开发，并上线运行了全国管控最集中、规模最大、功能最强的企业指挥中心——大庆油田智慧指挥中心。

五是加强党的建设。秉承“支部建在连上”优良传统，规范开展党员责任区、党员先锋岗、党员效益工程等创先争优活动，目前共建立党员先锋岗 25671 个、党员责任区 6156 个、党建协作区 41 个，基层党组织组织力不断增强。采油一厂第三油矿中四采油队党支部等 5 个油田基层党支部获集团公司基层党建“百面红旗”称号。

（大庆油田党委宣传部部长辛伟强，党委宣传部副部长鄂金太，企业文化科科长　时帅力，大庆钻探钻技一公司技术员　陈翔宇）

坚定文化自信　赓续红色血脉
用伟大精神引领中国最大油气田建设

中国石油集团长庆油田

党的十八大以来，中国石油集团长庆油田（以下简称“长庆油田”）党委深入学习贯彻落实习近平总书记关于文化建设重要论述和讲话精神，将红色基因与石油文化深度融合，坚守精神高地，坚定文化自信，为高质量建成六千万吨特大型油气田提供了强大动力，实现了油气稳产、文化增辉。

一、传承红色基因，坚持从革命文化中汲取信仰力量

长庆油田生产区域横跨陕、甘、宁、蒙四省地区，地处红色革命圣地，有着挖掘红色资源，传承红色基因的独特优势。油田党委把“讲红史、传红志、献红心、扛红旗”作为企业文化建设的重中之重，不断从红色革命文化中汲取信仰力量，打造红色文化品牌。

系统梳理红色资源，建设全覆盖的红色教育阵地群。坚

持顶层设计，制定《关于挖掘红色资源传承红色基因的实施意见》，建立油区红色资源名录，设计油区红色教育线路，绘制油区红色资源地图，对保护好、管理好、运用好红色资源进行系统谋划。组织阵地“双挂牌”工程，在油区 52 个地方红色教育阵地挂牌“长庆油田革命传统教育基地”，在长庆油田展览馆、宁夏石油展览馆、苏里格气田展览馆等油田文化阵地挂牌地方省市爱国主义教育基地，把红色阵地管理利用纳入党委重要议事日程，建立对口联系机制，形成了覆盖千里油区，管理规范、运行有序的红色教育阵地群。

用好用活红色文化，构建常态化的革命文化教育机制。公司党委坚持把红色资源、红色阵地作为坚定理想信念的主课堂，传承弘扬革命文化，实施红色资源教育示范工程，制定学习教育方案，组织参观展览展示、瞻仰英雄纪念碑、讲述红色故事、慰问老革命老红军等活动 500 余次，拍摄微视频、红歌快闪等 200 余个，公司两级党委中心组成员走进延安等革命圣地开展现场教学 60 余次，举办“云打卡油区红色地标”“云走长征”等新媒体活动，在重温红色历史、感知革命文化的过程中，教育引导广大员工从党的百年奋斗历程中汲取“革命理想高于天”的信仰力量。

广泛厚植文化根基，打造“石油+红色”的文化品牌。坚持将红色基因融入企业文化建设，将革命文化饱含的爱国之情、报国之志融入油气勘探开发实践，培育形成“忠诚担当、创新奉献、攻坚啃硬、拼搏进取”的长庆精神。推进石油文化与革命文化融会贯通，以红色资源为联系纽带，以红色基因为情感共鸣，让石油文化“走出去”，让革命文化“走进来”，在油区各类文化阵地增加红色基因，组建长庆油田公司党委讲师团，开展“党史红色故事进乡村”党史宣讲，举办“党史中的石油印记”图片展，形成企地共建共享、石油文化与革命文化交相辉映的特色文化品牌。

二、弘扬石油精神和大庆精神、铁人精神，坚持用“我为祖国献石油”诠释使命担当

党领导新中国石油工业发展过程中孕育形成的石油精神和大庆精神、铁人精神，是革命文化在石油战线的传承实践，两者都是伟大精神的重要组成部分，“忠诚担当”“埋头苦干”“锐意创新”是石油文化和革命文化所呈现出的共同特质。长庆油田成长于陕甘宁革命老区，革命文化和石油传统深深融入长庆人的血脉，无论什么时代，“忠诚担当”“埋头苦干”“锐意创新”永远是长庆油田最鲜明的文化特质。

忠诚担当是长庆人“听党话、跟党走”的政治本色。油田党委坚持不懈用习近平新时代中国特色社会主义思想塑形铸魂，认真学习贯彻习近平总书记重要讲话精神和党中央决策部署，组织广大员工走进杨家岭、枣园、南泥湾、梁家河，涵养“石油工人心向党”的赤子情怀；牢记“国之大者”，自觉将企业发展融入党和国家伟大事业中，制定“三步走”中长期发展目标，规划 2035 年油气当量突破 7000 万吨，并保持长期稳产，不断激发全员“为祖国加油、为民族争气”的责任感和使命感。

埋头苦干是长庆人“越是艰险越向前”的生动写实。油田党委坚持唱响主旋律、弘扬正能量，将红色基因、石油精神和大庆精神、铁人精神有形化、故事化，打造精神文化高地；发挥示范作用，建立“感动长庆”典型评选制度，持续开展石油精神故事大赛、先进典型事迹巡讲，让员工“学有榜样、做有标杆、超有方向”。突出作风锤炼，班子成员三分之二时间在一线靠前指挥，机关部门三分之二人员在一线帮促指导，技术人员三分之二时间在现场跟班支撑，广大干部员工心往一处想、拧成一股绳，把人见人愁的“阎王坡”踩成了勇攀高峰的“好汉坡”。

锐意创新是长庆人“实事求是”的思想法宝。面对低渗透油气田高效开发的世界难题，油田党委注重培育创新文化氛围，以思想破冰引领实践突围，长期举办员工创新论坛、科技论坛、文化论坛，形成以 55 个劳模创新工作室引领 178 个攻关小组推进、五千名创新骨干带动、近万名一线员工参与的创新网络，引导全员树立“唯创新者进、唯创新者强，唯创新者胜”的理念，迎难而上，走出了一条科技兴企、管理强企、文化固企的传统石油企业转型升级之路。

三、赓续精神血脉，坚持在油田高质量发展中实现文化自强

作为我国第一大油气田，长庆油田大力弘扬革命文化和石油精神、大庆精神、铁人精神，推动文化创造性转化、创新性发展，在油田高质量发展中展现文化自信。

坚持凝心铸魂，涵养忠诚担当的政治品格。始终把加强党的政治建设作为企业文化建设首要任务，深入学习贯彻习近平新时代中国特色社会主义思想，落实“第一议题”制度，持之以恒用党的创新理论统一思想、统一意志、统一行动。连续三年开展习近平新时代中国特色社会主义思想“云宣讲”，组织千名支部书记讲党课、万名党员进党校，举办党员干部“读书班”近百场次，引导广大员工自觉做习近平新时代中国特色社会主义思想坚定信仰者和忠实践行者。

突出战略引领，推动高质量发展上台阶。始终从全局高度、系统性思维谋划文化强企，把品牌价值战略作为油田六大发展战略之一，把文化建设融入规章制度、融入改革发展、融入员工行为，总结形成“价值引导、理念实践、教育示范、成效测评”四大企业文化建设体系，实施安全文化、廉洁文化、质量文化等专项文化创建，连续 13 年开展理念实践活动，定期举办理念实践案例大赛，每年评选表彰优秀文化案例和实践工具，制定员工行为规范，签订员工职业道德承诺书，探索文化融入生产经营管理的实践路径，推动企业文化内化于心、固化于制、外化于行，显著增强了企业核心竞争力。

打造文化精品，提升企业良好形象。始终把“内聚人心、外树形象”作为企业文化的着力点，开展“中国石油开放日——长庆油田站”“企业形象提升周”活动，在集团公司总部成功举办长庆油田专题报告会，建成石油精神教育基地 13 个，命名企业精神教育基地 29 个、文化建设示范窗口 123

个，打造“重上好汉坡”“见证苏里格”“遇见山丹丹”等石油精神教育路线，长庆油田获得央企首个延安精神示范教育基地，长庆油田展览馆入选中央企业爱国主义教育基地，庆一井、会战指挥部旧址入选中央企业工业文化遗产，这些文化精品成为诠释长庆文化的闪亮名片。在建党百年之际，长庆油田被中共中央宣传部命名为“全国爱国主义教育示范基地”，极大提升了长庆油田的社会知名度。

注重文化育人，锻造新时代“长庆铁军”。始终用红色血脉和石油精神、大庆精神铁人精神凝聚人、鼓舞人、教育人，引导广大员工成为企业先进文化的实践者、企业价值追求的示范者。面对提质增效、抗击疫情、脱贫攻坚、天然气保供等重大任务、重大考验，深入开展覆盖全员的“转观念、勇担当、高质量、创一流”等主题教育，长庆人在“大战大考”中站得出、扛得住、过得硬，涌现出全国劳模刘玲玲、科技尖兵张矿生、油井医生杨义兴等一批新时代长庆英模。面对今年极端恶劣的暴雨天气，广大员工喊出“雨把地球下透、工作不打折扣”，全力开展生产自救，实现油气产量不降反升，生动诠释了“石油工人有力量”的时代担当。

（长庆油田公司党委宣传部企业文化科科长贾勇，长庆油田公司党委宣传部企业文化科副科长罗尚贤）

文化赋能助力一流示范企业建设

中国石油集团新疆油田

中国石油集团新疆油田（以下简称“新疆油田”）认真学习贯彻习近平新时代中国特色社会主义思想，深入落实习近平总书记系列重要指示批示精神，统筹推进“文化引领”战略，做强做优“文化聚力”品牌，有力促进油田改革发展稳定和一流示范企业建设。

一、弘扬石油精神聚合力　持续保持政治定力和严实作风

新疆油田以高度的政治自觉、使命自觉和行动自觉，推进石油精神在新疆油田落地生根，锻造出一支攻坚啃硬、不屈不挠的石油铁军，凝聚起攻坚克难、创新创效的强大精神力量。

（一）“纵向拓展”推动石油精神再学习再教育再落实

以弘扬石油精神为核心编制“十四五”企业文化建设规划，列入公司党委工作要点、从顶层设计上推进石油精神落地落实，把弘扬石油精神融入党建和生产经营管理各环节。在党委理论中心组专题学习，在各类主题教育、宣讲、讨论中纳入石油精神教育内容，实现石油精神再学习再教育全覆盖。用石油精神激励广大员工牢固树立“困难面前有我们，我们面前无困难”的坚定信念。

（二）“横向融合”推动石油精神时代内涵与时俱进

深挖石油精神蕴含的时代内涵，丰富“安下心、扎下根、不出油、不死心”的时代内涵和时代价值，实施《石油精神在新疆油田的传承与实践》等研究项目。开展新疆石油精神大学习大讨论、举办石油精神岗位讲述，推出“燃情岁月”“会战记忆”“功勋井”“追梦人”“红色故事”等系列石油历史故事，加强先进典型的实际传播。教育引导广大员工重温油田光荣历史，感悟石油精神，激发奋进力量。

（三）“立体构建”打造石油精神传承载体矩阵

打造阵地教育、典型引领、形象展示等“三个平台”。形成石油精神教育基地、特色文化阵地等门类齐全的展示体系。实施“10个一百”典型选树工程，建立健全发现、选树、培育、宣传先进典型机制，形成了以全国优秀共产党员肉孜麦麦提•巴克等为代表的新时代典型群体。持续组织文学、美术、书法、摄影、歌曲、抖音短视频作品征集展览，开展“企业形象提升周”“中国石油开放日”等品牌活动，塑造新疆油田责任担当的良好形象。

二、深化主题教育添动力　不断推进观念转变和思想变革

“抓生产从思想入手，抓思想从生产出发”是中国石油的优良传统，组织主题和专题教育活动，促进广大干部员工在思想、观念、作风上持续提升。

（一）在“力度”上下功夫　推动组织强起来

组织“转观念、勇担当、高质量、创一流”主题教育活动，形成公司主要领导亲自部署、推动落实，班子成员分工负责、机关部门协同推进，各单位深入贯彻落实的工作格局；活动贯穿全年、覆盖全员，成为常态化日常工作。丰富活动内容，在实施的过程中，创造性开展“我与油田共命运”专题教育活动，进一步激发广大干部员工的责任感，夯实共同的思想基础。

（二）在“创新”上下功夫　推动措施硬起来

主题教育首次提出围绕提质增效，全面融入安全生产、经营管理、改革创新、党建思想等各方面具体要求。首次提出“组织一次提质增效推广交流”等“八个一”举措；首次提出“八破八立”对照检查要求；首次成立统筹协调、信息方案、指导督导、宣传4个推进组，确保主题教育入脑入心，教育引导广大员工牢固树立效益观念、市场观念，切实增强忧患意识，提升公司的向心力和凝聚力。

（三）在“保障”上下功夫　推动成效实起来

通过党委理论学习中心组学习、专题会议、“三会一课”、新媒体平台等多种形式，推动主题教育进机关、进基层、进支部、进班组。统筹组织广播、标语、专栏、短信等渠道进行信息传播，将宣传内容制作为MG动画、H5、新媒体等形式扩大宣传效果。举办“我与油田共命运”专题演讲比赛96场。组织有针对性的指导服务，推出点穴式及蹲点式服务指导形式，确保各项要求落实到位。

三、坚持守正创新增活力　充分彰显石油特色和品牌形象

新疆油田自觉承担“举旗帜、聚民心、育新人、兴文化、展形象”的使命任务，充分发挥以文育人、以文化人以及形象塑造作用。

（一）核心文化彰显石油本色

始终秉承并宣贯中国石油核心文化理念，确保司旗司徽司歌等与集团公司相统一，实施创新、资源、市场、国际化、绿色低碳“五大战略”。在工作场所、文化阵地和重大会议、活动场所等，处处彰显中国石油的核心文化元素。纵向上抓好油田公司、二级单位、基层班站三个层次的文化理念落地，横向上探索企业文化管理部门牵头、职能管理部门专项支持、基层单位共同参加的协同建设管理模式。

（二）专项文化促进管理提升

以专项文化推进专项工作，在安全环保文化方面，持续开展污染治理，油气生产单位全部达到国家绿色矿山创建标准，提前完成中央环保督察整改任务。在廉洁文化建设方面，突出与党纪党规教育、优良家风家教、社会主义先进文化“三结合”，全员倡廉的良好氛围持续巩固；在创新文化建设方面，助力“玛湖大发现”荣获国家科技进步一等奖；在诚信合规文化建设方面，荣获“全国七五普法中期先进集体”等称号。

（三）特色文化确保和谐稳定

完整准确贯彻新时代党的治疆方略，大力实施“团结稳疆”“文化润疆”工程。积极培育和践行社会主义核心价值观，广泛开展道德讲堂、志愿服务等精神文明创建活动，连续四届保持全国文明单位荣誉称号，推动了员工的文明素质和企业文明程度的提升。持续开展“民族团结一家亲”和民族团结联谊活动，促进各民族广泛交往、全面交流、深度交融，公司荣获全国民族团结进步示范单位，进一步夯实了改革发展稳定的基础。

四、推进融合实践提效力　广泛激发创新动力和创效活力

公司紧紧围绕基层党支部、基层班组这个“神经末梢”，持续加强工作融合，推动企业文化在基层落地落实，转化为生产经营的实际成效。

（一）融入基层党建强化战斗堡垒作用

弘扬伟大建党精神，将企业文化建设融入基层党的建设各项工作，建立全面覆盖一线基层的三级组织体系，连续16年推行党支部分三个星级、四个层级的差异化动态管理。将党建阵地纳入企业文化阵地统筹管理，实施基层党组织示范带动工程建设，创新开展“1+4+1”党员意识提升工程，充分发挥党支部战斗堡垒作用和党员先锋模范作用。

（二）融入班组建设提升基础管理水平

践行“以人民为中心”的思想，按照“工作区规范、生活区温馨、休闲区舒心”的标准，创新开展“美丽场站”创建，配套“三美九好”为标准的文化建设。各基层班组广泛开展各具特色的创建活动，改善了一线员工的生产生活环境。持续开展标准化“五型班组”创建和“安康杯”竞赛活动，“五型班组”创建达标率95%以上，全面提升了基础管理水平。

（三）融入岗位实践提升创新创效活力

弘扬劳模精神、劳动精神、工匠精神，深化岗位练兵、技术比武工作，大力开展“提质增效”全员劳动竞赛，重点围绕油气勘探、油藏评价、效益开发等领域开展“五场会战”，全面推进公司生产经营工作高质量。加强宣传引领，塑造创先争优的良好氛围，持续推进创新创效攻关项目、合理化建议征集；组建青年突击队，紧盯重点项目和措施，比贡献、比效率确保“事前算盈、事中干赢、事后报盈”，极大激发广大干部员工创新创效的活力。

在文化引领战略的推动下，新疆油田万众一心、攻坚克难，取得了疫情防控和生产经营的“双胜利”。油气勘探呈现准噶尔盆地“满盆油、半盆气”的良好局面；油气开发连创历史新高，连续 20 年稳产千万吨以上，有力促进了油田改革发展稳定和一流示范企业建设。

（中国石油新疆油田公司企业文化处处长范大平，企业文化处副处长　郭晓坤，企业文化科科长　温邑平，企业文化科副科长叶志运）

凝练辽河精神
为企业高质量发展赋新能

中国石油集团辽河油田

中国石油集团辽河油田（以下简称“辽河油田”）是我国最大的稠油、高凝油生产基地，年原油生产能力 1000 万吨。近年来，公司党委始终坚持以习近平新时代中国特色社会主义思想为指导，大力弘扬石油精神和大庆精神、铁人精神，将企业文化建设紧密融入生产经营管理全过程，为千万吨规模持续稳产 36 年、实现高质量发展提供了有力的文化支撑。先后荣获“全国企业文化建设优秀单位”“全国企业文化优秀成果一等奖”“中央优秀企业成果一等奖”等称号。

一、注重文化顶层设计，熔铸辽河特质精神

辽河油田 52 年的发展历程，也是企业文化与时俱进、丰富创新的过程。站在新的历史起点，公司党委牢牢把握社会主义先进文化前进方向，升华凝练具有鲜明时代特色、石油特征、辽河特点的企业精神，以软实力提升助推高质量发展。

一是坚持继承融合，构建精神体系。经过 52 年的萌发孕育、生根厚植、淬火升华，辽河油田积淀了丰厚的精神文

化财富。为丰富拓展新时代石油精神谱系，公司党委突出体现时代大主题、能源大视野、文化大格局，联合石油工业出版社开展“辽河精神”研究，采取领导一对一访谈、基层面对面座谈、现场点对点调研等形式，系统梳理辽河油田半个多世纪的文化要素，全面挖掘辽河特质，丰富凝练新时代辽河精神，并深入开展多种形式的精神宣贯活动，辽河石油人“石油工人心向党”的时代信念更加牢固，“我为祖国献石油”的初心使命更加笃定，“做党和国家最可信赖的骨干力量”的责任担当更加彰显。

二是坚持凝魂聚力，丰富价值理念。公司党委围绕大力宣贯集团公司最新发布的《企业文化手册》和《员工手册》要求，结合打造“底气更足、业绩更好、质量更优、动力更强、基础更牢、品质更高的中国石油和辽宁省重要骨干企业”发展目标，精心做好“千万吨油田、百亿方气库、外围区效益上产”三篇文章、大力推进党建提升、增储上产、科技兴油、绿色低碳、民生改善“五项战略工程”，引导干部员工牢固树立“生才有道、聚才有力、理才有方、用才有效”的人才发展理念，“一切成本皆可降、一切成本都要降”的成本理念，以“关注员工健康从员工健康时开始”为核心的健康理念等，进一步汇聚了公司上下聚焦高质量发展、锚定创一流目标，奋力开展辽河发展新征程的精神合力。

三是坚持文化联动，塑造良好形象。结合纪念中国共产党成立100周年，公司党委启动“石油工人心向党·中国石油开放日”系列活动，作为“重塑良好形象”大讨论及重塑形象活动周的有效延续，作为落实集团公司党组推进形象持续提升部署的专项行动。以辽河油区兄弟单位联动、内外部媒体互动、线上线下推动的形式，与盘锦市、长城钻探、辽河石化四家宣传部门成立党建联盟，邀请《人民日报》、新华社、央广总台等14家媒体记者，共享媒体资源、共商舆情管控、共用宣传阵地、共促油地发展，在人民日报客户端、新华网等权威主流媒体发表油田绿色低碳、科技创新等新闻稿件20余篇，全力打造中国石油驻辽河油区企业高质量发展新形象。

二、融入企业发展实践，讲好接续奋斗故事

辽河油田将企业文化建设与推动油田发展的生动实践深度融合，自觉践行“转作风提质量，重规范做示范，勇担当有风范，严监管树新风”工作总要求，持续讲好辽河好故事、传播辽河好声音，确保企业文化建设落地落实。

一是聚焦党史学习教育，讲好红色血脉故事。公司党委将开展党史学习教育作为首要政治任务，聚焦“六早”抓启动、提升“九率”抓推进，采取互动式研讨、沉浸式教学、实景式参观相结合等方式，联合中石油驻沈企业、省内部分中直省直企业等13家企业单位，共同举办“学百年党史、明苦难辉煌”宣讲报告会，千余人以视频连线方式“云上共学”。充分利用省市红色资源，分批次组织党员干部员工参观丹东抗美援朝纪念馆、中共盘锦市第一个党支部、沙岭战役纪念馆等红色教育基地，接受爱国爱党教育。以“听抗日老战士讲红色故事”为主题，邀请曾参加抗日战争、现年95岁的油田老党员李登俊讲述参加革命、保家卫国的真实经历。组织开展“永葆初心歌颂党”歌咏会、“学党史、讲党史、懂党史、用党史”征文比赛、“唱支山歌给党听”快闪、“音乐讲党史、文化进基层”巡讲巡演等系列活动，全员学党史、颂党恩、跟党走氛围持续升温。

二是聚焦石油精神传承，讲好辽河传统故事。公司党委将落实习近平总书记关于“大力弘扬石油精神和大庆精神铁人精神”等重要指示批示精神，作为企业文化建设的发展方向，组织干部员工收看由国务院国资委联合中央广播电视总台共同推出的微纪录片《信物百年——“铁人”王进喜的笔记本》，深刻感悟以“铁人”王进喜为代表的石油人战天斗地、拼搏奉献，铸就的大庆精神、铁人精神，为国家创造巨大物质财富和精神财富。扎实开展“转观念、勇担当、高质量、创一流”主题教育活动，做到讲好党领导石油工业发展的故事等“四个讲好、六个讲清”；组织编发《辽河创业故事连环画》《企业文化辞典·辽河油田卷》等2400册文化书籍，引导干部员工深入了解辽河油田从无到有、从小到大、从弱到强的奋进历程。油田关工委以“不忘初心、牢记使命，发扬石油优良传统继续前进”为题，为油田处级以上党员干部、团员青年、新入职员工等不同群体，进行石油史报告宣讲30余场。油田官方抖音平台推送“石油工人心向党”“振奋精神，同唱一首歌”“我们和石油在一起”等系列视频，阅读量达10万+，有力推进了石油精神和大庆精神、铁人精神进基层、进班组、进岗位。

三是聚焦“党建+”融合推动，讲好油田发展故事。为引导广大党员干部进一步解放思想、开拓创新，找准服务生产经营、联系员工群众、投身基层治理的有效途径，公司党委以党建与生产经营深度融合为主线，设定增储稳产、提质增效、改革创新、科技兴企等七大主题，制定活动方案、细化推进步骤、协调各方资源，扎实开展“党建+”主题演讲比赛，七个赛区同步推进，70余家单位部门积极发动，86天、126场、1224名选手踊跃参赛，《敢叫“四联”换新颜》《以“党建红”打造“生态绿”》等精彩故事，蕴含大道理、大智慧、大情怀，以身边人讲述身边事，用身边事激励身边人，讲出了加强党的建设、创新融合模式的新变化，讲出了聚焦高质量发展、彰显党建价值的新作为，讲出了创建一流工作目标、做好“三篇文章”的新举措，充分展示了“党建+”在助推油田发展中的价值作用，为广大干部员工送上了一场文化盛宴。

三、构建特色载体平台，打造辽河文化名片

辽河油田认真落实习近平总书记“兴文化”使命任务，充分发挥企业文化的育人铸魂、凝心聚力作用，积极搭建各种特色载体平台，打造具有地标式的辽河文化新名片，扩大油田在行业内外的知名度、美誉度和影响力。

一是突出“三线一馆”，建设精品文化阵地。公司党委结合国家工业遗产保护利用、省市工业文化发展布局，以辽

河油田功勋井、文化示范点等为重点，统筹规划油田创业、科技创新、绿色发展三条文化展示线路，持续加强集团公司、油田公司、厂处、基层班站四级企业文化教育阵地建设。以辽河油田石油精神教育基地为核心，充分发挥省、市两级爱国主义教育示范基地的教育功能，累计组织辽宁省高级人民法院、集团公司党史学习教育调研组、盘锦市团委、油田公司机关员工代表等 40 多批次、千余人次参观。利用入厂入党教育、支部党课培训、红色教育共享等形式，真正将教育基地打造成接受爱国爱企教育、石油传统教育和思想道德教育的新课堂、新平台。

二是突出“民生和谐”，推进专项文化建设。公司党委厚植为民情怀，始终把员工群众的民生需求、健康安全放在首位，大力推进和谐、健康等专项文化建设。围绕“四心”民生改善工程，全面推进“我为员工群众办实事”实践活动，积极推进物联网建设，减少有毒有害场所人工查验 580 处，补打水源井改善 6274 户居民生活水质；创新实施五档阶梯式就医帮扶，彻底解决员工因病致困难题，听民声解民忧，办实事求实效。围绕“健康辽河”创建，开展全员健身、合理膳食、心理健康、控烟限酒和心脑血管防治“五项行动”，为 1.7 万名高风险员工实施精准健康干预，员工因病去世同比减少 11.1%；举办线上线下健康知识讲座 100 多场次，覆盖 2 万余人次，切实提高员工群众的获得感、幸福感和安全感。

三是突出“企地融合”，探索文化共建模式。公司党委认真落实工业文化与产业融合发展要求，依托企地优势互补平台，充分发挥企业主体作用，以助力工业旅游、文化共建共享为纽带，推动形成工业文化繁荣发展新局面。以弘扬“石油精神”为主线，联合地方政府推进石油文化与红海滩文化等共建项目，积极探索工业文化旅游新形式，实现井景合一、油游共赢，让社会公众更好地了解更有朝气、更有锐气、更有骨气、更有正气的辽河油田新形象。

（中国石油辽河油田公司党委宣传部 张强）

提升石油精神传播力影响力
引领企业高质量发展

中国石油集团抚顺石化公司

习近平总书记指出：“以‘苦干实干’‘三老四严’为核心的石油精神是攻坚克难、夺取胜利的宝贵财富，什么时候都不能丢。”这对百万石油人是巨大的精神鼓舞，是对石油人历史贡献的肯定，也是对石油人在新时期新时代继续发扬石油精神、再立新功的期望和要求。多年来，在工作实践中，我们有以下几点认识和思考：

一、提升石油精神传播力影响力，必须深挖其时代内涵，为企业发展把好思想“罗盘”

弘扬石油精神，必须要从新时代的科学理论中寻根溯源，在继承中创新，永远保持中国石油人永不懈怠的精神和一往无前的奋斗姿态。

（一）追根溯源，石油精神是中国石油工业的灵魂和根基

以“苦干实干”“三老四严”为核心的石油精神，是中国石油的“魂”和“根”，是一代代石油人精神风貌的高度概括。石油精神是在长期的艰苦实践中逐步发展和完善起来的，充分体现了石油人博大的家国情怀和“爱国、创业、求实、奉献”的精神，也充分体现了中国石油“我为祖国献石油”的核心价值观，在历史实践中所形成的石油精神成为我们攻坚克难的不竭动力。

（二）时代内涵，弘扬石油精神是习近平新时代中国特色社会主义思想在石油工业的生动体现

习近平新时代中国特色社会主义思想是马克思主义中国化的最新成果，是习近平治国理政新理念新思想新战略一系列重要讲话的高度概括。习近平总书记的重要批示，把“苦干实干”“三老四严”作为石油精神核心内容，体现了习总书记求真务实、真抓实干的工作作风，凸显了共产党人宵衣旰食、夙夜在公的道德崇尚，为百万石油人树立了看齐标杆。中国石油工业深刻领会、全面落实习近平总书记要求，把弘扬石油精神和贯彻治国理政新理念新思想新战略充分结合起来，保持定力、坚定信心，撸起袖子加油干。

（三）继承创新，弘扬石油精神是引领企业发展走进新时代的精神坐标

深刻理解石油精神的精髓和内涵，既要历史地看，也要现实地看。历史地看，石油精神是中华民族宝贵的精神财富。其重要意义主要体现在为甩掉我们贫油国的帽子做出了巨大贡献、树立了新中国工人阶级艰苦创业的榜样、增强了自力更生的民族自信心。现实地看，无论现在和将来，石油精神永远是实现中华民族伟大复兴的宝贵精神财富。对于抚顺石化新时代发展来讲，要想建成世界一流的现代化炼化企业，更需要大力弘扬石油精神，用石油精神引领和推动企业实现又好又快发展。

在发展建设进程中，抚顺石化公司将弘扬石油精神融入企业文化建设中，确立了“铸就百年优良企业，共建美丽幸福家园”企业愿景和“拼搏实现梦想、实干铸就辉煌”的企业精神，用先进的文化凝聚共识。

二、提升石油精神传播力影响力，必须在实践中深化认识，为推进企业改革发展提供原动力

站在新的历史方位，我们有“轻舟已过万重山”的胜利喜悦，也可能面临着“欲渡黄河冰塞川，将登太行雪满山”的困难风险。在企业发展实践中，唯有大力弘扬石油精神，才会在市场竞争的大潮中站稳脚跟，确保企业基业长青。

（一）在生产优化中攻坚克难，推进指标争先进位

基于各种因素，抚顺石化在 2011—2014 年期间累计亏损 230 亿元，面对生产经营的被动局面，抚顺石化通过深入开展“弘扬石油精神，重塑良好形象”主题教育活动，使广

大干部员工深刻地认识到，弘扬石油精神必须把“干”“实”“严”要求落实到生产优化调整中，追求一流的生产效益指标。

公司树立“大优化出大效益”理念，对生产要素进行全流程优化，建立了“日核算、周测算、月分析，适时优化、快速决策”的生产经营预警机制。公司深入开展“内学独山子石化，外学镇海炼化”对标活动，广大一线员工发扬“白加黑”“五加二”的工作精神，实施卡边操作、精准操作，生产技术指标明显提升。目前，公司139项经济技术指标95%以上明显好转，在中国石油7家企业大乙烯装置中，抚顺石化4项指标综合排名第一；在8家企业的千万吨级炼油装置中，7项指标综合排名第一。

（二）在深化改革中砥砺奋进，破解企业发展困局

公司以贯彻落实中央提出的供给侧结构性改革为契机，采取“壮士断腕”的果断措施，大刀阔斧地进行内部改革。

2016年以来，抚顺石化公司克服重重困难，对“历史包袱”集体企业进行深化改革，将集体55家法人单位、110个账户清理整合成四大板块，重点解决集体企业“一管就死，一放就乱”的难题。公司成立招标中心，强势推出“力推公开招标，规范邀请招标，严控可不招标”的原则，将90%以上的物资采购、服务、工程等招标进行了集中管理。抚顺石化公司通过采取一系列改革措施，促使企业走上良性发展轨道。2015年实现利润3288万元，全面打赢了扭亏解困攻坚战。

（三）在履职担责中提高站位，为疫情防控做出应有贡献

2020年春节前夕，新冠肺炎疫情蔓延，口罩作为重要的防控物资迅速脱销。当时，抚顺市没有一家医用防护口罩生产企业。抚顺石化每天有8000名员工坚守岗位，口罩需求刻不容缓。紧要关头，抚顺石化公司坚决贯彻落实党中央、集团公司党组和地方党委政府疫情防控工作总体要求，把员工生命安全、身体健康放在优先位置，超前谋划，果断决策，利用现有缝纫设备为员工生产防护口罩，进行生产自救。2020年2月初，抚顺石化生产出第一批劳动防护口罩，最高日产超7万片，解决了员工燃眉之急。同时，抚顺石化在集团公司支持下，被集团公司确定为“三地四企”口罩生产基地之一。这些口罩不仅缓解了供需矛盾，而且履行了央企责任担当，守护了人民群众的安全。

三、提升石油精神传播力影响力，必须发挥典型示范作用，引领和推动企业可持续发展

抚顺石化坚持用石油精神育人铸魂，以真实可信的典型引路，激励广大干部员工立足岗位，学赶先进，建功立业。

（一）运用有形载体，强化示范引领效应

王海班组是抚顺石化94年优良传统的集中体现，是石油精神的实践传承，是新时代企业基层班组的优秀代表。在“新中国70年最具影响力班组”评选中，王海班组荣获“新时代特色品牌班组”称号。公司党委在总结王海班“学习型、安全型、清洁型、节约型、和谐型”班组创建经验基础上，深入开展“五型班组”创建活动，充分发挥先进典型的带动和辐射效应。

在贯彻落实习近平总书记关于大力弘扬“石油精神”批示中，抚顺石化深切感到：抓班组建设到一定程度要向抓车间建设延伸。为此，2016年抚顺石化赋予基层建设新内涵，由“五型班组”拓展到“两级八星”车间。“两级八星”是针对炼化企业基础级和创新级管理工作而设置的“八星”管理标准，八星包括生产、设备、安全环保、党支部建设、现场环境、日核算、和谐、培训等管理之星。目前，在公司294个车间中，已经形成了学习先进典型，争创两级八星先进的浓厚氛围。

（二）用好宣传平台，营造干事创业氛围

抚顺石化坚持大力宣传系统内的先进典型，激发广大干部员工践行石油精神。

2019年，在抚顺石化公司党委举办的“光荣在党三十年”报告会上，36年党龄的共产党员、石油二厂加氢联合车间赵春生常年坚持生产一线创佳绩，烯烃厂高密聚乙烯车间王高升主任打破国外企业垄断，为抚顺石化争光的事迹获得广大员工一致赞扬。2017年正月初三，烯烃厂裂解气压缩机出口段管线突然泄漏，随时可能发生闪爆。危急关头，共产党员—乙烯车间值班长李祥军带头冲进泄漏现场用蒸汽掩护紧急停工抢修，使装置化险为夷，避免了一起重大安全事故。公司充分利用共产党员赵春生、王高升、李祥军的典型引领作用，通过主流媒体广泛宣传，在干部员工中产生了强烈反响。

（三）强化典型选树，完善示范引领机制

抚顺石化公司制定了《抚顺石化公司典型工作管理办法》，坚持分专业培育、分阶段总结、分层次选树先进典型。同时，启动“861”推广工程，建立典型选树的长效机制。“8”，即强势宣传舆论主推、劳模讲坛分享联推、调研检查指导领推、现场观摩典型引推、领导带队互学互推、督查问责机制促推、外出考察创新助推、总结交流深度广推的八推助势。“6”，即工作督导、督查问责、跟踪下访、巡回宣讲、现场观摩、交流推动的六项行动。“1”，即实施党政工一把手战略工程，坚持锁住频道，推进典型选树常态化。

抚顺石化公司积极搭建员工学习的平台、干事的舞台、比武的擂台，从而充分发挥个人潜能，提升企业的凝聚力，不断增强员工对企业的归属感和责任感。公司坚持每两年开展一届岗位技能比武竞赛活动，51个工种1.3万人次左右参加竞赛。在第十届全国石油和化工行业职业技能竞赛中，公司荣获钳工专业团体一等奖、化学检验员专业团体三等奖、催化裂化工专业优秀组织奖。今年的五四青年节之际，抚顺石化工建一公司维修车间钳工的首席技师王建荣获集团公司第十一届“十大杰出青年”荣誉称号。

（中国石油抚顺石化公司企业文化处处长毛军，副处长孙世杰，企业文化科科长胡晶）

中国宝武

“公司日”：熔铸宝武价值观的生动实践

中国宝武钢铁集团

2021 年 8 月 18 日，中国宝武下发了《关于将 12 月 23 日确立为中国宝武“公司日”的决定》，将每年的 12 月 23 日确立为中国宝武“公司日”。“公司日”是一个有着纪念意义的特殊日子、一个弘扬企业文化的重要载体，也是一个属于全体员工的盛大节日。首个“公司日”系列活动以党的十九届六中全会精神为指引，展示党史学习教育取得的丰硕成果，凸显“同一个宝武”的文化聚合力，呈现了精彩纷呈、跨越地域的文化活动和丰富多样、共创共享的文化作品。

一、探索出一套活动组织的成功模式

集团层面成立由分管领导担任组长的“公司日”专项工作筹备组，聚焦战略重点，突出主题、策划先行、搭建平台；基层单位贯彻主旋律并结合本单位实际，八仙过海各显神通，进一步强化“同一个宝武”的认同感和归属感。

实践证明，这种“顶层设计+上下联动”的活动组织模式，强化了“同一个宝武”理念，调动了各单位的积极性，行之有效，多方共赢。

二、创新多种喜闻乐见的活动形式

中国宝武坚持创造性转化、创新性发展，使文化活动既不单纯唱跳，也不单纯说教，而是赋予其鲜明主题、丰富内涵以及员工能参与、乐参与的活动载体。满满一天的“公司日”活动既有充满仪式感的升旗仪式，也有展示宝武水平的科技创新成果和全员创新成果的发布，见证宝武发展后劲的重大工程开工投产仪式，更有让干部员工保持清醒的对标找差主题论坛，还有隆重热烈的年度人物颁奖典礼。此外，厂区开放日、员工嘉年华、趣味运动会等各种群众性文化活动，让员工成为“公司日”的主角，提升各族群、各年龄段员工的获得感、荣誉感。

实践证明，通过创新内容、创新形式、创新表达，有效解决了文化活动常见的众口难调、自娱自乐、上热下冷等“痛点”，增强了文化活动的感召力和文化作品的生命力。

三、总结出一个媒体融合的传播范式

首次“公司日”活动的媒体传播，堪称一次媒体深度融合的“大练兵”。从 11 月 23 日首个“公司日”倒计时 1 个月起，对陈德荣党委书记、董事长的专访为“公司日”活动拉开了持续一个月高密度、全方位报道的序幕。“活动预热”、“公司日倒计时”等专栏将节日气氛逐步推向高潮；“公司日”当天及此后数日，报纸、官微、视频号、抖音、官网等各大传播渠道火力全开，多维度、全景式报道首个“公司日”盛况。系列活动还通过视频连线、网络直播以及“云见证”“云签约”等多种尝试，突破了地域限制，有效实现了各成员单位的共情共享共鸣。

实践证明，载体在更迭，技术在升级，员工对精神文化生活的需求也在变化，但只要努力把握好“同一个宝武”的最大公约数，“强”融合、“强”内容、“强”传播，就能有效地用文化的力量团结和凝聚广大员工，为将中国宝武建设成世界一流的伟大企业砥砺奋进、再谱新篇！

（中国宝武钢铁集团党委宣传部、企业文化部企业文化处长　王丹云）

在“宝钢花园”奏响绿色钢铁的华彩乐章

宝钢股份

当今，绿色低碳正成为全球共识，也对钢铁行业提出更高的环保要求。在中国宝武的坚强领导下，宝钢股份深入理解新时代习近平生态文明思想的重大意义，积极贯彻落实习总书记考察调研中国宝武重要讲话精神以及对中国宝武碳达峰碳中和工作的重要批示，践行“绿色制造、制造绿色”发展理念取得积极实践和重大成果。为充分展示钢铁人践行低碳战略的决心和担当，努力改变外部的认知偏差，积极重塑行业形象，还钢铁绿色本色，宝钢股份在第十届中国花博会打造“宝钢花园”，并在“宝钢花园”举行低碳绿色主题品牌活动。同时突破 ToB 行业品牌传播存在着受众范围小、感知度低、传播力弱的局限，精心选择传播渠道、设计传播方式，用广大公众“看得见、听得懂、记得住”的样式方法，将声音传递至最广大的外部人群和利益相关方，努力实现“由内而外”的“破圈”。

花博会是我国规模最大、档次最高、辐射最广的国家级花事盛会。宝钢花园是进驻花博会的首个企业冠名花园，花园位于企业区入口核心位置，用地面积约 500 平方米，将花卉园林艺术与宝钢品牌内涵、钢铁历史文化有机融合，包括历史宝钢、生产宝钢、生活宝钢、生态宝钢、生机宝钢五大要素，由“序章花园”“钢路花园”“绽放花园”“憧憬花园”四部分景观组成，宝钢耐候钢、彩涂板、线材等产品以及由高炉矿渣原料制成的混合石材等巧妙融入花园设计建设中，充分呈现钢铁韵律与自然之美的和谐统一。花园通过自然与科技的场景互动，打造出集钢铁之美与自然之美于一体的空间，生动诠释了宝钢股份绿色发展理念，充分展示宝钢创新智慧、绿色的品牌形象，成为花博园中人气爆棚的独特风景让参观者于闲庭信步中充分了解、认知钢铁，并牢固形成“钢企亦绿色、钢铁亦温柔”的品牌印象。花博会共吸引 212 万人次参观，2408 万人次网上观展。基于参观人群的广泛关注和认可，宝钢花园获得花博会“最佳人气奖”。

在花博会举行期间，宝钢“钢舞和韵 花开崇明”品牌活动在宝钢花园举行。活动中，通过主题影片全景展现宝钢股份构建低碳绿色发展新优势所作出的努力；发布宝钢股份首份ESG报告，以国际化视角展现央企的责任担当，分享最新绿色发展成果；邀请社区居民代表讲述眼中的宝钢，描绘鸟语花香并高度智能化的绿色钢城；与世界知名能源公司“壳牌”签订绿色战略合作协议，强强联合推动绿色供应链管理；表彰绿色低碳践行者并为宝钢股份宝山基地绿色治理成果“江畔生态园”揭牌命名等。

宝钢花园开园及公司品牌活动期间，《人民日报》、新华社、中国新闻社等多家主流权威媒体纷纷开展集中报道，获各大新闻传播平台广泛转载，进一步释放了传播效果，形成集中舆论声浪。

（宝钢股份党委宣传部〔企业文化部〕部长厉彦永，品牌管理高级经理周慧，高级主任管理师　李瑛）

破圈，向世人展示真实立体的新八钢

新疆八一钢铁有限公司

钢铁工业是国民经济的支柱产业之一，但是一直以来，在国人的传统认知中，一提到钢铁，大家联想到的是“高污染、高耗能、高排放”，在社会大众眼中，钢铁企业的形象是“傻大黑粗”，年轻人都不愿意入职钢铁企业。尽管随着时代的发展，中国钢铁业发生了翻天覆地的变化，中国钢铁企业已经不能与过去同日而语，但是社会大众的感知度依然很低。就像超亿吨级的中国宝武已问鼎全球之冠，以绿色低碳开启创建世界一流伟大企业的新征程，但“圈外”的感知度并不高。

2020年5月和8月，习近平总书记先后考察调研宝武太钢集团和马钢集团，勉励宝武钢铁挂帅，“老大”变“强大”。2021年年初，习近平总书记对中国宝武碳达峰碳中和工作做了重要批示，肯定了宝武作为央企自我加压走高碳行业低碳发展之路的决心。为贯彻落实习近平总书记的指示批示精神，契合“双碳”时代国家战略要求，抓住数字化革命浪潮的机遇，按照习近平总书记对建设世界一流企业的要求，以及国家对国资央企、对宝武“中流砥柱”的定位和要求，中国宝武准确研判和把握技术趋势以及行业历史方位，对企业发展战略进行迭代升级。明确提出，未来，宝武要成为一家将创新作为核心驱动力的“推动人类文明进步”的高科技企业。明确定位，宝武未来要成为一家极富创新力，对国家、社会和人类极具战略价值的高科技公司。

八钢公司作为中国宝武西部产业平台，不仅是中国宝武在西北的经营单元，还是中国宝武绿色低碳冶金实验基地，是中国宝武参与“一带一路”建设的桥头堡。按照中国宝武迭代升级后的战略部署，八钢公司重新修订了“十四五”发展规划，围绕“亿万千百十、五四三二一”的战略目标，抓住科技创新这一立足点，加速推动八钢公司由传统企业向高科技企业转型，在构建数智大脑、绿色低碳冶金工业实验、短流程零碳工厂建设等方面不断加速领跑。

在这一大背景下，如何向世人展示一个真实立体的新八钢？如何积极破圈，改变社会大众对钢铁的传统认知，让钢铁企业从“招人嫌”变为“讨人喜”？如何树立在后工业时代，钢铁企业现代化高科技公司的崭新形象？这是企业宣传战线要面对的新命题，更是义不容辞的责任和担当。

为此，八钢公司以新媒体为主攻方向，转作风、改文风、强策划，以新手段传播新思想，用小切口做好大宣传，围绕企业重点工作以及职工重点关注的焦点热点难点问题，推出一批有温度、有力度、有深度的报道，内外宣联动，形成宣传合力，讲好八钢故事，积极“破圈”，让主旋律有高频率、正能量有大流量，向世人展示一个真实、立体、绿色、智慧的八钢，不断提升新闻宣传的传播力、影响力、引领力，彻底颠覆社会大众对钢铁企业的传统认知。

一、主要做法

（一）健全制度，强管理、重激励

制定下发《八钢公司新闻宣传管理办法》《八钢公司对外宣传管理办法》《八钢公司突发舆情应对管理办法（应急预案）》等制度，明确职责，筑牢宣传工作的制度基础。例如，首次建立了外发新闻激励制度后，极大调动了宣传工作人员新闻采写的积极性，一批质量较高、新闻性较强的稿件相继在集团媒体平台、自治区主流媒体平台、中国冶金报媒体平台刊发。

（二）建立体系，立体化、网格化

从八钢公司到子分公司、分厂、作业区，层层建立横向到边、纵向到底的立体宣传网络，建立宣传工作的组织基础。同时，积极打通外部媒体宣传渠道，与新华网新疆分社、人民网新疆站、经济日报新疆站以及《新疆日报》、天山网、新疆广播电视台等主流媒体建立了良好的关系。

（三）建强队伍，强能力、转作风

通过邀请集团公司融媒体中心老师进行业务培训，提升宣传队伍整体工作水平。同时，积极转作风、改文风，大量减少会议消息报道，把笔头、镜头对准一线，相继推出了“我的班长我的班”“镜头对准最可爱的人”“我为艰苦奋斗、创建八钢”精神代言、“追星要追这样的星”系列报道等，《姜国敬和他的炉前班组》《献计大王姚新钢4个月献计208条的秘诀》等一批接地气、有温度的报道，受到广大读者的青睐。

（四）守正创新，提质量、重效果

聚焦新媒体发展，将“今日八钢”官微的推送周期从以前的不定期改为每周推送5期，并在新闻策划、标题制作、写作手法上狠下功夫，采用小视频+动图+文字+图片等方法强化宣传效果。“今日八钢”官微用户从以前的不到1万增加至1.8万，总点击量达到100多万。庆祝八钢建厂70周年大会首次采取了直播方式，直播间浏览量达1100多万，留言 4000 多条。守正创新，提升了稿件质量，扩大了社会影响，八钢在外部媒体的发稿量出现呈几何倍数增加的新趋势。

二、特色亮点

（一）聚焦重点，精准发力

围绕聚焦党建、聚焦现场、聚焦员工、聚焦效率提升、聚焦立体传播体系建设、聚焦新媒体建设、聚焦员工创新“7个聚焦”精准发力。特别是一线职工、一线班组首次登上八钢办公局域网首页重大新闻栏目后，广大职工的光荣感、责任感、使命感以及对企业改革发展的关注度、信心值显著增强。

（二）潜心策划，量质齐升

在报道主题、宣传内容、表现形式等方面加大策划力度，围绕党史学习教育、建党 100 周年、建厂 70 周年、首个公司日等重大选题，以及星级产线、赛马机制、一总部多基地等重点工作，策划先行，力求表达准确、及时、生动、深刻，促使媒体宣传在数量和质量上同步提升。

（三）内外宣联动，形成合力

推动内宣外宣一体发展、统筹联动、形成合力。相继在学习强国、人民网、新华网、中国新闻网、新疆日报、新疆电视台等主流媒体上主动发声、密集发声，宣传的传播力、影响力显著提升。2021 年，八钢在外部媒体以及中国宝武媒体平台共刊发新闻报道 600 余篇，同比增长 10 倍以上，在中国宝武媒体平台发稿量从上一年的 17 名跃升至第 3 名，创历史最好水平。

（四）主动作为，强力宣介

2021 年，在集团公司的大力支持下，八钢通过举办“央媒进八钢”“媒体见面会”等活动，强力宣传推介八钢。新华网、中新网、中国日报、经济日报等一批中央媒体以及中国冶金报媒体平台相继重磅推出了八钢的系列深度报道，向世人展示了一个真实、立体、绿色、智慧的新八钢，展示了八钢人昂扬向上、不懈奋斗的新风貌，展示了八钢高质量发展的新成就。八钢成为媒体高度关注的“新闻富矿”，不断加大的“曝光度”，起到了正面宣传引领、凝心聚力、鼓舞士气的积极作用，取得了良好的“破圈”效应。

（作者系中国宝武新疆八一钢铁有限公司宣传教育主管徐琳）

融心融情聚合力　文化引领向未来

中国宝武资源有限公司

企业文化是企业在长期的生产经营实践中逐步形成的具有自身特色，并得到员工广泛认同和接受的价值准则、信念、期望、追求、态度、行为规范、历史传统，乃至思想方式、办事准则等共同的价值体系。对于实行“一总部、四板块、区域化、多基地”管控模式的宝武资源有限公司（以下简称“宝武资源”）来说，文化融合的任务更加艰巨复杂。近两年来，宝武资源在文化融合方面作了一些探索。

一、渐趋深入的专业化整合

2016 年 12 月 1 日，中国宝武钢铁集团有限公司（简称“中国宝武”）揭牌成立，宝武资源作为中国宝武的一级子公司，就此拉开了专业化整合融合的帷幕。近年来，公司先后托管了武钢资源、马钢矿业、马钢国贸、中联海运、梅山矿业、八钢矿业、马迹山港、重钢矿业、大红山矿业和昆钢国贸等多家子公司。

历经 10 次整合，宝武资源无论是在资产规模、员工数量，还是经营体量、管理幅度等方面都发生了天翻地覆的变化：经营实体覆盖上海、湖北、安徽、新疆、江苏、云南、重庆、香港以及澳大利亚、非洲、东南亚等地，全口径员工数从原先的千余人增加到了 3.3 万余人，矿山板块成为经营规模最大的业务板块。

二、健全顶层设计，倾听各方声音

企业文化不仅体现在企业的发展战略、经营理念、管理哲学等方面，也深深地渗透在员工的精神风貌、行为表现以及对企业的认同感等方面。在专业化整合过程中，宝武资源需要从全局视角出发，统筹考虑企业文化建设的各个层次、各种要素，而健全顶层设计是首要一步。

2020 年 5 月 20 日，宝武资源打响了管控模式变革的“发令枪”，先后成立了党委宣传部及企业文化部，参照上级公司机构设置，两部门实行一套班子、两块牌子。部门成立后，迅速摸清宣传文化队伍现状，自上而下组建了宣传文化工作体系，为推动工作打下了基础。部门及时编制了企业文化发展规划，修订了宣传文化领域的相关管理制度。

围绕企业文化建设工作如何开展，部门自 2021 年 4 月起启动了一系列问卷调研工作，从多角度了解不同地域、不同岗位的干部和员工对企业文化建设的理解和思考，也深深感受到了宝武资源在快速整合的过程中，加快文化融合的必要性和紧迫性。经过近两年的探索，逐步形成了一套完整的企业文化建设方案：将继续秉承中国宝武“诚信、创新、绿色、共享”的价值观，继承和发扬“创业奉献、资源报国”的企业精神、“让资源更有价值”的经营理念，围绕公司的战略、愿景和使命，全力以赴、稳中求进，切实开展好生产、经营、安全、环保、国际化等各项重要工作，使企业文化真正融入中心、进入管理。

三、多方搭建平台，以管理促融合

文化融合不是一蹴而就的。它强调尊重、包容，需要适当的平台促进彼此沟通，也需要果敢的魄力消除双方陌生。我们举全公司之力，搭建了一些有助于文化融合的平台：

（一）会议跨地域召开增进彼此了解

2020 年 7 月，公司在上海总部召开了专业化整合后第一场高质量发展研讨会，既是管理变革之后各子公司领导人员首次聚首，共同交流新发展、新思考，也是拉近身处不同地域的子公司之间的距离，进一步增进了文化交流。此次会议取得了热烈反响。随后，各业务板块、主要职能和业务部门也纷纷召开了多场小规模的高质量发展研讨会，人们跨越了地域限制，五湖四海的干部员工由“新朋”变成了“老友”。这样的做法一直延续到 2022 年，公司以跨地域联动的方式召开了多场重要的现场会议，进一步汇聚了体系合力。

（二）干部跨区域交流任职逐步常态化

开展干部跨区域交流任职，是宝武资源从产业整合到文化融合的一个有力抓手。启动专业化整合之后的一年半内，就有 22 名干部进行了跨区域交流任职，其中区域公司到总部交流的占比 55%，总部到区域公司交流的占比 18%，区域公司相互之间交流的占比 27%。2021 年 9 月，公司又启动了新一轮“青年人才跨区域交流任职（岗位见习）工作，其中集中培训阶段重点输入企业文化，进一步统一青年人才骨干的思想认识。

（三）员工跨单位跨岗位实习取得实效

近两年来，宝武资源还实施了各单位员工跨单位、跨岗位实习活动。除了组织基层单位员工积极踊跃到总部实习，总部员工也来到基层单位实习。仅 2021 年就有 44 人从基地矿山到总部实习，总部至基地矿山实习的也有 13 人次。除此之外，各子公司之间也加强了学习交流，进一步量化比对、融合思想。例如，八钢矿业与马钢矿业张庄矿对接，选派基层专业技术骨干进行对口条线专业嵌入式岗位见习交流。这不仅是对专业能力的巩固提升，也是思维碰撞、换位思考的良好契机。

（四）构建荣誉激励体系，以价值创造者为荣

为了激励广大员工在岗位上充分发挥积极性、主动性和创造性，宝武资源在中国宝武荣誉激励体系原则的基础上，制订下发了公司荣誉激励方案，大力倡导以价值创造者为荣，及时发掘、充分认可那些践行公司价值观的员工个人或团队，体现了强有力的文化导向。凡是荣获公司及以上荣誉的员工，都有机会来到彰显最高荣誉的颁奖典礼上“亮相”。

四、找准情感共通点，情更深意更浓

为了提升员工对宝武资源的认同感和归属感，两年来，公司党群部门心往一处想、劲往一处使，精心寻找情感共通点，策划组织了一系列情深意浓的文化融合活动。

2020 年，中华民族传统佳节——中秋节来临之际，公司策划举办了主题为“一家人、三地情、零距离”的新员工及跨岗位实习员工文化融合活动；在总部办公区域开辟了矿山摄影展专区，展示了基地矿山的自然美景及人文风光，令总部员工对矿山心向往之；拍摄制作了专业化整合以来首部公司宣传片，集中展示了各单位的风采；2021 年，在党史学习教育期间，策划开展了红色故事宣讲会，来自天南海北的宣讲员们对“资源人”在传承红色基因、落实国家战略、铸就大国重器、服务保障民生等各个领域作出的非凡业绩进行了精彩的宣讲，挖掘出了“资源人”的红色基因，那就是“创业奉献、资源报国”的精神薪火相传；此外，我们还结合百年矿山深厚的历史积淀，推出了《百年矿山简史》短视频、《我的宝武故事——资源篇》作品集，后者精心收录了各单位员工创作的三十余篇感人至深的文化故事，抒发了员工在专业化整合后对“同一个宝武、同一个资源”的热切期盼。

五、主动跨前一步，拥抱“心”的融合

在文化融合过程中，只有心与心的交融，达到“心有灵犀一点通”，才是最高境界。不可否认，在近两年快速整合的过程中，我们在很多方面都体会到了文化冲突的“存在感”。但是，就像任何事物都有两面性，文化冲突也一样，破坏性的背面就是建设性，哪里有冲突，哪里就是文化融合的痛点和突破点。

下一步，我们将从理念体系、制度体系、传播体系、物质体系四个层面，提炼形成专业化整合单位的文化融合路径。同时，定期开展企业文化建设评估，对文化融合的做法、结果等进行综合比较和全面分析，充分了解企业文化理念在员工中的认同度和对生产经营的指导性，详细分析员工行为与制度规范、文化理念的一致性及执行度，对不适应之处要及时地调整改进。此外，还要讲好文化故事。文化融合最深入人心的载体就是那些在企业成长、改革、发展过程中所发生的一个个触人心弦的故事，不仅能给员工带来心灵上的触动和精神上的震撼，也能起到传承企业文化的重要作用。

（宝武资源有限公司党委宣传部〔企业文化部〕部长黄雁权，文化与宣传主任何小璇）

打造钢铁生态圈的交易狂欢节品牌

欧冶云商股份有限公司

欧冶云商股份有限公司（以下简称“欧冶云商”）成立于 2015 年，是中国宝武旗下智慧服务业的旗舰公司，现已成为第三方钢铁产业互联网科技平台的头部企业。为认真贯彻落实习近平总书记关于发展数字经济、推动数字经济和实体经济融合发展的指示批示精神，欧冶云商于 2021 年 10 月 8 日首次打造钢铁生态圈各方共同参与的交易狂欢节品牌——欧冶 1018。

“2021 欧冶峰会——相聚欧冶 1018”活动由欧冶云商主办，在融合百年钢铁足迹与现代科技风格的“金色炉台”——中国宝武钢铁会博中心举行。活动由中钢协、中国宝武指导，上海市商务委、宝山区支持，以“生态共建、数智共享”为主题，围绕“一峰会、三分会、一欧冶之夜”主线，采用“线上交易+线下峰会”相结合的形式，汇聚生态圈各方参与者，共同打造钢铁产业互联网交易狂欢节。该活动创新方式方法，在业内形成较大影响力：

一、汇聚生态圈力量，集众力、创合力，呈现高质量行业盛会

活动邀请生态圈伙伴共同筹划，集合优质资源，共有12家协办支持单位、3家参展单位、4家参演单位。峰会演讲嘉宾范围涵盖政府、行业协会、学术、资本、企业，输出“共建共享”价值主张。10月8日当天创新推出的微电影《抉择》《时光里的父亲》成为会议与仪式中的一抹亮色，令不少观众为之动容。两部微电影均根据平台客户与欧冶共同成长的真实故事改编，引发强烈共鸣，成功传递了欧冶的品牌价值和产业互联网的时代价值。

二、线下线上近十项活动形式新颖、内容充实、效果“震撼”

从10月8日到10月22日共15天，欧冶平台成交总金额超过257亿元，平台钢铁交易量突破400万吨，33家钢厂签署2022年资源投放意向4290万吨。“欧冶钢好”APP日均拉新环比提升125%。会后回访的46位嘉宾普遍认为，欧冶峰会1018“非常震撼”，欧冶是一家具有科技范、充满活力，具有鲜明时代特征、人文关怀和高度社会责任感的产业互联网公司。

三、打造钢铁产业互联网交易狂欢节品牌，引领产业互联网发展方向

《人民日报》、新华社、《第一财经日报》、《上海证券报》等15家媒体到达活动现场，输出原发稿件超20篇，共产生超千次报道与转发，“欧冶峰会”“产业互联网交易节”成为报道高频词汇。欧冶云商融媒体策划发布15篇微信图文、18期视频号，预热及活动期间总浏览量破20万。

欧冶云商将持续打造钢铁全产业链上下游及生态圈各方共同参与的交易狂欢节品牌，实现资源端、用户、全产业链合作伙伴同频共振，传递“共建、共享、共赢、共治”生态圈文化理念，促进产业转型升级，加速平台为产业链赋能，助力经济高质量发展。

（欧冶云商股份有限公司品牌公关高级经理郭如川，品牌公关专员刘祎婧，品牌公关助理郑梁峰）

中国石化胜利油田

把舵领航　凝心铸魂
发挥国企党组织在企业文化建设中的核心作用

坚持党的领导，加强党的建设是国有企业的“根”和“魂”。习近平总书记视察中国石化胜利油田提出“能源的饭碗必须端在自己手里”“加快清洁高效开发利用”的重要指示，胜利油田党委认真落实党中央的要求，发挥各级党组织在胜利文化建设中的政治核心作用，把舵领航，凝心铸魂，为企业高质量发展提供强有力的文化支撑和精神动力。

一、强化党的领导，构建“大文化”工作格局

强化党的领导，是国有企业的独特优势。在上级党组织的坚强领导下，胜利油田健全组织机构，完善工作机制，构建统筹运行、上下贯通的“大文化”工作格局。

党委统筹规划。油田党委高度重视企业文化建设工作，设立企业文化部，与党委宣传部一个机构、两块牌子合署办公，实现党委工作和企业文化高效融合。胜利油田成立企业文化建设工作领导小组，党办、组织、宣传、群团、纪委、企管、财务等多个部门协同配合，从源头设计和体系构建上将企业文化融入日常管理和制度建设中，避免“两张皮”现象。与此同时，油田党委把企业长期发展目标与阶段性工作任务结合起来，自2003年以来，每三年制定实施一个《胜利文化建设规划》，坚持以规划为指导，系统推进文化建设。特别是近三年来，油田党委在“转方式、转观念、转作风、创效益、创一流、创和谐”主题活动之中，将胜利文化作为重要内容，与油田中心工作同规划、同部署，与党建工作一体化运行考核，做到有评估有考核，确保企业文化建设落实落地。

支部推动实施。基层党支部是党最基层的组织细胞，是企业文化建设的主阵地。胜利油田党委充分发挥2300个基层党支部的战斗堡垒作用和文化推动作用，以基层党支部为胜利文化落地的实践主体，制定下发《关于规范提升基层文化建设的实施意见》，突出“严细实”导向，按照“有魂、有规、有情、有形”四个要素，推动文化理念转化为管理规范、行为习惯，推动基层管理水平全面提升。有魂，就是自觉把新时代胜利文化核心理念和主流价值作为行为指南，培育一致认同、积极向上的基层团队精神；有规，就是将理念融入“三册”管理制度，用制度推进文化落地执行；有情，就是注重以人为本，体现人文关怀，提高队伍凝聚力；有形，就是丰富文化载体，开展文化活动，优化环境条件，营造文化氛围。

党员示范带头。党员干部是企业员工中的积极分子，是推动胜利文化建设的主力军。胜利油田党委要求各级领导干部作为企业文化建设第一责任人，带领广大员工群众积极响应企业号召、参与各类文化宣贯活动，主动践行新思想新理念，营造浓厚的企业文化建设氛围。同时，在全油田12.4万名党员（含非在职党员）中大力选树优秀共产党员作为胜利文化人格化的代表，开展“亮身份、亮职责、亮承诺”活动，树立“共产党员时刻冲锋在前”“我是党员向我看齐”的价值导向，彰显了担当作为、拼搏奋进精神风貌。一生奉献给石油事业的院士顾心怿、退休不褪色的老党员路宪章、三次采油领军人物曹绪龙，成为“爱国、创业、创新、开放”新时代胜利精神的人格写照，激励着干部员工迎难而上、锐

意进取，不断从胜利走向新的胜利。

二、紧跟时代要求，突出“指挥棒”统领作用

国有企业承担着发展社会主义先进文化、维护国家文化安全的文化责任。胜利油田党委积极回应时代新要求，把握文化主流，增强文化自觉，不断加强胜利文化建设力度，切实提升文化软实力和核心竞争力。

坚持以总书记重要论述引领胜利文化建设。胜利油田党委切实把好企业文化建设“思想关”，始终以习近平新时代中国特色社会主义思想为指导，充分发挥党委中心组、培训党校和讲师团、宣讲员队伍作用，深入学习贯彻总书记关于文化建设的重要论述精神，作为根本遵循和行动指南。坚决贯彻习近平总书记能源安全新战略和重要指示批示精神，系统谋划实施“百年胜利战略规划”，整体性推进油气主业发展和各层级各业务整合提升，重构性构建现代企业管理体系，系统性增强油田可持续高质量发展能力。

坚持用新发展理念推动胜利文化建设。党的十八届五中全会提出创新、协调、绿色、开放、共享的新发展理念，为厚植发展动力、转变发展方式、谋划发展路径、延展发展空间、实现发展目标提供了行动指南。胜利油田党委立足新发展阶段，面对新的奋斗目标、新的发展主题、新的环境与挑战，将新发展理念融入胜利文化建设，统筹谋划、系统推进、深化实施了“价值引领、创新驱动、资源优化、绿色低碳、合作双赢”发展战略。将胜利文化建设与企业的发展战略有机结合，更加注重央企担当，更加注重开放高效，更加注重市场化运营，更加注重标准提升，更加注重内引外联，推动企业更好地承担着经济责任、政治责任和社会责任，迈向高质量发展新征程。

坚持将现代企业管理理念植入胜利文化建设。党的十九届四中全会明确提出，深化国有企业改革，完善中国特色现代企业制度。胜利油田党委聚焦现代企业制度建设，着力重塑体制机制，实施流程再造、组织重构、资源优化，建立完善了石油公司体制机制。在此基础上，适应管理体制、组织形式和队伍结构的变化要求，将油藏经营、精益管理、价值创造等管理理念深度植入为胜利文化制度理念体系，把价值思维、效益观念贯穿生产经营管理各领域全过程，健全完善了“1+2+2”绩效考核机制，做实油藏经营管理单位、专业化经营单位、机关科研单位和辅助单位“四个核算单元”，积累形成了具有胜利特色的文化管理模式。

三、把握文化导向，发挥“定向器”主导效能

文化建设是一项事关企业持续发展、科学发展的长远战略命题。胜利油田党委把握文化建设导向，抓紧抓牢文化建设切入点着力点，传承优良基因、弘扬优良传统、丰富文化内涵、释放文化活力，推动油田高质量发展。

厚植红色基因。红色基因是中国企业独特的精神禀赋。胜利油田大力弘扬以爱国主义为核心的民族精神，弘扬以伟大建党精神为源头的共产党人精神谱系，始终将红色基因融入企业文化。通过设立油田优良传统教育日，常态化开展爱国主义教育活动，建设胜利油田红色教育基地，广泛进行红色文艺作品创作，引导干部员工不忘报国为民初心，永葆浓厚家国情怀，勇担时代赋予的责任使命。以胜利油田功勋井、优良传统展厅为代表的系列红色教育基地，入选中国石化红色教育基地和中央企业首批爱国主义教育基地。

深化创新驱动。创新是引领发展的第一动力，也是推动企业持续发展的不竭源泉。胜利油田坚持把创新作为发展的第一要务，通过加强创新文化建设，着力培育创新生态、优化创新环境、完善创新体系，切实激发科研人员创新创造潜能。聚焦“卡脖子”和科技前沿领域，攻克了一系列世界级难题，形成行业领先的油气勘探开发理论技术体系，先后获得国家科技进步特等奖、一等奖、二等奖，带动渤海湾盆地持续规模增储。60年来，胜利油田培养了12名两院院士、3.4万名科研人员，获得各类科技成果7900余项、国家级科技奖励120余项，努力成为石油行业重要的创新策源地。在此基础上，将创新文化融入生产实践，推动企业转型升级，持续保持创新驱动的强劲势头，走出了一条独具胜利特色的老油田高质量发展之路。

强化绿色引领。向绿色发展要生产力，用绿色化改革提高企业活力和竞争力，是企业高质量发展的必由之路。胜利油田坚持走生态优先、绿色低碳的发展道路，加大绿色文化建设，以能源绿色低碳发展为关键，全方位加速推进绿色油田建设。先后制定《胜利油田黄河流域生态环境保护实施方案》《胜利油田绿色企业行动计划实施方案》《加快推进新能源业务发展的指导意见》，不断用更高标准、更实措施，书写着绿色发展新篇章。“十四五”时期，胜利油田将大力推进节能减排和新能源发展，建成国内首个百万吨级 CCUS 示范工程，在推进黄河流域生态保护和高质量发展、全力保障国家能源安全中发挥更大作用。

（中国石化胜利油田）

定位党建“坐标”铸就文化“引擎”

中国石化胜利油田滨南采油厂

中国石化胜利油田滨南采油厂成立于1968年11月，是胜利油田所属从事石油天然气勘探开发的二级生产单位，所辖油区面积近3000平方千米，现有干部员工4163人，年产原油200万吨，累计为国家贡献原油9500万吨。近年来，采油厂党委以习近平新时代中国特色社会主义思想为指导，坚持党建引领文化建设，实施“以文化人、以文强企”战略，促进文化向班站延伸、向管理渗透，让“党建+文化”成为激活企业活力的“发展密码”，推进中心工作稳步提升，先后被授予“全国企业文化建设优秀单位”“全国企业文化顶层设计与基层践行优秀单位”“‘十三五’中国企业文化建设

优秀单位”“全国职工模范之家”“山东省文明单位”“中石化廉洁文化建设先进单位”等荣誉称号，“推行‘六个一’模式、打造特色班组文化”被评为全国企业文化优秀案例。

一、强化党建铸魂，丰富滨南文化内涵，焕发企业发展新活力

发挥党组织的领导核心和政治核心作用，坚持用党的新发展理念为企业文化建设提升、把向，增强文化导向功能。

强脑铸魂，促进同向发力。深化理论武装，坚持用党的先进思想谋划企业文化，厂党委中心组创新“对照原文深入研读、结合实际深刻研讨、联系业务深度研讲、融入中心深化研用”“四研”学习模式，先学一步、学深一层，主动对标油田“五大战略、三大目标”，谋划形成“完善体系、全面创新、狠抓落地、打造品牌”的文化建设思路，成立了由党政主要领导为组长、机关部室负责人为成员的滨南文化建设领导小组和胜利文化滨南研究分会，建立完善运行、投入、考评等专项制度，持续导入文化建设长远规划和具体措施，形成党委统筹抓、机关部门合力抓、党支部具体抓的工作格局，在同向发力中筑牢文化根基。

聚焦融合，强化同心协力。聚焦高质量发展要求，融合党建工作目标，找准文化提升定位，构建完备滨南文化体系。在观念形态文化建设方面，以“团结奉献、求实创新、追求卓越”滨南精神为核心，凝聚出管理二区“传承八大传统、再创明日辉煌”等为代表的基层文化理念；在制度行为文化建设方面，以“三基本”手册和“三册”宣贯落实为重点，规范员工行为规范，涌现出了全国技能大赛金奖获得者周家祥、中国石化劳动模范孙东方等先进典型；在物质形态文化建设方面，产量持续攀升，“十四五”开局之年，产量达到200万吨，大力探索稠油冷采降粘技术，形成以稠油开发配套工艺技术为代表的技术品牌。

激活动力，实现同频共振。传承党的优良传统，弘扬石油石化优良作风，打造“看有展示、做有规范、教有资源、讲有故事、学有感悟”的全景式教育阵地，持续完善以八大传统教育、发现井滨二井、郑四千吨井等传统红色教育基地为主的创业教育路线，以白鹭湖井工厂、滨17块、滨四注水站为代表的创新教育路线，将优良传统资源与高质量发展成果有机融合，激活基层文化基因，大力开展“基层文化示范点”建设和“优秀基层文化案例”评选，召开基层文化建设经验交流会，指导基层深入挖掘文化元素，强化理念整合，先后涌现出机采装备服务部“人人尽责、根根精细”等优秀文化案例12项，实现了与高质量发展同频共振。

二、强化党建引领，拓展滨南文化优势，促进工作质效双提升

面对改革发展新任务，强化基层党组织战斗堡垒作用，坚持党组织建设为企业文化建设领军，增强文化激励功能。

强化引导，助推观念升级。牢牢抓住油田开展“三转三创”主题活动的有利契机，创新推行“四讲”模式，持续加强形势任务教育，促进政策精神精准落地。对照油田转变观念更新理念160条和机关职能优化76条，充分发挥党员理论骨干优势，组建宣传“轻骑兵”队伍，举办“石油工人心向党、奋斗滨南党旗红”主题宣讲会，讲述员工身边人、身边事，引导全员向旧观念开刀、向新理念发力，破除思维定式，确保“一切工作向价值创造聚焦、一切资源向价值创造流动”等新理念入脑入心，实现理念变措施、观念变行动、标准变实践。

强化教育，促进责任升级。坚持用老传统解决新问题，大力弘扬优良传统文化，对照“三老四严”要求和岗位职责党员率先“亮身份、亮责任、亮成效”，通过“向‘三老四严’要效益”全员大讨论，着力解决思想作风、精神状态、生产管理等方面存在的突出问题，持续推进观念思维方式、油藏开发方式、生产运行方式、经营管理方式的四个转变。从管井能手、技术达人、队伍管理、油二代等不同角度、不同岗位优选践行“三老四严”先进代表，采取事迹宣讲会形式，引领全员学榜样、转作风，促进责任升级。

强化创效，助力管理升级。聚焦石油公司建设，把基层团队经营创效能力提升作为油藏开发的关键，通过探索实施“支委+工作小组”“党小组长+项目”“党员+骨干”运行模式，将价值创造渗透到新型采油管理区五大机制建设的每个环节当中，推进生产向开发聚焦、经营与管理并重、资源向资本转变，激发了每个利润主体、创效单元的主动作为，涌现出“5+X”合作模式、“多维度全视角差异化考评办法”等先进经验管理模式，夯实了采油厂发展根基。充分发挥党员干部带头作用，利用改善经营管理建议和妙法实招等平台载体，强化“基层是效益源泉”“员工是创效主体”思维，促进全员创新创效。

三、强化党建服务，增强滨南文化合力，营造担当作为好氛围

发扬党组织密切联系群众的优良传统，坚持党的作风建设为企业文化建设强军，营造和谐氛围，增强文化凝聚功能

立足融心，讲好“滨南故事”。加强文化载体建设，充分利用报纸、微信、微博等媒体阵地，宣贯社会主义核心价值观和中国石化核心价值理念，开设“身边榜样”“最美攻坚人”“滨南好人”等栏目，讲好员工身边的滨南故事。利用建党100周年、建厂50周年等历史节点契机，开辟“滨南党旗红”“奋进的历程”等专栏，展示滨南、宣传滨南、传播滨南，在“忆传统、展未来”中激励新时代下滨南人奋勇向前，引导员工牢固树立共建共享和谐新滨南的共同信念和价值追求，凝聚思想合力。

立足融力，共建“美好家园”。重塑一人一事思想政治工作网络，形成以“一单一册”体系为主要内容的一人一事思想政治工作方法，大力实施“畅心”工程，运用科学手段开展全员心理健康测量，摸清全员心理健康状况，提升EAP

岗位应用度，帮助员工解压、解难、解忧；做好困难群体精准帮扶，推行十大实事项目配套志愿服务，形成“12345”帮扶工作法、外闯员工“三联系”等一系列便民举措，采油厂先后被评为“全国基层职工互助保障工作先进单位”；扎实推进“平安滨南”建设，创造良好的油区环境；通过举办唱支油歌给党听红歌汇、演讲比赛、艺术作品展等群众喜闻乐见的文体活动，营造“心齐气顺劲足家和”良好局面。

立足融智，共享“发展成果”。积极开展“中国梦·劳动美·价值创造在岗位”群众性教育实践活动，举办“向0.1要效益”单体细胞创效工程劳动竞赛，聚焦基础管理、原油增产等中心任务，引导全员树立精益管理理念，让每一个岗位都能创造价值。推进落实“星级班站”创建排名机制，发挥职工技术创新联盟引擎作用，建立劳模、工匠“进班站、传技艺、解难题”工作机制，组织“一线难题揭榜挂帅大赛”“职工技术创新论坛”，激发全员建功立业活力。

党建铸魂 文化赋能
激活胜利海上油田发展新动能

中国石化胜利油田海洋采油厂

中国石化胜利油田海洋采油厂（以下简称“海洋采油厂”）成立于1994年5月，担负着胜利海上油田开发建设任务，管理着110余座采油平台、800余口油水井，年产原油350万吨，是落实国家“稳定东部”石油战略的重要阵地，也是保障国家能源安全的生力军。成立27年来，采油厂党委始终坚持以高质量党建引领先进文化建设，培育形成了“为海油拼搏、为胜利超越”的海油精神，造就了一支特别能吃苦、特别能战斗的高素质石油工人队伍，为胜利海上油田高质量发展提供了坚强文化支撑。截至2020年底，累计探明地质储量4.98亿吨、生产原油6500余万吨，创造经济效益近700亿元。先后荣获全国先进基层党组织、全国企业文化建设优秀单位、全国员工职业道德建设标兵单位、山东省文明单位等荣誉称号。

一、突出党建引领，把牢文化建设方向

海洋采油厂开发建设27年来，始终发挥党委在企业文化谋划、顶层设计中的主导作用，大力强化文化塑造，健全文化体系，做强专项文化，凝聚起了海油人不断前进的强大精神动力。

一是注重文化塑造。自海洋采油厂成立以来，党委始终从战略高度建设企业文化，培育了“海洋为家、艰苦为荣、以油为重、效益为本”“为海油拼搏，为胜利超越”“不断超越，勇争一流”不同时期的海油精神和竞争理念，为海上油田高质量发展注入了源源动力。二十多年来，在海油精神的激励下，胜利海油人从陆地走向海洋，战天斗海、抗风劈浪，克服无经验可借鉴、环境条件艰苦恶劣、高风险高难度等困难，一路艰苦创业，一路拼搏奉献，把海上建成了年产350万吨级的浅海大油田，探索出了一条低成本高速高效开发之路。

二是健全文化体系。注重文化传承，深入学习贯彻落实中石化企业文化纲要，践行新时代胜利文化核心理念，持续完善海油文化体系，推进海油精神向生产经营管理工作渗透，初步形成了以海油文化、专业子系统文化、基层单位子文化和基层家文化为主要内容的文化体系。在“不断超越，勇争一流”的作风引领下，从理念观念、体制机制、运行模式等方面，深入开展对标管理提升行动，取得了积极成果。在奋斗者为本人才理念引领下，强化“人才资源是第一资源”意识，建设三支人才队伍，畅通人才流动渠道，盘活了采油厂人才资源。在制度文化建设方面形成了适应海上发展的生产管理制度、经营管理制度、基层管理制度。

三是做强专项文化。培育制度文化，把文化融入具体的规章制度中，把传统管理与现代管理进行整合优化，把成熟管理经验提升为管理标准，形成具有海油特色的制度行为文化。培育廉洁文化，把文化融入党风廉政建设，组织格言警句征集、知识竞赛、征文比赛等丰富多彩的教育活动，使廉洁文化进机关、入基层、到岗位、进家庭。培育安康文化，将企业文化融入安全清洁生产，搭建安康海油APP，抓实“查保促”活动，促进了安全清洁生产。打造对标文化，树立“一起向优秀学习”理念，与强者为伍、向一流看齐，形成对标报告百余份，梳理出需提升改善的理念观念、技术指标等12类150余项，出台《全面深化对标三年实施方案》，明确潜力方向，持续深化提升。

二、突出融入进入，助力海上高质量发展

坚持以先进理念引领企业发展，创新文化融入中心、进入管理的方式方法，切实将先进理念内化为广大员工的价值认同和自觉行动。

一是培育践行主流价值。强化社会主义核心价值观的培育和践行，深入开展“践行主流价值，讲好海油故事”活动，用社会主义核心价值观引领文艺作品创作，通过精彩故事、鲜活语言、丰满人物传递真善美，传递积极的人生追求和高尚的道德情操，以高尚的精神塑造人、以优秀的作品鼓舞人。充分发挥形势任务教育在企业文化建设中的引领作用，针对海上生产任务重、自然环境恶劣、员工思想观念多元等特点，充分运用《海油通讯》报纸、宣传栏、黑板报、海油信息网、微信公众号、车船流动课堂等多种形式，宣传上级方针政策、油田改革发展形势以及采油厂发展思路、目标措施，强化引领。

二是推动理念落实落地。坚持价值引领，围绕推动思想再解放、观念再转变、理念再更新，紧跟党的政治要求、战略部署要求、低油价要求，找准“党委需要员工群众知道的，员工群众想要知道的”结合点，区分层次、因人而异、因需施策，创造性落实转变观念更新理念160条、机关职能优化76条，推动“理念变措施、观念变行动”。构建党委出题目、宣传搭平台、部门做解释的引领模式，通过领导带头到基层

联系点讲，机关部门领题上台讲，成立宣讲团到基层一线讲，举办“新理念讲故事”比赛，提升理念引领的精准度和穿透力，让“算清效益账、多干效益活、多产效益油”“油藏经营的核心就是用最少的投入获取最大效益”“挣一分钱比花一分钱更有价值”的理念深入人心。

三是强化典型示范引领。坚持把选树典型作为文化践行引领的重要举措，制定《进一步加强典型选树工作推进措施》，建立典型“培养、关心帮助、选树、宣传、使用”五大机制，动态总结、提炼、归纳、宣传先进典型的精神品质，扩大典型在员工队伍中的影响力和感召力。强化典型引领带动，开展“海油楷模、最美海油人”评选，打造“海油榜样明星大道”，开设“我身边的榜样”专题网页，线上线下展播典型事迹，使典型人物成为践行主流价值观的人格化身和传播海油精神的文化符号。近年来，相继涌现出全国最美青工亢嘉颖、集团公司优秀共产党员马越等先进典型人物。

三、突出人文关怀，打造健康稳定员工队伍

在文化建设中，采油厂党委始终致力于关注员工需求，满足员工需求，通过提升健康管理、加强兜底保障、拓展服务领域等一系列措施，努力提高员工群众获得感、幸福感、安全感。

一是强化健康管理。建设“健康驿站”，为海上平台配备 AED、制氧机等 20 余种急救、医疗器械和 37 种常用药品，在中心平台和井组平台分别配备全科医生和兼职卫生员，做到小病能医、急症能救。开通 24 小时视频问诊服务，员工健康异常可通过手机随时与北京部分医院的专家进行视频连线，面对面交流，实现高水平诊疗建议“一键通”，缓解员工因生病无法及时就医带来的紧张情绪。建立大病就医绿色通道，根据不同病情和需求开通“京城—省城—油城”三级大病就医绿色通道，为员工提供全过程大病咨询、联系专家、就医挂号等服务，解决员工看病难的问题。

二是加强兜底保障。聚焦员工最担心的困难事，坚持雪中送炭，把钱花在刀刃上。推行员工亲属住院陪护服务，由采油厂出资，遴选信誉好、服务优的专业家政公司，在员工出海期间为住院直系亲属提供专业护理服务，让员工在岗位能够放心，得到员工及亲属的一致好评。加厚兜底保障，为防止员工家庭因病致困，采油厂每年划拨 55 万元专项资金为每名员工投保了互助保障计划，患病员工一旦确诊大病即可获赔 10 万元左右保障金，截至目前，已先后为 10 余名患大病员工累计发放 100 余万元保障金，真正实现了“兜住底”。

三是拓展服务领域。将服务领域由员工个人向家庭延伸，稳固干事创业“大后方”。建立区域互助组织，按照员工住址成立互助小组，出海员工家中发生急事难事，亲属只需一个电话，互助组休班员工就会很快上门解决送水、送医、家庭维修等各种问题，让海上员工得以安心工作。常态化开展“员工亲属一线行”，组织亲属上平台、进宿舍、到现场，亲身感受海上一线工作生活环境，“检阅”亲人坚守岗位取得的工作业绩，临别时还会为亲人写下安全寄语，切实增进了家人之间的相互理解和支持。将 EAP 引入家庭建设，由“幸福教练”组织团队辅导活动，指导帮助员工经营好家庭关系念好科学育儿经，使员工能够源源不断地从亲情中汲取能量，实现家安、心安、生产安。

传承弘扬难动敢动文化 引领推动企业高质量发展

中国石化胜利油田石油开发中心

中国石化胜利油田石油开发中心（以下简称“石油开发中心”）党委把企业文化建设作为企业发展的“压舱石”，坚持以塑魂强基为导向，以凝心聚力为核心，以赋能提质为抓手，将文化建设沁入人心、融入灵魂、注入管理，打造了独具特色的“难动敢动”文化品牌，有力推动了质量改善效益提升，先后荣获全国优秀企业文化先进单位、改革开放 40 年中国企业文化优秀单位、富民兴鲁劳动奖状、山东省文明单位、中石化红旗采油厂等荣誉称号。我们的做法有：

一、塑魂强基，提振高质量发展精气神

文化是企业发展的原动力，是企业核心竞争力所在。开发中心党委通过打造企业文化体系，以文育人，以文治企以文强企，把企业文化根植于员工精神血脉，将企业文化的“软实力”转化为推动企业强基固本的“硬实力”。

1. 始终不忘“难动”之源，迎难而动

石油开发中心伴随着胜利油田重上 3000 万吨开发战略应运而生，“三个人、一口油井”起步，难动，难在“特超稠”，难在“特低渗”，难在偏远，难在一切都要从“0”开始。面对艰难的起步阶段，我们深刻认识到：企业文化是企业发展的原动力，要促进企业持续稳定发展、保持高质高效发展，就必须完善和加强企业文化建设，打造自己的文化品牌，用文化去感召干部员工、推动企业发展。石油开发中心党委坚持从讲政治的高度重视文化建设，落实文化建设主体责任，每年专题研究文化建设，制定中长期发展规划，机构上专设企业文化副总监等系列专职岗位，资金上每年核拨专项文化建设资金，确保文化建设日常运行，不断保持文化工作的号召力和凝聚力。公司在贯彻中石化企业文化体系的基础上，以“难动敢动”品牌打造为着力点，深化赋予新内涵，形成独具特色的“难动敢动、迎难而动”新发展理念。作为基层文化体系，与石油精神、石化传统、胜利精神一脉相承。

2. 持续激发“敢动”之力，攻坚必胜

石油开发的 20 年，是奋斗的 20 年，更是在“难动”中“敢动”，迎难而动，攻坚克难，实现跨越式发展的 20 年，而这种越是困难越向前的精气神已通过文化的熏陶转化为员工的行为自觉，转化为攻坚必胜的决心和信心。特超稠油，黏度 30 万毫帕秒以上，是普通稠油的 30 倍，一入秋油卷起来扛着能走、拎起来能站得住，它的开发是那时公认的世界级难题。面对特低渗透油藏，我们集中攻关，创新 HDCS 技

术突破技术瓶颈。针对滩海油藏，形成海油陆采配套工艺，成功撬开难动用之门。中心桶油完全成本从最高 71.6 美元降至 39 美元，SEC 储量替代率保持在 138%。“敢动”精神让石油开发中心实现跨越式发展，成为百万吨产能单位。

二、凝心聚力，打造高质量发展共同体

企业发展的最终目标是让员工有更多的获得感。石油开发中心党委始终坚持把“以人为本”思想贯穿文化创建全过程各环节，以文化人，凝聚推动公司砥砺前行的内生动力，精心打造高质量发展的共同体。

1. 率先“三讲三心”，增强难动敢动文化向心力

班子是队伍前进的领头雁，是担责担当的先行军，中心党委坚持以“难动敢动”文化锤炼班子，努力画好引领全体干部员工投身企业高质量发展共同体的同心圆。在近 20 年的难动用开发历程中，“讲团结、讲民主、讲正气，让员工群众称心，让班子成员顺心，让上级领导放心”已经成为两级班子成员的行动自觉。不断加强两级班子政治建设、思想建设、能力建设，自觉将公司改革发展融入油田大局把握，突出在中心任务、社会责任等大事件中，坚决形成合力、坚决执行上级党组织决策、坚决打硬仗打胜仗，特别是急难险重面前“敢动”、先动，迎难而动的作用发挥。

2. 做实关心关爱，提升难动敢动文化吸引力

中心党委始终坚持“以人民为中心”发展理念，将每名员工当家人关心关爱，激发了向心力，实现了“中心要发展，员工要幸福”。打造“家文化”标签。无论来自哪个单位，只要“进了中心门，就是中心人”，关心员工健康，带薪休假、健康查体等政策全面落实，员工重大疾病、意外伤害互助保险、女职工特殊疾病互助保障持续加大，进京就医绿色通道服务水平进一步提升。深入开展走基层、访万家，每到一户员工家中，以亲人的角色了解家庭成员健康、子女入学就业、家庭困难等情况，每到一个班站，以朋友的角色了解岗位工作情况、生产生活难题，把“三讲三问”落到实处，帮扶救助 400 户次困难家庭。打造“关怀”管理品牌。坚持雪中送炭，结合工区广、人员散特点，推行“办公规范化、食堂餐厅化、环境优美化”，先后投入资金 3173 万元。坚持“搭建平台”，畅通“三支人才队伍”通道，让员工上升有渠道，工作有奔头，发展有前途。坚持新技术应用，推动两化融合，重塑管理和业务流程，员工劳动强度大大降低，由“蓝领”变“白领”，工作生活更加舒心、更有干劲。

3. 推进担责担当，增强难动敢动文化推动力

担责担当既是一种态度，更是一种困难面前不退缩，主动攻坚克难的精气神。精神的感召，文化的共知，让公司上下充满干事创业、担责担当的干劲和冲劲，并固化为员工日常行为习惯。2019 年油田拿出 6.6 亿吨未动用储量实行流转，但是竞标筹备时间仅 2 周，科研所办公室灯火通明，连续奋战，攥着劲在 9 家开发单位中一举拿下预期的“肉骨头”，这仅仅是“难动敢动”文化感召下公司上下担责担当的一个缩影。

三、赋能提质，提升高质量发展含金量

文化凝聚团队，文化赋予能量，高举难动用储量高效开发旗帜，集中释放积累的文化力量，不断提质提效，坚定走出一条独具特色、含金量高、行业前列的石油开发高质量发展之路。

1. 科技赋能，推动企业走得远

创新是文化发展的生命，是引领发展的第一动力。公司层面，党委坚定实施打造独有集成技术高地战略，在稠油油藏开发中，先后形成了 HDCS 强化采油配套技术、热采水平井开发配套技术等六大技术系列，掌握独有核心技术，突破超稠油开发的世界级禁区。研发和应用注采一体化管柱技术，两年节省资金 1.7 亿元。两年来荣获国家优质工程奖 2 项，中石化科技进步一等奖 1 项，中石化开发技术创新成果 4 项。同时，注重发挥基层一线职工创造力，举办职工技能创新论坛，拓宽职工岗位创新平台，今年共征集一线生产难题 30 项，创新创意方案 14 项，1 项成果获油田一线生产难题揭榜挂帅一等奖，完成成果转化 500 余万元，公司荣获油田科技创新先进单位称号。

2. 管理赋能，推动企业走得快

公司党委立足于融入现代化企业管理体系，以“三册”推动业务流程再造，给予基层单位下放“七项权利”，推行“五项机制”，保证了基层单位权责对等统一。建立“经营绩效+管理绩效+党建质量”为核心的“1+2+2”考核模式，完成目标保基本薪酬、多创效益挣绩效工资，公司绩效工资完成率连续多年排名油田前列。从制度层面激活全员创造力，大力实施“动起来、走出去、退下来”人力资源优化工程，外闯市场挣效益，年创收 4300 万元，提高了员工收入水平。

3. 党建赋能，推动企业走得稳

坚持党的领导、加强党的建设，是我们做好一切工作的根本保证。公司党委坚定不移抓党建，切实提高各级党组织的创造力凝聚力战斗力，围绕文化共同发力，引领推动保障企业走稳走实。引领上下统筹发力。党委层面构建大党建大政工工作体系，聚焦公司发展中难题，年初进行统筹，所有工作同向发力、聚合资源、聚智攻关，不断提高重点工作质效。制定《政治巡察和党建考核工作实施办法》，完善党建工作责任、运行、考评体系化，今年开展政治巡察和党建考核、“党建＋三基＋巡察”三位一体考核各 1 次，发现问题 217 项，全部及时整改。推动党组织职能转化强化。党的工作中心在基层，活力源泉在基层，中心党委围绕基层员工切实需要，开展机关支部与基层支部、机关部门与基层班站常态化结对共建活动，创新形成机关与基层全线贯通的结对帮扶机制，通过“3+X”主题党日、“三会一课”，将传统党建内容与文化精神熏陶同步运行，切实推动“党委推动、支部提质”双向互动，更好推动各支部“抓班子、带队伍、强管理、保稳定、促发展”职能作用发挥。保障全员敢动激情。紧密贴合中心工作，采用主题竞赛和专项竞赛相结合的方

式，主题竞赛结合年度重点工作和任务目标，专项竞赛突出阶段性重点工作，加强激励机制建设，突出竞赛活动实效，形成“有第一就争，见红旗就扛”良性竞争氛围。2021年“勇担当、上台阶”增产增效劳动竞赛中，8个管理区、10个基层班站、130名个人累计获奖175万元，有效激发了职工参与竞赛、积极工作的热情。

以文化力量助推企业高质量发展

中国石化胜利油田运输分公司

中国石化胜利油田运输分公司，成立于1963年10月，现有员工近千人。公司聚焦原油、成品油、低硫船燃油、二氧化碳等危险化学品运输，构筑形成危化品运输、现代物流、客车服务、汽车修理四大产业平台。市场覆盖胜利油田东部油区、新疆、川渝、陕甘蒙等近三十个省市地区。公司经济总量年均增长22.5%，经济效益年均增长19.1%。

一、重视文化传承，铸就发展之魂

多年来，胜利运输始终高度重视企业文化建设，在改革发展的长期实践中不断创新、提炼升华，培育形成了新时代运输精神，成为激励运输人艰苦创业、砥砺前行的精神动力。20世纪60年代油田勘探开发建设时期，胜利运输凭借精湛的技术、一流的服务，大力发扬特别能吃苦、特别能战斗、特别能奉献的“三特”精神，为胜利油田作出了不可磨灭的贡献。1998年胜利运输重组调整后，承受着转型发展的“成长之痛”，在“市场没有救世主，生存发展靠自己”“只有想不到，没有做不到”等理念的引领下勇闯外部市场，实现了凤凰涅槃、浴火重生，培育了“永远创业、敢于超越”的新时代运输精神，造就了一支敢打硬仗、能打胜仗的运输队伍。近年来，随着我国经济进入新常态，企业生存发展的外部环境发生根本性变化，特别是2017年胜利油田实施专业化管理后，产业布局、发展方式、管理体制以及干部员工思想观念等方面都发生了深刻变革，公司核心产业进行重新调整，经济效益实现跨越提升，开启了“打造国内一流危化品运输企业和实现高质量发展”新征程。

二、夯实文化基石，聚焦推动发展

进入新发展阶段，运输分公司党委明确提出“22346”国内一流发展方略。紧紧围绕安全生产、改革发展、队伍建设等中心工作，着力培育打造专项文化，并推进文化向基层延伸、向管理渗透，让企业文化成为激活企业活力的“金钥匙”。

一是开展创新文化建设。多年来公司党委坚持“创新是引领发展的第一动力”理念，牢牢把握问题导向、需求导向，推进技术创新、管理创新、体制机制创新，持续增强发展牵引力。为了激发干部员工创新创效热情，设立重点课题公关，常态化开展QC成果发布，每年组织创新发展论坛、交流活动20余场次，促进了创新文化氛围的形成。为解决基层车队连年亏损难题，公司创新实施项目化管理模式，打破班站—基层单位—公司层级管理模式，将经营指标直接下达项目部，充分放权、提级管理，职工绩效完全由效益决定。2013年成立的华东项目部经过两年的时间实现了从亏损到公司盈利大户的蜕变。在车辆运行过程中公司探索“运输＋”服务模式，通过实施铁路、水路、公路“多式联运”，协调油品代储，实行“运输—装卸—押运”一体化服务等模式，延伸服务链条，不断提高市场黏性，扩大市场占有率，在石油石化高端市场站稳脚跟。创新“甩挂运输”“按罐交接”等方式提高车辆运行效率，创新做法在2020年中国物流与采购联合会推广。

二是开展安全文化建设。我们始终坚持预防为主、确保安全发展的基本原则，坚持“安全是最大效益、安全是品牌形象”的文化理念，从源头入手提升人员安全意识，筑牢思想、技术和制度防线，为企业发展保驾护航。强化安全管理仪式感。每年分别在6月1日和12月26日举办两次安全启动仪式，所有在职员工宣誓承诺做安全运输人。每天坚持以“安全讲话—设备检查—领导送车”为主要内容的“出车三部曲”，不论是在东营本土还是外部市场，不论寒冬还是酷暑，全年如此，成为运输人独有的文化符号。强化安全奖惩。制定《安全专项奖励考核办法》，每年拿出100万元作为安全专项奖励基金，每季度根据考核结果进行兑现，与之配套使用《运输分公司QHSSE管理缺失及违规行为经济处罚实施细则》等考核办法。对于员工违反安全操作规程、违规作业，严格按制度从严处罚。完善QHSSE体系。组织开展QHSSE管理体系培训，分解责任，压实责任。常态化开展“风险隐患大排查，本质安全再提升”活动，深入查找人的不安全行为、物的不安全状态和管理缺陷，集中整治安全隐患。追求科技兴安。聚焦互联网+安全，研发“智慧安培”平台，并行线上线下安全教育培训，做到全员覆盖。加大装备技术投入，为车辆加装防爆胎装置、客车加装自动灭火弹和破窗器，设备设施本质安全水平持续提升。强化全过程监管，所有运行车辆实施统一集中监控，开展违规违章大数据分析，有针对性采取安全管控措施，违章率大幅下降。

三是加强品牌文化建设。我们持之以恒提升全员品牌意识，把文化转化为员工行为准则。用队伍锻造品牌。加强思想政治理论武装和形势任务教育，用新时代运输精神引领干部员工，始终保持艰苦创业的优良传统和作风。在油田勘探开发建设、新冠肺炎疫情，汶川大地震、平邑抢险等紧要关头，听党指挥，冲锋在前，战无不胜，无坚不摧，被誉为“胜利铁骑先锋”。用服务塑造品牌。公司从构筑完善内部服务链入手，强化服务意识，主动征求用户意见和建议，不断改进提升服务质量，满足客户差异化需求。在胜利油田东部油区创新实施单井拉油“四统一”工作模式，帮助开发单位节省成本，保障胜利油田危化品运输安全。把甲方的事当成自己的事，积极探索实施“多式联运”“甩挂运输”“按罐交接”等运输模式，成为甲方得力助手。加强品牌创建。积极参加中石化和油田品牌创建，并在“十四五”规划中对品牌建设进行详细规划，胜利危化品运输被评为“中国石化品牌营销提名案例”和“胜利油田服务品牌”。

三、坚持文化先行，塑造和谐之美

公司党委大力弘扬社会主义核心价值观，坚持用石油精神石化传统感召凝聚员工队伍，持续用“永远创业、敢于超越”的新时代运输精神激励干部员工接续奋斗、开拓进取。

一是加强文化阵地建设。公司各级党组织利用中心组学习、“3+X”主题党日、“三会一课”等载体持续深入开展党史学习教育、优良传统教育，组织干部员工到党性教育基地、大青山突围纪念馆、油田优良传统展厅实地参观，接受洗礼。以胜利运输重组调整20周年、外闯市场15周年等特殊节点为契机，通过报告会、演讲会、成就展等形式，生动讲述胜利运输人深化改革、外闯市场、打造胜利运输品牌的故事，让干部员工深切感受到优良传统的精神力量。拍摄优良传统宣传片、制作电子画册、建立优良传统教育电子展厅，回望发展历程，让石油精神石化传统和新时代运输精神不断传递。

二是发挥典型引领作用。建立典型“培养、关心帮助、选树、宣传、使用”机制，及时选树外闯市场、改革创新、提升服务质量、抓党建促发展等方面的先进典型。近年来，公司党委隆重表彰宣传“突出贡献奖”“外闯市场先进个人”“十佳青年”等先进典型，教育、引导和激励干部员工向先进典型看齐。建立先进典型库，不断加大先进典型的宣传和推广力度。近年来，公司相继涌现出张先国、赵兵、刘耀泽、张书礼、裴海霞等一大批劳动模范和先进典型，在全公司形成了崇尚典型、争当典型、超赶典型的良好氛围。

三是员工群众共享发展成果。公司突出家文化建设，坚持企业发展成果与职工共享，强化民生改善，向员工传递温暖。深入开展“走基层、访万家”“民情民意联络”“志愿服务”等活动，增加职工健康查体项目，深化金秋助学、职工生日慰问、职工退休座谈等普惠性服务举措。广泛开展“中国梦·劳动美”群众性实践活动，“学党史、忆传统、比作为、创效益”主题班会，深入开展EAP一线行，配套完善基层健身场地设施，开展大合唱、文艺会演、健步走等文体活动，员工群众获得感幸福感不断提升。

首钢集团

开展建厂百年系列纪念活动 提升“四个首钢”品牌影响力

首钢集团有限公司

首钢集团有限公司（以下简称“首钢”）建于 1919 年，迄今已有百年历史，企业党建优势突出，企业文化持续赋能，成为首钢不断改革创新发展壮大的组织保证和动力之源，谱写出了“以人为本、强企报国”的恢宏篇章，成为跨行业、跨地区、跨所有制、跨国经营的大型企业集团，2011 年以来 10 次跻身世界 500 强。

2019 年对首钢来说是一个特殊的年份，在庆祝新中国 70 华诞同时，也迎来首钢建厂 100 周年。春节前夕，习近平总书记亲临首钢北京园区视察慰问，对首钢工作作出重要指示，为百年首钢增添了无限的荣光、注入了强大的动力。面对重大历史节点，百年厂庆活动如何进行，向社会展示怎样的姿态，成为摆在面前的大课题。首钢党委提出“面对新使命、新坐标，必须聚焦百年首钢‘树什么、怎么树’，展示“自强首钢、创新首钢、绿色首钢、文化首钢”的新形象。基于这样的时代背景和深入思考，与庆祝新中国 70 华诞相一致，与不忘初心、牢记使命主题教育活动相结合，以“继承光荣传统 再创首钢辉煌”为主题，制定颁发《首钢建厂 100 周年纪念活动方案》。纪念活动贯穿全年、扎实推进、深入人心，成为践行首钢精神、坚定发展信心的过程，推进首钢深化改革、加快转型发展的过程，展示首钢综合实力、树立良好形象的过程，提振了广大干部职工“奋进新时代、书写新传奇”的昂扬士气，汇聚起全集团“勇做国企改革先行者、争当高质量发展排头兵”的强大正能量。

1. 党委高度重视，做出统筹安排，突出导向性。集团党委对纪念活动深入研究，将之放在新时代企业发展全局谋划，精细安排，加强领导，充分发挥导向作用。集团党委指出，习近平总书记系列重要讲话中讲到的重大节点，中国改革开放 40 周年，新中国建国 70 周年，建成小康社会，建党 100 周年，举办冬奥会等，都是首钢今后开展工作的坐标。集团党委明确，纪念活动不仅是宣传首钢，也是对国家和区域发展变化的宣传，这也不只是简单的一次活动，要贯穿历史积淀和新时代使命，回答百年首钢标志性特征，展示出与时俱进的新形象。集团党委强调，纪念活动要与中心工作和重点任务紧密结合，发动全首钢全员参与，赢得社会各方关注支持，为完成首钢“十三五”目标任务和第二个百年起好步汇聚力量。集团党委要求，要与庆祝新中国 70 华诞相得益彰，贯穿全年，月月安排活动，不断升温在国庆时达到高潮，展现首钢人与国家同行的良好精神风貌。纪念活动自始至终，集团党委管方向抓大局，重细节不放小，建立机制、明确分工、压实责任，为纪念活动顺利开展提供了根本保证。

2. 活动内容丰富，形式多种多样，突出群众性。首钢建厂百年是首钢人为之拼搏奉献而倍感荣耀的盛大节日，各项纪念活动都突出职工为主体的广泛参与性。《首钢建厂100 周年纪念活动方案》共安排 5 大序列 20 多项纪念活动，内容丰富，形式多样，喜闻乐见。纪念活动主题 LOGO 征集，职工参与人数 11325 人，网络投票 15408 张，选定“百年畅想”标识应用在各项活动中，色彩炫动增添了喜庆，寓意深刻温暖了职工。全集团 60000 多人参加“走过百年”健步活动，100000 人次在“首钢挚友 APP”上竞赛答题，在强健体魄中“走过”百年首钢历史，在答题闯关中增强了文化自信。建厂百年知识竞赛，网络点击超过 20000 人次，PK 排位赛进行 33334 场，优中选优举办现场答题决赛，成为职工特别是团员青年热情关注、积极参与的热点活动。与此同时，组织多业多地劳模先进和退休职工“回家看看”、首钢子女“感受爸妈工作的地方”，千人走进首钢北京园区参观体验，极大增强了职工融入纪念活动“回味百年历史、感受时代变化”的参与感、归属感、自豪感。

3. 发掘历史内涵，讲好首钢故事，突出思想性。回顾历史传送精神、展示成就启示未来，极大增强了纪念活动主题教育引领的思想性。汇编《百个首钢历史大事件》《百个首钢历史科技成果》《百个首钢历史精彩档案》，《首钢报》及网媒刊载宣传，深化了“忆光荣传统、创美好未来”思想教育。聚焦家国情怀，追寻在中国冶金史上创造的第一、领先和之最，发行《百年首钢》四卷丛书和《世纪圆梦》画册，既具有成果展示、凝聚人心作用，又具有档案记载、文化传承功能。布设“庆祝新中国成立 70 周年、百年首钢恰是风华正茂”大型书画摄影展，60000 名职工争相观览，深受教育和启迪。以“践行首钢精神，讲好职工故事”为主线，全集团上下联动，“首钢之星”“股份之星”“京唐榜样”“矿业之星”“最美首钢人”“长钢之星”“通钢之星”表彰暨演讲报告会相继举行；“不忘初心首钢人　建功立业新时代”报告会在首钢各地巡回宣讲，退休职工、劳模先进、青年职工三代首钢人代表，讲述亲历的首钢奋斗故事，现场听众、收看视频上万人，在全集团引发“学习先进、立足岗位、争作贡献”的强烈共鸣。

4. 升华爱国情感，坚守担当奉献，突出传承性。纪念活动与庆祝新中国 70 华诞同频共振、不断深化、持续升温。打造《升起天安门广场的国旗》话剧，在北京专场演出，在首钢各地巡演，展现了首钢人守护中国第一旗的担当奉献。排练《长征组歌》史诗经典，在全国钢铁工业劳模先进表彰会上激情上演，弘扬了勇往直前的革命精神。拍编首钢“我和我的祖国”快闪，成为“学习中国”网红。策划新首钢大桥开通和复建首钢厂东门广场开放仪式，打开首都西大门向新中国 70 华诞献礼，体现了首钢走好新长征路的坚定信念。礼敬先进榜样，弘扬工匠精神，评选 12 名“首届首钢工匠”，一次重奖 10 万元，每月补贴 1 万元，产生极大反响，北京市委书记蔡奇来首钢调研，与他们合影留念，勉励精益求精、再创新的佳绩。首钢以祖国利益高于一切的政治担当，以迎着困难上的拼搏精神，以一切行动听指挥的过硬作风，以万无一失的工匠技艺，出色完成天安门巨幅国旗网幕、烟花树、花坛和方队游行、晚会演出以及彩车司机、志愿者服务等 10 余项国庆重大活动保障服务，展现出“国企担当、使命必达”的精神面貌。

5. 内宣外宣发力，展现发展成就，突出时代性。2019 年 6 月，中央台推出“百炼成钢”五集电视片，讲述首钢《择海重生》《大器铸成》《精钢涅槃》《水火共荣》《冰雪邀约》转型发展故事。9 月，《人民日报》《北京日报》《工人日报》《中国冶金报》等，整版刊发“钢铁脊梁 百年首钢 热烈庆祝首钢建厂 100 周年”专题报道。新华全媒体头条中英文版推出《百年首钢——从钢铁强国‘梦工厂’到改革转型排头兵》报道，93 家媒体转载，超过百万阅读点击量。《首钢报》出版发行 100 版纪念专刊，集中宣传首钢的百年变迁和辉煌成就，一年中，社会主流报纸和电视聚焦百年首钢，宣传报道达 300 多项次，擦亮了百年首钢“文化、生态、产业、活力”复兴新名片。与此同时，“百年首钢・城市复兴”论坛在首钢北京园区举行，中外嘉宾共贺首钢百岁，进行深入交流。中宣部“壮丽 70 年・奋斗新时代”大型主题活动，北京市国资委“辉煌七十载、再谱新华章”首都国企开放日，北京嘉年华先后入驻首钢北京园区，北京冬奥会冬残奥会吉祥物“冰墩墩”“雪容融”发布会在首钢北京园区隆重举行。首钢北京园区华丽转身，大工业壮美融入了奥运美和现代美，成为社会各界瞩目、举办活动的网红打卡地。

纪念活动主题明确，突出弘扬精神价值，充分发挥引领作用，极大推进首钢人进一步坚定了文化自信，激发了奋进力量，强化了使命担当，提升了品牌形象。

一是纪念活动成为“继承光荣传统”大课堂。广大干部职工积极参加首钢建厂百年各项活动，置身其中唱主角，身临其境做互动，耳濡目染去体验，受到了一次系统性的企业历史观、发展观、奋斗观的深刻教育，进一步坚定企业文化自信，形成了“继承发扬首钢精神、培根铸魂薪火相传”的统一共识和自觉行动。

二是纪念活动成为“强化使命担当”加油站。2019 年初首钢“两会”回答百年首钢“树什么、怎么树”，年中“三创”会明确以党建推动高质量发展，丰富了纪念活动内容形式，在全集团掀起“向典型学习、向先进靠齐、迎着困难上、开创新局面”热潮，进一步激发内生动力，为决战决胜“一三五”目标任务汇聚了强大正能量。

三是纪念活动成为“再创首钢辉煌”动员令。全集团上下对百年首钢风华正茂的认同感、归属感、自豪感极大增强，干部职工深刻地感受到，钢铁业“制造+服务”能力显著提升，城市服务业加快培育新动能，园区建设“四个复兴”呈现新亮点，进一步坚定发展战略定力，增强了“再创首钢新辉煌，书写时代新传奇”的使命与担当。

四是纪念活动成为“展示四个首钢”新名片。从《百年首钢》丛书出版发行、到《百年风华正茂》书画展，从社会媒体聚焦“钢铁脊梁 ”集中深度报道、到《首钢报》百年百版纪念专刊，从新首钢大桥开通、到新厂东门广场开放等，纪念活动精彩纷呈，进一步促进精神价值外化为企业风貌提升了“四个首钢”品牌影响力。

纪念活动是一个系统工程，时间跨度长，涉及单位广步骤环节多。总结这一工作全过程的经验启示，我们深刻地体会到：凡是举行企业党建思想文化建设等各类重大主题活动，必须强化党委领导，深化党建统领，做好顶层设计，集中一切力量办大事，一是站位要高，二是观念要转，三是组织要强，要始终坚持做好：用企业精神凝聚人，用发展愿景激励人，用寓教于乐吸引人，用先进典型带动人。

（首钢集团有限公司党委）

党建引领 文化驱动 推进首钢股份高质量发展

首钢股份有限公司

企业文化建设与党建工作相辅相成，为企业的积极发展提供强大的精神力量，以党建工作来促进企业文化建设是现代化企业发展的必由之路。首钢股份公司党委坚持以党建和经营融合为中心，以对标世界一流、争做世界一流的“双一流”为主线，以“转进解办”和“党员领跑”为抓手，真正把党的政治优势和组织优势转化为文化优势、制度优势、企业发展优势，以高品质的党建工作增强职工凝聚力，推动首钢股份高质量发展。

一、以党建为引擎，筑牢思想根基

2021年是“十四五”规划开局之年。在年初“两会”上，首钢股份党委提出“做强做优钢铁业，建设具有世界竞争力和影响力的钢铁上市公司”的目标。围绕实现这一目标，公司党委牢牢把握党的领导是国有企业的“根”和“魂”这一定位，坚持以习近平新时代中国特色社会主义思想为指引，提出按照“一条主线、两个主题、三个定位、六个建设、八大工程”打造首钢股份党建工作体系，完善“三级评价”，以提高贯彻新发展理念、构建新发展格局的能力和水平检验党组织作用发挥，以党组织品牌建设成果、企业改革发展成果检验党组织工作成效，切实把党的政治优势和组织优势转化为发展优势，实现“三个跨越”。

今年以来，首钢股份开展三个“零”即“党员零违纪、疫情零确诊、含铁资源零出厂”专项工作，“党员零违纪”便是其中一项重要内容。规范言行、统一思想、统一意志、统一行动，首钢股份坚决落实全面从严治党工作要求，以过硬的作风，务实的举措，形成目标一致、部门协同、层层包联的管控体系，逐级压实各级管党治党责任，确保人人有责任、事事有人管，为企业高质量发展保驾护航。宣传发动，知纪明责。充分利用“三会一课”“主题党日”等方式，结合党史学习教育活动，宣传开展“党员零违纪”专项工作的目的、意义和方法，组织全体党员签订“遵纪守法、做合格党员”承诺书，明确做一名合格党员的基本要求，进一步实现“亮身份、树形象”。培训提升，尽责有为。连续举办基层党支部书记培训班，以集中脱产培训和精品课程培训两种形式，运用专题辅导、视频教学、现场经验交流、沙盘模拟、情境模拟等多种方式保证培训效果。邀请社会优秀师资，首钢股份领导、党建专业人员、优秀基层党支部书记进行授课，夯实党建根基。制度保障，履责有据。将“党员零违纪”作为测评指标纳入全面从严治党（党建）考核评价工作。修订党组织书记年度考核和任期考核目标责任书，通过考评促进基层党组织抓“党员零违纪”工作两个责任的落实。强化管理，追责可循。健全完善日常监督、专项监督、责任追究“三位一体”的党员违纪行为监督管理机制，落实党内汇报、谈心谈话制度，加强“不在岗”党员管理，确保党员管理全覆盖。

二、以党建为纽带，促成产文深度融合

对于国有企业来说，文化和生产经营工作结合越紧密，越能相互促进，相得益彰。做好“产文结合”这篇大文章，需要以党的建设为纽带，推进文化建设与生产经营深度融合，就能够为国有企业的发展提供强大的精神动力和文化支撑。首钢股份坚定“党建工作做实了就是生产力、做细了就是凝聚力、做强了就是竞争力”，以党建和经营融合为中心，调动一切积极因素，凝聚一切力量，真正把党的政治优势和组织优势转化为企业发展优势。

在公司系列年修中，为保证检修工作顺利开展，稳住生产经营大盘，首钢股份党委及时下发《关于开展“党旗在检修一线高高飘扬”活动的通知》，并在基层党委书记会上专题安排部署，形成工作清单，从检修实际出发，积极指导基层党委建立临时党支部、党员突击队，进一步发挥基层党组织的战斗堡垒作用和党员的先锋模范作用。先后组建10个临时党支部、18个临时党小组，坚持检修工作开展到哪里，党组织工作就覆盖到哪里，牢牢抓紧安全环保、疫情防控、防暑防汛等工作措施的落地落实，全力以赴“管好自己的区域，管好自己的人，管好自己的事”；成立37个党员突击队，涌现出一批立足岗位“亮身份、亮承诺、亮职责”，用实际行动彰显党员本色的典型模范；组织基层党组织不断深化党员责任区、党员示范岗、党员建言献策、党员课题攻关等载体，系统总结各基层党支部创新形式，发扬好的做法，进行经验推广。

另一方面，在公司内网开辟《检修一线》《检修快评》等专栏，总结刊发检修中的典型事迹、重要节点51篇。组办《辉映检修 一线风采》E周刊，设置检修动态、红色引领等7个专栏，刊发7期，发表各类典型事迹60余个，充分展现了基层党组织、党员、职工在检修中的风采，积极营造冲在一线，干在实处的浓厚氛围。

三、以党建为平台，推动品牌意识不断提升

到今年，首钢股份已连续六年组织“基层的精彩”党组织建设成果展示，各级党组织已经深刻认识到强化党建工作体系的重要性，认识到党建工作体系既是确保党建任务落实落地的管理模式，也是确保党建工作“责任到人、运转有序、保障到位”的工作机制，开始系统思考党建工作怎么抓、党建责任制怎么落实、党支部和党员作用如何发挥，党建工作与经营生产如何深度融合。基层党组织均建立了党建工作与绩效挂钩考评机制，将责任体系一贯到底，形成闭环；部分党组织书记身体力行，从指导思想、长远目标、实现路径、

责任和评价体系等多角度思考党组织工作，扎实开展党建品牌创建工作，凝练一批优秀“党建工作法”，打造一批“品牌党组织”。

品牌党委——营销中心党委始终坚持“强根铸魂抓党建 融入中心促发展”理念，大力倡导“人人营销主体 事事追求精益”思想，着力建立集中统一，快速适应市场变化、运行协调高效的营销管理体系。通过“首钢营销”微信公众号讲好营销人的故事，展示迎难而上、客户至上的拼搏精神和极致服务理念；统筹优化服务资源配置，建立了 8 个区域 113 人汽车板大客户经理团队；建立营销中心客户服务周（月）例会问题跟踪和挂牌督办机制，提升问题处理的规范性和效率；创建“郭大鹏宝马创新工作室”，引领示范做好对主机厂的 7×24 小时全天候服务。推进信息化系统建设。强化钢贸客户智慧营销平台应用，发挥系统合力，提升客户应用体验。依托新媒体开通线上服务交流、远程指导应用等创新服务方式，对产品使用进行全程跟踪及技术支持，营销服务能力持续提高，不断擦亮首钢股份“制造＋服务”金名片。

四、以党建为保障，提升为职工办实事水平

今年是建党 100 周年，在这一特殊的时间节点，开展“我为群众办实事”实践活动既是党史学习教育的重要内容，也是坚持以职工为中心全心全意为职工服务的内在要求。党史学习教育开展以来，首钢股份公司党委按照北京市、首钢集团工作要求和部署，始终坚持把学习党史同总结经验、观照现实、推动工作结合起来，扎实开展“我为群众办实事”实践活动，使服务职工群众更直接、更深入、更贴近。

职工群众的事再小也是大事，公司党委将职工日常工作中的困难放在心上，落实在行动上，以“创先争优”“党旗在基层一线高高飘扬”活动为抓手，广泛发动基层党组织和党员干部立足本职岗位为职工群众服务，充分发挥党员先锋模范作用。各级领导带头走基层、听民声，解难题、办实事，以上率下、用心用情解决职工群众“急难愁盼”问题，各级党组织利用班前会、支部交流会、职工心声栏目、职工诉求平台等多渠道深入了解基层实情，收集解决了生活服务、安全保护等 11 个方面职工需求，不断把党史学习成果转化成为群众办实事、解难题的具体行动，解决二炼钢 DE 跨智慧照明改造、二精炼密封水池煤气治理、质检部办公楼下树木打药治理、采购中心职工宿舍设备设施更换、炼钢天车厕所改造等急难愁盼的难点热点问题，得到了广大职工的普遍好评。

疫情防控期间，首钢股份认真贯彻落实国家、北京市及迁安市新冠肺炎疫情防控工作要求和部署，把职工的身体健康、生命安全放在首位。结合疫苗数量，优先组织对京、迁两地流动较频繁、对外业务较多、从事安保、餐饮、宾馆、教育及通勤等服务行业、经常出差四类人员进行接种，并及时关注地方医院疫苗信息，疫苗到货后第一时间通过公司内网、微信群等方式组织相关人员接种，为建立人群免疫屏障、保障职工健康，构建有效疫情防控体系。

（作者系北京首钢股份有限公司党群工作部部长王雪冬、部长助理武煜、宣传（企业文化）室主任祁卫新、宣传干事李旭龙）

党组织引领企业文化建设载体的创新与实践

首钢工程公司

伴随企业改制，首钢工程公司的体制机制、主营业务、服务对象发生了重大变化，我们从改制时的设计院转变为“工程技术公司”，将以建立“务实性、主动性、时效性、系统性”的“工程文化”为载体，将成为“具有国际竞争力的工程技术公司”作为理想目标。近几年，首钢工程公司为此进行了不断的探索、创新和实践。

经过多年的探索实践，公司已形成了一系列行之有效的思想文化载体，为了满足知识技术密集型企业员工不断增长的精神文化需求，通过注入新的元素，打造新的文化载体，实现公司技术力、管理力、文化力的有效融合。

一、以特色评选为载体　实施典型示范工程

习近平总书记强调：坚持党的领导、加强党的建设，是国有企业的“根”和“魂”，是企业的独特优势。党组织有责任对企业文化建设进行把关和修正，使企业的发展始终沿着正确的方向发展。一个先进典型就是一面旗帜，首钢工程公司在保留原党团系统、行政系统、科技系统、女工系统年度先进评选的同时，从 2009 年开始，着力打造典型示范工程，将先进典型的评选活动向“感动首钢工程公司”年度人物评选和“温馨部室”评选活动的新载体延伸。“感动首钢工程公司”年度人物评选活动，主要是通过最基层、最典型的员工事迹，来弘扬“开放、创新、求实、自强”的企业精神；“温馨部室”评选活动重在彰显公司创造和谐温暖大家庭，营造员工快乐工作幸福生活的团队文化氛围。为适应企业新转型发展要求，从 2018 年开始，增设“突出贡献”评选活动，充分调动职工创优创业的积极性，激励职工在本职岗位上争创佳绩，营造比绩效、创一流的良好氛围。

隔年交叉进行的“感动首钢工程公司”年度人物和“温馨部室”评选活动已经成为首钢工程公司企业文化建设的优秀项目，深受广大员工的关注和好评。截至目前，基层共推荐近百名“感动首钢国际”年度人物人选，最终共 23 人次获此殊荣；推荐 50 余个“温馨部室”，最终授予 23 个部室为“温馨部室”，充分展现了公司优秀的企业文化，增进了职工之间的归属感和幸福感。三届“突出贡献”评选活动从基层推荐的 89 名个人和 43 个团队中，最终共 44 名个人和

15 个团队受到嘉奖。

二、以文化故事为载体 实施文化传播工程

以党组织的理论创新成果促进企业学习文化的形成，在学习型党组织建设中，营造浓厚的学习文化氛围，从而带动企业学习型、创新型企业文化建设。自 2008 年完成公司改制的 10 余年来，公司大力实施优秀文化传播工程。先后开展了“我与 2160 同行”“我与京唐工程共同走过的日子”“我看专业化职业化正规化”“我的梦・中国梦”等形式多样的征文和宣讲活动。通过一件事，升华一种思想和文化，让公司更多的员工分享共同的“精神大餐”，推动文化“落地生根”。公司改版了新版外网，创新形式内容，及时更新企业宣传内容；拍摄制作了公司新版宣传片、改制 45 周年专题纪录片等 22 个宣传片；制作了公司级、冶金分公司、海水淡化等 40 余个宣传册；成功举办大型带式焙烧机推介会、全国热轧板带生产技术交流会暨智能制造技术推介会，并在《冶金报》《世界金属导报》上策划刊发了专题报道，同时在专业报刊刊发 28 期专业技术文章，推介会的成功举办提升了品牌影响力，助力了公司市场营销工作的开展。

特别是公司编写的企业文化理念识别系统手册，作为手册五大部分内容之一，公司将近年来有代表性的 50 例思想文化故事收录手册中。这些思想文化故事主要包括：围绕立足首钢、服务国内、开拓海外的“走出去”发展战略，进一步拓展生存发展空间的故事；围绕从工厂化设计向产品功能性实现转变的发展思路，进一步讲好企业核心竞争力的故事；围绕集中整体，分层能级，推进市场营销、技术营销一体化的管理理念，进一步讲好市场营销能力的故事；树工程丰碑，创市场品牌实践中的故事；工程干到哪里，企业社会责任延伸到哪里的故事等。一个个鲜活的思想文化故事为优秀文化传播增添了新的元素和新的资本。

三、以主题活动为载体 实施文化品牌工程

以党的自身建设为动力推进企业文化建设，用党的理论实践成果来充实企业文化的内容，巧妙地把企业文化融入员工的心里，逐渐打造具有自身特色的企业文化品牌。首钢设计院改制成为工程公司后，公司迈开了另辟蹊径的脚步，从 2009 年开始，每年以时间顺序开展的特色主题文化活动，成为公司员工的翘首企盼和公司的一道亮丽风景。

一是 1 月的“同欢乐、共奋进”春节联欢会。联欢会一年一个主题，通过丰富多彩的文艺节目会演，总结致谢过去一年职工的辛勤劳动，展望下一年更好的光景；二是 7 月的“光荣与梦想”先进系列表彰会，公司按党系统、行政系统、科技系统、女工系统、团系统板块合一进行，不同的板块选拔出一系列先进代表进行表彰，传递浓浓的正能量；三是每季度举办的“三比三保”劳动竞赛，激发职工干事创业热情，树立先进典型，发挥榜样力量。

在公司改制 10 周年暨成立 45 周年之际，公司组织开展了改制 10 周年暨成立 45 周年系列庆祝活动，举办了“转型发展共创未来”首钢工程公司成立 45 周年暨改制 10 周年庆祝联欢会，制作了公司改制 10 周年纪念专题片和公司改制 10 周年纪念画册；举办了“技术创新引领转型发展”科技创新系列讲座，邀请院士、行业专家、业主代表等来院讲座；举办了“奔向美好未来”职工环院长跑活动和“我与企业共成长”青年演讲赛等。

每年举办的特色主题文化活动，公司都赋予了新的形式和内涵，成为公司文化集中展示的大舞台和主题文化活动的品牌。

四、以文化产品为载体 实施实力融合工程

党组织通过自身坚强有力的战斗堡垒作用和对企业思想文化的强有力领导，以其富有成效的工作实绩，指导企业文化品牌的建立，成为职工可以信赖、可以依靠的主心骨。面对改制后体制结构、主营业务等重大变化，首钢工程公司文化工作紧紧抓住为企业硬实力打造提供支撑和服务这一主线，全面实施了软硬实力融合工程。

基于这样的思考，首钢工程公司把文化产品细化并定位为七大类 20 多个方面：一是专题片。包括企业形象宣传片、品牌工程品牌技术专题片、公司成立 45 周年暨改制 10 周年专题片等 40 多部；二是宣传画册。发展历程画册、重大活动画册、重大工程竣工纪念册、改制 10 周年纪念画册、品牌专业等达到 20 余种，成为承揽工程项目必用、必带的文化产品；三是公司形象展厅。四大功能区域的策划与设计，每年根据重点工程项目等需求不断丰富和更新；四是刊物、手册、书籍编写出版；五是对外报道、对外广告和行业主流媒体专版展示；六是创建了企业微信公众号，定期发布公司重大经营活动动态、重点工程项目进展等情况；七是每年制作两期客户杂志，加强企业品牌形象宣传，扩大企业社会影响力。

公司的品牌文化产品已经形成了涵盖“公司—品牌专业—品牌单项技术”三个层次的视频和图文宣传产品体系。公司先后在世界金属导报，围绕首钢京唐工程自主创新技术成果、首钢迁钢创新技术成果、大型带式焙烧机技术等进行了 100 多篇的专版专题报道。2017 年，正值公司成立 45 周年暨改制 10 周年之际，组织拍摄了《为了梦想而前行》大型纪念宣传片，回顾公司 45 年的风风雨雨，并制作了《不忘初心 共筑辉煌——首钢工程公司成立四十五周年暨改制十周年纪念》宣传画册，填补了公司文档记载、影像留存等方面空白。

丰富多彩的文化产品与公司硬实力的打造浑然一体，在充分展示公司 48 年技术积淀、为公司实施“走出去”发展战略提供支撑服务的同时，实现了公司文化的有为、有威和有位。

首钢工程公司将继续秉承“务实苦干、与时俱进，开放创新、合作共赢”的企业精神，担负起“工程创造未来、技

术赢响世界”的企业使命，不断提升企业文化软实力，持续提高企业核心竞争力，努力创建具有国际竞争力的工程技术公司，为营造具有中国特色的国有企业文化建设作出积极贡献。

（首钢工程公司组织人事部部长朱小军，组织人事部宣传干事张毓文）

孕育“五种精神”实施“五条路径”打造行业影响力文化品牌

首钢集团有限公司矿业公司

首钢集团有限公司矿业公司（以下简称“首钢矿业公司”）始建于1959年，是以采矿、选矿为主业，发展资源综合利用产业、运输物流产业、矿山装备制造和技术服务等相关产业的特大型现代化矿山企业。荣获全国企业文化建设示范基地荣誉称号。“十三五”以来，首钢矿业公司推进具有行业特点和自身特色的“铁源文化”落地，创出了行业影响力文化品牌。

一、文化建设与产业发展融入互促 催生新时代“五种精神”

“十三五”以来，首钢矿业公司在产业发展中孕育、催生了五种精神，使“铁源文化”丰富发展。

（一）建设高效智能矿山，孕育“无人驾驶”精神

首钢矿业公司致力于智能矿山建设，以全国机械冶金建材行业工匠马著为代表的智能矿山团队，自主研发“电机车无人驾驶技术”，获国家科技进步二等奖。服务中铝云南普朗铜矿过程中，团队驻扎在海拔3000多米的香格里拉大山深处一年多，凭着“缺氧气不缺志气，海拔高追求更高”精神，将普朗矿无人驾驶运输系统推送到国内领先地位、国际先进水平，在雪域高原擦亮了首钢品牌。2020年，研发团队在金川集团龙首矿全球首例实施“5G+电机车无人驾驶”新技术。“无人驾驶”精神，成为新时代首钢矿山人自强不息、永攀高峰的生动写照。

（二）发展资源综合利用产业，孕育“二马攻坚”精神

“十三五”以来，首钢矿业公司发展资源综合利用产业。自主建成的第一条独立产线大石河二马产线投产初期，干部职工寸步不离护产、保产。一次处理压井事故时，为了抢进度，党员田大勇跳入大井中，手持水管清理堵塞淤泥，在他的感染下几名党员相继跳入淤泥中。大家说石河有了“王进喜”。正是这种攻坚精神，几年时间，首钢矿业公司建材产能突破千万吨，市场遍布京津冀鲁长三角，打出“首钢建材”品牌，成为中国砂石行业大型绿色砂石基地。“二马攻坚”精神，成为首钢矿山人克服新产业发展道路上一切困难的力量源泉。

（三）攻坚运输物流产业，孕育“铁路提速”精神

近年来，首钢矿业公司大力发展运输物流产业。为推进老旧铁路提速，运输部发动职工进行铁路治理大会战，5个月时间出动12000余人次，运输能力提升41.66%。2021年，又发动职工开展“孟家沟削坡大会战”，300多名职工昼夜施工，最高降方2.17米，回移线路1300米，上演了现实版“愚公移山”。正是凭借着这种精神，“十三五”期间，运输运量增长80%。“铁路提速”精神，展现了首钢矿山人坚韧不拔、知难而进、锲而不舍、久久为功的苦干实干态度。

（四）精益求精强管理，孕育“百元选厂”精神

自2017年开始，首钢矿业公司启动“百元选厂”工程，即利用三年时间，将选矿加工成本降至100元以内。针对建成几十年的选矿厂固定成本费、设备维修费高难点，公司立足“向现场要课题”，制定了包括错峰经济用电等百余项管理和技改措施。这些降本目标，大到几元、小到几分，效益在点滴中积累。三年时间，精矿粉制造成本降到100元以内，吨精成本降幅达18%，从行业第八挺进到行业前三。“百元选厂”精神，激发了干部职工从点滴做起、精打细算的自我挖潜意识，进一步丰富了新时代“严格管理”文化内涵。

（五）打赢“双线”战役，孕育“住厂为家”精神

2020年疫情袭来，首钢矿业公司管辖着十几个基层厂矿以及近4万名驻矿职工和家属，百里矿区变成抗疫“战区”。公司缺员一度达千人。生产线上，600多名职工住厂为家显担当，“四班”改“三班”，日夜鏖战保运转。生活区，上演最美逆行。公司每天抽调100多名职工下沉各社区卡口值守。职工住在班上，家中只剩下老人、孩子的，党组织定期派人去照顾。家里人外出采买不方便的，班上同事定期去送。在单位吃饭不方便的，工友自发结对子承包带饭。面对疫情大考，全体首钢矿山人展现出了“顾全大局、上下同心、雷厉风行、任劳任怨、团结友爱”的精神风貌。

这五种精神，是新时代“铁源文化”与生产相融互促的结果。热忱的实践，丰富了文化的时代内涵；精神的传递，为发展提供了宝贵的动力支撑。

二、搭建文化传承弘扬载体 形成新时代“五种路径”

“十三五”以来，首钢矿业公司探索出“铁源文化”传承和弘扬的五条路径，使文化牢牢嵌入实践形成竞争优势。

（一）弘扬优良传统，形成基因认同

首钢矿业公司将传承优秀文化基因作为企业文化建设首要任务。2016年，出版159万字《铁源记忆》丛书，还原几代矿山人接续奋斗的图景。2017年，出版52万字《矿山工匠》，讲述建矿以来45位一线工匠的故事。2018年，系统梳理形成“铁源文化”五大体系。2019年，推出《企业文化手册》，自编自导自演“铁源记忆”大型历史剧，再现60年沧桑巨变。首钢矿业公司以寻根方式，把原汁原味的故事以不同形式让新老职工体验感受矿山传统，形成基因认同。

（二）抓住关键要素，孕育时代精神

重大工程、重大事件、重大成就，是文化最好的强化剂。

首钢矿业公司在“十三五”创新实践中，紧紧抓住这“三重”，不断挖掘、提纯文化内涵，上升为新时代精神，成为“矿山传统”的丰富。如“二马攻坚”精神，源自探索新产业过程中，职工攻坚克难、创新引领、深耕细作、志存高远精神状态和具体行动。首钢矿业公司因势利导，以写入职代会报告、开展主题现场慰问等方式，通过精神的总结、肯定、传播，引导职工迎接挑战，接连取得产业新突破。文化在传承、实践、创新的良性循环中，内涵不断丰富提升。

（三）建设实体阵地，增强文化自信

对内打造文化实体阵地。2019 年，首钢矿业公司建成文化馆，逾万人参观，文化馆成为厂史厂情宣贯基地、形势任务教育基地、多元主题培训基地、企业形象展示基地，也是“铁源文化”的一张“活名片”。对外打造文化品牌基地。2020 年，首钢矿业公司承办中国冶金矿山企业文化创新论坛暨现场经验交流会，“铁源文化”赢得专家及同行赞誉。2021 年，进一步梳理“铁源文化”建设体系，建成“首钢绿色建材”“首钢智能矿山”等文化展示基地。成为中国冶金矿山行业第一家“全国企业文化建设示范基地”。

（四）培育先锋楷模，形成示范引领

“十三五”以来，首钢矿业公司与时俱进培育典型。挖掘自动化专家马著电工出身、跨界成长的人物事迹，登上“学习强国”平台。2021 年，10 名工匠入选中矿协《矿山工匠 行业先锋》一书，工匠故事传播得更远。每年开展“矿山之星”“青年工匠”“优秀创新工作室”“优秀班组长”评选。每年开展“首钢人的故事”宣讲、“工匠之路”巡回宣讲、“首钢工匠进校园”等活动。几年来，共进行各类宣讲 500 余人次，宣讲团队典型 300 余次，形成良好群体效应。

（五）文化融入制度，形成机制导向

首钢矿业公司坚持文化导向，使其融入制度，让核心价值观在基层生根、在岗位践行。近年来，注重工匠文化的培育、弘扬、落地，从体制机制建设、福利待遇保障等方面大胆实践，使得工匠型人才“成长有通道、发展有空间”。建立三支人才队伍机制，打通工匠职业发展的绿色通道。出台薪酬激励机制实施方案及配套办法，择优评聘和薪酬激励。建设 69 个工作室，每年完成课题 300 多项，形成“人人是创新主体、处处有创新课题”的创新文化，工作室成为人才的集聚平台、技术的创新平台。

通过五条路径的丰富和发展，使“铁源文化”潜移默化走进职工中间，走向行业、社会，获得认可和肯定。

三、打造行业影响力文化品牌取得的效果

（一）管理效益显著，促推了企业经营发展

精神源于实践又推动实践，实践孕育精神又促进精神落地。“十三五”期间，首钢矿业公司精矿粉制造成本从行业第八跃居第三；精矿粉实物劳产率提升 36%，稳定在行业前三；资源综合利用产品年产能提升近 12 倍；运输运量增长 80%；相关产业社会市场收入增幅翻一番。

（二）社会效益显著，提高了知名度和美誉度

首钢矿业公司荣获改革开放 40 年中国企业文化四十标杆单位、新中国 70 年企业文化建设优秀单位、“十三五”中国企业文化建设典范组织、北京市书香企业等荣誉称号。中国企业文化研究会理事长孟凡驰评价：“‘铁源文化’作为首钢矿业公司 60 余年的代表性文化，可以概括为文化自觉的样本、发展增值的样本、持之以恒的样本、有效衔接的样本，建设方法借鉴意义强，为全国企业文化建设提供了丰富的经验。”

（三）人才效益显著，涌现出一大批创新人才

近几年，首钢矿业公司累计获得首钢级以上科技、管理创新成果奖近百项，其中国家级创新成果 4 项。30 余名职工被评为行业级以上技术能手。1 名职工成为全国百姓学习之星。1 名职工成为全国机械冶金建材行业工匠。5 名职工成为“首都市民学习之星”。

文化的力量，如同春雨润物于无声，正滋养着首钢百里矿区，在高质量发展中拔节生长。面向未来，首钢矿业公司将继续坚定“铁源文化”自信，更加注重以人为本、更加注重绿色发展、更加注重守正创新，在改革发展实践中践行“铁源文化”，不断赋予新内涵，为高质量发展赋能。

（首钢集团有限公司矿业公司党委书记王自亭，党群工作部部长郝壮，党群工作部部长助理任淑娟，党群工作部宣传干事刘媛）

以“石河精神”助推绿色建材产业发展

首钢集团有限公司矿业公司大石河铁矿

首钢集团有限公司矿业公司大石河铁矿（以下简称“大石河铁矿”）始建于 1959 年，是隶属首钢的国有矿山企业，也是重要的铁精粉生产基地之一。

“十三五”以来，大石河铁矿以国家绿色发展战略为引领，在积极挖潜矿产主业资源增量之余，从零起步发展资源综合利用产业。实践中，干部职工培育发扬“石河精神”，先后建成铁矿石磁选项目、裴庄生态恢复治理项目两条独立产线，资源综合利用产业产量完成 1300 余万吨，增长 833%；实现销售收入超 2 亿元，增长近 21 倍。被评为第七届全国冶金矿山“十佳厂矿”。

一、“石河精神”提出背景

大石河铁矿作为首钢矿业公司的发源地，60 余年的发展积淀，为中国冶金矿山行业作出了不可忽视的贡献。进入新时代，为更好促进“艰苦奋斗、严格管理、自强不息、服务大局”的矿山传统在大石河铁矿落地生根、开花结果。大石河铁矿党委在系统总结发展历史的同时，广泛征求干部职工的意见建议，形成了“担当实干、坚韧不拔、自强不息、追求卓越”的石河精神表述语，这是首钢精神和矿山传统在大

石河铁矿的继承和体现，是大石河铁矿 60 余年发展历程的结晶和灵魂，更是大石河铁矿职工的坚定信念和力量源泉。

二、"石河精神"内涵

担当实干：在企业发展进程中，勇于承担历史使命，善于开创发展新局，永远保持慎终如始、戒骄戒躁的清醒头脑，永远保持不畏艰险、锐意进取的奋斗韧劲，用汗水浇灌收获，以实干笃定前行。

坚韧不拔：不因眼前之困改变初心，不因一时成绩夜郎自大。脚踏实地，稳扎稳打，固本强基，创新突破，不断自我净化、自我完善，以勇攀高峰之心，打造坚强的职工队伍，创造一流的工作业绩。

自强不息：从开山创业到功勋厂矿，从资源枯竭到转型发展，大石河铁矿全体干部职工化困难作原动力，变羁绊为登山梯，一路披荆斩棘、攻坚克难，实现了一个个全新突破、一次次华丽转身。

追求卓越：瞄准一流目标，以时不我待、只争朝夕的精神投入工作，以恪尽职守、夙夜在公的作风履职尽责，以善始善终、善作善成的理念争取成绩，圆满完成各项任务，创造实在工作业绩，乘势而上开启新征程。

三、新时代主要做法及实施效果

"十三五"期间，大石河铁矿以企业文化为抓手，将精神引领、文化赋能积极贯穿资源综合利用产业发展始终，推动资源综合利用产业走过萌芽阶段，逐步向产业化、规模化发展蜕变。

（一）攻坚突破，"石河精神"助推创新发展

坚韧不拔的践行文化，打破生产惯例。大石河铁矿铁矿石磁选项目采用湿式生产工艺，按照惯例，在冬天取暖季不进行生产。大石河铁矿打破常规，在 10#皮带机头南侧增加脱水筛，降低建筑砂水分；在薄弱点位加装电暖气、电加热带等，提高环境温度，打破了北方建材生产线冬季不能正常生产的惯例，实现了产线全天候连续生产模式的新突破。

自强不息的创新文化，破解行业难题。裴庄生态恢复治理项目是首钢矿业公司绿色建材产业突破千万吨级产能的重要支撑，该项目采用干式制砂工艺，面对原料水分、细粒级物料含量波动影响制砂系统风选效果的行业难题，大石河铁矿依托职工创新工作室，从管理创新和科技创新两方面同时入手，先后实施创新改造 30 余项，干砂质量由生产之初的不合格到目前完全达到国标要求。

追求卓越的品牌文化，稳固发展优势。大石河铁矿将科技创新贯穿产线发展全过程，取得了一批创新成果，为资源综合利用产业高质量发展积累了宝贵经验。"磁铁矿山排土场综合利用技术"入选自然资源部《矿产资源节约和综合利用先进适用技术目录（2019 年版）》。"一种建筑材料生产系统"等多项成果申报国家专利，具有自主知识产权的排土场废石资源化利用成套技术达到国际先进水平。

文化奠基，筑牢创新基础。大石河铁矿党委以创新工作室为平台，广泛开展"学习巴登经验"主题创新活动，开展课题攻关，畅谈学习体会，促进经验落地，以创新驱动促进转型发展；以"向现场要课题"活动为抓手，大力开展群众创新，将创新转化为生产力。选矿车间创新工作室、二马采矿车间创新工作室获评首钢集团级创新工作室。

文化育人，培养创新人才。大石河铁矿秉承"出成果、育人才"的理念，针对新产线、新工艺、新设备，改进人才培养模式，提升自身技术水平，培养多技能复合型人才。刘志强、孟令鹏等人获得"矿山之星"荣誉称号，马军荣获 2020 年度首钢劳动模范，刘志强、马军先后荣获中国砂石协会"砂石骨料先进工作者"荣誉称号。

（二）以"石河精神"助推绿色发展

坚持"五绿"标准。绿水青山就是金山银山。大石河铁矿深入贯彻"两山理论"，坚持"五绿"标准推进资源综合利用产业发展。在原料选取方面，全部利用现有采矿选矿固体废弃物，形成绿色资源；严格按照国家相关规定开展全封闭产线建设，设备低噪声、低排放，实现绿色生产；产品发运发挥自有铁路运输优势，实现绿色运输；生产砂石料协同提取铁元素、尾泥等，形成固废资源综合利用，达到绿色排放；对于配吃固废资源腾空的土地，恢复生态治理，实现绿色发展。

复垦还地于山。大石河铁矿按照"分区取料、逐步复垦"的思路，在原裴庄采坑区域开展耕地复垦工程，并引进"绿洲一号"、巨菌草等作物开展矿山生态环境治理，建成菌草种植试验基地，生态恢复治理成果荣登"学习强国"，为矿业公司绿色发展注入新内涵。国家菌草工程技术研究中心首席科学家林占熺教授给予"全国冶金矿山行业利用菌草技术实现生态修复首家成功案例"的盛赞。

践责变废为宝。大石河铁矿以"降低环保风险、提高产线综合效益"为原则，积极开展市场调研，成功打开裴庄生态恢复治理项目中细破除尘灰销售渠道。通过完善措施、规范流程、强化管理，实现除尘灰"稳定""高效""无尘"发运。在变废为宝的同时，彰显了国有企业的社会责任和担当，取得了经济效益、环保效益、社会效益协同多赢。

（三）以"石河精神"助推高质量发展

精准发力促进产能提升。大石河铁矿坚持"追求卓越 争创一流"的石河精神，铁矿石磁选项目优化采场布局，强化生产组织，流程效率提升 4.6%，产线实现了总入选量、干选后入料量、建材日产量分别过万吨的三次重大突破。裴庄生态恢复治理项目成功引入湿式工艺流程回收复垦土，建材产品产率由不足 50%提高到目前的 76%以上。

质量为首打造首矿品牌。牢牢把握"产品质量"生命线，以更优质的产品稳步扩大市场占有率。向制度要保障，制定《资源综合利用产品质量管理标准》《建材产品销售质量管控方案》等专项制度；向生产要质量，不断优化建材产品粒级，进一步降低建材产品含泥量；向销售要结果，以小时为单位对料棚产品质量进行检查，确保发运产品质量合格。

智能矿山助力产业升级。大石河铁矿积极推进资源综合利用产业自动化升级，完成产线一键启停改造；开发裴庄制砂楼控制程序并进行干、湿线控制系统整合；开展火车装车系统和汽车仓自助装车系统建设；围绕装车销售提效，逐步实现装车免平整、免添减，集装箱直发率98%以上。

适岗调配挖掘人才潜力。企业的竞争就是人才的竞争，大石河铁矿坚持人才优先发展理念，深入实施三支人才队伍建设，充分发挥人才的基础性、战略性作用。以“四好”（选好人、育好人、用好人、管好人）为原则，将队伍建设贯彻落实到人才的选、培、用、评全流程，为资源综合利用产业高质量发展提供人才保证和智力支撑。

“石河精神”再结硕果。大石河铁矿以“石河精神”为主线，不断总结经营生产各个时期所体现的精神特质，逐步丰富“石河精神”体系。作为首钢矿业公司第一条建材独立产线，大石河铁矿总结出了“攻坚克难、创新引领；深耕细作，志存高远”的先行官精神。面对冬季极寒天气，全体石河人不惧险阻，勇战严寒，形成了“率先垂范、靠前指挥；深入一线、调研解题；担当实干、攻坚克难；无私奉献、同舟共济”的“抗寒保产”精神，为“石河精神”注入新内涵。

（首钢集团有限公司矿业公司大石河铁矿党委书记、纪委书记、工会主席宁宝宽，矿长闫尚敏，纪委副书记、工会副主席、综合管理科科长葛海涛，综合管理科宣传干事崔砝铭）

以“火车头”精神打造建材产业绿色物流支撑

首钢集团有限公司矿业公司运输部

首钢集团有限公司矿业公司运输部（以下简称“运输部”）主要负责首钢迁安地区、顺义地区铁路运输业务及管理工作。1959年，随首钢矿业公司建设而生，1973年10月建部。

近年来，在中央倡导弘扬优秀传统文化的总体要求下，运输部以优秀传统为纲，以厂史教育为目，紧密结合绿色建材发展需求，大力开展全域提速提效工程。总结提炼了“铁路提速”精神、“建材发运”精神和“孟家沟削坡”精神，极大地引导职工坚定信心、凝心聚力、开拓思路、创新创效，推动了企业的可持续发展。

一、主要做法

（一）提炼“铁路提速精神”，新时代培育新精神

2019年，受国家“公转铁”政策逐步落地、首钢矿业公司绿色建材产业蓬勃发展等利好因素拉动，运输部年运量由“十三五”初期的2500万吨增加到目前的5000多万吨，迎来产业高质量发展的历史机遇。

运输部铁路沿线运行环境复杂，加之2016年承接“尾砂干排”运输以来，股道两侧掩埋问题突出。面对运量大幅增加的新形势，如何完成保产保供任务，是运输部亟须破解的课题。其中，“铁路提速”是公司确定的破题工程。

怎么“提”？运输部在查找问题中不断进行思想革新，实施“三步走”战略，实现了北区机车运行速度达到每小时30公里以上的目标。

第一步，以精准服务推动北区提速。相关科室将新庄站至刘官营站的有人看守、远程控制和无人看守共23个道口进行细分，在充分调研的基础上制定了详细措施，按照人员比例分配2—3个道口进行服务。科室主要对道口室内外的物品摆放、墙面整洁、散落尾砂、绿化整洁等工作进行治理。车间主要利用旧钢轨对道口周边进行封闭。

第二步，职工“全员上路”。全体干部职工上下一心进行铁路治理，不仅化解了工务系统人员结构缺失的主要矛盾，职工队伍作风也在铁路沿线环境整治中得到了锤炼。负责线路治理的盯控人员，双休日及节假日不休息、加班加点成为常态，因长期风吹日晒，都晒成了“小黑人”。在全力确保线路治理工作按工期节点完成的同时，打造出了具有自身特色的“铁路提速精神”。

第三步，提炼提速精神，振奋职工精神。运输部企业文化小组提炼了“铁路提速”精神，也就是：顾全大局、团结协作的集体主义精神；不怕困难、顽强拼搏的无私奉献精神；奋勇争先、一往无前的“火车头”精神。为进一步传播正能量，运输部以“铁路提速精神”为题材，自编自演了《铁路提速“大会战”》情景剧，在矿业公司庆祝建党100周年暨铁源文化展演中进行展示，充分展现了运输人在全域提速过程中不畏困难，勇于创新的新面貌。2020年初，运输部连续举办了9场企业文化展演，近800名职工聆听了运输部历史文化宣讲，再次接受了新时代“火车头”精神的洗礼。

（二）总结“建材发运精神”，新时代展现新作为

2018年9月23日，第一列绿色建材发往北京，开启了首钢矿业公司服务首都城市建设的新纪元。产能规模从零到千万吨，绿色建材遍布京津冀鲁、长三角。此时，公司上下上万只眼睛盯在了铁路上。

全员作战模式再次开启。结合学习巴登经验，运输部“向现场要课题”，在充分调研的基础上，找到了装车效率低的主要原因是空车可用率低，并针对车门关闭不严、捆绑不合格等短板，大家头脑风暴，利用杠杆原理制作了路车关门器、集装箱车门捆绑器等提效工具，解决了路车因缝隙太大无法封堵集装箱车门捆绑等难题，还申请了专利。随着一个个“草根”工具的诞生，空车可用率由75%提升到了90%以上。

在建材外销订单持续增加的情况下，运输部成立了提效小组，向装车效率发起挑战。车间领导带班24小时现场盯控。两名孩子快要中高考的职工，也和大家坚守在一线。裴庄站两名站长实行轮流值班制，一个月的700多个小时，有500多个小时吃住在站区。就是这样一点点的摸索、分析，一个月时间完善裴庄建材产线装载方案，两个月时间梳理出影响建材发运的10大项27小项问题，制定提效措施41项。最终，发车效率提升了40%。建材发运从一开始的三天2列、两天3列、一天3列……到目前，已经达到了一天12列的

水平。

为了肯定职工在建材发运攻坚战过程中展现出来的通力协作精神，运输部再次总结提炼了“胸怀大局，勇于担当的奉献精神；直面问题，迎难而上的拼搏精神；立足自我，不等不靠的创造精神；目标一致，协调联动的团结精神；优质服务，互惠互赢的合作精神”的“建材发运”精神。职工刘佳奇以《建材发运背后那些事儿》为题在“首钢人的故事”宣讲会中进行宣讲，进一步弘扬这种效应。

（三）归纳“孟家沟削坡精神”，新形势秉承新使命

运输部将孟家沟削坡工程作为检验队伍作风的一场硬仗，在1000多米的铁路沿线上演了现实版“愚公移山”。运输部管辖铁路刘官营站与北屯站之间为中间高、两端低的马鞍形状，坡度达到12‰。蒸汽机车时代，这段铁路就受此处坡道限制，不得不使用双机牵引。电气化改造后，虽解决了双机牵引问题，但牵引定数一直不能突破 22 车。随着运量增加，通道能力不足矛盾凸显。经过调研论证，运输部决定削坡降方。

运输部计划将工程外委出去，并征询了专业的铁路施工队伍方案，他们给出了绕行现有铁路，重新铺设一条新铁路线的方案。这个方案中，征地重建是大头，全部算下来预计需要费用约3亿元。大家算了一笔账，如果在现有铁路的基础上进行降方，由职工自己干，成本只需240余万元，是外委费用的一百二十五分之一。巨大的投入差距一下让当时在场的人瞪大了眼睛，本还心存犹豫的干部职工一下来了斗志，纷纷表示“没有翻不过的火焰山，说啥也得奋力搏一搏”。

“人心齐、泰山移”。每个参与工程的人都从保安全、保质量、保工期的角度出发，为打赢这场硬仗献计出力。设备科铁路点检员从广成从工程启动开始，所有节假日和周末都在上班，不是在办公室反复验算，就是在现场组织施工，由于长期挑灯夜战使他的右眼视力急剧下降。在医院接受治疗的半个多月，他还时刻关注着铁路铺设的进展情况。孟家沟削坡工程前后历经14个月，完成废土外排23220立方米，投入施工机械 120 台次，投入人工 2035 人次，完成铁路两次总计迁移1600米、铺设线路800米，接触网架设1300米，较计划工期提前6天完成。

为鼓舞斗志，运输部党委组织了“孟家沟削坡大会战”主题党日、团日活动，300 多名职工昼夜施工，手抬肩扛，实现了“削坡降方”的首战告捷。4 月 22 日，随着 350#电力机车顺利通过，标志着运输部孟家沟削坡主体工程圆满竣工。运输部适时召开了表彰大会，授予100名职工“火车头奖章”，让“孟家沟削坡”精神激励更多的职工在运输物流产业发展中不忘初心、争创一流，为运输部“火车头”精神赋能。

首矿的官微以《削坡大会战上演“现代愚公”》为题刊发了一期微信，引起了强烈反响。一句句感人肺腑的话语，肯定了运输部的“火车头”精神，也激励着我们在企业发展中承担新使命。我们也更加深切地体会到，这些突破的背后，正是运输部对矿山传统的践行和丰富。

二、实践成果

（一）经营效益显著，促推了物流产业跨越式提升

“火车头精神”的生动实践，促进了企业发展进步。同口径对比“十三五”初期，有八大技术经济指标实现了翻番或接近翻番增长。2021年，运输总量完成4872万吨，为2015的1.8倍。吨公里成本完成每吨公里0.457元，处于行业领先水平。

（二）管理效益显著，促进了干部职工素质提升

职工艰苦奋斗精神得以在新时代传承，培养了不惧难、不畏难的作风。在自主管理、自我改善方面，能动性提升，先后涌现出小石岭虚拟车站、道口远程控制等群众性创新成果。多种措施实现了装庄产线发运的一体化组织，建材直发率也大幅提升，助力了企业管理水平的快速提升。

（三）文化效益显著，凝聚了职工干事创业信心

新时代的三种新精神诠释着“火车头”精神的企业使命而这些进步的背后，也正是运输部对企业文化的不断塑造、进而带动职工整体素质的全面提升。“火车头”精神的塑造也为运输部汇聚了坚实的精神文化力量。

（首钢集团有限公司矿业公司运输部党委书记、主任刘欣，办公室主任闫军，宣传干事井春苓、孟华）

开滦集团

新时代“特别能战斗精神”的研究与实践

开滦（集团）有限责任公司

开滦集团，始建于1878年，因开创中国近代工业先河，被誉为“中国煤炭工业源头”和“中国近代工业摇篮”，越百年岁月历经沧桑，跨三个世纪几度辉煌，在无数困难与挫折中，锤炼了坚韧不拔、百折不挠的精神品格，铸就了“特别能战斗精神”，丰富了中国共产党人的精神谱系。

一、新时代要传承和弘扬好“特别能战斗精神”

当前，立足建党百年新起点，启航“十四五”发展新征程，传承和弘扬好“特别能战斗精神”，是传承红色精神的应有之意，是深化党史学习教育的必然要求，更是广泛汇聚前行动力、深化国企改革、推进企业高质量发展的迫切需要。新时代开滦人必须坚持以习近平新时代中国特色社会主义思想为指导，不断增强文化认同和情感认同，将“特别能战斗精神”融入中国“四史”的历史沿革中汲取丰厚滋养，积极进取，开拓创新，不断提升企业核心竞争力，做强做优做大国有资本，团结一心努力把开滦打造成“面向世界、行业一流、河北领先”的现代化大型能源化工集团。

二、“特别能战斗精神”的形成与特点

“特别能战斗精神”，是开滦工人的标志性代名词，在形成、发展、传承、弘扬的各个历史时期，展现出了一脉相承而又具有不同特点的时代特质。

（一）新民主主义革命时期形成的抗争精神，特点表现为英勇顽强、敢于斗争

在新中国成立前 70 年的历史中，开滦人共发起罢工斗争 68 次，涌现出了以节振国为代表的一大批英雄群体。特别是在中国共产党领导下的“五矿同盟大罢工”，达到了“中国工人运动第一次高潮中的最高峰”，被毛泽东同志称赞为“他们特别能战斗”。正是凭着这种英勇无畏、敢于牺牲的崇高精神，开滦人为新民主主义革命的胜利作出了重要贡献。

（二）社会主义革命和建设时期形成的担当精神，特点表现为顾全大局、攻坚克难

新中国成立后，开滦矿工发扬主人翁精神，全力支持国家经济建设，保证国家煤炭供给，实现了“四五”期间煤炭产量翻一番。周恩来总理曾两次表扬开滦为国家“出了力、救了急、立了功”，邓小平同志高度评价“大庆的经验要学，开滦的经验也要学”，《人民日报》刊登长篇通讯报道开滦经验。从此，“特别能战斗精神”名扬全国，并在后来唐山大地震和水患灾害的抢险救灾中激励开滦人创造了人类抗灾史上的奇迹。

（三）改革开放和社会主义现代化建设时期形成的争先精神，特点表现为锐意进取、勇于创新

在计划经济向市场经济转轨的大潮中，开滦落实朱镕基同志来开滦现场办公时的嘱托，锐意改革，在全国煤炭企业陷入全面亏损后率先扭亏为盈。随后，1999 年公司制改革，2002 年专业化重组，2004 年开滦股份挂牌上市，在构建现代企业制度上实现重大历史性变革。同时，开滦涌现出各级劳模 9081 人次，其中省部级劳模 421 人次，全国劳模 31 人次。在吴旭芝、侯占友、赵国峰、刘少辉等劳动模范身上集中体现的劳模精神，成为开滦“特别能战斗精神”的真实写照。

（四）中国特色社会主义新时代形成的使命精神，特点表现为主动转型、求新达变

进入新时代，开滦积极践行“五大”发展理念，构建“三柱一新”产业格局，调整结构的“开滦精神”得到河北省委、省政府的充分肯定。很多职工走出唐山，远赴新疆、内蒙古开疆拓土。随着经济全球化和共建“一带一路”倡议的深入发展，更是走出国门，将“特别能战斗精神”远播印度、菲律宾、吉尔吉斯斯坦等国家，让新丝绸之路见证了“开滦效率”和“开滦精神”。

三、新时代赋予“特别能战斗精神”新的内涵

新时代，企业发展面临诸多新的挑战。全面贯彻新发展理念、落实国企改革行动、推进企业高质量发展、坚持绿色发展以及管理人员作风建设等方面依然任重道远。赓续传承“特别能战斗精神”，迫切需要赋予其新的时代内涵，自强不息、敢于超越，革故鼎新、突破自我，攻坚克难、善作善成。

（一）坚定“自强不息”的信念

要高度重视信仰信念的培养，增强做开滦人的志气、骨气和底气，始终旗帜鲜明讲政治，用实际行动践行习近平新时代中国特色社会主义思想。深刻认识企业的成长与发展成果来之不易，珍惜当下的发展机会和有利条件，树立做优做强做大的企业目标，增强继往开来的紧迫感、使命感和责任感。进一步强化底线思维和危机意识，切实练就真本事、硬功夫，提升核心竞争力参与市场竞争，善于迎难而上、自强不息，不断在事业上取得新的突破。

（二）树立“敢于超越”的信心

要坚持“敢”字当先，坚定“超越”信心，树立“争第一、做唯一”的远大目标，向着最困难、最极限的目标不断挑战。坚持实事求是的原则找准发展定位，充分发挥百年开滦在管理、技术、人才、文化等方面的优势，全面加强资本、市场、技术等领域合作。发扬开滦人的光荣传统和优良作风，拿出敢于超越、不断超越的信心和毅力，追求企业高质量发展目标，对标先进，超越先进，不断赢得发展的主动权，打造“中国的开滦”“世界的开滦”。

（三）激扬“革故鼎新”的勇气

要牢固树立“抓创新就是抓发展，谋创新就是谋未来”的全新理念，完整、准确、全面贯彻新发展理念。增强“敢当弄潮儿，敢为天下先”的魄力，打破条条框框限制，突破传统习惯思维束缚，压茬推进国企改革三年行动。摒弃“规模情结”、摆脱“速度焦虑”、避免“换挡陷阱”，在改革创新中统筹处理好质量与规模、短期与长远等关系，大力弘扬与时俱进的创新品质，大力推进创新驱动发展，充分发挥创新平台作用，让创新成为改革发展的动力引擎。

（四）下定“突破自我”的决心

要树立“没有落后的产业，只有落后的技术、工艺和管理”的思维观念，以精湛的技术、高效的工艺、先进的设备促进管理提升，发挥生产系统最大效能。敢于突破旧的煤炭资源路径依赖和不平衡的经济发展模式，以煤化工、现代物流、金融服务、生产服务业和新能源新材料产业实现发展动能转换，为企业转型升级培育新的动能。从认识自我、改变自我、超越自我入手，实现从量变到质变的突破，在企业高质量发展的大潮中彰显风采，实现人生价值。

（五）锤炼“攻坚克难”的毅力

要保持“刀刃向内”“壮士断腕”的气魄，破立并举、攻坚克难。进一步树立长期主义的理念和强烈的危机意识，全面把握关系企业转型发展和员工切身利益的重要矛盾，着力解决全局性、战略性和前瞻性问题。坚持精准施策扭住问题关键，集中精力解决好安全稳定、提质增效、转型升级、改革创新、共建共享等重点项目的核心问题。保持战略定力

和历史耐心，不折不扣落实决策部署，坚持不懈推进项目攻关，在实践中不断开创高质量发展新局面。

（六）增强“善作善成”的本领

要注重干部队伍作用发挥，对标新时代好干部标准，紧紧围绕高质量发展主题，牢固树立正确的政绩观。把精诚团结放到重要位置，用共同事业的成就感增进团结，用高尚的人格维护团结，用党纪和正气保障团结。进一步增强不解决问题不罢休的决心和行动，以“想干事、能干事、干成事、不出事”的实干担当促进作风转变，以抓铁有痕、踏石留印的韧劲和钉钉子的精神推动工作落实，以全新的姿态和过硬的本领推动企业转型跨越新阶段。

四、践行新时代“特别能战斗精神”

（一）加强理论学习

坚持以习近平新时代中国特色社会主义思想为指导，从党的创新理论中寻找“特别能战斗精神”的理论支撑，大力推动新时代党的创新理论在开滦落地生根、结出硕果，让思想伟力在“特别能战斗精神”的发展实践中充分释放。

（二）培育精神内涵

秉承兼并包容的态度，努力从“特别能战斗精神”的时代特征中把握其内涵的核心要义。进一步加大内涵传导力度，用活用好宣贯载体，让新时代“特别能战斗精神”成为全体员工衷心认同、共同尊崇的价值观念。

（三）建立健全制度

将“特别能战斗精神”的内涵巩固到制度层面，充分调查研究，加强工作机制与责任机制配套建设，保证制度内容科学、程序严谨、规范到位，充分反映“特别能战斗精神”的价值取向。

（四）纳入考核体系

把内涵的培育、制度的建立和融入日常工作等内容纳入各层级考核之中，坚持奖罚并重，力求全面覆盖，充分调动广大干部员工践行新时代“特别能战斗精神”的积极性和主动性。

（五）典型选树引领

发挥先进典型的示范引领作用，加强典型选树，深化宣传引导，让新时代“特别能战斗精神”成为工作中的主旋律和正能量。

（开滦（集团）有限责任公司党委副书记张雨良，党委宣传部部长朱宏江，党委宣传部副部长张剑，党委宣传部企业文化科科长贯顺仓）

区科安全文化建设的探索与实践

开滦（集团）有限责任公司

开滦集团认真贯彻落实党和国家对安全生产工作新要求，针对经济发展新常态和安全工作新特点，结合企业安全文化建设现状，坚持顶层设计、重点突破、分步实施，坚持结合实际、立足实践、注重实效，坚持强化主导、突出主体、合力推进，坚持理念引领、制度约束、双管齐下，坚持问题导向、强化治理、分类整改，大力推进区科安全文化“六大系统”建设，促进区科安全管理由被动管理向自主管理、团队管理攀升迈进。

一、“三个有利于”明确区科安全文化建设重要意义

针对当前企业安全工作要求和安全管理现状，发挥百年企业文化底蕴深厚优势，扎实推进“培塑”课题研究、“三基五力”安全文化管理模式创建和班组安全文化建设等方面探索与实践，有效增强了安全工作“软实力”，形成了以文化人、以文保安的企业文化浓厚氛围。厚植区科安全文化建设，是持续深化企业安全文化建设的内在需要，对于进一步夯实安全管理基础，全面加强企业安全生产工作，具有十分重要的现实意义。

（一）厚植区科安全文化有利于贯彻落实习近平总书记关于安全生产的重要论述

党的十九届五中全会历史性地把“统筹安全和发展”纳入经济社会发展五年规划的指导思想，历史性地把“办好发展安全两件事”“实现更为安全的发展”明确为“十四五”时期经济社会发展必须遵循的重要原则。厚植区科安全文化是开滦集团结合企业管理框架和安全生产实际，认真贯彻落实习近平总书记关于安全生产重要论述和上级对安全生产工作部署要求的有效途径，坚持用习近平总书记关于安全生产重要论述武装头脑、指导实践，坚持将以人为本、生命至上和牢固树立红线意识的工作要求延伸到生产一线，增强基层单位文化自觉和文化自信，为推动企业高质量发展提供内生动力。

（二）厚植区科安全文化有利于构建适应企业转型发展的文化格局

坚持稳中求进总基调，以改革创新、转型升级为主线，完善了以煤炭、煤化工、现代服务和战略性新兴产业为支撑的“三柱一新”产业格局，这就需要与开滦集团转型发展相匹配的文化格局作为支撑和保障。区科安全文化是煤矿企业安全文化的重要组成部分，是班组安全文化的母体文化，居于承上启下的重要地位。厚植区科安全文化就是要突出抓基层、打基础、练基本功工作导向，充分发挥基层区科在企业改革创新、转型发展、安全管理等方面的主观能动性，推动安全管理由被动管理向自主管理、团队管理攀升迈进，为开创百年开滦高质量发展新局面提供精神动力。

（三）厚植区科安全文化有利于提升企业治理能力和治理体系建设水平

随着企业发展和安全管理标准不断提升，安全工作也面临着许多挑战和问题，地质条件复杂、管理难度大、执行落实中间梗塞，这些问题一定程度上影响安全发展理念践行，制约企业新旧动能转换和治理能力提升。厚植区科安全文化

就是要发挥好基层区科在安全管理中承上启下的作用，打通从上级部署到现场落实的梗塞环节，用更加贴近现场实际的标准要求，更加符合员工心理的形式载体，更加管事管用的考评机制，以及更加积极浓厚的自主氛围，把安全文化要素由区科拓展延伸到现场，推动安全管理重心下移、关口前移，构建便捷高效、管事管用的企业治理体系。

二、“四项原则”确保区科安全文化建设有机融合

文化建设是一项复杂的系统工程，涉及安全教育、行为养成、制度建设、责任落实等多项内容，需要厘清与以往工作内在联系，实现各项工作有机融合、无缝衔接，形成工作相互促进、相互提升的强大合力。

（一）坚持重心下移的原则

与其他文化建设不同，区科安全文化建设的主体是基层区科。要结合基层单位实际和特点，找准切入点和突破口，进行区科安全文化建设特别是现场实操体系的探索、思考和总结，提炼做法，创建模式，推动安全文化建设融入安全生产全过程，不搞“一刀切”“上下一般粗”。

（二）坚持全员参与的原则

坚持区科自管、班组自控、员工自律工作导向，在安排部署安全文化具体工作时，坚持从员工中来到员工中去的思路，充分吸纳员工意见或建议，确保方法措施的可操作性和实效性，不搞形式主义和花架子，保证区科安全文化建设的持久生命力。

（三）坚持承上启下的原则

在工作推进过程中，传承弘扬开滦文化精髓，继承发展安全文化建设中的有益探索和实践经验，在保持安全文化建设连续性的基础上，大力推进区科安全文化理念创新、方式载体创新、制度机制创新，做到与当前重点工作相融相促，不能分割开来，另起炉灶。

（四）坚持常态化的原则

立足提升基层区科安全管理水平，充分梳理安全文化和安全管理之间的关系，做到同部署、同安排、同谋划、同推进，不能就文化抓文化，使安全文化与区科管理互相促进、相辅相成，促进各项工作系统协调发展。

三、“六大系统”提升区科安全文化建设质量

开滦集团坚持以区科自主管理为核心，以做实理念引领、责任制度、行为养成、应急调适、环境保障、执行落实六大系统为主要路径，不断探索符合区科实际、特色鲜明、管事管用的区科安全文化管控模式，做到“一区一品牌、一科一特色”。

（一）着力加强理念引领系统建设

以开滦集团安全理念、安全目标、安全价值观为指导，紧密结合行业性质特点，提炼制定区科安全生产理念、班组信条、岗位名言，形成覆盖全面、相互支撑、层级递进、简明易行的安全理念系统，以理念指导和引领安全生产工作。以组织大小班前会为契机，开展安全理念诵读、集体宣誓等活动，形象直观地宣传安全目标、传播安全理念，使之成为全体员工共同奉行的安全价值观念和共同遵守的安全行为准则。按照井上有文化孵化阵地、现场车间有文化宣传阵地、工作地点有实操训练阵地的要求，不断丰富区科安全文化活动载体，建立多元立体、视听交融、强势导入的区科安全文化阵地。

（二）着力加强责任制度系统建设

坚持以文化促管理、以管理促安全的原则，围绕安全教育、行为管控、安全素质提升、员工安全健康、安全风险管控、隐患排查治理等内容建立健全区科安全文化运行机制，做到区科安全文化建设与区科各项安全工作同步谋划、同步推进、同步考核，构建科学有效、系统完备、管事管用的区科安全制度保障体系。坚持问题导向，紧密结合区科实际，找准安全文化与安全管理制度法律法规的契合点、吻合点、相符点，建立有方案、有责任人、有标准、有推进载体、有检查、有考核的“六有”机制，及时填补区科安全管理制度空白，保证制度的科学性、针对性、实用性。提高安全文化工作摆位，把安全文化落实效果与员工工资收入、奖惩评选相挂钩，用实实在在的经济、物质利益、集体荣誉，使员工深刻体会到获得感、幸福感、安全感以及主人翁地位。

（三）着力加强行为养成系统建设

按照行为靠养成、养成靠训练、训练要经常的工作导向，将员工职业安全行为养成作为区科安全文化建设的基础环节。把规范管理行为与操作行为摆在同等重要位置，坚持两个行为都要抓、都要硬的原则，细化具体举措，推广应用VR实景培训、模拟培训、技术大课堂、网络教学等载体，实现理论与实践知行合一。结合区科实际，制定员工职业安全行为规范标准，梳理安全行为禁忌，借助安全培训、轮值班组长、岗位描述训练、“一序一标”实操训练等手段，深入开展达标演练考核、不规范行为纠偏矫正等，促进员工职业安全行为养成。

（四）着力加强应激调适系统建设

坚持以人为本，以员工职业心理健康为重点，健全完善区科安全应激调适网络系统，注重把握影响安全生产的员工思想和行为动因，加强人文关怀和心理疏导，消除干扰员工安全生产的潜在思想因素。强化重点人群管理，动态摸排区科重点人群，协调工友、家属等各方力量，做实对口包保、亲情嘱安等帮扶措施。突出敏感时期、薄弱时段，有针对性地开展专项工作，不断提高应激调适的超前性和实效性。

（五）着力加强环境保障系统建设

立足打造本质安全型生产作业环境，全面落实安全生产标准化管理体系基本要求，全力抓好生产作业现场的质量控制，实现安全环境动态达标。全面落实区科安全风险分级管控和隐患排查治理工作，围绕人、机、物、环、管等要素，开展系统追问，深入查找不安全因素，确保排查、整改到位。坚持用环境影响人、环境改变人，不断改善优化安全生产作业环境，确保实现文明生产、体面劳动。

（六）着力加强执行落实系统建设

坚持把区科安全文化建设要素落实到现场，打通安全压力传递、岗位工作执行的“最后一公里”。统筹抓好安全教育培训和工作落实执行平台体系建设，将安全生产法律法规、应知应会知识、安全规程措施、操作规范流程和标准作为贯穿员工工作准备、实施、验收全过程的必修课、必过课，全面发挥安全生产的落实力、执行力。坚持党政工团齐抓共管，全面提升党团员、安监员、群监员、青监岗和女工协管员的积极作用，形成共促共保区科安全的良好局面。

四、“三个进一步”显现区科安全文化建设成效

加强区科安全文化建设填补了企业安全文化在区科层面的空白，推动安全文化基因深植到基层区科、班组和岗位，形成了系统完整的企业安全文化建设体系，培养了一批在开滦集团立得住、叫得响的安全文化建设示范区科，为开滦集团转型发展奠定了坚实基础。

（一）安全素养进一步提升

以符合当代煤矿员工需求，搭建系统化、流程化、现场化理论培训和实操平台为目的，通过持续强化理念引领，明确了“工序流程+班组自主+现场实操”的新思路，创新实施了“常规基础培训+VR实景体验+员工培训考试平台”的新模式，员工安全素养得到了进一步提升，向本质安全型员工队伍又迈进一步。

（二）安全责任进一步落实

区科安全文化起于顶层，源于基层，用于现场。通过加强区科安全文化“六大系统”建设，建立了层次清晰、责任明确的区科安全管理体系，完善了考核办法和长效机制，切实将安全文化建设和安全管理有机结合，形成了人人有责任，事事有人管，全员参与的区科安全管理氛围。

（三）安全基础进一步夯实

通过加强区科安全文化建设，充分发挥了基层区科的主观能动性，调动了一线生产单位参与安全管理的积极性，使安全管理的重心下移至基层区科、班组、岗位，做到了文化建设有支撑，管理制度有理论，实现安全管理由“被动管控”向“自主管理”的转变。

（开滦（集团）有限责任公司党委副书记张雨良，吕家坨矿业分公司党委书记巩少峰，党委宣传部企业文化科科长贾顺仓，吕家坨矿业分公司党委宣传部部长于河明）

实施“引融带塑”四位一体模式 为企业高质量发展进行文化赋能

开滦能源化工股份有限公司

近年来，开滦能源化工股份有限公司（以下简称“开滦股份”）党委认真学习贯彻党的十九大精神和习近平总书记关于企业文化建设的系列论述，从党的优良传统、红色基因、优秀文化中汲取奋进力量，围绕凝聚员工和服务企业发展，深入落实“围绕经济抓党建”的要求，推进实施“引融带塑”四位一体的企业文化建设方法，为企业高质量发展赋能，形成了具有公司特色的文化品牌。

一、“引”：突出文化导引力，引领企业新发展

坚持党建铸魂、文化强企，突出“引”字为先，充分发挥党组织对企业文化建设的把关定向作用，切实把优秀的文化基因融入企业经济建设的全过程，全面构建了与经济形势相适应、与发展战略相匹配、与产业格局相契合的先进导引型文化体系，引领企业新发展。

（一）导引战略，为企业高质量发展指明方向。坚持有利于战略实施的文化导向，通过调整优化企业文化引领系统，激励广大员工不断调高坐标、调强行动，把个人发展愿望转变成实现企业战略目标的共同愿景和生动实践。以开滦集团“三柱一新”发展战略为统领，围绕巩固提升煤炭产业，加速智能化矿井建设步伐，减线减面减人，着力提升煤炭产业集约高效发展水平。围绕做精做强煤化工产业，引导各煤化工单位对标新能源发展方向，想办法、出思路、上项目。用先进文化培育产业核心竞争能力，催发了煤化工产业新的生机和活力。

（二）导引思路，为企业高质量发展保驾护航。发挥文化领航作用，按照系统、科学、实用的要求，找准发展定位，优化发展思路，丰富发展内涵，以新发展理念引领高质量发展。站在全局高度深入分析研判面临的困难和挑战，进一步解放思想，转变思维方式，把智能化矿井建设和煤化工扩能延链作为公司高质量发展的支撑点和落脚点，积极调整策略，制定应对措施，寻找新的经济增长点和效益增长源，做到了因势而谋、应势而动、顺势而为、乘势而上。

（三）导引理念，为公司高质量发展凝聚力量。股份公司党委坚持把先进理念贯穿于企业发展任务目标制定和实施全过程，结合核心企业定位，层层征集、系统总结、提炼形成了体现行业特色、符合发展战略、传承开滦文化精髓的企业文化理念体系，并深入开展战略和理念的宣贯，激励和引导企业各级人员不断解放思想、更新观念、凝聚力量，形成战略定力和工作合力。

二、“融”：激活文化融合力，融生管理新气象

公司党委围绕结构多元、地域多区、素质多层、文化多样的实际，坚持“融”字为基，以建塑导引文化为方向，充分考虑股东文化、治理文化等多元主体的文化兼容性，用文化改造管理、提升管理，全力打造具有鲜明股份特色的优秀企业文化，融生了管理新气象。

（一）加强文化传播，推动文化融合。围绕增强文化认同、提高文化自觉，积极组织开展理念征集、讲述理念背后的故事、企业文化案例解读等活动，并采取启发式、感染式、互动式等特色宣贯手段，加强理念的渗透固化，促进理念的

深植落地。坚持专家讲座、文化专班、观摩学习、交流研讨等多措并举，加强文化知识的学习培训，提高了广大员工对企业文化的认知水平。积极整合宣传阵地资源，固定阵地与新媒体阵地组合发力，最大限度发挥企业文化阵地的辐射熏陶作用，营造了浓厚文化氛围。

（二）注重文化管理，推动制度融合。坚持以制度巩固文化，以文化提升管理。按照加强节点控制、理顺工作流程、强化制度执行、促进管理创新的要求，组织各单位系统梳理和完善各项管理制度和相关规定，形成统一制度标准。同时，规范内控建设，全面修订和梳理工作职责、查找控制风险点，建立了考核和评价体系，编制了内部控制手册和内部评价手册，构建起了权责明确、制衡有力、激励约束统一的现代企业管理制度体系，保证了决策和管控行为的规范高效运作。

（三）突出文化灌输，推动价值观融合。以诚信为本、合作共赢为目标，积极培育和谐共生、荣辱与共的共同价值观，倾力打造同心同向的企业人文文化。采取下发宣传提纲、主题宣讲、道德讲堂、志愿服务等多种途径，深度解读阐释社会主义核心价值观，引导广大员工坚持共同的理想信念、价值理念、道德观念。进一步弘扬中华优秀传统文化、革命文化、社会主义先进文化，并与传承劳模精神、工匠精神、创新精神以及“特别能战斗”的开滦精神相结合，大力培育“我与时代同进步、我与企业共发展”的共同体意识，让价值正确彰显、充分放大。

三、“带”：发挥文化带动力，带出工作新高度

按照以文化力激活生产力、提升竞争力的总体思路，坚持“带”字为要，把加强企业文化建设与企业重点工作高度聚合、深度契合、有机结合，充分彰显催化带动效应。

（一）以文化带动党的建设，提高党建服务力。把企业文化作为党建工作服务生产经营的有效切入点，发挥党组织把方向、管大局、保落实作用，扎实推进“两学一做”学习教育常态化制度化，高质量高标准开展“党史学习教育”，大力推进加强党的领导与完善公司治理深度融合，健全完善了重大决策事项清单，深入推进“52411”党建提质工程，推动了企业党建工作更好地适应改革、融入管理、服务发展。

（二）以文化带动思想政治建设，提高思政感染力。找准企业文化建设与思想政治工作兼容互补的结合点，积极研究构建了以思想导引、舆情控制、思想调适、应急处置为基本构架的员工思想管控体系，建立了及时有效的思想疏导机制，广泛开展了理想信念教育、形势任务教育、解放思想教育等特色活动，实现了思想政治与文化精神的深度融合。

（三）以文化带动和谐企业建设，提高企业凝聚力。坚持以员工为中心，大力实施暖心聚力工程，健全完善了民主管理机制、利益协调机制、诉求表达机制、矛盾调处机制和权益保障机制。按照项目征集、项目分类、项目处置、项目督办、项目跟踪、项目总结“六步处置法”，项目化清单式推进办实事工程，切实让发展成果惠及员工，提高了员工的获得感、幸福感、归属感。

四、“塑”：彰显文化塑造力，塑强公司新形象

以打造上市公司“蓝筹”品牌为主线，贯彻“稳大局、树形象、增亮点”的总基调，坚持“塑”字为本，全面推动外显形象和内在品质的提档升级，提升企业的社会知名度和影响力，塑强开滦股份新形象。

（一）塑造“蓝筹”品牌。以“宣传精品、展示品牌”为方向，有效整合宣传资源，坚持报刊台网立体联动，努力实现宣传的同频共振、同向发力。深入挖掘提炼最能展示发展成就、最能体现股份经验、最能代表股份风格的外宣精品稿件，有计划、有目的、有步骤地推出了内容丰富、亮点突出的重点文章、重头报道，为企业打造“蓝筹”品牌、推进高质量发展营造了浓厚舆论氛围。

（二）塑造“文明”环境。以打造集约高效、布局优化、功能配套的精品工业园区为目标，将文明创建触角延伸到基层区科、生产班组和每名员工，加强精品生产线创建，加大员工行为规范力度，着力建设安全生产管理规范、区域环境美化整洁、生产生活秩序文明的一线精品工程，实现了环境建设提档升级。

（三）塑造“职业”队伍。以培育具有现代工业文明品格的员工队伍为落脚点，以培养员工强烈的职业意识、高尚的职业精神、规范的职业行为、过硬的职业技能为目标，大力实施员工素质品格提升行动，积极搭建学技术、练技能、长本领的平台，推动了素质提升纳入制度化、规范化和常态化轨道，塑造了一支具备现代工业文明品格的职业化员工队伍。

（开滦能源化工股份有限公司党委）

依托“五大路径”
打造特色区科安全文化建设新模式
提升企业本质安全型水平

开滦能源化工股份有限公司

区科安全文化是推动文化要素现场落实的重要抓手，对于提升企业安全管理水平具有十分重要的现实意义。推进区科安全文化建设，找准区科在安全生产中的角色和功能定位，充分发挥其承上启下的作用，通过文化赋能，以理念渗透、标准指引、行为养成、环境塑造、制度优化“五大路径”为遵循，以凸显要素融入性、提高工作连续性、保证建设系统性、实现运转可操作性“四性”为基本原则，积极构建各具特色的区科安全文化建设模式和体系，实现区科安全管理由被动执行、惯性守成向自主管理、自我提升、自建自强的方向持续迈进，促进企业本质安全型水平新提升。

一、理念渗透增认同

理念是安全文化的灵魂，奠定文化基调，引领价值导向。

要把理念渗透作为建设区科安全文化的主要任务和关键所在，以理念为灵魂，着力增强对安全管理、员工安全意识观念和行为的导向力。本着将“安全第一”理念内化于心、外化于行、固化于制，贯穿到安全生产各个环节、落实到具体工作的各个节点、渗透到每个岗位的具体操作过程，积极开展区科理念、班组信条、岗位名言的征集提炼活动，并把员工生产过程中总结的岗位安全警句和行为禁忌等内容充实融入理念内容之中，形成贴近实际、接有地气、内涵丰富、员工认同、管事管用、精炼易记的区科安全理念体系。广泛开展安全理念宣贯活动，利用班前会、开办学习专栏、组织专题培训以及开展讲述理念故事等多种形式，引导员工主动参与安全理念的学习与传播，并能掌握、理解、认同。建立灵活、新颖的安全教育长效机制，运用多媒体视频、双向互动、全员宣讲、案例点评、亲情教育等方式方法，推动安全教育入心入脑。积极开展区科安全宣传阵地创建活动，精心设计工作区域固定阵地和手机网络移动阵地的内容、形式和载体，构建员工耳闻目睹、抬头可见、视听交融、同鸣共振的宣传教育平台，使员工在潜移默化中感受到安全文化的熏陶和启迪，营造浓厚的安全生产氛围。

二、标准指引促规范

标准是作业的规矩，决定着操作的正确性和规范性。在区科安全文化建设中，要把标准建立作为核心要件，立足“两个规范”，以工序流程为主线，以工序环节为重点，逐工种建立全流程闭合标准体系，强化工序衔接确认和环节操作确认，提供规范操作的准绳。一是以工序为主线，积极优化安全高效的管理流程。基层区科要以安全、低耗、高效为目标，立足“做岗位、做现场、做流程”，建立科学、精细、有效的工序管理体系。要强化现场管理流程再造，发挥班组长作用，科学制定现场工作量分配、隐患排查、工位平衡、突发事件处理等每一个重要环节的规范管理工作。要突出现场操作工序的理顺，摸清各岗位、各工序的安全有效作业关键环节，搭建工序之间无缝衔接工序链条，实现安全高效生产。二是以标准为依据，为行为养成提供遵循。以“简单、易记、可操作”为原则，组织专业技术人员、现场管理人员、工人技师，围绕操作工序、关键节点、确认内容等要素，逐工种建立起全流程闭合标准体系。围绕实现工序最优、用人最少、用时最短、效率最高、安全最好、质量最佳，采取全过程跟踪调研的方式，不断进行工序流程的优化完善。通过建立标准体系，确保每个工种每名员工做到从进入厂区、到现场作业、再到出厂区，整个过程都有规范的准则，依规管理、按章作业。

三、行为养成铸习惯

实践证明，抓住了人的行为规范就抓住了安全生产的关键，解决了人的行为不规范问题，就可以从根本上提高安全生产的可控程度。为此，基层区科强化员工岗位行为养成训练，塑造恪守标准、自主自觉、精细规范的行为品格，逐步培养规范习惯和诚信品质。以落实“两个行为规范”为目标以注重教化、启迪心智为基本要求，积极培养员工良好的职业意识、职业精神、职业习惯和职业技能，提升安全生产执行力。认真研究区科自主安全培训的形式载体，立足管事管用，从提高员工安全观念、业务水平、操作技能、协调能力、个人素养入手，推广应用实景培训、模拟培训、技术讲堂、网络教学等手段，用最通俗的语言、最生动的形式、最鲜活的事例来激活员工学习兴趣点，做到理论与实践的“知行合一”。深入研究“做岗位、做现场、做流程”机制和载体，注重强化现场实操训练，围绕管理是否科学、行为是否规范、操作是否精准等方面，逐班组、逐岗位、逐工种地进行训练、纠偏、验收，不断培养时刻讲标准、重规范、遵规章的行动自觉和行为习惯。大力推进岗位操作规范训练，按照工序之流程，制定科学的训练标准和方法，强化员工安全、高效、规范完成岗位工作的基本功。建立岗位行为禁忌卡、安全风险提示卡、应急处置明白卡，常态培训检验，做实安全防范基础保障动作。进一步深化手指口述、岗位描述、安全确认等重点要素的规范训练，采取示范引领、一对一帮教、现场纠偏、技术练兵等方法，通过班组间、员工间竞赛的形式，开展安全过关训练，建设适应本质安全型区科需要的一流队伍。

四、环境塑造建精品

区科安全文化的落脚点在现场，良好有序的现场环境是保证安全的基础。基层区科要围绕建设安全可靠的生产环境和舒畅健康的人文环境，加大基础建设力度，打造精品环境，强化环境支撑，为实现本安目标创造良好条件。一方面，抓好工作环境的优化。坚持用环境影响人、用环境改造人的导向，紧密结合安全标准化工作，以“双控”建设为落脚点，推广运用编码、定置、标识、看板等管理技术，按照 6S 标准，对工具、设备、设施和材料进行科学化、规范化、文明化的合理设置，确保工作现场或工程、产品质量动态达标，为生产作业提供安全可靠的环境保障。大力开展精品部位、精品区域、精品系统创建活动，以点带线，连线成面，促进良好环境集成。规范使用各类安全标识，加强日常管理维护，做到醒目、整齐、统一。加强作业场所防尘降噪、保健急救等基础设施管理，促进员工职业健康。另一方面，抓好人文环境的塑造。围绕做好危险预知，加强危害辨识，树立零缺陷、零故障、零隐患的思维，强化员工对危险源预想、预测、预知、预防能力的培训培养，不断提高安全管理的可控度。积极导入应激调适要素，按照动态和精准的要求，加强对不安全重点人群的教育和疏导，采取定期谈心、日常监护、班中互保等方法，及时发现、疏导、降解员工心理压力，消除影响安全生产的潜在危险。创新开展丰富多彩的群众性安全活动，采取家属讲安全、亲情寄语、主题活动、安全抽奖等方式，真正把“生命至上、安全第一”的人本理念融入安全管理的每个环节，充分调动广大员工参与安全管理和监督的积极性、主动性和创造性。

五、制度优化强动力

全方位的管理制度、运行机制和组织保障，体现了安全文化的规则层面和秩序系统，是区科安全文化建设的基础和保障，要通过制度的不断优化完善有效增强执行动力。一是以制度为保障，建立起高效顺畅的工作运转体系。以规程为依据，以标准为准绳，把区科安全管理思想、文化理念贯穿于制度制定、执行、完善、变革全过程，紧密围绕安全文化重点要素落地和意识形成、行为养成、能力过关、“双控”管理、责任落实、现场保障、全员参与等方面，建立形成完整的区科安全管理制度体系。并按照系统全面、精准适用、符合规程的要求，对现有安全工作制度机制进行系统梳理、评估、修订，进一步严格标准、细化内容、明确职责，形成便于评价、利于管理、可操作性强的安全文化工作运行机制，用制度驱动安全文化落地见效。充分发挥机制的激励作用，把安全文化成效与分配机制紧密结合起来，与工资收入挂钩，与奖惩评先挂钩，用看得见摸得着的物质利益和集体荣誉，使员工深切感受到“安全就是效益”。二是健全责任体系，抓好文化执行落地。按照定责全覆盖、践责全过程、守责全方位的要求，加强安全责任体系建设，实现管理闭合和责任落地。制定区科安全生产责任清单，细化量化班子成员、班组长和普通员工在安全生产中的主体责任，形成完善的岗位职责体系。建立内部动态自检自查制度，经常性地组织抽查和检查，确保安全确认、手指口述、走动管理、危险预知等安全文化重点要素不折不扣地在现场落实。强化系统追问，确保政令畅通、执行有力、落实到位。

（开滦能源化工股份有限公司 刘全顺）

构建“双核六维”立体化运转模式 推进区科安全文化建设深入发展

开滦能源化工股份有限公司范各庄矿业分公司

开滦能源化工股份有限公司范各庄矿业分公司突出安全文化延伸到区科、落实到现场，围绕打造本质安全型区科、塑造本质安全型员工队伍，深入探索实践以安全生产理念为核心引领，以运行考核机制为核心保障，从岗位安全规范、行为养成固化、本安环境建塑、人文环境营造、责任执行落地、特色模式创建六个维度工作融合落地的“双核六维”立体化运转推进模式，持续深化区科安全文化建设，为实现人企共进高质量发展提供支撑和保障。《构建“双核六维”立体化运转模式 推进区科安全文化建设深入发展》课题获开滦集团2021年度企业文化创新案例一等奖。

坚持理念引领，增强本安意识

充分发挥安全理念强意识、凝思想、塑行为的重要作用，按照要求提炼、整合、优化区科安全理念体系。以开办学习专栏、组织专题培训、征集理念背后的故事、开展理念讲堂等形式，组织员工参与理念宣传与解读，提升员工思想认知，增强安全理念的引领力、认同力、执行力。抓实集体诵读安全理念，反复贯注，引发共鸣，形成共振，熔铸共同安全价值观。特别是尝试引入以案例剖析解读安全理念的方式，推动安全理念深入人心，转化为员工岗位保安的自觉行动。

完善制度机制，提供运行保障

突出针对性、实用性和实效性，结合区科实际，找准文化与制度的契合点，修订完善区科安全文化管理制度，并建立与之配套的区科安全文化考评运行方案。以完善分配机制作为推进安全文化要素落地深植的有力抓手，把安全文化成效与分配机制紧密结合，与收入、推优评先挂钩，构建形成区科、班组、员工各层面激励机制，奖优罚劣，兑现考核，激发全员安全内生动力。着眼于区科管理机制创新，围绕推动单一的经济手段向双向互动、民主化的激励约束管理转变，专题立项、研讨攻关，力促安全文化落实落地。

坚持标准指引，促进“两个规范”

本着全覆盖、无遗漏、精细化要求，组织基层单位逐级梳理和修订每一天、每一人、每一事、每一物、每一处的岗位安全行为规范，逐层建立岗位安全规范体系。本着“区分层次、关联适用、科学规范”的原则，按照“两个规范”标准，建立健全生产作业环节与岗位操作的工序化流程图，以图解示例的方式，指引员工标准作业，规范行为。生产推进过程中，及时跟进新工艺、新技术的推广应用，健全完善与之配套的岗位安全行为规范，明确管理和操作标准，提高区科安全管理对工艺进步的适应性。

加强实操演练，固化安全行为

采取现场安全实训、岗位描述竞赛、技能达标比武等方式，推进全员岗位安全操作规范训练。特别是应用新技术、新工艺的单位按照工序化流程，强力抓好管技人员、操作员工理论和实践培训。结合岗位安全操作规范和工序化流程，认真研究制定不同班组、不同岗位的“双述”标准，抓好日常训练考核机制落实。依托现场GDQ前沿阵地，加强井下班组小班前会建设，围绕作业准备、作业过程、作业终结三个环节，加大现场实训力度，推进员工行为规范由理论认知向自觉行动、熟练运用转变。

强化环境建塑，营造安全氛围

结合基层区科现场设备、系统、工具、设施、场所等物态环境的实际，灵活推进6S标准的现场落实，规范使用好各类安全标识，大力加强标准化作业环境的持续动态达标，营造良好的现场安全环境氛围。结合国家安全生产标准化标准，按照区区有精品、科科有亮点要求，持续开展各系统的精品创建活动，全面提升现场安全环境的标准和档次。以内容清晰、用语简单、简洁易记为标准，建立健全各工种岗位行为禁忌卡、安全风险提示卡、应急处置明白卡，做实做细安全防范的基础保障。

突出重点人员，严格管理管控

注重安全应激预警功能发挥，采取班前会观察法、舆情分析法等全面分析排查员工队伍潜在问题，着力增强心理调适的针对性和实效性，推动员工在健康的安全心理定式中履行岗位安全责任。根据基层区科重点人员摸排情况，落实“三级”联保责任，深化三项帮教开展，推动重点人员动态摸排、暖心关怀、转变认证闭环管理体系实效落地。拓宽“三违”人员亲情嘱安覆盖面，并把系统追问由追问分析安全事故，向追问本单位共性“三违”或典型重点“三违”拓展延伸，促进员工思想和行为向自主本质安全迈进。

压实层级责任，促进管理落地

组织基层区科建立完善安全生产责任清单，明确走动管理的内容和标准，规范落实走动管理检查考核机制，增强区科管理人员安全意识和问题意识。逐层做实做细现场安全确认，依靠自主化常态化现场确认，持续加强区域系统、班组岗位、工序环节各层面危险预知的训练与养成，增强全员发现、解决问题的意识和能力。致力于提高“双控”平台运行效果，强化风险分级管控和隐患排查治理的责任落实，充分运用视频矿灯技术手段，依靠现场写实和管理回溯，做实岗位行为纠偏，增强全员自觉规范安全行为的内在意识。

创建特色模式，打造品牌形象

围绕“一科一策”“一区一色”，立足基层区科安全文化实践及群团活动开展情况，深挖能够客观反映本单位安全文化建设的本质要义，总结提炼形成具有自身特点、反映自身风貌的创建模式，导向引领本单位安全文化建设。致力于自我完善、自建自强，建立区科安全文化建设对标机制，推行互学互查方式，形成自主找差距、补短板、强弱项、促提升。牢固树立竞优意识，全力提升各具特色区科安全文化模式的创建水平和档次，打出特色，打造品牌，展示新型领军企业区科安全文化的建设成果和良好形象。

（开滦股份范各庄矿业分公司　刘建国）

构建“1234”金字塔模式
培育特色新材料化工企业文化

开滦股份中浩化工有限公司

唐山中浩化工有限公司是开滦能源化工股份有限公司的独资子公司。一直以来，始终坚持把企业文化建设作为建设“行业示范、国内领先、国际先进”示范型企业的重要载体，按照“传承开滦、对标先进、彰显特色”的总要求，积极推进文化强企战略，逐步构建“1234”金字塔模式，用先进的企业文化推动企业的改革发展，提高企业的创新力、影响力和核心竞争力，营造了“企业有生气、产品有名气、领导有正气、员工有士气”的发展环境和精神面貌，形成了具有中浩特色的新材料化工企业文化，增强了企业的凝聚力和向心力，在社会上树立了良好的企业形象。

一、坚持“一个中心”，统筹引领，把控企业文化建设方向

“一个中心”即以人为本。中浩公司在企业文化建设过程中重视员工的发展需求，并根据员工需求的增长而不断予以完善和发展。公司员工组成主要是来自五湖四海的毕业生员工和从全国各地煤化工行业引进的专家，针对员工有不同的背景、不同的学历、不同的生活习惯和不同工作模式的特点，中浩公司坚持“一切为了员工、一切尊重员工、一切依靠员工”，处处尊重、理解、爱护和信任员工，重视对员工的激励和关爱，着力打造具有向心力和凝聚力的“以人为本”的企业文化，促进“四不同”文化的快速融合，形成具有共同目标、具有最大合力的员工团队，保持公司高质量运转的原动力。

二、依托“两个载体”，强力驱动，增强企业文化建设动力

“两个载体”即亲情文化和安全文化。

（一）亲情文化。立足于让员工“体面工作、快乐生活”，把亲情文化作为公司企业文化建设的基础和首要任务，倡导亲情理念，注入亲情关怀要素，以优化员工生活条件、关注员工思想状态、搭建员工成长平台为抓手，塑造亲情人文环境，构建生活关怀与精神关怀双轨并进的亲情文化体系，打造“和谐中浩”，提升员工获得感、幸福感、安全感。

（二）安全文化。公司两个项目投产时，结合化工行业高温高压、有毒有害、易燃易爆易腐蚀的高危特点，在继承母公司开滦集团安全文化的精髓和成功经验的基础上，牢固树立“以人为本、安全发展”的安全理念，植入化工基因，全面构建以文化理念为引领、以管理制度为保障、以素质提升为动力、以自主管理为抓手、以现场管理为核心的“五位一体”安全文化建设模式，为员工提供“想安全、会安全、能安全”的作业环境。

三、建立“三大保障”，多力齐发，提供企业文化建设支撑

“三大保障”即“三全”参与保障机制，资金投入保障机制，高效运行保障机制。

（一）“三全”参与保障机制。全员、全方位、全过程参与。建立以公司党委书记为组长，其他班子为成员的企业文化建设领导小组，负责企业文化建设工作的整体谋划和指导推动，下设推进办公室，负责具体实施。抽调党群工作部、安全管理部、生产技术部、工会、团委骨干成员，专门成立专项工作组，负责单项训练工作的检查考核和指导。各基层单位相应成立党政领导挂帅的组织机构，明确专人负责，制定领导班子联系点制度，坚持每月一次的调度例会制度，形成上下联动、运作有序的组织保障体系和全员参与、齐抓共管的工作格局。

（二）资金投入保障机制。树立对企业文化建设投入就是对企业发展投入、对企业未来投入的理念，建立资金投入保障机制，每年制定企业文化建设总体规划，做好预算，统筹安排，分步实施，落实到位，为推进企业文化建设提供必要的资金支持和物质保障。加大投入力度，用于开展企业文化建设各类活动，包括文化阵地建设、文化活动开展、文化书籍置办、工作人员业务培训、员工素质提升的考核奖励，有效激发了员工主动参与企业文化建设的热情。

（三）高效运行保障机制。立足公司实际，经过广泛调研、上下认同，以实现管理思想、管理标准、管理水平、管理面貌的全面升级为目标，坚持整体谋划、分线牵头、典型引路、重点突破的原则，制定了企业文化建设的三年规划和具体方案，对企业文化建设的指导思想、总体目标、阶段内容、时间节点、标准措施作出了详细安排，在定目标、定内容、定标准、定进度的基础上，采取列表推进、挂图作战的形式对各单位工作任务的落实情况进行检查督导，考核验收，保障企业文化建设工作扎实有序推进。

四、着力“四个层面”，具体实施，推动企业文化建设落地

“四个层面”即理念文化层、制度文化层、行为文化层和物质文化层。

（一）内化于心，培育内涵丰富的企业精神，打造理念文化。理念是企业文化体系的核心，按照“遵循主脉、继承创新、逐步完善”的思路，本着从发展历程提炼和从未来出发设计相结合的原则，自下而上，层层征集、总结和提炼出了包含核心理念、战略理念和系列理念三个层次，包含企业使命、企业愿景、战略目标、发展理念、人才理念、风险理念等 16 条理念，形成了既符合中浩实际又具有行业特点、既传承开滦集团优秀传统又具有前瞻性的具有中浩特色的企业文化理念体系。利用公司微信公众号、漫画、牌板、简报、内网、外网、宣传条幅、滚动屏等多种载体，宣传公司企业文化理念，开展理念背诵和“践行理念典型故事”征集活动活动，加强理念宣贯，将理念作为员工日常行为准则，自觉融入企业管理之中。

（二）固化于制，塑造严明和谐的管理形象，打造制度文化。建立质量管理体系、职业健康安全管理体系和环境管理体系，定期分析、优化公司系列管理流程，梳理、完善公司现有制度，整合建立一套高效、系统的管理制度，精细管理基础不断巩固。广泛开展企业文化建设达标活动，结合员工岗位实际，陆续编印下发了《企业文化手册》《员工文明行为基本规范》《安全文化手册》，建立企业文化考核评估体系，将企业文化建设的内容融入公司绩效考核实施细则中，作为公司对基层单位考核、基层单位对班组考核的一项重要内容，有效提高企业文化建设各项工作的效率。

（三）以人为本，树立团结高效的队伍形象，打造行为文化。定期举办道德讲堂，学习先进人物典型事迹，通过员工现身说法，用身边人讲身边事，身边人说自己事，身边事教身边人，激发员工的敬业、精业、勤业精神。坚持以准军事化职业行为训练为载体，实行准军事化班组“两会”管理，创建准军事化班前会、班后会“7+5”标准流程，基层单位定期纠偏检查、公司动态监督检查，形成班前布置、班后总结的闭合管理模式。制定岗位“双述”训练标准，编印《岗位“双述”手册》，录制手指口述视频，推行“一班一练、一季一赛、一年一验”常态训练模式，促使员工岗位操作的精准行为习惯养成。制定准军事化职业礼仪管理规范，从员工装置区、办公区着装、行为秩序等方面做出了详细规定，提高员工素质和企业形象，进一步增强员工的文化执行自觉性。

（四）实化于教，建立品牌特色的文化阵地，打造物质文化。按照规模适用、功能完备、管理规范的工作安排，分批推进、精心打造了“线上+线下”两大文化阵地。在中控室、员工食堂、装置区、路灯杆、绿化带等员工集中流动位置，设置了社会主义核心价值观、企业文化、安全文化公益广告宣传牌 535 块，线下发力；建立微信矩阵，高质量运营公司微信公众号，通过微动态、微创新、微榜样等版块，报道公司生产经营、创新创效、后勤服务、人才培养等方面取得的成绩，组织线上有奖答题、评选“最佳留言”“看图识隐患”等活动，线上开花。此外，从解决员工衣食住行实际困难入手，开展线上点餐、岗位送餐、增加无线网络、组织文体活动和购置结婚慰问品等实事工程，优化员工生活条件；建设员工图书馆、每周影院、健身房、室内篮球场、发泄屋等释压平台，减轻工作中的疲倦感觉；结合员工内在需要，搭建技能大师选聘、合理化建议征集和 OTS+3D 虚拟仿真模拟培训等充实、展示自我的平台，为员工创建氛围浓厚的物质环境文化和人文环境文化。

（开滦股份中浩化工有限公司党委）

上海寰宇

文化赋能管理 反思造就卓越

上海寰宇物流装备有限公司

上海寰宇物流装备有限公司（以下简称“上海寰宇”）是传统的人员密集型制造企业，在长期的生产经营和管理活

动中，通过不断地探索和实践，逐步形成了特色鲜明的企业文化体系——“卓越·共享”企业文化体系，企业上下具有共同的理想信念追求、价值观念和行为守则，引导员工工作实践的方方面面，文化为企业经营管理注入了活力和生机。

上海寰宇的企业文化是经过多年探索，理论与实践相结合逐步形成的。其形成过程贯穿的是反思与创新、学习与超越。文化理念能够得到员工的认同和践行，又通过员工不断内化于心外化于行促进了企业中心工作的开展，也正是因为寰宇文化说到了员工的心里、做到了员工眼前。

一、安全为本夯实企业发展根基

孟子曰：君子所以异于人者，以其存心也。君子以仁存心，以礼存心。仁者爱人，有礼者敬人。爱人者，人恒爱之；敬人者，人恒敬之。寰宇文化就是如此，爱心贯穿于文化理念的字里行间。作为制造型企业，文化理念不扎根一线就如同无水之萍，班组是车间的细胞，涉及精益生产、稳定、安全、质量、效率等各方面的工作，因此，上海寰宇以爱心安全为抓手，架起与一线员工心灵沟通的桥梁，桥梁架起后，卓越班组精益管理自然能够顺利推行，企业以员工为本，员工以企业为家。

“爱心安全”这一理念让安全工作突破传统管理模式，以爱为名，以文化人，走入员工家庭。

抓安全要用心，更要有爱心，这是爱心安全的本质，也体现了上海寰宇的核心价值观“开明睿智、诚信博爱、开放包容、卓越共享”。爱心安全是一种博爱、一种大爱，有爱心才能被人所爱，我们既要被人所爱，更要倾心爱人，这才是相互关爱。我们安全理念是“关注安全、关爱生命、关爱自己、相互关爱、平安幸福”，爱心安全终极目标就是为了人，是发自内心地对员工的关爱，守护安全就是爱心行为，是企业对员工的承诺。德润人心，用工人听得懂、可接受的方式讲出管理理念，它关乎的不仅是自己的生命和健康，更是关乎自己的家庭、妻儿和父母。爱心安全是全员的，要通过全过程的管理体现，融入生产管理中心，落实在行动上。安全管理也要精细化，安全做得越细就越人性化，这是关爱行动。抓安全促生产，因为安全凝聚我们的爱，爱之愈深效果愈显著，我们做好了，工人就会以厂为家，就会有激情、有干劲，就会用感恩之心提高劳动效率予以回报。这是一个良性互动的过程，工人将为企业健康可持续发展注入稳定的力量，而企业也会使工人拥有更大的发展舞台。

此外，我们要以素质关爱，提高素质安全，从安全教育入手，掌握安全技能，树立安全意识，规范安全行为，形成安全文化氛围。强化意识、本质安全、措施有效、行为规范、人本至上是我们的安全价值观，是全方位的安全管理措施。安全工作要发挥班组的管理作用，也就是通过学习培训，提高全体员工的素养，把学习当作对员工的终生关爱。素养提高了，就可以将精益生产落到实处，打造出更加卓越的班组。通过素质关爱，使一线员工建立起互尊感恩，守信爱岗的职业道德观，企业与员工同向而行，当企业以卓越品质为纲，员工就更加能够充分理解并积极参与其中，企业与员工共同迈向卓越。

二、品质为纲把握企业生命线

上海寰宇通过文化的力量凝聚起员工的智慧与合力，最终的落脚点都在于企业生产经营，卓越班组筑牢基础，文化建设添砖加瓦，风险防控保驾护航，这一系列的工作都是为了达成企业使命，客户满意、员工自豪、回报股东、尽责社会。以品质树品牌，优质的产品与服务即可让客户满意。企业文化建设延伸到了生产经营的方方面面，以文化赋能管理的重点在于对生产经营工作的促进作用，发挥文化的生产力作用。寰宇文化建设至今，基础已打牢，当前要勇于拥抱“不确定性”，塑造新优势，才能把发展主动权牢牢掌握在自己手中，品质文化越发成为重中之重。

我们提倡客户至上合作共赢，这也是我们最基本的经营理念。我们树立“向客户承诺的是诚信，让客户体验的是满意”的价值观，赢得客户的认同。客户认同是品质文化，我们要有自己的品牌服务，这个服务是全过程的全员的，凝聚在产品生产的全过程，直至交到客户手中，我们寰宇上下都要以工匠精神来认真对待工作。

何为“工匠”精神？工匠精神就是具有敬业、专注、精益、创新精神，即敬业爱岗、卓越专注、精益求精、协作创新。敬业爱岗是职业精神，卓越专注是探索精神，精益求精是品质精神，协作创新是团队精神，在品质上不断追求卓越。上海寰宇倡导“造高品质的集装箱，做最美的造箱人”。这就是寰宇人的“工匠”精神，日臻完善，潜力无限，要做就做高品质，要做就做到极致。

个人因团队的卓越而成功，团队因个人目标一致而卓越，“三自两互”（自做自检自修互检互修）体现了质量文化建设的团队协作精神，“步步检”是质量保证的管理工具。我们所倡导的理念要落到实处就是要踏实做好各项工作，相信坚守和变化的力量，坚守产品品质与技术创新，紧跟时代潮流与客户需求。品质建设没有捷径可走，就是通过科学管理工具的运用，精心专注锲而不舍的追求探索。

三、反思为源锻造创新发展原动力

如果说安全和质量是企业的基础与生命线，反思与创新则是企业前行的动力，上海寰宇强调反思文化，鼓励员工思辨，思辨之间方有进步。

反思是源自内心的强大动力。历史从不眷顾因循守旧、满足现状者，唯有拥有强大内心动力的人、有洞察力的人、不断追求进步的人、既看到成绩又能发现问题和不足的人，才具有反思能力，反思的实质也就是开明睿智，也恰恰是能力的一种体现。反思还需要有勇气，勇气则来自自信，有自信心、善于反思就能不断发现新问题，提出新问题，解决新问题，这样也就保持了创新和进步。一个人能够做到自我反思，自我批判，也就实现了自我追求、完善提升这一过程。

要形成善于总结、自我鞭策的良好习惯。积极反思，及时反思，往往会很快找到问题根源，对症下药。“反思思维”即对思维的自我认识、自我批判、自我更新。没有“反思思维”，思维就如同被固化，固步自封，因循守旧，典型的经验主义，接受不了新鲜事物。由此看来，“反思思维”才是创新和进步的动力源泉，才是个人价值的体现、企业发展进步真正需要的“内功”，也必然成为企业文化建设不可缺少的一部分。

一直以来，我们提倡思辨，鼓励大家在工作中思考、辨析，实则是传递了一种新的思考方式，树立了一种新的理论理念，在否定中创新，在创新中超越。如同参天巨树，新芽碎碎破枝、枝干年年伸展，我们在继承发扬寰宇传统文化的同时，同样面临一些自我挑战，要不断创新。创新的前提条件是我们要有勇气克服故步自封、因循守旧的惯性思维。我们要突破原有的惯性状态，就要通过作用力，所有的力都出自我们的心力，这是原动力。

在思维上，我们要善于反思，一日三省，纠正自我，挑战自我。反思是经过实践检验后，自我总结，自我评判再认识的过程，也是进步的过程，反思源自内心的强大动力，因此反思也是自我觉悟的过程，也是能力再生的过程，担当源于执行，执行源于责任，责任源于认知，认知源于思辨。在反思中相互学习，分享成果，在互相切磋中共同进步、共同提高，这也是凝聚寰宇智慧打造卓越寰宇的方式方法。

文化的主体是人，传承的载体也是人。寰宇人的人文科学管理，既有人文关爱又有科学管理方法，在卓越班组建设过程之中发挥着全方位的作用，通过爱心安全展现对员工的关爱；通过素质关爱提升员工的技能，相辅相成，这是企业对员工展现的大爱情怀。但是我们的文化自信不能仅仅停留在寰宇内部，我们还需要向外传播，传播文化养分的同时树立品牌，这就是我们提出的卓越品质，卓越品质是对客户尽善尽美的服务，产品的品质在让客户认同层面是最根本的内容。企业不断追求卓越，用匠心打造卓越品质，以品质树立品牌。再通过反思思维的树立与运用，激活企业文化生命力，激发企业前行的动力。

（上海寰宇物流装备有限公司总经理　李前敏）

家企共建　打造员工幸福家园

寰宇东方国际集装箱（宁波）有限公司

一、对企业“家文化”的背景思考

企业是员工生存发展的机会与平台，间接地也是每位员工幸福小家的保障。企业在管理人的同时，也不断努力吸引与留住优秀人才，做好对员工“选育用留”的每一环。

企业推行“家文化”建设，能够进一步提升员工对企业的认可度，以及身处企业的归属感与幸福感，进而充分调动广大员工的积极性、主动性、创造性，与员工和谐共处、共同发展、共享成果。正所谓“家和万事兴”，员工间互助互爱、凝心聚力，企业与员工互尊感恩，便会收获双方共同目标下的卓越发展。

为此，寰宇东方国际集装箱（宁波）有限公司（以下简称“宁波箱厂”）作为上海寰宇所属公司，始终秉承上海寰宇“卓越共享”企业文化体系，深刻钻研领会“家企共建”的理念内涵，坚持“企业以员工为本，员工以企业为家”的价值观，大力为员工营造“家的感觉”，从而在企业里积极发挥“家文化”的凝聚、激励、约束、导向、辐射作用，促进员工与企业共成长。

二、在“家企共建”系列举措中提炼成果方法

在“家企共建”这一思想下，宁波箱厂从关注员工“小家”开始，多措并举持续给予员工家的温暖，为员工办实事，解决员工生活上的后顾之忧。只有每一个“小家”幸福，才有我们共同的“大家”。

（一）提供“家”一般的舒适环境，让员工身处健康幸福美丽爱心家园

无论是生产作业环境、还是食堂、浴室等生活区域环境，宁波箱厂都大力用心投入。通过技改创新、自动化设备工艺引入，大大减轻员工的劳作强度，加强安全管理，注重环保绿色。此外，宁波箱厂先后翻新建设了厂区道路、绿化、花园、办公楼、食堂、浴室等处，还有“百合花”广场、立体车库也即将竣工，近一两年内，也将持续翻新其余办公楼、打造数字化仓库、数字化门禁安保系统、自动化食堂与厨房，并新增安全体验馆、文化展厅、培训及文娱活动等多场所。从员工工作和生活两大方面入手，让员工安心舒适工作、快乐精彩生活。

（二）注重员工学历技能提升，如父母般培养员工成长成才

宁波箱厂不仅加强员工管理，规范员工行为，更从本质出发，引导员工树立端正良好的思想，管理人更培育人，多措并举为员工提供锻炼发展平台。加大员工培训力度与覆盖面，不断给予员工物质与精神上的“双财富”，如同父母般殷切关注与培育员工成长成才。

近年来，公司经常组织开展各类（安全、焊接、封胶、叉车、机修等岗位技能）培训与技能竞赛。同时，先后邀请了宁波开放大学与宁波职业技术学院前来开展一线员工学历提升报名会。目前，公司共有 80 余名员工参与到学历提升当中，同时，公司还会为报名人员给予一定的学历补贴。

（三）密切与员工家属沟通联系，让家属放心、安心

宁波箱厂为进一步践行“爱心安全”理念，营造浓郁的家企共建、共保平安的氛围，发挥家庭参与安全建设中的积极作用。通过开展各种与家属互动活动，围绕企业运营核心，情系职工，给予关怀慰问。如邀请员工家属参加安全早会、不定期开展家属安全寄语视频、员工严重安全违章邀请家属谈心、定期更新爱心安全员工家属墙等，与员工家属共叙亲情、同话安全。

一直以来，宁波箱厂在“爱心安全”科学管理指引下，

不断完善安全管理和提升本质安全建设，始终坚持以爱心为出发点，注重以亲情的力量共同筑牢安全守护屏。值得欣慰的是，在“家企共建”过程中，员工家属们积极响应和大力支持，她们不仅仅在背后默默地奉献，更主动来了解我们的文化建设，关注并积极参与其中，这让我们感动的同时，也更加坚定了我们要做好各项工作的决心，要始终心怀爱心，为保障员工平安幸福、健康快乐而努力。

（四）关注外地员工子女上学问题，解决其生活上的后顾之忧

宁波箱厂作为集装箱制作企业，员工数量达千人左右，其中外地员工更是占比很大，在这样的情况下，宁波箱厂仔细考量，更深入了解到存在“员工在宁波箱厂工作但孩子却一直留在老家，为此员工与家人孩子处于异地生活”这样的情况。为此，宁波箱厂广泛征集外地员工在孩子上学方面的诉求，并积极与当地政府部门、学校沟通联系，尽心尽力解决员工们家庭上的后顾之忧。不仅关爱员工自身，更关心员工背后的家庭。

自 2019 年开始，公司连续累计帮助 50 余名外地员工子女入学、转学，当前，也正在为 16 名孩子解决 2022 年秋季入学的事宜。

此外，还在 2021 年暑假组织员工子女参与到当地鄞州经济开发区组织的暑期夏令营活动当中，解决假期孩子无人看管的问题，丰富孩子假期生活。

（五）疫情期间发放防疫物资，稳定员工家庭生活

自疫情暴发以来，宁波箱厂密切关注形势动态，严格落实政府及上级公司要求，切实履行疫情防控责任。其间，不仅做好公司内的各项防疫工作，更从员工角度出发，为员工发放各类防疫物资。除了口罩、湿巾、消毒液等直接防疫用品，更给员工们发放床品四件套、洗漱沐浴纸巾等生活必需品以及粮油肉蛋果蔬类和速食类食品，满足员工基本生活所需，帮助减少员工工作之余的不必要流动，一定程度上减少员工外出风险，让员工及家人安全、安心。

宁波箱厂的“家企共建”工作不仅体现在本厂的员工和家属身上，而大的方向上，也始终在践行着上海寰宇所一直宣扬的“寰宇一家”这样的团队文化。在上海寰宇内，各箱厂都以上海寰宇为“家”，六家箱厂的员工也如同“家人”一样，开放包容、互助友爱、团结协作，相互分享管理经验，共享智慧与成果，从而共同提升，共同成长，共享卓越！

三、进一步体会企业“家文化”建设的重要意义

文化是企业灵魂，是推动企业持续发展的精神源泉，那么企业的“家文化”也许就是让我们情感流通的血脉。我们通过“家文化”建设，不断引导企业人员自觉把对家人的“小”爱扩展到对身边员工的“大”爱，做到“老吾老以及人之老，幼吾幼以及人之幼”，互尊感恩、互帮互助，形成强大的凝聚力，把企业变成一个温暖的大家庭。

加强企业“家文化”建设，可以增强企业凝聚力，形成推动企业高质量发展强大合力。以党中央“为群众办实事”为核心，企业紧密联系员工，做好“服务”，切实解决员工心头事，从而激发员工工作的积极性和主动性，凝聚起推动企业高质量发展的强大合力，增强企业竞争力。

加强企业“家文化”建设，是进一步密切党群关系、提升党组织组织力的重要举措。过程中，充分发挥公司党总支的领导作用，引导党员同志带头树立模范，在企业“家”文化建设的过程中，党员冲锋在前、服务在前，引导广大员工参与“家企共建”的“家文化”当中，推动企业改革发展。同时，做好“家文化”建设，也是在紧密围绕党中央“十四五”规划重点目标，助力做好“企业文化”总体建设。

四、展望后续工作，不断激发新思路、新想法

后续，宁波箱厂将在总结提炼过往工作成果方法的基础上，不断反思研究，丰富载体与形式，不断提高员工工作及生活品质，提升员工在“健康幸福美丽爱心家园”里的幸福指数。

环境上继续做好重点美化建设项目，并做好可视化的宣传工作。工作中，创新与员工及家属的沟通形式与内容，深入交流，多角度思考，从而提升管理方法。并在上海寰宇平台上，跟其他兄弟箱厂保持紧密联系，共享交流，取长补短，不断通过“家企共建”工作，持续打造好企业里的“家文化”！

（寰宇东方国际集装箱（宁波）有限公司党总支书记 杨兵）

关于企业文化创造绩效的思考

上海寰宇东方国际广州箱厂

自 2019 年上海寰宇东方国际广州箱厂（以下简称“上海寰宇”）“百合花”项目实施以来，各厂在生产、安全、管理、党建、企业文化等方面相互传授经验，“百合花”项目当年收购、当年融合、当年盈利的骄人业绩中，文化融合起到了关键的作用。如今三年过去了，文化在各厂也如百花争鸣，呈现出不同特色，2020 年新冠疫情暴发，造箱业乘风破浪，在市场竞争中独领风骚，毫无悬念地成为疫情裹挟下的宠儿和骄子，抛开技术赋能、生产组织的外在因素，文化如何从文化建设向文化管理实现了提升，在促进管理提升方面产生了哪些效果？是我们需要思考、归纳和整理的问题。

其实在归纳这个问题答案的同时，也是在梳理我们寰宇文化真正落地实施的过程，我想从三个方面去思考：一是我们对寰宇文化本质了解的深度；二是通过分析文化建设和文化管理的差异，归纳总结寰宇运用文化管理和本企业的问题融合的方式途径；三是提炼企业文化有效落地的方法，避免围绕表面做文章。

一、认识本质　强根固源

首先来看一下寰宇文化体系的本质。“卓越·共享”企

业文化体系是秉承中远海运集团“四个一”文化精神和中远海运发展“卓实”企业文化体系理念，符合公司集装箱制造业务当前发展特点和未来发展目标的一套价值理念体系。“卓越·共享”企业文化体系凝聚了公司全体员工的智慧和共识，充分表达了大家携手并肩打造卓越寰宇，每个人都是魅力东方人的美好憧憬。所以寰宇文化体系是全体员工多年来共同用心铸造的精神食粮，也是代表企业的符号和灵魂。找到了寰宇文化本质，也就找到他的根和魂，无论今后如何完善和升华他的时候，都不会像无根之木、无源之水，这是分析文化、管理文化和运用文化的基础和保障。

二、剖析文化建设与文化管理的差异 瞄定文化强企的方向

企业的文化建设和文化管理存在哪些差异呢？我个人认为，前者是企业文化自身建设的范畴，后者是企业经营管理的范畴，两者在范围、深度和强度上有很大的区别。

首先在范围方面，寰宇文化32条于2019年3月发布后，各厂组织了认真细致的宣贯学习，寰宇文化体系中企业愿景、核心价值观、企业精神、企业使命和企业人本观等内容，成为各厂在文化建设中的思想和行为指引，各厂也在文化灌输、文化传播、文化认同和文化落地中会形成自己的一套运作套路。寰宇文化体系是从各厂多年来积累的优秀行为规范中提炼出的精华，所以语言偏重于思想上行动上的总结和高度概括。

企业文化管理突出的是“管理”，是基于管理学、组织行为学的一种管理方法，是匹配公司战略、人力资源、生产经营、营销等管理条线、管理模块的，涵盖了企业文化建设的内容。例如寰宇在32条文化体系的基础上提出了“321”发展战略，即三个文化、两个驱动、一个提升，就是将企业文化的理念提升到了战略管理的层面，从这一点上看，“321”战略是寰宇文化体系的再升华。

其次从深度方面，文化建设很难深入探究企业经营管理的内在逻辑，也就很难与管理融合。它更多是一种从上到下的“思维传导”手段，是为了取得“文化认知率”和“文化认同率”。

寰宇文化体系在三年的落地推广中，也运用了形式各异的宣贯方式让员工对文化有更多的认知和认同，其中卓越共享是我们应用到管理中受益最大的——在班组建设方面，各厂相互借鉴，在生产制造型企业中形成了可推广、可复制、可提炼的卓越班组文化；在风控管理中，企业间横向互补监督，纵向查漏补缺、举一反三，共同筑牢风险堤坝，增强红线意识；在安全文化方面，通过爱心管理模式，已在社会上树立了爱心安全的文化品牌。卓越共享在文化建设中是一个理念和思维，而在文化管理中，他是寰宇的价值创造者和效益的推动者，这就是文化建设向文化管理华丽转身的品牌效应。

卓越共享的品牌效应说明了一个道理：企业文化管理本身是管理的系统化，而不仅是把文化作为一种管理手段。比如，基于价值观的文化管理首先要探求企业发展基因，集装箱制造是劳动密集型制造企业，要想在市场竞争中不被淘汰，具备规模效应后，文化是解决生存压力的最有效途径；其次探求企业发展现有动力，文化环境熏陶和滋养形成的文化认同，是员工保持活力的有效源泉；三是探求企业的未来发展动因，优秀的文化可以在代代传承中创造更强劲的驱动力，为企业发展保驾护航；最后全面探究企业的本原，寰宇文化体系中，企业使命是客户认同，员工自豪，回报股东，尽责社会。而这也是企业发展的根基。所以文化管理终极目标是通过改变管理者的变革适应性和管理胜任能力，提升企业解决关键问题的能力和效率，最终使企业可持续发展。

最后从强度方面，文化建设一般会关注认知度和认同度的考评，而无法关注“融合”和“转化”的问题，所以无法引领企业的系统变革。而文化管理在清晰确立组织运行的价值核心、强烈传达新的文化信号后，直接从企业最关键的问题着手，展开架构、人力、流程等各个关键环节的调整，强化动力，消弭阻力，引动组织的系统变革，如GE的“换铁轨”“数一数二”，IBM的“让大象跳舞”，对每个员工都影响深远。

寰宇“321”发展战略中，有两个关键，即“工艺装备创新驱动”和“产品研发创新驱动”，在当今生产技术和产品不断创新的时期，这两个驱动力将为打造工艺装备自动化、智能化，提升产品市场竞争力提供强劲的动力源泉。只有落地的文化才是有生命力的文化，寰宇两个驱动力的目标就是将我们孜孜以求的精神世界通过物化让更多的人感知和领悟，然后再吸收和传承。

所以企业文化落地，就要从企业最关注的绩效和管理问题着手，“小题大做”，将问题和问题背后的文化归因找准，有的放矢地去抓去管，才能取得实效。综上而言，文化建设是创造，文化管理是运用，而文化传承则是延续了。

三、深耕文化落地的系统方法 为文化注入生命力

在上海寰宇“卓越·共享”企业文化体系指引下，广州箱厂以文化铸魂、育人、塑形、赋能，以爱心安全、卓越班组、卓越品质、素质关爱为抓手，通过“内强素质、外塑形象”策略，全面打造企业素质和形象；通过“内化于心、外化于行”策略，促进员工认同、践行企业文化和养成良好习惯，永葆企业的生命力。

（一）文化赋能 挖潜企业文化价值

广州箱厂通过实施“文化赋能”行动，挖潜企业文化价值创造能力，为公司发展注入新动能。

一是加大企业文化工作支持力度。近几年建设了职工书屋、体育馆、智慧党建文化展厅等场馆设施，设立了企业公众号、视频号、电子期刊等传播载体，后续计划建设爱心安全文化展厅和策划一系列具有传播价值的微视频和宣传片，持续提升企业文化的影响力。

二是搭建展示平台，激发员工创新力。大力弘扬劳模精神、劳动精神、工匠精神，积极营造创新变革的浓厚氛围。

（二）文化融入　将企业文化转化为生产力

上海寰宇通过实施“文化融入”行动，推动企业文化融入专业管理、基层工作和员工行为，充分发挥企业文化建设在凝聚力量、激励创新、促进管理、推动发展上的重要作用。

一是进一步拓展“爱心安全”“卓越品质”“班组建设”等系列活动，持续营造“寰宇一家 魅力东方”的企业文化氛围，凝聚干事创业的强大动力。

二是对标世界一流企业文化建设，以及学习兄弟厂先进做法。开展企业文化建设示范点的培育工作，推动公司企业文化建设迈向新台阶。

三是打造品牌，重点突破。将企业质量理念内化于员工心中，外化于员工行为，以高端的工作标准保证优良的产品质量。实施优质服务的客户满意策略，提高企业产品的知名度与影响力。

上海寰宇的六家箱厂，今天正在“卓越•共享”企业文化体系的引领下，赋能生产经营，助力集团主业腾飞，为全面推进国家“十四五”规划的有效实施聚力助威。

（上海寰宇东方国际广州箱厂党总支书记章敬华）

以人为核心 以班组为抓手
坚持守正创新 持续推进企业文化建设

东方国际集装箱（连云港）有限公司

一、文化的力量

上海寰宇“卓越•共享”企业文化对东方国际集装箱（连云港）有限公司（以下简称“连云港箱厂”）有多大影响，相信大家这三年的感受最为真切。企业文化的宣贯在潜移默化中改变着每一个人，“卓越•共享”给连云港箱厂和身边的员工带来的是充满激情的改变，是质的飞跃。在“凝聚智慧卓越共享，协作创新责任担当”的企业文化引领下，我们对内强化爱心安全、关爱员工的理念，对外在遵循行业规则方面身体力行，不打折扣；对内确立制度优先的风险防控管理，对外展示央企责任担当执行见效的风范。素质关爱中我们体验到了集体的温暖和个人成长；爱心安全中我们体会到了家人般的牵挂与博爱；卓越品质中我们感受到了客户的信任与赞誉；精益生产中我们感应到团队的智慧与力量；生产效率提升中我们看到了集体的争先精神和创新能力……而这些的根源都是来自我们人文科学管理的寰宇文化。

连云港箱厂生产效率的每一次突破都弥足珍贵、值得铭记。正是在寰宇“卓越共享”文化的引领、推动下，才让我们连云港箱厂员工绽放出激情活力，变得更加自信，更加成功。“求木之长者，必固其根本；欲流之远者，必浚其泉源”，在上海寰宇企业文化的推进过程中，我们更加明确了自己想要什么、目标是什么、该如何去做。“卓越•共享”企业文化的落地让所有员工都有了一个共同的价值判断标准和行为习惯导向，也正因为我们有了一致的目标，每个人才更加紧密地凝聚在了一起。

二、面对成绩 下一步何去何从

“卓越•共享”企业文化工作推进以来在寰宇以及下属六家工厂的实践充分证明了它的可行性、科学性、先进性，包括连云港箱厂在内的六家工厂（也包括我们的战略合作伙伴）都因此获得了长足的进步。但是随着时间的推移，不可避免地有一些工作会出现松懈、一些工作的标准会被打折扣以致做成了夹生饭；同时也会有一些工作未能与时俱进，出现了停滞不前的情况；还有一些管理制度措施已经不能适应内外部形势的变化……这些问题的客观存在，需要我们有清醒的头脑，从成功的喜悦中走出来，认真反思下一步我们该做什么、怎么做，怎么有针对性地查遗补漏、再学习、再出发。

另一方面，后疫情时代的集装箱市场需求的不确定性以及在此背景下的集装箱制造行业竞争的不确定性都需要我们未雨绸缪，早做打算、早做准备，通过提升管理，练好内功，才能以不变应万变，占据市场竞争优势地位，使企业始终能够健康、持续地不断发展。

三、坚持守正创新

守正创新，本意就是恪守正道，同时敢于探索新的思想和发展方向。守正创新与我们“在否定中创新，在创新中超越”的企业文化理念是一致的。守正创新凸显了辩证否定的基本规律。事物的发展总是在遵循着肯定—否定—肯定的运行规律，肯定不是全盘肯定，否定不是全盘否定，而是在肯定中有否定，在否定中有肯定。一方面，守正体现肯定，“守”是指坚持、坚定、坚守，与松弛、松懈、懈怠相对，表现为一以贯之的定力、一往无前的韧性、一张蓝图绘到底的“钉钉子”精神。

守正在制度层面就表现为要守护好在实践过程中被证明是行之有效、管用、成功的基本制度和重要制度，比如我们《750工程》中的爱心安全、AES步步检、583早会、提案制度等工作和制度。

创新体现否定之否定，就是要摒弃那些不适合甚至阻碍发展的因素，使得我们的各项工作不断发展、不断成熟、不断完善。创新不是无根之木的创新，而是在守正基础上的创新，是在原有的基础上通过PDCA的螺旋上升，逐步推进与完善。以职工每月生日会为例，如果我们始终以一种形式、一个内容、一套节目去组织，长此以往无论组织者还是员工都会失去参与的兴趣，需要我们主动求变。所以因应主动应对后疫情时代集装箱市场变局的需要，我们更要敢于创新，在守正中创新、在创新中守正。

四、如何做到守正创新

（一）思想统一，认识到位

开展企业文化工作是为了服务生产经营的根本宗旨和初心不能忘。坚持“三、二、一”发展战略，持之以恒，抓铁留痕的精神和激情不能丢。

（二）做好这一项工作的突破口在哪里？

寰宇的企业能本观：以人为本是基础，能本管理是核心。

企业文化的核心是“人”的文化，人是受思想支配的高级动物，而企业文化的主要功能就在于能够统一人的思想，在企业文化的引导下实现企业所有人价值观的统一和行动的统一。

企业管理五要素“人、机、料、法、环”中人是第一要素。这些都说明我们做好这一项工作的突破口是“人”。

连云港箱厂始终突出人的主体地位和对人性的尊重，通过制度建设和各项活动如月度表彰会、星光大道、工匠大师评选等来调动员工工作积极性和创造性，发挥优秀人才的作用。员工的归属感和自豪感与企业文化工作开展前相比有了很大的提升，成绩可喜可贺。但是我们还要看到一些长期存在的问题还没有从根本上加以解决，比如夏季一线员工离职率偏高的问题。而一线员工队伍的稳定又直接影响我们产品的质量、效率、效益，可谓牵一发而动全身。

我们的一线员工通过文化的熏陶，无论综合素质还是工作激情都有了长足的进步，与员工的进步相比，作为兵头将尾的一线管理人员，原有的管理技能和管理觉悟就略显滞后了，如何培养前瞻性、如何创新工作方式方法带好队伍，都是急需解决的问题。再有，如何更好地运用激励机制、如何对工作进行考核，这些都是我们工作的重点。

（三）抓住重点踔厉奋进

一是班组长的培养。秉持“以情动人、以理服人”的工作理念，在日常的生产、生活中搭建沟通和交流的平台，认真听取员工的心声了解员工的需要，把员工切身关注的需求优先解决好。卓越班组建设的根是企业文化建设，而班组长是班组的灵魂人物，加强班组建设关键在于提升班组长素质，一名好的班长能够引导和团结更多的人。所以，我们要加强对基层管理人员的培养和教育，教会他们方法、树立他们的信心。只要一线班台长们能守住初心、不忘初心，就能将广大一线员工的心汇聚在一起形成一股强大的合力，进而实现班组强则公司强的目标。

二是强化团队凝聚力。团队作战，职责明确、彼此间相互协作，有策划、有分工、有督导，也要有引领，在互补中完善团队，在寰宇卓越共享的文化指引下实现稳定的提升和突破。

三是从文化自信，走向文化自觉。我们要继续认真开展卓越班组创建活动，围绕“爱心安全”“卓越品质”“提质增效”等目标，按照“750”工程体系要求，充分发挥“基层指战员”作用，全力推进一线班组在团队建设、爱心安全、卓越品质、精益生产、创新改善、TPM 管理以及“6+1”S 等方面的工作，做到“有项目、有目标、有措施、有责任人、有执行情况和时间要求”，同时制定检查标准和考核要求，进一步增强员工的文化自信、推进卓越班组建设稳步落实。

四是夯实团队基础，筑牢安全之堤。企业要发展，安全必须放第一。上海寰宇高度重视安全文化工作的建设，在企业文化三十二条中第 12 条、第 13 条以及第 22 条重点讲述企业安全、安全价值观以及风险防控理念。抓班组安全建设要让员工从心中认同，关键是全员参与。从体验式的安全培训出发，让员工充分感受安全的重要性。不定期的专题学习、技能培训、知识竞赛、应急演练、隐患排查和家厂联建等活动开展，全方位提升班组安全的可靠性。

国学大师钱穆说：“古往今来有大成就者，诀窍无他，都是能人肯下笨劲。”通过几年的实践，足以证明企业文化的良好运行，必将凝聚士气激发强大的战斗力、向心力。抓好企业文化建设，是一个企业的立身之本，发展之基。高质量发展，归根结底还是靠人来实现。安全生产，卓越品质、成本管理、精益生产、设备管理等每一项工作都离不开全体员工的支持。

企业以员工为本，员工才会以企业为家。企业面临的所有问题深究到最后都会指向“人”这一核心要素。制度管人管一阵，文化管人管灵魂。卓越共享企业文化体系必将引领企业走向更好的未来！

最后的胜利只属于信念坚定、永不动摇的人！

（东方国际集装箱（连云港）有限公司副总经理　杨成明）

以园丁之心 耕耘企业文化的百花园

寰宇东方国际集装箱（启东）有限公司

企业文化犹如百花园林，有参天乔木、有低矮灌木，有连年生长的木本植物，也有一年一栽的草本花卉。企业内的员工，就如同百花园林中的每棵植物，有的是栋梁，支撑着企业健康发展的大厦；有的正在成长，需要修剪，得以成才；有的持之以恒，虽不高大，但每年如期鲜花满枝、落英缤纷；有些虽不能经历风霜，但也能在其短暂的生命中绽放光彩。

企业领导者对企业文化建设的影响是根本的，他倡导什么、反对什么，将直接关系到企业文化建设的结构与内涵。就如同园林设计师对园林的整体布局、内容选择和细微雕琢。国内外每个企业都有着各自不同的企业文化，同行业的不同企业也会存在较大的文化差异，如同园林中百花争艳、相互借鉴的企业文化发展氛围。

一、确立以人为本理念 让每位员工都能有成长的空间

一个企业的有效管理涉及制度底线、流程管控、文化自觉和环境和谐。对于制度，既不能一概否定其应有的底线作

用，也不应该夸大其能包罗万象、管控一切。对于流程，既是企业能正常有效运行的指引，也是管理者需要不断挑战优化的重点。对于文化，当其成为员工的自觉行为，则企业文化就会成为制度管理、流程管控的倍增器，反之，则成为挂在墙上与实践分离的两张皮。对于环境，一个和谐的环境，能让不同的植物得到所需的阳光和养分，形成共同成长的格局；不和谐的环境，则会形成你争我夺、相互拆台、两败俱伤的局面。

以人为本，就如园丁对待花木，既要因地制宜，将每株花木种植在适合他生长的地方，喜阳或耐阴、喜水或耐旱，针对不同习性开展不同的养护；同时也要以整体布局为主，该以大型乔木为主的，不能以灌木代之，因此造成园林主题不明；该以花草辅助的，不能以树代之，造成树木浪费、层次不清。合适的人放在合适的岗位，赋予合适的责权，在制度下自我约束管理，在流程下自我沟通激励，在文化下自我提升领导，在和谐下自我促进发展，由此形成花园内主题鲜明、底蕴浓厚、错落有致、起伏跌宕、一步一景，无论是大树或小草都能有适合自己成长的空间。

二、践行卓越•共享文化 让个人和团队都能有价值的体现

“卓越•共享”文化是全球第二大集装箱制造公司，上海寰宇物流装备有限公司（以下简称“上海寰宇”或“公司”）所总结提出的。该公司原先管理着锦州、连云港、广州三家集装箱制造企业，规模处于全球第四。“卓越•共享”文化，不仅给其自身带来了健康发展的目标与动力，同时也在行业内外形成很大的影响力。2019 年公司完成对一家外商造箱企业在青岛、启东、宁波三家工厂的收购，不仅在生产规模、效益、产品等方面得到跨越式的发展，更是在企业文化的传播力、影响力上得到了史无前例的发展，成为行业内物质文明和精神文明同步推进的典范企业。

公司以中远海运集团的“四个一”（一个团队、一个文化、一个目标、一个梦想）作为引领，在六家公司内统一倡导“卓越•共享”文化理念，形成以爱心安全、诚信质量、素质关爱为重点，以风控文化、班组文化、创新文化等为主干，以企业文化理念为细节，淬炼出主干突出、枝繁叶茂的企业文化建设与生产经营紧密结合的特色。

上海寰宇的企业愿景是“健康幸福卓越寰宇，激情欢乐魅力东方”；企业使命是“客户认同、员工自豪、回报股东、尽责社会”；企业的核心价值观是“开明睿智、诚信博爱、开放包容、卓越共享”。这些文化的核心，展现出上海寰宇领导团队务实的作风、宽广的胸怀和博大的情怀。

用家企共建的爱心安全文化进行安全管理，既有温度也有力度；用诚信质量、卓越服务，为客户产品创造价值；用人才培养、事业发展来促进提升员工素质，建立人才梯队，形成人才生产力；将安全、环保、质量、商务、廉洁、防疫、信息组成大风控概念，形成以“关爱为本、健康发展、风险防控、创造价值”的风控理念，全面管控企业的风险。

用“你若珍惜自己存在的价值，将以创造价值而体现价值”的个人价值观，来引导员工积极主动地创造价值；用“个人因团队的卓越而成功，团队因目标的一致而卓越”的个人与团队的相互关系，来凝聚团队的力量，实现团队的梦想；用“勇于担当、善于反思、敢于创新、严于律己”企业员工精神状态观来激发出员工的潜能；用“在否定中创新，在创新中超越”的创新发展观来挑战自我。如此众多的“卓越•共享”文化理念，能激发出每个个人和每个团队的工作激情与工作成效。

如同花园里的每个个体或局部小景，也许普通到花上飞过的蝴蝶、零落成泥的花瓣、静默不变的石景，只要在某一刻展示出春的风姿、秋的韵味、景的魅力，都是花园中价值的体现。

三、实现企业文化繁荣 需要时刻加以培育与修葺

美好园林的建设不是一蹴而就的，需要持续的细致培育和成果积累，才能形成枝繁叶茂的优美态势。养护、修剪、调整，呈现园林整体效果。

企业文化的建设，也需要一定的形式、培育、督导与完善，才能形成全体员工的自觉行为，真正成为一种有效的企业文化。

我们在对收购企业进行企业文化建设时，首先是参观现有企业的企业文化建设成果，对比后会产生急切的转变希望。其次，将文化理念与实际案例进行集体宣贯，各级领导带头亲自讲，只有各级领导自己能够深刻理解，在宣讲的过程中才能有自信的表达、深入浅出，让员工能够理解，而理解是执行的基础。

再次，让员工结合自身的工作体会来演讲，朴素的语言、真实的案例，既教育自己，也能教育身边的员工共同认同文化的内涵，从而主动地加以执行与实践。

在实践中，我们从食堂的“光盘行动”开始；从盘子光，到桌面洁、地面净、空气清、环境美，彻底改善了员工的就餐环境，让员工做到“快乐工作每一天、幸福享受每一餐”，同时倡导没有喝完的瓶装水带走喝完，不要浪费，最终形成“光盘净瓶”文化。

在生产现场，要求形成“整、洁、透、亮、净”的工作环境，为此全员开展 6S 培训与整治，修建免费的浴室、洗衣房、理发室，让员工体面而健康地在企业工作与生活。

在员工宿舍，免费为每间房配备空调、卫浴、网络；活动中心配有阅览室、健身房、影剧院、小卖部等设施，丰富员工的业余文化生活。

在员工的交流沟通渠道上，总经理与员工的面对面座谈会，公司领导班子建立每周与员工接待日，党员与班组员工建立的沟通联络机制，服务了解生产一线员工的所思所想。班长做好“工位上的班长、餐位上的桌长、床位上的室长；生活中的兄长”的“三位四长制”。让员工有事有渠道能及时诉说、有问题能及时得到回复、有困难能及时得到解决。

建立“启心坊”员工心理咨询室，将外部专家与内部咨询师结合在一起，完善员工的心理健康保障。

四、企业文化的建设成效 在于最终形成“卓越•共享”的局面

好的园林建设，能给游客带来美好生活的幸福感、给地区发展增添文化气息与风采。人们能近悦远来，共同享受人类与大自然和谐共生的美好景色。

好的企业文化，也是能与其他企业文化所共享共生共发展。在企业文化实践过程中，公司遵循国家战略发展要求和中远海运集团“党建领航、价值领航、科技领航、全球领航”的部署，在“卓越•共享”企业文化的引领下，逐步形成“三共”目标特色，即与客户、员工、股东和社会“共建健康幸福美丽爱心家园，共享激情欢乐和谐美好生活，共赢未来”。让所有来到企业的人都能感受到企业不仅有外形的美丽，更在每个细节上展现出的博爱情怀；每位员工都能在企业身心健康地快乐工作与幸福生活，与家人一起享有自豪感和成就感。企业在全体员工的共同奋斗下，不仅一起创造美好的生活，还能为客户创造价值，回报股东、尽责社会。

花园需要不断的修剪、调整与培育，通过一代一代的园丁相传，在传承中保留精华，创建新的形象与内涵。企业文化也需要一代一代的企业家如同园丁一样，精心培育、精心打造，不断丰富企业文化的内涵与形式，让企业文化的百花，盛开四季、香飘万里；企业文化的成果，硕果累累，不断相传。

（寰宇东方国际集装箱（启东）有限公司董事长、党总支书记鲍骅）

强化认同 打造特色 凝聚力量

东方国际集装箱（锦州）有限公司

在上海寰宇卓越•共享企业文化培育和指引下，中远海运发展所属上海寰宇锦州箱厂（以下简称“锦州箱厂”或“公司”）从实际出发，积极探索适合自身发展需求、服务企业生产经营的文化之路，形成了以美丽•爱心家园为基本指导思想、以爱心安全、素质关爱、卓越品质三大科学管理工具为抓手的企业文化建设体系。提炼于生产实践的美丽•爱心家园文化，历经十余年检验，并经过反复提炼完善，不仅早已融入广大员工血脉，更成为指导大家的行动指南、助力企业健康和谐发展的法宝。在企业生产经营中，美丽•爱心家园文化始终发挥着对企业核心竞争力提升的重要作用，使企业的价值观能真正引导、影响员工的行为，也实现了文化的有效落地。

一、正确认识定位企业文化

成功地建设企业文化，首先应该正确认识定位企业文化。在锦州箱厂，美丽•爱心家园企业文化是企业内全体人员的文化素质和文化行为，包含制度、规范、设施等要素；也是企业的一种基本精神，包含企业内员工共有的价值观和行为准则。美丽•爱心家园企业文化不是说教，而是引导大家形成共同的、正确的价值观，所谓“君子和而不同”，美丽•爱心家园企业文化建设追求的就是企业与员工在精神和行为上的相互认同，共同成长，互惠共赢。美丽•爱心家园企业文化也不是表面功夫，锦州箱厂总结出了一套价值体系和行为准则，它从物质、精神、制度、行为、文化等多个层次对企业和员工行为进行影响，是一股润物无声的“隐性力量”。

美丽•爱心家园企业文化是一种先进的文化。回顾文化体系建立的过程，不论是始于 2012 年，承载以人为本、员工至上发展理念的联络制度，还是始于 2013 年，令每位锦州箱厂人最自豪的“光盘行动”，都是对卓越•共享企业文化的践行，都与社会主义核心价值观丰富深刻的内涵高度一致，这体现了美丽•爱心家园企业文化的先进性。

随着社会的发展进步，人本至上的理念愈加重要，员工作为企业的主体，核心动力地位也更加凸显。尤其是随着年轻一代产业工人的上岗，他们具备成长环境好、学历好等先天优势，对于尊重、体面、存在感、幸福感等的追求更是高于从前。锦州箱厂早就意识到这一点，于 2011 年便提出要打造独具特色的企业文化这一发展目标，并将以人为本确立为核心思想，时时处处倡导关心关爱员工、将发展成果惠及员工。由此公司诞生了全员联络制度，这也再一次证明了美丽•爱心家园企业文化的全员参与性，之所以能够植根于广大职工心中，是因为从一开始每个人就是参与者、实践者，慢慢成为后来的见证者。也正是因为这样，美丽•爱心家园企业文化从一开始就具备深厚的群众基础，联络活动不仅为公司各项工作开展打开了一扇新的大门，更孕育了文化种子生根发芽最适宜的土壤。是领导班子的高瞻远瞩、是全体员工的积极响应，让美丽•爱心家园企业文化从诞生之初就具备了一定的先进性。而早已坚持了九年的“光盘行动”，以及爱心安全、素质关爱、卓越品质三大科学管理工具，细细品味其中，更是无不蕴藏着无穷的智慧。

二、努力打造特色企业文化

企业不应该仅仅去学习优秀的实践案例，更应该积极探索自己的实践经验，关注企业硬件与文化软件的兼容。通过积极探索，总结出与自身业务、生产实际、发展建设等相融合的文化，这样才会对企业产生巨大的正向影响。美丽•爱心家园企业文化最大的特色就是它是一种大爱的文化，不论是食堂的爱心加饭小车，还是车间的爱心驿站、爱心安全管理，可以说自开展企业文化建设以来，广大员工就无时无刻不被爱心包围。不仅如此，美丽•爱心家园企业文化也是每位员工做事的出发点、落脚点，更是企业在尽责社会过程中的责任担当。

爱心安全科学管理自实施以来，不仅让公司传统的安全管理工作发生了翻天覆地的变化，更重要的是每位员工的思想意识发生了根本转变——珍惜生命是对自己和家庭负责任，“我要安全”。那么如何“要安全”？答案就是人人争做爱心之心、人人始终心怀爱心。由此，公司还将爱心延伸至各项管理工作，尤其是加强对一线员工的关心关爱，创新联络机制，携手家厂共建。将爱心融入工作生活日常，广大员工也确实收获了爱心带来的“好处”，家园建设更有温度、工作协同更加高效、卓越团队更有朝气、产能不断刷新纪录、诚信质量品牌更加响亮……

作为一家国企，锦州箱厂始终不忘承担的社会责任。抗击新冠疫情的关键时刻，公司上下克服重重困难，仅用三天时间就为地方医院捐赠了一台急用于 CT 的设备箱；三八节慰问滨海新区环卫工人，为他们送上护手霜等贴心礼物；端午佳节慰问地方敬老院，与老人们一同聊家常、唱红歌；积极参与地方帮扶建设，参与修建公路和养鹅场……锦州箱厂用实际行动传递了最美造箱人的大爱情怀。而如此特色企业文化的打造，也更大程度地凝聚了广大员工的力量，提升了企业的向心力，进而转化为更大的生产力、发展力与竞争力。

三、始终保持与时俱进性

紧跟发展脚步、与时俱进向前是企业文化推进过程中的重要一环，一成不变、故步自封只会将企业文化建设引入死胡同、失去活力。尤其是随着“90 后”“00 后”相继进入职场并逐步成为骨干，“数字化”取代“互联网”，人员的更替、技术的发展，对企业的经营和发展都提出了诸多挑战。面临着新的管理对象、新的管理技术、新的知识，企业应始终保持开放的姿态，博采众长、与时俱进，方能走得更远。上海寰宇卓越•共享企业文化就是这样一种倡导求同存异、开放包容的文化，锦州箱厂作为所属六家箱厂之一，始终在积极传承，用实际行动助力美丽•爱心家园文化，保持了较好的与时俱进性。

对内，优秀的美丽•爱心家园企业文化是思想指引、行动指南，不论是遇到管理瓶颈，还是困惑于各种问题，在文化体系中总能找到答案，在广阔的卓越共享平台上更能收获来自四面八方的帮助；对外，体系完整、与时俱进的美丽•爱心家园企业文化，在收获肯定、赞美的同时，也总能带给我们意想不到的惊喜，这就是优秀文化独特的属性和魅力。

“个人因团队的卓越而成功，团队因目标的一致而卓越”，正是有了这样正确的引导，卓越班组、卓越部门、卓越团队成了广大员工共同的目标，心中有方向，步伐才更坚定，家厂携手共同建立了属于自己的、独具特色的美丽•爱心家园，为打造卓越的寰宇一家丰富了内涵；不论是完成哪项工作，大家都力求创新突破，精益求精，“首先感动自己，然后再去感动别人”成为很多员工的座右铭；面对重复的工作，大家总是开动脑筋积极思考，寻求创新的突破口，因为每个人都坚信，每次进步一点，量变终会收获质变；面对一项新的任务，大家更是主动出击，全力沟通，发挥卓越共享平台和优秀团队的力量，展示激情自信的风采。文化宣讲、各类交流论坛、东方文化艺术节……大家虽忙于其中，但是更乐在其中、收获在其中、成长在其中，而这，都是得益于优秀企业文化对每个人润物无声的感染力，也是每个人对企业文化与时俱进特性的良好践行。

“文化是一个国家、一个民族的灵魂。文化兴国运兴，文化强民族强。没有高度的文化自信，没有文化的繁荣兴盛就没有中华民族伟大复兴。”习近平总书记在《决胜全面建成小康社会，夺取新时代中国特色社会主义伟大胜利——在中国共产党第十九次全国代表大会上的报告》中指出。再次凸显了以习近平同志为核心的党中央对中国特色社会主义文化事业的高度重视，也表明了文化对于社会各领域发展的重要意义。作为一家国企，加强企业文化建设工作的重要性、紧迫性不言而喻。

美丽•爱心家园企业文化历经十余年发展，根基扎实，内涵丰富，不仅让广大员工自豪自信，也是企业持续稳定发展的宝贵财富，它值得每位锦州箱厂人感恩珍惜并为之努力奋斗。未来，在广大员工的精心呵护与用心践行中，也必将全面贯穿企业生产经营全过程，发挥更强的导向作用，更加熠熠生辉，也必将更好地传承与发扬上海寰宇卓越•共享企业文化，为打造更加响亮的 DFIC 品牌不懈努力。

（东方国际集装箱（锦州）有限公司党总支书记徐欣茹）

以高素质人才赋能企业高质量发展

寰宇东方国际集装箱（青岛）有限公司

企业发展靠人才，产业振兴靠人才。一直以来，寰宇东方国际集装箱（青岛）有限公司（以下简称“青岛箱厂”）在中远海运集团和中远海运发展的支持领导下，以上海寰宇人才发展规划为引领，牢固树立了“人才是第一资源”思想意识，秉承“有用就是人才、人人皆可成才、人人尽显其才”的人才发展理念，坚持人才引领发展的战略定位，全方位引进、培养、用好人才，不断创新理念，探索新形式，培养高素质专业化复合型人才队伍，为推动企业高质量发展提供坚实的人才支撑和智力保障。

自百合花项目以来，青岛箱厂一直高度重视人才培养工作，提出了“聚焦‘上海寰宇人才发展战略规划’，全面实施‘外培内训’，拓宽校企合作领域，加强各级人才的培养建设”的工作重点，从思想层面加深意识，不断提升公司员工的综合素质水平，培养一批符合公司当前及未来一段时间发展需要的骨干力量和后备人才，纵向挖掘深入，形成立体化课程体系矩阵，为公司人才队伍建设打下坚实基础。

一、提升专业技能　锤炼过硬本领

技术在企业发展过程中占有重要地位。青岛箱厂作为生产制造型企业，过硬的技术对于企业提高生产效率、开拓市场、满足客户需求、优化生产成本、减少环境污染具有重要作用。为打造专业技能过硬的专业化人才队伍，青岛箱厂多措并举，锤炼员工专业技能。

（一）资源共享 发挥集团内部协同优势

随着公司各项工作逐步深入开展，人才培养的重要性和迫切性已经逐步呈现。为了促进员工管理能力和专业技能提升，赋能员工发展，青岛箱厂与专业机构合作，为员工提供专业培训。

中远海运人才发展院整合了集团内部优质的教育培训资源和师资力量，在人才培养方面具有丰富的经验和专长优势。同为集团驻青单位，青岛箱厂借助人才发展院的平台，通过开展基层管理人员培训，设置实践教学基地，签署人才培养与发展框架协议等一系列举措，做到资源共享、优势互补，实现人才共育、合作共赢。

在专业老师的指导下，在大学校园的学习氛围中，员工求知的渴望得到充分释放，员工学习的积极性被充分激发，学习型企业创建工作进一步深入。青岛箱厂通过校企合作探索搭建双向交流机制，充分利用智能化、信息化技术改变传统生产管理，实现企业智能制造水平的全面升级。

（二）实施“鹰计划”全周期分级分类培养

自 2021 年以来，公司在上海寰宇“三二一”发展战略引领下，结合生产实际，持续加大开展设备改造和创新力度，自动化水平不断提升，人才的重要性和迫切性日益凸显。为进一步促进员工专业技能和管理能力与设备的更新换代相匹配，经过多次探讨和研究，青岛箱厂制定了“鹰计划”。

“鹰计划”员工培养与发展方案以多层次、精细化为特点，建立从新入职员工到中高级管理人员全覆盖、贯通员工职业发展全周期的分级分类培训体系。青岛箱厂借鉴集团“启航、远航”班培养方式，实施“雏鹰班、苍鹰班、精鹰班、雄鹰班”的培养模式，对普通员工、后备干部、中层管理干部、高级管理干部进行专业能力培训，打通不同层级人才培养的界限，设立了导师制——“雄鹰”带“精鹰”，“精鹰”带“苍鹰”和“雏鹰”。公司高层亲自担任导师，高度注重人才培养，逐步形成全方位、立体化的人才梯队培养体系。

“鹰计划”的实施，是青岛箱厂人才培养的一次积极尝试。首期“雏鹰班”33位学员来自不同的部门，由部门或员工推荐产生。他们都是具有自动化工作从业经验或对自动化感兴趣，想在该领域长期发展的员工。在培训过程中，学员学习热情高涨，能够不断提出问题，解决问题，学习效果显著。“雏鹰班”的实施不仅有助于员工全面掌握与深刻理解工业机器人等智能化生产设备的操作、保养和维护，促使学员成为公司智能化发展的第一批骨干力量，更有助于以解决生产经营中的实际问题为出发点与着力点，以创新驱动提升生产效率，全方位提升公司智能化水平。

（三）开展竞技比武 促进员工专业技能提升

竞技比武既是对员工技能提升的考验与督促，也是对“快乐工作，精彩生活”理念的宣贯和传播。焊接、封胶、钳工、电工、叉车、起重行车、消防等一系列竞技比武的举行，既展现了新时代最美造箱人过硬的技艺和良好风貌，也是对培训效果的最好展示。员工通过竞技比武等方式开阔视野、博采众长，同时参赛选手的优异表现也进一步激励了全体员工，真正发挥了示范引领作用，以赛促学，全面提升，激励员工争做推动公司高质量发展的主力军、先锋队。

二、注重实践 培养应用型人才

实践是理论的本源，理论的价值在于指导实践。在人才培养方面，青岛箱厂历来坚持理论学习与实践相结合的培养方式。青岛箱厂结合公司实际，通过交流任职、部门挂职等方式，以沉浸式培养模式为基层优秀员工成长成才搭建广阔的平台，以此培养出一批既具备优秀管理素养又具有一线实践工作经验的应用型管理人才。

青岛箱厂实施“青年员工管理实践营”项目。公司根据实际情况设置管理实践岗位 30 个，并倡导青年员工赴实践工作岗位挂职锻炼。员工报名后，由实践部门、项目推进小组进行综合评估选拔后确定实践人选及实践岗位。

通过实践锻炼，员工的技术、管理、沟通技能得到大幅提高，视野更开阔、思维更活跃，实现了横向宽度和纵向深度的提升，为公司高质量发展提供强有力的人才储备和支持。

三、增强凝聚力 打造卓越团队

团队凝聚力不仅是维持团队存在的必要条件，也对团队激发潜能有着重要作用。青岛箱厂有 3 条生产线，员工总数约 3000 人。人数众多及复杂的产线设置，对团队管理提出了很高的要求。如何增强团队凝聚力，打造高效卓越团队成为人才培养的重要课题。为进一步增强团队凝聚力，激发员工潜能，打造卓越团队，青岛箱厂成立了青岛箱厂员工素质拓展中心。该中心以“快乐工作，精彩生活”为宗旨，以“磨炼意志，熔炼团队”为目标，通过沉浸式的项目体验，努力“让优秀成为一种习惯”。

员工素质拓展中心广泛调研了各部门、班组及员工在团队建设方面的需求，并根据需求制定了具有针对性的团队培训项目。中心利用产线修整的间隙，已为 200 余名员工提供了团队建设培训服务。员工们通过团队建设培训活动切身感受到了快乐工作与精彩生活的内涵，在团队游戏中提升了合作的信任与默契，团队的凝聚力、向心力和协作能力得到了进一步的提升，卓越团队加速形成。

四、推进自主管理 实现全面提升

自主管理注重员工个人目标与企业目标的统一，坚持以人为本，注重人的潜能发挥，在实现组织目标的同时实现员工的个人价值。

2021 年以来，青岛箱厂卓越班组建设以自主管理为主要形式，鼓励员工自主学习，自主提升。自主管理活动在员工队伍精神面貌、安全意识、质量意识等方面发挥了积极作用。

青岛箱厂创造性开展“总经理面对面”活动。该活动作为厂务公开的一项举措，见证了员工自主管理的不断进步。起初，员工在“总经理面对面”活动上，提一些工作和生活上的问题，寻求公司帮助。后来，随着员工自主管理意识的不断提升，“总经理面对面”活动不再仅仅是解决员工诉求，更是成为员工为公司发展建言献策的平台。其主要职能由“公司要为我做什么”转变为“我要为公司做什么”。员工通过“总经理面对面”提出自己的意见和建议，合理的均会被采纳并用于公司生产实践，有力推动了员工和企业的共同成长。

自主管理通过在良性过程中创造自主提升和智慧共享的氛围，更加务实高效地将卓越班组建设推向新的高度。在自主管理下，青岛箱厂生产效率和产品质量均得到了大幅提升，员工个人价值也得到充分实现，实现了组织目标与员工个人价值的双提升。

企业的发展离不开人才，而人才培养则是企业发展的核心驱动力。作为企业来讲，只有人才是远远不够的，挖掘人才潜力，形成人才团队，实现“人人皆可成才、人人尽显其才”，企业才能形成竞争力，才能获得高质量发展。

站在新的历史起点，青岛箱厂将与时俱进，不断追求人文管理与科学管理的统一，注重人才培养，做人才工作创新发展的探索者，努力为人才成长构建开放包容、开明睿智、卓越共享的生态文化，为公司高质量发展提供坚实的人才保障。

（寰宇东方国际集装箱（青岛）有限公司 董事长、总经理王良，党总支书记、副总经理冯海波）

综合篇

国际新观点

文化：助力者还是变革的阻碍

麦克托·本巴赫

国际变革管理集团由三家分别位于英国、法国和德国的公司组成。我们设立国际变革管理集团是有一定原因的，这个原因和我们跨文化协作有密不可分的关系，它能帮助我们在欧洲的整体背景下去考察当地的具体情况。为什么这么说呢？当我们去看世界地图，会发现欧洲和中国相比，它的地域面积较为狭小，但是在这样一个狭小的面积上却有许多国家，同时有许多文化，也就有了文化的多样性和差异。因此，在过去的几千年里，欧洲大陆上发生了许多冲突和战争。

欧盟的成立帮助我们克服了部分的文化差异，因为欧盟为整个欧洲提供了一个共同的利益体系。这种共同的利益体系，首先源于我们的经济驱动，通过经济驱动，能够将欧洲大陆上的3.8亿欧洲人民连接在一起。目前，这样的共同利益已经逐步地走出经济驱动，我们也会考虑政治和国防因素，但是最根本、最本质的文化差异依然存在。

当前的经济环境下，经济发展势头疲软，共同的经济利益逐渐失守，那种根深蒂固的文化差异显得更加突出也更加顽强。不可忽视的是，在过去的5年到10年里，我们的国家主义和民族主义正在逐步抬头。国家主义和民族主义抬头，其实是源于不能真正理解共同利益和共同目标的人变得越来越多。此外，我们在共同利益体系中加入的东西也越来越多（除了共同的经济利益，还有各国政治利益、国防利益、军事利益等），共同利益体系承担的内容越来越多，那么共同的部分也就被稀释得越厉害。

文化差异在欧洲有着深远的影响。我们都说欧洲速度慢，其实这和文化冲突有着千丝万缕的联系。因为，欧洲国家倾向于聚焦文化上的差异，而忽视了各国文化的共同性。所以，我们今天分享的主题将会围绕共同利益和共同目标展开。

我在国际跨文化的工作中，有两个非常深的信念：第一个信念是，不论人们生活在地球上的哪个地方，都会分享一些共同的基本诉求（美味的事物，更好的生活，受到赞扬，获得认可，实现自我价值）；第二个信念是，当我们试图与另外一种文化进行合作与沟通的时候，只要我们能够抱着一个开放的心态，同时能够产生足够的好奇与兴趣，那么我们的跨文化合作就会变得更为有效。

我看过很多文化培训，他们只愿意告诉学员文化之间的差异，这些差异都是特别肤浅的，显而易见的，对文化的一种刻板印象。当人们向我咨询时，经常会问，怎样才能进行更好的跨文化交流与合作？我通常会告诉他们，你需要自己走出去，观察你身边的人和事物，收集反馈，多提问题，不断地去学习，不断地去精进，这样你才能真正获得跨文化的理解与体验。此外，不要总是聚焦于文化差异，要考虑文化之间的共同性。在这个过程中，我们需要持有对外来文化的好奇心。

“中国和德国这样一个组合行得通吗？”

我于2011年第一次来到中国，还是“中国热”的时候，那时 2008 年的金融危机在欧洲刚刚消退。我对中国的第一印象非常深刻，中国人十分懂得变通。当时的中国正处于一个快速发展的时期，人们面临的变化更多，也更容易适应变化。与之相反，德国人崇尚稳定、流程、结构和持续改进，不怎么擅长应对变化。

随着我在中国待的时间越久，就越发地意识到中国和德国的组合，事实上可以行得通。一方面，中国人有很强的快速适应能力、变通能力，快速地提供解决方案的能力；另一方面，德国的文化是非常强的工程师文化，他们有结构化的思维，并且更愿意去规划事情，然后去做持续改进。两种文化都有各自的优势，中德双方应当互相欣赏，方能合作。

四种“搞砸”中德合作的方式

如果我们能够把中德双方的文化优点结合起来，那么这个组合将势不可挡。但是，并不是说这样的组合很容易就能实现，这并不容易。

一是仓促行事。在中国，所有事情都非常快，我常常会感到自己落后于中国速度。所以在跨文化合作当中，仓促行事是不利于我们合作的。在合作初期，我们需要去进行一些尽职的调查，包括去做一些文化的评估。在合作的第二个阶段就是初始阶段，合作双方要去互相观察对方的行为模式，包括我们怎样去做商业决策，怎样能够更好地赞赏自己的员工，只有经过观察后我们才能够互相了解。所以一开始，我们如果把追逐利益放在第一位的话，可能在合作的第一年和第二年我们能够见到比较显著的经济增长，但是从合作的长远来看，把经济利益放在第一位对于企业发展并不是行之有效的。

二是我们忽视了对方已有的成功模式和成功因素。我们应该想一想自己所代表的企业，想一想自身在过去的十几年间所取得的成功，其实是有一定的模式可以追寻的。不论是中国企业和德国企业合作，还是反过来，德国企业与中国企业合作，我们都不能忽视对方已有的成功因素与成功模式。

举个例子，这个例子是关于德国戴姆勒公司的。戴姆勒公司是全球最大的高档车生产商之一，也是全球最大的商用车生产商。它一直把自己定位为汽车的创新者，他们有很强的完美主义倾向——工程师文化，他们长期致力于发展汽车的内燃机技术。所以，如果你想要和戴姆勒公司进行合作，就必须要理解戴姆勒公司背后的历史以及文化遗产，这样才能够更有效地进行合作。

三是假设“我知道”“你知道我知道”。你需要准确地了解你的合作伙伴的预期，你需要对心的想法保持开放的态度。这也是为什么我喜欢在国际化的环境中工作的原因，因为在一个外国环境中，会督促我要不断地学习，保持一个开放的心态。

四是忽视人的因素。组织间的共同目标、共同利益需要转换成个人的目标与利益，与个人相联系。在欧盟，现在遇到一个问题是，大家没有找到一种共同语言，这种语言可以去连接不一样的文化、不一样的民族。把欧盟的例子运用到企业也是一样，CEO 也面临着同样的困境。假设说，我们要建立一个合资企业，但是合资企业的双方员工并不理解我们该如何更好地服务于这个市场。那么这个合资企业注定将是失败的。

四种在中德合作中成功的因素

虽然有合作失败的因素，但我们也有一些有利因素。

第一，要有共同的目标与共同的利益。为了能够克服文化间的障碍，我们需要有一个共同目标。最近有客户找到我们，想让我们为他们提供关于跨文化的培训，当我们跟客户进行进一步沟通的时候，发现其实他们缺的并不是跨文化的培训，而是缺一个共同目标。德方希望在合资企业中了解中方低成本制造的方式方法，中方希望在合资中了解德方的工程技术。显然，中德双方并没有共享共同目标，上至管理层，下至一线员工都不理解合资企业的存在意义，因而双方合作困难重重。

第二，混合型领导团队。混合型领导团队对于中德企业合作至关重要。我们经常能看到一些德国企业，他们在中国布局已经超过 20 年，但是当我们去看他们的管理层的时候，他们的领导团队并不是混合型的。通常我们见到的高管层都是来自德国，他们的中层管理来自中国，当然另外一种情况也是有可能的。我在中国待了 10 年，这 10 年的经验告诉我，混合型领导团队对于跨文化协作至关重要。我知道建立这样的领导团队其实并不容易，因为我们首先要跨越很多障碍，语言就是第一个障碍，但是当我们把混合型领导团队建立起来以后，会给我们带来许多商业价值。

第三，双方合作需要一定的规则规范。对于中德企业的文化合作而言，最重要的不是我们要设置许许多多的规则规范，而是要设置有效的规范。举个简单的例子，在中德合资企业当中，我们在企业里使用什么样的语言？是德语，是英语还是中文，那不管我们选择了什么样的语言，之后我们该怎样切实地去落实这个语言在企业中的使用？

第四，积极的文化工作。这是什么意思？就是积极的文化工作，首先取决于你的观察。这个观察，包括我们怎么样进行双方的沟通，我们怎么样去认可我们的员工，我们怎么样进行商业决策？这些问题其实都是文化模式在背后支持的。

我们要意识到文化以及文化上的共通和差异。只有意识到我们身处的文化环境，我们才能够去改变它。比如，我们什么样的员工会得到嘉奖？我们可以去改变；我们怎么样去进行商业决策？我们可以去改变；作为领导怎么样和员工进行互动和交流？改变文化的征程是漫长的。一般来说，我们不可能在一年之内就解决它，而是需要一个更加漫长的持续过程。

基于合资企业设定下的案例

最近有客户向我们咨询。这是一家电动车整车制造商，一家中德合资企业。客户问我们，“我们两家公司的合作并不是很有效，请问应该怎么办？是否需要一个文化的培训？”我们跟客户讲，事实上，文化培训并不是你们所需要的第一步。在进行文化培训之前，你们还有其他的工作要做。整个案例的路线图由五个阶段组成，这是我们和客户一起共同完成的。第一阶段，我们和所有的高管层进行一个协调与沟通，然后我们进行了一个项目设计的过程。在第二阶段，我们称之为文化开放的阶段，在这个阶段我们会去讨论一些文化上的内容，但是这一阶段非常短，只是帮助大家去了解彼此文化之间的差异。我们把更多的时间放在了第三阶段，就是共同使命。在这一阶段我们要去确认作为合资企业的双方，他们的共同使命是什么，或者共同目标是什么？在第四阶段，我们会将共同使命转化成制度上的语言。

具体来说，第一阶段，我们需要这家企业的高管层对于这个项目的认同以及理解。所以不论是什么样的项目，我们第一步都是要取得高管对于项目的认同。我们在项目实施的过程中，所有人用项目管理的方式进行交流。在第二阶段，我们会让大家去理解企业的文化，但是这个阶段非常短暂。这一阶段的目标是让双方互相理解，这样他们之间才能互相协作，并为第三阶段做好准备。第三阶段，是需要我们花费很多精力的阶段，即共同使命。在这一阶段，我们需要回答一个关键问题，就是我们为什么要设置合资企业？设置合资企业的目的绝不仅仅是为了获得利益，他应该有更多的层面。我们所采取的方式是开展一些高管工作坊，并且通过持续的重复迭代过程去定义共同使命。这是一个非常冗长的繁重过程，但是在经历了这一过程之后，我们拥有了一个致力于新的合资企业的高管团队。经历了第三阶段之后，第四阶段我们需要把我们企业的共同使命转化成企业文化，并且转换对于制度的设计。这个制度包括我们采用什么样的业务流程？我们怎么样去设定 KPI（Key Performance Indicator，关键绩效指标法）？为了能够使制度设计更加有效，我们会采用模拟的方式，让员工在这个设计的环节去测试，去感受这个制度设计出来以后的样子。在这一阶段中，我们不光设计制度，同时也给予了员工自信。在未来，这个组织的员工将非常有信心能够将这个制度运行起来。这就是一个跨文化项目怎么样能够在中国落地的方式。

文化：从变革管理的角度

现在，我想从变革管理的角度来谈一下企业文化。其实文化的变革是最难以实现的一个变革。

第一，文化的变革，涉及改变人，并且是对于自身对于组织的一个身份的认同。以戴姆勒公司为例。戴姆勒公司一直坚信自己是内燃机的领先制造商，但是如果把自己转换成一个移动出行服务商的话，那他们应该怎么办呢？以 20 年前戴姆勒公司并购克莱斯勒的案例为例，一方面戴姆勒公司要为市场提供世界上最好的汽车；另一方面克莱斯勒是一家服务于大众汽车市场的公司，它采取的是一个较为务实的态度，提供的是家用日常用的汽车。这两家公司联合后，想要一起去创立一个共同体系，共同流程，但是两家公司都不愿意放弃自己的身份认同，最后这个联合以失败告终。

第二，很多的变革，很多的转型，从表面上看并不一定是和文化相关，但是它却有文化的因素在里面。比如，我们要引入一个新的领导核心的服务意识，这些都是和文化密切相关的。

第三，有时候我们非常注重所谓的国家文化，但是从我们的经验来看，相较于国家文化，企业文化对人的影响更为持久。举例来说，德国的车企：宝马、保时捷和戴姆勒，他们都拥有完全不同的企业文化。在中国也是一样，长城、华晨，还有比亚迪，他们的文化也不相同。总之，当我们要做文化转型的时候，我们应当侧重的是企业自身的文化，而不是我们所谓的国家文化。

企业变革中文化的作用

第一，我们要意识到我们的文化遗产。文化遗产包括公司的历史，还有公司的成功模式。

第二，企业战略与企业文化必须要相配。有些公司追求所谓的国际化企业战略，但是它的文化却是一个本土文化，这样势必会对这个战略落地造成影响。

第三，文化一般是不能被直接改变的。它是非常隐性的一个因素，你只有通过观察人们的行为模式，才能够去理解文化。所以说，企业文化转型的第一步就是观察。

第四，如果你能很好地进行文化升级，它会给你带来巨大的回报。它就像企业里面最大的轮子一样，你转动一小下，影响就很大，这种影响远远大于改变一个单独的流程。如果你有一个强大的企业文化的话，那么你的企业就会比较顺畅地运行。

跨文化合作成功与否其实决定权在我们自己手里

最后，我认为中德组合是行之有效的，是行得通的，但这意味着我们要花费很多时间和精力。

共同目标和共同利益可以作为文化演进的基础居于首要地位。需要注意的是，不管你在企业当中进行任何变革，文化都不是特别显眼的东西，但是它是存在的。文化不能被直接改变，希望能擦亮你的眼睛，观察你的周围，使之成为你文化变革之路上的第一步。

（国际变革管理集团合伙创始人、董事，本文选自 2019 中外企业文化合肥峰会上的发言）

中西方企业文化的不同及合作方式

郭德凯

典型的西方文化

沟通方式。在西方文化中，其中最重要的一个方面就是他们的沟通方式。欧洲企业的员工之间非常愿意以开放的心态、直率的性格，积极主动或者说直截了当的态度进行沟通。但是这种沟通，有两个方向：一是自上而下，另一个是自下而上，二者可以同步进行。具体来说，基层员工，他们都非常愿意向上级领导提意见、建议，甚至是一些批评意见。

反馈机制。在某公司一次会议结束后，我们会通过反馈机制让员工把意见提供给领导。举个例子，在我们公司每次开完会的时候，我会通过询问我的同事来了解他们对于这次会议以及会议中我的表现，并给予评价。那么我是否能做得更好？即使作为公司高管、合伙人，我也并不是尽善尽美的，所以我需要听取大家的意见。

文化的多样性。现在，很多的外国企业当中，这种不同性别、不同文化背景人才的融合对企业发展越来越有价值，也对公司取得成功越来越有帮助。有研究表明，一个多元化更强的公司，它往往有更高效的表现。在欧杰思人才顾问公司的工作中，我们就会非常关注候选人多样性方面的素质。因为我们有这样的关注点，也带给了我们国外很多客户好处，因此他们也更加愿意和欧杰思合作。

协同合作。在西方的企业中，当企业碰到一些挑战或者说一些不同的客户需求的时候，所有的员工建议、意见都会被收集上来。因为团队的力量要比个人大。

员工敬业度。现在的员工，在工作的时候更加有他们自己的目标性。当员工和公司的目标达成一致，并且同时认同这个目标的话，那么员工往往会有更好的表现，对公司的忠诚度也会更高。我们也会向我们的客户倡导敬业度的观念。对于我们所服务的公司，员工敬业度是非常重要的，所以我们也愿意让员工在工作当中，找到与企业目标相一致的点。同时员工在工作当中的目标不仅是金钱，还包括他们每天是不是能够开开心心上班，然后有一个非常愉悦的心情。

西方人眼中的典型中国企业文化

不同文化背景的西方人眼中看到的，不一定是大家所看到的现象。

等级制度。等级制度在中国企业中的重要性比西方企业更为突出。在中国企业，决策总是由企业高层做出，员工有着“老板永远是对的”思想，下属因为担心老板“没有面子”而不敢轻易提问，而且相应的层级会比较多。在西方的企业中，企业层级会相对更加扁平化一些。在中国，中层管理层没有足够的授权，一些决议事项需要高级管理层做出，所以说，很多高级管理层在日常工作中会需要做很多决定，而其中有不少决定其实可以在中层管理层那里就可以很轻而易举地完成。

在这种企业背景下的一般员工，他们不倾向于向他的上级提一些反对意见或建议，中层经理也不愿意对他们的上级领导的意见表示反对，因为他们担心他们的上级因此会丢脸。不过基层的员工对于客户离得更近，对客户的问题会有一些相应的解决方案，但是作为老板不一定什么问题都会有他们现成的解决方案。

管理方式。中国企业负责人的管理方式是，一般都会执行自上而下的指令。当中国的高管管理层或者中层经理们，发出一些指令的时候，相应地就会减少反馈，或者说少一些容许下属提出问题的机制。

相互关系。中国企业文化中的相互关系，一般分为私人关系和商业关系。在社会关系或者社交方面，它可以融合私人关系和商业关系。

在营商及工作环境中的主要文化差异

首先，在西方企业文化当中，当面对一些具体情况或者问题的时候，一般会事先征求个人意见，经过讨论形成团队意见后，再针对这个问题提出解决方案。

西方人视自己为独立的个体。他们在业务磋商、谈判或者业务会议中不惧当众发表自己的见解。对感兴趣的事情会感到兴奋并用微笑表示认同感和兴趣度。我想指出的是，美国的企业文化和欧洲企业文化是有一定差异的。在美国企业当中，员工会非常热情，非常有激情地表达他们的意见，并参与到问题的讨论中。美国企业员工与欧洲企业员工的差别就在于程度上的不同。而大部分的中国人，在开会商讨期间都倾向于安静聆听，认真理解所得到的信息，这表现了他们互相依赖、彼此尊重的为人处事态度，但是他们不倾向于发表自己的观点看法。这里我也提到了准时准点的态度，西方人认为准时准点在业务会议中非常重要，但是这个重要性可能还不及其他的文化差异。

其次，在解决问题的时候，在西方文化下，大家会倾向于做一些头脑风暴、集思广益的事情。基层员工或者基层的一些主管，他们愿意与他们的老板有不同的意见。拥有个人独立主义精神的西方人并不担心与老板分享他们不同的想法，哪怕是不同意老板的决定。企业也会鼓励员工大胆清晰地说出自己的想法，他们通过说出不同想法、头脑风暴式的讨论，乃至互相争论来获得解决问题的方法。而在中国的等级制度和集体主义制度文化中，下属对上级必须非常尊重。下属不会反对或者挑战他们的老板，至少不能直接挑战或者在公开场合反对。中国人认为会议中的“和谐气氛”非常重要，他们会专心致志地聆听、自己考虑问题并保持安静直到他们被领导们问及想法。这让我想到了中国的教育体制。中国孩子在上学的时候，如果发现老师讲的内容不对，老师的课件或材料出现错误的时候，不一定会举手并指出。在我们的文化当中，孩子们如果发现老师的材料有问题时，他们会非常开心，然后举手并指出。所以我想这可能就是从基础教育，从整个环境基础上受到的影响，并将之带入了企业环境中。因此，中国的企业员工不是太愿意去批评，或者否定老板的意见，不愿意突出个性、表达自己的观点和意见、建议。所以我们又绕回到这个题目——解决问题的方法，这将是一个集思广益的方式。在中国的文化下，大家可能更愿意追求和和气气，团队的“和谐气氛”，因此不会提出太多的问题。

第三，关于业务联系和关系。在中国，在政府部门“有关系”对于成功做业务有着重要作用。在企业经营当中，与当地政府，甚至中央政府有一个好的联系是非常重要的。对于欧洲企业，是否与政府保持良好关系并不能影响企业的成功性，一方面的原因是西方一些国家面积都非常小，他们的制度、政策都非常清晰。因此，作为企业就不太需要去和政府部门打交道。

第四，关于自我推荐、自信和谦虚。西方文化非常鼓励员工进行自我推荐。如果自己都对自身的能力和才能没有信心，别人怎么能够信任你呢？关于这点，美国和欧洲也有一定的差异。美国企业的文化是，员工都很积极，并且有激情地自我推荐。在中国的企业文化下，人们认为谦虚是成功的重要特质。人们一般会倾向于比较低调、谦虚，然后会是一个安静的成功者。

合作共赢的策略

合作共赢的策略，由四个方面来促进融合：

一是全球本土化，就是全球化的思想，本土化的操作。所有的公司都愿意相信，我的企业文化是全球性的一个企业文化。这是一个非常好的想法，我们要去倡导。不过，因为本土化或者当地的一些具体差异，也需要本土化的一些操作，才能确保成功。

二是提倡相互欣赏与尊重。在其他国家的经营当中，跨国企业必须要去理解，并且尊重当地的文化。

三是分析文化差异并理解不同性。当地文化和本土文化的差异，事实上，在理解自己国家和你现在投资的这个国家的相似性方面更为重要。

四是文化差异整合。关于多样性的文化，在任何国家的文化当中，特别是企业的文化当中都是非常有价值的。所以说，在跨文化的环境中，我们重要的是要找到一些共同的文化要素，然后基于这些相似性，一些共同的要素，再去建立相关的合作。举个例子，中国有一家企业投资到澳大利亚。在澳大利亚的文化当中，体育运动有类似于宗教一样的重要性。因此，尽管有一些体育运动赛事可能并没有在中国播出，但是你投资到了澳大利亚，那你就要去进行一些体育赛事的广告、赞助，这是非常重要的，因为当地人对于体育运动非常热衷。

关于这一点，我们可以从两个方面进行讨论：一方面是针对西方企业投资到中国，另一方面是针对中方企业投资到国外。任何一家西方企业从国外把他们自己的一些做事方式照搬到中国，再去经营他们的业务，并且还能取得成功，如果有这样的想法，那么他们的想法是错误的。他们需要找到本地合作伙伴并与之建立紧密合作关系，尽管不一定要组建合资公司，但也不能贸然独行，并且在坚持发扬母公司的企业文化时，西方企业在中国需要使用本土管理团队进行管理。具体来说，西方企业在中国开展投资的时候，他们可以找一些当地的合作伙伴进行合作，如果没有合作伙伴的话，他们也可能需要一些其他的伙伴来获得支持。同时，外资企业投资中国企业的话，需要去招聘一些当地的管理人员加入到管理层的工作中。当地的管理人员加入管理层中，并不会给企业的文化带来损失，或者影响偏离，但是如果说企业的全部管理层团队都是从国外过来的话，那他们的企业将会面临失败。其中一个失败的原因就是中层或者基层的员工，可能他们表现得非常好，但是他们在职业晋升渠道里面看不到晋升的可能，因此他们最后往往会选择离开，这将会限制公司的发展。

另一方面，中国企业投资到国外。20 世纪 60 年代，日本企业走向了全球化，20 世纪 70 年代至 80 年代，韩国企业也进入全球化，现在到中国企业全球化的时候了。类似于刚才所讲的，西方公司在中国需要去招聘一些当地的管理层，中方在投资海外的时候，也需要赋予当地企业管理层相应的权利，至少在初期阶段，这样就能挽留当地企业人才并树立企业形象；同时任命和授权海外本地高端人才做高阶岗位，尤其是在销售领域，包容并且拥抱多样性；确保母公司的培训和支持能够给予当地市场的中层管理者团队。同时，要为这些国外的外企管理层提供一些总部的文化培训，然后中方高管必须经常与当地团队进行敞开式沟通并给予一定支持，这是很重要的。

举个例子，这是一家来自瑞典的公司——阿特拉斯·科普柯，是在中国非常成功的外资企业，主营生产压缩机。他们在中国经营时间非常久了，已经有 200 家分支机构。这些分支机构是非常小的业务单元，同时是非常独立自主的机构。总部管理的就是一些最新技术，其他都是由当地的子公司来管理。从文化角度来观察，这家企业是如何在中国市场实现成功的？他们从总部派驻中国区的负责人（西方人）具备很强的文化学习意识，他通过学习了解当地文化来行使总部职责。其下属的各分公司总经理岗位几乎均由中国人担任，他们在区域业务的运营上被赋予了充分的权力和责任。大部分的子公司总经理是该企业的长期员工，他们在公司得到良好地培训和职业发展机会，也经常去海外出差了解不同市场。同时，公司还倡导尊重员工和各方合作伙伴（无论他们是当地政府、协会机构或者业务伙伴）的文化。这有助于外企理解在中国市场做生意的方式方法。

再看中国企业海尔收购 GE 家用电器，他们是如何实现共赢的？海尔在收购 GE 家用电器之后业绩非常好。这归功于海尔在收购之后，让当地的管理层团队继续进行公司管理。他们明确收购的战略意图，并制定适合双方诉求的业务目标和企业价值观。在与 GE 家电的团队沟通后，海尔发现，美国文化崇尚个人英雄主义，美国员工希望企业能向员工充分授权，支持他们自我创新，这与海尔推崇员工的价值实现与所创造的用户价值合一的“人单合一”模式不谋而合。因此，推进“人单合一”战略时，GE 家电团队表现出了较高的接受度和积极性。海尔与 GE 家电在董事会层面制定企业战略与方针，但是在日常运营层面，海尔决定沿用原有的 GE 家电管理团队并赋予他们独立管理的能力。这样有效保持了 GE 团队的创造力。

在跨文化的合作背景下，这几点都非常重要，包括沟通、赋能、反馈、多样化。此外，还有一点很重要，就是要找到正确的人，以正确的方式做正确的事情。同时要保持持续学习的能力，这样才能让企业经营获得有效的成果。

一家新的企业客户，如果这个新客户具有不同文化背景，那你需要先去掌握他们的预期是什么样？各方的预期是什么样？然后随着双方的沟通时间越来越长，后面双方还可以去推进他们的关系。同时不同国家的信任建立也不太一样，比如说美国，他们可能会更加重视契约、重视合同。而在英国，可能更加重视与合作伙伴的关系。在西方文化中，我们常把工作中的关系和私人关系区分开，不过要相信，与你一生中所遇见的每个人保持一种良好关系是非常重要的。

（英国商会执委、英国欧杰思集团合伙人，本文选自 2019 中外企业文化合肥峰会上的发言）

中非企业在合作中的文化融合

吉尔斯•德扬

中国企业想到非洲投资兴业，了解非洲文化是非常重要的，就像非洲企业到中国之前，都会尊重并且学习和了解中国文化。那么同样，对于中国企业来说，了解非洲文化是非常有意义的，所以我今天的演讲将分为两个部分：第一个部分介绍非洲文化；第二部分分享一些案例，来了解中非合作成功的一些典范以及在非洲发展得很好的一些中国企业。

非洲文化

非洲大陆一共有3000多种语言，主要有六大语言体系，分别为亚非语系、撒哈拉语系、尼日尔刚果语系、科依桑语系、印欧语系和南岛语系，非洲19个主要民族讲的语言基本上都囊括其中。非洲大陆一共有54个国家，陆地面积是3000多万平方公里，非洲大陆的人口总量是13亿。如果您想要到非洲投资企业，那么只要会非洲七大官方语言之一就够了。这七种主要官方语言是南非语、阿拉伯语、英语、法语、葡萄牙语、西班牙语和斯瓦希里语。

那么除了了解非洲语言，非洲文明和文化也非常重要。来非洲之前，如果了解这个区域独有文化或者文明根源的话，对了解为什么这个区域比别的区域有着更加发达的商业也至关重要。在非洲西部、东部和北部，古代文明非常多，起源也非常悠久，但是南部的文明起源不是很多，在两个世纪前，欧洲人来到非洲，然后在非洲发展了很多商业文明。今天的非洲商业发达程度，特别是在西非的尼日利亚和加纳地区的商业非常发达，东北部和南部因为受到欧洲影响也有很多商业中心。这也和古代文明的发源地非常吻合，所以我们不难理解在非洲传统文明和现代文明也是相吻合的。

中非友谊源远流长，虽然我们可能提及不多，但是事实上中非文化融合从15世纪郑和下西洋就已经开始蓬勃发展了。当时郑和船队来到非洲东部，开创了很多商业文明。其时有很多商人开始通过海路进行与中国的商业往来和贸易。这位小姑娘是郑和船队的一位水手和非洲当地人留下的后裔，她在前两年得到南京大学的奖学金，在她拿到奖学金来到中国的时候，中国人民对她表示了热烈欢迎，并且对她说欢迎回家。时至今日，中非之间的联系和友谊还在不断地发展，现在已经有近120万中国人在非洲生活居住，也有近35万的非洲人在中国生活居住。

当代中非关系起源于20世纪50年代，当时中国与非洲七国签订了双边贸易协议，也是最早把非洲国家当作兄弟国家看待的国家。从20世纪50年代到现在，中非合作和友谊一直在不断发展。中国和非洲双方都在不断地支持彼此，荣辱与共，无论是在艰难时刻互相帮助，还是在繁荣时刻实现共赢，我们的友谊都在不断地深入。

在文化方面，不得不提的是，中国政府一直在大力推动中国文化在非洲的传播，以帮助更多的非洲人民了解中国文化。最好的例子就是孔子学院，中国政府每年在非洲投入100亿美金，帮助设立孔子学院和孔子课堂，以促进中国文化在非洲的传播。孔子学院和孔子课堂的设立成果非常显著，现在非洲有5个国家已经在学校课程中设立了普通话课程，如坦桑尼亚已经有26所中小学将普通话课程设为必修课之一，而且将普通话作为国家中级教育证书的一项考试内容。在喀麦隆，有17万多学生正在学习中文，也有300名当地教师正在中小学甚至大学教授中文。

从2003年开始，已经有很多非洲留学生到中国留学，这个数值从2003年到2014年也在大幅度增长，现在有越来越多的非洲留学生在中国留学。非洲的很多国家都在举办类似的中文比赛，这也是在当地推广和促进中国文化传播的一种方式。除了在非洲社会不同国家推广中国文化，也有很多中国人在非洲居住了很长时间，并且在社会经济各方面都有了巨大的影响。

与非洲的商业合作

文化和语言只是一座桥梁。文化和语言的传播可以促进商业成功的发展，以下三个中非合作的成功案例，我将分析他们成功的原因。

首先分享的是产业园区的案例，也是最典型的一个案例。目前，在非洲已经有25个由中国私企建筑拥有的非洲产业园。这些产业园也为非洲提供了4万多个就业岗位，为当地政府创造了11亿美元的税收。

其中最成功的案例是在埃塞俄比亚的斯亚贝巴附近的东方工业园。这个工业园是2007年成立的，现在已经有83家制造业企业进驻，为非洲大陆提供了1万多个就业岗位。工业园涉及的产业包括汽车组装、纺织产业、水泥产业等。我本人也亲自到亚的斯亚贝巴附近的东方工业园进行了实地考察，在东方工业园里其实存在着巨大的机会，我们可以通过技术合作和商业合作等方式共同面对挑战，并且创造更大的商业成功。

我们也与很多在非洲的中国企业交流，他们遇到一个很大难题就是怎么留住自己的工人。因为在中国，如果工人到企业打工，那么他们会住在企业提供的宿舍里，但是在非洲这个情况就不一样了，工人下班后喜欢回家。特别是在经过三个月的培训，工作两周拿到薪水后，他们可能就不来工厂上班了，所以企业非常头疼，因为他们不停地在培训工人，然后流失劳动力。后来有了一个很好的解决方案，很多在非洲的中国企业发明了一种工作机制，就是如果员工拿了这个月的薪水后，下个月还继续留在企业工作的话，那么就会得到一定程度的涨薪。这种方式在一定程度上解决了留不住工人的难题。

中国企业是怎么在非洲实施本地化，适应本地文化从而创造成功的呢？在东方工业园，有很多中国游客和中国企业家会来到工业园商谈是不是有未来合作的机会。我们现在已经有25家进驻的企业了，非洲国家的当地政府也非常了解工业园可以带来的商业价值，所以政府非常支持，并且就像埃塞俄比亚有了东方工业园这个成功案例以后，又建造了两个类似的工业园。因为本地政府觉得我们已经有了一个成功案例，如果借鉴这个成功案例的商业模式，我们再去创立更多的工业园，那么我们会产生更多的商业成功和给予更多的商业机会。所以这也是为什么埃塞俄比亚现在经济年增长率可以达到8%～9%之高，这也显示了非洲国家和中国合作的重要性，因为非洲国家可以学习更多中国工业的先进经验，以促进本地经济的发展。

我们中非商会也一直致力于在促进中国商人更多地走进非洲和当地政府洽谈，并且可以促进更多的中国商品流通到非洲市场，当然埃塞俄比亚的产品也可以卖到亚洲国家以及欧洲很多国家，所以这都是一些非常成功的案例。

再举一个案例，这家公司是深圳传音控股有限公司（智能终端产品和移动互联服务提供商。旗下拥有新兴市场知名手机品牌 Tecno、Itel 及 Infinix，还包括数码配件品牌 Oraimo、家用电器品牌 Syinix 以及售后服务品牌 Carlcare）的子公司，完全理解了埃塞俄比亚重要的区域位置，可以说是中国企业在非洲发展的典范。这家公司成立于 2006 年，2008 年公司决定将发展重心完全转移到非洲市场。2011 年在埃塞俄比亚开设了一家制造工厂，2012 年就开始发布第一款非洲制造的智能手机，到今天这家公司已经成为非洲大陆最大的手机制造商和经销商，占据了最大的市场份额。今年 Tecno 也推出了一款智能手机，非常高端，在非洲甚至可以跟 IPhone 手机制造商所匹敌了。那么它成功的秘诀是什么呢？为什么这家公司可以有年增长率 40%这么高的成绩呢？

他们除了使用自己独特的发薪资的手段，使得自己的工人长期化，还有他们本地的营销团队在推广的营销活动：Tecno 是非洲的、Tecno 是本地的，因此他们在本地化方面做得非常好。他们将 Tecno 是非洲的、是本地的这个理念深入人心。如果肯尼亚人觉得 Tecno 是肯尼亚生产的，就会认为是肯尼亚的企业；如果在尼日利亚，人们会觉得这家企业是尼日利亚的，让本地人民不会觉得陌生。比如说 Tecno 手机有一个功能是将较深的肤色调亮，这样的话拍起照来就不会有辨识不清的问题，而且 Tecno 手机也有更长的电池寿命。还有一点非常重要，就是 Tecno 手机中配备了各种本地方言或者是语言，这样无论你是来自一个多么偏远的地区，还是一个小的部落，你都可以找到设置你手机的本地语言，这样也让用户一点都感觉不到陌生，这也就是为什么 Tecno 手机在非洲卖得如此之好，并且深入人心的原因。

很多中国公司担心，因为科技发展需要电力支持，但是在非洲很多偏远地区或者村落通电的情况可能都不堪乐观。但是手机电池的续航能力非常好，一部智能手机可以 3 天到 4 天不充电，所以就算你拿着手机到非洲最偏远的山村，你也不用天天像欧美的一些智能手机那样一天或者半天就得充电。

还有一家非常成功的企业，就是下面介绍的公司——四达时代。这家公司也极好地拥抱了非洲的本地文化，促进了广播和电视产业在非洲的发展。之前 CCTV 和 CRI（中国国际广播电台，China Radio International），中国政府的广播和电视频道想要到非洲播出的时候，遇到了很大阻力，因为在非洲基本上用的都是欧洲卫星，所以信号无法支持，但四达时代一直专注于非洲市场，致力于推动中国文化和中国影视作品在非洲的传播。目前，四达时代已经在非洲 30 多个国家设立了分公司，主要从事数字电视和广播传播。

四达时代拥有斯瓦希里语、伊博语、豪萨语、约鲁巴语、英语和法语近 480 个语种的频道，在 2002 年进入非洲市场。2018 年启动了一个非常有意义，也是非常创新型的倡议，叫作非洲万村通卫星电视倡议。这个倡议的主旨就是让非洲的一些偏远地区，甚至很多人都不愿意走到的地区，也没有办法走到的地区，但是让卫星电视进入那里，这样在非洲最偏远最落后的地区人民，也可以通过卫星电视和国际接轨。四达时代做得非常有意义的一点，就是它将很多中国电视节目进行非洲本地语言的配音，所以很多非洲人民可以用自己的母语或是部落语言来收看中国电视剧或者电视节目。

四达时代在非洲成功的关键是，不仅为 1 万多个非洲村庄接入了卫星电视，而且在推广和弘扬中国文化和中国知识的同时，也在推广本地文化，用本地语言进行传播，而且四达时代也在不停地参与很多非常有意义的社会活动，或者通过卫星电视的方式来传播信息，比如说怎么治疗疾病，还有在我们对抗新冠疫情期间，通过这些卫星电视也让非洲本地或者偏远地区的人民了解到更多的知识和抗“疫”的动态。

中非商会一直在推动和鼓励中国企业到非洲来投资兴业，或者是创建合资企业等方式进行商业合作。这就是 Tecno 公司的一名高管，在接受我们中非商会去年颁发的非洲最具创新型中国企业的奖杯。所以接下来我们会不断地促进中国企业来到非洲，和本地的企业合作，和本地的企业进行合资，进行更多的文化融合，以促进本地经济的发展。

那么如何进一步加强合作，进一步地促进中非文化的融合？文化的交流和商业进步是双向的，希望可以有更多的中国学生的文化交流项目，就像现在中国已经有很多非洲留学生，但是还是不够，因为如果有更多的中国留学生能到非洲学习交流，走一走看一看，他们会对非洲文化有更深的了解。他们会知道怎么到非洲投资兴业，在非洲如果创办企业的话，需要注重哪些企业文化。现在非洲，中国的很多电视节目已经非常受欢迎，但是如果能在中国的电视频道上播出更多来自非洲的节目，也可以帮助中国人了解更多的非洲文化。非洲不少国家是我们“一带一路”建设的伙伴，克服文化差异，达成文化借鉴，促进共赢发展是我们共同的任务。

（中非商会秘书长，选自 2020 年中外企业文化杭州峰会上的发言）

从沃尔沃和吉利合作看中欧文化差异和文化融合

冯 特

今天这个主题源自我们吉利集团构建全球性的企业文化，我们的企业愿景是让世界充满吉利，也包括了我们想把吉利文化带向全世界。

我本人在中国工作已经超过 10 年，之前有很多在欧洲企业工作的经验，从这些角度我将具体分析我们如何克服了文化差异，并从领克品牌的角度来分析沃尔沃跟吉利是怎么融合文化的？今天我将分三个部分来讲：首先是欧洲企业文化的特点。他们怎么做生意，他们在日常经营过程中的一些文化。二是中国企业文化的特点。我在中国工作有 10 多年，从我的角度和感受来谈一谈中国文化。然后是很重要的一部分，第三部分中欧企业在交往过程中如何解决文化差异和进行文化融合。我会讲讲我们如何进行的文化融合，并且相互促进，达到一个最终目的。

欧洲典型的企业文化特点

从我的角度来看，因为我在欧洲有很长的工作经验。首先这个任务导向概念是典型的欧洲文化。很多时候我跟中国同事相处的时候，他们对于欧洲人的理解是，你们老外怎么工作这么慢。这是他们的误解，其实在欧洲，我们也是有任务导向的，只不过方式不同。我们也是结果驱动型的，但是跟中国人有点不一样，就是我们每一步会做非常详尽的计划，不让每一步有出错的可能，这是我们的一种工作方式。所以我们一旦做好计划，一旦做好时间轴，我们就严格按照这个来执行。

在沟通方式方面，欧洲文化相对比较直接一些，我们非常重视面对面的沟通，所以在沟通的时候我们非常坦诚，有话就说。但是我们也非常喜欢用客观事实或者数据来说服其他人，当我们跟对方有一些不同意见的时候，我们会用客观事实数据去说服对方。当然我们的沟通也是双向的，我们的听说是分开的，可能跟中国不大一样，在欧洲大部分时间我们一半在听，一半在说。

在领导力方面，这是我们经常谈的一个话题，关于跨文化的差异。其实在欧洲，我们讲到领导力的时候，当然任务开始是自上而下引导的，但是我们也希望能经常听到下面反馈的声音。其实在欧洲，企业文化的演变过程中，我们也改变了很多，在过去的 20—30 年间，欧洲企业文化特点也有很大改变。其中就是关于平等主义的，我们现在管理者的定位，包括工程师的定位，两者之间现在是越来越接近，关系也越来越近，没有太多区别。对于这种方式，我们经常用自己的语言，就是“我们来决定，我们一起去讨论，我们共同做决策”。但也不是欧洲每个国家文化都是一样的。比如德国文化，在职场中，德国其实是有等级制的，但是相对而言，他们也希望有更多的下面意见反馈上来。而英国的文化特点，因为我来自英国所以我深有感受，英国是快速变化的，包括企业文化上，但在这点上跟德国相比还是不一样的。所以，欧洲不只是一种企业文化，我们可以理解为欧洲每个国家都有自己的特点。

今天，从我自己的经历来跟大家分享一些故事或者案例，作为一个欧洲人到中国工作这么多年的一些感受。在欧洲，我们讲究客观事实或者数据，所以我在领克工作的时候，很多同事来向我汇报一些他们的观点，他们的意见，但是都没有拿出客观事实或者数据来说明。对我来说，如果没有这些数据和客观事实作为依据，我很难接受他们的观点，也很难被说服。

另一点，在欧洲文化中，我们的表达是非常直接的。如果工作当中有任何出错的地方，直接告诉我就可以了。所以有时候我在领克工作的时候，同事会在那里纠结到底要不要告诉我哪些点做错了，他们会在那里纠结。但是从我的角度来讲，是希望听到大家的反馈，把所有问题和错误都反馈给我，那么我可以去思考并且提供一些解决办法。在领克，我的中国同事会更加委婉，通过其他方式慢慢地让我知道我们进行工作中的一些错误，一些不好的办法，但最终还是能传达到我这里，不是特别直接，但是也很委婉地让我知道，所以这也是很好的。

谈到欧洲企业文化特点，举一个关于沃尔沃的例子。它是非常典型的欧洲企业，从刚刚讲到的文化维度里面的平等主义，可以看到沃尔沃的文化叫 WE 文化。WE 是我们的意思，沃尔沃的文化其实是非常关注大家感受的，它是一种平等的文化。在沃尔沃，我们从上面传达下来的声音也非常重要。从领导角度来讲，我们做的每个决策每个决定也是需要从上至下去传达的，那么对于欧洲的员工来讲也是一样。领导给了明确的指示、明确的目标，他们每个人都希望贡献自己的智慧，在每一步的计划当中发挥自己的作用，以达到效果，以及最终成果的达成。WE 文化是一个非常好的例子，证明了欧洲的企业文化特点。

中国企业文化特点

从我自己的角度来谈谈这么多年在中国感受到的中国企业文化的特点，这只是我个人的一些印象。

首先聚焦于任务导向这个维度。从我的感受来讲，中国的企业文化，领导做的决策包括决定是非常重要的，需要大家去服从。另一个感受是在中国企业里细节也是非常重要的，但是人们还是普遍遵从一个大的原则，朝着这个方向共同去工作。相对欧洲而言，中国同事的沟通方式不是特别直接，有时我甚至不大能理解大家的表达点。还有就是，在中国人们都不会尝试挑战领导，这是一种文化差异。

一次，当我在会上表达一些决定的时候，我会问大家行不行，大家都很大声地回答我“行”，但是我仔细看他们的眼神其实是不行的。所以我会在会后跟他们一个个交流，你确定你行吗？然后他们会跟我说，啊！可能不大行吧。所以在这一次次的沟通之后，我会跟他们讲，没事的，下次在会上可以直接告诉我，没关系的，我可以接受。所以有时候即使我说错了做错了，他们也会哈哈大笑给我鼓掌。那么其实这不是我想要的，作为一个管理者，我还是非常希望听到大家真实的内心感受。

当然从领导力的角度来讲，从我的感受来讲，中国企业文化的特点还是相对以领导为导向的，领导的指示，领导的一些决定都需要高度服从。这对中国企业的领导者来讲就是一个非常大的挑战，他们大部分的时间需要去做决定做决策，非常有挑战性。

接下来我将结合具体经历来谈谈我在中国感受到的这种企业文化。

首先就是老板永远是最重要的。一个有趣的感受就是老板总是总结发言。很多年前，我刚到领克中国的时候，我会参加一些正式的大会，大会按照议程一步步来，但是到了大会将要结束的时候，会突然停顿下来，我就迷茫了。然后我发现，当这个短暂的暂停之后，其实是到领导发言时间了，这个时候所有员工拿起笔拿起纸在那里拼命地记笔记，所以过了一段时间之后，我也适应了这种文化。当领导开始发言的时候，我也拿起笔拿起纸在那里记，我就在那里不断地写啊画啊改啊，一直在记领导讲话，记录他们的讲话内容。然后等会议结束后，我们把这个笔记合上就再也不会看了。

其次就是关于中国文化里面的避免冲突。挑战任何人在中国企业文化里是不被认同的。我在中国学到一个词“面子”，不要让他人丢脸，是我在中国企业里学到的最大的一个点。

讲个故事，很多年前我们团队在工作的时候，一些管理人员当时非常不高兴一些决策和决定。我把这些管理人员都叫到一起，然后直接问他们，“我们出了什么问题吗？可以直接告诉我吗？”我以一种非常直接的沟通方式来面对他们，同时也希望他们可以非常直接地告诉我。在这种直接的沟通方式下，我们很快就达成了一致，写下了很多关键需要我们去解决的一些问题。我们把这些意见收集起来，然后再一起向上级领导汇报，所以我觉得这种沟通方式，从欧洲来的沟通方式，是有益的。而当我决定说向上级领导汇报这个错误的时候，其他管理人员就“别别别，不要去”。他们会避免将这些错误汇报给上级领导。这对我来说，是难以理解的。既然我们有问题就需要上升到另一个高度，让上级领导知道我们哪个环节出了问题，是哪个部门犯的错误，需要非常明确地找出来。

中欧企业在交往过程中如何解决文化差异和进行文化融合

接下来从整个集团角度出发，我们怎么把文化融合好，并把这种文化带向全球，打造一个全球性的企业文化？

讲到这点，就不得不提我们董事长，他非常有高瞻远瞩的理念，要打造一个全球性的企业文化。在他的理念里，将中国文化直接植入西方文化中，尤其是欧洲的企业文化是行不通的。同样道理，将西方企业文化、欧洲文化直接带到吉利带到领克也是行不通的，所以他提出了一个概念，叫打造一个全球性的企业文化，促进文化的融合。

基于这样的全球性企业文化，每个部门每家公司都可以打造一个国际化的企业文化。那么基于国际化的企业文化，每家当地公司当地组织又推行了本土化管理，这样又将中国文化欧洲文化完美进行了融合。

举些具体例子，包括案例来阐述我们是怎么融合的。起初，中方员工跟欧洲员工在进行沟通的时候，甚至会有一些冲突，那么怎么解决这样的冲突，又怎么进行融合，对我们来说至关重要。典型的例子就是中国人的工作方式跟瑞典人的工作方式，因为沃尔沃来自瑞典。这是一个非常经典的差异，做项目的时候中国人跟瑞典人的差异。领克的中国员工对于瑞典同事的评价是他们这些人太懒，天天在度假，周末也不上班，花很多时间在外面，所以效率非常低。而瑞典同事对中国同事工作的方式也是不理解，他们甚至说中国同事好疯狂，动不动就做决策，马上开始行动起来，但是在过程当中又不断地去调整方向，对他们来说这也是难以理解的。他们喜欢把事情想明白了，计划好后再一步步去做。那么怎么把这种中国速度文化跟欧洲计划性文化完美地融合到一起，这对我们来说就是一个很大挑战。

在做融合的时候，我们尽量去避免这种冲突，尽量想办法融合起来。那么怎么去做呢？第一步就是要充分了解彼此。了解欧洲文化，了解中国文化，这是一个双向的了解过程。那么在此之后呢？我们要基于这样的差异，当我们知道这样的差异之后，想办法去解决去融合，有了融合的基础之后，有一个很重要的点，就是把大家各自的长处以及强项都结合起来发挥出来。专注于目标，相互尊重，“美美与共”，把各自的特点发挥出来，求同存异，相互借鉴，为了共同的目标！共同完成一个任务。

文化融合非常重要的一点，就是我们双边都要基于同一个方向的目标，当我们的目标非常清晰，当我们的结果非常清晰的时候，我们的合作就会非常的顺利，大家都朝着同一个目标去奋斗，那么文化融合也相对会流畅一些。

在领克也遇到过这样的问题，就是这种单任务型的文化跟中国这种灵活性的文化，遇上的时候怎么去很好地把他们黏合在一起，这对管理者来说都是一个挑战。相互理解是非常关键的，像我们中国同事怎么去了解欧洲文化，欧洲同事又怎么去了解中国企业的文化，这是一个双向的相互理解的过程。基于这个基础，我们会发挥各自的长处来进行合作。当然这种文化的融合在我看来不是一蹴而就的，一天一月一年都不够，它是一个长期的过程。所以我们借鉴了欧洲文化，在企业文化建设的时候也是一步步来，一步步走，把文化融合做好。

再举个我在领克的例子，来向大家解释我们都做了哪些工作来促进文化上的相互理解。对于欧洲企业文化来讲，基层的一些想法和思维对我们来说是非常重要的。对于我来说，作为领克汽车的一名质量管理人员，每位工程师每名员工的想法对我来说都是非常重要的。我很想知道在领克，我的员工们每天在想什么，他们心情怎么样，有哪些事情困扰了他们，这些我都想帮他们去解决。从一个领导者的角度，我也想去发现怎么带领大家创造更好的结果。

我经常组织圆桌会议或者午餐会议，会邀请各层级、各个岗位的员工一起参与进来，了解他们的项目进展怎么样？他们生活怎么样？就是这种普通的聚餐，我们通过聊天去相互了解。但是我发现在这样的圆桌上，很多中国同事或者工程师话又变得不多了。在刚开始我组织这样的圆桌会议的时候，我发现我团队里面的中国工程师们就低头在那里吃啊吃啊不说话，我是会场上唯一说话的人。在领克，作为一个管理者，我也给自己提出了一些要求，怎么让员工更多地发出自己的声音，让我听到他们的声音，所以我也给自己提出了一些要求，哪些任务要做，我就把它写下来，每个点都很清晰，我怎么去做，把大家的长处都发挥出来，让大家更多地表达自己，这也是我经常会思考的一个课题。

那么除了刚才我讲到这个点之外，其实包括我的团队也做了很多工作，在关于指导教练培训这一块，为了达到相互理解这个状态，我们花了很多时间，也争取每次机会去培训去教练去引导大家相互理解。在领克内部，我们组织了很多这样类似的培训，包括工作坊。因为从我的角度来讲，我想把欧洲企业文化特点介绍给大家，比如我刚刚讲的平等主义，我们经常会通过一些课题和例子来进行这样的讨论。比如我们讲到“老板”这个词，跟西方理解的领导者有什么区别？都会在这样的工作坊进行讨论，我想让所有中国员工更加了解这种欧洲方式，当然我不是想直接把这种方式带到中国带到领克，而是让大家相互理解，发现彼此好的点，找到共同点，然后达成一种协作。

我再举个更具体的故事来证明我们在做文化融合的时候，中国与欧洲基于以上的这些差异，我们怎么从刚开始的不理解到后面的相互融合。在中国，大家工作都非常努力，这点毋庸置疑。很多时候周末包括闲暇时间，我都会看见很多中国同事在工作，休息的非常少。我们跟瑞典同事合作做项目的时候，他们每天可能5点就准时下班了，周末也不会带自己的电脑回家工作，所以中国员工感受就是他们太慢。刚开始大家相互不理解，到后来中国同事为了调整这种时差，为了让瑞典同事能更多地接受这些信息，很多中国同事都是加班加点到晚上很晚来迎合瑞典时间，因为有时差问题，所以瑞典同事看到很多中国同事每天加班到很晚来跟他们开会。所以慢慢地，我们这种奋斗精神就潜移默化地转移到了瑞典同事那边，我们每天加班那么晚，每天为了迎合他们的时间去跟他们开会，瑞典同事也开始为我们感动，也开始着想怎么去更好地与中国同事合作。

那么除了这种奋斗精神的荣誉以及相互的理解之外，我再举一个例子，就是路桥工厂“领克01”这个项目，在做这个项目的时候，我们怎么跟沃尔沃合作融合的。欧洲沃尔沃的计划性文化跟中国的快速文化刚开始是相互不理解的，但是跟刚刚那个案例一样，经过一段时间相处，相互理解，慢慢的也适应了这种文化上的交流。那么怎么把沃尔沃这种典型的欧洲文化尽量地融合到中国的企业文化里，这也是我们花了很长时间才达到的这个效果。就是通过这样的融合，通过这样的不断碰撞合作，我们两边的文化，慢慢地融合到了一起。我作为一个外国人，慢慢在中国企业适应了中国企业文化的特点，我也尝试把欧洲好的文化融入中国企业文化里面，这样相互理解发挥最大的长处，最终达到一个共同的目标。

（吉利汽车集团领克汽车质量副总裁，本文选自2020年中外企业文化杭州峰会上的发言）

中欧企业的文化差异与融合方式

博　烨

今天的议题涉及五个方面：一是简单的自我介绍；二是介绍我的公司，也就是通力集团；三是针对欧洲及中国公司之间企业文化的不同，重点会放在中国和欧洲企业的文化差异上；四是讲述企业怎样在国际的商业环境中取得成功；最后会做一个简单的总结。

自我介绍

2014年我来通力集团任职（通力集团是一家著名的电梯厂商），在此之前，2000年我就职于西门子公司。正是因为我的工作经历，让我有很多机会在不同的国家工作和旅行，我所工作和到过的国家就包括德国、瑞士、芬兰、奥地利、新西兰、韩国、美国，2017年我来到中国。所以在这段时间内，我积累了许多经验。我的经验是关于这些不同的文化，它包括社会方面的文化，也包括企业文化方面的不同。同时我也认识到一点，那就是在一个国际化的环境当中，工作是非常重要的，你服务于本地的客户，也服务于国际客户。

通力集团

通力集团成立于1910年，是一家芬兰公司，可以说通力集团在全球都是行业的领导者，其主要行业是电梯和自动扶梯。我们在全球范围内有6万名员工，每天运载的客户达到了10亿人次。在一个现代化城市，大家很难想象没有电梯会怎样，没有自动扶梯会怎样？我想在座的各位每天乘电梯的次数应该至少超过了一次。对于我们来说，安全性是最重要的，每天我们会为8万台的设备进行维修和保护。

通力集团在中国的运营情况。我们在中国市场也是自动扶梯和电梯的领导者。中国市场可以说，是通力在全球范围内最为重要的市场。通力在中国的员工有1.8万人，其中大部分都是中国人，因为我们服务于中国本地的用户。

那么，通力如此成功的一个原因，就是我们的国际化做得非常好。这个国际化不仅体现在我们的分公司，还体现在各个方面，包括我们的销售，包括我们的安装，包括我们的维保及我们的研发人员。在中国，我们的成功还有一个非常重要的方面，那就是我们主要的生产基地是在上海还有苏州。

我们参与研发以及生产的人员在中国达到了3000人。对于我们来说，专业人员是非常重要的，他们保持了我们的竞争力，而我们在中国的大部分专家都是中国人。那么，我们是如何和我们的国际团队（这里的国际团队主要是指芬兰的工作团队）以及中国本土团队进行合作的？企业文化，它其实是一个非常复杂的议题，有一些影响因素，包括战略、价值观和信仰、历史和环境及文化沟通层面，对于过去和未来的见解等。以通力为例，我们的企业文化并不是单一的。我们有一套价值观体系，这个价值观体系是通力在每个国家每个城市的团队提供或贡献出来的。

工作在国际或全球性企业的文化差异

东方与西方企业的不同文化。当然我觉得大家也应该认识到这个问题，随着经济环境越来越国际化，可以说企业文化也在不断地发生变化。其中一个方面就是受到了社会环境因素的影响，我们会看到东方和西方企业文化的差异：第一，体现在生活方式上就是努力和依赖的区别；第二，体现在工作态度上，还有对“守时”这个问题的态度上。可以说，“守时”在很多国家是重要的，但是在我们所服务的许多市场，就“守时”这个问题，在中国就没有那么重要。当然在我的文化当中，我来自德国，“守时”还是非常重要的。第三，在处理问题的时候有很大的差别。西方国家可能更加注重的是讨论和沟通，而中国会更加注重这种引导式的方法。在通力，无论是中国团队还是国际团队，我们都会更加注重讨论。但是我相信有一个最为基础的点，在中西方的企业文化当中，那就是最后一个：关系。虽然我在中国工作，但我承担的是公司全球性的责任。我会经常去不同的国家，到不同国家旅游，同时也会感受到这种不仅是时差，还有价值观上的差异。

首先是我们的销售团队。我们的销售团队整体是由中国本地员工所领导，服务于本地的中国客户。但是我们中国的销售团队，同时也会跟我们的全球团队——芬兰的团队进行合作。当他们遇到一些技术上的问题，或者说需要建议，或是在为一个海外项目服务的时候，作为一个全球性企业领导的职责之一，就是要制定好一个战略，要去应对挑战。你还要考虑员工的个人发展，同时还要制定在商业上或者说在金融上的一个目标。

其次，我所供职的部门，也就是通力的重大项目部门，一共有 10 位管理者。他们来自全球各地。其中就包括有两名中国同事，还有一位德国人，那就是我，当然还有两位芬兰同事，还有比利时以及来自美国的同事。可以想象一下，我们基本上是每个月开一次会。来自全球各地不同国家的人在网上碰个面开一个会，其实我们要面对的是很多文化差异。我们每个月的线上会议，主要讨论的是我们的目标执行得怎么样，我们的表现我们的收益如何，我们的重大项目的进展如何等。当然再强调一下，这 10 个人都是针对中国市场的，因为中国市场对于我们来说真的很重要。

我们如何通过和中国本地团队还有国际团队合作来克服文化上的差异，或者说体现文化上的差异。我们的工作当中，其实经常会有一些非常重要的项目。在过去 20 多年的经验中，我们一直提供的是高质量的还有安全的产品。对于我们来说，我们会认为设计、制造、安装以及维保这四个方面是非常重要的。所以说，我们也因此建立了一个管理体系，在通力的文化当中，最核心的就是安全和质量。

那么我们是如何进行这样一套系统的，它涉及了方方面面，从研发销售一直到上面所列出的所有直到安装。这整个环节都涉及了中国本地的团队，还有我们的国际团队。首先从研发开始，我们研发其实也涉及了很多环节，如生产、运送，我们每天所生产的产品有 1/3 会运往或者说服务于中国市场。那么要研发国际产品，服务于全球所有的地方，就要建立一个国际视野。我们的研发团队，是非常国际化的团队，来自全球不同的国家。举个例子，比如说我们要开发一款新产品，或者说我们要对现有产品进行一个更新。研发团队中可能包括有工程方面的专家，也包括生产方面的专家。那么我们会为这个团队设立一位领导者，通常如果产品是服务于中国市场的，那我们会从中国选择一位领导者。一个非常重要的原因就是，我们非常看重他多年以来在中国市场所积累的经验，还有他的知识专长。

当然，在这样一个国际环境下工作，国际合作是非常重要的。同时，你还要意识到，要尊重每个人不同的文化，因为他们都来自不同的国家，不同的国籍。其中一个很重要的方面，我认为在我们整个管理系统中如何去解决问题，以及在这样一个复杂团队中，如何找出对我们来说最重要的目标？因为每个人都会有不同的想法。特别是在这样的团队中，很多时候我们在设置重要目标的时候，我们会听取团队成员的建议。这个目标不仅由老板设立，或者说这个领导者设立，我们还会参考团队每个人的建议。我认为这一点对于我们来说是非常成功的，通力的经验也证明了我们这套战略体系是成功的，无论从管理上来讲，还是从产品上来讲。

在国际商业环境中取得成功的办法

如何在这样的国际环境中取得成功？我个人认为非常重要的一点就是共同的价值观。同时，在这样一家企业中，我们也希望建立会员。我们这个团队当中的人，他来自哪个国家哪个地方？我们有机会去认识到差异并且接受差异，当然尊重也非常重要，尊重差异。在一年多前，通力对自己的价值观及其基础进行了更新，也就是大家现在看到的这个 PPT。我们的文化体系以及我们的企业文化都是基于这四点：关心爱护、客户至上、协同合作以及勇敢前行。

我们会对我们全球所有的员工进行培训，培训都是基于这个体系，也就是以上这几个方面。这个价值体系是我们企业文化的基础，深刻体现了国际化企业在价值观上的不同，文化上的不同。当然从我个人的经验来看，我会主观地认为通力的文化价值观，是受到了许多北欧企业的影响，像是芬兰，还有其他的斯堪的纳维亚国家的影响。

在国际商业环境中取得成功的办法有很多，但其中非常重要的有三点：第一，就是我们要不断地促进，或者说加强文化的多元性和包容性；第二，我们还要去展示同情心、同理心；第三，是我个人觉得非常重要的一点，那就是团队合作。

最后，谈谈我的个人经验。此前我也讲过，我在全球八个国家生活过，这两年由于大家众所周知的原因，但此前我在全球不同的地方，会去见来自不同国家的客户。纵观我的职业生涯，我一直秉持以下的几点：第一，每到一个国家要去了解这个国家的历史和文化。当然你有机会的话最好还要去学习当地的语言，我的中文现在还在学习中。第二，其实在很多文化中，食物都扮演着非常重要的角色。无论在哪个国家，在社交以及我们的商业环境中，食物都充当了非常重要的角色，所以每到一个国家一定要去品尝当地的美食。第三，就是你要去学习如何沟通，还有如何和当地人一起合作。当然还要接受文化的差异。虽然说通力是一家芬兰的企业，但是通力本身并不认为自己是一家芬兰的企业，我们认为我们是一家国际全球化企业。第四，我们要尊重文化的差异。我认为这些加在一起才是能够贡献于或者说铸就我们成功的关键点。

总结

我们可以看到，在过去的十年，随着国际化企业越来越多，在商业当中具有国际领导力是非常重要的。我们在武汉和当地企业——中建三局也有非常多的合作，我们的合作项目可以说是遍布全球。通力作为一家国际化的公司，其实我们相当依赖我们的本地客户。我刚刚也提到了埃及，我们和中建三局在埃及也有合作。对于我们来说，支持本地员工，并且投资开发发展本地员工是很重要的。所以一个好的企业价值观，它是企业的文化基础。合作成功的关键在于接受差异、尊重差异，并且努力做到不同文化当中实现一个平衡，是成功非常重要的一个方面。

（芬兰通力集团高级副总裁。本文选自 2021 年中外企业文化武汉峰会上的发言）

中日企业合作时如何进行文化融合

石田贵之

演讲内容是我自己的一点经验之谈，关于我们进行跨文化商务活动所带来的企业文化融合，以及其中的一些重要经验。

自我介绍

我进入日本日产汽车公司之后，主要担任生产及海外事业的工作。2000 年担任加拿大日产经理，之后一直都在海外。2005 年到的中国，在东风日产工作，之后就一直在中国。在中国有 15 年的生活经验，海外的话一共有 20 年的生活经验。在日本，负责海外事业，所以国外的工作经验至今一共有 27 年。在此期间，经历了很多文化之间的冲撞，也做了很多的努力。

与中国的关系

2005 年至 2011 年，我在广州东风日产就职。这个时间段是我们东风日产合资的开始阶段。刚开始的时候，有一系列混乱的事项发生。在此期间，我们做了各种各样的努力，如确定发展方向，我们的中心发展战略，还有中日文化融合，以及中方人才培养。通过这些努力，进行了总体的公司融合。

2013 年以后，我在东风汽车股份有限公司进行工作。这并不是日产乘用车的商务合作，而是和东风的汽车商务合作。为了增加公司的竞争力，公司在品质、制造还有研发方面以及成本方面做了一系列的改善。其中，中方跟日方之间出现了一些文化冲突，所以双方也在此基础上做了一系列的努力。

我自己之前也在中国境内进行了自驾旅游，亲自去感受中国的生活，中国的文化。通常旅游的时候，大家会坐飞机，到达目的地然后进行参观，其中会有很多地方我们是看不到的。所以我喜欢自驾，这样在路途中碰到很多人很多事，以这种随缘的方式，了解中国文化生活，今后也希望按照这样的方式去了解中国。不管是工作关系还是私人生活，我的一个原动力就是因为我的好奇心。

中日文化的差异

之前，我没有来中国的时候，有一个大众观念，就是中国跟日本文化之间的差距。其实中日之间有非常多的共同点。但是在一些细小的地方，就有一些价值观的不同。如果在交流当中不能理解这一点，可能会出现一些误解。比如说在比较大的方向上，中国比较在乎一个大的方向感，但是日本比较注重于细节方面。还有中国人对自己的想法非常注重，但是日本人就比较注重他人的想法，比较在意他人的看法。还有中国人不畏惧失败，非常想去挑战，但是日本人就比较慎重。中国人个人能力非常强，但是日本人就比较注重于团队能力，他们的个人能力可能没有那么全面。从过往来看，中国人坚持不懈，非常地有持续力，日本人感觉就是三分钟热度，非常容易激动，但是非常容易很快地冷静下来。

跨文化商务活动带来的企业文化融合

从 2003 年中国东风跟日本日产进行跨国商务合作开始，我们进行了一系列企业融合，向着一个共同的目标进行奋斗。现在我们的公司已经是一个全球性的公司了。这个图是一个理想图。理想是通过组合两方价值观，增加附加价值及达到共同目标。所谓的跨文化商务管理，说白了就是土味价值观之间的磨合管控。

身处中国在跨文化商务中感知的价值观差距

在此期间，有很多价值观之间的磨合。我自身感知到的一个就是中国东风和日产之间的价值观差异，就是我们的成功体验感不同。比如我们的速度感不同、解决意见决策的基准，以及我们的工作方式方法不同；还有我们针对目标的考量也不同。比如东风比较重视挑战，日产比较注重达成。两者间其实是对信息的考量不同；还有就是管理风格的不同，是自上而下跟自下而上管理风格的不同；实务之间、组织之间协作不同。东风，它的数轴管控非常强；日产，比较强项的是横轴管控；还有一点，就是一些年轻人在领导面前并不直言自己的建议或者意见。他不直说，给人的感觉就是让别人去想，让别人去猜测你在想什么。

跨文化商务管理的关键

在这样一个不同的背景下，我们要怎样顺利推进工作。我们考虑了五点，这五点在中国是商务成功的关键。我们针对这五点做一些说明：

首先是求同存异，享受差异。对同样的事物，中国人跟日本人的见解想象，会因人而异。因此，前提设定为大家都不同，还要对对方的一些差异抱有强烈的好奇心，然后自己去寻找其中的差异。通过一些相同的经验，成功的经历以及共同的目标，我们可以逐渐靠近对方的视野以及想法，所以我们一定要以有差距为前提进行交流。说一个实例。东风日产合资之初，因为我们的价值观差异过大，所以没能顺利地交流。比如相同的语言，但是理解的意义有微妙不同，以及我们自己内心的一些理想目标也是不同的。由于我们意识到这样的不同点之后，我们就拼命地寻找共同之处，以及构筑共同的价值观，来达成我们共同的目标，就是需要把我们想象不一样的地方进行可视化，比如我们做出我们的影响图，做出我们的一些共同资料，然后把我们所考虑的事情能够向他人传递出来。通过这样长时间的努力，向对方传递了自己的想法，让对方也体会到工作推进的成就感，这样大家就会更加积极地推进自己的工作。结果就是，我们东风日产在中国竞争激烈的环境中，它的竞争力得到了长足增长。

其次，坚守轴心，灵活考量，耐心应对。东风日产对比其他国外分公司更加日常化。这主要是由于我们遵守和坚守我们的轴心，因为在我们中日文化交流当中，有很多很多差异点，那么我们一定要有忍耐之心。我们达到顶点的价值是一样的。美好的事物总是对所有人都是美好的。我们达到顶峰只是一个时间问题。即使前路满是荆棘，我们也不能止步不前，一定要勇往直前。

通过这样的一个考量，我们在 DFAC 做了一些成本以及品质的改善。一开始的时候也是觉得在中国国内做这些工作感觉做不下去，并且感觉根本实现不了。但是我们通过一系列的努力，让中方也体验到了成功的成就感。现在经过我们 4 年的努力，我们的保本点已经减半，然后又通过我们 5 年的努力，我们的追溯不良率也已减至当初的 1/3。

第三，对事不对人。如果出现问题，我们在解决问题的时候一定要对事不对人，因为人的想法是不会那么简单就会改变的，但是我们工作方式方法是可以改变的。就是让对方实际感受到工作方式方法改变的好处之后，他们才会积极地推进自己的工作方式方法的转变。

在实际当中，我们也遇到过在实务层面以及部门之间确实有一些工作不协调以及协作工作不顺的现象，但是出现这种情况，我们不能去指责个人。我这边就特意做了一些跨部门协作的项目提案。特别是让那些交流不是很顺畅的部门参与进来，然后让他们自主地进行交流。当时也做了一些工作方式方法的提案以及工作的推进提案，就是通过实际体验到我们的成功经验之后，大家非常有自信，并且非常有达成感。现在我们东风日产，它的跨领域问题的解决是非常顺利的。

第四，示范、实操、积累成功经验。我们去示范，示范之后让对方实操以及进行积累经验，并且让其感受到成功的乐趣。如果单纯使用口述以及文字说明的方式，会有很多地方不达其意，我们就实际操作给对方看，然后让对方亲自体验后，感受到成功的成就感，他就会积极地积累自身经验。

在中国，我们引进了很多我们工作的工具。这些工具，其实在日本是一些理所应当使用的工具。当时，因为我们是第一次来做这个工作，很多人在脑中是没有一点印象的，所以要通过各种手段来传达这个工具的使用方式。我们通过各种各样的试验，然后得出了一个经验，就是我们先做一个草案，之后让中方把这个草案补充完整，体验到成功之后，他们的自信心就会上升，这样的话他们就会自己挑战更高的高度。通过这样的工作方法，我们解决了很多工作上面的问题。

第五，积极应对。有些时候我们要提前进行预警，未雨绸缪。风险会不期而至，所以针对这些我们预料到的问题，我们要在现在就做力所能及的工作。我们将来的工作也从今天开始进行实施，并且我们的信息也是非常重要的。这个在中国会经常遇到，就是领导的指示突然做了变更，但是我们还是要配合领导的指示进行转变，这样必将导致我们原本的计划无法实施。

中国现今处在一个高速发展时期，政策跟市场环境的变化非常大，所以我们需要提前做出预测，未雨绸缪，以及要考虑到今后几步的工作以及需要收集的信息。比如今年下半年就有突然变化的情况，虽然下半年有这样的一些环境变化，但是我们在上半年的时候有预测，所以下半年的时候应对起来并不是那么的辛苦。我们在中国需要有积极应变的策略。

总结

今后，中国会更加的国际化。那么今后还需要在我们的跨文化当中更进一步进行交流。所以今后我们的重点是在我们中国国际化之中，我们要怎么去掌握文化交流的一些技术诀窍，其中就是我们的成功体验，我们需进行一个体验。现在虽然说不上我们是成功的状态，但是因为我们成功的体验不同，价值观不同，所以我们要知道这些对我们的后续是有影响的。

关于我们的文化融合，也就是我刚刚说到的五点，这五点是我们文化融合当中非常重要的。不仅仅是我们中日对话，而且今后中国走出去之后，跟其他国家对话的时候，这些也是我们的诀窍。特别是我个人，其实我每天都有新的烦恼。知道有困难，但是就是推进不下去，所以异文化交流这样的跨文化融合，它是一个永远无止境的工作。

（日本日产公司高管，本文选自 2021 年中外企业文化武汉峰会上的发言）

当前企业如何提高员工敬业度？

随着世界经济缓慢复苏，专业人士称员工自愿离职（被称为“辞职浪潮”）将会激增。一项研究估计，2021 年 8 月，55%的员工打算在未来 12 个月内寻找一份新的工作。为了应对即将到来的员工辞职潮，企业比以往任何时候都需要注重培养员工敬业度。

研究数据表明，敬业度高的员工表现更好，工作倦怠更少，在组织中工作时间更长。鉴于敬业度的重要性，我们创建了员工敬业度检查表：一个基于研究、经过提炼的检测方法，让管理人员在出现不确定的关键时期使用它。

为了制定这份检查表，我们查阅了大量学术文献，编制了一份 20 个最重要的敬业度推动因素列表，收集了关于后新冠病毒时代员工敬业度的原始数据，并与管理者预测的能够提高员工敬业度的数据进行了比较，制定了一系列以证据为基础的建议来推动这一进程。

我们的研究结果表明，目前管理者在提高员工敬业度方面有三个最重要的杠杆：（1）帮助员工将他们所做的事情与他们所关心的事情联系起来；（2）让工作本身的压力更小、工作更愉快；（3）除了经济奖励外，还奖励员工额外的休假时间。

然而，正如我们在一项涉及 302 名管理者的研究中发现的那样，领导者往往不知道什么是提升员工敬业度的最重要因素。领导者认为检查表中最重要的“杠杆”与实际最重要的“杠杆”并不一致。领导者认为他们的员工需要什么与他们实际需要什么之间不匹配，这些进一步证明，管理者需要什么样的指导才能最有效地吸引他们的员工。

将科学数据转化为实践应用

在学术文献中，员工敬业度包括四个要素，可以被认为是衡量员工敬业程度的标准：

- 对组织有责任感
- 对组织的认同感
- 对工作的满意度
- 对工作的精力充沛感

这些往往是通过要求员工完成自我报告量表来衡量的（例如，你对你的组织有多投入？）。

半个多世纪以来，学术研究人员一直在研究员工敬业度的核心问题，包括如何提高员工敬业度。仅在 2020 年，就有 1500 多篇关于敬业度的学术文章发表。对于热衷于采取循证方法的管理从业人员和顾问来说，这可能需要大量提炼的“知识量”，怎样才能正确应用这些见解呢？

为了回答这些问题，我们招募了 395 名美国专业人士作为样本，并在 2021 年 4 月和 5 月的两个时间点（间隔一周）测量了我们详尽的敬业度推动因素列表及其报告。从先前管理理论确定的 20 个最具影响力的敬业度推动因素列表中，我们的结果突出了三个最关键的因素。

员工敬业度检查表

1. 将员工的工作与他们关心的事情联系起来

主要有以下三个部分：

修改组织的使命宣言，使其与员工价值观相联系。员工更有可能觉得自己适合一个代表社会变革的组织。研究表明，人们愿意放弃经济利益，为履行组织社会和环境责任的组织工作。

如果你的组织使命是成为行业领导者，仅此而已，那么员工的目标和价值观就很难融入其中，因为员工的目标和价值观很可能与他个人的愿望有关，而不是组织的愿望。另一方面，如果你的组织使命是产生一些社会影响，如 Airbnb（AirBed and Breakfast 的缩写，是一家联系旅游人士和家有空房出租的房主的服务型网站）是“创造一个你可以在任何地方找到归属感的世界”，那么员工就更容易将他们的目标和价值观与组织使命相一致，从而感觉他们自己是适合的。

展示员工的工作与组织目标的关系。有目的的使命不足以建立价值观一致感。员工必须看到他们的日常工作与企业更大目标之间的联系。

“工作塑造”需要使用想象力在没有管理层参与的情况下重新设计自己的工作，是一种将员工的日常工作活动与企业目标联系起来的技术。例如，医院清洁工可能会将他们的工作重新定义为帮助病人而不是简单地清洁。保险代理人可能会将他们的工作重新定义为让人们在事故后重回正轨，而不是处理文书工作。为了大规模进行工作塑造，需要考虑修改工作描述，将员工的工作直接与企业的使命联系起来，从而产生意义和目的。麦肯锡的研究还表明，市政厅会议和身临其境的小组会议可以有效地帮助员工将他们的日常工作与公司更广泛的使命结合起来。

鼓励并资助代表不同利益和目标的员工资源小组（ERG），是将具有相似背景或兴趣的个人聚集在一起的志愿者团体。ERG 以多样性和包容性为中心，包括特殊兴趣，甚至健康（户外活动等）。例如，在毕马威，近一半的合伙人和员工都是至少一个 ERG 的成员，从一个非裔美国人网络到 pride@kpmg。员工可以与分享其价值观和目标的同事建立联系，促进价值观的一致性。

2. 让工作本身压力更小，工作更愉快

主要有以下三个部分：

为员工提供尝试新工作任务的灵活性，以便他们能够发现自己的内在兴趣。工作本身是否有趣可能取决于员工个人——换句话说，同样的工作可能会激发一名员工的内在动力，但不会激发另一名员工的内在动力。

为了让员工有机会确定是什么激发了他们的内在兴趣，可以考虑一个工作轮换计划，在该计划中，员工可以在相对较短的时间内轮换公司内的多个职位。

例如，荷兰啤酒酿造商喜力有一个工作轮换计划，大学毕业生在各个部门轮换，包括包装、产品开发、酿造、质量检测和包装开发。完成该计划后，员工可以选择并加入最有希望激发其内在兴趣的部门。

给予员工更多的自主权。自主性对于培养内在动力至关重要。

作为自主工作的一个例子，Netflix（Nasdaq NFLX，是一家会员订阅制的流媒体播放平台）的员工在一个“没有规则”的环境中工作，其特点是员工高度自由和有责任感。在自由方面，员工在不受管理层监督的情况下“以Netflix的最佳利益”做出战略决策，无须事先获得申报批准，并且可以无限期休假，这是不会被追踪的。没有规则的文化是通过高度责任感来维持的，在这种文化中，所有员工都被指责“质疑其他人与我们的价值观不一致的行为”。自由和有责任的文化不仅允许员工追求他们觉得有趣的想法——增加内在动力——而且还被视为是Netflix随着公司规模不断扩大而继续创新的必要条件。

除了文化变革之外，即使个人贡献者（没有管理职责）也可以通过改变他们的日常工作来增强自主意识。这可能很简单，比如在工作日中间抽出时间慢跑，或者让同事做一个新的、令人兴奋的项目。

提高员工的自信心。人们倾向于回避他们缺乏信心去完成的工作任务，因此，信心对于鼓励员工开始那些本质上令人愉快的工作是很重要的。

为了提高员工的信心，可以考虑一个导师计划。例如，谷歌的经理们在新员工上班的前一个周日会收到即时电子邮件，提醒他们要为新员工匹配一个同伴，并建立社交网络。这些电子邮件包含学术引文和内部研究成果，以说服管理者相信同伴导师对于成功至关重要。谷歌发现那些遵循敬业度检查表的管理者使团队成员充分发挥效力的速度比那些没有遵循的同事要快25%，这证明了导师制的力量。

3. 创造时间财富

主要有以下三个部分：

除了金钱之外，还要用时间奖励员工。在过去30年里，受过大学教育的专业人士的工作时间一直在增加，这表明人们对富裕时间的感觉在长期下降。因此，除了金钱（如现金奖励、股票）之外，用时间（如额外休假、带薪假期）奖励员工是增加时间富裕感的直接途径。

现在，给员工时间奖励的必要性尤为重要，因为新冠疫情增加了员工平均工作日的长度（一项研究显示，每天增加了48.5分钟），减少了非工作休闲活动的时间。此外，另一项研究表明，新冠疫情对时间富裕程度的负面影响在男女之间并不均衡，报告显示女性（尤其是母亲）的时间富裕程度低于男性。一种奖励员工时间的方法是给他们额外的休假时间。例如，为了应对今年夏天新冠疫情引起的工作倦怠，像Bumble这样的一些企业给员工多放了一周假。用时间奖励员工是一种特别有效的方式，可以增加员工对时间的富裕感，提高员工的敬业度。

鼓励员工购买省时产品。省时购物（例如打扫房间、送餐服务）使员工能够花钱购买产品，以换取更多的休闲时间，增加他们的时间富裕感。企业可以方便第三方组织直接向员工销售其产品和服务。例如，企业可以与税务公司合作，为员工提供纳税准备服务，或餐盒送达服务，为员工提供准备好的健康食品。又或者，企业可以与其他服务公司合作，为员工提供居家办公的服务（例如房屋清洁、洗衣、事务外包）。通过让员工更容易更方便地购买这些省时产品，使他们可以摆脱“时间债务”。

实施阻止下班后电子邮件的工具。员工经常报告说，他们每天收发电子邮件是最大的时间消耗，因此使用一种允许人们下班后暂停电子邮件接收的工具可以鼓励员工有更多的“休息”时间。

为此，企业默认员工可以在下班后关闭电子邮件通知。如果员工遇到紧急情况，他们可以在需要时登录电子邮箱。例如，汽车制造商大众汽车在工作日结束前30分钟停止发送电子邮件，并在工作日开始前30分钟再次发送电子邮件。

***

在新冠疫情暴发的早期阶段，管理人员经常依靠紧急呼吁来激励他们的团队。例如，2020年3月，亚马逊首席执行官杰夫·贝佐斯（Jeff Bezos）给员工写了一封公开信，告诉他们“人们依赖于[亚马逊]”，现在是员工表现的“最关键”时刻。

现在，18个月过去了，员工的心理“敬业激情”可能减弱了。管理者必须采取积极的措施来提高员工的敬业度，否则就有可能失去他们的员工。考虑到员工敬业度的许多潜在杠杆，领导者面临的挑战是将理论和数据结合起来，以理解哪些杠杆应该在他们的工作环境中得到优先考虑。

（本文选自《哈佛商业评论》，编译：冯迎春）

是什么让员工畅所欲言？

大多数管理者都明白，让员工表达自己的意见可以帮助公司创新，并发现公司自身的缺点。然而，这种理解似乎并没有转化为行动。研究显示，超过85%的员工在公司的一些重要决策上保持沉默，因为他们担心被“穿小鞋”。那么，管理者如何鼓励员工在工作中说出自己的想法？

维珍集团（英国多家使用维珍作为品牌名称的企业所组成的集团，业务范围包括旅游、航空、娱乐业等）首席执行官理查德·布兰森有句名言：“选择赋予人们力量，让员工更满足。”维珍集团还以倾听员工的想法和意见而闻名。2015年，维珍航空的一线员工贝森·帕特菲尔德注意到，著名厨师布林·威廉姆斯已经成为往返伦敦的常客。帕特菲尔德建议维珍航空与威廉姆斯航空合作，改进机上平淡无奇的菜单，最后，维珍和威廉姆斯开发了一种新的菜单，结果在顾客中大受欢迎。维珍对选择的重视和对员工声音的重视之间有关系吗？

让员工畅所欲言的可能性受到其个人性格和所处公司的企业文化影响。重要的是，企业文化的作用如此强大，以至于它可以“压倒”员工在畅所欲言性格方面的塑造。换句话说，即使那些性格内向、向来不太可能表达自己想法的人，在合适的企业文化环境下也会振作起来，分享自己的想法。因此，激发员工畅所欲言的关键在于创造合适的企业文化。

我们最近研究发现了一种鼓励员工表达意见的新方法：创建一种强调选择理念的企业文化，因为拥有选择权让人们感觉自己有能力控制自己的环境。研究表明，掌控感是在工作中获得更大所有权和归属感的关键先决条件。

我们在美国、印度和新加坡进行了三个实验，对这个命题进行了测试。我们发现，在一家文化强调人们总是有选择的公司，员工更有可能分享他们自己的想法和意见。实验中，我们让美国员工扮演求职者的角色，并向他们展示了公司的宣传册，这些宣传册要么强调企业文化中的选择理念，要么没有。例如，公司宣传册中提到的重点是选择（我们必须提醒自己，我们是有选择的），无论是拓展新市场、推出新产品，还是改变经营方式，我们总是有选择的。简而言之，我们的员工不是接受不可避免的情况，而是做出选择，帮助企业在市场中茁壮成长。

而另一家公司的宣传册上没有提到选择这个概念。我们询问参与者，他们是否愿意分享关于改善公司流程的新想法，或者在工作中出现的一些问题上交流他们的观点，即使他们的观点与其他人的不同。我们还评估了他们发表意见和鼓励他人参与影响公司事务的可能性。我们发现，企业文化中有选择理念的公司，员工更愿意分享他们的意见、想法和看法，因此强调选择的可用性是企业文化的一个组成部分。此外，参与者对为强调选择文化的公司工作比不强调选择文化的公司工作更感兴趣。因此，突出选择文化可以让企业培养员工的敬业度和参与度，并使他们在吸引人才方面具有优势。

接下来我们要问的问题是：究竟是什么样的选择导致人们改变了他们的行为？我们发现，思考后进行的选择让人们感觉更强大，这是有道理的，因为选择的行为允许人们在表达自己偏好、价值观和信仰的同时影响着他们的环境。例如，通过选择首先回复哪些邮件，关注那些项目，参加哪些会议等简单的行为，选择者不仅表达了他们的优先级和目标，而且还决定了做什么（以及留下什么）。因此，我们认为，强调选择使员工更愿意说出自己的想法，因为选择加强了他们的自我意识，使他们成为塑造自己命运和影响周围世界的强大、独立个体。

尽管选择似乎是一件纯粹的事，就像许多工作项目和干预措施一样，但研究表明，可能有一些问题，选择越多不一定就越好。太多的选择可能会让人不知所措，从而摧毁了他们试图培养的自主权和成就感。然而，企业可以努力创造一种文化，强调选择这个思想，而不是给员工带来数百种选择的负担。

总的来说，如果企业想要鼓励员工畅所欲言，他们需要创造一种鼓励员工参与的企业文化环境。我们的研究发现了企业文化中一个简单而有效的特征——强调选择的价值——可以帮助管理者和组织做到这一点。

（本文选自《哈佛商业评论》，编译：冯迎春）

员工心理健康的新时代

2019 年，企业管理者才开始认识到解决工作中普遍存在的心理健康问题、讳医问题的必要性，以及与多样性、公平和包容文化之间的联系。在过去两年新冠疫情造成的混乱和创伤中，我们看到的一线希望就是这些问题逐渐得到了广泛关注。在《2021 年工作环境心理健康报告》中，我们对疫情前和疫情期间美国员工在工作环境的心理健康、讳医和文化状况进行了比较，总结了研究数据，并就企业管理者需要做什么来支持员工的心理健康提出了建议。

当我们在 2019 年 10 月发表关于员工工作环境心理健康的研究时，我们永远无法预测我们的生活将很快被 Covid-19 疫情所颠覆。紧接着森林大火、政治动荡，以及其他的压力源迅速地接连出现，加重了对我们心理健康的损害。尽管企业管理者已经采取了一些措施来应对，比如“心理健康日”或“心理健康周”“4 天工作制”以及增强心理咨询辅导或其他应对方法，但这些还不够。员工需要并期待可持续的、心理健康的工作环境，这就要求企业管理者承担起改变企业文化的工作。仅仅提供一些应对措施或使用“健康”以及“心理健康”之类的说法是不够的，管理者必须把他们说的和做的联系起来。

与 Qualtrics（一款国外使用比较普遍的在线调查平台）和 ServiceNow（一家为企业 IT 自动化操作提供云计算服务的供应商）合作发布了《2021 年工作环境心理健康报告》，对疫情前和疫情期间美国公司员工的心理健康、讳医心理和企业文化状况进行了比较，并且沿用了《2019 年工作环境心理健康报告》的相同指标，细分了包括关于疫情、种族和重返办公室的影响等其他问题；它充实了我们从 2020 年 4 月开始的不太全面的研究。与 2019 年一样，我们收集了 1500 名从事全职工作的美国公司员工的回答，这些回答在统计上具有显著的代表性，包括种族和民族背景、性别、年龄代沟、地位、资历水平和其他因素。以下是我们的总结，以及我们对管理者需要做什么来帮助员工疏导心理健康的建议。

员工心理健康

当我们研究有关员工面对各种心理健康压力源的数据时，我们发现，患病率从 2019 年到 2021 年增加了，年轻人和以往未得到心理健康关注的人群面临着最大心理压力源的挑战。

1. 增加摩擦。越来越多的员工因心理健康原因离职，包括工作压力过大和不能继续工作等职场因素造成的心理健康问题。虽然 2019 年的员工流失率已经高得惊人，但自那以后员工流失率上升得更多。68%的千禧一代（2019 年为 50%）和 81%的“Z 时代”（通常指 1995—2009 年出生的一代人，

2019年为75%）因自愿或非自愿的心理健康原因离职，相比之下，总体受访者占比为50%（2019年为34%）。91%的受访者（高于2019年的86%）认为，企业文化应该关注员工的心理健康。

2. 患病率高。应对心理健康问题是现在所有公司员工的常态。76%的受访者在过去一年中报告了至少一种精神疾病症状，高于2019年的59%。由于有许多宏观的压力源，这并不奇怪，但它支持了这样一种观点，即心理疾病几乎会定期影响我们所有人。

在2019年我们的研究显示，在所有层级的员工中，心理健康问题普遍存在，这打破了成功的管理者对此免疫的神话。也许是由于必须引领我们度过这个前所未有的疫情时代，我们的2021年研究显示，高层管理受访者现在实际上比其他人更可能有至少一种心理疾病症状。可喜的是，我们最终放下讳医心理，承认心理疾病影响着我们所有人。

3. 广泛信息披露。与2019年相比，有近三分之二的受访者在过去的一年中曾与同事谈论过自己的心理健康问题。这是朝着正确方向迈出的重要一步，特别是在减少讳医心理方面，因为讳医会影响寻求治疗的意愿。尽管如此，只有49%的受访者称他们在工作中谈论心理健康问题的经历是积极的，或报告说他们收到了正面积极或支持性的回应，这与2019年的比例相当。

4. 多样性、公平和包容文化带来的影响。人口统计数据在研究公司心理健康方面发挥着重要作用，年轻员工和以往未得到心理健康关注的人群仍然面临着最大的挑战。千禧一代和“Z时代”，以及黑人和拉丁裔受访者都更有可能出现心理健康症状，他们相信了公司文化将帮助他们解决自己的心理健康问题，最后却都因此而离开了工作岗位。事实上，54%的受访者表示，心理健康是多样性、公平和包容文化的一个问题。

公司在员工心理健康方面的作用

员工不是独自面对心理疾病的挑战，企业管理者也扮演了一个角色——有好有坏。

1. 某些工作环境因素对心理健康有着负面影响。我们的工作方式是不可持续的，它损害了我们的心理健康。直到最近，关注点主要集中在已经存在的心理健康状况和相关的讳医问题上，人们也越来越关注工作对员工心理健康的影响。

多达84%的受访者表示，至少有一个工作环境因素对他们的心理健康产生了负面影响。年轻员工和以往未得到心理健康关注的人群受到的影响更严重。纵观所有受访者，最常见的因素是情感枯竭（例如，压力大、无措、无聊或单调）的工作，这种情况在疫情后也变得无法解决，还有工作与生活平衡的因素。

自疫情以来，最明显变得不可解决的因素是沟通不善，以及与同事或中层管理者之间缺乏联系或缺乏支持，这在一个以网络办公为主的团队中可能并不令人意外。美国文化中以工作为特征的工作狂现象在疫情的挑战下更加严重，导致了员工的工作倦怠。

2. 在某种程度上，公司增加了对员工心理健康的投资。公司终于在必要的情况下加大了解决员工心理健康问题的投资，但它们仍未实现真正的文化变革。我们的受访者指出，自疫情以来，管理者提供的许多员工福利增加了，包括额外的带薪休假、公司心理健康日和心理健康疏导培训。此外，比起以前，员工对于福利的利用率要高很多——尤其是那些提供日常援助的，包括延长休息时间或经常临时增加的休息时间，以及工作日的治疗预约时间。其他福利的利用率包括休假和年假，自2019年以来并没有增长。这凸显了员工对于心理健康援助的使用方法与管理者提供的方法之间的对比，后者往往是临时性的、权宜之计。事实上，31%的受访者最渴望的“福利”是围绕心理健康的更开放文化。

3. 公司采取措施改变文化。尽管仍有大量工作要做，但可能受到疫情的推动，一些公司在文化方面取得了进展。54%的受访者认为，与其他事项相比，心理健康是他们公司的优先事项，高于2019年的41%。此外，47%的受访者认为，他们公司的管理者是工作环境心理健康的倡导者，他们认为，如果他们有心理健康状况或症状，他们公司有能力帮助他们解决问题，这些都是增加心理疏导培训和交谈的潜在结果。

然而，令人惊讶的是，这种意识并没有在文化的所有维度上转化。在帮助同事解决心理健康方面，感到问题得到解决的受访者下降了5%，知道在工作中将会获得心理健康帮助的受访者中也有类似的比例。

4. 管理者从帮助员工解决心理健康问题中获益。在新冠疫情、种族歧视、重返办公室或心理健康方面帮助员工的管理者，整体在公司的心理健康度和敬业度上都有了很好的表现。例如，在过去的一年里，感觉自己的心理问题得到疏导的员工有至少一种心理疾病症状的患病可能性要低26%，感觉得到心理疏导帮助的受访者不太可能出现心理疾病症状，以及不太可能表现不佳或因心理疾病原因离职，更多的可能是在工作中谈论自己的心理健康。此外，他们有更高的工作满意度和留在公司的意愿。最后，他们对自己的公司及其领导有更积极的看法，包括信任自己的公司，并为在那里工作感到自豪。这加强了工作环境文化与工作环境心理健康的疏导能力之间的联系。

企业领导者需要提供什么

领导者必须把心理健康问题从个人问题转变为公司的优先考量事项，并且考虑到所有起作用的工作环境因素，公司不能再将心理健康划分为个人责任，而应通过自我心理疏导、心理健康日或员工福利来单独解决。这是企业需要为员工解决的问题，并已取得真正的进展。

1. 文化的改变。文化变革需要自上而下和自下而上的方法才能成功。工作环境的心理健康问题也不例外——2019年的建议仍然有效。《2019年心理健康工作环境框架生态系统》表明，从领导者和中层管理者开始，每个人都有自己的角色。领导者必须将心理健康作为企业的优先事项，建立问责机制，如定期问诊调查和明确所有权，不应只把它交给人力资源部门。领导者应该通过分享自我体验，使所有员工成为自己的同盟者，营造透明、开放的环境。由于恐惧和羞愧的讳医心理，即使是心理健康福利最好的公司也会看不到员工使用心理健康疏导福利，除非存在一种没有讳医心理的文化。

企业必须对领导者、中层管理者和所有员工进行心理疏导培训，教他们如何在工作中保持心理健康，如何进行心理辅导的沟通对话，如何创造企业心理疏导的工作环境。中层管理者通常是第一个注意到变化并支持他们的人。营造心理安全环境是关键，必须落实心理安全规范、做法、与文化相关的福利和其他福利，并进行深度沟通。

建立多样性、公平和包容的文化体系帮助员工解决心理疾病，并处理这些问题交集的部分也是至关重要的。黑人和亚太裔员工受到的种族主义和暴力创伤的打击尤其严重，而且很多身为母亲的员工面临着学校关闭和相关的职业倦怠。我们的研究发现，允许员工在工作中讨论具有挑战性的社会和政治话题，也是疏导心理健康的一部分。在基层，授权员工组建心理健康小组等心理疏导组织，成为心理健康的倡导者，并且开展同事之间的倾听活动。

2. 更可持续的工作方式。领导者必须改变他们的工作方式，使之更具可持续性。一个关键的组成部分是提供灵活性，许多员工在疫情期间第一次体验到网上办公。受访者称，他们公司的返工计划对他们的心理健康产生了负面影响，排在前两位的原因是办公室办公和网上办公的政策（41%）和缺乏工作与生活的平衡或基于政策的灵活性（37%）。

推进员工工作的自主性、建立界限，并围绕沟通、反应和紧迫性制定规范，可以在很大程度上促进建立心理健康的文化。例如，一家专业服务公司可能会为了客户规定的最后期限而要求长时间的工作，但因此可能会使公司内部的最后期限更容易改变。其他建议包括下班后不发邮件，工作时间集中，不开会。领导者必须为员工树立这些和其他心理健康行为的榜样，让他们真正感到自己也可以这样做。在中层管理者和直接下属之间进行对话，阐明个人的工作风格和偏好，有助于包容。领导者还必须确保团队拥有有效开展工作所需的资源和带宽，同时保持心理健康。

3. 更深层次的联系。最后，建立联系的文化是关键——从定期的签到，以及腾出时间问“你好吗?”到健康的工作关系，再到团队间有意义的互动。领导者应该在整个公司范围内提供员工互相沟通的机会，并促进管理者和直接下属以及同事之间持续的、更深入的一对一对话。“你好”之后应该说，“我能帮你什么忙吗？”尤其是在中层管理者之间。同时同理心和真实性的重要性怎么强调都不为过。

……

正在进行的大规模社会变革已经改变了公司文化和员工对心理健康的看法。尽管领导者已经开始加大投资，但员工也理所当然地提高了自己的期望值。工作环境心理健康的未来需要文化的改变——更多的脆弱性、同情心和可持续的工作方式。由于 Covid-19，我们已经开始走上文化变革的道路，让我们利用这一特殊时期，用心打造新的工作方式，而不是回到 2019 年的现状。

（本文选自《哈佛商业评论》，编译：冯迎春）

哲学视域下德国制造精神的文化分析

德国制造的产品以严谨精巧、品质优良闻名于世，对现代制造业具有重要的参考价值和指导意义。我们应当对德国制造精神的发展源流以及文化渊源进行深入研究和分析，并结合我国实际国情，保障我国制造业产品的进一步发展，实现对德国制造优势的有效吸收，力争早日实现具有我国特色的中国制造精神。

一、德国制造精神的形成历程

（一）主要历史背景

自 18 世纪第一次工业革命从英国开始起步，德国的工业化进程也同时开启了。蒸汽机的发明和使用在采矿业、制造业、建筑业等重工业领域发挥着至关重要的作用，同时也促进了制造业技术水平的进一步提高，为德国工业化提供了相应的技术基础和人才基础。与此同时，1871 年之后，德意志帝国的民族独立与国家统一为德国的工业化清除了政治上的阻碍，同时也为德国制造业的发展提供了更加安全稳定的社会环境。德国相关政府部门在这一时期推出了一系列改革政策，解放农民，刺激商业，鼓励贸易，优化教育体系，培养专业人才，统一了税制，为德国工业化启动与工商业的繁荣和昌盛提供了制度保障。天时地利人和的德国工业化从此开始启程，德国制造业也从此开始不断发展。

（二）德国制造业的发展源流

19 世纪末期，德意志帝国相较于英国、法国等老牌资本主义国家来说，工业化启程速度较慢，工业化水平较为低下，因此在初期，其制造业产品的质量和产量在欧洲的声誉较为低下，英国专门出台《商标法》，将本国商品与德国商品区分开来，避免本国民众上当受骗。德国制造业人员逐渐认识到，要想推动制造业进一步发展，促进工业的不断进步，不能仅仅靠着低廉的价格，而更应当依靠的是优良的质量。随着德国经济水平与生产力的不断发展，相关工业部门开始重视对专业人才的培养与研究水平的提升，拨出大量资金进行职业教育建设与科学研究，使本国工业化与制造业的发展具备相应的人员基础，保障德国工业的进一步发展。从此以后，德国工业制成品的质量得到进一步提升，相较于其他资本主义国家来说其质量甚至更加优异，成功地在市场上打出了名号和口碑，实现了德国制造业的进一步发展。到了二战以后，德国政府根据本国工业和制造业发展的实际情况，推出了以规模生产与小规模定制相结合的特色生产模式，加大对精密设备、冶金、机床、武器制造以及航空业的投入，保障德国工业化与制造业水平的不断进步。

（三）德国制造的特点

在长期的历史发展进程当中，德国制造逐渐形成了以下几个方面的特点，首先是产品生产流程化。相较于传统制造业模式来说，德国制造业人员将生产过程拆分成较为细小的片段，并严格按照预先制订好的顺序对产品进行加工，一方面能够提高产品制造效率，保障产量，另一方面还能尽可能地降低工业产品当中存在的公差，实现产品的标准化制造。其次是自动化。在德国制造业当中，机器人与机械手的应用比比皆是，在危险、精密、困难的产品制造过程当中，引入自动化生产线，能够有效降低安全风险，避免发生安全隐患和事故，还能够减少人工成本，避免人为产生的误差，实现制造业能效的不断进步。最后是职业化，德国的职业教育在世界都处于领先地位，实行“双元制”的职业教育模式，将职业学校学习与企业实践有机统一，使学生能够将理论与实践进行有机结合，进一步提高了学生的产品制造水平，另外，高质量的职业教育还能向制造业输送大批优秀的后备人才，为制造业的实践创新奠定了坚实的基础。

（四）德国制造精神的基本内涵

德国制造精神主要具备以下几个方面的内涵，首先是对产品质量的精益求精。受德国传统理念和精神的影响，德国制造业从业者对产品制造的工艺流程十分严谨，强调产品的标准化，认为只有优良的产品品质才是提高市场竞争力，保障经济效益的最有效手段。其次是对职业道德的坚守。德国制造业从业者在产品的设计与制造过程当中，融入了自己的职业精神和对用户的人文关怀，使最终制成的产品能够满足各国消费者的需求，树立起高质量的德国制造这一口碑，促进德国工业的进一步发展。最后是长期发展历程当中的工业文化。随着时间的推移，高质量的制造业口碑不断形成，使德国逐渐形成了一套适合自己的工业化价值体系，对传统的理性哲学与秩序精神实现了有效的吸收和发扬，从而使德国制造的质量和水平在世界范围内得到进一步传扬。

二、德国制造精神的哲学思想源泉

（一）理性哲学的不断注入

康德是德国古典哲学的开创者与奠基人，其主要开创思想就是人的精神意志的重要作用。黑格尔对康德的思想进行了继承和批判，认为人的实践活动是实现绝对意志的外在表现。这二者都是德国古典理性哲学的代表性人物，重视对精神力量的研究和探索，在时代的发展和进步过程当中逐步渗透进了德国制造业理念当中，使制造业从业者的职业精神与务实精神得到不断进步，为德国制造精神的形成和发扬奠定了坚实的基础。除了理性精神之外，德国哲学当中还包含着道德意志与人文关怀。依托康德与黑格尔等人的古典哲学思想理念，人的实践活动是自由的，然而受到自律精神的约束。在对人的意识存在进行研究的过程当中，德国古典理性哲学家认为人的自我意识高于一切，物质世界要为精神世界而服务。反馈到德国制造精神当中，我们就能够感受到德国人对产品制造标准的追求与在产品制造过程当中融入的人文关怀。由此可见，在德国制造业的长期发展进程当中，德国古典哲学对制造精神的养成形成了深远影响，不仅形成了求真务实的职业精神与职业态度，还养成了遵循规范，严守标准的制造理念，促进了德国制造产业水平的不断进步。

（二）美学理论的进一步发展

18 世纪德国古典美学的兴盛为整个德意志民族的审美标准打好了基础，有效培养了国民的审美能力与审美意识，促进了德国美学理论的不断发展。到了二战以后，美学艺术深入制造工业当中，对工业技术设计产生了深远影响，不仅有效满足了不同消费者的审美需求，还使产品的设计更加独特，促使了德国制造业品牌的有效形成。

三、德国制造精神的表现和启示

（一）强化相关标准化制度建设

要想吸收德国制造精神的优势，首先就要强化相关标准化制度的建设。在德国制造业当中，相关从业者对标准和规范进行严格遵守，使最终制造出的成品品质优良，质量得到有效保证，口碑得到不断树立。而德国有关部门也早在制造业发展的过程当中健全了相关标准化制度，对各品类工业产品与制造业产品的质量标准与制造规范进行了规定，使制造业发展更加科学有序，促进德国制造精神的不断形成。我国工业制造业主管部门也应当学习德国先进经验，对我国制造业门类进行梳理和排查，对具有代表性的制造业门类进行筛选，并会同业界主流企业制订出制造业相关产品的标准化制度，一方面使我国制造业产品同样也能够得到应有的制造规范，另一方面使我国制造业在国际上具备一定的主动权和话语权，促进我国制造业的不断发展。相关主管部门还应当强化对制度执行力度的管控，对可能存在的违规产品和伪劣产品进行严厉打击和惩处，保障制造业产品市场健康有序，促进我国制造业产品质量的不断提升，实现中国制造精神的有效形成。

（二）健全人才培养机制

目前，我国职业教育体系建设尚处于发展阶段，相较于德国来说水平受到限制。我国教育主管部门应当认识到职业教育在教育体系当中的重要性，明确职业教育对制造业发展的重要意义，对职业教育体系进行优化梳理，使职业化人才培养机制得以进一步发展，为制造业的不断进步供给更多的人才。此外，相关职业学校与制造业企业也应当强化合作意识，实现“校企合作”，利用企业的实训基地开展学生进企业活动，让学生们能够尽早接触到实际工作当中可能会出现的问题，使其在学校当中学习的理论知识能够在实践当中得以有效运用，促进职业学生水平的不断提升，使学生进入制造业企业后能够有效促进制造业的进一步发展。

相关部门还应当扭转社会上对职业教育存在的偏见，不断提升制造业从业者的待遇，使其社会地位不断提升，有效吸引专业人才投入制造产业当中，使制造业更加规范化，也使产品品质得到进一步提升。

（三）树立品牌意识与口碑意识

树立坚实的品牌与口碑，能够有效提高制造业企业的社会效益与经济效益，有效促进产品销量，保障制造产业的进一步发展。我国很多制造业厂商并不注意对品牌的有效构建与宣传，导致品牌效应较差，宣传力度不足，消费者对其品牌不熟悉，优质产品无法实现销量的不断提升。相关企业和部门应当强化品牌建设与口碑的树立，首先提高对产品品质的把控，针对劣质产品进行回炉重造，不断强化审核，使市场产品的品质得到有效保障，其次要强化宣传，依托微信、微博、短视频平台等新媒体渠道实现对品牌的有效宣传，提高消费者的熟悉程度与接受能力，促进品牌产品的不断提升。最后是提高社会公益意识，只有具有社会担当的制造业企业才能够在激烈的市场竞争当中站稳脚跟。相关企业决策者应当将目光放远，担负起应有的社会责任，使制造业企业真正实现为人民服务，成为中国特色市场经济体制当中的独特风景线，为中国制造精神奠定坚实的基础。

（四）建设充实的企业文化

建设充实的企业文化一方面能够提高企业员工的凝聚力与向心力，另一方面还能够贯彻并落实相关发展方针，促进我国制造业的不断进步。企业负责人与决策者应当对德国制造业当中求真务实、积极探索、精益求精的精神进行进一步研究和吸收，并与我国制造业的实际情况进行有机结合，实现具有本国特色的制造业企业文化的有效构建，使我国制造业从业者同样具备深厚的文化底蕴，实现制造业精神的进一步开拓与创新。

（五）加强对科技领域的投入

邓小平曾经说过，科学技术是第一生产力，只有强化对科技领域的投入，才能够对制造业技术实现有效的更新和迭代，进一步促进制造业的发展。相关部门应当组织专业研究人员对制造业前沿领域进行攻关，对其中的重点和难点进行不断克服，使制造业的技术成本不断降低，自动化与智能化程度有效提升，避免产品制造和生产过程当中可能发生的各种安全风险和隐患，使我国制造业实现持续健康发展。

四、结语

总而言之，德国制造以其优越的品质与严谨的精神闻名于世，其主要形成与影响因素包括德国工业化的历史背景、德国古典理性哲学的发展和渗透与工业革命的影响等。我国应当吸收德国制造精神当中的优势，对制度建设、人才培养、品牌意识以及科技投入等方面进行不断优化，促进中国制造的进步。

（本文选自《哲学研究》，作者罗昊玭）

在华日资企业跨文化管理问题及其对策研究

随着我国经济不断发展，越来越多跨国企业来华投资设厂。2019 年中国日本商会曾指出，近一半日资企业希望进一步扩大在中国的经营规模，与 2015 年相比，这一比例增长了百分之十左右。这也说明，目前日资企业对投资中国市场持有积极的态度。同时，近年来随着中日两国经济交流的不断深化，日本已成为中国最重要的贸易伙伴之一。

然而，在华日资企业要想维持良性发展，就必须解决跨文化管理这一课题。企业跨文化管理的关键是如何有效地进行企业内部的人力资源管理。因此，要解决企业内部跨文化交际冲突的问题，最根本的还是要解决人与人之间的跨文化摩擦问题。

一、日资企业管理中的文化差异分析

1. 思维方式的差异

中日两国之间，由于人们所受教育、居住环境等存在差异，因而导致了思维方式上的差异。而这种差异在日资企业中具体表现为两个方面，一是两国对“集体主义”的认识差异，二是中国“人情社会”与日本“严谨”而又“含蓄”之间的处事方式差异。

“集体主义”将人划分为“群体之内”和“群体之外”两个群体，而在其中的人们一方面希望得到“群体之内”的人员的照顾，另一方面也对该群体保持绝对的忠诚。在中国，集体意识往往表现在家与国的层面上，企业内部则偏向成果主义，员工们更多追求个人的发展。因此，在不违背法律前提下的“跳槽”现象大多都能被社会理解；而在日本，企业则被看作与“家”地位同等重要的集体，若是违背了这种集体意识，则会被视为道德上的缺失，甚至为社会所抛弃。在我们走访的 A 企业中，日本员工会自觉主动加班，把自己分内的工作做好。而对于中国员工来说，“集体”往往容易局限于自己的家庭。当公司的活动或者加班与自己的事情相冲突时，他们往往会产生消极情绪。A 企业的中国员工 N 就曾表示，在时常遇到工作与自己生活相冲突时，尽量优先考虑生活，如果无奈接受公司安排则无法高效工作。

此外，中国是典型的人情社会，处事时讲究“义气”。而日本则是严谨而又含蓄的国家。首先，相较于中国社会的“人情处事”，日式企业则严格按照公司章程办事，即使再小的工作也都有相对应的流程。比如，日本的便利店在对新入职员工进行培训时，会对每一项工作的每一个步骤进行详细说明。这对规避错误大有益处，但也会在一定程度上降低效率。其次，“印章文化”也是日式企业严格按照规章制度与流程办事的一个表现。这也导致即使是在疫情期间，很多员工不得不继续到公司工作。综上两个例子，我们可以看出日资企业严谨的工作风格确实对于公司的整体发展起着推动作用，可以使企业有条不紊地正常运转，但这在一定程度上也会降低效率。因而，对于中国员工来说，这种严谨有时确实令人难以理解。这一问题也同样出现在受访员工身上。例如，B企业的中国员工K在谈到这个问题时，讲到日本人不会回答超出自己权限的问题，即使他知道答案，也不直接回答。并且，在与公司的日本上级进行交流的过程中，也会有很多需要注意的地方。比如，为了应对上司的一一询问，只要是汇报的东西都要详细准备，但这有时会增加自己的工作负担。

2. 观念差异导致的信任感缺失

目前，多数日资企业内部运营仍然是靠日本籍员工主导，核心技术掌握者以及一些重要职位也由日本人担任，这在一定程度上不利于中国员工理解公司的决策与安排，容易引起不必要的摩擦。以下仅举因中日员工的工作态度差异及企业工作评价标准差异而导致的交流不畅问题。

首先，工作态度问题在日资企业中可以被理解为活着为了工作，还是工作为了生活的问题。在具体访谈中，我们发现两家公司内的中国员工更加看重待遇与氛围，更多地偏向工作为了生活，他们希望自己的工作可以带来生活质量上的提高。例如，A企业的Y员工曾表示，公司良好的氛围对自己缓解压力有很大的帮助。而公司内的日本员工则更偏向于活着为了工作，他认为企业的一些娱乐活动，是为了更好的工作，因此也会经常主动地加班参加。而公司内的日本员工则更偏向于活着是为了工作。因而，两者在工作态度上想法相悖，往往易产生误解，从而容易导致日方管理者对中国员工的不信任感增加。

其次，企业工作评价标准的差异主要是由于中日两国在就职的长短取向上存在差异。日本属于长期取向的国家，更看重长期的利益。日资企业也多推行年功序列的薪酬制度。因而，在选聘员工时更看重对工作的态度，而不是拘泥于最初工作技能水平。他们相信技能可以通过后期的培训弥补，但态度则是很难改变的。而对于中国员工来说，由于当前中国大多数企业推行成果主义薪酬制度，能力被放在第一要位。这也使得中国员工更倾向于追求利益与希望迅速获得回报，更期望与技能更直接快速地相挂钩的薪酬。因此，两国企业工作评价标准的差异，很容易导致文化上的冲突，从而影响员工的工作积极性。例如，在A企业的企业文化中，便将员工的责任心放在评价标准的第一位，而工作能力被放在了第四位。这种评价标准若没有得到员工的认可，工作效率很难得到保证。

3. 语言理解障碍

首先，在日资企业内部，因核心职位常由日本人担任，而其所使用的第一语言也是日语。一些员工不能准确地表达自己的想法，与领导不能进行有效的沟通，久而久之会大大降低工作效率。其次，两国员工之间缺少共同的语言环境，在具体交往过程中，容易产生误解。比如，在汉语里，“嗯”有同意、赞同或者接受任务的意思，而日语中与“嗯”发音相似的“うん”也包含一种敷衍的感情在内。再者，在日资企业中，员工每天见面都会主动打招呼问候。下班走之前也会对大家说声“辛苦了，先告辞”等。这对于中国员工来讲，因缺乏这样的语言习惯，很容易忽视这一点。在采访中，B企业的员工H和M就曾提到，企业内大家会使用一些简单的日语，但由于公司内员工日语水平有限，不能自如地使用敬语。有时仅用敬体难以表达相应的敬意，导致形成语言摩擦。

二、关于跨文化管理的建议

1. 定期开展跨文化培训

企业在推行团队建设的过程中，要根据企业内的具体情况开展行之有效的跨文化培训。因为获取客观合理地解读对方的视角和立足点的关键在于对员工实施跨文化教育。跨文化培训可有益于减少企业内部的文化冲突与摩擦。日资企业内部的跨文化培训可通过多种形式的双向学习，例如：在学习日资企业发展历史的同时，也要学习中式的文化观念。通过开展跨文化培训，可以打破中日员工的思维定式，促进双方文化的理解与沟通。比如，A企业每周都会进行不定期的跨文化培训，内容不限于文化，也会对中日员工的一些比较好的作法进行总结以供全体员工学习。我们认为，这种方法可以向其他日资企业推广。

2. 建立合理的薪酬制度与有效的绩效考核机制

首先，相较于大多日资企业采用“终身雇佣制”与“年功序列制”，中国的大多企业则更多地偏向成果主义。因此，在跨文化的管理中，企业要结合中国的国情，选择合适的薪酬制度，从而更好地保持员工的工作积极性。其次，管理者要注重从员工的利益出发，在不影响效率的前提下，采用多种合理有效的方式，不断调整和优化人员结构以及管理模式。比如，公司可将日语培训与员工的绩效挂钩，对主动参加日语学习的员工给予一定的补贴与奖励，以此来激励员工的学习热情。在调研过程中，A企业就采取了工作岗位与工作地点定期调换的方式，充分调动了员工的积极性。在薪酬方面，A企业也采取了成果主义的薪酬制度，员工所得与跟进项目直接挂钩。考核机制要适合占据大多数中国员工的特点才会事半功倍。

3. 加强团队建设

在企业中推进团队建设，可以增加员工之间的信任感，破除原有的认识误区。例如，B企业员工K曾言，未进入日资企业以前，认为日本人很刻板，但之后逐渐认识到这也算是日本人严谨的表现。目前，很多日资企业都会进行相应的团队建设，但很多都只是在形式上面，并没有发挥出实质的作用。日资企业的管理者要根据企业具体情况，开展有效的团队建设活动。例如，A企业就采取员工共同就餐、共同打扫卫生、共同运动等方式，拉近中国员工与日本员工的距离，从而增强企业团队的凝聚力。除此以外，管理者还定期单独和员工进行谈话，以充分了解每个员工的具体情况，在合理安排工作岗位的同时，增进与员工之间的感情。

4. 人才选聘中加大日语专业人才的录用比例

据统计，日语专业人才选择日资企业作为就职目标的比率占50%～60%。由此可看出，日语专业学生就职偏向选择日资企业。其中，最主要的原因是日语专业人才希望在日资企业中发挥专业优势。日资企业在人才选聘中，应加大对日语专业人才的录用比例。这样一方面有利于提高日语专业毕业生的工作积极性，另一方面还可以降低企业内部员工日语培训的成本，也能够带动公司员工学习日语的热情。同时，由于日语专业学生对日本企业文化了解相对深入，一定程度上也能够规避企业内部跨文化冲突现象的发生。

（本文节选自《企业文化》，作者赵瑜瑶、窦硕华）

中国企业文化大事记

二〇二〇年中国企业文化建设大事记

1月11日至12日，国务院国资委在京召开地方国资委负责人会议，深入学习贯彻落实习近平总书记关于国资国企改革发展和党的建设重要论述，总结 2019 年工作，交流经验，研究扎实做好 2020 年国资国企工作。国务院国资委党委书记、主任郝鹏出席会议并讲话强调，要加快推进国资国企改革，加快构建国资监管大格局，做强做优做大国有企业，增强国有经济竞争力、创新力、控制力、影响力、抗风险能力，为保持经济运行在合理区间、确保全面建成小康社会和“十三五”规划圆满收官作出新贡献。

1月12日，“不忘初心　文化助力——2019年陕西省企业文化建设协会年会暨文化峰会”在西安召开。中国航天科技集团第六研究院、航空工业庆安集团、航空工业一飞院、中国兵器工业203所、中铁宝桥集团有限公司、陕西延长石油（集团）有限责任公司、陕西有色金属控股集团有限责任公司、陕西汽车集团有限责任公司、陕西榆林能源集团、陕西西凤酒厂集团有限公司等 70 多家会员单位代表参加了会议，陕西省社科联、陕西省书法家协会、西北大学中华文化干部学院等单位代表应邀出席了会议。

2月1日，第 3 期《求是》杂志发表中共中央总书记、国家主席、中央军委主席习近平的重要文章《在敦煌研究院座谈时的讲话》。文章指出，敦煌文化是世界现存规模最大、延续时间最长、内容最丰富、保存最完整的艺术宝库，是世界文明长河中的一颗璀璨明珠，也是研究我国古代各民族政治、经济、军事、文化、艺术的珍贵史料。

2月6日，为弘扬中华传统家庭美德，培育和践行社会主义核心价值观，中宣部宣教局会同中央广播电视总台组织摄制了家风主题电视系列剧《家道颖颖》第二部《等着我》。

4月2日，中央企业宣传思想工作视频会议在京召开，在全面总结的基础上对2020年工作进行了部署。会议强调，要深化理论武装，坚持不懈推进习近平新时代中国特色社会主义思想学习宣传贯彻，推进党的创新理论入脑入心、落地生根；要唱响昂扬旋律，营造决胜全面建成小康社会、推动高质量发展的浓厚氛围，统筹做好抗疫阻击战和经济保卫战两方面的宣传思想工作；要提高政治站位，切实加强中央企业宣传思想战线自身建设，开创中央企业宣传思想工作新局面。

4月6日，纪录片《超级医院》在学习强国等平台正式播出，第一次用纪实影像的手段，多维度破解这座全球“网红医院”的建设密码。据该片主创人员介绍：“在火神山建设的10天10夜里，央企建设者一直都在埋头拼命干活，无暇顾及其他。我们基本看不出他们是谁，采访中他们也没有讲出多大的道理来，但是他们知道为了谁，他们一心和时间赛跑、尽快把医院建好。这才是中国央企建设者最朴素最可贵的精神，在疫情最危急时刻冲锋在前舍生忘死担当作为的中国精神。”

5月18日，由广东省企业文化研究会、《新经济》杂志社主办的广东企业文化建设年会暨“创新文化与新格局”发展论坛在茂名国际大酒店召开。中央人民政府驻澳门特别行政区联络办公室原副主任、中国侨联原副主席李本钧，中国企业文化研究会理事长孟凡驰，广东省人大常委会常委、环境资源专委会副主任委员、省委宣传部原副部长、文明办原主任蒋斌，广东省政协原常委、广东省社科联原主席、广东省企业文化研究会会长田丰，广州日报社原社长、广州市政协常委、经济委原主任顾涧青，广东省精神文明建设委员会办公室副主任吴祖清，中共茂名市委宣传部常务副部长黄少兰，广东省社会科学界联合会副秘书长、一级调研员冯达才，《新经济》杂志社社长、广东省市场经济促进会会长杨明，广东省企业文化研究会常务副会长黄惠青，中共广州市委宣传部宣教处二级调研员王雪梅等领导以及来自全省200多名企业代表出席会议。

5月10日，“三个转变”与高质量发展研讨会暨第三届中国品牌战略发展论坛在京召开。近年来，国资委和国有企业坚决贯彻落实习近平总书记关于“三个转变”的重要指示精神，在这次抗疫大战大考中，以强大的支撑保障能力和产业转换能力展现了“三个转变”的显著成效。会议强调，要始终胸怀“两个大局”，切实增强责任感使命感紧迫感，强化创新理论武装，筑牢“三个转变”的思想根基，在学懂弄通做实中坚定实业报国信念，增强企业发展信心，践行大国重器使命。

5月17日，在第四十四个国际博物馆日，北京确立了“打造博物馆之城”的目标，并推出 94 项主题活动。北京市文博系统围绕“多元”“包容”两个关键词，为不同群体提供了个性化的文化服务，探索博物馆与不同群体的链接方式。

7月21日，中共中央总书记、国家主席、中共中央军委主席习近平在京主持召开企业家座谈会并发表重要讲话。他在讲话中提出：改革开放以来，一大批有胆识、勇创新的企业家茁壮成长，形成了具有鲜明时代特征、民族特色、世界水准的中国企业家队伍。企业家要带领企业战胜当前的困难，走向更辉煌的未来，就要在爱国、创新、诚信、社会责任和国际视野等方面不断提升自己，努力成为新时代构建新发展格局、建设现代化经济体系、推动高质量发展的生力军。

7 月 29 日，国务院国资委召开对标世界一流管理提升行动启动会议。会议要求，各地国资委和中央企业要认真落实党中央、国务院决策部署，按照《关于开展对标世界一流管理提升行动的通知》要求，加强战略管理、组织管理、运营管理、财务管理、科技管理、风险管理、人力资源管理、信息化管理，通过强化目标引领、强化精准对标、强化能力建设、强化体系建设，统筹推进各项目标任务。各企业要认真组织实施，坚持上下贯通、一体行动，确保对标提升行动全面覆盖、层层落地、取得实效。

8 月 7 日，由中国企业联合会、中国企业家协会、四川省经济和信息化厅、四川省政府国有资产监督管理委员会、四川省文化和旅游厅指导，四川省企业联合会、四川省企业家协会主办，四川省企业文化研究会、中国石油西南油气田公司承办的四川省第十二届企业文化年会在成都召开。

8 月 26—28 日，来自全国不同行业的 30 余名企业中高层管理人员齐聚呼和浩特，参加由中国企业文化研究会举办的以“企业文化落地引导技术与价值观考评”为主题的考察研修班。此次活动由民营企业文化部组织实施，中国企业文化研究会副秘书长张艳涛全程参加。本次活动以对标先进企业与体验式培训的方式，参观考察了位居全球奶业五强的伊利集团，旨在探究中国卓越企业的文化基因，借鉴其企业经营理念和管理模式，并针对企业文化建设中落地难和考评难两个核心难点，学习了企业文化落地引导技术和价值观考评解决方案。

8 月 27—29 日上午，由中国商报社、中国管理科学研究院企业研究所、中国社会经济决策咨询中心、中国商界杂志社、首都经济贸易大学中国品牌研究中心决定共同发起主办，中国品牌发展网、华夏商邦俱乐部、横店四共委联合主办，以“后疫情时代 · 中国品牌在行动”为主题的“2020 中国品牌发展高峰论坛暨中国品牌人物峰会”在被誉为“东方好莱坞”的浙江横店隆重开幕。

9 月 18 日，2020 全国企业文化（中国石油西南油气田公司）现场会在遂宁召开。中国企业联合会、中国企业家协会驻会副会长、中国企业管理科学基金会理事长尹援平，四川省企业联合会顾问、四川省人大常委会原副主任彭渝出席会议。中国企业联合会常务副理事长于吉主持会议。市委副书记、市长邓正权致辞。

9 月 22 日，国务院国有企业改革领导小组办公室在浙江杭州召开“科改示范行动”现场推进会，总结学习和交流中电海康等优秀国有科技型企业改革创新发展的经验做法，对深入开展“科改示范行动”进行再部署、再推进。国务院国有企业改革领导小组办公室副主任、国资委副主任翁杰明强调，广大国有企业，特别是国有科技型企业，要在推动形成新发展格局、落实国企改革三年行动上更好发挥引领示范带动作用。要认真学习借鉴“海康经验”，进一步聚焦主责主业，进一步激发创新创业活力，保护和弘扬企业家精神。

10 月 21 日，以“党建文化引领企业文化、抗疫精神推动企业发展”为主题的 2020 辽宁省企业文化峰会在中国石油辽宁沈阳销售分公司召开。活动旨在深入研究和探讨后疫情时代辽宁企业文化建设的新使命、新任务，为实现辽宁全面振兴、全方位振兴提供理论支持和精神动力。本次峰会由中共辽宁省委宣传部、辽宁省教育厅、辽宁省人力资源和社会保障厅、共青团辽宁省委员会、辽宁省社会科学界联合会等联合主办，辽宁省企业文化学会承办。根据疫情防控工作的需要，本次峰会采取线下、线上相结合的形式召开，现场参会总人数达近百人，收看直播人数近千人。

11 月 2 日下午，中共中央总书记、国家主席、中央军委主席、中央全面深化改革委员会主任习近平主持召开中央全面深化改革委员会第十六次会议并发表重要讲话。会议强调，文化企业承担特有社会责任，要指导推动各类文化企业牢牢把握正确导向，自觉弘扬和践行社会主义核心价值观树立正确的历史观、民族观、国家观、文化观，坚守中华文化立场，反映中国人民审美追求，维护国家文化安全和社会公共利益，维护社会公序良俗，积极履行社会责任和道德责任，创作生产更多健康向上、品质优良的文化产品。

11 月 3 日，2020 · 中国企业海外形象高峰论坛在北京举办。本届论坛主题为“携手合作　命运与共”，由中央宣传部、国务院国资委、全国工商联指导，中国外文局主办。论坛开幕式上，中宣部部务会议成员、国务院新闻办副主任、中国公共关系协会会长郭卫民，国务院国资委党委委员、秘书长彭华岗，全国工商联副主席、党组成员李兆前，中国外文局局长杜占元分别致辞。中国外文局副局长刘大为，中宣部对外推广局局长吴旭，中国外文局副总编辑、中国报道杂志社社长陈实等相关部委领导、国内知名企业高管、对外传播领域专家学者、新闻媒体记者等 300 余人出席了论坛。

11 月 8—10 日，2020 中国企业文化建设（广州）峰会在广州隆重召开。峰会以“引领 · 聚力 · 创新——双循环新发展格局下的企业文化担当”为主题，深刻解读疫情冲击下国际国内政治经济形势和企业发展面临的机遇与挑战，总结我国企业文化建设发展、企业党建与文化建设经验，探讨复杂形势下党建与企业文化互融互促，推动企业高质量发展的有效策略。峰会由中国社会科学院中国文化研究中心、北京师范大学中国企业文化研究院等单位主办。中央组织部原副部长王秦丰，国务院发展研究中心原副主任侯云春，中央党校原副校长徐伟新，中央人民政府驻澳门特别行政区联络办公室原副主任李本钧，中国社会科学院哲学研究所党委书记王立胜等领导、专家与来自全国近四十个省市企业文化社团、研究机构负责人、企业家代表、企业文化工作者近五百人齐聚广州，共谋企业文化建设新发展格局。

11 月 14—16 日，第十八届中外企业文化峰会在浙江杭州举行。本届峰会的主题是“总结‘十三五’企业文化落地路径与方法，规划‘十四五’企业文化建设方向与重点”，核心关键词是“落地”。

开幕式上，中国企业文化研究会理事长孟凡驰代表主办方致辞。他指出，2020 年在中国历史乃至全球历史上是极不平凡的一年，在此背景下召开此次峰会，对总结企业文化建设经验，增强企业文化自信有着非同一般的意义。

浙江省经济和信息化厅二级巡视员周疆对各位嘉宾代表表示欢迎，并着重介绍了浙江在提升城市文化软实力、建设新时代文化高地上的经验。

工业和信息化部工业文化发展中心副主任孙星发表主题讲话，就工业 4.0 时代和“新基建”背景下如何推进新时代企业文化变革，以及如何丰富产品的文化内涵、提升企业文化竞争力给出了专业建议。

会上，在“‘十三五’企业文化落地路径与方法”分享板块，中国建设银行浙江省分行行长邵斌以“融合浙江地域文化，建设金融企业文化”为题分享该行以“五个辩识度”文化特性为基础开展特色文化建设的经验。杭州胡庆余堂药业公司总经理金强则以“传承精华，守正创新——新时代胡庆余堂企业文化的传承与创新”为题分享该公司在传承以“戒欺”为核心的中医药文化基础上的特色文化创新经验。

据介绍，北京大学教授李伯重将在 15 日就“企业文化与区域文化的相互作用”为题发表专题报告。孟凡驰理事长将做题为“‘十四五’企业文化建设方向与任务”的总结报告，对企业文化建设定位、方向与重点任务进行深入剖析。

据悉，本届峰会还将发布中国企业文化研究会的两个专项课题研究成果《区域文化与企业文化研究》和《新时代各行业企业文化建设规律与方法研究》。

（摘自中国新闻网 2020 年 11 月 14 日，作者系中国新闻网记者黄慧）

11 月 19—20 日，2020 中国文化管理协会企业文化管理年会暨第七届“全国最美企业之声”系列展演活动在广州召开。来自政府有关部门的领导、各界专家学者和各企事业会员单位代表共 600 余人出席会议。

12 月 1—2 日，2020 年全国企业家活动日暨中国企业家年会在广东东莞举行。本次会议主题为“弘扬优秀企业家精神，勇于创新担当奉献”。中国企业联合会、中国企业家协会（简称“中国企联”）会长王忠禹发表主旨讲话。中国企联常务副会长兼理事长朱宏任主持大会。广东省副省长王曦，东莞市领导梁维东、肖亚非，国务院国资委协会党建工作局二级巡视员刘续浩以及中国企联名誉会长李德成，中国企联驻会副会长黄海嵩、尹援平等出席会议。来自全国各省（区、市）和中心城市的企业联合会、企业家协会的负责同志，全国性企业组织、行业协会的负责同志，来自全国各地的企业家、专家学者共 500 余人参加大会。活动期间还举行了多场专项活动和平行论坛。

12 月 4 日，连云港市哲学社会科学界联合会和连云港市企业文化学会在云台宾馆会议厅联合举办了“华为文化”大型论坛。华为技术有限公司党委原副书记朱士尧同志以“华为文化是一颗精神原子弹”为题，向我市 100 多家企业的 400 名企业家和企业高管详尽地介绍了华为的企业文化。论坛由连云港市企业文化学会会长罗军勇主持，中国企业文化研究会副理事长李万来作了点评。

12 月 19 日，以“强大文化引领　助力追赶超越”为主题的 2020 年陕西省企业文化建设经验交流会在西安天域凯莱大饭店召开。

陕西省社科联党组书记、常务副主席郭建树，陕西省社科联学会部部长张金高，陕西省国资委宣传处处长张明亮，陕西省企业文化建设协会会长张培合等领导出席了本次会议。航天四院、航天六院、航空工业庆安集团、航空工业一飞院、中国兵器工业 203 所、中铁宝桥集团、陕西延长石油、陕西有色金属控股集团、中国有色西安勘察设计院有限公司、西安时代尚优文化传媒公司、陕西汽车集团、陕西榆能集团、陕西西凤酒厂集团等 100 多家会员单位代表参加了会议。新华社、《陕西日报》、陕西电视台、《西安晚报》、《中国企业报》、陕西文化产业网、科教网、西部新闻网等多家媒体共同见证了本次文化峰会的召开。

12 月 23 日，由共青团山东省委和山东产研院联合指导的 2020 山东企业家高峰论坛在济南举办。本次论坛以“新格局、新价值、新动能”为主题，聚集经济、金融、产业、科技界的专家学者，深入剖析新变局下的机遇和挑战，为企业赋能，助推山东高质量发展。相关政府部门代表、行业协会代表、优秀企业家代表等近 300 人参加本次高峰论坛。

12 月 25 日，台州市社会科学界第三届学术年会分论坛、“适应双循环发展格局、促进企业高质量发展”——第四届中国 • 台州企业文化论坛暨第三届中国 • 台州中小企业论坛隆重召开。台州市有关领导、专家与来自全市的企业家代表、企业文化工作者 100 多人共聚一堂，共谋企业文化建设新发展格局。

12 月 28 日，山东省企业文化高峰论坛暨《文化的力量》——山东省企业文化建设成果文集发行仪式在临沂举办。本次论坛由山东省企业文化学会主办，论坛以“智能互联 • 开放共赢”为主题，旨在进一步弘扬核心价值，坚定文化自信，激发企业创造活力，培育和弘扬企业家精神，提升山东省企业文化建设水平，增强企业核心竞争力，助力企业在新发展阶段贯彻新发展理念，构建“双循环”新发展格局，推进企业更高质量发展为目标，围绕“文化的力量”这一主题，通过主旨演讲、专题发言、高端论坛，以及典型经验分享和企业观摩等形式，深入探讨和分享企业文化建设的新亮点和新思路。

12 月 29 日，元旦佳节来临之际，珠海市企业文化协会召开了 2020 年珠海市企业思想政治工作交流会暨协会成立 25 周年总结表彰会。珠海传媒集团董事、总经理、协会会长韩悦，协会历任主要领导及来自全市的 200 多名企业代表共聚一堂，学习交流“党建与企业文化融合实践”的新路径，总结我市企业思想政治工作和文化建设经验，展示思想文化建设成果，部署新发展格局下的企业思想文化建设方向和要点，为我市"二次创业"加快发展提供思想保障和文化支撑。

二〇二一年中国企业文化建设大事记

1月1日，《求是》杂志发表国家主席习近平2017年1月18日在联合国日内瓦总部的演讲《共同构建人类命运共同体》。文章指出，构建人类命运共同体，关键在行动。坚持对话协商，建设一个持久和平的世界。坚持共建共享，建设一个普遍安全的世界。坚持合作共赢，建设一个共同繁荣的世界。坚持交流互鉴，建设一个开放包容的世界。坚持绿色低碳，建设一个清洁美丽的世界。文章指出，世界好，中国才能好；中国好，世界才更好。面向未来：第一，中国维护世界和平的决心不会改变；第二，中国促进共同发展的决心不会改变；第三，中国打造伙伴关系的决心不会改变；第四，中国支持多边主义的决心不会改变。

2月20日，党史学习教育动员大会在北京召开。中共中央总书记、国家主席、中央军委主席习近平出席会议并发表重要讲话。他强调，在全党开展党史学习教育，是党中央立足党的百年历史新起点、统筹中华民族伟大复兴战略全局和世界百年未有之大变局、为动员全党全国满怀信心投身全面建设社会主义现代化国家而作出的重大决策。全党同志要做到学史明理、学史增信、学史崇德、学史力行，学党史、悟思想、办实事、开新局，以昂扬姿态奋力开启全面建设社会主义现代化国家新征程，以优异成绩迎接建党一百周年。习近平指出，我们党的一百年，是矢志践行初心使命的一百年，是筚路蓝缕奠基立业的一百年，是创造辉煌开辟未来的一百年。回望过往的奋斗路，眺望前方的奋进路，必须把党的历史学习好、总结好，把党的成功经验传承好、发扬好。在全党开展党史学习教育，是牢记初心使命、推进中华民族伟大复兴历史伟业的必然要求，是坚定信仰信念、在新时代坚持和发展中国特色社会主义的必然要求，是推进党的自我革命、永葆党的生机活力的必然要求。

2月25日，全国脱贫攻坚总结表彰大会在北京人民大会堂隆重举行。中共中央总书记、国家主席、中央军委主席习近平向全国脱贫攻坚楷模荣誉称号获得者等颁奖并发表重要讲话。习近平强调，经过全党全国各族人民共同努力，在迎来中国共产党成立一百周年的重要时刻，我国脱贫攻坚战取得了全面胜利，现行标准下9899万农村贫困人口全部脱贫，832个贫困县全部摘帽，12.8万个贫困村全部出列，区域性整体贫困得到解决，完成了消除绝对贫困的艰巨任务，创造了又一个彪炳史册的人间奇迹！这是中国人民的伟大光荣，是中国共产党的伟大光荣，是中华民族的伟大光荣。习近平强调，伟大事业孕育伟大精神，伟大精神引领伟大事业。脱贫攻坚伟大斗争，锻造形成了"上下同心、尽锐出战、精准务实、开拓创新、攻坚克难、不负人民"的脱贫攻坚精神。脱贫攻坚精神，是中国共产党性质宗旨、中国人民意志品质、中华民族精神的生动写照，是爱国主义、集体主义、社会主义思想的集中体现，是中国精神、中国价值、中国力量的充分彰显，赓续传承了伟大民族精神和时代精神。全党全国全社会都要大力弘扬脱贫攻坚精神，团结一心，英勇奋斗，坚决战胜前进道路上的一切困难和风险，不断夺取坚持和发展中国特色社会主义新的更大的胜利。

3月11日，十三届全国人大四次会议批准《中华人民共和国国民经济和社会发展第十四个五年规划和2035年远景目标纲要》（下称《规划纲要》）。在《规划纲要》"激发各类市场主体活力"一章，分为"加快国有经济布局优化和结构调整""推动国有企业完善中国特色现代企业制度"和"健全管资本为主的国有资产监管体制"三个部分，对国企重组、混改和现代企业制度等重点领域提出了更高要求，将引导国企进一步深化改革，成为更具竞争力的市场主体。

4月1—3日，为期三天的2021中国加油站行业高峰论坛暨加油站文化发展协会第一次代表大会在福建省仙游县举行。本次活动以"共同推动中国民营加油站扩大经营范围，促进非油销售比例，提升加油站企业文化、经营文化、服务文化、管理文化、码头营销文化，以更加规范化、流程化、制度化、生态化经营。来自全国数百家民营加油站实际经营人和大型炼化企业近1000人参会，共同探讨加油站行业经营态势、交流经验、共享资源，分享成果。

4月10日上午，中国企业文化研究会在北京国谊宾馆召开了企业文化专家座谈会。参加会议的专家委员有中国华能集团党建部主任舒家鑫，交通银行宣传部部长、企业文化部总经理帅师，中国华电集团党组办公厅副主任徐耀强，上海医药集团党委副书记赵勇，北京金隅集团党委副书记吴东，开滦集团党委副书记张雨良，中国建筑集团企业文化部专务陈锐军，国家电力投资集团宣传与群团部文化品牌管理处处长蒋昊宸代表企业文化总监荆玉成出席会议。会议围绕2021年企业文化研究和实践的重点工作及《中国革命文化基因元素及其在企业文化中的应用》课题框架两个内容展开了广泛深入的讨论。参会专家分别提出了自己的观点和建议。

5月20日，由今日商讯主办的"2021中国企业品牌建设峰会暨媒体发展论坛"于南京白金汉爵大酒店拉开帷幕。本届盛会以"凝聚品牌价值·促进企业发展"为主题，就如何科学建设企业品牌，以及品牌营销、品牌传播、品牌发展等热点问题，与政商学界精英共聚一堂，共商品牌建设良策，共绘品牌发展新蓝图。峰会现场，全国优质品牌商、平台商、服务商、各大企业高管、专家学者及媒体记者共600余位嘉宾齐聚现场，共襄盛会。众多重量级嘉宾和知名人士分享关于品牌建设与媒体发展的独到见解，共同探讨中国品牌发展的机遇与挑战，憧憬品牌建设美好未来。

6月11日，第五届中国工业文化高峰论坛在长春成功举行。本次论坛由工业和信息化部工业文化发展中心和吉林省工业和信息化厅共同主办。工业和信息化部有关司局，地方工业和信息化主管部门，相关中央企业，第三批、第四批国家工业遗产项目单位，以及行业组织、高等院校、职业院校、企业等代表参加了会议。中国企业文化研究会理事长孟凡驰教授应邀出席并在会上做了题为“工业文化赋能行业企业”的主旨演讲。

6 月 24 日，国务院新闻办发表《中国共产党尊重和保障人权的伟大实践》白皮书。白皮书指出，2021 年是中国共产党成立 100 周年。中国共产党的 100 年，创造了尊重和保障人权的伟大奇迹，谱写了人权文明的新篇章。

6 月 26 日下午，福建省工业文化协会第二届第一次会员大会暨百企学党史活动在中共厦门市委党校天竺宾馆顺利召开。国家工信部、福建省工信厅、福建省民政厅、厦门市工信局等政府部门领导，以及来自院校、金融领域、商协会等嘉宾及全省各地市会员企业代表 120 余人参加。

7 月 1 日，第 13 期《求是》杂志发表了中共中央总书记、国家主席、中央军委主席习近平的重要文章《学史明理、学史增信、学史崇德、学史力行》。文章强调，在党史学习教育中要做到学史明理、学史增信、学史崇德、学史力行，做到学党史、悟思想、办实事、开新局。文章指出，明理是增信、崇德、力行的前提。信仰、信念、信心，任何时候都至关重要。

7 月 15 日，中国建筑材料企业管理协会在陕西省西安市召开了第六届全国建材企业文化年会。会议以“贯彻落实‘十四五’规划开启企业文化建设新征程”为主题，以“宜业尚品，造福人类”为目标，协会领导和知名企业家、管理专家、企业代表，就企业如何通过文化创新主动立足新发展阶段、贯彻新发展理念、构建新发展格局进行交流探讨，为“十四五”企业高质量发展开好局、起好步，探索企业文化建设新方法、新路径，改进企业文化建设工作思路，为用文化激活创造力、增强凝聚力和提升竞争力出谋献策。

7 月 14 日，由中国企业文化研究会主办、国家电投内蒙古能源公司协办的“第七届全国企业传媒与品牌传播年会”在鄂尔多斯市开幕。

本届年会的主题是“学党史，打造四全媒体；强信念，赋能品牌传播”，旨在推进企业全媒体建设向纵深发展。来自全国各地的 300 多位企业代表及传媒从业者、知名学者齐聚一堂，共同探讨新时代全媒体建设，如何进一步推进深化，赋能企业品牌传播。

会上，中国企业文化研究会理事长、教授孟凡驰表示，面对当前国际国内的复杂形势，中国企业必须认真研究，创新培育全媒体建设和传媒制度，才能占据文化传播制高点。企业只有讲好中国故事，传播好中国声音，使传播的内容和形式让人们喜闻乐见，才能凝聚共识、激发斗志，才能在国际化进程中有效传播中国文化，提升国际传播力建设。

（摘自央广网 2021 年 7 月 15 日，作者系央广网记者许嘉木）

7 月 29—30 日，“2021 全国企业家活动日暨中国企业家年会”在宁夏宁东能源化工基地举行。本次会议以“践行绿色低碳新发展理念，开启‘十四五’发展新征程”为主题，由中国企业联合会、中国企业家协会主办，宁夏宁东能源化工基地管委会承办，中国企业管理科学基金会支持。旨在弘扬优秀企业家精神，进一步激发企业家活力，更好发挥企业家作用，推动企业高质量发展。

7 月 31 日，以“奋进新百年·开启新征程”为主题的第八届中国行业影响力品牌峰会在北京隆重召开。在这个重要历史节点，峰会旨在通过联合国内优势资源，整合产学研专家力量，通过主题演讲、深度对话、访谈直播等环节为企业家搭建品牌交流互动的平台，探讨行业发展的新思路。

9 月 23 日，中国铁建股份有限公司（以下简称“中国铁建”）“十四五”发展战略与规划暨新时代中国铁建文化与品牌发布会在京召开。在京班子成员、中层管理者与员工代表在主会场出席发布会，各子公司以视频直播形式开设分会场，共同见证了这一激动人心的历史时刻。

10 月 22 日，国家开发投资集团有限公司（简称“国投”）企业文化和品牌发布会在京举行。国投董事长、党组书记白涛致辞并发布品牌标识。国投董事、总经理、党组副书记王海波，国投总会计师、党组成员李汝革，国投副总经理、党组成员杜文民，国投副总经理、党组成员阳晓辉，国投纪检监察组组长、党组成员胡昌元出席会议。国资委科技创新和社会责任局副局长、一级巡视员张晓红出席发布会并讲话，中国公共关系协会副会长、中国传媒大学教授董关鹏出席发布会并作专业点评，国务院国资委宣传工作局二级调研员高文超出席发布会。国投新闻发言人刘洋河发布国投企业文化和品牌理念。

10 月 24 日，第二届工业文化创新发展高峰论坛在京举办。论坛探讨了促进工业文化产业创新发展路径，通过思维碰撞，链接古今工业文明智慧、拉近工业生产与消费。论坛由中国工业经济联合会指导，工信部工业文化发展中心支持，中国工业报社主办。

11 月 11 日，华润集团在深圳湾木棉花酒店召开了 2021 年企业文化与品牌管理工作会议。王祥明、王崔军、李福利、潘福、王传栋、王春城等集团领导分别在主会场和香港分会场参会，集团总部各部室、直属机构和业务单元的主要负责人、各单位企业文化与品牌工作相关负责人，共 110 余人在现场参加了会议，800 余人在 16 个分会场线上参加了本次会议。

11 月 19 日，中共中央总书记、国家主席、中央军委主席习近平在北京出席第三次“一带一路”建设座谈会。习近平强调，要完整、准确、全面贯彻新发展理念，以高标准、可持续、惠民生为目标，推动共建“一带一路”高质量发展不断取得新成效。坚持共商共建共享原则，把基础设施“硬联通”作为重要方向，把规则标准“软联通”作为重要支撑，把同共建国家人民“心联通”作为重要基础，推动共建“一带一路”高质量发展。

11 月 30 日，由人民日报社主办的 2021 中国品牌论坛在北京举行，政府主管部门代表、企业负责人、专家学者共聚一堂，以“加强品牌建设　推动高质量发展”为主题，开展多领域、深层次、高水平对话交流，解读政策机遇，共绘品牌发展蓝图。

11 月 30 日下午，由陕西省企业文化建设协会、西安市易货网联合会共同主办的【丝路长安·五彩铜城】长安客&铜文旅品牌文化交流峰会在铜川悦豪酒店国际会议厅隆重举行，西安、铜川两地文、商、企名流云集，著名文化学者张培合教授特邀出席。本次交流峰会围绕文化赋能品牌为主题，旨在以文化之灵，铸长安客、耀州窑之魂，探索在新时代如何实现文化与品牌的结合与转化，实现文化与品牌的双重背书，搭建铜川与西安文化资源的共享与交流平台，探索出一条文化赋能品牌的新路径。

12 月 4 日至 6 日，中外企业文化 2021 峰会在武汉举行，来自国家有关部委、相关协会、研究机构的专家学者及中外企业家代表齐聚江城，共同探讨企业文化引领高质量发展的理念、路径与方法。

本届峰会由中国企业文化研究会主办，中建三局、国家电投湖北分公司承办，中建三局三公司协办。主办方称，文化兴则国运兴，文化强则民族强。在新的经济形势下，企业之间的竞争已经逐步由企业的品牌、产品、服务、渠道、技术等硬件竞争，趋向企业文化和企业价值观的软性竞争，企业文化已经成为提升企业竞争力的关键。

近年来，已有诸多中国企业跻身世界 500 强之列，但在人才、品牌、文化、商业模式等方面，特别是创新能力、标准话语权、国际公认度等领域，真正成为世界一流企业的还不多。站在新时代的历史起点，面对日益激烈的国际竞争、深化改革、转型升级等诸多挑战，中国企业需要筑牢“为中国人民谋幸福，为中华民族谋复兴”的初心和使命，扎实深入推进先进文化建设，努力形成中国特色企业管理理论和管理模式，为建设社会主义文化强国做出企业贡献。

“企业文化是企业的‘灵魂’，不同的企业一定有其‘个性’。好的企业文化是刻进历史的集体记忆，是立足当下的共同目标，是奔赴未来的不竭源泉，是社会进步的引领力量。”中建三局党委书记、董事长陈卫国深入解读了去年疫情期间，该局承建火神山、雷神山医院建设淬炼的“火雷精神”，阐明了该局企业文化的未来发展方向。

峰会期间，国务院国资委新闻中心原主任毛一翔、工业和信息化部工业文化发展中心主任罗民分别深入解读了《关于新时代加强和改进思想政治工作的意见》《推进工业文化发展实施方案（2021—2025 年）》。中建三局、国家电投、中国石油、中国中车等企业，作典型经验分享与特色文化案例展示，来自芬兰通力集团与日本日产公司的企业高管交流中外企业文化融合的做法和观点。

此外，与会代表还赴中国建筑科技馆及火神山、雷神山医院建设纪实展馆、东风汽车公司等地参观。

（摘自中国新闻网 2020 年 11 月 14 日，作者系中国新闻网记者曾成）

12 月 4 日，第十九届中国企业发展论坛暨 2021 年度中国企业十大新闻揭晓仪式在北京举办。会议主题为“聚力企业绿色变革，助力产业低碳发展”。会议揭晓了 2021 年度中国企业十大新闻，引发企业界高度关注。中国企业十大新闻系列活动已经连续举办 26 年，旨在总结和盘点一年来中国企业的创新发展，展示绿色增长的原动力、新模式、新亮点，并为进一步推动产业结构升级、深化企业碳中和行动、弘扬企业家精神提供更多的创新智慧支撑、社会氛围支持。

12 月 6 日，2021·中国企业全球形象高峰论坛以线上线下相结合的方式在京举办。本届论坛以“推进可持续发展 共建美好世界”为主题，由中央宣传部、国务院国资委、全国工商联指导，中国外文局主办，中国外文局国际传播发展中心承办。中央宣传部副部长张建春、国务院国资委副主任谭作钧、全国工商联副主席李兆前、中国外文局局长杜占元出席论坛并致辞。国资委宣传局局长陈国栋，中央宣传部对外推广局副局长李智慧，商务部国际贸易经济合作研究院党委书记、院长顾学明，中国外文局副总编辑、国际传播发展中心主任陈实，国务院国资委新闻中心主任杨景百等相关部委领导、国内知名企业代表、智库专家、媒体记者近百人现场参加活动。

12 月 16 日，由国务院新闻办公室、中国外文局指导，中国网、成都市政府新闻办、成都市青白江区委和区政府等单位主办，青白江区委宣传部等单位承办的 2021“讲好中国故事”创意传播大赛“一带一路”主题赛在成都青白江举办。本次大赛的主题为“双循环、高质量”，重点面向“一带一路”共建国家和地区、国内外企业、各类机构和个人征集短视频，旨在挖掘一批体现经济融合、文化互容、民心相通的真实故事，向国际社会讲好共建“一带一路”和人类命运共同体的故事。

12 月 18 日，由中国公共关系协会主办的“2021 中国公共关系发展大会”在京举办。大会以“生态文明：创新实践与国际传播”为主题，旨在深入宣介习近平生态文明思想 讲好中国生态文明建设的故事。

12 月 20 日，以党的十九届六中全会精神为指导，以“党建引领改革创新企业文化众彩纷呈”为主题的 2021 辽宁省企业文化峰会，在中国航发沈阳发动机研究所召开，此次会议由辽宁省企业文化学会秘书长、沈阳商业城股份有限公司副总裁佟雅娟主持。峰会包括优秀理论成果发布、主旨演讲、高峰论坛和特色论坛四个版块。本次峰会是辽宁省企业文化学会举办的第十届峰会，由中共辽宁省委宣传部、辽宁省教育厅、辽宁省人力资源和社会保障厅、共青团辽宁省委员会、辽宁省社会科学界联合会等联合主办，沈阳市社会科学界联合会承办，辽宁省企业文化学会、沈阳市企业文化研究会协办。按疫情防控要求，本次峰会采取线下线上相结合的方式举行。线上近千人观看了本次峰会直播。

12 月 22 日，由广东省企业文化研究会、广东新经济杂志社以及广州、深圳、珠海、湛江、茂名等企业文化社团联合主办的“党建引领，文化铸魂”——2021 广东企业思想建设与企业文化建设工作年会在珠海隆重召开。大会由广东省企业文化研究会统筹执行。

中央党校原副校长徐伟新，中央政府驻澳门特别行政区联络办公室原副主任、中国侨联原副主席李本钧，广东省人民政府原副秘书长、广东省教育厅原厅长江海燕，广东省委宣传部原副部长、广东省社科院原党组书记、广东省企业文化研究会名誉会长李子彪，广东省政协原常委、广东省社科联原主席、广东省企业文化研究会会长田丰，广州日报社原社长、广州市政协常委、经济委原主任顾涧青，广东省社科院原副院长周薇，《新经济》杂志社社长、广东省市场经济促进会会长杨明等领导出席大会并作主旨演讲，还有来自全省的企业家、企业党务工作者、企业文化建设工作者和媒体代表等100人参加了会议。根据疫情防控和上级主管单位相关要求，会议现场参会嘉宾控制在规定的人数范围内，会议采取线上线下方式同时进行。

12月26日，由品牌联盟（Topbrand Union）主办的2021中国品牌节第16届年度人物峰会在北京香格里拉酒店成功举行。本次峰会以“谁为中国赢得尊敬”为主题，第十一、十二届全国人大常委会副委员长、民建中央原主席、中华思源工程扶贫基金会理事长陈昌智出席活动并致辞。

12月28日，2021中国企业文化建设（济南）峰会在美丽的泉城济南开幕。本届峰会采取线上线下直播互动的形式召开，主会场设在山东济南，全程现场直播，全国各省、自治区、直辖市40余家企业文化社团组织近万家企业线上观看直播。

2020年部分企业文化书目

序号	书名	作者	出版社
1	企业文化	赖文燕	南京大学出版社
2	企业文化	石伟	中国人民大学出版社
3	企业文化	黄少英	经济科学出版社
4	企业文化管理	企业文化管理编写组编	国家开放大学出版社
5	中国企业文化年鉴（2019—2020）	中国企业文化研究会	红旗出版社
6	中外企业文化差异与经营管理	柴广成[等]	科学技术文献出版社
7	企业文化设计	西蒙·施德明	电子工业出版社
8	企业文化研究的新发展	刘光明	经济管理出版社
9	企业文化系统树理论与实践	赵杰	吉林大学出版社
10	企业文化入门	邵长斌	上海财经大学出版社
11	企业文化落地	王旭东	电子工业出版社
12	企业文化与CI策划	张德	清华大学出版社
13	企业文化建设要素框架	周斌	浙江大学出版社
14	企业文化建设实务	刘亚玲	吉林大学出版社
15	企业文化学教程	王成荣	中国人民大学出版社
16	企业文化理论与实务	李世杰	高等教育出版社
17	新时代中国企业文化	华锐	企业管理出版社
18	企业管理与企业文化教案汇编	韩小汀	中国劳动社会保障出版社
19	新时代和谐企业文化研究	饶静安	社会科学文献出版社
20	基于持续竞争优势的企业文化作用机理研究	王德胜	山东大学出版社
21	国网河南省电力公司企业文化建设优秀成果汇编. 2019	国网河南省电力公司党委党建部	中国电力出版社
22	中国石油企业文化辞典·运输公司卷	中国石油运输公司	石油工业出版社

续表 1

23	国网浙江电力企业文化建设发展报告·2019	国网浙江省电力有限公司	浙江人民出版社
24	首钢京唐公司企业文化建设故事案例·第二卷	首钢京唐钢铁联合有限责任公司	冶金工业出版社
25	国家电网有限公司企业文化建设工作指引·2020	中国电力出版社	中国电力出版社
26	房地产企业文化与核心能力	程新华	上海财经大学出版社
27	文化的力量	山东省企业文化学会	山东友谊出版社
28	文化：企业制胜之道	本书编写组编	苏州大学出版社
29	大道致远	山西省交通开发投资集团有限公司企业文化读本编委会编	山西经济出版社
30	全国建材企业管理创新与文化建设成果集	中国建筑材料企业管理协会编	中国建材工业出版社
31	中国优秀传统文化与中国特色企业家精神	张娟	吉林科学技术出版社
32	文化传承视域下的中国家族企业治理与社会责任研究	王海菲	人民出版社
33	破解中国企业走出去的文化障碍	沈健	知识产权出版社
34	信任文化、激励机制与企业创新	程博	经济科学出版社
35	新形势下施工企业思想政治工作与文化建设研究	李文彪	吉林大学出版社
36	区域文化、管理者特质与企业资本配置效率	张婷婷	东北财经大学出版社
37	基业常青	朱坤福	中国财富出版社
38	文化的较量	林锋	中国经济出版社
39	文化铸魂 管理塑性	王宏斌	中国铁道出版社
40	用心建设有温度的企业	杜军	中国电力出版社
41	话语与企业危机传播	赵丹彤	对外经济贸易大学出版社
42	文化基因的品牌镌刻	牛全保	社会科学文献出版社·皮书出版分社
43	精益改善文化	乔恩·米勒	机械工业出版社
44	组织文化诊断与变革	金·卡梅隆、金素婷译	中国人民大学出版社
45	跨文化管理概论	王朝晖	机械工业出版社
46	我的农行故事	中国农业银行企业文化部	中国金融出版社
47	美好兴隆主题文化	李庆良	山东人民出版社
48	军工文化传承发展研究	成森	北京理工大学出版社
49	家族文化与公司治理	薛胜昔	中国财政经济出版社

续表 2

50	大品牌文化	文子品牌研究院	苏州大学出版社
51	红帮文化简明读本	冯盈之	浙江大学出版社
52	核电文化标准化评估准则	李芳	中国商务出版社
53	高速铁路文化概论	范恩辉	上海科学普及出版社
54	钻井队安全文化建设指导手册	中国石油川庆钻探工程公司安全文化建设 HSE 分委会	石油工业出版社
55	文化创意 品牌创新	本书编写组编	人民日报出版社
56	文化创意	毕尔雅娜・米科夫	中国人民大学出版社
57	文化创意产业管理与实务	张迺英	同济大学出版社
58	中华优秀传统文化融入高职 VI 设计课程的思考与实践	刘和存	吉林出版集团
59	翻转企业困境	杨晶晶	财经钱线
60	高管背景与企业发展	黎春	财经钱线
61	失控企业下的白老鼠	丹・莱昂斯	时报文化
62	全国金融系统思想政治工作和文化建设优秀调研成果・2019	中国金融思想政治工作研究会等	中国金融出版社
63	捷达・记忆	汽车有文化	机械工业出版社
64	东海西岸传统海商家谱与海洋文化研究	孙杰等	上海交通大学出版社
65	人人文化	罗伯特・凯根	北京师范大学出版社
66	人人成长的文化	罗伯特・凯根	水月管理顾问有限公司
67	先锋软件文化	陈方平	北京理工大学出版社
68	品牌的跨文化传播	廖宏勇	中山大学出版社
69	跨文化背景下的高管团队自反演化	荣鹏飞	中国社会科学出版社
70	中国企业创新能力统计监测报告・2020	国家统计局社会科技和文化产业统计司	中国统计出版社
71	全国企业创新调查年鉴・2020	国家统计局社会科技和文化产业统计司	中国统计出版社
72	绅商之道	汪春劼	凤凰出版社
73	和平耐劳	钱江	凤凰出版社
74	华为生存密码	唐岛渔夫	中国致公出版社
75	人为本	浙江省商务厅	团结出版社
76	世界是平的，就等你去闯	柯约瑟	时报文化
77	台湾企业深耕之路	张恩台	崧烨文化
78	组织再进化	亚伦・迪格南	时报文化
79	解答一万个主管都烦恼的事	浅井浩一	乐金文化

续表 3

80	彼得原理	劳伦斯·彼得	乐金文化
81	OJT 让员工成为即战力	松下直子	乐金文化
82	业绩飙倍的 PDCA 日报表工作法	中司祉歧	三采文化
83	团建指南	黄非红	中国民族文化出版社
84	创业家用生命告诉你的事!	杨淑玫	清凉音文化
85	高能团队的关键 ABCDE5 法则	麻野耕司	三采文化
86	精准回馈	谭拉·钱德勒	远见天下文化
87	道法经营	李文明	经济管理出版社

2021 年部分企业文化书目

序号	书名	作者	出版社
1	企业文化	曹书民	北京理工大学出版社
2	企业文化	曲伟	化学工业出版社
3	企业文化	王涛	高等教育出版社
4	电商企业文化	邓卓建	重庆大学出版社
5	全国电力行业企业文化建设优秀成果集·2020	中国电力企业联合会编	中国标准出版社
6	企业文化建设与运营	段磊	企业管理出版社
7	企业文化力量表开发与运用	罗秋雪	经济管理出版社
8	企业文化理论与实务	周斌	中国人民大学出版社
9	企业文化创新	刘光明	社会科学文献出版社
10	企业文化管理实操指南	涂强	中国铁道出版社有限公司
11	企业文化的形成与发展	刘刚	山西经济出版社
12	企业文化基础	丁雯	东北财经大学出版社
13	现代企业文化与职业道德	苏万益	高等教育出版社
14	新企业文化	特伦斯·迪尔	中国人民大学出版社
15	用企业文化提升经营绩效	彭剑锋	北京燕山出版社
16	中国石油企业文化辞典	石油工业出版社	石油工业出版社
17	小微企业文化建设研究	程淑华	浙江大学出版社
18	工程建设行业的企业文化管理实践	杨再德	西南财经大学出版社
19	国网浙江电力企业文化建设发展报告·2020	国网浙江省电力有限公司	浙江人民出版社

续表 1

20	职业教育课堂文化融合企业文化的研究	刘瑞	吉林文史出版社
21	企业社会责任与伦理文化研究	苗泽华	企业管理出版社
22	乐在其中	长沙银行企业文化建设委员会	湖南文艺出版社
23	工艺类非物质文化遗产企业品牌形象塑造研究	杜煌	江苏凤凰美术出版社
24	中国传统文化与企业管理研究	王锋	吉林出版集团
25	企业社会责任文化认同研究	颜冰	知识产权出版社
26	耕心有道	国网信通产业集团	中国电力出版社
27	中国民营文化产业商会年鉴·2020	中国民营文化产业商会	中华工商联合出版社
28	跨文化管理·第 9 辑，Vol.9	上海外国语大学国际工商管理学院	经济管理出版社
29	企业 A+的基石·GISC 模式	陈春山主编	前程文化
30	企业斗魂 KYOCERA	宋希玉	崧烨文化
31	阅读德企	苏霄飞[等]	苏州大学出版社
32	永远是创业第一天	亚历克斯·坎特罗威茨	中信出版集团股份有限公司
33	阿里人的答案书	阿里巴巴组织文化	中信出版集团股份有限公司
34	全国金融系统思想政治工作和文化建设优秀调研成果·2020	中国金融思想政治工作研究会	中国金融出版社
35	永远都是第一天	艾历克斯·坎卓维茨	远流出版
36	国家工业遗产·第三批，The third batches	中国工业报社	电子工业出版社
37	企业就是自媒体	沙建军	有方文化
38	麦肯锡主管意见回馈术	服部周作	乐金文化
39	台湾百大品牌的故事-17	华品文化	华品文化
40	台湾百大品牌的故事-16	华品文化	华品文化
41	借势-2-区域公用品牌创建五环方法论	林海亮	中国民族文化出版社
42	责任的重量	蔡贤隆	崧烨文化事业
43	谦逊的咨询	埃德加·沙因	机械工业出版社
44	匠心中国	中国文化信息协会	中国商务出版社
45	武昌近现代工商业史话	刘元	武汉出版社
46	客户赞许	星艺装饰文化传媒中心	羊城晚报出版社
47	方太文化	周永亮、孙虹钢、庞金玲	机械工业出版社
48	杜邦安全文化	崔政斌	化学工业出版社

中国企业文化重要事件

中国石油集团举办企业文化系列成果发布会

2021 年 9 月 27 日，在习近平总书记致大庆油田发现 60 周年贺信两周年以及即将迎来国庆 72 周年之际，中国石油天然气集团有限公司举办以“赓续红色血脉，汇聚文化力量，推进世界一流综合性国际能源公司建设”为主题的企业文化系列成果发布会。会上传达了集团公司董事长、党组书记戴厚良批示。批示指出，集团公司企业文化建设将始终以习近平新时代中国特色社会主义思想为指导，大力弘扬石油精神和大庆精神、铁人精神，着力建设彰显时代特点、富有石油特色、符合现代企业治理的石油文化，切实把企业政治优势文化优势转化为竞争优势发展优势，为奋进高质量发展、建设世界一流企业提供强大精神动力，为建设社会主义文化强国作出新贡献。

这是中国石油天然气集团有限公司成立以来的第一次企业文化发布盛会，发布了“中国石油纪念日”“‘石油魂’宣讲”履行文化责任突出成果、新版《企业文化手册》、中国石油首批工业文化遗产、《员工手册》、新款工装等 6 项企业文化成果；现场向有关单位和员工颁发了“‘石油魂’宣讲”履行文化责任突出成果牌匾、《企业文化手册》《员工手册》和新款工装等，并将 9 月 25 日确定为“中国石油纪念日”。文化建设成果内涵丰富、振奋精神，对于进一步加强新时代中国石油企业文化建设、增强企业核心竞争力，具有重要而深远的意义。

中国中车集团《 中车赋 》正式发布

2021 年 9 月底，中国中车集团有限公司《 中车赋 》正式发布。

《中车赋》共分为四段，二十一句，三百九十七字，采用对偶、比喻、比兴、用典等多种修辞手法，既具有豪放派风格，又富有浪漫主义色彩。

《中车赋》按照哲学三问叙事：第一段回答中车从哪里来。第二、三段描述中车科技、产品、文化、人才等，回答了中车是谁。第四段展望中车未来，回答了中车到哪里去。

《中车赋》通篇将企业与国家、世界紧密结合，体现中车人的精神气概、勇于担当和伟大作为，具有很强的感染力和号召力。

中远海运荣获第二届中国品牌强国盛典十大“国之重器”品牌

2022 年 2 月 21 日，由中央广播电视总台举办的第二届“中国品牌强国盛典”活动隆重举行并在总台央视财经频道播出。活动以“中国信心品牌力量”为主题，推选出十大“国之重器”品牌、十大“国品之光”品牌以及“年度特别贡献”品牌，呈现中国品牌价值。

凭借在全力保障我国内外贸运输和全球供应链稳定中的突出表现和重要作用，中远海运获第二届“中国品牌强国盛典”十大“国之重器”品牌殊荣。盛典活动上，播放了中远海运集团董事长、党组书记万敏的访谈视频。万敏表示：“同舟共济是我们中国海运人的共同信念。要全力恢复和保障全球产业链供应链畅通，促进国际航运业健康发展。”

中国农业银行荣登全球“零售银行品牌价值榜”榜首

2022 年 2 月，英国《银行家》杂志发布了 2022 年“全球品牌价值 500 强”榜单，中国农业银行荣登全球“零售银行品牌价值榜”榜首，这也标志着农业银行深入实施“强零售”工程以来，零售金融业务不断取得新突破。

2021 年，农业银行零售条线坚持“以客户为中心”，统筹实施“一体两翼”发展战略，持续加强客户服务能力建设强化“大财富管理”和数字化转型支撑，服务乡村振兴，助力共同富裕，各项业务实现稳健发展，主体指标居于同行业前列。2021 年农业银行个人存款余额、个人客户总量、借记卡发卡总量三大主体零售指标稳居全行业第一，个人贷款增量、增速连续两年领跑同行业，私行客户、信用卡客户增量均位居市场前列。

中国中铁发布“开路先锋”文化理念体系

2021 年 1 月 26 日，在中国中铁三届二次职工代表大会暨 2021 年工作会议上，中国中铁“开路先锋”文化理念体系正式发布，并现场播放了中国中铁“开路先锋”文化理念体系宣传片《永远的开路先锋》，发放了《中国中铁“开路先锋”文化理念系统手册》，标志着中国中铁在新时代开启了企业文化建设的新篇章。

中国中铁企业文化起源和孕育于“开路先锋”精神。自 20 世纪 50 年代初接过邓小平、贺龙亲手授予的“开路先锋”大旗起，一代代中国中铁人不畏艰险、不怕困难，在国家基础设施特别是铁路建设中创造了一个个战天斗地、气壮山河的恢宏奇迹，形成了历久弥新、永放光芒的“开路先锋”精神。2019 年 1 月 16 日，习近平总书记勉励中国中铁京雄城际建设者，“你们正在为雄安新区这个“千年大计”做着开路先锋的工作，功不可没。”

为了在新时代更好地传承和弘扬“开路先锋”精神，公司于 2020 年 7 月至 2021 年 1 月开展了企业文化升级工作，提炼形成“开路先锋”文化理念系统，简称为“四梁八柱一面旗”。“四梁”是指企业使命、企业愿景、企业核心价值观、企业精神四大核心价值理念；“八柱”是指经营理念、管理理念、安全理念、质量理念、环保理念、人才理念、廉洁理念、品牌理念八项具体工作理念；“一面旗”是指企业品牌宣传语。

中国一汽入选第二届中国品牌强国盛典十大“国之重器”品牌

由中央广播电视总台举办的第二届“中国品牌强国盛典”于 2022 年 2 月 21 日播出，中国一汽入选十大“国之重器”品牌。中国一汽党委书记、董事长徐留平现场出席活动并领取奖杯。

2014 年，习近平总书记做出了“中国产品向中国品牌转变”的重要指示，为中国品牌升级和品牌经济发展指明了方向；2019 年，中央广播电视总台推出“中国品牌强国盛典”系列活动，以品牌榜样的力量推动中国品牌发展，将品牌建设打造成为中国经济高质量发展的新引擎，具有广泛而深远的社会影响力。当前，中国经济已由高速增长阶段迈向高质量发展阶段，品牌建设正从企业行为上升为国家行动。为了更好地弘扬典型企业打造中国品牌的精神，营造全社会提升中国品牌竞争力的氛围，中央广播电视总台继续推出第二届“中国品牌强国盛典”，以褒扬勇于变革、敢于创新的精神，激励那些沉着应对百年变局和世纪疫情，构建新发展格局迈出新步伐的实践者。用品牌的力量为中国经济注入信心，用品牌的力量发出中国经济的最强音。

中国建筑组建 40 周年标志标语正式发布

为广泛营造“喜迎二十大 建证四十年”的庆祝氛围，2022 年 4 月 27 日，经征集、研讨、员工投票并经集团党组审定，“喜迎党的二十大·庆祝中国建筑组建 40 周年”标志标语正式发布。

一、专用标志

1982-2022 建証美好时代

标志释义：标志整体简约现代，形如跑道和道路，组成“40”字样，同时展现“二〇”字样，寓意喜迎党的二十大、庆祝中国建筑组建 40 周年。红色代表中国建筑传承红色基因，寓意领航、照耀，蓝色代表中国建筑“建证”蓝色力量，寓意央企力量、中流砥柱。整体寓意中国建筑在波澜壮阔的 40 年发展历程中风雨兼程、勇毅前行，奋进新征程、建功新时代。

二、专用标语

（1）喜迎二十大　建证四十年　奋进新征程

（2）建证美好时代　拓展幸福空间

专用标语体现中国建筑高举习近平新时代中国特色社会主义思想伟大旗帜，紧紧围绕迎接学习宣传贯彻党的二十大主线，充分展示中国建筑组建 40 年来服务经济社会发展、助力全球民生改善的担当作为，展示中国建筑坚守初心、争当一流的精神品质，激励全体员工立足新发展阶段、贯彻新发展理念、服务构建新发展格局，不断攻坚克难、开拓进取，奋力谱写新时代高质量发展新篇章，加快实现“一创五强”战略目标，以优异成绩迎接党的二十大胜利召开。

中国电力高规格发布会宣告绿色低碳转型

2021 年 10 月 23 日中国电力国际发展有限公司面向全球召开“建设世界一流低碳企业”发展论坛暨中国电力新战略发布会，发布会于北京主会场和香港分会场同步举办。

此次发布会，中国电力邀请到了学界、企业界重量级代表，以及来自能源行业相关组织、产业链相关企业、资本媒体等近 300 名代表现场参会。会上，参会的学业界代表围绕“双碳”目标对建设世界一流企业的新内涵、新要求，企业在实现“双碳”目标中扮演的角色，及低碳零碳技术创新和产业生态构建等问题展开深入探讨。

中国电力新战略发布会不仅向全球发布了中国电力的

新发展战略，展示“低碳赋能美好生活”的使命愿景和建设“世界一流绿色低碳能源供应商”的战略定位，而且扩大了转型发展的朋友圈和生态链，振奋了资本市场对中国电力战略转型和业绩提升的信心，提升了中国电力在政界、行业、产业界、资本界、媒体界的影响力和话语权，达到了预期效果。

中国通用技术集团举行企业文化发布会

2022 年 7 月 1 日上午，中国通用技术集团企业文化发布会在京隆重举行！集团董事长、党组书记于旭波发布了集团全新企业文化核心理念体系，集团董事、总经理、党组副书记陆益民发布了集团首批企业文化领跑单位并为他们颁发任务书，集团董事、党组副书记张振戎发布了企业文化手册和司歌《无形的臂膀》。

国务院国资委宣传局副局长、一级巡视员侯洁，国企杂志、企业观察报社长李凡，中国企业文化研究会秘书长王建，国企杂志党建高级研究员张振文等嘉宾出席发布会。通用技术集团公司总部部门、各产业子集团、直属二级公司领导班子成员，各单位党群工作部、人力资源部、战略部、企业文化和品牌相关部门工作人员等 2000 余人“线上+线下”参加会议。

国电电力首次获评“国企好新闻”

2022 年 1 月 12 日，第八届“国企好新闻”获奖名单出炉，国电电力选送的《百年筑梦——情境式党课》《遇见光遇见爱——零纬度的幸福》分别获得融媒体类和国际传播类三等奖。摄影作品《创世界单个体积之最“巨无霸”钢结构冷却塔结顶》《奋战在零下 30 摄氏度的风电人》分获二等奖和三等奖。这是国电电力首次获评“国企好新闻”。此次集团公司获奖的 5 部作品有 4 部出自国电电力。

本届“国企好新闻”由国务院国资委宣传工作局、中华全国新闻工作者协会国内工作部指导，国务院国资委新闻中心、中央企业媒体联盟主办，邀请政企媒学各界权威人士担任专家评委，通过专家线上打分、线下分组评审、集中合议，得出最终评审结果。征集、评选历时 2 个月，得到了国资国企、主流媒体、社会公众的广泛关注和积极参与，3772 件新闻作品、73 名新闻创客入选参评，138 家国资国企单位报名，相比往届量质齐升，社会影响力显著增强。

国家开发投资集团企业文化和品牌发布会在京举行

2021 年 10 月 22 日，国家开发投资集团（以下简称国投）企业文化和品牌发布会在国投金融大厦 7 层多功能厅举行。国投董事长、党组书记白涛致辞并发布品牌标识。国投董事、总经理、党组副书记王海波，国投总会计师、党组成员李汇革，国投副总经理、党组成员杜文民，国投副总经理、党组成员阳晓辉，国投纪检监察组组长、党组成员胡昌元出席会议。国资委科技创新和社会责任局副局长、一级巡视员张晓红出席发布会并讲话，中国公共关系协会副会长、中国传媒大学教授董关鹏出席发布会并作专业点评，国务院国资委宣传工作局二级调研员高文超出席发布会。国投新闻发言人刘洋河发布国投企业文化和品牌理念。

此次发布会简约现代，充分运用声光电结合的表现形式，以讲述式的发布、视频化的表达，通过强烈的价值陈述、情感传递和视觉冲击，呈现了全新的国投品牌形象和文化内涵。发布会正式开始之前，播放了开场视频《国投 24 小时》，展现了全球国投人在平凡的每一天忙碌和奋斗的身影。

鞍钢集团五名劳模工匠事迹和箴言入选首部《中国劳模工匠箴言》

2022 年 2 月 25 日，劳模工匠精神大众化创新读本、首部《中国劳模工匠箴言》正式出版发行，“走在时间前面的人”王崇伦、“当代雷锋”郭明义、“时代楷模”李超、全国劳动模范罗佳全和李连才等鞍钢集团 5 位劳模和工匠的先进事迹及奋斗箴言收录其内。

为创新探索劳模工匠精神大众化、时代化、生活化的思想路径，使广大劳动者充分领略劳模工匠之所以能够“在平凡的岗位上创造了不平凡的业绩”的成功密码，中宣部、中央党校、发改委等部门单位的权威专家组成编撰顾问委员会共同编辑了《中国劳模工匠箴言》一书。该书高度浓缩了 365 名全国劳模和大国工匠的先进事迹和奋斗箴言，按照日历的方式进行细致分类，辑录了 1600 余条箴言。王崇伦、郭明义、李超、罗佳全、李连才的先进事迹及奋斗箴言分别被收入该书 1 月 29 日、3 月 27 日、5 月 13 日、7 月 18 日、8 月 16 日的日历中。

攀钢“六位一体”帮扶模式获得国家级成果奖

2022 年 1 月 18 日，攀钢《大型国有企业“六位一体”精准扶贫模式的构建与实践》，获评第二十八届全国企业管理现代化创新成果二等奖，这是攀钢精准扶贫模式首次获得国家级成果奖。

“获此殊荣，彰显了攀钢在脱贫攻坚战中的责任和担当，为中央企业履行社会责任贡献了攀钢智慧，也为攀钢在‘十四五’期间做好对口帮扶工作积累了经验。”攀钢帮扶办负责人表示，“十四五”开局之年，攀钢全面总结“十三五”精准扶贫成果，向全国企业管理现代化创新成果审定委员会申报《大型国有企业“六位一体”精准扶贫模式的构建与实践》成果，经专家初审、预审、终审，成功获评第二十八届全国企业管理现代化创新成果二等奖。

中钢洛耐故事亮相央视微纪录片《信物百年》

为庆祝中国共产党成立一百周年，国务院国资委联合中央广播电视总台共同推出百集微纪录片《信物百年》，以“红色信物”为切入点，以中央企业为代表的100家国有企业党委（党组）负责人介绍企业的企业信物，以小见大，以物证史，揭开企业澎湃发展历程背后鲜为人知的动人故事，传承红色信仰，坚定理想信念。

中钢洛耐百年信物微纪录片《中国第一块国产大型焦炉硅砖》于2021年10月18日22：00在央视二套首播。中钢洛耐科技股份有限公司党委副书记、总经理薄钧作为信物讲述人，讲述了“争气砖”背后的故事：这块焦炉硅砖诞生于1988年，是中国自主研发、自主生产具有当时世界领先水平的大型焦炉用硅质耐火材料；这块焦炉硅砖，不仅满足了我国大型钢铁企业提质增效和加快发展的需要，更填补了国家大型焦炉硅砖产品新标准，为中国成为世界大型焦炉用硅砖科研生产基地奠定了坚实基础。

寻找信物、挖掘故事，因年代久远存在一定难度。中钢洛耐首先确定了能够体现企业初心、凝聚企业精神的信物——“宝钢砖”，这是1988年中钢洛耐为宝钢二期建设生产的替代日本进口大型焦炉用硅砖。中钢洛耐干部员工深入老库房，多方寻找这个“红色信物”。在当年生产宝钢砖当事人李占江的引领下，终于找到了这块已沉寂30多年的宝钢砖。

北京地铁庆祝文化发展50周年

2020年是北京地铁公司成立50周年，北京地铁的建设和发展，得到了党和国家领导人的亲切关怀。1969年10月1日，北京地铁一期工程建成通车，开启了北京乃至中国城市轨道交通50年砥砺奋进和跨越式发展历程。

50年来，北京地铁运营线路从最初的一条线23.6公里，发展到23条线699公里的大规模网络化运营格局。2008年以来，积极参与国际城市轨道交通同行业对标，不断提升运营管理水平，北京地铁已跻身世界一流行列。

北京地铁持续强化理念创新，加快建设平安型、人文型、高效型、节约型、法治型、创新型的“六型地铁”，不断创新和完善运营管理。践行共治精治法治理念，坚持“以人为本创平安，永远追求零风险”安全理念，不断强化人、机、环、管四大要素和治、控、救三道防线的“矩阵式”安全管控体系，核心线路列车运行最小间隔均在2分钟，安全可靠性指标持续保持世界领先水平；坚持“需求导向、持续改进、首善服务”的服务理念，不断提升服务品质，满足广大乘客对美好交通出行的需要，乘客满意率达到95.9%；大力推进与公司发展战略高度协调的“六型地铁”文化建设，增强全体员工的归属感、荣誉感和自豪感，增强企业软实力和核心竞争力。

首钢滑雪大跳台　见证历史创造历史

2022年2月，北京冬奥会从首钢园国家冬季运动训练中心走出的参赛队伍勇夺3金1银1铜，首钢滑雪大跳台更是见证了中国队2枚雪上项目金牌的诞生，首钢保障团队和全体职工感到格外的提气和无比的自豪！同时，作为运动员腾空时的独特景观受到国内外媒体高度关注，首钢滑雪大跳台成为“世界网红地”，百年首钢园迅速火爆全网。在这场全球瞩目的世界盛会中，首钢凭借百年历史文化底蕴和特有的创新发展理念，成为冬奥会一道“绝美风景线”。

首钢滑雪大跳台完成了冬奥会的惊艳“首秀”，赢得世界赞誉。冬奥会倒计时100天活动以来，《人民日报》、新华社、中央广播电视总台以及《北京日报》、北京电视台等各类媒体累计有关首钢园的报道已达150000多条，首钢园与冬奥会成为不可分割的关键词和网络热词，以“冬奥带动首钢转型城市复兴”和“首钢成为推动冬奥发展绝佳典范”为主线的新闻报道不断升温。

首钢矿业公司“铁源文化”成果载入《党的基层建设与思想政治工作成果汇编》

2021年，首钢集团有限公司矿业公司（简称“首钢矿业公司”）《厚植铁源文化　熔铸发展之基》成果被中国历史唯物主义学会评为优秀理论成果一等奖，收录于《党的基层建设与思想政治工作成果汇编》。

《党的基层建设与思想政治工作成果汇编》大型文献史册由中国历史唯物主义学会育人用人科学专业委员会编写，由中共中央党校出版社出版发行。

据了解，《厚植铁源文化　熔铸发展之基》一文，记录了首钢矿业公司作为国有矿山企业，继承首钢精神，发扬矿山传统，培育具有行业特点、自身特色的“铁源文化”品牌，并促推其落地、实践的企业文化创建历程。“铁源文化”成果获得全国企业文化成果二等奖、北京市管理创新成果一等奖等荣誉。首钢矿业公司成为全国冶金矿山行业第一家全国企业文化建设示范基地。此文对国内冶金矿山行业开展企业文化建设具有一定收藏、交流、借鉴价值。

上药子品牌荣登胡润品牌榜

2021年10月18日，胡润研究院发布了《2021胡润中国最具历史文化底蕴品牌榜》，100个中国内地最成功的60年以上品牌上榜。这是胡润研究院连续第二年发布该榜单。

上海医药旗下拥有丰厚历史文化积淀的子品牌“鼎炉”与“信谊”首次上榜，分别位列25位、61位，同时“鼎炉”品牌还荣登《历史最久品牌Top10》榜单，排名第6位。此外，“雷允上”与“胡庆余堂”等相关品牌再次登榜。

该榜单调研范围涵盖中国内地具有60年以上历史的为消费者提供产品或服务的品牌，综合考察品牌历史、价值和文化内涵三个维度，以每个品牌的总分（百分制）进行排名。品牌历史权重40%，考察品牌字号最早得名时间，而非产品出现时间；品牌价值权重40%，考察品牌为所在企业贡献的市值或估值；品牌文化内涵权重20%，考察品牌于国家和行业的文化代表性。

上药新亚成为企业文化示范基地

2021年6月1日，全国企业文化建设示范基地揭牌仪式在新亚药业隆重举行。专家概括新亚药业文化特点，遵循经济文化一体化发展规律，助推企业健康成长；注重党建引领，形成符合企业发展特性的文化体系；母子文化高度融合，文化创建内涵丰富。

上药新亚注重开展形式丰富的文化创建活动：成立企业文化内训师队伍，外请名校学者传授文化宣贯技巧；组建文化宣讲团宣讲新亚故事，进一步学习感悟新亚的品牌文化；开展“我做文化主播”活动，员工自己录制富有个性化的文化宣讲音频、视频，进一步加深对文化理解，提升对文化认同；编撰155周年新亚大事记，汇编155个新亚故事集等活动，全方位、多渠道进行大力宣贯，广泛传播，营造文化品牌创建氛围，凝聚起共同的价值取向。

山东能源集团发布企业文化理念和新LOGO

2022年5月9日，山东能源集团在济南举行发布会。会上，集团党委书记、董事长李伟，党委副书记、董事、总经理张宝才，党委副书记、董事、工会主席岳宝德共同启动发布山东能源集团企业文化理念暨新LOGO。党委书记、董事长李伟对新理念和新LOGO作了介绍。

联合重组后的山东能源规划战略、职责使命、行业地位等都发生深刻变化，干部职工思想观念交流交融，迫切需要构建更有时代气息、更具国企特色、更显山能风格，能够引领23万干部职工共同思想观念的全新企业文化体系。去年以来，山东能源启动实施了“企业文化融合提升工程”，聘请国内高端企业文化咨询机构，深入分析企业文化建设现状，面向干部职工累计征集企业文化理念3064条、LOGO设计文案456件。“创造绿色动能，引领能源变革”使命，“建设清洁能源供应商和世界一流企业”愿景，“安全、创新、绿色、担当、卓越”核心价值观和新LOGO标识，具有广泛的民意基础，契合山东能源新的发展战略，对于凝聚共识、振奋精神、团结进取具有十分重要的意义。

内蒙古电力集团多部微电影作品获国家级奖项

2021年12月20日，内蒙古电力集团公司工会组织所属各单位参加了中国能源化学地质工会开展的首届全国职工微电影节暨第四届“能源中国”微电影节作品征集活动并取得可喜成绩，集团公司工会荣获本次活动优秀组织单位。

代表集团公司参赛的《烽火岁月的记忆》《那一座山》《白手套》和《首府供电 永远为你坚守》4部作品分别荣获本次微电影节征集活动的一、二、三等奖和建党百年优秀作品奖。作品全面展现了几代蒙电人高山仰止，勇担使命，接续奋斗的良好精神风貌，激励鼓舞了广大干部职工感党恩、听党话、跟党走，为实现企业高质量发展凝聚起磅礴合力。

玉柴集团多项企业文化与思政成果获广西优秀奖

2020年11月，“2017—2019年度广西企业文化建设优秀成果及案例、广西职工思想政治工作优秀成果及案例”表彰结果发布。玉柴申报的成果及案例共斩获一等奖3项、二等奖2项、三等奖1项，获奖数量再上新台阶。

据悉，“2017—2019年度广西企业文化建设优秀成果及案例、广西职工思想政治工作优秀成果及案例”评选活动由广西企业文化建设协会、广西职工思想政治工作研究会联合举办，全区共有76家企业参加。活动旨在进一步推动新形势下全区企业文化建设及职工思想政治工作开展，为“十四五”发展积聚文化和思想优势，促进企业高质量发展。

黑松林“心力管理”载入哈佛案例库

打开电脑，登录哈佛案例库官网，“Heisonglin: Pioneer of the Management by Heart Model”（黑松林：心力管理模式的探索者）案例赫然在列，阅读使用一次需要给付4至7美元不等的费用。这是连续10年入选清华大学中国工商管理案例库后，黑松林管理模式英文版首次载入世界顶级案例库。

坐落于黄桥镇，员工仅有40多人，规模不算大的黑松林，其“心力管理模式”，何以多年来倍受清华大学关注，乃至入选哈佛大学案例？

“‘心力管理’与其说是一种管理模式，不如说是企业多年来精心打磨的企业文化。”在黑松林“掌舵人”刘鹏凯看来，管理分为三个阶段：人治、法治、文治。心力管理就是从知心、聚心、塑心三个方面塑造企业文化，通过实实在在的暖心举措，从点点滴滴细节管理抓起，注重员工心智模式的培育与思维方法的教化，培育员工对企业生存发展环境从认知到认识、再到认可的核心价值观，启发员工从源头思考、认识与解决问题的行为模式，实现从“人本”到“心本”，从“心本”到“心力”行为的飞跃，从而提升企业执行力和竞争力。

航天科技六院西安航天发动机有限公司“航天液体动力展示中心”开馆

2022年4月24日，第七个“中国航天日”，位于航天科技六院西安航天发动机有限公司（以下简称“西发公司”）新区的“航天液体动力展示中心”开馆，终于揭开神秘面纱，面向社会公众精彩亮相。

来自陕西省委宣传部、省委文明办、陕西省总工会、省委军民融合办、省委直属机关工委、陕西省工信厅等部门的领导专家出席开馆仪式，与西发公司干部职工共襄盛举。

恰逢开馆之际，陕西省国防工委特别授予“陕西省国防职工思想政治教育基地”荣誉称号。

“航天液体动力展示中心”展陈面积1500平方米，通过声光电相结合等高科技手段，展示了中国航天液体动力研制能力、创新实力和军民融合创新成果，呈现了航天液体动力事业艰苦奋斗、创新超越的发展历程和几代液体动力人发扬航天精神、矢志航天报国的爱国情怀，成为社会各界爱国主义、航天精神、航天科普教育和增强文化自信的生动宣教基地；也是西发公司企业文化建设的又一视觉展示亮点。

（西安航天发动机有限公司思想政治工作部副部长舒克兢，副部长、特级业务经理　周子敬）

后 记

中国企业文化研究会组织编纂的《中国企业文化年鉴》创办于2004年，是国家图书馆馆藏企业文化类重要图书之一。《中国企业文化年鉴（2021—2022）》第十卷（以下简称《年鉴》）于2022年组织出版，对推动中国企业文化事业的发展具有重要价值。

为了对2021—2022年企业文化理论研究和实践创新成果进行全面、系统的总结。本卷《年鉴》的内容力求突出以下三个方面特点：

一是在文稿征集过程中，从渠道、内容、作者、体裁、企业所有制等方面充分体现全面性和丰富性。在渠道方面，除向中国企业文化研究会学术委员、专家委员、会员定向约稿外，还向社会各届广泛征集稿件；在内容方面，既要求理论研究的专业深度和实践创新的特色，还要求文章内容的时效性和先进性。在作者背景方面，覆盖了部委领导、专家、学者、企业家、企业文化管理者、企业文化从业者等各个企业文化研究、管理、实践的群体。在体裁方面，涵盖了理论观点、实践经验、课题研究、文献资料、事件记录等各种形式。在企业所有制形式方面，包括了中央直属企业、地方国有企业、中外合资企业、民营企业等各种所有制企业主体。

二是在年鉴栏目设置方面，根据征集文稿的内容进行栏目优化分类，体现指导性和便捷性。年鉴总体内容包括特载篇、理论篇、实践篇、综合篇四部分。特载篇设置高层声音、文献选编两个栏目，主要刊载近两年相关部委领导关于文化和企业文化的相关讲话、中宣部等国家部委的文化管理政策规划等；理论篇设置了专家视野、企业家谈企业文化、前沿思考、观点荟萃、课题研究，主要刊发近两年来企业文化专家的研究成果、企业家对企业文化的思考、企业文化管理者的理念总结、企业文化从业者的实践思考和课题研究成果。实践篇设置了企业文化建设典型示范、企业文化媒体传播、企业文化实践案例、党组织引领企业文化、母子文化共建等栏目，重点刊发企业文化示范单位经验、企业文化媒体传播的方法和经验、企业文化系统实践和母子文化共建的案例、党组织引领推动企业文化的经验做法等。综合篇设置了国际新观点、中国企业文化大事记、中国企业文化大事件等栏目，重点刊发中外文化的差异以及融合方法措施和经验，国外最新的企业文化理论和实践信息。近两年中国企业文化界的大事记、大事件和出版的最新著作书目。

三是在文稿内容创新方面，以满足读者需求为出发点，突出专业性和实用性。为了增加内容的专业深度，增加了课题研究的内容，征集了近两年来，企业在企业文化实践中进行的理论总结和升华的成果。为了增强内容的实用性，针对集团公司普遍关注的母子文化共建问题，增加了母子文化共建的系统案例。

本卷《年鉴》征稿通知发出后，得到社会各界尤其是企业界的积极响应。在此，对大家的积极参与和支持，表示诚挚的谢意！中国书籍出版社王志刚等编辑对书籍出版工作给予了大力支持和帮助，在此一并表示感谢。《年鉴》收录的部分文稿个别章节略有删改，受疫情影响，不能和作者一一深入详细沟通，在此深表歉意！

由于编者水平和知识有限，难免有疏漏错谬之处，希望各届读者批评指正，提出改进的建议和意见。

《中国企业文化年鉴2021—2022》编辑部

2022年9月

特别说明：

本书中有关习近平总书记的讲话和论述内容分别出自以下出处：

1. 2005年8月12日，习近平在浙江日报《之江新语》专栏发表的《文化是灵魂》

2. 2013年3月22日，习近平在俄罗斯“中国旅游年”开幕式上的致辞

3. 2013年9月7日，习近平在哈萨克斯坦纳扎尔巴耶夫大学的演讲

4. 2013年12月，习近平总书记在山东考察时讲话

5. 2014年5月4日，在同北京大学师生座谈会上的讲话

6. 2016年10月11日，习近平在全国国有企业党的建设工作会议上的讲话

7. 2017年2月6日，习近平在中央全面深化改革领导小组第三十二次会议上的讲话

8. 2017年10月18日，习近平在中国共产党第十九次全国代表大会上的报告

9. 2018年2月14日，习近平在春节团拜会上的讲话

10. 2018年5月4日，习近平在纪念马克思诞辰200周年大会上的讲话

11. 2019年8月19日，习近平在敦煌研究院座谈时的讲话

12. 2019年10月25日，习近平对全国中医药大会的指示

13. 2019年10月31日，习近平在党的十九届四中全会第二次全体会议上的讲话

14. 2020年7月21日，习近平在企业家座谈会上的讲话

15. 2020年9月22日，习近平在教育文化卫生体育领域专家代表座谈会上的讲话

16. 2020年11月2日，习近平中央全面深化改革委员会第十六次会议并发表重要讲话

17. 2020年11月24日，习近平在全国劳动模范和先进工作者表彰大会上的讲话

18. 2021年1月1日，《求是》杂志发表的习近平2017年1月18日在联合国日内瓦总部的演讲《共同构建人类命运共同体》

19. 2021年2月25日，习近平在全国脱贫攻坚总结表彰大会上的讲话

20. 2021年5月28日，习近平在中国科学院第二十次院士大会、中国工程院第十五次院士大会、中国科协第十次全国代表大会上的讲话

21. 2021年6月25日，习近平在中共中央政治局第三十一次集体学习时讲话

22. 2021年7月1日，习近平在庆祝中国共产党成立100周年大会上的讲话

23. 2022年第2期《求是》，习近平发表的《不断做强做优做大我国数字经济》